常德市公路志

常德市地方志编纂委员会
常德市公路管理局
编

方志出版社
Publishing House of Local Records

图书在版编目（CIP）数据

常德市公路志 / 常德市地方志编纂委员会，常德市公路管理局编. -- 北京 ：方志出版社，2015.12
ISBN 978-7-5144-1880-4

Ⅰ. ①常… Ⅱ. ①常… ②常… Ⅲ. ①公路运输—交通运输史—常德市 Ⅳ. ①F542.9

中国版本图书馆CIP数据核字(2015)第306868号

常德市公路志

编　　者：常德市地方志编纂委员会　常德市公路管理局
责任编辑：罗　滔
出 版 人：冀祥德
出 版 者：方志出版社
地址　北京市朝阳区潘家园东里9号（国家方志馆4层）
邮编　100021
网址　http://www.fzph.org
发　　行：方志出版社发行中心
电话（010）67110500
经　　销：各地新华书店
印　　刷：常德市湘北彩印厂　0736-7187272
开　　本：787×1194　1/16
印　　张：52.5
字　　数：1264 千字
版　　次：2015 年 12月第1版　2015年12月第1次印刷
印　　数：0001～1000册

ISBN 978-7-5144-1880-4　**定价**：268.00元

常德市地方志编纂委员会

顾　　问	王　群　徐正宪　刘　明　李爱国
主　　任	周德睿
副 主 任	朱水平　黄清宇　陈　华　吉荣华
委　　员	周代惠　涂碧波　易耀平　王兴钊　鲁晓凤　朱　明 任克勤　李百艳　胡以军　汤祚国　唐汇诰　马　慧 唐子钧　龚美爱　曾　勇　杨天生　张运华　刘建跃 杨成英　黄金陵　向美华　黄云新　向才焰　涂贤春 黄修林　洪振海　张克武　张国政　刘兴华　伍彩霞 郑家火　覃志云　程方山　刘湘宁　刘李波　陈集群 周华辉

常德市公路志编纂委员会

主任委员	马麦秋
副主任委员	李祖云　任朝晖
委　　员	（以姓氏笔画划为序） 马明浩　王常清　王学杰　王　进　史美华　邓俊杰 左光华　龙立科　曲　斌　孙　勇　刘亚龙　刘永春 刘　军　肖剑春　苏国孝　李　颖　吴希艳　吴阳辉 汪国进　金宏中　罗兆祥　罗光新　贺　军　贺跃斌 陈保麟　陈大波　陈学泉　胡立新　顾　晓　倪湘涛 倪　俊　梁长安　龚道荣　郭跃明　谌兵钿　焦绍云 裴德友

《常德市公路志》编纂委员会办公室

主　　编	任朝晖
常务副主编	刘　霞
副 主 编	郭连成　刘焕忠　方彰沅
总　　纂	郭连成
编　　辑	刘　霞　郭连成　刘焕忠(执行)　方彰沅　章佳权　席音音
资料采集	(以姓氏笔画为序) 万　军　王　琳　王　琼　方　伟　邓为化　叶佳音 刘　方　刘宇丹　孙小平　李泽国　何宜敏　陈　刚 陈曼妮　陈　丹　陈靓梅　陈　轶　陈　敏　罗　英 邹元东　张荣新　张兴国　张国华　杨宇光　杨　玲 杨　静　赵望英　胡　微　袁　丽　莫亚平　黄　胜 黄健祥　郭　凡　谢永锋　曹智勇　粟　文　蒋俊平 蒋芙蓉　裴莉林　廖祖金　廖朝辉　黎惠龙　潘施利
照片提供	刘焕忠　吴　畏　黄健祥　于二彩　廖淑华
目录英文翻译	李海军

《常德市公路志》审查验收人员

市方志办审查验收人员　刘李波　周华辉　江时宜　向满华　赵振华

市保密局审稿人员　程　关

市交通运输局、市公路管理局审稿人员

(以姓氏笔画为序)

王颂新　王冬久　王　猛　王菊芳　皮世双　邓俊杰　邓心祥

任朝晖　朱传宏　刘　霞　刘亚龙　刘湘山　肖剑春　吴　畏

李祖云　李　颖　杜　敏　张友贵　陈保麟　陈学泉　陈克永

罗健强　杨学杰　胡　兵　胡文洁　胡朝辉　胡荣华　聂　瑛

袁　波　姚海龙　钱福龙　谢中雄　黄旦初　郭泳宏　郭跃武

焦绍云　焦雄志　蒋俊萍　裴德友　雷婷婷　廖爱民　黎明国

常德市公路管理局管养公路示意图

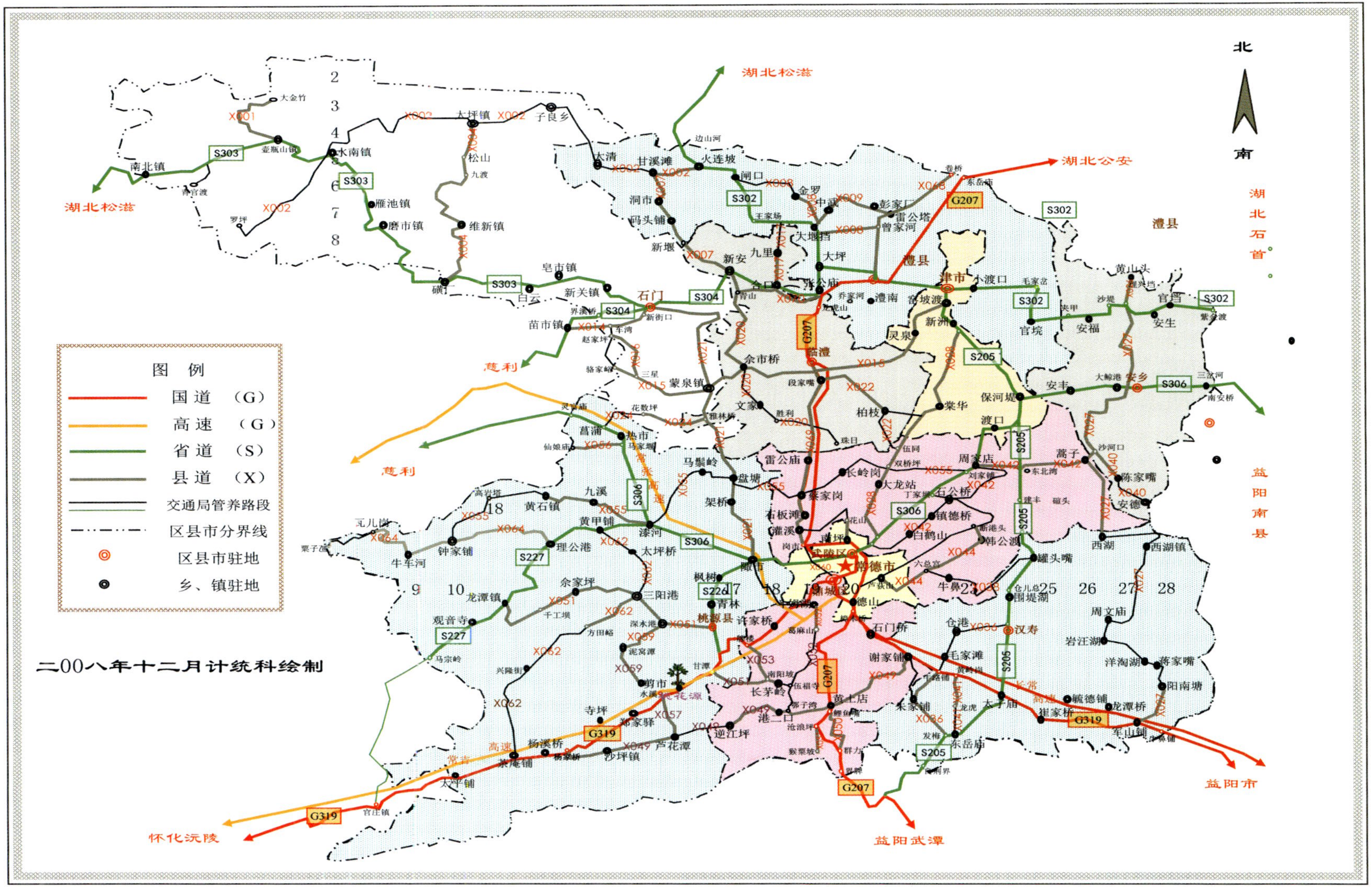

2005年8月16日，交通部部长张春贤（中）在湖南省省长周伯华（左二）、市委书记程海波（右二）、市长陈君文（左三）、市交通局局长马承斌（右一）陪同下考察常德市319国道樟木桥超限超载检测站。

1992年10月，湖南省副省长汪啸风（中）在常德市副市长陈德全（左）、临澧县县长刘春林（右）陪同下参观207国道临澧段改建工程。

2003年1月，湖南省委副书记梅克保(中)在汉寿县县长宋云文（右）等陪同下听取汉寿沅水大桥建设有限公司总经理李祖云（左）关于工程进展情况的汇报。

2008年12月28日，汉寿沅水大桥建成通车，图为湖南省委副书记梅克保（左六）、兰州军区原副政委陶方桂中将（左五）、省人大常委会原副主任庞道沐（左四）、省政协副主席阳宝华（右四）、空军某部部队长夏维宴少将（右二）、省政协原副主席陈彰嘉（右三）、湖南省高级人民法院原院长詹顺初（左三）、省政府科技顾问曾庆炎（左二）、省委副秘书长肖冬生（右一）、省交通厅党组书记陈明宪（左一）等参加大桥通车庆典。

1992年11月，湖南省交通厅厅长李顺（右）考察207国道临澧段改建工地并参加劳动。

2008年11月22日，省交通运输厅党组书记陈明宪（左三）、常务副市长陈文浩（右二）考察汉寿沅水大桥建设工地。

2007年5月24日，省交通运输厅副厅长詹新华（左一）考察汉寿沅水大桥建设工地。

1992年10月，省公路管理局局长唐生德（右一）、市委副书记王孝忠（右二）、临澧县委书记李大伦（左一）检查207国道临澧段改建工程质量和进度。

2008年8月22日，省公路管理局局长吴国光（右）考察汉寿沅水大桥建设工地。

2007年8月18日，市委书记卿渐伟（右二）在市交通运输局局长马承斌（左一）陪同下考察汉寿沅水大桥建设工程进度。

2006年11月 8 日，副市长宋冬春在创建319国道文明路动员会上讲话。

2008年5月22日，副市长徐超文（右二）在汉寿县县长宋云文（右三）、市公路管理局局长牟明德（左二）、汉寿沅水大桥建设有限公司总经理曲斌（右一）、总监李祖云（左三）等陪同下检查汉寿沅水大桥建设情况。

2012年1月21日，市长陈文浩（右）在市公路管理局局长马麦秋（左）陪同下考察车辆超限超载临岗检测站。

2013年12月16日，市委书记王群（左二）考察安乡陆家渡大桥改造工程。

2014年1月23日，市委副书记、市长周德睿（左）深入到武陵公路管理局南湖坪养护道班公路养护现场看望慰问“全国五一劳动奖章获得者”高子华（右）。

2014年5月7日，副市长沈习淼（中）在市公路管理局局长马麦秋（左一）、副局长曲斌（右一）陪同下考察安乡陆家渡大桥建设工地。

2010年5月19日，市交通运输局局长、党组书记车德斌（右二），在市公路管理局局长马麦秋（右一）、助理调研员史美华（左一）陪同下，考察临澧县城至石门青玄公路建设项目。

常德市公路管理局副处级以上领导干部合影

前排左起：史美华、邓俊杰、孙　勇、曲　斌、马麦秋、李祖云、焦绍云、李　颖、任朝晖

后排左起：王学杰、马明浩、金宏中、龚道荣、吴希艳、裴德友、王常青

常德市公路管理局历年获得的部分荣誉奖牌

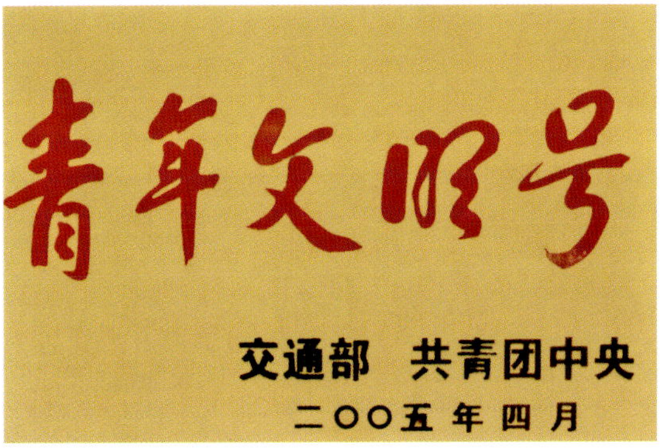

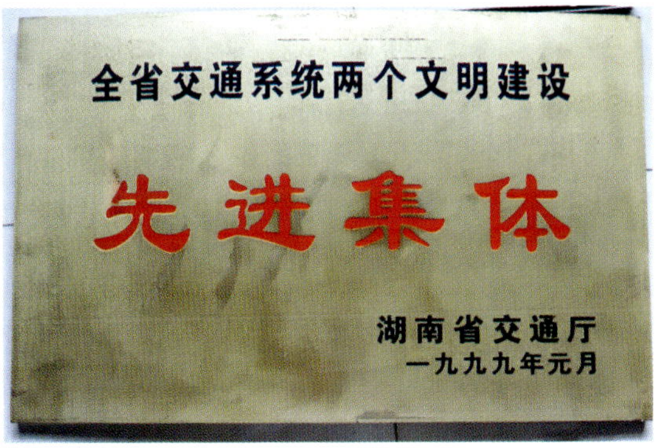

在2008年全省公路养护技能大赛中，常德市公路局获得团体总分第一名的骄人成绩。图为颁奖现场。

2008年1月12日–2月2日，常德市遭受罕见特大冰冻灾害，对公路造成极大破坏。常德市桃源公路管理局组织职工在G319桃源路段铲雪除冰，确保道路畅通。

2008年4月，G207鼎城区南线路段因水毁造成公路大面积损坏，鼎城公路管理局及时组织职工奋力抢修。

2008年9月17日，常德市公路管理局主办的养护知识竞赛现场

2006年7月14日，常德市公路管理局举办职工篮球赛，图为比赛现场。

2008年5月12日14时28分，四川汶川发生8.0级强烈地震，给汶川地区人民生命财产造成重大损失。常德市公路管理局职工积极为灾区人民捐款共计25.2万元。图为汉寿公路管理局职工为灾区人民捐款现场。

2008年3月14日植树节，常德市公路管理局工会主席肖剑春带领职工参加植树造林活动。

常德市公路管理局创办的公路报刊

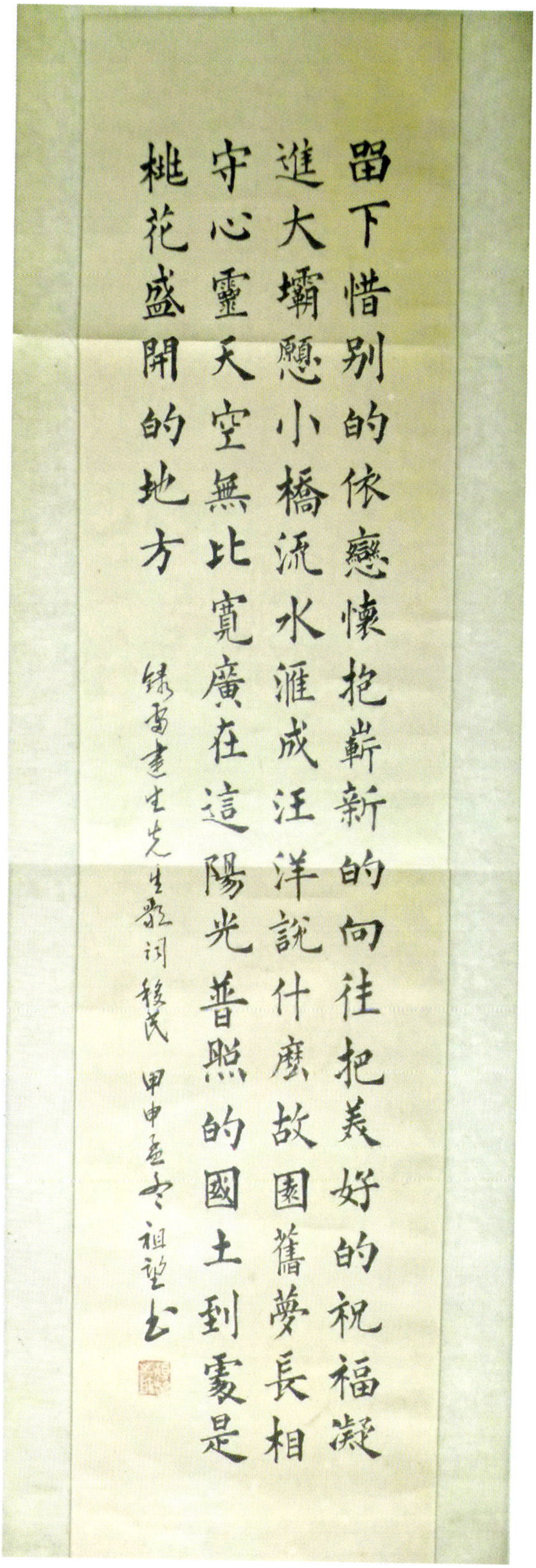

常德市公路管理局职工的书法作品（王祖望）

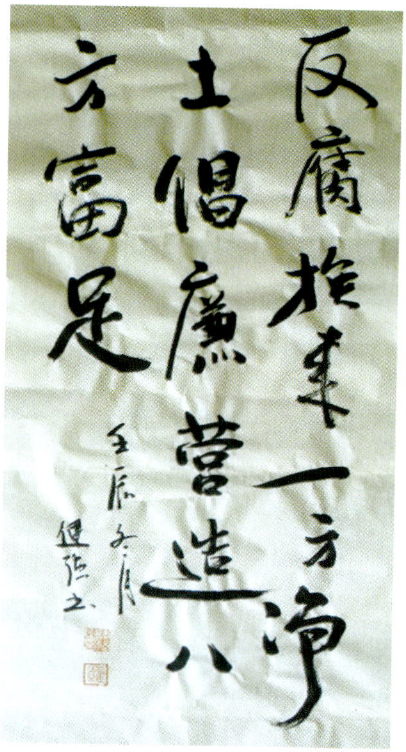

常德市公路管理局职工的书法作品（罗键强）

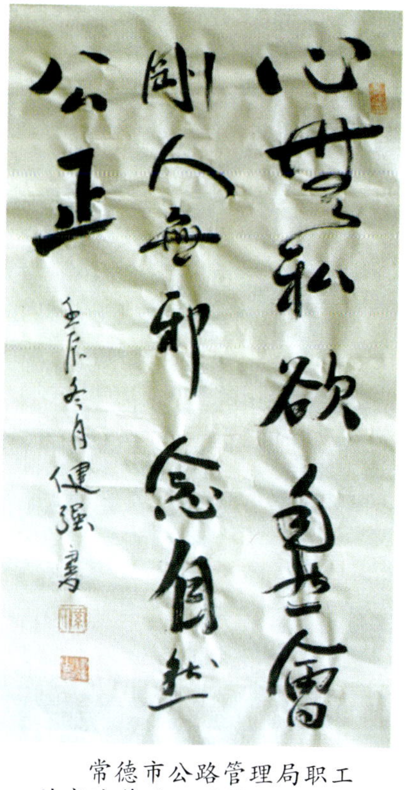

常德市公路管理局职工的书法作品（罗键强）

序

马麦秋

盛世修志，志以资治。经历4年多的辛勤编纂，共5篇80多万字的《常德市公路志》终于问世，捧读细览，欣慰诚贺。

这是一部浩瀚的常德公路史。从公元前春秋战国时的湖广驿道到目前多条高速公路、国省干线公路、农村公路组成的发达路网体系；从常德工务总段到常德市公路管理局；从沙石路到沥青路、水泥混凝土路、沥青混凝土路面；从单一的公路养护职能到具备公路建设、养护、管理、征费4项职能……此志乃常德公路之全史，连接着常德公路的历史和现实，铭刻着常德的公路发展轨迹。字里行间既忠实地记录了一代代常德公路人开山辟路、逢水架桥的奋斗历程，又真实地再现了常德公路发展与常德经济社会发展的相伴相生。读此志，知过去，明现在，思未来，是常德公路人继往开来、开拓进取的重要精神源泉。

编纂《常德市公路志》是一项非常艰巨而复杂的工作，时间跨度长，涵盖内容广，加上时间仓促，历史资料分散且有缺失，千百个日夜以来，编志工作者殚精竭虑、孜孜以求，付出了大量艰辛的劳动和辛勤的汗水。值此问世之际，谨向所有关心、支持和参与编纂工作的同志们表示衷心的感谢！

《常德市公路志》的出版发行对于当代和今后的常德公路事业发展必将起到服务和借鉴的重要作用，它将激励我们和后人在加速现代化公路建设、发展常德经济、构筑和谐社会中再创新的辉煌。

是为序。

（作者系常德市公路管理局党委书记、局长）

凡　例

一、本志以马克思列宁主义、毛泽东思想、邓小平理论，“三个代表”重要思想和科学发展观为指导，坚持历史唯物主义、辩证唯物主义的立场、观点、方法。

二、本志为常德市公路交通志，凡辖区内公路交通事业，不论其隶属关系、经费来源、均纳入本志。

三、本志取事断限，上溯到公元前280年春秋战国时期的楚国，下限至2010年，“先进集体”“现代公路”中的高速公路、危桥改造、路网改造和支线渡口部分下延至2013年，“大事记”“公路人物”下延至2014年。

四、本志按照实事求是、秉笔直书、略古详今原则，重点记述中华人民共和国成立后公路交通事业发展和现状，体现时代特点、地方特色和行业特征。

五、全志设志首、正文、附录三大部分，正文按篇、章、节、目、子目五个层次安排，横排竖写，依实记事。

六、本志采用现代语体文，述、记、志、传、表、图、录七体并存。

七、本志所列公路里程及等级、桥梁座数及类型、养路费和车辆通行费征稽收入等数据均以常德市公路管理局和常德市各县乡公路管理处(站)统计报表为准。

八、本志资料来源主要取自常德市档案馆、常德市公路管理局档案室、湖南省交通运输厅、湖南省公路管理局档案室等单位，《湖南疆域志》、区县(市)所修史志书籍，资料出处志中不另加注释。

九、本志行文按照《湖南省志(1978—2002)》编写行文通则、《常德市地方志编纂工作细则》执行。

目 录

第三篇 公路养护

第四篇　公路管理

公路人物与先进集体

附 录

Contents

Part Three Road Maintenance

Part Four Road Management

Part Five Education, Science & Technology, Industry Civilization Development

Road Individual and Advanced Team

Appendix

概　述

常德位于湘西北，濒临洞庭湖。地处北纬28° 24′ —30° 08′ ，东经112° 18′ —110° 30′ 。市境东西极宽174.6公里，南北极长187.2公里，总面积为18190平方公里，2010年底总人口为614万人。西与张家界市的桑植、慈利及怀化的沅陵相连；北与湖北省的鹤峰、五峰、松滋、公安、石首相接；东南与益阳的南县、沅江、资阳、桃江、安化接壤，为湘、鄂、黔、渝边境，素有“湘西门户”之称，自古为军事重地、贸易中心、交通枢纽。

一

道路起源　追溯常德境内最早的道路起源于春秋战国时期，有干线驿道4条，其中湖广驿道2条，湘川大道、湘黔大道各1条。有府县驿道5条，小路5条，特种道4条，共设驿站、铺107处。

历史的车轮滚滚前行，各种道路也应时应需产生。新中国成立后，公路事业进入了新的发展时期，特别是党的十八届三中全会后，改革开放为公路事业注入了新的活力，公路成为经济社会发展的重要引擎，公路事业发展步入快车道。至2010年年底，常德市不仅初步形成了以高速公路、国省道为骨架，以县、乡公路为支脉，与周边地区干支相连、四通八达的公路网络，而且公路文明建设硕果累累，涌现了一大批令人骄傲和自豪的先进集体和个人，形成了具有鲜明行业特色的文化建设体系。

二

公路建设　公路从无到有，从少到多，从单一到多类型并存，主要经历了4个发展阶段：

一是起步期。民国16年(1927)5月从湘西汽车路局筹划修建常德经陬市至桃源公路起，至民国38年(1949)4月军路修筑委员会修筑陬市至慈利、汉寿至太子庙公路止，共修建了9条(段)公路，累计长458.336公里。后在抗日战争时期和解放战争时期，公路破坏严重。1949年7月常德解放时只有公路299.31公里，通车里程只有269.16公里，均系等外路和简易公路。

二是恢复和改善期。1950年至1952年,以恢复公路基础设施为重点,恢复慈张等3条公路计122.911公里。1953年至1980年,依靠各级政府和广大人民群众,动员全社会的力量,采取群众义务建勤等方式修建公路,通车里程逐年增加。至1980年年底,累计通车里程为2127.7公里,是解放前的8倍。

三是发展期。1981年后,改革开放推动了公路事业的迅猛发展。各级政府把加快公路建设作为改善投资环境、搞活经济的重大举措,在全社会形成了“公路通、百业兴”的局面。10年常德市新增公路3382.3公里,至1990年年底公路总里程达5510公里。其中常德市公路总段管养1719.34公里,各区县(市)交通局管养3790.66公里。

四是腾飞期。1991年至2010年,是建国以来常德公路投资规模最大、发展速度最快的阶段。10年内,修建澧(县)津(市)、临(澧)岗(市)、湘北等8条(段)干线公路221.804公里,其中一级公路85.157公里,其余皆为二级公路,S205全线通车。高速公路辐射四方。1999年常德境内高速公路实现零的突破,至2010年年底,益(阳)常(德)、常(德)张(家界)、常(德)吉(首)3条高速公路相继建成通车,通车里程201.18公里。此外,还有岳(阳)常(德)、东(岳庙)常(德)、常(德)安(化)3条共计207.5653公里高速公路尚在建设中。农村公路建设步伐加快。2006年开始贯彻落实国务院关于“要进一步加强农村公路建设”的指示,至2010年年底,共修建县乡公路657公里,村公路1155公里,常德市100%的乡镇和87%的行政村通了客班车。

至2010年年底,常德市公路总里程为17310.924公里,是新中国成立时458.336公里的37倍。其中:高速公路201.18公里,国道326.195公里,省道668.632公里,县道2293.49公里,乡道4239.378公里,村道9577.88公里,专用公路4.169公里。每百平方公里有公路95.11公里,每万人有公路28.19公里。

三

公路技术等级 1964年以来,全市公路技术等级不断提升,公路通行条件不断改善。

路面改造。一是实施油路改造。1963年试修1.8公里单表煤焦油沥青路面。1967年至1990年年底,常德境内沥青路面达708.65公里。1990年的油路大中修、新改建工程中,完成了G319线汉寿牛鼻铺至常德南站转盘70.1公里的沥青混凝土摊铺路面,结束了常德境内没有一条高等级路面的历史。二是新建水泥混凝土路面。1992年开始修建水泥混凝土路面,至2000年年底,常德市修建水泥混凝土路面377.86公里,其中干线公路248.37公里、支线公路129.49公里。

公路加宽和线型改善。1975年以前,部分路段进行过加宽改造,1975年至1990年常德公路进行了大面积的加宽改造。干线公路路基由7.5米加宽至12—24米,路面由7米加宽到 9 米。对公路线型进行了裁弯取直，易遭水淹地段加高路基和移线，缩短了部分路段里程，改善了公路线型。到 1987 年年底，共加宽路基 995.63 公里，其中国道 274 公里、省道 353.33 公里、县道 368.3 公里；油路路面加宽改造 716.39 公里。1991 年继续进行改造，按一级路的标准改建了津市到澧县张公庙、张公庙至临澧矮架山、岗市至德山共 65.77 公里路。

2001 年至 2010 年，按一、二、三级路标准改建了国道 207、省道 205、省道 302、县道夹山至盘塘等 8 条(段)公路累计 412.465 公里。“十一五”期间，县乡公路进行配套和硬化建设达 10285 公里。

改渡为桥。从 1959 年修建德山大桥，港口渡口改渡为桥开始至 2008 年 12 月修建汉寿仓儿总沅水大桥为止，共修建特大、大中型桥梁 18 座，常德青年路、桃源尧河、澧县张公庙等 15 处汽车渡口改渡为桥，结束了常德境内干线公路上数十年来汽车过河“长龙待渡”的历史。2010 年年底常德市公路管理局管养桥梁总数为 411 座，常德市县乡公路管理处管养的桥梁总数为 1131 座。

2010 年年底，常德市境内共有公路 17310.924 公里。按技术等级分：高速公路 201.18 公里，一级路 188.976 公里，二级路 541.707 公里，三级路 435.138 公里，四级路 11321.475 公里，等外级路 4622.448 公里。按路面类型分：水泥混凝土路面 10500.105 公里，沥青混凝土路面 296.619 公里，沥青表处路面 379.194 公里，沙石路面 6135.006 公里。

四

组织机构　1950 年，常德工务总段成立后，公路养护机构经历了多次变动。1951 年 2 月撤销常德工务总段，成立常德、临澧两个工务段；1951 年 12 月撤销常德工务段，其所管养路段划归临澧和益阳工务段养护；1953 年工务段改称养路段，常德境内公路分别由益阳、沅陵、临澧养路段管养。1954 年成立常德专区公路总段。1957 年 8 月常德专区公路总段与运输总站合并成立常德公路运输局，1962 年 6 月撤销公路运输局，成立常德公路养护总段。1963 年 1 月，益阳公路养护总段成立，与常德公路养护总段正式分开办公。1966 年常德公路养护总段并入常德专署交通局，1967 年从常德专署交通局中分出，成立常德公路总段。1988 年常德地改市，常德地区公路总段改称常德市公路总段。同年 5 月，慈利县公路段划归大庸市。1996 年常德市公路总段更名为常德市公路管理局。

1981 年以前，公路养护工作为统一组织管理，1981 年以后分为省养公路和地方管养公路两大块。1985 年 2 月成立常德地区公路管理处，主要负责管养地方公路，为正科级事业单位。1988 年更名为常德市公路管理处，1997 年更名为常德市县乡公路管理处，2007 年升格为副处级事业单位。内设综合、养护工程、路政安全 3 个职能科室，归口管理 11 个区县(市)

县乡公路管理处(站)。

1979年以前,公路部门职能单一,主要从事公路养护。改革开放以来,公路交通事业日益兴旺,公路管理机构不断健全,管理体制得到加强和完善。1980年成立路政科,增加路政管理职能;1985年成立公路养路费征收办公室,接管了全地区公路养路费征收工作;1987年成立公路公安科,进一步强化了路政管理。至此,公路部门具备了公路建设、养护、管理、征费四项职能,具有了生产、经营、监督的权力。

1992年按照国家"贷款修路,收费还贷"的政策,开始设立收费站,至2005年年底,常德境内共设立了18个公路通行费收费站。1993年12月,为加强养路费征收管理,常德市交通局成立规费征稽处,常德市公路总段养路费征收办公室及下属征收所划归征稽处。

1998年1月《中华人民共和国公路法》颁布实施;2002年10月,《湖南省实施〈中华人民共和国公路法〉办法》开始施行,明确了公路管理机构执法的主体地位,常德市公路管理局先后成立了路政管理支队和车辆超限超载运输检测站,各区县(市)公路管理局成立了路政大队,路政管理步入法制化、规范化轨道。

2001年12月,常德市公路管理局进行了机构改革,改革后市局机关设纪律检查委员会、工会、共青团3个部门和组织人事科、计划统计科、财务科、工程科、养护科等14个科室,比改革前精简了5个科室。常德市公路管理局下辖9个区县(市)公路管理局、8个直属单位。

2009年5月1日,根据国务院、湖南省人民政府《关于实施成品油价格税费改革的通知》精神,常德市公路管理局所属的张公庙、崔家桥、樟木桥、桃花源、陬市、雷公塔、矮架山、石龟山大桥、大鲸港、新洲10个普通2级公路收费站一并撤销。常德市公路管理局由原来的"省管钱,地方管人"的双重管理变为全部由地方管理。

五

养护机制 公路养护机制是在长期的公路养护过程中逐步建立、健全和完善的。新中国成立初期,地方建立群众养路小组与道班一起养护公路,称为道群共养制。1951年开始在道班中实行"三定、四包"养护负责制(包养、包检、包修;以定额的人工、在定额的时间内、按定额的标准、完成定额的任务),同时推行生产会议制、雨雪天巡路制、工具保管制、工作分配制、轮流值日制。1956年实行民工建勤养护公路;1963年实行"三包五定"养路负责制(包生产任务、包工程质量和安全、包降低小修保养成本;定人员,定工作地段,定材料、工具和牲口,定出工出勤、工时利用和工效,定年公里小修保养成本),1981年推行"三定一包,节约分成"经济责任制(定人员、定材料消耗、定路况指标;养护经费包干到工班,节约分成),1984年实行"二包、四奖、五保"养护经济责任制(包年中、年末平均好路率和消灭差等路任务的完成,包小修保养经费的使用;优良等路保持奖,路况等级上升奖,超产奖,好路单位奖;保证按期完成优良等路上升里程,保证按期消灭差等路,保证按质完成沙石任务,保证优良路里程不下降,保证安全生产)。

1995 年公路养护实行目标管理,以百分制进行考核。

1997 年组建机械化路面养护专业队,负责水泥混凝土和沥青混凝土路面养护。1998 年实行招投标养护,2002 年以后进行管养分离,水泥混凝土路和沥青混凝土路面大中修工程实行系统内部招投标承包经济责任制,打破了县域界限,促进了工程质量的提高。

六

文明行业创建 常德公路系统认真贯彻落实《中共中央关于加强社会主义精神文明建设若干重要问题的决议》的精神,以毛泽东思想、邓小平理论、“三个代表”重要思想和“科学发展观”为指导,以养好公路、服务人民、奉献社会为宗旨,围绕公路建、养、管、征工作中心,从 20 世纪 80 年代全面开展了社会主义精神文明建设。在职工中进行了文明礼貌、职业道德、党的“四项基本原则”、党的基本路线、改革开放和学习先进模范人物的教育,引导职工树立爱岗敬业、无私奉献的人生观和价值观,培养造就出一支有理想、有道德、有文化、有纪律的职工队伍。开展文明道班、文明收费站、文明单位、文明路段的创建活动,树立行业新风;开展形式多样、积极向上、内容健康丰富的文化体育活动,活跃了职工的文化生活,陶冶了职工的思想情操,灿烂的精神文明之花,结出了丰硕的文明之果。常德公路系统培育出了一大批先进集体和先进模范人物,取得了公路建设和养护的优异成绩。鼎城区樟木桥道班荣获“全国五一劳动奖状”;汉寿太子庙机械化养护站荣获“全国公路养护模范道班”称号;319 国道樟木桥收费站获“全国青年文明号”称号;津市灵泉道班获“全国模范职工小家”称号;常德市公路管理局被湖南省委、省政府授予“湖南省文明建设先进单位”称号;汉寿崔家桥道班获“湖南省先进集体”称号;国道 207 临澧矮架山收费站、319 国道崔家桥收费站获“湖南省青年文明号”称号。先进模范人物中有“全国劳动模范”、“全国三八红旗手”桃源公路管理局红卫道班班长陈碧云,有“全国五一劳动奖章”获得者临澧公路管理局新安道班班长苏前礼、武陵公路管理局南湖坪道班班长高子华;有“全国青年社会主义建设积极分子”常德公路总段原工会主席许志强,“全国交通系统 80 年代优秀大学毕业生”常德市公路管理局副书记、副局长李祖云。1985 年常德地区公路总段征费工作名列全省第一;1999 年至 2003 年度两费征收获得全省五连冠;1987 年渡口红旗船舶占全省第一名;2010 年公路养护质量获全省第一名;2005 年和 2010 年度公路工程建设获全省第一名;2006 年建成 319 国道文明样板路 64.358 公里。

回首过去,常德公路建设、养护和管理取得辉煌成绩,但也还存在一些不足。如养路经费投入不够,国省干线公路的调整、优化、改造任务还相当繁重,公路网络有待进一步完善提升,公路管理体制不够稳定等。展望未来,常德公路交通发展前景广阔。常德将形成以高速公路为骨架,国省道公路为干线、县乡公路为经络、各级路网衔接紧密、布局合理、层次分明、结构匹配、安全高效、方便快捷的现代化公路网络运输系统。高速公路以常德市城区为节点,向长沙、岳阳、荆州、张家界、吉首、邵阳辐射,以安乡至慈利、西洞庭至军山铺、宜昌至张家界三线联成网络。国省道以 4 条国道、29 条省道联成 16 纵、17 横干线网络。提升农村公路技术等级,实现乡乡、村村公路通畅,使常德市与国家三大经济区(珠三角、长三角、环渤海)实现快速对接,实现与湖南省内各市、州以及邻近省市形成 4 小时交通圈,常德中心城区至各县(市)形成 1 小时交通圈。

大 事 记

楚顷襄王十九年(公元前280)

秦将司马错率军从蜀攻占楚黔中，其行军路线走的湘川驿道即四川秀山—湖南花垣—永顺—大庸—慈利—常德—益阳—宁乡—长沙。

楚顷襄王二十年(公元前279)

楚将庄蹻率楚兵击败秦军收复黔中,其进军路线仍然是走湘川驿道,复溯沅水而上攻占滇池。

楚哀王六年(公元前223)

秦灭楚,常德划入黔中郡。

秦始皇二十六年庚辰(公元前221)

置慈姑县(今慈利县)隶黔中郡。

汉高祖十一年(公元前196)

刘帮派陆贾出使南越(今两广一带),招谕故秦南海尉赵佗臣属汉朝并“立佗为南越王”时,所走的线路是湖广驿道即:襄阳—江陵—澧县—常德—益阳—长沙—衡阳—郴州—百粤(今广西)。后沿同一路线再次出使南越。

建安十五年(210)

12月 刘备得荆州后,走湖广驿道取长沙、零陵、桂阳(今郴州)三郡。

唐初(629—634)年间

尉迟敬德出任襄州(今襄樊市)都督,建花瓦桥,桥为单孔石拱桥,全长21米,宽5.3米,高7.6米,跨径9米,2001年前是湖南省境内保存完整的最早古桥。2002年被洪水冲坏,现存2孔,是常德境内现存可以考证的最早古桥。

唐永泰元年(765)

潭州(今长沙)都督翟灌率士卒吏民开望浮(今桃江)驿道,复又整修涔阳(含临澧、澧县)驿道,并设顺林、兰江、清化驿。

唐咸通年间(860—874)

石门建梅公桥,为5孔石拱桥,后改建,现有"梅公桥"碑在。

宋宝庆元年(1225)

僧人广海募资顾匠,垒石为址,斫木为梁,修建佘市桥(原名道济桥)。

元至大元年(1308)

洪水泛滥,澧州(今澧县、临澧)驿道,龙阳(今汉寿)驿道时遭水毁,难复旧观。

明洪武三年(1370)

汉寿建河池水驿,嘉靖九年(1530)改为河池水马驿。

明洪武四年(1371)

知县张子源建常德府河水驿。明嘉靖八年(1529)与和丰马驿合并为府河水马驿。

明洪武四年(1371)

桃源县署南60里建郑家坪驿站置驿丞,朱元璋并钦定命名为“郑家驿”,后撤,与新店驿归并燕庄驿。清康熙二年(1663)复置。清乾隆四十一年(1776)改驿站为巡检署。

明洪武四年(1371)

桃源县署南130里的新店驿置驿丞,后撤。清康熙二年(1663)复置。乾隆四十一年(1776)改驿站为巡检署,置巡检司。

明洪武十四年(1381)

桃源县西南2里置桃源水驿。清康熙二十二年(1683)改为桃源水马驿。

明洪武十四年(1381)

澧县北60里的顺林驿置驿丞。清乾隆四十一年(1776)改驿站为巡检署,置巡检司。

明洪武十四年(1381)

澧县城东凤凰堰之北的兰江水马驿置驿丞。设守道、吏办2名,馆夫3名,铺司11名。

明洪武十五年(1382)

常德蹇家坪驿站迁往大龙站,改称大龙驿,设驿丞一员。

明万历年间(1573—1620)

同知钱梦松在常德府东十里建新坡桥,石墩架木桥,两岸筑长堤。清嘉庆十四年(1809)里人张国顺同仲儒孙其秀、余文献、陈大德捐资重修,更名五福桥。桥长十三丈,宽二丈六尺。

清乾隆十五年(1750)

常德县双桥坪牟姓牵头,村人捐资修建牟家大桥。该桥为长六丈二尺,宽一丈四尺,跨径三丈二尺,一孔石拱桥。桥基坚固,至2014年完好无损。

清乾隆五十一年(1786)

澧州州绅彭宗亮以水涨渡险,倡修平桥,工成不久被水冲毁。清嘉庆二十五年(1820)守道多贲,州牧安佩莲修建多安桥,腊月动工,道光一年(1821)仲夏竣工。

清乾隆六十年(1795)

澧县孙承松同弟承竹捐修松竹桥,跨涔水上游。

清嘉庆年间(1796—1820)

石门修建白云桥,该桥为石墩木面屋桥,横跨南溪两岸,是石门县城经皂市、白云桥乡、磺厂进入慈利县境的重要通道。

清嘉庆二十五年(1820)

知县谭震自捐奉,劝民乐输,数年建成石墩木面观音桥(又名陬市桥)。1970年桃源县公路养护段将其改建为3孔钢筋混凝土版梁桥。

清道光八年(1828)

汉寿县建毓德铺大桥,费金万两,历时 13 年建成。石砌 8 墩下基、7 孔通流,宽 3 米,长 53 米。

清咸丰四年(1854)

太平军克常德,取澧州,前锋直抵辰龙关(今沅陵境)因常德驿道受阻,取湘乡蓝田至安化驿道传递军书。

清光绪十五年(1889)

广东茶商卢次伦为经营茶叶,投资修造石门道路。以泥沙为中心,北至湖北鹤峰、来凤、五峰县,南至石门县城,均加宽铺成青石岩板路。

清宣统三年(1911)

津市至澧县修建石板路。

民国元年(1912)

3 月 湖南都督府交通司令各县调查驿道及驿道设施情况。

民国 6 年(1917)

临澧大桥建成通车,为 12 孔 6 米至 6.5 米不等跨径的石台木面桥,桥宽 4.5 米,全长 104 米。

民国 8 年(1919)

常德镇守使冯玉祥率众官兵修筑津(市)常(德)土路,宽 4 米。

民国 11 年(1922)

唐荣阳主持津市街道扩宽,拓平,铺麻石路。

民国 15 年(1926)

8 月 湘西汽车路局在常德成立。选陈强为总理,彭定钧为协理。

民国 16 年(1927)

5 月 常德经陬市至桃源公路修建动工,次年 7 月竣工通车。线路全长 32.5 公里,路基宽 6.5—7.5 米,是常德修建最早的一条公路。

民国 17 年(1928)

1 月 湘中、湘南、湘西汽车局改名第一、第二、第三汽车路局。

冬 汉寿丰家铺村民捐资维修笙竹坳古驿道茶亭。

11 月 汉寿牛鼻铺至德山大桥公路动工修建,民国 19 年(1930)11 月竣工。线路全长 64.7 公里,路基宽 7.5 米,路面宽 4.5 米,总投资 60 万元。至此,长常公路全线通车,长宁段管理处改为长常段管理处。

是年 汉寿牛路滩桥修建竣工,为 12 孔全长 70 米的临时性大桥。

民国 18 年(1929)

9 月 湖南省政府召开党政联席会议,决定撤销第一、第二、第三汽车路局,改设湖南全省公路局,属建设厅领导。

11 月 湖南省公路局成立常(德)桃(源)公路管理处,主管营运及养路工作,是常德最早的公路机构;成立益常、常桃、桃源工程处,主管新建工程,并任命各处负责人。

民国 19 年(1930)

5 月 常桃段管理处主任黄超白调湖南省公路局,唐叶平任常桃段主任。

是年 建成德山老码头至常德大西门渡口。

民国 20 年(1931)

1 月 湖南省公路局成立桃(源)沅(陵)、湘川两测量队,委工程师童恩炯、欧阳镜寰分任主任。

民国 21 年(1932)

10 月 湖南省党、政、军联席会议决定修筑 7 大干线和 13 条支线,其中常德有宝(庆,今邵阳)晃(县)、桃(源)里(耶,属保靖县)、常(德)澧(县)三线公路,并限期六个月完成。

11 月 湖南省公路局成立桃(源)里(耶)、常(德)澧(县)工程处,童恩炯、石略分别为主任。

12 月 常德德山大桥至桃源太平铺公路动工修建,民国 24 年(1935)9 月 25 日建成通车。线路全长 96.165 公里,路基宽 7.5 米,路面宽 4.5 米。至此,长常段管理处改为长沅段管理处。

12 月 澧县卷桥至常德滨湖路公路动工修建。澧县至卷桥 31.18 公里于民国 24 年(1935)3 月 4 日竣工;澧县至常德 82.5 公里于民国 23 年(1934)10 月 20 日竣工。线路全长 113.68 公里,路基宽 6—7.5 米,路面宽 5 米,有桥涵 93 座,总投资 42.2511 万元。

12 月 澧县至津市公路动工修建,民国 23 年(1934)10 月 20 日竣工。线路全长 11.6 公里。常桃段管理处改为常澧沅段管理处。

民国 23 年(1934)

1 月 德山设立港口渡口,1960 年 5 月建桥撤渡。

1 月 湖南省公路局组织测量队测量常德至慈利公路,但未动工修建。

2 月 27 日 蒋介石电令湘鄂两省在 7 月底前建成常德至沙市公路。

5 月 慈张线石门至张公庙线路由省公路局组织测量,同年 10 月动工修建,民国 25 年(1936)6 月竣工通车。线路长 33.38 公里,路面宽 2 米—3 米,厚 10 厘米。

6月 成立澧(县)鹤(峰)段工程处,由常澧段主任石略兼办。

7月 湖南省公路局调常桃段主任唐叶平为潭(湘潭)宝(庆,今邵阳)段主任,长衡段主任吴肇余为常桃段主任。

10月 常德汽车南站至下南门汽车码头建成通渡。从此结束了长(沙)常(德)线德山老码头至大西门间长距离渡运的历史。

10月 澧县张公庙汽车渡口建成通渡。1989年建桥撤渡。

民国24年(1935)

6月 常澧线遭水毁,路基损坏严重。

9月 湖南省公路局改长常管理处为长沅段管理处,改常澧段管理处为常澧桃段管理处。

10月 湖南省公路局奉命接收驻军修建澧县至王家厂段土路。

是年 桃源水溪桥建成,为11孔石台木面桥,全长72.05米。

民国25年(1936)

1月 湖南公路局裁员简政,调整机构,各管理处被撤销,改为业务段,主任改称段长。

2月 慈利至石门公路开始测量,测设完毕即组织施工,民国27年(1938)4月修成路基后停工。新中国成立后,经慈利、石门两县发动群众采备沙石,抢铺路面,于1950年10月1日竣工。至此,慈张线全长72.26公里正式通车。

3月 汉寿牛路滩桥改建动工,同年7月竣工,为石台木面之半永久式结构。

4月 省公路局委张英为常澧桃段业务段长。

上半年 牛路滩桥被水冲毁,改设渡口,人力渡运至1938年3月。

是年 湖南省公路局为常澧桃段分配汽车17辆。

民国27年(1938)

1月 湖南省公路局在桃源成立长(沙)沅(陵)公路改善工程处,委李炳炎为主任,负责改善沿线桥、渡工程。

3月 汉寿牛路滩桥开工修建,同年7月建成,为石台木面桥,桥长72米。

4月16日 湖南省公路局奉命将长沙—常德—沅陵—晃县公路交西南公路局管理。至此湖南省境内公路正式划分为国道和省道。

9月 湖南成立"非常时期养路工程总队",各养护队改为分队。

是年 桃源白洋河渡口建成通渡,1979 年 6 月建桥撤渡。

民国 28 年(1939)

1 月 湖南省公路局撤销“非常时期养路总队”,改为养路工程队。

9 月 国民党当局下令,彻底破坏长沙至桃源 209 公里公路。太子庙、严家河、牛路滩桥被炸毁。常德汽车渡口停摆。

11 月 常澧桃、张公庙至石门公路奉命全线破坏。常德至郑家驿掘路为沟。

民国 32 年(1943)

1 月 郑家驿至茶庵铺 22.5 公里公路继续遭到破坏。

是年 日本侵略军犯湘,国民党 44 军将多安桥炸毁 3 孔,阻敌进攻。

民国 34 年(1945)

8 月 川湘公路局湘西办事处组织力量将茶庵铺至郑家驿一段公路修复。

9 月 川湘公路局成立复路工程处负责修复郑家驿至常德、常德至益阳公路。

民国 35 年(1946)

1 月 长沙至沅陵线修复土路工程竣工,1 日试车,3 日开出首班客货车。

3 月 交通部第二区公路局成立,设常益总段,下辖第一(常德)、第二(太子庙)、第三(益阳)分段和益阳渡口。

4 月 常(德)万(载)工程处常益总段,将川湘公路局遗留的便道便桥,均改为正式桥梁(木架木面)。从此长(沙)常(德)和常(德)沅(陵)两段恢复通车。

4 月 二区局在湘境分设榆(树弯)常(德)、澧(县)东(东岳庙)两总段,负责公路的抢修。

5 月 交通部将榆树弯经沅陵—常德—长沙—浏阳至东山峰界 680.1 公里和常德经澧县至东岳庙 116.4 公里划为干线公路,交由湖南省公路局第二区公路工程局接管。湖南公路局管理省道。

8 月 川湘公路局在长沙成立修复工程处,委沈达可为处长,主持桃源至长沙的抢修工程。

10 月上旬 石门县政府征调民工 25600 名兴工修复慈张公路石门段 25 公里,12 月中旬完成大部分工程。

11 月　常澧公路修复工程处成立并立即开工,次年 11 月完成常(德)澧(县)津(市)公路土方工程。

民国 36 年(1947)

11 月　第十七绥靖公署成立军路修筑委员会,兴修澧(县)慈(利)、陬(市)慈(利)、汉(寿)太(子庙)、迎(风桥)沅(江)公路。

12 月　澧县多安桥修复动工,民国 37 年(1948)3 月竣工通车。

是年　湖南省政府提出"交通建设年"的口号,湖南省公路局提出了"八项工程计划",陬市至慈利公路就是"计划"之一项。

民国 37 年(1948)

初　湖南省公路局二区局在沅陵成立办事处,委派欧阳缄、杨子仲为正副主任管辖榆(树湾)常(德)、澧(县)东(岳庙)两总段业务。

8 月　澧县曾家河渡口建立,1959 年 12 月建桥撤渡。

11 月　常德汽车渡口修复通渡。

11 月　常(德)澧(县)线修复工程竣工,由常澧工程段养护。澧县至东岳庙 33.6 公里由第二区公路局澧东总段草率修复,曾家河渡口因无设备未通车。

下半年　二区公路局成立沅(陵)常(德)段工程处,设榆常、澧东、沙东 3 个总段。

是年　慈利至张公庙 72.26 公里公路草率修复,但行车困难。

是年　慈利至岩口公路由国民党第十七绥清公署的"军路修筑委员会"测设、动工修建,1949 年 5 月兴工未竣即停工。

1949 年

4 月　第十七绥靖公署移交兴修的军路时,陬(市)慈(利)、太(子庙)汉(寿)两段公路均未竣工。

4 月　湖南省公路局成立常德等 7 个工程段。常德工程段管养常德经澧县至津市 93.97 公里公路。下设 2 个分段,配职员 10 人,养路工 79 人。

4 月 20 日　湖南省公路局成立"湖南省公路应变委员会",常德成立应变分会,开展保产护路工作。

4 月　陬(市)慈(利)公路 73.33 公里土路修建工程草率完工通车,即移交二区公路局。

夏 洪水冲毁常德沅水河南岸的桥梁不能通车，当时无力修复，于同年7月将落路口渡运码头迁至下南门，利用民用码头维持交通。

7月解放前夕，常德的公路机构有常（德）宁（乡）、榆（树湾，今怀化市）常（德）、澧（县）东（岳庙）三个总段和湖南省公路局的常澧工程段。常宁总段设益阳，下设2个分段，第一分段设常德南站，分管常德至汉寿牛鼻铺公路，第二分段设益阳，分管汉寿牛鼻铺至宁乡惊马桥公路。榆常总段下设桃源工务段，桃源工务段设桃源南站，分管常德南站至太平铺92.3公里路段。澧东总段设澧县老二街王家祠堂，下设澧县、曾家河、复兴厂3个分段，负责澧县至东岳庙30公里公路的修复和改建工程。常澧工程段设常德市高山街，负责常德至津市公路的修复和管养工作。当时慈利至张公庙公路在1934年至1938年由第十七绥靖署李默奄负责修成毛路，属军路，没有设立管理机构。

7月29日 常德解放。

7月30日 常德军管会交通接管部派军事代表史述接管了驻高山街的“常澧工程段”和驻常德南站的“常宁总段第一分段”。澧县军管会接管澧东总段，桃源军管会接管设在桃源的榆常总段桃源工务段。

7月 国民党白崇禧部溃逃时，将桃源太平铺桥炸毁。

8月 为了迅速恢复交通，支援前线，各公路机构维持原状：

常宁总段第一分段管养常德南站至牛鼻滩铺71.7公里；

榆（怀化榆树湾）常（德）总段桃源工务段管养常德南站至桃源太平铺92.3公里；

澧东总段管养澧县至东岳庙30.15公里；

常澧工程段管养常德至津市、常德至陬市105.16公里。

9月6日 德山港口、澧县曾家河渡口在当地支前部门和工兵部队的支持协作下，架设临时性浮桥，保证了支前任务的完成。

10月8日 常南分段组织抢修常德至茶安铺公路。郭家铺段公路被水淹没后路基发软沉陷，采取垫松木排卡石块的方法，加高路基0.6—1米，保证了车辆通行。

1950年

石门渡口建成通渡，1995年3月建桥撤渡。

1月 桃源分段常（德）沅（陵）公路麻阳湖地段1.5公里低路基加高工程竣工，分别加高0.5—1.5米。

1月1日 “湖南省公路管理局”新机构成立，并将全省公路机构合并改组。

1月20日 湖南省公路管理局123—128号文规定：全省成立6个工务总段，26个分段，67个支段，21个渡口所。其中常德工务总段下辖：桃源、益阳、常南、常北、澧县5个分段、11个支段、4个渡口所。这是新中国成立后湖南公路管理体制的第一次改革。

2 月 6 日 常(德)沅(陵)公路上的水溪桥(长 71.4 米)、澄溪桥(长 52.8 米)被土匪烧毁。军事代表史述带领一个连的兵力进驻水溪组织力量抢修。

2 月 16 日 水溪桥修复通车。

2 月 20 日 澄溪桥修复通车。

上半年,史述调离交通系统,军事代表由袁平凡接替。

9 月 慈利—津市公路修复通车。

10 月 25 日 全省公路机构局部调整,常德工务总段常南分段改称常德分段,常北分段改称临澧分段(增辖慈张路,增派工程师 1 人)。

10 月 31 日 全省公路机构局部调整中取消支段,常德工务总段改设常德、益阳、桃源、临澧 4 个分段和太子庙桥工所。

12 月 湖南省公路管理局组织抢修多安桥水毁桥面动工,1951 年 6 月竣工。省公路局副局长成从修任主任委员,澧县人民政府负责主修,临澧工务段负责工程技术,桥面换成水泥混凝土板面,比桥长多打 9 米,共花大米 180 担(约 28800 余市斤)。

12 月 12 日 慈利至张公庙 74.71 公里公路修复,石门渡口恢复渡运,至此,全线通车。

是年 桃源马家堰至仙娘庙公路开工修建,为乡村大道,1963 年改建,1970 年竣工,里程长 11.3 公里,路基宽 4.5—5.5 米,路面宽 3 米。

1951 年

1 月 常德工务总段工会委员会成立,属湖南省公路运输局和常德地区工会双重领导。

2 月 10 日 湖南省公路管理局以人字第 131 号文撤销 6 个工务总段 23 个分段建制,改设 21 个工务段,常德设有常德、临澧、益阳 3 个工务段(桃源分段并入沅陵工务段)。

5 月 16 日 益(阳)常(德)公路新建太子庙钢梁木面桥竣工。

12 月 15 日 湖南省公路管理局进行人事调整,撤销常德工务段,线路人事调配为:

益阳工务段管长沙—常德—车溪冲,包括迎沅支线全长 231.19 公里,段部 14 人,其中技干 6 人,道班 10 个,道工 91 人,有益阳、德山港口、常德 3 个渡口,渡工 46 人,合计 151人。

临澧工务段管常(德)澧(县)津(市)段、慈(利)张(公庙)段、常(德)陬(市)桃(源)段全长 198.84 公里,段部 9 人,其中技干 4 人,设道班 6 个,道工 55 名,有张公庙、石门渡口 2 个,渡工 19 名,计 83 人。

是年 湖南省第一届工业劳动模范大会在长沙召开,常德汽车渡口所工人朱汉雄、王定(女)、临澧工区城关道班班长刘寿云、汉寿崔家桥道班班长谢炳文、工人贺左才出席大会,获湖南省劳动模范称号。

12 月 石门磺厂修建磺厂至沿市一段简易公路开工,当年竣工,路长 7 公里,路基宽 4.5—6 米。

1952 年

4 月 7 日 湖南省公路管理局成立了澧(县)东(岳庙)公路抢修工程队,李国伟为队长,工程队下设四个分队和一个汽车组,4 月 14 日,澧东公路经抢修初步恢复通车。

4 月 14 日 常德工务总段从德山港口渡口调双车板划一艘去曾家河渡口,保证了澧东线的通车。

9 月 湖南省公路管理局成立"复修陬(市)慈(利)公路工务所",李泽民任正工程师兼主任,下设 3 个施工队组织修复陬慈公路。并于同年动工,1953 年 8 月竣工通车,线路全长 73.33 公里,共投入资金 64.65 万元,路基扩宽到 7.5 米,路面扩宽到 4.5 米。

10 月 湖南省公路管理局在益阳工务段举办速成识字班试点,抽调了路工和渡工以及益阳工务段的家属参加训练 2 个月。

10 月 湖南省公路管理局分配老红军转业干部陈理有任益阳工务段段长,吕长贵任临澧工务段段长。

11 月 陬(市)桃(源)公路修复工程竣工,共支工料款 5 万元(地方工商界自筹 4.5 万元、桃源县补贴 0.5 万元)。

1953 年

2 月 17 日 湖南省公路管理局将益阳工务段改为益阳养路段下设宁乡、益阳、汉寿、常南四个工区,临澧工务段改为临澧养路段,下设常北、澧县、慈利三个工区。

7 月 24 日—28 日 临澧养路段工人杨福秋被评为湖南省公路管理局一等劳动模范、桃源水溪工班工人汤枚生、常德汽车渡口工人吴万菊(女)被评为湖南省公路管理局二等劳动模范,出席了湖南省公路管理局第一届公路劳动模范、先进工作者经验交流大会。

1954 年

1 月 5 日 湖南省公路管理局安排第二桥工班负责常德、益阳区域的桥涵维修工程。

3 月 16 日 湖南省交通厅牵头成立大(庸)慈(利)公路筑路委员会,交通厅长袁福清兼主任,湘西自治区主席石帮智、常德专区副专员赵继甫、交通厅副厅长成从修兼副主任。

3 月 29 日 大慈公路筑路委员会在慈利召开第一次会议。

4 月 大(庸)慈(利)公路修建开工,1956 年 9 月竣工,线路全长 114.09 公里,共投资 360 万元,同年 10 月 1 日举行全线通车典礼。

8月31日 湖南省公路管理局撤销原有养路总段,按行政区划设置总段,实行省地双重领导,常德专区养路总段正式成立并挂牌,总段下辖常德、临澧、桃源、慈利、益阳五个工区。

是年 常德南站至德山港口段公路被渍水淹没中断交通62天。

是年 桃源深水港至泥窝潭公路开工修建,同年竣工,为9公里长的乡村大道。1962年改建为简易公路,路基宽5米—6米,路面宽3米。桃源交通局补助经费1.05万元。

是年 桃源泥窝潭至剪市公路开工修建, 原为2米宽乡村大道,1958年改建为简易公路,路基宽5米—6米,路面宽3米。县、社共投资2.95万元。

是年 临澧佘市至观山公路开工修建,同年竣工,为大车道。1958年整修此段公路8公里,并延伸至吴家场。路基宽6.5米,路面宽3.5米。

是年 临澧望城至柏枝台公路开工修建,1957年竣工。1958年整修,线路长15.5公里,路基宽7米—7.5米,路面宽4.5米。

1955年

6月9日 湖南省公路管理局在职职工训练班结束,常德养路总段的工班长、路渡工培训完毕。

9月 桃源城关镇至龙潭水线公路开工修建, 分三段三年建成,1960年3月竣工,1961年5月通车,里程长45.3公里,路基宽6.5米,路面宽3.5米。

下半年 "中共常德专区养路总段支部委员会"成立。受中共常德专区直属机关委员会领导。闫真为第一任党总支部书记。

是年 常德专区养路总段常德工区区长许志强荣获"全国青年社会主义建设积极分子"称号。

是年 常德南站至德山港口段公路加高1.2米—2米,保证了车辆的正常通行。

是年 临澧黄家台至石门车弯公路开工修建,1959年上半年竣工通车。线路全长47.4公里,路基宽6.5米—7米,路面宽3米—3.5米。

1956年

1月27日 湖南省交通厅分派第五地方道路技术队来常德专区指导地方道路养护工作,技术队共18人,其中工程师2人、技术员1人、助技5人、测工2人、领工2人、路工6人、负责人王正凯。

2月23日 湖南省交通系统公路模范工作者经验交流大会在长沙召开,常德专区公路总段吴万菊(女)、唐文斌出席会议,获湖南省交通厅授予的"先进生产者"称号。

4月 湖南省第二次先进生产者代表大会在长沙召开, 常德汽车渡口所工人朱汉雄出席会议并获湖南省"先进生产者"称号。陈彬获湖南省人民政府授予的"先进生产者"称号。

6月 大慈公路慈利至岩柏渡段17公里应当地政府要求,经中间验收先行开放通车。

10月 澧县至羊耳山公路动工修建,次年3月竣工通车。

10月 慈利永安渡口建成通渡,1973年8月建桥撤渡。

11月 常德樟木桥至安化交界处猴栗坡公路开工修建,1957年8月竣工,线路全长39公里,路基宽5米—6.5米,路面宽3米,有桥梁9座,共投资11.98万元。

12月 澧县至王家场公路重修开工,同年12月竣工通车,线路长28公里。

是年 澧县王家厂至闸口双土地段公路修建开工,1957年建成通车,里程长14.93公里。

是年 下南门汽车渡口码头移至落路口,码头两岸接线路修建于1957年动工,同年竣工,接线路每条长1.5公里,路基宽9米,路面宽7米。

是年 临(澧)新(洲)线黄家台至藕池段公路开工修建,1971年竣工。线路长25.5公里,路基宽6.5米,路面宽3米。

是年 桃源三阳至向家桥公路开工修建,1957年竣工, 为10公里长、2米宽的乡村大道。1960年冬进行全线整修,路基宽达5.5米—6米,路面宽3米—3.5米,县、社两级共投资1.65万元。

1957年

1月6日 石门龙口桥至白洋湖公路修建竣工通车,路长4公里。

3月 湖南省公路厅在长沙召开全省公路系统先进生产者代表大会, 常德公路总段职工朱汉雄、章金德、邓树生、杨宏林、谢辅臣、王在贵出席会议,并获"先进生产者"称号。

8月17日 根据湖南省公路厅〔1957〕路干字5521号文件精神,撤销常德汽车运输总站、公路养护总段,总站、总段合并成立常德专区公路运输局,局长赵光辉、副局长张和民、袁平凡、刘仕务;党委书记李振齐,副书记田海云。局机关设秘书、人事、运调、工务、机务、计统、财务、供应8科,下设益阳、常德、桃源、临澧、慈利5个工区。

9月 常德公路总段工会委员会更名为常德公路运输工会。

9月 常德专区公路运输局养路职工统计表记载(包括益阳工区)1.公路养护方面干部(不含局本部)36人;2.养路工人227人,其中路工162人、渡工55人、轮渡驾驶4人、压路机司机2人、勤杂4人。

11月1日 临澧工区迁移到澧县,并更名为澧县工区,办公地点设澧县车站。

11月15日 桃源漆河镇至牛车河公路开工修建,分三期建成,1959年底竣工通车。线路长47.8公里,省地县共投资18万元。

是年 常德县黄土店至钱家坪公路开工修建,同年12月竣工,线路长9.3公里,路基宽5.5米—7米,路面宽3.5米。

是年 桃源水溪至芦花公路开工修建，1959 年竣工，路长 15.5 公里，1964 年整修后，路基宽 5.7 米，路面宽 3.5 米—4.5 米始通车。

是年 桃源漆河镇至黄石水库公路开工修建，当年竣工，线路长 24 公里，路基宽 4.5—5.5 米，路面宽 2.5 米—3 米。

1958 年

2 月 湖南省公路厅和湖南省航运厅合并，恢复湖南省交通厅建制。

3 月 石青公路修建指挥部成立。吕定元任指挥长，赵会礼任政委，吴华明、何立德、黄杰任副指挥。

3 月 31 日 湖南省交通厅召开第三次先进生产者代表大会，常德专区养路职工陈庭国、宋梓卿、罗大福、唐文斌、肖振富出席会议，获“先进生产者”称号。

6 月 1 日 常德至安化简易公路扩建为六级路开工，同年 8 月 5 日竣工，全长 106.6 公里，总投资为 350 万元。

7 月 石门至青官渡公路修建开工，次年 12 月 20 日竣工通车，全长 139.5 公里。

7 月 湖南省第三届先进生产(工作)者代表大会在长沙召开，常德澧县工区城关工班班长刘寿云出席会议，获“先进生产者”称号。

7 月 黄虎港大桥桥工所成立，黄杰任主任，王作舟任党委书记。

7 月 黄虎港大桥修建开工，次年 12 月竣工，主孔跨径 60 米，边孔跨径 16 米，净高 51.2 米，总长 103 米，投资 55.7 万元。

7 月 常德县沧浪坪至桃江县交界处的界牌公路修建开工，1959 年 12 月竣工，线路长 9 公里，路基宽 5 米—6 米，路面宽 3.5 米。

8 月 成立安化工区。

8 月 30 日 常德工区工人宋梓卿革新撒料车成功，比人工撒料提高工效 9 倍，这一革新成果在全省推广。

9 月 汉(寿)太(子庙)线动工修建，次年 1 月 1 日建成通车，全长 16.4 公里。

9 月 临澧新安至昌家峪公路开工修建，分别由临澧、澧县、石门三县施工，1960 年上半年竣工，线路长 30.2 公里，路基宽 6 米，路面宽 3 米。

11 月 1 日 湖南省交通厅从交通系统抽调 174 名测量人员组成 7 个组下到各专区指导修路修河，派来常德专区的一组有 18 人，张以俊为组长。

11 月 常德县斗姆湖至葛麻山公路修建开工，1959 年竣工，当时路基宽 6—7.5 米，1974 年整修后同年 12 月通车。

冬 汉寿太子庙至发梅桥公路开工修建，1959 年冬竣工。里程长 16.7 公里，路基宽 3.5 米—5 米，后因局部地段线缩短为 14.7 公里。

11 月 澧县双土地至火连坡段公路修建开工,1959 年 3 月建成通车,线路长 7.6 公里,路基宽 7.5 米,路面宽 5.5 米。

11 月 澧县彭家厂至大堰垱公路开工修建,1959 年 3 月建成土路基, 全长 16.7 公里,1969 年铺装沙石,路基宽 6 米—7.5 米,路面宽 4.5 米—5 米。

12 月 汉寿鸭东铺渡口建成通渡,1975 年 7 月撤渡。

12 月 慈利东洋渡口建成通渡。

是年 临澧佘市桥至石门车湾 27 公里,按简易公路建成通车。

是年 桃源甘潭至常德的长茅岭公路开工修建,1959 年年底竣工通车。线路长 15.7 公里,路基宽 6 米—7 米,路面宽 4 米。

是年 石(门)陬(市)线盘塘至陬市公路开工修建,1959 年春竣工。路长 20 公里,路基宽 6 米,路面宽 3 米,投资 5.5 万元。

是年 慈利文家溪至高桥公路开工修建,1961 年竣工通车。线路长 39 公里,路基宽 6—7 米,路面宽 3.5 米。省投资 18 万元。

是年 慈利跳土坡至广福桥煤矿公路开工修建,1960 年竣工。路长 7.5 公里,路基宽 4.5 米—7 米,路面宽 3 米—3.5 米,广福桥煤矿投资 1 万元。

是年 慈利国太桥至庄塔公路开工修建,同年竣工,路长 8 公里,路基宽 4—5 米。

是年 澧县雷公塔至盐井公路开工修建,1963 年竣工正式通车。线路长 8.4 公里,路基宽 6.5 米—8 米,路面宽 4 米—6 米。省投资 3 万元。

是年 临澧观山至杉板公路开工修建, 仅修成 6 公里毛路, 因吴家场铁厂下马而毁。1963 年又动工重修,1965 年竣工通车。路基宽 6.5 米,路面宽 4 米。

是年 津市襄阳街至窑坡渡公路开工修建,1960 年竣工通车,路长 4 公里,宽 12 米。

是年 津市至棠华公路开工修建,1973 年建成通车,线路全长 41.9 公里,为等外级公路。

1959 年

1 月 1 日 湖南省交通厅宣布全省公路运输、公路养护的人、财、物全部下放到专、州、市管理为主的省、地双重领导。

1 月 10 日上午 石门至青官渡公路施工中,古竹溪工地民工六营一连炮工班因灯火引起炸药爆炸造成 16 人死亡,4 人重伤,7 人轻伤的恶性事故。

春 澧县新洲至津市襄阳街公路开工修建,同年 8 月竣工,线路长 7.8 公里,路基宽分别为 8 米—10 米。

1 月 汉寿至太子庙公路修复通车。

2 月 湖南省交通厅原驻各专、州、市的地方道路技术队的建制下放,下放到常德专区的公路测设施工人员 13 人。

5月 石门龙口桥至车湾32公里建成通车。

8月 汉寿牛(路滩)良(荆界)线公路开工修建,路长27.8公里,分三段修建,1970年竣工。路基宽6米—7米,路面宽3米—4米。

9月 慈利江垭至喻家嘴公路开工修建,1972年12月竣工通车。线路长37.6公里,路基宽6.5—7米,路面宽3.5米。慈利县投资10万元。该线从永安渡至索溪峪全长88.1公里,到喻家嘴80.23公里。

10月13日 湖南省交通厅发文,公路运输体制收回省管,公路养护仍按原下放不变,各专区恢复养路总段,"湖南省常德专员公署交通局养路总段"随即恢复成立,受专区交通局和省工程局双重领导。

10月 常德至蒿子港公路开工修建,1960年完成大部分土路,因缩减项目而停工。

11月 德山大桥开工兴建,次年5月竣工,为1孔65米全长95.6米石拱桥,投资48万元。这是常德地区撤销的第一个公路渡口。

12月5日 石门工区成立,接养石(门)青(官渡)公路,湖南省工程局予以补助经费6万元,用作采备沙石和修建房屋。

12月21日 交通部在黄虎港大桥召开现场会议。会议指出:"大桥的建成,创造了我国历史上石拱桥最大跨径的新纪录"。

是年 慈利三合口至象耳桥公路开工修建,1962年3月竣工,线路全长18公里(内有隧道1处长68米),路基宽4.5米—7.5米,路面宽3米—4.5米,上级投资128万元。

是年 石门白洋湖至花薮公路开工修建,同年12月竣工。全程15公里,路基宽6.5米,路面宽3.5米。

是年 石门新关至羊子垭公路开工修建,1960年底竣工,线路长18公里,路基宽4米—6.5米,路面宽3.5米—4米。

1960年

1月1日 石门工区成立,工区下辖养路队9个,运输队1个,职工156人,管养石(门)青(官渡)线和慈(利)张(公庙)线共163.92公里公路。

1月23日 常德专区交通局批给石(门)青(官渡)公路工区资金3.25万元,用于新建办公用房1栋,新建工班房9栋。

2月28日 石门南泉吊索桥开工修建,11月13日竣工,耗资6万元,为了安全后拆除。

2月19日至21日 常德专区公路运输局召开第二届党员代表大会,选出9名党委委员,李振齐任党委书记,田海云任党委副书记。石玉明任宣传部长,向俊杰任党委办公室副主任,刘文仲任组织部副部长,王炳生任宣传部副部长,刘仕务任党委委员、副局长,刑克敏任党委委员、工会主席,张和民任党委委员、副局长。

4 月 交通部公路总局工作组和湖北荆州专区养路总段参观团相继来湘，检查参观了常德等地的养路工作。

4 月 桃源漆河渡口建成通渡，1979 年 1 月撤渡。

5 月 7 日 桃源工区党支部干事张长青在杨溪桥上排险情时被洪水卷入水中以身殉职。

6 月 常德工区修理组被扩大为公路运输局下属的“养路工具厂”。

8 月 14 日 常德专区公路运输局决定在益阳举办三期短期训练班，对工班长进行铺装松散保护层和工班核算统计员进行一次培训。

10 月 常德县丁家港牌楼坡至南洋坡公路开工修建，同年底竣工，线路长 9.5 公里，路基宽 6 米—6.5 米，路面宽 3.5 米。

是年 常德汽车渡口青年路南北两岸码头开工修建，次年建成开始渡运。

是年 桃源盘塘至马宗岭公路开工修建，同年竣工，路基宽 7.5 米，路面宽 4.5 米。

1961 年

下半年 常德公路运输局新建立“汉寿工区”和“临澧工区”。

8 月 中南地区在从化召开养路半机械化工具总结定型会议，常德公路总段工具厂革新的畜力碎石机、畜力单边回沙器、电动打铁机 3 件工具被认可定型。

12 月 18 日 湖南省交通厅根据中共湖南省委〔1961〕5252 号《关于调整交通运输若干体制问题的意见》，将干线公路养护机构的人、财、物上收省管。湖南省交通厅关于机构设置的决定中：1.常德公路养护总段定员 38—40 人；2.总段设工程师室、办公室、人事、工务、机料、计财四科二室；3.总段以县为单位设养路工区。工区以下设工班。

是年 石门赵家坪至三星公路开工修建，此线分 2 个阶段修建，1966 年全线竣工，线路长 11 公里，路基宽 6 米—7 米，路面宽 3.5 米—4.5 米，青峰煤矿补助了部分经费。

1962 年

1 月 4 日 根据湖南省委《关于交通运输若干体制问题的意见》，常德专区公路运输局党委决定：公路运输和公路养护分开，分别成立常德运输局和常德公路养护总段，并分别成立党委会和政治处，政治处下设政治办公室、组织科、宣传科。养路总段设人保、计财、工务、机料、渡口、行政办公室和工程师室五科二室。

1 月 6 日 根据湖南省委《关于县养公路补助费自 1962 年起由湖南省工程管理局统一拨给》的指示，湖南省工程局拨给常德专区县养公路补助费 9.4 万元。

2 月 10 日 湖南省交通厅发出〔1962〕人字第 100 号文件，各地养路机构及人员统一收归湖南省交通厅主管。常德专员公署交通局养路总段更名为湖南省交通厅工程管理局常德公路养护总段。上收时常德养护总段职工总数为 1478 人。

6 月 30 日 湖南省交通厅发文，公路养护总段下一级机构自 8 月份起统一改为“湖南省交通厅工程管理局××公路养护总段××公路养护段”。

7 月 9 日 湖南省交通厅工程管理局常德公路养护总段与常德公路运输局正式分开办公。常德公路养护总段下辖汉寿、常德、桃源、慈利、石门、澧县、临澧、益阳、桃江、安化十个工区和总段工具厂。

7 月 石门工区更名为石门公路养护段，隶属常德公路总段领导。

7 月 31 日 “中共湖南省交通厅工程管理局常德公路养护总段委员会”成立。张和民任党委书记，刑克敏任党委副书记。

7 月 常德公路养护总段工会委员会成立，工会主席刘济华。

8 月 汉寿、临澧两工区撤销，其公路养护归并于常德、澧县公路养护段。

8 月 常德公路养护总段“基建工程队”成立。

9 月 桃源仙娘庙至慈利二房坪公路开工修建，1963 年春节前竣工，路长 14 公里，路基宽 5 米—6 米，路面宽 3 米。至此桃源马家堰至慈利景龙桥 31.6 公里路全线修通。

9 月 26 日 根据中共中央国务院中发〔1962〕305 号文件精神，湖南省交通厅发文，全省公路养护和渡口工人的粮食指标由每人每月 31 斤增加至 40 斤。

11 月 常德汽车渡口管理所成立。

11 月 常德公路养护总段增设计划统计科。

11 月 常德公路养护总段工具厂、汽车监理所、汽车渡口所三个单位组建一个党支部，由渡口所杨晓塘任党支部书记。

是年 常德汽车渡运码头迁至青年路渡口，同时新建了常德南站至青年路渡口公路 0.72 公里。

1963 年

1 月 1 日 益阳公路养护总段成立，自 1963 年 1 月 1 日起与常德公路养护总段正式分开办公。

1 月 2 日 常德专员公署各县地方公路养护队成立，每个地方公路养护队配备干部 3 人，党支部书记兼队长 1 名，会计和技术员各 1 名，从 1 月份起由常德专区交通科统一核发工资。

2 月 21 日 湖南省交通厅对常德和益阳公路养护总段进行了领导班子调整，常德公路养护总段党委书记张和民、副书记兼总段长马振乔（未到职）、副总段长陈理友、工会主席刘济华。

下半年 石（门）陬（市）线新街口至白洋湖段公路开工修建，1965 年底竣工，路长 26.3

公里，路基宽6米—6.5米，路面宽3米—3.5米。

10月14日 常德公路养护总段召开一届五次职工代表大会，参加会议代表98名。

12月12日 常德专区交通局测量队、养路队、航道队合并成立"湖南省常德专员公署交通局地方航道管理处"，统一管理地方公路与河道的维修工作。

12月 常德公路养护总段工具厂由常德汽车南站搬迁到常德市三岔路原交通局技工学校内。

是年 常德市汽车北站至三岔路新修油路1.8公里，单层表处，是常德地区公路养护总段修建的第一条油路，1970年移交常德市政工程处管养。

是年 慈利高桥至枧潭公路开工修建，1964年竣工。线路长10公里，路基宽6.5米，路面宽3米。

是年 常德公路养护总段公路养护质量居全省第一名，获湖南省公路系统优胜流动红旗。

1964年

1月11日 湖南省劳动局、交通厅、林业厅联合通知，决定抽调林业技工28人分配给各地、州、市公路养护总段作绿化人员。

4月 常德地区公路养护总段成立绿化科，负责抓好公路两旁行道树的育苗和全区范围内的公路绿化工作。

春 湖南省交通厅召开全省交通直属系统先进集体、先进个人代表大会，授予常德县公路养护段斗姆湖道班"集体标兵"称号。

4月13日 湖南省编委核定常德公路养护总段技术队人员编制25人。

4月 临澧公路养护段、汉寿公路养护段成立。

7月25日 常德专区编制委员会分配给各县地方道路养护队劳动计划指标282人，常德37名，澧县38名，桃源62名，慈利40名，石门44名，汉寿32名，临澧29名。

11月 长(沙)常(德)线牛路滩桥建成通车。该桥长7孔126.5米，桥面净宽7米，高6.6米。

11月27日 常德专区工交系统召开"五好班组""五好职工"表彰大会，常德公路养护总段斗姆湖、崔家桥、石门桥、高庙、八字路、陬市工班获"五好班组"称号；职工谢铺臣、贺桂华、黄冬富、张蒂固、陈伯坤获"五好职工"称号。

12月19日 湖南省工交系统召开第一次"五好集体""五好职工"代表大会，常德县斗姆湖工班、汉寿崔家桥工班获"五好集体"称号，常德公路养护总段工人谢铺臣、吴修林获"五好职工"称号。

是年 湖南省交通系统第六次先进生产(工作)者代表大会召开，常德公路养护总段职工杨正德、谢铺臣、家属工李保秀(女)出席大会，获"先进生产者"称号。

是年 慈利枧潭至彭家溶公路开工修建，此线分2段修建，1967年3月全线竣工通车。

线路长 38.1 公里，路基宽 5.7—7 米，路面宽 3.5—4.5 米。省、县共投资 15 万元。

是年 澧县金罗至大堰垱公路开工修建，1970 年修成毛路基，1971 年加以改造，全长 11.1 公里，路基扩宽到 8.5 米，路面扩建到 7 米。共投资 8 万元。

是年 石门新街口至杨坪 15.3 公里、白洋湖至杨坪 11 公里路基建成。

1965 年

4 月 湖南省交通厅调整公路系统领导班子，常德公路养护总段张和民任党委书记，张汉卿任总段长，王文太任党委副书记兼政治处主任，陈理友、刘继球任副总段长，刘济华任工会主席。

11 月 汉寿严家河桥建成通车。桥长 90 米，桥面净宽 7 米，高 5.35 米，由湖南省工程管理局工程队施工。

冬 常德至蒿子港公路续建工程开工，1967 年 5 月竣工通车。有桥梁 12 座，涵管 55 道，线路全长 53.3 公里，路基宽 6 米—7.5 米，路面宽 3.5 米，共投资 54.05 万元。

是年 常德县石板滩至罗弯公路修建开工，同年竣工，路长 7 公里，路基宽 4 米—5 米，路面宽 3 米。

是年 全省公路检查，临澧县公路养护段获湖南省公路系统"先进单位"称号。

12 月 石门白洋湖至新街口公路建成通车，路长 27 公里。

1966 年

4 月 湖南省工程管理局为常德公路养护总段配备技术人员 22 人。

6 月 11 日 根据湖南省交通厅和常德地委的指示，常德公路养护总段与常德专署交通局合并，成立常德专署交通局。局长兼书记刘文增，副局长张汉卿、韩民、安理，副书记王文泰。

7 月 常德县白鹤山经肖伍铺、大龙站、双桥坪至澧县新洲公路开工修建，1970 年 12 月竣工通车，路长 59.2 公里，路基宽 7.5 米，路面宽 5 米，常德地区交通局投资 20 万元。

10 月 沙河口至安乡大鲸港公路开工修建，同年 12 月竣工通车，线路长 25 公里，路基宽 7.5 米，路面宽 5.5 米，共投入资金 57 万元。至此，常德地区实现了县县通公路。

10 月 慈利后溪峪至江垭公路开工修建，1967 年 12 月竣工通车，路基宽 5.5—7 米，路面宽 3.5 米。线路长 24.7 公里。

11 月 澧县火连坡至边山河段公路开工修建，1967 年 5 月竣工。路长 6.4 公里，路基宽 7.5 米，路面宽 5.5 米。至此澧县至湖北松滋公路 60.3 公里全线通车。

12 月 澧县澧松大桥开工修建，1967 年 6 月竣工通车，桥长 129.98 米。

是年 湖南省交通厅授予常德地区公路总段养路工人张吉安为"学习毛主席著作积极

分子”。

是年 临澧杉板至青山公路开工修建，当年竣工。线路长 8 公里，路基宽 7 米，路面宽 5 米。至此，停弦白虎山至佘市 22 公里全线贯通。

1967 年

7 月 28 日 经湖南省交通厅和常德地区生产建设指挥部同意，常德公路总段与常德专署交通局正式分开，即日起恢复“湖南省常德公路总段”，在常德市落路口“总段”原址办公。没有明确党委书记和总段长，副书记王文泰、副总段长陈理有。

10 月 澧县至湖北松滋线路上的东风桥动工改建，次年 6 月竣工通车。

10 月 常德公路总段系统内的群众组织“公路联委”成立，宣布总段原机构被撤销。

1968 年

9 月 9 日 经常德地区革命委员会批准，常德地区公路总段革命委员会成立并挂牌。革委会由领导干部、一般工作人员、群众代表组成，王文太、颜昌贵、伍育保（群众代表）任副主任委员，革委会下设政工、生产、办事三大组，夏庆余、罗明初、陈佰泉分别任组长。

10 月 蒿子港至沙河口段公路开工修建，同年 12 月底建成通车，路长 3.7 公里，涵洞 1 处，投资 1.6 万元。

12 月 安乡沙河口至安德公路修建开工，1971 年 5 月竣工。线路长 7 公里，路基宽 6.5 米—7 米，路面宽 3.5 米。县乡共投资经费 9.1 万元。

是年 长常线汉寿牛鼻铺至谢家铺段（K112+700　K159+000）油路修建开工，1971 年竣工。里程长 46.3 公里，为 6 米宽双层表处煤焦油路面。

是年 安乡大湖口至夹夹公路开工修建，1979 年 3 月竣工通车。公路长 13 公里，路基宽8 米，路面宽 4—6 米。澧县小渡口至安乡理兴垱全长 23.7 公里。

1969 年

1 月 常德县沙河口至西湖农场公路开工修建，1970 年 1 月竣工通车，线路长 15 公里。路基宽 8 米，路面宽 6 米，省、地共投资 30 万元。

3 月 汉寿军山铺至蒋家嘴公路开工修建，1972 年 5 月 1 日竣工通车。路长 17.1 公里，路基宽 6.5 米—7.5 米，路面宽 3.5 米—4.5 米。

3 月 慈利永安渡至后溪峪段公路动工修建，1970 年 9 月竣工通车。路基宽 6.5—8 米，路面宽 3.5 米—4.5 米。湖南省交通局补助 22 万元。

5月29日 常德地革委工交组〔1969〕54号文通知：昌（家峪）新（堰口）公路全长29公里，原由澧县代管养护改为由澧县、石门、临澧三县分别养护，0—9公里（新安）由临澧管养；9—13公里（新堰口）由石门管养，13—29公里（昌家峪）仍由澧县管养。

8月 安乡至黄山头公路开工修建，1973年6月竣工。线路长33公里，路基宽8米，路面宽5.5米。湖南省交通部门投资10万元，常德地区交通局投资3万元，安乡县投资43万元，共投资56万元。

11月 石（门）陬（市）线白洋湖至盘塘公路开工修建，同年12月竣工，路长24.8公里，路基宽6米—7.5米，路面宽3米。

11月 根据湖南省革命委员会湘革发〔1969〕155号文件指示：常德地区公路总段改由常德地区交通运输指挥部领导，县（市）公路段改为由各县（市）交通运输指挥部领导，总段只负责各县（市）段的养护计划和业务指导。

12月 常德地革委通知：各县公路养护队与公路养护段合并，县公路段实行地、县双重领导，以县管为主。

1970年

1月 常德汽车渡口因驾驶员不慎，造成郭家铺农机站拖拉机落水，损失金额3000元，当班驾驶员被刑事拘留6个月。

1月 安乡沙河口渡口两岸码头建成通车，1976年交安乡公路养护段接管。

4月 石门公路段分出一部分，成立磨青公路段。

8月18日 湖南省交通运输公司改为“湖南省交通邮政局陆运公司”。常德地区公路总段及各县公路段改由地、县交通邮政局领导。

8月18日 慈利县革命委员会将慈利县境内308.08公里（其中干线140.38支线167.7公里）公路下放到人民公社由贫下中农管养。干线每年每公里470—580元、支线每年每公里280—310元经费包干使用。

9月 湖南省交通邮政局陆运公司在慈利县召开了人民公路人民修，人民公路人民养的经验交流会，广州军区派代表参加了这次会议，会议期间参观了永（安）通（津铺）公路和慈利—许家坊干线公路下放后的养护情况。

10月 湖南省革委生产组通知，养路事业单位的生产、计财、工资、物资供应计划管理下放到地（州）市，养路费仍按比例上缴，由省统一调剂解决。

是年 石门磨青公路段被湖南省革命委员会和常德地区公路总段授予“先进单位”称号。

1971 年

3 月 9 日 湖南省交通邮政局通知,各地公路总段不撤销、不合并,由地革委交通运输指挥部领导。各县公路养护段党政关系下放到县,其人、财、物由地区公路总段统一调剂使用。

3 月 常德地区泥(市)大(荆州)公路修建指挥部成立。毛致用任指挥,包文辉任政委,吕定元、许铭文任副指挥,并即开工修建,同年 8 月修成 10 公里,因经费用完下马。

3 月 21 日 “中共常德地区公路总段机关支部委员会”成立,盛方政任支部书记;

“中共常德地区公路总段工具厂支部委员会”成立,杨福秋、夏庆余任支部副书记;

“中共常德地区公路总段汽车渡口所支部委员会”成立,郭天秀任支部书记。这是 1966 年“文化大革命”以来常德地区公路总段第一批恢复成立的基层单位党组织。

8 月 9 日 “中共常德地区公路总段基建工程队支部委员会”成立,郑汉民任支部副书记。

10 月 1 日 汉寿毓德铺向阳河水下隧道开工修建, 次年 7 月 1 日建成通车, 隧道长 124.4 米,当时是湖南省唯一的水下公路隧道。

10 月 1 日 慈利江垭渡口建成通渡。

11 月 27 日 慈利永安大桥开工修建,1972 年 9 月竣工。桥型为 4 孔 55 米,全长 258.70 米双曲拱桥。

下半年 常德市(现武陵区)公路段成立,管养常德市境内公路 13.6 公里。

11 月 新建汉寿县城至太子庙公路油路竣工,全长 16.4 公里,油面宽 3.5 米,为渣油沥青路面。

12 月 常德市新坡桥至断港头公路开工修建,1978 年全线竣工通车。路长 32.6 公里,路基宽 7 米—8.2 米,路面宽 5.5 米。同时,牛鼻滩至六总宫 2.9 公里公路修建竣工。

是年 津市城郊 7.8 公里公路明确由津市“市政工程处”管养。

是年 常德至慈利公路(K0+000—K86+000)段油路开工修建,分三年修建,1976 年竣工通车,里程长 86 公里,油面宽度分别为 7 米— 9 米,双层表处渣油沥青路面。共投资经费 216.1 万元。

是年 国道 319 线谢家铺至桃源车溪冲段(K159+000—K209+720)油路开工修建,1974 年竣工。里程长 50.72 公里, 为 6 米宽双层表处渣油沥青路面。湖南省公路管理局投资 71.008 万元。

是年 慈利市场河至长峪铺公路开工修建,1972 年竣工。线路长 6.2 公里, 路基宽 6.5 米,路面宽 5 米。1979 年铺装成 4 米宽的双层表处渣油沥青路面。

是年 澧县小渡口至毛家岔公路开工修建,1976 年 2 月竣工,线路长 10.7 公里,路基宽 8 米,路面宽 4 米—6 米。

1972 年

2 月 临澧合口至九里公路开工修建,1971 年 12 月竣工通车，线路长 8 公里，路基宽 7.5 米,路面宽 5 米。

3 月 18 日—20 日 中共常德地区公路总段委员会召开第二届党员代表大会，选出 7 名党委委员,李振齐为党委书记,王文太为党委副书记。

3 月 27 日 交通部颁发《公路工程技术标准》重新划分公路线路和桥梁等级。

6 月 30 日 常德地区泥(市)大(荆州)公路续建工程开工 1973 年 1 月 1 日竣工通车,线路全长 28.56 公里,路基宽 7 米—7.5 米,路面宽 4.5 米—5.5 米,常德地区共投资 535 万元。次年由常德地区公路总段接养为支线公路。

12 月 国道 207 线(锡林浩特至海安)在湖南境内全线贯通。

是年 国道 319 线桃源车溪冲至太平铺段(K209+720—K274+000)油路修建工程动工,1974 年竣工,线路长 64.28 公里,为 6 米宽双层表处渣油沥青路面。省投资经费 115.75 万元。至此,常德地区境内国道 319 线 167.7 公里油路全线修通。

是年 国道 207 线临澧弯刀铺至常德市三岔路段(K33+480—K3+900)油路开工修建,1974 年竣工,线路长 29.58 公里,为 6 米宽双层表处渣油沥青路面。湖南省公路管理局投资 49.69 万元。

是年 临(澧)新(洲)线汉四铺至新洲公路开工修建,1976 年竣工。线路长 12.4 公里,路基宽 7.5 米,路面宽 4.5 米。至此,临澧至新洲 38.6 公里全线修通。

1973 年

1 月 安乡公路段成立,属县交通局领导,撤销沙河口渡务所,沙河口渡工班由安乡公路段管理。

1 月 27 日 常德地区公路总段氧化沥青厂成立，厂址设常慈公路 K8+200 的右侧河洑山坡上。

3 月 安乡大鲸港渡口动工修建,同年 11 月建成通渡,1976 年交安乡公路段接管,1994 年 9 月撤渡。

3 月 湖南省交通邮政局规定:公路总段只能下放到地(州)市,在地委、地革委领导下,负责管养国家干线和重点支线公路，在业务上接受湖南省公路主管部门的领导，以地区为主,省地双重领导。

6 月 常德地区公路总段撤销办事、生产、政工三大组,改设行政办公室和政工、工务、财务、机料科。

8月 国道207线澧县城关至张公庙段（K84+260—K72+000）油路开工修建,1974年11月竣工。线路长12.26公里。为7米宽双层表处渣油沥青路面。湖南省公路管理局投资30.1596万元。

下半年 石门沿市至太平公路开工修建,1976年9月20日全线竣工通车。线路长45公里,加上磺厂原修7公里共52公里,其中含丰禾隧道1处长305米。路基宽6.5米—7米,路面宽3.5米—5.5米。

1974年

3月9日 常德地区公路总段直属工程汽车队成立。

5月22日 常德地区公路总段以〔1974〕56号文申请将县(市)公路段收回总段管理。

6月 常德地区柏油路修建指挥部成立。叶家荣任指挥长,张汉卿、田海云、王炳生任副指挥长。指挥部下设办公室,办公地点设公路总段。

9月10日 常德公路总段汽车队党支部成立,夏庆余任党支部副书记。

10月 石门沿市渡口建成通渡,1980年由石门公路养护段接管,2003年12月因皂市水库蓄水而废渡。

11月 常德河洑至慈利灵官庙路基扩宽工程开工,1976年春竣工。线路长56.75公里,路基扩宽到9米。

是年 国道207线张公庙至临澧弯刀铺段(K72+000—K33+480)油路开工修建,1976年竣工。线路长38.52公里,为6米宽双层表处渣油沥青路面。湖南省公路管理局投资93.9万元。

是年 国道207线临澧弯刀铺至常德市三岔路(K33+480—K28+300)改建为6米宽的双层表处渣油沥青路面。

是年 津市涔澹农场于市区北端澹水河上建澹水桥,1975年6月竣工，为钢筋混凝土双曲空腹式拱桥,长34.79米,宽8.5米,净高6.5米。

1975年

1月 慈利县将下放公社管养的干、支线公路收回,仍由县公路段养护。

1月 汉寿朝阳大桥修建开工,1975年9月竣工通车,为3孔净跨40米双曲拱桥,桥面净宽7米,桥高8米,全长155.2米。

8月 交通部颁发《公路养护管理暂行规定》，明确在地区设公路总段，县设公路段(站),养路道班一般10—15公里设1个,养路专业机构仍属省、地双重领导。

8月 常德地委同意常德公路总段机关设党委办公室和政工、劳资、财务、机料、保卫、渡管七科。

8月 常德地区公路总段成立工会委员会,这是“文化大革命”10年后恢复成立的工会组织,工会主席冯岫峰。

11月 全国公路检查组对常德地区公路进行大检查。

11月18日 常德市(现武陵区)公路段岩桥寺油库熬油起火,工人佘雷生为灭火以身殉职。

11月30日 常德地区公路总段111号文决定撤销慈利东洋渡,原计划修建渡口两车板划船的经费2万元改为修建介溪至杨家溪一段8公里公路。

12月 桃源尧河渡口码头改建竣工通渡,1976年10月由桃源公路养护段接管,1999年4月建桥撤渡。

是年 慈(利)张(公庙)线石门至张公庙油路开工修建,全长33.88公里,分5段修建,1979年竣工通车。路面宽7米双层表处渣油沥青路面。湖南省公路管理局补助经费91.6万元。

1976年

1月 常德地区公路总段召开了先进集体、先进个人代表大会,表彰了1975年度先进单位和先进个人。

6月1日 常德地区交通局〔1976〕常革交工字第72号文件通知:常德市至安乡县支线公路全程82公里正式接养为国家干线公路。

6月4日 慈利永安渡口至江垭(九溪)50.7公里、桃源城关镇至游仙观(包括尧河渡口)5.33公里支线公路接收为国家干线公路养护,从第二季度起按干线公路标准拨付经费。

8月 尧河渡口班长刘炎松在当班渡运中不幸落水牺牲。

8月 石门白竹垭至南北镇公路测设并开工修建,同年12月底竣工。全程11.3公里。路基宽5.5米,路面宽3.5米。省公路局投资2.5万元。

9月 澧县人民政府按照山、水、田、林、路综合治理的原则,修建了张公庙至大堰垱17公里公路,路基宽8.5米,路面宽7米,当年又铺装了双层表处渣油沥青路面,成为全省综合治理的样板路。

9月9日 零点10分,毛泽东主席逝世,常德地区公路总段设“悼念厅”,举行为期7天的悼念活动,总段机关、直属单位常德县、常德市(现武陵区)公路段的干部职工家属参加吊唁。其他县公路段参加当地县政府举行的吊唁活动。

10月 中共湖南省委在石门县召开全省地方交通工作会议,要求到1980年实现社社(乡乡)通公路。

冬 石门至新关路基加宽开工,1977年春竣工,路长10.7公里,路基加宽到9米。

11月 桃源车溪冲至水溪路基加宽工程开工,1978年4月竣工。路基加宽到12米,部分地段7米—9米。

12月16日 常德地区公路总段“养路机械化三结合领导小组”成立,张汉卿任组长,周清明任副组长。

12月 安乡陆家渡桥开工修建,1978年12月建成通车。

12月 桃源白洋河桥开工修建,1979年6月1日建成通车。

是年 汉寿城关至苍耳总公路开工修建,同年竣工。路长7.7公里,路基宽11米,路面宽6米。

是年 常德地委通报表彰常德地区公路总段澧县公路段、常德汽车渡口所第五班为先进集体。

是年 常德地区公路总段按照部颁标准首次对公路养护进行了检查评定,全总段养护总里程为1656.63公里,优等路115.1公里,良等路1239.32公里,次等路265.85公里,差等路36.36公里。

1977年

1月 常德地区公路总段沥青厂建成投产。

6月21日 全省公路养护、建设经验交流会议在慈利县召开,并参观常德地区公路建设成就。

6月 桃源三元潭大桥竣工通车。大桥跨越夷望溪,系修建五强溪电站运输的重要桥梁,为3孔40米,全长164米双曲拱桥,桃源县交通局施工。

9月24日—29日 湖南省交通局在石门县召开全省公社公路修建会议,到会者有省、地、县交通部门主要负责人、修建公社公路的先进单位和暂不通公路的区社负责人共483人,总结交流公社公路建设经验,部署1978年社社通公路任务。

9月 澧县曾家河至大堰垱公路开工修建,1978年3月竣工。公路长11.1公里,路基宽6.5米—8米,路面宽4米—6米,湖南省公路管理局投资3万元。

10月 常德县南(坪)花(山)线公路开工修建,1978年春节前竣工,路基宽12米,路面宽9米。

11月26日—12月5日 交通部在常德召开全国公路设计革命经验交流会议,参加会议的有各省、市、自治区交通局和所属勘察设计单位,部属公路勘察设计、施工、科研部门,以及有关大专院校的负责人和工程技术人员119人。

是年 澧县黄桥至大堰垱镇油路开工修建,1984年竣工,线路长20公里,为6—7米宽双层表处渣油沥青路面。

是年 汉寿太子庙至发梅桥油路开工新建,同年竣工,里程长7公里,为3.5米宽渣油沥青路面。

是年 汉寿黄岭岗至龙虎村9.1公里新建油路竣工,为5米宽渣油沥青路面。

是年 汉寿牛路滩到顺里桥 9.1 公里新建油路开工,同年竣工,为 5 米宽渣油沥青路面。

是年 汉寿县城至仓耳总 7.7 公里新建油路竣工,为 5 米宽渣油沥青路面,后并入 1851 线,2010 年降为县道。

1978 年

1 月 24 日 常德地区公路总段澧县机械化大道班成立。

4 月 湖南省交通工程公司更名为“湖南省公路管理局”。

5 月 23 日 常德地区公路总段党委决定,在年内筹建汉寿太子庙、常德樟木桥、石板滩、临澧城关、澧县城关五个大道班。

6 月 15 日 湖南省公路管理局〔1978〕135 号文同意张公庙至大堰垱 17.1 公里、澧县至曾家河 13 公里、黄桥至大平 9.9 公里列为干线公路接养,曾家河至熊湾 11.3 公里、甘溪至昌家峪 5.46 公里列为支线公路养护。

7 月 5 日 根据湖南省公路管理局〔1978〕135 号文关于澧县新改建公路定级接管养护的精神,常德地区公路总段〔1978〕79 号文决定:从 1978 年 7 月起,干线公路交澧县公路段管养,支线公路交澧县公路管理站管养。

8 月 中南五省养路机械会在常德召开,常德地区公路总段工具厂制造的沥青路面摊铺机参展。

8 月 8 日 桃源县委〔1978〕110 号文决定:桃源县公路段不再设立革委会,实行党委领导下的段长分工负责制,后任命高雨泉为桃源公路段段长,易祥佩为副段长。

8 月 总段工具厂试制的“活动电动千斤顶”畅销全省。

8 月 卷桥至澧县油路工程开工修建,油面分三次铺装,1984 年 9 月竣工,为 6 米宽双层表处渣油沥青路面。湖南省公路管理局投资 60 万元。至此,卷桥至澧县油路全线修通。

10 月 13 日—21 日 中南地区油路施工、养路机械化经验交流会在常德市召开,16—17 日参观了常德地区公路总段油路施工的现场表演,18—19 日分别参观了澧县和桃源县的山、水、田、林、路综合治理。

10 月 安乡大湖口渡口建成通渡。

11 月 30 日—12 月 2 日 中共常德地区公路总段委员会第三次代表大会召开,选举产生了第三届委员会。

12 月 14 日 常德地委〔1978〕236 号文批复,同意中共常德地区公路总段第三届委员会由张汉卿、王炳生、庄惠来、周清明、武希圣、黄振治、罗明初七人组成,张汉卿任党委书记,王炳生、庄惠来任党委副书记。

12 月 14 日 常德地委常干〔1978〕234 号文件同意:常德地区公路总段不设革命委员

会。王炳生任常德地区公路总段总段长；庄惠来、周清明、武希圣任副总段长。

12 月　津市渡口建成通渡，1980 年 10 月 1 日起，由湖南省公路管理局代管，人事安排仍归当地管，1989 年建桥撤渡。

12 月 28 日　常德地区公路总段〔1978〕10 号文件决定：石门公路段和磨青段合并为石门公路段，磨青段党支部、革委会公章从 1979 年 1 月 1 日起切角作废。

12 月 28 日　常德地区公路总段将总段基建工程队与工程汽车队合并为总段工程汽车队。

是年　安乡陆家渡大桥竣工通车。该桥位于常（德）岳（阳）线，跨虎渡河，为 4 孔 50 米，全长 249.3 米双曲拱桥。

是年　安乡丁家渡大桥建成通车。大桥位于常（德）岳（阳）线，跨藕池河，为 3 孔 40 米，全长 156.3 米双曲拱桥。

是年　澧县曾家河桥改建为石拱桥开工，1979 年 3 月竣工，为 2 孔，每孔 25 米，长 72 米，高 9.8 米，下部为石墩，投资 22 万元。

是年　常德县刘家桥至王家桥段（K19+223—K27+117）改线工程开工，当年底竣工，线路长 8.094 公里，比原线路增加 977 米。

1979 年

1 月　汉寿坡头渡口建成通渡，配 6 车位水泥船和 176 千瓦拖轮各 1 艘，员工 13 名。

1 月 25 日　常德地区经委常经政字〔1979〕5 号文同意：陈文龙、王群任常德地区公路总段桥梁建筑工程师。

1 月　常德地区公路总段工具厂更名为常德地区公路总段机械厂。

2 月 14 日　为贯彻执行中共中央〔1978〕37 号文件精神，减轻农民负担，经湖南省委同意：凡省养干、支线公路的建勤代表工试行亦工亦农轮换工，常德地区劳动局、粮食局、交通局发文分配给常德地区公路总段亦工亦农轮换工指标 1437 名。

6 月 27 日　常德地区劳动局、粮食局、交通局同时发文，分配给常德地区公路总段亦工亦农轮换工指标 471 人。

8 月 12 日　经常德地经委同意，撤销常德地区公路总段渡管科。

9 月 3 日　根据湖南省公路管理局〔1979〕湘公养字第 306 号文批复：常德地区公路总段接养第一批区社公路 187.5 公里。其中：汉寿县公路养护队 34.2 公里，常德县公路养护队 62.5公里，桃源县公路养护队 70.85 公里，安乡县公路养护队 19.9 公里，安乡大湖口渡口 1 处。

是年　湖南省总工会授予常德地区公路总段常德汽车渡口所工人谢子云 “增产节约能手”称号。

是年　常德地委授予常德地区公路总段汉寿公路段“大庆式企业”称号、慈利公路段“先进企业”称号。

是年 樟木桥经沧浪坪至桃江县交界处的界牌43.95公里路划归207国道线。

是年 全国公路普查，国道使用了编号，常怀线编号为319线，常宜线编号为207线。湖南省公路管理局重新使用好路率标准，常德地区公路总段的好路率从1978年年末的86.8%核减为1979年年末的17.7%，

1980年

1月11日 湖南省公路管理局〔1980〕湘公养字第6号文，同意常德地区公路总段从1979年12月份起接养区社公路238.3公里，并同时接管石门沿市、慈利江垭渡口。

3月17日—18日 常德专署副专员赵全志带队对常德德山—牛鼻铺、三岔路—张公庙132.8公里的公路绿化进行了检查。

3月19日 常德地区成立公路绿化指挥部，由常德行署副专员赵全志任指挥长，地区交通局、林业局、公路总段的3名负责人任副指挥长。

3月 常德总段机械厂试制X2—20养路机拖斗成功，经湖南省公路管理局岳阳会议鉴定认可后批量投入生产。

4月 桃源尧河渡口一汽车掉入河内，车上一男一女被淹死，当班水手被判刑2年。

5月12日 常德地区交通局〔1980〕48号文同意撤销常德地区公路总段工务路政科，成立常德地区公路总段工务科、路政科。

5月30日 常德地区普降大暴雨，慈利、石门、澧县共冲毁路基48处，计8126立方米，坍方112处，计9004立方米，局部冲毁桥梁5座，涵洞17处，澧东公路雷公塔桥被水淹3天，水深处达1.3米，冲走桥面板7块，常（德）蒿（子港）路因出现严重沉陷翻浆，客车停运7天，水毁损失经费共达40.25万元。

6月12日 湖南省公路管理局〔1980〕159号文批复：石门三江口接线公路11.55公里从1980年7月起由常德地区公路总段接养。

9月8日 湖南省人民政府、湖南省军区交通战备领导小组湘交战〔1980〕5号文通知：已建桥的大、中渡口其渡口码头应予完好保留，并由公路部门继续管理维护，其他单位和个人不得随意占用。

9月24日 常德地区公路总段直属单位和所属各县公路段撤销革委会，恢复"文化大革命"前的机构名称。如"湖南省××县公路段"。

10月 漆河至五强溪三级公路开工改建，1982年5月竣工。

10月 石门泥市大桥建成通车。

12月8日上午10时40分 桃源公路段尧河渡口2号水泥拖轮在靠南岸码头时机舱起火，烧毁驾驶室和机轮，损失金额达3300元。

是年 湖南省总工会第三次积极分子代表大会授予常德地区公路总段工人陈培文"工

会积极分子”称号。

是年 常德地区公路总段职工李锡桃、谢子云被评为常德地区“工会积极分子”。

是年 常德地区命名常德汽车渡口所、慈利县公路段为“大庆式”企业。

是年 常德地区工会授予常德地区公路总段汉寿县公路段工会为“先进工会”。

是年 常德县刘家桥至王家桥(K20+000—K31+120)段油路开工修建,同年竣工,路长11.2公里,为6米宽双层表处渣油沥青路面。湖南省公路管理局投资经费42.18万元。

是年 桃源龙潭镇至五强溪水电站公路开工修建,1982年5月1日竣工通车。路长20公里,路基宽8.5米,路面宽7米。

是年 汉寿仓儿总渡口新建动工,1982年停工,1999年建成通渡。

1981年

1月30日 湖南省公路管理局〔1981〕23号文通知:1980年全省公路普查发现区社公路标准普遍偏低,不符合湖南省交通局〔1979〕38号、228号两个通知规定的接养条件,决定从1981年起所有区社公路一律停止接养。

1月 交通部批准修建常德沅水大桥。

1月 中国共产主义青年团常德地区公路总段总支部委员会成立, 钱福龙任团总支部副书记。

3月11日 湖南省公路管理局同意常德地区公路总段将常蒿路K0—K2+000即常德市汽车北站至长胜桥(含长胜桥)2公里公路从1981年1月份起交常德市市政工程处管养,一次性补给接管单位10万元作为公路改建用。

3月 经中共湖南省委批准,省养干线公路养护体制有所改变:党的组织关系仍由地方领导,行政业务和人、财、物全部上收由省统一安排调度。

5月25日 常德行署〔1981〕34号文通知:县公路养护队(管理站)与公路养护段合并,负责所在县干支线公路的养护管理。合并后各县公路段的人、财、物和业务工作由地区公路总段统一管理。干部按省委组织部湘组函〔1981〕8号文件精神,由湖南省交通厅、湖南省公路管理局管理。

6月 湖南省交通厅通知:津市渡口现有24名职工及所有渡运设备交常德地区公路总段接管。

7月 常德地区公路总段更名为常德公路总段。

9月9日 湖南省公路管理局常德技工分校成立并挂牌,杨瑞宏任校长,第一批招收学生36名。

9月21日 根据湖南省交通厅〔1981〕534号文《关于常德地区航运公司撤销后,选调40岁以下男劳力参加公路养护的指示》: 常德公路总段接收430名由常德地区航运公司调人的职工,分派到各县公路段充实工班养路。

10月9日 常德公路总段〔1981〕213号文通知:撤销常德市(现武陵区)公路段,原常德市公路段所管养的公路交常德县公路段统一管理养护。

10月21日 根据湖南省交通厅〔1981〕610号文件规定,常德公路总段进行了机构调整,总段机关设立养路、计工、机料、路政安全、劳资、财务、行政、组织宣传、保卫、渡管科、办公室、纪检会、工会、团委、11科1室2会1委;各县段设3股1室,即:生产、财供、政工股和办公室。

10月 津市7.8公里公路连同路工班交常德公路总段接管,津市市政工程管理处不再代管。

11月 根据〔1981〕湘公路干字第406号文件精神,常德公路总段纪律检查委员会成立并挂牌。

12月18日 湖南省公路管理局在常德市召开第2次全省省管渡口工作会议,与会代表100余人,局长郭瑛主持会议,历时5天。

是年 根据湖南省交通厅的指示:常德公路总段抽调孟庆允、黄弋夫、章龙桃3名工程技术人员和司机胡跃忠出国支援卢旺达工程建设。

是年 澧县雷公塔木架木面桥改建开工,1982年5月竣工。桥长60米,1孔35米,高13米,全宽9.5米。投资25万元。

是年 常德公路总段开展了为"四化"立功活动,全总段评出集体立功单位7个,其中一等功1个、二等功2个、三等功4个;班组立功32个,其中一等功2个、二等功14个、三等功16个;立功个人377人,其中一等功7人、二等功57人、三等功313人。

1982年

1月25日 常德汽车渡口5411号拖轮起火被烧毁,损失3万元,当班驾驶员受开除留用2年的处分。

3月4日 常德公路总段三届二次职工代表大会召开,与会代表168名,会议审议通过了总段长王炳生所作的《总段行政工作报告》,会议讨论通过了《常德地区公路总段职工代表大会实施细则》《常德地区公路总段为四化立功条例》《常德地区公路总段生产责任制》和《常德地区公路总段内部治安管理处罚条例》。

3月20日 安乡七家桥建成通车。桥跨单孔40米,全长69米,由常德地区公路总段设计。

3月 澧县城关襄阳桥开工修建。

4月29日 澧县夹夹渡口码头修建竣工,常德地区交通局投资64700元。

6月4日 湖南省公路管理局和铁道部大桥工程局共同派员对枝柳铁路之石门澧水和黔城沅水两座公铁两用桥的公路部分进行验收和交接工作,历时8天。石门澧水大桥全长

566 米，沅水大桥全长 571 米（均包括引桥），工程造价分别为 148 万元和 198 万元，自验收后协议签订之日起，公路部分由铁路部门移交公路部门使用和管理。

8 月　省道 1804 岳（阳）常（德）线公路全线修通。该线从 1964 年起分段修建，经华容、南县、安乡至常德全长 208.02 公里，为湘北干线公路之一。

10 月 1 日　津市渡口由湖南省公路管理局接管，渡口 29 人的工资及一切渡运经费由省公路管理局下达到常德地区公路总段，然后由总段按季下拨给津市交通局。

11 月　索溪峪隧道建成通车。两处隧道位于慈利至索溪峪公路，长度分别为 145 米和 265 米。

12 月 7 日　常德地区公路总段四届一次职工代表大会召开，会议审议通过了《常德地区公路总段行政工作报告》，会议讨论通过了《常德地区公路总段预算包干、超产计酬经济责任制》《常德地区公路总段职工代表大会实施细则》《常德地区公路总段内部治安管理处罚条例》。

12 月 15 日　桃源延溪大桥开工修建，1984 年 9 月 20 日建成通车。

12 月　根据中共湖南省委湘发〔1979〕6 号文件《关于认真抓好冤案、假案、错案的昭雪平反工作和落实党的有关政策几个问题的通知》精神，从 1979 年起，到 1982 年 12 月止，常德地区公路总段共收回历年开除的职工 62 人，为 24 人补发工资 36204.6 元。

是年　常德地区公路总段辞退亦工亦农轮换工 594 人。

是年　根据国务院国发〔1982〕140 号文件精神，常德地区公路总段为 40%的职工调整了工资。

是年　根据交通部〔1982〕交公字 1551 号文件《关于公路系统属于事业单位的通知》精神，常德地区公路总段被列入事业单位。

1983 年

2 月　石门雁池大桥开工修建，1984 年 5 月建成通车。

4 月 22 日　湖南省交通厅以湘交养征 211 号通知确定常德等 30 处重点渡口自同年 5 月 1 日起执行养路费检查。

5 月 4 日　共青团常德公路总段委员会首届一次代表大会召开，与会代表 50 名，会议选举产生了常德公路总段第一届团委会。

5 月 13 日　共青团常德地委常团组字〔1983〕07 号文件批复：同意成立共青团常德公路总段委员会，由钱福龙、李平、刘振波、谭少常、聂英 5 人组成，钱福龙任团委副书记（书记暂缺）。

9 月 15 日　根据湖南省湘政发〔1983〕第 19 号文件精神，常德公路总段为省级劳动模范陈彬、朱汉雄、刘寿云每人增加 10%的退休费。

10 月 1 日　常德沅水大桥开工修建，1986 年 10 月 1 日建成通车。大桥桥型为预应力钢筋混凝土箱型连续梁桥，共 54 孔。大桥全长 1408 米。桥下净空 8 米，桥面净宽 19 米，投资

3977.7 万元。经湖南省验收委员会鉴定为全优工程,1987 年获国家工程建设质量金奖。

11 月 14 日 根据湖南省交通厅湘政字 035 号文件精神,报经常德地区人事处批准,常德公路总段 21 名“以工代干”人员被吸收和转为国家干部。

是年 常德公路总段在 203 个工班中试行经济承包责任制, 施行路况上升奖和浮动工资制。

1984 年

4 月 4 日 常德公路总段调整领导班子,陈文龙任总段长,沈文泽、兰汉初任党委副书记,向志友任副总段长,黄振治任纪委书记,刘祖清任工会主席,顾问张汉卿,调研员王炳生、周清明、后绥之。陈文龙是从公路总段内部提拔的第一位知识分子领导干部。

4 月 汉寿坡头汽车渡口码头改建竣工。

6 月 30 日 湖南省交通厅〔1984〕湘交计财字第 291 号文确定湖南省干线公路 70 条全长6083.25 公里,其中常德省级干线公路增加 3.37 公里。

8 月 6 日 湖南省交通厅《关于改革我省交通管理体制若干问题的通知》决定全省公路实行省、县、乡三级管理,各地国、省道公路的管理和养护工作委托行署、州、市人民政府负责,县道由县政府负责,乡道由乡政府负责。各地公路总段的人、财、物成建制下放到地、州、市管理,原有的级别不变。编制定员由省负责。

9 月 常德公路总段调整所属各县公路段的领导班子, 同时批准各县公路段设立四股一室即:政工、机料、财务、工务股和办公室。

10 月 湖南省公路管理局和省局工会分别在长沙、常德、零陵 3 个赛区举行全省公路系统首届篮球锦标赛,常德地区公路总段篮球队参加决赛,获省公路系统男子篮球赛第二名。

10 月 常德公路总段养路费征收办公室成立并挂牌, 各县公路段成立养路费征收站。交通监理部门不再征收汽车养路费。

10 月 湖南省公路管理局批复:同意常德公路总段成立劳动服务公司。

11 月 湖南省公路管理局为全省公路系统职工发放公路路服,常德公路总段的养路工实行着装上路。

冬 安乡沙河口至大鲸港段沙路改油路工程开工,1985 年 12 月竣工通车。为宽 6 米—7 米、双层表处渣油沥青路面。至此,常德至安乡的油路全线修通。

12 月底 桃源县延溪大桥建成通车。单孔 80 米,全长 120 米,木架拱,桥宽 9+2×2 米。

是年 常德公路总段管养公路总里程 2127.03 公里,年末好路里程为 1408 公里,好路率为 66.2%。

是年 桃源盘塘至牌路岗 7.5 公里,漆河至黄石水库 22 公里,马家堰至仙娘庙 11.5 公里,桃花源至杨家桥 30.2 公里,龙坪至长岭 5.5 公里共计 76.7 公里公路,原由交通局管养的移交给常德公路总段管养。

是年 汉寿崔家桥工班获湖南省人民政府授予的“先进集体”称号。

是年 常德公路总段开展了“五讲四美三热爱”活动，全总段评选出“文明单位”5个、“文明班组”45个。

1984年—1985年春 常德地区共拓宽改造国、省道公路437.431公里，其中改线91.583公里，城镇集市超宽路段27.082公里，评定优秀工程20公里，良等工程303.27公里。

1985年

1月8日 “石门县公路加宽改造工程指挥部”成立，县长黄彧汪任指挥长，周常均、辛继权、胥进楠任副指挥长。按照“民工建勤”、“民办公助”的原则，计划加宽改造石门县境内公路115.29公里。

1月19日 湖南省交通厅在桃源召开6天全省交通计划衔接和技术改造会议，主要讨论1985年公路计划，湖南省公路管理局局长马其伟、副书记王星牛参加了会议。

1月28日—31日 常德公路总段五届一次职工代表大会召开，与会代表143名，会议审议通过了《常德公路总段总段长工作报告》《常德公路总段工会工作报告》《常德公路总段财务预决算报告》、《常德公路总段经济承包责任制》，会议还决定，“总段先进生产(工作)者代表大会”每两年召开一次，会议号召全总段开展比、学、赶、帮、超的社会主义劳动竞赛活动。

2月 常德公路管理处和航道处分开设立。

3月 常德公路总段进行科室调整，(1)渡管、计工、养路科合并为工务科；(2)保卫、路政科合并为路政安全科；(3)撤销组织、宣传科，成立政治处；(4)增设教育科和总工程师室。

3月 临澧汪家塄至凉水井林伯渠故居公路建成通车。

4月2日 常德汽车渡口所当班工人杨天早在船上拾到日本友人田中和夫的照相机、钢笔、手电筒、胶卷等物，通过外事办找到了失主。当失主返回渡口收到失物时非常感激地说：“中国好！”并向渡口赠送锦旗，与有关人员合影留念，以示酬谢。

4月10日上午7时 沅陵县一辆满载木材的解放牌汽车在张公庙渡口过渡时因刹车失灵，冲入离南岸10多米远的河中，驾驶室内5人(3大2小)的生命处于十分危急之中，渡工吴炎山、邓照胜等人立即下水抢救，落水人员全部脱险。当车主拿出200元钱酬谢时，邓、谢2人婉言谢绝了车主的酬谢。

6月24日 石门一艘超载小货船在渡口附近遇风倾覆，船上6人落水，渡口当班驾驶周松林等5人立即开船赶到出事水域抢救，很快将落水人员救起，并对其中一严重溺水者做人工呼吸，使其转危为安。周松林等5人受到了有关部门的表彰。

7月4日 交通部顾问潘琪在湖南省交通厅、规划设计院负责人的陪同下，到常德市考察沅水公路大桥建设情况，并听取了常德专署交通局关于常德地区公路技术改造工作的汇报。潘琪听后很满意,欣然命笔写下了"要想富,先修路,公路平,县长行"的题词。

9月18日 中国交通报报道,国务院批准全国公路养护工人由普通工种转为技术工种。

11月 汉寿县和平桥单孔39米微弯板坦肋拱桥,由于地基承载不够,两桥台出现不均衡下降,后来用体外预应力索对拉桥台的方法加固拱桥成功。

12月 根据中共中央〔1985〕9号和湖南省政府湘发〔1985〕24号文件精神,常德公路总段进行的工资改革结束。

是年 津市公路管理站成立,站下设养路道班7个,管养津市境内91.4公里公路。

是年 常德公路总段开展"创建文明路"活动,决定把汉寿牛鼻铺至澧县张公庙144公里国道建成文明路段,在创建文明路活动中,全总段评出6个"文明路"道班,临澧公路段获"创建文明路"优胜单位称号。

是年 常德公路总段组织职工参加湖南省总工会组织的法律知识竞赛活动, 获省总工会授予的组织奖。

是年 常德公路总段养路费征收达2600万元,超湖南省公路管理局计划26%,征费额名列全省第一。

是年 慈(利)张(公庙)公路大改线,原保(尔)界(溪)公路列入慈张线。

是年 常德地区掀起了公路技术改造的热潮,常德地区国省道路基加宽达400公里。

1986年

1月7日下午8时15分 靠近沅水大桥施工现场的常德市水运公司一艘机动船失火,常德汽车渡口所当班渡船8311号装载市消防队的消防车立即赶赴现场扑火,在船上当班的渡口工人杨子桥、赵光明等7名人员不顾个人安危积极协助消防车灭火,避免了一起重大火灾事故的发生。

1月15日 石门县境内的慈(利)张(公庙)线、石(门)青(官渡)线、临(澧)石(门)线、赵(家坪)三(星)线、新(街口)高(桥)线、荷(岗)夹(山)线、蒙(泉)磨(市)线、新(关)羊(子垭)线、红(土坡)蔡(家溪)线9条线路加宽改造动工,同年12月底完成113.994公里,其中新改线5条计28段30.284公里,新建涵洞513道,防护工程20处,完成配套工程石拱桥8座。

1月15日 常德公路总段〔1986〕常总办字第004号文通知:原由常德县公路段管养的省道常岳线K40—K47计7公里公路划交西洞庭农场绿化委员会办公室代管。计划经费仍由常德公路总段分期下拨。

1月22日—25日 常德公路总段召开了五届二次职工代表大会。会议审议通过了陈文龙总段长所作的《行政工作报告》和工会主席刘祖清所作的《工会工作报告》;审议通过了《常德公路总段财务决算和预算报告》《常德公路总段职工教育规划》,制定了《常德公路总段公路建设和养护"七五"规划》,修改完善《常德公路总段经济责任制》和《常德公路总段内部治安管理条例》。

3 月 5 日　常德公路总段以〔1986〕常总字第 117 号文颁发了《常德公路总段劳动竞赛管理办法》以及《常德公路总段开展立功竞赛活动试行办法》。

4 月 7 日—20 日　湖南省公路管理局检查组对常德公路的养护生产进行检查，核定常德公路总段 1985 年末好路率为 65.1%，年平好路率为 62.3%。

4 月 21 日　常德公路总段举办领工员训练班，参加训练的领工员具有初中以上学历，有一定实践经验。训练班 5 月 21 日结束，并评出了 11 名优秀学员。

4 月 25 日　常德公路总段公路公安干警培训班在桃源陬市镇开课，由常德地区公安处派教练授课，主要集中学习侦察、擒拿等公安业务技术，参加培训的干警共 28 名，学期 2 个月。

4 月 27 日下午 8 时　常德地委书记陈彰嘉得知参加常德地区“五一”劳模座谈会的安乡虾叭工班班长罗新华当天生日的消息后，手提生日蛋糕，笑容满面地走进罗新华的房间为他祝贺生日。地委书记给养路工人祝生日是有史以来的第一次。

5 月 21 日下午 2 点 30 分　澧县关山乡一台大拖拉机在张公庙渡口上船后刹车失灵，越过三角木，撞脱横栏铁链钩子，冲入 8 米深的河水里，车上有 1 名驾驶员和 2 名妇女一同掉入水中，在这十分危急的时刻，当班大副周大元奋不顾身跳入水中将两名妇女推出水面，在其他人协助下将 3 名落水者救起，避免了一起重大伤亡事故的发生。

6 月 7 日—9 日　常德公路总段在常德市政府礼堂召开工班长工作经验交流大会。参加会议的有全总段的工班长、工区领工员、各县公路段领导及总段科室负责人。会上陈文龙总段长作了《认清形势，团结奋斗，为开创我区公路养护事业的新局面而努力》的报告，有荣家河、白垭、跳土坡、苍儿总四个工班介绍养好公路的经验，余友成副总段长宣读了全体工班长致全体养路工人的倡议书，常德市交通局局长朱练成到会并讲了话，这是新中国成立以来常德公路总段第一次班长大会。

6 月 29 日晚 11 时 30 分　石门泥市个体运输户李元乐和唐生善 2 人驾驶小四轮柴油车前往南镇运货，不慎翻落在 100 多米深的陡坡下，石门潘坪工班覃道桃、文振发听到呼救声后立即举着火把奔跑到出事地点，不顾荆棘，从 100 米深的陡坡上将 2 人救起送往泥市医院救治，使伤员脱离了生命危险。

7 月 1 日—2 日　常德公路总段召开工程质量管理座谈会，讨论修订常德市公路总段《关于公路工程测设、施工的若干规定》的讨论稿。

7 月 29 日　常德公路总段在汉寿县召开了文明路建设座谈会，参加会议的有湖南省交通厅科研所工程师徐先海、常德地区交通局副局长管峰以及工程技术人员、常德地安委、常德地区车辆监理所、汉寿县交通局的负责人、总段领导及有关科室、总段机械厂、汉寿、常德、临澧三个县的负责人共 17 人，会议的主要内容是协调落实 319 国道汉寿牛鼻铺至常德南站高标准文明路建设的有关事项。

7 月　石门沿市山洪暴发，沿市渡口拖船和板船各一艘被冲沉没，直接经济损失 10 万元。

8月 慈利公路段孙昌会获湖南省总工会时事、政策测验竞赛特优奖，获奖品微型收音机一部。

8月 常德公路总段工会获常德地区总工会时事、政策测验竞赛组织奖。

9月12日—17日 常德公路总段在慈利举办新闻写作培训班，培训总段系统办公室文秘人员共28人，聘请《湖南日报》记者华山松授课。

10月5日—6日 由湖南省公路管理局主持，有湖南省交通厅科学研究所、常德地区交通局、汉寿县交通局共同参加完成的国内首次"利用预应力体外索加固软基拱桥新技术"在汉寿西湖农场通过厅级鉴定。

10月6日 津市澧水大桥开工修建，1989年12月15日建成通车。桥长752.4米，桥面净宽16米，投资经费2750万元。

10月14日 根据湖南省人民政府、省军区战备领导小组有关文件和省交通厅〔1986〕湘交公字第377号文件《常德沅水大桥建成后，常德汽车渡口两岸码头保留，其产权、管理权、使用权不变，由常德公路总段代管，并负责码头的管理和维护工作》的精神，常德公路总段决定成立"常德汽车渡口战备码头管理所"，李太明任所长。

10月18日 湖南省公路管理局对常德公路总段1.8公里粉煤灰试验路进行验收，认为质量较好。

10月22日 《湖南日报》发表记者鲁安仁的叙事散文《竹扫帚》详尽描写了常德地区公路风貌。这是有史以来第一次以如此长篇幅描写公路的文学作品出现在党报上。

10月23日—11月5日 常德公路总段油路工程验收结束。1986年全总段油路配套大中修、新改建共110公里，工程合格率达100%，优良率达99%。西洞庭农场、汉寿县油路指挥部被评为油路工程优胜单位，澧县、临澧、常德油路工程指挥部被评为先进单位。

10月底 常德地区养路费征收达2580万元，提前2个月超年计划21%完成了全年的征费任务。

10月 常德公路总段对常德汽车渡口所和总段沥青厂运油船队的99名职工进行了安排，沅水大桥通车后，渡口工人和油厂船队拆销人员分流，战备码头所留用42人，其余57人分配到各县公路段和机械厂。

10月 根据国务院改革专业技术职称的有关精神，常德公路总段被列入全省统计专业技术职务聘任制的试点单位，从1986年10月起全区公路系统专业技术统计系列将首先实行专业技术聘任制。

10月 经常德地区总工会验收，常德公路总段工会整顿建家合格。

11月3日 常德公路总段召开五届二次职工代表大会，增选王颂新、皮世双为五届二次职代会代表、主席团成员，通过了辞退几名违纪招收的职工子女，通过了从1987年起全区工班实行浮动工资的设想。讨论了职工违反劳动纪律的处罚条例。

11月14日—16日 湖南省交通厅在郴州召开"粉煤灰基层沥青路面再生"等两个科

研成果的鉴定会，与会代表30余人，会议一致同意通过了1985年湖南省公路管理局、郴州、常德公路总段“油路粉煤灰基层”这一课题，并作为科研成果上报省科委。

11月24日 湖南省公路管理局在慈利县召开全省养路费征收业务座谈会，会议讨论修订了《湖南省公路养路费征收业务管理制度(试行稿)》。

12月15日—18日 湖南省县乡公路大检查总结表彰会在常德召开。会议表彰了好路县(市)15个，文明先进工班98个，“公路民工建勤”先进县13个，“公路民工建勤”先进区(乡)38个。

12月16日上午 国道319线牛鼻铺钢制龙门架顺利安装完毕，标志着常德公路总段319线交通工程设施任务全面完成。

12月22日—23日 常德地区交通学会年会召开，常德公路总段有6篇论文入选，杨美清、高业鑫关于“沥青油面再生”的两篇小结被评为一等奖。

12月29日 湖南省交通厅、公安厅〔1986〕湘交公安字第526号文批复：同意组建常德行政公署公安处公路公安科，干警编制5人，各县公安局公路派出所干警编制共27人。

是年 汉寿坡头渡口被评为湖南省交通系统文明汽车渡口。

是年 常德公路总段被评为湖南省公路系统“新闻工作先进单位”。

是年 国家劳动用工制度改革，常德公路总段第一次招收了23名合同制工人。

是年 常德行政公署授予常德公路总段“文明单位”称号。

1987年

1月22日—25日 常德公路总段首届会员、职工代表大会隆重召开。与会代表114名。会议审议通过了总段长陈文龙的《行政工作报告》和工会主席皮世双所作的《工会工作报告》，审议通过了《常德公路总段目标管理暂行办法》《常德公路总段职工代表大会条例实施细则》《常德公路总段劳动竞赛管理办法》。这次会议实现了会员代表大会和职工代表大会的结合，理顺了工会与职工代表大会的关系，明确了工会应有的地位和作用。

1月 一辆载有4吨小麦的货车不慎冲入原新安工班房前的水塘内，临澧公路段退休工人彭汉初不顾天气严寒，跳入水塘救出司机。

2月16日 常德公路总段召开1986年度征费工作表彰会。1986年全区养路费征收突破3000万元大关，取得了历史上最好成绩。全总段有6个先进单位，44名先进工作者受到表彰和奖励。

2月22日 常德公路总段召开1986年度先进集体和先进个人表彰会，全总段有5个先进单位、19个先进班组、121名先进生产(工作)者、117个全良路工班受到了表彰。

2月 常德公路总段成立审计科。

3月10日—23日 湖南省公路管理局对全省渡口进行大检查，抽查了10个地区38

艘船舶,检查后评比,常德地区的红旗设备占全省第一。

3月19日 湖南省交通厅审计组对常德公路总段养路费收、管、用进行了全面审计。在肯定成绩的前提下,提出了"尽快建立财务管理制度、提高工程费在整个投资中的比例、推行经济承包责任制的同时要兼顾三者关系"三点建议。

3月26日—4月2日 湖南省公路管理局年度公路检查组来常德进行公路检查,核定常德公路总段1986年末的好路率为67.7%,年平均好路率为67.7%,年平均好路率超省公路管理局计划4.4个百分点。

3月 澧县张公庙大桥开工修建,1989年12月1日建成通车。总投资为1964万元。

4月23日 石门砖厂工人杨自全挖"神仙土"被垮塌的土埋住了,在场的其他人员被吓傻了,望羊工班养路机手杨万杰经过时看到了危急局面,当即停车招呼其他人一起动手将杨自全救出,杨因伤得过重已经昏迷,杨万杰用养路机把他送到医院抢救,使其转危为安。

4月 常德地区交通监理机构成建制移交地区公安处。

5月1日 在常德地区召开的庆祝"五一"节先进模范人物座谈会上常德地委书记陈彰嘉、行署副专员卜启圣与常德县公路段工人代表丁必成进行了直接对话,丁必成提出了公路部门"路产路权受到侵蚀,劳动用工不固定,家属农转非还是空白点"等5个方面的问题,陈彰嘉书记、卜启圣副专员都一一作了答复,并表示委托有关部门加以解决。

7月 常德地区公路总段职工学校成立。校址设常德汽车南站原常德县公路段。

8月12日下午2时30分 临澧公路段机修班副班长江时炎驾驶东风牌汽运石灰,下坡时刹车失灵,撞在公路边的高岩壁上,当即车毁人亡,造成经济损失4万元。

10月13日 《中华人民共和国公路管理条例》由国务院发布,并从1988年1月1日起正式施行。

是年 常德公路总段征费额达931.5万元,超计划31.04%,名列全省第一。

1988年

1月7日 常德行署常务副专员卜启圣就贯彻执行《中华人民共和国公路管理条例》发表答记者问的电视讲话。

1月 常德地区公路总段机械厂与常德市公路管理处共同研制的"汽车渡船自动挂(脱)钩装置"成功。

1月 澧县七里湖公路动工修建。

1月 澧县彭家港汽车渡口码头动工修建,出草坡至彭家港公路同时动工修建。

2月8日—10日 常德地区公路总段召开首届二次会员职工代表大会。会议审议通过了总段长李志明所作的《常德地区公路总段行政工作报告》和工会主席皮世双所作的《常德地区公路总段工会工作报告》,审议通过了《常德地区公路总段目标管理办法》《常德地区公路总段财务预决算报告》《常德地区公路总段职工教育管理办法》《常德地区公路总段内部行政管理实施条例》,原则通过了《常德地区公路总段处罚违纪职工条例》。

2 月 常德公路总段服务公司更名为“金三角”服务公司。

4 月 常德公路总段粉煤灰铺筑路面基层技术获湖南省交通厅科学技术进步奖,受奖人:方彰沅、杨美清。

4 月 2 日 5 时 40 分 津市渡口渡船行至澧水河中心时,船上一辆摩托车突然起火,船上满载着 3 部小汽车、4 辆大卡车,在这万分危急时刻,值班驾驶员宋利林等人迅速取来灭火器等器材,快速扑灭了火焰,正在渡船上的津市市委书记陈本洪表扬渡口工人说:“你们奋不顾身灭火,避免了一起恶性事故的发生,为人民立了新功!”

4 月 常德公路总段首次组织 47 名待业青年进行为期三个月的岗前培训。

5 月 行政区划变更,慈利公路段连同其所管养的 399.12 公里公路划归大庸市。

5 月 常德公路总段成立“质量管理百日竞赛”领导小组,副总段长余友成任组长,党委副书记卢兴才、工会主席皮世双任副组长,并决定从 6 月 20 日起,到 9 月 30 日止在全总段开展质量管理百日竞赛活动。

5 月 31 日 常德行署专员程林义在汉寿军山铺召开国道 319 线专题会议,研究高质量、高水平完成国道 319 线常德段路面改善问题,常德汉寿两县和总段负责人参加了会议。

6 月 汉寿毓德铺大桥修建竣工。为石墩钢筋混凝土桥,桥长 85.5 米,宽 40 米,主孔净跨40 米,原中央组织部副部长帅孟奇为大桥题词。毓德铺原水下隧道同时废除。

6 月 21 日 常德公路总段举办“歌颂党的十一届三中全会以来的伟大成就”演讲赛,汉寿段龚南辉、桃源段钟吉华、安乡段张茂龙分别获得一、二、三等奖。

6 月 30 日 中共湖南省公路管理局委员会〔1988〕路会字第 111 号文件通报 1987 年度“双文明”建设先进单位、先进集体和个人中,澧县公路段、常德公路总段养路费征收办公室获先进单位称号;澧县张公庙、荣家河、常德县公路段蒋家山工班、慈利公路段机械队获先进集体称号;陈元国等 18 人为先进个人。

6 月 30 日 汉寿公路段龚南辉、桃源公路段钟吉华代表总段参加常德地区交通局举办的演讲赛,分别获二、三等奖。

7 月 6 日—8 日 常德公路总段举行了首届公路养护技术比武。参加技术比武的有所属 8 个县公路段共 40 名选手。进行了油路、沙路养护理论知识考核、工具制作、病害处治三个方面的比武。经过激烈角逐,桃源、澧县、慈利县公路段分别获得团体 1、2、3 名,桃源公路段工人潘巨明、杨焕阶分别夺得个人总分第一名。

7 月 常德公路总段机械厂自行设计制造的 LB-15 卧式沥青拌和机成功。

7 月 常德地区公路管理处更名为常德市公路管理处。

7 月 26 日 常德公路总段更名为常德市公路总段。

8月5日上午 汉寿县副县长王焕耻带领县交通局长和319线沿途的乡长慰问常德市公路总段在国道319线油路工程的施工人员，给每个工段发慰问金500元。

8月19日—9月中旬 常德市连降大暴雨，发生了历史上罕见的秋季洪涝灾害，给公路养护和公路工程造成了严重损失，全总段路面损坏131万平方米，水毁里程达435.52公里。水淹公路19条，其中常德县公路段管养的新坡桥至断港头公路被淹没1个月之久，冲毁路基2500米、塌方88610立方米，冲垮桥梁1座，部分损坏的桥梁6座，涵洞损坏86道，计780延米，冲垮护坡、护墙867米，油路改建、大修、配套工程损失更加惨重。

9月8日下午2点 石门皂市大桥被山洪冲毁。

10月 常德市公路总段原会计邓初魁编写的《公路应用会计》一书由人民交通出版社发行，各地新华书店经销。

11月1日 石门皂市大桥开工重建，1989年7月2日竣工通车，新建大桥为单孔净跨50米双曲拱桥，全长74.4米，桥面净宽10米，投资经费75万元。

11月16日—17日 常德市公路总段召开百日质量竞赛、水毁路抢修表彰大会，表彰百日质量竞赛和水毁路抢修中的先进集体和先进个人：

全面工作综合先进单位：临澧、澧县、桃源公路段分别获1、2、3名；

工程质量先进单位：澧县、临澧、慈利公路段分别获1、2、3名；

公路养护质量先进单位：临澧、澧县、桃源公路段分别获1、2、3名。

水毁抢修中受表彰的先进个人共26名。

12月 常德市公路总段经过岗前培训的120名待业青年全部就业上岗。

是年 常德市公路总段被评为常德市扶贫先进单位。

1989年

1月27日—29日 常德市公路总段首届三次会员、职工代表大会和1988年度先进集体表彰大会召开。会议审议通过了总段长李志明所作的《行政工作报告》和工会主席皮世双所作的《工会工作报告》、审议通过了《常德市公路总段劳动竞赛管理办法修订案》《常德市公路总段职工医药费管理暂行办法》，评议了总段8名一线领导，表彰了澧县、临澧、机械厂3个文明单位、4个文明科室、25个文明股室、49个文明工班、9个辅助生产文明班组、107名文明个人。

1月 常德市公路总段研究的"水泥石灰综合稳定土做路面基层"获常德市科技进步二等奖。这项科研成果填补了湖南省该项科研项目的空白。总段获奖者：陈文龙、胡守权、杨美清。

1月 临澧大桥加宽工程开工，1991年1月1日竣工通车。加宽后的桥为4孔净跨30米，全长246米，桥面净宽18.6米，为钢筋混凝土双曲拱桥。

2月17日 常德市公路总段〔1989〕常总字第005号文件向常德市政府提出执行《中华

人民共和国公路管理条例》,向机动车辆、制造修理厂家收取试车损坏公路补偿费的请示。

3 月 4 日　湖南省公路管理局召开机务渡口目标管理检查评比会，常德市公路总段渡口目标管理工作夺得第一名。

3 月 22 日　常德市市长程林义为《常德公路》题写刊名。

4 月 11 日—24 日　常德市公路总段第二期施工员培训班在总段职工学校举办，这批学员经过理论学习和野外实习,考试合格后发给结业证。总段决定:今后的大中修工程中,无证人员一律不能担任施工员。

4 月 22 日　湖南省交通厅在常德市对汽车渡船自动挂(脱)钩装置进行省级鉴定,并下发《科学技术成果鉴定书》。

4 月　湖南省人民政府授予澧县金山工班工人刘树生“劳动模范”称号。

4 月　常德市公路总段授予张公庙渡口修理工钟建明、临澧青林工班班长邓定由、石门白垭工班班长覃业会、石门二都工班炊事员宋化绒、常德黄珠洲工班班长毛正良、汉寿公路段亦工亦农轮换工吕建伟、桃源公路段亦工亦农轮换工杨先斌、安乡亦工亦农轮换工张义定“劳动模范”称号。

5 月 2 日　常德市公路总段以〔1989〕总字 021 号文件下发了《关于加强损路费收缴、管理、使用的办法》,正式开始收缴损路费。

5 月 27 日　常德市人民政府常政办通〔1989〕43 号文件通知:“成立常德市干线公路抢修工程指挥部,指挥长陈德铨,常务指挥长朱练成,副指挥长渝斌龙、李述炽、李志明、总调度王颂新,总技术负责人陈文龙,办公室主任彭伏保(兼)。”

6 月 14 日　常德市公路总段党委、行政、工会以〔1989〕常总联字 001 号文件发出了《关于开展向省劳动模范刘树生同志学习的决定》,在全总段掀起向刘树生学习的热潮。

8 月　常德市公路总段组织开展了“百日质量竞赛”活动,7 个县段综合评定:澧县、安乡分别获得 1、2 名;单项评定:公路养护由澧县、安乡、临澧段获 1、2、3 名;公路工程:临澧、汉寿、澧县公路段分别获得 1、2、3 名;直属单位:沥青厂、机械厂、车队分别获 1、2、3 名。

8 月　湖南省交通厅、财政厅、物价局下发湘交公字〔1989〕第 399 号文件,同意在张公庙大桥设立收费站,收取车辆通行费。

9 月 2 日　湖南省公路管理局〔1989〕湘路征字第 144 号批复:同意成立常德市公路养路费征收稽查队,人员编制 8 人。

9 月 20 日　省交通厅、财政厅、物价局〔1989〕湘交公路字第 438 号下发了《关于破损公路、公路设施赔偿费收费标准》的通知。

9 月 21 日—22 日　常德市公路总段在张公庙、津市汽车渡口举行首次政治、业务知识抢答赛和技术比武,8 个渡口 32 名选手参赛,桃源尧河、安乡、津市汽车渡口分别夺得 1、2、3 名。

9 月　慈利卸油站从常德市公路总段划归沥青厂管理。

国庆节前夕,常德市人民政府授予澧县张公庙工班“模范集体”称号,授予临澧新安工班班长苏前礼“劳动模范”称号。

10月24日—26日 湖南省公路管理局在常德市公路总段召开全省公路系统办公室暨新闻工作会议，总结1月至9月生产情况和工作特点，回顾办公室工作、新闻报道工作，布置下段工作任务。

11月 常德市公路总段机械厂与常德市公路管理处共同研制的“汽车渡船自动挂(脱)钩装置”获湖南省交通厅科技进步二等奖。

12月3日 张公庙大桥开始征收汽车过桥费。

12月5日—20日 湖南省公路管理局组织3年1次的县乡公路大检查，通过检查评比，常德市县乡公路管理处被评为公路养护质量第1名。

是年 常德市公路总段机械厂研制出了“火车沥青柴油加热装置”，大大缩短了车皮占用时间，减少了卸油占用车皮的费用。

8月以来 常德地区连降大暴雨，山洪暴发，全总段冲毁路基896米计6967立方米，冲毁沙石路面432065平方米，344.2公里，冲毁油面106550平方米，113.55公里，冲毁涵洞36道，冲垮挡墙3处195立方米，大小塌方73处，计12143立方米，大中修工程水毁路面105000平方米，计17.2公里，共计损失金额达144.77万元。石门、桃源、常德公路损坏尤为严重，省道石青线、临石线、石陬线、县道磺太线、伍甘线、水杨线等8条线路多处中断交通，出现了“常德到、汽车跳”的被动局面。

11月4日 常德市公路总段第二次“百日质量竞赛”检查评比，澧县、安乡、临澧公路段分别获1、2、3名。

1990年

1月20日—22日 常德市公路总段三次会员、职工代表大会暨1989年度文明先进集体、先进个人表彰大会召开。会议审议通过了总段长刘国华所作的《行政工作报告》和工会主席皮世双所作的《工会工作报告》，审议通过了《常德市公路总段责任制办法修订稿》、《常德市公路总段职工教育管理办法》和《常德市公路总段内部治安管理办法》修订稿，选举了总段工会经费审查委员会。通报表彰了1989年度的先进单位和个人。

1月 湖南省公路管理局新闻工作站常德新闻工作分站成立，常德市公路管理局和所属各单位通讯员37名。

1月 沥青厂与慈利卸油站正式合并。

2月 为了贯彻执行《公路管理条例》，常德市公路总段公安科组织全市公路公安干警30余人对澧县境内国道207线、省道1868线公路违章建筑进行了拆除，保障了车辆畅通。

3月 津市八宝湖桥竣工，桥长62.4米，宽12.5米，高13米，为箱形桥台，七筋六波等截面悬链空腹式双曲拱桥。

3 月 常德市公路总段下发《关于开展雨季公路养护竞赛的通知》,决定从 4 月 1 日起至 6 月 30 日止,在全总段开展雨季公路养护竞赛。

3 月 8 日 华容县经委一行 17 人乘坐一辆旅行面包车去张家界旅游参观。当车抵达石门汽车渡口北岸码头后,司机停车待渡下车洗手。小车因刹车失控滑入了 3 米多深的河中,车上还有 13 人全部随车入水。在万分危急的时刻,石门渡口水手雷国炎、冯建新等人立即跳入刺骨的河水中抢救落水者,救活 6 人,直到把溺水者和落水的面包车打捞上岸才休息。石门、华容两县政府召开表彰会,给雷国炎记二等功,发奖金 100 元。共青团常德市委授予雷国炎"学雷锋青年标兵"称号。

4 月 3 日 《湖南日报》报道:《公路法》议案已被七届全国人大三次会议立案。大会期间,湖南全国人大代表 6 件议案被立案,《公路法》就是湖南省朱怀安等 31 位代表建议立案的。

4 月 27 日上午 常德市公路总段召开劳动模范座谈会,出席会议的有各级政府和部门授予的劳动模范 12 人、总段党、政、工主要领导、团委和有关科室负责人参加了会议。

5 月 根据湖南省公路管理局〔1990〕湘路征字 75 号文件,设立张公庙大桥征稽站,定编 38 人。

5 月 13 日 湖南省公路管理局局长马其伟一行 4 人到常德市查看了国道 319、207 及省道 1848、1801、1852 主干线公路,并参加了常德市干线公路抢修动员大会。

5 月 14 日 常德市政府在桃林宾馆召开 1990 年干线公路抢修动员大会。出席会议的有市委副书记、市长蔡长松,市委副书记吴定宪,副市长陈德铨,市人大常委会副主任揭乐田,市政协副主席朱练成,常德军分区副司令员张家界,湖南省公路管理局局长马其伟,副总工程师张超。参加会议的有常德市公路总段、市计委、市经委、市农经委、市交通、公安、电业、国土、气象、工商部门和各区县(市)政府及交通局的负责人。同时明确总段长刘国华为干线公路抢修指挥部副指挥长。

会上,干线公路抢修指挥长陈德铨副市长在讲话中指出:"今年是三年改变常德公路面貌的第二年,也是关键的一年。"湖南省公路管理局马其伟局长讲话强调:"要克服弃养待修,等待投资的思想。"

6 月 26 日 常德市公路总段〔1990〕常总字第 05 号文件下发了关于开展《"管杯"、"标杯"竞赛实施方案》的通知,在全总段开展"管杯"和"标杯"竞赛活动。

"标杯"竞赛的内容:"三标""两美""一好"即标准路面、标准路肩、标准水沟;路容美、工班、县段环境美;职工生活管理好。"管杯"即全方位管理优胜杯。

7 月 全省雨季公路检查评比,临澧公路段获一等奖。

8 月 慈利卸油站新建竣工,正式投入使用。

8 月 10 日 常德市公路总段原宣教科长邓心祥撰写的坚持四项基本原则"三字经"在《半月谈》第 15 期上发表。

9 月 汽车渡船自动挂(脱)钩装置荣获湖南省科学技术进步四等奖。

11 月　常德市公路总段标准路建设现场会在澧县公路段召开。

11 月 24 日—26 日　湖南省公路管理局祝笑副局长带领省局工程组对常德市公路总段 1989 年重点工程进行验收,国道 319、207、省道 1801、1804 四条干线共 53.65 公里工程确认优良率达 64%,合格率达 100%,临澧公路段工程质量为全优。验收组对常德公路工程质量的评价是:“常德已经彻底改变了公路工程落后的面貌。”

冬　国道 207 线澧县边贸城至黄桥二级公路改建工程动工,工程造价 165 万元。

12 月　常德市公路总段被评为常德扶贫工作先进单位,三年内常德市公路总段为石门磨岗隘乡扶贫点修公路 33 公里,修桥涵 14 座,开发冰糖橙基地一处,无偿赠送旧铁壳板船一艘,修理汽车 4 台,共计扶贫 9.9 万元。

是年　常德市公路总段机械厂修理车间张崇伟、陈子君等 5 人代表总段参加常德市首届汽车行业技术比赛获第四名。

是年　常德市公路总段公路工程总计 242.75 公里,其中油路新改建配套 150.75 公里,油路大修 23.8 公里、中修 68.2 公里。投入资金 2917.3 万元,是投资最多的一年。

是年　樟木桥道班工会小组获湖南省总工会授予的“湖南省先进工会小组”称号。

是年　养路工班改称道班。

1991 年

1 月 4 日—6 日　常德市公路总段在澧县召开公路工程总结会。1990 年,总段完成油路新改建、大中修 242.75 公里,为年计划的 112%,创历史最好水平。完成了从汉寿牛鼻铺至常德南站转盘 70.1 公里沥青混凝土摊铺路面,结束了常德市没有一条高等级路面的历史,一举改变了“汽车跳,常德到”的落后面貌。

1 月 9 日—11 日　“湖南省公路学会道路工程专业委员会高等级公路路面设计施工质量研讨会”在常德市召开,湖南省交通厅、省公路局、省交通科研所、省交通设计院、湖南大学、常德市政府、市科协等单位以及常德市公路总段科技人员参加了会议。会议对高等级路面设计与施工技术问题进行了交流讨论。与会人员还参观了 1801 线新改线路段的振辗式粉煤灰水泥混凝土路面,参观了总段试验室,大家都说“常德公路总段试验室的设备规模与手段都是全省公路系统第一流的”。

1 月 19 日　中共常德市公路总段第四次党员代表大会闭幕。会议期间,听取了《中共常德市公路总段第三届委员会工作报告》和《常德市公路总段上届纪律检查委员会工作报告》,选举产生了中国共产党常德市公路总段第四届委员会和新的纪律检查委员会。

1 月 23 日　常德市公路总段计划管理工作改革,对各县公路段的养路费投资实行切块包干。

1 月 29 日　常德市委常干〔1991〕21 号文批复:同意常德市公路总段第四次党代会选举

结果，刘国华任党委书记，卢兴才任党委副书记，杜钧玉任纪委书记，王颂新、皮世双、彭家新、陈文龙为党委委员。

2 月 6 日—8 日 常德市公路总段第二届职工会员代表大会暨1990年度先进集体、先进个人表彰大会在总段机关召开。大会听取了总段长刘国华所作的《行政工作报告》和工会主席皮世双所作的《工会工作报告》，选举了总段工会委员会，通报表彰了1990年度先进集体和先进个人。8日晚上举办了“常德公路之春”文艺会演。

2 月 26 日 常德市公路总段石门县公路段二都道班工人陈磊一篇题为《不妨试一试》的建议被《中国交通报》采用刊登，总段给予陈磊奖励。

3 月 11 日—14 日 湖南省公路管理局在长沙湖南宾馆召开全省公路工作总结表彰暨1991年公路工作会议。常德市公路总段科技管理和渡口管理双双获得职能管理第一名，澧县公路段获“三标”“两美”“一好”竞赛优胜单位。常德市公路总段还有20个文明道班受到表彰。会议期间还组织了文艺会演，总段机械厂表演的《黄河颂》被选上了省电视台的新闻镜头。

4 月 17 日—19 日 湖南省公路系统机务管理工作会议在常德市芷园宾馆召开。湖南省公路局局长马其伟，常德市政府、市经委有关领导出席了会议，参加会议的有各地州市公路总段分管机务工作的副总段长和机务科长。与会人员还参观了省机务管理优胜单位常德公路总段机械工程队和省“双文明”渡口桃源尧河渡口。

4 月 18 日 安乡大鲸港大桥开工修建，1994年12月28日竣工通车。

4 月 29 日 常德县樟木桥道班获全国“五一劳动奖状”。

4 月 澧县人民政府成立“国道207线澧县段拓宽工程指挥部”，加宽改造澧县县城至湖北卷桥水库路段。

5 月 4 日 常德市公路总段工程机械队组织的“青年突击队”获团省委授予的“七手一队骏马杯”劳动竞赛优胜奖。

6 月底 7 月初 常德市遭受了百年不遇的大水灾，有5个道班和81公里路被水淹没，桥梁、涵洞、码头、路基、路面多处被毁，先后有13条线路中断交通，渡口被迫停渡。

7 月 澧县境内普降暴雨，平均降水量为457毫米，是历年7月降雨均值的2.5倍，加之澧水上游人暴雨的夹击，导致全县历史上罕见的洪涝灾害，山洪暴发46座水库溢洪，内涝惨重，澧阳、淞澧两大垸被渍，垸内公路被淹没，北民湖决口蓄洪，4个乡镇的9个小垸先后溃漫，全县受灾面积4.86万公顷，倒塌房屋10410间，5.6万人无家可归，冲毁公路98处，水毁公路达260.02公里，4栋道班房被水淹没，11处边坡塌方。湖南省委副书记、省长陈邦柱等多位省市领导亲临抗灾一线指挥抗洪和慰问灾民。

7 月 常德市公路总段职工学校举办本系统内待业青年培训班，对待业青年进行岗前培训。

9 月 27 日 五强溪水电站水泥路开工修建，1992年4月竣工通车，线路全长62公里。

10 月 常德市公路总段被评为湖南省交通系统“抗洪救灾先进单位”。

11 月 18 日 常德市公路总段机械厂与湖南大学签订合作试生产“FV 型汽车尾气净化消声器”协议。

11 月 21 日 常德市公路总段办公室通报:1—11 月全总段在市以上新闻单位上稿达 48 篇,其中《湖南日报》《中国交通报》《中国青年报》上稿 5 篇。

11 月 湖南省交通厅同意津市可以提前修湘北干线。

12 月 总段机械厂与湖南大学合作生产的“FV 型汽车尾气净化消声器”产品经中国科学院鉴定通过。

是年 澧县公路段段长陈元国被湖南省公路管理局授予“十佳公路工作者”称号;樟木桥道班班长唐桃源被省公路局授予“十佳养路工”称号。

是年 桃源公路段工程师李金芳被常德市总工会授予“百岗明星”称号。

是年 常德市公路总段油路大中修 127.9 公里,投资 960.89 万元,恢复水毁路面 238 公里,投资经费 130 元。公路养护生产取得了好的成绩,年末综合好路率达 83.6%,比上年末上升 12.8%;养路费征收 4338.6343 万元,超计划 4.98%,重点建设基金完成 1118.27 万元,超计划 4.31%。

1992 年

1 月 常德市公路总段工程机械队更名为常德市公路总段道桥工程处。

3 月 1 日 常德汽车渡口所和总段职工学校被撤销。

3 月 8 日 湖南省金路建筑装饰材料制品有限公司(简称金路公司)正式挂牌成立。公司法人代表黄萍。

3 月 11 日 澧县人民法院驻澧县养路费征收站执行室挂牌成立,这是常德市首家人民法院养路费征收执行室。

3 月 12 日 常德市交通系统纪律检查工作经验交流会在澧县公路段召开。

3 月 17 日 津市成立湘北公路修建指挥部,并开工修建窑坡至新洲段 6 公里第一期工程。

3 月 18 日下午 常德市公路总段召开雨季公路养护竞赛动员大会, 决定从 3 月 21 日起至 6 月 20 日止, 为雨季公路养护竞赛时间,6 月 21 日至 30 日为雨季公路养护竞赛检查评比时间。

3 月 16 日—18 日 常德市公路总段二届二次职工会员暨 1991 年度先进集体、先进个人代表大会召开。会议审议通过了总段长刘国华所作的《公路工作报告》和工会主席皮世双所作的《工会工作报告》,审议通过了《常德市公路总段 1991 年财务预决算报告》《常德市公路总段 1991 年养路费计划投资执行和 1992 年养路费投资计划情况的报告》,下发《常德市公路总段目标管理办法》和《常德市公路总段加强劳动管理的有关规定》,通报表彰 1991 年度的先进单位、先进班组和先进个人,桃源、临澧公路段介绍强化管理、促进路况上升等方面的经验。

3月27日—29日 交通部科技司在常德市召开《纤维半刚性基层材料在高等级公路沥青路面中的应用》研究课题鉴定会。参加会议的有交通部科技司、公路研究所、工程管理司、人民交通出版社、同济大学、西安公路学院、山西交通科研所、湖南交通科研所、湖南省交通厅、长沙交通学院的研究员、教授、高级工程师共40人。

5月8日 石门澧水大桥开工修建,1994年10月1日建成通车。桥长512延米,宽16米,投资160万元。

5月12日—16日 常德市公路总段在职工学校原址举办首届机关人员业务培训班。参加培训班的人员有总段机关和所属各县公路段组织、宣教、劳资、纪检、办公室人员共30人。此次培训班在全省公路系统也是第一次。

5月20日 常德市机构编制委员会〔1992〕11号文批复:同意成立津市市公路段,为正科级事业单位,机关编制9人。

6月30日 常德市公路总段雨季公路养护竞赛结束,经过检查评比,澧县、桃源、临澧公路段分别获1、2、3名。

7月7日 常德市公路总段常总党字〔1992〕11号文件同意:成立津市市公路段,下设政工、生产、综合股、汽车养路费征收站。揭德平任第一任段长。

7月9日 常德市公路总段"道桥建设公司"成立。

7月16日—18日 常德市公路总段在鼎城公路段举行公路养护技术比武,参加比武活动的有总段党、政、工领导及有关部门和科室负责人,各县段领导和比武选手共计70人。经过2天激烈的角逐,鼎城、桃源、临澧段分别夺得1、2、3名。

7月17日 常德市公路总段公安科组织公安、交警、法院、交通部门100多人对桃源辖区内的省道1801黄婆店、漆河路段进行重点整顿,强行拆除违章建筑17栋。

8月8日 鼎城区公路段公路法庭正式挂牌成立。该法庭属常德市公路系统第一家法庭。

8月9日 津市公路段正式挂牌成立。

8月 常德市公路总段团委、安全委员会联合组织开展的"青工百日安全竞赛"中,鼎城公路段获"优胜单位",钱家坪工班长罗菊华被评为"安全标兵",徐民主、丁雪梅被评为"安全管理能手"。

8月 澧县公路段管养的新洲、白衣、棠华、灵泉工班及公路正式划归津市公路段管养。

9月 津市市委书记刘万青、澧县县委书记杨光宏共同向湖南省交通厅申请"抛开津澧公路,另修一条24米宽的高等级、连接津市、澧县城市的公路"获得批准。

10月18日—20日 常德市公路总段工会在澧县公路段召开民主管理经验交流会,会议交流了近几年民主管理工作经验,部署今后的民主管理工作,传达了湖南省公路管理局"关于开展第三产业"的会议精神。

10月24日 常德市公路总段"百日质量竞赛"结束,经过检查评比,澧县、桃源、汉寿公路段分别获1、2、3名。

10 月 汉寿县坡头至鸭子港公路改线工程竣工。为沙石路面,宽度从 5 米拓宽到 7 米,达平原三级公路标准,总投资 165 万元。

11 月 5 日 临澧至张公庙国道 207 线 22 公里拓宽改建成一级公路工程正式开工,临澧县政府在半个月内筹措资金 1317 万元,计划投资 5500 万元。

11 月 15 日 湖南省高等级公路现场会在临澧县召开。副省长汪啸风、交通厅厅长李顺、副厅长马其伟出席了会议,各地州市交通局局长、各县县长 100 多人参加了会议。汪啸风副省长讲了三点意见:"一要把交通建设作为整个经济建设的突破口来抓,二加强公路建设要突出重点,三要明确政策,提供优惠,增强公路建设的筹资能力。"李顺厅长在讲话中表扬了临澧县人民"在全省率先义务投劳修建国道"。

12 月 5 日 交通部授予常德市公路总段桃源公路段段长李祖云"交通系统 80 年代优秀大学毕业生"称号。

12 月 10 日 津市至澧县公路修建开工,津市市委、市政府组织澧津、湘北公路津市段首次公路大会战。

12 月 25 日 经湖南省环保局审定,常德市公路总段机械厂具备安装汽车曲轴箱强制通风装置(PCV)的资格,获得安装许可证书。

12 月 常德市公路总段"公路道桥建设公司"领取工商营业执照,该公司属二级施工企业,下设 8 个分公司,王颂新为总经理。

12 月 鼎城公路段 134 名亦工亦农轮换工全部辞退。

12 月底 沅水大桥正式职工收费员接班上岗,常德公路总段系统 26 人全部到位,此 26 人的编制一同由总段转划至常德市交通局。

是年 汉寿军山铺至蒋家嘴公路路基扩宽到 12.5 米,总投资 1500 万元。

是年 湖南省公路管理局投资 110 万元,澧县人民政府自筹资金,对国道 207 线黄桥至边贸城路段进行了改造,建成了常德市境内国道中的第一段水泥路。

是年 桃源公路段实行公路养护家庭承包责任制,在全省公路系统属于第一家。

1993 年

3 月 15 日—17 日 常德市公路总段召开二届三次职工会员代表大会暨 1992 年度先进单位、先进集体、先进个人表彰大会,参加会议代表 130 名。会议审议通过了总段长刘国华所作的《行政工作报告》和工会主席皮世双所作的《工会工作报告》,审议通过了《常德市公路总段财务预决算报告》《常德市公路总段干部职工调配管理规定》《常德市公路总段职工教育管理暂行办法》,通报表彰了 1992 年度的先进集体和先进个人。

3 月 纤维半刚性基层材料在高级公路沥青路面中的应用研究获常德市交通科技兴交 2 等奖,受奖人:常德市公路总段质检科杨美清、姚海龙。

3月27日 常德市公路总段机械厂研制的"FV型汽车尾气净化消声器"获全国星火计划成果金奖。

3月 石门县人民法院公路法庭正式成立并挂牌。

4月7日—8日 常德市公路总段1993年办公室工作暨1992年度新闻工作表彰会议在汉寿县召开。参加会议的有总段领导、总段办公室人员、各县公路段分管办公室工作的领导和办公室主任共50多人。会议总结1992年度办公室工作和新闻工作，表彰1992年新闻工作先进工作者37名，布置1993年办公室工作和新闻工作。应邀出席会议的还有湖南省政策研究室副科长杨剑平、湖南省广播电台记者余长新、湖南省公路局新闻站站长王勿元、常德市交通局办公室主任白仁意、汉寿县副县长邱景蓉。

5月27日上午11时 一辆满载香烟的三轮车因后轮脱落冲入国道207线2356K+400米处的水塘中，沧武道班工人唐大圣等4人立即下水抢救，将昏迷的司机救出送往医院救治脱险，同时帮助打捞香烟，为货主减少了损失。

6月21日 湘北干线津市至周家店段公路开工修建。

7月初—8月4日止 常德市遭受了连续阴雨天气，其中大暴雨10天，给公路造成了严重损失，冲毁路基4070立方米，冲毁路面998.16平方米，冲毁桥梁2座，冲毁涵洞13道213米，冲毁防护工程4处134平方米，塌方9204立方米，冲毁道班房五栋，累计损失484.87万元。水灾给常德市公路系统近千名"半边户"职工家庭带来惨重损失。安乡公路段60名"半边户"职工家的早稻颗粒无收，棉花严重减产，桃源公路段88户职工家遭受洪水洗劫，家庭财产损失达14万元。工人文春生因遭水灾，2个孩子被迫停学。

7月 中共湖南省公路管理局委员会党宣字〔1993〕13号文件通知：在全省公路系统开展纪念毛泽东同志诞辰100周年知识竞赛活动。

8月 张公庙至津市公路拓宽改造，混凝土路面开工修建，1996年8月竣工。

9月1日 常德市公路总段开展"为灾区送温暖，向灾民献爱心"募捐活动，共捐款4083.10元。

9月1日 常德市总工会主席张春仙、华南厂工会主席李宜交前来常德市公路总段慰问受灾职工，各自为受灾职工赠送慰问金1000元。

9月5日 319国道郭家铺收费站正式挂牌成立，并开始收费。湖南省人民政府〔1993〕181号文件批复：该站从1993年8月1日起至1999年年底止，对沿途车辆收取通行费。

10月1日—5日 湖南省公路管理局来常德市公路总段对1992年省投资工程进行验收，工程优良率达60%，省局验收组认为"常德公路总段的工程质量迈上了新台阶"。

10月4日—20日 常德市公路总段为提高青年工人的政治、技术素质在石门公路段举办了青工培训班，培训青年职工39名。

10月5日 常德市公路总段成立反腐败斗争领导小组，党委书记、总段长刘国华任组长，党委副书记卢兴才负责宣传发动工作，纪委书记杜钧钰负责大型案件的清理。

10月28日 石门至夹山9.22公里沙改油工程竣工通车。

11月5日 共青团常德市委授予桃源公路段段长李祖云"十佳青年"称号。

11月 澧县张公庙至津市一级公路改建工程正式动工，线路全长24.725公里，总投资8200万元，其中湖南省交通厅补助5200万元，澧县人民政府以"民工建勤，以资代劳"方式解决剩余部分资金。

11月 常德市第一次公路大会战全面展开。

12月15日 根据湖南省机构编制委员会湘编办〔1993〕62号文件，常德市公路总段养路费征收办公室以及下属征收站划归常德市交通局规费征稽处管理。

12月 津市市委、市政府组织湘北、津澧公路津市段第二次公路大会战。

12月 省道1851线开始向南北延伸，北从汉寿县延伸至罐头嘴的永丰村，全长21.75公里，南从太子庙镇延伸至丰家铺的良荆界，全长22.75公里。

是年 国道319线实施水泥砼路升级改造，将原9米宽的油路改建为11米宽的水泥砼路。

是年 湖南省公路管理局进行年终公路大检查，核定常德市公路总段年末综合好路率为75.5%，年平均好路率为74.1%，分别超省公路局计划0.3和7.4个百分点。

是年 湖南省公路管理局授予澧县、汉寿公路段"文明建设先进单位"称号；授予临澧青林寺道班"最佳道班"称号；授予石门公路段段长朱盛秋"最佳公路工作者"称号。

是年 湖南省交通厅授予国道319线汉寿路段"文明路"光荣称号。

是年 常德市公路总段开展"畅安工程"活动中共撤除违章建筑128栋，违章简易建筑435栋，清除路障256处，制止违章建筑453处，查处路损案件135起，挽回经济损失10万元。

是年冬至1994年春 为改变公路面貌，常德市人民政府组织了公路大会战。

1994年

1月 石门县人民法院公路法庭撤销。

2月22日 常德市公路总段新任党委书记、总段长马承斌发表了"团结务实、勤政廉洁、奋力拼搏，使总段各项工作更上一层楼"的就职演说。

2月 沥青厂原500吨、1000吨两个沥青池改建为800吨、1400吨太阳能沥青池工程动工，1995年6月竣工。

2月 安乡公路段辞退亦工亦农轮换工20名。

3月28日—30日 常德市公路总段第二届四次职工代表大会暨1993年度先进代表大会召开。会议审议通过了总段长马承斌所作的《抓住机遇，深化改革，勤政务实，开创公路事业新局面》的行政工作报告，审议通过了工会主席皮世双所作的《工会工作报告》。常德市副市长杨万柱、常德军分区司令员方子珍、常德市总工会、市经委、市交通局的领导到会并讲话。

3月30日 常德市公路总段总段长马承斌与各县段长、直属单位领导签订"投入产出总承包合同书”。

3 月 湖南省公路管理局授予常德市公路总段沥青厂“双文明单位”称号。

3 月 省道 1851 线汉寿县城圆盘路至三堤两港路段采用路街结合形式实施拓宽改造，路基由 12 米拓宽至 50 米，4 车道，路面宽 16 米修水泥砼路，厚度 22 厘米，达二级公路标准。里程长 2.45 公里。

4 月 1 日 常德市公路总段常总字〔1994〕024 号文件下发《常德市公路总段目标管理办法》《常德市公路总段关于发展第三产业的规定》《常德市公路总段关于总段公安工作和经费实行统一管理的暂行规定》《常德市公路总段职工医疗保险管理暂行办法》。

4 月 9 日—11 日 常德市公路总段举办《邓小平文选》第三卷和市场经济理论培训班。

4 月 28 日止 由于入春以来连续大雨，有相当部分公路不同程度的毁坏，全总段 817 公里油路损坏 137 公里，面积达 14.75 万平方米，出现翻浆沉陷 2.43 万平方米，损坏涵洞 17 道，162 延米，挡墙 5 处 230 立方米。国道 207 线、省道 1804、1836 线集镇地段出现了大面积翻浆，即将中断交通。国道 207 南线 29 公里全部成为差等路，损失经费累计达 365 万元。

4 月 29 日 常德市公路总段总段长马承斌在石门主持召开雨季公路抢修紧急动员大会，发出了“紧急动员起来，动员一切力量战水毁，保畅通”的号召。

5 月 1 日—2 日 常德市公路总段停止休假全力投入水毁抢修，总段领导和各科室人员组成 4 个小组分赴国道 319、207 线、省道 1801、1804 线重点水毁路段指导和参加水毁路抢修。

5 月 13 日 常德市副市长李会刚召集市经委、市交通局、市公路总段以及澧县、临澧、安乡、鼎城 4 个区、县政府负责人在总段三楼会议室开会，研究部署重点路段水毁抢修问题。会议明确了任务：国道 207 线的雷公庙、新安镇、省道 1804 线的蒿子港镇地段一律修建水泥砼路，10 月 1 日前完成，雷公塔 8 月底以前完成油路大修；省道 1804 线沙河口南岸码头过水路修建高标准、高质量的水泥砼路。市政府向全市发了专题会议纪要。

5 月中旬 国道 319 线严家河、牛路滩桥修复竣工，受到常德市政府和社会各界的好评。

6 月 常德市公路总段水毁路抢修结束。水毁抢修中共调剂资金 210 万元，投入油料 316 吨、沙石 7430 立方米、灰渣、片石 1.1 万立方米，挖补坑槽 15.8 万平方米，处治翻浆 2.7 万平方米，封补油面 14.75 万平方米，修复桥涵 7 座，雨季公路检查，全总段综合好路率达 70.2%，超计划 4.7 个百分点。石门、汉寿、澧县公路段分别获总段雨季公路抢修的前 3 名。《人民日报》、《常德日报》、常德电视台等新闻单位先后近 20 次进行了报道，同时受到了湖南省交通厅、省公路局、常德市委、市政府的高度肯定。

6 月 常德市公路总段服务公司原办公地址被常德卷烟厂征用，在长庚路征地 1.3 公顷，重建修理厂、服装厂、招待所和临街门面 20 个。

7 月 2 日下午 6 点 安乡虾虮道班工人徐建国下班回家行至 1804 线 143 公里处见 3 个歹徒正拦住一辆满装碳氨的手扶拖拉机实施抢劫，有上百的群众围观而无一人出面制止。徐建国见状冲上去抓住一个歹徒大喝一声“住手”！一名姓夏的歹徒见有人制止，跑到附近卖肉的案板上抢来一把杀猪刀就要行凶，徐建国与之搏斗，夺下了歹徒手中的刀，帮助机手发车时，歹徒又用木棒猛击徐的背部和头部，因伤势过重，徐昏倒在地，歹徒见状逃离现场。徐建国被送进医院抢救脱险。徐建国勇斗歹徒的先进事迹分别在《常德日报》、常德电视台、《湖南交通》、《人民公路报》进行了报道，安康乡党委、政府、人大领导上门进行了慰问。其先进事迹在《常德日报》、常德电视台广为宣传。

7月10日 经湖南省人民政府批准国道319线郭家铺收费站移至国道319线樟木桥处。

7月29日 樟木桥征费站发生“7·29”恶性事件，常德市塑料7厂保卫科袒护该厂司机抗费组织10名经警手持凶器闯入收费站打伤征费员10余人。

8月 石门至陬市公路改建与临澧至津市一级公路开工建设。

9月28日 常德市人民政府出台《关于加强公路建设的若干意见》。

10月 常德市人民政府召开全市第2次公路大会战动员大会。

10月 共青团常德市委授予常德县南坪道班“文明青年号”称号。

11月8日 安乡石龟山澧水大桥开工修建，1998年6月建成，同年10月18日正式通车。桥长1508米，宽10米，总投资6000万元。

11月 经湖南省人民政府批准，石门澧水大桥管理所成立，单向收取车辆过桥费。

12月11日—12日 湖南省公路养护定额会议在澧县公路段召开。全省各地、州、市公路总段劳资员近40人参加会议。

1994年—1996年 澧县投资1934万元，县乡道沙改油，11条线路共107.46公里，实现了乡乡通油路的奋斗目标。

是年 桃源公路段辞退亦工亦农轮换工100名。

是年 常德市公路总段完成投资1797.7万元，新修水泥砼路20.05公里，新修油路22.72公里，油路大中修10.4公里，工程质量合格率达100%，优良率达80%以上。

是年 常德市公路总段年末综合好路率为76%，比湖南省公路管理局计划上升11.3个百分点。干线公路好路率为88.5%，比湖南省公路管理局计划上升10.5个百分点。

是年 常德市公路总段规费征收达1382万元，比上年增长431.6万元，增长率为45%。

是年 常德市人民政府授予常德市公路总段“双文明建设”先进单位称号。

1995年

年初 常德市委、市政府、市人大组织4位在常德的全国人大代表考察207国道常德段，3月份在八届三次全国人民代表大会上4位人大代表提交了将207线改建为一级公路的提案，引起了中央高度重视，会后交通部派人来常德进行了考察。

2月 澧县金山道班被评为常德市交通系统“十佳道班”。

2月13日 常德市公路总段金路公司从机械厂分离出来直属总段管理。

2月15日—16日 常德市公路总段第二届五次会员职工代表大会暨1994年度先进集体和个人表彰大会召开,与会代表140名。会议听取审议《总段长行政工作报告》和《工会工作报告》,审议通过了《常德市公路总段经济承包责任制》。副市长李会刚、市人大副主任喻斌龙、市经委、市交通局的领导出席会议并讲话。

2月20日 经鼎城区人民政府同意,鼎城公路段和鼎城区交通局在国道207线黄土店设立为期6个月的收费站,收取超载运输车辆损路补偿费,用于国道207南线公路抢修。

2月25日 鼎城区南坪道班青年突击队被评为常德市"优秀青年突击队"。他们的事迹在《常德日报》予以专题报道。

3月 石门汽车渡口被撤销。

3月 湖南省公路管理局授予常德市公路总段沥青厂"双文明"建设先进单位称号。

3月 桃源公路段《发展第三产业是搞好人员分流的最佳途径》的典型经验得到了湖南省交通厅、湖南省公路管理局领导的充分肯定,并在全省公路系统推广。《中国交通报》《常德日报》头版头条进行了刊登。

4月中旬 常德市公路总段组织了"为公路建功立业"先进事迹报告团到总段所属单位巡回演讲,收到了好的效果。

5月10日 常德市公路总段"湘北干线油路修建指挥部"成立,马承斌任指挥长。

5月15日 张公庙大桥征稽站12名职工为从河北探亲后无钱回湘潭家中而沿途乞讨的冯某捐款110元资作路费,并为他拦乘四川至广州的客车回湘潭。冯某感动得热泪直流,深深感谢救助他的这些好人。

5月24日 湘北干线津市段油路建设动员大会在津市兰苑宾馆召开,津市副市长肖朝进、唐必成,总段副总段长余友成、王颂新、刘清华参加了会议。湘北干线津市段全长37.6公里,6月3日油路开工修建,同年9月20日竣工通车。投资1092万元。

6月1日 常德市公路总段金路公司因负债1140万元被迫停产。

6月12日 在建工程石龟山大桥35号桥墩被湘津航8201号拖轮严重撞击,直接经济损失50多万元。

6月 历时一年投资230万元的常德市公路总段沥青厂改造工程竣工投产。将过去由煤加热提炼沥青的方法改为由导热油融化提炼沥青的新工艺,提高了沥青的产量和质量,日产量由30吨提高到60吨。

7月1日—5日 由于连降暴雨,沅水暴涨,桃源县城被淹没,62个垸子溃决,内渍水不能外排,造成了严重的公路水毁。全总段1717.64公里主干线,严重损坏648.57公里,毁坏面积达179.5万平方米。冲断路基3处,长279米,路基塌方39处,29219立方米,冲毁涵洞178道,712延米,冲毁挡墙6418立方米,淹没道班房29栋,机械损坏105台。国道207南线、县道新(坡桥)断(港头)线、沙(河口)西(湖)线全线崩溃,汉寿县城至苍儿总因溃垸8公里路基全部冲毁,国道319、207、省道1801线、支线武甘线、漆巴线等16条干支线被淹没

123 公里,20 余条公路大面积翻浆沉陷中断交通。

7 月中旬止 常德市公路总段水毁路抢修取得了好的成绩：全总段共挖补坑槽 105 万平方米,处治翻浆 24 万平方米,处治塌方 11832 立方米,封补油面 91 万平方米,10 条国省道全部恢复交通,雨季公路检查好路率达 74.1%,超计划 6.4 个百分点。得到了省、市领导的充分肯定和好评。雨季公路养护竞赛,桃源、澧县、安乡公路段分别获得常德市公路系统前三名,鼎城公路段获鼓励奖。

8 月 30 日 经常德市人民政府批准,《常德市公路路政管理办法》发布施行。

8 月 临澧新安道班被评为常德市交通系统“十佳道班”。

9 月 26 日零时 经湖南省人民政府批准,津市澧水大桥收费站移交湖南省公路管理局管理,收费业务委托常德市公路总段组织实施的交接手续办理完毕。

9 月 常德市人民政府授予鼎城区南坪道班班长李习会“劳动模范”称号。

9 月 鼎城公路段工人李习会被评为常德市交通系统“十佳养路工”,同时被常德市总工会授予“岗位女明星”称号。

10 月 9 日 常德市公路总段召开公路养护大会战动员大会,部署第四季度公路养护大会战的任务,同时布置开展公路养护“达标升级”竞赛活动。

10 月 桃源沅水大桥开工修建,1999 年 4 月 9 日建成通车。桥长 1200 米，桥面宽 16 米,投资 7830 万元。

10 月 共青团常德市委授予总段团委“先进团组织”称号。

10 月 共青团常德市委授予桃源公路段张荣新“十大杰出青年志愿者”称号;授予鼎城公路段唐大圣、黄世平“十大杰出青年岗位能手”称号。

10 月 湖南省常德市公路桥梁建设总公司成立,仍隶属常德市公路总段。

10 月 常德市公路总段养护生产大会战暨“达标升级”竞赛开始,12 月底结束,共建成标准路 273 公里,书记、局长样板路 345 公里,鼎城、桃源、澧县公路段分别获“达标升级”竞赛 1、2、3 名。

11 月 14 日 常德市公路总段被评为“常德市思想政治工作先进单位”。

11 月 常德市公路总段计算机桥梁管理系统建成并投入试运行。

12 月 1 日 常德市人民政府召开第三次公路大会战动员大会。

12 月 25 日 常德市委、市政府授予常德市公路总段“八五”扶贫工作先进单位称号。

12 月 29 日 《常德市三十年公路网规划(1991—2020 年)》通过评审,1996 年获湖南省交通厅一等奖,1997 年获常德市科技进步三等奖。

是年 常德市公路总段新闻报道工作在中央、省、市有关报纸杂志上发表文章 32 篇,总段长马承斌撰写的《公路水毁后的思考》刊登在《湖南日报》领导论坛版专版上。

是年 常德市公路总段举办了 4 期爱国主义教育的青年工人培训班,共培训青工 133 人。

是年 常德市公路总段开展“向灾民献爱心”活动,各类捐款共达 6.84 万元,捐寒衣、棉被 1646 件。

是年 常德市人民政府授予总段“双文明建设先进单位”称号。

是年 常德市交通局授予常德市公路总段“目标管理先进单位”称号。

是年 桃源公路段获湖南省公路管理局授予的“双文明建设先进单位”、“雨季公路养护先进单位”称号。

是年 临澧公路段段长王道清被全国职工思想政治工作协会公路分会授予 “全国双百创新段长”称号。

1996 年

2 月 28 日 金路公司停产人员分流,34 名工人并入机械厂。

2 月 29 日—31 日 常德市公路总段三届一次职工会员代表大会暨先进集体、先进个人代表大会召开。会议审议通过了总段长马承斌所作的《行政工作报告》和工会主席皮世双所作的《工会工作报告》,审议通过了《常德市公路总段 1995 年养路费投资、1996 年养路费计划安排报告》《常德市公路总段目标管理考核办法（修订稿)》《常德市公路总段财务预、决算报告》,通报表彰了 8 个先进集体、155 名先进个人。常德市副市长李会刚、市经委主任朱宏盛、市总工会副主席叶诗林、市交通局局长张家界到会讲话。

2 月 国道 207 线临澧至张公庙一级公路开工改建,1998 年 12 月建成通车。

3 月 13 日—4 月 1 日 常德地区长时间降雨,公路出现了严重毁损。常德市 2 条国道、4 条省道出现了大面积沉陷,部分支线中断交通,油路损坏 95.74 万平方米、沙路损坏 20.59 万平方米。损失经费达 490 万元。

3 月 14 日下午 5 点 临澧公路段退休干部颜昌贵在公路上散步时拾到一个皮包,内有现金 10000 元、身份证等物,通过多方打听寻找到失主将原物归还,失主感激万分,拿出 500 元作为酬谢,颜昌贵婉言谢绝了。

3 月 18 日 “湖南省常德公路桥梁建设总公司”成立,并经湖南省建委、工商、税务注册登记,其关系仍隶属原常德市公路总段。

4 月 4 日 常德市公路总段召开公路水毁抢修紧急会议, 总段长马承斌向全总段职工发出了“不惜一切代价,夺取水毁抢修全面胜利”的号召。

6 月 17 日 常德市交通局局长张家界在鼎城区交通局召开西湖农场至沙河口 14.9 公里沙改油工程协调会,明确由鼎城公路段负责施工修建。

7 月 8 日 经湖南省人民政府批准,国道 207 线临澧矮架山收费站成立。

7 月 13 日—21 日 沅水流域、洞庭湖区普降大暴雨,常德市有 10 多个堤垸溃决或蓄洪,全市公路损失惨重,1764 公里干线公路严重损坏 981 公里,面积达 234.7 万平方米。319 国道被淹没 20 多公里,最深处 4 米,时间长达 7 昼夜。路基被冲毁 259 处,计 27.4 万立方,损坏桥梁 8 座，大中修、新改建工程几百万元损失殆尽，石门 1829 线，甘古线等多处中断交通。全总段干部职工投入到紧张的抗洪抢险护路工作之中。

7 月 14 日—17 日 湖南省公路管理局雨季公路养护检查组到常德市进行公路检查，共检查了 7 条国省道、3 条支线公路、8 个道班，核定常德市公路总段雨季公路养护综合好路率为 59.52%，其中干线好路率为 71.24%、支线好路率为 50.63%，超计划完成了任务。澧县、汉寿、桃源公路段被总段评为雨季公路养护竞赛的 1、2、3 名。

7 月 19 日上午 国道 319 线樟木桥地段东面东风河河水渗漏致使公路出现了长 100 米、宽 2 米的塌方，有中断交通的危险，常德市交通局局长张家界、常德市公路总段总段长马承斌带领部分机关干部和鼎城公路段的干部职工抢修 3 天 3 夜，排除了险情，保证了车辆畅通。

7 月 26 日 湖南省人民政府下发湘政发〔1996〕33 号文件《湖南省车辆通行费征收管理暂行规定》。

10 月 28 日 桃源县单跨 60 米的黄花井斜拱桥开工修建，1997 年 12 月建成通车。当时为全国最大跨径的公路斜拱桥。

11 月 13 日上午 根据常德市常编发〔1996〕35 号文件精神，常德市公路总段更名为“常德市公路管理局”正式挂牌。各县公路段更名为 × × 公路管理局。

11 月 18 日 常德市人民政府召开路政工作会议，各区、县（市）分管交通的副区、县（市）长参加会议，会议的主要内容布置清扫路障。

11 月 19 日—30 日 常德市开展大规模公路“扫障”，共铲除路障 2300 处，发动群众清除路障 8500 多处。

11 月 石门县新关大桥加固维修工程开工，26 日设立临时汽车渡口。1997 年 7 月 1 日竣工通车。

12 月 18 日 国道 319 崔家桥收费站正式开征。

1996 年—1997 年 上级公路部门投资 2700 万元对国道 319 线桃源公路管理局所管路段的 18 公里油路改建为水泥砼路，其中一级路 2.8 公里为设立桃花源收费站作准备。

是年 湖南省教委授予常德市公路管理局“成人教育先进单位”称号。

是年 湖南省交通厅授予马承斌“交通系统两个文明建设先进个人”和“优秀企业思想政治工作者”称号。

是年 常德市委、市政府授予常德市公路管理局“抗洪抢险先进集体”称号。

是年 湖南省总工会授予津市灵泉道班“模范职工小家”称号。

是年 湖南省公路管理局授予常德市公路管理局“科技工作先进单位”称号。

是年 全国公路系统“双百创新人物”评选活动中，澧县公路局书记兼局长陈元国被评为“创新书记”，安乡公路管理局肖剑春、石门公路管理局朱盛秋、临澧公路管理局王道清被评为“创新局长”。

1997 年

1 月 9 日 湖南省政府办公厅湘征办〔1997〕10 号文件同意在国道 207 线澧县雷公塔地段设立收费站,双向收取车辆通行费。

1 月 17 日 益常高速公路在汉寿聂家桥段破土动工,1999 年 12 月 11 日正式建成通车。益常高速公路起自益阳资江二桥北岸引道直线端,终点为常德市檀树坪。主线全长 73.083 公里。常德实现了高速公路零的突破。

1 月 湖南省公路管理局下发了《通行费征收工作违纪违规的处罚规定》及《通行费征收管理规定》。

1 月 常德市公路管理处更名为"常德市县乡公路管理处"。

4 月 8 日 津市保河堤公路管理站正式组建,占地面积 0.66 公顷,定编 17 人。

4 月 8 日 207 线雷公塔收费站正式开征通行费。

4 月 11 日 常德市公路管理局通知全市局停止休假,全力以赴抢修水毁路。入春以来长时期的雨水造成了严重的公路水毁,全市局水毁路达 307.7 公里。

4 月 28 日 常德市公路管理局肖剑春被湖南省交通厅评为"先进个人"。

5 月 常德市副市长宋冬春在澧县桃花滩宾馆召开专题会议,会议决定从 1997 年 5 月 6 日起,国道 207 线滟洲桥至张公庙段和省道 1852 线羊古闸至临津桥段交付澧县公路局管养。参加会议的有澧县政府、市县两级交通、公路部门的负责人。

5 月 1836 线石门狮子脑收费站成立,与原石门澧水大桥管理所合并为一点,双向收取通行费。

6 月下旬 常德市公路管理局举办"庆'七一'、迎回归""供应杯"活动,鼎城公路局、路桥总公司文艺会演节目获并列第一名,机械厂获篮球赛第一名。

7 月上旬 常德市公路管理局"雨季公路养护竞赛"结束,经湖南省公路管理局检查核定常德市公路局雨季好路率为 70.9%。

7 月 17 日 常德市公路管理局召开"迎国检"会议,动员和部署迎接全国公路大检查工作,全市局再次停止休假,采取人力、物力、财力"三集中",重点突破,合理调配的措施加强公路养护。

7 月 18 日 雷公塔收费站收费员王茜在执行公务中被冲关逃费的湘 J71625 货车撞击致死,因公殉职。冲关驾驶员被判处有期徒刑 7 年。

7 月 湖南省公路管理局雨季公路检查评比常德市公路管理局获"优胜单位"称号,桃源公路管理局被评为常德公路系统雨季公路养护竞赛第一名,临澧公路管理局获"优胜单位"奖。

7 月 常德市公路管理局雨季公路养护竞赛评比,桃源、临澧、汉寿公路局分别获 1、2、3 名。

8月7日 常德市公路管理局以〔1997〕098号文下发了《关于迎接交通部公路大检查工作实施方案》的通知，提出了“借东风，促路况，争一流，树形象”的总体目标要求。

8月 常德岗市至德山桃林路（绕城线）20.335公里一级公路开工修建，2000年11月11日建成通车。

10月初 交通部全国公路检查组来常德进行公路大检查。

10月20日 常德市公路管理局金路公司被常德市工商局吊销工商执照。

10月底 常德市公路管理局油路大修62.4公里、中修12.5公里，国道319西线新修水泥砼路13.1公里全部竣工，工程质量合格率达100%，优良率达90%以上。

是年 《中华人民共和国公路法》经全国人大常委会第二十次会议审议通过，将于1998年1月1日起施行。

是年 常德市公路管理局年末好路率为71.2%，超计划7.1个百分点。

是年 常德市人民政府授予常德市公路管理局肖剑春“劳动模范”称号。

1998年

1月1日 《中华人民共和国公路法》开始实施，常德市公路管理局出动广播宣传车320台次、制作宣传牌500多块、书写标语500条，悬挂横幅60条，印发《公路法》的小册子1200本进行了广泛宣传。同时组织了有公安、交警、交通、工商、国土部门参加的116人扫障队连续4天扫障，清除路障18924处，拆除临时性违章建筑2056处，拆除违章砖瓦窑13座，违章招牌5725块，下发整改通知书3500份，制止新的违章建筑175处。

1月6日—10日 湖南省公路管理局到常德市检查路政管理工作。经检查评比，常德市公路管理局的路政管理工作被评为全省第二名。

2月18日 常德市公路管理局三届三次会员职工代表暨先进代表大会召开。会议审议通过了局长马承斌所作的《行政工作报告》和工会主席皮世双所作的《工会工作报告》；审议通过了《常德市公路管理局1998年养路费投资计划初步安排意见》《常德市公路管理局车辆通行费目标管理考核办法》《常德市公路管理局职工教育管理办法修订稿》《常德市公路管理局职工扶贫帮困互助章程》《常德市公路管理局养护生产招投标试行办法》，会议还签订了1998年目标责任书，通报表彰了1997年度的先进集体和先进个人。常德市政协副主席蒯定勋、市政府副秘书长周国斌、市经委副主任雷时中也应邀到会并讲话。

2月20日 常德市公路管理局召开水毁公路抢修紧急会议，动员全局职工全力以赴抢修水毁公路。

3月23日 常德市公路管理局劳动服务公司更名为“常德市公路管理局基础设施工程处”，取消独立法人资格，实行内部独立核算。

4月20日 常德沅水大桥征稽站正式启用T1000型自动征费系统收取通行费。

4 月 29 日 临澧新安道班班长苏前礼获全国“五一劳动奖章”，湖南省人民政府同时授予“劳动模范”称号。

5 月 6 日下午 常德市交通局局长张家界、市公路局局长马承斌召开 207 线和湘北干线水毁路抢修紧急会议、张家界要求在 6 月 30 日以前，鼎城、临澧公路管理局完成 207 线水毁抢修任务，津市公路管理局完成湘北干线水毁路抢修任务。

5 月 11 日 常德市公路管理局召开全国劳动模范苏前礼优秀事迹报告会，市公路管理局党委号召全局职工开展向苏前礼学习的活动。

5 月 人事部、交通部授予桃源县公路管理站莫金秀“全国交通系统先进工作者”称号。

5 月 湖南省公路管理局在桃源公路管理局召开全省公路养护招投标现场会，桃源公路管理局公路养护招投标标的作法在全省公路系统推广。

6 月 20 日—25 日 湖南省公路管理局检查组到常德检查雨季公路养护情况。经检查评比，常德市公路管理局获“雨季公路养护优胜单位”称号。

6 月下旬以来 特大洪水使常德公路遭受了严重毁损。全市局 1812.7 公里公路损坏 480.98 公里，水淹 74 公里，深处达 7 米，翻浆沉陷 112.95 公里；挡墙毁损 137 处计 1768 立方米，塌方 287 处 22955 立方米；边坡垮塌 36 处 9710 立方米，冲毁桥梁 14 座 408 延米；冲毁房屋 11 栋 1700 平方米，冲毁行道树 3540 株；21 条国省道和支线公路先后中断交通，水毁损失达 7000 多万元。

7 月 15 日 常德市副市长杨光宏察看湘北干线石龟山大桥施工现场，并指示：石龟山大桥 8 月中旬要如期通车。

7 月 常德市公路管理局召开抗洪救灾紧急动员会，成立了抗洪救灾领导小组，局长马承斌任组长，会议通报了汛情，发出了“不惜一切代价战水毁，确保主要干线公路安全畅通”的号召。全局取消休假，全力以赴抗洪救灾。

7 月 澧县遭遇特大洪涝灾害，11 个堤垸溃漫，澧南垸溃堤，澧县公路管理局大中修工程受损 481.9 万元，14 户职工 51 人无家可归，全局直接经济损失 895.3 万元。

7 月 23 日 澧水暴涨，下午 3 时左右，临澧县新安镇洞坪垸两处溃堤，洞坪垸顷刻间一片汪洋，数千群众被洪水围困，人们的哭喊声、洪水的咆哮声连成一片，惨不忍睹。在万分危急的时刻，正在家中休假的临澧金坑道班班长向才福顾不得自己家中进水，将老母亲背上楼顶后，立即驾着自己捕鱼用的小船参加救人和转移群众，从 23 日下午一直干到 24 日下午 5 点没有休息，在洪水中往返近百次，与其他救援人员一道救出被洪水围困的群众达 500 人。

7 月 24 日 安乡县安造垸决口溃堤，县城被洪水围困，通往安乡的公路中断交通。安乡公路管理局渡口三套船舶从 25 日起昼夜渡运中央首长温家宝、省委书记王茂林及武警官兵、新闻记者、抢险物资和灾民 60 多个航次，救助被洪水围困的群众数千名。

7 月 24 日 安乡安造垸决口溃堤后，黄山岗、董家垱、理兴垱道班被淹没，安乡公路局及时转移安置工人 20 名。

7 月 30 日　国道 207 线太平段发生塌方，常德市交通局局长张家界、市公路局局长马承斌赶赴现场处理险情。

7 月 30 日　汉寿撇洪河洪水上涨，319 国道太子庙大桥被洪水淹没即将中断交通，汉寿公路管理局组织职工 50 名，调配抽水机、翻斗车紧急抢险，保证车辆正常通行。

7 月　常德市公路管理局工会主席皮世双被全国总工会授予 “全国集体合同建制工作优秀个人”。

8 月 6 日　接湖南省交通厅“紧急抢修荆江分洪通道”命令后，常德市公路管理局局长马承斌立即组织津市、安乡公路局 140 多人，奋战 16 天完成 3.7 公里铺装任务，保证了通向安乡唯一公路的畅通。

8 月 17 日　湖南省交通厅湘交体法字〔1998〕第 394 号文，对全省公路养护体制实施改革。

9 月 2 日　常德市武陵区人民政府授予常德市公路管理局“1998 年抗洪救灾红旗单位”称号。

9 月 20 日止　常德市公路管理局抗洪救灾共投入资金 780 多万元，共出动翻斗车、装载机、铲车 3046 台次，调运块石 3557 立方米、碎石 3856 立方米、沙石 2980 立方米、编织袋 4 万条。

9 月 25 日　常德飞机场至武陵镇 11.4 公里水泥砼路开工修建，1999 年 10 月建成通车。

10 月 1 日　国道 319 西线鼎城公路管理局管养的 K1394+200—K1396+500 路段作为城市道路划归鼎城建设局使用管理。

10 月 15 日　常德市委、市政府授予常德市公路管理局“抗洪救灾先进集体”称号。同时市公路局局长马承斌被评为常德市抗洪救灾先进个人记二等功，安乡公路管理局局长肖剑春记三等功。

10 月 18 日　湘北干线石龟山大桥建成通车，大桥收费站同日挂牌成立并开始征费。

10 月　十三次全国总工会会议上，津市灵泉道班被授予“模范职工小家”称号。

10 月　国道 319 西线常德段 K1342—K1350 段 8 公里水泥砼路开工修建，1999 年 5 月竣工，至此武陵镇至斗姆湖飞机场水泥砼路全线修通。

10 月　共青团常德市委授予临澧矮架山收费站 “青年文明号”称号。

11 月　常德市公路管理局扶贫点石门县高家湾村经常德市政府验收认定基本脱贫。市公路局先后投资 10 万元，为该村建水利工程一处，板栗基地 26.6 公顷，脐橙养殖园 13.3 公顷，集打米、粉糠、榨油于一体的加工厂一个，修建村级公路 4 公里，人均年收入达 1260 元，比脱贫前增加 500 元。

12 月 3 日　临澧矮架山收费站、青林寺道班被评为湖南省公路系统“文明收费站”“文明道班”。

12 月 24 日　常德市公路管理局公安科副科长叶国成被评为常德市城区创建工作优秀共产党员。

12月26日 国道207复线澧阳闸至湖北公安东岳庙一级公路建设工程奠基。

12月 省道1836线临澧新安新改道经易家渡至石门县城水泥砼路修建工程竣工。

是年 湖南省公路管理局授予汉寿公路管理局“双文明单位”称号。

是年 常德市公路管理局在各类报纸杂志上发表通讯报道、论文138篇。

是年 常德市公路管理局党委副书记倪湘涛所著长篇小说《路》由湖南文艺出版社出版。

是年 石门县人民政府授予石门公路管理局“抗洪抢险先进单位”称号。

是年 常德市公路管理局被评为常德市“目标管理红旗单位”。

1999年

1月6日 常德市公路管理局沥青厂张传成报道沥青厂新型防水材料——“氯丁胶乳沥青防水涂料”研制成功。这种防水材料在80℃高温下不软化流动，零下18℃不变脆裂，还有阻燃、耐老化、施工简单的特点。

1月29日 常德市公路管理局召开公路工程工作会议。会议总结了1998年度公路工程工作，布置了1999年的工程任务。湖南省公路管理局工程科科长伍光祥、常德市交通局局长张家界参加会议并讲话。他们对市公路局的公路工程给予了高度评价，为市公路局战胜百年不遇的洪涝灾害、工程优良率达86%而感到欣慰，并希望再接再厉，再创让人民满意的工程。

2月9日 常德市公路管理局召开三届四次会员职工暨1998年度先进集体、先进个人代表大会。会议回顾了1998年度公路建、养、管、征工作，明确了1999年公路工作的发展方向和任务，讨论通过了局长马承斌所作的《行政工作报告》和工会主席皮世双所作的《工会工作报告》。常德市人大常委会副主任喻斌龙、市政府副秘书长周国斌、市经委主任刘克云到会讲话，并对公路工作提出了要求。

4月29日 国道319线金霞大道2.35公里水泥砼路面开工修建，同年11月竣工通车。此段路属改线工程。

4月 国道207线澧县澧阳闸至东岳庙一级公路新改建工程开工，2004年1月6日建成通车。路长27.35公里，总投资23284万元。

5月下旬 常德市委、市政府在鼎城区召开“创建平安大道”现场会。与会人员参观国道319、207、省道1801、1804线的“平安大道”创建情况。

5月 常德市公路管理局开展创建“平安大道”活动，国道319东线石砌水沟75.5公里，绿化67.5公里，清除路障860处，拆除违章标志牌250块，违章棚23处。

5月 共青团常德市委授予崔家桥收费站“青年文明号”和“先进基层团组织”称号。

7月22日 湖南金路建筑材料公司被常德市招商局撤销批准证书“三资”企业名单。

7月31日 湖南省交通厅副厅长詹新华考察省道1829线石门段公路沙改油工程。

8月6日 常德市公路管理局召开公路养护工作会议，总结雨季公路养护工作，布置达标升级竞赛任务。临澧公路管理局获湖南省公路系统“雨季公路养护竞赛优胜单位”称号。

8月18日 常德市路辉防水材料有限公司成立，隶属常德市公路管理局沥青厂，注册资金50万元。

9月 省道1851线汉寿县城至太子庙段K3—K13+500处水泥砼路开工修建，同年11月竣工，长10.5公里，总投资682.5万元。

10月26日 常德市公路管理局在临澧公路局召开1999年路况达标升级现场会。参加会议35人，局长马承斌、工会主席皮世双、工程科长焦绍云出席了会议。

11月 常德市环境保护监测站对沥青厂进行了现场监测，各项指标均达标。

12月11日 湖南省境内最长的一条高速公路长（沙）常（德）高速公路全线开通。

12月 湖南省交通厅副厅长余力行在常德市交通局局长张家界、市公路局局长马承斌的陪同下考察湘北干线公路工程。

是年 常德市公路管理局颁发了《工程质量年活动实施方案和质量管理办法》，在全市局开展工程质量年活动。

是年 常德市公路管理局共完成公路工程102公里，油路大修54.02公里（其中沥青摊铺37公里），水泥砼路面新修48公里。

2000年

1月25日 常德市公路管理局召开三届五次职工会员暨1999年度先进代表大会。常德市副市长杨光宏以及市政协、市人大、市经委、交通局的领导出席会议并讲话。

1月 湖南省交通厅授予桃源公路局红卫道班班长陈碧云“先进工作者”称号。

3月8日 常德市公路管理局开展“三讲”教育，局长马承斌作“坚持开门‘三讲’，切实转变作风”的动员报告。

4月23日 湖南省公路管理局在桃源举行湘北赛区公路养护技术大比武，参加比武的单位有长沙、岳阳、益阳、常德、邵阳、张家界、娄底公路局7个单位100名选手。比武综合评定：长沙公路管理局代表队获第一名，益阳、常德代表队分别获得第二、第三名。常德市副市长杨光宏观看了比赛。

“5·1”前夕 湖南省人民政府授予桃源公路管理局红卫道班班长陈碧云“先进工作者”称号。

5月5日上午11时 一名“的士”司机向樟木桥收费站收费员周沅珍举报说：“一辆从湖北恩施开往广州牌号名为鄂Q00268的大客上有一拐卖妇女的团伙拐骗了一名黄衣少女，要求拦截解救。”周沅珍立即报警，并与站执勤室公安执勤员黄一柱、收费员周文清、赵屹将车拦住，送往德山公安分局，3名犯罪嫌疑人被抓获，黄衣少女得到了解救。

5月29日—31日 常德市公路管理局组织全市局55个沙路道班班长到桃源公路局

红卫道班向省劳动模范陈碧云学习。

5 月 澧县张公庙大桥收费站被省公路局授予“十佳收费站”称号，肖长云被授予“十佳收费员”称号。

6 月 30 日 常德市公路管理局举办“爱岗知足，珍惜工作”演讲赛，机械厂选手席音音获优胜奖。

6 月 汉寿太子庙机械化养护站被常德市青年工作委员会授予“青年文明号”称号。

8 月 30 日 常德城区至桃花源、花岩溪、夹山寺 3 条旅游线路开通。

9 月 30 日 汉寿县组织公路大扫障，由县长带队，公路、公安、交警、交通、法院、城管、国土、工商、电视台共 120 人参加，强制拆除临时性违章建筑 35 处，清理杂乱招牌 55 块，搬迁水泥预制厂 5 家，拔掉“钉子户”14 户，确保了公路的畅通。

10 月 全国公路检查组到常德进行公路大检查，常德公路畅、洁、美的良好状况赢得了检查组的一致好评。

11 月下旬 S226 陬市—桃源 K1+900—K18+700 一级公路改建工程开工，2003 年 11 月竣工，里程长度 16.8 公里，水泥砼路面，路基宽 20 米，路面宽 4×4 米(双向 4 车道)，总投资为4401.343 万元。

11 月 常德市公路管理局在津市召开乳化沥青推广使用现场会。市公路局沥青厂 1999 年上半年研制出了阳离子乳化沥青，解决了雨季油路养护用料的难题。

12 月 18 日—21 日 湖南省公路管理局检查组一行 12 人到常德市进行公路大检查，核定常德市公路管理局年末好路率为 71.1%，检查组成员一直认为常德的公路基本上达到了畅、洁、绿、美的目标。

12 月 汉寿公路管理局太子庙机械化养护站被湖南省公路管理局授予“三星级道班”称号。

是年 汉寿公路管理局被评为湖南省交通系统“双文明建设先进单位”。

2001 年

1 月 12 日 湖南常德公路桥梁建设总公司更名为“湖南常德路桥建设有限公司”，仍隶属常德市公路管理局。

2 月 13 日 团市委宣传部部长曾庆华为汉寿太子庙道班颁发市级“青年文明号”铜牌。

2 月 常德柳叶湖大桥开工修建，2003 年 12 月 28 日建成通车。桥长 187.5 米，总造价为 1084 万元。

3 月 2 日 武陵公路管理局正式挂牌成立，为正科级事业单位，负责武陵区、常德经济技术开发区、柳叶湖旅游度假区计 51.2 公里公路的建设、养护和管理工作。

3 月 8 日 常德市公路管理局召开四届一次会员职工暨 2000 年度先进代表大会。会议审议通过了局长牟明德所作的《行政工作报告》和工会主席皮世双所作的《工会工作报告》，会议总结了2000年度的公路工作，明确了2001年的公路工作目标，表彰了先进集体和先进个人，签订了目标责任书，常德市政府副秘书长周国斌、市交通局局长马承斌到会并讲话。

3月 桃源公路管理局红卫道班班长陈碧云获全国妇联授予的“全国三八红旗手”称号。

4月4日 常德市公路管理局工程会议在桃源召开。会议总结了2000年工程工作成绩，明确了2001年大中修、新改建公路工程共计202.87公里，危桥改造2座的任务，总投资达1亿元，会议要求强化工程管理措施，机械化施工、科学施工的力度要再加大。

4月6日 湖南常德路桥建设有限公司成功晋升为国家一级施工企业。

4月6日 澧县毛家岔至官垸四级公路改建工程动工，同年11月底竣工，全长10.446公里，总投资680万元，并升为省道，列入S302紫边线。

4月 汉寿公路管理局太子庙机械化养护站站长李爱国获交通部和共青团中央授予的“全国交通系统青年岗位能手”称号。

5月3日 常德片区第二次全国公路普查工作正式开始，2002年9月16日结束。公路普查后改变了线路的编码名称，常德境内2条国道的代号变更为G，7条省道的代号变更为S，40条县道的代号变更为X。

5月 湖南省人民政府发布《关于超载车辆实行卸载的公告》。

5月 湖南省交通厅、交通工会授予汉寿太子庙机械化养护站站长李爱国“湖南省交通系统劳动模范”称号。

6月12日 全长45.157公里的临(澧)岗(市)公路奠基开工，2004年9月26日建成通车。

6月 湖南省农村公路发展规划会议在常德召开。《常德农村公路发展规划(2001—2020)》开始编制，2002年5月14日通过评审。

6月 湖南省公路系统隆重庆祝中国共产党建党八十周年文艺会演在长沙湖南大剧院举行，常德市公路管理局创编的《共产党员一杆旗》获二等奖。

8月12日上午9时 陬市收费站正式开征收取车辆通行费。

8月 樟木桥收费站获市级“青年文明号”称号。

8月 常德市公路管理局机械厂PZ—400型电振排试制成功。

9月5日 鼎城新坡桥至断港头K17+800—K27+500段计9.7公路水泥砼路面新建开工，2002年1月25日竣工通车，投资450万元。

12月 湖南省公路管理局授予临澧公路管理局范家道班“三星级道班”称号。

12月 根据常德市委、市政府的统一部署，常德市公路管理局进行机构改革，精简了5个科室，局机关干部职工59人提前离岗休息。

是年 省交通厅授予常德市公路管理局“交通杯”劳动竞赛先进单位称号。

是年 省道1851线改称S205线。

是年 汉寿公路管理局被评为湖南省公路系统“双文明建设先进单位”和“雨季公路养

护优胜单位”。

2002 年

1 月 12 日　常德市张公庙大桥公路征费稽查站正式更名为“常德市张公庙大桥收费站”。

2 月 4 日　常德市公路管理局劳动服务公司更名为“常德市公路管理局基础设施工程处”。

2 月 4 日　常德市公路管理局机械厂更名为“常德市公路管理局机械维修站”。

2 月　常德市公路管理局沥青厂更名为“常德市公路管理局公路沥青站”。

3 月 19 日　常德市公路管理局四届二次会员、职工暨 2001 年度先进代表大会召开。会议审议通过了局长牟明德所作的《行政工作报告》和金宏中所作的《工会工作报告》,同时听取了《常德市公路管理局养路费投资计划和执行、2002 年养路费投资计划情况报告》《常德市公路管理局财务预、决算报告》,4 个先进单位、1 个先进道班、2 个先进个人代表作了典型发言。会议明确了 2002 年各项工作目标及总体实施方案,常德市人大常委会副主任肖友志、副市长陈文浩、政协副主席代平安、湖南省公路管理局副局长孔华、市交通局局长马承斌到会并对公路建养工作提出了要求和希望。

5 月 14 日　常德公路雨季毁损严重,其中:油路损坏 683 公里,计 560693 平方米,沙路损坏 247 公里计 506451 平方米,桥梁局部损毁 15 座 133 延米,冲毁公路挡墙 12 处 3076 立方米,路基坍 74 处计 9726 立方米,5 条支线部分路段中断交通,损失金额累计达 2579.48 万元。市公路局采取三项措施抢修水毁路:一是领导骨干分线包班组织抢修;二是集中人力、财力、物力,全市局停止休假,投入抢修资金 70 万元;三是把大中修工程与抢修水毁路相结合,超前安排油路大修 35 公里,水泥砼路新修 9.5 公里。6 月底,全局好路率恢复到 88.91%,超计划4.72 个百分点。

7 月 31 日　《湖南省实施〈中华人民共和国公路法〉办法》经省第九届人大常务委员会第三十次会议通过,自 2002 年 10 月 1 日起施行。

8 月 24 日下午　临澧县委书记吴友云、副县长徐学英、交通局局长沈绍球在临澧公路管理局局长刘永春的陪同下察看白珠线水毁路段,慰问在一线抢修的养路工人。

9 月 28 日　国道 207 线 K2237+000—K2241+000 临澧段水泥混凝土路改建成改性沥青路面工程开工,4 公里投资 750 万元,水泥混凝土路面改沥青摊铺路面在湖南省是第二例。

9 月　常德市公路管理局举办全市局执法人员学习班,学习《湖南省实施〈公路法〉办法》以及有关法律法规,以便提搞执法人员的法律素质和道德素质。

10 月　桃源红卫道班班长陈碧云当选为常德市人大代表。

11 月 15 日　常德市公路管理局举办学习中共十六大精神报告会,邀请市委讲师团陈文斌教授作学习中共十六大精神专题报告。

11 月　澧县开始实施“县通乡水泥混凝土路”工程,该项目历时 5 年,涉及 24 个乡镇,总里程 152.15 公里，技术等级为国家 4 级。

12 月 1 日 常德市至张家界高速公路开工修建，2005 年 12 月 26 日建成通车。常(德)张(家界)高速公路主线全长 160.78 公里，连接线 8.96 公里，其中常德段主线全长 75.23 公里，连接线长 7.8 公里。

12 月 14 日—17 日 湖南省公路管理局年末检查组到常德市公路管理局检查公路建、养、管、征和精神文明建设情况，核定常德市公路管理局年末好路率为 78.7%，并对其他各项工作给予了高度评价。

是年 常德市总工会举办《工会法》知识抢答赛，鼎城公路局代表队获一等奖。

是年 常德市总工会举办“计划生育”知识抢答赛，常德市公路管理局获一等奖。

是年 汉寿公路局获湖南省交通系统“双文明建设先进单位”称号。同时被湖南省公路管理局评为“双文明建设先进单位”和“雨季公路养护优胜单位”。

2003 年

3 月 根据常德市编委常编发〔2001〕13 号文件精神，原由县公路局管理的雷公塔、矮架山、桃花源、大鲸港、石龟山、崔家桥 7 个收费站收归常德市公路管理局垂直管理。

3 月 17 日 常德市公路管理局举办新建办公大楼落成庆典。新建办公大楼于 2001 年 3 月动工修建，占地面积 540 平方米，建筑面积为 11000 平方米，投资 2000 万元。湖南省公路管理局、常德市人大、市交通局及各地州市公路管理局的领导应邀参加了庆典活动。省公路局、市人大、市交通局的领导发表了热情洋溢的讲话。

3 月 20 日 常德市公路管理局召开四届三次会员职工代表暨 2002 年度先进代表大会。会议审议通过了局长牟明德所作的《行政工作报告》和纪委书记兼工会主席金宏中所作的《工会工作报告》，审议通过了《常德市公路管理局养路费计划投资执行和 2003 年计划投资报告》《常德市公路管理局财务预、决算报告》，表彰了 2002 年的先进单位和先进个人。会议认真总结了 2002 年的公路工作，实事求是的提出 2003 年工作的指导思想和奋斗目标。常德市副市长宋冬春、市政协副主席曹同生、湖南省公路管理局副局长赵健强、市总工会副主席陈奇红、市交通局副局长郑德贵参加会议并讲话。

4 月 25 日 X027 线 K112+717 米处安乡七家桥危桥改建工程开工，同年 8 月竣工通车。桥梁跨径 40 米，投资 185 万元。

5 月 安乡大湖口大桥修建竣工，桥全长 650.72 米，桥面宽 10 米，投资 3203 万元。

6 月 24 日 石门渫水流域连续 6 小时普降暴雨，致使山洪暴发，河水猛涨，S303、X004 线遭受罕见的特大水毁，公路沿线出现了不同程度的山体滑坡，多处中断交通，经济损失 290 多万元。

6 月 26 日—28 日 湖南省公路管理局检查组到常德进行雨季公路养护检查，检查公路666公里,认为常德雨季公路养护措施得力、效果明显。

6月 湖南省人民政府下发湘价查〔2003〕106号和〔2003〕73号文件,从7月1日起,提高车辆通行费收费标准。

7月 常德市公路管理局获全省雨季公路养护第2名,临澧、武陵公路管理局获全省"雨季公路养护优胜单位"称号。

8月 桃源公路管理局红卫道班班长陈碧云代表常德妇女到北京参加中国妇女第九次全国代表大会。

9月5日 鼎城谢家铺至逆江坪通乡水泥混凝土路面开工修建,2004年3月25日竣工通车,长15公里,投资680万元。

9月8日 常德市公路管理局举办CBMS公路桥梁管理系统工作培训班,参加培训人员30名。经过培训后,市公路局桥梁管理系统运用将全面推开。

10月21日 常德市公路管理局与湖南省交通国际公司融资合作,以常德市公路管理局为主体的常德海赛沥青经营有限公司成立。法定代表人梁长安,注册资本1100万元。

10月 湖南省公路管理局举行全省水泥砼路面养护技术比武,常德市公路管理局代表队获第二名;综合团体赛获第三名。

是年 汉寿公路管理局机械化养护站站长李爱国被评为省"交通杯"竞赛先进个人。

是年 常德市公路管理局"两费"征收获全省第一名,公路养护获全省第二名,路政管理、办公室工作获湖南省公路系统第三名。

是年 常德市公路局获常德市交通系统"双文明建设先进单位"称号。

是年 常德市委市政府授予常德市公路管理局量化目标考核"红旗单位""城市创建先进单位""组织人事管理先进单位"称号。

2004年

2月18日 常德市公路管理局从内部抽调105人,成立4个"治超站",正式开始治理车辆超限运输。

2月28日 常德市公路管理局召开会员职工代表暨2003年度先进代表大会,会议听取审议了局长牟明德所作的《行政工作报告》和工会主席肖剑春所作的《工会工作报告》,局长牟明德的工作报告认真总结了2003年度的公路工作,明确了2004年的工作目标:2003年市公路管理局年末综合好路率为74.01%,工程合格率达100%,优良率达80%以上,"两费征收"达7130万元。常德市副市长宋冬春、市交通局局长马承斌出席会议并讲话。

3月4日 湖南省公路系统纪检监察工作会议在常德市召开,常德市委副书记曹儒国到会致辞。

3月9日 武陵公路管理局工会获湖南省交通系统"模范职工之家"称号。

3月25日 常(德)吉(首)高速公路在吉首举行开工典礼,同年5月正式破土动工,2008年12月28日建成通车。主线全长223.41公里,连接线总长13.76公里,其中常德段主线全长71.25公里,连接线长7.3公里。

3月 汉寿公路管理局开展公路林权清理和林权办理,领取公路林权证,收回了国、省道80多公里路段的林权。

4月 湖南省公路管理局委托常德市公路管理局全权负责汉寿仓儿总和安乡夹夹两座大桥的建设与管理工作。

4月12日 湖南省公路管理局工会组织全省公路系统乒乓球比赛,常德市公路管理局代表队获团体第2名。

4月27日 S205汉寿沅水大桥建设项目获湖南省发展和改革委员会的批准。

5月22日 湖南省青年工作职工委员会授予湖南常德路桥建设有限公司副总经理章兵"十大杰出青年岗位能手"称号。

5月28日 湖南常德路桥建设有限公司通过湖南省公路养护工程施工从业资质一类、二类甲、二类乙。

5月 共青团湖南省委授予常德市公路管理局团委"五四红旗团委"称号。

7月 汉寿、临澧公路管理局被评为湖南省公路系统雨季公路养护竞赛"优胜县局"。

8月4日 G319线常德段文明样板路开工建设。

8月9日 石门九渡河至维新通乡水泥砼路开工修建,2007年4月竣工通车,里程长18公里,总投资788.35万元。

9月 常德市公路管理局出台《关于深化公路养护运行机制改革的实施方案》。

9月 澧县雷公塔至宜万乡通乡水泥砼路开工修建,2005年4月竣工通车,投资529.89万元。

10月 常德市公路管理局10个收费站按要求设立了绿色通道,为符合条件的车辆免费放行。

11月18日 常德市公路管理局海赛公司办公地址由常德市公路管理局迁至常德市启明路(东郊乡赵家碚村九组),法定代表人由梁长安变更为胡志忠,注册资本变更为1500万元,股东变更为湖南常德路桥建设有限公司、湖南交通国际经济工程合作公司、湖南省志成沥青有限公司。

11月 常德市公路管理局在澧县公路管理局召开公路养护运行机制改革现场经验交流会,推广澧县公路管理局的经验,加速改革进度。

是年 湖南省交通厅授予汉寿公路局机关"模范职工之家"称号。

是年 湖南省公路管理局授予汉寿公路管理局"文明建设先进单位"称号。

是年 汉寿红土墙至明月潭、朝阳桥至大南湖、县城至新兴、坡头至罐头嘴、辰阳至文蔚5条通乡公路建成水泥混凝土路面,总长67.98公里,投资4142万元。

是年 常德市公路管理局被评为常德市"帮困助学万人大行动先进单位"。

2005 年

2 月 20 日 常德市公路管理局召开了以实践“三个代表”重要思想，保持共产党员先进性教育的动员大会。常德市委督导组、市公路局机关全体党员以及下属各单位党支部委员参加了会议。会上，党委书记牟明德对学习的目标、重点、方法进行了阐述和部署。

3 月 14 日—15 日 常德市公路管理局举办优秀共产党员先进事迹巡回报告会，引导全体党员学习身边的典型，为公路事业的发展建功立业。报告会分为局机关、桃源、安乡、澧县4 个分会场，报告团的先进典型是全国“三八红旗手”陈碧云、石门望羊道班班长沈裕程、武陵公路局南湖坪道班班长高子华、钱家坪道班班长罗菊华。

3 月 16 日—18 日 常德市公路管理局五届一次会员、职工暨 2004 年度先进代表大会召开。会议全面总结了 2004 年的公路工作，肯定成绩，表彰先进，找出存在的问题，提出 2005 年公路工作的指导思想和奋斗目标。

3 月 S205 汉寿沅水大桥初步设计获得通过，湖南省交通厅以湘交计统字〔2005〕85 号文件批复。

4 月 16 日 经湖南省人民政府批准石门东城车辆超限超载运输检测站成立。

4 月 交通部、共青团中央授予 319 国道樟木桥收费站“青年文明号”称号。

4 月 国务院授予桃源公路管理局红卫道班班长陈碧云“全国劳动模范”称号。

5·1 前夕 湖南省人民政府授予鼎城公路管理局局长史美华“先进工作者”称号。

5 月 10 日 常德市公路管理局基础设施工程处由职工直接选举陈学泉为基础处党支部书记兼主任，这是常德市公路管理局唯一由职工直接选举产生的基层领导。

5 月 澧县 X008 线垱市至金罗镇 11 公里水泥砼路面开工修建，同年 10 月竣工，投资 800 万元。

6 月 27 日 湖南省交通厅副厅长邹和平，常德市委副书记周用金为樟木桥收费站获全国“青年文明号”称号授牌。常德市交通局局长马承斌主持授牌仪式，市公路局局长牟明德致答谢辞。

7 月 11 日 临澧佘市古桥改造工程开工，同年 9 月 30 日竣工通车。

7 月 22 日 湖南省公路管理局表彰 2005 年度雨季公路养护先进单位，常德市公路管理局获“雨季养护竞赛先进单位”称号，武陵、临澧、汉寿公路管理局获省“雨季公路养护竞赛优秀县局”称号。

8 月 2 日 319 国道樟木桥治超站执法员张佳被一辆冲关大货车撞击致死，因公殉职，肇事司机被判处有期徒刑 15 年。

8 月 16 日 交通部部长张春贤在湖南省长周伯华、省交通厅厅长李安、常德市委书记程海波、市长陈君文的陪同下考察 319 国道樟木桥超限超载运输治理工作。

9月12日 省道302夹夹大桥开工修建，2007年12月建成通车。大桥全长1703.94米，桥宽10米，总投资1.2142亿元。

10月19日 全国干线公路检查组一行20人在湖南省公路部门有关人员的陪同下对常德国、省道公路以及太子庙公路养护站、德山樟木桥治超站、桃源陬市收费站进行检查，并听取了汇报。检查组对常德干线公路的养护和规范化管理给予充分的肯定和高度评价。常德市副市长李爱国、徐万发陪同检查。

11月 汉寿沅水大桥开工修建，2008年12月28日正式建成通车。桥长9.502公里，其中主桥长7.26公里，接线2.24公里，总造价为4.54亿元。汉寿沅水大桥是"洞庭湖桥梁畅通工程"重点建设项目的最后一座桥梁，也是目前全省最长的一座公路桥。

11月 桃源马家堰至郝坪通乡水泥砼路面开工修建，2006年4月竣工通车，投资187.77万元。

12月 临澧新张公司将S304线17公里水泥砼路交由临澧公路局管养。

12月26日 汉寿公路管理局从太子庙迁至汉寿县城龙阳大道。结束了全省唯一一个县级公路局在乡镇的历史。

是年 常德市进行优化经济环境公开测评，在58个参评的行政事业单位中常德市公路管理局占第六名，位列市交通系统第一名。

是年 湖南省公路管理局授予常德市公路管理局"目标考核先进单位"称号。

是年 常德市公路管理局获湖南省"文明卫生单位"称号。

是年 常德市公路管理局获湖南省交通系统"决算报表先进单位"称号。

是年 常德市公路管理局被评为常德市交通系统"安全工作先进单位"。

2006年

3月9日 常德市公路管理局五届二次会员、职工暨2005年度先进代表大会召开。会议审议通过了局长牟明德所作的《行政工作报告》和工会主席肖剑春所作的《工会工作报告》；审议通过了《常德市公路管理局2005年财务决算2006年财务预算报告》《常德市公路管理局2005年养路费投资计划执行情况、2006年计划经费初步安排意见》，通报表彰了2005年度的先进集体和先进个人。会议回顾总结2005年各项工作取得的成绩，展望了"十一五"时期常德公路有450公里干线改造，投资约为20亿的美好前景，提出2006年工作的重点是搞好安乡夹夹大桥和汉寿沅水大桥的建设，要完成1.29亿元的投资，同时要完成石门至陬市25.5公里大修和路网升级工作。市局与所属各单位签订了目标责任书。

3月 张公庙、雷公塔收费站被评为湖南省公路系统"优秀收费站"。

4月11日 湖南省交通厅授予安乡大鲸港收费站"模范职工之家"称号。

4月26日下午4点 湖南省公路管理局局长李德旗在常德市副市长宋冬春、市交通局局长马承斌、市公路局局长牟明德的陪同下查看汉寿沅水大桥。

4月 常德市公路管理局被评为市交通系统“春运工作先进单位”。

5月 桃源公路管理局红卫道班班长陈碧云当选为湖南省第九届党代会代表。

5月 共青团常德市委授予常德市公路管理局团委“五四红旗团委”称号。

7月 常德市公路管理局获湖南省“雨季公路养护竞赛先进单位”,临澧公路局获省“雨季公路养护竞赛优胜县局”称号。

9月20日 安乡大鲸港收费站提前10天被撤销。

12月 桃源公路管理局红卫道班班长陈碧云被评为湖南省交通系统“十佳养路工”。

12月 石门X004线太平至维新33公里通乡水泥砼路面修建竣工通车。

12月 国道319文明样板路建设全面竣工并通过交通部的验收。

是年 常德市公路管理局获湖南省公路管理局“目标管理先进单位”和“双文明建设先进单位”称号。

是年 湖南省总工会授予汉寿公路管理局副局长易纯辉“2006年度芙蓉百岗明星”称号。

2007年

2月 武陵公路管理局南湖坪道班班长高子华获湖南省公路管理局“十佳养路工”称号。

3月7日 常德市公路管理局五届三次会员、职工代表暨2006年度先进代表大会召开。会议审议通过了局长牟明德所作的《行政工作报告》和工会主席肖剑春所作的《工会工作报告》,会议总结回顾了2006年的工作,通报表彰了2006年度的先进集体和先进个人,明确2007年的工作重点目标是:年平均好路率达73.99%,完成国省道及旅游线路的“安保”工程,完成安乡夹夹和汉寿沅水大桥年内的目标建设任务,工程合格率达100%,国道207线樟木桥至武潭、石门至陬市、桃花源至花岩溪、石门至壶瓶山4条线路的改造力争开工。常德市副市长宋冬春、市政协副主席彭明建参加会议并讲话。

3月 桃花源至花岩溪旅游线路水泥砼路开工修建,2010年3月竣工,为三级公路,里程长19.2公里,投资5987万元。

4月27日 常德市公路管理局召开共青团第三次团员代表大会,选举产生共青团常德市公路管理局第三届委员会,雷婷婷当选为团委书记。

6月14日上午11时 澧县荣家河养路站站长熊合林在公路边上拾得一个公文包,里面有现金2万元,但没有证明失主身份的证件。经查找核对,将原物归还给了失主,失主感激涕零,拿出200元现金作为酬谢费,熊合林婉言谢绝了。

7月11日 常德市人民政府召开“十一五”国省道干线公路改造调度会,市委副书记、代市长卿渐伟强调:“要加快进度,确保国省道干线公路改造工作的顺利进行。”市委常委、副市长宋冬春参加了会议。

7月 在常德市公路管理局雨季公路养护检查评比中，临澧、汉寿公路管理局获省“雨季公路养护优胜单位”称号。

8月14日 澧县张公庙大桥桥面开工维修，同年11月15日竣工通车，投资118.97万元。

8月18日—19日 常德市委副书记、代市长卿渐伟在市公路局长牟明德的陪同下考察S205汉寿沅水大桥建设和桃花源至花岩溪旅游线路改造情况。

10月8日 湖南省公路管理局湘路计统字〔2007〕438号文批复：同意常德县乡公路管理处将管养的S205线23.707公里、S302线22.37公里计46.077公里移交常德市公路管理局管养；常德市公路管理局将管养的3条县道21.391公里和全部乡道26.565公里，共计47.956公里移交常德市县乡公路管理处管养，其所属公路构造物一并移交。常德市公路管理局增加的46.077公里公路补助经费37万元。

11月 常德市公路管理局清退临时聘用人员，收费站、超限运输检测站和直属单位217人被解除临时聘用合同。

11月13日 湖南交通工会、湖南省公路管理局工会领导在常德市公路管理局工会主席肖剑春的陪同下验收桃源公路局“模范职工之家”。

12月 桃源红卫道班班长陈碧云再次当选为常德市第五届人大代表。

12月 安乡夹夹大桥建成通车，桥长1704米，桥面宽10米，投资12142万元。

是年 湖南省公路管理局授予汉寿公路管理局“文明建设先进单位”称号。

是年 常德市公路管理局公路工程质量获全省二等奖。

2008年

1月 新洲、桃花源超限超载运输检测站分别划归津市、桃源公路管理局管理。

1月12日—2月2日 常德市遭受了多年以来罕见的特大冰灾，对公路造成了极大的破坏。常德市公路管理局2000多名职工全员上路破冰扫雪，保证了春节期间公路桥梁车辆的安全畅通。

2月19日 常德市公路管理局基础设施处并入市公路管理局机械维修站。

2月28日 常德市公路管理局沥青站并入市公路管理局海赛沥青经营有限公司。

2月 武陵区公路管理局被评为湖南省公路系统“抗冰灾保畅通工作先进单位”，澧县公路管理局工人羿保元被评为省公路系统“抗冰灾先进个人”。

3月7日 常德市公路管理局召开五届四次职工会员暨2007年度先进代表大会，会议总结2007年的工作成绩及工作特点，部署2008的工作任务，通报表彰2007年度的先进单位和先进个人，签订目标责任书。常德市副市长徐超文、市政协副主席燕中炎、市政府副秘书长张运华、市总工会副主席刘克云、市交通局局长车德斌、湖南省公路管理局工会主席周静恺出席会议并讲话。副市长徐超文的讲话高度评价了公路职工为常德经济建设做出的艰苦努力和无私奉献，特别是对冰灾时期全员上路破冰扫雪，为保证车辆的安全畅通做出了突出的贡献。

4 月 17 日 常德市委书记武吉海考察桃花源公路改造工程，并听取了工程负责人的汇报。

4 月 25 日傍晚 石门白洋湖道班工人吴立新突然听到“快救人啦，有人掉到井里啦”的呼救声，立即从房间里冲出来奔跑到井边，只见道班隔壁的覃奶奶跪在井边哭喊着说她的小孙子掉到井里了，吴立新连衣服都顾不上脱就跳进水深十几米的水井里救人。好不容易摸到小孩将他托出水面，井水离井口有 2 米多高，井内呈腰鼓型，井壁长满青苔很滑，无处着手上不来，后在闻讯赶来的人群帮助下将他二人拉出水井。小孩得救了，吴立新舍己救人的事迹也在当地传为佳话。

5 月 19 日下午 2 点 28 分 常德市公路管理局降半旗，市局机关全体干部职工为“5·12”四川汶川地震遇难同胞默哀。默哀结束后，大家纷纷慷慨解囊踊跃捐款计 52000 多元。全市局为汶川地震灾区捐款 25.2091 万元，共产党员交特殊党费 6.0312 元。个人捐款最多的是离休老干部张汉卿捐了 1100 元，退休工人谢子云夫妻捐助 2000 元。

5 月 省道 302 澧县至边山河路网改造工程开工，2010 年 10 月底竣工，全长 60 公里，投资 2.4 亿元。

6 月 5 日 G207 线澧县至张公庙、S302 线澧县至津市公路改造工程开工，2009 年 3 月竣工，里程全长 22.788 公里，总投资 10711 万元。

6 月 17 日 常德市副市长徐超文检查澧县交通建设和安全生产工作。

6 月 常德市人民政府授予武陵公路管理局南湖坪道班班长高子华“劳动模范”称号。

7 月 22 日上午 6 点 石门西北地区突降百年不遇的特大暴雨，3 小时内降雨量达 180 毫米，造成山洪暴发，致使 S303、X001 公路严重受损。据统计，S303 冲毁涵洞一道，路基缺口 10 米、中断交通 48 小时，3 座桥梁受损，冲毁路面 106.8 平方米、山体滑坡 7 处计 4490 立方米，路基坍塌 9 处计 1537.2 立方米，钢护栏损毁 52 米，防撞墙 25 米；X001 线路基坍塌 22 处，钢护栏损毁 164 米，有 7 公里路段被水淹没 5 米深达 20 多小时，累计损失 780 万元。灾情发生后，石门公路局组织了抢修，短期内恢复了交通。

7 月 31 日 常德市市长卿渐伟、副市长宋冬春考察张公庙至津市公路改造工程。

7 月 常德市公路管理局雨季公路养护获湖南省公路系统二等奖。

7 月 武陵公路管理局被评为湖南省公路系统“雨季公路养护竞赛优胜县局”。

9 月 9 日 长沙理工大学交通运输工程学院与常德海赛沥青经营有限公司共建教学基地，并举行挂牌仪式。

10 月 25 日 津市窑（坡渡）骆（家峪）线 K2.1—K6.9、K7.96—K12.76 共 9.6 公里通乡水泥砼路面开工修建，2009 年 9 月 25 日竣工，总投资 360 万元。

10 月 28 日—11 月 2 日 湖南省公路管理局举办全省公路养护技能大比赛（比赛内容：沥青路面养护操作、水泥砼路面养护现场操作、养护知识竞赛三部分），常德市公路管理局水泥砼路面和沥青路面养护操作获三等奖，养护知识竞赛获二等奖，三项综合评比，荣获一等奖。

11 月 G207 线樟木桥至桃江武潭二级公路路网改造工程动工，2011 年 12 月竣工通车。里程长 43.709 公里，路面宽度 12 米，总投资 17586 万元。

11 月 S205 线新湖桥至仓儿总、太子庙至良荆界路网改造工程开工，2012 年 10 月底竣工通车，为二级公路，里程长 55.51 公里，总投资 27089 万元。

11 月 X021 石门至盘塘路网改造工程开工，2011 年 12 月竣工，为二级公路，里程长 43.147 公里，路基宽 12 米，路面宽（含硬化路肩）10.5 米，总投资 18523 万元。

12 月 汉寿仓儿总沅水大桥建成通车，桥长 9502 米，桥面宽 16 米，投资 45394 万元。

是年 湖南省公路管理局授予常德市公路管理局海赛公司“双文明单位”“作风建设先进单位”“工会工作目标管理先进单位”称号。

是年 常德市公路管理局公路养护工作获全省二等奖；路政管理工作获全省三等奖；征费工作获全省二等奖。

是年 常德市公路管理局共完成公路大中修 6971 万元，其中 3000 万元是地方政府筹资。

2009 年

1 月 1 日零时 根据国务院成品油税费改革，取消六项收费的精神，常德市公路管理局张公庙、崔家桥、樟木桥 3 个收费站停止收费。

3 月 1 日 S303 线皂市至磨市水泥砼路面大修工程开工，同年 9 月上旬竣工通车，里程长 45.467 公里，总投资 3880 万元。

3 月 30 日 常德市公路管理局召开“深入学习实践科学发展观”动员大会，部署学习的时间和要求，成立了以党委书记牟明德为组长的活动领导小组。常德市委指导检查小组组长钟春枝参加会议并对活动的开展提出了要求。

4 月 8 日 湖南省发改委投资处领导考察张公庙至津市公路改造工程。

4 月 23 日 常德市副市长徐超文考察澧县交通建设情况。

4 月 29 日 撤销石门狮子脑收费站。

4 月 武陵公路管理局南湖坪道班班长高子华获“全国五一劳动奖章”，湖南省人民政府同时授予高子华“劳动模范”称号。

5 月 1 日零时 遵照国务院、湖南省政府《关于实施成品油价格税费改革的通知》精神，常德市公路管理局所属的张公庙、崔家桥、樟木桥、桃花源、陬市、雷公塔、矮架山、石龟山大桥、大鲸港、新洲 10 个普通 2 级公路收费站一并被撤销。

5 月 21 日 常德海赛公司企业类型变更为有限责任公司（法人独资），股东变更为湖南常德路桥建设有限公司。

5月26日 常德市公路管理局召开五届五次会员、职工暨2008年度先进代表大会，会议审议通过了局长牟明德所作的《行政工作报告》和工会主席任朝晖所作的《工会工作报告》，通报表彰了2008年度的先进单位和先进个人。

5月 根据湖南省人民政府湘政发〔2009〕13号文《关于实施成品油税费改革完善交通体制加快交通发展的意见》中“划分各级政府交通建设、养护和管理职责。同时，将履行职能必需的财权下放地方，实现权责对等，事财统一”和“市州人民政府负责辖区内干线公路（含重大运输及水上项目）的建设、养护和管理”的精神，常德市公路管理局的人、财、物全部下放到常德市人民政府管理。

7月12日 汉寿县文物普查工作队在丰家铺乡铁甲村笙竹组发现笙竹坳古驿道。该驿道其中的一段长300米、宽2米的青石板铺成路面保存完整，经文物普查队考证，该段驿道建于宋代，其他路段因年久失修或农田水利建设而毁。

9月 X036汉（寿）发（梅桥）线牛（路滩）良（荆界）段通乡水泥砼路开工修建，同年11月竣工通车。里程长13.7公里。

10月23日 湖南省公路管理局副局长孔华到常德市公路管理局进行税费改革后的调研。

10月 常德市公路管理局选派4名职工参加首届全国交通运输行业“厦工杯”筑养路机械操作手技能竞赛取得第7名的好成绩，临澧公路管理局职工胡志刚获交通部授予的“全国交通技术能手”荣誉称号和湖南省劳动厅、社会保障厅授予的“湖南省技术能手”称号，其他3人获交通部授予的“技术能手”称号。市公路局获优秀组织奖。

11月 S302澧县至边山河路网改造工程开工，2011年12月竣工。里程长41.018公里，为二级公路，路基宽10米，路面宽（含硬化路肩）8.5米，总投资16752万元。

11月 S303线石门至南北镇路网改造工程开工，2012年9月底竣工通车，为三级公路，里程长136.934公里，路基宽7.5米，路面宽（含硬化路肩）6.5米，总投资44877万元。

12月20日 常德市公路管理局所属8个收费站488名收费员妥善安置完毕。市公路局内部转岗安置437人，分流调入市规划局22人，依法解除劳动合同的临聘人员11人，退休就近安置到区、县公路局18人。

12月29日 汉寿沅水大桥管理所正式挂牌成立。

2010年

1月11日—20日 常德市公路管理局举办路政执法培训班，对新增加的318名路政员进行了培训，经考试合格发给“交通行政执法证”，路政员全部持证上岗。

1月28日 常德市公路管理局将慈利卸油站土地使用权及一切不动产调拨给张家界市公路管理局沥青厂。

3月15日 常德市公路管理局六届一次职工会员代表暨2009年度先进代表大会召

开，会议审议通过了局长牟明德所作的《行政工作报告》和工会主席任朝晖所作的《工会工作报告》，通报表彰了2009年度的先进单位和先进个人。常德市副市长徐超文、湖南省公路管理局工会主席周静恺、常德市交通局局长车德斌参加会议并讲话。

3月 湖南省交通厅授予石门公路管理局2009年度“交通杯劳动竞赛先进单位”。同时，被常德市交通局评为2009年度市交通系统“目标管理红旗单位”。

4月20日 湖南省公路管理局在常德市召开全省“迎国检”养护工作现场会，并以常德市公路管理局“迎国检”的内业资料为范本向全省推广。

4月27日—30日 湖南省交通科学研究院的技术人员检测张公庙大桥。

4月 常德市副市长徐超文在市公路局局长牟明德的陪同下考察“十一五”路网改造工程。

4月 G207线路网改造工程开工，2011年3月竣工，里程长度20.338公里，为一级公路，路基宽21.5米，路面宽（含硬化路肩）15米，总投资10187万元。项目经理顾晓获湖南省交通系统“交通杯”竞赛“先进个人”称号。

5月—8月 常德市公路管理局对所管养的411座桥梁进行了全面普查，对45座三类以上的危桥检测后列入了省级危桥库。常德市人民政府高度重视，投入300万元作为检测费，并提出对45座危桥按轻重缓急分三年三批改造完成，市财政从2011年起列危桥改造专项资金。

5月 石门超限超载运输检测站新建工程竣工，该工程于2009年5月动工，总投资360万元。

6月8日 根据常德市编委常编办〔2010〕104号文件批复：常德市公路管理局成立行政许可办公室，6月17日正式成建制进驻常德市政务服务中心。

6月 S306线津市K15+260—K25+260、K241+500—K249路段计17.5公里水泥砼路面修建开工，同年10月竣工通车。

7月1日—9月30日 常德市公路管理局开展路政执法案卷文书规范化竞赛，澧县公路管理局路政大队获一等奖，石门公路管理局东城检测站、汉寿公路管理局路政大队获二等奖。

9月 安乡夹夹大桥被评定为湖南省优良工程。

10月 G319线34.27公里沥青混凝土路面摊铺竣工、投资经费1700万元。

10月 常德市直属机关举办“和谐常德，文明礼仪我先行”知识竞赛，常德市公路管理局获第二名。

11月11日 常德市公路管理局召开行风监督员座谈会，30多名来自社会各界的行风监督员对公路工作给予了充分肯定。澧县、临澧公路管理局在当地行风评议中分别名列第一名和第二名。

11月 湖南省人民政府授予石门公路管理局局长马明浩“先进工作者”称号。

12月27日 湖南省公路管理局在常德市召开全省干线公路建设暨平安工地现场会，全省300名干线公路改造项目负责人参观了G207线樟木桥至界牌公路改造项目现场，重点学习常德市公路改造中路面平整度高、厚度增加方面的经验。

12月 张公庙至津市公路改造竣工验收后明确从2011年1月1日起由澧县公路局管养。

是年 汉寿太子庙机械养护站获“全国模范道班”称号。

是年 临(澧)张(公庙)公路改善工程有限公司获“全省交通基础设施建设领域突出问题专项治理工作先进单位”称号。

是年 石门公路管理局获“全省交通运输行业文明单位”称号。

限外辑要

2011 年

1 月 8 日 北起沅江西大桥,南止桃花源机场道路,全长 11.3 公里的桃花源路暨机场快速公路举行开工典礼。

2 月 鼎城公路管理局周家店道班获湖南“全省交通运输行业文明示范窗口”称号。

3 月 S302 线 131.02 公里省级文明样板路开工建设,同年 12 月竣工通车,经湖南省交通运输厅验收认定达标。

3 月 S304 线 46.815 公里省级文明样板路开工建设,同年 12 月竣工通车,经湖南省交通运输厅验收认定达标。

3 月 23 日 常德市公路管理局召开公路工作会议,新任党委书记、局长马麦秋作题为《解放思想、开拓创新,实现“十二五”常德公路事业发展新跨越》的公路工作报告;工会主席任朝晖作《工会工作报告》。常德市副市长徐超文出席会议并作重要讲话。

4 月 19 日—20 日 全国干线公路养护管理组对常德市国省干线公路养护管理工作进行全面系统检查。湖南省交通运输厅副厅长董青云、省公路管理局局长吴国光、常德市副市长徐超文陪同检查。

4 月 常德市公路管理局五年一度的干线公路迎国检工作获湖南省第一名。

4 月 27 日 湖南省公路检测中心对 G319 线桃源段进行路况检测。

6 月 1 日 常德市实施“全市统一领导、地方政府负责、各区县(市)政府牵头具体组织实施、部门配合协作、区域联动治理、责任倒查保障”集中整治的长效机制,各区县(市)公路局、交警大队、城管执法局、交通运输局开始联合治超,严厉打击超限超载运输的违法行为。

7 月 1 日 实施国务院《公路安全保护条例》,常德市人民政府进行广泛宣传。

7 月 15 日 常德市公路管理局启动《常德市公路志》编纂工作。

7 月 常德市人民政府启动“危桥改造年”活动,常德市干线公路 15 座危桥改造陆续开工,同年 12 月底全部竣工通车。总投资 2195.8 万元,其中省补 937.6 万元,兑现了常德市人民政府“为民办十件实事”的承诺。

8 月 G207 线临澧县城至张公庙、S205 线津市小渡口至汉寿良荆界、X21 石门盘塘至陬市、G207线樟木桥至界牌4个干线公路改造项目竣工通车。

8月 临澧县城至武陵区三岔路口、卷桥至澧县、澧县黄桥至大堰垱、临澧至石门新街口4个干线公路改造项目竣工通车。

9月23日 常德市公路管理局开展“百日”安全生产隐患排查整治专项行动，保持和发展道路畅通、安全工作平衡态势。

9月30日 汉寿公路管理局太子庙机械化养护站获“全国模范道班”称号。

10月1日 按照常德市人民政府的要求，鼎城区在临岗公路转盘处设立公路治超点。

11月2日 常德市危桥改造工作现场会在汉寿县召开，S205线朝阳桥为危桥改造会议的现场之一。

12月 常德市公路管理局管养的国省道干线公路优良率达98.43%，超湖南全省平均水平近20个百分点，名列全省第一。

是年 常德市公路管理局获“全省干线公路养护目标管理二等奖”、“公路路政管理三等奖”、获常德市“重点建设先进单位”称号、常德市“2011年度安全生产先进单位”称号。

是年 常德市公路管理局获湖南省交通运输系统“行政执法先进单位”称号。

是年 常德市先后开展三次整治公路路域环境专项行动，截止11月，全市共检测车辆12万余台次，劝返3700台次，查处超限车辆15769台次，卸载（驳载）4554台次6000吨。G207、S304线违法超限超载70吨以上重车较以往大幅减少。

2012年

2月7日 常德市公路管理局召开法制常德公路建设动员会议，部署2012年法治常德公路建设工作。

2月15日 常德市政府领导听取桃源公路管理局危桥改造和公路治超工作情况汇报。

2月29日 湖南省治超办公室副主任、交通运输厅法治处处长王跃民到常德考察公路治超工作。

3月1日 原湖南省公路管理局局长李德旗率省公路局调研组到汉寿太子庙机械化养护站调研，并在该站召开各区、县（市）公路局负责人座谈会。

3月6日 常德市副市长徐超文在市公路管理局局长马麦秋的陪同下考察桃源公路治超工作。

3月26日 常德市公路管理局召开公路工作会议，局长马麦秋作《公路工作报告》，工会主席任朝晖作《工会工作报告》，副市长徐超文到会讲话。徐副市长的讲话重点强调：2012年公路部门要突出抓好项目建设，改造干线公路1条136.9公里，新建5条公路146公里，完成危桥改造15座，完成总投资5000万元。

3月14日 常德市人民政府常政函〔2012〕22号文件批复同意组建常德路桥建设集团

公司、常德市上德试验检测有限公司、常德市远程公路工程建设监理有限公司。

4月1日 湖南常德路桥建设集团有限公司成立，属国有独资公司（中Ⅰ型），归口市公路局管理，并接受国资委监管。

4月28日 常德市治超办在市公路管理局召开公路治超座谈会，参加会议人员有各区县（市）治超办主任、公路管理局分管领导、全市5个固定治超站（场）的负责人等共60余人。

5月1日 常德市制定下发并实施《常德市治理超限超载整体联动联合执法工作方案》。

5月28日 鼎城区政府投资80万元处治X044线水泥混凝土路面破碎板，确保道路畅通无阻。

6月12日 临岗圆盘公路治超卸载场建成并投入运行。

6月 常德市公路管理局着手进行临澧白虎山、石门东城治超站、临澧、鼎城、汉寿公路管理局路政大队5个法治公路建设示范点的办点示范工作。

7月2日 中国海员建设工会副主席姚久强考察“双百全国模范道班”太子庙机械化养护站，就公路管理体制与公路系统职工待遇等事项与一线职工座谈。

7月2日 鼎城区政府组织联合治超，在临岗圆盘治超卸货场开展为期十天的集中整治行动，“全天候”联合治超，24小时不定时检查。

7月23日 常德市公路管理局监控指挥中心建成并开始运行。该中心涵盖全市6个治超站（卸货场）的治超监控。

7月28日 S205汉寿4类危桥朝阳桥动工拆除。

8月1日 常德市发布并实施《常德市集中治理非法改拼装车辆专项行动实施方案》。

8月 常德市治超办〔2012〕3号文件批复：同意设立汉寿南赶公路治超卸货场。

8月23日 株洲市公路管理局路政处到常德市公路管理局考察路政大队和治超示范化创建工作，先后参观了汉寿公路管理局路政大队和白虎山治超检测站，对于常德完善执法环境、先进的办公设施和高标准的创建工作给予高度评价。

8月 湖南省湘政办函〔2012〕142号文件批复同意常德市设置桃源陬市、津市新洲2个2类超限检测站和石门易家渡1个1类超限检测站。

9月19日 常德市公路管理局举办行政执法人员上岗培训班，参加培训班学习人员93名。

10月28日 交通运输部干线公路养护管理检查组检测G319线汉寿段路面，检测结果为优。

11月13日 常德市公路管理局在S226线举办公路养护技术大比武，9个区县（市）公路管理局派代表队参加，比武结果是：临澧公路管理局获第一名，安乡、桃源公路管理局并列第二名，石门、汉寿、鼎城公路管理局并列第三名。

12月1日 S303线路网改造工程全线竣工通车，该项目总投资44877万元，该线路起于石门三江口，止于湘鄂边境的石门县南北镇，全长136.934公里。

12月28日 S226线白洋河大桥成功爆破拆除。

12月 常德市治超全年累计检测货运车辆208613台次，处罚29019台次，卸载3446

台次，卸载转货 52896 吨，劝返 1911 台次，行政拘留司机 31 人，其中，刑事拘留 2 人，全市超限率由年初的 21.13%下降至 3.87%。

12 月 被纳入常德市“为民办十件实事”之一的干线公路 15 座危桥改造工程有 13 座竣工通车。经年终考核名列全省第二名。

同年 常德市建成星级加油站 7 个，示范路政大队 3 个，示范超限检测站（卸货场）2 个。

同年 常德市干线公路大中修 66.8 公里，质量较 2011 年上升 30.8 个百分点，完成干线公路水毁恢复工程 356 公里，水泥混凝土清灌缝 982 公里，年终考核国省道路况优良率达 98.56%，较 2011 年上升 0.13 个百分点，连续 3 年蝉联全省第一名。

同年 常德市公路管理局获湖南公路系统“公路工作绩效考核二等奖”；“路政目标管理二等奖”；“公路工作综合目标管理二等奖”。

11 月 26 日 中共常德市委机构编制委员会常编发〔2012〕30 号文：关于常德市直公路系统事业单位机构编制调整的批复：（一）保留市公路管理局，仍为市交通运输管理具有行政职能的正处级事业单位，其主要职责、领导职数维持不变。（二）内设机构由 14 个调整为 13 个，即保留办公室、财务科、审计科、计划统计科、行政许可办等 5 个内设机构；组织人事科更名为人事科、公路工程科更名为工程科；撤销监察室、两费办、养护科、机务安全科、总工程师办公室、科技质检科、离退休人员管理科等 7 个内设机构；新设养护机务科、安全科、科技科、法制科、治理超限超载运输办公室、企业指导服务科 6 个内设机构，机关党群、纪委机构按规定设置。（三）撤销市公路管理局机关后勤服务中心、机械维修站、沥青站、基础设施工程处、实验中心和公路物资供应站，新组建 5 个正科级事业单位，分别为：市公路项目建设办公室、市公路建设工程质量安全监督管理处、市公路管理局信息中心、市公路管理局应急指挥中心、市公路管理局离退休人员服务管理处。

是年 常德市公路管理局建成澧县县城至张公庙省级文明样板路 11 公里。

2013 年

2 月 6 日 安乡沙河口渡口开始实施免费渡运。

2 月 26 日 湖南省治超办批准在 X021 线白洋河段、S303 田家峪段新增设两处治超卸载场，至此常德市共有治超站、卸载场 12 个。

3 月 7 日 常德市交通运输工作会议在常德市交通运输局召开。会议确定 2013 年交通运输建设工作目标：全市完成交通投资 40 亿元，建成高速公路 222 公里，建成农村公路 405 公里，农村客运建制村通班车率达 95.5%，完成国省干线公路新改建 67 公里，建成文明示范路 390 公里，实施危桥改造 116 座，实现东（岳庙）常（德）、常（德）岳（阳）高速公路建成通车。

4 月 11 日 湖南省交通运输厅公示 2012 年度公路施工企业使用等级评价结果：湖南常德路桥建设集团有限公司被评为 AA 级信用等级单位。

4月 湖南省公路路政工作会议在汉寿县召开。会议总结2012年全省路政管理工作情况，布置2013年路政工作任务，表彰路政工作管理先进单位。

4月16日 常德市纪委领导到陬市治超站了解4月15日发生堵塞交通事件。

4月23日 常德市治超调度会议在市公路管理局召开，各区县(市)分管治超工作的负责人和公路管理局局长参加会议。会议决定：自5月上旬起在全市范围内开展集中整治货运车辆非法改、拼装专项行动。

4月24日 常德市公路管理局开展“示范路政大队”和“示范公路超限超载检测站”创建活动。

4月26日 常德市公路管理局开展“干线公路路域环境建设工作”。

4月28日 湖南省总工会授予鼎城区周家店道班“湖南工人先锋号”称号。

5月 G207线张公庙至临澧路网改造竣工通车。线路长20.338公里。

5月23日 常德市副市长沈习森在市交通运输局局长车德斌、市公路局局长马麦秋的陪同下考察张公庙大桥加固改造工程。

6月 G319线桃花源景区改线工程开工建设，里程长15.17公里。

6月 临澧安福至石门青玄公路改造工程开工建设，里程长38.588公里。

7月5日 常德市委副书记、市长周德睿主持召开专题会议，听取全市干线公路危桥改造情况汇报，并就相关工作作出部署。

7月 被列为常德市人民政府“为民办十件实事”的干线公路危桥改造工程陆续开工拆除，至同年12月底全部竣工通车。

7月15日 常德市治超工作现场调度会议在临澧县召开。会议由市政府副秘书长陈彰波主持，市治超领导小组成员、各区、县(市)分管治超工作的领导、治超办主任等近50人参加会议。副市长沈习森、市交通运输局局长车德斌、市公路局局长马麦秋参加会议并讲话。

8月1日 常德市委书记王群在市交通运输局调研时提出建设常德市“四纵三横”快速干线通道路网的发展思路。

“四纵”是指：(1)G207岗市圆盘至澧县张公庙公路，全长67公里；(2)津市城区经西洞庭至汉寿太子庙公路，全长约100公里；(3)安乡县城至汉寿军山铺公路，全长约112公里；(4)石门县城经夹山、蒙泉、盘塘至桃源陬市公路，全长约74公里。

“三横”是指：(1)津市城区经澧县县城至石门县城公路，全长约57公里；(2)G319汉寿太子庙经德山、鼎城许家桥至桃花源景区公路，全长约75公里；(3)常德市城区柳叶大道桃花源路路口至桃源县城公路，全长约30公里。“四纵三横”快速干线通道路网总里程约515公里。

9月28日 常德市区桃花源大桥(沅水西桥)建成通车。大桥全长2802.054米，其中桥梁长2308米，主塔高110米，为城市主干道1组双向6车道。

10月11日 经常德市人民政府批准“沅水一大桥”正式命名为“武陵大桥”，“沅水二大桥”正式命名为“德山大桥”，“沅水三大桥”正式命名为“桃花源大桥”。

10 月 23 日 湖南省公路管理局工会主席周靖恺及有关人员到常德市公路管理局和桃源公路管理局进行公路工作调研。

10 月 14 日—15 日 怀化公路管理局副局长兼怀化路桥总公司总经理田文国率怀化路桥总公司相关管理人员一行 7 人来常德路桥集团有限公司考察。

11 月 9 日 常德市召开沅澧快速干线公路沿线区县(市)委书记座谈会,讨论建设常德市快速干线通道路网"四纵三横"交通规划。市委书记王群到会并作重要讲话。

11 月 26 日 常德市委副书记、市长周德睿主持召开市政府第四次常务会议。会议强调:要下决心破解全市交通瓶颈因素,加快启动沅澧干线公路快速通道的建议。

12 月 常德市公路管理局建成 G207 线临澧至张公庙和樟木桥至界牌、S306 线武陵区三岔路至桃源热市文明样板路 117.634 公里。

12 月 30 日 岳(阳)常(德)高速公路通车试营运。岳常高速公路全长 141 公里,共设 8 个收费站和进出城口。

是年 常德市超限治理全年累计检测货运车辆 239247 台次，查处 16010 台次，卸载 56795.183 吨,全市超限率下降至 5.03%,市城区超限率由年初的 10.05%下降至 1.25%。

是年 常德市新改建干线公路 68 公里,S205 汉寿至太子庙、澧县黄桥至垱市公路建成通车。

是年 常德市建成示范路政大队 9 个,示范超限检测站(卸货场)5 个。

是年 石门公路管理局易市道班获"湖南省工人先锋号"称号。

是年 常德市公路管理局获湖南省公路系统"干线公路工作目标管理二等奖","干线公路建设目标管理三等奖","公路养护目标管理二等奖","路政工作目标管理一等奖",获"行业创建目标管理先进单位"称号。

是年 常德市县乡公路管理处获湖南省公路系统"农村公路养护目标管理先进单位"称号。

2014 年

2 月 18 日 常德市人民政府常政办函〔2014〕5 号文件关于《常德市公路管理体制改革方案》的通知决定:"将常德市 9 个区、县(市)公路管理系统人权、事权、财权及改革下放确认的资产、负债一并成建制移交所在区、县(市)政府和常德经济技术开发区、柳叶湖旅游度假区、西洞庭管理区、桃花源旅游管理区(筹)管理"。区、县(市)公路局在职、退休人员随同其单位一并划转下放。

第一篇《

古近代道路与设施

第一篇　古近代道路与设施

常德的古驿道初开于春秋战国时期。经过常德贯穿湖南南北东西的古驿道有湖广、湘川、湘黔驿道。从楚、秦、汉、唐、宋、元、明时期的开辟、形成、发展，至清代基本完善，历经 2000 多年。清代主干线驿道由北京向四方辐射，站、铺、亭、桥配备齐全，并按驿道的重要性分为“官路”“大路”“小路”三个等级。自北京向各方辐射，通达各省城的道路，称为“官马大路”或简称官道；以东北路、东路、中路、西路四大干线为最重要；自各省城辟道路通地方重要城市，称为“大路”；自大路或各地重要城市，辟支路至各市镇间称为“小路”。清代由北京经过常德至贵州的一条主干线驿道为皇华驿，自北京沿河北至湖北公安入湖南津市、常德、沅陵、芷江、晃县入贵州达云南昆明的云南官路。清代，湖南境内的驿道网完全形成，它以长沙为中心，向各方辐射出五条干线。其中第 3 条通贵州大道，自长沙西达贵州玉屏，中经宁乡、常德、桃源到晃州驿至挂榜塘计 1225 里，与贵州驿路相接。还有由长沙经常德至湖北公安的驿道。随着社会的发展，府县驿道、小路、特种道和桥、渡、驿站（铺）等道路设施应时应需不断形成、不断完善。

古代干线驿道一般宽 3—6 尺，有的地方稍宽一些或稍窄一些，从常德临澧九里茶场发掘出的楚车马坑遗迹，车辆辐距为 1.6 至 2 米，便可证实湖广驿道的状况。县、市之间的驿道一般 2 尺宽，驿道采用青石板铺成。

常德境内共有干线驿道 4 条，总长度为 1060 华里。其中湖广驿道有 2 路，长 510 华里；府县驿道 5 条，累计长度 530 华里；小路 5 条，累计长度 890 华里；特种道 4 条，累计长度 1850 华里。这些驿道有的改建成国道 319 和 207 线，有的改建成省道或县乡道，有些在农田水利建设中被毁弃。有古桥 287 座，渡 111 处，驿站（铺）107 处。有些古桥 2014 年还在通行。

第一章　驿　道

第一节　干线驿道

湖广驿道是从陕西经长沙至广州驿道，为春秋战国时的楚国到清代时期的主干线驿道。这条路贯穿湖南省境内南北，又称为“湖广官道”“湖广商道”“湘粤骡马大道”。

湖广驿道初开于春秋战国时的楚国。在常德境内有两路。一路是从楚都郢的纪南城南进，走油江（今湖北公安），入涔阳（今澧县、临澧），经临沅（今常德）、龙阳（汉寿）、宁乡、长沙，再南向郴（州）、永（州），以通连（州，属广东）静（桂林，属广西），这是主道。

另一路是从湖北枝城至广西驿道，也是秦汉时期贯穿湖南南北的干线驿道。其走向是从湖北枝城入澧州，经石门、慈利、大庸、古丈、吉首、怀化、会同、靖县达广西。公元前221年秦始皇发兵50万攻克岭南时，其中一军就是由此干线进军。

湖广驿道，楚开秦修。公元前220年秦始皇大修驰道，秦代驰道“东穷燕齐，南极吴楚”，湖广驿道成为了由西北向南连通全国的一条主驿道，其走向是自京都陕西—河南——湖北江陵—湖南澧州—长沙—郴州—广东或由零陵至广西。后世的湖广驿道走向由此定型了。湖广驿道在以后朝代虽有增修，但变动不大。如秦末时期由于战乱，湖广驿道遭到了破坏，汉代兴起后，为了经商和招抚南越（广西），湖广驿道又很快得到了恢复。公元前196年，汉高帝刘邦派陆贾出使南越，招谕秦南海尉赵佗，并“立佗为南越王”时，陆贾走的就是湖广驿道。三国刘备得荆州，取长沙、零陵、桂阳（郴州）三郡走的也是湖广驿道。唐代常德境内的湖广驿道得到了整修，驿站有所增加。据《新唐书·地理志》记载：“永泰元年（公元765年），潭州（今长沙）都督翟灌率士卒吏民开望浮（今桃江县）驿道，经浮丘至湘乡。复因洞庭向西延伸，又相继整修涔阳（澧县、临澧）道，巴陵道，分设顺林、兰江、清化、洞庭等驿。”宋承唐制，其京都在汴京（今河南开封市），常德境内驿道变动不大，驿站增加了竹疏驿。到了清代，湖广驿道的驿站设置比较完善。自湖北公安孙黄驿南行80里入澧州（澧县）顺林驿，又60里至兰江驿，又60里至清化驿，又60里至大龙驿，又70里至武陵（今常德），又80里至龙阳（汉寿）河池驿，又145里至益阳县站，又90里至宁乡县站，又100里至善化（长沙）靳江驿，又100里至湘潭南岸驿，再入衡，经郴州入广东或由衡经永州入广西。由澧州入粤全长1465里，入桂线路全长1745里。

湖北枝城至广西驿道其走向是从湖北枝城入澧州60里至石门马鞍铺，又30里至石门县城，又30里至慈利义忠铺，又60里至慈利县城，大庸、古丈、吉首、麻阳、怀化、会同、靖县达广西。湖广驿道在常德境内长510里（从澧州顺林驿至汉寿河池驿330里，从澧州至慈利县城180里）。宋本《方舆胜览》谓涔阳（澧县、临澧）乃“古楚湖广之孔道”，临沅（常德）乃“郢之裔邑”，已为当代发掘的楚墓葬所证实。

皇华驿，是清代设于京师的驿站。位于北京东华门，是全国驿道的总枢纽。自北京沿河北、河南、湖北公安至湖南常德、沅陵、怀化、新晃至贵州。皇华驿在常德境内550里，是一条重复驿道。从湖北公安至澧县到常德走的是湖广驿道，从常德至桃源郑家驿到沅陵走的是湘黔驿道。

湘川、湘黔驿道，是湖南境内东西驿道的干线，与湖广驿道斜交，其走向是沿沅水及其支流酉水西上川、黔。

湘川、湘黔驿道的历史上溯到楚人南下，苗族人民内迁的时候。战国时楚已有黔中。“黔中腹地在酉水流域”，今永顺“王村即古酉阳县治，在楚国已是一个重要军事要地。”楚顷襄王十九年（公元前280年），秦将司马错率兵从蜀攻占楚黔中；翌年（公元前279年）楚将庄蹻率兵击败秦军，收复黔中，双方的行军路线都是由川入湘的道路。后来不久，庄蹻又“溯沅水而上，经沅陵、泸溪、怀化、芷江、新晃入贵州，攻克贵州的福泉，直抵滇池的道路，为后世湘川、湘黔驿道的雏胚。”

湘川驿道，又称湘川大道，为长沙经常德至四川秀山县的驿道。其走向自长沙经益阳至汉寿 145 里，汉寿至常德 80 里，常德 150 里至桃源菖蒲垭，菖蒲垭 40 里至慈利、大庸、永顺、花垣、茶洞、秀山，全长 1239 里。常德境内长 270 里(从汉寿至慈利)。

湘黔驿道，也称湘黔大道，为长沙至贵州玉屏县驿道。其走向自长沙 100 里至宁乡，又 90 里至益阳，又 145 里至龙阳(汉寿)，又 80 里至武陵(常德市)，又 80 里至桃源，又 60 里至郑家驿，又 60 里至新店驿，又 60 里至界亭驿，又 70 里至马底驿，又 60 里至辰阳驿，又 70 里至船溪驿，又 70 里至山塘驿，又 70 里至怀化驿，又 60 里至罗旧驿，又 60 里至芷江驿，又 60 里至便水驿，又 60 里至晃州驿，又 60 里至贵州玉屏县。全长 1315 里。常德境内长 280 里(从汉寿至桃源新店驿)。

第二节　府县驿道

常德至安乡　全长 180 里。走向是：常德总铺 20 长坡铺 20 中向铺 20 贾家铺 20 新村 20 浆堰铺 20 新建铺 20 麻河铺 10 羌口铺 15 江西铺 15 安乡总铺。

常德至桃源　全长 80 里。走向是：常德总铺 10 佛子铺 10 南湖铺 10 高吾铺 10 陬溪铺 10 吕真铺 10 延泉铺 10 古师铺 10 桃源总铺。

常德至龙阳(今汉寿)　全长 80 里。走向是：常德总铺 10 毛公铺 10 马步铺 10 社木铺 10 白沙铺 10 宣布铺 10 黄镇铺 10 沧口铺 10 龙阳总铺。

常德至澧州(今澧县)　全长 190 里。走向是：常德总铺 10 石桥铺 10 清泉铺 10 梁山铺 10 韩僧铺 10 折桥铺 10 大龙铺 10 马鞍铺 10 狮子铺 10 鳌山铺 10 虎踏铺 10 畲溪铺 10 八里铺 10 清化铺 10 新店铺 10 五泉铺 东山铺 10 新渡铺 10 上官铺 10 (澧)州前总铺。

汉寿笙竹坳驿道　为连接常德和益阳的古驿道。2009 年 7 月 12 日，汉寿文物考古队在汉寿丰家铺乡发现一段长 300 米、宽 2 米用青石板铺成、常德市境内至今保存完整的古驿道。其他路段因年久失修或因农田水利建设而毁。驿道上有一小黑瓦木质结构的茶亭，亭内有 4 块石碑，碑上有一段文字介绍“笙竹坳驿道上通常德，下达资阳”以及捐资修茶亭人的姓名，其他文字模糊不清。茶亭翻修过多次，最后一次翻修是民国 17 年(1928)，经汉寿县文物普查队考证，该段驿道修建于宋代。

第三节 小 路

西北小路常德至慈利县 180里。自武陵县至杨家桥10里，杨家桥至冯家桥20里，冯家桥至般塘桥30里，般塘桥至菖蒲垭80里，系武陵、慈利交界处，菖蒲垭至白竹溪30里，白竹溪至慈利县10里。

西北小路常德至安福(临澧)县 130里。自武陵县至新口桥5里，新口桥至石板滩桥35里，石板滩桥至潘石滩桥15里，潘石滩桥至湖海坪桥15里，湖海坪至南阳铺7里，南阳铺至安福县城53里。

西北小路常德至石门县 170里。自武陵至潘石滩分路60里，潘石滩至安家岗30里，安家岗至佘氏桥40里，佘氏桥至石门县城40里。

西小路常德至安化县 250里。武陵县至德山10里过港嘴渡，德山至毛湾15里，毛湾至万缘桥15里，万缘桥至喜驾桥25里，喜驾桥至石牌45里，系武陵安化交界处，石牌至马家渡80里，马家渡至安化县城60里。

武陵东北小路至安乡县 60里。自武陵至泉水桥15里，泉水桥至流溪湖25里，流溪湖至塌水桥10里，塌水桥至伍家桥5里，伍家桥至石公桥5里，石公桥至周家店20里，周家店至麻河40里，系武陵安乡交界处，麻河至安乡县城10里。

汉寿丰家铺笙竹坳驿道(碑)

汉寿丰家铺笙竹坳驿道

第四节　特种道

茶道　石门至湖北鹤峰茶道全长145公里。清光绪十五年(1889),广东茶商卢次伦为经营茶叶修建了石门至湖北鹤峰驿道,其走向是自石门县城经新关至皂市、骡子坝、青鱼脑、十里长滩、樟木阁、热水溪、珠宝街、锁街、南水渡、大面山、黄虎港、泥沙、栗树坪、梨儿垭、白家窝坳、南北镇。

盐道　盐道是民国时期形成的。抗日战争暴发后,不到两年的时间内,长沙下游和沿海多数大城市相继弃守,湖南食盐紧缺。民国28年至34年(1939—1945)年间,大部食盐都来自四川富顺、茶县的井盐和川东云阳等地的"锅巴盐"。湘川之间的盐道因此开通。

湘川盐道的北线以由常德至宜昌三斗坪接运川盐的道路为主,也最为险要。

由湘北至三斗坪的盐道有三条:一自津市至澧县、王家厂、宜都至三斗坪,计程250公里。二自常德经临澧、澧县至三斗坪,计程330公里。三自石门经子良坪、松毛坪至三斗坪,计程200公里。去三斗坪最险处为蚂蚁坡,上7.5公里,下15公里,此为必经之路,路窄而陡,上如登梯,山路有一段"百步磴",上山时,后者的头紧挨前者的脚,挑盐人的前后头脚相连,如长蛇蠕动。三条盐道东低西高,行程约需7—10日。抗日战争胜利后,淮盐、粤盐运路恢复,湘川盐道渐废。

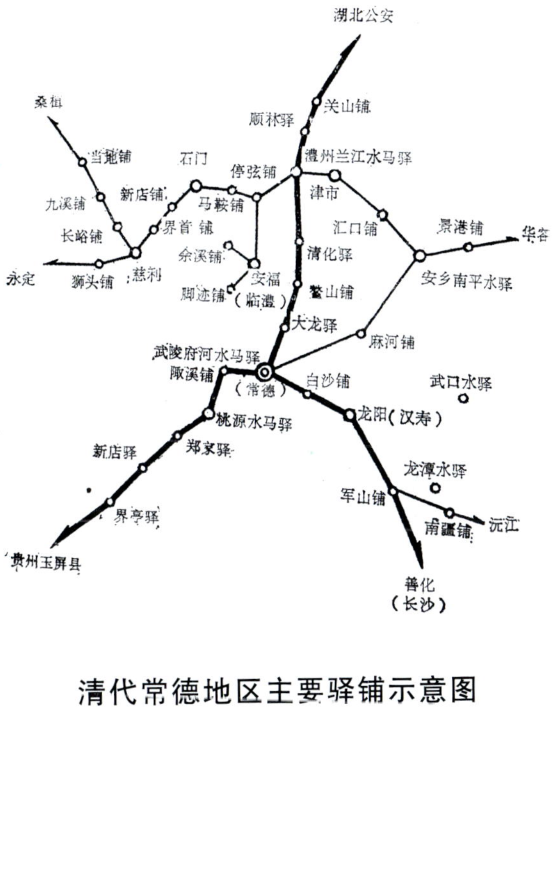

清代常德地区主要驿铺示意图

第二章　道路设施

第一节　古　桥

常德的古桥按建筑形式分为平桥和拱桥。按建筑材料和式样分有木架桥、石墩木梁桥、石墩石梁桥、石墩屋面桥、双板桥、独木桥，铁索桥，风格各异。建筑最早、有文字可以考证的是桃源县城东2里的利兵桥，是东汉时期伏波将军马援征“五溪蛮”时所建。到清代同治年间，常德共有古桥290座。现将境内存在的主要古桥分述如下：

澧县花瓦桥原貌

澧县花瓦桥现状

花瓦桥　位于澧县宜万乡花瓦村湘、鄂两省分界线的小河上，也是连接湘、鄂两省的交通要道。该桥为单孔石拱桥，全长21米，宽5.3米，高7.6米，其工艺风格与我国著名的赵州桥相似，据当地老人反映，50年代建桥碑记尚存，碑上刻有“唐尉迟敬德建造”字样，《旧唐书》载：尉迟敬德出任襄州（襄樊）都督5年，则该桥建造时间当为公元629—634年间。80年代经常德地区文物工作队考证，确认该桥建于唐初。2001年前是湖南省境内现存最早的古桥，2002年被洪水冲坏，2014年存2孔。

佘市桥　原名道源桥，位于临澧县佘市桥镇，是一座石墩屋面桥，跨越道水。宋宝庆元年（1225），僧人广海募资雇匠，垒石为址，斫木为梁，初建此桥。咸淳四年（1268）里人增修。岁久，三址毁损，元至顺二年（1331）曾任慈利县柿溪州学正刘世英，捐缗钱20万，募工取浮山石建墩，越6年建成一座十址九甃两堤的屋桥，高二丈六尺，宽二丈七尺，长二十五丈，桥上屋二十六楹，中建四阁，左右有轩，南北为门，刻有石浮屠二范，金犀三琢，石犀四座。清乾隆五十六年毁坏于水；五十六年冬，里人重修，比原桥高一尺，宽三尺。同治元年（1862）又毁坏于水，同治六年（1867）再度重建为石拱桥，计7孔4.7米，桥宽6.5米。

临澧县佘市桥（原名道源桥）

多安桥　位于澧州城东门外。跨澧水，旧有渡。清乾隆五十一年（1786），州绅彭宗亮以水涨渡险，倡修平桥（梁桥），取名“澧州桥”。工成不久，即遭水毁。在下游（今址）重建9石磩，名“绣水桥”，彭以资竭而停建。嘉庆二十五年（1820），守道多贲、州牧安佩莲倡导续建石拱桥，期年工竣，颇为壮丽，更名“多安桥”。桥头有嵌字格联：“四郊昨‘多’垒，九澧兹‘安’澜”。桥为11孔桃形石拱，跨径组合为5孔11米+2孔9.5米+2孔10.4米+2孔10米，全长175米；桥面呈弧形，上下纵坡1%，弧顶在桥中；桥高8.4米，净宽7.7米，基础为松木桩卡块石，拱圈厚30厘米。道光十一年（1831）水毁南岸5孔，十三年（1833）夏修复。同治元年（1862）水毁北岸3孔，同治五年（1866）修复。民国23年（1934）10月，湖南公路局建成澧（县）津（市）公路，利用为公路桥，是湖南省境内公路利用时间最长的民桥。

石门县白云屋桥

白云屋桥　位于石门县白云桥乡，是一座石墩木面屋桥。该桥建于清嘉庆年间，横跨南溪南岸，是石门县城经皂角市、白云桥乡、磺厂进入慈利县境的重要通道。该桥便于行人歇息，炎热天可以乘凉，风雨可以避寒躲雨。它坚固耐久，古桥至2014年完好无损。

自生桥　位于石门县穿山乡自生桥村，是常德地区最大的一座天然石拱桥。据传该桥未成之前，有个山洞，叫棉花洞，可以过水，年长月久，经水冲刷，逐渐形成今天雄伟壮观的天然大岩拱桥。桥长150米，宽12米，高18米，跨径38米。穿山河水经桥下进入升坪。

石门县穿山河自生桥

桃源陬市观音桥

鼎城双桥坪牟家大桥

观音桥 又名陬市桥，位于桃源县陬市镇。清嘉庆二十五年(1820)，知县谭震自捐奉，劝民乐输，数年建成石墩木面桥。1927年湘西汽车路局筹划修筑常德至桃源公路时，利用此桥通车。1970年，桃源公路段将该桥改为3孔钢筋混凝土板梁桥。

牟家大桥 位于常德县双桥坪乡，是一座石拱桥。清乾隆二十五年(1760)，由牟姓牵头，村人捐资修建。桥长六丈二尺，宽一丈四尺，石拱一孔，跨径三丈二尺，桥基桥拱坚固。该桥北通澧县，东南与大龙站干线驿道相连，西北可达临澧，西南到石板滩与常津大路相连接。1979年，常德县建成刘家铺至黄野岗公路时，曾利用此桥通车。1986年，在该桥下游100米处，新建牟家公路桥，古桥至2014年完好无损。

松竹桥 位于澧县火连坡镇黄溪村七组，处澧县至宜昌公路121公里里程碑南侧，南北横跨黄溪河(涔水)之上。桥为单孔石桥，桥向335°，桥体均由青石条岩砌成，全长约8米，跨直径约18米，高约12米，桥基建于涔水河床岩层之上，每侧桥基南北厚约6米，东西长约20米，据传桥两侧原有八仙石雕，已没于水底，桥北端置有乾隆六十年(1795)“松竹桥”三字，碑文楷书阴刻，碑面两侧上部浮雕云龙，下部雕一龙双凤，楷书阳刻“松竹桥”三字，碑文楷书阴刻，碑面两侧上部浮雕云龙，下部雕花草，据碑载，黄溪水每年泛滥，人们过渡困难，清乾隆年间，福建省漳州知府孙承松与其弟孙承竹（澧县火连坡镇人）合资捐建，于乾隆六十年（1795）竣工，当地人们为纪念二人，各取最后一字为桥名，故为“松竹桥”。

新陂桥　常德府东十里，长岳孔道通马家吉（yu è，音同月）水。明万历间，同知钱梦松建。石墩架木桥，两岸筑长堤。国朝康熙六年，知府胡向华重修，里人陈仲儒助修，并建小石桥。旧志嘉庆十四年（1809），里人张国顺同仲儒孙其秀、余文献、陈大德捐资重修，更名五福桥。长十三丈，宽二丈六尺。陈国钫并建义舟，以备水涨。知府应先烈撰《碑记》。

据《直隶澧州志》和《常德府志》节录其他古桥的分布

武陵县

鹭鸶桥　府东门内。

三板桥　府北门内。

铁家桥　府西门内。

阳和桥　府东门外。有阳和泉，故名。

仁智桥　府城外河街，因城内东湖贮水难泄，修此桥，通城下阴洇。

马家吉（yu è，音同月）桥　府东十里，里人张国理募建。

石公庙桥　府东十二里，上林寺僧捐修。

状仙桥　府东十五里。

老渡口桥　府东南三十里。乾隆年间，里人募建。《志稿》：桥，省会要路，旧设渡船，水涨，行旅拥挤，多沉溺。乾隆四十五年（1780），里人邓介士、邓宏适等募修，推驿司事赵锡膺董其役，历十二年，工乃竣。长一十九丈，广二丈余。邓希孟、邓芝山施地建庙，置田一石五斗，付住持管种。又北置沙田一广，备补修，官道名“万缘桥”。

河泊桥　府东南四十里，武陵、龙阳交界官道。创修失考，桥东百步有塘卡。乾隆五十七年（1792）重建高阁。

石门桥　府东南三十里。左有七桂园，婆娑芬芳，山僧睡印建庵施茶。

觉缘桥　原名郭公桥　府东南三十五里。邑人张国顺建。

樟木桥　府东南十五里。嘉庆二十年（1815）张国顺捐金独修。

赵家桥　府东南四十里。

匡家桥　府东南五十里。

金鳞桥　府东南六十里，有上、中、下三桥。

牛　桥　府东南六十里，有上、中、下三桥。

葛藤桥　府东南七十八里。下大村有上、下二桥。乾隆二十年（1755）间，里人陈河源捐资砌石。

回龙桥　府东南八十里。乾隆初年，里人杨健募捐砌石。

田家桥　府南五里。

杨家桥　府南十里。俱属善卷村。

一字桥　府南三十里。旧志国朝杨伯珩始砌石磴，乾隆初年，熊儒为捐资复修。

花叶港桥　府南三十五里。旧志《志稿》：熊元英重修。乾隆丁亥（1767）春，溪水决防，旧基冲隤，运石庀材，工费数千，今八年始竣工。

谒驾桥　尚得桥　府南四十里。邑人刘驭六修。

响水桥　府南三十五里。通安化道。初建木桥，雍正元年（1723），里人蒋某始捐资砌石。

尹驾桥　府南四十里。邑人刘之岳修。

黄泥港桥　府南六十五里。乾隆三十年（1765）间，武陵节妇刘氏修。

友善桥　府东南二十里。近苏家渡。

沙石港桥　府西南六十里。乾隆五十年（1785）间，节妇熊萧氏建。

发望桥　府西南六十里。乾隆五十年（1785）间，节妇熊萧氏建。

袁公桥今名“圆功”　府西南七十里。增《碑记》曰：循溪发源金霞，历李七桥，合沙溪坪水而下，至大杨湖东岸，土断而溪回，山溜（山溜：山洪。溜，流速迅猛的水流。）入焉。自安化小路负贩来者，其道中梗，昔人架木以济，名曰袁公。乾隆戊申（1788），邑人段应前等，倡捐砌石，越辛亥，始竣工。自郡城距安化界一百二十里，中间津梁为病行旅者，皆次第修举，兹桥成而道不梗矣，因揭以“圆功”云。

官仓桥　府南七十里。

喜嘉桥原名“稽家”　府南七十里。乾隆二、三年（1737、1738）间，有涂姓募修，未竣。二十年（1755），村人捐资砌石。

罗家桥　府南四十里。

杉木桥　府南七十里。

李七桥　府南八十里。知县党应秋建。庵下为莫家桥。

双清桥　府西南百里。李节妇修。上建双节亭，置义田石余。

新　桥　府南九十里。沧山西麓水。

栗木桥　府南一百里。

玉带桥　府治西。即玉带河。

明月桥　府治西。庆丰坊左，有明月池，久淤。

会节桥　府治西。火星池、玉斝（斝：音 jiǎ 假）池水合流处。

西门桥　府小西门外。明正德十四年（1519）毁坏。嘉靖四年（1525），邑人砌石磴，国朝康熙年间，知府胡向华复倡修，有《记》。

莫公桥　清平门外。明弘治间，承奉张诚创建，后大水冲毁坏。嘉靖癸未年（1523），府学廪生陈鹏斥资建土桥。万历己酉年(1609),其子大秀,继承父亲的遗志移居桥西,乃建石桥。《旧志》国朝,其孙庆泰重建。

归老桥　府西三里。宋曾子固有《记》。《通志》

新口桥　府西五里。通石门道。旧志嘉庆十年(1805)砌石。

穿紫桥　府西八里。原系木桥,乾隆二十八年(1763),里人募捐砌石。

沐　桥　府西十里。

柳林桥　府西十里。

万善桥　府西十里。

万相桥　府西十里。桥以万氏诸祖墓而名。即马子溪溪口合沅水处。

车　桥　府西八里。一源寺前,许水东有诗。

南湖桥　府西二十里。通滇黔大道。嘉靖十二年(1533),邑士冀文明倡修。天启年毁坏,太傅杨嗣昌撰引重修。

蓝商桥　府西十里。崔家桥　府西十五里。

武溪桥　府西二十里。河洑山东。乾隆四十二年(1777)修。

昙花桥　府西二十里。桥北有昙花寺。

广济桥　府西南八十五里。为江西往黔省市官马大道。桃源往长沙,亦由此。乾隆五十八年(1793)修。

栗木桥　府西北二十里。

三坊桥　府城内宣化、绣衣、珠履三坊之界。

石　桥　北门外,通便河水。

广济桥　府北二里。旧名土桥。同上

七里桥　府北七里驿道。水出浮山,径此入柳叶湖。明知县钟銮修。后毁坏,荣府承奉宋贵重修。

潜水桥　府北十五里。通安乡大道。邑人熊致建,后毁坏。杨时芳、龙膺捐资创修,合郡助之。桥西建水月庵,少保杨鹤为《记》刻石立碑。

双　桥　府北二十里。

善　桥　府北二十五里。一名土桥。为渐水所经。明荣藩分封时修。《旧志》按:今系驿道,官为岁修。

牛溪桥　府北四十里。

罗文桥　府北四十里。同上

张家桥　府东北五十里。旧志乾隆五十二年间重修。知县王粤麟有《序》,今毁坏。设渡舟,公捐田五石。

搭水桥　府北五十里。

伍家桥　府北五十五里。

自生桥　府北五十里。

大龙桥　府北六十里。

落耳桥　府北四十五里。乾隆三十一年(1766),节妇周氏捐资砌石。进士陈在玑《记》曰:落耳桥者,节妇周氏之所建也。节妇为周汉章女,性好善,适桃源陈人龙,生子瑛,甫二十四岁而寡,瑛复早夭。出其赐金,建兹桥。数不足,则以家累簪珥继之。曰:“吾奉旨建坊,沐高厚矣。然与其卓之道路,一己享其名,何如用之桥梁,往来同其利。”

刘斋公桥　府北五十里。

石公桥　府北六十里。

熊家桥　府北七十里。邑人熊之梅、覃光宇等募修。

周家店桥　府北八十里。

闵家桥　府北九十里。

桃源县

东门桥　县东一里。

古师桥　县东十里。同上

利兵桥　县东二里。旧传汉马援尝驻兵于此。《统志》

长乐桥　县东三十里。旧志

毛家桥　县东三十五里。同上

黄钓桥　县南四十里。同上

张公桥　县东四十五里。同上

通道桥　县南一里。

种德桥　县邹溪市中,今废。

黄土桥　县西南十里。同上

高　桥　县西南五里,又名“三里桥”。

福地桥　县西南十五里。又名“覆斗桥”。又十五里,有遇仙桥。

清风桥　县西南二十五里。桃川宫之前。

吉阳桥　县西南八十里。

将军桥　县西南一百五十里。

利涉桥　县西一里。

龙潭桥二　一,北四十里;一,四十五里。

双鸡桥　县西四十里。

竹天桥　县西七十里。

白石桥　县西七十里。

杉树桥　县西八十里。

会仙桥　香山村。

龙阳县

太平桥　县北百步。冷水桥　县南门外

东路桥　县南三十里。见旧志,失考。

鱼鲜桥　县南二十里。同上

余家桥　县东四十里。张家桥　县东一百二十里。

澹家桥　县西一里。西湖桥　县西三里。

陡门桥　县西二里。俗名袁家桥。康熙八年(1669),胡向明等募修,陈一揆有《记》。

软纳桥　县西二十五里。旁湖桥　县西三十里。

车塘桥　县西北十五里。县河桥　县北龙津

黄藤桥　县南二十里。双枫桥　县南

父子桥　县南三里。桐树桥　县南五里。俗名通水桥。

押东桥　县南十里。

小南桥　县南三十里。为省会通衢。乾隆二十一年(1756),里人戴司衡倡建。未几,冲毁,复捐资补修。前后共费数百金。邑人高士藻记。

东沧桥　县南四十里。毓德桥　县南五十里。

文武桥　县南六十里。三板桥　县南二十里。

夹堤桥　县南十五里。通安邑要路。乾隆四十五年,邑人袁明纪募修。工未竣,纪故妻曾氏、媳陈氏捐资续成。嘉庆八年(1803),桥毁。孙支氾复修如旧。

西阳桥　县西十里。文步桥　县东南二十里。

查塘桥　县东南五十里。范阳桥　县东十五里。

龙潭桥　县南六十五里。乾隆三十一年(1766),里民王廷珍、周习五倡捐督修。知县叶元祺记。

石板滩桥　县东南六十里。宋应试妻刘氏捐修。

上寿桥(厚载桥)　县东南。南疆总萧抡才妻刘氏捐修。约费五百余金。以氏年七十寿期,故名"上寿",邑人童悟盛记。

梅溪桥　县南六十里。乾隆七年(1742),里人徐仪常、钟邦遥倡修。后毁损。嘉庆五年(1800),里人陈虞治复倡修,前后俱有碑。

东头桥　县北三十里。合乡州里人陈以俊建。

笑藤桥　县南二十五里。嘉庆十三年,里民戴本极等倡修石桥。

遇子桥　县北围堤内,为岳澧孔道。

百岁桥　县北围堤内。旧名"邓法官桥"。以耆老张明先,年百岁,倡义重修。故易今名。

益龙桥　县东。南疆总何谛简妻刘氏，年九十修。

大寿桥　县西二十里洗马港。乾隆三十四年(1769)，邓自生妻曾氏捐修。

龙现桥　县西十三里大围堤。

小港桥　县西十五里。即小桥港。

天元桥　县西。里人徐东表捐修。

万乐桥　县东十里，连五障内。

兴龙桥　于公桥　铁家桥　双桥　万桥　上俱县西大围堤

三多桥　县南里许。旧有木梁，名“李家桥”。乾隆间彭明募修。

澧　州

澧阳桥　州东北三里，明华藩建，后被洪水冲毁。乾隆五年，知州赵念曾奉上捐帑重修。道光戊申年，被水毁，州牧吕裕安率绅士龚祖举、陈尚甲重修。

盘龙桥　州东北五十里。

大市桥　州东十五里溶滋港。

大顺桥　在溶滋港下，因水淤低塌。绅士王崇湘、彭必材倡修，更名上福桥。

观音桥

会镇桥

刘公桥

发法桥　以上州东，俱津市。

东门桥　在州东南三十里新洲，梁胡氏是知州佐官梁文湘的妻子，捐资五百串独建。

新垱桥　州东四十里。

杨板桥　州南三十里。

画溪桥　州南四十里。

菱果桥　州南四十五里。

朱梁桥　州南五十里。

古堤桥　州南七十里。

高　桥　州南八十里。

岩　桥　州南八十里。

罗家桥　州南七十里。

小砖桥　州南七十里。

李家桥　州南七十里。

胡家桥　州南五十里。

望城坡桥　州南二十里。

马家桥　州南八十里。

冉家桥　州南十里，监生陈士绳捐修。

星　桥　清化驿东二十里。

御史桥　州西三十五里，跨澹水正流，明御史黎耳庵修。乾隆年间，里人于两端建石坊，覆屋数间于其上。

四马桥　州西十里。

古城桥　州西七十五里。原板桥毁损，嘉庆丙子监生孙承康倡捐重建，梁以石。

五马桥　州西十五里。

石公桥　州西五十里。

江西桥　州西五十五里。

康嘉桥　州西七十里。

上官桥　州西六十里，今毁损。

卢家桥　州西北三里。

新河桥　州西北三里。

车溪桥　即车溪河，州西北二十里。

唐　桥　州西北三十里。

三眼桥　州西百里。

涔河桥　旧名通济，州北五十里。驾涔水，当孔道。宋，澧人谢炎建。后毁损。经州牧何璘重修。因迭毁损，遂改设渡。道光元年(1821)，守道多赉、州牧安佩莲、署州牧张宏咸率绅民捐资复修。同治元年(1862)，水毁。七年(1868)，州牧魏式曾率绅民捐资重修。

黄　桥　州北三里，明华藩赵国将军朱仁建。乾隆十五年(1750)重建。

张公桥　州北四十里。

桃花潭桥　州北里许。明，华藩建，详《古迹》。

龙庆桥　州北四十里，监生施成泰倡修。

二元礅桥　在宝宁桥下。乾隆时，周福兆造。

杨柳桥　在杨柳坝。

种福桥　在彭家厂。

马家滩桥　在御史桥下。

指挥滩桥　在马家滩下。

宝宁桥　在指挥滩下。

王家湖桥　新洲市南。

安乡县

和丰桥　东门外，达岳州要道，元知县卢琮建。明天启时，邑令但调元修。国朝乾隆间，曾韶等修石栏。

车公桥　县西北五十里。

石　桥　县二十里。

朱家桥　县北七十里。

新　桥　北门外，今改筑为堤。

马波湖桥　县西北六十里。邑人刘雨载修。

石门县

东方桥　一名天门桥，县治东里许。元县令宣差越烈建。国朝康熙知县许湄重修。

麒麟桥　县东八里，桥下水可占科名。详八景。

双溪桥　县东十五里。

会仙桥　县南关帝庙前。

朝阳桥　县东三十里。

金字桥　县西八里。

石门县梅公桥

七里桥　县东南三十里。

美盛桥　县西北四十里。

谢家老桥　在合塘溪。

万古桥　县南黑神庙后。

鹅公桥　在新街口。

瓦罐桥　县西南五里。

官渡桥　县南三十里。元方叔建。

新兴桥　在官渡桥下，今毁。土人建磴架木而渡。

梅公桥　一名老桥，唐梅景春建。凡五孔，踞蒙泉上流，桃、石要津。嘉庆初，重立碑志。

永济桥　县治西，田家巷口。

花山桥　县西十五里。明邑人杨愚建。国朝乾隆五十九年(1794)重修。

美凤桥　县西二十里，九渡水下。

磨坊桥　县东北尖峰山下。

七星桥　县西二十一里。

陈常桥　县西二十五里。入慈北道。

界溪桥　县西三十里申坪，九溪要道。

竹坝桥　县西北三十余里。

三义桥　县北秀峰书院前。明邑人邓仲华建。国朝康熙时，张国宝重修。

黄杨桥　县西北八十里。

大福桥　在袁公渡西南。邑人周世凤建。

仙子桥　去蒙泉里许。明嘉靖时,苟瑞仙名动京师,朝使渡此,故名。今毁而重修。

张公桥　县东南五十里,邑人张席上建。

杨柳桥　县南五十里。

盘石桥　在佛垭之阴。石刻骏快异常,系元、明人笔。

进溪桥　在县东南五十五时在,白洋湖上。

州浒桥　石、福交界处。

界溪桥　抵桃邑界,邑人汪世修建。

黄侯桥　县南七十里。黄、侯二姓建。

官　桥　县东南七十里,通武陵道。

广福桥　县南五十里。

申家桥　县南五十里。

花鼓桥　县南五十里,在夏家巷。

喜燕桥　县东三十里。

安福县

七里桥　在县东,又东有永昌桥。

畲溪桥　在县东三十里。乾隆三年(1738),奉文动项修。

朝阳桥　在县西。

合溪桥　县北,以上《通志》。

武溪桥　在安福所南,当大路要津。

断山桥　县西天门山下。又楮木桥,有在县西。

新张桥　县东北百七十里。又东四里有象耳桥。

迎龙桥　县西门外龙溪寺旁。

接龙桥　南门外。

砖　桥　县东南三十里。

贵子桥　县北七十里。

万福桥

东方桥

观音桥　东门外。

黄铜桥　县西二十里。

福田桥

南张桥　县北六里。

福德桥　县东南二十二里。

牯牛桥　县东南二十里。下磴掘土，得一石牛，故名。

双溪桥　县东南二十二里。

九家桥

古张桥　县东南三十里。

雷家桥　县东南二十七里。

永镇桥　县东南三十里。

楼房桥　县东十五里。

始架桥　县东十四里。

裕后桥　县东三里。

三公桥　县西南三十五里。

陈家桥　县东二十里。

东兴桥　河街黄家巷。

华溪桥　县东三十五里。

安梓桥　县东五十里。

好善桥　城隍庙旁。

柏家桥　改名迎龙桥，县治南门内。

永隆桥　县东三十里。

回龙桥　在县前龙脉结穴处。常澧孔道，水绕城下，又名玉带水，入道溪。

江板桥　县东六里。

永安桥　县东南十八里。

龙张桥　县东南三十里。

叶架桥　县东三十五里。

苏版桥　县北七十里。

嘉乐桥　县北八十里。

老母桥　县北九十里。

瑞麟桥　县西三十里。

澧阳桥　县西二十里。

六家桥　县西三十里。

白羊桥　县西三十里。

大观桥　县西南三十里。

思姑桥　县西南三十里。

新　桥　县东五十五里。

万人桥　县南二十里。吏员杨廷香捐修。

常德境内的古桥有的分布在国省道上，有的分布在县乡道上，有的桥梁改建为现代公路桥梁，有些已废弃。

第二节　津　渡

常德境内渡口较多，到清代同治年间，境内共有渡口 111 处 。渡口分为官渡、义渡、民渡三种。官渡由官府所设，是驿道必须经过的重要渡口，船舶、码头等设施以及渡口需要的费用开支由官府拨款，过渡者不付过渡费；义渡由地方政府集资建设和管理，一般设有义渡田、地、屋或义仓积谷，作为义渡的费用开支，过渡者也不需付过渡费；民渡则由当地村民筹资设渡，或以渔业者兼办，过渡者付少量过渡费。常德境内渡口分布如下：

武陵县

社木铺义渡　府东二十五里。清乾隆五十九年(1794)，邑士呈请府县置义渡。龙阳黎学锦，捐田四十亩零六分，船一只。公捐田四石五斗，船二只。围堤田一处，四十亩零六分，孙家河一处，田四石，庄屋一所。王公庙一处，沙地四处，五升。五家嘴沙地十二丈。上东村一处，田四斗。城头村一处，田五斗。渡口房屋一所，城中青阳阁房屋一所。

龙湾渡　府西三十里。

刘公渡　府南四十里。刘正瓒置舟，买田一石五斗，并置舍宇。

苏家渡　府东十五里。嘉庆十七年(1812)，邑士呈请府县，募捐雇夫，造渡船六只，置产生息，以计久远。

康家吉(yuè，音同月)渡　府东三里。

白沙渡　府东三十里。同上，渡旧置驿，今设水塘。知府应先烈捐俸修饬渡舟。

小江口渡　府东四十里。同上

喻公渡　府东北四十里。同上

韩公渡　府东北七十里。同上

崇河渡　府东北。邑人阮维纲造舟，置地，建屋。嘉庆丙寅(1806)，洪水漂折。其子世醇复捐资建屋。

潘家渡　府东北七十里。同上

侯家港渡　府东北八十里。

毛公渡　府东北一百二十里。同上

张家镇渡　府北七十里。

陈家渡　县北石公桥上。

麻河渡　府北一百二十里。武陵安乡分界。

茄子窖渡　府北一百一十五里。邑人洛阳材募造巨舟，买田三石，并置舍宇。

三层港渡　熊育万置舟一，捐田二石，募捐田二石，以供舟子工食，以备岁修渡船之费。

桃源县

延溪渡　县东五里。潼汸渡　县东十里。

吕真渡　县东三十里。亭头渡　县东三十里。

邹溪渡　县东四十里。白马渡　县南二十五里。

水溪渡　县西南三十五里。沉溪渡　县西南五十里。

马家溪　县北五里。白洋渡　县北二十里。

龙阳县

北门义渡　摄县福顺倡捐。置田十七亩零。有《碑记》。

德胜渡　县西二十里。刘家渡　县西二十里。

沧港渡　县西二十里。县河渡　县北关外。

黄店渡　县西二十里。龚家渡　县西三十里。

谢　渡　县北二十五里。东　渡　县南四十里。

龙沧渡　县西四十里。散踪渡　县北四十五里。

龙津渡　县南七十里。

牛过渡　县东南五十里。相传道人跨金牛过此渡。

龙打渡　县东南五十里。相传道人跨金牛过此渡。

朱家渡　县西南七十里。安、益、龙、武四县要津。里人朱石升等捐置。

夹堤渡　县南十五里。邑人曾为国捐田四石。水涸由桥，水涨由渡。

牛路渡　县西南三十里。有田。邑人毛淑玉同武邑庠生詹有年等捐置。

潭平渡　县西南十五里。嘉庆四年(1799)，监生毛光被倡捐。置田三石一斗。水涸由桥，水涨由渡。约费千金。

澧　州

南盘渡　州东四十五里。

陶家渡　州东七十里。

新洲渡　州东四十里。

易家湾渡　州东四十里。

三汊脑渡　州东北七十里。

陈湖滩渡　州东八十里。道光六年(1826)，绅耆陈学乾、陈宗戴、廖南浦、何良佐等，设为义渡，捐置田十八亩。复经喻明昭、陈宏远、杨能洁等积增田十六亩五分。

周公渡　州东北五十里。

永镇渡　州北六十里。田十六亩，柴山、屋。

涔河渡　州北五十里。修桥屡毁坏，用渡，今桥成，应裁。

聂家汉渡　州东八十里，吏员何人明等捐修，共置田地一百二十亩。

青石陂渡　州东十里。乡绅吴尚瑜等倡修，置田十二亩五分，铺房一处，基地一处。寻，监生胡传光等复收买田十二亩四分，瓦屋一所。

黄潭河渡　州北。

大河口义渡　州东一百一十里。

姜湾义渡　州东三十里。

观音港义渡　州东四十五里。

瓦窑河渡　州东北七十里。郑瑞也倡修。公置田地十亩，基屋一所。

古堤渡　州南八十里。

山港渡　州南八十五里。

李家渡　州南十里，即李家桥。

汤河渡　州南八十里，毛李湖。

闸口渡　州西八十里。孙太康捐修，置屋七间，田十二亩。嘉庆十六年(1811)，州牧谢为之立案。

竹根潭渡　州西三十里，贡生陈堂倡修，置田二十四亩，住宅三间。

外河渡　夫四名。与汇口、津市、窑坡，每名工食银减存一两五钱，闰二分半。

内河渡　夫四名。每名银二两三分零。

黄沙渡　因改路，拨内外渡夫四名应渡，工食照给。

津市渡　州东二十里。夫三名。咸丰五年，士民复倡设义渡三处：一在大码头，一在五通庙，一在汤家巷。

窑坡渡　州东二十五里。夫三名。咸丰年间，添设义渡。

汇口渡　州东六十里。夫三名。

新加渡　州南廿里。夫二名。与青泥每名存银一两，闰银四分一厘。以上俱官渡。

窑口渡　西港渡

东港渡　俱州东五十里。

伍公嘴渡　州东二十五里。

六家口渡　州东三十里。

道口渡　州东南十五里。即宋家渡。

王家厂渡　州西七十里。

阮田河渡　州北六十里，有田八亩。

蔡口滩渡　州北二十里，田二十四亩，住宅三间。

青泥潭渡　州北三十里。原官渡，废。乾隆年间，澧人部沛林、彭廷俊、伍文昭，同买河岸创修义渡。历置田二十四亩,铺屋六间,由三姓自行经管。嘉庆二十五年(1820)重修。《州志》采访者栏入陈姓,遗漏彭、伍。后经两姓查觉,于道光八年(1828)呈控立案,并将原志条载剜改,另刊石碑于渡旁。道光二十五年(1845)以后,义渡公项,三姓议举伍泽南经理,积久相仍。同治八年(1869),伍泽南等因捐修渡坡,李星照等以吞费霸管具控,经州牧廷勘验讯明,仍断永归三姓经管。时值修志,劝令两造各捐经费钱二百千文。附刊入志。

安乡县

县前渡　县西北,旧名安流。其水上接荆澧,下达洞庭,通常德要道。渡夫四名,每名存银一两二钱七分零,外添雇民船存银三两五钱,闰月银四分零。

景港渡　县东三十里。其水上接荆水,下达洞庭,为通华容要道。渡夫加雇等项,同县前渡。

窑澥渡　县北二十里。其水上接荆澧,下达县境,为通澧州要通。夫一名,与西潭、中渐每名存银九钱一分零。

麻河渡　武陵界。夫二名,存银与羌口同。

西潭渡　县北三十里。其水上接荆澧,下达县境,为通澧州要道。夫一名。

中渐渡　县南二十里。其水上接县境,下通华容。为通南乡要道。夫一名。

羌口渡　县西三十里。其水上通常澧,下达县境,为通常德要道。夫二名,每名银一两八钱零。

蓑衣窖口　县南,距中渐里许。

紫金渡　县东北五十里。

潭子口渡

马波渡　县北七十里。

茶窖渡　县北四十五里,系黄山罗姓义渡,有田地数十亩。

石门县

白沙渡　县西三十里。

将军渡　县西十五里,名详八景。

易家渡　县东十五里。

水南渡　县西北一百五十里。

城西义渡　大水府庙前。嘉庆十八年,邑人捐置。

袁公渡　县北八十里。

永长渡　在兼到嘴。龚、陶二姓施田一石,僧纯修施围屋地基。

乾溪渡　在县东二十五里。乙亥秋,胡公恢先倡捐,修义屋三间,置水田十六亩。大水以船,小水以木成桥,行者无艰。

临澧县

裴家河渡　县前。

新安渡　县北六十里。

脚迹渡　县东二十里。

停弦渡　县北四十里,俱官渡,夫各一名。每名岁给工食六两,共银二十四两。乾隆三年(1738)奉文派设。

宋家渡

两河渡

菅茅渡

合口渡　县北五十里。

七星渡

杨家滩义渡　吏员杨廷香捐修。

两岔河义渡　千总职衔徐宏志捐。

第三节　驿　站(铺)

驿站是古代官府沿驿道设置的接待机构，其职能是为传递官府文书和军事情报的人员以及过往官员提供食宿和交通工具。驿站的管理和名称历代不尽相同,隋唐以前大都由兵部掌管,后来设有专门的机构管理驿传。元代称驿站为站赤、急递铺,明代设在京城的驿站称为会同馆,京都以外的称为水马驿,递运所。起初的驿站每隔 30 里设一站,即“三十里有宿,宿有路室;五十里有市,市有侯馆”。到了明代驿站一般每隔 60 里设一驿站。清袭旧制,设置驿站、台、所、铺,至民国初期,湖南废驿兴邮,常德境内的驿站、铺逐渐由邮局所代替。自唐代至清代末期常德境内有文字记载的主要驿站有:

府河水马驿　在常德府城南门外一里,临沅江,今仍称“驿码头”,明洪武四年(1371),知县张子源始建。初有正厅三间,厢房 6 间,设驿丞一员。嘉靖八年(1529),和丰马驿并入府河改为水马驿。清康熙年间,改建于西门外(今小西门外骅街口)。雍正七年(1729),裁撤驿丞,由武陵知县兼管。乾隆三十五年(1770),驿毁于火,重建正厅、厨房、书房共 11 间。四十七年(1782)复建外厅、马房共 20 间。道光二十九年(1849),常德城西堤决,房屋倒塌,乃迁于城内元都观。有马 60 匹、馆夫 4 名,递运所马船 1 艘,水夫 14 名,岁支银 2403.88 两,由地丁税项内开销。同治元年(1862),有马 50 匹,马夫 28 名,排夫 93 名,驿书 2 名,兽医 1 名,雇健夫 8 名,岁支银 2324.193 两。

大龙驿　在常德府城北 60 里(今常德县大龙站)。原址在蹇家坪,明洪武十五年(1382)迁至大龙站,设驿丞一员。嘉靖八年(1529),知府方仕重修馆舍。清乾隆四十一年(1776),改驿丞为巡检,添设弓兵 10 名,往来巡缉。其公署头门、仪门、大堂、书房、班房俱备。还建有公馆驿大门、差厅、差房、厨房、马房共 25 间。有马 43 匹,驴 10 头,馆夫 3 名。岁支银 1815 两。

同治元年(1862),有马45匹,马夫22名,排夫75名,驿书2名,兽医1名,巡检弓兵10名,雇健夫5名,岁支银1921.593两。

桃源水马驿 在桃源县署西南2里。明洪武十四年(1381)置水驿。嘉靖七年(1528)并渌箩水驿入桃源驿。清康熙二十二年(1683)改桃源水驿为马驿,置驿丞,驿站迁县署东围墙外。额马39匹,馆夫3名,贡夫75名。雍正七年(1729)奉命撤桃源驿丞1名,裁皂隶2名。十三年(1735)桃源水驿有船夫16名,水夫8名。光绪年间(1875–1905),改额马45匹,马夫22名半,兽医1名,贡夫仍旧。

郑家驿 在桃源县署南60里。明洪武四年(1371)置驿丞,后撤,与新店驿归并燕庄驿。清康熙二年(1663)复置,有马27匹,馆夫2名,贡夫75名。乾隆四十一年(1776)改驿站为巡检署,置巡检司,戴文焕主其事,修公馆一所。嘉庆十五年(1810)重修,有房厅6间。光绪年间,有马45匹,马夫22名半,兽医1名,贡夫75名。

新店驿 在桃源县署南130里。明洪武四年(1371)置驿丞,后撤。清康熙二年(1663)复置。乾隆四十一年(1776)改驿站为巡检署,置巡检司。有马42匹,馆夫3名,皂隶50名。署所建有头门3间,二堂3间,三堂3间,住房5间,书房2间,外建公馆一所。光绪年间,有马45匹,马夫22名半,兽医1名,贡夫75名。

兰江驿 在澧州东附城凤凰堰北,南至清化驿六十里,北至顺林驿六十里,原额马五十匹,马夫二十五名。乾隆二十四年(1759),奉文节减马五匹,实马四十五匹,日共支草料药饵银二两三钱七分四厘九毫九丝六忽五微。马夫二十二名半,日用共支工食银四钱五分。排夫七十五名,日共支工食银一两五钱。兽医一名,日支工食银二分。每年买补倒马十八匹,每匹领部价十四两,内除皮脏银十八两,年共领银二百三十四两,又年领添修棚厂槽铡银六十三两四钱三分二厘。

顺林驿 在澧州北60里。南接兰江驿六十里,北交湖北公安县的孙黄驿八十里。

清化驿 在澧州城南60里。明洪武十四年(1381)置驿丞。清乾隆四十一年(1776)改驿站为巡检署,置巡检司,设皂隶2名,弓兵10名,馆夫2名,铺司7名,马5匹。

河池驿 在龙阳县署左。

《志稿》:河池水马驿在县江北。明洪武三年(1370)建,旧为水驿。嘉靖九年(1530)改为水马驿。万历三十八年(1610),本府署印推官智儿先改建于西关外。《通志》:明初设河池、武口二水驿。万历间,复设龙潭马驿,在县南七十里,为龙阳、益阳腰站。国朝裁水驿,移龙潭驿于河池故址。

原额设马四十六匹、馆夫二名,站船二只。水手八名。本府红船水手二名,岁支银一千一百七十六两四钱八分零。

里甲排夫一百五十名,银一千九十八两,脚马三十匹,银七百三十二两。二项俱解释道,冲驿开销。

铺　递

清代嘉庆至同治年间常德境内各县设铺如下：

武陵(常德)县 21 铺(铺司 105 名)：

常德总铺：

东路 6 铺：长坡铺、中间铺、贾家铺、新村铺、浆堰铺、新建铺(接安乡界)；

南路 4 铺：毛公铺、马步铺、社木铺、白沙铺(接龙阳界)；

西路 2 铺：佛子铺、南湖铺(接桃源界)；

北路 8 铺：石桥铺、清泉铺、梁山铺、韩僧铺、折桥铺、大龙铺、马鞍铺、狮子铺(接澧州界)。

桃源县 24 铺(铺司 98 名)：

县前总铺：

东路 5 铺：古师铺、延泉铺、吕真铺、陬溪铺、高吾镇(接常德界)；

南路 18 铺：渌萝铺、白马铺、桃川铺、乌头铺、唐林铺、澄溪铺、竹瓦铺、羯阳铺、燕庄铺、长板铺、唐地铺、竹老铺、新店铺、太平铺、苏坊铺、宁乡铺、杨家铺、沐浊铺(接沅陵界)。

龙阳(汉寿)县 13 铺(铺司 65 名)：

县前总铺(铺司 6 名)；

南路 8 铺(每铺铺司 5 名)：押东铺、望城铺、小塘铺、东沧铺、毓德铺、长仑铺、澄清铺、军山铺(接益阳界)；

西路 3 铺(每铺铺司 5 名)：沧口铺、黄镇铺、宣布铺；

东路 2 铺(每铺铺司 2 名，军山铺起)：张家铺、南疆铺。

澧州(澧县)28 铺

州前总铺(铺司 11 名)；

州北 8 铺(每铺铺司 7 名)：锁市铺、新市铺、湘堰铺、合同铺、涔河铺、顺林驿铺、杉林铺、关山铺(接湖北公安界)；

州南 10 铺(每铺铺司 7 名)：上官铺、新渡铺、东山铺、五泉铺、新店铺、清化驿铺、八里铺(以下安福)、畲溪铺、虎踏铺、鳌山铺(接常德界)；

州东 5 铺(每铺铺司 4 名)：仁和铺、津市铺、嘉山铺、张市窖铺、汇口铺(接安乡界)；

州西 5 铺(每铺铺司 4 名)：高路铺、五马铺、停弦铺、合口铺、新兴铺(接石门界)。

安乡县 8 铺(铺司 42 名)：

县前总铺(铺司 7 名)；

东路 3 铺(每铺铺司 5 名)：白马铺、石桥铺、景港铺；

北路 1 铺：窑澥铺；

西路 3 铺：江西铺、羌口铺、麻河铺。

石门县 6 铺(铺司 24 名):

县前铺(铺司 6 名);

东路 3 铺(每铺铺司 4 名):华林铺、川店铺、马鞍铺(接澧州界);

西路 2 铺(每铺铺司 3 名):花山铺、新店铺,

安福(临澧)县 7 铺(铺司 22 名):

县前铺(铺司 8 名);

南路 2 铺(每铺铺司 3 名):马溪铺、脚迹铺;

北路 2 铺(每铺铺司 3 名):澄区铺、佘溪铺;

分途 2 铺(每铺铺司 1 名):清化铺、停弦铺。

第二篇

现代公路

第二篇　现代公路

常德境内建成的第一条公路是常德经陬市至桃源的公路，全长 32.5 公里，于 1928 年 7 月建成通车。1949 年 7 月常德和平解放，中国人民解放军军代表接管常德地区公路 299.31 公里，其中澧县至东岳庙公路 30.15 公里因曾家河渡口无渡运设备不能通车，实际通车里程为 269.16 公里，均是等外公路或简易公路。1980 年年底，由常德地区公路总段管养的干线及重点支线公路已增至 2127.71 公里。1958 年后，常德地区县、乡(社)公路建设进入大发展时期，至 1985 年年底止，常德地区建成县公路 1244 公里，乡(社)公路 4041 公里。常德地区 303 个乡中，已通公路的乡 301 个，占 99.3%。其中能通班车的乡 296 个，占 98%。

1978 年中国共产党十一届三中全会后，实行了“改革开放”的重大国策，中国国民经济连续多年取得快速发展，公路建设事业也出现了前所未有的繁荣景象。到 1990 年年底止，常德市公路通车里程达 5510 公里，每百平方公里有公路 29.78 公里，每万人有公路 9.68 公里，在湖南省各地(州、市)中分别排第六、第五。20 世纪最后 10 年常德市公路建设有三个特点：一是进行路网改造，提高公路技术等级。二是修建大桥，减少汽车渡口。三是益阳至常德高速公路建成通车，实现了高速公路“零”的突破。

进入 21 世纪后，常德市公路建设持续有序发展，在路网改造、洞庭湖区桥梁建设、农村公路建设、危桥改造、高速公路建设等五个方面都取得了丰硕成果。到 2010 年年底常德市公路部门管养的公路为 17111.544 公里，每百平方公里有 95.11 公里，高于湖南省平均水平(93.07 公里)，在全省十四个市(州)中排第七。每万人有公路 28.19 公里，略低于湖南省平均水平(28.70 公里)，在全省排第八。

表 2—0—1

2010 年常德市公路里程统计表(总表)

线路名称	里程（公里）	技术等级						路面类型			
		高速公路	一级	二级	三级	四级	等外	水泥砼	沥青砼	沥青表处	砂石路
国道	326.195		139.596	142.288	12.018	32.293		232.892	52.140	41.163	
省道	668.632		41.183	306.307	90.434	219.469	11.239	490.734	36.685	135.529	5.684
县道	2293.490		8.197	88.808	277.519	1813.433	105.533	1794.811	61.314	183.512	253.853
乡道	4239.378			4.304	52.330	3222.498	960.246	2640.209		7.306	1591.863
村道	9577.880				2.837	6029.613	3545.430	5286.759		7.515	4283.606
专用路	4.169					4.169				4.169	
高速公路	201.180	201.180						54.700	146.480		
合计	17310.924	201.180	188.976	541.707	435.138	11321.475	4622.448	10500.105	296.619	379.194	6135.006

第一章　国道建设

通过常德市境内的国道现有两条，一条是自北向南的锡海线，编号 G207 线；另一条是自东向西的厦成线，编号 G319 线。这两条国道构成了常德市四通八达公路网的十字骨架。

第一节　锡海线（G207 线）

G207 线北起内蒙古自治区的锡林浩特，经河北、山西、河南、湖北、湖南、广西，至广东省湛江市的海安止，全长 3405 公里，是一条自北向南的纵向国道线。G207 线从湖北的公安进入我市澧县的卷桥，经澧县、张公庙、临澧、常德市、樟木桥、沧浪坪，至鼎城区与桃江县交界处的界牌止。常德市境内长 171.64 公里，其中短链 0.714 公里，实际长度 170.926 公里。

常德市境内 G207 线按技术等级分：一级公路 126.956 公里、三级公路 12.018 公里、四级公路 31.952 公里。按路面类型分：沥青砼 13.122 公里、水泥砼 116.982 公里、沥青双层表处 40.822 公里。

民国 21 年（1932）12 月湖南省公路局开始测量，准备修建常德经澧县至湖北交界处卷桥的一段公路。该路起点是常德市的长生桥，经岗市、石板滩、雷公庙、青林寺、临澧县城、七重堰、范家嘴，抵停弦后渡澧水到张公庙，再沿河堤经肖家河、荣家河到澧县城北门，后继续北上，经曹家滩、黄桥，在青泥潭下约五里的曾家河跨涔水，经雷公塔、樊家铺、陆家峪、复兴厂抵达卷桥与湖北省路线相接，全长 116.46 公里。

常德至卷桥所选路线处于平原微丘区，地势多平坦，只在雷公塔至卷桥间稍有起伏。民国 21 年（1932）12 月省公路局设常澧工程处负责全线施工，其中常德至澧县一段长 82.5 公里于民国 23 年（1934）10 月 20 日竣工；澧县至卷桥一段 33.96 公里，于民国 24 年（1935）3 月 4 日竣工。该段路线最大纵坡 10.5%，最小平曲线半径 26 米，路基宽 6 米—7.5 米，路面宽 5 米，共完成土石方

G207 线常德大道

601.56 万立方米，大小桥涵 93 座，水管 593 道。共支出经费 422511 元(包括澧县至津市线经费)。

抗日战争期间的民国 28 年(1939)11 月，由于日本侵略军逼近，该线路基、桥梁、渡口由国民党进行了彻底破坏。抗战胜利后国民党政府无力及时修复，直到民国 37 年(1948)11 月底才由湖南省公路局勉强修复常德至澧县一段。澧县至东岳庙段 33.96 公里，于同年由第二区公路局澧东总段草率修复，但曾家河设置的临时渡口码头，因无渡运设备，一直未通车。

G207 线樟木桥至德山段，于民国 17 年(1928)9 月由湖南汽车路局开始测量修建，翌年由湖南省公路局继续施工，于民国 19 年(1930)11 月竣工。德山至常德，于民国 24 年(1935)9 月由省公路局建成。

G207 线樟木桥至沧浪坪段 34.95 公里，于 1956 年由湖南省交通厅第五技术队按简易公路标准测量，修常(德)柘(溪)线时，确定在樟木桥接线，经芭茅堤、放羊坪、陡山、黄土店、沧山到沧浪坪。然后进入常德、安化两县交界处的猴栗坡。樟木桥至沧山沿线地形起伏不大，属微丘区，由沧山至猴栗坡进入山岭重丘区，最大纵坡 9%，最小平曲线半径 22 米，路基宽 5 米—6.5 米，路面宽 3 米。全线共有桥梁 9 座，于 1956 年 11 月动工，1957 年 8 月竣工，由常德县成立指挥机构组织施工，经费开支采取民办公助的形式，湖南省公路局补助 7 万元，县自筹 4.98 万元，共投资 11.98 万元。1958 年由于柘溪水电站开工，该段公路必须提高技术等级才能满足运输要求，湖南省委决定扩建常安路，省交通厅派出测量队按六级公路标准测设扩建，由省投资，常德县成立指挥机构负责施工，1959 年 9 月竣工通车。1973 年这段公路上所有桥梁改为永久性，荷载标准汽—13，由常德养护总段和常德县养护段负责施工。

G207 线沧浪坪至与桃江县交界处的界牌，全程 9 公里，由常德县交通科测设，人民公社发动群众施工，路基宽 5 米—6 米，路面没正式铺装，地形属山岭重丘地带，10.5%的纵坡有 3 处，最小平曲线半径等于或小于 25 米的有 16 处。1963 年前由县、社组织群众整修加宽了一次，路基宽达到了 6.5 米至 7.5 米，路面宽 3.5 米，但没分层铺压。1963 年该路段交常德地区交通局，由县养护队作为支线养护。

1952 年荆江分洪工程全面开工，4 月 3 日湖南省公路局根据上级“要抢修通车”的指示，迅速组织澧东公路工程队，采取先桥后路，先通后畅的方针进行抢修。荆江分洪工程指挥部派工兵予以协助，于 4 月 14 日抢修通车。1958 年 3 月，澧县交通科利用曾家河桥残存的台墩修复木面桥，整修路面，恢复通车。1959 年 3 月交地方养护。

1975 年 8 月至 1983 年 5 月，卷桥至澧县城关公路曾三次改线，里程从 33.96 公里缩短到 29.3 公里，路基宽度达到 8.5 米。

1973 年起澧县城关至张公庙段采用民办公助的形式将砂路改建成油路，澧县政府设油路建设指挥部组织沿线民工修路。采用道路渣油掺沥青，双层表处，油面厚 2 厘米，油面宽 6 米。1973 年完成 7.9 公里，湖南省公路局投资 21.85 万元。1974 年完成 4.36 公里。1973 年澧县城关至卷桥方向还修建了 1.1 公里油路，省公路局投资 2.48 万元。

1973 年至 1975 年，临澧境内弯刀铺至张公庙段，全长 38.34 公里，由临澧县政府成立油路建设指挥部，采取民办公助的形式修建油路。双层表处渣油沥青路面，油面厚度 2 厘米，油面宽度 6 米。1973 年常德县境刘家桥至弯刀铺段，由常德县政府成立油路指挥部以民办公助的形式建成了油路。道路渣油掺沥青，双层表处厚 2 厘米，宽 6 米。湖南省公路局补助了部分经费。

张公庙至常德城区三岔路，长 68.1 公里，于 1976 年春至 1978 年春，常德、临澧两县政府成立公路建设指挥部，组织沿线公社社员，将原宽 7.5 米的路基加宽至 12 米，个别地段还进行了裁弯降坡，改善了线型。湖南省公路局按每公里 0.5 万元给予补助。1978 年省公路局按每公里补助 2.5 万元，由常德、临澧两县分别成立油路指挥部，发动沿线群众，将张公庙至临澧油路路面加宽至 9 米。

1992 年 10 月，临澧县政府组成国道 207 线公路建设工程指挥部，动员全县 8 万农民拓宽张公庙至矮架山公路，全长 22 公里，按照平原微丘一级公路标准改建。开工时农民开着拖拉机，推着鸡公车，带着锄头扁担，卷着铺盖行李来到施工工地，克服各种困难，艰苦奋战 40 天，完成了路基改造工程。其后 6 年由湖南省交通部门投资，由县组织专业施工队伍，按照平丘区一级公路的标准，分期完成了水泥砼路面工程。临澧县人民开全省农村集资投劳修建高等级公路之先河，受到省、市各级领导的赞扬和肯定，全省首次高等级公路建设现场会在临澧召开。《中国交通报》《湖南日报》《常德日报》等新闻媒体给予大幅宣传和报道。湖南省人民政府副省长汪啸风、交通厅厅长李顺等省市领导参加了现场会。

G207 线临澧白虎山路网改造路段

1991 年澧县至张公庙段，由澧县政府组织农民群众将路基、桥涵按照二级公路（平原微丘）标准进行了加宽改造。1992 年冬至 1993 年 9 月，澧县人民政府又成立“澧县公路加宽改建工程指挥部”，发动全县农民群众，按民兵建制组织师、团、营指挥机构，将 G207 线澧县至张公庙段 11.412 公里，以及 S302 线津市至澧县段 12.028 公里，按照平原微丘一级公路标准进行加宽改造。湖南省公路局对路基加宽（包括征地拆迁补偿，护坡边沟及涵洞）工程每公里补助 20 万元。路面配套和桥梁配套的工程费全部由省公路主管部门按照审批的工程设计文件投资。

G207 线澧县城关至曾家河段，长 10.8 公里，1975 年春至 1976 年 4 月，澧县政府结合农田基本建设，由澧阳平原农田基本建设指挥部负责施工，进行路基加宽改造。共投资 21.6 万元，投工82万多个，完成土石、沙方25.3万方。80年代初，又对曾家河至雷公塔段2.7公里路进行加宽改造，省公路部门补助5万元，不足部分县政府发动民工建勤完成。

1978年G207线澧县至卷桥路段，K0—K5、K7—K12共10公里由湖南省公路局每公里补助2.5万元，由澧县成立油路建设指挥部，采用民办公助的形式，修建了沥青路面。油面宽6米，厚2厘米，双层表处。1983年K12—K18+150改建油路，1984年K18—K29+350（雷公塔至卷桥）由省公路局投资60万元。改建油路。这两段油路宽为6米，厚2厘米，双层表处。

G 207线澧县至张公庙路段

随着国民经济的迅速发展，公路运输量随即迅猛增加，G207线澧县至卷桥路段，由于原有道路技术标准低，已不适应日益增长的汽车运输要求，澧县人民政府积极要求将这一段公路改建为一级公路。1997年4月21日湖南省计委湘计交〔1997〕183号文件“关于国道207线澧县北段项目建议书的批复”，同意该项目立项，进行可行性研究。1997年9月2日省计委湘计交〔1997〕526号文，对207线国道澧阳闸至东岳庙段可行性研究报告批复，同意该项目利用外资建设。1997年12月28日湖南省交通厅湘交基字〔1997〕第588号文，对国道线207澧县澧阳闸至东岳庙工程初步设计进行了批复。澧东公路起于澧县城关澧州大道澧阳闸，经十里、东田、文家，在梦溪镇东边跨涔水河，经赵家岭水库，止于湘鄂两省交界处东岳庙，路线全长27.35公里。该工程全线按平原微丘一级公路标准建设，计算行车速度100公里/小时，路基宽度24.5米，路面宽2×8.5米（含两侧路缘带），桥涵设计荷载为汽超—20，挂—120。全线采用水泥砼路面，板厚24厘米，路肩采用沥青表面处治面层。全线大桥（涔水河大桥）一座，长185.04米，上构为20米预应力空心板，下构和基础为桩柱式结构。中桥278.4米/6座、小桥171.8米/7座。全线土方184.86万立方米。由于投资控制，设计时基层仅一层18厘米厚的水泥稳定土（施工中变更为水泥稳定沙砾），没有底基层和沥青封层，也没设置横向排水系统。概算经费22084万元，其中交通部补助800万元，省交通厅补助3522万元，常德市交通局补助1500万元，雷公塔收费站收费1522万元，余下部分由澧县自筹解决。

G207澧东公路建设单位是：澧县湘澧公路建设开发公司，监理单位是育才·布朗交通咨询监理公司，湖南省公路局委派总监代表。采用招投标办法确定施工单位。全线共分十一个标段，中标单位分别是：岳阳路桥公司、邵阳路桥公司、湖南省建筑集团第四公司、郴州路桥、湖南路桥、湖南环达路桥、湖南省公路机械工程公司、长沙路桥、常德路桥、广东中人集团、铁道部十三工程局。本项目 1999 年 4 月 25 日开工，计划工期三年，由于市、县自筹经费不能完全到位，延误了工期，后经省、市有关方面同意，将澧东公路的收费权转让给广州新裕企业集团有限公司，收费期 28 年，如国家对一级公路经营性收费有新政策出台，但经营期限不得少于20 年，新裕公司出资 19400 万元。解决了经费问题后，澧东公路于 2004 年 1 月 6 日交工验收，正式通车。

G207 线临澧至岗市段，由于原有公路技术等级低，穿过乡镇较多，交通运输量迅猛增长，致使交通经常阻塞，事故频发，严重制约了常德经济的发展，因此市、县两级政府积极要求将这一路段改建为一级公路。2000 年 4 月 27 日，湖南省计委以湘计交〔2000〕325 号文批复可行性研究报告；2000 年 7 月 25 日，湖南省交通厅以湘计基字〔2000〕329 号文件批复初步设计及概算；2001 年 2 月 4 日湖南省公路局以湘路工程字〔2001〕第 131 号文件批复施工图设计及预算。临澧至常德市一级公路起于临澧县城北面粉厂附近，接已经改建的 207 线 K2243+177 处，经望城中学、同欢水库、小石堰水库、杨家湾、蔡家岗镇、石板滩乡、穿石长铁路、灌溪镇至终点岗市汤家坪接常德市绕城公路。全长 45.1709 公里，全线按平原微丘一级公路标准建设，计算行车速度 100 公里 / 小时。路基宽 25.5 米，其中行车道 2×7.5 米，中央分隔带 2.0 米。桥涵设计荷载汽车—超 20 级，挂车—120，设计洪水频率：大中桥 1/100，其他 1/50。全线采用水泥砼路面结构，路面面板厚 25 厘米，底基层 15 厘米 4%水泥稳定碎石，面基层 17 厘米厚 5%水泥稳定碎石。本项目设计概算为 55752 万元，省交通厅重点建设资金安排 20000 万元，常德市自筹 10569 万元，其余部分资金向国家开发银行贷款解决。全线路基挖方 435.79 万立方米，填方 442.06 万立方米，防护工程 95100 立方米，大桥 164.5 米 /1 座（道水大桥，8 孔 20 米，预应力空心板）、中桥 748.9 米 /15 座。项目建设单位：常德市临岗公路建设开发有限公司。设两个监理处，分别是湖南省交通建设工程监理有限公司和育才·布朗交通咨询监理公司。施工单位采用招投标办法确定，由中铁四局、湖南环路公司、湖南路桥公司、湖南公路机械公司、北京市政总公司、湖南环达路桥公司、湖南军信公司、中铁二十局一处、常德路桥公司等 9 个单位承建。本项目 2001 年 6 月 7 日开工，2004 年 8 月 10 日竣工。通车后在临澧、岗市设两个收费亭收费还贷。

G207 线张公庙至澧县段和省道 302 线澧县津市段，是二广国家高速公路澧津互通的连接线，既有公路路面破损严重，路况条件差，不能满足日益增长的交通量需求。为改善湘北地区交通条件，增强洞庭湖区防汛救灾能力，促进澧县、津市区域经济和社会发展，湖南省发改委 2007 年 8 月 6 日，以湘发改交能〔2007〕586 号文件批复同意改建澧县至张公庙公路。省交通厅 2008 年 1 月 2 日以湘交规划〔2008〕9 号文，对澧县张公庙至津市一级公路改善工程一阶段施工图设计进行了批复：设计速度采用 80 公里 / 小时，路基宽 22.5 米，路面标准轴载采用双轮组单轴 100KN，其余技术指标维持现状不变。路面结构为：城区路段，5 厘米 AC—13 细粒式沥青砼上面层 +7 厘米 AC—20 中粒式沥青砼下面层 +3 厘米沥青混和料调平层；城外路段：26 厘米水泥砼面层 +0.6 厘米稀浆封层 +18 厘米 5%水泥稳定碎石基层 +17 厘米

G207 南线黄土店路网改造路段

4%水泥稳定沙砾底基层。本项目预算总额为 10711 万元(张公庙至津市段),其中国省定额投入 6812 万元,常德市和澧县自筹 3899 万元。项目建设主体是常德市人民政府。该项目 2008 年 6 月 1 日开工,2009 年 4 月 1 日竣工。

G207 线临澧至张公庙段全长 20.338 公里,起于张公庙澧水大桥南岸,往南经停弦渡镇、修梅镇、临澧县城,止于 G207 线与 X022 线交汇处。张公庙至临澧段 15.57 公里维持既有一级公路技术标准,设计速度采用 80 公里 / 小时(局部路段采用 60 公里 / 小时),路基宽度 21.5 米,车道宽度 2×7.5 米;临澧城区段 4.768 公里按城市主干道—Ⅱ级标准改建,设计速度采用 40 公里 / 小时,路基宽度 16 米至 18 米,车道宽度 2×7.5 米。其余技术指标按《公路工程技术标准》(JTGB01—2003)或《城市道路设计规划》(GJJ37—90)执行。路面结构为:城外路段,26 厘米水泥砼面层 +0.6 厘米下封层及透层 +16 厘米 5%水泥稳定碎石基层 +16 厘米 4%水泥稳定碎石底基层(可利用路段采取换板或灌浆处理)。本项目预算总额为 10187 万元,其中国省定额投入 6101 万元,常德市和临澧县自筹 4086 万元。项目建设主体是常德市人民政府。该项目 2010 年 4 月 23 日正式动工,2011 年 4 月完工。

G207 线岗市至樟木桥段,自岗市汤家坪起,经常德火车站、常德沅水公铁两用桥、德山、至樟木桥,长 25.16 公里。岗市至德山长 20.335 公里,由常德市路桥建设开发公司与香港祥富国际投资有限公司合作开发建设,总投资 22908 万元。1997 年 8 月开工,按平原微丘区一级公路标准建设,路基宽 24.5 米,路面宽 15 米,板厚 25 厘米的水泥砼路面,双向四车道,中央分隔带宽 2 米,计算行车速度 100 公里 / 小时,于 2000 年 11 月 11 日建成通车。沅水公铁两用桥长 3642.71 米,桥宽 18.4 米,投资 21187 万元。沅水公铁两用桥至桃林路口,长 1.864 公里,2000 年投资 1132 万元,按平原微丘一级公路标准建设。桃林路口至樟木桥,长 3.747 公里,2000 年投资 2523.48 万元,按平原微丘一级公路标准建设,建成路基宽 24 米—33 米,路面宽 15 米—27 米的沥青砼公路。

G207 线樟木桥至界牌段,1984 年冬至 1985 年春,常德县成立公路加宽改造指挥部将全段 43.97 公里的路基加宽到 12 米,黄土店、沧浪坪两集镇地段路基宽分别为 18 米、15 米。加宽工程共投资 195.6816 万元,其中湖南省公路局投资 62.76 万元。经过加宽改造后,线路标准由四级提高到三级,路面宽 6 米—8 米。此后逐年实施配套工程,将沙路改建为沥青路面。1990 年 K2336—K2339,黄土店镇过境路建油路 2.5 公里。1993 年 K2326—K2336 草坪至黄土店 10 公里改建油路，油面宽 7 米，沥青双层表处，投资 154.88 万元。1994 年 K2339—K2348+600 黄土店至沧浪坪修建油路 9.6 公里，投资 171 万。1995 年省柴油机厂至草坪 K2315+600—K2324，9.34 公里修建油路，投资 200 万元。1996 年 K2348—2353 修建油路 4.4 公里，投资 105.6 万元。1998 年修完最后一段油路 4.77 公里至桃江县边界的界牌，投资 149.52 万元。樟木桥至界牌段最早修建油路的路段是樟木桥至马岭岗(省柴油机厂)2 公里，1979 年由常德县油路指挥部负责施工，路基加宽至 9 米，油面 7 米，投资 8 万元，其中省公路局投资 5 万元，省柴油机厂出资 3 万元。

G207 线樟木桥至界牌段已纳入国家路网改造计划，2007 年 10 月 29 日湖南省交通运输厅，根据湖南省发改委(湘发改交能〔2007〕643 号)《关于国道 207 线樟木桥至界牌公路工程可行性研究的批复》，下发了《关于国道 207 樟木桥至界牌公路改建工程一阶段施工图(代初步设计)的批复》(湘交规划字〔2007〕517 号)。文件确定该路线起于常德市德山开发区樟木桥 G207 线与 G319 线平交处，沿既有 G207 线往南，经草坪、黄土店、沧山、沧浪坪、黄土坡，止于鼎城区与桃江县交界处的界牌，全长 43.709 公里。全线按二级公路标准建设。设计速度采用 60 公里 / 小时，路基宽度 12 米，路面宽度 10.5 米。全线桥涵设计汽车荷载等级采用公路—Ⅱ级，设计洪水频率：大中桥 1/100，小桥和路基 1/50。路面结构为：24 厘米水泥砼面层 +1 厘米单层沥青表处下封层 + 透层 +18 厘米 5%水泥稳定沙砾基层 +20 厘米水泥石灰综合稳定沙砾底基层。本项目预算总额为 17586 万元，其中国省定额投入 13113 万元，常德市和鼎城区自筹 4473 万元。项目建设责任主体是常德市人民政府。施工中路面结构有所变更，24 厘米厚水泥砼面层改为 30 厘米厚，取消了透层油。路面宽度由 10.5 米改为 9 米。开工日期 2009 年 4 月，竣工日期 2011 年 6 月。由于建设规划的原因该路段内属于德山开发区范围的 5.7 公里暂未施工。

第二节　厦成线(G319 线)

G319 线东起福建厦门，经江西、湖南、重庆，西至四川成都止，全长 2453 公里，是一条由东海之滨到“天府之国”的内陆与海隅相通的横向国道线。G319 线由江西省萍乡市与湖南省浏阳县交界处的东风界进入湖南省，经浏阳、长沙、宁乡、益阳、汉寿太子庙、常德南站、桃源八字路、沅陵望城坡、泸溪、吉首、花垣县至与重庆市的秀山县交界的茶洞止，湖南省境内长 673.694 公里。经过常德市的一段起至益阳、汉寿两县交界处的牛鼻铺，经太子庙、樟木桥、德山、武陵镇、八字路、郑家驿至桃源与沅陵县交界处的太平铺止，全长 158.459 公里(含与 G207 线重复里程 3.19 公里，重复路段是 G207 线 K2310+539—K2313+729)。在 155.269 公里中按线路技术等级分：一级 12.640 公里、二级 142.288 公里、四级 0.341 公里。按路面等级分：沥青表处 0.341 公里、沥青砼 39.018 公里、水泥砼 115.910 公里。

G319 线牛鼻铺至德山老码头段，于民国 17 年(1928)由湖南省第二汽车路局(原名湘西汽车路局）开始测量，自牛鼻铺起，经军山铺、崔家桥、太子庙、黄岭岗跨严家河、牛路滩两水，进入常德县境的谢家铺、石门桥、樟木桥到达德山老码头，计程 75.11 公里，同年 11 月正式开工。民国 18 年(1929)11 月，交由湖南省公路局继续修建，至民国 19 年(1930)11 月竣工通车。同时开辟了德山老码头至大西门的渡运航线及码头设施，以转运旅客和行李货物。该段路线平坦，属平原微丘区，最大纵坡为 5%，最小平曲线半径为 91 米，路基宽 7.5 米，路面宽 4.5 米。全段桥梁 44 座，其中严家河桥建成钢筋砼板桥。牛路滩桥因经费困难，建成临时式木桥。全段工程经费约 60 万元，其中桥梁工程费近四分之一。民国 25 年(1936)上半年牛路滩桥被洪水冲毁，改设渡口，人力渡运至民国 27 年(1938)4 月，随公路移交西南公路局接管后，又委托湖南省公路局重建一座长 72 米的木架木面桥通车，撤销渡口。

G319 线德山至桃源太平铺段，自德山熊家湾（观音桥）与长常路衔接，经港口过枉水到常德汽车南站转向西南，经郭家铺、斗姆湖、许家桥、丁家港、车溪冲、进入桃源八字路，经甘潭、桃花源、水溪、郑家驿、杨溪桥、茶安铺，到达与沅陵县交界处的太平铺止，共长 98.50 公里，为原川湘公路的一段，于民国 21 年(1932)12 月，由湖南省公路局设桃（源）里（耶）工程处负责施工，到民国 24 年(1935)9 月 25 日建成通车。这一路段地形在常德县境为平原微丘区，路基宽 7.5 米，路面宽 4.5 米。桃源县境多为山岭重丘区，沿线河流溪沟较多，其中较大的有枉水和西庄坪，另有甘溪、水溪、澄溪、杨家溪、茶安铺、太平铺等小溪，建大小桥梁 25 座。民国 23 年(1934)1 月，在枉水设了港口渡口，并开辟了常德南站至市内大西门长距离的渡运。同年 10 月建成常德汽车南站至下南门的汽车渡运码头，较大西门码头，缩短了渡运距离。南站码头宽 5.5 米，长 33.5 米，纵坡 7.5%，码头两侧边坡用三合土砌块石。市内在下南门利用民用码头改建为锯凿形，宽 4.3 米，长 15.3 米，纵坡 16.5%。

抗日战争时期，民国 28 年(1939)至民国 29 年(1940)，日本侵略军侵入湖南，长沙至常德、常德至郑驿两段公路，奉令彻底破坏，将路基挖毁成田或挖成深沟，永久式桥涵彻底炸毁，并将可用的木铁材料，全部转运远处，免资敌用。郑家驿至茶安铺段，民国 32 年(1943)常德会战前续有破坏。民国 34 年(1945)9 月，抗日战争胜利后，国民党急于打内战，由川湘公路局常（德）万（载）工程处常益总段负责复修，动员沿线民工修复土路，单孔桥以木架木面恢复通车，多孔桥梁则开设便桥便道通车。

鼎城·汉寿 G319 东线

民国 35 年 (1946)4 月至民国 36 年(1947)7 月，国民党第二区公路局常万工程处常益总段，在恢复路面铺装的同时，将川湘公路局遗留的便道便桥，均改为正线桥梁(木架木面)。从此长常、常沅两路段均告恢复通车。当时各工务段的技术负责人分别是：太子庙潘倜、常德刘兴衡、桃源王长远。

1949年7月29日，常德解放，G319线是解放军南下和西进的重要路线。由于当年六、七月间正值雨季，加以当时形势变化，公路失于修养，几处路段为洪水淹没，不能通车。解放时洪水虽退出路面，但路基路面水毁严重，加之木桥腐朽，并有杨溪桥、长板铺、古榕溪、毛家溪、太平铺等五桥被国民党残匪(暂编师)败退时破坏，急待抢修通车。在当时军代表史述同志接管交通部门后，迅即组织公路部门的力量，恢复港口渡的浮桥，沿线群众为支援前线，每公里备砂50立方米，抢修路面，加固和更换腐朽的木桥，经过短时期的努力筹划，在支前指挥部的领导下，港口渡用10只民船和木跳板架成浮桥，水位上涨时即用板划一艘棕缆索拉渡。到10月8日，恢复了被国民党破坏的杨溪桥等五座桥，更换了石门桥、谢家铺桥桥面，加固了其他木桥，并为重建太子庙石台钢梁木面桥作了开工备料准备。对郭家铺一段大约1.3公里水淹的低路基，采用了垫松排卡块石的方法，加高0.6米至1米，保证了车辆通行。1950年2月6日，桃源县境内水溪桥、澄溪桥两座木桥被土匪烧毁，旋即由桃源县人民政府和桃源县工务所在支前指挥部的领导下，于2月16日至20日，将两桥修复通车。

1959年德山(港口)大桥建成通车，从而结束了港口渡口的历史，大桥单孔跨径65米，桥长95米，桥全宽10米，净宽7米，它是当时湖南省修建的最大跨径的石拱桥。1964年危桥改造时，常德县境(K1405+081)的西庄坪桥，原为5孔全长24.5米的临时性木桥，改建为2孔净跨15米少筋微弯板组合梁上部构造，钻孔灌注桩墩梁桥，桥面宽6米。1964年9月开工，1965年1月建成通车，它是湖南省第一座使用钻孔灌注桩的桥梁。

1967年G319线军山铺道班在常德市率先修建沥青路面，当年用湘钢煤焦油仅铺底层油10公里，1968年铺5.5公里面层油，1969年铺4.5公里面层油，平均每公里造价1.5万元，其中湖南省陆运公司(当时主管全省公路的部门)拨款3.5万元。1970年至1971年从军山铺至常德62.65公里全部修建沥青路面，从而改变了该段泥结碎石路面与交通量不适应的状况。汉寿县境内全部使用湘钢煤焦油，常德县境内25公里中有20.5公里是渣油(掺25%的沥青)路面，4.5公里用煤焦油。油路路面宽6米，双层表处，全线共需投资44.12万元，省公路主管部门按每公里0.6万元拨款。1972年常德县油路指挥部将南站转盘至车溪冲(与桃源县接界处)26.5公里砂石路面改建成6米宽的双层表处渣油沥青路面。1972年由桃源县油路修建指挥部负责，将车溪冲至杨家桥一段(K209+720—K245+000)长35.28公里，建成宽6米的双层表处渣油沥青路面，湖南省公路局每公里补助1.4万元。其中桃花源至杨家桥，由于施工时基层补强厚度不够，洒油时间较晚，油面当年没有成型，冬季到次年春季，低温及雨水影响，造成油面大面积损坏，1974年省公路局又投资137万元全面修复。1973年省公路局下达了杨家桥至太平铺27公里新建油路计划，当年因沿线遭受水灾，决定年内只备料，油路修建推迟到1974年进行，省公路局每公里补助2.43万元。至1974年年底止，常德市境内

G319 线全部建成了沥青路面。

1977 年 10 月至 1978 年 3 月，由汉寿、常德两县(市)将本路段长 64.7 公里的路基，由 7.5 米加宽至 12 米，并对个别地段进行了改线。如德山熊家湾 K175+150—K175+640 一段，原路线平曲线最小半径仅 30 米，又是反向弯道，每年都发生安全事故，此次扩建中将路线左移，取消了两端的三个小半径弯道，中间设置一个 700 米半径的平缓弯道，全长 400 米，改善后线路长度缩短了 90 米，改善了通车条件，减少了交通事故，这一改线的工程费用，湖南省公路局专项补助了 5.31 万元。公路加宽工程是常德地委交给汉寿、常德县(市)的任务，当地政府发动公路沿线公社，组织民工修建，省公路局每公里补助 0.7 万元。路基加宽到 12 米后，路面也相应扩建到 9 米，从 1978 年开始至 1983 年由汉寿、常德县(市)逐年分段完成了本路段长 64.7 公里的路面加宽任务。当时常德公路总段按昼夜交通量 5000 次设计，编制施工设计文件报湖南省公路局审批，并按批准的经费拨款，每公里平均经费约 4.5 万元。当时路线技术等级为三级，随着常德沅水大桥的新建，南北两岸的桥头接线工程开始实施。

G319 线牛鼻铺至德山段的桥梁，从 1957 年开始分批加宽改造，从汉寿县境的龙潭桥起至常德县石门桥止，全部改造为永久式桥，共计有 3 米跨径以上的木桥 19 座，平均每延米造价 1200 元。随着路基加宽到 12 米，除严家河、牛路滩两桥因工程较大，加宽技术较复杂尚未加宽外，其余桥梁均已加宽，平均每延米造价为 1900 元。在桥梁加宽设计时，根据路基加宽的实际情况，系两边加宽，桥梁加宽的设计荷载按汽—20、挂—100 设计的，而原桥设计荷载是汽—13，拖—60。

G319 线德山大桥至常德汽车南站段，在抗日战争胜利后修复时，路基修建太低，常在洪水时淹没。1954 年冬至 1955 年春，由常德总段成立港(口)常(德南站)路基加高工务所，将本段 6.7 公里长的路基加高 0.5 米至 1.5 米。1959 年下半年港口渡新建德山大桥，于 1960 年 5 月建成通车，从而成为常德地区公路上第一个被撤销的渡口。1983 年常德沅水大桥新建时，南岸接线工程由常德县分指挥部于 1983 年 9 月开工，到 1984 年 4 月完成。路基工程中的德山大桥(K177+150)至王家铺(K181+000)为原路加宽，K181+000 至南站转盘 K183+150 为改线新筑路堤。路基宽度：德山大桥至天井碚长 1.05 公里，因填土较高，取土困难，路基在原有7.5 米基础上加宽到 12 米，天井碚至南站转盘 4.95 公里，路基加宽到 16 米。本路段桥梁两座，德山大桥全宽 10 米，因跨度大，施工技术复杂，投资限制，此次没有加宽。另一座天井碚桥，是水利部门于 1980 年 4 月新建的 1 孔净跨 18 米的双曲拱桥，桥面净宽 12 米。根据 1985 年 4 月 19 日和 5 月 9 日，常德行署先后两次召开专员办公会议，决定大桥南岸油路路面工程由常德公路总段负责实施。随即常德公路总段成立常德大桥南岸接线油路工程指挥部，组织技术人员进行测量设计，编制施工设计文件报湖南省公路局审批。1985 年 7 月 8 日省公路局以〔1985〕湘路工程字第 130 号文件批复，同意该路段进行油路改造，设计昼夜交通量为 4000 次，允许回弹弯沉值 0.61 毫米，考虑三车道车辆横向分布系数为 0.7。油面为三层表处，厚 2.5 厘米，油料 60%的渣油掺 40%的沥青。油面宽度德山大桥到天井碚 1.05 公里为

9 米,其余 10.5 米。该项工程省批经费 95 万元,竣工决算为 87 万元,节约 8 万元。

G319 线常德南站至车溪冲段,其中转盘至窄湖桥(K183+220—K184+220)结合常德大桥南岸接线工程而改线,路基宽 16 米,窄湖桥至车溪冲(K184+220—K209+720)长 25.5 公里,于1984 年冬至 1985 年春由常德县公路加宽改建指挥部负责施工加宽,部分地段作了改线降坡处理, 路基宽度由原有的 7.5 米加宽到 12 米。三段改线是:K194+200—K194+720、K200+985—K201+457、K208+900—K209+278, 改线缩短里程 55 米。降坡地段是 K192+150—K192+400,原纵坡 5.5%降至 2.5%。该段改建工程有土石方 201987 立方米,新建涵洞一道长 15 米,接长涵洞 113 道,长 685.4 米,拆迁房屋 2631.6 平方米,征用田地 31.08 公顷,拆迁电杆 90 根。湖南省公路局按每公里补助 1.2 万元,超宽 12 米后,每米加 0.1 万元,最多在 23 米以内。改线部分按每公里 2.2 万元补助。

G319 线车溪冲至太平铺路段,长 64.28 公里,在 1976 年 11 月至 1978 年 4 月, 由桃源县公路加宽指挥部组织沿线公社负责完成。路基分段加宽到 10 米—12 米, K246 至 K254 地段的羯阳铺、褚草湖、内磨弯三处地方进行改线,缩短距离 403 米。湖南省公路局按每公里 0.7 万元补助(包括涵管接长)。路基加宽后 1985 年桃源段将 K216—K221 长 5 公里路段铺装了 7 米宽双层表处渣油沥青路面;K221—K226 长 5 公里路段铺装了 9 米宽的双层表处渣油沥青路面;K271—K274 长 3 公里路段铺装了 7 米宽的双层表处渣油沥青路面。该路段的 21 座桥梁,从 1965 年 1 月的水溪桥起至 1967 年 10 月的将军桥止,全部改建为永久式桥梁,其中茶安铺桥是从原古榕溪桥移位新建。

G319 线文明样板路——桃花源路段

G319 线牛鼻铺至德山段,从 1967 年始建沥青路面时,大多使用煤焦油,特别是汉寿境 46.7 公里全部使用湘钢煤焦油。煤焦油具有加工简便(脱水后即可使用)、成型快等优点,但煤焦油货源有限、有毒气、早期油面易龟裂。故 1972 年后修建的沥青路面,大部分采用渣油掺沥青,渣油来自岳阳化工厂,沥青有油—60、油—200,货源不足时也使用过 10# 建筑沥青。1979 年常德公路总段在常德市郊(原 S1801 线)试用混合沥青铺路面 3.3 公里,取得成功。1981 年在汉寿境 G319 线 K151—K152 用混合沥青做三层表处的试验路面,取得成功。混合沥青是将煤沥青(煤焦油)与氧化沥青分开加温脱水熬好,然后再一起拌和,未发现絮凝现象。由于延度较大,黏度好,铺装后成型快,第二年泛油不严重。1985 年,在 G319 线 K183 至 K184(南站转盘至窄湖桥),修建了用粉煤灰作油路基层的试验路段。粉煤灰是电厂、氮肥厂的工业废渣，利用它作基层材料，补强效果很好，又降低了工程造价，还利于环境保护。粉煤粉基层是湖南省交通厅下达的科研课题，次年这一课题项目，获得湖南省科技成果三等奖。

1988 年 G319 线开始进行油路配套工程，即按照增长后的交通量，路面加宽到 9 米进行设计重新修建路面，从而提高公路的通过能力。当年汉寿段在 K1324 至 K1345 间修建沥青路面 20.5 公里。鼎城段在 K1375 至 K1385 改建沥青路面 9.5 公里，同时斗姆湖、许家桥、丁家港三集镇，投资 31.5 万元，将油面按 9 米宽进行改建配套。1988 年由于秋雨连绵，年内修建的油路难以成型，当年冬天至次年春天低温阴雨季节，汉寿境内沥青路面大面积损坏，车辆通行不畅，社会反响较大，引起各方面的关注。湖南省公路局对汉寿境内 G319 线路面损坏非常重视，派专家带队的工作组到现场多次调查，分析路面损坏原因，研究修复方案，并于 1989 年投资 2400 万元（含 S1801 线部分油路配套工程经费），对 G319 线牛鼻铺至德山段全面修复，并改建为沥青砼路面。1989 年动工修建 K1322+500—K1367 长 44.5 公里路段的沥青砼路面，当年完成了 9.91 公里，投资 113.1 万元，次年完成 34.59 公里，投资 512.4 万元。其余路段的路面铺装 1990 年全部完成。路面结构是 5 厘米黑色碎石底层，1.5 厘米细粒式沥青砼面层，混合料全部在拌和场机械拌和，再用自卸式汽车运至路上摊铺。汉寿县境由常德公路总段道桥工程处施工，鼎城区境由湖南省路桥公司负责施工。1990 年 G319 线桃源境油路配套工程中，改建了羯羊铺桥，羯羊铺桥 2 孔 6.3 米，全长 26 米，桥宽 12.5 米，净宽 10.6米。

1991 年鼎城段 K1416—K1419 段 3 公里油路配套，油面宽 7 米。桃源段郑家驿路段 10 公里油路配套，油面宽 7 米，投资 143 万元。当年将渌溪口桥由 7 米加宽至 12 米，投资 8.4 万元。1992 年桃源段 K1444+400 至 K1448 长 3.6 公里油路配套，油面宽 7 米，投资 52.4 万元。同年汉寿段 K1324 至 K1336 间 7 公里油路配套，油面宽 9 米，投资 327.19 万元。从 1993 年起 G319 线路面等级再次提升，开始修建水泥砼路面，汉寿段修建了 K1322—300 至 K1335 长 12.7 公里水泥砼路面。路面宽 2×4 米，路肩水泥砼硬化宽 2×1.5 米，由常德公路总段道桥工程处施工。1996 年 K1341—K1346+100、K1359—K1364+400 计 10.5 公里改建水泥砼路面，投资 872.3 万元，其中省投 300 万元，市投 150 万元，贷款 422.3 万元，贷款部分由樟木桥收费站收费还贷。1997 年 K1354—K1359（汉寿境）5 公里，改建水泥砼路面，投资 696 万元。同年 K1402—K1404、K1408—K1410（鼎城境）4 公里改建水泥砼路面，投资 432.8 万元。1996 年 K1419—K1438（桃源境）18 公里改建水泥砼路面，其中桃花源景区路段按一级公路标准修建，其余按二级公路标准。这段路 1996 年 11 月 1 日动工，1997 年 10 月 31 日竣工，投资 2700 万元。1998 年 K1348—K1356（汉寿境）8 公里改建水泥砼路面，投资 731.7 万元。同年 K1394—K1396、K1396+500—K1399+500（鼎城境）5 公里改建水泥砼路面，其中 K1394—K1396 投资 60 万元。1999 年 K1336—K1341（汉寿境）5 公里改建水泥砼路面，投资 528.16 万元。同年 K1399+500—K1402+500（鼎城境）3 公里，投资 375.6 万元。K1410+050—K1413+370（鼎城境）3.32 公里，改建水泥砼路面，投资 360.8 万元。以上各段水泥砼路面宽 2×4 米，路肩水泥砼硬化 2×1.5 米，路面厚度 22 厘米—24 厘米，水泥砼强度为 C35。1999

年金霞大道(新桩号 K1340+234—K1342+584)修建水泥砼路面,路基宽 18 米,路面宽 16 米,砼路面厚 24 厘米,4 月 29 日动工,当年竣工,湖南省公路局投资 459.6 万元。建成后 G319 线不再经过武陵镇城区，既缩短了里程，又提高了公路的通过能力。2000 年 K1414+350—K1415+850、K1425+700—K1427+930(鼎城境)3.73 公里改建水泥砼路面,路面宽 2×4.5 米,投资 334.28 万元。2001 年 K1419—K1422+990 (桃源境)(注:2001 年第二次全国公路普查后,里程桩号进行了调整,G319 线原进入常德的桩号为 1322+300,调整后为 K1270+899,相差 51.401 公里)。3.99 公里改建水泥砼路面，油面宽 2×4 米，厚度 24 厘米,C35 砼。其间 K1422+040 处改建毛家桥一座,1 孔 6 米,全长 23.3 米,桥宽 13 米,钢筋砼板梁桥,路与桥投资 704.98 万元。2001 年 K1438—K1449(桃源境,原桩号)。11 公里改建水泥砼路面,路面宽:9 公里 9 米、2 公里 11 米，补强层顶面做了 1 厘米沥青封层，投资 1401.45 万元。2002 年 K1407—K1408+500(桃源境)1.5 公里改建水泥砼路面,路面宽 2×4 米,路肩水泥砼硬化 2×1.5 米,投资 168.32 万元。同年鼎城境 K1404—K1407 段 3 公里改建水泥砼路面,路面宽 2×4 米,路肩水泥砼硬化 2×1.5 米,投资 335.2 万元。2003 年汉寿境太子庙桥(K1299+951)加固,该桥为 3 孔 9 米钢筋砼拱桥,全长 38 米,1979 年加宽到 13.3 米(净宽 12 米)。此次加固仅改造上部结构,在老桥桥墩上修立墙和台帽,建 3×10.5 米普通钢筋砼连续板梁。加宽后桥全长 32.58 米，宽 13.1 米，设计荷载汽—20、挂—100。2004 年 1 月 K1395+090—K1429+358,全长 34.268 公里动工改建沥青砼路面,油面宽 8.5 米,路面结构是 1 厘米厚乳化沥青透层加 5 厘米厚沥青砼,2006 年 9 月完工,投资 2478.7 万元。2010 年又投入 1724 万元,对这段路面进行中修。

根据湖南省公路局的要求,1993 年起 G319 线开始实施 GBM 工程建设，当年投入 197.43 万元。1996 年至 1999 年,在汉寿、鼎城段又投入 661 万元,用于 GBM 工程建设。GBM 工程是公路绿化、美化、路肩和水沟硬化的文明路工程建设。2002 年桃源水溪路段投资 96.65 万元,进行路肩硬化、水沟硬化、绿化等文明建设。此后逐年对 GBM 工程都有投入,2006 年经省公路局检查验收,确认 G319 线车溪冲至太平铺(桃源县境)全长 64.358 公里为文明样板路。

表 2—1—1

2010 年常德市国道公路里程表

线路编号	线路名称	起讫地点	里程（公里）	技术等级					路面类型			
				一级	二级	三级	四级	等外	水泥砼	沥青砼	沥青表处	沙石路
G207	锡海	卷桥·界牌	170.926	126.956		12.018	31.952		116.982	13.122	40.822	
G319	厦成	牛鼻铺·太平铺	155.269	12.640	142.288		0.341		115.910	39.018	0.341	
	合计		326.195	139.596	142.288	12.018	32.293		232.892	52.140	41.163	

第二章 省道建设

第一节 津武线(S205线)

津市至武潭线(S205)自津市澧水大桥桥北起,经新洲、保和堤、新湖桥、西洞庭、永丰、仓儿总、汉寿、太子庙、丰家铺,至益阳市桃江县武潭镇止,全长143.497公里。常德市管养至汉寿与桃江两县交界处的良荆界止,全长127.86公里。至2010年年底止,S205线常德境有断头路4.7公里(中河口至柴码)、重复线路1.06公里(汉寿太子庙路段S205线K104+135—K105+195与G319线K1300+670—K1301+730重合),实际管养里程为122.1公里。2010年底,在122.1公里中,按技术等级分:二级92.306公里、三级8.17公里、四级21.624公里。按路面类型分:水泥砼113.211公里、沥青砼3.205公里、沙石路面5.684公里。

津武线贯通津市市、鼎城区、西洞庭管理区、汉寿县。在1993年至1996年常德市开展公路建设大会战时,完成原省道1851线(太子庙至汉寿县城)南北两向延伸63.9公里(向南延伸25公里),是常德市30年公路网规划中重要的公路建设项目之一。S205线北与省道紫边线(S302)相连,中间与省道南永线(S306线)、国道319线相交,南与国道207线在桃江县武潭镇相接,是一条贯穿常德市南北且与G207线、G319线和S302线、S306线相连的重要纵向公路,它的建成对打通常德市南北出口,防汛抢险,形成公路主骨架,优化公路网络具有十分重要的作用。同时,它使安乡、澧县、津市、汉寿县城以北地区,以及西洞庭、西湖管理区通往长沙方向的汽车运输里程缩短30至50公里,这样既减轻了常德市城区交通量过大的压力,又提高了车辆的运输效益。

S205线津市至新湖桥段,长35.58公里。1987年湖南省政府在安乡召开"湖南省湖区防汛工作现场办公会议",要求加强蓄洪区的防洪安全建设和加速湘北干线公路建设。1990年初,省计委组织工作组,到现场进行实地查勘论证,一致确定在大鲸港、石龟山修建大桥,同时提出将防洪抢险的道路予以延伸,畅通湘北干线,即原省道1804线常德段和津市至石龟山连接线。1992年3月津市市成立湘北公路指挥部,随即窑坡至新洲段路基工程动工,至1994年12月底湘北干线完工,平原微丘区二级公路,路基宽12米,路面宽9米,长29.8公里,共完成土方46.5万立方米,铺沙石路面后通车。1995年至1996年津市至保和堤修建三层表处沥青路面。1998年保和堤镇修水泥砼路1公里,投资94万元。1999年开始S205线这一路段进行升级改造,当年窑坡至新洲5公里建成水泥砼路面,投资457.6万元。2000年新洲至李家铺5公里建成水泥砼路面,投资442.04万元。2001年李家铺至保和堤建成水泥砼路面,长10公里,其中保和堤段4.56公里,投资469.9万元。以上各段路面宽2×4.5米,砼板厚 24 厘米。2008 年保和堤至新湖桥路段 5 公里，修建水泥砼路面，投资 603.29 万元，路面宽 2×4.5 米，砼板厚 24 厘米。

新湖桥至柴码，长 4.7 公里，至 2010 年年底尚属断头路，其间哑河大桥已竣工。中河口至西洞庭段 13.162 公里，为原县道东(北湾)麻(河口)线四级公路的一段，路基宽 7.5 米，路面宽4.5 米。1996 年改建成三级公路，路基宽 8 米，路面宽 5 米的双层表处沥青路面。1999 年 9 月至 2000 年 8 月投资 550 万元，将中河口至西洞庭 10 公里改建成路基宽 8 米，路面宽 6 米的水泥砼路面。西洞庭至永丰 13.383 公里。1996 年投资 24 万元，将西洞庭至牛屎湖 4 公里修筑为过渡路面。1997 年投资 105 万元，将西洞庭境内 6 公里的沙石路面改建双层表处沥青路面。永丰至汉寿 25.745 公里，1996 年投资 150 万元，修筑汉寿境内过渡路面 16 公里。1996 年投资 63 万元，修筑鼎城境内 3.037 公里路基及过渡路面。1997 年投资 404 万元，完成汉寿境内 16.5 公里过渡路面及桥梁建设。1998 年完成汉寿至西洞庭、中河口接省道南永线(S306)共 61 公里沙石路面。2000 年投资 934.5 万元，将仓儿总至花木兰 8.17 公里，建成路基宽 12 米，路面宽 8 米，板厚 22 厘米的水泥砼公路，技术等级达到平原微丘二级公路标准。

S205 线西洞庭路段

2000 年汉寿县交通局在 S205 线跨沅水洪道的仓儿总设置汽车渡口，渡口水面宽 2344 米，有拖轮 2 艘，6 车渡船 2 只，日渡运量 100 辆左右。从 1993 年至 2002 年 S302 线津市市至汉寿县城路段总投资 27445.09 万元。要确保 S205 线全线畅通，就必须修建仓儿总沅水大桥。2002 年 8 月湖南省发展计划委员会同意汉寿沅水大桥建设项目立项，2004 年 1 月 7 日由湖南省发展和改革委员会批复，同意建设该项目。2005 年湖南省交通厅批复初步设计，2005 年 5 月完成施工图设计审定，2007 年 5 月 17 日省交通厅批复该项目的施工图。S205 线汉寿沅水大桥全长 9502 米，其中桥长 7265 米，接线 2237 米，工程总投资 45394 万元。汉寿沅水大桥2005 年 11 月动工，2008 年 12 月 27 日通过交工验收，交付使用。汉寿沅水大桥通车，不仅使汉寿县城与各个乡镇之间畅通无阻，更重要的是极大改善了洞庭湖区的交通条件，增强湖区的抗洪抢险能力。

S205 线汉寿至太子庙段，长 16.4 公里，是原省道 1851 线。本路段民国 27 年(1938)由湖南省公路局测量，沿线平丘区地形，是国民党政府强迫征工征料修路，不得民心，因人力财力不继，当时仅完成路基，桥梁和路面没有动工，抗日战争时又遭受严重破坏。民国 36 年

(1947)11 月,国民党第十七绥靖公署成立的"军路修筑委员会"再次测量,修建该段公路。汉太公路自城关镇起,经五里坪、八角楼,在鸭东铺跨南湖岔河,经株木山、清水坝、黄福至太子庙与长常公路 K142 处接线,全长 16.4 公里。到 1949 年 4 月,路基约完成 65%的土方即停工移交第二区公路局常(德)万(载)工程处,当时因时局激剧变化,该线一直没续建。解放后,1951 年 至 1952 年由汉寿县交通科修建了部分木桥涵。1958 年由县人民政府组织交通科和水电局的技术人员,在已修路基的基础上,进行施工测量,八月份成立汉太公路修建指挥部,抽调沿线社队劳力(包括技术工人)100 多人,组成专业队伍修建桥涵 11 座,小涵管 15 道。同时发动汉寿县一中和二中的师生及全县小学教师 2070 人参加修路,从 10 月 18 日起修筑路基,11 月中旬修筑路面,于 11 月 27 日竣工,共投工日 73700 个,县投资材料费 28000 元,12 月份又从毛家滩调运船三艘至鸭东铺渡口,加做跳板拼装浮桥,以便渡运汽车。1959 年 1 月 1 日,举行全线通车典礼。通车后因无专业队伍养护,加之路面铺装草率,沙石路面厚度不够,坑槽累累,陷车严重,常发生阻车。当年 7 月汉太线交汉寿公路段作为看管路线养护。1961 年 9 月, 由县交通科投资 1.4 万元, 赶制木质双板划一艘建立渡工班, 用人缆渡。到 1963 年 3 月,汉寿县养护队成立,由常德地区交通局拨付养护经费进行管理,设置鸭东铺、清水坝两个养路工班,配备养路职工 23 人,同时汉寿汽车站成立,开行客班车。1964 年汉寿县政府又组织群众运动,发动民工建勤,全路线整修加铺沙石,木桥涵改为永久式,共投工日 5.5 万个,县投资 3.5 万元。1965 年 5 月,汉太线移交常德公路总段按省道养护。

S205 线汉寿至太子庙段。1971 年 8 至 12 月, 汉寿县油路修建指挥部, 将汉太线全线 16.4 公里修建宽 5.5 米的单层表处煤焦油路面。发动民工建勤,投入劳动工日 8.5 万个,湖南省公路局补助经费 7.85 万元。1975 年汉寿县成立南湖整治指挥部,将鸭东铺渡口堵塞,新开向阳河,在该线株木山处(K6+100,S1851 线桩号,下同。)新建一座 3 孔净跨 40 米,全长 155 米的朝阳大桥,将原路改移至与桥头衔接,全长约 500 米。在鸭东铺渡口下游约 100 米修建涵闸,堤面宽19 米,汽车从堤面通过。1978 年该线太子庙至株木山段(K0 至 K6)长 6 公里的路基扩宽到 8 至 9 米。1982 年 12 月至 1983 年 4 月,改建五里桥至西竺山新车站 2.6 公里,路基加宽到 24 米, 共计土方 5.79 万立方米, 接长和新建涵洞 19 道, 经费开支 11.3 万元。1984 年 10 月至 1986 年 1 月中旬,汉寿县公路加宽指挥部将全线路基加宽到 12 米—15 米,弯道由 64 个减少到17 个, 最小平曲线半径由 29 米加大到 250 米, 最大纵坡由 9%降低到 4.9%,基本上达到平原微丘二级公路标准。改建后的汉寿至太子庙公路里程由原 16.4 公里缩短到 13.37 公里,缩短里程 3.03 公里。1987 年 7 月至 10 月汉寿县公路段将太子庙至清水坝 3.9 公里(K0—K3+900)铺装成 9 米宽的双层表处沥青路面,投资 40.5 万元。1999 年省公路局以湘路工程字〔1999〕219 号文批复,将 K3+100 至 K13+600,长 10.5 公里改建为水泥砼路面,路面宽 2×4.5 米,板厚 22 厘米,砼抗压强度 30MPa,抗折强度 4.5MPa。核准预算经费 977.1685 万元,其中长常高速公路公司出资 450 万元,市公路局出资 322.4185 万元,汉寿县自筹 204.75 万元。2000 年 K1+700—K3+100 长 1.4 公里,改建为路面宽 8 米的水泥砼路面,由长常高速公路公司出资100万元。

S205线太子庙至良荆界段，是原S1851线南向延长线，经排形、白竹山、东岳庙、丰家铺至良荆界止，长23.725公里(含与G319线重复里程1.06公里)。1959年冬，汉太公社发动群众以民工建勤的方式，修建太子庙至排形3公里路基，宽约5米。1959年冬，朱家铺和汉太两个公社，仍以民工建勤的方式，继续向南修路，汉太公社续建排形至白竹山3公里路基。朱家铺公社则从陈家湾经发梅桥至白竹山修建，长10.7公里，路基狭窄，仅3.5米—5米宽，没铺路面，桥涵不完善，不能通车。1963年为抢运蔡巷仓库粮谷，朱家铺公社发动群众，整修路基，铺沙石路面，加固桥涵，使这一段路晴天可以通车。1965年5月汉寿公路养护段接养这一路段，设白竹山、东岳庙两个工班，配备国家职工11人，民工代表工17人。1971年太子庙到白竹山修建了长4公里，宽4米的单层表处煤焦油路面。东岳庙、丰家铺属于微丘区，位于汉寿县南端，与益阳市桃江县乌旗山、三堂街、罗家坪接壤，山水相连，但无公路相通。经两地毗邻乡政府多次协商，齐心合力，于1971年9月修通太子庙至良荆界的公路。1982年5月发梅桥被山洪冲毁，原为3孔(孔径8米)石拱桥，后常德公路总段设计为2孔净跨15米石台钢筋砼T梁桥。1982年11月开工，1983年6月竣工，桥面宽7米，全长40.79米，湖南省公路局投资13.4万元。1995年前太子庙至良荆界为等外路，路基宽7米，路面宽5米。1995年开始按二级公路改建，路基宽12米，总投资2100万元。2000年根据常德市交通局常交字〔2000〕39号文:“关于S1851线南延伸线路面改造工程设计文件的批复”，太子庙至良荆界段长22.75公里，全部修建油面宽7米的三层表处沥青路面，油面厚3厘米，水泥稳定类基层，总投资701万元，市交通局按每平方米补助18元计287万元，不足部分汉寿县自筹。

2008年S205线路网改造升级启动，当年3月7日湖南省交通厅下达湘交计统字〔2008〕108号文:《关于S205线津市渡口至汉寿良荆界公路改建工程一阶段施工图设计(代初步设计)的批复》，确定S205线津市渡口至汉寿良荆界分南北两段组成，北段起于津市渡口镇S205与S306平交处，经中河口镇、祝丰镇、黑山嘴乡、韩公渡乡、罐头嘴乡，止于汉寿县仓儿总，顺接沅水大桥北连接线，长37.077公里(含利用过祝丰镇4.263公里);南线起于汉寿县太子庙镇S205与G319平交处，经东岳庙、丰家铺，止于与桃江县交界处的良荆界，长22.696公里。该项目长59.773公里，实际建设里程为55.51公里。全线按二级公路标准建设，除北线起点段9.676公里设计速度采用60公里/小时，路基宽8.5米外，其余路段均采用80公里/小时，路基宽10.5米。全线桥涵荷载等级采用公路—Ⅱ级，设计洪水频率：大中桥1/100、小桥涵和路基1/50。项目区域地震动峰值加速度系数为0.10g，地震动反应谱特征周期为0.35s，路面标准轴载采用双轮组单轴100KN。路面结构组合:1.路面新建地段是24厘米水泥砼面层+1厘米单层沥青表处下封层及透层+18厘米5%水泥稳定碎石基层+20厘米石灰水泥综合稳定沙砾底基层。2. 沥青砼作为底基层利用路段是24厘米水泥砼面层+1厘米单层沥青表处下封层及透层+18厘米5%水泥稳定沙砾基层+0—10厘米5%水泥稳定砂砾调平层。3.既有公路作为底基层路段侧加宽是24厘米水泥砼面层+1厘米单层沥青表

处下封层及透层 +18 厘米 5%水泥稳定沙砾基层 +0—10 厘米 5%水泥稳定沙砾调平层 +20 厘米石灰水泥综合稳定沙砾底基层。4.既有公路作为基层路段侧加宽是 24 厘米水泥砼面层 +1 厘米单层沥青表处下封层及透层 +22 厘米素水泥砼基层 +20 厘米石灰水泥综合稳定沙砾底基层。5.既有水泥砼路完全利用路侧加宽是 24 厘米水泥砼面层 +1 厘米单层沥青表处下封层及透层 +15 厘米 5%水泥稳定沙砾基层 +15—25 厘米天然沙砾垫层。新建哑河大桥一座,长 625.54 米,桥面净宽 11.5 米,上部结构为 2×20 米预应力砼空心板 +18×30 米预应力砼 T 梁 +2×20 米预应力砼空心板。大桥下部结构采用桩柱式桥台(0 号、22 号),为 2 根 D150 厘米钻孔灌注桩。桥墩采用柱式墩身,2—13 号和 19—20 号桥墩为 D150 厘米圆柱,基础为 D180 厘米钻孔灌柱桩。14—18 号桥墩为 D150 厘米圆柱,基础为承台加 4 根 D100 厘米钻孔灌注桩。1 号、21 号桥墩为 D130 厘米圆柱,基础为 D150 厘米钻孔灌注桩。本项目预算总额为 27089 万元,其中国省定额投入 17858 万元,常德市和沿线市县自筹 9231 万元。该项目 2012 年底已全部竣工。

第二节　陬桃线(S226 线)

陬市至桃源线(S226)自桃源陬市镇起,经枫树、白洋河、茅草街、樟江镇、桃源沅水大桥至八字路接国道 319 线,全长 25.64 公里。至 2010 年年底止,在 25.64 公里中,按技术等级分:一级 24.3 公里(路基宽 20 米、路面宽 16 米)、三级 1.34 公里(路基宽 7.5 米、路面宽 16 米)。全线均为水泥砼路面。

陬市至桃源公路于民国 16 年 (1927)5 月湘西路局筹划兴修, 是常德至桃源公路的一段。选线时陬市至白洋河段有两个方案:一是沿驿道前进至吕真渡,须在 2.5 公里内建桥两座,且须通过洪水区;二是由白洋河集市下面经过,跨白洋河,地势较高,路线跨过白洋河后,即沿沅江过黄土坡抵桃源城关,所经地形均系平原区,最大纵坡为 3%,最小平曲线半径为 45 米。最后选定跨白洋河的方案,白洋河宽达 207 米,因工程较大,当时没建桥,调运板划渡运车辆。陬桃线多系平原,路基设计过低,建成后,到处沉陷,又常遭洪水冲毁,经常阻车。民国 17 年(1928)7 月建成通车后,民国 19 年(1930)9 月至民国 20 年(1931)6 月,曾进行补修加沙后,又逢白洋河水泛滥,低路基连遭淹没达两月之久。水退后路基路面已补修者,被冲毁无遗,未补修者,损坏更甚,坑槽累累,交通一度中断,复修时加工整修铺沙恢复通车。此段路基路面如此低劣,是因为修路基时,没夯筑碾压密实,路面铺沙时又不分层压实,粗细混合,不能形成整体,加以受洪水冲击,一触即溃。本路共有桥梁 4 座,路基宽 6.1 米,路面宽 4.57 米,厚度 15 厘米。

民国 28 年(1939),因日寇侵湘,常桃线被国民党破坏,路面材料埋在附近土中,抗战胜利后,国民党无力全面修复,直到民国 37 年(1948)11 月才将陬市至桃源段路桥勉强修复,由于白洋河渡口板划在抗战时期被破坏,因此陬桃公路一直不能通车。到解放后的 1951 年

11 月，省地县三级配合筹备修复陬桃公路，由桃源县人民政府筹集材料、资金，并负责安排劳力。由湖南省公路局负责技术指导，并调运二车板划一只，于 1952 年 11 月修复竣工通车。由于当时匪情严重，军情紧张，陬桃公路虽然通车，但由于时间仓促，路基填土仍低，路面沙石不足，1953 年雨季，路面翻浆严重，交通又一度中断，旋即通过突击抢修才恢复通车。恢复陬桃公路的经费来源，由桃源县工商联筹 3 亿元（旧人民币，下同），陬市工商联筹 1.5 亿元，常德专署补助 1.3 亿元，共计 5.8 亿元，包括路基、路面、桥涵及白洋河渡口码头等工程的恢复，其后桃源县建设局拿出 5 千万元作为补助工程费。

桃源县城至游仙观（与原长沙怀化线 K218+300 处交会）路段的修建，是为开辟尧河渡口横渡沅水，从而沟通大（庸）慈（利）、陬（市）慈（利）、常（德）怀（化）各线的物资转运和交流。桃源去沅陵、吉首方向的货物，不再经过常德，可缩短里程 26 公里，可减少常德渡口的车辆渡运压力。本路段由桃源县交通局勘测设计，于 1970 年在原机耕道上改建加宽，1971 年加铺砂石路面，1972 年桃源县政府要求省地支持调拨板划一只，由县航运公司调机帆船一艘，在城关至南站建临时渡口，开始渡运车辆。1973 年交常德公路总段按支线管养。1974 年县政府又组织群众将城关至尧河的公路加宽到 8.5 米，分层铺装了 6 米宽的沙石路面，同时将县城临时渡口移至尧河，1975 年 12 月建成正式渡口码头，湖南省公路局拨款 1.7 万元。1976 年 2 月城关至游仙观公路 5.33 公里，以及尧河渡口，移交常德公路总段作干线养护。

S226 线陬市至桃源段全长 20.5 公里，原路基宽度 7.5 米，因路基较低，历年遭洪水冲洗，部分地段已不足 7.5 米。1974 年冬至 1975 年春，桃源县油路修建指挥部，组织沿线群众将陬市至桃源的公路扩宽到 9 米，并整修加高。1975 年陬桃线修建油路，沥青渣油双层表处，油面宽 7 米，油面厚 2 厘米，湖南省公路局投资 47.5 万元。1977 年新河桥移位改线，桥位向上游移 500 米，这样新河桥就将陬尧线与城关大寨路连在一条线上，改线全长 2.0 公里。1979 年 9 月白洋河大桥建成 6 孔净跨 30 米全长 220 米的双曲拱桥，同时撤销了渡口。原路线改移至与桥头接线衔接，改线从 K11 至 K12+312，计长 1312 米（含桥长 220 米），路基宽 9 米。建桥及接线经费，湖南省公路局投资 78.5 万元。1985 年春及 1986 年底，桃源县成立公路加宽改建指挥部，将陬市至尧河公路路基由 9 米加宽到 12 米。线路有三处较大改造：一是经过陬市桥港地段移至街后。二是茅草街一边街道后移，扩宽到 18 米—20 米。三是县城至尧河段，原线傍河堤走向遭水淹，此次改建在堤内与县城漳江大道连接。1987 年上半年，投资 24 万元，在县城临街一段修建 0.9 公里水泥砼路面，这是陬尧线上最早修建的一段水泥砼路。1990 年陬尧线 K21+700—K25+600 长 3.9 公里实施配套工程，建成 60 号沥青掺 200 号沥青双层表处路面，油面宽 7 米，厚 2 厘米，公路部门投资 54.55 万元。

S226 线是连接常德与桃源县城的一条重要通道，随着交通量的不断增加，原有路面已无法满足大交通量的需求，在 2000 年时这条线路路面行车宽度已严重不足，路面损坏严重，S226 线急需升级改造。2000 年 10 月 17 日湖南省公路局湘路养路字〔2000〕第 271 号《关于分期建设常德至桃源公路的批复》，同意常桃公路按一级公路标准建设，并在第一期工程中列入了原省道1848线K0至K14路段。此前湖南省公路局以湘路工程字〔2000〕第258号文《关于省道1848线青林段改线工程预算的批复》，同意青林路段（K10+870—K12+700）长1.83公里改线，按一级公路标准建设，路基宽24米，行车道宽18米的水泥砼板，路肩宽为2×2米宽土路肩，中央分隔带2米。水泥砼面板设计抗压强度35MPa，抗折强度5MPa。桥涵设计荷载汽车—超20级，挂车—120级。核准工程总经费1375万元，其中省补201万元；桃源县公路局贷款672万元（贷款在陬市收费站收取通行费中归还本息）；桃源县人民政府自筹解决502万元。

2001年5月25日湖南省公路局以湘路养路字〔2001〕第115号文《关于省道1848线水泥砼路面改建工程施工图设计的批复》，批准了1848线K1+940—K10+870、K12+700—K17+100、K17+100—K18+700，计14.93公里采用平原微丘一级公路标准进行线型设计，路基宽度按二级公路设计。K15+012—K18+700路段3.688公里为街道规划，路基宽45米。此路段为降坡工程，批复中不考虑土方、分隔带、人行道、排水工程等项经费，只考虑路面结构的工程费用。主车道宽16米，采用C35砼，抗折强度不低于5MPa，非机动车道2×5米，采用C25砼，抗折强度不低于4MPa。砼板厚24厘米，分两幅施工，路面横坡1.5%。K15+012—K17+100路段垫层天然沙砾20厘米，基层采用水泥稳定碎石20厘米；K17+100—K18+700路段采用天然沙砾30厘米垫层，水泥稳定碎石20厘米基层，基层表面作一层沥青单表封层。K1+940—K10+870、K12+700—K15+012路段11.242公里，路基宽17米，原路油面宽7米，改建时开挖路槽宽10米，垫层采用天然沙砾20厘米，上作一层沥青单表封层。水泥砼路面宽16米，分两幅施工，板厚24厘米，采用C35砼，抗折强度不低于5MPa，路面横坡度1.5%。本路段14.93公里核准工程经费3026.24万元，资金来源由常德市公路局贷款，在陬市收费站收取的通行费中偿还。

S226线（原1848线）K0—K1+940改建工程早在2000年4月4日湖南省公路局以湘路养路字[2000]第66号《常德市常桃线砼路面改建工程设计文件批复》中，已同意按平原微丘一级公路标准改建，该路段原为平原微丘三级公路标准，原沥青路面宽8米，改建时对原路面进行调拱、纵坡微调、挖补。改建后水泥砼路面宽2×4米，板厚24厘米，路面横坡1.5%，砼设计标号为C35，抗折强度不小于5MPa。预算经费与1801线K10+387—K13+507计3.12公里的经费一次批复，审定总投资为1755.7万元，这一费用不包括路基土方的工程费用。

1996年10月至1998年5月桃源县政府将原通过县城的1848线向西移至城外，改为环城路，南端经桃源沅水大桥在八字路与G319线相接，这一路段2001年全国公路普查时定为一级公路。桃源沅水大桥配套工程，从城北圆盘路至大桥西，长7.157公里，路基宽45米（其中黄花井大桥至红岩村1.6公里以防洪堤为路基，宽24米），本工程动用土石方110万立方米，工日40万个，至2001年完成投资4324.93万元，其中县财政投入2300万元。2002年，投资1208万元，将桃源县绕城线（城北圆盘路至桃源沅水桥）建成水泥砼路，路面宽33米；行车道16米，非机动车道2×6米，植花带2×2.5米。桃源沅水大桥长1200米，宽16

米，1995年10月动工，1999年4月正式通车，投资8560万元。

第三节　漆官线(S227线)

漆河至官庄线(S227)自桃源县漆河镇起，经黄甲铺、理公港、龙潭、观音寺、五强溪、柳林汊、黄壤坪至沅陵县官庄镇止，全程125.331公里。常德市境起于漆河、经重阳、理公港、千工坝、龙潭、观音寺至桃源、沅陵两县交界处的马宗岭止，全长57.27公里。至2010年年底止，全线为四级公路，全部为水泥砼路面。

漆官线是2001年全国第二次公路普查后划定的一条省道，桃源县境原全部属于县道。漆河至理公港段，长19.684公里，原是漆(河)牛(车河)公路的一段。1956年至1957年，由县交通科组织有漆河、黄甲铺、理公港、牛车河乡配合的测没组，进行测量定线，再由各乡按大车道施工，路基宽3米—4米，简铺砂石路面。1957年11月15日中共桃源县委为修建桃源县内第一条县道漆(河)牛(车河)公路，组织人员重新按简易公路标准测量，编制施工预算。县委抽调干部21人，医务人员2人，技术人员3人，组织桃源县修筑漆牛公路指挥部，设供应、财务、工程三个组，以乡为单位成立民工大队，下设中队。成立临时党委，制定干部和民工纪律各十条，任务由工程组根据预算资料按大队、中队划段施工，第一期工程由漆河至理公港，长19.8公里，按省颁公路定额及操作规程执行。1958年11月第一期工程完成。重阳经刘家嘴至黄甲铺路段，大多为水田区，路基窄而低，水稳性不强，路基宽3.5米—4.5米。黄甲铺至理公港，路基宽6米—6.5米，路面分层铺装了泥结碎(砾)石，宽3.5米，厚10厘米—15厘米。1960年漆河至理公港段进行整修，炸岩改善线型，加铺路面，县投资9万元、木材60立方米，耗炸药6吨，投劳6万工日，完成土石方7.3万立方米，建马家渡木桥1座，涵洞9道。同年由漆河运输社成立漆河汽车渡口，借用森工站木材扎木排一个，每次渡车一部，勉强通车。1963年桃源县委号召沿线各公社对公路再次整修加沙后，交常德地区交通局公航处接管，交给县养护队设路工班养护。同年县交通科新建二车板划一只，取消木排，配备专业渡工6人，管理漆河渡口。1964年，由桃源县下达任务，县交通科主办，组织漆河、黄甲铺两个公社，加宽漆河至黄甲铺段10公里的路基，达到6.5米，路面加宽到3.5米，从而漆河至理公港全线路基达6.5米，路面宽3.5米，1979年全国第一次公路普查时，该路段定为四级公路。

随着交通运输的发展，汽车交通量不断增加，而漆河渡口洪水时又不能过渡，为此桃源县委要求湖南省公路局投资25万元，自筹部分资金，准备修建漆河桥。漆河桥由湖南省交通规划设计院支农小组勘测设计，漆河、重阳两个公社组织民工施工，修建4孔净跨30米全长148.8米的双曲拱桥，1979年3月建成通车。

理公港至千工坝段，长14.351公里，原为社队简易公路，分四段建成，1960年至1961年理公港公社建成理公港至小河口2.15公里社队公路。1975年至1976年理公港公社组织专业队伍，修建小河口至养珠湖5.551公里公路。1974年至1975年丁家坊公社建成养珠湖至丁家坊4.37公里简易公路。1969年至1970年由丁家坊公社将公路修至千工坝,长2.28公里,与桃(源)龙(潭河)线接通。70年代后期对该路段进行改建,改建后路基宽7米,路面宽5米,1979年全国公路普查时定为四级公路。

千工坝至龙潭段,长5公里,原是桃龙线的一段。1958年10月,由县交通科在大车道的基础上,从城关至龙潭水进行测量定线。1959年由三阳、龙潭两个公社修建,其中千工坝至龙潭河建成宽约6.5米的毛路基,石方地段还残留石凸,清理不彻底,桥梁未修建,车辆不通。1960年2月至3月,省补经费1万元,龙潭公社自筹0.8万元,由县成立桃龙公路修建指挥所,继续完成余家坪至龙潭段中间4公里的土石方工程。1961年5月千工坝至龙潭河段竣工通车。1964年至1968年结合治水改土,对线路、桥梁进行改建,改建后路基宽6米,路面宽4.5米。1979年全国公路普查时定为四级公路。

龙潭至马宗岭段,长18.235公里,分三段建成。龙潭至观音寺7.54公里,1960年2月由龙潭区组织沿线群众修建,1963年建成通车。1968年至1969年观音寺至燕家坪段8.295公里,由观音寺、燕家坪两公社组织民工修建。1982年为接通五强溪电站的公路,向两县边界延伸0.3公里至马宗岭,至此S227线桃源境内全线贯通。龙潭至马宗岭段共完成土石方58万立方米,工日61万个,投资70.86万元。

1978年,漆河至五强溪被定为电站进场公路后,五强溪水电工程建设公司投资533.67万元,对漆五公路进行升级改造,由湖南省交通设计院按三级公路标准测设,五强溪电站公路桃源修建指挥部组织施工,于1980年10月开工,桃源县先后组织3个区、14个公社,2万7千民工上路施工。动用土石方81.1万立方米、水泥4090吨、钢材66.68吨、木材295.7立方米,劳动工日189.2万个。工程于1982年5月竣工。1987年6月19日,五强溪水电工程公司又投资430万元, 由湖南林业机械施工公司修建, 将漆河至五强溪水电站改建成路基宽8米,路面宽6米的双层表处沥青路面,1988年竣工。1990年7月五强溪水电站委托常德市公路总段对漆(河)五(强溪)公路进行了测量设计,并编制工程预算,路面结构确定为水泥砼。施工时分三个路段进行,第一段漆河至理公港,长22公里(K0至K22),由常德市公路总段道桥工程处、汉寿公路段施工。第二段龙潭至理公港长20.555公路(K22至K42+555),由中建五局、鼎城公路段、桃源公路段施工。第三段龙潭至五强溪19.752公里(K42+555至K62+127),由中建五局、鼎城公路段、桃源公路段施工。整个工程1990年9月动工,1991年9月全线竣工通车。全线路基宽8米,水泥砼路面宽6.5米,砼板厚22厘米。

S227线全线最大纵坡为8.07%,最小平 曲线半径为60米,全线有桥梁17座。

第四节　紫边线(S302线)

紫金渡至边山河线,是第二次全国公路普查时划为S302线的,它由县道紫(金渡)红(卫闸)线、津(市)安(乡)线的小渡口至红卫闸段,与省道1852线(津市至澧县)、1868线(澧县至边山河)组成。S302线起于安乡与湖北省石首交界处的紫金渡,经红卫闸、理兴垱、大湖口、夹夹、毛家岔、小渡口、津市、澧县、黄桥、大堰垱、王家厂、闸口、火连坡至与湖北省松滋交界处的边山河大桥止。紫金线全长131.02公里,包括与G207线的重复里程1.977公里,重复路段是S302线K66+523—K68+500与G207线K2213+323—K2215+300,即澧县境内的黄瓜大乡至边贸城路段。至2010年底止,在131.02公里中按技术等级分:一级15.86公里、二级54.27公里、三级0.6公里、四级60.29公里。按路面类型分:沥青表处54.3公里、沥青砼2.92公里、水泥砼73.8公里。

紫金渡至红卫闸11公里,1977年开始修建,完成大部分路基工程后即告停建,1984年9月开始续建,1985年12月建成通车,路基宽7米,路面宽4米,沙石路面。红卫闸至理兴垱是原安(乡)黄(山头)公路的一段,长4.94公里,1969年冬至1970年春修建,路基宽8米,路面5米。理兴垱至夹夹12.9公里,1968年开工修建,1973年建成通车,路基宽8米,路面宽6米,沙石路面。70年代初,大围公社修建小渡口至王家港8公里机耕路,1978年常德地区和澧县交通局投资6.5万元,由大围和余家台公社施工,在王家港筑坝建路,修建王家港至毛家岔路段,并加宽机耕路。1978年县交通局投资1.1万元铺装沙石路面,投资4.5万元改建两座砖拱桥,投资1.7万元修建毛家岔渡口码头。与此同时,余家台与官垸公社动工修建毛家岔至官垸9.1公里路段。至1979年5月,官垸至小渡口段19.8公里建成通车。1980年8月,余家台溃垸,公路冲断近100米,省、地交通部门拨款3.77万元,于1982年春修复通车。

S302线安乡路段

官垸至夹夹3.8公里路段,1979年挖渠筑路3公里,1980年将路基加宽至8.5米。1984年常德地区交通局投资8万元,全部铺装路面,改建涵洞,加宽、加高夹夹堤外0.8公里路段,于当年6月竣工。至此夹夹至小渡口全段通车,为四级沙石路。

紫金渡至小渡口路段长52.35公里,处于洞庭湖平原,水系发达,河网密布,有官垱、大杨树、大湖口、夹夹、毛家岔五个汽车渡口。公路路基低,大多通过稻田、鱼塘地带,地下水位高,养护沙石奇缺,必须远处采运。长期以来公路路况差,车辆行驶很不顺畅,加之渡口多,汽车行完这一路段,一般需3—4个小时,交通很不方便。沿线人民群众生活在四周环水的堤垸之中,每当洪水季节,人员疏散,防汛抢险物质的运输都依靠这条公路。为彻底改善该路段的公路状况,当地政府和群众迫切要求改渡为桥,提高公路的技术等级,从根本上提高这一段公路的通行能力,从而适应抗洪抢险、发展湖区经济的需要。1987年湖南省政府在安乡召开“湖南省湖区防汛工作现场办公会议”，为加强蓄洪区的安全建设和交通建设，提出在松滋河的东、中、西三条支流上新建三座公路大桥，以确保分洪蓄洪区的防洪安全。随后湖南省计委向湖南省交通规划勘测设计院下达松滋河三座大桥的可行性研究任务。1999 年澧县境毛家岔大桥（K41+770）动工修建，2003 年竣工，桥梁孔径：5 × 16+9 × 40+6 × 16，钢筋砼 T 梁桥，全长 540.4 米，位于松滋河西河，概算经费 2301 万元。在松滋河东河，2004 年建成大湖口桥（K22+147），是钢筋砼连续箱形梁桥，桥全长 644.5 米，总投资 3203 万元，其中湖南省交通厅补助 1000 万元。2005 年 9 月 18 日位于淞滋河中河的夹夹大桥（K28+592）动工修建，桥梁全长 1703.9 米，钢筋砼 T 梁桥，2007 年年底通车，总投资 12142 万元。

S302 线小渡口至毛家岔段 K46 至 K51 于 1993 年改建为沥青路面，K41 至 K46 于 1994 年改建为沥青路面，油面宽 6 米。2010 年毛家岔大桥两端接线：K40+059—K40+630、K41+171—K41+900 长 1.6 公里改建为水泥砼路面，投资 160.51 万元。1998 年胡家村至官垱渡口 2.6 公里改建成水泥砼路面。1996 年投资 170 万元，将官垸至毛家岔 8.9 公里的沙石路面改建为双层表处沥青路面。2001 年至 2002 年投资 618 万元，将官东至毛家岔 10.116 公里改建为路基宽 7.5 米，路面宽 6 米，板厚 22 厘米的水泥砼路面。2008 年 8 月 S302 线路网改造工程紫金渡至小渡口段水泥砼路面改造工程动工，按平原微丘二级公路标准改建，路基宽 10 米，路面宽 8.5 米，砼板厚 24 厘米。为提高公路路基，部分路段在公路两侧修建了高 1 米左右的钢筋砼垱土墙近 5 公里。2008 年湖南省交通厅下达湘交计统字〔2008〕153 号文件，批准安乡紫金渡至津市小渡口按二级公路标准改建水泥砼路 40 公里，总投资 15546 万元，其中：省拨 10008 万元，市县自筹 5538 万元。该工程 2010 年年底完工。

S302 线津市市过境路 3.916 公里，湖南省交通厅 2006 年 3 月 7 日以湘交计统字[2006] 101 号文批复，同意按二级公路标准建设水泥砼路，其中 2.1 公里路基宽 17 米，路面宽 15.5 米；1.816 公里路基宽 12 米，路面宽 10.5 米。路面结构：水泥砼板厚 24 厘米，封层 0.6 厘米沥青表处，17 厘米 5%水泥稳定砂砾基层，15 厘米级配沙砾底基层。核准预算总额 5293.9 万元（含涔水桥建设经费 2083 万元），其中省交通厅拨 1266 万元、津市市政府自筹 2503.64 万元、澧县县政府自筹 1524.26 万元。

S302 线津市至澧县段，即原省道 1852 线，起于津市市、经澧澹、夹堤、多安桥，止于澧县城东，全长 11.6 公里。该路段民国 21 年（1932）12 月由湖南省公路局常澧工程处兴建，民国 23 年（1934）10 月竣工。民国 28 年（1939），日寇入侵湖南，该线遭彻底破坏，直到民国37 年（1948）8 月，才由湖南省公路局勉强修复通车。津市至澧县路段地处澧阳平原，沿线地势平坦，无较大起伏。1950 年 7 月多安桥桥面被洪水冲毁，车辆无法通行，为修复多安桥澧县人民政府成立了指挥机构，湖南省公路局副局长成从修为主任委员，县政府负责组织复修，临澧分段负责工程技术，1950 年 12 月动工，加固整修基础，改换砼桥面，原冲毁的石栏杆改为可拆卸式的木质栏杆，于 1951 年 6 月 1 日全部修复竣工。修复经费由澧县人民政府拿出 180 老石（约合 29000 市斤）大米。1964 年 7 月，多安桥又遭洪水冲击，部分桥台墩基础及砼桥面和木栏杆均被冲坏，在修复时仍决定用砼块片石护基，桥面砼进行挖补，活动木栏杆全部拆除改为铁柱式和铁链条。1973年澧县人民政府成立油路修建指挥部，动员沿线农民，采用民工建勤的形式修建油路，当年将K0至K2长2公里(原1852线桩号，以下同)。建成双层表处渣油沥青路面，湖南省公路局补助4.5万元。1974年将K2至K11+300长9.3公里，建成6米宽渣油沥青双层表处路面，省公路局补助29.57万元。1979年当地水利部门在澧津线两侧开挖渠道时，将公路路基由原7.5米宽加宽到8.5米—9.5米，同时将K9+860—K11+300一段路线改向左移，减少了一座桥(打石桥)，改善了弯道。1983年澧县结合城市街道扩建，将K0至K1+500长1.5公里的路基扩宽到27米—36米。1986年又将K0至K1+500扩宽的路段，铺装了24米宽的水泥砼路面，省公路局补助15万元。1992年至1997年投资5544万元新建津市经澧澹、三合至澧县的一级公路，长12.73公里，路基宽25米，路面宽2×7.5米，中间隔离带宽2米，水泥砼路面。进入21世纪后，随着交通运输量的日益增加，特别是大型超载货车的增多，津市至澧县公路路面损坏严重，路况条件差，影响了公路的通过能力。为改善湘北地区的交通条件，增强洞庭湖区防汛救灾能力，促进津市、澧县区域经济和社会发展，湖南省发改委2007年8月6日，以湘发改交能〔2007〕586号文件批复，同意改建津市至张公庙公路。湖南省交通厅2008年1月2日以湘交规划〔2008〕9号文，对澧县至津市一级公路改善工程一阶段施工图设计进行了批复。批复同意津市至张公庙公路全线维持一级公路技术标准，由津市经澧县县城至张公庙全长22.708公里，核准预算总额10711万元，国省定额投入6812万元，常德市和澧县自筹3899万元。该项目2008年6月1日开工，2009年4月1日竣工。

S302线澧县至边山河段60.3公里，是原省道1868线。该路段原有线路以距澧县汽车站约1公里的曹家滩为起点，由曹家滩至王家厂长34公里，其中县城至蔡家祠7公里利用原驿道草率修建。民国24年(1935)蔡家祠至大堰垱8公里是国民党陆军四十四旅修筑，大堰垱至王家厂12公里是国民党陆军二十七师修筑，均系征用民工配合兵工施工，仅完成土路和临时式桥涵，路基宽4.5米—5.5米，未铺路面，该段最大纵坡30%，急湾亦多，行车危险。民国24年(1935)10月湖南省公路局奉令接收该路，但一直未予续建。1956年澧县交通科对这一路段重新勘测，在原有路线的基础上，按简易公路标准加以改善，1956年12月建成通车，此段地形开阔平坦，有大小桥梁7座。1975年冬至1976年春，该线改从国道207线黄桥为起点，经大坪至大堰垱镇，长20.2公里，线型平直，路基宽8.5米，路面宽6米。王家厂至闸口双土地段，1956年由县交通科测量，1957年建成通车，长14.93公里，该段地形起伏很大，部分地段接近山脊，陡坡急湾较多，线型很差，纵坡13.2%以上的有37处，平曲线半径小于13米的有36处，有桥梁3座。双土地至火连坡段1958年由澧县交通科按简易公路标准测设，1959年3月建成通车，长7.6公里，该路段路基狭窄，坡陡弯急，线路不顺。1975年常德公路总段投资3.29万元，对双土地至火连坡段，裁弯降坡，拓宽路基路面。火连坡至边山河段长6.4公里原由森工部门修有简易公路，宽3米—4米，未铺路面，桥涵均为临时式。为开辟由澧县至湖北的另一条公路线，湖南省交通厅决定兴建此线，并在两省交界的松滋河上建桥。1966 年 12 月由湖南省交通设计院按六级公路标准测设，湖南省公路局工程 9 队施工，1967 年 5 月建成通车，并修建了两省交界处的边山河大桥。边山河大桥为四孔双曲拱桥，每孔跨径 29 米，全长 128 米，桥面宽 7.5 米。

1977 年 S302 线大坪至垱市 K9+550—K17+100(原 1868 线桩号，以下同)7.55 公里，建成渣油沥青双层表处路面，油面宽 7 米。1978 年又将 K0—K3、K17+100—K18+400 共 4.3 公里地段，建成 7 米宽渣油沥青路面。上述路段新建油路的工程费，湖南省公路局每公里补助 2.5 万元，由澧县油路指挥部包干使用。1984 年澧县油指将 K3 至 K9+550、K18+400 至 K20 共长 8.15 公里地段，铺装了 6 米宽的油路，湖南省公路局补助经费 20.82 万元。1987 年垱市镇修建 2 公里油路，投资 7.5 万元。1991 年垱市至王家厂(K21+700—K29+400)7.7 公里建成油路，投资30.5 万元。1992 年 K46—K52+300、K54+100—60+300 长 12.5 公里建成油路，投资 124 万元。1993 年 K31—K43、K45—K46 长 13 公里建成油路，投资 137.44 万元。2002 年王家厂镇改建水泥砼路 1 公里，公路部门投资 50 万元。同年闸口镇改建水泥砼路 1 公里，投资 60 万元。

S302 线澧县大堰垱至边山河公路改建工程。2009 年 11 月 27 日湖南省交通运输厅，以湘交计统〔2009〕526 号文件，批复了 S302 线澧县大堰垱至边山河公路改建工程一阶段施工图设计(代初步设计)。改建路段起于澧县大堰垱 X008 线与 S302 线平交处，经王家厂、闸口、火连坡，止于湘鄂两省交界处的边山河，全长 41.018 公里。全线按二级公路标准建设，设计速度采用 60 公里 / 小时，路基宽度 10 米，路面宽度 8.5 米，车道宽度 2×3.5 米。设计洪水频率：大中桥 1/100，小桥涵及路基为 1/50。路面结构为：25 厘米水泥砼面层 +1 厘米沥青表处封层 +18 厘米 5%水泥稳定碎石基层 +16 厘米级配碎石底基层。本项目预算总额为 16752 万元，其中国省道定额投入 10255 万元，常德市和澧县自筹 6497 万元。在施工中根据湖南省公路局的要求，水泥砼路面厚度由 25 厘米改为 27 厘米，基层厚度由 18 厘米改为 20 厘米，底基层厚度由 16 厘米改为 20 厘米。常德市公路局投资 40 万元对公路沿线进行绿化。该工程于 2009 年 12 月开工，2011 年年底完工。

第五节　石南线(S303 线)

S303 线是第二次公路普查时的省道 1829 线与县道白(埡)南(镇)线组成，该线起于石门县新关镇丁家坪(与 S304 线 K38+890 处平交)，经新关、白云、望羊、磺厂、国太桥、磨市、雁池、黄虎港、壶瓶山(泥市)、白埡至湘鄂两省交界处的南镇止，全长 141.524 公里。S303 线磺厂至泉坡段，即 K40+417 至 K50 长 9.583 公里位于慈利县境，石门县实际管养 131.941 公里。至 2010 年年底止，在 131.941 公里中，按线路技术等级分：三级 40.417 公里、四级 80.285 公里、等外 11.239 公里。按路面类型分：沥青表处 79.172 公里、水泥砼 52.769 公里。

1958 年为开采青官渡的磷矿，同时也为解决石门县西北方向广大山区群众的交通运输问题，湖南省交通厅派出了成从修副厅长带队的踏勘队伍对石门至青官渡进行实地勘测，为了避免经过黄虎港这一险峻地段，作了澧水两岸的北线与南线两个方案进行比较。北线里程较长，其中长坝和珍珠岩两处艰险地形，略次于黄虎港，并且居民点和矿藏也少，工程同样艰巨；南线距离较短，群众受益面广，因此确定采取南线方案。即从石门县城与慈（利）张（公庙）公路接线，经阎家溶、太平溶、新关跨澧水翻越狮子脑，傍澧水而上，经皂市、白云、望羊、磺厂、雷打岩、国太桥即傍二十四道水的右山，在门坎岩跨过二十四道水傍左山行进，再跨大桑洞沟以盘山回头线下九里坡，经青泥溪、芭蕉峪至官庄坪（磨市后山）继续向西北行进，经古市、麻纳口、菱角垭、所市对河的南坪，文化乡的水南以盘山回头线下黄虎港后，再傍山下泥市，然后又以盘山回头线上三道河、风箱坡、泥儿垭，翻越挖断岗，再展线下坡经白竹垭到青官渡。全程 139.5 公里。

线路走向方案确定后，湖南省交通厅测量队于 1958 年 4 月派出三个组对石门县城至泥市分段进行测量。其中一个组由经验丰富的老工程师肖惠之率领进行黄虎港路段的测设，另两个组分别从石门县城和文化水南向官庄坪进行合拢，这两个组在测设过程中，白天野外测量，晚上培训石门县政府配备参加测量工作的 20 名干部和工人，学习有关公路测量和施工的知识。这批人员在石青公路施工阶段的技术辅导中，起了很大作用。整个测设工作 1958 年 9 月中旬完成。本路段施工由石门县、慈利县人民政府组成石青公路修建指挥部，并建立黄虎港大桥修建指挥所，石门县 15000 人于 7 月至 10 月底分三批开赴工地，以公社为单位组织民工营参加公路修建，全段的所有工程于 1959 年 12 月建成通车，全程 111 公里，包括黄虎港段 4.8 公里。

S303 线石门泉坡路段

泥市至青官渡段于 1958 年 1 月湖南省交通厅测量队进驻泥市，先于石门至泥市段进行测设，3 月份测设工作完成后，即由石青公路建设指挥部施工，于 1958 年年底完成路基工程，全程 26 公里。石门至青官渡公路路基宽 7.5 米，路面宽 5.5 米—6.5 米，最大纵坡 12%，最小平曲线半径 10 米。

石门至青官渡沿线地形。石门县城至磺厂段长 40 公里，路线大部分通过丘陵段，在新关跨过澧水后，沿南岸边山台地到皂市，再经白云桥，越矮岭徐缓下坡到达磺厂。此段地势开阔，地质良好，路线平顺。磺厂至泥市段长 69 公里，全段均为山岭路段，山高陡峻，沟深谷险，山岭横阻，地形复杂，多风化页岩，地质不良地段多，路线平面多弯曲，纵面点多起伏，尤其是黄虎港一段4.8公里长，高差大，距离短，峭壁高达二三百米，路基凿岩切深平均达20米，最大切深约43米，平均每公里石方达6万立方米，而且必须在悬崖峭壁上选布盘山路线下黄虎港跨桥而过，同时还要考虑黄虎港大桥的位置和高度，线路必须服从大桥桥位。黄虎港桥的现址，是最大限度减少线路长度，又尽可能保证桥头弯道半径不会过小，同时选定石拱桥方案，可就地取材，降低工程成本。泥市至青官渡长28.5公里，为越岭线，过泥市后开始升坡，利用山势回旋和回头展线，经三道河、风箱坡到达泥儿垭(海拔1000米，深切20米)，再越挖断岗(海拔1000米，深切16米)，回旋下经白竹垭抵青官渡。

白竹垭至南镇段，于1976年8月始由石门县交通科派人测量，从石青公路的K135处的白竹垭起，到达南镇，与湖北省界相交。同年10月由南镇公社施工，12月底竣工，全程11.3公里，路基宽5.5米，路面宽3.5米。至此，石门至南镇公路全线贯通。白南线原属县道，2001年第二次公路普查后列入省道303线。

石南线建成时，全线有3米以上跨径桥梁53座，大多数为石台木面桥。从1967年新关大桥改建起，至1983年5月张家湾桥改造止，共改造50座木面桥梁为永久性桥梁。黄虎港桥是全线跨径最大的石拱桥，也是当时中国历史上最大跨径的石拱桥，主拱净跨为60米，拱矢度1/3，设计荷载汽—13，拖—60级，桥面净宽8米，采用等截面圆弧空腹拱，拱圈按80号水泥砂浆砌500号粗料石(后经试压，石料强度超过700号)，拱圈厚度2.3米。全桥决算造价为616773元(包括4.8公里接线的造价)，用劳力260763工日，水泥269吨，木材2300立方米，钢材(铁件)32.5吨。

1976年冬至1977年春，石门县将石门至新关(K0—K10+700)长10.7公里路基宽度扩宽到9米，于1977年建成油路，油面宽6米，沥青双层表处。1983年8月将K10+700—K13的沿河线路基由6.5米扩宽到7.5米，并将狮子脑绕山线弯道半径加大，内弯加宽，行车较以前顺畅。1986年将枧子溪至皂市一段(K13—K19)长6公里的路基扩宽到12米，并将K13—K17改建成沥青路面，投资90万元。1998年K17—K24改建成油路，投资105万元。1992年投资142.5万元，将K24至K37之间8.3公里沙路改建成油路。1995年新关镇长1公里路段改建水泥砼路面，公路部门出资16万元，不足部分由当地集资。1998年K28—K29改建油路，投资30万。同年K50—K66长16公里改建油路，其中K50—K58投资240万元。1999年K66—K88长22公里改建油路，投资788万元。2000年K88—K108长20公里改建油路，投资456万元。2001年K108—K141+524改建油路，投资750万元。以上各段油路均为沥青双层表处，油面宽度6米。

2009年11月5日，湖南省交通运输厅以湘交计统字〔2009〕465号文，即《关于石门县城至南北镇公路改建工程一阶段施工图设计(代初步设计)的批复》，下达了S303线的路网改造计划。改建段全长136.934公里，其中利用皂市水利枢纽重建公路46.36公里。石门至皂市段长16.319公里按二级公路标准建设，设计速度采用60公里/小时，路基宽度10.5米，设计洪水频率：大中桥 1/100，小桥涵及路基为 1/50；皂市至南北镇段长 120.615 公里按三级公路标准建设，设计速度采用 30 公里 / 小时（局部困难段采用 20 公里 / 小时），路基宽度 7.5 米，路面宽度 6.5 米，设计洪水频率：大中桥为 1/50，小桥涵及路基为 1/25。全线桥涵设计汽车荷载等级采用公路—Ⅱ级，其余技术指标按部颁《公路工程技术标准》执行。为保护黄虎港路段1.11 公里生态环境，确保路基稳定，路基宽度可采用 6.5 米。全线采用水泥砼路面，路面结构为：25 厘米水泥砼面层 +1 厘米沥青表处封层 +18 厘米水泥稳定碎石基层 +15 厘米级配碎石底基层。本项目预算总额为 44877 万元，资金来源：国省定额投入 29835 万元，常德市和石门县自筹 15042 万元。2012 年 5 月 S303 线石门县城至南北镇水泥砼路面已全线贯通。

第六节　张慈线（S304 线）

S304 线是第二次全国公路普查前的省道 1836 线，即慈利至张公庙线。S304 线起于澧县张公庙，经合口、新安、石门、三江口、界溪桥、苗市至慈利县城止，全长 78.4 公里。常德市境内张公庙至与慈利县交界处的界溪桥，全长 46.815 公里。至 2010 年年底止，在 46.815 公里中，按线路技术等级分：一级 3 公里，二级 33.527 公里，三级 10.288 公里。按路面类型分：沥青表面处治 9.747 公里、水泥砼 37.068 公里。

S304 线张公庙至石门段，于民国 23 年（1934）5 月由湖南省公路局组织测量队测量，自澧县的张公庙澧水北岸起，通过澧县的澧西平原，经合口、新安两镇，到达石门县城的澧水河边，全程 33.88 公里。本路段路线平坦，最大纵坡 6%，最小平曲线半径 30 米。民国 24 年（1935）10 月以兵工修筑张公庙至新安的土路，新安至石门段采用征工完成。路面施工简陋，宽仅 2 米—3 米，厚约 10 厘米，这一路段于民国 25 年（1936）6 月竣工。抗日战争时期，日寇侵入湖南，民国 28（1939）张公庙至石门公路奉令彻底破坏。抗战胜利后国民党急于打内战，民国 36 年（1947）第十七绥靖公署成立“军路修筑委员会”，筹划修复此段路线，到民国 37 年（1948）12 月修复成简易公路通车。路基宽 5 米—7 米，路面宽 2.5 米，厚度 9 厘米，通车后路面坑槽累累，行车十分困难。

S304 线文明样板路石门路段

解放后，1950 年 10 月临澧工务段成立（成立前为临澧分段），即派员勘测慈张公路制定了整修改善计划，并联系澧县、临澧、石门、慈利四县交通部门，组织民工参加慈张公路的整修改善工作。当年 8 月开始筹建石门渡口，8 月 15 日由张公庙渡口用木帆船扯风蓬拖带双车板船一只逆水而上到石门渡口，10 月 1 日正式开始汽车渡运工作，从此慈张公路全线通车。

1969 年枝柳铁路动工新建，慈张公路自临澧新安起直到石门县城，走向与铁路平行，在石门县境有三处因铁路干扰而改线。一是 K51+600—K52+400(原 1836 线桩号，以下同。)一段长 800 米，与铁路线交叉，1970 年铁路部门将路线移向左侧山地，并在 K52+014 处修建一座1 孔净跨 10 米的公路跨线桥(友助桥)，改线后里程稍有增长，但路基稳定性有改善。二是红土坡 K42+300—400 长约 100 米，与铁路斜交。1970 年由铁路部门改线，并修建一座 1 孔净跨10 米的跨线桥，由于改线距离短，桥孔进出口设置两个小半径反向弯道，行车不顺畅。三是石门县城扩街改线，对 K38+380—K41+500 一段长 3.12 公里进行改线，改线后 K38+380—K41+380 段 3 公里路基宽 16 米；K41+380—K41+500 路基宽 9 米。将原线走老街道东端进出口的东方桥，移至改线段的 K41+500 接线点上，新建一座两孔净跨 6 米的石拱桥。改线后，线型平直，避免了原走老街道通过的不顺畅和不安全的现象。

1976 年，临澧、石门两县油路修建指挥部，将石门县境的东方桥至临澧县境棕树桥一段长 24.76 公里(K41+500—K66+260)的路基，由原宽 6 米—7 米扩建至 9 米，其中临澧县境 K63+050—620 合溪桥一段长 570 米地段，由当地将路线左移拉直，并修一座 1 孔净跨 5 米的石拱桥，改善了线型，并缩短距离 70 米，湖南省公路局补助经费 1 万元。1976 年至 1978 年澧县农田建设指挥部，将澧县境棕树桥至张公庙(K66+260—K71+260)段原线由棕树桥跨堤经澧阳平原的路段，改走棕树桥右侧堤外长 1.3 公里的直线上堤顶约 0.3 公里下堤，经澧阳平原 4.4 公里到达张公庙，路基宽 8 米—9 米。

张慈线石门至界溪段长 13.647 公里，民国 25 年(1936)2 月湖南省公路局成立石慈段公路测量队，测量完毕即组织施工，民国 27 年(1938)4 月建成路基后即停工，石门至界溪桥段没有通车。1949 年 10 月新中国成立后，石门县政府发动群众采备沙石，抢铺路面，从 1950 年 10 月 1 日石门渡口开始渡运后，石门至慈利公路全线通车。慈张线由石门去慈利先须在石门县城过新街口汽车渡口，而后经车湾、苗市去慈利。1972 年 12 月由铁路部门修建的二江口公铁两用桥建成通车，该桥全长 541 米，主桥 4×80 米钢桁架结构，引桥为 6×32 米鱼腹梁式钢筋砼梁桥。中间为铁路桥，两侧为公路桥，桥宽 6.75 米：车道净宽 5 米 + 安全带 0.25 米 + 人行道 1.5 米。为避免从石门过新街口渡口去慈利，就有必要利用三江口公铁两用桥，因此湖南 省交通厅投资，由省交通厅规划设计院测设，在大桥施工时的便道基础上，以三江口大桥桥头为基点修建一条新线，从原慈张线 K28 公里起，经慈利与石门交界处的界溪桥，通过三江口大桥，到达原石青公路 K1+500 的保尔接线，石门县境全长 11.553 公里。

1975 年石门县油路修建指挥部将县城段(K38+380—K41+380)长 3 公里沙石路面，改建成宽 7 米渣油沥青双层表处路面，其经费湖南省公路局每公里补助 2.5 万元。1976 年石门、临澧两县油路指挥部，将石门(K41+380)至合口(K65+000)一段长 21.62 公里的沙石路面，改建成宽 7 米渣油沥青双层表处路面，省公路局共补助 54.42 万元。1977 年澧县油路建设指挥部，将 K67+610—K72+260 长 4.65 公里的沙石路面，改建成宽 7 米渣油沥青双层表处路面，每公里补助经费 2.8 万元。从而张公庙至石门段 33.88 公里（K38+380—K72+260）全部建成油路。

张慈线石门县境地段，于 1985 年由石门县成立公路加宽改建指挥部，对公路进行加宽改造。界溪桥至保尔与石青线相接的一段，改从界溪桥经三江口大桥后至丁家坪，穿过铁路跨线桥，经大溪溶、小溪溶直择石门县城茶厂和磷肥厂之间，与慈张老线衔接（K38+460）长 9.85 公里。同时石门县城至新安镇一段长 14.45 公里，也进行加宽改线。石门县境加宽改线工程有土石方 40.4 万立方米（其中石方 4.82 万立方米），新建涵洞 24 道长 465.5 米，接长涵洞 103 道长 463.5 米，防护工程 6 处长 185 米计 675 立方米，拆迁房屋 63 栋 6313 平方米，拆迁电杆 185 根，占用田地 31.67 公顷。同年临澧路段也由临澧县公路加宽改建指挥部，将新安至合口段（K55+250—K66+450）长 11.2 公里的路基由 9 米，扩宽到 12 米。临澧县境加宽工程有土方 7.037 万立方米，接长涵洞 30 道，长 113.5 米。排水工程 4 处，长 750 米，计 254 立方米、拆迁房屋 5527 平方米、拆迁电杆 60 根、占用田地 3.33 公顷，经费开支 25.86 万元。

S304 线东接国道 207 线，西连省道 306 线，是一条重要的东西向干线公路，是连接常德至张家界高速公路及在建的太原至澳门国家重点干线公路的重要联络接线，也是湖北荆州等地通往国际风景名胜区张家界的必经通道。20 世纪 80 年代以来，S304 沿线经济快速发展，原有公路技术等级低、路面窄、线型差，街道、半街道化现象严重，部分路段处于澧水洪道内，车辆通行能力低，不能满足交通量日益增长的需要。从 1994 年开始，由石门县政府策划，从与临澧接界的蔡家溪开始，沿澧水而上，经易家渡，至石门东城到狮子脑，新建一条全长 16.9 公里的平原微丘二级公路。该项工程由石门县交通局组织实施，工程经费亦由县交通局贷款解决，于 1994 年 5 月动工，1998 年 10 月建成通车。全线路基宽 20 米，路面宽 16 米，全部水泥砼路面，本项工程共投入资金 6654 万元，其中省交通厅于 1998 年 11 月下达经费 1047 万元。

S304 线—7K+10 路段

S304 线张公庙至新安段 2002 年开始改建，湖南省交通厅于 2002 年 6 月 27 日，以湘交基建字〔2002〕269 号文，批复了省道 1836 线张公庙至新安二级公路（平原微丘）施工图设计。张新公路起于张公庙大桥桥头转盘，往北沿张（公庙）大（坪）公路在水古庙交于二支，经合口医院、油榨坟、文昌阁、新安镇、南撇河、杨树，跨蔡家溪后进入石门县境，全长 20.097 公里。全线按平原微丘二级公路标准设计，计算行车速度 80 公里 / 小时，路基宽度 17 米（建成后实际宽度为 20 米），路面宽度 17 米，设计车辆荷载为汽—20、挂—100，设计洪水频率为：大中桥1/100；小桥、涵洞 1/50。路面结构为 24 厘米厚水泥砼；下设 1 厘米厚沥青封层；15 厘米厚 4%水泥稳定沙砾底基层；18 厘米厚 6%水泥稳定沙砾基层。核定预算经费为 12738 万元。本项目业主是：临澧 1836 省道张新公路建设开发有限公司。该工程由中铁十八局集团第五工程公司、湖南公路桥梁建设总公司、湖南常德公路工程总公司、常德路桥建设有限公司 4 个单位承建。湖南省交通建设工程监理有限公司监理。2002 年 9 月 8 日开工，2004 年 9 月 15 日交工验收，工程质量评定等级为优良。

2008 年常德市公路局投资 580 万元，将 S304 线 K38+800（三江口桥）至 K46+815（界溪桥）8.15 公里改建为水泥砼路面，C35 号砼，路面宽 2×3.5 米，砼板厚 24 厘米。2010 年市公路局投资 159 万元，将 S304 线 K35+600（保尔）至 K38+800（三江口桥）3.3 公里改建为水泥砼路，C35 号砼，路面宽 2×3.5 米，砼板厚 26 厘米。

第七节　南永线（S306 线）

S306 线自岳阳市平江县的南江桥起，经岳阳、华容、南县、安乡、常德、漆河、慈利、张家界至永顺县灵溪镇止，全长 579.198 公里。S306 线从安乡与南县交界的南安桥（K202+720）进入常德市，经安乡、石龟山、保河堤、八宝湖、周家店、万金障、泉水桥、丹阳路、银线宾馆、河洑、陬市、漆河、马家堰、温泉，到灵官庙（K358+543）进入张家界市的慈利县。常德市境内长 155.823 公里。在 155.823 公里中按线路技术等级分：二级 126.204 公里、三级 29.619 公里。按路面类型分：沥青表处 2.057 公里、沥青砼 20.813 公里，水泥砼 132.953 公里。

S306 线安乡境从 K202+720（南安桥）起至 K235（石龟山大桥南岸）止，长 32.28 公里。其中南安桥至安乡县城关段，长 16.34 公里，1969 年 11 月动工修建，经三岔河、丁家渡、陆家渡三个集镇，路基宽 5 米，路面宽 3.5 米，于 1979 年 12 月竣工通车，投资 17.2 万元。1976 年底湖南省公路局投资 138 万元，修建了陆家渡、丁家渡两座大桥，1978 年 6 月建成。1979 年安乡城关至南安桥（三岔河）路基加宽到 7.5 米。1981 年冬至 1985 年年底，南安桥至安乡城关路段路基加宽到 12 米，书院洲至安犹段改走城郊，长 2.75 公里。1981 年陆家渡桥加长 50 米，1982 年 1 月建成通车。1993 年及 1994 年该路段按每公里 20 万元投资，建成 7 米宽的双层表处渣油沥青路面。2000 年至 2001 年安乡城关至三岔河 10.19 公里（城区部分已建成水泥砼路面），按照平原微丘二级公路标准修建水泥砼路面，路基宽 12 米，砼路面宽 9 米，砼板厚 24 厘米。总投资 1461.55 万元，其中湖南省公路局补助 183.4 万元，其余 1278.2 万元由常德市公路局贷款，并由安乡大桥收费站收费还贷。

1987 年湖南省政府在安乡召开“湖南省湖区防汛工作现场办公会议”，要求加强蓄洪区的防洪安全建设和加速湘北干线公路建设，确保分洪蓄洪区的防洪保安。1990 年年初，湖南省计委组织工作组,对几个拟建大桥桥位进行实地查勘论证,一致确定把桥建在大鲸港与石龟山较为优越,旋即报省政府批准,同时提出将防洪抢险的道路要求予以延伸,畅通湘北干线,即原省道 1804 线常德段和津市至石龟山联络线。该路段建设,对于落实省政府的民本理念和1987 年在安乡召开的"湖南省湖区防汛工作现场办公会议"精神,增强防汛抢险的交通输送能力和人民群众在险期的安全感具有重要作用;同时对促进湘北地区的经济发展,改变水运单一的格局,增强交通网络的总体功能,也具有一定的积极作用。湘北干线总投资概算为 24495 万元,因一次性投资困难,分三期投资修建。第一期改建大鲸港经石龟山至周家店二级公路,长 36.965 公里,同时新建大鲸港大桥。第二期新改建石龟山至津市大桥联络线二级公路,长 29.8 公里,同时新建石龟山澧水大桥。第三期工程新改建周家店至常德市城区二级公路,长 30.653 公里。

安乡大鲸港大桥,位于城关镇,中心桩号 K218+345,横跨松滋河,于 1991 年 4 月开工,1994 年 12 月竣工通车,桥梁全长 930.62 米,桥面净宽 13.1 米。总投资 5484.43 万元,其中湖南省交通厅投资 4384.43 万元,湖南省计委投资 400 万元,湖南省水利厅投资 200 万元,市、县两级自筹 500 万元,大桥由常德市人民政府承建,湖南路桥二公司施工。

S306 线大鲸港至石龟山段长 15.7 公里,1991 年 11 月 25 日动工,由安乡县政府组织修建,按照平原微丘二级公路标准,路基宽 13.2 米,路面宽 7 米。中桥 1 座,出口洲桥(K225+709),1 孔 16 米、2 孔 15 米,全长 50 米。小桥 1 座,珊泊湖桥(K228+922),3 孔 2.8 米。桥宽 12.8 米,净宽 12 米。两桥均于 1993 年 12 月建成。1995 年,大鲸港至石龟山 15.94 公里改建为双层表处沥青路面,路基宽 12 米,油面宽 7 米,投资 431 万元。1999 年至 2000 年该路段又改建成水泥砼路面,路面宽 2×4.5 米,砼板厚 24 厘米。总投资 1461.55 万元,湖南省公路局补助 183.4 万元,其余 1278.15 万元由常德市公路局贷款,由安乡大桥收费站收费还贷。

S306 线王家桥路段

石龟山大桥(K233+883),桥梁全长 1572.42 米,桥面宽 10 米,由常德市人民政府承建,湖南省交通厅湘交计基字第[283]号文核准总经费 7238.7 万元,其中 2000 万元地县自筹,余下部分省拨。于 1994 年 11 月开工,1998 年 8 月竣工通车。

S306 线 K235(石龟山大桥南岸)至 K249(八宝湖桥南岸),属津市公路局管养地段,长 14 公里,其中与 S205 线重复里程 5.37 公里,即 S306 线 K236+160 至 K241+530 与 S205 线

K30+210 至 K35+580 重合。该路段路基工程 1992 年至 1994 年由津市市市政府主修，按平原微丘二级公路标准修建。1995 年由省投资 1909 万元，将石龟山至周家店 21.025 公里，按平原微丘二级公路标准，加宽改建为双层表处沥青路面，路基宽 12 米，路面宽 7 米。1999 年石龟山至保和堤 1.518 公里改建为水泥砼路面。2008 年保和堤至新湖桥 5.37 公里，改建为水泥砼路面，路面宽 2×4.5 米，土路肩 2×1.5 米，砼板厚 24 厘米，投资 603.29 万元。2010 年新湖桥至八宝湖 7.5 公里改建为水泥砼路面，路面宽 2×4.5 米，板厚 26 厘米，投资 902.44 万元。2008 年八宝湖桥（K249）至周家店（K254+400）5.4 公里改建为水泥砼路面，路面宽 11 米，投资 864.01 万元。

S306 线周家店（K256+025）至常德市城区丹阳路（K289+420），长 33.395 公里，线路大部分走向仍为原省道 1804 线。该路段 1958 年由常德县交通科按简易公路标准设计，1959 年 10 月开工，1967 年建成通车，路基宽 6 米—7.5 米，路面宽 3.5 米。1977 年常德县油路建设指挥部，将常胜桥至南坪岗长 1.5 公里路段，由原路基 6 米—7 米，加宽到 12 米。南坪岗至刘家桥长 16.5 公里路段的路基，由原宽 6 米—7 米，加宽到 9 米。路基加宽的同时，局部地段进行了线型改善。如泉水桥至东山 5.2 公里路段，原路线是过泉水桥后，路线沿万金障农场防洪堤顶走，洪水时期堤面要加高阻水，影响行车。此次改线走堤内 2.6 公里，然后沿山行 1.52 公里，共长 4.12 公里，这样既避开了汛期行车的影响，且里程还缩短 1.08 公里。1978 年常德县油路修建指挥部，将刘家桥至王家桥 7.894 公里，改至原路左侧 150 米—200 米处的河堤上，堤顶宽度 10 米，堤内还筑了一条宽 2 米至 3 米的护坡道。1984 年至 1985 年常德县公路加宽建设指挥部，将周家店至南坪岗段公路路基扩宽到 12 米，加宽过程中局部进行改线。1987 年常德县油路修建指挥部将周家店至常胜桥铺装成 7 米—9 米宽的双层表处沥青路面。

S306 线周家店至常德公路改建工程。1998 年湖南省交通厅以湘交计基字〔1998〕第 505 号《关于省道 1804 线周家店至常德公路初步设计的批复》，批准了周家店至常德公路改建工程初步设计，该线起点周家店镇北端，绕镇后经石公桥、镇德桥、白鹤山、柳叶湖、南坪五个乡镇，终点常德市区丹阳路出口。全长 28.962 公里，其中同心河堤利用老路 7.6 公里，1997 年已建成，此次实际建设里程为 21.362 公里，核准工程概算为 8540 万元。由于设计变更：一是原设计 9 米宽的沥青三层表处变更为宽 11 米、厚 24 厘米的水泥砼路面；二是柳叶湖桥由 4 孔 16 米，全长 68 米，宽 12 米的普通钢筋砼板桥，变更为全长 187.5 米、宽 17 米的预应力钢筋砼下承式系杆拱连续结构大桥。因此 2001 年 4 月 30 日湖南省交通厅以湘交计统字〔2001〕223 号文《关于省道 1804 线周家店至常德公路改建工程调整概算的批复》，核定周家店至常德公路改建工程总概算为 12174 万元。该项工程土方 109.6 万立方米，石方 12.1 万立方米，大桥 1 座长 187.5 米，中桥 2 座长 95.2 米，小桥 2 座，长 33.34 米，沥青砼路面 20378 平方米，水泥砼路面 231983 平方米。终点前 2.87 公里至丹阳路出口段交通量很大，经省交通厅同意路基加宽至 24 米，路面宽 21 米。全线设计荷载汽—20、挂车—100。该项目设计单位是湖南省交通规划设计院。施工单位有湖南省机械筑路公司、常德路桥公司、益阳路桥公司等单位。1999 年 8 月正式开工，2001 年 12 月该段路面工程建成通车，2003 年 12 月 28 日该段全部工程开放交通。2004 年 5 月 18 日，该段改建工程经湖南省公路局、湖南省交通厅质监站、常德市交通局进行交工验收，工程质量等级评为优良。

S306 线丹阳路至银线宾馆路段通过常德市城区，长 3.78 公里。

S306 线三岔路至陬市段是原省道 1801 线的起始段，该路段是民国 16 年（1927）5 月，湘西汽车路局筹划兴修的常（德）桃（源）公路的一段。自常德大西门外的莫公桥起，沿旧常桃驿道经南湖坪、河洑至陬市长 13.8 公里。民国 17 年（1928）7 月竣工通车，是常德境内最早建成的一段公路。抗日战争时期，这段公路遭到严重破坏，至抗日战争胜利后民国 35 年（1946）才勉强修复。该路段除河洑山约 500 米系傍山沿河线外，其余均系平原区。

S306 线陬市至灵官庙（桃源县与慈利县接界处）段，长 54.664 公里，民国 23 年（1934）1 月湖南省公路局组织测量队进行测量，但未开工。民国 35 年（1946）下半年主持湖南省政府的王东原为打内战需要，提出民国 36 年（1947）为“交通建设年”的口号，其主体就是“公路建筑运动”，因此迫使湖南省公路局提出了八项工程计划，陬市至慈利公路就是其中的一项，并于民国 36 年（1947）11 月由国民党第十七绥靖公署成立的“军路修筑委员会”测设施工，到民国 38 年（1949）草率完成土路通车，即移交第二区公路局。通车只勉强维持一个月，即以桥损路烂而停止通车。

1949 年新中国成立后，湖南省公路局应当地政府要求，于 1951 年派测量队对陬慈公路重新勘测，按当时五等路标准设计。1952 年成立“复修陬慈公路工务所”，由省公路局直接领导，下设三个工程队负责施工，由桃源县组织 1 万多人，慈利县组织 2000 余人，负责路基土石方工程，中途常德专署派遣常德市船工队四百人支援这一工程。路面沙石采备，则结合沿线群众生产度荒的要求，自愿组合参加给以工资补助。其余路基石方，路面铺装及桥涵等技术工作，则多从宁乡、湘乡等地招雇技术工人担任，全部修复工程于 1953 年 8 月竣工，共投资 64.66 万元，其中民工建勤价值 8.94 万元。陬慈段桃源境自陬市镇起，经黄婆店、漆河镇，跨聂家桥，经一字山、马家堰、热市、菖蒲至灵官庙。地形属微丘区，路基宽 7.5 米，路面宽 4.5 米，有聂家桥大桥 1 座。

S306 线常德县（市）境长 8.2 公里，1958 年至 1960 年间河洑附近修建渐河，将原路线右移，并修建了现在的闸垻桥，1977 年由常德县（市）油路指挥部，将三岔路至河洑段 6 公里路基扩建到 12 米，余下 2.2 公里，扩宽到 9 米，并局部进行裁弯取直，改善线型。1984 年冬至 1985 年春，常德县公路加宽改建指挥部又将 2.2 公里路加宽到 12 米，这次加宽工程中有土方 17992 立方米，防护工程 202 立方米，接长涵管 10 道长 61 米，拆迁房屋 2586 平方米，拆迁电杆 15 根，共计经费开支 10.2 万元，其中省投 4.76 万元，地方财政投资 5.26 万元。该段路面改造工程，1971 年由常德市油路修建指挥部铺装了长 1 公里（K0—K1），宽 7 米的双层表处渣油沥青路面，湖南省公路局补助 2.5 万元。1975 年又由常德县油路指挥部铺装了 7.2 公里（K1—K8+200）宽 7 米的双层表处渣油沥青路面，省公路局补助 33.1 万元。1977 年又由常德县(市)油路指挥部将 K7+600 路面加宽到 9 米的双层表处渣油沥青路面。1978 年湖南省交通科研所和常德公路总段在该路段 K0+050 至 K1+050 铺设一段大交通量下渣油沥青浅贯入试验路段。

S306 线河洑至灵官庙段长 57.6 公里(原 S1801 线 K8+200—K65+800)一段 1975 年冬路基由 6.5 米至 7.5 米,扩宽到 9 米,在扩建中明确了田路分家的重要性,在田与路之间设置了排水沟,改善了路基的水稳性。1976 年又将 K8+200 至 K10+200 一段 2 公里长常遭洪水淹没的低路基,改移至左侧并加高,同时修建了一座 5 孔净跨 8 米的石拱桥,取名双善桥,解决了沅水洪水时该路段被淹没的状况。双善桥湖南省公路局投资 18 万元。1975 年至 1976 年,桃源县油路指挥部将河洑至灵官庙 57.6 公里路段铺成 7 米宽的双层表处渣油沥青路面,其中高湾至狮子山是 1975 年修建,长 28.8 公里,省公路局投资 80.6 万元。1985 年 1 月至 9 月,桃源县公路加宽改建指挥部将 S306 线桃源境内路段路基加宽到 12 米,局部进行了裁弯取直。该路段加宽改建工程经费,省公路局按每公里 1.2 万元补助,改线路段每公里补助 2.2 万元,路基宽超 12 米的,每超 1 米增补 0.1 万元,加宽经费补助限度至 23 米止。

从 1988 年起 S306 线桃源境分段实施油路配套工程,即按新的设计交通量,改建路面宽为 9 米的油路。当年常德县境 K6—K8+400(原 1801 线桩号,下同)2.4 公里进行油路配套。同年桃源县几处集镇共长 7 公里进行了油路配套。1990 年 K17 至 K50 之间共 20 公里油路配套,湖南省公路局投资 299.3 万元。同年黄花桥加宽到 12 米,1 孔 8 米,全长 19 米,投资 12.1 万元。夏家峪桥加宽到 12 米,1 孔 13 米,全长 21.5 米,投资 9.9 万元。两桥设计荷载汽—20、挂—100。1991 年油路配套 18.52 公里,投资 345 万元。1992 年 K8+400 至 K34+200 之间配套 5.63 公里,投资 83.9 万元。1997 年 K31—K32、K54—K55 之间 1.8 公里油路配套,投资 37.6 万元。

S306 线桃源境 K10+387—K13+507(原 1801 线桩号)长 3.12 公里,于 2001 年 10 月 1 日建成水泥砼路面。2003 年 K332—K342 计 10 公里改建为沥青砼路面,投资 656.2 万元。同年 K342—K344、K345—K347+500 长 4.5 公里改建为沥青砼路面,投资 162.94 万元。同年 K355—K356+500 长 1.5 公里改建为沥青砼路面,投资 101.12 万元,以上各段沥青砼路面的宽度 9 米,路面结构是 1 厘米沥青单层表处下封层,面层是 3 厘米厚沥青砼。2010 年 S306 线桃源境大部分沥青表处路面改建为水泥砼路面。改建里程 40.373 公里,总投资 5009.86 万元(含同步进行的水沟、GBM 及安保工程的经费)。分两个合同段施工,第一合同段 K306+682—K324+429 长 17.747 公里,预算经费 2143.38 万元。第二合同段 K324+429—K324+570、K325+750—K347+379、K348+144—K349,长 22.626 公里,预算经费 2866.48 万元。砼路面标号 C35,设计基准期 15 年,砼弯拉强度 5MPa,基层宽 9.4 米,面层宽 9.0 米,路面横坡度 1.5%。补强层为 20 厘米厚 5%水泥稳定级配碎石,水泥砼面层厚 26 厘米。本项目 2010 年 6 月 28 日动工,于当年 12 月竣工。

表 2—2—1

2010 年常德市省道公路里程统计表

线路编号	线路名称	起讫地点	里程（公里）	技术等级					路面类型			
				一级	二级	三级	四级	等外	水泥砼	沥青砼	沥青表处	沙石路
S205	津武	津市·良荆界	122.100		92.306	8.170	21.624		113.211	3.205		5.684
S226	陬桃	陬市·桃源	25.640	24.300		1.340			25.640			
S227	漆官	漆河·马宗岭	57.270				57.270		57.270			
S302	紫边	紫金渡·边山河	129.043	13.883	54.27	0.6	60.29		71.823	2.92	54.3	
S303	石南	石门·南镇	131.941			40.417	80.285	11.239	52.769		79.172	
S304	张慈	张公庙·界溪桥	46.815	3.000	33.527	10.288			37.068	9.747		
S306	南永	南安桥·灵官庙	155.823		126.204	29.619			132.953	20.813	2.057	
	合计		668.632	41.183	306.307	90.434	219.469	11.239	490.734	36.685	135.529	5.684

第三章　县道建设

第一节　X001 壶(瓶山)—大(荆洲)线

壶大线从石南线(S303 线)壶瓶山起,沿渫水盘山而上,以四道回头曲线,抵达大荆洲,全长 27.981 公里。路段技术等级:壶瓶山至木杉溪 1.501 公里为四级公路,其余 26.48 公里为等外路。路段路面类型:壶瓶山至江坪大桥 13.553 公里为沥青表处,其余 14.428 公里为沙石路面。

1971 年为了开发石门县大荆洲煤矿,并解决江坪、钟岭两个公社的山区交通运输问题,常德地委和行署决定修建泥市(现名壶瓶山)至大荆洲的公路,同年 1 月由地区交通局组织石门县交通部门人员进行测量,从石青公路 K111 处接线,沿渫水上行,经龙池跨渫水盘山而上,以四道回头曲线,抵达大荆洲。1971 年 3 月地区成立泥大公路修建指挥部,计划投资 55 万元,由石门县各公社以民兵营为单位,分段施工,至当年 8 月份因经费用完,仅修建泥市进口 2 公里路基及龙池河口 200 米桥头接线的破岩工程和部分涵洞后停工。1972 年 6 月常德地区再次成立指挥部续建,并重新测量改线,经小河口、百页岩、老山岩至龙池河口,不跨渫水,而经下江坪至江坪跨渫水后盘山而上,又经岩门寺(三峰)、关口、赵家垭到达大荆洲,全程 28.56 公里,按山岭重丘三级公路标准设计。由常德地区所辖八县各组民工团分段施工,于 1972 年 8 月 1 日开工,1973 年 1 月 1 日建成通车。该线路基宽 7 米—7.5 米,路面宽 4.5 米—5.5 米,修建永久式桥梁 9 座长 264.1 延米,涵洞 110 道,长 1086 延米。其中江坪渫水大桥为 1 孔跨径 60 米,长 82.25 米的石台双曲拱桥。该线位于山岭区,最大纵坡 10.67%,最小平曲线半径 15 米。

2000 年常德市公路局和石门县政府共同投资 174 万元,对 K0 至 K13+553 改建双层表处沥青路面,油面宽 3.5 米。

壶大线由石门公路局养护。

第二节　X002 火(连坡)—罗(坪)线

火罗线起于澧县火连坡镇,经甘溪、太青,至划墙岭进入石门,再经子良、太平、穿山河、水南渡,止于石门县罗坪,全长 146.577 公里。路段技术等级全部四级。路面类型:水泥砼 69.702 公里(其中澧县境全部为水泥砼路面)、沥青砼 3.42 公里、沙石路面 73.455 公里。

火罗线在澧县境长 26.205 公里,于 1974 年 1 月建成通车,属等外路,路基宽 7.5 米—

8.5 米，路面宽 4.5 米至 8 米，设计荷载为汽—10 级。1982 年由常德地区交通局投资 4.4 万元，由澧县公路站对甘溪滩至划墙岭段的花竹、长湾两座危桥进行改造，并兴建田冲石拱桥。1991 年沙路改建油路 6.81 公里。2000 年至 2002 年，甘溪镇、太青乡采取"民办公助"方式，投资 200 万元，修建水泥砼路面 2.434 公里。2008 年火连坡至甘溪 6.5 公里建成水泥砼路面。其余路段于 2005 年至 2012 年 10 月，逐年分段建成水泥砼路面，砼路面宽 6 米，砼板厚 22 厘米。

石门县境于 2008 年至 2010 年，投资 1073.8 万元，修建水泥砼路面 18.038 公里，砼路面宽 5 米，板厚 22 厘米。

火罗线 K0—K7+500 长 7.5 公里由澧县公路局养护、K7+500—K26+205 米长 18.705 公里由澧县公路处养护、K26+205—K146+577 长 120.372 公里，由石门县公路处养护。

第三节　X003 梨(儿垭)—鼓(罗坪)线

梨鼓线是石门县内的一条县道，起于梨儿垭，止于鼓罗坪，全长 14.451 公里。技术等级全线四级。路段路面类型：K0 至 K7+006 长 7.006 公里水泥砼路面、K7+006 至 K14+451 长 7.445 公里沙石路面。在通乡公路建设中，梨儿垭东山峰农场场部至长湖、岩塔分界处改建成水泥砼路面。

梨鼓线全线位于山岭区，路基宽 6.5 米，路面宽 4.5 米。

梨鼓线始建于 1982 年，该线由石门县公路处养护。

第四节　X004 磺(厂)—太(平)线

磺太线从原石青公路磺厂(K40)，到沿市(袁公渡乡)，过沿市渡口后，经维新、大同山林场、丰禾(九渡河乡)至太平，全长 51.576 公里。路段技术等级：四级 18.497 公里(磺厂至维新)、等外路 33.079 公里(维新至太平)。路面类型：磺厂至高家塔 19.139 公里为沙石路、高家塔至太平 32.437 公里为水泥砼路。

1951 年石门磺厂组织工程技术人员对磺厂至渫水河边的沿市进行测量、设计，在当地政府的支持下组织人力修建公路，长 7 公里，宽 4.5 米—6 米，铺了沙石路面，修建了 4 座木桥，可供行人、畜力板车运输，并从渫水运进第一部汽车行驶。1954 年该厂又组织人力、物力对该路进行裁弯降坡处理，同时将沿线木桥涵改为永久性桥涵。

1973 年，石门县交通局对沿市至太平段进行了测量，选定了渡口码头，经两河口、维新、大同山林场、丰禾、联合、北庄、山峰寨到太平，全长 45 公里。1973 年下半年开工至 1974 年底，修建至大同山林场，长 28 公里。1975 年从大同山林场继续施工，到 1976 年 8 月底修建至太平竣工通车，长 17 公里。其中 K46 处，被山峰寨高峰阻挡，如绕道而行，里程增加 5 公里，因此县交通局与区、社商定修建隧道通过，由县交通局设计，丰禾公社组织180人的民工专业队伍，于1975年6月动工，1976年2月打通上导坑，同年6月26日隧道完工，9月20日通车。隧道全长305米，净宽4.5米，高5米，由于隧道当时没有整洞衬砌，洞身又系风化石易剥落，因不安全而停止通车。1977年9月，湖南省交通厅召开公社公路经验交流会，参观了磺太线，对三峰寨隧道存在的问题提出改进意见，并补助经费5万元，太平区自筹4万元，将隧道洞衬砌，于1977年12月底恢复通车。

磺太线全长51.58公里，路基宽6.5米—7米，路面宽3.5米—5.5米，共有5米以上跨径的桥梁12座，隧道1处，最大纵坡14%，最小平曲线半径23米。2005年实施通乡工程，将维新至丰禾（K37+139至K51+576）长14.437公里改建为水泥砼路面，路面宽5米，板厚22厘米，投资780万元。2006年将九渡河至维新（K19+139至K37+139）长18公里改建为水泥砼路面，路面宽5米，板厚22厘米，投资648万元。

磺太线由石门公路局养护。

第五节　X005九（渡河）—罗（坪）线

九罗线起于石门县九渡河，经雁池，止于罗坪，全长66.002公里。路段技术等级：全线四级。路面类型：水泥砼44.741公里、沥青表处0.455公里（K28+510至K28+965）、沙石路20.806公里（K0至K20+806）。

九罗线九渡河至白泥界，长25.506公里，始建于1982年、雁池大桥至白泥界长3.021公里始建于1978年、雁池大桥至罗坪长37.475公里始建于1989年。在通乡公路建设中，2003年至2008年，修建古市至罗坪长3.7公里水泥砼路面，在此期间还修建了珠宝街至雁池大桥7.741公里水泥砼路面。路面宽4米—4.5米。

九罗线位于山岭区。

九罗线由石门县公路处养护。

第六节　X006官（庄桥）—石（门垭）线

官石线起于石门县官庄桥，与省道303线相连，止于与张家界市相邻的石门垭，全长22.067公里。路段技术等级：全线四级。路面类型：官庄桥至凤凰界长10.802公里水泥砼、凤凰界至石门垭长11.265公里沙石路。

官庄桥至王官桥长3.7公里始建于1987年、王官桥至岩塌桥7.603公里始建于1978年、岩塌村至石门垭长10.764公里始建于1984年。

官庄桥至凤凰界路段“十一五”期间改建为水泥砼路面，路基宽6米，砼路面宽4米。官石线由石门县公路处养护。

第七节　X007 新(安)—甘(溪)线

新甘线起于临澧县新安镇,经金坑到街墩子进入石门县境,到新堰口进入澧县境,经马头铺、洞市、昌家峪,至甘溪止,全长 33.973 公里。其中临澧县境 9 公里,石门县境 4 公里,澧县县境 20.973 公里。路段技术等级全部四级。路面类型全部为水泥砼。

为解决澧县昌家峪煤矿的原煤运输,于 1959 年 1 月修建新安至昌家峪公路,同年 2 月临澧县将新安至金坑 6 公里在原有农村大道的基础上改造成简易公路。新修金坑至街墩子 3 公里公路,路基宽 6 米,并铺 3 米宽的沙石路面,有木面桥梁一座,地形属丘陵区,最大纵坡 7%,最小平曲半径 25 米。街墩子至新堰口公路长 4 公里,由石门县交通科于 1959 年测设,新铺公社施工,1960 年冬季完工,路基宽 5 米—6 米,沙石路面宽 3 米,有桥梁 1 座,地形属山岭重丘区,最大纵坡 14%,最小平曲半径 8 米。该路段街墩子下坡回头线坡陡弯急,行车不顺。新堰口至昌家峪段长 17.2 公里,由澧县修建,1958 年 9 月由澧县交通科测设,同年 9 月动工。1959 年 1 月建成路基和桥涵,1960 年整修路基,铺沙石路面,路基宽 6 米,路面宽 3 米,由澧县马头铺、杨家坊、方石坪、洞市四个公社施工,地形属重丘区,最大纵坡 15%,最小平曲半径 15 米。

新昌(甘)公路通车后,由于技术标准低,少数地段坡陡弯急,行车困难,亟待改善路况。1960 年 10 月,常德地区成立新昌公路指挥所,临澧、石门、澧县三县人员参加,湖南省交通部门投资 3.5 万元,常德地区粮食局拿出大米 1.9 万多斤,投入该段整修,整个工程到 1962 年 5 月完工。1963 年该段公路交各县养护队接管,设立专职道班养护。

昌家峪至甘溪段长 3.8 公里,1969 年 6 月由澧县交通科测量,同年 6 月开工,12 月竣工通车,路基宽 7.5 米,铺沙石路面 4.5 米,修建桥梁两座。地形属山岭重丘区,最大纵坡 8%,最小平曲线半径 20 米。澧县县政府投资 12 万元。

1992 年至 1993 年,由新安镇镇政府组织,对新甘线临澧境内 9 公里改建为沥青双层表处路面, 公路部门补助经费 19.8 万元。2005 年临澧境 K0 至 K6 长 6 公里改建为水泥砼路面,投资 328.26 万元,其中常德市拨通乡公路补助经费 222 万元,县配套经费 106.26 万元。2008 年 K6 至 K11 长 5 公里改建为水泥砼路面,投资 300 万元。水泥砼板宽 5 米。

新甘线澧县境 K11—K34+400 长 23.4 公里,1995 年改建为沥青双层表处路面,路面宽 6 米。2001 年 K19—K21 长 2 公里又改建为水泥砼路面,投资 30 万元。2001 年 K21—K34 长 13 公里改建为水泥砼路面, 投资 589.5 万元。2006 年 K11—K19 长 8 公里改建为水泥砼路面,路面宽 6 米。

新甘线 K0—K11+001 长 11.001 公里由临澧公路局养护, K11+001—K33+973 长 22.972 公里由澧县公路局养护。

第八节　X008 曾(家河)—孙(家坡)线

曾孙线起于澧县曾家河，经干河、大堰垱(熊家湾)、草堰、金罗，至闸口孙家坡，全长33.349公里，其中K11+400—K12+859长1.459公里与S302线K89+790—K91+249重复。路段技术等级:四级。路面类型:水泥砼23.67公里、沥青双层表处0.67公里、沙石路面7.55公里，合计31.89公里(已扣除重复里程1.459公里)。

曾孙线由原县道曾(家河)大(堰垱)线和大(堰垱)金(罗)线及原乡道金(罗)孙(家坡)线组成。

原曾大线1977年9月至1978年3月从曾家河起，经干河、垱市长11.1公里，在大搞农田基本建设时，由澧阳平原农田基本建设指挥部负责施工，路基宽8米—8.5米，沙石路面宽5.5米，线型平直，无桥梁。垱市至金罗段长11.1公里，于1964年至1970年由界岭公社修建路基，1971年修建枝柳铁路时，利用该线作为施工便道通车。1971年澧县交通局对该线进行改善，路基拓宽到8.5米，路面扩建到7米，桥梁4座改造为永久式桥，共投资8万元。该路段属丘陵区，最大纵坡11%，最小平曲线半径20米。该线扩建后，为澧松线至金罗火车站唯一的运输线。

1996年常德市公路管理局投资57.5万元，地方政府自筹100万元，在曾家河至垱市段修建沥青双层表处路面9.5公里。此前，1984年湖南省公路局投资27.25万元，地方政府自筹109万元，在垱市至金罗段，修建10.9公里沥青双层表处路面，于1985年竣工。1993年，金罗镇政府动员民工建勤，自筹资金14万元，改线2.6公里。2000年常德市公路局补助30万元，地方政府自筹42万元，在金罗镇建成水泥砼路面1公里。金罗镇K23+800—K25+800长2公里2008年建成水泥砼路面，宽6米(街道部分宽8米)，板厚22厘米，2011年竣工。

曾孙线垱市至金罗段9.3公里2005年4月至11月水泥砼路面建成，路基宽8.5米，路面宽7米，总投资558万元。2006年7月至11月，投资73.48万元，对文革桥进行了改造加固。2007年3月至11月，曾家河至垱市(K0—K11+480)路段，投资746.2万元修建水泥砼路面。2007年10月至12月，曾孙线上的青龙桥和幸福桥改造加固，分别投资23万元和28万元。曾孙线金罗至孙家坡段(K23+799—K33+349)长9.55公里，于1975年4月建成，其中2008年修建水泥砼路面2公里，砼路面宽6米，路基宽7米，投资120万元。

曾孙线K0至K23+799长22.34公里(扣除重复里程1.459公里)，由澧县公路局养护。K23+799至K33+349长9.55公里由澧县公路处养护。

第九节　X009 雷(公塔)—中(武)线

雷中线起于澧县雷公塔，经戈头峪、亘山、中武，至玉圃，全长19.317公里。路段技术等级四级，路面全部为水泥砼。

1958年11月，盐井公社修建樟树堰至戈头峪6公里路段，同时修建木架木面桥2座，次年4月竣工。同期宜万公社修建玉圃至亘山7公里路段，亦于次年7月竣工。1968年宜万和彭家厂公社改建牛头、沙河、高荷堰3座桥，并修建戈头峪至亘山3.8公里路段。1974年羊耳山煤矿投资，加宽中武至玉圃4.4公里路基。1979年12月，雷中线由常德地区公路总段接管，交澧县公路段按支线养护，当时该线属等外路，路基宽6米—7.5米，路面宽4.5米—5米，最大纵坡9%，最小平曲线半径13米。1996年，常德市公路局补助50万元，中武乡政府自筹50万元，沙石路面改建沥青路面6.8公里。

雷中线在通乡公路建设中，于2004年8月至12月对K0至K4+500长4.5公里路段，改建为水泥砼路面，投资247.5万元。2005年5月至12月，对K15至K19+317长4.317公里（中武至玉圃）路段，改建为水泥砼路面，投资236.5万元。2005年10月至12月，投资45万元对人民桥、民主桥、万福桥进行了危桥改造。2007年5月至12月，对K4+500至K8+900长4.4公里路段改建为水泥砼路面，投资264万元。

雷中线由澧县公路局养护。

第十节　X010戈（头峪）—郑（家）线

戈郑线自澧县戈头峪起，经蔡家坡水库大坝、宜万、白莲至湘鄂两省交界处郑家松南桥止，全长11.34公里。路段技术等级：四级。路面类型全部为水泥砼。

1958年10月宜万公社动工修建戈头峪至蔡家坡7公里路段，次年6月完成路基工程，至1967年铺沙石路面。1974年澧县诡水工程指挥部修建蔡家坡至郑家3.4公里路段。1978年澧县水电局投资2万元，澧县交通局投资1.1万元，修建溢洪道桥，至此戈郑线全线通车。1994年和1995年，宜万乡政府组织民工建勤拓宽改造线路9.2公里，县交通局补助19万元，地方政府自筹124万元，改建水泥砼路1.293公里，沥青表处路面5.24公里。

2006年至2008年，在通乡公路建设中，戈郑线全线改建为水泥砼路面，路基宽7米，路面宽6米，砼板厚22厘米，投资607.76万元。

戈郑线由澧县公路处养护。

第十一节　X011彭（家厂）—官（桥）线

彭官线起于澧县彭家厂，经盐井、伍家岗，止于湘鄂两省交界处的官桥村，全长15.973公里。路段技术等级：四级。路面类型全部为水泥砼。

彭官线为原县道雷（公塔）台（山坪）的一段，始建于1972年，1979年澧县财政局投资4.5万元，对该线全面整修后通车。1980年组成道班养护。1995年7月，连接湘鄂两省公路的官桥友谊桥被洪水冲毁,交通中断,后双方共同投资60万元,重建友谊桥,由澧县交通局设计、施工,于1996年竣工通车。1996年常德市公路局投资25万元,盐井镇政府自筹75万元,将彭家厂至盐井中学路段长5公里改建为双层表处沥青路面。

2005年K0至K7+200长7.2公里路段,改建为水泥砼路面,2008年K7+200至K15+973长8.773公里改建为水泥砼路面。砼路面宽6米,路基宽7米(盐井镇街道宽8米),砼板厚22厘米。全线砼路面建设总投资为888.38万元。

彭官线由澧县公路处养护。

第十二节 X012复(兴厂)—柳(耳坝)线

复柳线起于澧县复兴厂,经双龙、如东、永丰、小渡口,止于柳耳坝,全长35.56公里。路段技术等级:四级。路面类型:全线为水泥砼。

1969年10月双龙公社动工修建复兴厂至顺林桥5.6公里路段,1972年将线路从顺林桥修建至金荷,长6.5公里。1973年如东公社从金荷接修至如东铺,长8.7公里。如东铺至柳耳坝14.3公里路段,由如东、永丰、大围三个公社所修。1976年全线竣工通车。复柳线修建时,常德地区交通局投资11万元,澧县交通局投资3000元。该路段路基宽7.5米,路面宽4.5米,最大纵坡10.5%,最小平曲线半径10米,有小桥6座,长86.5米,载重等级为汽—10级。

1993年,双龙乡组织民工建勤,拓宽境内近7公里路段。1994年至1996年,复兴厂镇、双龙乡、如东乡、永丰乡、小渡口镇共自筹资金280万元,澧县交通局补助62万元,分三年修建双层表处沥青路面20.56公里。

在通乡公路建设中,复柳线全线分期改建成水泥砼路面。2005年修建K20至K35+560长15.56公里,路面宽5米,砼板厚22厘米。2006年修建K0至K5长5公里,路面宽6米,砼板厚22厘米。2007年修建K5至K10+700长5.7公里,路面宽6米,砼板厚22厘米。2008年K10+700至K20长9.3公里,路面宽6米,砼板厚22厘米。总投资为1918.4万元。

复柳线由澧县公路处养护。

第十三节 X013石(门)—新(开寺)线

石新线起于石门县城红土坡,经新铺、新堰口,止于新开寺,全长58.518公里。路段技术等级:四级。路面类型全部为水泥砼。

石新线始建时间:红土坡至新铺长12.504公里,1984年建成;新铺至新堰口长10.885公里1978年建成;新堰口至新开寺长35.129公里1982年建成。

"十一·五"期间,石新全线沙石路改建为水泥砼路面,砼板宽5米,砼板厚22厘米。其中2008年至2010年改建水泥砼路45.46公里,投资2467.443万元。

石新线由石门县公路处养护。

第十四节　X014 石(门)—跳(土坡)线

石跳线起于石门电厂,经新街口、花山、车湾至跳土坡接慈利县界,长 12.512 公里。路段技术等级:K0 至 K4+599 长 4.599 公里四级,余下 7.913 公里为等外路。路面类型:沥青路面 9.045 公里,沙石路面 3.467 公里。

石跳线由原新(街口)高(桥)线石门电厂至新街口段、张(公庙)慈(利)线新街口至车湾段、临(澧)石(门)线车湾至跳土坡段三段路组成。临车线 1959 年建成,张慈线 1950 年建成,石门电厂至新街口段 1986 年建成。2001 年由常德市公路局投资,将新街口至跳土坡的沙石路改建为沥青路面。

石跳线石门电厂至新街口段 3.467 公里由石门县公路处养护,新街口至跳土坡 9.045 公里由石门公路局养护。

第十五节　X015 窑(坡渡)—骆(家峪)线

窑骆线起于津市窑坡渡,经灵泉、汉泗铺、烽火、青水、临澧、佘市、白洋河至骆家峪,全长 67.932 公里。路段技术等级:二级 4.9 公里、三级 28.303 公里、四级 26.504 公里、等外 8.225 公里。路面类型:水泥砼 36.694 公里、沥青表处 31.238 公里。

窑骆线津市境新洲至汉泗铺段始建于 1978 年。1999 年 K0 至 K7 修建沥青路面 7 公里,油面宽 7 米,由政府按每公里 20 万元出资。2000 年 K7 至 K8(灵泉镇街道)修建水泥砼路 1 公里,同年 K8 至 K13 修建双层表处沥青路面 5 公里。2008 年 K8 至 K13 又改建为水泥砼路面 5 公里,砼板宽 2×3 米,砼板厚 24 厘米,投资 287.28 万元。2009 年 K2+200 至 K7 修建水泥砼路面 4.8 公里,砼板宽 2×3.5 米,板厚 24 厘米,投资 306.21 万元。K0—K2+200 由津市开发区改线,路面为水泥砼。

窑骆线汉泗铺至临澧段长 17.5 公里,始建于 1965 年。1970 年、1978 年分两次改建成路面宽 4 米—6 米,路基宽 7 米—10 米的四级公路。1996 年临澧县政府成立临津公路改建指挥部,按平原微丘二级公路标准设计,路基宽 12 米,路面宽 9 米。该工程总决算造价为 533.82 万元,除国家补助 340 万元外,余下部分由县自筹。1998 年全路段建成双层表处沥青路面,2008 年改建为水泥砼路面。

窑骆线临澧至龙口桥段长 14.2 公里,1957 年修建,1963 年由临澧县地方养护队接养。1986 年至 1987 年临澧县政府成立油路修建指挥部,由城关镇、望城乡、佘市镇以民工建勤的方式,由当地政府出人工、出沙石材料,修建了双层表处沥青路面。2001 年佘市镇过境路修建水泥砼路面 1 公里。2002 年东风桥(K41+216)1 孔 10 米,全长 22 米,进行加固改造,投资 49.9 万元。2005 年佘市桥(K42+641),3 孔 6.5 米加 8 孔 6 米,全长 98.5 米,进行加固改造,投资 104.9 万元。

窑骆线龙口桥至骆家峪段长 23.228 公里,1956 年 3 月由石门县交通科主持,湖南省交通厅第五技术队参加,组成测量队测设。同年 10 月施工,修建了龙口桥至白洋湖一段 4 公里的路基土方。到 1958 年冬继续修白洋湖至骆家峪一段路基,并修建 3 米以上跨径的桥梁 12 座。1959 年上半年铺沙石路面,路基宽 6 米—7 米,路面宽 3 米。1973 年蒙泉桥因公路改线而移桥位,老桥为石拱桥,跨道水,改线时将路线向下游移动,重建 3 孔净跨 15 米的石拱桥。改线路段长 1 公里。1978 年石门县白洋湖、蒙泉两个公社,结合农田基本建设,将 K17—K18 和 K26—K29 长 4 公里改线,改线后路基宽 9.5—10 米,铺宽 5 米的砂石路面。1986 年常德市公路总段投资 336 万元,将白洋湖乡至蒙泉(K45—K57)长 12 公里路段改建为三层表处沥青路面,油面宽 7 米。1992 年 K57—K59+900 长 2.9 公里投资 72.5 万元,改建为三层表处沥青路面,油面宽 6 米。2001 年,投资 40 万元将 K48—K49 长 1 公里油路改建为水泥砼路面,宽 7 米,板厚 22 厘米。2007 年 K59+710—K67+932 长 8.222 公里改建为水泥砼路面,路面宽 5 米,投资 327.7 万元。

窑骆线窑坡渡至汉泗铺 (K0—K13) 长 13 公里由津市公路局养护, 汉泗铺至白洋河(K13—K44+704)长 31.704 公里由临澧公路局养护,白洋河至骆家峪(K44+704—K67+932)长 23.228 公里,由石门公路局养护。

第十六节　X016 赵(家坪)—三(星寺)线

赵三线起于石门县官渡赵家坪,经青龙、官渡桥至青峰到三星寺接 X015 线,全长 11.35 公里。路段技术等级:等外路。路面类型全部为水泥砼。

赵三线于 1961 年由官渡公社修建赵家坪至官渡的 4.6 公里,使当时的公社交通运输线能与临(澧)石(门)线衔接,解决了一些物资运输问题。之后,青峰煤矿建立,大量开采煤炭,1966 年由青峰煤矿补助部分经费,由煤矿、公社分段施工,将公路修至三星,仍与临石线衔接,长 6.4 公里,并将前段 4.6 公里加以扩建整修,铺装了沙石路面,修建了桥梁两座,路基达到 6 米—7 米,路面宽 3.5 米—4.5 米,由煤矿、公社分段养护。1979 年赵三线交常德公路总段按支线接管,由石门县公路段养护。赵三线地形属微丘区,最大纵坡 12%,最小平曲线半径 10 米。

2007 年,赵三线青玄至青峰(K0—K5+900)长 5.9 公里于 2007 年 12 月开工,2008 年 6 月竣工,改建为水泥砼路面,投资 248.3 万元。2009 年青峰至三星(K5+900—K11+350)长 5.45 公里改建为水泥砼路面,投资 207 万元,年内竣工。水泥砼路面宽 5 米,厚度 22 厘米。

赵三线由石门公路局养护。

第十七节　X017 五(里堆)—合(口)线

五合线起于临澧县五里堆,经九里、至合口镇,全长 15.236 公里。路段技术等级:四级。路面类型全部为水泥砼。

五合线 1972 年建成,1979 年临澧县地方公路养护队接养。1992 年由合口镇和九里乡出工、出材料将合口至九里 8 公里路段改建为双层表处沥青路面。2004 年在通乡公路建设中 K7+554 至 K15+236 长 7.682 公里改建为水泥砼路面,投资 521 万元。2006 年 K0 至 K7+554 长 7.554 公里修水泥砼路面,投资 389.7 万元。水泥砼路面宽 5 米,砼板厚 22 厘米。

五合线 K0 至 K7+554 长 7.554 公里由临澧县公路处养护,K7+554—K15+236 长 7.682 公里由临澧公路局养护。

第十八节　X018 高(兴)—九(里)线

高九线起于临澧县高兴,止于九里泉水村,于 1972 年建成,全长 12.29 公里,为沙石路面。路段技术等级:四级。路面类型全线为水泥砼。

高九线于 2004 年至 2006 年分期修建水泥砼路面, 其中:K0 至 K6+201 砼路面宽 8 米、K6+201 至 K12+290 砼路面宽 6 米。K0 至 K4 砼板厚 24 厘米、K4 至 K12+290 砼板厚 22 厘米。全线修建水泥砼路投资为 428 万元。

高九线全线属微丘区。

高九线由临澧县公路处养护。

第十九节　X019 王(家厂)—维(新)线

王维线自澧县王家厂长乐桥起,经枞阳、方石坪、洞市、陆家至歇风垭进入石门县境,再经三圣,止于维新,全长 55.71 公里。王维线与新甘线重复 0.8 公里,实际长 54.91 公里。路段技术等级:四级。路面类型:水泥砼 40.934 公里、沙石路面 13.976 公里。

王维线澧县境长 30.566 公里(已扣除重复里程 0.8 公里),1958 年动工修建,分三段分期施工,至 1988 年才全线通车。1994 年码头铺区组织劳力 3 万多人,投工 35 万多个,完成方石坪路段 10 公里路基拓宽改造工程。1995 年至 1996 年,王家厂和方石坪镇政府自筹资金 240 万元,常德市交通部门补助 45 万元,修建沥青双层表处路面 15 公里。1996 年至 1998 年,洞市乡投劳,澧县交通局补助资金 20 万元,将陈家至歇风垭 8.139 公里等外路,拓宽改造为四级公路。2005 年至 2008 年王维线澧县境 30.566 公里,分期修建为水泥砼路面。砼路面宽:K0 至 K23 为 6 米;K23 至 K31+366 为 5 米。砼板厚 22 厘米。全线修建水泥砼路投资

1633.96 万元。

王维线石门县境长 24.344 公里，始建于 1980 年，沙石路面。2009 年石门县交通局修建岗市至三圣水泥砼路面 10.368 公里，砼路面宽 4.5 米，路基宽 5.5 米。

王维线澧县境 30.566 公里由澧县公路处养护，石门县境 24.344 公里由石门县公路处养护。

第二十节　X020 白（虎村）—珠（日）线

白珠线起于临澧县国道 207 线上的白虎村，经停弦渡、青山、杉板、观山、佘市、文家、陈二、四新岗至珠日。线路全长 67.534 公里，其中与窑骆线重复 0.85 公里，实际养护里程为 66.684 公里（重复路段是 X020 线 K36+501—K37+351 与 X015 线 K41+957—K42+807 重复）。路段技术等级：四级。路面类型全部为水泥砼。

白珠线佘市至观山段 1954 年修建大车道。1956 年为开发观山煤矿，由临澧县交通科按简易公路标准测量，由佘市、观山两乡修建。1958 年"大跃进"时，由临澧县指挥部组织对佘市至观山 8 公里路段进行整修，并延伸至吴家场，路基宽 6.5 米，路面宽 3.5 米，桥梁 3 座。1964 年由临澧县公路养护队接收养护。观山至杉板 6 公里，1958 年修成路基，后吴家场铁厂下马，路基随之而毁。1963 年至 1964 年由杉板公社重新整修加铺沙石，1965 年桥涵改造为永久式，路基宽 6.5 米，路面宽 4 米。1966 年由临澧县公路养护队接收养护。杉板至青山公路长 8 公里，1966 年由青山水电工程指挥部测量修建，路基宽 7 米，砂石路面宽 4 米。佘市至青山段公路长 22 公里，属丘陵区，最大纵坡 11%，最小平曲线半径 14 米，全线桥涵为永久式。

在通乡公路建设中，K23 至 K35 长 12 公里于 2003 年修建水泥砼路面，路面宽 5 米，板厚 22 厘米，投资 530.23 万元，常德市交通局按每公里 37 万元补助，余下 86.23 万元由临澧县政府自筹。2004 年 K35 至 K35+700 长 0.7 公里修建宽 5 米的水泥砼路面，板厚 22 厘米，投资36.4 万元。2007 年 K16+240 至 K21+800 长 5.56 公里修建水泥砼路面，路面宽 5 米，板厚 22 厘米，投资 300 万元。由临澧公路局养护的 22.979 公里中，有 4.719 公里已先期分段改建为水泥砼路面。

临澧县公路处养护的 44.555 公里，分期逐段全部改建为水泥砼路面。2005 年修建 K56+312 至 K60+212；2007 年修建 K0 至 K14+372、K50+581—K50+911、K63+314—K67+534；2008 年修建 K37+351—K50+581、K50+911—K56+312、K60+212—K63+314。水泥砼路面宽度除 K0 至 K14+372 为 6 米外，其余均为 5 米。砼板厚 22 厘米。投资总额为 1675.6 万元。

白珠线 K14+372 至 K37+351（青山至荷花堰）长 22.129 公里（已扣除重复里程 0.85 公里）由临澧公路局养护。其余 44.555 公里由临澧县公路处养护。

第二十一节　X021 石(门)—陬(市)线

石陬线起于石门县澧水大桥圆盘南端，途经宝峰、夹山、杨坪、秀坪、白洋、雅林桥、盘塘、架桥、畲田、指防口，至桃源县陬市，全长 78.127 公里，其中石门县境 48.408 公里、临澧县境 4.1 公里、桃源县境 25.619 公里。路段技术等级：二级 49.606 公里、四级 28.521 公里。路面类型：水泥砼 33.735 公里，沥青表面处治 44.392 公里。

石陬线早期分四段组成。第一段新街口至白洋湖段，长 26.3 公里，于 1963 年下半年由石门县交通科测量施工，1964 年上半年修完白洋湖至杨坪一段长约 11 公里的路基。新街口至水井垭一段上山线，县矽沙矿为了矽沙运输问题，于 1962 年修建一条板车道。1964 年上半年县交通科主持有地区交通局派员参加的测设组，对该线重新测设，同年施工，将新街口至杨坪段 15.3 公里的路基修通，1965 年底全线竣工，路基宽 6 米—6.5 米，铺沙石路面宽 3 米—3.5 米，有 3 米以上跨径桥梁 7 座，其中白洋湖桥为四孔石台木面桥，已于 1969 年 12 月改造为五孔石拱桥，其余均为永久式桥。沿线地形山岭重丘区，新街口至水井垭升坡线由三个回头曲线组成，水井垭下杨坪顺山势展线，最大纵坡 12%，最小平曲线半径 10 米。

第二段白洋湖至雅林桥段，长 7.5 公里，于 1959 年由石门县交通科测量，组织沿线社队施工，同年完成白洋湖至花薮的 6.5 米宽的路基，铺了 3 米宽的沙石路面，共有 4 米以上净跨的桥梁 5 座，本段尚留有 2 座，于 1967 年全部改造为永久式桥梁。该段地形为微丘区，最大纵坡 6%，最小平曲线半径 20 米。

第三段雅林桥至盘塘段长 17.3 公里，从雅林桥起，经放溪、团结桥进入临澧县境的六合，至盘塘。1969 年 11 月由常德地区交通局派员会同桃源、临澧、石门三县交通局，组织 17 人对该段进行测设，同年由三县分别组织沿线公社，发动民工，突击完成 6 米—7.5 米宽的路基工程，铺 3 米宽沙石路面，修永久性桥梁 3 座，地形丘陵区，最大纵坡 12%，最小平曲线半径 8 米。

第四段盘塘至陬市段 20 公里，该路段于 1955 年至 1956 年两个冬春由当地乡、村修建 3.5 米—4 米宽的大车道，常德专署交通科补助 1.4 万元。1958 年随着运输的需要，由桃源县交通科按简易公路标准进行测量，由东风、畲田、盘塘三个公社负责施工，到 1959 年春季竣工，路基宽 6 米，铺沙石路面宽 3 米，共完成土石方 14.56 万立方米，3 米以上跨径的桥梁 8 座，劳动工日 14.9 万个，地、县两级政府共投资 3.4 万元。该路段地形丘陵区，最大纵坡 8%，最小平曲线半径 9 米。1960 年至 1961 年，为运粮需要，常德专署粮食局补助 2.1 万元，对这一路段进行了整修，加铺路面沙石，于 1963 年交桃源县养护队养护。

1992 年 10 月，石门澧水大桥动工，石门至白洋湖段进行了改线，从澧水大桥北岸圆盘起，经宝峰、石门电厂、高桥、夹山、杨坪、三板、秀坪至白洋湖，全长 34.673 公里。

1976 年桃源县油路指挥部将陬市(土地岗)至架桥 14.5 公里路基扩展到 8.5 米，湖南省公路局补助部分经费，建成 6 米宽双层表处沥青路面。1986 年桃源县对石陬线进行加宽改造，除土地岗至指防口 2 公里外，路基均加宽到 10 米，盘塘、架桥两集镇加宽至 15 米—18 米。

石陬线是石门至桃源的一条煤运线路，也是一条将张家界、壶瓶山、夹山寺、桃花源、花岩溪几个旅游景点聚在一起的旅游线。1993 年至 2001 年省、市、县共投资 9260 万元，将石陬线石门段按二级公路标准改建，路基宽 10 米—25 米，路面宽 6 米—10 米，路面为双层表处沥青路面。石陬线桃源段按四级公路改建，路基宽 12 米，路面宽 7 米，双层表处沥青路面。石陬线终点由土地岗改至陬市镇，新建指防口大桥，改线后里程缩短 3 公里。2001 年投资 60 万元将指防口至陬市 2.518 公里等外路改建为四级路。2002 年石门县政府和夹山寺管理区共同投资 550 万元，建成石门至夹山寺 8 公里水泥砼路面。2008 年常德市公路局投资 1120 万元，修建分头坑（K60+808）至陬市（K78+127）长 17.319 公里水泥砼路面，宽 6.5 米，砼板厚 24 厘米，抗折强度 4.5MPa，C30 砼。

2008 年石门至盘塘公路纳入全省路网改造计划，2008 年 4 月 2 日，湖南省交通厅以湘交计统字〔2008〕163 号文：《关于石门至盘塘公路夹山至盘塘段改建一阶段施工图设计（代初步设计）的批复》，决定这段路进行路网改造。该路段起于石门县夹山镇荷岗村，经三板桥、秀坪园艺场、白洋湖、临澧县文家乡雅林桥，终于桃源县盘塘，与常张高速公路盘塘互通相接，全长 43.147 公里。全线按二级公路标准建设，设计速度 60 公里 / 小时，路基宽 12 米，路面宽 10.5 米，桥涵设计荷载等级采用公路—Ⅱ级，设计洪水频率：大中桥 1/100，小桥涵和路基 1/50。路面为水泥砼，路面结构：24 厘米水泥砼面层 +1 厘米沥青表处封层 + 透层 +18 厘米 5%水泥砼稳定碎石基层 +18 厘米 4%水泥碎石底基层。该项目预算总额为 18523 万元，其中国省定额投入 14382 万元，常德市和石门、临澧、桃源三县自筹 4141 万元。该项目于 2010 年竣工。

石陬线由石门公路局养护 52.508 公里，桃源公路局养护 25.619 公里，养护分界点于盘塘镇的排楼岗。

第二十二节　X022 段（家咀）—伍（同庵）线

段伍线起于临澧县城关段家咀，经柏枝、敖山，至鼎城区的伍同庵，全长 26.506 公里。路段技术等级：四级。路面全部为水泥砼。

段伍线 1956 年动工修建，1959 年建成，路基宽 7 米，路面宽 5 米，1963 年临澧县公路养护队接收养护。1996 年段伍线 K0+800 至 K15，长 14.2 公里改建成沥青双层表处路面，路面宽 6 米，投资 276.62 万元，其中常德市交通局投资 71 万元，其余部分县乡自筹。2005 年开始通乡公路建设，由市交通局投资，分年修建水泥砼路面，其中 K15+430 至 K26+010 长 10.58 公里投资 507 万元。水泥砼路面宽 5 米，砼板厚 22 厘米，基层为 5%水泥稳定碎石。

段伍线 K0 至 K15+430 长 15.43 公里由临澧公路局养护，K15+430 至 K26+010 长 10.58

公里由临澧县公路处养护，K26+010 至 K26+506 长 0.496 公里由鼎城区公路处养护。

第二十三节　X023 斋(阳桥)—排(楼岗)线

斋排线起于临澧县斋阳桥，经衍嗣庵，止于排楼岗，全长 15.766 公里。路段技术等级：等外路。路面全部为水泥砼。

斋排线 1965 年建成，K0 至 K4 路基宽 7 米，路面宽 5 米；K4 至 K15+766 路基宽 6 米，路面宽 5 米。2005 年 K0 至 K4 长 4 公里改建为水泥砼路面，路面宽 6 米，砼板厚 22 厘米；2008 年 K4 至 K15+766 长 11.766 公里，改建为水泥砼路面，路面宽 5 米，砼板厚 22 厘米。全线修建水泥砼路面总投资为 871 万元。

斋排线由临澧县公路处养护。

第二十四节　X024 菖(蒲)—雅(林桥)线

菖雅线起于桃源县热市镇菖蒲，经上午通、花薮到石门县的雅林桥，全长 20.449 公里，该线从花薮进入石门县境。路段技术等级：四级。路面全部为水泥砼。

菖雅线桃源县境于 1958 年开工修建，1959 年建成沙石路面，路基宽 4.5 米。2009 年改建成水泥砼路面。石门县境雅林桥至花薮段，原为白(洋湖)花(薮)线的一段，白花线于 1959 年由石门县交通科测量，沿线社队组织施工，同年12 月完成路基和沙石路面，路基宽 6.5 米，路面宽 3.5 米。该线属微丘区，最大纵坡 6%，最小平曲线半径 20 米。1993 年常德市公路局投资 15 万元，修建了 K6+800—K7+800 长 1 公里沥青路面。菖雅线石门境 2005 年改建水泥砼路面，路基宽 6.5 米，路面宽 5 米。

菖雅线 K0 至 K7+832 长 7.832 公里由桃源县公路处养护，K7+832 至 K12+673 长 4.841 公里由石门县公路处养护，K12+673 至 K20+449 长 7.776 公里由石门公路局养护。

第二十五节　X025 荆(江南堤)—八(百弓)线

荆八线起于安乡县荆江南堤，与湖北省公安县相邻，经安生、安昌、安宏三乡，止于安宏线八百弓，与南县交界，全长 44.287 公里。路段技术等级：二级 0.901 公里、三级 28.598 公里、四级 14.788 公里。路面类型全部为水泥砼。

荆八线是安乡县境自北向南的一条县道，北邻湖北省公安县，南接益阳市的南县，为安乡县沟通邻省、邻市的一条重要交通线。其中荆江南堤至陆家渡长 28.598 公里，是 1998 年安乡特大洪水后，县内改造的第一条长距离县道，按三级公路标准建设，路基宽 8.5 米，路面宽 6 米，水泥砼路面。该路段中三仙咀至陆家渡段 7.4 公里，由安昌乡政府于 1997 年改建。三仙咀至荆江南堤 21.98 公里由安乡县交通局于 1999 年至 2001 年改建，其中省投 1508 万元（其中路面工程经费 1395 万元、两座中桥经费 113 万元）。陆家渡至安宏太平段 10.8 公里，于 2005 年由常德市交通局投资修建水泥砼路面，路基宽 6 米，路面宽 5 米。安宏太平至八百弓段长 5.2 公里，2008 年由县交通局主修，改建为水泥砼路面，路基宽 7 米，砼路面宽 5 米。

荆八线由安乡县公路处养护。

第二十六节　X026 理（兴垱）—七（家）线

理七线起于安乡县理兴垱，经黄山头，过马坡湖渡口，再经焦圻、夹夹，过张九台渡口，再经出口洲，抵安裕乡的七家，全长 60.328 公里。路段技术等级：二级 0.43 公里、三级 10.85 公里、四级 49.048 公里。路面类型：沙石路 1.202 公里、水泥砼 59.126 公里。

理七线理兴垱至黄山头段长 7.4 公里，是原县道安（乡）黄（山头）线的一段，于 1969 年 8 月，由安乡县革委设立安黄公路修建指挥部，组织沿线公社分段施工，1973 年 6 月竣工，路基宽 8 米，沙石路面宽 5.5 米。修建安黄线时省投资 10 万元，常德地区交通局投资 3 万元，县投资 43 万元，各公社自筹 10 万元，共计 66 万元。1978 年常德公路总段投资 2 万元，修建黄山头工班。

理七线上有汽车渡口两处：马坡湖渡口（K15+141），年渡运量 5700 辆次；张九台渡口（K39+675），年渡运量 14000 辆次。

理七线位于丘陵区，由安乡县公路处养护。

第二十七节　X027 军（山铺）—红（卫闸）线

军红线起于汉寿县军山铺，与国道 319 线相接，经阳南塘、洋陶湖、岩汪湖、坡头（渡口）、洲口、罐头嘴、西湖镇、黄珠洲、沙河口（渡口）、北河口、大鲸港、黄山岗、董家垱，止于安乡县安生乡的红卫闸，全长 140.04 公里，其中与 S306 线 K216+580 至 K219+059 重复里程 2.479 公里，军红线实际管养长度为 137.561 公里。路段技术等级：二级 17.499 公里、三级 65.31 公里、四级 52.048 公里。路面类型：沥青表处 19.555 公里、水泥砼 115.306 公里。沙河口渡口水面宽度 2.7 公里。

军红线军山铺至阳南塘段（K0 至 K17+499）是原县道军（山铺）蒋（家嘴）线，它贯穿于军山铺、阳南塘乡和蒋家嘴镇，向东联通百禄桥乡，是汉寿县重要的粮运线，也是蒋家嘴镇糖、纸、氮肥、棉纺等工厂的主要供销运输线。该线 1969 年 1 月汉寿县交通局协同阳南塘公社，在原有乡村大道的基础上，按简易公路标准进行测量设计，同年 3 月开工，1972 年 5 月 1 日竣工通车。路基宽 6.5 米—7.5 米，沙石路面宽 3.5 米—4.5 米，地形属丘陵区，最大纵坡

10.2%，最小平曲线半径40米。当年7月汉寿县委决定该路段发动群众修建沥青路面，同年8月动工铺5.2米宽基层，1973年春节后继续施工、备料，同年9月铺装完宽5米的煤焦油路面。共投工10.91万工日，共用经费13.39万元，其中湖南省公路局补助5万元。1999年，由长常高速公路开发公司投资，将该线K0至K0+500改建为水泥砼路面。2003年6月至11月，军红线K4—K11、K13—K16计10公里改建为水泥砼路面，路面宽6米，投资473.29万元，其中常德市公路局拨款313.29万元，汉寿县政府筹资160万元。同年K12—K13、K16—K17+499计2.499公里也改建为水泥砼路面。至此军红线军阳段路面类型为：水泥砼12.999公里、沥青表处4.5公里。

军红线阳南塘至和平桥段（K17+499—K70+229），长52.73公里，在K33+111处经过坡头渡口。该路段始建于1970年。路段技术等级：三级15.612公里（阳南塘至坡头渡口南岸）、四级37.118公里。全线为水泥砼，其中K17+499—K62+953长45.454公里路基宽8米，路面宽6米；K62+953—K70+229长7.276公里路基宽8.5米，路面宽7米。

军红线和平桥至虾子村段，长7.598公里（K70+229—K77+827），由西湖管理处管养。全路段技术等级：三级，全部为水泥砼路面，路面宽6米，路基宽7米至8米。

X027线鼎城十美堂路段

军红线鼎城区境14.93公里（K77+827—K92+757）原是县道沙（河口）西（湖）线，该线于1968年12月，为解决西湖农场驻军的物资供应，由常德地区交通局派员勘测设计，自沙河口起，经东风桥、虾子湖、长湖至黄珠洲，越大堤至西湖农场。1969年1月由蒿子港区成立筑路指挥部，按六甲公路标准，交该区七个公社分段包干施工，省、地交通部门共投资30万元。由于虾子湖、长湖两地段路基翻浆软弹、沉陷较大，西湖驻军动用汽车从常德花山拖运块片石3万多立方米，填筑基层，分层碾压，铺成宽6米的沙石路面，并修建永久式桥梁三座，该路段于1970年1月通车。这一路段地形属平原区。1996年至1997年由常德市公路总段投资，鼎城公路局组织施工，修建双层表处沥青路面，油面宽6米。1996年修K77+827—K81+445、K86—K88长5.618公里，投资120万元。1997年修K81+445—K86、K88—K92+757长9.312公里。

军红线沙河口至大鲸港段，长25.083公里（K92+757至K117+840），其中沙河口渡口水面宽2.7公里。这一路段是原省道1804线的一段，也是安乡县境修建最早的一条公路，1963年11月21日，湖南省交通厅〔1963〕交院李字第5591号《关于进行重点粮、棉县及洞庭湖区交通建设规划的指示》,及根据交通部1962年12月召开的全国交通会议精神,由湖南省交通厅规划设计院派员，会同安乡县人委工交科于1964年1月8日完成常德至安乡公路规划、视察工作。1967年1月沙河口至大鲸港公路动工,经过安成、安武、安康、安裕四个公社,全长21.85公里,全线共计土方18.2万立方米,建1孔长10米桥梁一座,整个工程共需经费32.5万元。该路段路基宽7.5米,泥结碎石路面宽3.5米,最大纵坡5%,最小平曲线半径25米,荷载能力汽—10,达到国家四级公路标准。这段公路1969年1月15日竣工通车。1984年冬安乡县政府发动群众,对这一路段按二级公路标准进行加宽改造。1986年动工修建大鲸港镇长3.1公里沥青路面。1987年修建18.7公里沥青路面,同年9月竣工,常德市公路总段投资180.7万元。至此大鲸港至沙河口建成安乡县第一条沥青路面。2008年沙河口至大鲸港段由安乡县交通局主修,全路段建成水泥砼路面,路基宽8米,路面宽6米,砼板厚22厘米。

军红线安乡县城至红卫闸段,长20公里,是原安(乡)黄(山头)线的一段,该路段于1969年8月，由安乡县革委组织安黄公路修建指挥部进行测设，起点书院洲与常（德)岳(阳)公路相接,经安障、安全、安造,到达黄山头,全长33公里,由沿线各公社分段施工,1973年6月竣工,路基宽8米,沙石路面宽5.5米,湖南省公路局投资10万元,常德地区交通局投资3万元,县投资43万元,各公社自筹10万元,共计66万元。安黄线于1974年1月交常德地区公路总段按支线接管,由安乡公路段养护。该线属平丘区,最大纵坡8.8%,最小平曲线半径30米。1988年至1993年原安黄线分3次修建沥青双层表处路面,长30.6公里,投资504万元。2002年军红线K122+270—K123+370、K133+270——K134+840、K136+050—K140+160共长6.77公里,修建水泥砼路面,其中1.1公里路面宽7米,其余5.67公里宽5.5米,投资368.2万元。2009年由安乡公路局为业主,主持修建军红线K123+370—K133+400、K134+850—K136+100两段长11.45公里，改建为水泥砼路面，其中K134+850—K136+100长1.25公里,路面宽10米,其余路段路面宽6.5米。工程总造价830万元,其中湖南省公路局补助171.75万元,常德市交通局补助85.875万元,市公路局补助85.875万元,安乡县政府配套资金486.5万元。

军红线K0至K17+499长17.499公里由汉寿公路局养护、K17+499至K70+299长52.80公里由汉寿县公路处养护、K70+299至K77+827长7.528公里由西湖管理区养护、K77+827至K92+757长14.93公里由鼎城公路局养护、K92+757至K140.04长44.804公里(已扣除重复里程2.479公里,含沙河口渡口水面宽度2.7公里)由安乡公路局养护。

第二十八节　X028新(洲)—东(山)线

新东线起于津市市新洲,经黄土坡、白衣、石板滩、棠华,至岳山寺进入鼎城区境,经双桥坪、大龙站、肖伍铺，至东山与省道306线相接，全长58.365公里，其中重复里程0.276公里

(K1+850—K2+141 与 S205 线 K10+970—K11+246 重复),实际里程为 58.089 公里。路段技术等级:三级 22.432 公里、四级 35.657 公里。路面类型:水泥砼 51.432 公里、沙石路 6.657 公里。

新洲至岳山寺段长 32 公里，原属澧县公路段管养,1966 年 7 月由澧县交通科测量,白衣区组织沿线七个公社分段施工,历经三个冬春,于 1970 年 12 月底竣工通车,路基宽 7.5 米,沙石路面宽 5 米,有 4 米以上跨径桥梁 13 座,涵洞 134 道,桥涵全为永久式。常德地区交通局投资 17 万元,澧县自筹资金 2.1 万元。沿线地形为丘陵区,最小平曲线半径为 15 米,最大纵坡 13.1%。鼎城区境(原常德县)岳山寺至东山段,于 1966 年由常德县交通科测量,大龙站区组织肖伍铺、大龙站、双桥坪三个公社,自力更生采取民工建勤的方式,联合修建,分段施工,完成了宽 7.5 米的路基,铺沙石路面宽 5.5 米,桥梁 1 座,涵洞 41 道,于 1970 年 3 月竣工通车。沿线地形为丘陵区,最大纵坡 12.5%,最小平曲线半径 8 米。建路时常德地区交通局投资 3 万元。1972 年该线路交常德地区公路总段作支线养护。

1996 年新洲至白衣 8.4 公里改建为双层表处沥青路面。1997 年白衣至棠华改建为沥青路面。此前新洲 1.85 公里、石板滩 1 公里、白衣 2 公里三段通过集镇的过境路,以地方主修,公路部门适当补助的方式,已先期修成沥青路面。棠华至岳山寺长 9 公里,2006 年 9 月动工修建水泥砼路,砼板宽 5 米,砼板厚 22 厘米,投资 322 万元,2007 年 1 月竣工。新洲至棠华水泥砼路面工程,长 18 公里,宽 5 米,砼板厚 22 厘米,2008 年 5 月动工,当年 12 月竣工,投资 940.29 万元。

新东线鼎城境岳山寺至东山段，从 2000 年起，逐年由沙石路面改建为水泥砼路面。K56+800—K58+365 长 2.565 公里,2000 年修建。K45+385—K48+975 长 3.59 公里,2005 年修建。K38—K41、K54+200—K56+800 共长 5.6 公里 2009 年修建。K41—K45+383、K50—K54+200 共长 8.583 公里,2010 年修建。K32—K38、K48+975—K50 共长 7.025 公里,2011 年修建。水泥砼路面宽均为 6 米。

新东线新洲至岳山寺长 32 公里,由津市公路局养护,岳山寺至东山长 26.365 公里,由鼎城公路局养护。

第二十九节　X029 棠(华)—渡(口)线

棠渡线起于津市市棠华,止于渡口,全长 10.481 公里。路段技术等级:四级。路面类型为水泥砼。

棠渡线是原新(洲)棠(华)线的最后一段,于 1958 年动工修建,1973 年全线建成。1979 年公路普查时定为等外路。现砼路面宽 6 米,路基宽 7 米。

棠渡线由津市市公路处养护。

第三十节　X030 民(安)—杨(腊溪)线

民杨线位于西湖管理区境内,起于民安,止于杨腊溪,全长 7.487 公里。路段技术等级:四级。路面类型为水泥砼。

民杨线始建于 1966 年 7 月，当年 12 月建成土路基。1978 年改建，铺装了沙石路面。2002 年 3 月改建为水泥砼路面,路基宽 7 米—8 米,砼路面宽 5 米。

民杨线地处平原区,由西洞庭管理区公路局养护。

第三十一节　X031 教(育)—南(湖)线

教南线位于西洞庭管理区境内,起于教育,止于南湖,全长 9.184 公里。路段技术等级:四级。路面类型为水泥砼。

教南线 1969 年 6 至 10 月建成土路基。1978 年 10 月改建,铺装了沙石路面。2003 年 5 月改建宽为 5 米的水泥砼路面,路基宽 7 米—8 米 。

教南线地处平原区,由西洞庭管理区公路局养护。

第三十二节　X032 白(芷湖)—牛(屎湖)线

白牛线位于西洞庭管理区境内,起于白芷湖,止于牛屎湖,全长 9.677 公里。路段技术等级:四级。路面类型为水泥砼。

白牛线于 1964 年 5 至 9 月建成土路基。1979 年 6 月改建,铺装沙石路面。2004 年改建为宽 5 米的水泥砼路面,路基宽 7 米—8 米。

白牛线位于平原区,由西洞庭管理区公路局养护。

第三十三节　X033 乔(家河)—新(洲)线

乔新线线起于澧县澧南乡乔家河,经兴隆、大堰、道河至津市灵泉乡,止于新洲镇,全长 28.609 公里。乔新全线技术等级:四级。路段路面类型:水泥砼 23.373 公里,沙石路 5.236 公里。

乔新线澧县境长 15.424 公里,由新修的乔家河至澧南大堰线和原澧(县)灵(泉)线大堰至鹿山段组成。1974 年城关、澧南、道河公社全线动工修建这一路段,修建时澧县财政投资 37 万元,澧县交通局投资 5000 元,全线属等外路,路基宽 7.5 米,路面宽 4.8 米,最大纵坡 10.5%,最小平曲线半径 30 米。中桥两座,190.6 延米。设计荷载等级为汽—13 级,还建成刘家河汽车渡口一处，于 1976 年全线建成通车。1998 年 7 月下旬，澧南垸受特大洪水溃垸，垸内公路被毁，1999 年在移民建镇中，修建了乔家河至大堰 6 公里水泥砼路，路基宽 8.5 米，路面宽 7 米，由澧县灾后重建指挥部组织施工，2000 年竣工通车。至 2009 年底止，乔新线澧县境 15.424 公里全部建成水泥砼路，砼路面宽 6 米，板厚 22 厘米。

乔新线津市境长 13.185 公里（K15+424—K28+609），建成时全部为沙石路，路基宽 7 米，路面宽 4.5 米。2008 年在通乡公路建设中 K20+660 至 K28+609 长 7.949 公里改建为水泥砼路，路面宽 5 米，投资 360 万元。

1999 年在移民建镇中，修建了乔家河至大堰 6 公里水泥砼路，路基宽 8.5 米，路面宽 7 米，由澧县灾后重建指挥部组织施工，2000 年竣工通车。

乔新线 K0 至 K15+424 长 15.424 公里由澧县公路处养护，K15+424 至 K28+609 长 13.185 公里由津市公路处养护。

第三十四节　X034 西（湖）—坡（头）线

西坡线起于西湖（管理区），经柳林嘴、西港，止于汉寿县坡头，全长 38.456 公里。路段技术等级：三级 14.753 公里（K0—K9+708、K33+411—K38+456）、四级 23.703 公里。路面类型全部为水泥砼。

西坡线建成于 1970 年，地形属平原区。K0—K9+708 长 9.708 公里由西湖管理区养护，K9+708 至 K38+456 长 28.74 公里由汉寿县公路处养护。

第三十五节　X035 汉（寿）—岩（汪湖）线

汉岩线始于汉寿县城郊农科村，止于岩汪湖，与县道军红线（X027）相接，全长 14.417 公里。路段技术等级三级。全线为水泥砼路面，路基宽 7 米，路面宽 6 米。

汉岩线始建于 1982 年，地处平原。

汉岩线由汉寿县公路处养护。

第三十六节　X036 汉（寿）—发（梅桥）线

汉发线起于汉寿县城关花木兰村，经沧港、毛家滩，与国道 319 线平交后，经朱家铺，止于发梅桥，全长 37.412 公里。其中 K18+283 至 K18+769 与 G319 线 K1301+244 至 K1301+730 重复 0.486 公里。路段技术等级：二级 0.965 公里、四级 36.447 公里。路面类型全部为水泥砼。

汉发线花木兰村至马井段长 10.963（K0—K10+963）公里于 1975 年建成，马井至牛路滩

X036 线朱家铺路段

（K10+963—K18+283）长 7.32 公里于 1980 年建成。牛路滩至朱家铺段长 8.2 公里，1952 年由当地政府发动群众修建了 4 米—5 米宽的乡村大道，未铺路面。1959 年由朱家铺公社（包括现在的朱家铺、丰家铺、东岳庙三个乡）成立公路修建指挥所，组织筑路队伍二千多人于同年 10 月开工，分路基与桥涵两组施工，到 11 月底，全面完成 6 米—7 米宽的路基，铺 3 米—4 米宽沙石路面，厚 15 厘米，建木桥 2 座，木涵 5 座。完成土方 9 万多立方米，投工 1.3 万工日。由于质量较差，路基土方未夯实，路面没分层碾压，只能晴通雨阻。1961 年 8 月该路段交常德公路总段汉寿养路工区接管，安排 4 人经常养护。1963 年 1 月，常德地区成立公路航道管理处，汉寿县成立了养护队，该路段即交养护队管养，设置朱家铺养路工班，配专职养路工 9 名，进行经常性养护，路况不断提高，成为晴雨通车路段。1965 年 5 月，改造了三阳树木面桥，建 1 孔净跨 12 米的石台门型梁桥。1966 年至 1967 年原有涵洞一律改为永久式涵管，路基扩宽到 7 米—7.5 米，路面也加宽到 5 米。1976 年至 10 月，将牛路滩至朱家铺道班房长 9.5 公里，修建了宽 6 米双层表处沥青路面，湖南省公路局按每公里 8000 元补助经费，交汉寿县包干使用。朱家铺至丰家铺段长 14.8 公里，1959 年 1 月动工，至 1960 年 3 月完成宽 6 米—7 米土路基及桥涵工程，没铺路面，行车困难。1965 年由汉寿县养路队管养，设置丰家铺道班，开展民工建勤，采取道群共养，路况逐年提高。1966 年 5 月至 1968 年 6 月，新建顺里桥，改造杨家桥，全线涵管改为永久式，并逐段铺装了 3.5 米宽的泥结砾石路面，厚 15 厘米，达到了晴雨通车。牛路滩至发梅桥段属丘陵区，最大纵坡 13.5%，最小平曲线半径 15 米。

在通乡公路建设中汉发全线改建为水泥砼路面，砼板宽 5 米，厚 22 厘米，基层为水泥稳定沙砾。

汉发线 K0 至 K18+283 长 18.283 公里，由汉寿县公路处养护，K18+283 至 K37+412 长 18.643 公里由汉寿公路局养护（已扣重复里程 0.486 公里）。

第三十七节　X037 红（土墙）—阳（南塘）线

红阳线起于国道 319 线上的红土墙村，经龙潭桥、月明潭，止于阳南塘，与军红线（X027）相接，全长 17.577 公里，路段技术等级：四级。路面类型：水泥砼。

红土墙村至石板滩村长 11.672 公里，始建于 1980 年，石板滩村至阳南塘长 5.905 公里始建于 1978 年，沙石路面。在通乡公路建设中，全线改建为水泥砼路面，路基宽 6.5 ~ 8 米，路面宽：K0 至 K12+583（红土墙至三叶坳）长 12.583 公里宽 6 米；K12+583 至 K17+577（三叶坳至阳南塘）长 4.994 公里宽 5 米。

红阳线地处微丘区。

红阳线由汉寿县公路处养护。

第三十八节　X038 罐（头嘴）—六（总宫）线

罐六线起于汉寿县罐头嘴，经苏家吉、牛鼻滩，止于鼎城区六总宫，与县道断新线（X044）相接，全长 20.902 公里。路段技术等级：三级 1 公里（K0 至 K1）、四级 19.902 公里。路段路面类型全部为水泥砼。

罐六线汉寿县境由罐头嘴至乐兴大桥，长 7.202 公里，始建于 1978 年，原为沙石路，现全部改建为水泥砼路面，路面宽度除 K0 至 K1（袁家坪）1 公里为 8 米外，其余宽 5 米。这一路段由汉寿县县乡公路处养护。

罐六线乐兴大桥至水月村段（K7+202—K18+096）长 10.894 公里，由贺家山原种场管养，该路段始建于 20 世纪 50 年代，沙石路，路基宽 7 米—7.5 米，路面宽 6 米。2004 年改建为水泥砼路，砼板宽 K12+900—K14 长 1.1 公里宽 10 米，其余路段宽 6 米，砼板厚 22 厘米。总投资 1064 万元，其中交通部门投资 532 万元，原种场出资 532 万元。

罐六线鼎城区境由水月村至六总宫，长 2.806 公里（K18+096—K20+902），始建于 1970 年，2005 年改建为水泥砼路面，砼板宽 6 米，砼板厚 22 厘米。这一路段由鼎城公路局管养。

第三十九节　X039 崔（家桥）—栗（山桥）线

崔栗线起于汉寿境国道 319 线上的崔家桥，经三和，止于与桃江县接界的栗山桥，全长 6.511 公里，路段技术等级：二级。路面全部为水泥砼，路基宽 8 米，路面宽 6 米。

崔栗线地处微丘区。

崔栗线始建于 1978 年，现由汉寿县公路处养护。

第四十节　X040 沙（河口）—安（德）线

沙安线起于安乡县沙河口，经陈家嘴，止于安德乡，全长 14.92 公里。路段技术等级：四级。路面类型：沙河口至陈家嘴（K0 至 k7+060）长 7.06 公里沥青双层表处、陈家嘴至安德（K7+060 至 K14+920）长 7.86 公里为水泥砼路面。

沙安线于1968年12月由安德公社组织修建,1971年5月竣工,在沙河口接常(德)岳(阳)线。路基宽6.5米—7米,沙石路面宽3.5米。县投资6.1万元,公社自筹3万元。该路段地处洞庭平原,有梯状起伏,线路最大纵坡8%,最小平曲线半径25米。

沙安线2005年5月沙河口至陈家嘴段7.06公里,动工修建沥青路面,油面宽6米,于当年10月竣工,总投资284.9万元,其中上级交通部门按每公里37万元补助,不足部分由安乡县政府自筹。2004年陈家嘴至安德长7.86公里,由安乡县交通局主建,改建为水泥砼路面,砼板宽5米。

沙安线沙河口至陈家嘴7.06公里,由安乡公路局养护,陈家嘴至安德7.86公里,由安乡县公路处养护。

第四十一节　X041黄(岭岗)—东(岳庙)线

黄东线起于汉寿黄岭岗,与国道319线相接,经岩嘴、软桥,止于东岳庙,全长13.586公里。路段技术等级:四级。路面类型全部为水泥砼。

黄东线1959年由汉寿县黄岭岗公社组织民工建勤,修建黄岭岗至岩嘴3公里沙石路,路基宽5米,路面宽3米。1960年冬继续施工,修建岩嘴至软桥段5公里。1976年5月黄岭岗公社将荷花至软桥段1.1公里改线,从荷花至龙虎长2.2公里,路基宽7.5米,路面宽3.5米。同年6到9月又将黄岭岗至荷花一段路基长6.9公里,扩宽到7.5米,重新修建软桥,建成1孔净跨20米的双曲拱桥。1977年汉寿县油路指挥部修建黄岭岗至康家段长4.7公里双层表处沥青路面,油面宽6米。该路段属微丘区,最大纵坡9%,最小平曲线半径40米。

1998年K0至K2+500长2.5公里改建为水泥砼路面。2007年在通乡公路建设中K2+500至K13+586长11.086公里改建为水泥砼路面,由湖南省公路设计有限公司设计,汉寿公路局主修,砼路面宽5米,板厚22厘米,基层结构为水泥稳定砾石,总造价425.48万元。

黄东线K0至K9+160长9.16公里由汉寿公路局养护,K9+160至K13+586长4.426公里由汉寿县公路处养护。

第四十二节　X042白(鹤山)—沙(河口)线

白沙线起于鼎城区白鹤山,经镇德桥、石公桥、周家店、蒿子港,止于沙河口渡口南岸码头,全长47.566公里。其中K0—K8+400长8.4公里由柳叶湖旅游度假区管养,K8+400~K25+330长16.93公里由鼎城区公路处管养,K25+330~K31+122及K38+123~K47+566长15.235公里由鼎城公路局管养,K31+122~K38+123长7.001公里由西洞庭管理区公路局管养。路段技术等级:二级4.5公里(K31+746~K36+246)、三级7.053公里(K40+513~K47+566)、四级36.013公里。路面类型:水泥砼34.147公里、沥青表处8.919公里、沥青砼

4.5 公里。

白沙线镇德桥至周家店段(K8+400 ~ K25+330)长 16.93 公里,始建于 1979 年。2011 年鼎城区启动了该路段水泥砼硬化改造工程,项目由鼎城区公路管理处主修,总投资 1822 万元,其中国防建设资金投入 850 万元,区政府配套资金 972 万元。砼路面宽 5 米,C30 砼,板厚 22 厘米,2011 年 6 月动工,当年 12 月完工。该路段石公桥位于鼎城区石公桥镇,建于 20 世纪 70 年代,因年久失修,经专家检测鉴定为五类危桥,2010 年 9 月 12 日启动新建工程,拆除老桥在原址重建。石公桥新桥由益阳市交通规划勘测设计院设计,桥型为 4 孔 20 米预应力钢筋砼空心板桥,全长 85 米,设计荷载为公路—Ⅱ级,桥面净宽 6 米,两侧人行道各 0.5 米,桥台、桥墩均采用双柱式,基础采用桩基础。工程总造价 363 万元。

X042 线

白沙线周家店至蒿子港段是原省道 1804 线的一段,1958 年由常德县交通科组织测量,按简易公路标准设计,于 1959 年 10 月开工,1960 年 2 月完成大部分路基工程后,因压缩基建项目后停工。1961 年至 1964 年省、地交通部门几次重新勘测,在已建路基的基础上,稍加改进,于 1965 年重新开工,到 1967 年 5 月完成桥涵,铺装路面,竣工通车。蒿子港至沙河口段于 1968 年 10 月动工,自蒿子港大堤内坡脚线延伸至沙河口渡口,线路长 3.7 公里,按当时六级公路标准修建,常德地区投资 1.6 万元,由蒿子港区负责施工,1968 年 12 月底建成通车。

白沙线周家店至濠口桥段(K25+330 至 K31+122)、西洞庭至沙河口南岸码头段(K38+123 至 K47+566),共长 15.35 公里,1987 年改建为双层表处沥青路面,宽 6 米。西洞庭公路局管养的 7.001 公里(K31+122 至 K13+123)1987 年改建为双层表处沥青路面。1999 年 K31+122 至 K31+746 长 0.624 公里改建为水泥砼路面,宽 6 米。2008 年 K31+746 至K36+246 长 4.5 公里改建为沥青路面。

第四十三节　X043 南(坪)—灌(溪)线

南罐线起于武陵区南坪岗,经花山,止于鼎城区灌溪镇,接国道 207 线,全长 16.682 公里。路段技术等级:三级 7 公里、四级 9.682。路面类型全部为水泥砼。

1977 年 10 月,由常德县交通局测量定线,由南坪公社组织群众施工,修建南灌线南坪至花山长6.2公里公路，于1978年春节前完成。路基宽12米，路面宽9米，分层铺装了沙石，修建永久式桥梁1座，桥名：花山桥，1孔34米，全长42.5米，桥梁全宽12米。

南灌线花山至灌溪段，始建于1978年。2006年鼎城区境8.678公里，由沙路改建为水泥砼路面。水泥砼路面宽度：宽7米的有3.702公里、宽6米的4.976公里。路基宽8米。

南灌线K0至K6+200长6.2公里由武陵公路局养护；K6+200至K8+004长1.804公里由柳叶湖旅游度假区养护；K8+004至K16+682长8.678公里由鼎城区公路处养护。

第四十四节 X044断（港头）—新（陂桥）线

断新线起于鼎城区断港头，经韩公渡、六总宫，止于武陵区新陂桥，全长30.417公里。路段技术等级：四级。路面类型：全部为水泥砼。

断新线于1971年，由中共常德牛鼻滩区委，自行组织人员测量，按简易公路标准设计，当年12月动员全区2万多名劳力，在大搞农田建设的同时，经过一个冬季的艰苦奋斗，完成土方28万余立方米，筑成宽7米至8.2米的路基。1972年春公路两旁植树绿化。1975年地、县交通局补助资金15万元，贺家山原种场集资10万元，牛鼻滩区政府自筹资金8万元，用于路面施工。1976年上半年区委组织公路修建机构，选调2000多名人员组成专业施工队伍，进行路面备料，分三层铺装：底层用花山块片石，厚15厘米；面层为沙砾石，厚6厘米；保护层为小沙砾，厚2厘米。路面宽5.5米，建成永久式桥梁4座，总长163米，到1978年4月，全线竣工通车。

1995年断新线K14至K22长8公里，改建成宽6米的水泥砼路。2001年常德市公路局拨款454.78万元，修建（部分路段属于修复）水泥砼路面9.2公里（含省道205线0.746公里的费用），砼路面宽5米。至2010年年底止，断新线全线建成水泥砼路面。

断新线地形属平原。K0至K22长22公里，由鼎城公路局养护；K22至K30+417长8.417公里，由武陵公路局养护。

第四十五节 X045东（风桥）—韩（公渡）线

东韩线起于鼎城区十美堂乡东风桥，经黑山嘴，止于韩公渡，全长25.484公里。路段技术等级：四级。路面类型：水泥砼13.8公里、沙石路11.684公里。

东韩线始建于1978年。2009年通乡公路建设中，东风桥至罗家卜13.8公里，分段实施了水泥砼路面改造工程。黑山嘴至永丰段长2.48公里，工程造价185.5万元，其中国家投入74.4万元，区级配套投入111.1万元。永丰至韩公渡段长8.3公里，工程造价553.9万元，其中国家投入132.8万元，区级配套421.1万元。砼路面宽度：K0—K2+598、K9+701—K13+202为7米；K17—K24+650为5.5米；其余路段宽6米。

X045 线

韩公渡大桥位于东韩线K25+514处，跨越冲柳高水河，按二级公路标准设计，改建为5×20米预应力砼空心板桥，桥面净宽7米，两侧人行道各0.5米。工程总造价466万元，其中国家投入160万元，区级配套投入经费306万元。

东韩线由鼎城区公路处养护。

第四十六节　X046 丁(家坝)—马(家吉)线

丁马线起于鼎城区石公桥丁家坝，途经特养场、韩公渡、芦山，止于武陵区的马家吉，全长40.014公里。路段技术等级：四级。路面类型：水泥砼37.079公里、沙石路2.935公里。

丁马线始建于1985年。丁家坝至石公桥(K0—K3+900)长3.9公里公里，于2002年建设龙子岗新农村时，修建水泥砼路面，2009年对该路段实施路面维修改造，总投资210万元，其中湖南省交通厅补78万元，鼎城区财政配套132万元。2008年丁马线K3+900至K29+090长25.19公里改建水泥砼路面，总投资1570.8万元，国家投入690万元，鼎城区财政配套880.8万元。2004年K29+090至K33+590长4.5公里，由武陵区修建水泥砼路面。2005年K33+590至K40+014长6.424公里，由武陵区修建水泥砼路面。路基宽6米，砼板宽5米，砼板厚22厘米。每公里造价50万元。

丁马线K0至K29+090长29.090公里，由鼎城区公路处养护；K29+090至K40+014长10.924公里，由武陵区公路站养护。

第四十七节　X048 康(家吉)—兰(溶)线

康兰线起于鼎城区石门桥的何家坪村，经谢家铺，止于唐家铺兰溶村，全长27.414公里。路段技术等级：二级0.8公里(K9+201—K10+001)、四级26.614公里。路面类型：水泥砼14.119公里、沙石路13.295公里。

康兰线始建于1979年12月。2007年石门桥镇将K0至K9+160进行路面改造，修建水泥砼路。2008年由鼎城区交通局主持，对K9+160至K17+160长8公里路段进行路面改造，修建了水泥砼路。该项目由益阳市交通规划勘测设计院按四级公路标准设计，设计时速20公里/小时，设计年限20年，路面标准轴载BZ—100。路基宽6米，路面宽5米。路面结构：

基层为20厘米厚6%水泥稳定沙砾,铺基层用天然沙砾调平原有砂石路;面层为厚22厘米C30砼，设计弯拉强度4.5MPa。两侧路肩宽各0.5米。工程总造价488.7万元。2010年对K26+414至K27+414长1公里路段,改建为水泥砼路面,路基宽6.5米,路面宽5米,工程总造价74.1万元。

康兰线由鼎城区公路处养护。

第四十八节 X049谢(家铺)—杨(家桥)线

谢杨线起于鼎城区谢家铺,经唐家铺、黄土店、港二口、逆江坪、芦花潭、沙坪,至桃源县杨家桥止,与国道319线相接,全长66.815公里。路段技术等级:三级4.336公里、四级62.479公里。路面类型:水泥砼49.473公里、沙石路17.342公里。

X049线通乡水泥路

谢杨线谢家铺至黄土店段,1957年11月经常德县交通科测量,由常德县黄土店、唐家铺两个乡联合修建黄土店至双堰一段长11.5公里的路基，宽6.5米至7米,铺沙石路面宽3.5米,于1963年交常德地方公路养护队管养。1963年9月谢家铺公社，修建谢家铺至双堰长9公里的路基,宽5米—6米。由于线型差,路面铺装草率,行车不畅,公社逐年进行整修,改善线型,加铺沙石。这一路段整修后路基宽达到6.5米—7米，路面宽3.5米，于1972年交常德县地方公路养护队管养。谢家铺至黄土店段20.5公里,有5米以上永久式桥梁两座,载重标准汽—13、拖—60,最大纵坡13.5%,最小平曲线半径12米。

黄土店至逆江坪段,于1958年冬,经常德县交通科测量,由跃进人民公社(即现在的港二口乡及逆江坪乡)组织群众修建,当年完成5.5米—6.5米的路基工程。1959年春公社继续施工,采备路面沙石,开挖路槽分层铺装4米宽的沙石路面,修建3米以上跨径桥梁6座,于1960年5月竣工通车,1963年交常德县地方公路养护队管养。1970年前原建木面桥梁,全部改为永久式桥梁,载重标准可达汽—13、拖—60。该路段属重丘区,最大纵坡12.4%,最小平曲线半径15米。

1996年谢杨线K20至K36长16公里,由鼎城区交通局将沙路改建为水泥砼路面,宽6米。2003年由鼎城公路局将K0至K10长10公里改建为水泥砼路面，路面宽5米，投资

430.965 万元。同年 K36 至 K40+313 长 4.313 公里改建为水泥砼路面，路面宽 6 米，投资 257.5851 万元。2011 年 K10 至 K20 长 10 公里由鼎城区交通局改建为水泥砼路面，路面宽 5 米，采用 C30 砼，板厚 22 厘米，投资 442 万元。2008 年 K62+480 至 K66+680 长 4.2 公里由桃源公路局施工，修建水泥砼路面，路面宽 6 米，工程总投资 205.7 万元。

谢杨线 K0 至 K40+313（逆江坪）长 40.313 公里由鼎城公路局养护；K40+313 至K43+880（清塘湖村）长 3.567 公里由鼎城区公路处养护；K43+880 至 K51+059（合津坳）长7.179 公里由桃源县公路处养护；K51+059 至 K66+815（杨家桥）长 15.756 公里由桃源公路局养护。

第四十九节　X050 鲤（鱼嘴）—群（力）线

鲤群线起于鼎城区黄土店的鲤鱼嘴，经栗岗岭、钱家坪至群力，全长 13.75 公里。路段技术等级：四级。路面类型：全部为水泥砼。

鲤群线鲤鱼嘴至钱家坪段，1957 年由常德县交通科测量定线，由黄土店、钱家坪两乡组织群众以民工建勤的方式，修建了宽 5.5 米—7 米的路基，铺 3.5 米宽的沙石路面，修建了 3 米以上跨径的桥梁 3 座，于 1957 年 12 月竣工通车。1963 年交常德县地方公路养护队管养。1967 年木桥全部改造为永久式桥梁，载重标准汽车—13、拖—60。地形属微丘区，最大纵坡 12%，最小平曲线半径 12 米。钱家坪至群力段 1987 年建成。

鲤群线鲤鱼嘴至钱家坪段，2004 年至 2006 年由鼎城公路局修建水泥砼路面，长 9.25 公里，砼路面宽 6 米，投资 458.8434 万元。2010 年钱家坪至群力段长 4.5 公里，鼎城区公路处修建水泥砼路面，基层为 20 厘米 6%水泥稳定沙砾，面层为厚 22 厘米 C30 水泥砼，设计弯拉强度 4.5MPa，投资 223.6 万元。

鲤群线 K0—K9+250 长 9.25 公里由鼎城公路局养护，K9+250—K13+750 长 4.5 公里由鼎城区公路处养护。

第五十节　X051 沧（浪坪）—猴（栗坡）线

沧猴线由鼎城区的沧浪坪至猴栗坡，与安化县接界，长 3.897 公里，路段技术等级：四级。路面类型：水泥砼。

沧猴线是原常（樟木桥）柘（溪）公路的一段，为修柘溪水电站，于 1956 年 11 月动工，1957 年 8 月竣工，路基宽 6.5 米，路面宽 3.5 米。地形属山岭区。2003 年 K0 至 K1+100 长 1.1 公里由鼎城公路局改建为水泥砼路面，路基宽 7 米，路面宽 6 米，投资 40.2633 万元。2010 年沧猴线全部建成水泥砼路面，路基宽 7 米，砼路面宽 6 米。

沧猴线由鼎城公路局养护。

第五十一节　X052 陬(市)—鄂(子湾)线

陬鄂线起于桃源县陬市镇，过沅水孔家渡后，经三叉港、斗姆湖、飞机场、草坪、长茅岭，止于鼎城区港二口的鄂子湾，全长 49.466 公里。路段技术等级：四级。路面类型：水泥砼 38.911 公里、沙石路 10.555 公里。

陬鄂线桃源县境长 12.609 公里，由陬市至南阳村，始建于 1969 年。1995 年 6 月，由沙路改建为水泥砼路，砼路面宽 4.5 米。

陬鄂线斗姆湖至葛麻山段长 7.3 公里，于 1958 年 11 月金刚公社修建跃进干渠时，挖渠筑路，建成金刚桥至葛麻山长 3.6 公里的公路，路基宽 6 米—7.5 米。斗姆湖至飞机场 3.7 公里，1959 年修筑宽 5 米—6 米的路基，1974 年由斗姆湖公社重新按简易公路标准整修，路基宽 6.5 米—7.5 米，砂石路面宽 4 米—5 米，同年 12 月竣工通车。本路段属微丘区，最大纵坡 5%，最小平曲线半径 9 米。1991 年斗姆湖(K19+918)至飞机场(K23+418)长 3.5 公里改建为沥青路面。1994 年飞机场至葛麻山修建沥青路面 2.7 公里，投资 50 万元。1996 年机场路段修建沥青路面 0.4 公里，投资 10 万元。1999 年 K19+918 至 K23+418 改建为水泥砼路面。

陬鄂线 K12+609—K19+918、K27+197—K49+466 路段，始建于 1978 年，在通乡公路建设中，鼎城区交通局于 2009 年对路面进行改造，修建了飞机场至鄂子湾的水泥砼路面，长 22.8 公里，路面宽 5 米。工程总造价 1517.3 万元，其中国家投入 684 万元(每公里投资 30 万元)，区财政配套资金投入 833.3 万元。该工程 7 月开工，同年年底完工。

陬鄂线地形属平原微丘区。

陬鄂线 K0 至 K12+609 长 12.609 公里，由桃源县公路处养护；K12+609 至 K19+918 及 K27+197 至 K49+466 长 29.578 公里，由鼎城区公路处养护；K19+918 至 K27+197 长 7.279 公里由鼎城公路局养护。

第五十二节　X053 牌(楼)—南(阳坡)线

牌南线起于鼎城区国道 319 线上的牌楼，经双冲、花莲冲，止于南阳坡，长 9.567 公里。路段技术等级：四级。路面类型：水泥砼。

牌南线 1960 年由丁家港、长茅岭两个公社各自组织群众，以民工建勤的方式施工，于当年 10

X053 线通乡路段

月，建成路基宽 6 米—6.5 米、路面宽 3.5 米的公路，经公社长期养护，路况逐年提高。该路段属微丘区，最大纵坡为 11.4%，最小平曲线半径 16 米。

1992 年牌南线 K0 至 K6+500 长 6.5 公里，由常德市交通局组织修建双层表处沥青路面，常德市公路总段出资 13 万元。2005 年，由常德市交通局投资并组织修建，将全线 9.567 公里改建为水泥砼路面，路基宽 7 米，路面宽 6 米。

牌南线由鼎城公路局养护。

第五十三节　X054 甘（潭）—伍（福寺）线

甘伍线起于桃源县国道 319 线上的甘潭，经白洋桥、伍福桥、尧天坪、南阳坡、长茅岭，止于鼎城区的伍福寺，全长 17.42 公里。路段技术等级：三级 5.184 公里，四级 12.236 公里。路面类型：水泥砼 12.435 公里、沥青表处 4.985 公里。

甘伍线 1958 年根据当时常德县金星公社（现尧天坪、长茅岭两乡）的要求，并征得桃源县八字路公社的同意，由常德县交通科对甘（潭）长（茅岭）公路定线测量。金星、八字路两公社发动群众进行施工，当年冬天，完成宽 6 米—7 米的路基。1959 年春继续施工，采备沙石，铺 4 米宽沙石路面，修建 3 米以上木桥 6 座。1970 年所有木桥都改建为永久式桥梁。该线属重丘区，最大纵坡 11.4%，最小平曲线半径 30 米。

旅游线——X054 桃花线路段

甘伍线桃源境 4.5 公里（K0 至 K4+500），2000 年 8 月 24 日完成油路改建工程，沥青双层表处，油面宽 4.5 米，投资 104.7766 万元。2005 年 K8（伍福桥）至 K15+220（伍福寺）长 7.22 公里改建为水泥砼路面，砼路面宽 6 米。2008 年 K5 至 K8 长 3 公里改建为水泥砼路面，路面宽 7 米。2010 年 K15+220 至 K17+420 改建为水泥砼路面，路面宽 5 米，砼板厚 22 厘米，C30 砼，设计弯拉强度 4.5MPa，工程总造价 127.7 万元。

甘伍线 K0 至 K5+001 长 5.001 公里由桃源公路局养护；K5+001 至 K15+220 长 10.219 公里由鼎城公路局养护；K15+220 至 K17+420 长 2.2 公里由鼎城区公路处养护。

第五十四节　X055 刘(家铺)—钟(家铺)线

刘钟线起于鼎城周家店镇的刘家铺,经双桥坪、长岭岗、蔡家岗,在盘塘镇黄叶岗进入桃源县境,再经盘塘、马宗岭、涌泉、漆河、黄石、芭茅洲、杜坪至钟家铺止,全长 119.806 公里(含 K70+048—K70+482 与 S306 线 K325+316—K325+750 重复里程 0.434 公里),实际里程为 119.372 公里。路段技术等级:四级。路面类型:水泥砼。

刘钟线鼎城区境 36.764 公里,始建于 1979 年。2003 年 K11+100 至 K32+100 长 21 公里,修建了水泥砼路面。2009 年鼎城区交通局对刘家铺至双桥坪段(K0 至 K11+100)长 11.1 公里,改建为水泥砼路面,路面宽 5 米,工程总造价 729 万元,其中国家投资 333 万元,区级配套 396 万元。2010 年鼎城区交通局对 K32+100 至 K36+764 路段实行了水泥砼路面改造。

刘钟线盘塘至马宗岭段,1960 年冬盘塘公社组织社员修建长 7.5 公里路基,宽 6 米。1963 年春节前将路基整修,铺 3 米宽沙石路面,修建涵洞 13 道,完成土石方 3.31 万立方米,投入劳力 1.8 万工日。同年盘马线交桃源县地方公路养护队养护,其后通过多年养护,连年整修,路况有所提高,路基宽度达到 7.5 米,路面宽度 4.5 米,桥涵全部改为永久式。该路段地形属丘陵区,最大纵坡 12%,最小平曲线半径 9 米。

刘钟线漆河至黄石段,为黄石水库建设,1957 年由桃源县交通科进行测量,由漆河、九溪两乡接受公路修建任务,按简易公路标准施工,于 1958 年竣工,全长 24 公里,路基宽 4.5 米—5.5 米,路面仅铺 2.5 米—3 米宽,质量很低,急弯陡坡多,很少行车。1962 年,漆河、九溪两公社对这一路段进行局部改造,改弯降坡,加宽路基路面,路况有所提高。共完成土方 3.9 万立方米,石方 1.1 万立方米,修 3 米以上桥梁 17 座,路基宽达到 6 米,路面宽达 3.5 米。投劳力 4.3 万工日,县投资 4.4 万元。1968 年漆河至黄石全线木桥全部改建为永久式。1974 年至1975 年在进行黄石水库配套工程时,漆黄段公路由漆河、九溪两公社组织群众分段进行改造,以加宽、加沙为主,完成土方 2.6 万立方米,石方 0.8 万立方米,路基宽度达到 6 米—8 米,路面宽度达到了 3.5 米—4.5 米。1979 年漆河、九溪两公社对该线再次整修后,交常德地区公路总段按支线公路接管,由桃源公路段养护。该路段属丘陵区,最大纵坡 9%,最小平曲线半径 13 米。1990 年九溪镇 1 公里过境路改建为沥青路面。1997 至 1998 年常德公路总段投资 113.75 万元,修建漆河至黄石段双层表处沥青路面 22.5 公里,油面宽 6 米。1995 年常德公路总段投资 12 万元,加宽、加固麻溪桥(K71+676),该桥 6 孔不等跨,全长 48.7 米。至 2010 年底止刘钟线由桃源公路局管养的 27.818 公里(不含重复里程 0.434 公里),已分期全部改建为水泥砼路面。

1987 年至 1994 年常德市、桃源县交通局先后投资 30 万元修建芭茅洲(刘家山)至杜坪 10.1 公里山区公路,按四级公路标准建成。1995 年至 1998 年以杜坪乡政府为主,市、县交通局补助 10 多万元,新建杜坪至钟家铺 5.9 公里路段,按四级公路修建,1998 年 12 月通车。

1993年至1994年全市公路大会战中,刘钟线全面整修扩宽,其中重点完成马宗岭经涌泉至漆河17.4公里,由等外路改建为四级公路,常德市交通局投资50万元。

2006年K38+450—K46+900长8.45公里改建为水泥砼路面,路面宽5米,砼板厚22厘米,常德市交通局每公里补助30万元。2007年K52+060—K69+100长17.04公里改建为水泥砼路面,路面宽5米,砼板厚22厘米。市交通局每公里补助30万元。2008年K36+750—K38+450长1.7公里改建为水泥砼路面,路面宽5米,板厚22厘米,每公里造价50万元。

刘钟线K0至K36+764长36.764公里, 由鼎城区公路处养护。K36+764至K47+360、K52+600至K70+048、K93+060至K119+806共长54.79公里由桃源县公路处养护。K47+360至K52+600、K70+048至K93+060长27.818公里由桃源公路局养护。

第五十五节　X056马(家堰)—仙(娘庙)线

马仙线起于桃源县马家堰,经郝坪,止于与慈利县交界处的仙娘庙,全长11.198公里。路段技术等级:四级。路面类型:水泥砼路面。

马仙线1950年热市乡修建马家堰至郝坪的乡村大道,长8.3公里。1959年动工改造为简易公路,当年没完工,直到1963年才续建完工,里程为7.3公里。前后共投工9万工日,完成土方7.94万立方米、石方5.2万立方米。路基宽4.5米—5.5米,路面宽3米,厚8厘米。1970年由郝坪公社负责施工,将公路延伸至仙娘庙,当年竣工,路基宽5.5米,路面宽3米。投工4.2万工日,完成土石方8.65万立方米,建成桥梁2座。工程造价19.73万元。马仙线属重丘区,地势起伏大,最大纵坡14%,最小平曲线半径14米。1975年为适应客班车通行,郝坪公社又组织群众对仙马公路全线进行改造, 将路基宽度加宽到6米—7.5米, 路面宽3.5米—5米,泥结混合沙砾路面厚10厘米—18厘米。共投工5.5万工日,完成土方5.15万立方米、石方2.2万立方米,造价5.2万元。

2001年马仙线全线改建为水泥砼路面,砼路面宽5米。

马仙线由桃源公路局养护。

第五十六节　X057水(溪)—芦(花)线

水芦线起于桃源县桃花源镇水溪村,经株木潭、龙虎,至芦花,长15.095公里。路段技术等级:四级。路面类型:水泥砼路面。

水芦线1957年桃花源乡党委发动群众修建路基宽3.5米—4米的公路,至1959年续建完工,共完成土方20.11万立方米、石方2.1万立方米,建桥梁4座,投工13.5万工日。完工后因田与路没分家,路基低,部分地段田高于路,车辆通行困难。1964年,水溪、芦花两公社,自筹资金,组织群众,突击改造水芦线,路基加宽、加高,裁弯取直。改造后路基宽5米—7

米,沙石路面宽3.5米—4.5米,完成土方6.345万立方米、石方0.41万立方米,改造木桥涵16处,投工4.95万工日。改造后仍有田路不分家、田比路高的状况,雨天行车困难。1977年桃花源公社组织群众,结合水溪至株木潭段改河,挖渠筑路堤1.1公里,路堤宽7米。1977年至1978年龙虎公社在筑路运动的高潮中,大战两个月,开河筑堤,公路沿堤面走,废弃了绕山多弯的旧路,还缩短了公路里程2公里。

1992年至1993年水芦线改建为沥青路面,油面宽6米。2009年水芦线改建为水泥砼路面,砼路面宽5米。路基宽:和平拐至芦花0.365公里为5.5米,其余均为6米。

水芦线由桃源公路局养护。

第五十七节 X058杨(家台)—凌(津滩)线

杨凌线起于桃源县城漳江镇杨家台,经岩板滩、剪市、沙萝、旺家庄、马石、穿市,至凌津滩电站大坝止,全长36.527公里。路段技术等级:四级。路面类型:水泥砼。

杨凌线系尧(河)马(石)线的延长线,原长31.2公里。20世纪60至70年代分段建成沙石路,可通行货车、拖拉机。1979年全国公路普查时定为等外路。20世纪80年代对该线多次整修后,至1987年开通了县城至马石的客班车。20世纪90年代初,国家投资修建凌津滩水电站,为建设大坝左岸的运输通道,对杨凌线进行改建,并在1994年10月新建5.327公里,将该路线延伸至大坝,当时按三级公路标准设计,由五凌建设公司投资,桃源县政府组织修建,当年完成路基扩建14公里,1995年8月全线路基工程完成。1996年起将沙石路面分期改建双层表处沥青路面,至1999年底止建成沥青路面31公里,另外通过剪市镇一段长2.7公里及马石至大坝工地一段长2.642公里改建为水泥砼路面。以上工程前后共投资2000多万元。

2008年在通乡公路建设中,投资850万元,将杨凌线全部改建为水泥砼路面,砼路面宽5米,砼板厚22厘米。

杨凌线由桃源县公路处养护。

第五十八节 X059深(水港)—剪(市)线

深剪线起于桃源县深水港的桐木港,经金牛山、枫树坪、泥窝潭、岩板滩至剪市,全长20.316公里。路段技术等级:四级。路面类型:水泥砼14.1公里、沙石路6.216公里(K14+100至K20+316)。

深剪线深水港至泥窝潭段,长9公里,1954年由深水港、泥窝潭两个乡修建乡村大道,1955年加宽2米,达到4米宽,并将路基加宽0.2米。1956年9至10月,桃源县交通科投资1.05万元,由深水港、泥窝潭两乡组织群众改修机耕道,可通行拖拉机和人畜力车。1962年又将机耕道改建为简易公路，并将原公路起点由深水港改至桐木港接桃龙公路，路基宽达到5米—6米，铺3米宽沙石路面，修木桥1座、涵洞18道，共完成土方10.6万立方米，石方1.2万立方米，投工6.5万工日。1975年县投资4.4万元，修建桐木港桥(2孔20米双曲拱桥)、谢家桥(7孔4.3米钢筋砼板桥)，经费由水利部门负责，桃源县交通局补助0.7万元。

深剪线泥窝潭至剪市段，长12.2公里，1954年由泥窝潭、剪市两乡修建了约2米宽的乡村大道，1955年整修加宽到4米。1956年加铺沙石改为大车道，可通行拖拉机及人畜力车。1958年改造成简易公路，路基宽5米—6米，铺3米宽沙石路面。1960年全线公路整修加铺砂石，修建划龙港桥1座，利用并加固董家老民间拱桥1座。

1964年，桃源县委组织桐剪沿线各公社，发动群众对公路进行整修改造，主要是降坡、加宽，完成土石方8.4万立方米，投劳力5.4万工日，县投资1.3万元，公社自筹经费1.65万元，路基加宽到6.5米，路面宽3.5米。1977年桐剪线又进行了一次整修加沙，路基宽达到7.5米，路面宽达4.5米。完成土石方10.6万立方米，共投劳力7.8万工日，县投资2万元。该线属微丘区，最大纵坡9%，最小平曲线半径25米。

1979年深剪线交常德地区公路总段接管，由桃源县公路段按支线养护。

1990年通过泥窝潭集镇的800米沙路改建为沥青路面，以乡集资为主，县公路段补助3万元。1994年剪市镇地段改建成6米宽的水泥砼路面，其中通过集镇的350米，路面宽为13米。

2005年深剪线K0(桐木港)至K14+100(分水垅)，改建为水泥砼路面。

深剪线由桃源公路局养护。

第五十九节　X060岗(市)—商(贸城)线

岗商线是国道207线的辅线，起于鼎城区岗市，经三岔路，至武陵镇商贸城。全长17.076公里，其中与S306线重复2.697公里（岗商线K6+127至K8+824与S306线K287+503至K290+198重复)，实际养护里程14.379公里。路段技术等级：一级2.204公里、三级11.737公里、四级0.438公里。路面类型：水泥砼2.642公里、沥青砼11.737公里。

岗商线K0至K14+434长11.737公里(已扣除重复里程2.697公里)，由武陵公路局养护。K14+434至K17+076长2.642公里由鼎城公路局养护。

第六十节　X061二(里岗)—千(工坝)线

二千线原为县道桃千线，编号常46，它起于桃源县樟江镇的二里岗，经深水港、三阳、佘家坪，至千工坝，全长37.718公里。路段技术等级：四级。路面类型：水泥砼24.771公里、沥青表处12.947公里。

1955年9月至10月，桃源县委组织沿线三个乡的群众，修建城关至佘家坪的大车道，长 29.77 公里，宽 4 米—5 米，常德专署投资 1.4 万元。1958 年 10 月，由桃源县交通科在大车道的基础上，从城关至龙潭水进行测量定线，由城郊、三阳两个公社负责施工，当年完成桃佘段长 29.7 公里，宽 6.5 米的路基，分层铺装了 3.5 米宽的沙石路面。1959 年 11 月又由三阳、龙潭两个公社修建畲家坪至龙潭河的路基，宽 6.5 米。1961 年 5 月，桃源县城至佘家坪段 29.7 公里通车。1963 年县委组织群众对二千线进行整修、加铺沙石，当年交常德地区交通局公航处接管，由桃源县养护队设工班养护。

1964 年至 1968 年全线木桥全部改造为永久式桥梁，但鸦鹊潭桥只改成钢筋砼矩型梁木面桥。1978 年三阳河段综合治理改河，将原改线路段所建石拱桥炸毁。在新改河上重建 2 孔净跨 18 米石拱桥，同时将三阳土黄坪以下路段改走河堤，路基宽 8.5 米，路面宽 6 米。1982 年桃源县委再次组织以水利部门为主，交通部门参加的指挥机构，将深水港至三阳长 9 公里路段进行改造，其中深水港至红岩嘴改直河流，公路也取直。改造工程完成后，路基宽达到 9 米，路面宽 6 米。经过历年改造，线型标准有所提高，从桃源县城至三阳段里程缩短 1 公里，路基宽 6 米—9 米，路面宽 4.5 米至 6.5 米，5 米以上跨径桥梁 14 座。地形属山岭重丘区，最大纵坡 9%，最小平曲线半径 20 米。

1982 年 9 月，桃源县人民政府组建桃（源）三（阳）油路修建指挥部，将县城至三阳的 18 公里沙路改建为油路。同时对通过丛桂山的路段进行降坡，重建鸦雀潭桥，通过城关镇的路段修建了 500 米长的水泥砼路。共投资 137.8 万元，其中省地交通部投资 67.5 万元，其余桃源县政府自筹。1992 年至 1993 年通过佘家坪镇 1.3 公里路段，改建为沥青路面，经费以乡筹为主，交通部门补助 4.5 万元。

在通乡公路建设中，2008 年至 2010 年，二千线部分路段改造为水泥砼路面。

二千线由桃源公路局养护。

第六十一节　X062 黄（甲铺）—茶（庵铺）线

黄茶线起于桃源县黄甲铺，经太平桥、三阳，在兴隆街横跨沅水，止于茶庵铺，全长 83.075 公里，其中重复里程 0.315 公里（与 X061 线 K14+850—K15+165 重复 315 米）。路段技术等级：四级。路面类型：水泥砼。实际养护里程 82.76 公里。

1958 年黄甲铺至铁甲水库一段 3.9 公里开工修建，其余路段在以后 20 年内分段兴建。1975 年至 1976 年建成兴隆街汽车渡口，1978 年兴隆街乡竹园大桥建成，至此黄茶线全线贯通，路基宽 5.5 米—7.5 米，路面宽 3.5 米。1979 年全国公路普查时定为等外路。1993 年至 1996 年桃源县开展公路建设大会战，对该线进行全面改扩建，其中主要路段有：1994 年太平桥乡将所属地段 3.544 公里等外路改造成四级公路，市、县交通局投资 10 万元；1995 年完成竹园水库库区内 6 公里淹没路段的转移工程；1996 年由茶庵铺乡自筹资金为主，市、县交通局补助 10 万元，建成松阳坪至茶庵铺 1.7 公里，路面宽 7 米的水泥砼路面。1997 年至 1998

年，竹园电站投资240万元建成兴隆街至电站7.306公里，宽6米的水泥砼路面。竹园库区内皮匠沟原有一座石拱桥，1998年被水冲毁，1999年2月郴州工程机械厂到桃源开展扶贫活动，投资30万元，在此修建1座长30.5米，宽5米，行车道宽3.4米的钢质桁架桥。

2001年全国第二次公路普查时，黄茶线太平桥至鼓风垭3.544公里和松阳坪至茶安铺1.7公里为四级公路，其余77.831公里为等外路。全线最大纵坡11.55%，最小平曲线半径60米。有桥梁15座612.7延米，涵洞233道，渡口1处。

2005年黄茶线的沙石路改建为水泥砼路面，砼路面宽5米。

黄茶线K22+643（三阳港）至K32+513（龙潮寺）长9.555公里（已扣除重复里程0.315公里）由桃源公路局养护，其余路段长73.205公里由桃源县公路处养护。

第六十二节　X063泥（窝潭）—夹（岩口）线

泥夹线起于桃源县泥窝潭，止于夹岩口，全长14.864公里。路段技术等级：四级。路面类型：水泥砼。

泥夹线1964年动工修建，1965年建成。2008年5月，由沙路改建为水泥砼路，路面宽5米，砼板厚22厘米。

泥夹线由桃源县公路处养护。

第六十三节　X064理（公港）—栗（子凼）线

理栗线起于桃源县理公港，经千丈河、钟家铺、牛车河、瓦儿岗至栗子凼止，全长53.35公里。它东连省道漆官线（S227线），西与张家界市王家坪乡公路相接，是通往张家界旅游区的一条线路。路段技术等级：四级。路面类型：水泥砼。

理栗线理公港至牛车河段长27.421公里，1956年至1957年，由桃源县交通科组织有理公港、钟家铺、牛车河等乡配合的测设组，进行测量定线，由各乡组织劳力按大车道施工，路基宽3米—4米，铺沙石路面。1957年11月15日开始重新按简易公路标准测量，由县委抽调人员组成指挥部，以乡为单位成立民工大队，下设中队，分段施工。理公港至牛车河段公路，于1959年底竣工通车。1971年3月建成牛车河桥，1孔35米，全长51米的石拱桥，由常德地区公路总段派员设计和指导施工，并补助经费2.7万元。同年理公港桥开工，新建2孔净跨28米和1孔净跨10米，全长86米的石拱桥，1972年6月竣工，该桥由常德公路总段派员设计施工，并投资7.7万元。牛车河至瓦儿岗段15.2公里。1968年由瓦儿岗乡动工修建，1970年建成通车。瓦儿岗至栗子凼段10.908公里是工程最艰巨的一段，线路跨越崇山峻岭，坡陡弯急。1987年省计委拨款30万元，要求修瓦儿岗至王家坪（张家界市永定区境）的断头路，当时由湖南省公路技校组织师生测设，但没动工。同年11月18日，桃源县人民政府与常德市交通局签订《关于修建瓦儿岗至岔口潭公路的协议》，经常德市县乡公路处与桃源县交通局联合组织勘测，按山区四级公路标准测设，终点至栗子凼，全长11.1公里，路基宽4.5米，最大纵坡14.48%，最小平曲线半径15米，有桥梁3座106.47延米。1989年3月编制工程预算为281.8万元，省、市交通部门决定采取以工代赈形式，投资150万元，按沟通地市间县道规划，用民办公助形式修建。1989年5月动工，1993年1月建成通车。经省、市交通部门组织验收，评为优良工程，这也是桃源县山区公路建设首次达标的优良工程。

在通乡公路建设中，至2007年止理栗全线已改建为水泥砼路面，路面宽5米，砼板厚22厘米。

理栗线地形属山岭区。

理栗线K0至K27+141（雷树垭）长27.141公里，由桃源公路局养护。K27+141至K53+350长26.209公里，由桃源县公路处养护。

第六十四节　X065 瓦（儿岗）—谢（家坪）线

瓦谢线自桃源县瓦儿岗乡政府驻地起，至张家界市慈利县高桥乡的谢家坪止，全长5.348公里，其中桃源县境2.253公里，是常德市境内县道中与邻市相通的一条公路。路段技术等级：四级。路面类型：水泥砼。

瓦谢线桃源县境1993年由当地乡政府组织群众修建，路基宽5.5米，路面宽4米，全线无桥，仅有两处涵洞。最大纵坡9.5%，最小平曲线半径14米。2001年全国第二次公路普查时定为等外路。

2006年瓦谢线桃源境修建水泥砼路，长2.253公里，砼路面宽5.5米，砼板厚22厘米。

瓦谢线位于山岭区，由桃源县公路处养护。

第六十五节　X068 卷（桥）—澧（县）线

卷澧线原是国道207线进入澧县后的第一段，2004年澧东一级公路建成后，卷桥至城关公路降为县道。卷澧线始于与湖北省公安县交界处的卷桥，经复兴厂、雷公塔、曾家河，进入澧县县城，全长27.264公里。路段技术等级：四级。路面类型：水泥砼2.8公里、沥青砼5.99公里、沥青表处18.474公里。

卷澧线始建于民国23年（1934），由湖南省公路局常德工程处负责修建，于民国24年（1935）3月竣工，共投资14.421万元。民国28年（1939），卷澧线遭严重破坏。民国36年（1947），县政府再次发动民众修复路基。次年11月底，由省公路局负责路面铺装。澧（县）东（岳庙）段由交通部第二区公路管理局澧东总部草率修复。曾家河渡口因无过渡设施，仍不能通车。1952年4月为支援荆江分洪工程，湖南省公路局组织“抢修澧东公路工程队”，同月14

日修复通车。1975 年冬至 1976 年 4 月，结合农田基本建设，改建了澧县至曾家河 10.8 公里路段，投资 21.6 万元，投工 82 万多工日。

1975 年 8 月至 1983 年 5 月，卷澧线曾三次改线，里程从 33.96 公里缩短到 29.3 公里。1978 年澧县成立油路指挥部，卷澧线开始修建沥青路面，湖南省公路局每公里补助 2.5 万元。1983 年修建沥青路面 6.15 公里。1984 年修建雷公塔至卷桥 11.35 公里沥青路面，省公路局补助 60 万元。卷澧线双层表处沥青路面宽 6 米，厚2 厘米。2000 年卷澧线 K3+400—K5 长 1.6 公里改建水泥砼路面、2001 年 K12+700—K13+900 长 1.2 公里改建沥青砼路、2011 年 K22+500—K27 长 4.5 公里改建沥青砼路面。

卷澧线由澧县公路局养护。

第六十六节　X069 临（澧）—岗（市）线

临岗线起于临澧县梅溪村，通过县城，经矮架山、斋阳桥，在弯刀铺进入鼎城区境，经雷公庙、石板滩，止于岗市。临岗线原属国道 207 线的一段，临岗一级公路建成后，2007 年降为县道，全长 44.847 公里。路段技术等级：一级 5.993 公里、二级 2.182 公里、三级 36.672 公里。路面类型：水泥砼 8.383 公里、沥青砼 35.667 公里、沥青表面处治 0.797 公里。

临岗线始建于民国 21 年（1932）12 月，由湖南省公路局常澧公路工程处修建，民国 23 年（1934）10 月 20 日竣工。路基宽 6 米—7.5 米，路面宽 5 米。1974 年至 1975 年临澧、常德两县人民政府分别成立油路指挥部，从临澧至岗市分期建成宽 6 米的双层表处渣油路面，湖南省公路局每公里补助经费 2.5 万元。1976 年冬至 1977 年两县人民政府发动公路沿线群众，将临岗线路基加宽至 8 米，省公路局补助了部分经费。1995 年 K2264 至 2266（原国道 207 线桩号，下同），即斋阳桥至弯刀铺长 2 公里，建成沥青砼路面。2000 年 K2250 至 K2254 长 4 公里，建成沥青砼路面。2001 年 K2254 至 K2256 修建 2 公里沥青砼路面。2003 年 K2258 至 K2264 修建 6 公里沥青砼路面，常德市公路局投资 392.08 万元。

1999 年四新岗镇过境路（K2256—K2258+900）长 2.9 公里修建水泥砼路面。2004 年常德市公路局投资 84 万元，对 K2275+900—K2276+480（蔡家岗过境路）进行降坡并修建水泥砼路面。2008 年，K2285—K2287+200 长 2.2 公里改建沥青砼路面。

临岗线地形属微丘区。

临岗线 K0 至 K23+050（弯刀铺）长 23.05 公里由临澧公路局养护，K23+050 至 K44+847 长 21.797 公里由鼎城公路局养护。

第六十七节　X070 大（坪）—新（安）线

大新线起于澧县大坪，经临澧县合口镇，至临澧县新安镇，全长 23.571 公里，其中

K3+900 至 K6+601 与 S304 线 K2+242 至 K4+943 重复，重复里程 2.701 公里。大新线实际养护里程为 20.87 公里。路段技术等级：二级 1 公里、三级 19.87 公里。路面类型：沥青表处 11.422 公里、水泥砼 9.448 公里。

大新线大部分路段原省道 1836 线，民国 23 年（1934）由湖南省公路局组织测量队测量，由澧水北岸的张公庙起，经合口、新安两镇，直到石门县城，全段路线平坦，最大纵坡 6%，最小平曲线半径 30 米。到民国 24 年（1935）10 月，以兵工修筑张公庙至新安的土路，路面铺装另外拨款进行，于民国 25 年（1936）6 月竣工通车，路面施工简陋，宽仅 2 米—3 米，厚约 10 厘米。抗日战争时期，日寇侵入湖南，民国 28 年（1939）张公庙至石门路段奉令彻底破坏。民国 36 年（1947）第 17 绥靖公署成立"军路修筑委员会"，于民国 37 年（1948）12 月将此路修复成简易公路通车，路基宽 5 米—7 米，路面 2.5 米，厚 9 厘米，通车后路面坑槽累累，行车十分困难。解放后，1950 年 10 月，临澧工务段（成立前为临澧分段）派员勘测慈张公路，并组织民工参加这条公路的整修改善工作。

1976 年大新线合口至新安段，由临澧县油路指挥部组织修建了双层表处渣油沥青路面，油面宽 7 米，湖南省公路局每公里补助经费 2.5 万元。1977 年大新线澧县境，由澧县油路指挥部修建双层表处渣油沥青路面，油面宽 6 米，省公路局每公里补助 2.2 万元。2004 年大新线临澧境黄陵（K18+843）至新安（K23+571）长 4.728 公里改建为水泥砼路面。2008 年澧县境张公庙圆盘（K6+601）至柳荫界（K8+152）长 1.551 公里改建为水泥砼路面。砼路面宽 7 米。大新线大坪至合口长 9.222 公里由澧县公路局养护，合口至新安长 11.648 公里由临澧公路局养护。

表 2—3—1

2010 年常德市县道公路里程统计表(1)

线路编号	线路名称	起讫地点	里程(公里)	技术等级					路面类型			
				一级	二级	三级	四级	等外	水泥砼	沥青砼	沥青表处	沙石路
X001	壶大	壶瓶山·大荆州	27.981				1.501	26.480			13.553	14.428
X002	火罗	火连坡·罗坪	146.577				146.577		69.702	3.420		73.455
X003	梨鼓	梨儿垭·鼓罗坪	14.451				14.451		7.006			7.445
X004	磺太	磺厂·太平	51.576				18.477	33.099	32.437			19.139
X005	九罗	九渡河·罗坪	66.002				66.002		44.741		0.455	20.806
X006	官石	官庄桥·石门垭	22.067				22.067		10.802			11.265
X007	新甘	新安·甘溪	33.973				33.973		33.973			
X008	曾孙	曾家河·孙家坡	31.890				31.890		23.670		0.670	7.550
X009	雷中	雷公塔·中武	19.317				19.317		19.317			
X010	戈郑	戈头峪·郑家	11.340				11.340		11.340			

说明：X008 线实际长 33.349 公里，表中已扣除与 S302 线重复里程 1.459 公里。

表 2—3—2

2010 年常德市县道公路里程统计表(2)

线路编号	线路名称	起讫地点	里程（公里）	技术等级					路面类型			
				一级	二级	三级	四级	等外	水泥砼	沥青砼	沥青表处	沙石路
X011	彭官	彭家厂·官桥	15.973				15.973		15.973			
X012	复柳	复兴厂·柳儿坝	35.560				35.560		35.560			
X013	石新	石门·新开寺	58.518				58.518		58.518			
X014	石跳	石门·跳土坡	12.512				4.599	7.913			9.045	3.467
X015	窑骆	窑坡渡·骆家峪	67.932		4.900	28.303	26.504	8.225	36.694		31.238	
X016	赵三	赵三坪·三星寺	11.350					11.350	11.350			
X017	五合	五里堆·合口	15.236				15.236		15.236			
X018	高九	高兴·九里	12.290				12.290		12.290			
X019	王维	王家厂·维新	54.910				54.910		40.934			13.976
X020	白珠	白虎村·珠日	66.684				66.684		66.684			

说明：1.X019 线实际长 55.710 公里，表中已扣除与 X007 线重复里程 0.8 公里。

2.X020 线实际长 67.534 公里，表中已扣除与 X015 线重复里程 0.85 公里。

表 2—3—3

2010 年常德市县道公路里程统计表(3)

线路编号	线路名称	起讫地点	里程（公里）	技术等级					路面类型			
				一级	二级	三级	四级	等外	水泥砼	沥青砼	沥青表处	沙石路
X021	石陬	石门·陬市	78.127		49.606		28.521		33.735		44.392	
X022	段伍	段家咀·伍同庵	26.506				26.506		26.506			
X023	斋排	斋阳桥·排楼岗	15.766					15.766	15.766			
X024	菖雅	菖蒲·雅林桥	20.449				20.449		20.449			
X025	荆八	荆江南堤·八百弓	44.287		0.901	28.598	14.788		44.287			
X026	理七	理兴垱·七家	60.328		0.430	10.850	49.048		59.126			1.202
X027	军红	军山铺·红卫闸	137.561		17.499	65.314	52.048	水面 2.700	115.306		19.555	水面 2.700
X028	新东	新洲·东山	58.089			22.432	35.657		51.432			6.657
X029	棠渡	棠华·渡口	10.481				10.481		10.481			
X030	民杨	民安·杨腊溪	7.487				7.487		7.487			

说明：1.X027 线实际长 140.040 公里，表中已扣除与 S306 线重复里程 2.479 公里。

2.X027 线水面 2.7 公里，系沙河口渡口河面宽度。

3.X028 线实际长 58.365 公里，表中已扣除与 S306 线重复里程 0.276 公里。

表 2—3—4

2010 年常德市县道公路里程统计表(4)

线路编号	线路名称	起讫地点	里程（公里）	技术等级					路面类型			
				一级	二级	三级	四级	等外	水泥砼	沥青砼	沥青表处	沙石路
X031	教南	教育·南湖	9.184				9.184		9.184			
X032	白牛	白芷湖·牛屎湖	9.677				9.677		9.677			
X033	乔新	乔家河·新洲	28.609				28.609		23.373			5.236
X034	西坡	西湖·坡头	38.456			14.753	23.703		38.456			
X035	汉岩	汉寿·岩汪湖	14.417			14.417			14.417			
X036	汉发	汉寿·发梅桥	36.926		0.479		36.447		36.926			
X037	红阳	红土墙·阳南塘	17.577				17.577		17.577			
X038	罐六	罐头咀·六总宫	20.902			1.000	19.902		20.902			
X039	崔栗	崔家桥·栗山桥	6.511		6.511				6.511			
X040	沙安	沙河口·安德	14.920				14.920		7.860		7.060	

说明：X036 线实际长 37.412 公里，表中已扣除与 G319 线重复里程 0.486 公里。

表 2—3—5

2010 年常德市县道公路里程统计表(5)

线路编号	线路名称	起讫地点	里程（公里）	技术等级					路面类型			
				一级	二级	三级	四级	等外	水泥砼	沥青砼	沥青表处	沙石路
X041	黄东	黄岭岗·东岳庙	13.586				13.586		13.586			
X042	白沙	白鹤山·沙河口	47.566		4.500	7.053	36.013		34.147	4.500	8.919	
X043	南灌	南坪·灌溪	16.682			7.000	9.682		16.682			
X044	新断	断港头·新坡桥	30.417				30.417		30.417			
X045	东韩	东风桥·韩公渡	25.484				25.484		13.800			11.684
X046	丁马	丁家坝·马家吉	40.014				40.014		37.079			2.935
X048	康兰	康家吉·兰溶	27.414		0.800		26.614		14.119			13.295
X049	谢杨	谢家铺·杨家桥	66.815			4.336	62.479		49.473			17.342
X050	鲤群	鲤鱼嘴·群力	13.750				13.750		9.250			4.500
X051	沧猴	沧浪坪·猴栗坡	3.897				3.897		3.897			

说明：1.X055 线实际长 119.806 公里，表中已扣除与 S306 线重复里程 0.434 公里。

2.X060 线实际长 17.076 公里，表中已扣除与 S306 线重复里程 2.697 公里。

表 2—3—6

2010 年常德市县道公路里程统计表(6)

线路编号	线路名称	起讫地点	里程（公里）	技术等级					路面类型			
				一级	二级	三级	四级	等外	水泥砼	沥青砼	沥青表处	沙石路
X052	陬鄂	陬市·鄂子湾	49.466				49.466		38.911			10.555
X053	牌南	牌楼·南阳坡	9.567				9.567		9.567			
X054	甘伍	甘潭·伍福寺	17.420			5.184	12.236		12.435		4.985	
X055	刘钟	刘家铺·钟家铺	119.372				119.372		119.372			
X056	马仙	马家堰·仙娘庙	11.198				11.198		11.198			
X057	水芦	水溪·芦花	15.095				15.095		15.095			
X058	杨凌	杨家台·凌津滩	36.527				36.527		36.527			
X059	深剪	深水港·剪市	20.316				20.316		14.100			6.216
X060	岗商	岗市·商贸城	14.379	2.204		11.737	0.438		2.642	11.737		
X061	二千	二里岗·千工坝	37.718				37.718		24.771		12.947	

表 2—3—7

2010 年常德市县道公路里程统计表(7)

线路编号	线路名称	起讫地点	里程（公里）	技术等级					路面类型			
				一级	二级	三级	四级	等外	水泥砼	沥青砼	沥青表处	沙石路
X062	黄茶	黄甲铺·茶安铺	82.760				82.760		82.760			
X063	泥夹	泥窝潭·夹岩口	14.864				14.864		14.864			
X064	理栗	理公港·栗子凼	53.350				53.350		53.350			
X065	瓦谢	瓦儿岗·谢家坪	2.253				2.253		2.253			
X068	卷澧	卷桥·澧县	27.264				27.264		2.800	5.990	18.474	
X069	临岗	临澧·岗市	44.847	5.993	2.182	36.672			8.383	35.667	0.797	
X070	大新	大坪·新安	20.870		1.000	19.870			9.448		11.422	
	合计		2293.490	8.197	88.808	277.519	1813.433	105.533	1794.811	61.314	183.512	253.853

说明：1.X062 线实际长 83.075 公里，表中已扣除与 X061 线重复里程 0.351 公里。

2.X070 线实际长 23.571 公里，表中已扣除与 S304 线重复里程 2.701 公里。

第四章　乡村公路

常德地区1953年开始进行乡村公路建设。1958年国家发出“全党全民办交通”的号召后，县、乡（社）公路建设进入大发展时期，公路修建的资金和劳力来源主要依靠农民群众义务建勤，省、地、县各级政府适当补助材料费。这一时期县、乡（社）公路施工进度快，完成里程多，但技术标准低。到1985年年底止，常德地区建成乡（社）公路4041公里，其中原常德市16公里，津市市20公里、原常德县651公里、汉寿县359公里、安乡县148公里、澧县478公里、临澧县431公里、石门县559公里、慈利县354公里、桃源县1025公里。至2002年底截止，常德市境内有乡道478条，总里程4153.43公里。其中二级公路4.42公里、三级公路41.79公里、四级公路433.52公里，等外路3673.70公里。

进入“十一五”期间，国家实施农村公路建设加大投入的政策以后，常德市纳入湖南省乡、镇通村公路建设三年计划（2003年—2005年）里程目标为587公里，实际完成697公里。通村公路是指乡、镇政府所在地通往行政村村部或学校或人口集中地的公路。交通部规定通村公路建设工程分为通达工程和通畅工程。通达工程是指不通公路的行政村新建公路或对路基宽2.5米以下通村公路进行拓宽改造并铺简易路面。通畅工程是指对通村公路进行硬化，包括铺筑水泥路面或沥青路面及配套工程。经过几年努力，常德市2005年底农村公路通达率达99.5%，基本实现了村村通公路。

中共中央、国务院中发〔2006〕1号文件《关于推进社会主义新农村建设的若干意见》中提出：“要进一步加强农村公路建设，到‘十一五’期末基本实现全国所有乡、镇通油（水泥）路，东、中部地区所有具备条件的建制村通公路。”根据这一精神和湖南省的部署，常德市主要实施农村公路总体规划的有8518公里。国家交通部和湖南省对纳入建设计划的通村公路采取以奖代补的形式每公里补助10万元，而通村公路修建每公里资金约需20万元，不足部分由地方配套。2006年至2011年常德市共建成通畅公路10285公里、通达公路1155公里、县到乡公路657公里，完成农村公路建设总投资31亿多元。常德市100%的乡、镇和87%的行政村实现了通水泥砼路；100%的乡、镇和87%的行政村实现了通客车。

至2010年止常德市共有乡道499条，总里程4239.378公里。按技术等级分：二级公路4.304公里、三级公路52.330公里、四级公路3222.498公里、等外公路960.246公里。按路面类型分：水泥砼路面2640.209公里、沥青表处路面7.306公里、沙石路面1591.863公里。2010年底常德市共有村道9577.880公里。按技术等级分：三级公路2.837公里、四级公路6029.613公里、等外路3545.430公里。按路面类型分：水泥砼路面5286.759公里、沥青表处路面7.515公里、沙石路面4283.606公里。

第一节 乡 道

2010年常德市乡道公路里程统计表

（见表2—4—1—1至表2—4—1—57）

第二节 村 道

2010年常德市村道公路里程统计表

（见表2—4—2—1）

表 2—4—1—1

2010 年常德市乡道公路里程统计表(总表)

区县名称	公路条数	里程（公里）	技术等级					路面类型			
			一级	二级	三级	四级	等外	水泥砼	沥青砼	沥青表处	沙石路
汉寿	72	593.534		3.199	1.874	393.045	195.416	366.313			227.221
武陵	15	76.199				76.199		76.199			
鼎城	58	442.848				440.819	2.029	362.206			80.642
桃源	141	1327.262		1.105	24.231	664.267	637.659	532.44		5.278	789.544
临澧	45	329.082				329.082		294.317			34.765
石门	54	604.714			5.200	599.514		352.978		2.028	249.708
澧县	37	284.144			9.569	203.823	70.752	213.392			70.752
津市	11	56.021				56.021		56.021			
安乡	44	369.298			11.167	321.610	36.521	283.136			86.162
贺家山	6	28.775				18.711	10.064	12.640			16.135
柳叶湖	4	23.792				15.987	7.805	23.792			
西洞庭	6	57.858				57.858		34.187			23.671
西湖	6	45.851			0.289	45.562		32.588			13.263
合计	499	4239.378		4.304	52.330	3222.498	960.246	2640.209		7.306	1591.863

表 2—4—1—2

2010 年常德市乡道公路里程统计表(1)

线路编号	区县名称	起讫地点	里程（公里）	技术等级					路面类型			
				一级	二级	三级	四级	等外	水泥砼	沥青砼	沥青表处	沙石路
Y153	汉寿县	苗山·凤鸣	8.227				8.227		5.526			2.701
Y154		凤鸣·洲口	17.958				8.492	9.466	7.408			10.550
Y155		阁金口·牛路滩	44.691				3.300	41.391	3.300			41.391
Y156		福和·洲口	11.771				11.771		7.000			4.771
Y157		偏坡·鸭子港	9.408				9.408					9.408
Y158		群英·南堤	3.803				3.803					3.803
Y159		乔家巷·明星	7.261				6.973	0.288	2.061			5.200
Y162		周文庙·和平桥	3.185				3.185		3.185			
Y163		陈军堤·汉寿	6.728				6.728		6.728			
Y165		马家铺·汉寿	2.860				2.860		2.860			

表 2—4—1—3

2010 年常德市乡道公路里程统计表(2)

线路编号	区县名称	起讫地点	里程（公里）	技术等级					路面类型			
				一级	二级	三级	四级	等外	水泥砼	沥青砼	沥青表处	沙石路
Y166	汉寿县	金菱·捕捞	4.346				1.250	3.096	1.250			3.096
Y170		软纳桥·新兴	10.467				10.467		10.467			
Y172		毛家滩·聂家桥	5.042				2.679	2.363	2.679			2.363
Y173		堵口·三合	3.883				3.883		3.883			
Y174		三合·谢家铺	12.032				9.821	2.211	9.821			2.211
Y175		张家洲·南湖	2.685				2.685		2.685			
Y176		金盆岭·张家洲	6.598				6.598		2.634			3.964
Y178		八角楼·赵家湖	4.280				3.350	0.930	3.350			0.930
Y179		高路·谢家铺	0.865					0.865				0.865
Y185		百禄桥·七家坝	11.386				11.386		11.386			

表 2—4—1—4

2010 年常德市乡道公路里程统计表(3)

线路编号	区县名称	起讫地点	里程（公里）	技术等级					路面类型			
				一级	二级	三级	四级	等外	水泥砼	沥青砼	沥青表处	沙石路
Y187	汉寿县	阳南塘·百禄桥	9.232				9.232		8.070			1.162
Y188		阳红谷口·赤村	6.998				3.698	3.300	3.698			3.300
Y189		龙潭桥·崔家桥	13.893				13.893		13.893			
Y190		清水坝·打靶场	2.818					2.818				2.818
Y192		三合·蒲田	4.304				2.171	2.133	2.171			2.133
Y194		永兴·黄富	8.016				3.700	4.316	3.700			4.316
Y196		关爷庙·李家冲	4.713				4.713		4.713			
Y197		排形·黄廖	16.538				13.310	3.228	13.310			3.228
Y198		占板·粮站	2.693				2.693		2.693			
Y199		朱家铺·沧水河	12.901				12.901		12.901			

2010 年常德市乡道公路里程统计表(4)

表 2—4—1—5

线路编号	区县名称	起讫地点	里程（公里）	技术等级					路面类型			
				一级	二级	三级	四级	等外	水泥砼	沥青砼	沥青表处	沙石路
Y201	汉寿县	汉林·连鱼坳	4.919				2.150	2.769	2.150			2.769
Y203		东岳庙·荆竹	6.880				6.880		6.880			
Y205		向彤·林场	5.096				2.342	2.754	2.342			2.754
Y206		丰家铺·响滩	11.366			1.874	9.492		11.366			
Y207		太子庙·黄福	3.199		3.199				3.199			
Y354		小河嘴·洲口	4.338				1.000	3.338	1.000			3.338
Y355		永丰·明星	8.921				8.921		8.921			
Y357		岩汪湖·烂泥湖	9.331				9.331		9.331			
Y358		乾兴·新兴	9.042					9.042				9.042
Y359		仓港·张家湖	7.226				6.766	0.460	6.766			0.460

表 2—4—1—6

2010 年常德市乡道公路里程统计表(5)

线路编号	区县名称	起讫地点	里程（公里）	技术等级					路面类型			
				一级	二级	三级	四级	等外	水泥砼	沥青砼	沥青表处	沙石路
Y360	汉寿县	白毛湖·魏家坝	8.277				8.277		8.277			
Y361		南汉·合兴	22.900				21.601	1.299	21.601			1.299
Y362		新建·战备垸	8.099					8.099				8.099
Y363		月明潭·彭家湖	3.879				0.900	2.979	0.900			2.979
Y364		才家塘·港口	5.379				4.880	0.499	4.880			0.499
Y365		周家嘴·齐家湾	4.555					4.555				4.555
Y366		腊树湾·文武桥	5.413				1.413	4.000	1.413			4.000
Y367		岩场·大新	3.790				3.580	0.210	3.580			0.210
Y368		大桥·油草冲	4.463				0.800	3.663	0.800			3.663
Y369		白竹·金牛山	4.198				1.700	2.498	1.700			2.498

表 2—4—1—7

2010 年常德市乡道公路里程统计表(6)

线路编号	区县名称	起讫地点	里程（公里）	技术等级					路面类型			
				一级	二级	三级	四级	等外	水泥砼	沥青砼	沥青表处	沙石路
Y370	汉寿县	德沛·关家冲	10.827				10.827		10.827			
Y371		苗山·南汉	14.247				12.997	1.250	12.997			1.250
Y372		南赶·苏家吉	11.978				3.100	8.878	3.100			8.878
Y373		新建·永丰	5.030				3.300	1.730	3.300			1.730
Y374		茶亭·坡头	3.899					3.899				3.899
Y375		北拐·金龙	6.954				6.954		6.954			
Y376		菱东·万福	7.971				7.971		7.971			
Y377		马井·堤北	8.469				3.549	4.920	3.549			4.920
Y378		偏山·张家洲	7.918				4.350	3.568	4.350			3.568
Y379		冲天·东风	15.281				12.902	2.379	12.902			2.379

表 2—4—1—8

2010 年常德市乡道公路里程统计表(7)

线路编号	区县名称	起讫地点	里程（公里）	技术等级					路面类型			
				一级	二级	三级	四级	等外	水泥砼	沥青砼	沥青表处	沙石路
Y380	汉寿县	白毛湖·云台山	8.058				1.901	6.157	1.901			6.157
Y381		军山铺·杨林坳	5.601				5.601		5.601			
Y382		军山铺·罗家湾	3.422				1.700	1.722	1.700			1.722
Y383		马家段·白竹山	15.473				5.315	10.158	5.315			10.158
Y384		潘家桥·军山铺	7.276				4.826	2.450	4.826			2.450
Y385		杨家桥·邹家桥	5.467				2.351	3.116	2.351			3.116
Y386		金牛·金马	3.472				3.172	0.300	3.172			0.300
Y387		黄家湾·龙津	7.554				7.054	0.500	7.054			0.500
Y388		瓦窖冲·新堤	8.672				5.993	2.679	5.993			2.679
Y389		月天昏·南湖	8.937				3.078	5.859	3.078			5.859

2010年常德市乡道公路里程统计表(8)

表2—4—1—9

线路编号	区县名称	起讫地点	里程（公里）	技术等级					路面类型			
				一级	二级	三级	四级	等外	水泥砼	沥青砼	沥青表处	沙石路
Y390	汉寿县	燕子口·老屋	12.614				6.294	6.320	6.294			6.320
Y391		平瓦厂·白石碑	13.561				6.600	6.961	6.600			6.961
		合计	593.534		3.199	1.874	393.045	195.416	366.313			227.221

2010年常德市乡道公路里程统计表(9)

表 2—4—1—10

线路编号	区县名称	起讫地点	里程（公里）	技术等级					路面类型			
				一级	二级	三级	四级	等外	水泥砼	沥青砼	沥青表处	沙石路
Y267	武陵区	二十里铺·双桥	4.624				4.624		4.624			
Y268		黄土岗·国道	4.915				4.915		4.915			
Y269		驶古堤·浮桥	7.317				7.317		7.317			
Y270		罗湾北·高坪头	2.799				2.799		2.799			
Y271		新安·白龙	3.718				3.718		3.718			
Y272		三星·马洪堰	2.568				2.568		2.568			
Y273		苗儿港·岩桅子	6.825				6.825		6.825			
Y274		金狮堤·社木铺	6.850				6.850		6.850			
Y275		芦山·和平大堤	8.267				8.267		8.267			
Y276		S306·商场	1.366				1.366		1.366			

2010年常德市乡道公路里程统计表（10）

表 2—5—4—11

线路编号	区县名称	起讫地点	里程（公里）	技术等级					路面类型			
				一级	二级	三级	四级	等外	水泥砼	沥青砼	沥青表处	沙石路
Y277	武陵区	高泗·明月	6.407				6.407		6.407			
Y278		南木·西子口	4.937				4.937		4.937			
Y279		甘露寺·赵家昏	2.929				2.929		2.929			
Y485		岩桥·农校	2.055				2.055		2.055			
Y486		夹街·丹砂	10.622				10.622		10.622			
		合计	76.199				76.199		76.199			

2010 年常德市乡道公路里程统计表(11)

表 2—4—1—12

线路编号	区县名称	起讫地点	里程（公里）	技术等级					路面类型			
				一级	二级	三级	四级	等外	水泥砼	沥青砼	沥青表处	沙石路
Y208	鼎城区	石板滩·罗湾	7.907				7.907		5.200			2.707
Y209		停车场·落路口	1.741				1.741					1.741
Y210		麻河口·柴码	7.721				7.721		7.721			
Y211		中河口·蒿子港	10.215				10.215		10.215			
Y212		蒿子港·十美堂	8.886				7.885	1.001	8.886			
Y213		周家店·白云山	10.689				10.689		9.488			1.201
Y214		娥公桥·大砖桥	8.234				8.234		6.499			1.735
Y215		周家店·瓦屋垱	7.250				7.250		4.299			2.951
Y216		瓦屋垱·三堰	4.575				4.575					4.575

表 2—4—1—13

2010 年常德市乡道公路里程统计表(12)

线路编号	区县名称	起讫地点	里程（公里）	技术等级					路面类型			
				一级	二级	三级	四级	等外	水泥砼	沥青砼	沥青表处	沙石路
Y217	鼎城区	濠口·马鞍山	14.163				14.163		11.002			3.161
Y218		王家桥·同心坝	9.035				9.035		4.802			4.233
Y219		介富村·牛望嘴	2.659				2.659		1.502			1.157
Y220		前进桥·黄珠洲	1.133				1.133		1.133			
Y221		秧田·七港	8.060				8.060		8.060			
Y222		朱木山·五甲	3.444				3.444		2.101			1.343
Y223		镇得桥·刘家桥	3.383				3.383		3.383			
Y224		韩公渡·牛皇庵	13.046				13.046		13.046			
Y225		城址·谈家河	7.101				7.101		0.397			6.704
Y226		六总宫·栏马口	7.147				7.147		7.147			

表 2—4—1—14

2010 年常德市乡道公路里程统计表(13)

线路编号	区县名称	起讫地点	里程（公里）	技术等级					路面类型			
				一级	二级	三级	四级	等外	水泥砼	沥青砼	沥青表处	沙石路
Y227	鼎城区	长岭岗·丁家井	14.195				14.195		9.794			4.401
Y228		长岭岗·解家桥	8.065				8.065		6.599			1.466
Y229		雷公庙·太浮	5.483				5.483		0.800			4.683
Y230		解家桥·沈家岗	7.326				7.326		1.618			5.708
Y231		何家台·芭蕉堰	8.406				8.406		6.800			1.606
Y232		胡巴嘴·朱家港	5.061				5.061		5.061			
Y233		长茅岭·石板滩	7.196				7.196		7.196			
Y234		红阳桥·太阳山	8.386				8.386		8.386			
Y235		罗湾·渣口坡	4.154				4.154					4.154
Y236		大溪冲·石板滩	4.950				4.950		3.300			1.650

2010年常德市乡道公路里程统计表(14)

表 2—4—1—15

线路编号	区县名称	起讫地点	里程（公里）	技术等级					路面类型			
				一级	二级	三级	四级	等外	水泥砼	沥青砼	沥青表处	沙石路
Y237	鼎城区	莲花堰・雷家铺	6.492				6.492		5.300			1.192
Y239		浦沅・架桥	7.610				7.610		7.200			0.410
Y240		岗市・窑顶	5.809				5.809		5.809			
Y241		三滴水・郭家铺	3.506				3.506		1.500			2.006
Y242		新兴・苏家渡	6.265				6.265		6.265			
Y243		聂家桥・康家吉	4.393				4.393		4.393			
Y244		兴旺大坝・麻家巷	6.941				6.941		6.142			0.799
Y245		麻家巷・岩码头	7.593				7.593		7.593			
Y246		黄土坡・赵家桥	17.310				17.310		11.304			6.006
Y247		赵家桥・花叶港	10.522				10.522		7.040			3.482

表 2—4—1—16

2010 年常德市乡道公路里程统计表(15)

线路编号	区县名称	起讫地点	里程（公里）	技术等级					路面类型			
				一级	二级	三级	四级	等外	水泥砼	沥青砼	沥青表处	沙石路
Y248	鼎城区	枫林口·丁家港	10.716				10.716		10.716			
Y249		七斗冲·花园	7.759				7.759		6.259			1.500
Y250		花莲冲·尧天坪	6.169				6.169		6.169			
Y251		官仓·五福寺	6.564				6.564		6.564			
Y252		朱家铺·唐家铺	6.965				6.965		6.965			
Y253		唐家铺·东湖	6.434				5.406	1.028	6.434			
Y254		兰溶·河头	4.432				4.432		4.432			
Y255		杉木·青云	4.909				4.909		4.609			0.300
Y256		湖堤·回龙	7.316				7.316		6.317			0.999
Y257		青龙井·红岩湖	7.382				7.382		5.199			2.183

表 2—4—1—17

2010 年常德市乡道公路里程统计表(16)

线路编号	区县名称	起讫地点	里程（公里）	技术等级					路面类型			
				一级	二级	三级	四级	等外	水泥砼	沥青砼	沥青表处	沙石路
Y258	鼎城区	长茅岭·梳子岗	7.100				7.100		5.599			1.501
Y259		尧天坪·花岩溪	15.674				15.674		15.674			
Y260		黄合桥·港二口	9.840				9.840		9.840			
Y261		八角楼·马鞍头	8.573				8.573		8.573			
Y262		海坪桥·九龙	10.147				10.147		10.147			
Y263		沧浪坪·桃花溪	3.482				3.482		3.482			
Y264		逆江坪·超美水库	5.789				5.789		1.901			3.888
Y265		逆江坪·高峰	15.560				15.560		15.560			
Y266		岩港口·安家港	11.985				11.985		10.785			1.200
		合计	442.848				440.819	2.029	362.206			80.642

表 2—4—1—18

2010 年常德市乡道公路里程统计表(17)

线路编号	区县名称	起讫地点	里程（公里）	技术等级					路面类型			
				一级	二级	三级	四级	等外	水泥砼	沥青砼	沥青表处	沙石路
Y283	桃源县	热市·九溪	24.065				18.964	5.101	18.964			5.101
Y285		卓桥·两河	6.735				4.900	1.835	4.900			1.835
Y286		羊毛滩·一字山	6.280			2.650	3.630		6.280			
Y288		刘炎·双溪口	8.310				8.310		8.310			
Y290		漆河·谭家铺	12.652				10.406	2.246	10.406			2.246
Y291		架桥·基隆	6.739				6.739		6.739			
Y292		肖家坪·马路村	19.176				8.500	10.676	8.500			10.676
Y296		六合垭·马宗岭	8.473				3.900	4.573	3.900			4.573
Y297		六田·黄花桥	7.728				5.128	2.600	5.128			2.600

2010年常德市乡道公路里程统计表(18)

表2—4—1—19

线路编号	区县名称	起讫地点	里程（公里）	技术等级					路面类型			
				一级	二级	三级	四级	等外	水泥砼	沥青砼	沥青表处	沙石路
Y298	桃源县	漆河·苏家堆	19.240				15.240	4.000	15.240			4.000
Y299		田湖·白洋河大桥	5.413				6.431		5.701			
Y301		延泉·北站	10.799		1.105		9.694		10.799			
Y302		株林港·九庄峪	15.452				15.452		15.452			
Y303		桃源·尧河	2.781			2.781			1.301		1.480	
Y304		桃源·八字路	5.001				5.001		1.203		3.798	
Y307		浯溪河·老官坪	4.692				4.692		4.692			
Y308		展旗段·佘家坪	28.134				27.400	0.734	27.400			0.734
Y309		猫儿垱·牌楼寺	8.050					8.050				8.050
Y310		汉宫庙·黄甲铺	5.803				3.302	2.501	3.302			2.501

表 2—4—1—20

2010 年常德市乡道公路里程统计表(19)

线路编号	区县名称	起讫地点	里程（公里）	技术等级					路面类型			
				一级	二级	三级	四级	等外	水泥砼	沥青砼	沥青表处	沙石路
Y311	桃源县	牛车河·洞溪河	6.413					6.413				6.413
Y313		龙潭·凤断圮	21.868				14.168	7.700	12.701			9.167
Y314		观音寺·道山头	19.795					19.795				19.795
Y315		大洑溪·燕家溪	9.381				7.881	1.500	7.881			1.500
Y316		佘家坪·鄢家溪	14.338				8.700	5.638	8.700			5.638
Y319		洪鸽峪·鄢家溪	11.746				3.213	8.533	3.213			8.533
Y320		向家桥·泥窝潭	8.110				5.807	2.303	5.807			2.303
Y321		洪鸽峪·马石	13.391				10.391	3.000	10.391			3.000
Y322		泥窝潭·代家鹏	6.397				5.397	1.000	5.397			1.000
Y323		游仙观·渔父	6.503				2.799	3.704	2.799			3.704

表 2—4—1—21

2010 年常德市乡道公路里程统计表(20)

线路编号	区县名称	起讫地点	里程（公里）	技术等级					路面类型			
				一级	二级	三级	四级	等外	水泥砼	沥青砼	沥青表处	沙石路
Y325	桃源县	官庄・伏图山	6.984				6.984		6.984			
Y326		澄溪桥・芦花	7.627				2.567	5.060	2.567			5.060
Y327		杨家桥・龙潭溪	25.676			18.800	6.876		25.676			
Y328		沙坪・大约坪	14.201					14.201				14.201
Y329		杨家溪・冷家溪	16.976				10.101	6.875	10.101			6.875
Y330		董家湾・苍湾村	30.935					30.935				30.935
Y331		元潭・梨树埡	10.173					10.173				10.173
Y332		苏坊溪・小桃源	16.213				3.114	13.099	3.114			13.099
Y333		三渡水・湖南坡	21.822				21.822		21.822			
Y334		太平铺・双岔溪	34.751					34.751				34.751

表 2—4—1—22

2010 年常德市乡道公路里程统计表(21)

线路编号	区县名称	起讫地点	里程（公里）	技术等级					路面类型			
				一级	二级	三级	四级	等外	水泥砼	沥青砼	沥青表处	沙石路
Y335	桃源县	大水田·薛家冲	26.607					26.607				26.607
Y354		渣厂公路	8.786				8.786		8.786			
Y392		食三线	5.094				1.594	3.500	1.594			3.500
Y393		架桥·祠堂岗	8.999				8.999		8.999			
Y394		雷家铺·架桥	8.107				6.507	1.600	6.507			1.600
Y395		陬市·白洋湖	3.999				1.900	2.099	1.900			2.099
Y396		集民·五保山	3.698				3.698		3.698			
Y397		罗家店·洞湾	2.959				1.459	1.500	1.459			1.500
Y398		桐岭·白洋河	4.891				4.891		4.891			
Y399		大洋·茨树垭	8.044				6.491	1.553	6.491			1.553

表 2—4—1—23

2010 年常德市乡道公路里程统计表(22)

线路编号	区县名称	起讫地点	里程（公里）	技术等级					路面类型			
				一级	二级	三级	四级	等外	水泥砼	沥青砼	沥青表处	沙石路
Y400	桃源县	万寿桥・大里坪	8.717				8.717		8.717			
Y401		福善岗・九溪	9.446				8.246	1.200	8.246			1.200
Y402		重阳・跑马岭	8.470				4.090	4.380	4.090			4.380
Y403		高碑・正龙	7.185				4.500	2.685	4.500			2.685
Y404		三阳二桥・金沙寺	3.033				0.800	2.233	0.800			2.233
Y405		三阳・青草坪	7.997				2.700	5.297	2.700			5.297
Y406		葛家垭・铜矿	7.496				4.700	2.796	4.700			2.796
Y407		禾生峪・土黄坪	8.640				8.640		8.640			
Y408		浯溪河・板桥	13.248				6.148	7.100	6.148			7.100
Y409		九龙林场・龙潭桥	3.013				1.599	1.414	1.599			1.414

表 2—4—1—14

2010 年常德市乡道公路里程统计表(23)

线路编号	区县名称	起讫地点	里程(公里)	技术等级					路面类型			
				一级	二级	三级	四级	等外	水泥砼	沥青砼	沥青表处	沙石路
Y410	桃源县	栗林坝·龙潭桥	3.824				2.724	1.100	2.724			1.100
Y411		深水港·高岩林场	7.471				6.710	0.761	6.710			0.761
Y412		张家湾·剪市	7.142				0.700	6.442	0.700			6.442
Y413		岩板滩·九龙水库	9.790				4.399	5.391	4.399			5.391
Y414		深水港·泥窝潭	10.803				10.301	0.502	10.301			0.502
Y415		桃垭村·明月	8.164				6.335	1.829	6.335			1.829
Y417		上午通·热市	5.728				4.528	1.200	4.528			1.200
Y418		九溪·牌楼	10.148					10.148				10.148
Y419		双溪大公·九溪青华	4.877				3.377	1.500	3.377			1.500
Y420		九溪村刀行·郝坪刘坪界	10.348				2.899	7.449	2.899			7.449

表 2—4—1—25

2010 年常德市乡道公路里程统计表(24)

线路编号	区县名称	起讫地点	里程（公里）	技术等级					路面类型			
				一级	二级	三级	四级	等外	水泥砼	沥青砼	沥青表处	沙石路
Y421	桃源县	黄甲铺・龚家溪	4.607				0.401	4.206	0.401			4.206
Y422		铁甲村・兰家桥	8.452				3.500	4.952	3.500			4.952
Y423		黄甲铺・兰溪	14.408				8.509	5.899	8.509			5.899
Y424		九溪・黄甲铺	8.405				3.400	5.005	3.400			5.005
Y425		前山桥・赫溪峪	3.781					3.781				3.781
Y426		雷锋山・三圣殿	5.793					5.793				5.793
Y427		芭茅洲・新铺	6.928				5.999	0.929	5.999			0.929
Y428		小河口・高家坪	11.524				1.000	10.524	1.000			10.524
Y429		小河口・养珠湖	8.775					8.775				8.775
Y430		丁家坊・千工坝	7.153					7.153				7.153

表 2—4—1—26

2010 年常德市乡道公路里程统计表(25)

线路编号	区县名称	起讫地点	里程（公里）	技术等级					路面类型			
				一级	二级	三级	四级	等外	水泥砼	沥青砼	沥青表处	沙石路
Y431	桃源县	郭家界·梨树垭	4.571					4.571				4.571
Y432		株木山·丁家坊	5.432					5.432				5.432
Y433		白竹园·湖田界	12.716					12.716				12.716
Y434		上湾·郭家界	9.307					9.307				9.307
Y435		八斗丘·慈利保安	6.462				1.800	4.662	1.800			4.662
Y436		杜坪·千丈河	6.875					6.875				6.875
Y437		麻潭河·北亭垭	9.970					9.970				9.970
Y438		牛车河·飞溪河	13.417				3.500	9.917	3.500			9.917
Y439		水田坪·牛车河	5.780					5.780				5.780
Y440		观音寺·燕家坪	10.027					10.027				10.027

表 2—4—1—27

2010 年常德市乡道公路里程统计表(26)

线路编号	区县名称	起讫地点	里程（公里）	技术等级					路面类型			
				一级	二级	三级	四级	等外	水泥砼	沥青砼	沥青表处	沙石路
Y441	桃源县	刘家坪·马宗岭	8.450					8.450				8.450
Y443		桃花源·茶庄	7.716				1.600	6.116	1.600			6.116
Y444		芦花·老屋棚	17.674					17.674				17.674
Y445		郑家驿·官坪	10.016				7.217	2.799	7.217			2.799
Y446		郑家驿·冷水圬	6.312					6.312				6.312
Y447		沙坪·黄泥田	6.890				2.800	4.090	2.800			4.090
Y448		沙坪·羯羊铺	4.276					4.276				4.276
Y449		小洋溪·游鹿溪	9.197				2.500	6.697	2.500			0.697
Y450		郑河·杨溪桥	14.066				7.566	6.500	7.566			6.500
Y451		朝阳村·管水村	18.179				0.600	17.579	0.600			17.579

2010年常德市乡道公路里程统计表(27)

表2—4—1—28

线路编号	区县名称	起讫地点	里程（公里）	技术等级					路面类型			
				一级	二级	三级	四级	等外	水泥砼	沥青砼	沥青表处	沙石路
Y452	桃源县	十八屯村·冷水溪村	7.032					7.032				7.032
Y453		西坪村·冷家溪村	5.980				0.679	5.301	0.679			5.301
Y454		兴隆街·焦林村	6.562				1.000	5.562	1.000			5.562
Y455		上高坪·西溪水库	4.429					4.429				4.429
Y456		太坪铺·成功坪	5.334				3.202	2.132	3.202			2.132
Y457		磨子坪·小水田	7.484					7.484				7.484
Y458		九龙村·热市镇	7.644				5.943	1.701	4.799			2.845
Y459		一字山·杉树嘴	9.336					9.336				9.336
Y460		马宗岭·峰火	9.373				8.100	1.273	8.100			1.273
Y461		黄婆店·镇龙	5.574					5.574				5.574

2010 年常德市乡道公路里程统计表(28)

表 2—4—1—29

线路编号	区县名称	起讫地点	里程（公里）	技术等级					路面类型			
				一级	二级	三级	四级	等外	水泥砼	沥青砼	沥青表处	沙石路
Y462	桃源县	架桥·三口堰	11.745				3.645	8.100	3.645			8.100
Y463		铁炉岗·畲田	11.792				5.699	6.093	5.699			6.093
Y464		蔡家岗·盘塘	9.632				3.400	6.232	3.400			6.232
Y465		延泉村·白洋河	5.727					5.727				5.727
Y466		石泉桥·泥窝潭	15.019				3.201	11.818	3.201			11.818
Y467		白裴线	17.478				17.478		1.138			16.340
Y468		佘家坪·溪木潭	7.527				5.100	2.427	5.100			2.427
Y469		向家桥·赫曦峪	9.921				5.000	4.921	5.000			4.921
Y470		老浯溪河·三阳	9.312				8.952	0.360	8.952			0.360
Y471		龙虎白砾·农协	6.725				6.325	0.400	6.325			0.400

表 2—4—1—30

2010 年常德市乡道公路里程统计表(29)

线路编号	区县名称	起讫地点	里程（公里）	技术等级					路面类型			
				一级	二级	三级	四级	等外	水泥砼	沥青砼	沥青表处	沙石路
Y522	桃源县	沙夷线	5.400				5.400					5.400
Y523		夷黄线	4.000				4.000					4.000
Y524		夷简线	4.113				4.113					4.113
Y525		八陈线	3.500				3.500					3.500
Y526		兰后线	7.000				7.000					7.000
Y527		红小线	5.500				5.500					5.500
Y528		茅松线	8.000				8.000					8.000
Y529		刘桃线	5.003				5.003					5.003
Y530		两左线	12.155				11.947	0.208				12.155
Y531		毛曾线	3.500				3.500					3.500

表 2—4—1—31

2010 年常德市乡道公路里程统计表(30)

线路编号	区县名称	起讫地点	里程（公里）	技术等级					路面类型			
				一级	二级	三级	四级	等外	水泥砼	沥青砼	沥青表处	沙石路
Y532	桃源县	毛会线	5.170				5.170					5.170
Y533		会株线	7.805				7.806					7.806
Y534		剪汤线	8.000				8.000					8.000
Y535		苏李线	7.199				7.199					7.199
Y536		芦玉线	8.000				8.000					8.000
Y537		向黄线	7.200				7.200					7.200
Y539		太洞线	5.084				5.084					5.084
Y540		黄西线	7.500					7.500				7.500
Y541		姆高线	5.000				5.000					5.000
Y542		大落线	4.400				4.400					4.400

表 2—4—1—32

2010 年常德市乡道公路里程统计表(31)

线路编号	区县名称	起讫地点	里程（公里）	技术等级					路面类型			
				一级	二级	三级	四级	等外	水泥砼	沥青砼	沥青表处	沙石路
Y544	桃源县	花梨线	9.700				9.700					9.700
Y545		梨剪线	6.700				6.700					6.700
		合计	1327.262		1.105	24.231	664.267	637.659	532.440		5.278	789.544

表 2—4—1—33

2010 年常德市乡道公路里程统计表(32)

线路编号	区县名称	起讫地点	里程（公里）	技术等级					路面类型			
				一级	二级	三级	四级	等外	水泥砼	沥青砼	沥青表处	沙石路
Y107	临澧县	马路·农机站	7.949				7.949		7.949			
Y108		七重·停弦	25.308				25.308		25.308			
Y109		车堰·高桥	3.662				3.662		3.662			
Y110		火车站·新安	2.811				2.811		2.811			
Y111		永镇桥·七重堰	7.430				7.430		7.430			
Y112		杨板·肖家河	8.036				8.036		8.036			

表 2—4—1—34

2010 年常德市乡道公路里程统计表(33)

线路编号	区县名称	起讫地点	里程（公里）	技术等级					路面类型			
				一级	二级	三级	四级	等外	水泥砼	沥青砼	沥青表处	沙石路
Y113	临澧县	胜利·太浮	7.142				7.142		7.142			
Y114		文家·雅林	9.788				9.788		9.788			
Y115		七倾·官渡	6.303				6.303		6.303			
Y116		三合·大丰	5.033				5.033		5.033			
Y117		官亭水库·沙堤桥	4.292				4.292					4.292
Y118		漫水桥·青山	3.025				3.025		3.025			
Y119		碑埡·黄家朋	2.950				2.950		1.380			1.570
Y120		凤新·新河	13.615				13.615		13.615			
Y121		新河·纸棚沟	13.809				13.809		13.809			
Y122		沙堤·新安闸	6.393				6.393		6.393			

表 2—4—1—35

2010 年常德市乡道公路里程统计表(34)

线路编号	区县名称	起讫地点	里程（公里）	技术等级					路面类型			
				一级	二级	三级	四级	等外	水泥砼	沥青砼	沥青表处	沙石路
Y123	临澧县	九九公路	8.557				8.557					8.557
Y124		俄井·天星	3.224				3.224		3.224			
Y125		九星岗·官亭大坝	9.008				9.008		9.008			
Y126		竹马水库·马路村	2.771				2.771		2.771			
Y127		柳三桥·凤兴村	3.311				3.311		3.311			
Y128		大山·伏牛	4.139				4.139		4.139			
Y129		牛六·何岗	7.508				7.508		7.508			
Y130		彭家河·青山村	4.275				4.275		1.000			3.275
Y131		小溪桥·重阳垭	7.502				7.502		3.545			3.957
Y132		向家冲·红旗水库	8.041				8.041		2.251			5.790

表 2—4—1—36

2010 年常德市乡道公路里程统计表(35)

线路编号	区县名称	起讫地点	里程（公里）	技术等级					路面类型			
				一级	二级	三级	四级	等外	水泥砼	沥青砼	沥青表处	沙石路
Y133	临澧县	仙人桥・黄土坡	6.211				6.211		6.211			
Y134		招岳岭・水镇桥	4.599				4.599		4.599			
Y135		水阁桥・杨板桥	3.897				3.897		3.897			
Y136		荆坪红堰・江家坡	2.855				2.855		2.855			
Y137		向阳水库・蒋家河	3.470				3.470		3.470			
Y138		芭蕉岗・新岗	16.307				16.307		14.457			1.850
Y139		火车站・文家	9.156				9.156		9.156			
Y140		金家滩・同一	4.026				4.026		4.026			
Y141		官亭峪・将军坝	5.510				5.510		5.510			
Y142		六方舟・兰田村	16.349				16.349		16.349			

2010年常德市乡道公路里程统计表(36)

表2—4—1—37

线路编号	区县名称	起讫地点	里程（公里）	技术等级					路面类型			
				一级	二级	三级	四级	等外	水泥砼	沥青砼	沥青表处	沙石路
Y143	临澧县	分水·杨桥	4.911				4.911		2.919			1.992
Y144		高家·双九	9.781				9.781		8.800			0.981
Y145		烽火·柏枝	14.169				14.169		14.169			
Y146		柏枝·接龙	4.434				4.434		4.434			
Y147		岗上铺·斋阳桥	16.374				16.374		16.374			
Y148		九里·众丰	3.890				3.890		3.890			
Y149		楼房·观音	2.501				2.501					2.501
Y150		响水垱·段家桥	3.238				3.238		3.238			
Y151		两岔河·陈二铺	11.522				11.522		11.522			
		合计	329.082				329.082		294.317			34.765

表 2—4—1—38

2010 年常德市乡道公路里程统计表(37)

线路编号	区县名称	起讫地点	里程（公里）	技术等级					路面类型			
				一级	二级	三级	四级	等外	水泥砼	沥青砼	沥青表处	沙石路
Y001	石门县	白垭·清官渡	3.100				3.100		3.100			
Y002		油库·磨市	2.114				2.114					2.114
Y003		蔡家溪·双溪	7.890				7.890		3.990			3.900
Y004		车湾·苗市	2.028				2.028				2.028	
Y005		江坪·石碾子沟	12.693				12.693		4.000			8.693
Y006		杨家坪·郑垭	23.941				23.941		11.541			12.400
Y007		狗头井·泥沙	41.691			5.200	36.691		26.091			15.600
Y008		柴垭嘴·狗头井	29.606				29.606		3.870			25.736
Y009		联谊桥·高家台	5.302				5.302					5.302

2010 年常德市乡道公路里程统计表(38)

表 2—4—1—39

线路编号	区县名称	起讫地点	里程（公里）	技术等级					路面类型			
				一级	二级	三级	四级	等外	水泥砼	沥青砼	沥青表处	沙石路
Y010	石门县	罗坪垭·王家湾	6.923				6.923		4.203			2.720
Y011		大坡·青山峡桥	14.273				14.273		9.243			5.030
Y012		所街·珠宝街	12.904				12.904		10.904			2.000
Y013		迎家垭·龙潭峪	10.613				10.613		6.803			3.810
Y014		麻纳口·麻纳峪	9.507				9.507		7.197			2.310
Y015		安溪·风垭头	14.113				14.113		14.113			
Y016		马子溪·黄莲尖	11.530				11.530		2.400			9.130
Y017		热水溪·磨市	11.468				11.468		0.960			10.508
Y018		两河口·白泥池	22.218				22.218		7.520			14.698
Y019		木瓜·鸡窝	21.018				21.018		9.778			11.240

表 2—4—1—40

2010 年常德市乡道公路里程统计表(39)

线路编号	区县名称	起讫地点	里程（公里）	技术等级					路面类型			
				一级	二级	三级	四级	等外	水泥砼	沥青砼	沥青表处	沙石路
Y020	石门县	洞坪·车坊	5.815				5.815		5.815			
Y021		磨市桥·大松垭	3.161				3.161		3.161			
Y022		太青山·河口	14.401				14.401		13.161			1.240
Y023		河口·曾家垭	15.251				15.251		12.571			2.680
Y024		演武岗·海洋	8.220				8.220					8.220
Y025		河口·三圣	12.002				12.002		5.172			6.830
Y026		分水岭·白山林场	7.942				7.942		7.942			
Y027		关胜桥·雷公嘴	15.150				15.150		8.100			7.050
Y028		鸡鸣桥·干溪沟	9.560				9.560		6.660			2.900
Y029		羊子垭·王家机行	10.999				10.999		8.199			2.800

表 2—4—1—41

2010 年常德市乡道公路里程统计表(40)

线路编号	区县名称	起讫地点	里程（公里）	技术等级					路面类型			
				一级	二级	三级	四级	等外	水泥砼	沥青砼	沥青表处	沙石路
Y030	石门县	皂市大桥・青鱼脑	11.009				11.009		7.799			3.210
Y031		皂市镇・沿市渡口	22.819				22.819		2.000			20.819
Y032		江家墩・安乐桥	12.502				12.502		10.592			1.910
Y033		新桥・九间牌	6.013				6.013		5.323			0.690
Y034		新关镇・三江口	5.319				5.319		5.319			
Y035		川店铺・易市	5.834				5.834		2.434			3.400
Y036		新街口・杨坪	13.343				13.343		11.643			1.700
Y037		高桥・大兴	4.384				4.384		4.384			
Y038		杨坪・姚家坪	8.122				8.122		8.122			
Y039		分水岭・官渡桥	7.366				7.366		7.366			

表 2—4—1—42

2010 年常德市乡道公路里程统计表(41)

线路编号	区县名称	起讫地点	里程（公里）	技术等级					路面类型			
				一级	二级	三级	四级	等外	水泥砼	沥青砼	沥青表处	沙石路
Y040	石门县	肖家祠堂・官渡桥	8.614				8.614		8.614			
Y041		共青水库・狮子脑	6.293				6.293		2.903			3.390
Y042		两合水库・荷花	6.606				6.606		0.500			6.106
Y043		南门・荷花堰	9.859				9.859		9.229			0.630
Y044		王儿垭・松林岗	6.176				6.176		4.706			1.470
Y045		夏家巷・上午通	8.438				8.438					8.438
Y046		潘家滩・羊毛滩	8.196				8.196		8.196			
Y047		桥・杨家巷口	12.705				12.705		12.705			
Y048		六合口・潘家铺	7.872				7.872		7.872			
Y472		蜈蚣寨・东方桥	7.637				7.637		0.600			7.037

2010 年常德市乡道公路里程统计表(42)

表 2—4—1—43

线路编号	区县名称	起讫地点	里程（公里）	技术等级					路面类型			
				一级	二级	三级	四级	等外	水泥砼	沥青砼	沥青表处	沙石路
Y473	石门县	竹园·道潭台	6.474				6.474		1.500			4.974
Y474		黄家峪·黄溪凸	14.628				14.628		13.028			1.600
Y475		鹤山·棠梨垭	11.465				11.465		4.660			6.805
Y476		黄虎港·鱼儿岩	6.418				6.418					6.418
Y477		大洞坪·南坪河	21.189				21.189		16.989			4.200
		合计	604.714			5.200	599.514		352.978		2.028	249.708

表 2—4—1—44

2010 年常德市乡道公路里程统计表(43)

线路编号	区县名称	起讫地点	里程（公里）	技术等级					路面类型			
				一级	二级	三级	四级	等外	水泥砼	沥青砼	沥青表处	沙石路
Y049	澧县	官垸·凤凰嘴	11.500				11.500		11.500			
Y050		杨家垱·如东	8.500				8.500		8.500			
Y051		挖断岗·如东	4.789					4.789				4.789
Y052		新河·昔阳	6.334				4.734	1.600	4.734			1.600
Y053		柳耳坝·甘家湾	9.798				9.798		9.798			
Y054		云爱·彭家港	12.396				12.396		12.396			
Y055		澧洲·双龙	6.308				3.308	3.000	3.308			3.000
Y056		杉林·中桥	11.324				11.324		11.324			
Y057		梦溪·雷公塔	6.205				6.205		6.205			
Y058		谭家·盐井	8.264					8.264				8.264
Y059		盐井·蔡家坡	9.357					9.357				9.357
Y060		蔡家坡·栗山坡	9.723					9.723				9.723
Y061		界岭·高家	6.749				1.500	5.249	1.500			5.249

2010年常德市乡道公路里程统计表(44)

表2—4—1—45

线路编号	区县名称	起讫地点	里程（公里）	技术等级					路面类型			
				一级	二级	三级	四级	等外	水泥砼	沥青砼	沥青表处	沙石路
Y062	澧县	淞澧桥·陈家岭	10.800				10.800		10.800			
Y063		黑马垱·向阳桥	8.265				5.265	3.000	5.265			3.000
Y064		羊湖口·多安桥	9.661				2.661	7.000	2.661			7.000
Y065		黄砂湾·群星	6.272				6.272		6.272			
Y066		涔南·北民湖	8.651				8.651		8.651			
Y067		车溪·连湖	4.385				4.385		4.385			
Y068		干河·东岳	9.100				5.000	4.100	5.000			4.100
Y069		石塘·荣家河桥	3.961				3.961		3.961			
Y070		大河门·下马桥	7.833				7.833		7.833			
Y071		刘家河·大堰	5.099					5.099				5.099

表 2—4—1—46

2010 年常德市乡道公路里程统计表(45)

线路编号	区县名称	起讫地点	里程（公里）	技术等级					路面类型			
				一级	二级	三级	四级	等外	水泥砼	沥青砼	沥青表处	沙石路
Y072	澧县	张家滩·乔家河	9.569			9.569			9.569			
Y073		方石坪·码头铺	5.300				5.300		5.300			
Y074		黄金垭·方石坪	8.128				8.128		8.128			
Y075		廖家峪·火连坡	12.683				5.800	6.883	5.800			6.883
Y076		码头铺·燕子山	7.887				7.887		7.887			
Y077		胡家棚·马溪	5.273				5.273		5.273			
Y078		中村·马溪	9.349				9.349		9.349			
Y079		余家铺·陆家	6.061				6.061		6.061			
Y080		探峪·长冲	10.617				10.617		10.617			
Y081		梭子坡·澧阳坡	7.233				7.233		7.233			

2010年常德市乡道公路里程统计表(46)

表2—4—1—47

线路编号	区县名称	起讫地点	里程（公里）	技术等级					路面类型			
				一级	二级	三级	四级	等外	水泥砼	沥青砼	沥青表处	沙石路
Y518	澧县	草堰·金星	2.577				2.577		2.577			
Y519		四眼闸·永丰	3.576				3.576		3.576			
Y520		雷公塔·岩头嘴	5.188				2.500	2.688	2.500			2.688
Y521		中武·筒车	5.429				5.429		5.429			
		合计	284.144			9.569	203.823	70.752	213.392			70.752

表 2—4—1—48

2010 年常德市乡道公路里程统计表(47)

线路编号	区县名称	起讫地点	里程（公里）	技术等级					路面类型			
				一级	二级	三级	四级	等外	水泥砼	沥青砼	沥青表处	沙石路
Y095	津市	襄阳街·果园	3.942				3.942		3.942			
Y096		保和堤·襄阳街	1.697				1.697		1.697			
Y097		澧阳·襄阳街	1.925				1.925		1.925			
Y098		金鱼岭·电子管厂	2.411				2.411		2.411			
Y099		卢家·窑城	2.204				2.204		2.204			
Y100		豹鸣·白龙泉	1.253				1.253		1.253			
Y101		李家·白衣	9.268				9.268		9.268			
Y102		杨家·阳雀堰	4.849				4.849		4.849			
Y103		万家·鲁家湾	4.186				4.186		4.186			
Y104		保和堤·石板滩	19.352				19.352		19.352			
Y105		狗儿垱·枫树	4.934				4.934		4.934			
		合计	56.021				56.021		56.021			

表 2—4—1—49

2010 年常德市乡道公路里程统计表(48)

线路编号	区县名称	起讫地点	里程(公里)	技术等级					路面类型			
				一级	二级	三级	四级	等外	水泥砼	沥青砼	沥青表处	沙石路
Y082	安乡	同兴·沙堤	5.452				5.452		5.452			
Y083		董家垱·农场	8.607				8.607		6.800			1.807
Y084		蹇家渡·桃花岭	12.924				12.924		12.924			
Y085		下鱼口·同兴	8.980				8.980		8.980			
Y086		张家拐·焦圻	4.317				4.317					4.317
Y087		六角尾·沙河口	12.532				4.742	7.790	11.606			0.926
Y088		刮家洲·陈家嘴	12.200				12.200		8.549			3.651
Y089		大湾·芜口	10.395					10.395	10.395			
Y090		北河口·安民	16.696			3.901	12.795		10.306			6.390
Y091		偏湖洲·西南洲	6.160				6.160		6.160			
Y092		复兴·张九台	5.576				5.576		5.576			

表 2—4—1—50

2010 年常德市乡道公路里程统计表(49)

线路编号	区县名称	起讫地点	里程（公里）	技术等级					路面类型			
				一级	二级	三级	四级	等外	水泥砼	沥青砼	沥青表处	沙石路
Y093	安乡	五斗窑·三叉河	22.388			7.266	15.122		22.388			
Y094		大鲸港·渡口	1.326				1.326					1.326
Y487		青龙窖·新码头	5.465				5.465		5.465			
Y488		黄田虎·四岔桥	4.004				4.004		2.000			2.004
Y489		潭子口·中岭	4.713				2.700	2.013	4.713			
Y490		子龙庵闸堤·新开口	8.987				8.987		4.000			4.987
Y491		子龙庵·新开口	9.404				9.404		5.105			4.299
Y492		会子庙·小望角	5.439				5.439		5.439			
Y493		新豆七组·新豆九组	5.100				5.100		5.100			
Y494		望槐·张金台	5.827				5.827		5.827			

表 2—4—1—51

2010 年常德市乡道公路里程统计表(50)

线路编号	区县名称	起讫地点	里程（公里）	技术等级					路面类型			
				一级	二级	三级	四级	等外	水泥砼	沥青砼	沥青表处	沙石路
Y495	安乡	北河口·泥豆口	6.758				3.958	2.800	4.758			2.000
Y496		三多·合家垸	5.367				5.367					5.367
Y497		槐树·分局	8.456				8.456		2.315			6.141
Y498		大鲸港·新河口	10.731				8.416	2.315	5.060			5.671
Y499		鄢家湖·新河口	10.125				5.137	4.988	5.137			4.988
Y500		中码头·舞阳	8.493				8.493					8.493
Y501		九姓垸·黄山岗	13.821				13.821		13.821			
Y502		至中·新茶窖	5.085				5.085		5.085			
Y503		枞杨树·宏湖	8.167				8.167		8.167			
Y504		河坝·马坡渡口	8.489				8.489		4.902			3.587

表 2—4—1—52

2010 年常德市乡道公路里程统计表(51)

线路编号	区县名称	起讫地点	里程（公里）	技术等级					路面类型			
				一级	二级	三级	四级	等外	水泥砼	沥青砼	沥青表处	沙石路
Y505	安乡	长福·木豆大堤	5.532				5.532					5.532
Y506		南堤·幸福	6.294				6.294					6.294
Y507		丁堤·黄土堤	5.857				5.857		5.857			
Y508		出口洲·大石线	21.926				21.926		21.926			
Y509		响水窖·安官渡	5.373				3.072	2.301	5.373			
Y510		陈家嘴·西巴垸	10.759				10.759		9.800			0.959
Y511		沉家沟·陈家嘴	7.220				3.301	3.919	7.220			
Y512		田家沟·陈家嘴	7.006				7.006		7.006			7.423
Y513		和兴·联合	12.188				12.188		4.765			
Y514		刮家洲·国兴	5.279				5.279		5.279			

表 2—4—1—53

2010 年常德市乡道公路里程统计表(52)

线路编号	区县名称	起讫地点	里程（公里）	技术等级					路面类型			
				一级	二级	三级	四级	等外	水泥砼	沥青砼	沥青表处	沙石路
Y515	安乡	天角尾·下鱼口	8.681				8.681		8.681			
Y516		北堤村·三合	5.701				5.701		5.701			
Y517		焦圻镇·张家拐	5.498				5.498		5.498			
		合计	369.298			11.167	321.610	36.521	283.136			86.162

表 2—4—1—54

2010 年常德市乡道公路里程统计表(53)

线路编号	区县名称	起讫地点	里程（公里）	技术等级					路面类型			
				一级	二级	三级	四级	等外	水泥砼	沥青砼	沥青表处	沙石路
Y348	贺家山原种场	法官镇·苏家吉	5.931				5.931		5.931			
Y349		苏家吉·新合	3.728				3.728		3.728			
Y350		乐兴渔场·坝堤	10.064					10.064				10.064
Y351		总场·大洲分场	1.726				1.726					1.726
Y352		安龙·苏家吉	4.345				4.345					4.345
Y353		马龙桥·法官桥头	2.981				2.981		2.981			
		合计	28.775				18.711	10.064	12.640			16.135

表 2—4—1—55

2010 年常德市乡道公路里程统计表(54)

线路编号	区县名称	起讫地点	里程（公里）	技术等级					路面类型			
				一级	二级	三级	四级	等外	水泥砼	沥青砼	沥青表处	沙石路
Y238	柳叶湖旅游区	郑家河・三拱桥	7.805					7.805	7.805			
Y267		二十里铺・双桥坪	4.626				4.626		4.626			
Y268		黄土岗・南坪	4.914				4.914		4.914			
Y269		驮古堤・浮桥	6.447				6.447		6.447			
		合计	23.792				15.987	7.805	23.792			

表 2—4—1—56

2010 年常德市乡道公路里程统计表(55)

线路编号	区县名称	起讫地点	里程（公里）	技术等级					路面类型			
				一级	二级	三级	四级	等外	水泥砼	沥青砼	沥青表处	沙石路
Y336	西洞庭管理区	清崇	13.967				13.967					13.967
Y337		团港	14.999				14.999		14.999			
Y338		东龙	6.784				6.784		6.784			
Y339		罗澎	9.704				9.704					9.704
Y340		民十	6.734				6.734		6.734			
Y341		牛南	5.670				5.670		5.670			
		合计	57.858				57.858		34.187			23.671

表 2—4—1—57

2010 年常德市乡道公路里程统计表(56)

线路编号	区县名称	起讫地点	里程（公里）	技术等级					路面类型			
				一级	二级	三级	四级	等外	水泥砼	沥青砼	沥青表处	沙石路
Y342	西湖管理区	西裕・西洲	8.044				8.044		5.555			2.489
Y343		四门闸・下窖	4.429				4.429		4.429			
Y344		西湖镇・下窖	10.601			0.289	10.312		10.601			
Y345		柳林嘴・西湖镇	10.167				10.167		6.369			3.798
Y346		新港桥・小桥	10.379				10.379		4.377			6.002
Y347		东洲・昌港	2.231				2.231		1.257			0.974
		合计	45.851			0.289	45.562		32.588			13.263

2010年常德市村道公路里程统计表(总表)

表2—4—2—1

线路编号	区县名称	起讫地点	里程（公里）	技术等级					路面类型			
				一级	二级	三级	四级	等外	水泥砼	沥青砼	沥青表处	沙石路
	汉寿		1067.146				353.370	713.776	372.273			694.873
	武陵		321.608				321.608		115.608			206.000
	鼎城		1349.671				641.949	707.722	1023.676		4.807	321.188
	桃源		2155.862				572.431	1583.431	511.955			1643.907
	临澧		688.938				688.938		228.374			460.564
	石门		1721.236				1721.236		1373.400			347.836
	澧县		1129.899				998.401	131.498	998.386			131.513
	津市		151.775				129.591	22.184	129.591			22.184
	安乡		596.586			2.107	306.019	288.460	424.296			172.290
	贺家山		17.879				17.879		2.532			15.347
	柳叶湖		190.056				133.355	56.701	66.912		2.708	120.436
	西洞庭		100.687				100.687		17.335			83.352
	西湖		86.537			0.730	44.149	41.658	22.421			64.116
	合计		9577.880			2.837	6029.613	3545.430	5286.759		7.515	4283.606

第五章　渡口建设

1930 年长沙至常德公路建成通车，常德的终点站是德山，同时建成德山老码头至常德市大西门的渡口，将旅客和行李从德山渡运至常德市区。1934 年由湖南省公路局续建长常公路，从德山观音桥改经港口直达常德南站，1934 年 10 月同时建成了港口和常德两个渡口。同年还修建了跨澧水的张公庙渡口。港口、常德、张公庙就是常德市最早建成的三个汽车渡口。至 1949 年新中国成立前的 15 年中，还先后建成牛路滩、曾家河渡口。以上五个渡口中常德、张公庙是机动渡口，港口、牛路滩、曾家河是人力渡口。新中国成立后，常德市先后设置了石门、安乡、津市、桃源等多处汽车渡口。

第一节　省管渡口

省管渡口是由常德市公路管理局（原养路总段、公路总段）直接管理，船舶设备由湖南省公路管理局统一调配的渡口。1949 年新中国成立前常德市有常德渡口等 5 个渡口，至 1985 年底止常德公路总段管养的渡口有常德、尧河、石门、张公庙、沙河口、安乡、沿市、大湖口、津市等九处渡口，全部为机动渡口。至 2012 年年底，常德市公路局管养的渡口只有沙河口渡口。

一、常德渡口

常德渡口与港口、张公庙三个渡口同创建于 1934 年，是常德市最早建成的三个渡口之一。1930 年长沙至常德公路建成通车后，常德终点为德山，并建成德山老码头至常德市大西门渡口，从德山渡运旅客、行李至常德市。1934 年长常公路从德山观音寺改经港口至常德南站公路续建后，同时修建了港口、常德两个渡口。常德渡口南岸码头长 33.5 米，宽 5.5 米，纵坡 7.5%，两侧边坡用三合土砌块石护坡，市内（北岸）码头利用民用码头改建为锯齿形，长 15.3 米，宽 4.3 米，纵坡 16.5%。由湖南省公路局调配拖轮 1 艘、趸船 1 只、单车渡船 1 只，配渡工 1 个班担负渡运。1939 年 9 月，因抗战长常公路破坏后，渡口停止渡运。抗战胜利后，1948 年 11 月随公路在原处修复渡口，调来拖轮 1 艘，两车渡船 1 只，其间停渡达 9 年之久。

1949 年新中国成立后至 1956 年，常德渡口仍在南站至下南门码头进行渡运，其间因拖轮年久失修，一度改用人力摇橹，编制人员 7 人。1956 年调来日本产丰田 15 马力汽油拖轮 1 艘，复为机动渡，人员增至 15 人，渡工班设在距南站岸码头 200 米远的一栋茅屋内，面积120 平方米。由于车辆增多，下南门码头坡度较大，就地改善因受地形限制很困难，且投资较大，南岸码头淤积严重，不能满足渡运要求，还影响市区安全。1956 年湖南省公路厅派工程二队，重建大西门（落路口）码头和接线上的桥梁等工程。长沙岸码头长 129 米、常德岸长116 米，宽均为 8 米，纵坡分别为 8%、9%，建渡工房一栋 600 平方米，编制人员 18 人。1957 年上半年常德渡口迁回大西门（落路口）。后由于河床变迁，落路口渡口南岸出现淤积，渡船难于停靠，而且河面宽，风浪大时停渡时间多，渡口距市城区又远，车辆来往不便。因此中共常德地委提出将渡口迁至青年路，1961 年新建了青年路渡口码头，常德岸长 100 米，宽 8 米，纵坡 9%，引道 78 米，以 6.6% 的纵坡与街道相接；长沙岸长 100 米，宽 8 米，纵坡 9%，引道长 130 米，纵坡 4.5%。竣工后于 1962 年常德渡口由落路口迁至青年路，迁渡后渡运设备逐年增加，到 1986 年沅水大桥通车前，有钢质拖轮 7 艘，计 1200 马力，钢质八车渡船 5 只，十二车机动渡船 2 只，人员 88 人（其中干部 8 人）。常德渡口日最大渡运量及年最大渡运量均发生在 1985 年，分别为 4805 辆、1270115 辆，约为新中国成立初期的 100 倍。为适应不断增加的渡运量，1972 年、1976 年两次将码头接长、加宽。为同时开行三条渡船，又将码头加宽至 16～17 米，另投资 10 万元，将原紧邻渡口码头的板车码头搬迁至下游。青年路渡口建渡后，先后修建职工宿舍、车间、仓库共 2089

1949 年，人民解放军经轮渡过沅水，向大西南进军

1986 年，常德青年路渡口完成最后一班汽车轮渡

平方米。

由于汽油机拖轮容易起火，为了安全，1962 年常德渡口将汽油机拖轮改换为柴油机拖轮。1965 年渡船跳板由三角跳板改为连船跳板，提高了渡运效率，减轻了渡工的劳动强度。1977 年渡口工人谢子云将液压吊车的原理，革新用于起跳装置，在渡口所领导的支持下，经过反复试验，将手摇起落连船跳，改为液压起落跳，并由拖轮驾驶员操作，这样每班可减少 2 名渡工，同时也解决了连船跳的起动与渡船行驶靠岸不协调一致的矛盾。试验当年获得成功，后经设计部门改进完善，并经船检部门审查合格。到 1985 年年底湖南省各公路总段所管辖的机动渡口已基本推广常德渡口的液压起跳技术。1978 年至 1981 年先后有贵州、广西等六省（区）公路部门的代表来常德渡口参观学习。

1981 年常德渡口工人谢子云、谭少常两人按照液压起跳的原理，在渡船两端安装两块长0.5 米、高 0.3 米（露出船面 0.2 米）、厚 20 毫米的铁板，以液压起落，由拖轮驾驶员操作的挡板，替代木质三角木。这一革新成果不仅减轻了渡工的劳动强度，更解决了人放木质三角木汽车可能滑移的问题，保证了安全渡运。

常德渡口解放前夕曾设渡口所，有干部 1 人，解放后 1950 年 3 月撤所，由常澧工程段管理。以后随着公路机构变更，隶属关系多次变动，于 1962 年又成立渡口管理所，直属常德公路总段，为正科级单位。1986 年 10 月 1 日常德沅水大桥通车后，该所改名为战备码头管理所，仍留有职工 35 人（内干部 5 人）守护码头，并组建了一支沥青运输船队。

常德渡口从 1934 年建渡至 1986 年常德沅水大桥建成撤渡，前后历时 52 年。

常德渡口历年浮水设备配置情况见表 2—5—1—1。

二、张公庙渡口

张公庙渡口位于澧县张公庙镇，横跨澧水，是国道 207 线从湖北省进入湖南省后的第一个机动渡口，始建于 1934 年 10 月，由湖南省公路局修建常德至澧县公路竣工时渡口建成，是常德市最早建成的三个渡口之一。建渡之始便成立了澧县张公庙渡口管理所，配有大副（驾驶）、大车（轮机）、划工（渡工、水手）共 7 人，配置拖轮一艘、单车渡船 2 只、趸船 2 只。1939 年因抗日战争公路破坏，船只遣散，渡口停渡。抗战胜利后的 1948 年调来拖轮一艘、双车渡船 1 只，勉强复渡。复渡后仍设渡口所，有所长 1 人、工人 10 人，属常德工程段管理。渡口码头与水流正交，常德岸为浆砌块石，澧县岸原在沙滩上修建码头，因码头过高涨水时被水冲毁，后又改在沙滩上建临时码头。常德岸引道长 102 米，纵坡 9%，路面部分均为浆砌块石，切土边坡用块石护坡。澧县岸在沙滩上的临时码头纵坡为 8%。

张公庙渡口 1949 年时渡运量仅 20 辆左右，1970 年日均渡运量 143 辆增长 7 倍，1980 年日均渡运量 502 辆，较 1970 年增长 3.5 倍，1989 年日均渡运量达 1507 辆，是 1980 年的 3 倍，是解放初期的 75 倍。

解放初期张公庙渡口属常澧工程段管理。1950 年 1 月属常德工务总段澧县分段管理。1952 年 1 月属临澧工务段管理。1952 年 12 月属常德总段临澧分段管理。1953 年属临澧养路段澧县养路工区管理。1957 年 11 月属常德专区公路运输局澧县工区管理。1962 年 6 月属常德公路养护总段澧县公路段管理。

澧县张公庙渡口

1949 年新中国成立时，张公庙渡口仅有 1 艘 20 马力的木质拖轮和一只 1 车的渡船。新中国成立后由于交通运输发展较快，原 20 马力拖轮洪水时难以渡运，于 1954 年调来 40 马力汽油机拖轮 1 艘。由于汽油机不安全易发火灾，1962 年改换为 60 马力柴油发动机。1963 年渡船将三角跳板改为连船跳。木质渡船因年久失修，木质腐朽，1964 年调来两车钢质渡船 1 只。1970 年增加了 80 马力拖轮 1 艘、四车木质渡船 1 只。1972 年从常德渡口调来六车木质渡船 1 只(四车渡船调出)。1978 年调来钢质八车渡船 1 只(原两车渡船调出，六车渡船报废)。下半年又调来 120 马力木质拖轮 1 艘。1981 年调来八车钢质渡船 1 只、120 马力钢质拖轮 1 艘。1981 年起采用液压起跳装置。至 1989 年张公庙渡口配备有钢质拖轮 5 艘，计 640 马力、八车钢质渡船 4 只。

张公庙渡口从 1934 年 10 月建渡，至 1989 年 12 月 1 日张公庙大桥建成通车，历时 55 年是常德市持续时间最长的渡口。

张公庙渡口历年浮水设备配置情况见表 2—5—1—2。

三、石门渡口

石门渡口位于石门县城南郊，是澧水河上的又一个渡口，它也是新中国成立后湖南省新增的第一个汽车渡口。张公庙至石门澧水河边的公路于 1934 年由湖南省公路局组织修建，1935 年通车后由于日寇侵入湖南，1939 年张石公路奉令彻底破坏，抗日战争胜利后开始修复，直到 1948 年才勉强恢复通车。1950 年 8 月开始筹建石门渡口，8 月 15 日由张公庙渡口用木帆船扯风蓬拖带双车渡船一只逆水而上到石门渡口，10 月 1 日起正式渡运汽车，至此张公庙至慈利公路全线通车。

通渡之始，只有 10 名渡工，双车渡船 1 只，采用人工摇橹进行渡运，延续近十一年。1962 年 3 月调来汽油发动机(2 台 45 马力)拖轮 1 艘，并配驾驶(大副)、司机(轮机)各 1 人，开始机动渡运。同年下半年汽油机拖轮起火烧毁，只得又复为人力渡运。直到 1964 年 9 月又调去

80 马力柴油机拖轮 1 艘，石门渡口重新恢复机动渡运。1967 年上半年增加 1 只三车渡船，当年 14 名渡工分两班渡运。1969 年枝柳铁路动工后，过渡车辆急增，渡运难以满足运输车辆的需要，于 1970 年公路部门将渡口人员增加到 24 人，分三班日夜渡运，渡运设备有 80 马力拖轮 2 艘，三车、四车渡船各 1 只。1973 年又增加拖轮 1 艘。1986 年石门渡口改配钢质拖轮 2 艘，三车、四车渡船各 1 只。

石门汽车渡口

石门渡口由于河床变化，石门岸码头上游开始淤积，1962 年 12 月将该码头下移 50 米进行重建，长 22.3 米，宽 7 米，纵坡 8%。慈利岸码头与公路接线处弯急坡陡，行车极不安全，雨天更易发生事故，故 1963 年 9 月将慈利岸码头往上游移 100 米，码头长 47 米，宽 7 米，纵坡9%，码头结构为浆砌大卵石。1985 年慈利岸码头加宽，加宽后最小宽度为 8 米。

1994 年 10 月 16 日，石门澧水大桥建成通车，石门渡口车流量锐减，同年 10 月 22 日石门渡口被撤销。

石门渡口 1980 年汛期，由于连降暴雨，山洪暴发，曾停渡达 20 天。

石门渡口历年浮水设备配置情况详见表 2—5—1—3。

四、沙河口渡口

沙河口渡口位于原省道 1804 线上，横跨澧水，是安乡县通往常德、长沙的必经之路。2000 年第二次公路普查后，安乡县城关至沙河口公路划为县道 027 线，沙河口渡口是常德市渡口中水面最宽的渡口，洪水时水面宽 2700 米，它也是常德市省管渡口中唯一仍正常渡运的渡口。

沙河口渡口 1967 年由安乡县组织修建，于 1969 年 7 月 1 日正式通渡，属安乡县交通局管理。1976 年 6 月随安乡至常德的公路一并移交常德地区公路总段，转为省辖渡口。两岸码头为浆砌块石建筑，由于河床逐年淤积，码头附近变化异常，枯水季节每年须用挖泥船清挖航道后渡船方能航行。常德岸在枯水时利用水利部门的一个矶头可渡运停靠，但渡运时稍不注意，渡船则会发生搁浅。安乡岸曾多次修建枯水码头，1991 年是投入经费最多的一次，计 12.5 万元。由于水面宽，码头经常改建维修，航道年年清淤，故而沙河口渡口是常德市渡口中渡运成本最高的一个渡口。

安乡沙河口渡口

沙河口渡口建渡时配有人员14人(内干部1人),配有80马力木质拖轮1艘,木质三车渡船1只。1976年渡口移交常德地区公路总段后,由于渡运量增加,人员与渡运设备随之逐年增加。1977年沙河口渡口有职工23人(内干部1人),有拖轮2艘,六车渡船2只。1998年8月石龟山澧水大桥通车后,渡运量大幅减少,为方便当地车辆就近运输,故沙河口渡口保留至今。

由于石龟山大桥通车后,发现存在安全隐患,2010年9月27日常德市交通警察支队,发出了对该桥实行交通管制的通告,只许客运车辆、小型汽车、摩托车和维修工程车通过,其余车辆被要求经沙河口渡口或绕道津市通往安乡县。此后沙河口过渡车辆急增,为保证运输通畅,公路部门从岳阳租来16车、26车大型渡船各1只,并拖轮两艘,月租金分别为4.5万元、7.5万元,日渡运车辆达400至500辆。2011年5月后由于车辆分流,经沙河渡口的车辆减至200辆以下,1艘拖轮和26车渡船于当年5月调往陆家渡大桥工地。

现渡口有职工31人,包括所长、会计各1人,但不包括岳阳拖轮上的职工5人。

沙河口渡口历年浮水设备配置情况见表2—5—1—4。

五、安乡渡口

安乡渡口位于安乡县大鲸洲,横渡松滋河。安乡至常德公路1970年全线通车后,为贯通县城交通,1973年动工修建码头,分枯水期和洪水期两个码头,东岸又分南、北两个码头,南码头接西门口,北码头接书院洲。同年7月1日北码头建成,大鲸港与书院洲正式通渡,常德地区交通局为修建码头投资3万元。安乡县城关西门口码头于1976年2月20日动工,4月20日竣工,历时60天,于1976年5月10日正式通渡,从此结束了安乡县城不能进汽车的历史。修建西门口码头湖南省交通厅投资5万元,县自筹3万元,实际开支8.4万元,共投工16500个,完成砌石工程1550立方米,土方3200立方米。1978年虎渡河分支堵口,城关与书院洲之间铺筑临时公路,1979年西门口码头废弃。安乡岸码头为浆砌块石建筑,常德岸码头距大堤顶面近百米,涨水时淤积严重。

安乡渡口建成时,配渡工5人,80马力拖轮1艘,三车渡船1只。1976年6月随常德至安乡公路移交给常德地区公路总段,由安乡公路段管理,转为省辖渡口。

随着渡运量增加,安乡渡口的人员和浮水设备也逐年增加。1986年年底职工增至28人,有钢质拖轮2艘、木质拖轮1艘,共330马力。六车钢质渡船2只。最高渡运量发生在1991年,全年173069辆,日均477辆,最大日渡运量为809辆。

1994年9月18日,安乡大鲸港大桥建成通车,随即安乡渡口被撤销。

安乡渡口历年浮水设备配置情况见表2—5—1—5。

六、津市渡口

津市渡口位于津市市区,横跨澧水。津市南北城区被澧水分隔,津市的厂矿集中在南岸,经津澧公路进出的物资,必须用船由北岸运至南岸,去南向常德的汽车也得绕道澧县而行,因此设置津市渡口当时是津市市及附近地区人民群众的迫切期望。1975年湖南省交通厅批准修建津市渡口,1978年开始修建码头,检修船只。渡口北岸码头为市中心的新码头,南岸码头与此相对略向西偏，在南岸建了一条向西南方向延伸的公路，以便车辆待渡时停放。1978年12月1日津市渡口开始渡运,建渡时设渡口所,配干部2人、渡工22人,由津市市政府负责管理。渡口浮水设备有80马力柴油机拖轮1艘,三车木质渡船1只(由白洋河渡口调来),六车水泥渡船1只。为加强渡口专业技术指导,1982年10月1日起津市渡口交由湖南省公路管理局直接代管,其行政领导、人事安排仍由当地管理,经费与浮水设备由湖南省公路管理局调拨。此后为适应渡运量增加的需要,湖南省公路管理局对该渡口的浮水设备不断进行充实更新,常德地区公路总段则对船舶、码头维修逐年给予投资,仅1984年至1987年的四年就安排了船舶大中修10项15.06万元,码头大中修5项2.954万元。

1983年起津市渡口渡运量增加较快,至1989年津市大桥通车前,年渡运量都在20万辆以上,其中1985年渡运车辆282533次,日平均774次,最大日渡运量1160次。这几年里在渡运高峰时,待渡车辆较多,给北岸码头附近的市区交通也造成一定程度的堵塞。1989年12月15日津市大桥建成通车,津市渡口同时停渡。1990年4月津市渡口所被撤销,29名职工中有8人分到常德公路系统,21人由津市市安排工作。渡口的两艘拖轮,三只渡船由湖南省公路管理局调往其他渡口。

津市渡口历年浮水设备配置情况见表2—5—1—6。

七、尧河渡口

尧河渡口距桃源县城5.4公里,它连接了省道226线和国道319线,是沅水河上的一个机动渡口。1974年年底至1975年年初,当地政府组织力量修建了渡口两岸的码头,但因尧河岸码头纵坡很大,陬市岸(左岸)则深切路槽,通车困难。其后湖南省公路管理局投资1.7万元,对渡口两岸码头进行改建,于同年12月竣工。同时常德地区公路总段调80马力柴油机拖轮1艘,六车渡船1只。1975年12月尧河渡口正式通渡,通渡后由桃源、慈利等地去怀化、吉首方向的车辆不再绕道常德过沅水,缩短行程 68 公里。

尧河渡口通渡之始,由桃源县交通局代管,并配备了 18 名亦工亦农合同工,考虑安全和技术上的要求,桃源公路段将 18 名亦工亦农轮换工分配到道班养路,再从各道班抽调工人(部分曾在渡口工作过)到尧河渡口担任渡工。

1976 年 10 月湖南省公路管理局投资，将桃源县城至尧河 5.33 公里公路新建为沥青路面,同时渡口也交由桃源公路段正式接管,转为省辖渡口,并修建了 300 平方米的渡工房一栋。尧河渡口码头为浆砌块石结构,引道为泥结砾石。1977 年因桃源县农田基本建设搞得好,全国各地纷纷前来参观,同时随着生产的发展货流增加,过渡车辆较建渡之初大幅增加,从 1978 起年渡运量(除 1981 年 99720 辆)都超过十万辆。最大年渡运量发生于 1998 年,年渡运量 367155 辆。为适应渡运量不断增加,浮水设备也逐年增多,1994 年尧河渡口有拖轮四艘、八车渡船 3 只。1998 年有拖轮 5 艘,八车渡船 4 只。据统计尧河渡口建渡后,至 1999 年撤渡时止,常德市公路管理局投入的船舶大中修经费有 41.74 万元。1999 年 4 月桃源沅水大桥建成通车,尧河渡口被撤销。

尧河渡口历年浮水设备配置情况见表 2—5—1—7。

八、沿市渡口

沿市渡口于 1974 年 10 月由石门县交通局兴建,位于澧水支流渫水上,是通往石门县以北山区的一个重要渡口,县道(X004)磺太线由此经过。建渡之初有渡工 6 人,配两车木质渡船 1 只,采用横缆(直径为 25 毫米的钢缆)人工拉渡。一般洪水时用 20 马力的机帆船顶推渡运。遇较大洪水时停止渡运。1980 年 1 月根据湖南省公路管理局的指示,沿市渡口由石门公路段接管,转为省辖渡口。1981 年 4 月由湖南省公路局调来 80 马力拖轮 1 艘,钢质双车板船 1 只,此后改为机动渡口。

沿市渡口两岸码头用浆砌大卵石修筑。由于河床变化淤积，枯水季节只能勉强渡运，1980 年投资 1.06 万元加修便道维持交通。渫水属山区小河遇暴雨时，河水猛涨,1981 年 4 月 17 日晚因山洪暴发,渡口 1 艘拖轮和 1 只板船被冲走,经济损失 9000 多元,并造成短暂停渡。沿市渡口渡运量小,从 1974 年建渡起至 1993 年的 20 年中,除 1985 年日均渡运量为 104 次外,其余 19 年日均渡运量都小于 100 辆,年渡运量在四万辆以下。1995 年至 1997 年期间渡运量虽有增加,但日均渡运量没超过 150 辆。据统计,沿市渡口 1981 年至 1993 年的十三年中船舶大中修经费为 13.91 万元,年均 1.07 万元。

2007 年由于皂市水库蓄水,沿市渡口码头淹没,当年 11 月 22 日渡口被撤销。

沿市渡口历年人员、浮水设备配置情况见表 2—5—1—8。

九、大湖口渡口

大湖口渡口位于省道302紫(金渡)边(山河)线上,跨松滋河东支,是安乡通往津市、澧县的必经之渡。中水位时水面宽度220米,洪水时最宽水面300米。该渡口1977年由当地交通部门组织修建,同年7月1日正式通渡。1979年8月大湖口渡口随公路移交给常德地区公路总段,由安乡公路段管理,转为省辖渡口。两岸码头为浆砌片石砌筑,由于码头位置选择不当,处于回水区域,每年洪水期淤积严重,渡船难以靠岸,经常发生停渡,待码头淤泥清除后方可复渡。

大湖口渡口建渡时配渡工7人,木质80马力柴油机拖轮1艘,木质三车渡船1只。1990年时有职工17人(其中管理人员2人),钢质拖轮2艘,三车渡船2只。2003年9月大湖口大桥建成通车,此时有职工19人(其中管理人员4人),钢质拖轮2艘,钢质三车渡船2只。大湖口渡口是常德市省管渡口中渡运量最小的渡口,从建渡至撤渡的26年中日均渡运量都在100辆以内,最大年渡运量发生在1988年,为32064辆,日均渡运量为89辆。

大湖口渡口历年浮水设备配置情况见表2—5—1—9。

十、白洋河渡口

白洋河渡口位于陬(市)桃(源)线,即现在的S226线(陬市至尧河线)。陬市至桃源公路系湘西汽车路局于1928年建成(据1938年湖南省公路局编《可通车公路状况表记载》),当时白洋河渡口仅配有"容20人,不容车"的民划,只转运客货,尚未建成汽车渡口。另据1939年10月《建设统计》已有该渡记载,当时仅有单车渡船1只,由此推算白洋河汽车渡口始建于1938年,属人力撑运渡口。

1939年抗日战争期间,破坏渡口停渡,停渡时间持续13年之久,至1952年3月陬桃线修复的同时复渡。复渡时利用民用码头改建为渡口码头一对,除临水部分用水泥沙浆砌块石外,其余水上部分均为泥结砾石路面,配有渡工6人,双车渡船,人力撑渡。1965年改为钢缆人力拉渡,钢丝绳直径19毫米,长300米,当班渡工减至4人。1976年在渡口两岸安装卷扬机各1台,以卷扬机带动横缆拉渡,改善渡工的劳动条件。

1979年6月建成6孔30米,全长220米的白洋河双曲拱大桥,历时41年的白洋河渡口被撤销。白洋河渡口从1952年3月复渡起,至1979年6月撤渡,一直由桃源公路段管理。

白洋河渡口历年浮水设备配置情况见表2—5—1—10。

十一、港口渡口

港口渡口位于国道 319 线，在常德市德山，跨沅水的支流枉水，建于 1934 年，是常德市最早建成的三个渡口之一，人力渡口。

渡口益阳岸设高、低水位码头各 1 处，用浆砌毛条石砌筑，常德岸亦设高、低水位码头各 1 处，用木桩打入后干砌块石。建渡之初配趸船 2 只，单车渡船 1 只，人力撑渡。1949 年新中国成立后，枯水季节曾用 10 只民船建成浮桥供车过渡。

港口渡口由湖南省公路局修建、管理，1938 年抗日战争期间，公路破坏，渡口停渡，抗日战争胜利后，1946 年由公路二区局接管重建，先用民船拼扎成临时渡船复渡，以后才配双车渡船 1 只。解放后除 1952 年 1 月至 1953 年 1 月港口渡口属益阳工务段领导外，其余时间均属常德分段、常德工区局管理。

港口渡口 1934 年建渡时有渡工 14 人，1950 年有渡工 14 人，1960 年 6 月德山大桥建成撤渡时有渡工 16 人，双车渡船 1 只，浮桥船 16 只。

港口渡口历年浮水设备配置情况见表 2—5—1—11。

十二、鸭东铺渡口

鸭东铺渡口在汉寿县城南 9 公里处，位于汉（寿）太（子庙）公路上（即现在的省道 S205 线），人力渡口，横跨沧水，是长沙、常德进入汉寿县之交通咽喉。

该渡口 1958 年 12 月通渡，由汉寿县建设和管理，1965 年随汉太公路移交给常德公路养护总段，由汉寿县公路段管理。建渡时征用毛家滩运输社 3 只民船，拼扎成临时渡船后人力撑渡，至 1961 年由汉寿县自筹资金 1.4 万元新建双车渡船 1 只，同时改人力撑渡为横缆拉渡（钢丝绳直径 20 毫米，长 200 米）。1972 年将渡船的三角跳改为连船跳。1972 年冬和 1973 年 4 月先后从黔阳、邵阳两地调来浮桥船 64 只，准备架设浮桥，因浮船年久失修、木质腐朽，架桥未成。

渡口两岸码头均为浆砌块石砌筑。1961 年建渡之始有渡工 3 人，1975 年撤渡时有渡工 8 人。1975 年汉寿县大搞农田基本建设，建成了朝阳新河道（汉太线 K6+100 处），在鸭东铺渡口处筑堤堵口。1975 年 4 月朝阳桥建成通车，鸭东铺渡口就此被撤销。

鸭东铺渡口历年浮水设备情况见表 2—5—1—12。

十三、牛路滩渡口

牛路滩渡口在常德至长沙公路（国道 319 线）上，汉寿县境，横跨沧水。1930 年公路建成通车时，牛路滩建有1座木架木面桥，1936年桥被洪水冲毁，没有修复，改设渡口。据1936年所编《公路辑览》和1937年8月所编《所通车公路状况表》均有本渡之记载。当时有单车渡船1只，人力撑渡。1938年随公路移交西南公路局接管，后委托湖南省公路局重建一座72米木架木面桥，是年桥建成后撤渡。牛路滩渡口历时两年，是常德市省管渡口中历时最短的渡口。

十四、曾家河渡口

曾家河渡口在国道207线上，位于澧县至湖北省东岳庙的公路线上，1935年3月4日澧县至卷桥一段公路竣工时，利用当地（曾家河）一座民用老石拱桥通车。1939年抗日战争时老石拱桥被彻底破坏，抗战胜利后，1948年由公路二区局澧东总段草率修复公路，8月在曾家河改设渡口，但一直未通渡。1949年9月解放后，为支前曾架设浮桥短时通车。1952年荆江分洪工程全面开工，湖南省公路局于4月组成澧东公路抢修队进行突击，曾家河渡口由常德调来双车渡船1只复渡，由于公路质量状况差，1954年后澧东公路不能通车。1959年12月澧县交通局利用老桥残台、墩，修复木面桥后，曾家河渡口被撤销。

第二节　县管渡口

一、漆河渡口

漆河渡口在桃源县漆河镇，横跨白洋河，位于现在的县道刘（家铺）钟（家铺）公路上（X055线）。建渡时是原漆（河）牛（车河）公路的起点。该渡始建于1959年，由漆家河搬运社自筹资金修建简易码头，并用木排拼成单车渡船，配工人4人，于当年6月通渡，由漆河搬运社管理，根据车型每次征过渡费2至8元作为渡口费用，该渡口还兼渡人力车、兽力车。通渡后将码头改建加固，漆岸常水位以下为浆砌块石，以上为泥结碎石路面引道，牛岸除端部打桩砌石外，余为三合土和泥结砾石铺筑引道。1963年常德地区交通局补助0.8万元，桃源县交通局自筹木料建成双车渡船1只，1964年投入使用。由于各方对过渡收费意见较大，且渡运效率不高，1966年3月11日常德地区交通局决定将漆河渡口收归桃源县养路队管理，增加渡工编制2人，每年由地区拨付渡口经费1.8万元，即日起停止征收过渡费，漆河渡口转为县管。

1969年4月湖南省公路局拨款1.4万元，给漆河渡口新建两车渡船1只。1971年改撑渡为横缆拉渡（钢丝缆直径19毫米，长200米）。1979年10月漆河建桥撤渡，漆河渡口前后历时20年。

二、孔家河渡口

孔家河渡口在桃源县陬市镇李家洲，位于X052陬（市）鄂（子湾）线上，是沅水上的一个渡口。

1977年9月常德地区交通局批准建孔家河渡口，并派员对码头引道进行测设，拨款3万元，于同年12月由桃源县三汊港公社组织劳力在渡口两岸修建码头引道。陬市岸码头端部紧贴河堤，宽22米，上段长70米、中段长53米、下段长47米，纵坡8%；三汊港岸码头宽6.5米，上段长60米、中段长25米、下段长49米，纵坡10%。两岸码头引道均为块石砼路面。码头引道工程于1978年10月竣工，共投工2.35万工日，投入经费3.25万元，由县、公社自筹。常德地区交通局所拨3万元用于购置两车渡船1只，三叉港运输队配木质机动船1艘作拖船，于1978年12月通渡。渡口由三叉港公社管理，有渡工12人，内驾驶、司机各2人。1980年常德地区交通局从澧县调去拖轮1艘，替代水陆运输队的客轮，当年渡运量1445辆。1982年1月地区交通局又为其配备双车钢质渡船1只。1982年4月和1983年11月湖南省公路管理局先后配给72马力柴油机拖轮1艘、钢质三车渡船1只，以取代原有船舶。1983年渡运量达1.4万辆。1984年地区交通局拨款2万元整修码头，当年孔家河渡口交桃源县公路站接管。1985年10月投资1.5万元维修码头，11月又动工兴建321平方米渡工房1栋，投资2.8万元。1987年1月22日，常德地区行政公署颁发"常署1号"文件，确定孔家河汽车渡口为甲类渡口，实行全额收取过渡费，当年2月1日开始执行。1988年渡口有职工11人，年渡运量2.04万辆，年内日均渡运量56辆，最大日渡运量92辆。2001年该渡口有职工20人，拖轮2艘，渡船2只。全年渡运量2.5万辆，过渡费收入15万元。

桃源孔家河渡口

2012年年底孔家河渡口新增八车钢质渡船1只，投资128万元。另有六车渡船1只。有120马力、80马力拖轮各1艘。有职工15人。往返一次渡运时间约半小时，日渡运量已超过200次。

三、兴隆街渡口

兴隆街渡口跨越沅水，在X062黄(甲铺)茶(安铺)线上，渡口起点桩号为K50+058。1975年桃源县一甲城和兴隆街两公社动工修建码头和浮水设备，经费常德地区交通局补助0.8万元，余为公社自筹。该渡于1976年8月建成通渡，有20马力拖轮1艘，双车木质渡船1只，配渡工6人。南岸河床较浅，且多礁石，河岸为干砌大卵石，北岸为沅水主河槽，河水较深，河岸为细砾河沙自然岸，原建码头均系简易建筑，1977年洪水时被毁，由当地公社按原式修复。1978年五强溪电站准备动工，水电八局投资110万元修建场外公路，中共桃源县委为适应竹园电站工程需用，责成县交通局勘测设计，陬溪区组织民工团施工，于同年8月对兴隆街渡口码头引道进行改建，计完成土石方6589立方米，干砌块石4019立方米，浆砌块石1663立方米，耗劳动工日36115个，投入资金9.4万元，历时4个月，于同年11月建成。南岸码头下段53米是浆砌块石，中段40米浆砌大块石，上面再铺水泥砼。北岸下段是27米浆砌块石，中段泥结砾石，再用水泥砂浆抹面。码头引道为泥结碎石。

桃源兴隆街渡口

渡船系新伐之木建造，使用数年后，木质腐朽，1981年桃源县交通局补助0.6万元维修船舶。1982年省、地先后调去钢质72马力拖轮1艘、钢质三车渡船1只，始建船舶于1985年报废。兴隆街渡口1977年至1981年日均车密仅5至10次，1985年增加到52辆。每年因大风、洪水停渡5—7次，约20—130小时。1984年桃源县公路管理站接管该渡口。

1985年9月建成160平方米渡工房1栋，耗资0.69万元，当年维修码头又投入0.6万元。1987年2月常德地区交通局确定该渡口为乙类汽车渡口，对外省车辆收取通行费。1999年兴隆街渡口又移交给兴隆街乡政府管理。2001年渡口由4人承包经营，有60马力拖轮1艘，钢质渡船1只，当年渡运车辆3650辆，全年过渡费收入4.5万元。

2009年由兴隆街乡11位村民联合集资成立了“桃源县兴隆轮渡责任有限公司”，对兴隆街渡口进行营运，仍属兴隆街乡政府管理。现有120马力钢质拖轮1艘，钢质四车渡船1只，渡运时每班配渡工4人，两岸码头均为水泥砼结构，渡运量不大，大多时间日渡运量在100次以内，一般情况夜晚不渡运。

四、桃源渡口

桃源渡口位于县城东延溪新河入沅水出口处，南岸是桃源汽车南站附近，横跨沅水。

1972 年桃源县修建国道 319 线常德南站至郑家驿路段的渣油路面，桃源县油路指挥部设在八字路（桃源汽车南站附近），为油路建设工程之需要，经省、地公路门同意，借调常德汽车渡口钢筋水泥六车渡船 1 只，桃源县航运公司抽调拖轮 1 艘，配渡口工人 6 名，设置桃源渡口，由桃源县交通局管理。除油路工程的汽车和人员外，其他车辆、人员过渡一律征收过渡费作为渡口经费。

桃源岸码头为临时性简易建筑，南岸八字路码头为浆砌片石结构。

1974 年桃源渡口被撤销，历时两年。

五、夹夹渡口

夹夹渡口在省道 302 紫（金渡）边（山河）线上，位于安乡县与澧县交界处，横跨松滋河中支。1979 年冬，常德地区交通局拨款 2 万元，未经测设，就交安乡县安福乡施工，完成部分石砌工程，因涨水停工，到冬季枯水时原砌筑的码头淤泥深达 1.5 米，由于资金缺乏，没能复工。1982 年秋，安乡县交通局测设，经常德地区交通局批准，并拨款 9.9 万元由安乡县包干使用，是年冬动工，次年 10 月竣工。安乡岸由于基础软弱，码头水下部分长 8.3 米，采用直径 10 至 12 厘米，长 3.5 米至 5 米的木桩基础，以提高承载力，码头为垂直式，其中下部 90 米顺水引道用 75 号小石子水泥砼砌块石路面。澧县岸码头由澧县交通局测设并在施工时进行技术指导，官垸乡组织民工施工，于 1980 年 5 月竣工。1983 年冬至 1984 年夏又组织官垸民工将码头至防洪大堤（堤外段）长 800 米路堤加高 6 米—7 米（即低于大堤 1 米的高度），并铺沙石路面，码头为顺水式，其结构与安乡岸大体相同。常德地区交通局拨款 8.5 万元。1984 年 7 月 1 日正式通渡。

该渡口由湖南省公路管理局调拨钢质三车渡船 1 只、72 马力柴油机钢质拖轮 1 艘、120 马力柴油机木质拖轮 1 艘。1985 年拖轮大修，耗资 3.7 万元。1985 年时有渡工 14 人，全年渡车 2.6 万辆，日均渡运量为 71 辆，最大日渡运量 160 辆。渡口由安乡县交通局管理。

2008 年夹夹大桥建成通车，渡口于同年 3 月被撤销。

六、官垱渡口

官垱渡口在安乡县境，跨藕池河西支，位于省道紫（金渡）边（山河）线，东岸是官垱镇，距紫金渡 7 公里，与湖北省石首市公路相接，西岸是安生乡。1990 年 4 月动工修建码头，1991

年竣工通渡。

官垱渡口水面最宽时约150米，枯水时水面很窄，可用渡船作为浮桥渡运车辆。2012年渡口配有120马力钢质拖轮1艘，六车渡船1只，有渡工7人，日渡运量约140至160辆，最大高峰时可达400~500辆。渡口所收过渡费全额上缴，渡口每年支出费用超过20万元。官垱渡口是安乡目前仍在渡运的渡口之一，但一般情况下不进行夜渡。

安乡官垱渡口

七、大杨树渡口

安乡大杨树渡口

大杨树渡口在安乡县境，位于省道紫（金渡）边（山河）线上，跨虎渡河，东岸接安生乡大杨树，西岸与X027线终点红卫闸相接。1984年9月动工修建码头，1985年12月竣工通渡。最宽水面达500米，枯水期每年11月底至次年5月，因水浅船舶不能渡运，车辆从修建的过水式公路通行。

大杨树渡口建渡之初由夹夹渡口调来三车水泥渡船1只、拖轮1艘。2012年有120马力拖轮1艘，六车渡船1只，有渡工7人，建渡时交通量每日约20至30辆，目前日交通量超过百辆。2012年征收过渡费30多万元。大杨树大桥已建成，2013年底大桥通车，渡口被撤销。

八、马坡湖渡口

马坡湖渡口在安乡县境，位于县道理（兴垱）七（家）线K15+141处，跨淞滋河东支，西岸接焦圻镇，东岸接安造乡马坡湖村。该渡1977年冬，由当地公社修建，于1978年7月1日建成通渡。交通部门仅补助码头经费2.5万元，其中常德地区交通局拨2万元，安乡县交通局拨0.5 万元。东岸码头由安造公社修防会测设并组织施工,码头引道为直线型顺水式,引道上游为浆砌片石挡土墙,路基为全填式,路面下层为碎石垫层,上层干砌片石。码头部分未做基层处理。

1978 年春安乡县交通局拨款 1.5 万元购 20 马力机动船 1 艘,借用安乡县公路段两车渡船 1 只,配渡工 7 人,渡口开通。通渡后由常德地区交通局每年拨经费 1 万元,交安全乡交管站管理,人员及行政仍由安全乡政府负责。该渡口东岸码头引道泥沙淤积严重,每年洪水期淤泥深达 2 米,每次清除淤泥约 300 立方米,耗工 200 个,严重影响渡口畅通。此外两岸码头不对称,西岸码头在东岸码头上游处 400 米,船舶航程有 700 米。

1985 年底有渡工 7 人,20 马力木质拖轮 1 艘,两车钢筋水泥渡船 1 只,年渡运量 4600 辆,日均 13 辆,最大日渡运量 64 辆。2001 年时因两岸码头高水位时不能通渡,将码头下移200 米。2012 年该渡有 120 马力拖轮 1 艘,三车渡船 1 只,有渡工 8 人,日均渡运量 100 辆左右。

九、张九台渡口

安乡张九台渡口

张九台渡口在安乡县境,县道理(兴垱)七(家)线上 K39+675 处,横渡松滋河中支,北岸是安凝乡张九台,南岸是安丰乡铁路湾村。1992 年 7 月动工修建码头,1993 年竣工通渡,最高水位时水面宽 700 多米。

2012 年该渡配 120 马力拖轮 1 艘,六车渡船 1 只,渡工班有渡工 8 人,日渡运量在 100 至 200 辆之间,一般每日过渡费收入 1000 元以上,全额上交。一般情况夜晚不渡运。

十、芦林铺渡口

芦林铺渡口在安乡县境,位于县道沙(河口)安(福)线终点,横跨淞澧河,东岸接南县厂窖镇肖家湾村,西岸接安德乡芦林铺码头,水面最宽时达 800 米。该渡口 2006 年 12 月由安乡县人民政府批准设立,2012 年 8 月停渡,历时 6 年。停渡时有拖轮 1 艘,三车渡船 1 只,渡工8 人。渡运时日均渡运量在 100 辆左右。

十一、富强渡口

富强渡口是由临澧县合口镇富强村修建和管理的一个渡口,它跨越澧水,北岸与省道张(公庙)慈(利)线相接,南岸是杉板的望夫村可与临澧县城相接。1983 年 11 月富强村自筹资金 6.26 万元,用于工程费 2.36 万元,设备购置 3.90 万元,并组织村民投工兴建,于 1984 年建成通渡。

该渡口南岸码头为垂直式,长 126 米,宽 7 米至 14 米,最大纵坡 6%,引道长 240 米,宽 7 米至9 米,水下部分为钢筋砼路面,余为泥结砾石路面。北岸码头为顺水式,长 97 米,宽 7.5 米,最大纵坡 7%,引道长 50 米,宽 3.7 至 5 米,水下部分 20 米为水泥砂浆砌河卵石路面,挡土墙用三合土浆砌河卵石,余为泥结砾石路面。

该渡有 40 马力拖轮 1 艘,钢质双车渡船 1 只,配渡工 14 人,其中驾驶、司机各 2 人。车辆过渡收费,汽车不分空载和实载,每辆次 3 至 4 元。大型拖拉机每台次 4 元。手扶拖拉机每次空车 0.8 元,实载 1.2 元。

临澧县交通局对过渡业务进行技术指导,对渡运安全进行监督检查。

目前渡口由个人承包,有拖轮(编号为临客 002 号)1 艘,两车板船 1 只(小汽车可装 4 辆),日渡运量可达 300 多辆,但 2011 年合口澧水大桥通车后,渡口渡运量大幅减少。

十二、毛家岔渡口

毛家岔渡口在省道紫(金渡)边(山河)线上,澧县境内,跨澹水河。1977 年 8 月由澧县交通局组织修建,常德地区交通局投资 6.5 万元,澧县交通局投资 1.7 万元,其中码头修建费 1.95 万元,建造两车钢筋水泥渡船 1 只 1.386 万元,购湖南省航道测设队 80 马力木质拖轮 1 艘 1.7 万元,还修建了 236 平方米渡工房 1 栋。1979 年 4 月 1 日毛家岔渡口建成通渡,配渡工 7 人担负渡运工作。两岸码头由余家台公社修建,因未按设计施工,常出现不同程度冲刷、塌陷、引道变形,曾多次整修码头。后常德地区交通局两次投资 2.5 万元,修建砼引道,洪水后不再影响通渡。两岸引道长均为 140 米。

1982 年 9 月湖南省公路局调配 52.9 千瓦钢质拖轮 1 艘。1985 年 10 月调入三车钢筋水泥渡船 1 只,此后 5 吨以上重载车和拖挂车始能一次过渡。1985 年投资 1.3 万元,改建 540 平方米渡工房 1 栋。1989 年该渡口有职工 12 人,钢质拖轮 2 艘(功率 168 千瓦),三车板船 1 只。毛家岔渡口 1979 年建渡时最大日渡运量 48 辆,1985 年全年渡车 50739 辆, 最大日渡运量 263 辆。渡运量最大的一年是 1987 年,全年渡运 79956 辆,日均 219 辆,日最高渡运量为 355 辆。

2004 年有拖轮 2 艘,六车渡船 2 只。同年 10 月毛家岔大桥建成通车,毛家岔渡口随即被撤销。

十三、刘家河渡口

刘家河渡口位于澧县县城南部，跨澧水，通往灵泉。1975 年 9 月，为实现澧县氮肥厂、机砖厂两厂直达运输，由澧县船厂设计，澧县航运公司筹资，制造钢质两车渡船 1 只，租用 40 马力拖轮 1 艘，在乔家河设渡，为两厂渡运汽车。不久后又购进 80 马力拖轮 1 艘。1976 年澧县航运公司将拖轮和渡船迁至刘家河渡运。1981 年刘家河渡口由澧县公路管理站接管，当年常德地区交通局投资 10.5 万元，维修、新建码头和引道，同时还投资 5.7 万元，修建 438 平方米渡工房 1 栋，另投资 4.5 万元购进双机拖轮 1 艘，大修后投入渡运。1982 年从安乡沙河口渡口调入六车钢筋水泥渡船 1 只。1984 年该渡口由湖南省公路管理局配备 120 马力钢质拖轮 1 艘。1985 年因钢筋水泥渡船漏水严重，同年 9 月投入 8.3 万元将其改造为六车液压起跳钢质渡船。至 1989 年该渡有钢质双车、六车渡船各 1 只，钢质 120 马力、木质 80 马力拖轮各1 艘，有渡工 12 人。

刘家河渡口 1978 年渡运量 14600 辆，日均 40 辆，最大日渡运量 92 辆。最大年渡运量发生在 1988 年，为 122480 辆，日均 336 辆，当年最大日渡运量 467 辆。最大日渡运量发生于 1985 年，为 487 辆。

2001 年 12 月刘家河渡口因澧水大桥建成被撤销。

十四、泥市渡口

泥市渡口位于石门县城以北 105 公里处，跨渫水后通往南坪乡，是人力渡口。1978 年 3 月由泥沙区组织民工修建，湖南省公路局补助材料费 1 万元，石门县交通局负责测设和现场技术指导，同年 8 月竣工通渡，配渡工 5 人，配双车渡船 1 只。用横缆(钢丝绳直径 20 毫米、长105 米)人力拉渡。

因渡口属临时性，两岸码头引道采用干砌片石或卵石填筑。最大日渡车量为 42 辆。1980 年 10 月泥市大桥建成通车，同年 12 月泥市渡口被撤销。

十五、阳泉渡口

阳泉渡口位于石门县城以北 23 公里处，跨渫水后通往阳泉乡。1978 年常德地区交通局补助 1.5 万元，石门县交通局补助 0.5 万元，由当地公社组织修建，配木质双车渡船 1 只，于 1979 年 10 月 1 日建成通渡。人力渡口。

该渡码头、引道均为临时性建筑，1979 年至 1981 年每年洪水时遭受水毁，冬天枯水位时进行修复。渡口最大日交通量为 40 辆。1981 年 12 月阳泉大桥建成，阳泉渡口被撤销。

十六、古市渡口

古市渡口位于石门县城西北78公里处，跨渫水，是古市至杨柳乡道上的一个人力渡口。1974年12月25日由石门县磨岗隘区委成立指挥部，组织澧山水库工程的劳力，修建码头，建造渡船，于次年10月20日竣工通渡，配渡工6人，以人力横缆拉渡（钢丝绳直径18毫米，长108米）。建渡经费石门县交通局补助1.5万元，澧山水库补助0.3万元。

两岸码头采用浆砌片石，古市岸长155米，杨柳岸长127米。建渡以后由于洪水和设备不全，于1975年9月13日、1980年9月17日两次发生流船事故。由于山溪河流猛涨急落，加之防范不严，该渡于1979年6月26日、1980年7月3日发生两次搁船事故。事故后当地区、乡政府组织人员努力抢救、整修，确保了渡口及时复渡。该渡口仅有1条渡船，1980年11月20日至1981年3月5日进行修理，耗资0.83万元，因无船替换，停渡三个多月。古市渡口最大日渡运量为78辆。

1984年5月雁池大桥建成，撤销了渡口。古市渡口历时9年。

十七、坡头渡口

坡头渡口位于沅水尾闾目平湖湖口处，在X027军（山铺）红（卫闸）线上，是汉寿县连接西湖片六个乡的交通咽喉。该渡口水面宽，流速急。

1976年1月湖南省交通勘察设计院协助地方对坡头渡口进行测设，当年冬季，汉寿县交通局组织修建两岸码头引道，于1978年1月竣工，共完成土方13900立方米，石方1900多立方米。浮水设备除湖南省公路局调拨六车水泥渡船1只外，购柴油机拖轮1艘，建130平方米工房1栋，共耗资20万元，由省、地、县三级交通部门投资，群众投劳。1979年1月渡口建成，开始渡运车辆。配有渡工13人。

汉寿岸码头由于地基软弱，加上基层处理不彻底，路面出现沉陷、软弹，从1981年春季起，在水位标高29.5米以下经常陷车。1984年5月，常德地区交通局投资4.5万元，将汉寿岸码头进行重建。1981年新建水泥两车渡船1只，由于稳定性不良，不能使用。1985年1月由望城船厂新建六车钢质渡船1只，原

汉寿坡头渡口

六车水泥渡船同时报废。1983 年新建 120 马力柴油机钢质拖轮 1 只，取代原购买的拖轮。1984 年 10 月新建渡工房 1 栋,投资 5.7 万元。

1985 年渡口有渡工 16 人,其中干部 1 人,全年渡运量 52500 辆,日均 144 辆,最大日渡运量 275 辆。

1992 年时渡口有渡工 12 人,其中所长、会计、安全员各 1 人,驾驶、司机、水手各 3 人。有 120 马力钢质拖轮 2 艘,六车渡船 2 只。1997 年由沙河渡口调入 150 马力拖轮 1 艘。2001 年从株洲调入 150 马力拖轮 1 艘,2002 年从湘阴调入 150 马力拖轮 1 艘,同年还增加八车、六车渡船各 1 只。2008 年汉寿沅水大桥通车前,日渡运量 300 ~ 400 辆,渡口人员 33 人。大桥通车后日渡运量在 100—200 辆,渡口人员减至 20 人。从 2012 年起为解决渡口经费不足,汉寿县财政每年补助坡头渡口经费 30 万元。

十八、仓儿总渡口

仓儿总渡口在汉寿县境内,位于 S205 线,渡口起点桩号为 K77+367,横跨沅水。仓儿总渡口建于 2005 年 5 月,有拖轮两艘,渡船两只,配渡工 14 人,年渡运量约 10000 辆,日均27 辆,最大日渡运量 185 辆。渡口两岸码头为斜坡式。2008 年 12 月仓儿总沅水大桥建成通车,仓儿总渡口停渡。

十九、包家渡渡口

包家渡渡口在石门县境磨市乡,横跨溇水,位于 Y019 线,渡口起点桩号 K11+274。包家渡渡口始建时配渡船一只,为人力钢缆索拉渡,有渡工 4 人。1988 年常德市公路总段借给包家渡渡口拖轮 1 艘,其后改为机动渡口。包家渡渡口年渡运量约 1500 辆,日均 4 辆,最大日渡运量 12 辆。皂市水库建设时,修建了磨市公路桥,随即包家渡渡口被撤销。

第三节　专用渡口

常德市有专用渡口两个,都位于常德市城东 10 公里的德山街。

一、德山街渡口(常德船舶厂)

常德船舶厂为减少汽车绕道 18 公里,经常德市城区青年渡口去长沙,于 1974 年在厂区内和对岸苏家渡修建码头 1 对,并配钢质 160 马力拖轮 1 艘、钢质双车渡船 1 只、渡工 6 人,负责渡运厂区跨沅水的车辆。附近芦山乡等单位的车辆也由此过渡,如遇洪汛期间,常德城区青年路渡口关闸停渡后，有些城区的车辆也在此过渡。

该渡口由常德船舶厂经营管理，主要为该厂车辆服务，日均车密仅3至7辆，个别高峰曾达80多辆，除厂区内汛期水淹无法渡运外，一般很少停渡。

二、德山街渡口（常德交通机械厂）

常德交通机械厂与常德船舶厂相邻，该厂为减少去长沙等地需绕道18公里行程，在厂区内修建码头1处，沅水南岸苏家渡码头则与常德船舶厂共用1个码头，主要担负该厂的车辆渡运，由常德交通机械厂自用自管。1985年时仅配渡工2人，有钢质双车渡船1只，48马力拖轮1艘，年渡运量仅300多辆。

常德交通机械厂于2001年4月9日宣布破产，渡口随之被撤除。

常德渡口历年浮水设备、渡运量统计表

表 2—5—1—1

项目 年份	拖轮（艘）		引擎（马力/台）		渡船 （车/只）	渡运量（辆）		
	木质	钢质	汽油	柴油		日平均	日最大	全年
1949	1				2/1			
1956	1		15/1		2/1			
1957	2		75/2		5/2			
1962	3			240/3	9/3			
1969	2	1		280/4	25/6			
1971	2	1		300/4	31/7			
1973	3	1		440/4	30/4		900	
1975	2	1		690/7	26/3	1088	1300	396958
1977	2	2		720/7	34/4	1728	2500	630739
1979	1	2		1160/10	62/7	1519	1700	554517
1981		3		1600/10	66/7	1719	1850	627470
1982		3		1600/10	56/6	1799	2186	656610
1983		3		1750/14	64/6	2143	2783	782059
1984		4		1610/14	74/7	2704	3913	989732
1985		7		1660/10	74/7	3480	4805	1270115
1986		7		1200/10	74/7	3054	4722	833750

说明：1.拖轮分木质、钢质二种；

2.钢筋木壳船舶归到钢质一类；

3.渡船装车数分单车、双车、三车……十二车等；

4.船舶、引擎均以年末数为准。

张公庙渡口历年浮水设备、渡运量统计表

表 2—5—1—2

项目 年份	拖轮（艘）		引擎（马力/台）		渡船（车/只）	渡运量（辆）		
	木质	钢质	汽油	柴油		日平均	日最大	全年
1935	1		20/1		1/1			
1945	1		20/1		3/2			
1949	1		20/1		3/1			
1954	1		40/1		4/2			
1962	1			60/1	4/2			
1964	1			60/1	4/2			
1970	2			140/2	8/3	143		52352
1972	3			220/3	12/3	134	263	48986
1978	2			200/2	16/3	356	541	129917
1980	2			280/3	16/2	502	800	183759
1981		3		320/3	24/3	579	850	211407
1982		5		560/5	24/3	641	850	234174
1983		4		460/5	24/3	860	1232	313834
1984		4		460/5	32/4	1088	1423	298202
1985		4		520/4	32/4	1388	1742	506674
1986		4		500/4	32/4	1256	1607	458442
1987		5		471/5	32/4	1429	1605	508892
1988		5		700/5	32/4	1705	2413	612303
1989		5		640/5	32/4	1507	2310	503346

说明：1.拖轮分木质、钢质二种；

2.钢筋木壳船舶归到钢质一类；

3.渡船装车数分单车、双车、三车……十二车等；

4.船舶、引擎均以年末数为准。

石门渡口历年浮水设备、渡运量统计表

表 2—5—1—3

项目 年份	拖轮（艘）		引擎（马力/台）		渡船 （车/只）	渡运量（辆）		
	木质	钢质	汽油	柴油		日平均	日最大	全年
1950					2/1			
1962	1		90/2		2/1			
1964	1			80/1	2/1			
1967	1			80/1	5/2			
1969	2			160/2	7/2			
1971						173		63046
1973						348	606	127084
1975						490	754	178845
1977						425	650	155199
1979						433	578	158204
1980	3			280/3	7/2	439	597	160721
1981	3			240/3	3/1	432	492	157818
1982	3			360/4	3/1	357	622	130633
1983	4			480/5	9/2	468	730	170659
1984	4			480/5	9/2	639	954	233720
1985		2		280/3	12/2	726	1015	264792
1986		3		450/4	9/2	505	975	206079
1987		3		331/3	12/2	649	1033	226424
1988		2		270/2	12/2	618	876	225697
1989		2		198/2	12/2	538	964	182929
1990		3		331/3	12/2	459	807	164663
1991		3		331/3	12/2	496	712	187075
1992		3		331/3	12/2	477	864	174722
1993		2		221/2	12/2	412	700	144633
1994		3		353/3	12/2	323	602	102599

说明：1.拖轮分木质、钢质二种；

2.钢筋木壳船舶归到钢质一类；

3.渡船装车数分单车、双车、三车……十二车等；

4.船舶、引擎均以年末数为准。

沙河口渡口历年浮水设备、渡运量统计表

表 2—5—1—4

年份＼项目	拖轮（艘）		引擎（马力/台）		渡船（车/只）	渡运量（辆）		
	木质	钢质	汽油	柴油		日平均	日最大	全年
1969	1			80/1	3/1			
1971	2			160/2	3/1			
1973	1			80/1	3/1	25	56	9034
1974	2			160/2	5/2	16	63	5834
1975	2			170/2	10/2	40	98	14461
1976	2			200/2	9/2	46	93	16926
1979	2			200/2	12/2	27	121	9700
1980	2	1		280/3	12/2	69	79	25113
1981	2	1		360/3	18/3	77		28179
1982		2		240/2	24/4	90	285	32964
1983		3		410/4	18/3	123	259	44717
1984		3		400/4	18/3	159	310	58172
1985		3		400/4	12/2	209	442	76304
1986		3		330/3	12/2	172	299	62851
1987		5		485/5	22/3	184	395	67249
1988		3		390/3	22/3	208	350	75894
1989		2		198/2	16/2	174	321	63125
1990		3		330/3	24/3	180	288	65411
1991		3		330/3	24/3	211	521	77230
1992		3		330/3	24/3	175	431	72577
1998		3		330/3	16/2	314		115020
2000		2		223/2	16/2	69		25286
2006		2		223/2	16/2	58	92	21076
2010		2		223/2	16/2	300		
2012		3		330/3	32/3	200		

说明：1.拖轮分木质、钢质二种；

2.钢筋木壳船舶归到钢质一类；

3.渡船装车数分单车、双车、三车……十二车等；

4.船舶、引擎均以年末数为准。

安乡渡口历年浮水设备、渡运量统计表

表 2—5—1—5

项目 年份	拖轮（艘）		引擎（马力/台）		渡船 （车/只）	渡运量（辆）		
	木质	钢质	汽油	柴油		日平均	日最大	全年
1973	1			80/1	2/1	10	41	3614
1974	1			80/1	2/1	3	21	896
1975	1			80/1	3/1	20	118	7279
1976	1			120/2	8/2	28	68	10339
1977	2			160/2	8/2	31	122	11130
1979	2			160/2	12/2	66	235	24202
1981	2	1		320/3	12/2	192	317	70069
1982		2		240/2	18/3	239	383	87217
1983		2		290/3	18/3	272	610	99351
1984		2		280/3	18/3	347	582	126978
1985		3		360/3	12/2	445	780	162389
1986		3		330/3	12/2	384	698	140099
1987		2		196/2	14/2	417	779	151795
1988		2		270/2	14/2	456	711	166784
1989		2		198/2	22/3	375	682	136668
1990		3		287/3	24/3	401	798	145980
1991		3		330/3	24/3	477	809	173069
1992		3		287/3	24/3	387	868	141662
1993		3		280/3	24/3	391	744	142806
1994		3		280/3	24/3	391	585	102142

说明：1.拖轮分木质、钢质二种；

2.钢筋木壳船舶归到钢质一类；

3.渡船装车数分单车、双车、三车……十二车等；

4.船舶、引擎均以年末数为准。

津市渡口历年浮水设备、渡运量统计表

表 2—5—1—6

项目＼年份	拖轮（艘）		引擎（马力/台）		渡船（车/只）	渡运量（辆）		
	木质	钢质	汽油	柴油		日平均	日最大	全年
1978	1			80/1	9/2			
1979						155		56631
1980	2			240/2	12/2	225		82415
1981						299		109440
1982	3			280/3	20/3	418		152755
1983	2			240/2	12/2	578	1073	210890
1984	2			240/2	12/2	715	875	261526
1985		2		200/2	12/2	774	1160	282533
1986		2		240/2	12/2	625	1125	228305
1987		3		265/3	20/3	582	875	206756
1988		2		240/2	20/3	674	1086	246121
1989		2		177/2	20/3	671	1055	230038

说明：1.拖轮分木质、钢质二种；

2.钢筋木壳船舶归到钢质一类；

3.渡船装车数分单车、双车、三车……十二车等；

4.船舶、引擎均以年末数为准。

尧河渡口历年浮水设备、渡运量统计表

表 2—5—1—7

项目 年份	拖轮（艘）		引擎（马力/台）		渡船 （车/只）	渡运量（辆）		
	木质	钢质	汽油	柴油		日平均	日最大	全年
1976	1			80/1	6/1	141	345	51719
1978	2	1		280/3	8/1	296	315	108179
1979	2	1		280/3	8/1	337	850	123062
1980	2	1		320/3	16/2	369	509	134973
1981	2	1		320/3	22/3	273	453	99720
1982	2	1		360/3	22/3	367	595	134206
1983		3		360/3	14/2	374	607	136483
1984		3		360/3	14/2	430	750	157462
1985		3		360/3	14/2	470	689	171589
1986		3		370/3	14/2	402	680	146736
1987		3		287/3	14/2	398	561	144869
1988		3		400/3	22/3	414	505	144180
1989		3		309/3	22/3	372	586	145644
1990		3		338/3	24/3	391	587	131998
1991		3		338/3	24/3	390	618	142710
1992		3		330/3	24/3	491	1213	179223
1993		3		338/3	24/3	381	1276	139153
1994		4		440/4	24/3	554	1184	202251
1998		5		507/5	32/4	1006	2292	367155
1999		5		507/5	32/4		1097	88197

说明：1.拖轮分木质、钢质二种；

2.钢筋木壳船舶归到钢质一类；

3.渡船装车数分单车、双车、三车……十二车等；

4.船舶、引擎均以年末数为准。

沿市渡口历年浮水设备、渡运量统计表

表 2—7—1—8

项目 年份	拖轮（艘）		引擎（马力/台）		渡船（车/只）	渡运量（辆）		
	木质	钢质	汽油	柴油		日平均	日最大	全年
1974	1			40/2	2/1			
1980	1			40/2	2/1	36	57	13111
1981	1			80/1	2/1	36	87	13121
1982	1			80/1	2/1	37	97	13732
1983		1		80/1	2/1	64	152	23305
1984		2		120/3	2/1	68	153	24836
1985		2		120/3	2/1	104	117	37763
1986		2		200/3	5/2	64	194	23498
1987		2		147/2	5/2	86	179	30585
1988		2		120/2	3/1	71	148	25949
1989		2		176/2	6/2	79	87	28954
1990		2		147/2	5/2	67	95	24051
1991		2		147/2	5/2	80	103	29275
1992		2		147/2	5/2	89	124	32637
1993		2		147/2	6/2	80	107	25879
1994		2		147/2	5/2	111	294	40601
1995		2		147/2	6/2			
1998		2		147/2	6/2	146	308	53231
2000		2		147/2	5/2	146	221	53492
2006		2		247/2	5/2	69		25185
2007		2		247/2	5/2			

说明：1.拖轮分木质、钢质二种；

2.钢筋木壳船舶归到钢质一类；

3.渡船装车数分单车、双车、三车……十二车等；

4.船舶、引擎均以年末数为准。

大湖渡口历年浮水设备、渡运量统计表

表 2—5—1—9

项目 年份	拖轮（艘）		引擎（马力/台）		渡船（车/只）	渡运量（辆）		
	木质	钢质	汽油	柴油		日平均	日最大	全年
1978	1			80/1	3/1			
1979	1			80/1	6/2	20	48	7226
1980	1			80/1	3/1	8	25	2947
1981	1			80/1	3/1	5		1771
1982		2		128/2	5/2	16		5710
1983		2		128/2	3/1	18	74	6667
1984		1		80/1	3/1	30	89	10818
1985		2		160/2	6/2	73	254	26426
1986		2		160/2	6/2	59	130	21453
1987		2		118/2	6/2	73	144	26437
1988		3		240/3	9/3	89	168	32604
1989		3		264/3	9/3	73	196	26174
1990		2		234/2	6/2	73	139	26605
1991		2		234/2	6/2	46	144	16611
1992		2		234/2	6/2	46	137	18213
1993		2		234/2	6/2	42	69	15430
1994		2		234/2	6/2	44	94	16096
2000		1		117/1	6/2	21	35	7478
2002		2		234/2	6/2	22	47	8017
2003		2		234/2	6/2	27	37	6793

说明：1.拖轮分木质、钢质二种；

2.钢筋木壳船舶归到钢质一类；

3.渡船装车数分单车、双车、三车……十二车等；

4.船舶、引擎均以年末数为准。

白洋河渡口历年浮水设备、渡运量统计表

表 2—5—1—10

项目 年份	拖轮（艘）		引擎（马力/台）		渡船（车/只）	渡运量（辆）		
	木质	钢质	汽油	柴油		日平均	日最大	全年
1952					2/1			
1970					2/1	41		15006
1971					2/1	51		18740
1972					2/1	60	110	21934
1973					2/1	72	160	26263
1974					2/1	78	120	28561
1975					2/1	75	175	27293
1976					2/1	172	505	63082
1977					4/2	267	750	97365
1978					4/2	361	469	131892
1979					4/2			

说明：1.拖轮分木质、钢质二种；

2.钢筋木壳船舶归到钢质一类；

3.渡船装车数分单车、双车、三车……十二车等；

4.船舶、引擎均以年末数为准。

港口渡口历年浮水设备、渡运量统计表

表 2—5—1—11

项目 年份	拖轮（艘）		引擎（马力/台）		渡船（车/只）	渡运量（辆）		
	木质	钢质	汽油	柴油		日平均	日最大	全年
1934	1							
1936					1/1			
1946					2/1			
1949					2/1			
1960					2/1			

说明：1.拖轮分木质、钢质二种；
2.钢筋木壳船舶归到钢质一类；
3.渡船装车数分单车、双车、三车……十二车等；
4.船舶、引擎均以年末数为准。

鸭东铺渡口历年浮水设备、渡运量统计表

表 2—5—1—12

年份＼项目	拖轮（艘）		引擎（马力/台）		渡船（车/只）	渡运量（辆）		
	木质	钢质	汽油	柴油		日平均	日最大	全年
1961					2/1			
1965					4/2			
1970					4/2	41		15006
1971					4/2	92		33492
1972					4/2	107	186	38998
1973					4/2	120	220	43901
1974					4/2	149	282	
1975					4/2			

说明：1.拖轮分木质、钢质二种；

2.钢筋木壳船舶归到钢质一类；

3.渡船装车数分单车、双车、三车……十二车等；

4.船舶、引擎均以年末数为准。

第六章　公路桥梁

常德境内修建最早的桥梁是唐贞观初年(629 至 634)尉迟敬德出任襄州(今襄樊市)都督,在澧县宜万乡花瓦村修建的花瓦桥,为 5 孔石拱桥,全长 21 米,桥宽 5.3 米,高 7.6 米。1300 多年后花瓦桥一直保存完好,直到 2002 年被洪水冲毁 3 孔,现存 2 孔。宋宝庆元年(1225),修建了临澧县佘市桥(原名道济桥),是一座石台木面桥。澧县多安桥始建于清乾隆四十九年(1784),当时桥名为“澧州桥”。清嘉庆二十五年(1820)建成了位于桃源县陬市的石台木面观音桥(又名陬市桥)。1949 年新中国成立前常德地区公路桥梁大部分为木桥或石台木面桥,由于经历了抗日战争、解放战争以及水毁造成的破坏,致使很多桥梁不能通车。新中国成立后对被破坏的桥梁进行了积极抢修,到 1951 年底,常德地区能通车的桥梁 115 座(净跨 3 米以上的),总长 1783.56 米。

1964 年湖南省交通主管部门在全省推行危桥改造工作。1964 年至 1965 年危桥改造初期,首先改建了长(沙)怀(化)线上的严家河、牛路滩、水溪三座桥,改建后均为钢筋砼 T 型桥梁,荷载标准由汽—10 提高到汽—13、拖—80。1964 年 10 月由交通部曾威工程师指导在长(沙)常(德)线 K133+712 处,修建了全国第一座微弯板桥,该桥 1 孔 7.4 米,全长 8.6 米,桥名龚家桥。1965 年在长(沙)常(德)线 K139+971 处的余家桥修建了 1 孔 5 米的前倾式桥台的桥。1965 年 2 月在湖南省交通科研所郑代尉工程师指导下,在陬(市)桃(源)线 K3+080 处的谢林港桥,修建了全省第一座拱矢度 1/8 的 1 孔 8 米的坦拱桥。

1966 年至 1967 年是危桥改造全面开展阶段,这一时期常德地区广为推广的桥型是双曲拱桥,当时常德地区公路总段工程队在常(德)永(顺)线上修建了常德地区第一座双曲拱桥,桥名白竹水桥,1 孔 35 米。1966 年改建了常(德)沅(陵)线上的太平铺桥,3 孔 13.75 米,全长 53.3 米,是常德地区第一座无筋无肋双曲拱桥。1967 年在长(沙)常(德)线上改建的太子庙桥,3 孔 9.4 米,全长 41.4 米,是当时全国第一座曲面薄壳桥。在这次危桥改造中,常德地区省管公路共改建危、木桥 374 座,4388.34 米。其中干线 230 座,3169.5 米;支线 144 座,1218.84 米,

1982 年底省管公路危桥改造已基本完成,至 1987 年时常德地区有公路桥梁 911 座,总长 26778.21 米。其中特大桥 2 座,长 1974.1 米;大桥 38 座,长 5247.23 米;中桥 93 座,长 3549.01 米;小桥 778 座,长 16007.87 米。2001 年,全国第二次公路普查时,常德市有公路桥梁 975 座,总长 39389.1 米,其中特大桥 7 座,长 10447 米;大桥 43 座,长 6881.8 米;中桥 161 座,长 8379.6 米;小桥 764 座,长 13680.7 米。在全市 975 座桥梁中,有 10 座是非永久性的,总长 161.5 米,其余 965 座都是永久性的。设计荷载均在汽—10 以上,个别桥梁达到汽—

超20级。

进入21世纪以后，由于交通量的迅速增长，特别是超载重车对桥梁造成严重损害，许多20世纪60年代以后修建的桥梁，经检测鉴定为危桥。对此，各级政府和交通主管部门极为重视，从2000年开始投入大量经费，对四、五类危桥进行加固改造或拆除重建，从而新一轮危桥改造工程在常德市展开。危桥改造经费由交通部、湖南省交通厅补助一部分，余下部分由市、县负责筹集。2006年5月13日湖南省交通厅确定危桥改造经费按每平方米分类进行补助。一是危桥改建，大桥以上：干支线1800元、县乡道1600元；中桥：干支线1400元、县乡道1000元；小桥：干支线1000元、县乡道不补助。二是危桥加固，大桥以上：干支线1000元、县乡道900元；中桥：干支线900元、县乡道600元；小桥：干支线600元、县乡道不补助。2008年省交通厅下达文件对公路局管养的干支线桥梁，调增危桥改造补助经费标准(按每平方米计)。一是拆除重建：大桥以上2300元、中桥1900元、小桥1500元。二是拆除上部结构：大桥以上1800元、中桥1400元、小桥1000元。三是维修加固：大桥以上1300元、中桥1200元、小桥900元。四是桥梁检测每座经费补助：大桥以上8万元、中桥4万元、小桥2万元。

2011年3月24日常德市人民政府就常德市干线公路病危桥改造的问题，由分管副市长召集发改委、市交通运输局、市公路局、市实事办等单位负责人进行了专题研究。会议确定2011年至2013年三年内完成45座病危桥改造任务，共需投资20404.7万元，部、省补助6523.5万元，常德市需配套经费13891.2万元。至2013年7月止，已完成28座危桥的改造任务。至2010年年底常德市公路局管养的干支线公路共有桥梁411座，长35430.99米，其中国道56座，6158.48米；省道171座，24033.62米；县道184座，5238.89米。常德市县乡公路处管养的桥梁共有1131座，27727.6米。

第一节　特大桥

根据交通部2004年1月29日发布的《公路工程技术标准》，按照桥涵分类，特大桥是指多孔跨径总长大于1000米，或单孔跨径大于150米的桥梁。常德市至2012年年底止，共有特大公路桥六座，总长14863.14米。

1986年10月1日，常德沅水大桥(今沅水一桥)建成通车时的场景

常德沅水一桥

一、常德沅水大桥

常德沅水大桥1983年修建时位于国道207线K2301+756处，此处原系常德市青年汽车渡口。进入20世纪80年代后，随着国民经济的快速发展，过渡车辆与日俱增，1981年日均渡运量已达1719次，到1984年就增至2704次，1985年达3480次，1985年最大日渡运量高达4805次。车辆通过青年路渡口难的问题已十分突出，不仅待渡时间长，而且有时市区待渡车辆排队长达2公里，一定程度影响了城区交通和市容。1981年1月交通部就批准了修建沅水大桥，当时初步设计是斜拉桥方案，1982年第二阶段设计时，除原报方案外，还就7个斜拉桥方案进行了比较。1983年4月，再次上报3个设计方案。1983年5月，交通部重批初步设计，同意将1981年原批准的斜拉桥方案，改主桥为84+3×120+84的5孔预应力混凝土单箱单室连续梁方案。

该桥由湖南省交通规划勘察设计院设计。主、引桥由湖南省路桥建设公司修建。大桥桥型为预应力钢筋混凝土箱型连续梁桥，共54孔，其孔径自南向北的布置是7×25+84+3×120+84+4×25+35×6+3×13。两岸引桥分别设7孔25米与4孔25米预应力混凝土简支T

常德沅水一桥

梁。北岸在T梁外设35孔16米与3孔13米引桥,采用先张法预应力混凝土简支空心板,下部构造为双柱式墩。

桥长1408米。桥头北引道长6080米,南段引道7270米,不低于2级公路技术标准。

桥宽19米,其中行车道15米,人行道2×2米。

桥面纵坡:主桥1.8%,引桥1.4%。

通航等级:4级。

抗震烈度:7度。

最高通航水位:39.8米,桥下净空8米。

位于主河槽中的四个主墩基础,都采用直径16米,高18米的双层钢围堰沉井施工,1号和2号墩为直径13.2米的圆形扩大基础,在沉井中全断面嵌岩。3号和4号墩基层为高桩承台,均以7根直径分别为2.4米与2.5米的桩柱,嵌入岩层。

常德沅水大桥总投资3977万元,其中交通部补助1200万元,湖南省财政拨款1000万元,省养路费投入1777万元。整个工程用130万个工日,钢材6878吨,水泥20330吨,木材3274立方米,沥青480吨。

常德沅水大桥是湖南省第一个采取“概算承包”办法施工的大型桥梁工程。1982年2月,省长办公会议决定,由常德行署与省交通厅共同组建“常德沅水大桥工程指挥部”,按概算包干完成建桥任务,指挥部下设三个分指挥部,由常德市分指负责北岸引道工程和征地拆迁,常德县分指负责南岸引道和征地拆迁,湖南省路桥公司组成桥梁分指挥部,承担1408米桥梁施工任务。三个分指挥部与指挥部签订承包合同,都按概算承包,对工程进度、质量、安全、造价等全面负责。该桥1983年10月1日开工,1986年10月1日建成通车,比原计划提前3个月全面完成建桥任务,成为湖南省桥梁工程建设不突破概算 ,保证工程质量,缩短工期的一个范例。大桥指挥部设二级监理机构,由一名副总工程师负责,并配备4名有丰富施工经验的工程师,担任专职监理工程师。明确规定分指挥部每月计量请款,必须经指挥部监理工程师签字认可,建设银行才可按概算拨款。

常德沅水大桥主桥主跨120米,桥面宽19米的宽翼缘单箱单室连续梁上部构造,当时在我国还是第一次。施工水位深18米的基础工程,在湖南省也无前例,设计、施工难度都很大,但在建桥人员的努力下,在各级业务部门的支持下,常德沅水大桥指挥部自始至终抓好经济承包责任制度和工程质量监理制度,发动广大建桥人员解放思想,放开手脚,奋发工作,从而确保大桥建设按质按量提前完成。竣工后在20项单项工程评分中有19项优良,1项合格。该工程1986年被评为全省重点工程第一名,获省优秀工程勘察一等奖和优秀工程设计一等奖;获1987年国家工程建设质量金质奖;获1988年全国优秀工程银奖。

二、石龟山澧水大桥

石龟山澧水大桥位于省道南(江桥)永(顺)线上的石龟山,在安乡县与津市市的交界处,跨越澧水,是洞庭湖区防汛保安的一座特大型桥梁。

该桥由湖南省公路设计公司设计,湖南省路桥建设集团总公司和湖南省环达路桥总公司承建。主桥为单箱室预应力混凝土连续梁结构,引道为现浇钢筋混凝土空心板简支T梁。全桥有62孔,其中主桥7孔,桥孔布置为11×16+21×30+30+55+70+90+80+55+30+22×16。桥头引道3076米,其中安乡岸1592米,津市岸1484米,按平原微丘二级公路标准建设,路基宽12米,路面宽9米。

桥长:1572.42米。

桥宽:10米,行车道9米+混凝土防撞栏杆2×0.5米。

设计荷载:汽—20、挂—100,人群—3.5千牛/平方米。

通航等级:4级。

地震烈度:7度。

设计洪水频率:1/300。

该桥于1994年11月8日开工建设,1998年6月竣工,同年10月18日通车。1999年6月2日湖南省交通厅以湘交计基字〔1999〕第283号文,批准石龟山大桥调整概算为:7238.7万元,其中省交通厅在交通重点建设资金和省贷款中统一安排7038.7万元,地县自筹200万元。1998年8月,安乡县遭受特大洪水,大坝溃堤,大桥虽未交工验收,但为抢险救灾的急需,开放交通让抢险救灾车辆通行,发挥了大桥防洪保安的积极作用。

安乡石龟山澧水大桥

1999年湖南省交通建设质量监督试验检测中心,对石龟山澧水大桥进行检测,由于设计和施工的原因,该桥下构和上构存在较严重的质量问题,没通过交工验收。2001年12月6日省交通建设质量监督站会同湖南省公路局等多家相关单位再次对石龟山大桥进行检测,认为该桥主要存在以下一些问题:

1.主桥箱梁34—35号,35—36号墩跨中合拢段存在多条横向裂缝,贯通整个底板和部分腹板,最大缝宽0.35毫米,且在荷载作用下有扩展现象。

2.11—12号墩的30米连续梁跨中有三条横向通缝,已延续到腹板顶部,裂缝宽达0.3

毫米，此外，原来发现的 30 米连续梁顶板部分裂缝有扩展现象。

3.主桥空心板立柱在施工中竖向开裂，之后设计方在立柱外围加了一层 25 厘米的钢筋混凝土，后此加厚层又已开裂。空心桩无法观测，情况不明。

4.主桥与引桥连接梁间伸缩缝破坏，已严重影响行车安全。

以上质量问题表明石龟山大桥已处于危桥状态。

2003 年 5 月 15—16 日，由常德市交通局组织石龟山大桥设计、建设、施工、监理、质监等单位 28 名代表组成大桥交工验收组，还特邀 5 位专家，对大桥工程进行全面交工验收。经验收，认为桥梁上、下部构造主要技术指标 不能满足规范要求，评定为不合格工程，存在的主要问题和缺陷是：

1.35 号墩承台表面和侧面有 7 条裂缝，最大缝宽 0.35 毫米。

2.34 号墩墩身有 15 条竖向裂缝，最大缝宽 0.15 毫米；35 号墩墩身有 9 条裂缝，最大缝宽 0.25 毫米。36 号墩墩身有 2 条竖向裂缝，最大缝宽 0.15 毫米。

3.主桥盆式支座安装不合要求，有脱空现象，个别支座的固定螺栓因安装不当被剪断。次主桥滑板支座已失去滑动功能，剪切角超出容许值，大部分支座已损坏。

4.主桥箱梁各合拢段存在竖、横向错位，错位量达 10—30 厘米不等；个别板底露筋，钢筋已经严重锈蚀。

5.箱梁腹板、底板裂缝较多，4 次检测共发现 668 条裂缝，缝宽多在 0.2—0.35 毫米。

6.桥面纵缝、横缝线型不顺，纵面起伏较多。通航孔跨中桥面下挠达 20 厘米，伸缩缝有鼓凸、凹陷、松动和损坏现象。

交工验收组认为，产生上述问题的主要原因是：

1.建设单位对石龟山澧水大桥设计、施工缺乏严格管理，主要表现在施工图设计文件未组织专家评审；设计变更未严格报批评审制度；对科研项目的实施和成果应用，未对成果的可行性和可靠性组织专家论证。在大型工程建设中，采用工程指挥部模式进行设计、施工、管理是不适宜的，有待总结经验教训。

2.设计单位在大直径空心桩桩底抛石压浆技术方面作了有益探索，并在 36 号桥墩等 20 个桩基中应用，但由于缺少前期试验研究数据，不能给出达到预期效果的施工操作规程和质量检测标准。36 号墩在拼装上部构造时发生 4 厘米沉降，由于桩底落实于沙土和粘土层上，

安乡石龟山澧水大桥

经验算该墩安全系数只有1.7—1.8,小于额定安全系数2.0.因此该桥墩是否稳定难以确定。在主桥上部构造设计中,如30号混凝土采用大于25米长的预应力钢束单端张拉、A类构造普通钢筋的配筋率偏低等,是设计单位应总结反思的问题。

3.施工单位应在大桥质量缺陷分析中,认真总结经验教训,要不断提高企业素质和企业的市场竞争能力。

4.监理单位对规范、规程不熟悉,监理程序不到位,没有严格履行监理的职责。

2003年12月23日,湖南省交通厅以湘交计统字〔2003〕837号文下达《关于常德市石龟山大桥上部构造及主桥墩柱加固工程一阶段施工图设计的批复》。此次加固工程内容是引桥30米连续箱梁、主桥410米连续箱梁和主桥墩柱。加固方案是箱梁裂缝宽≤0.1毫米采用环氧砂浆表面封闭,裂缝宽>0.1毫米采用壁可法灌缝,腹板裂缝粘贴碳纤维布;箱梁施加体外预应力束,更换桥梁伸缩缝;主桥梁墩柱粘贴碳纤维布补强。核批加固工程经费611万元。

2006年12月29日,湖南省交通厅《关于石龟山大桥加固工程修正预算的批复》,对省交通厅2003年所批复的大桥加固经费进行调整,原因是裂缝修复工程量增大,增加了一些维修加固项目,以及考虑贷款利息,石龟山大桥维修加固经费由611万元调整为1050万元,包括科研等经费180万元。

由于石龟山大桥存在安全隐患,2010年9月27日常德市交通警察支队,发出了对该桥实行交通管制的通告,只允许客运车辆、小型汽车、摩托车和维修大桥的工程车通过。2013年7月上旬,石龟山大桥拆除重建项目施工图设计专家评审会议在长沙举行,来自全国各地的5名知名道路桥梁专家和湖南省交通运输厅相关处室的负责人,市、县两级政府分管领导和交通主管部门的专业人士, 以及湖南省交通规划勘察设计院的领导和该项目的设计负责人参加了评审会。拟重建的石龟山大桥位于现桥位下游290米处,全长3200米,其中桥长2150米,桥宽12米。主桥桥型采85+2×150+85米连续梁,项目占地6.73公顷,施工图设计预算2.27亿元。按照市、县两级政府的要求,该项目2013年7月启动征地拆迁,9月底全面动工。

三、桃源沅水大桥

桃源沅水大桥连接国道厦(门)成(都)线与省道陬(市)桃(源)线,位于桃源县城附近的尧河,横跨沅水。

1995年桃源沅水大桥开工,1999年4月9日建成湖南通车。该桥由湖南省公路设计公司设计,湖南省公路机械施工公司施工。1995年6月23日湖南省建委以湘〔1995〕设第278号文对该桥初步设计进行了批复,批准概算经费为4953万元。1999年1月18日湖南省交通厅以交计基字〔1999〕第35号文,对该桥建设工程的调整概算进行了批复,由于建设过程中设计变更、水毁、贷款利息增加、工期延长等原因,使得大桥修建所需经费超出批复的概算经费,经审核调整后的概算总经费为7830万元。资金来源是:1.桃源县人民政府自筹2000万元。2.桃源县人民政府贷款800万元。3.国防交通有偿使用资金1000万元。4.省交通厅重点建设资金2500万元。5.省交通厅组织贷款1530万元。大桥用工52万工日、钢材4400吨、水泥1.95万吨、木材1400立方米、石料5.1万立方米。

桃源沅水大桥

桃源沅水大桥全长1199.5米,为18跨连拱桥,其中主跨为2孔100米的中承式钢管拱桥。引桥为16孔56米上承式箱肋拱,桃源岸4孔,沅陵岸12孔。接线长397.7米,其中沅陵岸长151米、桃源岸长246.7米。

桃源沅水大桥

桥宽:净15米(行车道),+2×0.5米防撞护栏。

桥梁设双向纵坡,坡顶在9号墩处,桃源岸纵坡1%,沅陵岸纵坡1.2%。中承式钢管拱的两跨设置为通航孔。桥面设双向1%横坡。

设计荷载:汽车—20、挂—100,人群3.5千牛/平方米。

通航等级:4级。

地震烈度:6度。

设计洪水频率:1/100。

大桥建成后,1999年6月至2001年9月经多次观测发现箱肋拱上142片立柱盖梁(简称小盖梁)大部分在边立柱处存在开裂现象,且裂缝不断增加,裂缝长度和宽度均有发展。16片拱肋盖梁(简称大盖梁)部分裂缝已超过正常使用极限状态的裂缝宽度要求。为确保安全,湖南省交通厅2002年10月18日以湘交计统字〔2002〕592号文,对该桥加固工程一阶段施工图设计进行了批复。加固工程规模是全桥142片立柱盖梁,16片桥墩盖梁。加固方案是:1.立柱裂缝用壁可法灌缝,立柱盖梁侧面粘贴整体钢板、顶面粘贴碳纤维布。2.桥墩盖梁裂缝用壁可法灌缝,盖梁侧面用“植筋法”植筋,并安排型钢骨架盖梁底粘贴碳纤维布。核准加固工程预算经费871万元,由湖南省交通厅计划安排。整个加固工程由湖南省交通勘察设计院设计，湖南省路桥集团桥梁八公司施工，湖南省交通监理公司监理。2002年10月5日加固工程开工，2003年1月20日竣工。加固后桃源沅水大桥情况尚好。

四、常德沅水公铁两用桥

常德沅水公铁桥位于国道锡(林浩特)海(安)线上，中心桩号G207线K2038+935，在常德市德山横跨沅水。

该桥公路与铁路平行布线，正桥1—5号墩共基分墩，两桥中线相距12.55米，引桥相互独立。该桥在常德沅水大桥下游6.3公里处，桥址北岸为江北城区，南岸为德山开发区。由于G207线与G319线，在常德沅水大桥至樟木桥并线合流，恰通过鼎城城区至德山开发区，城市道路与国境公路混为一线，车辆通过能力远不能满足经济发展的需求。为了有效解决常德城区车辆拥堵状况，并适应G207线升级改造，完善交通干线网络，改善投资环境，保障防汛救灾及国防建设的需要，常德市人民政府于1991年借修建石(门)长(沙)铁路的机遇，将常德沅水公铁桥作为为石长铁路的项目上报，并获得省人民政府和国家计委批准。

公铁桥主桥由铁道部大桥设计院设计。南北接线、马林河桥及匝道由湖南省公路设计公司设计。办公及生活设施由常德市建筑规划设计院设计。收费亭由常德工程设计院设计。主桥由铁道部大桥局三处承建。北引桥0—86号墩主体结构（不包括桥面铺装)由湖南省公路桥梁总公司承建。南引道混凝土路面、北引桥0—86号墩桥面及主桥桥面铺装由常德市市政建设总公司承建。伸缩缝由江苏省常熟橡胶制品厂制作安装，主桥320毫米伸缩缝采用美国万宝路产品。电器安装由常德市广厦建筑公司承建。长沙铁道学院监理站与湖南大学监理中心对该工程进行监理。

常德沅水公铁两用桥

常德沅水公铁桥总长3122.28米，自北向南为马林河桥208.2米、北引桥1838.5米、主桥605米、南引桥470.58米，南引道520.43米。

桥宽：主桥18.4米，其中车道15.4米，人行道2×1.5米；引桥18.4米(17.4米+2×0.5米)；马林河桥33米(32+2×0.5米)。

设计荷载：汽—20、挂—100。

通航等级：4级。

接线公路等级：1 级。

设计洪水频率：1/100。

最高通航水位：37.46 米。

常德沅水公铁两用桥

公路主桥与铁路主桥共基、分墩、分梁并列布置，为 7 跨连续箱梁结构。马林河桥采用 6 跨 32 米后预应力 T 梁结构，钻孔灌注桩基础。南北引桥为高架桥，桩基采用钻孔灌注桩基础（南引桥有些部分采用钢筋混凝土扩大基础）。全桥共有钻孔桩 391 根 8055 米，最深的桩长达 41 米，桩径 1.5 米，有沉井 5 个。下部构造采用现浇立柱、盖梁。上部构造有四种形式：16 米跨先张预应力预制空心板、16 米跨后张预应力现浇空心板、32 米跨后张预应力现浇箱梁、32 米跨后张预应力预制 T 梁。

该桥主桥工程于 1993 年 10 月 28 日与铁路桥同时开工，1997 年 3 月 22 日主桥合拢。1998 年 11 月 28 日，有关部门及省内专家对主桥工程进行中间交工验收，质量评定为合格。引桥工程于 1997 年 9 月 1 日正式开工，2000 年 11 月 1 日建成通车，工程质量经监理初步验收评定为合格。总投资为 25878 万元。

五、夹夹大桥

夹夹大桥位于安乡县与澧县交界处，跨松滋河，在省道紫（金渡）边（山河）线上（S302 线），是湖南省政府洞庭湖区畅通工程子项目。该项目实施对充分发挥已建成的毛家岔、大湖口大桥的经济效益，对提高公路网通行能力和洞庭湖区防洪保安能力，促进洞庭湖区经济发展均具有十分重要的意义。

2004 年 5 月 31 日，湖南省发改委以湘发改基础〔2004〕382 号文件，批复了“省道 S302 线夹夹大桥工程可行性研究报告”，并明确由项目公司自行组织招标。2004 年 4 月 29 日湖南省交通厅以湘交计统字〔2004〕781 号文件批复夹夹大桥初步设计。

夹夹大桥桥位选在夹夹渡口上游 230 米，桥长 1730.94 米，桥宽 10 米（净宽 9 米、防撞栏杆 2×0.5 米），接线全长 1839.83 米，其中澧县岸 761.336 米，安乡岸 1078.494 米。全线按二级公路标准设计，路基宽 12 米，路面宽 9 米，设计车速 80 公里 / 小时。汽车荷载等级为公路—Ⅱ级，设计洪水频率 1/100，通航等级为 6 级。

桥型方案：16×25 米 T 梁 +19×48.5 米 T 梁 +15×25 米 T 梁。

下构：柱式墩、肋式台、桩基础。

路面结构:24 厘米水泥混凝土面层 +2.5 厘米（沥青表处 + 沥青面层)+17 厘米 5%水泥稳定碎石基层 +15 厘米 5%水泥稳定沙砾底基层。

夹夹大桥业主是“常德市夹夹淞水大桥有限责任公司”。设计单位:湖南省交通勘测设计所。施工分三个标段:一标湖南省公路桥梁建设集团公司、二标云南云桥建设有限公司、三标是湖南娄底路桥建设有限公司。监理单位:湖南金衢交通咨询监理有限公司。该项征地拆迁和路基接线工程分别由澧县、安乡两县政府自筹经费解决。共征永久性公路用地 7.32 公顷,拆迁建筑物 1063.9 平方米。该项目桥梁部分于 2005 年 9 月 12 日开工,2007 年 12 月 25 日完工,并于 2008 年 1 月 25 日交工验收通车试运行。2008 年年底完成水泥混凝土路面及附属工程。

夹夹大桥投资概算湖南省交通厅批复为 12142 万元,资金来源是:省交通重点建设资金 2550 万元;湖南省公路局组织银行贷款 7800 万元;市、县自筹 1792 万元。

质量是工程建设的灵魂,夹夹大桥项目公司在施工过程中充分发挥业主的监管作用,狠抓质量管理,建立了四级质量保证体系,编制了“夹夹大桥建设项目工程质量管理实施办法”及配套管理制度。具体做法是严格合同管理;积极主动进行质检管理,加大中间检查力度和试验检测;加强工程建设重点部位和关键环节的监督。项目公路工程质量评分为 94.7 分,工程质量等级为合格,同意交工验收。

六、汉寿沅水大桥

省道津市武潭线(即 S205 线)汉寿沅水大桥,是湖南省政府“洞庭湖区畅通工程”重点建设项目的最后一座大桥，也是目前省内最长的一座桥梁。该桥起于汉寿县罐头咀乡龙打吉村,与 S205 线相接,跨过沅水,终点与汉寿县防洪大堤相接,线路全长 9502 米,其中桥长 7265 米。

汉寿沅水大桥建设项目 2002 年 8 月 19 日湖南省发展计划委员会，以湘计基础〔2002〕503 号文批复同意立项,进行工程可行性研究。2004 年 4 月 26 日,省发展和改革委员会以湘发改基础〔2004〕327 号文批复工程可行性研究,明确项目法人由“常德市仓儿总沅水大桥建设有限公司”担任,项目业主负责该项目的筹资、建设、经营和管理。2005 年 3 月,湖南省交

汉寿沅水大桥

通厅以湘交计统字〔2005〕85号文件批复设计文件。为使汉寿沅水大桥南岸接线工程建设方案更加科学合理，确保工程质量和围堤湖垸行洪安全，常德市和汉寿县政府专题向省政府报告要求将大桥南岸接线改为高架桥。这一变更设计方案得到批准，在围堤湖南建高架桥较接线路基填土方方案少占耕地14.8公顷。

汉寿沅水大桥主桥桥长2226米。桥跨布置：12×20米先张法简支空心板+18米先张法简支空心板+15×5米预应力钢筋混凝土简支T梁+58米+6×100米+58米预应力钢筋混凝土悬浇连续梁+5×50米预应力钢筋混凝土简支T梁+13×20米先张法简支空心板。

南岸高架桥长：4999.52米，为250孔20米先张法简支空心板。

汽车荷载等级：公路—Ⅱ级。

桥面净宽：0.5米（防撞栏杆）+15米（行车道）+0.5米（防撞栏杆），全宽16米。

洪水频率：1/100。

通航等级：Ⅲ—(2)级。通航净空>5米×10米。

地震：动峰值加速度为0.18，地震动反应谱特征周期T=0.35s。

汉寿沅水大桥

桥头接线：长2.22公里，按二级公路标准设计，设计速度80公里/小时。路基宽12米。

该项目设计单位：湖南省交通规划勘察设计院。监理单位：长沙华南交通工程咨询监理公司。施工单位：分五个合同段，分别是湖南环达公路桥梁建设总公司、湖南路桥建设集团公司、衡阳公路桥梁建设有限公司、常德公路桥梁建设有限公司、常德公路工程总公司。监督单位：湖南省交通建设质量监督试验检测中心。

该项目调整工可后施工图预算为45394万元。资金来源是部、省交通建设资金5687万元，湖南省公路局统贷统还资金37000万元，湖南省发展和改革委员会340万元，常德市和汉寿县政府自筹资金2367万元。

汉寿沅水大桥主要工程数量。接线路基部分：借土挖方94836立方米、涵洞14道211米、通道1道17米、中桥1座64.88米。桥梁部分：桩基667根、箱梁9975立方米、T梁140片9943立方米、空心板2517片48422立方米、桥面109690平方米。

该桥施工工期为36个月，2006年1月施工队伍进场，主体工程2008年11月全部完成交工验收。大桥北岸2.2公里接线按设计要求通过一年沉降期后于2009年12月底完成路面混凝土建设。

项目公司为把汉寿沅水大桥建成优质工程，始终坚持“百年大计，质量第一”的指导思想，严把“施工方案审批关”“原材料进场关”“施工过程控制关”“试验检测关”“工序验收关”。

汉寿沅水大桥

开工以后项目公司遵照“以人为本”的方针，严格安全生产管理，成立了以总经理为组长的安全生产领导小组，配备专职安全员，对本标段安全生产工作进行管理。各施工单位就支架跨塌、高空坠落、基础塌陷、吊装设备失稳等隐患制定了安全生产紧急处理预案，还制定了防汛及血防病紧急处理预案，同时进行了演练。

汉寿县沅水大桥建成通车，不仅将S205线南北两段连通，而且通过S205线，将G319线、长常高速公路、岳常高速公路、石长铁路与南面的G207线、S308线，北面的S204线、S306线等湘北主干线连为一体，极大地改善了洞庭湖区的交通条件，增强湖区抗洪抢险能力。

第二节 大 桥

根据交通部颁《公路工程技术标准》，多孔跨径桥总长大于、等于100米而小于、等于1000米；或单孔跨径大于、等于40米而小于、等于150米的分类为大桥。

一、黄虎港大桥

黄虎港大桥位于省道石（门）南（北镇）线上，距石门县城108公里，于1958年修建石门至清官渡公路时新建该桥。是一座主孔跨径60米，边孔跨径16米，总长103米的石拱桥，1958年7月开工，1959年12月竣工，当时是国内最大跨径的石拱桥。隋代大业年间（公元605—618）修建的赵州桥，是中国修建最早的石拱桥，跨径为37.02米。湖南省1958年以前修建的石拱桥，跨径都在20米以下。

黄虎港大桥桥位于深溪峡谷之中，跨越渫水支流黄虎港，两岸悬崖峭壁，山势自然坡度达80度以上，高耸200余米，自古交通不变，东岸山麓有清光绪二年（1876）年石碑文载：“黄虎港南北要冲地也，峭壁千仞，羊肠一线，结曲崎岖，摧车折轮，较陷入太行之阪。年来加以塌圮，殊难置足，爰集同人，鸠资补助，稍能容步，或可免折骨蹶足之苦，至若修治宽坦，为千百年计，是指望后之君子耳。”但直至1949年解放，才有人行铁架木面桥，黄虎港大桥的建成，才实现了这近百年大计之坦途的愿望。

1958年湖南省交通厅测量队勘测公路时，曾试另选路线避开这一难关，但比较线要增长线路里程，工程之艰巨不亚于黄虎港，这既对运输不利，且工程费用亦增大许多，故决定选用现行路线建桥。为选择经济合理的桥型方案，按建桥高度150米、60米、20米三个方案进行比较。150米高桥方案基本可避免两岸深切石方工程，但桥太高，桥长超过150米。20米低桥位方案，虽然造价较低，施工方便，但延长路线，增加了接线深挖石方，可能堵塞溇水航道。最后结合当时材料供应和施工水平，决定选用距河底60米高的中桥位方案。因黄虎港两岸都是石灰岩，桥位选择时还充分考虑避开溶洞。该桥桥型选择根据就地取材的原则，确定为石拱桥。最初采用3孔净跨16米的方案，于1958年7月开工备料，后鉴于3孔方案须建两个40余米高的桥墩，后经比较确定，设计主拱为净跨60米，拱矢度为1/3的等截面圆弧空腹拱石拱桥。设计荷俩汽—13，拖—60级，桥面净宽8米。拱圈按80号水泥沙浆砌500号粗料石设计，拱圈厚2.3米，后经试压石料强度超过700号。

该桥采用满布式拱架施工，从河底至拱架顶高47.9米，考虑山区河流涨水时流速大，有漂浮物，为确保拱架稳定，采用石砌临时支架支座，砌出常年洪水位后，其上再竖立拱架。石砌支架支座宽4.4米，长13.7米，高10.6米，两支座中距20米。放样时因发现东岸桥台基础部分的岩石有断裂层，西岸有溶洞，故将桥位向下移动8.3米。西岸支座基础砌置在岩层上，东岸支座围水时渗水大，开挖至距河底沙砾层尚有0.8米—1.2米左右，不能再挖，采用松排处理。但在1958年6月一次山洪暴发时，水位猛涨7米，流速达每秒12米。松排下面的沙砾被冲空，已砌石支座被冲毁90%，石块冲至200米外的溇水中。同年8月挖基至岩层后，重建石砌支座。安砌石支座后，拱架高改为37.43米，支架采用两个四层框架式，高22.6米，框架间以八字撑架加强，其上置拱盔，为减轻拱架荷载，节约木材，拱架荷载按二分之一拱圈重量设计。施工时拱圈分环砌筑，第一环合拢后，再砌下一环。该桥创造了大跨径石拱桥三分砌筑法，即分阶段、分环、分段施工。全拱分四环，顺轴向分217排。施工时先砌四环拱脚6排拱圈石，再砌完第一环。合拢后又将二、三、四环的拱脚处都砌至22排，再分别砌筑各环并分别合拢，每环均分六段对称砌筑，包括间歇期7天，19天（三班）砌完主拱圈。

S303线石门黄虎港石拱桥在施工中

黄虎港大桥由湖南省交通测量队负责测量、设计，交通部公路设计院派员指导。由石青公路修建指挥部成立大桥指挥所（省交通厅派员参加）负责施工。全桥决算616773元（包括4.8公里的接线工程费用），实用劳力260763工日，水泥269吨，木材2300立方米，钢材（铁件）32.5吨。

S303 石门黄虎港石拱桥

黄虎港大桥的建成，获得了党和国家的高度评价，交通部于 1959 年 12 月 21 日至 27 日在石门召开全国现场会。《人民日报》发布了新闻，《公路》杂志发表社论祝贺大桥建成通车，交通部在黄虎港大桥现场会的总结报告中指出："大桥的建成创造了我国历史上石拱桥最大跨径的新纪录，大桥建设者们继承和发扬了我国古代人民建筑石拱桥的丰富经验，建成了我国目前跨径最大，桥孔最高的石拱桥，使我国桥梁建筑技术向前跨进了一大步。"

二、常德德山大桥（港口大桥）

德山大桥位于常德市德山开发区，在国道 207 线与国道 319 线重复线上，建桥前为港口渡口，跨越沅水支流枉水。

该桥 1950 年由湖南省公路局进行过测量，桥位选在渡口下游 20 米处。1956 年又进行了第二次测量，1959 年 3 月湖南省交通厅将德山大桥列入建设计划，由省交通厅测量队复查并编制设计文件。桥位地质情况于 1954 年省交通厅测量队进行钻探。

该桥为单孔跨径 65 米的空腹式石拱桥，拱矢度 1/6，桥面净宽 7 米，两侧人行道各 1.5 米。大桥全长 95.6 米，桥高 16.4 米，采用满布式打桩基支架施工，由常德地区交通工程队施工，湖南省交通厅派技术人员参加建桥。德山大桥是湖南省最先采用等截面悬链线的石拱桥，拱圈厚 1.7 米。拱圈分四环，均系样板料石，砌第一环时每半拱分四段从拱脚起对称砌筑，从第二环起，每半拱分五段从拱脚起对称砌筑，第三、四环未分段，从拱脚至拱顶相对砌筑。施工结束，拱顶下沉 5.26 厘米，仅为预计值 11 厘米的 47.6%。靠桥台的空腹拱做成三绞拱，拱绞采用平绞，绞缝以低标号

德山大桥

的石灰砂浆砌合。这一作法较黄虎港桥的弧面做法简单，效果较好，其后为各地所推广。该桥的拱圈是按分环砌筑，按先期合拢的拱圈可以承担后期施工的拱圈重量这一假定设计的，拱架按拱厚的60%，即1米厚设计的，通过实地观测，这一做法符合实际。

德山大桥竣工前，1960年3月，交通部公路科研所在工地召开过13省（区）和有关大专院校代表参加的观测会议。该桥竣工决算为757284元，其中桥梁工程费695170元，接线路基工程费62114元（接线长0.615公里）。实用劳力15.68万个，用水泥377吨，铁件20吨，木材1240立方米。由于沙、石、石灰、木料等材料都要远运，故材料运输费高达204876元，占全桥总造价的27.32%。

三、津市澧水大桥

该桥位于省道津（市）武（潭）线的起点津市市区，横跨澧水。建桥前津市南、北两区被澧水所隔，车辆运输全靠汽车渡口。1983年后津市汽车渡口车流量增加较快，至1989年大桥通车前年渡运量都在20万辆以上，其中1985年渡运车辆282533次，日平均774次，最大日渡运量1160次，待渡现象严重，尤其是北岸待渡车辆占用市区街道，影响交通秩序，因此修建津市澧水大桥成了津市人民的急切期望。1986年5月19日湖南省计委以湘计基字〔1986〕151号文下达了《关于安排津市澧水大桥一九八六年基建计划的通知》。

津市澧水大桥由湖南省交通规划勘察设计院设计，铁道部大桥局五处施工，1986年10月开工，1989年12月15日建成通车。主桥采用88+135+88米的3孔预应力混凝土连续刚构，引桥为连续的25米预应力混凝土简支T梁。大桥共20孔，自南向北的布置是11×25+88+135+88+6×25米，桥全长752.37米。桥头北岸引道长340米，南岸引道长695米。

桥宽：16米，其中行车道12米，人行道2×2米。

设计荷载：汽—20、挂—100级、人群3.5千牛/平方米。

通航等级：5级。

大桥总投资2746万元。共用钢材3419吨，水泥1.25万吨，木材1200立方米。大桥建成后经湖南省交通厅质量监督站和湖南省交通科学研究院检测认定，该桥质量达到国家规定，符合设计要求。

在施工中，13号墩1987年6月21日开钻基础桩，由于地质复杂、桩孔深，多次出现垮孔塌方，施工无法继续进行，经业主、设计、施工三方代表研究，决定采用牙轮钻机钻透水下混凝土层，避免因其破碎而漏水，采用钢套筒跟进护壁，避免了再次塌孔。

1998年6月29日，湖南省公路局以湘路计统字〔1998〕第169号文，下达津市大桥维修经费55.94万元，用于引道、桥面、挡墙、排水设施维修，及桥南岸桥台加固等。

1999年大桥16、17号桥墩由于桩基周围被开挖，根据大桥扩卡工程的状况和湖南省交通规划勘察设计院复核计算的结果，认定大桥桩基承载力减少，已到临界点。为此当年5月

31日湖南省计委主持召开了大桥加固维护工程现场协调会，同意采用围幕压浆作为大桥应急加固维护的应急方案。为防止洪水对桥墩的进一步冲刷，采取立即抛设钢筋石笼的措施，与压浆工程一并实施。同时制定了大桥限载限速、限制车辆上桥的方案；对17号墩上的行人上下桥梯拆除，以减轻大桥荷载；湘澧盐矿码头拓宽工程要抓紧，以减少对大桥桥墩的冲刷。采取以上加固维护措施后，效果尚好。

2006年经长沙理工大学工程试验检测中心检测，津市大桥评定为三类危桥，主要病害有：北岸引道路基沉陷；墩台身局部呈现裂缝；箱梁梁体底部及内部混凝土开裂、剥落、露筋；沥青混凝土桥面龟裂；伸缩缝失效、栏杆毁损。2006年12月25日湖南省公路局以湘路养机字〔2006〕638号文，对津市大桥加固方案进行了批复，加固方案是：北岸路基采用粉喷桩补强处理，北岸引道290.43米沥青路面改水泥路面，路面厚24厘米，宽2×4米，加人行道2×2.3米。重新铺设排水设施及混凝土预制块人行道。墩、台身裂缝采用环氧树脂胶泥闭合，箱形梁体裂纹使用壁可法修补，露筋部分作除锈、封闭处理。修补沥青混凝土桥面，换装异形钢伸缩缝，重做人行道及栏杆。此次维修加固审定预算经费302万元。经费来源是：津市大桥通行费收入列支100万元、津市市政府自筹50万元、省公路补助152万元。

津市澧水大桥

四、安乡陆家渡大桥

陆家渡大桥位于省道南（江桥）永（顺）线上，跨越虎渡河，距安乡县城6.5公里。1976年湖南省交通规划设计院支农小分队设计为3孔净跨50米的双曲拱桥，桥面全宽9米，其中行车道宽7米，两侧人行道宽各0.75米，桥高16.4米，全长189.63米。设计荷载为汽—20、挂—100级。设计洪水频率为1/50。桥头路基接线0.48公里。

上部构造及施工方法：主拱为等截面悬链线双绞拱，矢跨比为1/6，采取满布式木拱架施工。拱肋（每大孔5根）、拱板、腹拱横墙、少部分腹拱及腹拱板的混凝土均系现浇，全部拱波与大部分腹拱系预制，人工抬运安装。现浇及预制混凝土均采用人工拌和，机械振捣。桥面是现浇混凝土。下部结构及施工方法：施工河床水深3米。安乡台为200号片石扩大基础，人工明挖至黄色土层，基础上采用预制块空箱墙台身；南县台采用混凝土沉井（井壁厚0.6米）人工掏土下沉。桥台为重力式，在沉井下沉时，以混凝土预制块镶面，浆砌片石填厢。两中墩采用围水筑岛，沉井下沉，人工挖土，用双摇头扒杆配合两台3吨捲扬机起吊沉井及挖土。中墩也为重力式，在沉井下沉时以混凝土预制块镶面，浆砌片石填心。

基础工程遗留问题。安乡台出现淤泥和流沙未挖至设计高程，台前差0.4米，台后差5米，两中墩沉井下沉中，由于刃脚开裂，故未下沉到设计高程，分别差1.47米和1.28米。南县台沉井壁在下沉中有几处断裂，采用环氧树脂水泥砂浆钢板补接后，继续下沉，也没达到设计高程，差1.03米，以上均采取了加厚加高混凝土的相应措施。

陆家渡大桥决算经费为78.8万元，每延米4169元，每平方米462.4元。共用钢材40.24吨，水泥834.4吨，木材390立方米。共用劳动工日20万个，是采取民工建勤的方式，折价24万元。经费来源是湖南省交通厅投资。

陆家渡大桥由于北岸展移河堤，故扩建1孔净跨50米，桥型与原桥一样，于1982年竣工，加孔后该桥总长248米。

该桥2010年经湖南省交通科学研究院检测评定为五类危桥，已不能满足运营安全，被列为湖南省“十二五”干线公路改造项目。2013年2月28日，常德市交通运输局以常交发〔2013〕52号文，对S306线陆家渡大桥危桥改造工程施工图设计进行了批复。设计方案是拆除原桥，在原桥址上游约800米处建新桥。

新桥上部结构：10×30米T梁+(40+4×67+40)米变截面连续箱梁+9×30米T梁，全长924.88米。

新桥技术标准：

1.荷载等级：公路—Ⅱ级。

2.桥梁宽度：行车道11.5米+防撞栏杆2×0.5米。

3.设计安全等级：二级。

4.设计洪水频率：桥梁、涵洞均为1/100.

5.航道等级：Ⅵ级航道。

6.地震动参数：地震动峰值加速度为0.10g。

7、地震动反应谱特征周期0.35s。

新建陆家渡大桥审批预算金额为7756万元，其中建安费6431万元。该项目建设工期为30个月，2013年5月已动工。

五、张公庙大桥

张公庙大桥位于国道207线的澧县与临澧县交界处的张公庙，跨越澧水，是常德市通往湖北、河南方向的一条交通要道。从1984年起，张公庙渡口日均渡运量超过千辆。1985年日均渡运量达1388辆，日最大渡运量1742辆，年渡运量506674辆。车辆待渡严重，改渡为桥已成迫切需要。大桥通车前的1988年张公庙渡口日均渡运量达1705辆，日最大渡运量2413辆，全年渡运量612303辆。

张公庙大桥 1987 年 4 月动工，1989 年完成桥墩基础和下部构造，9 月 9 日主桥箱型拱圈全部合拢，10 月 15 日上部构造全部完工，同年 12 月 1 日开放通车，1990 年 10 月 24 日正式通车。总投资 1964 万元。该桥总长 894.14 米，箱型拱桥，其孔径自北向南布置是 16×16+5×76+11×16，共 32 孔。主桥 5 孔 76 米箱型拱，跨比 1/8，拱轴系数为 2.24。北岸及南岸引桥均为先张法预应力空心板梁，基础为嵌岩群桩基础。

桥宽：行车道 10.5 米，人行道 2×1 米，全宽 12.5 米。

桥面纵坡：主桥 1.5%，引桥 2.5%。

设计荷载：汽—20、挂—100；人群荷载 3.5 千牛 / 平方米。

通航等级：五级。

张公庙大桥由湖南省交通规划勘察设计院设计，湖南省公路桥梁建设公司一公司施工。

2005 年 12 月 31 日，湖南省公路局以湘路养护字〔2005〕297 号文，批复张公庙大桥维修加固经费 303.4 万元，用于桥面、伸缩缝、栏杆的维修加固。

由于交通量快速增长和大型货车严重超俩，致使张公庙大桥出现很多病害。2010 年湖南省交通建设质量监督试验检测中心对该桥进行检测，评定为四类危桥。存在主要病害及加固方案是：

1.部分梁板整体下滑，支座和伸缩缝基本失效。重做南北引桥桥面铺装、桥面连续、绞缝及伸缩缝，更换支座。

2.16 号墩北侧拱圈及主墙存在贯通裂缝，采取对该拱圈浇筑内套拱加固的方案。

3.主桥腹拱顶部跨中处不同程度存在横向裂缝，拱上立柱局部露筋、混凝土剥落，钢筋锈蚀严重。采取在封闭裂缝的基础上对全桥所有腹拱及拱上立柱涂抹一层厚 3 厘米的高强砂浆，对靠近墩台的第一、二腹拱粘贴钢板条加固。

4.桥面铺装层损毁变形严重，普遍渗水。拆除原桥面铺装层及人行道系，拱上填料换填为 G25 混凝土，重做桥面铺装和防撞栏杆。

5.桥台存在跳车现象。增设桥台搭板。

6.对引桥空心板进行解体加固复位，更换全桥支座并重新做支座垫石；设置空心板抗滑件。

常德市交通运输局 2012 年 7 月 24 日，以常交发〔2012〕156 号文，对张公庙大桥加固改造工程施工图设计进行了批复，审定加固改造经费 2249 万元，其中建安费 1950 万元。建设

澧县张公庙澧水大桥

工期一年，于 2012 年 11 月 2 日动工，2013 年 7 月 23 日完成加固改造，恢复通车，工期缩短了 100 天。

澧县张公庙澧水大桥

六、石门澧水大桥

位于县道石（门）陬（市）线的石门县城。该桥由湖南省交通勘察设计院设计，主桥桥型是钢筋混凝土箱型拱桥，5 孔 70 米，拱轴为等截面悬链线，拱矢度 1/8。两岸各为 1 孔 16 米混凝土板拱。全桥长 444.12 米。桥宽 15 米，其中行车道 12 米，人行道 2×1.5 米。设计荷载：汽—20、挂—100。人群荷载 3.5 千牛 / 平方米。

大桥由石门县政府和石门火电厂合资兴建，总投资 3200 万元。1992 年 2 月动工，1994 年 10 月 16 日建成正式通车。

石门澧水大桥

七、安乡大鲸港大桥

大鲸港大桥位于省道南（江口）永（顺）线上，即 S306 线上的安乡县城，跨越松滋河，连接安乡县城关镇和大鲸港镇，是湘北防汛保安的一座大型桥梁。桥全长 960.6 米，主桥 16 孔，其中8 孔为 50 米为变截面连续箱梁、8 孔 30 米为等截面连续箱梁。东引桥为 6 孔 16 米钢筋混凝土空心板，西引桥为 12 孔 16 米先张法预应力空心板。

桥面横坡：双向 1.5%。

桥面宽：全宽 16 米，其中行车道 9 米、非机动车道 2×2 米，人行道 2×1.5 米。

设计荷载：汽—20，挂—100，人群荷载 3.5 千牛 / 平方米。

设计洪水频率：1/100。

通航等级：四级航道。

地震烈度：地震动峰值加速度 0.18g，地震反应谱特征周期 0.35s。

大鲸港大桥由湖南省交通规划设计院设计，湖南省公路桥梁总公司二公司施工。大桥有一名驻地监理人员。1991 年 1 月开始基础试钻,4 月 18 日正式开工,1994 年 9 月 18 日建成通车,历时三年五个月,总投资 5483.43 万元,其中主、引桥 4558.61 万元,两岸接线工程 925.82 万元。

该桥桥位处于西洞庭湖冲积平原,河床下 35 米深为不稳定流沙沉积层,主桥 7 号墩基础深达 62 米,基础施工难度很大。原设计主桥 16 孔,34 根桩,全部为直径 2.5 米钻孔灌注桩,由于地质复杂,设备陈旧及 2、4 号墩出现断桩报废等原因,经设计方同意,将 5、6、8、9、10、11 六个墩的桩基改为 4Φ1.5 米的桩基,修改后桩基增至 51 根,在大桥钻孔灌注桩基础施工中,施工单位对地质低洼,岩层埋藏较深、土质复杂等情况,采取如下措施:(1)加深护筒,保持水头。(2)适当增加冲击钻成孔内的黏土和小片石。(3)冲锤重心力求平衡。(4)采用混水灌入水下混凝土的工艺。(5)加强灌注水下混凝土的施工管理。

安乡大鲸港大桥

大鲸港大桥接线公路长 2077 米(其中桥头引道 325 米),土石方近 8.5 万立方米,浆砌块(片)石挡土墙 13448 立方米,征地 7.48 公顷,拆迁房屋 18000 平方米。

大桥建设中建设人员狠抓技术改造,充分发挥技术人员和老工人的聪明才智,先后发明创造了 D×F 3×21Φ5 锚具,Φ×32 精轧螺纹钢多用途使用;双缆吊不对称悬拼箱梁;贝雷扁担大规模横移箱梁;变截面大直径人工湖挖孔桩的实现;大吨位板式支座首次应用;移动式活动支架等九项新工艺,为国家大量减少损耗资金,并创造了三个全国第一:一是大桥主桥墩基础之深,最深桩基达 62 米。二是双缆吊不对称悬拼箱梁,是全国首次采用。三是 D×F3×21Φ5 锚具全国首次采用。

2002 年 1 月受湖南省交通厅委托,湖南省交通建设质量监督中心在全省桥梁普查中,发现大鲸港桥主桥 11 号墩下沉且附近箱梁底板有贯穿裂缝,腹板有多条横向裂缝。对此湖南省交通厅十分重视,立即组织省内有关专家到现场勘察,并对该墩采取了临时支撑的防护措施。经检测大桥主要病害是:

1.腹板、底板裂缝。50 米跨腹板裂缝出现边跨梁宽 2 米位置,缝宽多为 0.15—0.25 毫米,个别裂缝 0.30—0.35 毫米宽。30 米跨腹板、底板裂缝出现在 11 号墩附近,其中腹板裂缝宽 0.05—0.6 毫米,底板裂缝宽 0.1—1.2 毫米。产生原因是 11 号墩下沉 115 毫米所致。沉降对桥梁内力影响非常大,11 号墩附近出现正弯矩断裂裂缝,因此必须对箱梁进行加固。

2.箱梁顶板裂缝。50 米、30 米跨均有出现,缝宽 0.05—0.15 毫米,有三处呈放射状裂缝群，有局部破碎，漏水现象严重。

湖南省交通规划勘察设计院对该桥进行了维修加固设计。2003年1月11日湖南省公路局以湘路养字〔2003〕第26号文，批复了大鲸港大桥加固工程项目，并委托常德市公路局全权负责该维修加固项目的管理。该项目由湖南省交通建设工程监理有限公司监理，湖南省路桥建设集团第八公司施工。维修加固工程总经费为854万元。

2006年9月20日，湖南省公路局以湘路养字〔2006〕566号文，对大鲸港桥存在病害的加固方案进行批复，内容是：1.50米变截面箱梁主跨全长(8×50)米范围增设体外预应力，以增加箱梁整体强度储备。2.采用完全结合式钢筋混凝土桥面加铺方案对原主跨桥面和部分引桥桥面进行维修，桥面采用高等级防渗混凝土，确保桥面无渗漏。3.顶板裂缝用环氧胶泥进行封闭，局部粘贴碳纤维布补强。4.顶板预应力管道补浆。5.更换全桥所有伸缩缝。审批该桥加固经费339.37万元。

八、毛家岔大桥

毛家岔大桥位于省道紫(金渡)边(山河)线上的澧县境内，跨越官垸河，是湖南省平垸行洪移民建镇的重点项目，也是洞庭湖区桥梁畅通工程项目之一。该桥由湖南省交通规划勘察设计院设计，湖南省建筑工程集团总公司施工，育才—布朗交通咨询监理公司进行工程监理，湖南省交通建设质量监督常德市分站负责质量监督。

湖南省交通厅1999年11月25日，以湘交计基字〔1999〕第563号文，对毛家大桥初步设计进行了批复。桥位在汽车渡口下游约250米处，桥型方案是5×16米预应力混凝土简支空心板+9×40米预应力混凝土简支T梁+6×16米预应力混凝土简支空心板。桥面下部构造为双圆柱C25钢筋混凝土墩，基础采用钻孔灌注摩擦桩。桥头两端引道长1870米，按平原微丘二级公路标准，计算行车速度60公里/小时，路基宽度8.5米。

澧县毛家岔大桥

桥宽：8.5米，其中净宽7.5米。

设计荷载：汽—20、挂—100.

通航等级：Ⅵ—(3)级。

通航净空：18×6米。

设计水位：41.13米。

地震烈度：7度。

该桥于2000年4月开工，2004年完成大桥主体工程，9月试通车。湖南省交通厅批复设计概算为2301万元，其中：湖南省安排行蓄洪安全建设专项资金 800 万元，省农发基金 200 万元，世行贷款 882 万元，省交通厅补助 419 万元。由于工程变更增加较多，原设计概算经费不能完成工程任务，经省交通厅组织专家到工地勘察、审核后，于 2005 年 1 月 30 日，以湘交计统字〔2005〕54 号文，批复毛家岔大桥概算经费调整为 2818 万元，调整后增加经费 517 万元，其中省交通厅增加投资 238 万元，增加澧县县政府自筹经费 279 万元。

九、石门三江口公铁两用桥

石门三江口公铁两用桥，位于省道张（公庙）慈（利）线上，跨澧水支流渫水，在 S304 线 K47+429 处。该桥由铁路部门建设枝（城）柳（州）铁路时修建，于 1972 年建成通车，全长 541 米。桥宽 6.75 米，其中行车道 5 米，安全带 0.25 米，人行道 1.5 米。主桥为 4×80 米钢桁架结构，引桥为 6×32 米鱼腹梁式钢筋混凝土梁桥。桥梁荷俩等级为汽—13，拖—60。桥面双向横坡为 1.5%。

2003 年对该桥检测时，发现如下病害：桥面铺装大面积损坏，伸缩缝全部损坏失效。引桥鱼腹梁严重开裂。人行道栏杆严重锈蚀，接线路面混凝土大面积沉陷和破碎，隔离网、安全标志损坏。

2003 年 7 月 24 日，湖南省公路局以湘路养护字〔2003〕269 号文，对 S304 线三江口公铁两用桥维修工程进行了批复，确定维修内容是：1.钢架构油漆。2.引桥鱼腹梁裂纹处理分两种类型，裂缝宽度小于 0.1 毫米的裂纹采用环氧树脂胶泥封缝的处置方案；裂缝宽度在 0.1 至 1.0 毫米之间的裂缝采用“壁可法”注入灌浆处治方案。3.凿除老桥桥面铺装混凝土，在桥面板上重新铺装 8 厘米钢纤维混凝土，设 1.5%的双向横坡。4.拆除原栏杆基脚梁，重新立模现浇。5.凿除原伸缩缝，重新安装钢板伸缩缝。6.更换隔离网、安全标牌。7.凿除原有引道部分混凝土路面，重浇 24 厘米混凝土路面。8.增设路基挡土墙。

石门三江口澧水公铁两用桥

审定三江口公铁两用桥维修经费 167.6 万元，湖南省公路局补助 83.8 万元，常德市公路局从切块经费中列支 83.8 万元。后省公路局以湘路养护字〔2003〕第 426 号文，对桥面工程变更设计进行批复，变更工程内容：简支板的打整、磨平 633.6 立方米、条形钢板固定 19.708 吨，钢筋笼的制作及焊接 51.413 吨。共调增预算经费 37.9 万元，增加部分由省、市公路局各承担 18.95 万元。

十、汉寿县朝阳大桥

朝阳桥位于原省道1851线(现S205线K89+300处)上,距汉寿县城6公里,建桥前在鸭东铺设置渡口通车。1974年至1975年,汉寿县治理南湖水利工程,将鸭东铺下游100米处的河道堵塞,填筑路堤,在株木山另开新河,修建朝阳桥。该桥由常德公路总段派出技术人员进行现场设计并指导施工,湖南省交通规划设计院派人进行手工钻探,由南湖指挥部进行施工,于1975年1月开工,同年9月竣工通车。鸭东铺渡口同时撤销。

朝阳桥跨越人工新开河道,为3孔净跨40米双曲拱桥,全长155.2米。桥面净宽7米,全宽8米,桥高8米。主拱矢度1/6。设计荷载:汽—15、挂—80。为适应软基建设,在离淤泥层约4米,垫基在亚黏土上,桥台、墩均采用扩大基础,先垫1米厚沙垫层,上浇1米厚混凝土,在混凝土层上砌筑石厢形台墩,以基底允许应力不超过1公斤/平方厘米为限。桥台高15.3米,宽11米,基底至天然地面高6米,每台设14个空箱(空箱墙厚0.6米),用混凝土盖板封面。起拱线以下桥台挖空率达67%,起拱线以上设置钢筋混凝土立柱排架,与三跨钢筋混凝土连续板、护板亦系空箱结构,比同宽重力式U型台减少圬工40%。桥头基础埋设在人工河床下4米处,与桥台一样先垫沙砾层,再浇混凝土。石砌空箱五个(空箱墙厚0.6米),用少量钢筋混凝土盖板封口,在其上设二排8根直径为1米的钢筋混凝土圆柱,柱顶设1米厚混凝土承台,承台座内布有钢筋,承台起拱线以上设两排钢筋混凝土立柱及拱梁,现浇1跨钢筋混凝土简支梁板。

主拱按两绞拱设计,三绞拱施工(拱顶设混凝土临时绞),以消除施工过程中墩台沉降引起的主拱附加内力。主拱系满布式拱架,拱肋系梯形截面现浇施工。裸拱卸架后浇筑拱上构造,待拱上构造完成后,再将临时绞封闭,双绞拱为300号钢筋混凝土球面绞。拱上构造:拱板为10厘米厚100号混凝土,上部采用每半孔为4跨3米的钢筋混凝土连续梁板结构。

该桥决算造价47.71万元,其中湖南省交通厅补助30万元。实用水泥1126吨,钢材69.7吨,木材470立方米,劳动力13.84万工日(包括1公里路基接线)。

汉寿朝阳大桥

2003年5月25日,湖南省公路局以湘路养字〔2003〕第176号文,批复了朝阳桥的维修预算。主要问题是桥面、栏杆破损严重,桥的锥面两端护坡严重位移,桥头引道坑槽密布。维修方案是锥面两端护坡位移部分增设石砌护坡；桥面加铺 12 厘米沥青混凝土；栏杆修复；桥头引道挖补旧路面后铺 5 厘米沥青混凝土。审批预算经费 50 万元，省、市公路局各承担 25 万元。

2011 年 12 月 15 日，常德市交通局以常交发〔2011〕285 号文，对 S205 线朝阳桥改建工程施工图设计进行批复，决定对朝阳桥拆除重建。新建桥梁设计桥跨布置为 4 跨 35 米的预应力 T 梁桥，桥长 148.08 米，桥宽 12.5 米（净 9 米 +1.5 米 × 2+0.25 米 × 2）。桥墩采用直径 160 厘米双柱式桥墩，直径 180 厘米桩基础。荷载等级公路Ⅱ级。设计安全等级二级。审定预算金额为 1456.89 万元。该桥于 2012 年 7 月 28 日动工，2013 年 8 月 23 日建成通车。

十一、桃源白洋河桥

白洋河桥位于原省道 1848 线陬市至尧河的公路上，现桥中心桩号为 S226 线 K11+150，跨白洋河。该桥桥位在原白洋河汽车渡口下游约 150 米处，建桥前，渡口车辆运输日益繁忙，来往行人多，而白洋河渡口属人力拉渡，如遇洪水、大风就得停渡，阻碍了车辆和两岸群众的正常通行。1976 年 11 月 4 日，常德地区交通局以常革交工字第 128 号文件，以民办公助的方式，新建白洋河桥，由桃源县政府负责修建。桃源县政府将建桥任务及经费交给城郊区包干负责完成，大桥指挥部设在工地，配备人员 27 人，其中国家干部 7 人。组织茅草街、深水港两个公社民兵 1200 多人，成立两个基建民兵营进行施工。该桥 1976 年 12 月开工，1979 年 6 月 1 日建成通车。

白洋河桥设计为 6 孔净跨 30 米的空腹式无肋少筋双曲拱桥，主拱圈为等截面悬链线，矢跨比为 1/6。桥面全宽 12.5 米，净宽 9 米，两边人行道各 1.5 米。桥全长 220.18 米。桥面纵坡为 2%的双向坡。桥高 15.85 米。每大孔空腹小孔 6 个。设计荷载为汽—15、挂—80 级。桥头接线陬市岸 390 米，桃源岸 780 米。共计 1170 米，最大纵坡 3%，最小平曲线半径 150 米，路基宽 9—9.5 米，路面宽 7.5 米。

桃源白洋河大桥

桥台原设计为重力 U 型桥台，放样后考虑基坑开挖土方量过大，还要挖断两岸大堤，后将 U 型桥台改为双柱式组合桥台，减少挖土方 2.5 万多立方米，又避免了挖断大堤。双柱式桥台基础改为两个直径 5 米的厚壁挖孔桩。正桥台厚 3.8 米，设跨径为 1.5 米、高 2.4 米的暗拱，副台基础设在大堤土坡层上，现浇 200 号混凝土，主拱与副台间留有双层油毛毡沉降缝。主台全部用 100 号水泥沙浆砌粗料石镶面，100 号小石子混凝土红砂岩填厢。全桥 5 个桥墩均采用扩大基础。

上部构造施工：主拱设计为无肋少筋双曲拱，桥面设有2%的双向纵坡，在安拱盔支架立柱前，即将双向纵坡调整好，然后将预制拱波用人力抬运安装，主拱面宽11.9米，由六块整波及上、下游各半块悬挂波组成，两波之间槽内布少量12毫米的钢筋，各槽内钢筋与拱顶、腹拱脚处都用横向钢筋联系，槽内与拱板均现浇200号混凝土掺25%的小片石，并用震动器捣实。

桥面施工：防水层采用第一层抹黄泥膏，厚5厘米，在黄泥膏层上铺一层1厘米厚的氧化沥青，再在氧化沥青层上抹上一层5厘米厚的黄泥膏，然后用掺20%黄土的石灰渣土做桥面底层，压实后铺渣油沥青路面。

白洋湖桥用经费675425元，用劳动力252308工日，实用水泥1422吨、钢材13.9吨、木材570立方米。接线工程用经费109575元，用劳动力63156工日。桥与接线共用经费78.5万元，全部由湖南省公路局拨款。

2010年8月白洋河桥经湖南省交通科研究院检测中心评定为四类危桥。2012年10月24日，常德市交通运输局以常交发〔2012〕202号文，对S226线白洋河桥拆除重建工程施工图设计进行批复，同意该桥拆除重建。

新白洋河桥位于原桥位旁，桥轴与水流方向交角为90°，平面位于3%的上坡和—2.6%的下坡。桥跨布置为11×20米预应力混凝土空心板，桥面连续。桥墩采用直径140厘米双柱式墩，配直径160厘米桩基础，桥台采用三柱式台，配直径160厘米桩基础。

桥面铺装采用15厘米厚C40混凝土现浇层。全桥在0、4、7、11号台（墩）处设置D=100模数式伸缩缝，采用版式橡胶支座。桥面设置桥梁纵、竖向排水管及桥面泄水管。桥台搭板长度为6米。桥面内侧采用钢筋混凝土防撞护栏。

新桥技术标准。荷载等级：公路—Ⅱ级。设计安全等级二级。桥宽0.5米（防撞墙）+15米（行车道）+0.5米防撞墙=16米。设计洪水频率1/100。地震动峰值加速度等于0.18g，地震动反应谱特征周期0.35s，地震基本烈度7度。

审定预算总金额为1919万元。

新建白洋河桥已于2013年12月10日建成通车。

十二、澧县多安桥

该桥位于原省道1852线澧县至津市公路上，在澧县城东，桩号为K1+017。该桥原名兰江桥。此处于明崇祯十三年（1640）设渡口，清乾隆四十九年（1784）绅士彭宗亮等以水涨渡险，倡修平桥（梁桥），取名“澧州桥”，工成未久，即被水毁。后又在下游重建九石墩，名“锈水桥”，后彭以力竭而停建。嘉庆二十四年（1819），守道多赉、州牧安佩莲继续在旧址续修石拱桥，期年而成，颇为壮观，定名为多安桥。桥头有嵌字格联：“四郊昨多‘垒’，九澧兹‘安’澜”。

多安桥 11 孔，孔系桃形，桥墩为分水类型，跨径组合为 5×11+2×9.5+2×10.4+2×10 米，全长 175 米。桥面呈弧形，上下纵坡为 1%，在最大洪水时，利于泄洪，桥高 8.4 米。基础为松木桩卡块石，拱圈厚 30 厘米。清道光十一年(1831)，水毁南岸 5 孔，州牧谢希敏率绅士雷锟、湖湘等补修完善，道光十三年(1833)夏修复。同治元年(1862)多安桥被洪水冲毁北岸 3 孔，观察何玉芳捐廉倡建。署州牧廷桂、吴嗣中、州牧魏式曾相继督修完固。于五年后即同治五年(1867)竣工。大桥仍为 11 孔。

民国 23 年(1934)，湖南省公路局建成澧(县)津(市)公路，多安桥利用为公路桥，为湖南省境内公路利用最长之民桥。

抗日战争时期的 1943 年，国民抗日军第四十四军撤退时，炸毁了 3 孔，长 30—40 米。抗日战争胜利后，澧县人民奋战两年，筹集资金和大米万斤以上，于 1948 年 5 月修复了多安桥。

澧县多安桥

1950 年洪水漫桥，冲毁了桥面及基础，车辆停止通行。根据澧县人民政府对修复多安桥的要求，成立了指挥机构，湖南省公路局副局长成从修为主任委员，由澧县人民政府主持组织修复，临澧公路分段负责工程技术。1950 年 12 月动工，加固整修基础，桥面改为三合土，原冲毁的石栏杆改为可拆卸式的木质栏杆，1951 年 6 月 1 日全桥修复竣工。修复经费由澧县人民政府拿出大米 180 老石(约合 2.9 万斤)。1958 年冬，南岸第一墩基础冲空，由县工区(今公路局)清基加固。1964 年夏多安桥又遭洪水冲击，部分桥台、墩基础及桥面和木栏杆均被破坏，修复时用混凝土块、片石护基，桥面改为水泥混凝土进行挖补复原，活动木栏杆全部拆除改为铁柱式和铁链条连接。1989 年秋，再次对多安桥桥面进行混凝土铺装。至今古老的多安桥，仍保持完好。

多安桥原由公路部门管养，近年来由于城市发展，该桥已处于城区内，由澧县城建部门管养。

十三、临澧县佘市桥

佘市桥在临澧县佘市镇，位于县道窑(坡渡)骆(家峪)线，桥中心桩号：X15 线 K42+711，跨澧水支流道水，该桥原名道济桥，始建于宋宝庆元年(1225)。同治六年(1865)重建 9 孔净跨 5—6 米不等跨石拱桥，桥面宽 6 米，桥高 8 米，全长 80 米。

1955年修建临澧至石门车湾公路时，利用佘市桥通车。1964年西岸桥台水毁，临澧县交通局进行修复，在西岸增建2孔8米钢筋混凝土门型梁桥，增孔后全桥长103.1米，宽7米。

2005年11月22日湖南省公路局以湘路养护字〔2005〕492号文，批准佘市桥进行加固加宽。加固前该桥存在以下病害：桥面沉陷，拱上侧墙整体倾斜，部分墩台轻微陶空，部分台身残毁，拱圈顶部侧墙错位、崩散。加固方案：加简支梁、悬臂梁加宽桥面2.2米，重新铺装桥面、制作栏杆。加宽后桥宽9.2米。

核批该桥加固加宽经费104.9万元，湖南省公路局补助加固工程经费64.95万元、加宽工程经费31.80万元，余下8.15万元由常德市公路局安排。

十四、边山河桥

边山河桥跨越澧水，是连接湖南省澧县与湖北省松滋县的一座大桥，又称澧松大桥。该桥由湖南省交通厅规划设计院设计，湖南省交通厅工程管理局第九工程队施工。桥的上部结构为钢肋双曲拱，下部为石台墩，全桥4孔，3孔27米，1孔27.5米，全长130米。桥全宽7.5米，净宽7米。桥高9.34米。设计荷载汽—13级。设计洪水频率1/50。1966年12月边山河桥动工，1967年6月建成通车。投资经费21.56万元，投工5.51万工日，用钢材11.33吨，水泥279吨，木材283.2立方米。台墩基础施工采取明挖式草袋围水挖基。拱肋设计为6根，施工中改为5根，断面尺寸22×50厘米，拱矢度为1/6。拱波系预制块，净跨135厘米，拱矢度1/5，厚8厘米，采用人工拌和，机械震捣，快速脱模，人工抬运安砌。

2000年边山河桥经专家鉴定为危桥，当年湖南省公路局以湘路养路字〔2000〕第172号文件，对该桥的维修加固设计文件进行了批复。维修方案是：卸去加厚的桥面荷载，重新浇筑20厘米厚的钢筋混凝土，桥面板拆拱顶石腹段拱腔及拱腹腔，柔性填料在跨中心2.5米到桥墩40米范围内浇筑10厘米厚20号混凝土，新浇筑40号混凝土拱座用30号钢筋混凝土加固，用25号钢筋混凝土浇筑拱肋、横隔板和封箱底板，新增拱波与拱肋间的钢板连接，对拱波裂缝进行技术处理，设置防撞栏杆，使加固后桥的设计荷载达到汽—20、挂—100。审定边山河桥维修加固经费为135万元。

十五、桃源县列甲桥(聂家桥)

列甲(聂家)桥在桃源县境，位于省道南永线上，中心桩号：S306线K329+715。始建时为石台木排架木面桥，全长102.9米，桥高6.5米。1970年该桥列入危桥改造计划，设计为5孔净跨21米的石台墩无筋无肋双曲拱桥，拱矢度为1/6，桥面净宽7米，桥高7.5米，全长128米。设计荷载为汽—10、拖—60级。主拱施工采用轻型满布式木拱盔支架施工，拱波预制，人工抬运安砌。拱板现浇，拱脚拱顶处布少量钢筋网。拱宽由4波及两侧半悬波组成。桥台、墩基础系草袋围水、抽水明挖至岩层上。U 型桥台及圆头墩，镶面用水泥砂浆砌块石，填厢用水泥沙浆砌片石。该桥由常德公路总段工程队设计施工，于 1970 年 4 月开工，1971 年 5 月建成通车。决算造价为 40 万元，用工 9.7 万工日，用木材 220 立方米。水泥 330 吨、钢材 6 吨。

2005 年 10 月 14 日，湖南省公路局以湘路养路字〔2005〕445 号文，批准对列甲桥进行加宽，方案是：1.拆除原桥面，铺 20 厘米 40 号钢筋混凝土桥面。2.增设钢筋混凝土防撞栏杆，完善排水设施。3.桥头两端各 50 米用 20 厘米厚 5%水泥稳定碎石基层，1.5 厘米厚沥青单层表处和 3 厘米厚沥青混凝土。加宽后桥宽 10 米，净宽 9 米，防撞墙 2×0.5 米。审定预算经费 82.5 万元，其中省公路局补助 80 万元。

十六、合口澧水大桥

合口大桥位于临澧县合口镇，跨澧水。于 2009 年 4 月 10 日动工修建，2011 年 10 月 10 日建成通车。桥的上部结构为：6×20 空心板 +3×45T 梁 +(45+4×80+45)悬浇箱梁 +3×45T 梁 +6×20 空心板。全长 926 米。基础为钻孔灌注桩。上部结构为双排立柱盖梁。桥全宽 12.5 米，净宽 11.5 米。设计荷载汽—20、挂—100。通航等级Ⅵ级。抗震烈度：8 度。洪水频率 1/100。

临澧合口澧水大桥

合口大桥建设单位是：临澧合口大桥建设有限公司。由湖南公路设计有限公司设计，湖南公路工程咨询监理有限公司监理。工程分为三个合同段，施工单位分别是：湖南公路机械工程有限公司、常德公路工程有限公司、(江西)中际联发交通建设有限公司。管养单位：临澧县交通局。

十七、安乡大湖口大桥

大湖口大桥位于松滋河东支，在省道 302 线上，中心桩号 K22+147，连接安乡的黄山头镇与安福乡。桥长 650.72 米，其中主桥 2 跨，孔径 80 米，长 184 米；引桥长 466.72 米，全桥共 26 孔。桥面宽 10 米。主桥采用预应力混凝土变截面连续箱梁结构，设计荷载为汽—20、挂—100。总投资 4100 万元，其中湖南省交通厅投资 1700 万元、湖南省水利厅投资 1000 万元、湖南省发改委投资 500 万元，安乡县人民政府自筹 900 万元。该桥于 2000 年 4 月动工，2003

年 5 月竣工，大桥由湖南省交通规划勘察设计院设计，湖南省公路桥梁建设总公司施工。

安乡大湖口大桥

十八、临澧大桥

临澧大桥位于临澧县城，跨越道水，原在国道 207 线上，后因修建了临澧至岗市一级公路，调整了线路等级，原临澧县城至岗市段改为县道 069 线。

临澧大桥始建于民国 12 年(1923)，为 12 孔 6 米—6.5 米不等跨径的石台木面桥，桥面宽 4.5 米、桥高 4.5 米，桥长 104 米，下部墩基为沉排浅基，深 1.5 米—2 米。民国 23 年(1934)修建常澧公路时，对该桥进行整修后作公路桥使用。1964 年洪水冲垮 2 孔，由公路部门加设两个单排架桥墩修复。1968 年 11 月因木排腐朽决定改建，由湖南省陆运公司(当时主管全省公路、运输)组建大桥修建指挥部，由省交通厅工程九队负责施工。桥位选在原桥上游 200 米处。桥型为 4 孔跨径 30 米的双曲拱桥，桥台为石砌，桥全长 146.2 米，桥宽 8 米，设计荷载汽—13、挂—60。该桥修建时是湖南省首次采用钻孔灌注桩基单排桩墩的双曲拱桥，墩、台均奠基在白高岭土上，每个桥墩由单排 4 根直径为 1 米，长 22 米的钻孔灌注桩组成。该桥 1968 年 11 月开工，1969 年 10 月 1 日建成通车，造价 72 万元。

进入 20 世纪 80 年代后，随着运输车辆急剧增加和人口的自然增长，临澧大桥已不适应形势发展需要，经常发生交通堵塞，严重影响车辆和行人通行。1989 年 1 月，结合国道 207 线升级改造，临澧大桥加宽工程动工。该工程由湖南省交通规划勘察设计院设计，湖南省路桥公司一公司二处施工，大桥仍按原桥结构加宽桥墩(台)、桥面，加宽并延长大桥两端引桥。桥宽由原来的 8.5 米加宽至 18.7 米，引桥加长后，桥全长 164 米。加宽工程于 1990 年底竣工，1991 年 1 月 1 日通车。该桥加宽工程总投资为 403.6 万元。

2010 年临张公路网改造工程施工期间，对临澧大桥进行了加固改造，加固改造后桥宽仍为 18.7 米，其中行车道 14 米，人行道 2×2.35 米。设计荷载：汽—20、挂—100。地震烈度：七度。加固工程于 2010 年年底完工，投资 210 万元。

十九、黄花井大桥

黄花井大桥在桃源县境，位于省道陬(市)尧(河)线，桥中心桩号 S226 线 K14+874，在红岩嘴与延溪交汇处，跨越延溪。该桥由桃源县公路管理站设计，常德公路桥梁总公司八分公司承建。该桥桥型为空腹式石砌斜拱桥，其斜交角为68° 12′，为既保证延溪水流通畅，又使两岸桥台平行于防洪大堤，才决定修建了这座单跨60米的斜拱桥，矢度比1/7，大桥于1996年10月28日开工，1997年12月建成通车。

黄花井大桥全长138米。桥宽24米，其中行车道宽15米，人行道宽2×3.75米、防撞护栏2×0.5米。设计荷载：汽—20、挂—100。

二十、柳叶湖大桥

柳叶湖大桥位于省道南永线上，桥中心桩号S306线K283+640，在万金障与南坪乡的交界处，跨柳叶湖。该桥重建前名“泉水桥”，始建于1959年修建常德至蒿子港公路时。1966年5月改建成5孔石台石拱桥，不等跨，跨径为1孔10米，3孔6.3米，1孔6.5米，桥全长44.8米。桥宽6.3米。设计荷载：汽—13、拖—60。2000年对该桥进行了维修加固，当年2月25日湖南省公路局以湘路养路字〔2000〕第045号文，批复了泉水桥的维修加固工程的设计预算。加固方案是：在原桥各桥墩下设置钢支架，并在其上放置由两根25号工字钢焊接成的工字梁，使钢支架、工字梁及原桥挑梁成为一个整体支撑体系。对原桥断裂脱落的12米长桥面板，用12块预制的100×100×5厘米钢筋混凝土新桥面板搁置在工字梁与拱圈上。然后在上面整体现浇梯形混凝土墩台，在墩台上面每隔2米预埋8号槽钢，槽钢之间用直径80毫米的钢柱连接作为桥栏杆，以上加固措施均按汽—15标准确定。加固后桥面长45米，桥全宽6.6米，行车道宽5.6米。审批加固工程经费24.7万元，其中湖南省公路局补助12.3万元、常德市公路局安排12.4万元。

柳叶湖大桥

在修建周家店至常德二级公路时，泉水桥进行重建，重建后桥名为“柳叶湖大桥”。柳叶湖桥原设计为长68米，宽12米的4跨16米普通钢筋混凝土板梁桥，工程概算为1200万元。后根据常德市委、市政府关于“公路建设、城市建设、旅游开发三位一体规划建设”的要求，柳叶湖大桥进行了重大设计变更，变更后不仅桥加宽、加长，而且结构新颖、造型美观。变更后桥型为预应力钢筋混凝土下承式系杆连续梁桥，桥孔布置为2×30+60+2×30米，共5孔，全长187.5米。桥宽17米，车道14米，人行道2×1.5米。设计荷载：汽—超20、挂—100。变更后工程经费增加1025万元,总投资达 2225 万元。该桥于 2000 年动工,2003 年 12 月 28 日建成通车。

二十一、雁池大桥

雁池大桥位于石门县雁池乡,跨越渫水,在县道九渡河罗坪线上,距县城 77.5 公里,桥中心桩号:X005 线 K28+490。该桥全长 153 米, 为 3 孔净跨 40 米的石砌版肋拱桥。桥宽 7 米。该桥按“石砌版肋拱桥”新工艺施工。雁池大桥 1983 年 2 月动工,1984 年 5 月竣工。

二十二、泥市大桥

泥市大桥在石门县境,距石门县城 110 公里,位于乡道狗头井至泥沙(Y007 线)线上的泥沙,中心桩号 K0+050,跨越渫水。

该桥为 2 孔净跨 40 米的石砌单波双曲拱桥,拱波用 200 号小石子砼浆砌块石,拱上建筑为空腹式。该桥由石门县交通局组织测设,泥沙公社组织农民施工,共投工 10.11 万工日。该桥于 1979 年 7 月开工,1980 年 10 月竣工。总投资 16.78 万元,其中湖南省公路局投资 16 万元,石门县交通局投资 0.78 万元。

二十三、烽火大桥

烽火大桥坐落在临澧县烽火镇观音庵,在县道窑(坡渡)骆(家峪)线上,桥中心桩号X015 线 K19+037,跨越道水。1976 年 5 月由临澧县交通局、水电局出面,按桥填结合的形式请湖南省交通规划设计院协助选址、设计。该桥上游汇水面积 1126.5 平方公里,设计洪水频率为 1/100,洪水时期流量为每秒 2265 立方米。根据桥填结合的要求,大桥设计为 6 孔净跨 24 米的石台、墩双曲拱桥。桥面净宽 7.25 米,人行道宽2×1.4 米,桥高 9.8 米,桥长 176 米,拱矢度 1/6,主拱轴为悬链线型,设计荷载为汽—15、挂—80,桥面标高 48.2 米。台墩墙身因石料运距太远,用混凝土预制块镶面,现浇混凝土填厢。该桥修建时,烽火公社组织施工机构作为重点工程来抓,安排专业民兵进行施工。1976 年 9 月动工,1978 年 1 月竣工通车。决算造价 26.2 万元,用劳动力 13.87 万工日,全桥完成混凝土 1531 立方米,用钢材 52.1 吨、木材 301 立方米、水泥 839 吨。

2006 年烽火大桥经检测发现如下病害:主拱拱脚及腹拱拱脚处开裂,主拱圈拱波混凝土开裂严重,桥面及栏杆严重损坏。为此常德市公路局以常路字〔2006〕151 号文件批复,对烽火大桥进行加固改造。加固方案是:主拱圈第一、三、五处肋间进行钢筋混凝土填实。全面更换桥面铺装及伸缩缝。换填刚性拱圈材料。栏杆改为 C30 防撞栏杆。加固后荷载等级为汽—20 级。改造后桥面净宽为 10.77 米,双向横坡为 2%。核批预算经费为 161.49 万元。

二十四、指防口桥

指防口桥位于桃源县陬市镇的指防口，在县道石(门)陬(市)线上。在修建石门至陬市公路时，指防口建有一座4孔的木架木面桥，但由于桥头高填土未填筑，汽车从河中通行。1968年常德地区交通局派员设计了1孔净跨40米的双曲拱桥，由桃源县交通局组织当地公社负责施工，于1968年10月动工，1970年6月建成通车。该桥设计为无筋无肋双曲拱桥，拱矢度为1/6，桥面净宽7米，桥高11.7米，桥长71.4米。设计荷载为汽—13、拖—60。两岸桥台各设立1孔净跨为6米的泄洪孔。该桥拱肋无筋，采用满布式拱架现浇施工，拱波预制，拱波现浇时在拱脚、拱顶布置钢筋网，按三绞拱施工，二绞拱完成，顶绞封角，建成后情况正常。1972年6月对该桥调查时，除发现两拱桥部位有不太明显的波顶纵向裂绞及腹拱顶部开裂外，没发现其他问题。指防口桥修建时采用民办公助方式，决算造价为6.5万元，木材150立方米、水泥160吨、钢材3.5吨。

1998年湖南省公路局以湘路工程字〔1998〕第243号文，批准新建指防口大桥。新桥上部构造采用6孔20米预应力混凝土空心板，桥台采用组合式桥台，桥墩为直径120厘米的双柱式墩，基础采用直径150厘米的桩基。设计荷载为汽—20、挂—100，人群荷载3.5千牛/平方米。设计宽度：净—12米+2×0.5米(防撞栏杆)。新指防口大桥起点在X021线(石陬线)K67+131.7，终点K67+295.9，全长144.2米。核准该桥工程经费329.7万元，其中湖南省交通厅补助165万元，常德市公路局出资164.7万元。

二十五、石门新关桥

新关桥位于石门县新关镇，距县城仅6公里，跨渫水，中心桩号是S303线K6+839。该桥始建于1958年修建石青公路时，为石台木面桥。

1966年由湖南省交通厅工程九队施工，新关桥改建为6孔不等跨的双曲拱桥，最大跨径为25.8米，最小净跨为11.8米，桥全长159.7米，桥面宽6.5米，设计荷载汽—13、挂—60。五个桥墩断面尺寸为9×3米，墩基断面尺寸为9.4×3.4米，墩体由石灰岩块体砌成。下游三江水电站建成蓄水后，新关桥水深常年在8米左右。改建新关桥时，受限于当时的条件，基础没进入岩层，在长期水流冲刷作用下，墩基部分冲空，尤以1、2号墩和南岸锥坡最为严重，其最大悬空高度1.2米，水平进深1.8米，严重威胁大桥安全。

1991年由石门县公路段委托湖南省湘北地质工程公司，对新关桥进行维修，对1、2号墩冲空部分浇水下混凝土，南岸锥坡加深3米围护桩13根、深8米树根桩5根，累计完成水下混凝土浇灌175.65立方米。加固工程经费为24.5万元。

1996年由常德市公路局设计，石门公路局组织施工，再次对新关大桥进行维修加固，施工方案是:1.双曲拱桥改为箱形拱桥。2.钢筋混凝土压拱脚。3.加大横系梁断面尺寸。4.桥面车行道加宽 0.5 米。5.加宽人行道至 1.25×2 米。6.钢筋混凝土栅式栏杆改为钢筋栅式栏杆。7、柔性桥面改为刚性桥面。新关桥加固后设计荷载为汽—20、挂—100。桥面宽:7+1.25×2 米,全宽为 8.5 米。工程投资 100 万元,其中湖南省公路局补助 50 万元,市交通局拨 27.3 万元,市公路局拨 22.7 万元。维修加固工程于 1996 年 11 月动工,1997 年 6 月完工。

2013 年 3 月,对新关大桥存在的病害再次进行了加固改造:1.对主拱圈的拱肋、拱脚、横隔梁进行加固。2.对拱上柔性填料采用压浆固化,对原桥面系栏杆拆除重建。该加固工程 3 月开工,同年 6 月完工,投资 350 万元。竣工后经湖南城市学院土木工程检测中心检测,桥梁完全达到质量要求。

二十六、哑河大桥

哑河大桥是省道津市武潭线路网改造工程中修建的一座大桥,跨越哑河,桥中心桩号:S205 线 K39+596。该桥由湖南省公路设计有限公司设计,常德路桥建设有限公司承建。监理单位是常德市交通建设工程监理咨询有限公司。

哑河大桥桥型是:2×20 米钢筋混凝土空心板 +18×30 米钢筋混凝土 T 梁 +2×20 米钢筋混凝土空心板。桥全长 625.54 米。桥全宽 12.3 米,净宽 11.5 米,防撞栏杆 2×0.4 米。设计荷载汽—20、挂—100,设计洪水频率 1/100,抗震烈度 7 级。该桥 2009 年 8 月开工,2010 年 12 月竣工,因接线工程延后,2011 年 9 月通车。工程总投资 2000 万元。

第三节　中　桥

根据交通部 2004 年 1 月 29 日发布的《公路工程技术标准》,按照桥梁分类,中桥是指多跨径大于 30 米与小于 100 米之间,或单孔跨径大于等于 20 米与小于 40 米之间的桥梁。

一、太子庙桥

太子庙桥在汉寿县太子庙镇,位于国道 319 线,桥中心桩号为 K1299+951 处。原桥在 1928 年 11 月动工,1930 年 11 月牛鼻铺至德山老码头公路竣工通车时,就建成了太子庙桥,该桥为 4 孔净跨 5.49 米,双车道的钢筋混凝土梁桥。1939 年至 1940 年间,日寇侵入湘境时国民党抗日部队自行炸毁。抗战胜利后,另建木桥通车。1950 年 11 月,由湖南省公路局组织桥工处,改建为 3 孔跨径为 10.6 米的混凝土台墩,单车道工字梁木面桥。益阳台为木桩基础,桩径 20 厘米,入土 3 米。常德台及中墩均为明挖石砌基础。按桥面载重 150 吨设计,桥面工字钢梁每孔 4 根,木架每孔 3 组,墩台均按双车道载重 20 吨标准设计。1951 年 5 月建成通车,决算经费 5.88 万元。

1967 年该桥由常德公路总段工程队,利用原台、墩改造为 3 孔净跨 9.4 米的钢筋混凝土曲面薄壳桥。桥全宽 7.5 米,净宽 7 米。桥高 5.27 米。设计荷载:汽—13、拖—60。曲面薄壳由壳体及边肋组成,壳体纵向跨径 9.4 米,横向跨径 6.1 米,拱矢度 1/7,中心厚为 12 厘米,边厚为 30 厘米。边肋宽 20 厘米,薄壳与边肋配有钢筋,采用无弯矩薄壳理论设计,以横向拱波板为单元分析内力。该桥上部构造圬工计 19.83 立方米,其圬工数量仅为同等跨径片石坦拱的 30%、为无筋无肋双曲拱的 33%、为有筋有肋双曲拱的 44%,这样有利于减轻基础荷载的要求,为桥梁轻型化创造了条件。该桥改建通车后,在 1968 年 8 月检查时,发现 3 孔边肋均在跨中部分有宽 0.1—0.2 毫米裂纹,其后裂纹续有发展。1980 年检查时,发现常德孔两边肋拱顶裂缝宽约 10 毫米,壳体顶除中间 80 厘米距离外,裂纹全部贯通,中孔两边肋拱顶裂纹宽约 5 毫米,益阳孔两边肋拱顶裂纹宽 3 毫米,中孔及益阳孔壳体未发现裂纹。

1980 年 319 国道路基加宽改造时,太子庙桥加宽至与路基同宽,为 12 米,仍以单独曲面薄壳加宽。同时对原桥裂纹进行处治,边肋裂纹用环氧树脂填充,常德孔再沿边肋全长用环氧树脂黏贴厚 5 毫米,宽 18 厘米的钢板。中孔及益阳孔在边肋拱顶 3 米范围内黏贴钢板,用以加强边肋强度。加固效果较好。

2002 年 12 月 23 日,湖南省公路局以湘路养路字〔2002〕第 315 号文,对太子庙桥维修加固工程预算进行了批复。因太子庙桥主拱圈存在不同程度的纵向裂缝,且裂缝有快速发展的趋势,桥面破损。为确保安全,决定对太子庙桥进行维修加固。考虑到原桥墩和基础状况较好,加固时在老桥桥墩上修筑立墙和台帽,利用原桥面作支撑浇筑上部结构。新桥上部主梁为 3 跨 10.5 米普通钢筋连续板,边板悬臂长度 0.5 米,板高 0.5 米。两边桥台支撑采用立墙加台帽形式,中间支撑采用基础加立墙。加固后桥梁全长 32.58 米,宽 13.1 米。设计荷载:汽—20、挂—100。核准加固工程预算经费 71.6 万元,其中湖南省公路局补助 35.8 万元,常德市公路局从切块经费中列支 35.8 万元。

二、西庄坪桥

西庄坪桥在鼎城区境,位于国道 319 线上,桥中心桩号 K1351+199。

319 线德山至太平铺公路,1932 年 12 月开始修建,1935 年 9 月 25 日建成通车,为原川湘公路的一段,西庄坪桥就始于这一时期,当时为 5 孔全长 24.25 米的临时性木桥。1964 年全省危桥改造时列为改造项目,是我省第一座应用钻孔灌注桩基础的桥梁。该桥改建桥型为 2 孔净跨 15 米少筋微弯板组合梁上部构造,下部为钻孔灌注桩基础,排架墩梁桥。桥面宽 6 米,设计荷载:汽—13、拖—60。由湖南省交通规划设计院设计,湖南省交通厅工程管理局第二工程队施工,1964 年 9 月开工,1965 年 1 月 16 日建成通车。两岸桥台在老桥路基填土上,更换沙砾垫层,设置钢筋混凝土垫梁作桥台。中墩为直径 60 厘米钢筋混凝土双排架墩,基础为 4 根直径 80 厘米的钻孔灌注桩，中距 2 米，桩深 11.4 米—11.8 米。桩尖支撑在紧密沙砾石层上，基桩上部 9 米配筋，下部为混凝土，基桩上设承台厚 80 厘米，其上再设立排架墩。灌注桩钻孔用河南省的“火箭锥”施工，人力推磨钻进。主梁钢筋骨架和模板及全部微弯板在距桥位 45 公里的严家河桥工地预制，然后汽车运至西庄坪桥安装。

进入 21 世纪后，由于运输车辆急剧增加，以及过桥行人增多，西庄坪桥经常发生交通堵塞，为此 2005 年对该桥进行拓宽改造，拓宽部分为 4.5 米的钢筋混凝土空心板梁桥，加宽后桥全长 34.1 米，全宽 12.1 米，净宽 11.3 米。设计荷载为公路—Ⅱ级。

西庄坪桥老桥部分建于 1964 年，已无法适应交通量增长，特别是超载重车的通行，致使老桥部分出现严重病害，经检测评定为四类危桥。主要病害是：老桥与新桥接缝空隙已达 3 厘米宽，新旧桥面错台也达 3—4 厘米，老桥 T 梁变形严重，跨中挠度较大，横梁多处裂缝，缝宽大于 0.2 毫米，已影响行车安全。2011 年常德市交通局以常交发〔2011〕101 号文件批复同意在拆除老桥部分后，在原桥位建新桥。设计为 2 孔 18.26 米钢筋混凝土简支空心板梁桥，设计荷俩为公路Ⅱ级、安全等级二级，桥面设计纵坡 0%，双向横坡 2%。工程总造价：179.9 万元。2011 年 12 月新桥部分建成通车。

三、太平铺桥

1935 年川湘公路建成通车时，太平铺桥是 1 座 6 孔净跨 7 米的石台、墩木面半永久性桥，台墩为双车道，桥面为单车道，桥全长 47 米。该桥位于国道 319 线上，桥中心桩号 K1428+771，是桃源县与沅陵县的交界处。

1949 年 7 月解放前夕，国民党军队败退时，将木面桥浇汽油烧毁，解放后即由解放军配合桃源养路段修复，桥面仍为木面。1966 年湖南省危桥改造时期，太平铺桥列为改造项目，由常德公路总段工程队修建。该桥利用原桥石墩、台改建为 3 孔跨径 13.75 米，全长 53.8 米的双曲拱桥。拱矢度为 1/5，设计荷载：汽—13、拖—60。1966 年 3 月开工，同年 12 月建成通车。决算造价为 3.59 万元。当时改建后的太平铺桥是常德地区修建的第一座无筋无肋双曲拱桥。

由于交通量增长，特别是超载重车增多，太平铺桥拱肋表面混凝土破碎严重，常德岸桥台锥坡冲刷严重，影响了国道 319 线的通行能力和行车安全。2004 年公路部门决定对该桥进行加固改造，确定设计方案为：

1.上游加宽 5.12 米，加宽后桥梁总宽度为 12.5 米，桥长 58.63 米，加宽部分上部结构采用3 × 15.29 米预制预应力混凝土空心板结构，横向由 1 块中板和两坡边坡组成，边板悬臂长度0.68 米，板高 0.75 米。下部桥墩采用直径 1.2 米独柱配 1.2 米高盖梁，基础采用直径 1.5 米的单桩，桥台采用桩式结构承重，后接 U 型桥台挡土。

2.老桥主拱圈下缘增加 8 厘米厚的锚喷钢筋混凝土加劲板；拆除老桥桥面系拱腔柔性

填料，换填20号小石子混凝土砌片石等刚性填料；行车道采用钢筋混凝土整体板；增高人行道板和人行道杆。

设计荷载为汽—20、挂—100，人群3.5千牛/平方米。桥面净宽9米，人行道2×1.5米，人行道栏杆2×0.25米。地震烈度：6级。设计洪水频率1/100。加固改造工程于2004年7月2日开工，同年12月28日竣工，由桃源公路局承建。工程造价101.85万元。

四、七家桥

七家桥在安乡县境内的七家，原位于省道1804线上，现桥在X027线（县道军红线）K112+715处。1968年建路时该桥原位置为1孔2.5米的木涵洞。1976年12月，安乡县农田水利部门为排灌需要，破路废涵，顺南北向，人工开河，修建了21孔跨径为2米的木架木面桥通车。后因木桥摇摆不稳，停止通车。车辆绕道3.7公里利用上游五号渠道桥通行。1980年12月安乡县人民政府决定以民工建勤方式修建七家桥，跨越人工河，以避免公路绕道。该桥由常德公路总段派员现场设计，并参与建桥过程的施工指导。七家桥当时是湖南省修建的第二座钢筋混凝土刚架拱桥，单孔跨径40米，全长69米，桥面净宽7+2×0.25米，桥高8米。设计荷载：汽—15、挂—80。桥轴线与河道中心线斜交55度。刚架拱系现浇施工，微弯板以土模预制，人字扒杆吊装就位，桥台用砖模现浇。该桥1981年2月动工，1982年3月20日竣工通车。决算造价18.08万元，其中省公路局补助9万元、县财政投资7.3万元、县交通局自筹1.78万元。

七家桥修建时标准较低，桥位地基软弱，通车后桥台发生位移，经过多年运行，至2003年拱顶下沉15厘米，拱脚多处裂缝，桥两端伸缩缝裂开已达10厘米，经检测，该桥存在严重安全隐患。经湖南省交通厅同意，决定七家桥拆除重建。常德市公路局2003年12月30日，以常路〔2003〕186号文，对七家桥改建工程设计文件进行了批复。方案是拆除原桥，在原桥位上新建一座3孔20米钢筋混凝土梁桥。新桥上部构造为预应力空心板，桥台采用双柱墩加U型组合结构，墩台桩基均采用2根直径1.2米钻孔灌注桩。桥全长69.36米，宽8.6米，设计荷载：汽—20、挂—100，洪水频率1/100，地震基本烈度为7度。核准七家桥预算经费为169.58万元。

五、濠口桥

濠口桥在鼎城区境的周家店镇附近，位于原省道1804线岳阳至常德的公路上，现桥中心桩是县道X042线（白鹤山至沙河口线）K30+312。修建常德至安乡公路时，濠口桥为3孔全长18米的砖台木墩木面桥，因地势低洼，内湖积水，桥经常被淹没。1968年该桥由常德地区交通局公路航道处列入改建计划，派员勘测设计，由常德县交通局组织民工施工，于1968

年10月开工,1969年10月竣工通车。该桥为1孔净跨30米混凝土箱形双曲拱桥,拱矢度为1/6,桥面净宽7米,桥高7.6米,全长44米。设计荷载:汽—13、拖—60。石砌桥台奠基在河床下约3米的黄土硬层上,较原桥提高2.5米,两端路基相应提高2米至3米,以民工建勤方式组织施工,决算造价为6.7万元。1979年公路普查时,发现拱圈有轻微裂纹。

2010年时濠口桥已存在多处病害,主要是桥主拱圈渗水严重,底板存在多条横向贯通裂缝,最宽裂缝达10毫米以上,并影响到主拱圈截面,有继续扩张的趋势,上部承重构造表面风化、脱落严重;侧墙外倾移位,与拱圈之间脱落;桥梁栏杆为装配式,破损严重。墩、台表面风化、砌缝沙浆脱落、基础冲空;桥面沥青表处层已严重老化,龟裂严重。经检测,濠口桥被评为五类危桥。2010年5月6日,常德市公路局以常路〔2010〕62号文,对濠口桥重建工程设计文件进行批复,决定重建一座1孔30米简支梁桥,桥宽9米,上部结构为钢筋混凝土T梁,下部结构为重力式桥台,桩基础;桥面为钢筋混凝土结构,并完善排水系统。核批该桥工程预算经费183万元。

六、新坡桥

新坡桥位于常德市武陵区,在城区与芦山乡的交界处,跨马凌河,县道(X044线)断(港头)新(坡桥)线终点。该桥前身为新坡古桥,建于明朝万历年间(1573—1620),石墩架木桥。清朝康熙六年(1667)知府胡向华重修,里人陈仲儒助修,建小石桥。嘉庆十四年(1809),里人张国顺同仲儒孙其秀、余文献、陈文德捐资重修,更名为五福桥。长十三丈、宽二丈六尺。解放初期该桥为三孔花岗岩条石人行民桥。1978年新坡桥公路桥修建,由常德县水利局设计,常德地区交通局投资16.4万元,牛鼻滩区公所组建"新坡桥修建工程指挥所",组织150人的专业队伍施工,桥头接线路基工程从全区抽调800名民工修建,并铺简易路面。1978年12月开工,1979年7月建成通车。该桥设计为1孔净跨35米的有筋有肋双曲拱桥,桥面宽9.6米,桥长51.5米。主拱圈采用满布式拱盔支架施工,安装模板、钢筋及现浇混凝土均系人工操作。拱波系预制。通车一年后,由于桥台基础较弱,两岸桥台发生转动,路基与桥台接头有沉陷裂缝,腹拱开裂,决定停止通车。1981年4月常德县交通局投资1.2万元,将孔内两台前加堆片石,防止两台向内继续转动,修整开裂的腹拱。此后通车多年,经观测,桥台已稳定。该桥修建及加固,决算造价共达17.6万元。

2000年湖南省公路局湘路养字〔2000〕第142号文件中,新坡桥经专家鉴定为危桥。2001年4月28日常德市公路局以常路〔2001〕第62号文,对新坡桥维修加固工程设计文件进行了批复,决定拆除腹拱拱脚以上结构,将原桥立柱加固为钢筋混凝土横墙,在横墙现浇钢筋混凝土简支板、二跨连续板、三跨连续板,并采用钢筋混凝土加固主拱圈拱顶和拱板,设置防撞栏杆。新坡桥加固维修预算经费为41.19万元。

七、水溪桥

水溪桥在桃源县桃花源镇，跨沅水支流水溪河，位于国道 319 线 K1381+134 处。1935 年修建川湘公路时为 11 孔石台木面桥，全长 72.05 米，抗日战争时期为阻挡日军，国民党军队将其破坏。抗日战争胜利后，于 1947 年仍修复为 11 孔石台木面桥。1950 年 2 月桥面被土匪烧毁。1965 年 1 月湖南省交通厅工程管理局工程队在修复严家河、牛路滩两桥之后，将水溪桥改建为 4 孔跨径 13.07+2×19.15+19.51 的钢筋混凝土 T 型梁桥，由 5 片宽 1.4 米的 T 梁组成。桥宽 7 米，净宽 6.6 米，桥高 11 米，全长 86.3 米，设计荷载为汽—10、拖—60。由于车密增大，重车增多，1981 年发现两桥台台背有裂缝，1982 年进行加固，挖除原桥台填厢用的易风化砂岩（标号约 30 号），换成水泥沙浆砌块片石后，桥台渐趋稳定。该桥台、墩均奠基在砂砾层上，河面宽 70 米，洪水位时水深 7 米。此次加固工程投资 7.8 万元。

2006 年 3 月 9 日湖南省公路局以湘路养护字〔2006〕11 号文件，批复同意水溪桥进行加固改造。加固方案是：在桥上、下游两侧各增加一片宽 1.44 米的 T 梁，加宽后桥宽 9.44 米，行车道宽 9 米。墩、台相应加宽，新、老桥结合部分均植入锚固钢筋相连。新、老 T 梁横向采用横隔板及翼板刚性连接。凿除原桥面铺装层及栏杆，新做 12 厘米—19 厘米的钢筋混凝土桥面铺装。新铺装层与 T 梁采用锚筋植入 T 梁梁肋及翼板连接，0、2、4 号墩、台顶增设桥面连续钢筋网，1、3 号桥墩墩顶设伸缩缝。T 梁及 T 梁横隔板用 C40 混凝土，防撞栏杆、盖梁、桥台搭板用 C30 混凝土，墩身、基础加固部分用 C20 混凝土。加固后设计荷载：汽—20、挂—100。设计桥面横坡1.5%。核批维修加固经费 108.46 万元。

八、皂市桥

皂市桥位于石门县皂市镇，横跨渫水河，桥中心桩号是 S303 线 K16+438 处。该桥始建于 1958 年修建石青公路时，为石台木面桥。1971 年改建为石拱桥，为 4 孔 12 米实腹式石拱桥，桥长 64 米，桥宽 7 米。1988 年 9 月 18 日桥被洪水冲垮，当年 11 月 20 日重建皂市桥工程开工，设计为 1 孔净跨 50 米局部变截面悬链线双曲拱桥。净矢高 6.25 米，拱矢度 1/8，桥长74.7 米，桥面净宽 10 米。设计荷载：汽—20、挂—100。1989 年 7 月 1 日重建后的皂市桥竣工通车，投资 50 万元。

2006 年皂市桥检测时定为三类危桥，存在以下病害：悬臂挑梁根部开裂导致桥右侧 1/2 人行道板呈现贯穿全桥的纵向裂缝，桥面破损。2006 年 8 月 7 日湖南省公路局以湘路养路字〔2006〕349 号文，对皂市桥维修加固设计文件进行了批复。维修加固方案是：凿除原桥面系及悬臂挑梁，换填拱上填料，铺设防水隔离层，现浇双层钢筋混凝土桥面铺装，增设钢筋混凝土防撞护栏。加固后桥长不变，桥宽 9 米，荷载等级满足公路Ⅱ级。核准预算经费 58.228 万元，其中湖南省公路局 32 万元，常德市公路局切块经费安排 26.228 万元。

2010 年常德市公路局桥梁统计表

表 2—6—1　　　　国道、省道、县道　2010 年

序号	桥梁名称	桥梁中心桩号	所属路线情况			桥长				桥宽		主桥上部结构	设计荷载		建设情况		
			路线编号	路线名称	技术等级	桥梁全长（米）	跨径总长（米）	单孔最大跨径（米）	跨径组合(孔×米)	桥梁全宽（米）	桥面净宽（米）	桥型	代码	等级	管养单位	修建年度	建成通车日期
桥梁总计：411 座　35430.99 延米																	
国道小计：56 座　6158.48 延米																	
1	艳洲渠桥	2218.38	G207	锡海线	一级	33	30	15	2×15	24.5	21	空心板梁	2	汽车—20 级	澧县局	1995	1995
2	澧西二桥	2221.37	G207	锡海线	一级	21.5	8	8	1×8	24.5	22	板拱	1	汽车—15 级	澧县局	1974	1974
3	万家铺桥	2223.5	G207	锡海线	一级	24	5	5	1×5	24.5	21	板拱	1	汽车—15 级	澧县局	1994	1994
4	岔路桥	2225.72	G207	锡海线	一级	12.8	5	5	1×5	24.5	21	板拱	1	汽车—15 级	澧县局	1993	1993
5	张公庙大桥	2227.53	G207	锡海线	一级	894.1	812	76	16×16+5×76+14×16	12	10.5	箱型拱	2	汽车—20 级	澧县局	1989	1989
6	复船桥	2230.46	G207	锡海线	一级	17.8	6.5	6.5	1×6.5	25	15	板拱	2	汽车—20 级	临澧局		1996
7	九龙桥	2236.9	G207	锡海线	一级	11.5	5	5	1×5	25	15	板拱	2	汽车—20 级	临澧局		1992
8	喜鹊桥	2238.07	G207	锡海线	一级	26	6.5	6.5	1×6.5	25	15	板拱	2	汽车—20 级	临澧局		1992
9	聚宝桥	2238.94	G207	锡海线	一级	19.2	6	6	1×6	25	15	板拱	2	汽车—20 级	临澧局		1992
10	新河桥	2292.87	G207	锡海线	一级	40.9	30	30	1×30	36	22.5	双曲拱	2	公路—Ⅱ级	市城管		2000
11	姻缘河桥	2300.05	G207	锡海线	一级	24	15	16	1×16	30	22	空心板梁	2	公路—Ⅱ级	市城管		2000
12	沅水二桥	2308.97	G207	锡海线	一级	3122	3108	96	2×96+144×20.25	18.4	17.4	空心板梁	2	公路—Ⅱ级	市城管		2000
13	何家坪桥	2313.04	G207	锡海线	一级	13	6	6	1×6	42	38	双曲拱	2	汽车—15 级	武陵局		1960
14	白云桥	2321.6	G207	锡海线	三级	9.6	6	6	1×6	6.5	6	板拱	2	汽车—15 级	武陵局		1960
15	黄泥港大桥	2331.24	G207	锡海线	四级	11.04	10	10	1×10	12.3	11.5	空心板梁	2	公路—Ⅱ级	鼎城局	1982	1982
16	冼家桥	2334.02	G207	锡海线	四级	12	5	5	1×5	7.5	7	空心板梁	2	公路—Ⅱ级	鼎城局	1986	1986
17	海坪桥	2345.24	G207	锡海线	四级	9.8	6.4	6.4	1×6.4	7.5	7	空心板梁	2	公路—Ⅱ级	鼎城局	1972	1972
18	沧浪坪桥(一)	2347.77	G207	锡海线	四级	24.5	14	7	2×7	7.7	7.2	空心板梁	2	公路—Ⅱ级	鼎城局	1978	1978
19	沧浪坪桥(二)	2348.67	G207	锡海线	四级	6	5.5	5.5	1×5.5	7.5	7	空心板梁	2	公路—Ⅱ级	鼎城局	1978	1979
20	王家庙桥	2355.89	G207	锡海线	四级	23	12	12	1×12	7.5	7	空心板梁	2	公路—Ⅱ级	鼎城局	1968	1968
21	龙潭桥	1283.09	G319	厦成线	二级	7.1	6	6	1×6	12.9	12	板拱	2	公路—Ⅱ级	汉寿局	1957	1980

续表

序号	桥梁名称	桥梁中心桩号	所属路线情况			桥长				桥宽		主桥上部结构	设计荷载		建设情况		
			路线编号	路线名称	技术等级	桥梁全长（米）	跨径总长（米）	单孔最大跨径（米）	跨径组合(孔×米)	桥梁全宽（米）	桥面净宽（米）	桥型	代码	等级	管养单位	修建年度	建成通车日期
22	大冲桥	1286.86	G319	厦成线	二级	17.7	10	10	1×10	13.1	12.3	工字梁	2	公路–Ⅱ级	汉寿局	1964	1980
23	龚家桥	1291.81	G319	厦成线	二级	9.2	7.3	7.3	1×7.3	13.4	12.5	工字梁	2	公路–Ⅱ级	汉寿局	1964	1980
24	崔家桥	1292.31	G319	厦成线	二级	33.7	18	6	3×6	12.5	11.6	双曲拱	2	公路–Ⅱ级	汉寿局	1958	1958
25	余家桥	1298.48	G319	厦成线	二级	8.3	5.5	5.5	1×5.5	12.7	11.8	板拱	2	公路–Ⅱ级	汉寿局	1956	1980
26	太子庙	1299.93	G319	厦成线	二级	41.5	28.2	9.4	3×9.4	13.3	12.5	板拱	2	公路–Ⅱ级	汉寿局	1979	1980
27	马蝲桥	1306.45	G319	厦成线	二级	13	6	6	1×6	12.5	11.7	板拱	4	汽车–20级	汉寿局	1965	1980
28	严家河桥	1309.66	G319	厦成线	二级	89	83.8	16.76	5×16.76	12.6	11.7	空心板梁	4	汽车–20级	汉寿局	1963	1965
29	牛路滩桥	1312.93	G319	厦成线	二级	122.6	117.32	16.76	7×16.76	12.6	11.7	空心板梁	1	汽车–Ⅰ级	汉寿局	1964	1965
30	谢家铺桥	1318.28	G319	厦成线	二级	19	18	9	2×9	12.2	11.2	板拱	2	汽车–20级	鼎城局	1963	1963
31	高家港桥	1324.69	G319	厦成线	二级	21.6	18	9	2×9	11.8	11.2	空心板梁	2	汽车–20级	鼎城局	1964	1964
32	樟木桥接线桥	1328.92	G319	厦成线	一级	574	66.8	16.7	4×16.7	24.4	18.8	简支梁桥		汽车–20级	武陵局		2005
33	檀树坪桥	1329.56	G319	厦成线	一级	38	22	22	1.×22	41	38	双曲拱	2	汽车–20级	武陵局		1960
34	樟木桥桥	1330.17	G319	厦成线	一级	12.7	6	6	1×6	40	36	空心板梁	1	汽车–15级	武陵局		1960
35	港口大桥	1335.81	G319	厦成线	二级	95	65	65	1×65	10	7	双曲拱	1	汽车–10级	鼎城局		1959
36	天井呇桥	1336.89	G319	厦成线	一级	29	18	18	1×18	12	11.2	连续箱梁	2	公路–Ⅱ级	鼎城局	1983	1983
37	西桩坪桥	1351.21	G319	厦成线	二级	39.5	35	17.5	2×17.5	12.1	11.3	空心板梁	2	公路–Ⅱ级	桃源局	1968	1968
38	郑家港桥	1369.11	G319	厦成线	二级	8.2	8	8	1×8	13	12	其他桥	1	汽车–Ⅰ级	桃源局	1991	1991
39	渌溪桥	1372.85	G319	厦成线	二级	27.7	15	15	1×15	12.4	11.6	连续箱梁	2	公路–Ⅱ级	桃源局	1991	1991
40	甘潭桥	1375.58	G319	厦成线	二级	51.8	48.5	20	左2×20.右6×6.05	12.4	11.6	连续箱梁	1	汽车–Ⅰ级	桃源局	1991	1991
41	水溪桥	1381.13	G319	厦成线	一级	86.3	70.89	19.52	13.07+2×19.15+19.52	9.46	9	T梁	1	汽车–Ⅰ级	桃源局	1965	1965
42	砂港桥	1389.58	G319	厦成线	二级	8	6	6	1×6	13.2	12.2	其他桥	1	汽车–Ⅰ级	桃源局	1967	1967
43	澄溪桥	1391.63	G319	厦成线	二级	66.83	50.8	12.7	4×12.7	13	11	其他桥	1	汽车–Ⅰ级	桃源局	1967	1967
44	羯羊铺桥	1402.71	G319	厦成线	二级	24.6	13	13	1×13	13	11	其他桥	1	汽车–Ⅰ级	桃源局	1990	1990
45	猪耳湖一桥	1404.28	G319	厦成线	二级	23.04	16	16	1×16	11.8	11	其他桥	1	汽车–Ⅰ级	桃源局	2004	2004
46	猪耳湖二桥	1404.45	G319	厦成线	二级	25.64	16	16	1×16	11.8	11	其他桥	1	汽车–Ⅰ级	桃源局	2004	2004
47	猪耳湖三桥	1404.45	G319	厦成线	二级	19.72	10	10	1×10	11.8	11	其他桥	1	汽车–Ⅰ级	桃源局	2004	2004

续表

序号	桥梁名称	桥梁中心桩号	所属路线情况			桥长				桥宽		主桥上部结构	设计荷载		建设情况		
			路线编号	路线名称	技术等级	桥梁全长（米）	跨径总长（米）	单孔最大跨径（米）	跨径组合(孔×米)	桥梁全宽（米）	桥面净宽（米）	桥型	代码	等级	管养单位	修建年度	建成通车日期
48	张家沟桥	1405.38	G319	厦成线	二级	8.4	6	6	1×6	9.1	9.1	其他桥	1	汽车—Ⅰ级	桃源局	1967	1975
49	杨溪桥	1407.63	G319	厦成线	二级	29.5	22.8	22.8	1×22.8	12.5	9	其他桥	1	汽车—Ⅰ级	桃源局	1967	1967
50	雷家湾一桥	1409.36	G319	厦成线	二级	49.54	40	20	2×20	11.8	11	其他桥	1	汽车—Ⅰ级	桃源局	2004	2004
51	雷家湾二桥	1410.15	G319	厦成线	二级	17.04	10	10	1×10	11.8	11	T梁	1	公路—Ⅰ级	桃源局	2004	2004
52	胡家冲桥	1412.32	G319	厦成线	二级	7	6	6	1×6	12.7	11.7	其他桥	1	公路—Ⅰ级	桃源局	1967	1967
53	茶安铺桥	1417.87	G319	厦成线	二级	51	20	20	1×20	12.5	9	其他桥	1	公路—Ⅰ级	桃源局	1970	1970
54	毛家桥	1422.21	G319	厦成线	二级	22	12	6	2×6	10.3	9.3	其他桥	1	公路—Ⅰ级	桃源局	1967	1967
55	毛家溪二桥	1422.95	G319	厦成线	二级	30	20	20	1×20	11.8	11	其他桥	1	公路—Ⅰ级	桃源局	2005	2005
56	太坪铺桥	1428.77	G319	厦成线	二级	59.97	47.33	16	15.33+2×16	12.5	9	其他桥	1	公路—Ⅰ级	桃源局	1966	1966
省道小计：171 座 24033.62 延米																	
1	津市澧水大桥	0.804	S205	津武线	二级	1607	367	135	1×135+2×116	16	12	连续箱梁	2	汽车—20 级	津市局		1989
2	长山桥	5.336	S205	津武线	二级	74	64	16	4×16	16	16	简支梁桥	2	汽车—20 级	津市局	1993	1993
3	新洲桥	9.233	S205	津武线	二级	52	48	16	3×16	13.2	12	空心板梁	2	汽车—20 级	津市局	1994	1994
4	肖家湖桥	10.1	S205	津武线	二级	29.5	10	10	1×10	14	12.6	板拱	2	汽车—20 级	津市局	1993	1993
5	新湖桥	35.57	S205	津武线	二级	11	9	9	1×9	12.8	12	简支梁桥	2	汽车—20 级	津市局	1994	1994
6	中南桥	32.578	S205	津武线	二级	10.5	8.7	8.7	1×8.7	12.9	12	简支梁桥	2	汽车—20 级	津市局	1994	1994
7	团结桥	48.718	S205	津武线	四级	30	23.5	10.5	2×6.5+10.5	7.5	6.5	整体现浇梁	2	公路—Ⅱ级	鼎城局	1982	1982
8	八渠桥	57.62	S205	津武线	二级	11	5.5	5.5	1×5.5	12.5	12	空心板梁	2	公路—Ⅱ级	西洞庭局		1997
9	王家湖桥	61.245	S205	津武线	二级	24	10	10	1×10	12.5	12	箱形梁	2	公路—Ⅱ级	西洞庭局		1996
10	牛屎湖桥	61.533	S205	津武线	二级	13.5	6	6	1×6	12.5	12	空心板梁	2	公路—Ⅱ级	西洞庭局		1994
11	袁家坪桥	71.115	S205	津武线	二级	9.2	5	5	1×5	12.8	12	板拱	2	公路—Ⅱ级	汉寿局	1992	1992
12	仓儿总大桥	81	S205	津武线	二级	9502		227	5×100+2×50+10×50×20×227	16.8	16	连续组合式梁	2	公路—Ⅱ级	汉寿局	2005	2008
13	五里桥	91.06	S205	津武线	二级	26.4	12.8	6.4	2×6.4	38.4	37.4	整体现浇梁	2	公路—Ⅱ级	汉寿局	1987	1987
14	关坝桥	91.921	S205	津武线	二级	8	5	5	1×5	15.2	14.7	整体现浇梁	2	公路—Ⅱ级	汉寿局	1986	1986
15	押东桥	94.035	S205	津武线	二级	13	5.3	5.3	1×5.3	15.8	15	板拱	2	公路—Ⅱ级	汉寿局	1986	1986
16	沧浪水闸	94.518	S205	津武线	二级	13	5	5	1×5	12	9	板拱	2	公路—Ⅱ级	汉寿局	1976	1976

续表

序号	桥梁名称	桥梁中心桩号	所属路线情况			桥长				桥宽		主桥上部结构	设计荷载		建设情况		
			路线编号	路线名称	技术等级	桥梁全长（米）	跨径总长（米）	单孔最大跨径（米）	跨径组合(孔×米)	桥梁全宽（米）	桥面净宽（米）	桥型	代码	等级	管养单位	修建年度	建成通车日期
17	朝阳桥	98.263	S205	津武线	二级	153	120	40	3×40	8.4	7	双曲拱	2	公路—Ⅱ级	汉寿局	1974	1975
18	东风桥	117.238	S205	津武线	二级	12	10	10	1×10	6.5	6	板拱	2	公路—Ⅱ级	汉寿局	1976	1976
19	发梅桥	119.638	S205	津武线	二级	40.2	30	15	2×15	7.5	7	空心板梁	2	公路—Ⅱ级	汉寿局	1983	1983
20	丰家铺桥	121.162	S205	津武线	二级	11	7.5	7.5	1×7.5	11.8	7	板拱	2	公路—Ⅱ级	汉寿局	1997	1998
21	顺里桥	127.006	S205	津武线	二级	7.7	5	5	1×5	12.2	7	板拱	2	公路—Ⅱ级	汉寿局	1997	1997
22	庄家桥	6.075	S226	陬桃线	一级	16.4	5	5	1×5	7.5	6.9	其他桥	1	公路—Ⅰ级	桃源局	1964	1964
23	白洋河桥	10.893	S226	陬桃线	一级	210	180	30	6×30	12	9	双曲拱	1	公路—Ⅰ级	桃源局	1979	1979
24	杨耳桥	12.675	S226	陬桃线	一级	24.6	6	6	1×6	6.8	6.1	其他桥	1	公路—Ⅰ级	桃源局	1964	1964
25	张家浪桥	17.018	S226	陬桃线	一级	12	5	5	1×5	42	16	其他桥	1	公路—Ⅰ级	桃源局	1997	1997
26	新河桥	19.05	S226	陬桃线	一级	82	63	21	3×21	20	16	双曲拱	1	公路—Ⅰ级	桃源局	1972	1972
27	黄花井桥	19.874	S226	陬桃线	一级	138	60	60	1×60	24	21	板拱	2	公路—Ⅱ级	桃源局	1997	1997
28	桃源沅水大桥	24.9	S226	陬桃线	三级	1200	1164	220	1×220+16×59	16	9	其他桥	2	公路—Ⅱ级	桃源局	1999	1999
29	漆河桥	0.47	S227	漆官线	四级	148.8	120	30	4×30	10.5	7	双曲拱	2	公路—Ⅱ级	桃源局	1979	1979
30	黄甲铺桥	10.17	S227	漆官线	四级	11.1	5	5	1×5	8.5	7.9	其他桥	2	公路—Ⅱ级	桃源局	1980	1980
31	黄甲铺大桥	10.41	S227	漆官线	四级	29	20	10	2×10	8.7	8	其他桥	2	公路—Ⅱ级	桃源局	1980	1980
32	猫儿垱桥	11.435	S227	漆官线	四级	14.3	8.4	8.4	1×8.4	9.5	6.5	其他桥	2	公路—Ⅱ级	桃源局	1965	1964
33	小河口桥	21.836	S227	漆官线	四级	22	16	16	1×16	8.5	6.5	其他桥	2	公路—Ⅱ级	桃源局	1980	1980
34	小溪桥	27.325	S227	漆官线	四级	16	10	10	1×10	8.6	8	其他桥	2	公路—Ⅱ级	桃源局	1980	1980
35	王树湾桥	30.472	S227	漆官线	四级	14	8	8	1×8	8.4	7.8	其他桥	2	公路—Ⅱ级	桃源局	1980	1980
36	丁家坊桥	31.445	S227	漆官线	四级	15.5	7.7	7.7	1×7.7	9.2	8.6	其他桥	2	公路—Ⅱ级	桃源局	1978	1978
37	千工坝桥	34.135	S227	漆官线	四级	48.8	36	12	3×12	8	7.5	其他桥	2	公路—Ⅱ级	桃源局	1980	1980
38	龙潭小桥	38.108	S227	漆官线	四级	9.2	5.6	5.6	1×5.6	8.8	8.7	其他桥	2	公路—Ⅱ级	桃源局	1970	1970
39	龙潭大桥	38.685	S227	漆官线	四级	53.3	23	11.5	2×11.5	12.5	12	其他桥	2	公路—Ⅱ级	桃源局	1981	1981
40	观音寺小桥	45.747	S227	漆官线	四级	9	7	7	1×7	10.9	10.4	其他桥	2	公路—Ⅱ级	桃源局	1970	1970
41	观音寺大桥	46.225	S227	漆官线	四级	161	120	40	3×40	9.2	6.5	其他桥	2	公路—Ⅱ级	桃源局	1978	1978
42	甘溪桥	51.165	S227	漆官线	四级	13.5	8.5	8.5	1×8.5	9	8.5	其他桥	2	公路—Ⅱ级	桃源局	1978	1978
43	杨家溪二桥	52.372	S227	漆官线	四级	16	8	8	1×8	8.8	8.2	其他桥	2	公路—Ⅱ级	桃源局	1980	1980

续表

序号	桥梁名称	桥梁中心桩号	所属路线情况			桥长				桥宽		主桥上部结构	设计荷载		建设情况		
			路线编号	路线名称	技术等级	桥梁全长（米）	跨径总长（米）	单孔最大跨径（米）	跨径组合(孔×米)	桥梁全宽（米）	桥面净宽（米）	桥型	代码	等级	管养单位	修建年度	建成通车日期
44	杨家溪一桥	53.245	S227	漆官线	四级	13	5	5	1×5	9	8.5	其他桥	2	公路–Ⅱ级	桃源局	1976	1976
45	燕家溪桥	54.568	S227	漆官线	四级	43.5	27	27	1×27	8.4	7.7	其他桥	2	公路–Ⅱ级	桃源局	1979	1979
46	友谊桥	0.016	S302	紫边线	二级	24.4	9	9	1×9	9	7	T梁	2	公路–Ⅱ级	安乡县		1985
47	沙堤村桥	17.583	S302	紫边线	二级	18	8	8	1×8	11	10	空心板梁	1	公路–Ⅱ级	安乡县		1997
48	交通桥	21.208	S302	紫边线	二级	18	8	8	1×8	11	10	空心板梁		公路–Ⅱ级	安乡县		2010
49	大湖口桥	22.147	S302	紫边线	二级	644.5						连续箱形梁			安乡县		
50	夹夹大桥	28.592	S302	紫边线	二级	1703.9	1696.5	48.5	15×25+19×48.5+16×25	10	9	T梁	1	公路–Ⅰ级	安乡县		2008
51	幸福桥	36.34	S302	紫边线	二级	30	30	30	1×30	11	10	连续T梁	2	公路–Ⅱ级	澧县局	2004	2004
52	毛家岔大桥	41.77	S302	紫边线	二级	540.76	360	40	9×40	8.5	7.5	T梁	2	公路–Ⅱ级	澧县局	2005	2005
53	王家湾	43.22	S302	紫边线	二级	25	6	6	1×6	11.1	10.1	T梁	1	公路–Ⅱ级	澧县局	1978	1978
54	建新桥	46.252	S302	紫边线	二级	23.3	12	12	1×12	11.5	10.5	连续箱梁	1	公路–Ⅱ级	澧县局	1979	1979
55	牛耳坝	48.924	S302	紫边线	二级	15	12	12	1×12	11	10	连续T梁	1	公路–Ⅱ级	澧县局	1979	1979
56	临津淡东渠	57.286	S302	紫边线	一级	25	12	12	1×12	22	21	空心板梁	2	公路–Ⅱ级	澧县局	1995	1995
57	临津淡水桥	57.399	S302	紫边线	一级	104.6	100	20	5×20	19.3	16	T梁	2	公路–Ⅱ级	澧县局	1995	1995
58	淡西渠	57.525	S302	紫边线	一级	17.2	6.5	6.5	1×6.5	24.8	23.8	空心板梁	2	公路–Ⅱ级	澧县局	1995	1995
59	三夹桥	60.2	S302	紫边线	一级	23.14	12	12	1×12	22.83	21.83	空心板梁	2	公路–Ⅱ级	澧县局	1995	1995
60	熊家湾1桥	89.275	S302	紫边线	四级	10	5	5	1×5	45.5	6	连续T梁	1	公路–Ⅰ级	澧县局	1970	1970
61	熊家湾2桥	89.33	S302	紫边线	四级	13	9	9	1×9	43	6	连续T梁	1	公路–Ⅰ级	澧县局	1973	1973
62	南干渠桥	90.954	S302	紫边线	四级	23.3	13	13	1×13	7.6	6	连续T梁	1	公路–Ⅰ级	澧县局	1971	1971
63	打石桥	92.435	S302	紫边线	四级	23	10	10	1×10	8	6	连续T梁	1	公路–Ⅰ级	澧县局	1963	1963
64	铁路桥	94.907	S302	紫边线	四级	35.3	20	20	1×20	8	6	连续箱梁	1	公路–Ⅰ级	澧县局	1970	1970
65	黑岩嘴桥	97.222	S302	紫边线	四级	23.5	13	13	1×13	8.7	6	连续T梁	1	公路–Ⅰ级	澧县局	1975	1975
66	王家厂桥	101.045	S302	紫边线	四级	93	75	25	3×25	8	6	空心板梁	1	公路–Ⅰ级	澧县局	1968	1968
67	鸡公桥	101.59	S302	紫边线	四级	15.6	6	6	1×6	7.2	6	连续T梁	1	公路–Ⅰ级	澧县局	1974	1974
68	双土岭桥	116.737	S302	紫边线	四级	11	5	5	1×5	8	6	连续T梁	1	公路–Ⅰ级	澧县局	2006	2006
69	九河湾桥	118.117	S302	紫边线	四级	21	10	10	1×10	6.6	5.5	连续T梁	1	公路–Ⅰ级	澧县局	1958	1958
70	黄溪桥	125.933	S302	紫边线	四级	6.4	5	5	1×5	7.6	6	连续T梁	1	公路–Ⅰ级	澧县局	1962	1962

续表

序号	桥梁名称	桥梁中心桩号	所属路线情况			桥长				桥宽		主桥上部结构	设计荷载		建设情况		
			路线编号	路线名称	技术等级	桥梁全长（米）	跨径总长（米）	单孔最大跨径（米）	跨径组合(孔×米)	桥梁全宽（米）	桥面净宽（米）	桥型	代码	等级	管养单位	修建年度	建成通车日期
71	太青干渠桥	129.967	S302	紫边线	四级	9	8.4	8.4	1×8.4	8.3	7.5	空心板梁	2	公路—Ⅱ级	澧县局	1970	1970
72	边山河大桥	130.945	S302	紫边线	四级	124	116	29	4×29	7.5	7	连续箱梁	1	公路—Ⅰ级	澧县局	1967	1967
73	丁家坪桥	0.334	S303	石南线	三级	15.5	7	7	1×7	15.8	15.8	板拱	2	公路—Ⅱ级	石门局	1985	19850608
74	闫家溶一桥	1.605	S303	石南线	三级	8.7	6.5	6.5	1×6.5	12.2	11.3	板拱	2	公路—Ⅱ级	石门局	1985	19850608
75	闫家溶二桥	2.345	S303	石南线	三级	10	6	6	1×6	12.2	11.3	板拱	2	公路—Ⅱ级	石门局	1985	19850608
76	安乐桥	5.311	S303	石南线	三级	12	9	9	1×9	9.5	8.9	板拱	2	公路—Ⅱ级	石门局	1968	19681208
77	新关桥	6.863	S303	石南线	三级	165.5	150	25	6×25	10.3	9.6	箱形梁	2	公路—Ⅱ级	石门局	1966	19660908
78	砚子溪桥	12.081	S303	石南线	三级	14	10	10	1×10	7.6	7	板拱	1	公路—Ⅰ级	石门局	1961	19610108
79	皂市大桥	16.433	S303	石南线	三级	74.4	50	50	1×50	10	9.4	双曲拱	2	公路—Ⅱ级	石门局	1989	19890805
80	美圣桥	18.661	S303	石南线	三级	20	8.5	8.5	1×8.5	9.3	8.4	板拱	2	公路—Ⅱ级	石门局	1972	19720908
81	新桥	22.335	S303	石南线	三级	11.5	10	10	1×10	7.5	7	板拱	2	公路—Ⅱ级	石门局	1972	19720808
82	白云桥	23.62	S303	石南线	三级	21	7	7	1×7	13.6	12.8	板拱	2	公路—Ⅱ级	石门局	1991	19910808
83	枧桥	25.218	S303	石南线	三级	10	8	8	1×8	6.7	6.3	板拱	2	公路—Ⅱ级	石门局	1971	19710808
84	南溪桥	25.75	S303	石南线	三级	10	8	8	1×8	8.1	7.5	板拱	2	公路—Ⅱ级	石门局	1972	19720808
85	竹巷桥	30.345	S303	石南线	三级	8.5	6	6	1×6	6.7	6	板拱	2	公路—Ⅱ级	石门局	1971	19710808
86	欧家桥	31.173	S303	石南线	三级	9	6	6	1×6	6.5	5.8	板拱	1	公路—Ⅰ级	石门局	1970	19700808
87	青龙桥	32.474	S303	石南线	三级	11	6	6	1×6	10.7	10	板拱	2	公路—Ⅱ级	石门局	1970	19700807
88	望阳桥	34.962	S303	石南线	三级	18	9	9	1×9	7.6	7	板拱	1	公路—Ⅰ级	石门局	1974	19740108
89	同福桥	36.905	S303	石南线	三级	24	11	11	1×11	10.9	10.3	板拱	2	公路—Ⅱ级	石门局	1971	19711208
90	磺厂桥	38.521	S303	石南线	三级	30	21	21	1×21	9.2	8.4	板拱	1	公路—Ⅰ级	石门局	1976	19761008
91	青泥溪桥	65.33	S303	石南线	四级	28	13	6.5	2×6.5	7	6.5	板拱	2	公路—Ⅱ级	石门局	1972	19721208
92	官庄坪桥	70.237	S303	石南线	四级	45	29.1	9.7	3×9.7	7	6.5	板拱	2	公路—Ⅱ级	石门局	1973	19730708
93	张家湾桥	72.444	S303	石南线	四级	12	8	8	1×8	8.1	7.5	板拱	2	公路—Ⅱ级	石门局	1961	19610106
94	古市桥	76.046	S303	石南线	四级	57	20	20	1×20	6.6	6	板拱	2	公路—Ⅱ级	石门局	1970	19700502
95	黑山湾桥	80.323	S303	石南线	四级	10	6	6	1×6	6.4	5.8	板拱	2	公路—Ⅱ级	石门局	1961	19610106
96	麻纳口桥	83.367	S303	石南线	四级	34	12	12	1×12	6.6	6	板拱	2	公路—Ⅱ级	石门局	1961	19610107
97	砂子溪桥	90.029	S303	石南线	四级	30	10	10	1×10	6.6	6	板拱	2	公路—Ⅱ级	石门局	1961	19610103

续表

序号	桥梁名称	桥梁中心桩号	所属路线情况			桥长				桥宽		主桥上部结构	设计荷载		建设情况		
			路线编号	路线名称	技术等级	桥梁全长（米）	跨径总长（米）	单孔最大跨径（米）	跨径组合(孔×米)	桥梁全宽（米）	桥面净宽（米）	桥型	代码	等级	管养单位	修建年度	建成通车日期
98	黄虎港东桥	104.718	S303	石南线	四级	20	6	6	1×6	6	5.3	板拱	2	公路–Ⅱ级	石门局	1969	19690906
99	黄虎港桥	105.48	S303	石南线	四级	103	75	60	1×60+1×15	8.6	8	板拱	2	公路–Ⅱ级	石门局	1961	19610105
100	黄虎港西一桥	105.693	S303	石南线	四级	20	7.5	7.5	1×7.5	6.6	6	板拱	1	公路–Ⅰ级	石门局	1961	19610101
101	黄虎港西二桥	105.806	S303	石南线	四级	14	9	9	1×9	6.6	6	板拱	2	公路–Ⅱ级	石门局	1961	19610101
102	承志桥	107.159	S303	石南线	四级	31	9.5	9.5	1×9.5	6.6	6	双曲拱	1	公路–Ⅰ级	石门局	1964	19640214
103	三道河桥	112.221	S303	石南线	四级	32	17.1	5.7	3×5.7	6.6	6	板拱	2	公路–Ⅱ级	石门局	1969	19690703
104	板桥沟桥	121.379	S303	石南线	四级	10	6	6	1×6	6.5	5.7	板拱	2	公路–Ⅱ级	石门局	1969	19690613
105	沙青桥	125.05	S303	石南线	四级	23.8	13	13	1×13	8.5	7.5	板拱	2	公路–Ⅱ级	石门局	2003	20030201
106	堂皇沟桥	127.335	S303	石南线	四级	22	5	5	1×5	6.8	6	板拱	2	公路–Ⅱ级	石门局	1968	19680215
107	何家湾桥	128.247	S303	石南线	四级	15	5.5	5.5	1×5.5	6.6	5.9	板拱	2	公路–Ⅱ级	石门局	1968	19680222
108	梅家湾桥	130.95	S303	石南线	等外	8	5	5	1×5	6.6	6	板拱	2	公路–Ⅱ级	石门局	1969	19690220
109	向阳桥	138.59	S303	石南线	等外	10	6	6	1×6	6	5.4	板拱	2	公路–Ⅱ级	石门局	1977	19771209
110	南镇桥	141.134	S303	石南线	等外	15	6	6	1×6	8	7.5	板拱	1	公路–Ⅰ级	石门局	1983	19830216
111	六排沟桥	0.258	S304	张慈线	一级	17.6	13	13	1×13	18	17	空心板梁		公路–Ⅱ级	澧县局		2004
112	杨家闸桥	1.574	S304	张慈线	一级	20.6	16	16	1×16	18	17	空心板梁		公路–Ⅱ级	澧县局		2004
113	合群一桥	2.65	S304	张慈线	一级	37.68	23	12	1×11+1×12	18	17	空心板梁		公路–Ⅱ级	澧县局		2004
114	合群二桥	2.7	S304	张慈线	一级	36.73	22.5	12	1×12+1×10.5	18	17	空心板梁		公路–Ⅱ级	澧县局		2004
115	龙池桥	6.646	S304	张慈线	二级	42.8	32	16	2×16	18	17	板梁（预应力）	2	公路–Ⅱ级	临澧局		2004
116	白鹤桥	7.333	S304	张慈线	二级	23.8	12	13	1×13	18	17	空心板梁	2	公路–Ⅱ级	临澧局		2004
117	九合桥	8.991	S304	张慈线	二级	36.8	26	13	2×13	18	17	空心板梁	2	公路–Ⅱ级	临澧局		2004
118	大丰桥	9.936	S304	张慈线	二级	22.7	16	16	1×16	18	17	空心板梁（预应力）	2	公路–Ⅱ级	临澧局		2004
119	甲一新桥	10.042	S304	张慈线	二级	22.7	16	16	1×16	18	17	空心板梁	2	公路–Ⅱ级	临澧局		2004
120	芭茅桥	11.24	S304	张慈线	二级	22.7	16	16	1×16	18	17	空心板梁	2	公路–Ⅱ级	临澧局		2004
121	嘉丰桥	13.904	S304	张慈线	二级	22.7	16	16	1×16	18	17	空心板梁	2	公路–Ⅱ级	临澧局		2004
122	干渠桥	14.756	S304	张慈线	二级	30.7	26	13	2×13	18	17	空心板梁	2	公路–Ⅱ级	临澧局		2004

续表

序号	桥梁名称	桥梁中心桩号	所属路线情况			桥长				桥宽		主桥上部结构	设计荷载		建设情况		
			路线编号	路线名称	技术等级	桥梁全长（米）	跨径总长（米）	单孔最大跨径（米）	跨径组合(孔×米)	桥梁全宽（米）	桥面净宽（米）	桥型	代码	等级	管养单位	修建年度	建成通车日期
123	高兴桥	15.705	S304	张慈线	二级	39.1	32	16	2×16	18	17	空心板梁（预应力）	2	公路–Ⅱ级	临澧局		2004
124	蓝田桥	17.028	S304	张慈线	二级	20.7	16	16	1×16	18	17	空心板梁（预应力）	2	公路–Ⅱ级	临澧局		2004
125	新火桥	18.201	S304	张慈线	二级	36.7	32	16	2×16	18	17	空心板梁（预应力）	2	公路–Ⅱ级	临澧局		2004
126	蔡家溪大桥	19.408	S304	张慈线	二级	107.4	96	16	6×16	18	17	空心板梁（预应力）	2	公路–Ⅱ级	临澧局		2004
127	军垱桥	20.099	S304	张慈线	二级	15	6	6	1×6	15.8	15.2	板拱	2	公路–Ⅱ级	石门局	1996	19960108
128	千溪沟桥	21.779	S304	张慈线	二级	78.5	56	14	4×14	15.8	15.2	双曲拱	2	公路–Ⅱ级	石门局	1996	19960108
129	丁家桥	22.954	S304	张慈线	二级	22.5	10.5	10.5	1×10.5	15.3	14.5	板拱	2	公路–Ⅱ级	石门局	1996	19960108
130	合坪桥	27.952	S304	张慈线	二级	10.4	5.6	5.6	1×5.6	14.4	14	板拱	2	公路–Ⅱ级	石门局	1996	19960108
131	东方桥	34.003	S304	张慈线	二级	16	12	12	1×12	24.5	24	板拱	2	公路–Ⅱ级	石门局	1985	19850908
132	保尔桥	36.961	S304	张慈线	三级	9.5	5.8	5.8	1×5.8	9.2	8.5	板拱	2	公路–Ⅱ级	石门局	1970	19700108
133	双红桥	38.89	S304	张慈线	三级	12.7	7	7	1×7	9.3	8.7	板拱	2	公路–Ⅱ级	石门局	1986	19860608
134	三眼桥	40.72	S304	张慈线	三级	11.5	6	6	1×6	9.4	8.8	板拱	2	公路–Ⅱ级	石门局	1978	19780408
135	三江跨线桥	42.155	S304	张慈线	三级	31.01	26	26	1×26	6	5	空心板梁	2	公路–Ⅱ级	石门局	1972	19720508
136	三江大桥	43.397	S304	张慈线	三级	541	510.2	80	4×80+6×31.7	13.8	13	连续T梁	2	公路–Ⅱ级	石门局	1971	19711208
137	界溪桥	46.806	S304	张慈线	三级	18.2	11	11	1×11	12.3	11.5	板拱	2	公路–Ⅱ级	石门局	1986	19860108
138	丁家渡大桥	205.451	S306	南永线	二级	156	144	40	3×40+2×12	9.8	8.8	双曲拱	2	公路–Ⅱ级	安乡局		1978
139	陆家渡大桥	209.238	S306	南永线	二级	248	240	50	4×50+2×20	9.8	8.8	双曲拱	2	公路–Ⅱ级	安乡局		1978
140	安乡大桥	218.328	S306	南永线	二级	994	992	50	8×16+8×50+8×30+14×16	16.8	13.1	简支组合式梁	2	公路–Ⅱ级	安乡局		1994
141	出口洲桥	225.681	S306	南永线	二级	50	46	16	1×16+2×15	12.8	12	空心板梁	2	公路–Ⅱ级	安乡局		1993
142	珊珀湖桥	228.9	S306	南永线	二级	20	12	4	3×4	13	12	板桥	1	公路–Ⅰ级	安乡局		1993
143	石龟山大桥	233.87	S306	南永线	二级	1575	1334	80	3×80+21×30+11×16+18×16	10	9	连续箱形梁	2	公路–Ⅱ级	安乡局		1998

续表

序号	桥梁名称	桥梁中心桩号	所属路线情况			桥长				桥宽		主桥上部结构	设计荷载		建设情况		
			路线编号	路线名称	技术等级	桥梁全长（米）	跨径总长（米）	单孔最大跨径（米）	跨径组合(孔×米)	桥梁全宽（米）	桥面净宽（米）	桥型	代码	等级	管养单位	修建年度	建成通车日期
144	八角咀桥	245.893	S306	南永线	二级	46	32	32	1×32	12.5	11.5	板拱	2	汽车–20级	津市局	1994	1994
145	八宝湖桥	248.783	S306	南永线	二级	58.5	46	46	1×46	12.6	9	双曲拱	1	汽车–15级	津市局	1994	1994
146	东风渠桥	257.816	S306	南永线	二级	17	13	13	1×13	11.5	11	空心板梁	2	公路–II级	鼎城局	2002	2002
147	樊溪桥	258.54	S306	南永线	二级	40.8	36	12	3×12	12	11.2	整体现浇梁	2	公路–II级	鼎城局	2002	2002
148	杨家桥	263.612	S306	南永线	二级	13	12	12	1×12	12	11.3	空心板梁	2	公路–II级	鼎城局	2002	2002
149	丁家坝桥	265.568	S306	南永线	二级	53.6	48	16	3×16	12	11.2	整体现浇梁	2	公路–II级	鼎城局	2002	2002
150	柳叶湖大桥	283.41	S306	南永线	二级	187.5	60	60	1×60	19.8	14	箱形梁		汽车–20级	武陵局		2003
151	七里桥	288.356	S306	南永线	二级	9	7	7	1×7	25	15	空心板梁	1	公路–I级	市城管		1995
152	河伏闸桥	299.715	S306	南永线	三级	59	45	45	6×4.5	10	8.5	箱形梁	1	汽车–20级	武陵局		1959
153	双善桥	302.314	S306	南永线	二级	40.3	20	20	1×20	8.8	8.1	其他桥	2	公路–II级	桃源局	1961	1961
154	迎宾桥	302.564	S306	南永线	二级	47.8	40	8	5×8	9.5	8.9	其他桥	2	公路–II级	桃源局	1971	1971
155	观音港桥	305.484	S306	南永线	二级	55.8	46.4	11.6	4×11.6	12.5	9	I梁	2	公路–II级	桃源局	1990	1990
156	毛家桥	309.126	S306	南永线	三级	24	9.2	9.2	1×9.2	7.8	7	T梁	2	公路–II级	桃源局	1953	1953
157	张家溶桥	311.487	S306	南永线	三级	18.2	7	7	1×7	12.2	11.6	其他桥	2	公路–II级	桃源局	1998	1998
158	孙家桥	312.271	S306	南永线	三级	23.5	8	8	1×8	11.7	9	其他桥	2	公路–II级	桃源局	1990	1990
159	莫溪桥	323.271	S306	南永线	二级	27.9	13.6	6.8	2×6.8	7.6	7	空心板梁	2	公路–II级	桃源局	1970	1970
160	牛王庙桥	324.579	S306	南永线	二级	19	6.5	6.5	1×6.5	13	12	其他桥	2	公路–II级	桃源局	1998	1998
161	聂家桥	329.713	S306	南永线	三级	130	105	21	5×21	7.8	7.1	双曲拱	2	公路–II级	桃源局	1971	1971
162	黄花桥	332.76	S306	南永线	三级	16	8	8	1×8	12.4	11	其他桥	2	公路–II级	桃源局	1990	1990
163	温泉一桥	349.296	S306	南永线	二级	32.5	28.2	14.1	2×14.1	12	11.2	T梁	2	公路–II级	桃源局	2004	2004
164	温泉二桥	349.97	S306	南永线	二级	52.5	45.3	15.1	3×15.1	12	11.2	T梁	2	公路–II级	桃源局	2004	2004
165	洞口桥	351.371	S306	南永线	二级	10.1	5	5	1×5	12.4	11.8	其他桥	2	公路–II级	桃源局	1988	1988
166	洞弯桥	352.759	S306	南永线	二级	15	11.6	5.8	2×5.8	12.4	11.8	I梁	2	公路–II级	桃源局	1985	1985
167	明月桥	353.035	S306	南永线	二级	18	10	10	1×10	12.4	11.8	板拱	2	公路–II级	桃源局	1986	1986
168	徐家港桥	353.868	S306	南永线	二级	15.6	7.3	7.3	1×7.3	12.4	11.4	其他桥	2	公路–II级	桃源局	1988	1988
169	厦家咞	355.433	S306	南永线	二级	21.5	13	13	1×13	12.6	11.2	其他桥	2	公路–II级	桃源局	1990	1990
170	何家坪桥	357.498	S306	南永线	三级	9.2	6.5	6.5	1×6.5	13.2	12	空心板梁	2	公路–II级	桃源局	1988	1988

续表

序号	桥梁名称	桥梁中心桩号	所属路线情况			桥长				桥宽		主桥上部结构	设计荷载		建设情况		
			路线编号	路线名称	技术等级	桥梁全长（米）	跨径总长（米）	单孔最大跨径（米）	跨径组合(孔×米)	桥梁全宽（米）	桥面净宽（米）	桥型	代码	等级	管养单位	修建年度	建成通车日期
171	北溪宵桥	358.165	S306	南永线	三级	8.8	6.5	6.5	1×6.5	15.6	14.6	空心板梁	2	公路-II级	桃源局	1978	1978
县道小计：184座　5238.89延米																	
1	泥市桥	0.033	X001	壶大线	四线	19	6	6	1×6	7.6	7	板拱	2	公路-II级	石门局	1972	19720908
2	木杉溪桥	1.388	X001	壶大线	等外	31	21	21	1×20	7.6	7	板拱	2	公路-II级	石门局	1972	19720908
3	百步登桥	2.972	X001	壶大线	等外	16	5	5	1×5	7.8	7.3	板拱	2	公路-II级	石门局	1972	19720908
4	群英桥	3.826	X001	壶大线	等外	18	6	6	1×6	7.8	7.2	板拱	2	公路-II级	石门局	1972	19720908
5	花台桥	4.131	X001	壶大线	等外	26	15	15	1×15	7.6	7	板拱	2	公路-II级	石门局	1972	19720108
6	两河口桥	7.257	X001	壶大线	等外	35	20	20	1×20	8	7.4	板拱	2	公路-II级	石门局	1972	19720108
7	团结桥	8.889	X001	壶大线	等外	20	8	8	1×8	7.8	7.2	板拱	2	公路-II级	石门局	1972	19721108
8	英雄桥	12.592	X001	壶大线	等外	12	7	7	1×7	9.5	8.7	板拱	2	公路-II级	石门局	1972	19721208
9	江坪大桥	13.382	X001	壶大线	等外	87	60	60	1×60	7.5	7	板拱	2	公路-II级	石门局	1972	19721208
10	东溪桥	0.14	X002	火罗线	四级	15	11	11	1×11	6	5.8	圬工拱	1	公路-I级	澧县局	1968	1968
11	磺厂大桥	0.069	X004	磺太线	四级	21	16.5	16.5	1×16.5	8	7.2	双曲拱	2	公路-II级	石门局	1967	19670922
12	合山桥	1.022	X004	磺太线	四级	24	16.5	5.5	3×5.5	6	5.4	板拱	2	公路-II级	石门局	1968	19681025
13	荷花桥	2.37	X004	磺太线	四级	38	30	15	2×15	5.5	5	板拱	2	公路-II级	石门局	1969	19690915
14	工农桥	6.889	X004	磺太线	四级	36.5	30	15	2×15	6	5.5	板拱	2	公路-II级	石门局	1973	19730925
15	两河口桥	12.734	X004	磺太线	四级	62	40	20	2×20	7	6.6	板拱	2	公路-II级	石门局	1975	19750822
16	维新桥	18.241	X004	磺太线	四级	10	6	6	1×6	13.6	13	板拱	2	公路-II级	石门局	1975	19750825
17	自生桥	34.151	X004	磺太线	等外	17.5	5	5	1×5	7	6.3	板拱	2	公路-II级	石门局	1976	19761208
18	丰禾小桥	36.689	X004	磺太线	等外	24.8	15	15	1×15	7.6	7	板拱	2	公路-II级	石门局	1972	19721108
19	丰禾坪桥	36.792	X004	磺太线	等外	32	18	18	1×18	7	6.2	板拱	2	公路-II级	石门局	1976	19761208
20	松山桥	43.106	X004	磺太线	等外	18	10	10	1×10	8	7.5	板拱	1	公路-I级	石门局	1996	19961208
21	太平桥	51.526	X004	磺太线	等外	51	30	30	1×30	8	7.4	板拱	2	公路-II级	石门局	1975	19751208
22	樟木桥	2.302	X007	新苷线	四级	30	15	15	1×15	10.6	7	空心板梁	2	公路-II级	临澧局		2001
23	磨坊桥	11.563	X007	新苷线	四级	12.28	10	10	1×10	6.7	5.7	圬工拱	2	公路-II级	澧县局	1964	1964
24	牛桥	14.314	X007	新苷线	四级	12	10	10	1×10	6.6	5.6	圬工拱	2	公路-II级	澧县局	1959	1959
25	码头铺桥	19.223	X007	新苷线	四级	43	30	10	1×10	6.7	5.5	圬工拱	2	公路-II级	澧县局	1964	1964

续表

序号	桥梁名称	桥梁中心桩号	所属路线情况			桥长				桥宽		主桥上部结构	设计荷载		建设情况		
			路线编号	路线名称	技术等级	桥梁全长（米）	跨径总长（米）	单孔最大跨径（米）	跨径组合(孔×米)	桥梁全宽（米）	桥面净宽（米）	桥型	代码	等级	管养单位	修建年度	建成通车日期
26	观斗桥	21.18	X007	新苷线	四级	29	20	10	2×10	7.1	6.1	圬工拱	2	公路–II级	澧县局	1971	1971
27	牡丹桥	29.179	X007	新苷线	四级	12.5	6.6	6.6	1×6.6	6.8	6	圬工拱	2	公路–II级	澧县局	1970	1970
28	竭口桥	33.56	X007	新苷线	四级	15.5	6	6	1×6	6.8	6	圬工拱	2	公路–II级	澧县局	1971	1971
29	全泉桥	33.72	X007	新苷线	四级	22.5	20	20	1×20	10	7	圬工拱	2	公路–II级	澧县局	1964	1964
30	刘家壑桥	1.535	X008	曾孙线	四级	13.3	10	5	2×5	24	23	圬工拱	1	公路–I级	澧县局	1977	1977
31	千河八支桥	7.903	X008	曾孙线	四级	17	10	10	1×10	7.5	7	圬工拱	1	公路–I级	澧县局	1973	1973
32	文革桥	13.696	X008	曾孙线	三级	76	60	20	3×20	8.3	7.5	双曲拱	2	公路–II级	澧县局	1966	1966
33	关堰公路桥	15.46	X008	曾孙线	四级	15	5	5	1×5	6.5	6	圬工拱	1	公路–I级	澧县局	1973	1973
34	青龙桥	20.76	X008	曾孙线	四级	18	10	10	1×10	8	7	圬工拱	2	公路–II级	澧县局	1965	1965
35	幸福桥	22.123	X008	曾孙线	四级	32	23	23	1×23	8.8	7.8	双曲拱	1	公路–I级	澧县局	1968	1968
36	人民桥	2.896	X009	雷大线	四级	20.7	10	10	1×10	7	6	圬工拱	1	公路–I级	澧县局	1968	1968
37	民主桥	3.956	X009	雷大线	四级	20.95	10	10	1×10	7	6.1	圬工拱	1	公路–I级	澧县局	1968	1968
38	万福桥	8.912	X009	雷大线	四级	22.5	10	10	1×10	7	6.1	圬工拱	1	公路–I级	澧县局	1968	1968
39	朝阳桥	15.044	X009	雷大线	四级	12.4	5	5	1×5	11.1	10.6	圬工拱	1	公路–I级	澧县局	1973	1973
40	龙阳桥	11.648	X014	石跳线	等外	8	5	5	1×5	6.1	5.4	板拱	2	公路–II级	石门局	1974	1974
41	沙井桥	14.62	X015	窑骆线	三级	11.6	6	6	1×6	13	7	板拱	1	公路–I级	临澧局		1996
42	将军桥	17.879	X015	窑骆线	三级	17	5	5	1×5	8.6	7	板拱	1	公路–I级	临澧局		1980
43	烽火大桥	19.037	X015	窑骆线	三级	164	120	24	5×24	10.5	7	双曲拱	1	公路–I级	临澧局		1980
44	马溪桥	23.572	X015	窑骆线	三级	14.7	8	8	1×8	13.3	7	板拱	1	公路–I级	临澧局		1994
45	柳堤桥	24.086	X015	窑骆线	三级	22	10	10	1×10	12	7	整体现浇梁	1	公路–II级	临澧局		1999
46	江家桥	38.907	X015	窑骆线	四级	13.5	5	5	1×5	10.4	6	板拱	1	公路–I级	临澧局		1986
47	东风桥	41.216	X015	窑骆线	四级	22	10	10	1×10	6.8	6	空心板梁	1	公路–I级	临澧局		1962
48	佘市桥	42.641	X015	窑骆线	四级	98.5	67.5	6.5	3×6.5+8×6	6.8	5.5	板拱	1	公路–I级	临澧局		1982
49	龙口桥	44.655	X015	窑骆线	四级	30	25	25	1×25	6.4	6	双曲拱	1	公路–I级	临澧局		1986
50	跃进桥	48.933	X015	窑骆线	四级	12	9	9	1×9	9.8	9.8	板拱	1	公路–I级	石门局	1965	19651108
51	胜利桥	52.274	X015	窑骆线	四级	8	5	5	1×5	6.8	6.8	板拱	2	公路–II级	石门局	1970	19701208
52	黄金桥	54.318	X015	窑骆线	四级	7.8	5.6	5.6	1×5.6	7	6.6	板拱	2	公路–II级	石门局	1970	19701208

续表

序号	桥梁名称	桥梁中心桩号	所属路线情况			桥长				桥宽		主桥上部结构	设计荷载		建设情况		
			路线编号	路线名称	技术等级	桥梁全长（米）	跨径总长（米）	单孔最大跨径（米）	跨径组合(孔×米)	桥梁全宽（米）	桥面净宽（米）	桥型	代码	等级	管养单位	修建年度	建成通车日期
53	蒙泉桥	55.823	X015	窑骆线	四级	62	45	15	3×15	7.6	7	板拱	2	公路–Ⅱ级	石门局	1972	19720208
54	青玄桥	67.118	X015	窑骆线	四级	11	8.8	8.8	1×8.8	6.5	5.5	整体现浇梁	1	公路–Ⅰ级	石门局	1974	19740108
55	双龙桥	1.412	X016	赵三线	等外	13	10.7	10.7	1×10.7	7.5	6.5	整体现浇梁	1	公路–Ⅰ级	石门局	1974	19740508
56	北干桥	8.085	X017	五合线	四级	6.6	6	6	1×6	13.4	6	整体现浇梁	1	公路–Ⅰ级	临澧局		1988
57	观山桥	28.157	X020	白珠线	四级	7.1	5.2	5.2	1×5.2	10.5	6	板拱	1	公路–Ⅰ级	临澧局		1986
58	太平桥	29.231	X020	白珠线	四级	10	6	6	1×6	8	6	板拱	1	公路–Ⅰ级	临澧局		1986
59	石门大桥	0.422	X021	石瓯线	二级	444.1	382	70	5×70+2×16	15.4	15	箱形拱	2	公路–Ⅱ级	石门局	1994	19940108
60	2号桥	3.442	X021	石瓯线	二级	15	10	10	1×10	22.6	22	板拱	2	公路–Ⅱ级	石门局	1995	19951208
61	卫星桥	7.777	X021	石瓯线	二级	7.5	5	5	1×5	11.6	11	板拱	2	公路–Ⅱ级	石门局	1972	19721208
62	河岗桥	17.443	X021	石瓯线	二级	9.5	5.5	5.5	1×5.5	13.1	12.6	板拱	1	公路–Ⅰ级	石门局	1972	19721208
63	杨坪桥	20.4	X021	石瓯线	二级	9	5	5	1×5	13.3	12.5	板拱	2	公路–Ⅱ级	石门局	1972	19721208
64	昂头桥	21.539	X021	石瓯线	二级	10	5	5	1×5	13	12	板拱	2	公路–Ⅱ级	石门局	1998	19981203
65	三板桥	27.286	X021	石瓯线	二级	33	20	20	1×20	12.3	11.5	板拱	2	公路–Ⅱ级	石门局	1972	19721208
66	白洋桥	34.942	X021	石瓯线	二级	83	60	30	2×30	12.3	11.5	板拱	2	公路–Ⅱ级	石门局	1994	19940510
67	反修桥	47.79	X021	石瓯线	二级	12	6.9	6.9	1×6.9	9.3	8.7	板拱	2	公路–Ⅱ级	石门局	1972	19720908
68	软板桥	48.463	X021	石瓯线	二级	11	7.9	7.9	1×7.9	10.3	9.7	板拱	2	公路–Ⅱ级	石门局	1969	19691201
69	团结桥	49.424	X021	石瓯线	二级	10	6.7	6.7	1×6.7	10.9	10	板拱	2	公路–Ⅱ级	石门局	1969	19691201
70	杜家湾桥	57.91	X021	石瓯线	四级	13.5	8	8	1×8	12.3	11.4	板拱	2	公路–Ⅱ级	桃源局	1998	1998
71	盘塘桥	60.65	X021	石瓯线	四级	23.3	10	10	1×10	15	14	板拱	2	公路–Ⅱ级	桃源局	1998	1998
72	架桥	64.325	X021	石瓯线	四级	8	5	5	1×5	12	7	板拱	2	公路–Ⅱ级	桃源局	1998	1998
73	黄溪港一桥	69.596	X021	石瓯线	四级	38.5	20	20	1×20	12.4	9	板拱	2	公路–Ⅱ级	桃源局	1998	1998
74	黄溪港二桥	70.92	X021	石瓯线	四级	40.5	20	20	1×20	12.4	9	板拱	2	公路–Ⅱ级	桃源局	1998	1998
75	大寨河桥	73.889	X021	石瓯线	四级	9	8	8	1×8	12	7	其他桥	2	公路–Ⅱ级	桃源局	1997	1997
76	指防口桥	75.645	X021	石瓯线	四级	145	106.8	17.8	6×17.8	12	11.8	其他桥	2	公路–Ⅰ级	桃源局	1997	1997
77	高家岗桥	76.513	X021	石瓯线	四级	21	11.2	5.6	2×5.6	12	11.8	T梁	2	公路–Ⅱ级	桃源局	1999	1999
78	陈家桥	5.035	X022	段五线	四级	16.5	14	14	1×14	4.8	4.5	整体现浇梁	2	公路–Ⅰ级	临澧局		1988
79	立新桥	14.921	X024	菖雅线	四级	17	12.6	4.2	3×4.2	6.6	6	板拱	2	公路–Ⅱ级	石门局	1966	19660108

续表

序号	桥梁名称	桥梁中心桩号	所属路线情况			桥长				桥宽		主桥上部结构	设计荷载		建设情况		
			路线编号	路线名称	技术等级	桥梁全长（米）	跨径总长（米）	单孔最大跨径（米）	跨径组合(孔×米)	桥梁全宽（米）	桥面净宽（米）	桥型	代码	等级	管养单位	修建年度	建成通车日期
80	军山铺桥	0.28	X027	军红线	二级	6.2	5	5	1×5	12	7	整体现浇梁	2	公路–II级	汉寿局	1994	1994
81	七家坝桥	3.874	X027	军红线	二级	20	16	8	2×8	12.2	7	板梁	2	公路–II级	汉寿局	1994	1994
82	蒋家嘴新闸	17.296	X027	军红线	二级	59.3	46	11.5	4×11.5	9	6.5	T形梁	2	公路–II级	汉寿局	1984	1984
83	蒋家嘴老闸	17.49	X027	军红线	二级	8.8	8	8	1×8	8.5	6	板梁	1	公路–I级	汉寿局	1960	1960
84	战备桥	78.83	X027	军红线	四级	7.2	5	5	1×5	7.5	6.9	其他桥	2	公路–II级	鼎城局	1969	1969
85	反修桥	83.657	X027	军红线	四级	7	5	5	1×5	7.5	6.6	其他桥	2	公路–II级	鼎城局	1969	1969
86	东风桥	87.685	X027	军红线	四级	7	5	5	1×5	7.6	6.4	其他桥	2	公路–II级	鼎城局	1969	1969
87	沙河口桥	92.947	X027	军红线	三级	8	5.2	5.2	1×5.2	7	6	实心板梁		公路–II级	安乡局		2009
88	大洲桥	109.849	X027	军红线	三级	33	20	20	1×20	8.6	8	空心板梁		公路–I级	安乡局		1968
89	七家桥	112.681	X027	军红线	三级	69.36	53	20	1×16.5+1×20+16.5	8.6	8	空心板梁		公路–I级	安乡局		1976
90	永乐桥	117.678	X027	军红线	三级	40.5	28	28	1×28	12.5	12	肋拱		公路–II级	安乡局		1993
91	董家垱桥	134.763	X027	军红线	三级	14	12.4	12.4	1×12.4	12	11.5	T形梁		公路–I级	安乡局		1973
92	黄土坡桥	2.995	X028	新东线	三级	11.5	6	6	1×6	8	7	板拱	1	汽车–15级	津市局	1978	1978
93	良家坪桥	8.616	X028	新东线	三级	15.5	6	6	1×6	5.3	4.7	板拱	1	汽车–15级	津市局	1978	1978
94	立新桥	10.512	X028	新东线	三级	16.6	10	10	1×10	5.2	4.6	板拱	1	汽车–15级	津市局	1978	1978
95	反修桥	16.468	X028	新东线	三级	16	13	13	1×13	7.5	6.5	板拱	1	汽车–15级	津市局	1978	1978
96	官堰桥	19.011	X028	新东线	三级	12	7	7	1×7	8.2	7	板拱	1	汽车–15级	津市局	1978	1978
97	千丘桥	21.282	X028	新东线	三级	11	6	6	1×6	8	7	板拱	1	汽车–15级	津市局	1978	1978
98	飞跃桥	23.543	X028	新东线	三级	20	10	10	1×10	7.5	6.6	板拱	1	汽车–15级	津市局	1976	1976
99	奇龙桥	29.935	X028	新东线	三级	8.5	5	5	1×5	8	7	板拱	1	汽车–15级	津市局	1976	1976
100	岳山桥	31.438	X028	新东线	三级	11	6	6	1×6	8	7.5	板拱	1	汽车–15级	津市局	1976	1976
101	宏阳桥	48.163	X028	新东线	四级	13	6	6	1×6	5.5	5	空心板梁	2	公路–II级	鼎城局	1968	1968
102	三杨树桥	21.445	X036	汉发线	四级	15	12	12	1×12	4.5	4.2	T形梁	1	公路–I级	汉寿局	1965	1965
103	杨家桥	36.277	X036	汉发线	四级	11	9	9	1×9	5.8	5	板拱	1	公路–I级	汉寿局	1965	1965
104	濠洲桥	19.832	X038	罐六线	四级	62	60	50	1×50+2×5	7.6	7	空心板梁	2	公路–II级	鼎城局	1982	1982
105	软桥	7.011	X041	黄东线	四级	32	18.5	18.5	1×18.5	8.5	7.4	双曲拱	2	公路–II级	汉寿局	1974	1977
106	接龙桥	28.484	X042	白沙线	四级	19	7	7	1×7	10	9.6	空心板梁	2	公路–II级	鼎城局	1983	1983

续表

序号	桥梁名称	桥梁中心桩号	所属路线情况			桥长				桥宽		主桥上部结构	设计荷载		建设情况		
			路线编号	路线名称	技术等级	桥梁全长（米）	跨径总长（米）	单孔最大跨径（米）	跨径组合(孔×米)	桥梁全宽（米）	桥面净宽（米）	桥型	代码	等级	管养单位	修建年度	建成通车日期
107	濠口桥	30.448	X042	白沙线	四级	43	30	30	1×30	7.3	6.9	连续箱梁	2	公路–II级	鼎城局	1982	1982
108	清水塘桥	31.629	X042	白沙线	四级	32	21	21	1×21	9.8	8.8	双曲拱	2	公路–II级	西洞庭局		1975
109	邱家湖桥	40.465	X042	白沙线	四级	9	5	5	1×5	12	11.5	空心板梁	2	公路–II级	鼎城局	1984	1984
110	新河钭桥	42.811	X042	白沙线	四级	9	7	7	1×7	12	11.5	空心板梁	2	公路–II级	鼎城局	1987	1987
111	蒿子港桥	43.477	X042	白沙线	四级	40	20	20	1×20	15	11.4	连续箱梁	2	公路–II级	鼎城局	1993	1993
112	花山大桥	5.356	X043	南灌线	四级	52.5	40	40	1×40	12	11.2	双曲拱		汽车–15级	武陵局		1978
113	双胜桥	9.982	X044	断新线	四级	83	48	24	2×24	6.5	4.5	连续箱梁	2	公路–II级	鼎城局	1970	1970
114	新风桥	12.89	X044	断新线	四级	10	5	5	1×5	7.3	6.7	空心板梁	2	公路–II级	鼎城局	1967	1967
115	永福桥	15.913	X044	断新线	四级	62	60	50	1×50+2×5	7.6	7	桁架拱	2	公路–II级	鼎城局	1990	1990
116	三网垱桥	21.738	X044	断新线	四级	31	20	10	2×10	8	7	空心板梁	2	公路–II级	鼎城局	1984	1984
117	新坡桥	29.264	X044	断新线	四级	44.6	36	36	1×36	10	9	双曲拱	1	汽车–20级	武陵局		1979
118	黄土店桥	20.411	X049	谢杨线	四级	23	21	7	3×7	7	6.5	空心板梁	2	公路–II级	鼎城局	1965	1965
119	港二口大桥	26.759	X049	谢杨线	四级	26	19	9.5	2×9.5	6.5	5.5	空心板梁	2	公路–II级	鼎城局	1966	1966
120	官坪桥	54.887	X049	谢杨线	四级	12	7.2	7.2	1×7.2	4.5	4.5	I梁	2	公路–II级	桃源局	1971	1971
121	湖湘坪桥	56.07	X049	谢杨线	四级	25	20	20	1×20	6.2	6	其他桥	2	公路–II级	桃源局	1971	1971
122	胜利桥	57.8	X049	谢杨线	四级	6.7	5.3	5.3	1×5.3	5.2	4.9	双曲拱	2	公路–II级	桃源局	1973	1973
123	西溪桥	60.03	X049	谢杨线	四级	38.5	24.5	24.5	1×24.5	6.25	5.8	双曲拱	2	公路–II级	桃源局	1974	1974
124	沙坪桥	62.385	X049	谢杨线	四级	69.7	54	18	3×18	6.6	6.1	双曲拱	2	公路–II级	桃源局	1971	1971
125	民主桥	63.6	X049	谢杨线	四级	10.1	5	5	1×5	4.7	4.7	T梁	2	公路–II级	桃源局	1973	1973
126	东山桥	8.781	X050	鲤群线	四级	28	20	10	1×10	6.7	6.3	板拱	2	公路–II级	鼎城局	1966	1966
127	东山坪桥	0.979	X051	沧猴线	四级	9	7	7	1×7	7.4	7	板拱	2	公路–II级	鼎城局	1992	1992
128	金刚河一桥	22.642	X052	陬鄂线	二级	21	12	12	1×12	13	12	空心板梁	2	公路–II级	鼎城局	1999	1999
129	金刚河二桥	22.703	X052	陬鄂线	二级	41	24	12	2×12	14	12	空心板梁	2	公路–II级	鼎城局	1982	1982
130	赵郭冲桥	2.2	X053	牌南线	四级	13	12	6	2×6	7.2	7	空心板梁	2	公路–II级	鼎城局	1978	1978
131	白洋桥	5.105	X054	甘伍线	四级	24	22	11	2×11	9	8	空心板梁	2	公路–II级	鼎城局	1967	1967
132	伍福桥	7.465	X054	甘伍线	四级	8	7	7	1×7	9	8	空心板梁	2	公路–II级	鼎城局	1982	1982
133	麻溪桥	71.676	X055	刘钟线	四级	48.7	29.9	9.5	1×9.5+2×6.7+1×7	7.5	7.1	T梁	2	公路–II级	桃源局	1996	1996

续表

序号	桥梁名称	桥梁中心桩号	所属路线情况			桥长				桥宽		主桥上部结构	设计荷载		建设情况		
			路线编号	路线名称	技术等级	桥梁全长（米）	跨径总长（米）	单孔最大跨径（米）	跨径组合(孔×米)	桥梁全宽（米）	桥面净宽（米）	桥型	代码	等级	管养单位	修建年度	建成通车日期
134	汉宫庙桥	76.9	X055	刘钟线	四级	20	6	6	1×6	4.8	4.2	其他桥	2	公路—II级	桃源局	1973	1973
135	九溪桥	83.282	X055	刘钟线	四级	41.3	31	15.5	2×15.5	6.8	6.2	其他桥	2	公路—II级	桃源局	1973	1973
136	马行桥	84.05	X055	刘钟线	四级	5.2	5	5	1×5	5.2	4.9	其他桥	2	公路—II级	桃源局	1973	1973
137	盘家港桥	97.286	X055	刘钟线	四级	11.1	7.5	7.5	1×7.5	9.5	8	其他桥	2	公路—II级	桃源局	1973	1973
138	黄石桥	89.995	X055	刘钟线	四级	13	5	5	1×5	4.5	4.5	其他桥	2	公路—II级	桃源局	1973	1973
139	会龙桥	6.979	X056	马仙线	四级	11.2	6	6	1×6	8	6	其他桥	2	公路—II级	桃源局	1973	1973
140	三角州桥	12.317	X057	水芦线	四级	12	8	8	1×8	7.2	6	其他桥	2	公路—II级	桃源局	1971	1971
141	桐木港桥	0.059	X059	深剪线	四级	52.2	40	20	2×20	6.6	6	其他桥	2	公路—II级	桃源局	1972	1972
142	划港桥	0.702	X059	深剪线	四级	13	9.7	9.7	1×9.7	4.5	4	其他桥	2	公路—II级	桃源局	1966	1966
143	谢家桥	7.95	X059	深剪线	四级	50	30.3	8	3×5+4×8	4.3	4	空心板梁	2	公路—II级	桃源局	1971	1971
144	马家渡桥	0.206	X061	二千线	四级	62.4	51.2	25.6	2×25.6	7.7	6	双曲拱	2	公路—II级	桃源局	1971	1971
145	姚公潭桥	1.047	X061	二千线	四级	80.6	52	26	2×26	7.6	7	双曲拱	2	公路—II级	桃源局	1973	1973
146	鲁家坡桥	8.25	X061	二千线	四级	12	6	6	1×6	8.5	7.9	板拱	2	公路—II级	桃源局	1983	1983
147	一板桥	9.112	X061	二千线	四级	12.2	6	6	1×6	9.2	7	板拱	2	公路—II级	桃源局	1983	1983
148	鸦鹊潭桥	10.542	X061	二千线	四级	52	40	20	2×20	9.2	5.2	双曲拱	2	公路—II级	桃源局	1983	1983
149	三阳桥	15.2	X061	二千线	四级	47.6	36	18	2×18	9.2	6	板拱	2	公路—II级	桃源局	1978	1978
150	五一桥	15.337	X061	二千线	四级	9.5	8	8	1×8	8.8	7.8	空心板梁	2	公路—II级	桃源局	1977	1977
151	胜利桥	23.6	X061	二千线	四级	18.8	12	6	2×6	8.8	7.8	其他桥	2	公路—II级	桃源局	1978	1978
152	英雄桥	23.95	X061	二千线	四级	18	13.6	6.8	1×24	5	5	空心板梁	2	公路—II级	桃源局	1967	1967
153	佘家坪桥	26.573	X061	二千线	四级	7	5.8	5.8	1×5.8	6.7	6	其他桥	2	公路—II级	桃源局	1969	1969
154	前山桥	29.864	X061	二千线	四级	7	6.5	6.5	1×6.5	6.3	5.5	其他桥	2	公路—II级	桃源局	1969	1969
155	理公港桥	0.108	X064	理栗线	四级	86.2	66	28	2×28+1×10	7.6	7	其他桥	2	公路—II级	桃源局	1972	1972
156	丰收桥	0.464	X064	理栗线	四级	8	5.5	5.5	1×5.5	8.4	6	其他桥	2	公路—II级	桃源局	1972	1972
157	下杨公桥	4.857	X064	理栗线	四级	13.5	6	6	1×6	6.6	4	其他桥	2	公路—II级	桃源局	1965	1965
158	上杨公桥	5.188	X064	理栗线	四级	12.2	5	5	1×5	6.4	6	其他桥	2	公路—II级	桃源局	1965	1965
159	千丈河桥	10.522	X064	理栗线	四级	23.4	20	20	1×20	6.6	6	双曲拱	2	公路—II级	桃源局	1967	1967
160	共青桥	15.863	X064	理栗线	四级	18.5	13	13	1×13	6.1	5.5	双曲拱	2	公路—II级	桃源局	1969	1969

续表

序号	桥梁名称	桥梁中心桩号	所属路线情况			桥长				桥宽		主桥上部结构	设计荷载		建设情况		
			路线编号	路线名称	技术等级	桥梁全长（米）	跨径总长（米）	单孔最大跨径（米）	跨径组合(孔×米)	桥梁全宽（米）	桥面净宽（米）	桥型	代码	等级	管养单位	修建年度	建成通车日期
161	跃进桥	17.21.	X064	理栗线	四级	12	8	8	1×8	6.4	5.8	其他桥	2	公路–II级	桃源局	1969	1969
162	青年桥	17.477	X064	理栗线	四级	9	8	8	1×8	6.6	6	其他桥	2	公路–II级	桃源局	1970	1970
163	钟家铺桥	18.064	X064	理栗线	四级	7.4	5	5	1×5	7.6	7	其他桥	2	公路–II级	桃源局	1970	1970
164	胡皮洞桥	19.435	X064	理栗线	四级	9	6	6	1×36	7	6	其他桥	2	公路–II级	桃源局	1970	1970
165	毛家河桥	23.827	X064	理栗线	四级	10.4	9	9	1×9	6.4	6	其他桥	2	公路–II级	桃源局	1966	1966
166	群力桥	2.249	X068	卷澧线	等外	12.2	9	9	1×9	8	7.4	圬工拱	1	公路–I级	澧县局	1967	1967
167	团结桥	6.541	X068	卷澧线	等外	9.2	5	5	1×5	7.4	6.8	圬工拱	1	公路–I级	澧县局	1967	1967
168	樊家桥	10.443	X068	卷澧线	等外	13.5	10	10	1×10	8.6	8	圬工拱	1	公路–I级	澧县局	1967	1967
169	五爱桥	12.806	X068	卷澧线	等外	15.2	14	7	1×14	9.5	8.5	圬工拱	1	公路–I级	澧县局	1964	1964
170	雷公塔桥	13.94	X068	卷澧线	等外	60	35	35	1×35	10	7.5	双曲拱	1	公路–I级	澧县局	1982	1982
171	曾家河桥	16.906	X068	卷澧线	等外	72	50	25	2×25	9.9	9.5	圬工拱	1	公路–I级	澧县局	1978	1978
172	黄桥	26.935	X068	卷澧线	四级	57	48	16	3×16	12.4	9	简支梁桥	1	公路–I级	澧县局	1994	1994
173	临澧大桥	3.665	X069	临岗线	一级	145.8	125	35	1×35+22.5×1	18.6	14	双曲拱	2	公路–II级	临澧局		1991
174	斋阳桥	20.646	X069	临岗线	三级	16.2	8	4	2×4	12	9	板拱	2	公路–II级	临澧局		1982
175	雷公庙桥	26.39	X069	临岗线	三级	10	5	5	1×5	12	11.2	其他桥	2	公路–II级	鼎城局	1954	1954
176	解家桥	27.794	X069	临岗线	三级	22.5	10	10	1×10	12	11.2	板拱	2	公路–II级	鼎城局	1983	1983
177	岩泽桥	31.145	X069	临岗线	三级	30	16	16	1×16	12	11.2	板拱	2	公路–II级	鼎城局	1984	1984
178	石板滩桥	37.145	X069	临岗线	三级	47	35	35	1×35	7.4	6.8	双曲拱	2	公路–II级	鼎城局	1969	1969
179	东撇桥	13.952	X070	大新线	三级	20.6	12	6	2×6	18.6	12	整体现浇梁	2	公路–II级	临澧局		1982
180	新合桥	14.968	X070	大新线	三级	13	5	5	1×5	17.6	7	板拱	1	公路–I级	临澧局		1994
181	甲一桥	16.284	X070	大新线	三级	13.1	5	5	1×5	8.4	7	板拱	1	公路–I级	临澧局		1984
182	南撇桥	23.281	X070	大新线	三级	19.6	14	7	2×7	9.2	7	整体现浇梁	1	公路–I级	临澧局		1986
183	新安中桥	23.392	X070	大新线	三级	29	12	12	1×12	7.8	7	板拱	1	公路–I级	临澧局		1986
184	蔡家溪桥	23.513	X070	大新线	二级	50	40	20	2×20	7.8	7	双曲拱	1	公路–I级	临澧局		1986

表 2—6—2

常德市县乡公路桥梁统计表(总表)

县、区名称	路线名称	座	桥长（米）		桥宽（米）		桥型	通车时间
			全长	单孔最大跨径	全宽	净宽		
汉寿		104	2254.8					
武陵		6	184.0					
鼎城		176	4518.1					
桃源		260	6794.9					
临澧		91	2193.6					
石门		326	7595.0					
澧县		75	2150.7					
津市		9	147.9					
安乡		48	1048.6					
西洞庭		17	362.0					
西湖		5	106.0					
柳叶湖		14	372.0					
合计		1131	27727.6					

表 2—6—3

汉寿县县乡公路处桥梁统计表

路线编号	路线名称	桥名	桥长（米）		桥宽（米）		桥型	通车时间
			全长	单孔最大跨径	全宽	净宽		
C005		白露寺	8.5	4	5	4.5	空心板梁	1993
C008		岩坝	11	6.3	4.5	4	空心板梁	1976
C012		惠民	10	6.6	6.9	6.4	空心板梁	1966
C019		五福	7	5	4	3.5	空心板梁	1977
C049		贺家冲	14.1	10.6	4	3.5	连续 T 梁	1980
C095		双虹	26	22	4	3.5	连续 T 梁	1983
C116		赤港湾	8.5	8.4	6.1	5.6	空心板梁	1988
C133		康家洲	32	7.7	4	3.5	空心板梁	1981
C133		狮子山	23.3	5.7			空心板梁	1986
C134		捶鼓仑	13.2	7	6.1	5.7	连续 T 梁	1974
C135		凤凰	9.1	4.5	3.2	2.7	空心板梁	1977
C137		西保	30	7.3	3	2.6	空心板梁	1977
C145		邵家	22	4.5	4	3.7	空心板梁	1972
C151		水库	14.5	13.5	5.5	5	空心板梁	1970
C152		茶山	8.3	4	4.3	3.8	空心板梁	1983
C164		林横	7	6.5	4.6	4.1	空心板梁	1985
C168		复修	8.3	6	4.2	3.7	连续 T 梁	1990
C176		太平	10	3.8	4.5	4.5	空心板梁	1991
C178		金坪	8.5	4	3.4	2.9	整体现浇板	1982
C180		姚湾	10	8	5	4.5	空心板	1975
C181		顺里	9	5.4	3.9	3.4	连续 T 梁	1977

续表

路线编号	路线名称	桥名	桥长（米）		桥宽（米）		桥型	通车时间
			全长	单孔最大跨径	全宽	净宽		
C182		潘桥	14	4	4.5	4	空心板梁	1979
C192		文家	13.6	3	3.5	3	整体现浇板	1991
C192		幸福	8.4	5.4	4.5	4	空心板梁	1983
C193		马家	9	8	3.5	3	空心板梁	1988
C199		三江	12	5	4.5	4	空心板梁	1976
C246		笑藤	24.5	5.2	6.7	6.2	空心板梁	1973
C252		杨树山	27.8	4.8	3.7	3.2	空心板梁	1969
C254		雷神庵	18.6	4.5			整体现浇板	1966
C276		寿南	15.8	5	3.5	3.5	空心板梁	2008
C276		鄢家	17.3	5.5	6.5	6	空心板梁	1968
C277		陈军堤	17.3	5.5	6.5	6	空心板梁	1965
C321		雷家坡	30	9	3.9	3.4	空心板梁	1977
C330		下流	10.6	4.8	5.3	4.8	空心板梁	1985
C331		焦家	31	10	5	4.5	空心板梁	1979
C332		板树	31	10	5	4.5	空心板梁	1977
C367		鸭舌	26	17	7.5	7	空心板梁	1980
C368		昏港	29.2	11.2	7		空心板梁	2009
C379		聂家湾	24.4	14.4	5.5	5	空心板梁	1975
C381		南湖	18.4	6	8.5	8	空心板梁	1974
C385		创业	30	6	5.5	5	连续T梁	1968
C386		南北	11.8	7.7	4	3.6	连续T梁	1977
C386		宝纽	18	4	4.1	3.7	整体现浇板	1981
C389		公河	11	9	5.5	5	空心板梁	1970

续表

路线编号	路线名称	桥名	桥长（米）		桥宽（米）		桥型	通车时间
			全长	单孔最大跨径	全宽	净宽		
C405		太兴	19.6	16	6.5	5.5	空心板梁	2009
C406		全新	24	4	4.1	3.7	空心板梁	1977
C646		张家坝	11.2	5			空心板梁	2008
X027	军山铺·红卫闸	五美	71	16.5	9	8	整体现浇板	1988
X027	军山铺·红卫闸	东风	20	6	7.5	6	空心板梁	1978
X027	军山铺·红卫闸	新连	21	6	8	6	连续箱梁	1978
X027	军山铺·红卫闸	和平	64	40	9	8	空心板梁	1985
X027	军山铺·红卫闸	岩汪湖	20.6	16	9	7	空心板梁	1987
X034	西湖·坡头	云长	65	16	12.4	9	整体现浇板	1994
X034	西湖·坡头	西堤	24.5	10.2	6.6	6	整体现浇板	1980
X034	西湖·坡头	凤鸣	37	17	6.6	6	连续T梁	1980
X034	西湖·坡头	万坝	12.8	5	8	7.5	空心板梁	1985
X036	汉寿·发梅桥	向阳	45.5	24	7.6	7.1	连续箱梁	1976
X037	红土墙·阳南塘	纸料洲	45.5	24	9	7	连续箱梁	1983
Y154	凤鸣·洲口	南汉	35.9	16	7	6	连续T梁	1980
Y154	凤鸣·洲口	西脑	28.7	10	7.4	6	连续T梁	1980
Y155	阁金口·牛路滩	撇洪河	19	8	8	7	空心板梁	2000
Y155	阁金口·牛路滩	翻水口	21	8	6	5	空心板梁	1977
Y174	三合·谢家铺	聂家	14.6	6	6	5	连续T梁	1979
Y176	金盆岭·张家洲	三工区	46	5	5.8	5	整体现浇板	1979
Y176	金盆岭·张家洲	金盆岭	28	14	5	3.5	连续T梁	1979
Y176	金盆岭·张家洲	张家洲	20	9.3	5.4	3.5	连续T梁	1979
Y185	百禄桥·七家坝	百禄	31	20	9.8	7	连续T梁	1983

续表

路线编号	路线名称	桥名	桥长（米）		桥宽（米）		桥型	通车时间
			全长	单孔最大跨径	全宽	净宽		
Y187	阳南塘·百禄桥	娥公	8	5	8	6	连续T梁	1978
Y187	阳南塘·百禄桥	木桥坝	20	5	6	5	连续T梁	1980
Y189	龙潭桥·崔家桥	龙潭	15	10	11.5	7	板拱	1988
Y189	龙潭桥·崔家桥	毓得铺	85.5	40	10	8	板拱	1988
Y197	排形·黄廖	排形	17	13	8.6	5	连续T梁	1981
Y197	排形·黄廖	李家湾	9	6	5.5	4.5	板拱	1971
Y197	排形·黄廖	胜利	7.5	6	7.5	6	连续T梁	1971
Y197	排形·黄廖	三合	6	6	5.2	4.5	连续T梁	1971
Y199	朱家铺·沧水河	久远坝	36.2	4.5	5.7	5.7	整体现浇板	1981
Y199	朱家铺·沧水河	花马	15	8.3	6.5	6	空心板梁	1972
Y199	朱家铺·沧水河	雷家	8.3	7	4.5	4	连续T梁	1972
Y203	东岳庙·荆竹	凤形嘴	8	5	3.5	3.5	连续T梁	1966
Y205	向形·林场	林场	15	10	3.8	3.5	空心板梁	1985
Y206	丰家铺·响滩	沙坪	6	5	4.5	4	空心板梁	1978
Y357	岩汪湖·烂泥湖	雷神庵	20	6.3	4.4	3.5	空心板梁	1988
Y357	岩汪湖·烂泥湖	烂泥湖	45	4.5	3.1	3.1	整体现浇板	1988
Y360	白毛湖·魏家坝	和平	25	14	6	4.5	连续T梁	1975
Y360	白毛湖·魏家坝	马井	38	21	6	5.5	连续T梁	1970
Y363	月明潭·彭家湖	石板滩大桥	43	20	6	4.5	连续T梁	1979
Y367	岩场·大新	岩坝	22	10.5	7.5	6	连续箱梁	1980
Y375	北拐·金龙	菱北大桥	38	14	8.2	6	空心板梁	1997
Y375	北拐·金龙	春农	20	11	5.5	4.5	连续T梁	1977
Y376	菱东·万福	捕捞大桥	20	8	8	7	连续T梁	1976

续表

路线编号	路线名称	桥名	桥长（米）		桥宽（米）		桥型	通车时间
			全长	单孔最大跨径	全宽	净宽		
Y376	菱东·万福	菱南	38	13	7	6	石拱	1975
Y377	马井·堤北	中牛	25	5	3	3	板梁	1937
Y378	偏山·张家洲	张家	20	5	5	4	空心板梁	1979
Y378	偏山·张家洲	东向湖大桥	21	5	7.5	4.5	连续T梁	1979
Y378	偏山·张家洲	北桥	10	5	7.5	4.5	石拱	1979
Y378	偏山·张家洲	十字港	18	5	7.3	5	连续T梁	1979
Y379	冲天·东风	前进	20	10	6.2	5.5	连续T梁	1973
Y381	军山铺·杨林坳	棚洲	8	5	6.2	5.5	空心板梁	1962
Y384	潘家桥·军山铺	潘家	10	5	6.5	5	空心板梁	1987
Y384	潘家桥·军山铺	父宇	7.5	5	5	4	连续T梁	1975
Y387	黄金湾·龙津	毛山坝	12.6	6	5	3.5	连续T梁	1980
Y388	瓦窖冲·新堤	二工区	33	5	8	7	空心板梁	1987
Y389	月天湖·南湖	南台	26	6	6	4.9	空心板梁	1997
Y391	平瓦厂·白石碑	余家	12.3	10	6	4.9	连续T梁	1973
	小计	104座	2254.8					

表 2—6—4

武陵区县乡公路站桥梁统计表

路线编号	路线名称	桥名	桥长（米）		桥宽（米）		桥型	通车时间
			全长	单孔最大跨径	全宽	净宽		
Y272	三星垱·白鹤庵	河洑大桥	56	10	9	8		1975
C402	台家铺·观音寺	观音寺	18	5	4.5	3.5		1978
C066	台家铺·渔场	伍家坪	31	8	3.5	3.5		1978
C400	观音寺·玉带桥	罗家岗	27	23	5	4.3		1978
C402	台家铺·观音寺	台家铺	25	23	3.5	3		1978
YJ03	蓼子坪·熊家坪	蓼子坪	27	5	3.5	3		1978
	小计	6 座	184					

表 2—6—5

鼎城区县乡公路处桥梁统计表

路线编号	路线名称	桥名	桥长（米）		桥宽（米）		桥型	通车时间
			全长	单孔最大跨径	全宽	净宽		
C065	镇园线	建新	10	6	5	4	连续 T 梁	1988
Y259	尧天坪·花岩溪	六斗	10	5.1	10	7.8	空心板梁	1963
C864	场牛线	新合上林	11	6	4	3	连续 T 梁	2005
C354	三太线	广成	11.5	8.6	5	4	连续 T 梁	1968
C454	5 肖线	花河大桥	35	5.6	5	4	连续 T 梁	1984
C466	砂村线	朱家湾	13	8	5	4	连续 T 梁	1988
C238	尹沈线	建新	8	5	5	4	连续 T 梁	1977
Y217	濠口·马鞍山	马鞍山	95	18.5	5.5	3.5	连续箱梁	1969
Y248	枫林口·丁家港	刚跃	15.5	5.5	6	5.6	空心板梁	2001
Y237	莲花堰·雷家铺	联合大桥	20	12	4.6	3.2	连续箱梁	1969
Y238	郑家河·三拱桥	太阳	19	15	10.8	7.5	连续箱梁	1973
Y239	浦沅·架桥	铁山	34	7	7.6	6.2	双曲拱	1989
Y240	岗市·窑顶	工农大桥	60.6	10	5	4.4	空心板梁	1984
X045	东韩线	七港	17	6.8	7.4	6.5	空心板梁	1993
Y240	岗市·窑顶	冯家	10	6	6	5.4	空心板梁	1995
Y424	新兴·苏家渡	邱家岗	45	22	6	3.8	连续箱梁	1977
Y219	介富村·朱望咀	介富一	15	4	5.2	4.1	空心板梁	2004
Y219	介富村·朱望咀	介富	15	4	5.6	4	空心板梁	1981
Y221	秧田·七港	东洲	17.5	12.5	7	6.5	空心板梁	1995
Y221	秧田·七港	金仁二	9.2	5.2	5.5	5	连续箱梁	1988
Y227	长岭岗·丁家井	大岩	16	6	6	5.5	双曲拱	1972

续表

路线编号	路线名称	桥名	桥长（米）		桥宽（米）		桥型	通车时间
			全长	单孔最大跨径	全宽	净宽		
Y227	长岭岗·丁家井	大庆	43	32	6.8	5	双曲拱	1977
X055	刘钟线	长征	25	15	5	4.7	连续箱梁	1978
X055	刘钟线	南阳坪	9	5.5	7.6	6.5	空心板梁	1947
X055	刘钟线	牟家	24.8	12	9	8	双曲拱	1986
X055	刘钟线	高桥	58	30	6.5	4.5	双曲拱	1977
C157	永水线	水月	10	5	4	3	连续 T 梁	1981
C044	南工线	一港北	10	5	4	3	连续 T 梁	1975
Y218	王家桥·同心坝	同心	74	36	5	3.5	双曲拱	1972
Y244	兴旺大坝·麻家巷	永正	43	12.4	4.6	4	连续箱梁	1974
Y247	赵家桥·花叶港	草坪	48	15	11.2	8.1	连续箱梁	1968
Y266	岩港口·安家港	河坝大	48	10	2	1.6	空心板梁	1972
Y265	逆江坪·高湾	逆江坪	28	16	6	5	双曲拱	1975
Y265	逆江坪·高湾	黄殿溪	7	5	5	4.2	双曲拱	1978
Y265	逆江坪·高湾	水田冲	8	6	6	5.2	双曲拱	1986
X048	康兰线	东风河	29	16	4.5	4.1	双曲拱	1986
X043	南灌线	堂桥	13.4	6	7.4	4.5	空心板梁	1983
X043	南灌线	反帝	50	27.2	4.7	4.3	空心板梁	1975
Y212	蒿子港·十美堂	洞庭大桥	70	20	6.8	4.8	连续箱梁	1976
Y351	总场·大洲分场	中学	12.5	4	4	4	空心板梁	1982
Y353	马龙头·法官桥	马龙	24	6	4	4	空心板梁	1964
C265	永交线	周家咀大桥	40	13	4	3	连续 T 梁	1982
C318	C 高线	东风河	20	13	4	3	连续 T 梁	1978
C254	陆 5 线	樊家	8	5	5	4	连续 T 梁	1978

续表

路线编号	路线名称	桥名	桥长（米）		桥宽（米）		桥型	通车时间
			全长	单孔最大跨径	全宽	净宽		
C374	王村线	丁家 1	26	5.5	4	3	连续 T 梁	1972
C374	王村线	珊瑚岗	19	7.5	5	4	连续 T 梁	1975
C375	教 1 线	丁家 2	28	18	4	3	连续 T 梁	1982
C288	三 Y 线	唐家	60	17	4	3	连续 T 梁	1987
C390	田村线	田坪岗	10	6.5	4	3	连续 T 梁	1984
C401	17 线	屋宇	9.5	5.7	4	3	连续 T 梁	1984
C411	金尧线	尧天	12	11	4	3	连续 T 梁	1977
C437	打枫线	肖家	8.5	5.1	4	3	连续 T 梁	1978
C218	泉黄线	刘土堰	8	5	5	4	连续 T 梁	1978
Y244	兴旺大坝・麻家巷	兴旺大桥	32	20.3	6	4.4	连续箱梁	1971
Y261	八角楼・马鞍头	枞山咀	17	12	6.2	5.6	双曲拱	1982
Y248	枫林口・丁家港	英雄泄洪	25	8.4	6.8	6.2	空心板梁	1987
X042	白沙线	三堰	8.5	5	6.5	5	连续箱梁	1975
X052	郰鄂线	南岳安	21	15	5.8	4.8	双曲拱	1982
C085	余桃线	桃树咀	15	5	5	4	连续 T 梁	1995
C455	林枞线	为难	27.5	6	4	3	连续 T 梁	1990
C459	中 6 线	枞山咀	11	8.6	5	4	连续 T 梁	1986
Y349	苏家吉・新合	苏家吉水闸	108	10.2	4	4	空心板梁	1954
Y349	苏家吉・新合	电排	15	6	4	4	空心板梁	1982
Y228	长岭岗・解家桥	杨家	12	5	7	5	连续 T 梁	1972
Y264	逆江坪・超美	肖家坪	18	13	6	5.2	连续 T 梁	1996
Y258	长岭岗・桅子岗	闹鸡	16	10	4.4	3.6	连续 T 梁	1978
C336	湾 2 线	弯堤	22	7.5	4	3	连续 T 梁	1978

续表

路线编号	路线名称	桥名	桥长（米）		桥宽（米）		桥型	通车时间
			全长	单孔最大跨径	全宽	净宽		
Y229	雷公庙·太湖	花园	11.6	5.6	5.4	4.8	连续箱梁	1978
C341	八清线	联心	12.3	8	5	4	连续T梁	1991
Y260	黄合桥·港二口	汤家咀	9	6	4	4	双曲拱	1974
Y230	解家桥·沈家岗	沈家岗	53	15	7	6.1	空心板梁	1997
C868	刘郑线	苏渠	11	6	5	4	连续T梁	1975
Y353	马龙桥·法官桥	新电排	17	4	4.5	4.5	空心板梁	1965
Y237	莲法堰·雷家铺	郭湾	24	9	5.1	3.5	连续箱梁	1969
C855	中姚线	中心渠	11	6	5	4	连续T梁	1999
C019	太1线	德安	10	6.3	5	4	连续T梁	1983
C045	沙1线	四港	12	8	4	3	连续T梁	1990
C063	桃1线	余家垱	10	6	4	3	连续T梁	1979
C296	向2线	永丰	10.7	5	4	3	连续T梁	1983
C344	万大线	万元	19.8	11	5	4	连续T梁	1982
C479	64线	凉水井1	18.8	11	5	4	连续T梁	1990
Y218	王家桥·同心坝	王家	57	9.3	4.5	4.1	空心板	1969
X045	东韩线	韩公渡大桥	115	30	5.5	4.5	连续箱梁	1978
Y211	中河口·蒿子港	金仁1	20	7	6.2	5	连续箱梁	1992
C236	蔡郇线	郇家	8	6	4	3	连续T梁	1977
Y208	石板滩·罗湾	人民	13	4	4.6	4	双曲拱	1969
Y208	石板滩·罗湾	工农	47	27	12	11	双曲拱	1969
Y224	韩公渡·牛皇庵	立新	15	8	7.5	3.5	双曲拱	1993
C411	金尧线	金峰	15	5	5	4	连续T梁	1987
X042	白沙线	石公	83	21	6	4.7	连续箱梁	1975

续表

路线编号	路线名称	桥名	桥长（米）		桥宽（米）		桥型	通车时间
			全长	单孔最大跨径	全宽	净宽		
C252	何张线	张家	8	5	4	3	连续T梁	1979
C253	尹老线	老屋	8	5	5	4	连续T梁	1977
C374	王村线	英雄	20	5	5	4	连续T梁	1987
X038	灌六线	乐兴	160	16	7	6.4	空心板梁	1993
X042	白沙线	镇得	28.5	20	6.2	4.8	连续箱梁	1976
X045	东韩线	一港	17	5.9	7.6	6.5	空心板梁	1993
X045	东韩线	交通	17	6.8	7.6	6.5	空心板梁	1993
X052	陬鄂线	南阳	16	8	5.1	4	空心板梁	1988
X052	陬鄂线	大阳湖	10.8	6.8	7.6	3.8	空心板梁	1981
X048	康兰线	石门桥铁路	43	12.5	7	4.5	空心板梁	1999
C239	袁小线	新屋	13	4	4	3	连续T梁	1978
C241	牛李线	杜坪	8	5	4	3	连续T梁	1981
Y265	逆江坪・高湾	李家铺	9	5.7	4.2	3.8	双曲拱	1986
X052	陬鄂线	枫林口	23	6.3	4	3.8	空心板梁	1978
X045	东韩线	七港二号	13	6	8.4	7.5	空心板梁	1987
Y046	丁马线	唐家咀	38	9.5	5	4.5	空心板梁	1992
Y046	丁马线	栏马口	38	15	7.5	7	空心板梁	1993
X048	康兰线	观音庵	60	22	8.5	7.5	空心板梁	1999
X048	康兰线	石门	17	7	5.3	4.7	双曲拱	1996
C127	郑红线	安民	37	10	4	3	连续T梁	1984
C213	沈老线	付家	12	8	4	3	连续T梁	1981
C022	同村线	同兴	10	5	5	4	连续T梁	1979
Y251	官仓・五福寺	官仓	26	10	6	4.8	连续箱梁	1987

续表

路线编号	路线名称	桥名	桥长（米）		桥宽（米）		桥型	通车时间
			全长	单孔最大跨径	全宽	净宽		
Y257	青龙井·红岩咀	红岩咀	36.3	14.3	7.6	7	空心板梁	1997
Y265	逆江坪·高峰	伍家山	16	13	5	4.4	双曲拱	1986
Y265	逆江坪·高峰	杨家冲	13	10	5.6	5	双曲拱	1986
X052	陬鄂线	渡槽	20	13.2	4	3	连续T梁	1976
X049	谢杨线	湖江坪	25	6.6	7.6	6.5	空心板梁	1990
X045	东韩线	南湾	16	9.2	8.4	7.5	空心板梁	1988
C067	新仙线	仙人	100	30	5	4	连续T梁	1995
C011	团1线	团洲2桥	16	6	4	3	连续T梁	1971
C015	咸庆线	咸庆一桥	10	6.3	4	3	连续T梁	1981
C015	咸庆线	咸庆二桥	10	6.3	5	4	连续T梁	1981
C248	泉龚线	草堰	8	5	4	3	连续箱梁	1979
Y247	赵家桥·花叶港	花叶港	19.5	4.9	7.6	7	空心板	1971
Y226	六总宫·栏马口	桃家垱	15	3	10	3.5	空心板梁	1987
C092	西同线	江家	9	5	4	3	连续T梁	1985
C268	铁窑线	铁山	65	16	4	3	连续T梁	1985
C268	铁窑线	熊家溶	10	5	4	3	连续T梁	1985
Y248	枫林口·丁家港	丁家港	20	12.6	5	4.6	连续箱梁	2000
C449	花仙线	仙池冲	10	6.2	4	3	连续T梁	1998
C041	月村线	白泥桥	9	5	5	4	连续T梁	1979
Y227	长岭岗·丁家井	战斗	14	5	5.6	5.2	连续箱梁	1969
C091	李雨线	杨家	12	8	4.5	3	连续T梁	1985
C157	永水线	永福	10	5	4	3	连续T梁	1978
C001	同村线	同德	16	6	5	4	连续T梁	1985

续表

路线编号	路线名称	桥名	桥长（米）		桥宽（米）		桥型	通车时间
			全长	单孔最大跨径	全宽	净宽		
C004	棉交线	中河一	16	6	5	4	连续T梁	1979
C004	棉交线	中河二	16	6	4.5	3.5	连续T梁	1979
C023	胜村线	胜利	10	5	5	4	连续T梁	1984
C129	马机线	王家	12.3	10	4	3	连续T梁	1979
C487	黄村线	四合湾	9	6	4	3	连续T梁	1976
C212	伍湖线	湖海坪	9	6	4	3	连续T梁	1980
C212	伍湖线	花红	9	6	4.5	4	连续箱梁	1980
C001	同村线	双娄	16	6	5	4	空心板梁	1985
C002	麻村线	麻河	12	6	5	4	连续T梁	1979
Y264	逆江坪·超美水库	高岩塘	16	6	4.4	4	空心板梁	1995
Y256	湖堤·回龙	洪湖大	12	6.3	4.8	4.2	连续箱梁	1972
C268	铁窑	五里	66	16	4	3	连续T梁	1985
Y243	聂家桥·康家吉	老渡口	32	20	5	4.6	空心板梁	1988
C177	官1线	邵家港	10	5	5	4	连续T梁	1979
C218	泉黄线	黄潭	24	10	4	3	连续T梁	1978
Y213	周家店·白云山	玉良	25.6	8	4.7	4.3	空心板梁	1987
X050	鲤群线	邓家湾	26	10	6	5	双曲拱	1974
C423	青1线	五溪大	19.2	8	5	4	连续T梁	1977
C863	中邓线	渔场	11	6	4	3	连续T梁	2005
C179	南6线	胡家高	8.5	4	4	3	连续T梁	1979
Y210	麻河口·柴码	长安	10	6	7	6	双曲拱	1987
Y219	黄临线	张家台	8	6	4	3	连续T梁	1977
Y220	林租线	杉木	20	8	4	3	连续T梁	1980

续表

路线编号	路线名称	桥名	桥长（米）		桥宽（米）		桥型	通车时间
			全长	单孔最大跨径	全宽	净宽		
C443	吴村线	吴家坝	18.5	13.3	5	4	连续 T 梁	1981
C449	花仙线	孔家坳	7	5	4	3	连续 T 梁	1986
C234	田高线	杨咀	20	5	4	3	连续 T 梁	1983
C468	村 8 线	聂木	18.5	10	5	4	连续 T 梁	1985
C470	清将线	将军	20	8.2	5	4	连续 T 梁	1988
C478	新湖线	湖坪	11	9	4	3	连续 T 梁	1990
C026	小 3 线	小矛	10	5	4	3	连续 T 梁	1984
C040	移菱线	菱角	10	6	4	3	连续 T 梁	1979
C015	咸庆线	金仁	10	6.3	4.5	3	连续 T 梁	1981
C255	夏杨线	杨咀	8	5	5	4	连续 T 梁	1978
C256	周田线	周垱	8	5	5	4	连续 T 梁	1982
C268	铁窑线	窑顶	6.3	5	4	3	连续 T 梁	1985
C045	沙 1 线	七港	12	5	4	3	连续 T 梁	1988
C186	廖蒋线	红光	12	6	4	3	连续 T 梁	1980
X042	白沙线	清合	9	5	6	5	连续箱梁	1972
X043	南灌线	灌溪	51.5	14.5	6.4	5	连续箱梁	1965
C156	肖 6 线	肖家湾	10	5	4	3	连续 T 梁	1978
C351	岳火线	岳家	17	8.5	4	3	连续 T 梁	1987
C348	金村线	马龙	13.5	6.4	5	4	连续 T 梁	1993
C295	港公线	长征	20	5	4	3	连续 T 梁	1984
C295	港公线	棉纺厂	10.7	5	4	3	连续 T 梁	1980
Y212	蒿子港·十美堂	明康	10	6	5.4	4.8	连续箱梁	1981
Y228	长岭岗·解家桥	尹家	19	10	5.4	3.4	连续箱梁	1975

续表

路线编号	路线名称	桥名	桥长（米）		桥宽（米）		桥型	通车时间
			全长	单孔最大跨径	全宽	净宽		
C141	大牛线	民兵渠	25	4	5	4	连续箱梁	1988
C143	朱 9 线	民兵渠	25	4	6	5	连续 T 梁	1981
C144	株蔑线	株木山	10	6	5	4	连续 T 梁	1979
C151	永英线	英湖	15	8	4	3	连续 T 梁	1969
C011	团 1 线	团洲	16	6	4	3	连续 T 梁	1990
C160	上三线	顶兴	10	4	4	3	连续 T 梁	1981
C279	城黄线	反修	60	35	5	4	连续 T 梁	1988
C128	泄梁线	泄洪	31.8	10.5	4	3	连续 T 梁	1979
Y212	蒿子港・十美堂	太岳	8.8	5.8	5.1	3.6	连续箱梁	1978
C041	月村线	月亮	12	8	4	3	连续 T 梁	1977
C042	南大线	打鼓	12	8	4	3	连续 T 梁	1977
C043	一打线	一港南	12	8	4	3	连续 T 梁	1990
C044	南 2 线	南堤	10	5	4	3	连续 T 梁	1975
C298	鹿 3 线	孙家垱	11	4.2	5	4	连续 T 梁	1979
C315	施 9 线	施家坡	46.6	16	4	3	连续 T 梁	1979
C463	村黎线	袁家铺	21	15	5	4	连续 T 梁	1990
C246	南砖线	蔡桥	10	5.5	4	3	连续 T 梁	1981
C247	岩黑线	洪道	10	5.5	4	3	连续 T 梁	1981
C224	张刘线	庄屋垱	8	6	4	3	连续 T 梁	1980
	小计	201 座	4518.1					

表 2—6—6

桃源县县乡公路处桥梁统计表

路线编号	路线名称	桥名	桥长（米）		桥宽（米）		桥型	通车时间
			全长	单孔最大跨径	全宽	净宽		
C008	新桥·双拱桥	加工厂	8	5	6	5		
C072	郑坪·株湖桥	株湖	51	5.5	5	4		
C087	罗汉山垭	涌泉小学	14	8.5	7	6		
C089	团结·郑坪	郑坪	13	8	4.5	3.5		
C100	岭上·显化岗	方家嘴	10	6	5	4		
C158	谭太线	潭家嘴	9	5	6	5		
C226	水电楼·李家坪	沙落口	13	5	4.5	4.5		
C259	唱歌垭	玉儿	12.1	8.8	6.5	5.5		
C270	窝棚湾·仙娘庙	金坪小学	8	6	6	5		
C271	热王线	安名	8	5	4.1	3.2		
C288	村部·三天桥	高路天	32	25	6	5		
C346	水田冲·泉栗	四马	14	8	5.5	4.5		
C346	水田冲·泉栗	团板溪	13.5	12	5.9	4.9		
C346	水田冲·泉栗	金花泉	13	10	5.9	4.9		
C352	萝卜岗·大田垴	桃花	12	7	7.5	6.5		
C376	赫蒋线	下湾口	7	5	5	4		
C407	常青村部·莫子湾	常青	22	14.5	6.8	5.8		
C417	张家嘴·红岩山	龙家垱	22	5	5.5	5.3		
C436	村部·村部	张家	32	10.5	7	6		
C446	高湾村·高速路	高湾	12	5	4	3		
C561	菉溪·姚家冲	回龙	22	18	5.6	4.6		

说明：桥梁表采用2012年统计资料

续表

路线编号	路线名称	桥名	桥长（米）		桥宽（米）		桥型	通车时间
			全长	单孔最大跨径	全宽	净宽		
C566	麦子湾·拱桥坪	四发拱	10	5	3.5	3		
C569	奶烂线	上岩	23	14	5	4		
C588	松林·五指潭	五指潭	28	24	5.5	4.5		
C589	竹林·竹林	小潭	12	8	5	4		
C602	莫马线	燕子岩	50	10	6.5	6		
C612	牛卫线	万福	7	5.4	3.5	3.5		
C625	堡子一组	无名	8.5	4	5.5	4.5		
C636	剪市二组·湖堤	梭子圩	10	6	7	6		
C636	剪市二组·湖堤	竹田冲	10	4	4.1	3.2		
C650	肖家湾·八斗山村	枫树	9	6	5	4		
C666	金金线	金盘	38	29	5	4		
C674	马家坪·花河	集云	10	5.5	5.5	4.5		
C676	郑家冲·岩桥	马家坪	40	15.5	8.1	7.1		
C679	三三线	三庄	65	25.5	7.8	6.8		
C692	水枯冲·马王溪	马王溪	25	16.5	6	5		
C719	羯羊铺·桃花山泉	爱国	9	5	5	4		
C744	童子湾·沙湾纸厂	楠木洞	7	6	7	6		
C745	水茶线	夏溶	30	11	6	5		
C758	长长线	长岗头	27	23	6.5	5.5		
C760	洞口·木石溪	万家溶	7	5	5.1	4.1		
C763	正沙线	正溪二队	10	6	8	7		
C764	龙堰线	龙洞月	11	9	6	5		
C771	岩李线	野毛坪	91	10	7	6	空心板梁	

续表

路线编号	路线名称	桥名	桥长（米）		桥宽（米）		桥型	通车时间
			全长	单孔最大跨径	全宽	净宽		
C777	土洞溪·石竹山	胜利	32	14	6.5	5.5		
C777	土洞溪·石竹山	西安	17	13	4.6	3.7		
C778	明溪口·毛家界	枫木山	25	15	5.5	4.5		
C778	明溪口·毛家界	罗家湾	14	10	7	6		
C778	明溪口·毛家界	杨柳	12	7	7	6		
C780	楠竹园	炭山	15	10	5	4		
C781	电金线	湖南坪	28	10	5	4		
C850	红岩垱·介匠坪	王家坪	23	7	4	3.5		
CA66	周茶线	怡园	58	8	4.5	4		
CA67	二周线	蛮子冲	64	35	4.5	3.5		
CA67	二周线	二龙	70	17.5	4.5	3.5		
CB10	朝乡线	朝阳庵	38	17	5	4.5		
CB11	阳和线	和平	37	9	3	2.5		
CJA1	芦玉线	玉平	65	50	6.5	5.5		
CJA5	朝天口·莫溪育	平板	8	5	4.6	3.7		
CJB9	列家桥·建华	连红	7	5	6	5		
CJC1	新民·S306	八方	59	26.5	8	7		
CZ02	七冷线	红花	55	15	5	4		
S106	桐梓坡·张家界	茅坪电站	8.6	6.5	8	7	板拱	
S106	桐梓坡·张家界	跃进	40	35.7	7	6	板拱	
S106	桐梓坡·张家界	孔雀湾	7	5	6.5	5.5	板拱	
S106	桐梓坡·张家界	洞溪河	42.9	23	8	7	板拱	
S106	桐梓坡·张家界	大庄坪	28	20	7	6	板拱	

续表

路线编号	路线名称	桥名	桥长（米）		桥宽（米）		桥型	通车时间
			全长	单孔最大跨径	全宽	净宽		
S106	桐梓坡·张家界	凡寺	11.5	6	8	7	板拱	
S106	桐梓坡·张家界	岩晃河	36.2	20	8	7	板拱	
S106	桐梓坡·张家界	真龙	32.7	16	8	7	板拱	
S106	桐梓坡·张家界	岔口潭	37.2	20	6	5	板拱	
S240	沙坪·S299	兰家湾	30	18.5	6	5	板拱	
S240	沙坪·S299	大树	16	13	6.5	5.5		
S240	沙坪·S299	七金洞	11	6	6	5		
S242	石门·安化平口	热水坑	35	29	7	6	板拱	
S242	石门·安化平口	金坪	8.8	6	6.3	6	连续T梁	
S242	石门·安化平口	太坪	27	18	7.5	6.5	板拱	
S242	石门·安化平口	三阳二桥	47	18	9.4	8.4	板拱	1992
S242	石门·安化平口	向家	22.2	15	6.9	5.9	板拱	1977
S242	石门·安化平口	上向家	8.8	5.5	6	5	板拱	1977
S242	石门·安化平口	盐石坪	7.2	5.3	5	4	板拱	1970
S242	石门·安化平口	象林寺	6.4	5.5	5.3	4.3	板拱	1970
S242	石门·安化平口	仙人溪	65.5	20	8	7	空心板梁	1996
S242	石门·安化平口	一甲城	7.5	5	8	7	板拱	1974
S242	石门·安化平口	龙潭溪	8	5	5	4	板拱	1996
S242	石门·安化平口	竹园	111	72	8	7	连续箱梁	1976
S242	石门·安化平口	双岔溪	38.1	20	6.7	5.7	板拱	1981
S242	石门·安化平口	正溪	44.7	20	6.9	5.9	肋拱	1981
S242	石门·安化平口	皮匠沟	30.5	29.3	4.4	3.4	空心板梁	1999
S242	石门·安化平口	木石溪	24.2	12	7	6	连续T梁	1974

续表

路线编号	路线名称	桥名	桥长（米）		桥宽（米）		桥型	通车时间
			全长	单孔最大跨径	全宽	净宽		
S242	石门·安化平口	三方潭	164.5	40	7.8	6.8	连续箱梁	1976
S242	石门·安化平口	谭家溪	9.5	5	6.4	5.4		
S242	石门·安化平口	仙岩溪	14	9.5	5.5	4.5		
S242	石门·安化平口	谭家溪	9.5	5	6.4	5.4		
S244	漆河·邵东青山	六塘	28	23.5	4.5	3.5	板拱	
S244	漆河·邵东青山	木旺溪	8	6.8	4.5	3.5	板拱	
S244	漆河·邵东青山	龙圬	24	13	5.5	4.5	板拱	
S244	漆河·邵东青山	东安溪	10	5.8	6	5	板拱	
S244	漆河·邵东青山	千斤元	12	4	5.5	4.5	板拱	
S244	漆河·邵东青山	文明	10	5	5.5	4.5	板拱	
S244	漆河·邵东青山	双岔溪	19	8	5.8	4.8	板拱	
S244	漆河·邵东青山	自力	8	6	6	5	板拱	
S244	漆河·邵东青山	猫猫岩	23	10	6	5	板拱	
S244	漆河·邵东青山	岩板	8	6	6	5	板拱	
S310	保和堤·桑值三台	莒莆小桥	8	5	7.1	6.1	板拱	1962
S310	保和堤·桑值三台	莒甫	24	20	10.1	9.1	板拱	1971
S311	保和堤·桑值三台	双庆	19.3	15	9.1	8.1	板拱	1985
S311	保和堤·桑值三台	双溪口下	80	20	8	6	板拱	
S311	保和堤·桑值三台	一字山	22	10	7	6	空心板梁	
S313	千山红·泽家	上连珠	23	16	8.1	7	板拱	1970
S313	千山红·泽家	张拱	11.9	7.4	7.9	6.9	空心板梁	1995
S313	千山红·泽家	友谊	77.6	23	8.3	7.3	板拱	1970
S313	千山红·泽家	胜利	24.7	10	7	6	空心板梁	1988

续表

路线编号	路线名称	桥名	桥长（米）		桥宽（米）		桥型	通车时间
			全长	单孔最大跨径	全宽	净宽		
S313	千山红·泽家	杜坪	17	10	7.6	6.6	板拱	1987
S313	千山红·泽家	牛车河	41.7	35	8	7	板拱	1970
S320	岩汪湖·柳林汊	三板	7.8	6.5	8	7	空心板梁	1995
S320	岩汪湖·柳林汊	杏花	30.6	8	8	7	板拱	1995
S320	岩汪湖·柳林汊	芦花	42.7	10	7.4	5	连续T梁	1996
X121	蒙泉·双溪口	双溪口上	40	7	7	6		1970
X159	界溪河·浚津滩	麻石港	13.3	6.7	7.9	6.9		1995
X159	界溪河·浚津滩	董家	30	12	10	9	T梁	1995
X159	界溪河·浚津滩	东风	13	10	7.4	6.4	空心板梁	1970
X159	界溪河·浚津滩	马石	16	11	11.5	10.5	空心板梁	1996
X159	界溪河·浚津滩	廖家溪	15	10	7	6		1978
X159	界溪河·浚津滩	穿石	24	11.7	9	8		1995
X160	泥窝潭·夹岩口	泥窝潭	29.7	20	7.1	6.1	板拱	1970
X162	青林·太平桥	文昌阁	12	10	5.5	4.5		
X163	杨溪桥·S410	小溪	22	10	5	4		
X163	杨溪桥·S410	苍湾	24	10	5	4	板拱	
X163	杨溪桥·S410	苍双	47	37	7	6		
X164	寺平乡·S407	小龙潭溪	9.3	6.6	7	6		
X164	寺平乡·S407	叶溪河	10.3	6.1	5.3	5.3		
X164	寺平乡·S407	小洋溪	36	18	5.6	4.6		
X164	寺平乡·S407	大洋溪	52	16	6	5		
X164	寺平乡·S407	大拱	24	14	9	8.5	空心板	
X167	漆河镇·S226	长寿	10	6.8	5	4		

续表

路线编号	路线名称	桥名	桥长（米）		桥宽（米）		桥型	通车时间
			全长	单孔最大跨径	全宽	净宽		
X167	漆河镇·S226	龙五	25	17.5	5	4	板拱	
X167	漆河镇·S226	马龙港	15	9.8	4.8	3.7	空心板梁	
X167	漆河镇·S226	田河	15	8	5.5	4.5	空心板梁	
X167	漆河镇·S226	栗林坝	7	5	5	4		
X169	龙潭镇·S407	吴尔溪	18	9	5.4	4.4	板拱	
X169	龙潭镇·S407	鄢家溪	63	40	9.5	8.5		
X169	龙潭镇·S407	鄢家溪大桥	52	17	5.5	4.5	板拱	
X171	漆河镇·佘家坪	推磨洲	11	5.4	7	6		
X171	漆河镇·佘家坪	新河	10	5	9.6	8.6	板拱	
X171	漆河镇·佘家坪	野鸭坪	11	6	7	6		
X171	漆河镇·佘家坪	太平桥二	13	5.5	6.4	5.4		
X171	漆河镇·佘家坪	蓝家	10	5.5	6.4	5.4		
X171	漆河镇·佘家坪	袁家	10	6.5	6.4	5.4	板拱	
X171	漆河镇·佘家坪	洞湾渡槽	103	9.6	4.3	3.2	板拱	
X172	佘家坪·S407	猫儿	10	6	7	6	板拱	
X172	佘家坪·S407	青山口	12	7	6.5	5.5	板拱	
X173	唐家桥·泥窝潭	泥窝潭	49.7	21.3	8.3	7.4	板拱	
X174	千丈河·杜坪	友谊	17.7	13.1	7	6		
X174	千丈河·杜坪	陈家河	11.1	7.6	3.9	2.9		
X174	千丈河·杜坪	陈家塔电坝	17	14	6.4	5.4	板拱	
X176	合津坳·插合殿	合溪口	36.2	24.5	6.5	5.5	板拱	
X177	深水港·马石	安溪	23.6	8	5.5	4.5		
X177	深水港·马石	三八	8	5.3	5	4		

续表

路线编号	路线名称	桥名	桥长（米）		桥宽（米）		桥型	通车时间
			全长	单孔最大跨径	全宽	净宽		
X195	深水港·泥窝潭	发旺	19	15	5.6	4.6		
Y002	界溪河·老铺岗	添家	10	6	6	5		
Y006	南零线·九溪	托家	14	9	4.5	3.5		
Y006	南零线·九溪	井家峪	14	10.6	6.8	6.8		
Y009	水芦线	泥家湾	16	10	4	3	板拱	
Y009	水芦线	猪槽洞	14	10	4	3	板拱	
Y009	水芦线	陶家冲	16	10	4	3	板拱	
Y290	展旗山·中心村	善溪港	25	7	3.7	2.7	空心板梁	
Y297	畲田村·黄花桥	冯家	30	8	7	6	板拱	
Y297	畲田村·黄花桥	洞湾	15	8	7.5	6.5	板拱	
Y297	畲田村·黄花桥	黄花	23	5	6	5		
Y307	株林桥·老官坪	雪马	15	8	6	5	板拱	
Y309	街头坪·S227	高明	11	6.8	7	6	板拱	
Y310	汉官庙·S407	小苏溪	174	40	7.5	6.5	板拱	
Y315	大洑溪·羊楼坪	燕家坪	26.2	20	9	8	板拱	
Y316	南岳殿·X145	群英	30	17	5.5	4.5		
Y319	龙阳坪·X145	柳树港	44	32	5.5	4.5	双曲拱	
Y319	龙阳坪·X145	古来峪	11	5	6.8	5.8		
Y332	苏黄溪·S227	野毛坪	52	16	4.6	4.1		
Y332	苏黄溪·S227	六家冲	14	13	6.5	5.5	空心板梁	
Y333	G319·千斤园	桥塘	7.6	5.4	6	5		
Y333	G319·千斤园	桥塘	43.7	8.1	6.5	5.5	板拱	
Y335	大水田·薛家冲	东风	60.5	50	6	5		

续表

路线编号	路线名称	桥名	桥长（米）		桥宽（米）		桥型	通车时间
			全长	单孔最大跨径	全宽	净宽		
Y335	大水田・薛家冲	革命	15	10	6	5		
Y335	大水田・薛家冲	磨子坪	35	24	6	5		
Y335	大水田・薛家冲	岔溪	34	26	6	5	板拱	
Y405	青草坪・YD41	白岩寺	16	6	6	5		
Y406	茅叶寺・新屋	三里溪港	37	24	6	5		
Y411	高桥・高岩林场	高桥	52	20	6.8	5.8		
Y411	高桥・高岩林场	高岩	58	16	7.1	6.1		
Y412	广福殿・天台山	张家湾	34	5	7	6	板拱	
Y412	广福殿・天台山	西溪	18	10	9	8		
Y413	姚公坪・沙萝	喜雨	14	5	7	6		
Y415	明月・S338	山河	9	7	6	5		1971
Y419	大公村・X152	英家	18	10.3	4	3		
Y426	X156・三圣殿	百花岩	15	6.1	5	4		
Y426	X156・三圣殿	五方坪	13	5	5.6	4.6	板拱	
Y441	刘家坪・白石溪	刘家坪	26.7	20	7.8	6.8		
Y443	喜洋・桃花源	桃花	60	15	5	4		
Y445	郑家驿・S354	官坪	18	8	7	6		
Y446	郑家驿・沙坪	高岩	11	6	7	6		
Y446	郑家驿・沙坪	黄金	6.5	5.3	6	5		
Y446	郑家驿・沙坪	飞子	6.5	5.5	6.5	5.5		
Y446	郑家驿・沙坪	金坪	6.5	5.9	6	5		
Y446	郑家驿・沙坪	泥湖	10	6	6	5		
Y446	郑家驿・沙坪	青年	10	8	5	4		

续表

路线编号	路线名称	桥名	桥长（米）		桥宽（米）		桥型	通车时间
			全长	单孔最大跨径	全宽	净宽		
Y449	小杨溪·游鹿溪	小洋溪	10.8	6.8	5	4		
Y449	小杨溪·游鹿溪	达家岭	28	20	5	4		
Y449	小杨溪·游鹿溪	双叉溪	12	7	5	4		
Y449	小杨溪·游鹿溪	凤凰山	8	6	5	4		
Y450	X136·沙堤村	王家榜	10	6	6	5.5		
Y450	X136·沙堤村	中洲	57.5	35	5	4		
Y450	X136·沙堤村	双溪	54	30	6	5		
Y452	十八登·冷家溪	十八登	14	6	5	4		
Y453	西坪·双溪口	爱心桥	14	6	5	4		
Y456	成功坪·苏黄溪	成功坪拱	50	26	7.5	7		
Y456	成功坪·苏黄溪	把溪口	30	13	5.5	4.8		
Y456	成功坪·苏黄溪	苏黄溪	108	78	6	5		
Y456	成功坪·苏黄溪	卢家湾拱	14	10	4.5	3.5		
Y457	杨柳山·磨子坪	希望	27	22	4	3		
Y459	一字山·S407	卓桥	10.5	5.5	5	4.5		
Y459	一字山·S407	杉树咀	24	13.6	4.3	3.2		
Y460	罗家店·羊毛滩	红卫洞	15	10	5	4		
Y460	罗家店·羊毛滩	烽火岗	30	13	6.3	5		
Y462	架桥·平庵	架桥	28	12	5	4		
Y464	蔡家岗·S350	张家垱	25	5.5	4.3	3.2	板拱	
Y464	蔡家岗·S350	朱家港新桥	14	6	7.1	6.1		
Y466	石家桥 X059	乐家庙	11.1	7.1	5.3	4.3		
Y471	白栎·农协	官庄	54.5	22	5	4.3		

续表

路线编号	路线名称	桥名	桥长（米）		桥宽（米）		桥型	通车时间
			全长	单孔最大跨径	全宽	净宽		
Y531	毛坪河·曾家河	牛郎溪	9	7	4	3		1976
Y532	毛会线	会人溪	80	16	6.5	5.5	空心板	1976
Y539	洞溪二组·洞溪	洞溪	57	10	4.5	4	整体现浇板	
Y541	观音岩·高山	草坪	37	21	8	7		
YD01	龙家嘴·胜丰	桥潭	25	7	5	4.5		
YD01	龙家嘴·胜丰	寨潭	35	7	5	4.5		
YD06	S354·成功坪	大冲	15.5	14	7.5	6.5		
YD06	S354·成功坪	岩涎	8	6	5.3	4.3		
YD06	S354·成功坪	一元	50	35	5.5	4.5		
YD08	X137·郑坪村	罗家湾	15	9	5.5	4.5		
YD14	X357·骑龙山	傅家湾	11	7	5	4		
YD20	S407·官宜坪	后坪	13	5	5	4		
YD21	涌泉·S306	灌车湖	40	10	5	4.5		
YD21	涌泉·S306	罗家拱桥	19	8	4.5	3.5		
YD23	杨柳·花园	杨柳	15	6.5	5.5	4.5		
YD26	Y415·星德山	打乱	15	10.5	5	4		
YD27	仙娘庙·黄金村	沙溪	10	4	5	4		
YD27	仙娘庙·黄金村	新岩	9	7.5	5	5		
YD30	栗家桥·下南溪	栗家	17	12	5	4		
YD30	栗家桥·下南溪	沙堤	42	32	6	5		
YD30	栗家桥·下南溪	下兰溪	130	20	5	4.5		
YD34	麦市村·白石铺	下家溪	32	20.5	5.5	4.5		
YD36	仙娘·新湘溪	长潭	48	24	6	5		

续表

路线编号	路线名称	桥名	桥长（米）		桥宽（米）		桥型	通车时间
			全长	单孔最大跨径	全宽	净宽		
YD36	仙娘·新湘溪	内古潭	26	8	6.5	5.5		
YD39	长板铺·茶安铺	青年	15	10	5.5	4.5		
YD39	长板铺·茶安铺	唐家溪	6	5	5	4		
YD39	长板铺·茶安铺	象皮嘴	10	6.5	5	4		
YD39	长板铺·茶安铺	杨家溪	10	6.5	5	4		
YD39	长板铺·茶安铺	青龙嘴	7	6	5.5	4.5		
YD44	彰善·桃子	三板溪	35	15	5	4		
YD45	前山桥·丁家坊	告木岭	23	11	4.9	4.3		
YD48	显化岗·株湖	碌厂	14	6.5	6	5.5		
	小计	260 座	6794.9					

临澧县县乡公路处桥梁统计表

表 2—6—7

路线编号	路线名称	桥名	桥长（米）		桥宽（米）		桥型	通车时间
			全长	单孔最大跨径	全宽	净宽		
Y116	三合·大丰	陈湖	18		6.2	6	连续T梁	1996
C312	龙双线	双龙总干三	15.5		3.9	3.4	连续T梁	1971
C341	洹天线	原里寺	18		4.9	4.4	连续T梁	1991
C152	大古线	枫古	10.6		6.3	5.8	连续T梁	1979
X020	白虎·珠日	大溪	43.2		9.7	7	空心板梁	2006
Y108	七重·停弦	红旗	20		7	4	连续T梁	1978
X018	高兴·九里	泉水	22		12.8	5	板拱	1992
C101	青丰线	胡家	13.4		4.2	3.7	连续T梁	1972
X018	高兴·九里	三义	13		15	9	板拱	1972
X017	五里堆·合口	塞水	14		7.5	7	板拱	1970
Y108	七重·停弦	红星	15.5		5.6	5	空心板梁	1975
Y107	马路·农机站	新河	21		7.5	7	板拱	1990
C491	罗太线	太平	9		4.7	4.2	连续T梁	2003
X020	白虎·珠日	泼油岗	12		6	5.5	连续T梁	1974
X200	白虎·珠日	陈二	26.5		7.5	7	连续T梁	1971
X020	白虎·珠日	陈二跨铁	36.7		7	6.6	空心板梁	1993
X020	白虎·珠日	溢洪	12		7	6.6	连续T梁	1979
X020	白虎·珠日	金家	15.5		9.2	8.7	连续T梁	1992
X020	白虎·珠日	郭家	17		7.7	7.2	连续T梁	1995
X020	白虎·珠日	青山一桥	14		13	11.2	空心板梁	1967
X020	白虎·珠日	建新	21		13	11	连续T梁	1979

续表

路线编号	路线名称	桥名	桥长（米）		桥宽（米）		桥型	通车时间
			全长	单孔最大跨径	全宽	净宽		
X023	斋阳桥·牌楼岗	衍嗣庵	11.5		12	11	连续T梁	1985
X022	段家咀·五同庵	杨家	23.3		7.2	6.7	连续T梁	1993
X022	段家咀·五同庵	群英	18.6		8	7.3	连续T梁	1974
C026	大两线	朱伦	34.7		5	4.5	空心板梁	2005
C052	郭周线	岩拱二桥	7		4.2	3.7	连续T梁	1978
X020	白虎·珠日	西引寺	16.1		10.6	9.6	连续T梁	2004
X020	白虎·珠日	江家坡	17		15.4	9	连续T梁	1998
X020	白虎·珠日	小溪	18.5		12	11	连续T梁	1996
Y143	分水·杨桥	水利	28		4.4	3.9	空心板梁	1972
Y140	金宝滩·同一	金宝滩灌渠	9		4	3.8	连续T梁	1978
Y140	金宝滩·同一	金宝滩	36		6.3	4.5	双曲拱	1977
Y140	金宝滩·同一	金宝滩大桥	125		6	4.5	空心板梁	1977
Y140	金宝滩·同一	金宝滩老桥	11		4.3	4	空心板梁	1984
Y129	牛六·何岗	杉板铁路桥	45.8		7	6	空心板梁	1996
Y127	柳三桥·凤兴	三里	6		5	4	连续T梁	1993
Y126	竹马水库·马路	马路	8.5		4.6	4	连续T梁	1975
Y125	九里岗·官亭	竹马	16		5	4.2	空心板梁	1999
Y121	新河·纸棚沟	黄家	25		5	4.4	连续T梁	1978
Y121	新河·纸棚沟	岩龙	20		5	4.5	连续T梁	1992
C114	百岗线	油榨湾	12.3		4.8	4.3	连续T梁	1972
C128	高水线	大垱	9.3		7	6.5	连续T梁	1982
C014	陈2线	兴安	11.5		4.5	4	连续T梁	1972
X020	白虎·珠日	玉公泉	14		7.8	7	连续T梁	2004

续表

路线编号	路线名称	桥名	桥长（米）		桥宽（米）		桥型	通车时间
			全长	单孔最大跨径	全宽	净宽		
C309	龙三线	总干渠两门闸	14		4	3.5	空心板梁	1971
Y134	招兵岭·永镇桥	永镇	13		5.5	5.1	连续T梁	1985
Y127	柳三桥·凤兴	施家河	7		5	4	连续T梁	1998
Y134	胜利·太浮	大王化	11		5.1	4.5	连续T梁	1971
C279	夏杨线	溢拱	12		3.9	3.4	连续T梁	1982
C314	金金线	金岗	16		4.7	4.2	连续T梁	1971
C316	金金线	三门闸	18		4.3	3.8	连续T梁	1971
C324	楠伏线	邱桥二组	16		4	3.5	连续T梁	1971
C345	青青线	青龙	14		5	4.5	连续T梁	1978
C367	伏岩线	岩桥	16		8	7.5	连续T梁	1995
C377	打打线	爱民	22		6.8	6.3	连续T梁	2004
C386	花史线	史家	24.4		4.6	4.1	空心板梁	1998
C015	陈汪线	礼貌	6.7		4.8	4.3	连续T梁	1974
Y134	招兵岭·永镇桥	新桥	15.3		5.4	4	连续T梁	1968
C409	熊楼线	万富	12.5		5.4	4.9	连续T梁	1935
Y121	新河·纸棚沟	黑闸	70		6.2	5	连续T梁	1960
Y118	漫水桥·青山	漫水	250		8	7	空心板梁	1989
Y117	官亭水库·沙堤桥	沙堤	28		9.2	6.5	连续T梁	1959
Y115	七倾·管渡	龙池	13.4		4	3.3	连续T梁	1965
Y115	七倾·管渡	七倾	23		8.6	5	连续T梁	1996
Y114	文家·雅林	雅林	11		6	4.5	连续T梁	1965
Y114	文家·雅林	浮山	9.3		6.6	3.8	连续T梁	1976
Y114	文家·雅林	张家	10.4		6.3	4	连续T梁	1986

续表

路线编号	路线名称	桥名	桥长（米）		桥宽（米）		桥型	通车时间
			全长	单孔最大跨径	全宽	净宽		
C052	郭周线	八仙	22.1		5	4.4	空心板梁	1990
C002	窑狮线	九蛳二号	11.3		5.1	4.6	连续T梁	1999
C435	石黄线	黄土	14		4.9	4.4	连续T梁	1965
C441	石鸡线	石家	14		5	4.5	连续T梁	1987
C131	荷中线	蔡家天	58.9		4.7	4.2	空心板梁	2002
C444	闸槐线	闸家	14		4.3	3.8	连续T梁	1987
Y133	仙人桥·黄土坡	仙人	18		8.2	7.2	连续T梁	2000
Y131	小溪桥·重阳垭	小溪	12		5.1	4.6	空心板梁	1976
Y130	彭家河·青山	岩板垱	15		4	3.5	连续T梁	1968
Y151	两岔河·陈二铺	陈二铁路	32.3		5.6	4.5	空心板梁	2004
Y148	九里·众丰	丁家	12		7.2	6.5	连续T梁	1964
Y145	烽火·柏枝	柏枝台	34.3		6.5	5.7	连续箱梁	1966
Y145	烽火·柏枝	杨家	14		8	7	板拱	1975
Y144	高家·双九	张家	11		4.5	4	板拱	1975
C261	汽S线	子福	33		8.7	8.2	连续T梁	1982
C429	七顺线	顺水	34		5	4.5	连续T梁	1975
C430	范凉线	范家	23		4.7	4.2	空心板梁	1973
C089	鸣桂线	唐家	24.7		6.6	6.1	双曲拱	1982
C095	段临线	临安	34.3		5.2	4.7	连续箱梁	1979
Y139	火车站·文家	龙潭	133.9		10	9	空心板梁	2003
Y139	火车站·文家	芭蕉小桥	18		9	8	空心板梁	2003
Y151	两岔河·陈二	段家	40		5.8	5	连续箱梁	1971
Y151	两岔河·陈二	南齐垱	12.8		6	5	连续T梁	1972

续表

路线编号	路线名称	桥名	桥长（米）		桥宽（米）		桥型	通车时间
			全长	单孔最大跨径	全宽	净宽		
Y138	芭蕉岗·新岗	双溪	12		4	3	空心板梁	1975
	小计	91 座	2193.6					

表 2—6—8

石门县县乡公路处桥梁统计表

路线编号	路线名称	桥名	桥长（米）		桥宽（米）		桥型	通车时间
			全长	单孔最大跨径	全宽	净宽		
X002	火连坡·罗坪	剪刀河	17.3	10	6	5.5		1975
X002	火连坡·罗坪	接日坪	14	8.4	5.5	5		1974
X002	火连坡·罗坪	鸡公	19	10.3	6.7	6.2		1973
X002	火连坡·罗坪	老虎	26.5	14	7	6.5		1974
X002	火连坡·罗坪	青山峡	51	15	6.5	6		1975
X002	火连坡·罗坪	崎岖河	31	19	6	5.5		1972
X002	火连坡·罗坪	溪水坝	40	3	7.5	7		1998
X002	火连坡·罗坪	穿山	26	16.5	5.8	5.3		1986
X002	火连坡·罗坪	风车口	35	22	7	6.5		1986
X002	火连坡·罗坪	骏马溪	60	31	9.5	7.5		1986
X002	火连坡·罗坪	张家渡	127.2	60	10	7.6		1986
X002	火连坡·罗坪	三门峪	16	10	5.8	5.3		1996
X002	火连坡·罗坪	三元	11	5.2	7.5	7		1997
X002	火连坡·罗坪	黄莲	14	8.2	8.8	8.3		1997
X002	火连坡·罗坪	短棒溪	17	8	8.7	8.2		1997
X002	火连坡·罗坪	芭蕉峪	15.8	5.8	7	6.5		1997
X002	火连坡·罗坪	官渡	14.9	7.5	7.3	6.8		1986
X002	火连坡·罗坪	孙家沟	38	15	7.5	7		1986
X002	火连坡·罗坪	桥儿溪	31.2	15	7	6.5		1986
X002	火连坡·罗坪	安溪	22.7	13.5	6.8	5		1981
X002	火连坡·罗坪	联盟	13.3	8.7	6.5	6		1981

续表

路线编号	路线名称	桥名	桥长（米）		桥宽（米）		桥型	通车时间
			全长	单孔最大跨径	全宽	净宽		
X002	火连坡·罗坪	和平	15.6	9.4	6.4	6		1977
X002	火连坡·罗坪	仁义	16	9	5.7	5.2		1980
X002	火连坡·罗坪	龙坪	52	19.5	6.8	6		1980
X002	火连坡·罗坪	重溪峪	28.5	16.5	6	5.5		1977
X002	火连坡·罗坪	罗坪	50	30	6	4		1979
X004	磺厂·太平	岩板河	48	30	9.3	7		2007
X005	九渡河·罗坪	三岔溪	25.6	18	6.5	6		1996
X005	九渡河·罗坪	杨柳	7	5.4	7	6.5		1980
X005	九渡河·罗坪	思古溪	21	11	6	5.5		1978
X005	九渡河·罗坪	雁池	153	40	13	10.4		1984
X005	九渡河·罗坪	马家峪	15.5	6	6.8	6.3		1975
X005	九渡河·罗坪	水晶庙	13	8	6.5	6		1974
X005	九渡河·罗坪	亩溪峪	24	12	5	4.5		1974
X005	九渡河·罗坪	枇杷	19.5	13	6.5	6		1975
X005	九渡河·罗坪	红旗	16	9	6.5	6		1974
X005	九渡河·罗坪	青羊峪	16	8	4.5	4		1974
X005	九渡河·罗坪	苏家铺	39.2	28	7.8	7.3		1979
X005	九渡河·罗坪	龙兴	10	5.5	5.5	5		1980
X005	九渡河·罗坪	西山垭	8	5.5	5.4	5		1978
X005	九渡河·罗坪	岩塔	15	10	6.5	6		1980
X005	九渡河·罗坪	马子溪	14	10	6.2	5.7		1978
X006	官庄桥·石门垭	玉皇庙	9.5	7	6	5.5		1970
X006	官庄桥·石门垭	王官	52	37.5	6	5.5		1970

续表

路线编号	路线名称	桥名	桥长（米）		桥宽（米）		桥型	通车时间
			全长	单孔最大跨径	全宽	净宽		
X006	官庄桥·石门垭	白善峪	9	7	15.2	14.7		1970
X006	官庄桥·石门垭	岩塔桥	15	1.5	7.5	7		1970
X006	官庄桥·石门垭	九斗峪	26	1.5	6	5.5		1970
X013	石门·新开寺	乌龟垱	17	7.6	6	5.5		1970
X013	石门·新开寺	双红	18.3	14.5	6.5	6		1970
X013	石门·新开寺	塘市二桥	15	6.5	7	6.5		1987
X013	石门·新开寺	塘市一桥	20	8	5.6	5		1992
X013	石门·新开寺	新铺	20	14	8.4	8		1993
X013	石门·新开寺	永兴	7.5	5	6.8	6		1993
X013	石门·新开寺	胜天	12	9	6	5.5		1970
X013	石门·新开寺	喻家垱	19.6	10	5.7	5.2		1981
X013	石门·新开寺	三板桥	12.7	7	6.6	6		1977
X013	石门·新开寺	土桥	16	8.5	4.8	4.3		1967
X014	石门电厂·跳土坡	鹅拱	17	7	6	5.5		1978
X019	王家厂·维新	官庄峪	12	10.5	6.6	6		1980
X019	王家厂·维新	槐树沟	10	7.2	6.4	6		1980
X019	王家厂·维新	北流溪	16	10	6.3	5.8		1978
X019	王家厂·维新	长兴	13	8.8	7.5	7		1983
X019	王家厂·维新	岗市	38.6	7	7.6	7		1983
X019	王家厂·维新	茅坪	86.7	19.6	5.5			1977
X024	菖蒲·雅林桥	上午通	29.6	7	6.5	6		1978
Y001	白垭·清官渡	汪家一桥	7	5.5	7	7		2007
Y001	白垭·清官渡	汪家桥	7	5.5	7	5.5		1968

续表

路线编号	路线名称	桥名	桥长（米）		桥宽（米）		桥型	通车时间
			全长	单孔最大跨径	全宽	净宽		
Y002	油库·么市	红沙溪	12	7	7.6	7.6		1982
Y003	蔡家溪·双溪	友助	35.5	13.6	10.7	9		1970
Y003	蔡家溪·双溪	双溪	42.7	6	6.1	5.6		1970
Y004	车湾·苗市	花山港一桥	14	5	6	6		1958
Y004	车湾·苗市	花山港二桥	14	5	6	6		2007
Y005	江坪·石碾子沟	神景寨	62	22	5.4	4		1969
Y005	江坪·石碾子沟	小河口	20	10	6.7	5.5		1992
Y005	江坪·石碾子沟	溪沟	18	6	7	6		1992
Y006	杨家坪·郑垭	吴查	17	5	5.4	5		1983
Y007	狗头井·泥沙	白果	23.8	10	7	6.6		1993
Y007	狗头井·泥沙	苏英	32.9	15.5	8	6.6		1993
Y007	狗头井·泥沙	南北	58.4	31.2	9.6	7.8		1994
Y007	狗头井·泥沙	平东	43	27	6.5	6		1978
Y007	狗头井·泥沙	大胜	11.8	6	8	7.5		1978
Y007	狗头井·泥沙	泥市	113	46	10	9		1978
Y009	联谊桥·高家台	联谊	83	31	9.2	6.8		1975
Y009	联谊桥·高家台	七里庙	14.7	5.7	5	4.5		1984
Y010	罗垭坪·王家湾	蔡家湾口	15	6	5	4.5		1999
Y010	罗垭坪·王家湾	王家坪	17	10	6.5	5		1996
Y010	罗垭坪·王家湾	覃家	11.6	5	6.5	5		1998
Y012	所街·珠宝街	所街	201.1	40	10	7		1996
Y012	所街·珠宝街	后溪	26	11.9	6.3	5.5		1983
Y014	麻纳口·麻纳峪	小康	22	13.4	5.15	4.75		2003

续表

路线编号	路线名称	桥名	桥长（米）		桥宽（米）		桥型	通车时间
			全长	单孔最大跨径	全宽	净宽		
Y014	麻纳口・麻纳峪	国际	23.9	18	5.1	4.7		1999
Y014	麻纳口・麻纳峪	双岭	19.6	14.7	5.9	5.1		1986
Y014	麻纳口・麻纳峪	阳光	22.1	18.6	5	4.5		1999
Y014	麻纳口・麻纳峪	连心	12.5	8.5	5.2	4.7		2000
Y015	安溪・风垭头	洪水滩	66.5	31.5	8.2	7.8		1984
Y016	马子溪・黄莲尖	郑溪坪	30	20	5	4.6		1988
Y016	马子溪・黄莲尖	温家洞	12.5	5.5	5.4	5		1989
Y017	热水溪・磨市	大方沟溪	27.6	16	9	8.4		1983
Y017	热水溪・磨市	团结	12.3	8.7	7.6	7		1984
Y017	热水溪・磨市	田家溪	26	12	8	7.5		1985
Y018	两河口・白泥地	泪济	22.4	14.3	8.2	7.5		1982
Y018	两河口・白泥地	热水溪	12.7	5.9	5.6	5.2		1974
Y019	木瓜・鸡窝	发人溪	13.6	5	7	6.5		1973
Y022	太青山・河口	北岔溪一	17	6.5	7	6.5		1980
Y022	太青山・河口	北岔溪二	31	20	7.5	7		1980
Y023	河口・曾家垭	河口下	34.4	20	5.5	5		1970
Y023	河口・曾家垭	河口上	45.9	34.5	8	7.5		1977
Y023	河口・曾家垭	南岔一	19	18	6.5	6		1975
Y023	河口・曾家垭	南岔二	29.6	19	6.5	6		1975
Y023	河口・曾家垭	南岔三	37	23	7	6.5		1975
Y023	河口・曾家垭	南岔四	30	18	6	5.5		1975
Y025	河口・三圣	刘家院子	22	12	7	6.5		1996
Y025	河口・三圣	三圣庙	32.6	24	8	7.5		1996

续表

路线编号	路线名称	桥名	桥长（米）		桥宽（米）		桥型	通车时间
			全长	单孔最大跨径	全宽	净宽		
Y027	美胜桥・雷公咀	株树咀	12	5	5	4.5		1981
Y027	美胜桥・雷公咀	蔡家	10	7.5	5	4.5		1990
Y027	美胜桥・雷公咀	刘家	9	6	3.2	3		1976
Y027	美胜桥・雷公咀	六眼泉	13.5	6	5	4		1990
Y027	美胜桥・雷公咀	金岩溪	9	6	6	5		1978
Y027	美胜桥・雷公咀	枧桥	34	28	6	5.5		1983
Y028	鸡鸣桥・干溪沟	引水渠	15	6	5	4		1979
Y028	鸡鸣桥・干溪沟	竹家湾	10	6	4	3.5		1970
Y028	鸡鸣桥・干溪沟	王家沟	12	6	4	3.5		1970
Y028	鸡鸣桥・干溪沟	五组	7	5	4	3.5		1998
Y030	皂市大桥・青鱼脑	皂市	181.8	31	8	6		1986
Y030	皂市大桥・青鱼脑	三眼	19.8	9.1	7	6.5		1977
Y030	皂市大桥・青鱼脑	杜人	20.4	12.1	7	6.5		1998
Y031	皂市镇・沿市渡口	卢家	20.4	13	6	5.5		1974
Y033	新桥・九同牌	血流溪	13	5	7	6		1978
Y034	新关镇・三江口	友助	35.5	13.6	10.7	9		1970
Y035	川店铺・易市	刘家	35	10	7.5	7		1970
Y035	川店铺・易市	井湾泄洪	15	8	4	3.5		1972
Y036	新街口・杨坪	瓦砖	19	12	7	6.5		1980
Y037	高桥・大兴	高桥	32	12	6	5		1981
Y038	杨坪・姚家坪	杨坪	18	10	9	7		2000
Y038	杨坪・姚家坪	西双	11	5	5	4.5		2000
Y039	分水岭・官渡桥	姚家	20	5.5	4	3.5		1967

续表

路线编号	路线名称	桥名	桥长（米）		桥宽（米）		桥型	通车时间
			全长	单孔最大跨径	全宽	净宽		
Y039	分水岭·官渡桥	官渡	48	17.5	12.5	10.5		1985
Y041	共青水库·猴子脑	七松	9	5	4.6	4		1976
Y043	南门·荷花堰	南门	12	7	6	5.6		1982
Y043	南门·荷花堰	马塔	53	18	6.6	6		1979
Y046	潘家铺·羊毛滩	凤仙	16.2	3.2	4.2	4		1970
Y048	小六合口·潘家铺	齿牙	18	8	6.5	6		1978
Y472	蜈蚣寨·东方桥	连新	22.6	12.6	7	6.5		2000
Y472	蜈蚣寨·东方桥	候家河	18.6	7	4.5	4		1997
Y473	竹园·道渣台	黄溪峪	13.5	6.5	5.5	5		1993
Y473	竹园·道渣台	红岩	31	13	6	5.5		1993
Y473	竹园·道渣台	洛铺	14.8	6.8	9.7	9		1998
Y473	竹园·道渣台	红卫	19.3	10.5	5.7	5		1993
Y474	黄溪峪·黄家凸	青龙	12	6	7	6.5		1978
Y474	黄溪峪·黄家凸	黄溪峪	13.5	6.5	5.5	5		1993
Y474	黄溪峪·黄家凸	红岩	31	13	6	5.5		1993
Y474	黄溪峪·黄家凸	望乡	14.6	8.6	5.5	5		1989
Y474	黄溪峪·黄家凸	红卫	19.3	10.5	5.7	5		1993
Y477	大洞坪·南坪河	连新	22.6	12.6	7	6.5		2000
Y477	大洞坪·南坪河	候家河	18.6	7	4.5	4		1997
Y477	大洞坪·南坪河	冬竹园	30	12	7.5	7		1982
Y477	大洞坪·南坪河	马尾松	17.8	10.2	7.5	7		1982
Y477	大洞坪·南坪河	南坪	22.6	9.8	6.8	6		1982
C003	南红线	金河	22	9	4.7	4.2		1980

续表

路线编号	路线名称	桥名	桥长（米）		桥宽（米）		桥型	通车时间
			全长	单孔最大跨径	全宽	净宽		
C009	清安线	清官渡	19	14	5.5	5		1970
C034	两黄线	两河口	35	4	3.5	3		1987
C041	江田线	龙洞峡	11	10	3.5	3		2004
C042	龙村线	龙江 1 桥	81	33	4.7	4.2		1981
C042	龙村线	龙江 2 桥	23	17.5	4.7	4.2		1990
C042	龙村线	龙江 3 桥	22	10	4.5	4		2000
C046	泥堰线	纸棚沟	11	5	6.5	6		1986
C050	狗平线	悬崖岩	13	6.3	4	3.5		1974
C050	狗平线	白岩湾	18	12.5	4.5	4		1975
C051	狗村线	平东小桥	23	20	4	3.5		1992
C052	狗姚线	平东	20	7	5.5	5		1986
C052	狗姚线	张家湾	9	7	5.2	4.7		1990
C052	狗姚线	郭家垭	17.5	10	5.2	4.7		2000
C052	狗姚线	李家坪	15	10	5.1	4.6		1981
C056	三宋线	庙河	8	5	5	4.5		1975
C056	三宋线	青山	38.5	19	4.8	4.3		1980
C056	三宋线	孙家河	16	8	4.5	4		1986
C060	两青线	大棚拱	30.5	21	4.7	4.2		1976
C061	三青线	桥头拱	19	13	4.5	4		1998
C061	三青线	七一	12	10	5	4.5		1987
C061	三青线	中心	13.2	10	4.9	4.4		1975
C073	魏村线	何泉峪	11	7.4	3.5	3		1995
C078	罗村线	荣杨河	28	24.5	5.1	4.6		1993

续表

路线编号	路线名称	桥名	桥长（米）		桥宽（米）		桥型	通车时间
			全长	单孔最大跨径	全宽	净宽		
C081	郑村线	白场	9.5	7.7	4.1	3.6		1989
C082	马洋线	马嘶坪	13.5	11.2	4	3.5		1981
C089	南村线	连心	15	10.2	5	4.5		1979
C121	风米线	邱家河	12	5.6	5	4.5		1991
C123	唐汪线	两河口	15.6	14.5	4	3.5		1986
C123	唐汪线	红桃树	19	12.3	4	3.5		1992
C126	居万线	码头	23	14.3	4.5	4		1979
C126	居万线	杨坪	10.5	7.8	5	4.5		1984
C126	居万线	自来	11.6	10	5	4.5		1990
C130	升巴线	升子坪	40	25	4	3.5		1988
C130	升巴线	永安	7	5.3	3.5	3		1979
C130	升巴线	杉树	7.3	6.2	3	2.5		1997
C135	生油线	万世	37.6	16	5.5	5		1991
C137	栗村线	苦竹坪	40	30	7.5	7		1980
C140	丁村线	周家	40	31	5.5	5		1990
C148	窄龙线	二龙	10.5	5.8	4	3.5		1979
C149	后和线	八仙	12.5	8	4	3.5		1990
C151	赵院线	溪口大桥	21	14.8	4	3.5		1998
C151	赵院线	溪口二桥	15.8	5.8	4	3.5		1990
C156	自周线	双桥	14	6	6.6	6		2007
C157	两陈线	双河	10	6.8	4.3	3.8		1995
C158	岩村线	罗家当	14	10.8	4	3.5		1989
C159	烽村线	院子	17	9.3	3.5	3		1990

续表

路线编号	路线名称	桥名	桥长（米）		桥宽（米）		桥型	通车时间
			全长	单孔最大跨径	全宽	净宽		
C159	烽村线	覃家峪	9	5.2	3	2.5		1978
C161	院村线	梁家	8	5.6	3.7	3.2		1980
C165	三热线	椿树	19	12	6.5	6		1988
C165	三热线	三门	19	14	5.5	5		1995
C173	郑杨线	泗潭河	91.1	30	9.1	7		2007
C174	台村线	椿树	19	12	6.5	6		1978
C175	柳唐线	节日	12	8.6	5.5	5		1990
C175	柳唐线	金龟	14.5	10.6	6.5	6		1985
C175	柳唐线	双台	11	7.2	5.5	5		1996
C175	柳唐线	南充	15	8	5.5	5		1987
C177	铁郭线	铁锁	12.8	8.8	4.7	4.2		1990
C179	鸡新线	护城峪	15	8.6	5.7	5.2		1991
C180	大煤线	大溪汽	11.5	6.1	7.3	6.8		1986
C181	屋毛线	毛坪	15	9.6	3.7	3.2		1981
C182	孙开线	孙家	10.5	7.5	3.5	3		1988
C184	碾柳线	柳树坪	22.6	16	5	4.5		2007
C184	碾柳线	柳树	6	5.4	5	4.5		1976
C185	老南线	高桥	20	12	6.5	6		1983
C185	老南线	卷桥	6	5.8	5	4.5		1981
C186	卷排线	望月	15	13	4.8	4.3		1995
C190	张李线	孔雀	16	15	5.5	5		1976
C192	七干线	干沟	17	9	4.5	4		1990
C193	樱旱线	樱桃溪	48	20	4.5	4		1988

续表

路线编号	路线名称	桥名	桥长（米）		桥宽（米）		桥型	通车时间
			全长	单孔最大跨径	全宽	净宽		
C193	樱旱线	小康	14.4	10.5	4.5	4		1980
C193	樱旱线	烽火坪	9.8	6.7	4.5	4		1971
C193	樱旱线	刘家嘴	12.5	9	3.3	2.8		1987
C193	樱旱线	唐家湾	15	9	3.5	3		1991
C198	罗安线	铜锁岗	15	9	5	4.5		1988
C209	九凉线	琵琶	49	24.5	6.8	6.3		1980
C209	九凉线	天鹅	40	28	5.8	5.3		1988
C209	九凉线	姚家	20.1	12.1	5	4.5		1970
C209	九凉线	汤家	12	6	4.5	4		1985
C209	九凉线	狮子凸	14	8	6	5.5		1991
C218	九村线	狗家坪	34	26	4.2	3.7		1988
C223	石村线	中军渡索桥	170.3	112	1.5	1.5		2007
C236	三香线	杨柳	8	5.7	5.4	4.9		1981
C249	官南线	南岳寺	35	28	4.8	4.3		1978
C250	官村线	岩板滩	32	28	9.3	7		2007
C253	商村线	神州台	87.2	16	6.6	6		2007
C254	石上线	天坪	10.5	6.8	4.5	4		1985
C261	村村线	狮子岩	18	15	4.8	4.3		1990
C261	村村线	清泥溪	16	13.7	4.5	4		1985
C261	村村线	娥公	10	8	4.5	4		1987
C262	大大线	风火	37	29	5	4.5		1980
C285	热矿线	矿场峪	18.6	13.5	4.6	4.1		1978
C288	周盛线	朱家沟	16	8	5.3	4.8		1991

续表

路线编号	路线名称	桥名	桥长（米）		桥宽（米）		桥型	通车时间
			全长	单孔最大跨径	全宽	净宽		
C289	马臭线	地坪大桥	63.2	19.2	9.1	8.6		1984
C289	马臭线	地坪	54.8	16	6.6	6		2007
C298	三杨线	重阳桥	38	16	5.5	5		1983
C299	大黄线	功德桥	6.7	5	6	5.5		1980
C300	泪龙线	岩儿凸	15.4	8	6.3	5.8		1980
C301	庙小线	庙桥	11.4	8	5	4.5		1980
C306	杨龚线	下范银	19	7	5.5	5		1993
C326	新彭线	朱家溶	10.4	7	6.5	6		1992
C332	将两线	向家坪	15.6	13.2	5.7	5.2		1988
C333	两大线	油榨枰一	10.3	7.8	5.5	5		1984
C333	两大线	油榨枰二	8.7	7.2	6	5.5		1985
C333	两大线	王家	7	5	5.5	5		1989
C340	桃土线	桃家庙	9	8	4.3	3.8		1997
C340	桃土线	张家院子	15.2	14.2	4.5	4		1987
C347	岗枫线	刘家峪	19.4	18.4	6.5	6		1985
C356	村皮线	张家铺	9.3	6.7	5.5	5		1986
C356	村皮线	新桥	7.8	6.6	5	4.5		1971
C363	双双线	双台	28	24	7	6.5		1996
C364	王樱线	樱桃大桥	23.6	16	6.5	6		1985
C365	王郭线	艾家	19.3	17	4.8	4.3		1988
C365	王郭线	郭家坪	20.4	15.8	3.8	3.3		1990
C366	罗城线	卓家河	12.2	8.5	5.5	5		1987
C369	官柳线	官坪	5.8	5.2	4.7	4.2		1987

续表

路线编号	路线名称	桥名	桥长（米）		桥宽（米）		桥型	通车时间
			全长	单孔最大跨径	全宽	净宽		
C377	龙龚线	血坪	31	27	5.5	5		1988
C378	张熊线	欧家	29	6.2	5.7	5.2		1991
C379	望 1 线	仙女洞	8	6	6.5	6		1991
C380	2 陈线	2 号井	12	9.2	8	7.5		1979
C381	五田线	五缝	12.4	10.4	7.5	7		1992
C383	竹枚线	唐家	9	8	4.6	4.1		1990
C383	竹枚线	矮山	7.5	5.7	7.3	5.8		1986
C384	蔡 13 线	两岔溪	7.5	6.7	5	4.5		1983
C385	蔡龙线	杉木	9	7	5.5	5		1997
C394	鸡中线	贾家新屋	24	10	6.3	5.8		1980
C395	杨小线	蔡家湾	7	5	4	3.5		1992
C396	K2 龙线	小鸡鸣	12	10.5	9	8.5		1979
C397	老村线	廖家拐	7	6	4	3.5		1990
C397	老村线	彭家大屋	6	5	4.2	3.7		1985
C401	预余线	苏家铺	10	8	5.2	4.7		1985
C405	苏马线	马路峪	55	4	5.5	5		1980
C409	冷皿线	晏家棚	40	11	5	4.5		1990
C415	柑晏线	邓家	11	9.5	6	5.5		1985
C416	稻肖线	白合	7.5	6.5	4.5	4		1991
C425	黑大线	尹家湾	11	9	6.5	6		1985
C426	大东线	幸福	18	10	6	5.5		1980
C426	大东线	廖家拐	18	12	7	6.5		1988
C427	彪办线	升子峪	24	10	5.5	5		1986

续表

路线编号	路线名称	桥名	桥长（米）		桥宽（米）		桥型	通车时间
			全长	单孔最大跨径	全宽	净宽		
C427	彪办线	新桥	18	7.5	5.3	4.8		1980
C430	刘刘线	肖家溪	6.2	5.1	4.5	4		1985
C438	联蔡线	联合	7	5	5.5	5		1979
C448	涂刘线	玉皇庙	12	8	5.7	5.2		1988
C494	曹火线	张家	10	4.9	5	4.5		1992
C512	5 组—7 组	井湾	14	6	4.5	4		1990
C519	丁双线	丁双	15.6	10	5.2	4.7		1970
C520	5 杨线	老干溪	41	13	7.5	7		1979
C526	虎村线	羊子垭	13	9	4.5	4		1972
C527	新心线	龙家	9	7	6.9	6.4		1988
C577	石养线	刘家拱	7.3	5.7	4.2	3.7		1990
C584	石渡线	凤洲	12	7.5	12	11.5		1988
C590	夹刘线	新花	8.3	6.3	5	4.5		1975
C598	董水线	董家	8	6	6.5	6		1981
C652	孙高线	桂花	8.8	5.4	4.5	3.95		1986
C662	铁潭线	潭家河	25	15	4.8	4.3		1978
C667	闫合线	野猪溪	11	7.8	5.9	5.4		1990
C669	水场线	梅家河	21.5	3.8	4.3	3.8		1984
C671	磨村线	老桥	35.8	5.6	4.2	3.7		1978
C689	雁潘线	姚家	6.4	5	6.2	5.7		1971
C697	杜康线	同福	16.8	15.8	5.2	4.7		1985
C708	双易线	太平	12	8.4	4.7	4.2		1990
C717	菖桥线	革新	14	9.9	7.2	6.7		1970

续表

路线编号	路线名称	桥名	桥长（米）		桥宽（米）		桥型	通车时间
			全长	单孔最大跨径	全宽	净宽		
C717	菖桥线	龙布堰	18.3	15.5	4.7	4.2		1979
C735	胡菖线	花薮	12.1	3.7	4.4	3.9		1985
C753	石望线	贰家候	8.9	4	4.4	3.9		1982
C763	风瑶线	高岩	18.1	11.4	5	4.47		1985
C763	风瑶线	长征	17.1	10	6.5	6		1977
C772	栎鸟线	烽火坪	8.5	6.8	6.1	5.6		1971
	小计	326 座	7595					

表 2—6—9

澧县县乡公路处桥梁统计表

路线编号	路线名称	桥名	桥长（米）		桥宽（米）		桥型	通车时间
			全长	单孔最大跨径	全宽	净宽		
X002	火连坡·罗坪	砂子垭	18	10	6.5		梁桥	
X002	火连坡·罗坪	边河	22	20	6.5			
X002	火连坡·罗坪	田冲	32.5	20	6.5			
X002	火连坡·罗坪	花竹	10	7	7			
X010	戈头峪·郑家	蔡家坡水库	26.5	18	9			
X010	戈头峪·郑家	白莲机耕	14	7	9			
X010	戈头峪·郑家	松南	36	31	8			
X011	彭家厂·官桥	部家	12.5	6	6			
X011	彭家厂·官桥	青龙	12.5	6	7			
X011	彭家厂·官桥	官桥友谊桥	33	19	6.5			
X012	复兴厂·柳儿坝	辗屋踏	14	10	7			
X012	复兴厂·柳儿坝	马家山	7	5.3	7.5			
X012	复兴厂·柳儿坝	杉林	9.5	5.3	8.5			
X012	复兴厂·柳儿坝	驼贝	6.5	5	8.5			
X012	复兴厂·柳儿坝	新发	31	14	8.5			
X012	复兴厂·柳儿坝	左家	27	25	8.5		梁桥	
X012	复兴厂·柳儿坝	熊家湖	21	12.5	8.5			
X019	王家厂·维新	长乐	19	9.9	9			
X019	王家厂·维新	王家厂	18	6	7.5			
X019	王家厂·维新	重阳	13	6	8			
X019	王家厂·维新	龙神潭	80.7	60	8			

续表

路线编号	路线名称	桥名	桥长（米）		桥宽（米）		桥型	通车时间
			全长	单孔最大跨径	全宽	净宽		
X019	王家厂·维新	孙家河	20.4	12	9.3			
X019	王家厂·维新	洞市	19	12	7			
X019	王家厂·维新	两河口	19	6	5.8			
X019	王家厂·维新	雷家垱	19	11.4	7			
X019	王家厂·维新	陆家	15	7	9			
X033	乔家河·新洲	道水大桥	105	60.5	7			
Y049	官垸·凤凰嘴	十三支交通	17	8.5	4.6			
Y049	官垸·凤凰嘴	五爱	18	8.5	6			
Y049	官垸·凤凰嘴	十四支交通	19	8.5	5.9			
Y053	柳耳坝·甘家湾	红庙	28	22	7		梁桥	
Y053	柳耳坝·甘家湾	甘家小河	8	5	7			
Y054	云爱·彭家港	十字闸	32	22	7			
Y054	云爱·彭家港	丁家湖	30	30	8			
Y055	澧洲·双龙	叉港	15	15	4			
Y056	杉林·中桥	永祥	29	12.5	5.6			
Y056	杉林·中桥	三板	11	6	5.5			
Y057	梦溪·雷公塔	上游	15	12.5	5.2			
Y058	谭家·盐井	公路	15	12.5	5			
Y059	盐井·蔡家坡	甲龙	14	5.5	7.1			
Y060	蔡家坡·栗山坡	连新	9	6.5	6.5			
Y061	界岭·高家	五定	10.5	6.5	6			
Y061	界岭·高家	顺桥村铁路	34.5	17.2	8.7			
Y061	界岭·高家	鲁家冲	28	12.5	6			

续表

路线编号	路线名称	桥名	桥长（米）		桥宽（米）		桥型	通车时间
			全长	单孔最大跨径	全宽	净宽		
Y062	淞澧桥·陈家岭	淞澧	12.5	10	5			
Y062	淞澧桥·陈家岭	界岭	10.5	5.2	7.5		梁桥	
Y063	黑马垱·向阳桥	双林	32	30	8.5			
Y063	黑马垱·向阳桥	王家岗	15	9.5	7			
Y063	黑马垱·向阳桥	澧东	36.2	32	6.5			
Y064	羊湖口·多安桥	澹水	31	14	7			
Y068	干河·东岳	机耕	10	8	6			
Y068	干河·东岳	接制	27.6	12.5	7			
Y069	石塘·荣家河	周家溶	17	12.5	5.5			
Y072	张家滩·乔家河	张家滩	413.5		7.5			
Y072	张家滩·乔家河	十字闸	8.5	8.5	7.5			
Y072	张家滩·乔家河	荷花	8.5	8.5	7.5			
Y073	方石坪·码头铺	苦李湾	21	12.5	7			
Y073	方石坪·码头铺	方码	33.8	20	6.5			
Y074	黄金垭·方石坪	方石大桥	33	12.5	6.5			
Y076	码头铺·燕子山	井铺	20.5	12.5	7			
Y076	码头铺·燕子山	南杨	38.5	32	5.6		梁桥	
Y077	胡家棚·马溪	中村	105	12	6			
Y077	胡家棚·马溪	金家沟	10	5	6			
Y077	胡家棚·马溪	马溪	14	7	5			
Y078	中村·马溪	跨渠	14	12.5	6			
Y078	中村·马溪	马溪	35	20	8			
Y079	余家铺·陆家	万顺	25	12.5	7			

续表

路线编号	路线名称	桥名	桥长（米）		桥宽（米）		桥型	通车时间
			全长	单孔最大跨径	全宽	净宽		
Y079	余家铺·陆家	长桥	9	6	6			
Y080	探峪·长冲	孙圣	16	7	6			
Y519	四眼闸·永丰	四眼闸	8.5	8.5	4.8			
Y521	中武·筒车	中武	62	46.7	6.2			
Y055	澧洲·双龙	反资	15	7.2	4		板拱	
Y077	胡家棚·马溪	杨家湾	9	8	5		板拱	
Y054	云爱·彭家港	出草坡	30	12	5.5		板梁	
Y519	四眼闸·永丰	永丰平板	35	6	5		板梁	
	小计	75 座	2150.7					

表 2—6—10

津市市县乡公路处桥梁统计表

路线编号	路线名称	桥名	桥长（米）		桥宽（米）		桥型	通车时间
			全长	单孔最大跨径	全宽	净宽		
Y104	保和堤·石板滩	光卫	8.1	7.5	7	6.5	空心板梁	1983
C042	白永线	蔡家	16.4	12	6.5	6	空心板梁	1976
Y101	李家·白衣	雷家	10.3	6	7	6.6	空心板梁	1976
Y104	保和堤·石板滩	朱木山	44	20	6.7	6.2	空心板梁	1976
Y478	渡口·下河口	洞口	16.5	6	5.1	4.6	空心板梁	1975
Y483	李家铺·同乐	聂木	10	8	6.6	6	空心板梁	2007
X029	渡口·棠华	棠华	20.6	8	10	9.4	空心板梁	1994
X033	乔家湾·新洲	庆文	12	5	7.5	7	空心板梁	2004
Y483	李家铺·同乐	同乐	10	8	6.6	6	空心板梁	2005
	小计	9 座	147.9					

表 2—6—11

安乡县县乡公路处桥梁统计表

路线编号	路线名称	桥名	桥长（米）		桥宽（米）		桥型	通车时间
			全长	单孔最大跨径	全宽	净宽		
C024	莲莲线	莲花	13.6	5	3.3	3.3	简支梁	1992
C026	腰大线	大杨树	16	3.5	2.5	2.5	简支梁	1979
C046	枞杨树·西李家	大治	22	13	8	7	简支梁	1993
C050	X025·小河口	太平	13.3	8	2.1	2.1	简支梁	1994
C065	S302·杨家村	东湖	18	14	4	4	简支梁	1992
C097	官保·S306	官保	23.5	3.8	4	4	双曲拱	1994
C103	芝子湖·S306	芝子湖	9	4	2.2	2.2	简支梁	1993
C106	荷花山·X026	荷花山	23.5	20	8.5	8.5	简支梁	1993
C110	张北线	张家拐一	11.5	8.5	6	6	双曲拱	1991
C110	张北线	张家拐二	16	6	5.1	5.1	双曲拱	1991
C121	大黄线	黄田湖	32.4	17.5	3.9	3.5	双曲拱	1979
C133	Y092·夹竹	姚家二	20	9.5	5.2	5.2	简支梁	1991
C135	Y092·新兴堡	新兴堡一	11	6	4.5	4.5	双曲拱	1988
C135	Y092·新兴堡	新兴堡二	13.5	7.5	5.4	5	双曲拱	1988
C141	X026·功成垸	中河口	19	5.5	4	4	双曲拱	1992
C145	S306·永和垸	五合豇	17	5.5	5	5	简支梁	1991
C211	X040·四分局	民阜	30	6	4.9	4.5	双曲拱	1987
C214	X040·麻田岗	麻田岗	17.6	6.7	4.5	4	简支梁	1987
X025	荆江南堤·八百弓	大杨树	49.8	15	9	8	简支梁	1979
X025	荆江南堤·八百弓	合兴	44.3	13	9	8	简支梁	1979
X025	荆江南堤·八百弓	黄狮寨	25.7	16	9	7	简支梁	1993

续表

路线编号	路线名称	桥名	桥长（米）		桥宽（米）		桥型	通车时间
			全长	单孔最大跨径	全宽	净宽		
X025	荆江南堤·八百弓	金家垱	25.7	16	9	7	简支梁	1979
X025	荆江南堤·八百弓	肖公嘴	21.6	11.5	8.5	7	简支梁	1978
X025	荆江南堤·八百弓	大治	22	13	8	7	简支梁	1979
X025	荆江南堤·八百弓	太八	23	4.7	5.2	3.6	钢筋砼拱	1978
X026	理兴垱·七家	长征	26	8	6.9	5.5	双曲拱	1979
X026	理兴垱·七家	大罗	22	8	5.8	5.8	双曲拱	1978
X026	理兴垱·七家	四化	21	9	5.6	5.6	钢筋砼拱	1979
Y082	同兴·沙堤	胡家	15	9	5.7	5.7	双曲拱	1978
Y083	董家垱·农坊	马家渡	22	3.2	8	8	钢筋砼拱	1978
Y086	张家拐·焦圻	张家拐	16	6	5.1	5.1	双曲拱	1978
Y087	六角尾·沙河口	莲城垸	9	8	6	6	双曲拱	1978
Y087	六角尾·沙河口	沙河口	8	5	5	5	简支梁	1987
Y088	刮家洲·陈家嘴	莲城垸	9	4	5	5	简支梁	1978
Y089	大湾·羌口	小湾	28	4.9	4	2.4	简支梁	1991
Y089	大湾·羌口	安裕二号	59	33.5	6	5.3		1977
Y488	黄田虎·四岔桥	夹夹	23	6	5	5	简支梁	1992
Y490	子龙庵·新开口	新开口	20.4	15	5	5	钢筋砼拱	1978
Y497	槐树·一分局	五号	20	3	4.5	4.5	钢筋砼拱	1975
Y497	槐树·一分局	槐西	18.5	8.5	5	5	简支梁	1975
Y498	大鲸港·新河口	合成	40.5	13	7.7	7.4	双曲拱	1975
Y501	九姓垸·黄山岗	金董	9	9	4.2	4.2	钢筋砼拱	1973
Y503	枞杨树·宏湖	太平	23	14.1	5.3	3.6	钢筋砼拱	1978
Y510	陈家嘴·西巴垸	洪山	43	11	4	4	简支梁	1972

续表

路线编号	路线名称	桥名	桥长（米）		桥宽（米）		桥型	通车时间
			全长	单孔最大跨径	全宽	净宽		
Y510	陈家嘴·西巴坑	常福	14	3	3	3	简支梁	1978
Y510	陈家嘴·西巴坑	西巴坑	12	5.6	4	4	双曲拱	1974
Y515	六角尾·下鱼口	六角尾	27	3.2	3.7	3.5	简支梁	1978
Y515	六角尾·下鱼口	西南洲	24.2	8.6	6	5	简支梁	1990
	小计	48 座	1048.6					

表 2—6—12

西洞庭管理区县乡公路桥梁统计表

路线编号	路线名称	桥名	桥长（米）		桥宽（米）		桥型	通车时间
			全长	单孔最大跨径	全宽	净宽		
X042	白沙线	清水塘	32	21	9.8	8.8	双曲拱	1978
X030	民杨线	三号大桥	19	6	6	6	双曲拱	1966
X030	民杨线	联合	24	7	7	7	双曲拱	1989
X031	教南线	七渠二桥	10	7	6	6	板梁	1964
X031	教南线	七渠三桥	10	6	7	7	板梁	1969
X032	白牛线	五渠	20	5	6.5	6.5	板梁	1964
X032	白牛线	涂家湖	28	12	6.5	6	板梁	1979
Y336	清崇线	江南	22	9	6	6	肋拱	1964
Y336	清崇线	径一	16	7	6	6	肋拱	1964
Y336	清崇线	径二	29	10	6	6	肋拱	1964
Y336	清崇线	泥港口	29	10	6	6	肋拱	1964
Y337	团港线	九渠	18	6	6	6	板梁	1996
Y337	团港线	友谊	29	10	6	6	板梁	1964
Y339	罗彭线	六号	14	6	5.5	5.5	肋拱	1964
Y340	民千线	经五二桥	19	5	6.5	6.5	板梁	2004
Y340	民千线	紫湾	14	5	6	6	肋拱	2004
Y341	牛南线	纬八渠	29	10	5.5	5.5	肋拱	1960
	小计	17 座	362					

西湖管理区县乡公路桥梁统计表

表 2—6—13

路线编号	路线名称	桥名	桥长（米）		桥宽（米）		桥型	通车时间
			全长	单孔最大跨径	全宽	净宽		
X027	军红线	新北	16	6.5	12	11	空心板梁	1992
Y344	西湖镇·下窑	东湖	18	5	12	10	空心板梁	1984
Y342	西裕·西洲	黑桥	37	9.7	7	6	空心板梁	1968
C074	高沂线	建新	15	12	5.4	4.9	肋拱	1983
C074	高沂线	东风	20	6	6	5	空心板梁	1969
	小计	5 座	106					

第七章　隧　道

常德市公路部门管养的公路上，有隧道四座，均在石门县境，分别是三峰寨、石坪、易家坡、南坪隧道。

第一节　三峰寨隧道

三峰寨隧道位于县道X004磺(厂)太(平)线上，地处石门县丰禾乡与太平乡的交界处，是石门县城通往太平乡的必经之路，此地山高坡陡，地形复杂，民间运输和群众来往极为困难。为方便群众，发展农业生产，石门县政府决定修通维新至太平的公路，经过反复方案比较，确定修建三峰寨隧道，这样可缩短公路里程4公里。隧道由石门县交通局设计，石门县太平区组织丰禾公社180人的民工专业队施工，于1975年6月8日开工，当年12月打通上导坑。1976年6月26日隧道全线打通，9月20日通车。隧道全长305米，净宽4.5米，高5米，纵坡3%，浆砌块片石翼墙式洞门，施工时进口洞身衬砌13米，出口洞身衬砌10米，拱厚0.3米，边墙厚0.6米，围岩为风化严重的板岩。洞内设有五个长2米、宽1米、高2.5米的避车洞，以确保行人安全。隧道内拱顶至山顶高差为144米。

隧道通车后，来往车辆逐渐增多，而洞内围岩系风化石，没有衬砌，为确保行车、行人安全，1976年底湖南省公路局补助经费五万元，由当地组织民工施工，对全隧道用粗料石进行衬砌。侧墙厚40厘米，拱厚25厘米，洞口两端设有20×20厘米盲沟，洞内水沟40×40厘米。隧道衬砌工程于1977年下半年竣工。

石门三峰寨隧道

三峰寨隧道用人工施工，施工初期无电力照明设备，雨天点灯，晴天用大镜屏向洞内反射阳光，用自制木风车通风，人力挑运。隧道施工共完成土石方18485立方米，其中石方12000立方米，决算造价9万元，其中省公路局补助5万元，太平区自筹4万元。共用劳动力56964工日，木材12立方米，钢材12吨。施工中采取多打眼、打深眼、少装炸药的办法,节约炸药,提高工效。为节约坑木,整个隧道除两端及中部断层地段 30 米以坑木支撑外,其余地段未设坑木。

三峰寨隧道由石门县公路局管养。

第二节　易家坡、石坪隧道

在修建石门皂市水库时,磺厂至维新公路将被淹没而中断交通,故修建了维新至皂市的公路,线路中有隧道两处。一是石坪隧道,隧道中心桩号为 K27+843,隧道长 467 米,洞宽 9 米,净宽 7.5 米,净高 4.5 米,两侧设置宽 0.75 米人行道,人行道下设深 0.5 米宽 0.5 米排水沟(石盖板),进口洞身衬砌 20 米,出口洞身衬砌 100 米。二是易家坡隧道,隧道中心桩号是 K25+111,隧道长 495 米,洞宽 9 米,净宽 7.5 米,净高 4.5 米,两侧设置宽 0.75 米人行道, 人行道下设深 0.5 米宽 0.5 米排水沟(石盖板),进口洞身衬砌 20 米,出口洞身衬砌 60 米,两个隧道洞身均有渗水。以上两个隧道是皂市水库的建设单位"澧水公司"出资修建,施工单位是武警水电公司,于 2002 年动工修建,当年 12 月建成通车。

石门县维新——皂市公路石坪隧道

石坪、易家坡隧道由石门县公路管理处管养。

石门县维新——皂市公路易家坡隧道

第三节　南坪隧道

南坪隧道在澧县官垸至石门的公路线上,在石门县境。隧道中心桩号K221+449, 隧道长 20 米,净宽 4.5 米,净高 4.5 米。该隧道于 1997 年由石门人民政府组织修建,年内建成通车。

南坪隧道由石门县公路管理处管养。

第八章　高速公路

益阳至常德高速公路是常德市境修建的第一条高速公路，于1999年12月建成通车，常德市境内长54.7公里。2005年12月常德至张家界高速公路建成通车，常德市境内长75.23公里。2008年12月常吉高速公路建成通车，常德市境内长71.25公里。2013年12月岳常高速公路建成通车，常德市境内长59.8公里。2013年12月东常高速公路建成，全长129.75公里，其中主线长111.8403公里、常德北绕城线17.912公里，全部在常德市境。至2013年底，常德市境共建成高速公路390.73公里。

第一节　益常高速公路

益常高速是长沙至重庆高速公路中的一段，是长(沙)常(德)高速公路的第二期工程，是湖南省"九五"期间重点建设项目之一，是湖南省公路网规划"二纵四横"主骨架的重要组成部份。益常高速公路的建成，对发展湖南西部地区经济，开发旅游资源，提高洞庭湖区防洪救灾能力发挥了重大作用。益常高速公路的编号为：G55，是二(连浩特)广(州)高速公路的分支。

益常高速是常德市修建的第一条高速公路，它起于益阳资江二桥北岸引道直线端，终至常德市德山的檀树坪，主线全长73.083公里。常德境自益阳与汉寿县交界处的金鸡塘起，经祝家城、油榨湾丁军山铺跨军(山铺)红(卫闸)公路处设军山铺互通；再经红花坳、丁家湾于黄滕碑跨津(市)武(潭)线处设太子庙互通；后经毛家滩、堤北村于谢家铺互通；再经黄泥岗、飞机坪进入德山开发区，终点于檀树坪设T型交叉与国道319线相连接，全长54.702公里(K97+770—K152+472)。

益常高速公路的建成，展示了常德市公路发展的一个新的阶段。与益常高速公路平行的国道319线于民国19年(1930)建成通车，初始为沙石路面。1967年开始改建沥青路面，因修建标准不高，每到雨季容易损坏，路况欠佳，加之公路沿线集镇多，以路为市现象普遍，混合交通各种车辆都争道而行，以致经常发生堵车现象，还时有交通事故发生。常德至长沙180多公里的行程，汽车通常要行驶五六个小时，严重地影响了汽车的通过能力。益常高速公路通车后，常德至长沙两个小时的车程即可达到，不仅行车速度快、运输效益高，而且交通事故减少。益常高速公路的建成，对带动常德市区域经济发展，发挥了积极作用。

1996年年底长(沙)益(阳)高速公路建设的同时，已着手益常高速公路动工的筹备，长益高速公路建设公司抽调部分人员成立益常高速公路临时指挥部，开始前期准备工作，组织进行征地拆迁和工程招标工作。常德市成立"长常高速公路常德建设指挥部"，负责建设范围内的征地拆迁和地方协调工作。

1997 年 7 月益常高速公路开工后，长益高速公路建设开发公司与益常高速公路临时指挥部改称为长常高速公路开发有限公司，同时对长益、益常高速公路实行项目法人管理。公司设总经理室、总工程师室、综合办公室、工程部、财务部、合约部、协调部、中心试验室。其主要职能是全方位组织工程实施，管理工程质量、施工进度、工程计价、工程技术及审批变更设计和监督管理工作。

益常高速公路主线按平原微丘区一级汽车专用公路标准立项、设计、实施。常德市檀树坪至沅水公铁两用桥南接线 5.197 公里为联络线，按平原微丘一级汽车专用公路与城市干道标准相接合建设。主线主要技术指标如下：

计算行车速度：100 公里 / 小时。

路基宽度 27 米；路面双向四车道，其中行车道 2×7.5 米。

平曲线最小半径：900 米。

竖曲线最小半径：凸形 8000 米，凹形 7104 米。

最大纵坡：3.94%。

设计荷载：汽超—20 级，挂—120 级。

路面：底基层厚 15 厘米，二灰（石灰、粉煤灰）结构基层厚 18 厘米，水泥砼面层厚 25 厘米。

特大桥设计洪水频率 1/300，其余桥涵设计洪水频率 1/100。

益常高速公路于 1996 年 12 月 17 日举行开工典礼。1997 年 7 月 1 日全线正式开工，1998 年 12 月路基土石方、防护、桥涵工程基本完成。1999 年 9 月底路面工程基本完成。1999 年 11 月交通工程、房建工程（包括服务区、管理区、收费站）完成。1999 年 12 月 6 日至 7 日交工验收。1999 年 12 月 11 日正式通车。计划工期 36 个月，实际施工期 30 个月，提前半年建成通车。

1996 年 11 月，湖南省建设委员会批准益常高速公路概算经费为 118075 万元，后增加常德市檀树坪至沅水公铁两用桥南接线 5.197 公里联络线经费 3500 万元；贷款利息净增 9800 万元；项目增设电脑监控系统经费 3400 万元以及其他项目增加的经费，调整概算为 142455 万元。资金来源：交通部拨款 33900 万元、省重点建设基金 23550 万元、财政专项贷款 10000 万元、企业债券 5000 万元、贷款 65643.5 万元。

主要工程量：路基土石方 1301 万立方米，排水工程 10.09 万立方米，路基防护工程 18.45 万立方米，路面底基层 2233 千平方米，路面基层 2095 千平方米，大桥 616.16 米 /3 座，中桥 435.37 米 /10 座，小桥 237.21 米 /10 座，人行天桥 732.74 米 /13 座，渡槽 163.10 米 /7 座。

常德市境内有军山铺、太子庙、谢家铺、德山四处收费站房，建有常德管理所、太子庙服务区各一处。

建设单位：长常高速公路建设开发有限公司。

设计单位：路基、路面、桥涵等主体工程，及交通工程、绿化工程由湖南省交通规划勘察设计院设计。收费站、服务区等房屋建筑由湖南省建筑设计院和湖南洛沙工程建设有限公司共同完成。交通工程深化设计由四川京川交通咨询有限公司完成。环保绿化工程深化设计由湖南省森林植物园育种研究室完成。

益常高速公路常德市境内路基、路面工程，施工、监理单位见附表。

益常高速公路工程招标分三部分：第一部分是路基、桥涵构造物；第二部分是路面（含基层）；第三部分是交通工程和房建工程。全线分 15 个标段，其中第 15 标段为联络线。15 个标段中，4、12、13 标段由湖南省政府奖励给在长益高速公路建设中表现非常出色的单位：湖南省路桥五公司、环达路桥公司、邵阳路桥公司。其余标段公开招标，在合同谈判时，经过协调，有 8 个标段划出部分路段指定给分包单位，并报省招标领导小组审查批准。路面工程由于大型水泥砼滑模摊铺机湖南省内仅两家公司拥有，故路面标采取与省路桥公司、环达路桥公司进行议标。交通、房建工程均采取公开招标的方法确定施工单位。

常德市境内共征永久性地 345.52 公顷，其中水田 191.25 公顷、旱地 28.36 公顷、自留地 5.05 公顷、园地 9.25 公顷、鱼塘 2.98 公顷、经济林 68.07 公顷、林地 19.75 公顷、荒地 0.97 公顷、水塘 6.46 公顷，宅基地 10.27 公顷、其他 3.11 公顷。临时用地 133.35 公顷。拆迁房屋 565 栋，11.15 万平方米。转移电力杆 509 根、通讯杆 107 根，迁坟 4851 座。征地拆迁费，采取按里程长度包干的方式，由沿线市、县（区）政府协调安排。

“桥头跳车”是公路建设的质量通病之一，桥台是砼刚性体，而台背填土是柔性体，由于受力状态不同，相接处有不均匀沉降差和刚度差，从而引发桥头跳车。益常高速公路施工中，采用了半刚性振动挤密桩新技术，对台背填土进行处治，挤密桩与填筑土体形成复合地基，进一步挤密填土，同时提高了路基整体强度，大幅降低了路基后期的沉降度，在很大程度上防止了桥头跳车这一质量通病。

在避免砼板产生唧泥和错台病害问题上，提出中央分隔带和路肩的排水系统方案，可使面层缝隙下渗水沿着基层封层油表面由路拱横坡向路肩处渗流，并由路肩排水系统排出，始终保持路面处于干燥状态，避免下渗到基层表面的水由于行车挤压形成高压水流对基层造成的破坏。

益常高速公路通车后，养护、管理、收费工作，都由长常高速公路管理处负责。2003 年益常高速公路的收费权，由湖南省交通厅转让给“中国瑞联公司”，2010 年 1 月“中国瑞联公司”又将益常高速公路的收费权转让给中国平安集团：“平安信托投资有限公司”，受让期至 2033 年止。目前益常高速公路管理机构名称是“湖南益常高速公路开发公司”，负责全长 73.083 公里高速公路的养护、收费工作。

益常高速公路路基、桥涵工程标段表(常德市境内)

表 2—8—1—1

标段	桩号	里程(公里)	施工单位	监理单位
5A	K97+770-K100+250	2.480	铁十五工程局	育才·布朗公司
5B	K100+250-K102+400	2.150	铁十七工程局	育才·布朗公司
6A	K102+400-K104+400	2.000	益阳路桥公司	育才·布朗公司
6B	K104+400-K107+150	2.750	湘中路桥公司	育才·布朗公司
7A	K107+150-K110+020	2.870	岳阳通衢公司	育才·布朗公司
7B	K110+020-K112+520	2.500	衡阳路桥公司	育才·布朗公司
8A	K112+520-K116+162	3.642	中建五局	省交通科研所监理公司
8B	K116+162-K117+360	1.198	省机械化施工公司	省交通科研所监理公司
9A	K117+360-K119+860	2.500	湘潭路桥公司	省交通科研所监理公司
9B	K119+860-K122+400	2.540	郴州路桥公司	省交通科研所监理公司
10	K122+400-K126+550	4.150	怀化路桥公司	省交通科研所监理公司
11	K126+550-K133+850	7.300	湖南省路桥公司	省交通科研所监理公司
12	K133+850-K141+505	7.655	湖南省路桥公司	省交通科研所监理公司
13	K141+505-K147+020	5.515	环达路桥公司	省交通科研所监理公司
14A	K147+020-K149+217	2.197	永州路桥公司	省交通科研所监理公司
14B	K149+217-K152+472	3.255	常德路桥公司	省交通科研所监理公司
15A	K0+000-K1+666	1.666	湖南省路桥公司	省交通科研所监理公司
15B	K1+666-K3+333	1.667	怀化路桥公司	省交通科研所监理公司
15C	K3+333-K5+197	1.864	常德路桥公司	省交通科研所监理公司

说明:15 标修建连接线,工程内容含路面。

益常高速公路路面工程标段表(常德市境内)

表 2—8—1—2

标段	桩号	里程(公里)	项目	施工单位	监理单位
G2	K91+560-K112+520	20.96	基层	湖南省路桥公司	育才·布朗公司
G3	K112+520-K133+246	20.726	基层	湖南省路桥公司	省交通科研所监理公司
G4	K133+246-K152+472	19.226	基层	环达路桥公司	省交通科研所监理公司
M4	K79+389-K102+400	23.011	面层	湖南省路桥公司	育才·布朗公司
M5	K102+400-K126+550	24.150.	面层	湖南省路桥公司	省交通科研所监理公司
M6	K126+550-K152+472	25.922	面层	环达路桥公司	省交通科研所监理公司

第二节 常张高速公路

常张高速公路起于常德檀树坪，与长常高速公路终点相接，经斗姆湖、机场北，过善卷垸、木塘垸于河洑横跨沅水后，经盘塘、热市，于慈利县城附近跨澧水，经岩泊渡、甘堰、阳和，止于张家界城南田家台，再经跨澧水的连接线与张家界市永定大道相接。主线全长160.682公里，连接线长9.945公里。其中常德市境内主线长75.23公里，连接线长7.8公里。现路线编号为:G55。

常张高速公路于2002年1月25日国家计委以计基字〔2002〕96号文批复可行性研究报告。2002年5月17日交通部以交公路发〔2002〕202号文批准初步设计。2002年7月29日交通部以交公路发〔2002〕343号文批准调整概算，概算金额687368万元。2002年9月25日，湖南省交通厅以湘交计基字552号文批复了施工图设计。2003年1月16日湖南省交通厅批准开工。2003年2月6日,常张高速公路总监办下达开工令。

常张高速公路风光

常张高速公路批准概算金额为687368万元（其中常德市境284000万元）。经费来源:开行贷款476000万元，交通部资金71000万元,湖南省重点建设资金140368万元。工程竣工决算经费662988万元,其中建筑安装工程费543909万元(含预备费开支18242万元)、设备及工具器具购置费7566万元、其他基本建设费111513万元(含建设期贷款利息33382万元)。工程决算较概算节余投资24380万元。

常张高速公路途经常德市德山区、鼎城区、武陵区、桃源县及张家界慈利县、永定区六区、县。主线采用四车道高速公路技术标准,设计行车速度按路段分别采用120公里/小时、100公里/小时、80公里/小时。路面结构主线采用沥青砼,连接线采用水泥砼。另按一级公路标准修建常德连接线7.8公里,按二级公路标准修建至张家界市区连接线2.145公里(至S306线)。全线设斗姆湖、河洑、架桥、热市(以上在常德市境)、慈利东、慈利西、岩泊渡、阳和八个互通;设河洑、慈利、阳和、张家界四个养护工区;设热市服务区1处;设岩泊渡停车场1处;设收费站10处,其中张家界主收费站1处、匝道收费站9处。

常张高速公路主线沥青砼路面:18厘米水泥稳定碎石底基层、36(32)厘米水泥稳定碎石基层、18(15)厘米沥青砼面层。连接线水泥砼路面:15厘米水泥稳定碎石底基层、17(15)厘米水泥稳定碎石基层、25(24)厘米水泥砼面层。

常张高速公路主要工程量：路基挖方 4632.65 万立方米(其中主线 4487.54 万立方米)，路基填方 3401.68 万立方米(其中主线 3285.24 万立方米)，路基防护 61.79 万立方米(其中主线 59.88 万立方米)，路基排水 14.55 万立方米(其中主线 14.29 万立方米)。特大桥 13691 米 /12 座，大桥 9474 米 /46 座，中桥 2005 米 /28 座，小桥 12.8 米 /1 座，人行天桥 1373 米 /26 座，渡槽 571 米 /10 座，隧道 1839 米 /3 座。

在常德市境内有特大高架桥善卷垸桥，长 1500 米；沅水特大桥长 2849.2 米。共有大、中桥 14 座，总长 2426.02 米。有关口垭隧道 1 座，总长 1580 米，其中左线长 880 米，右线长 700 米。

常张高速公路项目管理单位：常张高速公路建设开发有限公司、常张高速公路总监办公室。设计单位：湖南省交通规划勘察设计院、长沙铁道学院勘察设计研究院、湖南大学设计研究院、湖南国际工程咨询设计公司、湖南路桥高格景观艺术有限公司。监督单位：湖南省交通建设质量监督站。监理、施工单位见附表。

常张高速公路严格按照《中华人民共和国招标投标法》，以及交通运输部、湖南省有关招投标工作各项规定，在省纪委、省监察厅、省高管局监察人员的全程监督下，按照“公开、公平、公正、择优”的原则进行公开招标。招标分施工招标和监理招标两个部分。施工招标分：土建、铁路分离式立交桥工程、通信监控及收费系统供货与安装工程、绿化及环境保护工程七个部分。监理招标分土建工程和房建工程两个部分。

2001 年 4 月 7 日，湖南省政府在长沙召开了常张高速公路征地拆迁动员大会，要求 5 月 10 号前全部完成征地、拆迁任务。其后常德市及德山开发区、鼎城区、武陵区、桃源县均成立了“常张高速公路协调指挥部”。4 月 16 日常德市召开了征地拆迁动员大会，要求沿线各县(区)、各有关部门必须按时按量完成任务。常德市境内共征地 599 公顷，其中耕地 336 公顷、园地 49.93 公顷、林地 138.47 公顷，其他 34.6 公顷。共拆迁房屋 1030 栋，203003 平方米、迁坟 4163 座。

2002 年 4 月 11 日，湖南省交通厅批准成立了湖南省常张高速公路建设开发有限公司和湖南省常张高速公路总监办公室。设总工程师室、办公室、中心试验室、合约部、工程部、协调部、财务部、政治部等 8 个职能部门。为加强施工现场管理，沿线设置常德、桃源、慈利、张家界四个工作站。常张公司、总监办主要职能是全方位组织工程实施，管理工程质量、施工进度、工程计价、工程技术及审批变更设计和监督管理工作。

湖南省交通质量监督站代表交通行政主管部门，对常张高速公路项目建设实施了全过程、全方位监督，着重与常张公司、总监办共同把好“三关”，即参与投标的监理单位和承包商的资质关、施工中的质量监督关和竣工验收关。项目开工后省交通建设质量监督站专门委派了经验丰富的监督工程师驻守工地，认真扎实地履行政府监督职能。

常张高速公路建设过程中，积极进行科研和新技术应用：一是真空灌浆新技术在木塘垸沅水大桥中成功运用。真空灌浆是针对后张预应力砼结构传统压浆工艺缺陷而衍生的一项新技术。它较好地改善了普通压浆产生的压浆不密实、不饱满、容易产生离析、干硬收缩、产生孔隙从而导致预应力盘受到锈蚀的缺陷，与普通压浆相比，真空灌浆可以消除普通压浆产生的气泡,使孔道内残留的水珠在接近真空的状况下气化,混在浆体中的气泡随同空气一起被抽出,增强了浆体的密实度,避免有害水聚集在预应力筋,防预应力筋的腐蚀。施工中应用先进的施工工艺,使用先进的灌浆设备、加厚塑料波纹管、灌入合理配比的优质水泥浆,消除了管壁孔隙,保证孔道灌浆的均匀性,使之形成一个密实、不透水的保护层,增强了预应力的防腐,加快了工程进度。灌浆完成后对梁体进行了局部抽检,浆体密实合格率达到100%。

二是厚层基材和喷射植被在路基生态防护中的应用。厚层基材和喷射植被护坡是采用砼喷射机把基材与植被种子的混合物按设计厚度均匀喷射到需防护的工程坡面的绿色护坡技术。该技术具有施工速度快、造价相对低,且可在公路两侧营造植物群落,有效恢复并保证环境的可持续发展。厚层基材喷射植被护坡技术在常张高速公路多个边坡的工程实践中取得了良好的工程效果。

三是"弱面夹层岩石边坡锚注加固技术研究"是湖南省交通厅科技进步创新计划项目(项目编号2005,200541)。在常张高速公路建设中这一技术已成功推广使用。本项目在试验、监测和理论分析基础上,首次揭示了单锚锚墩预应力在岩土体中呈椭球体分布规律,据此建立了预应力锚索浅层锚固应力墙理论,在国内外第一次提出了"锚固效应设计法"。该设计技术不仅从目前的经验设计法过渡到量化设计,而且把锚固设计的对象从锚索结构设计扩充到锚固效应设计。弱面夹层边坡的浅层滑坡通常采用锚杆和泄水管联合加固,但浅层注浆不能留压盖层防止跑浆,也不能采用高压注浆扩大注浆范围。该项目研制预应力锚管和配制悬浮型浆液、开发注浆调控工艺构成了一种新型的浅层无覆盖、无止浆塞的孔内循环浅层注浆技术,与泄水管配合,有效解决了弱面夹层水蚀管涌边坡浅层滑坡难题。岩石边坡流行喷混植生,但是碱性土壤和覆土厚度影响了植生效果。该项目试验的"格梁植生袋绿化技术"从水土保持、生物选择、植生工艺方面改进植生方法,实现了高覆盖率绿化,解决了岩石陡边坡坡面绿化难成活的防护难题。该项成果在常张高速公路已经成功推广使用,解决了弱面夹层岩石边坡深部加固、浅层加固和坡面绿化防护的难题,取得了较好的经济效益。

2002年12月1日常张高速公路举行了开工典礼,正式动工。2005年12月18日至20日湖南省高速公路管理开发总公司,按照交通运输部《公路工程竣工验收办法》的规定,对常张高速公路主线及连接线土建、路面、交通工程、绿化工程进行交工验收。工程合格率为100%。2005年12月26日试通车后,即成立了常张高速公路管理处,负责公路的管养和收费工作。2009年1月4日,交通运输部组织成立湖南省常德至张家界高速公路竣工验收委员会,对该项目进行竣工验收。竣工验收委员会认真听取了建设、设计、施工、监理、质量监督等单位的工作情况汇报,查阅了工程建设有关文件和资料,对全线工程进行了实地查看,经评议认为:常张高速公路路线平纵组合合理,线型顺畅,经过三年试通车运营,路基稳定,路面平整密实,沿线桥涵构造物使用状况良好,防护工程稳固,交通安全设施齐全,服务设施功能完善,绿化景观优美,与自然环境协调,档案资料完整、规范,交工报告中提出的问题已得到处理和落实。竣工验收工程质量评分值为96.10分,工程质量等级评分优良。

常张高速公路路基、桥涵标段表(常德市境内)

表 2—8—2—1

标段	桩号	里程（公里）	经费（万元）	施工单位	监理单位
1	0+000-7+585	7.585	7054	湖南路桥道路九公司	湖南交通建设监理公司
2	7+585-9+495	1.910	10810	湖南路桥桥梁五、九公司	湖南交通建设监理公司
3	9+495-12+500	3.005	19065	怀化路桥总公司	湖南交通建设监理公司
4	12+500-19+700	7.200	9910	路桥集团一局厦门处	湖南交通建设监理公司
5	19+700-24+289	4.589	13151	湖南路桥道路一公司	湖南交通建设监理公司
6	24+289-27+144	2.855	24174	湖南路桥长江综恒公司	湖南金衢交通咨询监理公司
7	25+628-43+000	17.372	16585	湖南军信路桥公司	湖南金衢交通咨询监理公司
8	43+000-58+900	15.900	11112	湖南路桥通泰公司	育才·布朗公司
9	58+900-72+925	14.025	17472	北京公路桥梁公司	育才·布朗公司
10	72+925-78+500	5.575	17671	湖南路桥隧道公司	广东虎门技术咨询公司
23	$L_1$0+000-6+280	5.914	5438	常德路桥公司	湖南三湘交通监理事务所
24	$L_1$3+677-4+043	0.366	2238	益阳路桥公司	湖南三湘交通监理事务所
25	$L_1$6+610-7+847	1.237	2125	永州路桥公司	湖南三湘交通监理事务所

常张高速公路路面标段表(常德市境内)

表 2—8—2—2

标段	桩号	里程（公里）	经费（万元）	施工单位	监理单位
29	0+000-24+288.5	24.289	13515	湖南路桥公司	湖南交通建设监理公司
30	24+288.5-48+000	25.227	11433	四川川交路桥公司	湖南金衢交通咨询公司
31	48+000-72+924.991	24.925	10741	岳阳市路桥公司	育才·布朗公司
32	72+924.991-99+000	18.398	7217	湖南路桥公司	广东虎门技术咨询公司

第三节　常吉高速公路

常德至吉首高速公路是国家规划建设的西部开发公路干线重庆至长沙公路的一段，也是湖南省公路主骨架的重要组成部分，项目东接长沙至常德高速公路，进而连接北京至珠海国道主干线，西接吉首至茶洞(湘渝界)高速公路，是联系我国中部地区与西部地区的重要运输通道，在国家及湖南省干线公路网中具有重要地位。常吉高速公路建成后与长常、常张及在建的岳常、东常、常安高速公路连为一体，形成常德市的高速公路网及市城区绕城高速环线，对促进常德市交通通过能力和通达深度，改善投资环境，促进旅游开发，加速经济发展，全面建成小康社会，具有十分重要的作用。常吉高速公路现路线编号为 G56，是杭（州）瑞（丽）高速的一段，在常德市境内起点斗姆湖，止点太平铺。

常吉高速公路是湖南省当时建设里程最长、投资规模最大、工程最复杂、施工条件最艰巨的高速公路项目。该项目国家发展和改革委员会于 2003 年 7 月 18 日以发改交运〔2003〕548 号文报国务院，请求审批常德至吉首高速公路可行性研究报告。国务院批准后，国家发展和改革委员会又以发改交运〔2003〕760 号文，通知湖南省计委。2003 年 10 月 21 日交通部以交公路发〔2003〕439 号文，批复了常德至吉首公路初步设计。2003 年 12 月 31 日湖南省交通厅以湘交基建字〔2003〕887 号文，批复了常吉高速公路施工图设计和预算。

常吉高速公路犹如一条巨龙穿行于崇山峻岭

常吉高速公路起于常德市鼎城区斗姆湖，接常德至张家界高速公路斗姆湖互通，经桃花源、郑家驿、茶安铺、官庄、沅陵、泸溪，止于吉首，与吉（首）茶（洞）高速公路相连。常吉高速公路全长 223.7 公里，另建连接线长 13.7 公里，其中常德市境主线长 71.25 公里（鼎城区 17.02 公里、桃源县 54.23 公里），设桃源尧河、郑家驿、茶安铺三处互通。连接线长 7.3 公里，其中尧河连接线 4.3 公里，茶安铺连接线 3 公里。该项目 2004 年 3 月 25 日在吉首市举行开工典礼，2004 年 5 月份正式开工，2008 年 12 月 18 日建成并正式投入试运营通车。

常张高速公路全线按四车道高速公路标准建设，其中起点至茶安铺长 61.55 公里路段设计行车速度 100 公里 / 小时，路基宽 26 米；茶安铺至终点长 161.76 公里。计算行车速度采用 80 公里 / 小时，路基宽 24.5 米。桥涵与各区段路基同宽。全线桥涵设计车辆荷载采用汽车—超 20 级、挂车—120；路面标准轴载采用双轮组单轴 100KN；设计洪水频率：特大桥 1/300，其它桥涵构造物 1/100。桃源尧河、茶安铺连接线按二级公路标准建设，计算行车速度 80 公里 / 小时，路基宽 12 米。

路面结构形式：1.K4+117.919（斗姆湖）—K66+240 一般路段结构形式采用 4 厘米 AK—13 改性沥青抗滑表面层 +6 厘米 AC—20（I）型中粒式沥青砼中面层 +8 厘米 AC—25（I）型粗粒式沥青砼下面层 +0.6 厘米乳化沥青稀浆封层 + 透层 +34 厘米 5%水泥稳定碎石基层 +18

厘米4%水泥稳定碎石底基层。K4+117.919—66+240路段石质路堑地段采用4厘米AK—13改性沥青抗滑表面层+6厘米AC—20(I)型中粒式沥青砼中面层+8厘米AC—25(I)型粗粒式沥青砼下面层+0.6厘米乳化沥青稀浆封层+透层+20厘米5%水泥稳定碎石基层+15厘米级配碎石调平层。

2.K66+240—K224+353.695一般路段结构形式采用4厘米AK—13改性沥青抗滑表面层+6厘米AC—20(I)型中粒式沥青砼中面层+7厘米AC—25(I)型粗粒式沥青砼下面层+0.6厘米乳化沥青稀浆封层+透层+34厘米5%水泥稳定碎石基层+18厘米4%水泥稳定碎石底基层;K66+240—K224+353.695路段石质路堑地段采用4厘米AK—13改性沥青抗滑表面层+6厘米AC—20(I)型中粒式沥青砼中面层+7厘米AC—25(I)型粗粒式沥青砼下面层+0.6厘米乳化沥青稀浆封层+透层+20厘米5%水泥稳定碎石基层+15厘米级配碎石调平层。

在国家发改委〔2003〕760号批复文件中,确认项目总投资约为103.40亿元(静态投资95.8亿元),其中国家专项基金11.45亿元,湖南省重点公路建设资金安排28.86亿元作为项目资本金,共计40.31亿元,占总投资的39%。国家发改委安排利用亚洲开发银行贷款3亿美元(折合人民币约24.9亿元),亚行贷款本息及付费由湖南省负责偿还。利用国家开发银行贷款38.19亿元,在国家发改委的批文中,该项目属免征关税和进口环节增值税项目。

交通部交公路发〔2003〕439号文件中,核定初步设计总概算为106.49亿元(含建设期贷款利息6.46亿元),其中建筑安装工程费82.15亿元,占概算的77.14%,其他费用24.34亿元,占概算的22.86%。该项目建设过程中,由于物价大幅上涨,设计方案变更,自然灾害影响、地质情况变化、部分工程建设标准或规模(防护、安全、环保、质量)提高导致工程量和费用增加,以及亚行美元贷款利率变化等因素,导致实际总投资超出批复概算。2011年,湖南省交通运输厅审定概算调整金额为116.78亿元。交通运输部最后审定调整概算金额为116.65亿元。

2003年10月9日,常德市政府召开常吉高速公路常德段征地拆迁动员大会,随即成立常吉高速公路常德市建设协调指挥部,鼎城区、桃源县相继成立区(县)协调指挥部,负责征地拆迁和建设过程中与地方的协调工作,确保常吉高速公路建设顺利进行。经过九个月的努力,常德市境沿线11个乡镇、39个村的征地拆迁任务于2004年6月完成,共征用土地484公顷,其中水田174.47公顷、旱地33.87公顷、山地260.13公顷、其他15.53公顷;拆迁房屋423户,面积99307平方米;搬迁各类杆线2565根。

项目管理机构(业主)是常吉高速公路建设开发有限公司和常吉高速公路总监办公室。下设总工程师室、监理部、办公室、政治部、合约部、工程部、财务部、环保办、协调安全部、信息技术部、中心试验室等职能部门。为加强施工现场管理,沿线设桃源、官庄、沅陵、吉首四个工作组。常吉高速公路2008年12月18日试运营通车后,成立了常吉高速公路管理处,负责全线的养护、收费和管理。

设计单位:湖南省交通规划勘察设计院。施工过程中派有设计代表常驻现场。

监督单位:湖南省交通建设质量监督站。施工过程中派有驻地监督工程师。

施工、监理单位见表

为把常吉高速公路建成一条高质量、高水平的“精品路”“科技路”,推动公路建设技术登上新的台阶,常吉公司结合工程实际,坚持科技创新,积极推行新技术、新工艺,不断提高工程建设的科技含量。其中已被全面推广运用的有:

1.《高速公路新型美观防侧翻砼护栏的开发研究》(已申请国家专利),该课题使过去单一呆板的砼护栏外形更加流畅、美观,且结合了护栏设置地的自然与人文景观特点,做到因地制宜、和谐统一,同时加强了护栏的防护能力,使现行规范中要求的高速公路桥梁景观护栏的最大防护能力由 230KJ 提高到 520KJ;使高路堤路段景观的最大防护能力由 230KJ 提高到 400KJ,其防护能力分别提高了 2.26 倍和 1.74 倍,从而能够更加有效地防止车辆发生坠桥、坠崖事故,最大限度降低交通事故死亡率。

2.《公路建设信息化、集成化综合管理系统》,该系统的开发与应用大大缩短了常吉路项目的时空距离,减轻了内业人员的劳动强度,增强了数据的计算可靠性,提高了管理效率。

3.《山区高速公路斜坡桥基稳定分析及设计方法研究》《山区斜坡地基高填方路堤特性及施工技术研究》两个课题研究成果的应用分别为工程建设节约经费 970 万元和 2100 万元。

常吉高速公路路基、桥涵标段表(常德市境内)

表 2—8—3—1

标段	起止桩号	里程（公里）	经费（万元）	施工单位	监理单位
1	K4+117.9-K19+000	14.882	20111	湖南路桥通和公司	湖北省中交公路桥梁监理公司
2	K19+000-K31+400	12.400	14991	怀化路桥公司	湖北省中交公路桥梁监理公司
3	K31+400-K46+000	14.600	19967	天津五市政工程公司	厦门路桥监理公司
4	K46+000-K56+000	9.983	18267	湖南路桥通泰公司	厦门路桥监理公司
5	K56+000-K65+100	9.100	17049	岳阳路桥公司	厦门路桥监理公司
6	K65+100-K75+385.6	10.286	22356	湖南路桥公司	湖南大学建设监理中心

常吉高速公路路面标段表(常德市境内)

表 2—8—3—2

标段	起止桩号	里程（公里）	经费（万元）	施工单位	监理单位
P1	K4+117.9−K31+400	27.282	21274	湖南路桥通盛公司	湖北中交公路桥梁监理公司
P2	K31+400−K65+100	33.683	19031	湖南路桥通泰公司	厦门路桥监理公司
P3	K65+100−K90+300	28.084	15337	湖南路桥通泰公司	湖南大学建设监理中心

第四节　岳常高速公路

岳阳至常德高速公路起于岳阳市君山区建新农场，接在建的临湘(鄂湘界)至岳阳高速公路，止于肖伍铺，接澧县东岳庙至常德高速公路，全长140.86公里，其中，在常德市境内59.8公里。全线在许市、华容东、华容西、南县、安乡、西洞庭、石公桥、肖伍铺8处设置互通式立交，另建互通立交连接线4.951公里。

岳常高速公路全线采用四车道高速公路标准建设，设计行车速度100公里/小时，路基宽度26米，桥涵设计荷载等级采用公路—I级。互通立交连接线采用二级公路标准建设。为保证工程安全，满足防洪需要，全线通过蓄洪垸路段采用全桥方案。该项目处于洞庭湖区，全线软土路段长达70多公里，软基处理是项目实施的关键。项目软基厚度大于10米的路段，原则上采用复合地基处治方案；软基厚度大于15米的路段，原则上采用预应力管桩处治方案。路面采用沥青砼，结构组合设计方案是：4厘米SMA—13型改性沥青砼上面层、6厘米AC—20C型沥青砼中面层、8厘米AC—25型沥青砼下面层，面层总厚度18厘米。该项目于2008年12月9日，交通运输部以交公路发〔2008〕499号文，对岳阳至常德高速公路初步设计文件进行了批复，核定初步设计总概算为104.5252亿元。岳常高速公路在常德市境内59.8公里，设路基标段11个，分别为TJ—17(跨益阳、常德两市)，K82+865—K84+533，常德市境内长1.668公里，路基工程施工单位是中交一公局海威工程建设有限公司。TJ—18，K84+533—K90+200，长5.667公里，施工单位是中交一公局桥隧工程有限公司。TJ—19，K90+200—K90+851，全长1.651公里，施工单位是河南省大河筑路有限公司。TJ—20，K91+851—K96+265，长4.414公里，施工单位是河南路桥建设集团有限公司。TJ—21，K96+265—K105+218，长8.953公里，施工单位是开封市通达公路工程有限公司。TJ—22，K105+218—K107+930，长2.712公里，施工单位是河南路桥建设集团有限公司。TJ—23，K107+930—K115+145，长7.215公里，施工单位是中城建第二工程局集团有限公司。TJ—24，K115+145—K121+343，长6.198公里，施工单位是中铁十五局集团第一工程有限公司。TJ—25，K121+343—K128+888，长7.545公里，施工单位是中铁十五局集团有限公司。TJ—26，K128+888—K136+340，长7.452公里，施工单位是中交一公局第六工程有限公司。TJ—27，K136+340—K142+665，长6.325公里，施工单位是中交一公局第二工程有限公司。TJ—18至TJ—21路基工程的监理单位是JL—3，河南豫通公路工程监理事务所。TJ—22至TJ—27路基工程的监理单位是JL—4，黑龙江省公路工程监理咨询公司。常德市境内路面工程分两个标段：LM—3，K82+865—K105+218，长22.353公里，施工单位是河南省公路工程局集团有限公司，监理单位是JL—3，河南省豫通公路工程监理事务所；LM—4，K105+218—K142+748，长37.53公里，施工单位是河南省公路工程局集团有限公司，监理单位是JL—4，黑龙江省公路工程监理咨询公司。

岳常高速公路常德市境内拆迁房屋 382 户，55564 平方米、砍伐树木 27115 棵，迁坟 837 座，水塘 293 个。占用土地共 308.7518 公顷,其中农用地 289.1367 公顷、建设用地 15.8487 公顷、未利用地 3.7664 公顷。

岳常高速公路在常德市境内投资额为 44.36 亿元。

岳常高速公路于 2009 年 12 月动工，2013 年 12 月 28 日建成通车。

第五节　东常高速公路

东常高速公路是国家公路网中第六条纵线，二连浩特至广州高速的一段，北接荆(州)东(岳庙)高速公路，南接在建的常(德)安(化梅城)高速公路。它起自东岳庙(鄂湘界)，经复兴厂、梦溪、涔南、澧东、从澧县与津市两城之间的澧澹通过，经灵泉、烽火、双桥坪在肖伍铺与岳常高速公路相交，再经柳叶湖以东、白鹤山、芦荻山、止于石门桥，与在建的常(德)安(化梅城)高速公路相连，与长(沙)常(德)高速公路相接。东常高速公路与 G207、G319 及 S205、S302、S306 相连，共同构成了区域干线公路网，可有效改善湖南中部地区的交通联系，促进洞庭湖区产业发展，提高湖区抗洪救灾能力，促进大湘西旅游开发，构建了湘西北旅游大通道。

2008 年 8 月 19 日，国家发展和改革委员会，以发改运〔2008〕2188 号文件，对湖南省澧县(东岳庙)至常德公路可行性研究报告进行了批复，为完善国家和湖南省高速公路网，适应促进中部地区崛起战略实施的需要，改善区域交通条件，促进沿线地区资源开发和经济社会协调发展，同意建设澧县(东岳庙)至常德高速公路。该项目包括东岳庙至常德主线，以及常德北绕城线(起于肖伍铺，经石板滩，止于张家店，接常张高速公路)。2008 年 10 月 24 日交通运输部，以交公路发〔2008〕400 号文件，批复了东常高速公路初步设计文件，核定概算总额为 83.3617 亿元(包括建设期贷款利息 4.7819 亿元)。

2009 年 3 月 17 日，湖南省交通厅，以湘交基建〔2009〕93 号文件，对澧县(东岳庙)至常德公路施工图设计进行了批复。

东常高速公路主线长 111.8403 公里，按双向四车道高速公路标准设计，起点东岳庙(鄂湘界)至肖伍铺(K0+000—K82+150)设计速度为 100 公里 / 小时，路基宽度 26 米；肖伍铺至终点段(K82+150—K111+840.3)设计速度 120 公里 / 小时，路基宽度 28 米。常德北绕城线(17.912 公里)设计速度 100 公里 / 小时，路基宽度 26 米；白鹤山连接线(3.86 公里)，设计速度 80 公里 / 小时，路基宽度 24.5 米；津市连接线(4.8 公里)设计时速 60 公里 / 小时，路基宽度 12 米；临澧连接线(10.397 公里)，设计时速 60 公里 / 小时，路基宽 12 米。

汽车荷载等级：公路—I 级。

设计洪水频率：特大桥 1/300；大中桥 1/100；小桥、涵洞 1/100。

地震基本裂度:VII 级。

动峰值加速度 0.15g。

其余技术标准按部颁《公路工程技术标准》(JTGB01—2003)执行。

路基路幅型式:主线路基横断面采用的设计速度:起点至肖伍铺路基宽 26 米,其中中央分隔带 2 米,路缘带 2×0.75 米,行车道 2×2×3.75 米,硬路肩 2×3 米,土路肩 2×0.75 米;肖伍铺至终点段路基宽 28 米,其中中央分隔带 3 米,路缘带 2×0.75 米,行车道 2×2×3.75 米,硬路肩 2×3.5 米,土路肩 2×0.75 米。

路面结构型式:1.主要路面结构:4 厘米细粒式沥青马蹄脂(SMA—13)上面层 +6 厘米中粒式沥青砼(AC—20C)中面层 +8 厘米粗粒式沥青砼(AC—25)下面层 +1 厘米改性沥青同步碎石封层 + 透层 +40 厘米 5%水泥稳定碎石基层 +20 厘米 4%水泥稳定碎石底基层。

2. 隧道主洞路面结构:4 厘米细粒式马蹄脂 (SMA—13) 上面层 +6 厘米中粒式沥青砼(AC—20C)中面层 +24 厘米 C40 砼下面层 +15 厘米 C20 砼基层。

3.匝道、收费站广场、服务区路面结构:28 厘米水泥砼路面面层 +1 厘米改性沥青同步碎石封层 +20 厘米 5%水泥稳定碎石底基层 +20 厘米 4%水泥稳定碎石底基层。

4.桥面铺装路面结构:4 厘米细粒式沥青马蹄脂(SMA—13)上面层 +6 厘米中粒式沥青砼(AC—20C)下面层。

5. 连接线路面结构:24 厘米水泥砼面板面层 +17 厘米 5%水泥稳定碎石基层 +15 厘米 4%水泥稳定碎石底基层。

东常高速公路项目共设特大桥 22282.76 米 /5 座,大桥 4524.2 米 /23 座,中桥 2300 米/39 座,小桥 139.54 米 /6 座,涵洞 392 道。

全线共设隧道 2 座。月亮湾隧道左洞 321 米,右洞 319 米;太阳山隧道左洞 363 米,右洞 380 米。

东常高速公路项目主线共设置复兴、津澧、津市南、临澧、双桥坪、肖伍铺、白鹤山、芦荻山、石门桥九处互通,预留梦溪一处互通。常德北连接线设灌溪、张家店二处互通。全线设 1 处管理分中心、2 处养护工区、3 处服务区、1 处停车场、8 处匝道收费站、1 处主线收费站。

该项目业主单位是:湖南省东常高速公路建设开发公司。

设计单位是:

A 公路工程路线、路基、路面、桥涵、隧道、绿化部分由三个单位设计。

1.K0—K58+720(含津市、临澧连接线),由湖南省交通规划勘察设计院勘察设计。

2.K58+720—K86+986(含常德北连接线),由华杰工程咨询有限公司勘察设计。

3.K86+986—K113+782(含白鹤山连接线),由北京建达道桥咨询有限公司勘察设计。

B 交通工程(含收费、通信、监控)及沿线设施。

1.K0—K58+720(含津市、临澧连接线)由中交公路规划设计院有限公司勘察设计。

2.K58+720—K113+782(含常德北绕城线、白鹤山连接线),由中交第一公路勘察设计研究院勘察设计。

东常高速公路监理单位、施工单位详见表2—8—5—1。

东常高速公路共拆迁房屋1298户，计256479平方米，迁坟9251座，占用水塘60.12公顷。占用土地共896.7788公顷，包括：1.农用地835.2114公顷，其中水田386.97公顷、旱地126.95公顷、菜地11.191公顷、园地21.653公顷、林地226.29公顷、农田水利用地1.9111公顷、养殖水面56.693公顷、其他农用地3.5533公顷。2.建设用地56.1091公顷。其中城镇、房屋用地53.781公顷、公路、铁路用地2.3281公顷。3.未利用地5.4583公顷。

东常高速公路于2009年7月开工，2013年12月建成。

东常高速公路路基工程施工、监理单位一览表

表2—8—5—1

标段	施工单位名称	起止桩号	建设里程（KM）	监理单位	
				标段	单位名称
1	中城建第二工程局有限公司	K0+000—K12+180	12.18	第1监理合同段	中国公路工程咨询集团
2	广东航盛建设集团有限公司	K12+180—K16+420	4.24		
3	路桥华祥国际工程有限公司	K16+420—K25+060	8.64		
4	湖南常德路桥建设有限公司	K25+060—K28+540	3.84		
5	中铁大桥局股份有限公司	K28+540—K31+000	2.46	第2监理合同段	湖南和天工程项目管理有限公司
6	湖南省建筑工程集团总公司	K31+000—K38+000	7.467		
7	中交第一公路工程局有限公司	K38+000—K48+000	9.7		
8	江苏省交通工程集团有限公司	K48+000—K56+380	8.38		
9	湖南省建筑工程集团总公司	K56+380—K66+600	10.22	第3监理合同段	河北华达公路工程咨询监理有限公司
10	湖南省公路机械工程有限公司	K66+600—K77+645	11.045		
11	湖南省金沙路桥建设有限公司	K77+645—K84+848.28	7.203276		
12	湖南省常德路桥建设有限公司	K84+848.28—K89+310	4.461724	第4监理合同段	湖南省交通建设工程监理有限公司
13	中铁十八局集团有限公司	K89+310—K93+010	3.7		
14	湖南湘潭公路桥梁建设有限责任公司	K93+010—K96+525	3.515		
15	中铁二十局集团第四工程有限公司	K96+525—K99+732	3.207		
16	中铁二十四局集团有限公司	K99+732—K102+477	2.745		
17	中交第二航务工程局有限公司	K102+477—K105+220	2.743	第4监理合同段	湖南省交通建设工程监理有限公司
18	邵阳公路桥梁建设有限责任公司	K105+220—K111+673.159	6.453159		

续表

标段	施工单位名称	起止桩号	建设里程（KM）	监理单位	
				标段	单位名称
19	湖南省公路机械工程有限公司	LK2+840—LK11+522	8.682	第5监理合同段	重庆育才工程咨询监理有限公司
20	湖南金沙路桥建设有限公司	LK11+522—LK16+440（不含跨石长铁路桥）	4.662		
21	衡阳公路桥梁建设有限公司	LK16+440—LK20+711.99	4.27199		
22	中国对外建设总公司		12.1	第2监理合同段	湖南和天工程项目管理有限公司
23	湖南省公路机械工程有限公司	QK1+940—QK5+800白鹤山连接线	3.86	第5监理合同段	重庆育才工程咨询监理有限公司
24	中铁大桥局集团第三工程有限公司	LK14+571.50—LK14+827.90	0.2564		

东常高速公路路面工程施工、监理单位一览表

表2—8—5—2

施工单位		起止桩号	建设里程（KM）	监理单位	
路面标段	单位名称			标段	单位名称
路面一标	新疆交通建设集团有限责任公司	K0+000—K56+380	56.38	J4监理处	中国公路工程咨询集团有限公司
路面二标	湖南常德路桥建设有限公司	K56+380—K111+673.159	55.293	J4监理处	湖南省交通建设工程监理有限公司
路面三标	湖南尚上公路桥梁建设有限公司	LK2+840—LK20+711.9	17.871	J6监理处	重庆育才工程咨询监理有限公司

第六节　常安高速公路

常德至安化（梅城）高速公路是二连浩特至广州国家高速公路的一段，它起于常德市石门桥，与长沙至张家界公路和澧县（东岳庙）至常德高速公路相接，经黄土店、马迹塘、仙溪，止于安化县梅城，接在建的安化（梅城）至邵阳高速公路，全长95.305公里。常德境长35.952公里（K0+998—K36+950）。全线在石门桥、花岩溪（黄土店）、武潭、马迹塘、长塘、仙溪、梅城7处设置互通式立交。另建桃江至马迹塘连接线40.3公里（利用现有省道308线修建）。石门桥枢纽式立交采用1/2半苜蓿叶加两条定向匝道方案，其他互通立交采用单喇叭方案。

常安高速公路全线采用四车道高速公路标准建设，设计速度100公里/小时，路基宽度26米，桥涵设计汽车荷载等级采用公路—Ⅰ级，桃江至马迹塘连接线采用二级公路标准建设。路面采用沥青砼，结构组合设计方案是:4厘米SMA—13型改性沥青砼上面层、6厘米AC—20型沥青砼中面层、8厘米AC—25型沥青砼下面层。该项目初步设计总概算核定为583458万元（含建设期贷款利息57548万元、征地社保金13741万元）。常德至安化（梅城）高速公路的初步设计，是交通运输部于2008年12月1日以交路发〔2008〕483号文件批复的。

国家发展和改革委员会2008年以发改基础〔2008〕2855号文，对常德至安化（梅城）公路项目进行了批复，批复总投资约53亿元（静态投资约47.2亿元），其中资本金为18.6亿元（约占总投的35%），由常安高速公路建设开发有限公司的独资股东浙江友诚控股集团有限公司，以自有资金和部分资产投入，其余34.4亿元利用国内银行贷款解决。该项目由湖南常安高速公路建设开发有限公司作为项目法人投资、建设、经营和养护管理。项目法人以收取车辆通行费作为投资回报，经营期满后，项目法人须将常德至安化（梅城）高速公路及相关配套设施无偿移交给湖南省交通管理部门。由于该项目不使用国有资金，也不属省重点项目，根据《招标投标法》等相关规定，项目法人对该项目实行邀请招标。

常安高速公路全长95.305公里，其中整体式路基长82.405公里，分离式路基长12.90公里。全线共设置主线桥梁（含互通、分离立交）13719米/69座，其中特大桥3612.43米/2座，大桥8475.89米/35座，中桥794.58米/12座，小桥405.5米/15座。涵洞212道。隧道3532.1米/8座。桥隧长度占路线总长的18.1%。全线设管理养护中心2处（常德、马迹塘），隧道管理站1处（长塘），停车区2处（武潭、仙溪）。

在常德市境内共设两个标段:IJA、IJB。IJA标段长2.005公里（K1+995—K4+000），修建跨石长铁路桥。IJB标段分六个工区，长32.95公里（K4+000—K36+950）。

常安高速公路常德市境内征地拆迁工作，由常德市常安高速公路协调指挥部负责。共征地 215.544 公顷，其中耕地 73.2953 公顷、林地 120.5623 公顷、园地 1.7548 公顷、其他农用地 7.811 公顷、建设用地 8.8419 公顷、未利用地 3.2787 公顷。拆迁房屋 160 户，24650 平方米。

常安高速公路于 2010 年开工，现正在施工中。

第三篇

公路养护

第三篇　公路养护

第一章　养护模式

1950 年至 1966 年，尽管常德公路组织机构和机构名称有变化，但常德境内的公路均由常德公路总段管理养护。

1963 年提出、1964 年开始对公路实行“统一领导，分级管理”，常德公路总段管养国、省道干线和部分连接干线公路的县道，常德专员公署交通局地方公路航道管理处管理县、乡支线，各县交通局地方公路养护队负责县、乡公路的管理养护工作。

1969 年 12 月，常德地革委通知：各县公路养护队与公路养护段合并，县公路段实行地、县双重领导，以县管为主。虽然组织机构合并了，但财务未合，于 1975 年前养护段和地方养护队陆续分开了。

1981 年 5 月，常德地区行政公署根据交通部和中共湖南省委的指示精神，决定将由地、县领导的公路管理养护体制改为由湖南省交通厅、湖南省公路管理局领导的体制，将各县、市地方公路养护队（管理站）与县公路养护段合并，负责管养所在地的干、支线公路，各县公路段的人、财、物和业务工作均由地区公路总段统一管理。

进入 21 世纪，常德境内又增加了一个公路养护主体：湖南益（阳）常（德）、常（德）张（家界）、常（德）吉（首）高速公路管理处，境内共三个公路管理养护主体管养常德境内的公路。公路的维修保养由沙石路面发展到沥青路面、水泥混凝土路面。公路养护的操作方式也由手工操作发展到半机械化、机械化操作。

第一节　道班（公路站）养护

道班沿革　道班是建立最早、至今依然存在并继续运行的养护形式。公路建成通车后，沿线就设置了道班。早期的道班称“道棚”，道班长称“棚目”，养路工称“棚工”“道工”。如民国 25 年（1936），常澧桃段养护 158.09 公里公路，设“道棚”6 个，有“棚目”6 人，道工及工匠 90 人。1950 年改“道棚”称道班，由全省统一按数字编号。道班的设置按线路的等级和行车密度确定，1950 年常德地区内设 11 个支段，渡口 4 个，渡工 45 人，管养公路 341.42 公里，常德工务总段有养路工 126 人；1953 年道班改称路工班，常德境内设路工班 16 个，有养路工 151

人，渡工班6个，渡工48人，桥工班1个，桥工10人。1958年取消数字编号，以路工班常驻地名为班名。随着公路里程的增加，路工班的数量也不断增加，1962年常德总段管养1337公里公路，设置路工班92个，有养路工人913人，渡工班10个，渡工98人。1963年12月成立常德专员公署交通局地方公路航道管理处，1963年各县成立地方公路养护队，1964年公路实行分级管理养护。国省道干线公路全省统一管理，称省管公路，由常德公路总段管理养护，区社公路（现称县乡公路）由地方公路航道管理处管理养护。1977年总段养护总里程1657.24公里，其中沥青路面526公里，沙石路面1131.24公里，设置工班185个，有养路工2495人，其中固定工人576人、农民代表工1919人。1990年工班改称道班。2010年，常德境内公路数量有了大幅度增加，公路路面等级也有了大幅度改变，常德市公路管理局管养总里程为1958.891公里，其中水泥混凝土路面1364.724公里，沥青混凝土路面131.805公里，简易铺装路面387.907公里，沙石路面74.455公里，设置养路道班92个；常德市交通局县乡道路管理处管养县乡公路8294.424公里，其中县道2086公里，乡道6208.424公里，县道中有水泥混凝土路面1359.044公里，乡道中有水泥混凝土路面3002.189公里。境内有高速公路216.283公里，其中主线201.183公里，接线15.1公里，分别由益（阳）常（德）、常（德）张（家界）、常（德）吉（首）高速公路管理处管理养护。

G319 桃源茶庵铺道班

道班房建设 1950年常德工务总段管养公路341.42公里，有养路工126人，到1953年养护里程为446.20公里，设有16个路工班，有养路工151人。一个路工班养护20—30公里公路。新中国成立初期，常德公路部门的多数道班没有道班房，养路工人用板车拖着行李沿线居住从事公路养护。1956年才定点居住，但多数是租住的民房。为了解决道班房，常德公路总段开始每年安排一定的经费用于道班房的新改建，每栋新建道班房的面积控制在120平方米，经费控制在3000元以内。到20世纪70年代，道班房新改建的面积每栋增加到200平方米，经费增加到5000—8000元，支线道班新建道班房每栋补助2000元，道班房的建设非常简陋。

1980年，常德地区公路总段着手逐步改善工班住宿条件，1981年，除湖南省公路管理局拨给的工班房建设计划经费19.8万元以外，常德地区公路总段还自筹资金10.0308万元，共新建工班房13栋，维修工班房15栋，从1980年至1987年间，全总段共投资297.75万元，新改建工班房79栋,计27512平方米,为126个工班解决了用水,为104个工班安装了电灯照明,117个工班有了电视机,工班建设提出了“十有”目标(有房、床、桌椅、文化室、电灯照明、电视机、水井、医药箱、厕所、浴室),汉寿公路段所有工班率先达到“十有”目标。常德地区公路总段还为工班征收菜地12公顷,鼓励工人利用业余时间养猪种菜,工班工人每人每月伙食费由20元下降到10元,最低的只有7—8元。

1987年1月,常德公路总段在慈利公路段苗市工班召开工班房建设现场会,会上总段长陈文龙提出工班房建设的新设想:“工班房的建设要由集体宿舍向单间和有家属居住的套间发展,为养路工人造就一个优美的居住环境。”根据这个设想,有条件的工班立足“三园”式(花园、果园、菜园)建设,同时仍然坚持落实“十有”目标,1990年至2000年,常德市公路管理局共投资738.25万元,新改建道班房58栋计22290平方米,维修道班房19栋,养路工人住宿实现了单间化,双职工和带家属的养路工人有了套间房,部分道班还有了车库和杂物间。所有道班都达到了“十有”标准。1990年常德县樟木桥道班自筹资金25000元,为工人添置了蚊帐、被子、铝制水桶、洗脸毛巾等用品,工人来道班上班只需带换洗衣服。1991年4月,这个班因各项工作成绩突出荣获“全国五一劳动奖状”和湖南省总工会授予的“先进工会小组”荣誉称号。

进入21世纪,道班房的建设与机械化大道班、创建星级文明道班、模范职工小家相结合,向公寓式住房发展。2001年至2010年间,常德市公路管理局共投资824.3万元,新改建道班房92栋,2005年至2010年间维修道班房39栋,市公路管理局工会另外投资整修道班房16栋,鼎城的周家店、汉寿的太子庙、桃源的郑驿、临澧的范家、石门的易市道班达到公寓式住房标准,全市公路系统建成机械化大道班4个,有星级文明道班100个,太子庙机械化维修站获“全国百佳道班”称号,津市灵泉道班获“全国模范职工小家”称号。

管理制度 20世纪50年代,湖南省公路系统推广学习邵阳第37道班的管理经验:(1)生产会议制(月、旬、日)生产会议;(2)大雨、雪天分组检查制;(3)工具保管制;(4)工作分配制;(5)轮流值日制,常德公路道班的管理制度形成了初步模式。

1963年9月,常德专区交通局地方公路航道管理处制定下发《常德专区地方公路工班管理工作》,主要内容有:公路养护形式,管理工作分类,路工班的设置及人员配备原则,工班的作用以及工班的“一长六员”分工细则。

20世纪60年代初期,常德县斗姆湖工班在推行养路负责制的实践中,加强班组管理,健全岗位责任制,革新养路技术,实行经济核算,坚持学习,改善生活等方面有一套好的管理方法,1964年,系统地拟订了《斗姆湖工班养路生产岗位责任制度实施办法(草案)》共三十五条,概括为“三包、五定、五到人”和六项制度。六项制度是:(1)小修保养分工负责制;(2)雨雪天巡养制;(3)安全质量检查制;(4)料具牲畜保管制;(5)班级经济核算制;(6)轮流值日制。同时实行“四员”分工负责,即安全质量检验员、生产成本核算员、料具牲畜保管员、生活福利卫生员,在班长领导下各负其责。

1969年8月，安乡县安常公路渡务养护队根据实际情况制订了生产制度、劳动管理及请假制度、工具保管和学习共四种管理制度。

1972年8月，汉寿县公路段制订《班组生产管理制度》在全段工班推行。主要内容包括岗位责任制、质量检验制、技术管理制、劳动考勤制、料具维修保管制、经济核算制、安全生产制等部分。

1974年，常德地区公路总段重新制订班组管理规章制度，逐步恢复养路负责制。

1979年8月，湖南省公路管理局制订下发一整套班组管理制度，主要内容有：(1)岗位责任制；(2)计划管理制；(3)技术质量管理制；(4)经济核算制；(5)料具管理制；(6)安全生产制；(7)劳动管理制；(8)生活管理制，同时将工班的原核心领导小组改为班委会，由班长和政治宣传员、记录核算员、安全质量检验员、料具保管员、生活福利员组成，常德地区公路总段全面推广，工班管理又重新走上了正轨。

1981年，慈利县公路段制订推行工班十项管理制度：(1)每周一、三、五晚上会议学习制；(2)劳动定额管理制；(3)财务管理制；(4)奖惩兑现制；(5)质量负责制；(6)安全生产制；(7)雨雪天巡路制；(8)料具管理制；(9)请销假制；(10)生活卫生管理制。

1982年，常德地区公路总段制订《公路养护经济责任制试行办法》，工班实行任务包揽、经费包干、节约分成，路况上升有奖、下降要罚；

1984年，常德公路总段制订《养护经济承包责任制》。

1985年，常德公路总段制订并试行《目标管理办法》，结合创建全良路、文明路工班进行目标管理。

2000年至2010年期间，安乡公路管理局坚持推行6项管理制度：(1)班长责任制；(2)记录员管理制；(3)养护技术规范管理制；(4)安全管理制；(5)路政管理制；(6)特殊任务应急管理制。

桃源基隆道班

桃源公路管理局从2005年开始制订推行五项管理制度：(1)班长管理制；(2)劳动管理制；(3)公路小修保养管理办法；(4)养护生产责任制管理办法；(5)道班目标管理考核办法。

用工形式 公路养护用工先后有雇佣工、全民制固定工、集体工、民工建勤代表工、亦工亦农轮换工、合同工、临时工。在多种用工中，以固定工为主，以建勤代表工、亦工亦农轮换工、临时工为辅助用工。

1949年以前,常德公路养护用工属雇佣工。大多数都是外地逃壮丁、躲债的人员。养路工一律食宿在工棚,夏季工作每日为11小时,冬季工作每日为9小时,全年只有10天休假,还随时都有遭受监工、棚目的打骂、处罚或开除的可能。

1950年,常德工务总段接收原有养路工人126名,转为固定工,工资保持原标准不变,这批人是解放后公路行业的第一批固定养路工,是公路养护的主力。

1952年,根据交通部和湖南省人民政府的规定,常德专区组织了半义务性质的群众养路小组,配合工班养路,不属工班编制,主要任务是采备沙石,称为道群共养。这种方式持续到1956年。

1956年,根据国务院指示和湖南省人委的规定,常德地区从同年二季度起实行纯义务性质的民工建勤,1958年"大跃进"时期停止。

1963年恢复民工建勤制度,持续到1978年12月。

1979年,贯彻执行中共中央〔1978〕37号文件精神,为减轻农民负担,凡省养干、支线公路的建勤民工代表工一律停止使用,改用亦工亦农轮换工。常德地区劳动局、粮食局、交通局发文,分配给常德地区公路总段亦工亦农轮换工指标1437名,同年6月7日又分配给总段轮换工指标471名,全总段第一批招收亦工亦农轮换工1866名,亦工亦农轮换工最后一批持续到1999年元月辞退完毕。

1981年,根据湖南省交通厅〔1981〕534号文件关于撤销常德地区航运公司,选调40岁以下的男劳力参加公路养护的精神,从常德地区航运公司调入常德公路总段集体职工430名,充实到工班养路,总段同时辞退亦工亦农轮换工594名。

1984年,为解决常德公路总段机关和所属单位职工的家属子女就业问题,总段和所属各县公路段先后办起了劳动服务公司,招收和调入了一些集体职工、临时工,从事汽车零配件的销售、劳保服装的加工。到2010年止,常德市公路管理局共有集体职工486名。服务公司招收的临时工陆续辞退了。

1986年,根据常德地区关于用工制度改革的要求,常德公路总段第一批招收合同制工人23名,打破了全民制事业单位职工"铁饭碗"制度。到2010年止,常德市公路管理局共有合同制工人1239名。

1994年开始,常德市公路总段陆续招收临时工210名用于通行费征收和养路,2007年一次性全部清退。

养护责任制　1951年3月,常德总段结合本区内的公路养护实际情况开始试行"三包、四定"为主要内容的养路负责制。"三包"即包检、包修、包养;"四定"是:以定额的人工、在定额的时间内,按定额的标准、完成定额的任务。道班制订月、旬作业计划,工人自己作生产记录,使公路养护工作开始有计划、有标准、有重点地进行。

1957年,常德地区公路总段实行公路小修保养年公里预算定额,在此基础上试行班组经济核算制,为养路负责制增加了定包的内容。

1958年，常德公路养护实行“三包、三好、四无”养路负责制（三包是：包路面、桥梁养护，包工具保管，包沙石定额；三好是：路面桥梁养护好，标志牌安置好，行道树培植好；四无是：路面无坑槽，无翻沙暴子，无泥泞滑车，路上无障碍物），充分调动了养路职工的积极性，全年自采沙石11.1137万立方米，不仅恢复了水毁公路，而且实现了松散保护层路面536.92公里，占养护总里程的74.1%。

1963年，常德县斗姆湖工班实行“三包、五定、五到人”养路负责制，“三包”是：包生产任务，包工程质量和安全，包降低小修保养成本；“五定”是：定人员；定工作地段；定材料、工具和牲口；定出勤出工、工时利用和工效；定年公里小修保养费用；“五到人”是：任务落实到人；安全质量责任到人；工具管、修、使用到人；牲口饲养使用到人；经济核算到人；取得了好的效果，该班养护常沅线（现在的国道319线）常德至桃源26公里沙路，年平均车密度在200车次以内，好路率达100%，优良路达80%，出勤率达103.2%，出工率达85.1%，小修保养经费支出只占定额标准的82.7%，1964年获湖南省交通厅授予的“集体标兵”称号。

1981年，常德地区公路总段制定推行“三定一包”分成经济责任制。“三定”是：定经费（工班和县公路段养护经费），定养护质量（以包干前的好路率为基数，按季度、年平均和年末分别定好路率标准），定材料（沙石、油料消耗）；“一包”是将小修保养经费包干到工班，经费节约分成。慈利县公路段41个工班全面实行“三定一包”分成责任制，良等路由上年末的27.2公里上升到1981年三季度的67公里，上升了9.9%，按定编人数计算，节约劳动力75个，用于组成两个工程队担负大中修和水毁路抢修工程，工班工人的奖金大幅度增加。该段三季度共发奖金30878元，人均76.27元，比上年的综合奖提高1.3倍，个人得奖最高的148元。97%的工人增加了奖金。常德县公路段推行“三定一包”分成责任制后，年末综合好路率上升19%。常德县樟木桥工班养护国道319线27.72公里油路。1980年由于吃大锅饭，好路率只有46.9%，小修保养经费超支1.8万元。1981年实行“三定一包”分成责任制后，充分挖掘潜力，好路率上升到68.54%，比上年同期上升21.64%，年底节余经费4000元。个人奖金明显增加。1980年实行综合奖，每人每月只有3.58元，1981年年底人均奖金达122元。工人们高兴地说：“三定有包头，任务有奔头，吃亏有想头，奖金有搞头”。

1984年，常德总段实行“二包、四奖、四核、五保”经济责任制。“二包”是：包年末、年平均好路率和消灭差等路任务的完成，包小修保养经费的使用；“四奖”是：优良等路保持奖；路况等级上升奖；超产奖；好路单位奖；“四核”是：总段年中和年末两次全面考核，县段对工班每季度一次考核，工区对工班一月一次考核，工班对工人每天一次考核。“五保”是：保证按期完成优良等路上升里程，保证按期消灭差等路，保证按质完成沙石任务，保证优良里程不下降，保证安全生产。

1986年常德公路总段五届二次职工代表大会通过的《经济责任制》决定在全总段路工班实施浮动工资制。1987年常德公路总段163个工班全面推行浮动工资制，并规定浮动工资额人均不少于40元。

1992 年,常德市公路总段实行计件工资和浮动工资两种经济责任制。澧县公路段月平均浮动工资额达 105 元,工班与工班人平所得浮动工资差额达 21 元,工人之间所得浮动工资差额达 103 元。

1993 年常德市公路总段出现了三种形式的养护经济责任制:一是以桃源公路段为代表的道班大承包方式,县段对道班实行"定路况、定经费、定工作量"的大承包;二是以石门公路段为代表的以工区为单位"四定一包"经济责任制(四定是:定里程、定人员、定任务、定奖罚,一包是:经费包干);三是其他县公路段实行的浮动工资和当地村组承包养护责任制。

1994 年,桃源公路段对沙路实行了家庭承包经济责任制。

1995 年制定下发《常德市公路总段目标管理考核办法》,对养护生产实行目标管理,进行百分制考核。

1997 年至 2010 年期间,沙石路面推行家庭承包责任制。

第二节　民工建勤养护

1955 年 11 月,国务院发布《关于民工建勤养护公路和修建地方道路的指示》规定:沿公路两侧 15 公里内,18 岁至 50 岁的男性农民、18 岁至 45 岁的女性农民, 每人每年 5 个义务工日建勤修路,每台车辆 2 个工日。

常德的民工建勤养路分为两种形式:

一是动员民工义务建勤为公路养护采备沙石。方法是由公路总段提出计划,由行政公署统一下达任务到各县市,各县市再把任务下达到各公社、大队,采备沙石由各公社负责实施,技术指导由地、县交通局、公路总段负责。1958 年"大跃进"时期民工建勤停止。

1963 年全面恢复民工建勤。民工建勤的任务除采备沙石外,路面大中修、危桥改造的普工部分由民工建勤完成。报酬为每个标准工日补助人民币 0.25 元,大米指标半斤。对一次性工程如路面大中修、危桥改造,每个标准工日补助 0.3—0.5 元,个别困难的公社大队每个标准工日补助 0.6—0.8 元,但大米指标补助标准不变。1963 年以前,县乡道养护为季节性养护。

二是改民工建勤为常年性代表工参加公路养护。大兵团形式的民工建勤完成沙石采备速度快,但沙石质量难以保证,另外劳动力浪费也比较大。1964 年常德行政公署在临澧县试点,将民工建勤备料改为常年性代表工,集中住宿在工班参加养路。报酬方法不变,大队或生产队负责计工分, 按同等劳力参加农业分配。1965 年代表工的形式在支线公路进行推广。1966 年常德公路总段所养干、支线公路全面实行常年性建勤代表工,代表工成为公路养护的一支重要力量。很多工班只有 1—2 名专业的养路工人,其他均为代表工。常德县的唐家铺工班到 1978 年一直全部为代表工养护, 这个班多次被评为常德公路系统的先进班组。

1978年，为减轻农民负担，省养干、支线公路停止使用建勤代表工，改用亦工亦农轮换工。轮换工的劳保待遇与正式养路工同等，月工资分为38元、40元、45元，平均为40元，轮换期限分为3年、5年两种，到期后解除合同回农村，如需留用，可另签合同。地方管养的县乡道仍然坚持民工建勤，计划经济改为市场经济后，市、县公路管理处将县、乡道承包给当地乡镇，由乡镇组织劳动力养护。

附：民工建勤代表工人数统计表

常德地区公路总段1966年至1978年民工建勤代表工人数统计表

表3—1—1—1

年份	干线	支线	合计	备注
1966	493	359	852	
1967	633	490	1123	
1968	705	514	1219	
1969	753	522	1275	
1970	851	561	1412	
1971	909	671	1580	
1972	911	782	1693	
1973	894	945	1839	
1974	979	945	1924	
1975	1033	962	1995	
1976	1312	833	2145	
1977	1077	862	1939	
1978	984	840	1824	

第三节　专业队养护

1997年7月，汉寿公路管理局管养的国道319线47.101公里油路已全部改建为水泥混凝土路面，以往的公路养护方式已不适应变化后的公路状况，常德市公路管理局批准组建了汉寿太子庙机械化公路养护站，负责养护汉寿境内的319国道。机械化公路养护站配备有开凿机、路面破碎机、平板夯、切割机、清灌缝等机械设备。养护站除负责养护规定的路段外，还承揽了G319西线、S205线水泥混凝土路面养护工程，5年中减少人工开支85万元，创收纯利润35万元。

1999年10月，又组建了澧县临城机械化养护站，建站时有职工26名，拥有机械设备33台(套)，负责养护国道207线41.6公里、省道1852线12.65公里、省道1868线5公里计59.25公里水泥混凝土路面。2000年完成油路大修2公里，完成水泥混凝土路面

27 公里的挖补整修，2 公里水泥混凝土路面新修计 6100 平方米，工程总造价 350 万元，创利润 50 万元。工程合格率 100%。该站管养的 59.25 公里路段好路率达 96.2%，超计划 6.1 个百分点。

随后，临澧公路管理局也组建了临城机械化公路养护站，负责临澧境内 207 国道的养护。机械化养护站的组建创造出了一条机械化专业队养护公路的新路子。

附：澧县临城机械化养护站设备配置表

澧县机械化养护站设备配置表

表 3—1—1—2

设备名称	型号	数量	设备名称	型号	数量
开凿机	LK2000	2	发电机组	24kW	2
路面破碎机	30T	1	水泥砼路面机械		2 套
平板夯	ZH-3	2	随车吊		1
切割机	机动 10kW	1	工具车	农用小六轮车	1
钻孔机	ZJ200	2	压路机	3Y12-15	1
压浆机	UBJ2	1	运输车	2T 小四轮	2
搅拌机	350L	1	盘式拖拉机		2
搅拌机	500L	2	平板夯	ZH-1.5	2
三轴整平机		1	割草机		2
清缝机	YQ951	1	绿篱机		2
灌缝机	XQ951	1	沥青拌和机	LB-8T	1

第四节　招投标养护

1998 年，常德市公路管理局三届三次职工、会员代表大会审议通过《养护生产招投标办法》后，全市局实施了招投标养护生产责任制。招投标的程序是：成立招投标领导小组，以各道班管养的路段为标段，在深入调查的基础上根据每条线路车流量的大小、路况基础的现状、养护工作的难易程度、材料来源的远近确定标的、公开招标、投标人进入投标会场投标，实行公开、公正、公平竞争，招投标领导小组审定中标人，签订承包合同。中标承包人享有四权：一是劳动分配权（包括工资分配权），二是违纪处罚权（经济处罚），三是工作安排权，四是人员解聘权。桃源、临澧、安乡、津市公路管理局组建了养护公司，实行定路段、定人员、定编制、定经费、定好路率的养护生产招投标承包责任制，桃源公路管理局实施养护生产招投标责任制后，路况质量比上年末上升 2 个百分点，小修保养成本每公里下降 600 元，路容路貌明显改观，同年 5 月，湖南省公路管理局在桃源公路管理局召开了全省养护生产招投标现场会，其经验在全省推广，张家界、怀化、株洲等兄弟单位还先后到桃源公路管理局进行了参观。

1995 年至 2010 年，油路大修、新改建、水泥混凝土路面的改建、大修、沥青混凝土路面的改建以及桥梁工程进入市场化管理，全部实行了公开招投标。

第二章　维修与保养

第一节　路面养护

常德的公路建设本着“先普及、后提高”的原则，从 1950 年到 1966 年期间为沙石路面修建阶段，1963 年开始修建沥青路面，1992 年修建了国道 207 线澧县黄桥至边贸城第一段水泥混凝土路面，随后又修建了国道 207 北线、319 东线沥青混凝土路面，到 2010 年止，省养公路中有水泥混凝土路面 1364.724 公里，沥青混凝土路面 131.805 公里，县乡公路管理处管养的 14502.424 公里中有水泥混凝土路面 5088.189 公里。

一、沙石路面

常德境内的沙石路面均为泥结碎（砾）石路面（石门、桃源山区为碎石路面，汉寿、常德、澧县、安乡湖区一般为泥结砾石路面）。民国时期养护方法是疏土灌浆和撒土养护法。疏土灌浆法是：先将路面损坏部分的土挖松，清除浮土，将粒径为 1.2—2.5 厘米的沙石铺至比原路面略高时再灌以泥浆，在其表面撒上一层薄沙充填粗沙的空隙，并胶结成整体然后利用行车压实。撒土养护法是：夏秋季节路面容易翻沙暴子，撒上松散的黄土稳定路面沙石，称为开线土。1950 年至 1954 年，道班推广和浆补路法，改变疏土灌浆和撒土养护的方法。1955 年沙路的维修保养推广建立了级配沙石和凝固保护层。级配沙石的操作方法是：承重层补强设计厚度为 15 厘米以上分作两层铺装，下层用 7—10 厘米的大碎（砾）石铺装压实，上层用 2—4 厘米的碎（砾）石铺装压实，在承重层的上面铺上厚度为 2 厘米左右的小泥结沙石为磨耗层，在磨耗层上面再铺上厚度为 0.5 厘米，规格为 0.3—0.8 厘米之间的沙石为保护层。凝固保护层就是用天然小沙砾石加土和水拌和的结合料，有泥泞和不耐久的缺点。后来有条件的地方如石门、慈利等县公路段用风化石铺装作保护层。慈利公路段在慈（利）大（庸）线上使用风化石铺装厚度为 1 厘米的保护层 80.2 公里，用汽车碾压成型即成，其路面平整稳定，改善了行车条件。到 1957 年，常德专区公路总段建成磨耗层、保护层里程 342.51 公里，占养护总里程的 60%，路况达到“五无、四合适”即路面无坑槽、无波浪、无泥泞、无路滑、无积水；公路弯道超高合适，加宽合适，路拱合适，保护层颗粒规格及厚度合适。

1958 年常德公路部门学习广东经验，推广松散保护层，在国道 319 线斗姆湖工班做试验效果很好，1959 年开始在常德公路系统推广。20 世纪 60 年代常德公路养护总段实现松散保护层 460 公里，路面质量占全省第一。

沙石路面的养护主要做到“一掌握、二及时、三严、四勤”：一掌握是掌握路况、季节和气候变化情况进行养护。春季排水、维修，夏秋保养，冬季备料、提高，晴天扫沙、回沙，雨天排水，雨后修补，铲刮波浪、高路肩、补坑槽，雪天扫雪防滑。二及时：及时消灭坑洞，及时处理水害苗头，防止小害变大害。三严：严格材料配比，严格操作规程，严格材料规格质量，沙石坚持过筛。四勤：勤铲刮、勤修补、勤排水、松散保护层勤加沙、扫沙、回沙。

二、沥青路面

1963 年，常德总段修建常德汽车北站至三岔路 1.8 公里的第一条煤焦油单层表处沥青路面。1967 年开始修建国道 319 线汉寿县境内的沥青路面，到 1979 年常德境内的沥青路面达到了 525.74 公里。

双层表处沥青路面的养护方法是："一看、二注意、三克服、四勤、五把关、六不补"。

一看：就是看天气、季节和路况决定工作内容。如夏秋高温少雨，是油路养护的黄金季节，集中力量消灭油路病害，雨季主要做好防水排水，路基防护和加固等工作，冬季主要是扫雪、防滑及备料。

二注意：注意初期养护，注意安全生产。

三克服：克服底层偏薄强度不够，克服油面偏厚，克服用油偏多。

四勤：勤检查、勤排水、勤清扫、勤处理病害。

五把关：把住底层铺装关、材料质量关、熬油温度关、油石比例关、碾压密实关。

六不补：底层不干燥不补，底层不干净不补，底层不平整不补，底层不密实不补，强度达不到设计要求不补，材料不符合质量规格不补。

汉寿养护段管养国道 319 线 63 公里油路，修建时间为 1967 年—1971 年，到 1980 年时仅大、中修 13.9 公里，1980 年车密在 1000—1300 次 / 昼夜，由于严格遵守油路养护方法，坚持科学养路，路面质量一直保持良好。该段的马嘶桥工班养护国道 319 线 K126+000—K138+000 计 12 公里油路，在油路养护中坚持做到(1)抓好初期养护成型，泛油及时加沙，控制行车碾压；(2)抓好水害防治，及时清理水沟，使路面排水良好；(3)抓好补油、铺油的质量；(4)需开仓挖补的决不凑合表处，该班油路使用 12 年未进行大、中修，减少大修 1.2 次，为国家节约经费 46.08 万元，他们的经验在全总段推广。

随着车密的不断增大，运煤和运块石的重车增多，泥结碎砾石作基层的油路不堪重负，常德公路总段不断研究试验改变油路的基层材料和油面施工方法。1975 年，在常（德）永（顺）线高弯至狮子山和桃源至陬市大桥滩共 35 公里的油路新建中，桃源油路指挥部按照技术负责人孟庆允的建议，采用指防口和代公坡两处的石灰渣作油路基层补强材料取得成功，1975 年 6 月常德总段在常(德)永(顺)线 K12+510—K13+110 处 600 米路段用石灰渣土和石灰渣土掺砾石作油路基层补强试验取得成功，石灰渣土的基层水稳性、板体性好，成型快，后期强度好。这一科研成果的论文于 1975 年 10 月在广东肇庆召开的全国渣油路修建经验交流会上发言宣讲,《中南公路工程》杂志 1975 年第四期刊登发表。1978 年,西安公路科研所派工程技术人员来实地考察,认定是成功的,后常德公路总段推广修建了 100 多公里油路。

1985 年, 常德公路总段在国道 319 线 K183—K184 长 1 公里路段用粉煤灰作油路基层试验取得成功,1986 年获湖南省交通厅科技成果三等奖,后在油路修建中得到推广运用。

1986 年常德公路总段在常(德)岳(阳)线 K78—K81 路段用当地粉煤灰混合料和水泥稳定粉性土两种结构分别作油路基层材料试验取得成功,该项目获常德地区科技进步二等奖。这种结构广开了湖区筑路材料的来源。到 1988 年使用这种材料结构修建了 18 公里油路。

沥青混凝土路面养护:1991 年常德市公路总段在省道 1801 线南湖坪道班采用水泥级配碎石做基层,用 0.5 厘米的瓜米石和石屑拌和作面层修补油路路面坑槽取得成功,并在全总段推广。南湖坪道班在养护 S306(原 1801)线 8 公里沥青混凝土路面中,坚持“圆洞方补,浅洞深补(深度达 10 厘米),小洞大补,碎洞连补”的方法,路况质量始终保持良好。

2008 年至 2010 年期间,常德市公路管理局在沥青混凝土路面养护中做到:开挖到位,成型方正,垂壁净底,基层补强一律用水泥稳定结构材料,集中拌和,统一修补不过夜,2008 年挖补路面 26.5 万平方米,罩面 1.2 万平方米,公路养护质量获全省第二名,公路养护技术比武获全省第一名,2010 年公路养护质量获全省第一名。

三、水泥混凝土路面

1992 年公路系统投资在澧县修建了常德境内国道 207 线黄桥至边贸城第一段 2.3 公里水泥混凝土路面。1993 年 8 月 25 日常德市公路总段正式动工修建国道 319 线 K1372—K1376 地段水泥混凝土路面。到 2010 年,常德市公路管理局管养的路段中水泥混凝土路面达 1364.724 公里。水泥混凝土路面养护分为预防性养护和换板两类。

机械清灌缝

预防性养护·水泥混凝土路面清灌缝和板底灌注是水泥混凝土路面预防性养护的重点。根据不同的季节及时清灌缝,保持接缝的平顺,防止地面水渗入,使水泥混凝土路面的使用年限得以延长。

水泥混凝土路面清灌缝:

水泥混凝土路面清灌缝的周期一般为 2 年一次,采用“切、刷、吹、钩、灌、补”的施工程序，即：使用裂缝跟踪锯，切除老缝填料，用清缝机干刷切缝两壁，用鼓风机吹尽缝中余渣，未吹尽的余渣用铁钩钩出，再用灌缝机把水泥混凝土路面填缝专用胶注入缝中，一次没有灌到位的把它补平，防止沙粒落入缝中挤碎板边，影响水泥板的正常伸缩。常德的干支线水泥混凝土路面灌缝多数使用沥青、橡胶粉、聚氯乙烯、滑石粉配制成的嵌缝料，同时也采用新工艺材料聚胺酯灌缝，国道 207 线用聚胺酯灌缝 23.9 公里，省道 205、302、304、306 累计用聚胺酯灌缝 122.5 公里。

机械维修站职工在标线

对于裂缝的处理，根据不同的程度用不同的处理方法。轻度裂缝用环氧树脂护缝即可，中度的裂缝，采用扩缝开槽机扩缝，缝宽为 8—15 毫米之间，深度为 15—20 毫米之间，再用填缝专用胶注入填平。

对于底板脱空、唧泥、局部下沉的水泥混凝土路面板块，使用乳化沥青或水泥浆灌注。乳化沥青的灌注方法是在水泥板接缝处开十字孔，用带漏嘴和开关的计量桶盛装乳化沥青，将漏嘴对准灌注孔，靠乳化沥青的自重均匀的灌入，充填空洞部位，稳定水泥混凝土板块。临澧公路管理局 2004 年至 2010 年期间在 207 国道累计灌注 6 万平方米，耗用乳化沥青 50 吨，桃源公路管理局分别在国道 319、省道 226、227 线进行板底灌注耗用乳化沥青 17 吨，鼎城公路管理局在 S306 线王家桥地段板底灌注 1000 平方米，耗用乳化沥青 20 吨。

水泥路面破碎板处治

用水泥浆压注处治板底脱空的方法是：在水泥混凝土板的四个角和中心钻孔，用压缩空气机将孔中碎渣、杂物清除干净，保持干燥，然后用灌浆机将水泥浆压入板底，一般先边角孔，后中心孔，然后用水泥浆堵孔。石门公路管理局在省道 304 线用水泥浆灌注 200 平方米。

对于错台、水泥混凝土面板断角，桥头跳车，则采用沥青沙调平，错台高出板面部分则用铣刨机刨平。桥头严重跳车如属接缝板的问题，则应更换接缝板。

对于路面坑洞，应先进行清理，然后用环氧树脂胶混凝土人工直接修补。

对于水泥混凝土面板拱起，切开拱起端，将板恢复原位，然后清理接缝，灌入填缝料。如果是因胀缝传力杆施工中设置不当，使板受热时不能自由伸张而发生拱起，应重新设置胀缝。20 世纪 90 年代国道 319 线军山铺地段出现一处水泥混凝土面板拱起，进行了换板处治。

换板维修：水泥混凝土路面出现较大面积的破碎板、严重裂缝、错台和脱空等病害时应进行整板翻修。2000 年至 2010 年期间，常德境内国省道水泥混凝土路面都不同程度地进行了换板维修。换板维修的施工工艺是：使用开凿机破碎水泥混凝土板，清除碎块，同时将基层挖除 18—20 厘米深，用冲击夯将土基夯实，然后用 15# 水泥混凝土铺筑基层进行补强并夯实，在基层上面铺设聚氯乙烯薄膜或油毛毡隔水，再在上面浇筑水泥混凝土板面，然后洒水养生。2009 年 10 月，常德市公路管理局在省道 304 线临澧新安召开了水泥砼路破碎板处治现场会，对水泥混凝土路面板维修进行现场示范，对提高职工操作水平、规范施工工艺、保证工程质量起到了重要作用。

附：常德市国省道水泥板更换统计表

常德市国省道水泥板更换统计表

表 3—2—1—1

G207

年份	2000	2001	2002	2003	2004	2005	2006	2007	2008	2009	2010
工程数量（平方米）	3000		6000	9800	7800	10351.57	6619.2	3983.6	7794.7		
工程经费（万元）	48		80	156.8	112.8	165.63	101.4	63.738	140.3		

G319

年份	2000	2001	2002	2003	2004	2005	2006	2007	2008	2009	2010
工程数量（平方米）	2620		8122	6009.3	4894.51	293.5	1250		24327.91	22009.3	32480.8
工程经费（万元）	31.44		97.464	72.116	58.734	4.4025	20		437.9	396.15	584.44

S205

年份	2000	2001	2002	2003	2004	2005	2006	2007	2008	2009	2010
工程数量（平方米）						10109.87			5903.54	6663.32	8135.92
工程经费（万元）						161.76			106.26	119.93	146.45

续表

S226

年份	2000	2001	2002	2003	2004	2005	2006	2007	2008	2009	2010
工程数量（平方米）						4924.038		2705		2170	2310
工程经费（万元）						78.78		43.28		39.06	41.6

S227

年份	2000	2001	2002	2003	2004	2005	2006	2007	2008	2009	2010
工程数量（平方米）									1206.48	1819	6731
工程经费（万元）									21.72	32.74	121.1

S302

年份	2000	2001	2002	2003	2004	2005	2006	2007	2008	2009	2010
工程数量（平方米）	3500		1900			5569.76	7500.13				
工程经费（万元）	56		30.4			89.12	112.5				

S303

年份	2000	2001	2002	2003	2004	2005	2006	2007	2008	2009	2010
工程数量（平方米）							305.6	955.09	4152		
工程经费（万元）							4.89	15.27	74.736		

S304

年份	2000	2001	2002	2003	2004	2005	2006	2007	2008	2009	2010
工程数量（平方米）						1881.24	3548	5352.2		18842	14228.52
工程经费（万元）						30.1	56.768	85.635		339.16	256.11

S306

年份	2000	2001	2002	2003	2004	2005	2006	2007	2008	2009	2010
工程数量（平方米）						2185.83	1866.68		8774.13	11719.94	6975.25
工程经费（万元）						34.97	29.87		157.93	210.96	125.5

G207线临澧至张公庙地段考虑交通量不断增大，且超限运输现象严重，2010年以前换板维修时，面板的厚度增加到26厘米。该路段2010年以前的路网改造面板设计厚度也为26厘米。G207线临澧至岗市45.157公里，2001年6月12日开工修建，2004年9月26日竣工通车。由于超限运输等原因，导致了水泥混凝土路面大面积损坏。2010年换板维修18万平方米，耗资3240万元，占总面积的16%，2010年以后，水泥板破碎面积占了总里程的2/3，G207澧县至东岳庙27.264公里，水泥混凝土路面损坏70000平方米。由于超限运输原因，各条线路水泥板损坏呈加重趋势。

第二节　桥梁养护

一、临时性桥梁养护

1964年年底，常德公路养护总段管养的公路线上有桥梁472座，其中永久性桥梁21座、半永久性桥梁293座、临时性桥梁158座。在472座桥梁中大部分都是木桥，桥梁的维修保养任务非常大，当时常德公路养护总段有一个桥工班专门负责木桥的维修。

S306K258樊溪桥危桥改造

防洪：木桥的跨径小，高度低，泄洪能力差，山洪暴发，洪水来临时，上游冲刷下来的漂浮物很容易堵塞桥孔，淹没或冲毁桥面，危及桥梁安全。在洪水季节和暴雨时期必须组织人员防洪抢险，值班巡查保护桥梁。1960年5月7日，桃源山洪暴发，杨溪桥被上游冲散下来的木材堵塞，桃源工区党支部干事张长青就在清除木材保护桥梁时被卷入洪水中，以身殉职。1959年4月至7月上旬，洪水持续3个月之久，6月为洪水高峰期，汉寿牛路滩桥、桃源水溪桥，公路部门和当地群众数百人日夜轮流守护，打捞难以数计的竹木等漂浮物，使桥梁化险为夷。洪水过后，要对桥梁进行检查，被冲坏的部位要及时维修加固，同时要清淤，保持桥下水流畅通。

防腐：木桥新建或换构件时先用防腐油。如用克鲁苏油或用溶化后的高温沥青涂在木料之上，然后安装，既可防腐，又可以防白蚁。同时利用雨天洗刷桥上的泥土杂物，桥头两端加铺细沙，减少泥泞。

加固：木桥设计载重为8吨，如果有超过设计重量的载重车辆通过时，必须用木排架支撑在桥梁中间，加固后重车方可通行。

木桥面铺筑路面：木桥在车辆通过时跳车现象极为普遍，为了解决跳车问题，在木桥上面铺筑泥结碎石路面。其方法是：先在木桥面铺设沥青、麻袋或胶泥防水层，然后用2—4厘米的泥结碎石铺筑磨耗层，在磨耗层上再铺保护层，使桥面和路面衔接好。平整桥头跳车，应翻修跳车地段至少15米。据资料记载，到1957年常德木桥面铺砌达156座，桥面延长1501.98米。到20世纪60年代初期，常德大部分木桥都铺筑了路面，消灭了桥头跳车现象，延长了木桥的使用寿命。

1964年，湖南省开始大规模的进行危桥改造，根据省公路管理局的统一部署，常德公路养护总段成立了2个工程队，200多人的专业队伍投入危桥改造。经过大打危桥歼灭战，到1972年年底，常德半永久性桥梁减少到26座，临时性桥梁减少至1座。自20世纪50年代末到1987年年底，常德公路总段新、改建桥梁246座，总长度6684.13米。1987年年底，常德公路总段管养的公路线上共有大、中、小型桥梁473座，总长度15071.96米；其中永久性桥梁470座，长14982.43米，半永久性桥梁(钢梁木面)3座，长89.53米，原有的临时性桥梁已全部改建为永久性桥梁。

汉寿沅水大桥施工中

二、永久性桥梁养护

永久性桥梁要经常清扫，排除积水，清除泥土杂物、冰凌和积雪，及时疏通泄水孔，保持桥面平整、清洁，不跳车。沥青混合料桥面铺装层出现泛油、拥包、裂缝、波浪、坑槽、车辙等病害时，应按照沥青路面小修保养的方法处理。水泥混凝土桥面铺装出现断裂、拱胀、错台、脱皮、露骨等病害时，对原结构进行凿补。桥面路缘石应经常保持完好，若出现松动，缺损时应及时修整或更换。桥梁栏杆要保持完好无缺，钢制栏杆每年要进行一次除锈刷漆。桥墩的上游无阻水物，桥的500米以内禁止采挖沙砾。

桥梁裂缝处置和加宽、加固、改造。国道319线桃源太平铺原桥为6孔净跨7米的石台墩木面半永久性桥，台墩为双车道，桥面为单车道，全长47米，1949年7月常德解放前夕，国民党败退部队将桥面烧毁，1949年10月恢复木面桥通车。1966年危桥改造时，改建为3孔跨径为13.75米、矢度为1/5的双曲拱桥。桥面净宽为6.5米，全长53.8米，桥高6.2米，设计荷载为汽—13拖—60级，于1966年3月开工，1966年12月竣工通车。

国道319线汉寿太子庙桥为3孔净跨9.4米的钢筋混凝土曲面薄壳桥面，1980年常德孔两边肋拱顶裂纹宽约10毫米，壳体顶除中间80厘米距离外，裂纹全部贯通。中孔两边肋拱顶裂纹宽约5毫米；益阳孔两边肋拱顶裂缝宽3毫米，中孔及益阳孔壳体未发现裂纹。1980年进行整修，其方法是：边肋裂纹以环氧树脂填充，常德孔再沿边肋全长用环氧树脂粘贴厚5厘米、宽18厘米的钢板；中孔及益阳孔在边肋拱顶3米范围内粘贴钢板，用以加强边肋强度，加固后经过较长时期通车，效果尚好。

汉寿和平桥为单孔39米微弯板坦肋拱桥。1985年11月发现由于地基承载不够，两桥台出现不均衡下降，桥拱顶开裂。后用体外预应力索对拉桥台的方法加固拱桥成功。这项国内首次加固拱桥的新技术，1986年10月由湖南省公路管理局主持，在汉寿西湖农场召开的技术鉴定会上通过了厅级鉴定。

临澧大桥位于国道207线K2247+260—K2247+406，即临澧县城中，跨越澧水支流道水，全长146.2米，四孔净跨30米的钢筋混凝土双曲拱桥，桥宽8.5米。1969年老桥修建时，每昼夜交通量1000次，行人不多，1988年每昼夜交通量达4000多次、行人达2万多人次，老桥已不适应现有的交通流量。1990年对老桥进行加宽扩建，加宽后的主桥为4孔净跨30米的钢筋混凝土双曲拱桥，桥梁全长426米，桥面净宽为14+2×2.3米（人行道），1989年11月23日开工，1991年1月1日正式通车，投入资金403.6万元。设计荷载汽—20、挂—100。

汉寿沅水大桥施工中

澧县张公庙大桥位于国道207线，中心桩号K2227+525，跨越澧水，1989年12月1日建成通车。桥长894.14延米，高29.5米，桥面全宽12.5米。设计荷载等级为汽—20级、挂—100级，总投资1964.04万元。2004年经湖南省桥梁专家鉴定为二类危桥，其主要病害是：主桥桥墩基础最大冲刷达3.61米；主桥墩身开裂砼剥落；靠南岸一侧附拱微弯板有较多裂缝；桥面及栏杆破损严重。2007年8月13日正式动工进行维修加固，全面更换桥面铺装；采用壁可法修补上、下部结构裂缝及砼剥落，更换所有伸缩缝，对主桥墩基础的冲刷抛填块石进行加固，拆除附拱微弯板，重新浇注新的微弯板；重新铺筑南岸接线路面结构层，2009年1月维修加固结束，投入维修加固总经费303万元。

2010年5月至8月，常德市公路管理局对所管养的411座桥梁进行全面普查，有45座三类以上的危桥列入常德市人民政府危桥改造计划，常德市政府提出：按轻重缓急，分三年三批改造完成，市财政从2011年起列危桥改造专项资金。

常德市公路管理局(总段)历年路面大中修工程投资统计表

表 3—2—2—1

工程项目 / 年度	油路大修		油路中修		沙路大中修		油路新改建		水泥砼路新改建		合计	
	里程（公里）	经费（万元）	里程（公里）	经费（万元）	里程（公里）	经费（万元）	里程（公里）	经费（万元）	里程（公里）	经费（万元）	公里	万元
1963												28.1
1964												17.3
1965												13.6
1966												14.1
1967												14.8
1968												7.1
1969												16.2
1970												13.6
1971					71.52							128.2
1972			15.20	9.022	62.30	34.42					77.5	43.442
1973	18.00	25.41	8.10	6.802	27.2	11.357					53.3	43.569
1974	0.30	1.494	12.60	10.600	36.1	15.051					49.00	27.145
1975	0.95	4.104	9.69	18.098	9.00	6.54					19.64	28.742
1976			22.85	34.344	46.1	21.97					68.95	56.314
1977			24.07	44.65	8.00	35.4					32.07	80.05
1978	1.07	3.46	12.00	15.84	13.00	7.52					26.07	26.82
1979			9.00	8.117	16.00	10.453					25.00	18.57
1980			24.70	32.28	12.16	8.29					36.86	40.57
1981	28.76	85.003	4.6	4.203	25.7	29.049					59.06	118.26
1982	24.56	86.947	13.63	16.018	20.2	25.185					58.39	128.15
1983	10.01	37.11	35.86	40.617	29.61	27.689					75.48	105.42
1984	20.70	70.507	32.8	30.814	21.00	22.227					74.5	123.548
1985	12.89	49.681	28.4	39.71	19.00	16.091					60.29	105.482
1986	28.21	91.680	22.62	35.96	33.00	25.072					83.83	152.712

续表

工程项目/年度	油路大修		油路中修		沙路大中修		油路新改建		水泥砼路新改建		合计	
	里程（公里）	经费（万元）	里程（公里）	经费（万元）	里程（公里）	经费（万元）	里程（公里）	经费（万元）	里程（公里）	经费（万元）	公里	万元
1987	41.00	199.832	37.27	41.356	20.53	24.495					98.80	265.683
1988	13.85	108.90	12.6	15.06	50.20	14.5	24.45	137.1			101.10	275.56
1989	42.65	405.75	78.65	193.66			70.632	1258.25			191.932	1857.66
1990	30.96	304.5879	54.25	125.8473	38.5	45.6385	171.62	2202.5			295.33	2678.57
1991	16.49	213.65	56.1	116.14	19.38	29.47	67.67	814.3			159.64	1173.56
1992	14.00	147.03	47.5	101.87	20.27	15.8	91.61	1313.04			173.38	1577.74
1993	12.60	154.04	46.5	127.29	4	0.55					63.10	281.88
1994	8.50	94.94	15.3	66.48	8	14.14	25.5	347	19.15	854.31	76.45	1376.87
1995	15.50	209.12	31.25	123.35	13.2	86	77.5	1203.63	50.4	3593.63	187.85	5215.73
1996	41.07	426.8	72	385.60	14.6	46.5			2.4	27.5	130.07	886.40
1997	53.40	1448.19	35.5	242.37							88.90	1690.56
1998	48.29	1617.88	12.1	170.45					17.5	1037.10	77.89	2825.43
1999	45.80	1323.83	33.82	379.57	41.2	16.5			3.9	201	124.72	1920.90
2000	38.68	1510.52	25.60	12.20					90.55	299.77	154.83	1822.49
2001	68.12	2304.04									68.12	2304.04
2002	99.99	3940							53.605	2979.53	153.595	6919.53
2003	70.15	3630.50	24.2	212.60					89.482	6421.83	183.832	10264.93
2004	2.60	168.73	186.144	380.67					14.935	300.73	203.679	850.13
2005	87.08	2712.925	89.90	305.83			6.06	270	35.67	1343.14	212.65	361.895
2006	3.70	88.26	57.335	115.3					1.1	45.26	62.135	248.82
2007			36.1	285.23							36.1	285.23
2008	77.36	6915.919	61.15	380							138.51	7295.919
2009	42.15	5058							82.38	2280	124.53	7338
2010	34.96	4195.2	41.61	1401.70					70.93	1963.10	147.5	7560

第三节　水毁公路修复

常德地处洞庭湖区沅、澧两水流域，是多雨地区，雨期长，降雨量大，每年4—8月份为雨季，6—7月暴雨较多，日最大降雨量为200—275毫米，而且河港密布，桥涵、渡口甚多。水位涨落幅度大，最高水位与最低水位落差大，澧水为5—10米，沅水为12—15米，最高达20米左右。最大流量（洪水）与最小流量（枯水）比，一般在100倍左右，澧水可达400—1000倍，在四水之中居于首位。全年较大洪峰4—5次，多的年度达10次左右。每年4—7月间，沅、澧两水流入洞庭湖，7—8月，长江水倒灌入洞庭湖，导致沅水泛滥成灾，常德、桃源多处地段被淹没。每年的雨季和洪水都会给公路造成不同程度的水毁。每当水毁发生，常德公路系统的干部职工都会全力以赴抢修水毁路，保证车流畅通。

民国时期，常德洪水季节常常是路断桥阻，渡闭不通。1949年，常德至沅陵线的麻阳湖是一片汪洋；常德德山港口至南站郭家铺一带经常被洪水淹没，最长达3个月之久。长沙至沅陵之间的汽车往返必须由德山港口渡口乘由民船拼扎的渡船从湖内通过到郭家铺上公路，反向而行者用同样的方法到德山港口上坡，南站成了一个孤岛。常德至津市94.1公里、常德至陬市11.06公里，就有刘家桥至岩桥寺（今207国道）、石板滩至延寿安、常德至陬市处，都是被洪水淹没阻车的老大难地段。

G207灾后抢修

新中国成立以后

1949年7月常德解放，1949年8月，常德水位下降。一些被水淹没时间较长的路段出现路基松软，路面翻浆沉陷，多处阻车。常南至严家河有11座木桥腐朽，通车危险。为了支前，常德组织了水毁路抢修。支前司令部发动民工1000人，木工、锯工400人以及养路工人抢修常（德）澧（县）线（今207国道）刘家桥至岩桥寺2公里水毁路，经过三天三夜的紧急抢修，使这段水毁路恢复了交通。支前司令孙云英还批给常德分段一批木料、码钉和4条民船，经五天五夜紧张施工，建成了港口浮桥，对腐朽的木桥进行了加固。

1949年10月8日，常南分段组织抢修常（德）沅（陵）路（今国道319线）郭家铺地段水毁路。采用垫松排、卡块石的方法加高路基0.6—1米，保证了车辆通行。

1950年1月，桃源分段组织全段职工并雇请部分施工组人员采取专业养路工与群众相结合的形式，抢修麻阳湖1.5公里水毁路，对路基进行加高，一般地段加高0.8米，最高地段加高1.5米，最低地段加高0.4米。该工程由副总工程师兼支段长张树人负责，同年5.1前全部竣工。

常德支前司令部在工作总结中记述："前段三个半月的支前工作，在时间短、困难多的情况下，抢通阻车公路45.86公里，桥梁31座，计长73孔439米，修建浮桥10座，长930米，修建码头9个，胜利完成了任务，创造了为二野和四野按时南下西征的条件。"

1950年7月，澧县至津市的部分公路被水淹没二十余天，多安桥（古民桥）被洪水冲毁桥面和石栏杆，经投资抢修，于1951年6月竣工通车。

1952年4月，湖南省公路管理局为支援荆江分洪工程，组成"抢修澧东工程突击队"，突击抢修澧县至东岳庙的水毁公路，以维持通车。1954年，湖南全省发生近百年来的最大洪水，6—8月出现8次洪峰，延续70余天。常德许多路基路面、桥梁被洪水冲毁，多处公路不能通车，常德汽车渡口被迫停渡。常德总段全体职工集中力量和地方政府发动的群众一道进行抢修公路，较快地恢复了交通。当年底，又发生了特大冰灾，大部分路段被冰封不能通车，常德公路总段又发动职工破冰开路，使交通逐步得以恢复。

白沙线灾后抢修

1955年，加高常德南站至德山港口和澧县至津市两段路基，消灭了这两处年年渍水淹没公路的病害。

1959年4—7月，洪水仅次于1954年，持续3个月，有的县降雨量超过200毫米，临澧大桥被水淹没1米多深，部分构造件、翼墙被毁，桥头两端的公路出现路基冲毁深达6米，长达700米的大缺口。后经抢修恢复通车。

1961年4月中旬至6月中旬，常德出现多次大暴雨，沅水流域出现三次洪峰，干支线公路水毁严重，经过抢修，年末已基本修复。

1964年年初，大雪与冰冻齐临，公路上积雪达30厘米厚，路面损坏严重，常德公路养护总段职工与当地群众一道上路破冰扫雪，同年4月至5月常德又普降暴雨，沅、澧两水上涨，路、桥、渡水毁严重，临澧12孔石台木面桥被冲毁2孔，澧县多安桥复遭洪水冲毁，部分桥墩、基础及桥面、栏杆受损，两桥经抢修恢复通车。

1968年6月至7月，暴雨集中，洪水来势凶猛。7月7日，石门渫水1小时上涨3米，出现特大洪水，公路水毁严重，有些路段和渡口中断交通，经全力抢修恢复通车。

1979 年 5 月，常德地区连降大暴雨，有的路段还遭受了龙卷风、冰雹袭击。公路路基路面被洪水冲毁多处，损失严重。经抢修到当年 7 月份全部恢复交通。

1982 年 6 月，常德地区持续发生暴雨，外洪内涝，常德公路水毁严重，石门、安乡水毁更为突出。全总段投入 17 万多元，采取重点抢修，早期处治的方法恢复了路况。

1987 年，暴雨成灾，洪水肆虐，常德公路路基路面多处冲毁。常德公路总段组织全力抢修，逐步恢复了路况。全年用于水毁抢修经费 54.67 万元，其中路基工程 42 项，耗资 16.3043 万元，油路路面工程 15 项，耗资 23.4857 万元，沙路路面工程 11 项，耗资 3.5351 万元，桥梁工程 1 项，耗资 522 元，涵洞 125 道，耗资 8.4141 万元，沿线设施 4 处及其他 11 处共耗资 2.8748 万元。

1989 年，由于 1988 年秋汛和 1989 年春季长时期雨雪天气，常德市公路总段管养的 1718.23 公里路面水毁严重，路面损坏 435.3 公里，其中国道 168.5 公里、省道 95 公里、县道 172 公里，319、207 国道，1801、1804 两条省道，常德市城区进出口要道严重损毁达 213.53 公里，干线好路率由上年末的 78.1%下降到 24%，出现了干线不如支线，油路不如沙路的反常现象。社会反响十分强烈，人民群众意见很大。严重的公路水毁引起了湖南省交通厅和常德市人民政府的高度重视，常德市人民政府成立了干线公路抢修指挥部，召开了干线公路抢修动员大会，向全市人民发出了“三年改变常德公路面貌”的号召，干线公路抢修工作全面展开。常德市公路总段 5 月 14 日至 18 日召开了为期 4 天的工作会议，提出了“上下齐动员，苦战一百天，为保质保量完成今年大中修工程任务而背水一战”的口号，全局一盘棋，抢修水毁路。1989 年工程动工迟，5 月份才下达计划，而且分四次到位，工程一上马就紧紧抓住高温季节，7 月、8 月、9 月三个月内就完成了油路新改建、大中修配套的工程 204 公里。抢修中，突出重点，点面结合。针对社会上“常德无一条好路”的评价，先抢修国省道和出口路，完成了 319 国道和旅游线路 1801 线 93.23 公里的路面改善工程。经过一年的抢修，1989 年年末好路率达到了 69.2%，比同年一季度的好路率上升了 16%。

1991 年 6 月底 7 月初，常德遭受了百年不遇的特大水灾。全总段冲毁路基 2.98 公里，路面损坏 745.84 公里，桥梁局部损坏 3 座，损毁涵洞 14 道，码头 6 处，冲垮挡墙 23 处，出现塌方 84 处，工程材料损失 70 万元，有 5 个道班和 81 公里路被洪水淹没，23 条线路先后出现局部中断交通，6 个汽车渡口被迫停渡。常德市公路总段紧急动员，开展了抗洪灾、战水毁、保畅通的战斗。渡口职工采取加铺块石和沙袋的方法，恢复了渡运。经过抢修，保证了防洪抢险物资的运送。

1993 年 7 月初至 8 月 4 日止，常德遭受了连续的阴雨天气。其中大暴雨 10 天，给公路造成了严重损失。冲毁路基 4070 立方米，冲毁路面 998.16 万平方米，冲毁桥梁 2 座，冲毁涵洞 13 道 213 米，冲毁防护工程 4 处，134 立方米，出现塌方 9204 立方米。冲毁道班房 5 栋，累计损失 484.87 万元，常德市公路总段近千名“半边户”职工家庭损失惨重。安乡公路段 60 名“半边户”家庭的早稻颗粒无收，棉花严重减产。桃源公路段 88 户职工家遭洪水洗劫，家庭财产损失 14 万元。常德公路总段系统迅速掀起了抗洪救灾，抢修水毁路的热潮。经过抢修，6 月份，全总段综合好路率恢复到 73.4%，比计划上升 7.8 个百分点。

1995 年 7 月 1 日至 5 日，由于连降暴雨，沅水暴涨，桃源县城被淹没，62 个垸子溃决，内渍水不能外排，造成了公路严重水毁，干线公路严重损坏 648.57 公里，毁坏路面 179.5 万平方米，冲断路基 3 处，长 279 米，路基塌方 39 处，29219 立方米，冲毁涵洞 178 道，712 延米，冲毁挡墙 6418 立方米，淹没道班房 29 栋，机械损坏 105 台，国道 207 南线，县道新(坡桥)断(港头)线，沙(河口)西(湖)线全线崩溃，汉寿仓儿总因溃垸 8 公里路基全部冲毁，全总段 16 条干支线被洪水淹没 123 公里，20 条公路因大面积翻浆沉陷中断交通。损失金额达 6059.38 万元。水毁发生后，常德市人民政府高度关注，常德市公路总段积极组织抢修。全总段职工一律停止休假，领导干部分线分片参加抢修，调集资金 900 万元，投入人力 2700 多人，雇请社会劳力 8133 个工日，全总段职工放弃的休假和加班加点折合工日累计达 40598 个，共投入沙石 4 万立方米，路用沥青 916 吨，挖补坑槽 105 万平方米，处治翻浆 24 万平方米，封补油面 91 万平方米，7 月中旬，10 条国省道全部恢复交通，好路率达 74.1%，超计划 6.4 个百分点，保证了全市防洪抢险和人员疏散的顺利进行，受到了常德市人民政府和湖南省公路管理局的充分肯定和好评。

1996 年，常德市又遭洪水袭击，常德城区水位一直保持在 42 米以上，是沅水 300 年以来最高水位，100 年以来最大流量。全市有 10 个堤垸溃决或蓄洪，10 万多群众被洪水围困，全总段 1764 公里公路被严重水毁 981 公里，面积达 234.7 万平方米，冲垮路基 259 处，冲垮挡墙 77 处。局部损坏桥梁 8 座，完全冲垮桥梁 1 座，冲毁涵洞 102 道，985 延米，冲毁道班房、段房、渡口房共计 17 栋，受灾职工 408 户，203 名职工被洪水围困。10 条干支线公路被洪水淹没的地段累计 89.4 公里，20 条线路因局部地段路基被冲垮中断交通。新改建、大中修工程材料损失 3.9 万立方米，损失金额累计达 8562 万元。水毁发生后，常德市公路管理局召开紧急会议，全市局停止休假，集中人力、物力、财力抢修水毁路。投入抢修资金 875 万元，雇请劳力 1600 人，投入沙石 7 万余立方，沥青 1364 吨，挖补油路坑槽 34.4 万平方米，处治翻浆 13.4 万平方米，清挖水沟 91.2 万米，铲培路肩 151.79 万平方米，封补油面 10.43 万平方米，雨季好路率恢复到 66.7%，超省局计划 6.99 个百分点。

1998 年 7 月，持续大暴雨使常德再一次遭受了洪水的袭击，18 条干支线公路损坏 1263 公里，出现严重翻浆路段 112.95 公里，被洪水淹没的路段达 74 公里，水深处达 7 米，冲毁挡墙 137 处，1768 立方米，塌方 28 处 22955 立方米，局部毁坏桥梁 14 座，408 延米，冲毁房屋 11 栋，1700 平方米，冲倒行道树 3540 株，先后有 21 条线路中断交通，澧县遭受特大洪灾，11 个堤垸溃漫；石门县山洪暴发，多处路基、涵洞被冲毁；7 月 24 日晚，安乡安造大垸书院洲大堤决口，安黄线被洪水淹没。水灾发生后，常德市公路管理局召开紧急会议，成立了抗洪救灾、抢修水毁路领导小组，局长马承斌任组长，会议通报了汛情，发出了“不惜一切代价战水毁，确保干线公路安全畅通”的号召，全市局取消休假，全力以赴抗洪救灾。常德市公路管理局首先调出三套船从7月25日起在安乡昼夜不停地运送视察灾情的中央领导、省委书记王茂林、参加抢险的武警官兵、新闻记者、救灾物资，救助受灾群众上千人次；其次是调度资金780万元，出动各种工程车辆3064台次，调运块石、碎石、沙砾10393立方米，编织袋4万条，投入抢修水毁路，使水毁路得到了较快恢复。安（乡）黄（山头）线3.7公里是抢险救灾的唯一通道，根据常德市政府和湖南省交通厅保通的指示，常德市公路管理局局长马承斌带领140名干部职工连续抢修了6天6夜，做到水退到哪里，路通到哪里，确保了抢险队伍和救灾物资的顺利通过。同年10月，常德市人民政府授予常德市公路管理局"抗洪救灾先进集体"称号，同时给市公路局局长马承斌记二等功，安乡公路局局长肖剑春记三等功。

2002年雨季，公路遭受水毁严重，油路损坏683公里，沙路损坏247公里，桥梁局部损坏15座，冲毁挡墙12处，路基塌方74处，5条支线公路中断交通，损失金额2579.48万元。尤其是6月24日，石门溇水流域连续6小时普降暴雨，致使山洪暴发，河水猛涨，S303、X004线遭受罕见的特大水毁。公路沿线出现不同程度的山体滑坡，经济损失290多万元。水毁发生后，常德市公路管理局采取了三项措施抢修水毁路：一是领导骨干分线包班组织抢修；二是人力、物力、财力三集中，全局职工停止休假，投入资金70万元；三是把大、中修工程的安排与水毁路抢修相结合，超前安排油路大修35公里，水泥混凝土路新修9.5公里。经抢修，雨季好路率恢复到88.91%，超计划4.72个百分点。

2008年1月12日至2月2日，常德市遭受了多年以来罕见的特大冰灾，公路损坏极大，干线油路损坏784912平方米，水泥混凝土路面损坏50000平方米，砂路损坏2403平方米。常德市公路管理局2000多名干部职工全员上路破冰扫雪，至2月16日止，共投入人工工日14660个，防滑沙石1586立方米，工业用盐660吨，麻袋6210条，出动车辆1963台次，动用施工设备153台班，共投入资金553.1万元，保证了春节期间公路桥梁的畅通。

抗冰灾、保畅通

附:历年水毁抢修计划经费统计表

常德市公路局(总段)历年水毁抢修计划经费统计表

表 3—2—3—1

年度	经费（万元）	年度	经费（万元）	年度	经费（万元）
1963	8.0	1979	24.7	1995	188.80
1964	24.1	1980	76.8	1996	479.50
1965	0.4	1981	41.0	1997	167.30
1966	7.0	1982	68.0	1998	268.39
1967	2.0	1983	67.4	1999	321.1
1968	6.0	1984	39.6	2000	65
1969	15.3	1985	41.0	2001	79
1970	12.1	1986	24.2	2002	551.91
1971	3.4	1987	54.7	2003	369.394
1972	5.6	1988	121.7	2004	90
1973	12.3	1989	80.0	2005	213.82
1974	3.8	1990	50.0	2006	105.49
1975	17.1	1991	129.95	2007	55.44
1976	4.7	1992	43.48	2008	81
1977	20.4	1993	69.11	2009	179.43
1978	11.8	1994	75.09	2010	350

注:表内经费指水毁专项补助费,结合水毁抢修安排的公路大中修、新改建等工程经费未统计在内。

第四节 公路绿化

行道植树。常德自有公路以后就开始栽植行道树。民国 21 年(1932),据统计:长沅段的桃源区植行道树 33295 株。其中:油桐 3825 株,杨树 24940 株,松柏 4530 株;常澧桃段植行道树 51632 株。其中:油桐 404 株,杨柳 46906 株,白杨 1064 株,梓树 1721 株,桑树 1537 株。民国 27 年(1938)9 月,对常澧桃段植行道树进行检查,行道树成活 44139 株。

新中国成立后,绿化工作被列为公路建设和养护工作的重要内容。1950 年,常德工务总段就开展了第一次大规模的栽植行道树活动。全总段职工以采栽野生树苗为主,以外购少量树苗为辅,同时直接播种桐实。由于缺乏经验,苗质太差,成活率仅有 18%。

1956 年 6 月，交通部印发《公路绿化暂行办法》，对公路行道树栽植技术作了明确规定。1957 年，常德专区公路总段用于公路绿化的经费为 6910 元，植树的技术标准和树木的成活率都大有提高。

1959 年 12 月，湖南掀起了第二次公路绿化高潮，规划在 1 至 2 年内绿化全省公路。常德公路总段拟定了绿化规划，在以后的几年中进行落实。

1962 年 6 月，中共中央、国务院指示：公路两旁要积极进行植树绿化工作，一般要多种速生林，有条件的地区可种植部分经济林。设有道班养护的公路，一般由养路部门种植和经营，树权和收益归国家所有，并可规定将一定比例的收益作为道班的奖励。没有道班养护的，应分段划归沿线生产队种植和经营，树权和收益归生产队集体所有，但必须按照交通部门的规定种植，并做到合理间伐和及时更新。对于已有的行道树要妥加保护，严禁任意砍伐。1962 年至 1965 年，常德公路养护总段干线公路大力栽植速成林—苦楝树，成活率达 80%。

1973 年常德地区桃源县和汉寿县的绿化工作做得好。

1975 年 9 月，交通部规定：由公路部门投苗、社队栽植管理，树权属公路部门，收益按比例分配。交通部的规定极大地调动了公路部门植树积极性，1975 年年末常德地区公路总段公路绿化里程达 1530 公里，为 1964 年公路绿化里程 537.34 公里的 2.85 倍。

1976 年以后，常德地区发动沿线群众在公路两旁植树。桃源至陬市、陬市至漆河公路、安乡沙河口至黄山头公路两旁均栽植了行道树，沿线还设有护林员进行经常性的管养，这几条线路的行道树生长整齐，林荫遮道，获得了湖南省公路管理局的好评。

1979 年，交通部颁发《公路养护质量检查评定暂行办法》中，将“行道树齐全”列占总分 100 分的 10 分。

1981 年春季植树造林，常德地区实行包成活、包管理、包栽植、包成林的四包方法，公路两旁植树制定了“必须挖大坑、施基肥、栽大苗、适地植树、合理密植、精细管理”六项基本措施，同年常德地区县、乡公路的绿化工作是全省公路绿化工作搞得好的地区之一。

1983 年，在全省绿化工作会议上，湖南省人民政府领导表扬了常德公路绿化工作做得好，同年常德公路绿化工作做得好的县有安乡、汉寿和慈利县。

1987 年，常德公路总段植行道树 38 公里，共 17516 株。其中汉(寿)太(子庙)线 13 公里 4516 株，慈(利)澧(县)线 25 公里 13000 株，均系加宽配套线路。

1990 年至 2000 年期间，公路绿化已成为常德市公路管理局公路建设和养护的一项正常工作，每年都安排了计划经费。10 年中共投入绿化资金 216.61 万元，累计植树 46.2083 万株。

2003 年，常德市公路管理局抓住常德市人民政府建设绿色通道的机遇，在理顺和恢复公路林权的基础上，采取集资入股分成的形式栽植公路行道树。入春后，全局职工齐上路，共投入劳动力 5000 人次，投入资金 60 万元，对非效益性树木和不良树种进行砍伐，统一换植小黑杨 31 万株，覆盖面占可绿化里程的 80%。公路养护科副科长谭少常因绿化植树成绩突出，获湖南省绿化委员会颁发的“绿化三湘贡献奖”奖章。

G319 线常德境内全长 155.269 公里。2004 年该线文明样板路建设全面开工，历时 3 年，2006 年 10 月竣工。3 年中用于绿化经费 83 万元，补植行道树 31249 株。树木的品种有樟树、杨树、红积木、万年青、杜英。G319 线实现了“畅、洁、绿、美”的目标。

2008 年，常德市“十一五”路网改造工程开工，2010 年底常德市公路管理局大部分线路竣工。在竣工的线路中，常德市公路管理局投入绿化经费 439.86 万元，累计植树 81952 株。绿化里程 172.3 公里。植树线路为桃源至陬市、G207 南线、S205 西洞庭农场和汉寿境内部分路段，澧县至边山河、鼎城尧天坪至桃花源旅游线路。

常德境内的县乡公路绿化工作均由各乡镇负责栽植、培管，公路绿化面积占可绿化里程的 80%以上。

益（阳）常（德）、常（德）张（家界）、常（德）吉（首）高速公路两旁植树，中间设有绿色隔离带、花卉廊、绿化墙，公路绿化形成了具有观赏价值的风景线。2007—2008 年，常（德）张（家界）高速公路获得了中华人民共和国环境保护部授予的“国家环境友好工程”称号。

辟圃育苗。为了解决公路绿化树苗的来源，常德公路总段从 1953 年开始开辟苗圃，培育速生落叶林树苗。1956 年，各县公路段和道班已有苗圃 44 处，面积达 2.47 公顷，有专业育苗绿化工人 30 名，树种以油桐、乌柏、苦楝为主，实行速生林与风景林相结合。1976 年，常德地区公路总段在汉寿太子庙购地设置林场，担负全总段行道树的育苗任务。各县公路段的苗圃减少到 1.36 公顷，绿化工人保留 2 人。1978 年，常德地区公路总段苗圃缩小到 9 公顷，保留绿化育苗工人 7 名。1990 年后，常德市公路总段的苗圃改作其他用地，公路绿化树苗全靠外购。

乱砍滥伐。1955 年 4 月，湖南省人民委员会发布《关于保护公路的布告》中指出：公路沿线各级人民委员会应对群众进行爱护祖国财产的教育，组织群众切实爱护、抚育公路沿线所培植的行道树。任何机关团体或个人，均不得任意砍伐公路行道树。20 世纪 50 年代后期，大炼钢铁、大办食堂时，农村山林惨遭砍伐，公路行道树也未能幸免。

1961 年，澧县至张公庙 12 公里公路两旁的行道树全被砍光，被乱砍滥伐的树木有 1.39 万株。

1979 年 12 月，临澧佘市公社党委书记邓克锐，为建电影院做凳椅，组织群众上千人，将临车线 10—14 公里的行道树砍伐 678 株，100 多立方米。常德地委书记刘佳时在全区公社干部会上提出了严肃批评，湖南省广播电台作过报道。

1984 年 12 月至 1985 年 3 月，安乡县安全乡村民陆续盗伐公路行道树 7000 株。

1986 年 12 月，常德公路总段成立公路公安科后，加强了对路产路权的维护，加大了对乱砍滥伐公路行道树的打击力度，乱砍滥伐行道树的现象有所遏制。

附：常德市公路管理局（总段）历年公路绿化统计表、常德市公路管理局 2010 年公路里程统计表、常德市公路管理局（总段）历年公路小修保养成本统计表

常德市公路管理局（总段）历年公路绿化统计表

表 3—2—4—1

年度	绿化里程（公里）同年止	其中：干线	苗圃（亩）	同年植树（万株）	同年投资（万元）	同年砍伐（万株）	年度	绿化里程（公里）本年止	其中：干线	苗圃（亩）	同年植树（万株）	同年投资（万元）	同年砍伐（万株）
1963	420.34	371.94	27.30	10.50	—	—	1987	1083.54	506.32	135	1.75	3.75	0.98
1964	537.34	384.34	34.50	21.80	1.40	—	1988	1005.45	472.3	133.4	2.632	7.4	0.94
1965	806.04	597.04	37.00	43.70	3.15	—	1989	722.07	342.12	133.4	1.18	8.2	2.69
1966	878.16	623.16	37.00	38.30	1.40	—	1990	663.45	370.75	128.4	5.5083	28	3.8102
1967	903.84	594.84	37.80	23.70	1.20	—	1991	671.93	418.43	—	6.7435	28	3.2267
1968	956.03	586.03	37.80	24.30	0.70	—	1992	931.47	528.37	—	5.18	15.8	1.9873
1969	1048.49	576.19	41.00	37.20	0.40	—	1993	919.87	527.47	—	3.52	7.5	—
1970	1240.69	582.19	48.40	44.30	0.40	—	1994	891.37	529.47	—	3.4353	20	—
1971	1291.03	615.21	48.40	64.03	0.20	—	1995	915.61	537.54	—	2.295	11.17	—
1972	1415.60	655.21	57.00	80.27	1.20	—	1996	993.81	527.14	—	0.594	5	—
1973	1502.12	756.34	—	—	4.90	—	1997	840.08	531.14	—	2.2562	12.91	—
1974	1491.24	740.84	—	—	7.10	—	1998	872.17	563.73	—	3.243	16	—
1975	1530.00	701.50	73.80	93.17	2.20	5.08	1999	882.61	576.19	—	4.849	35	—
1976	1485.50	872.00	32.40	34.62	4.80	2.88	2000	834.68	541.34	—	8.584	37.23	—
1977	1917.41	805.41	28.20	19.84	6.60	5.85	2001	1162.996	628.695	—	9.434	27.25	—
1978	1472.00	802.00	38.70	22.14	6.53	2.08	2002	1097.256	628.695	—	0.9213	3.1	—
1979	1231.81	674.51	154.80	10.09	6.40	1.71	2003	1125.165	659.004	—	31	60	—
1980	1290.61	713.91	126.00	8.41	8.80	1.00	2004	1237.349	725.347	—	3.1	29.08	—
1981	1285.13	710.43	127.40	1.98	1.60	3.05	2005	1254.617	700.614	—	2.2	13	—
1982	1366.33	725.73	137.40	9.45	8.30	1.47	2006	1259.47	700.614	—	5.6249	41	—
1983	1189.14	607.34	137.40	8.14	5.00	2.55	2007	1323.403	943.829	—	—	10	—
1984	1317.74	655.64	137.40	11.72	4.50	1.75	2008	1323.4	754.249	—	0.1651	5.5	—
1985	1178.55	539.03	137.40	1.32	1.40	3.00	2009	1323.4	754.249	—	2.1226	22.2	—
1986	1153.02	541.70	135.00	5.09	6.10	2.74	2010	1323.4	754.249	—	6.9952	399.86	—

常德市公路管理局2010年公路养护里程统计表

表3—2—4—2

线路编号	线路名称	线路起讫点名称	总里程	路面类型				技术等级					桥梁（延米）					备注
				水泥砼路面	沥青砼路面	路面简易铺装	沙石路面	一级	二级	三级	四级	等外级	特大桥 座/延米	大桥 座/延米	中桥 座/延米	小桥 座/延米	合计 座/延米	
总计			1958.891	1364.724	131.805	387.907	74.455	188.081	541.057	292.704	838.631	98.418	5/17102.9	27/7839.28	45/4142.6	304/5306.25	413/568905.76	
一、国道			326.195	236.082	48.95	41.163	—	138.701	143.183	12.018	32.293	—	1/3122	3/1078.22	13/727.34	39/702.88	56/5630.44	
G207	锡海线	东岳庙-界牌	170.926	116.982	13.122	40.822	—	126.061	0.895	12.018	31.952	—	1/3122	1/894.1	1/40.9	17/298.74	20/4355.74	
G319	厦成线	牛皮铺-太平铺	155.269	119.1	35.828	0.341	—	12.64	142.288	—	0.341	—	—	2/184.12	12/686.44	22/404.44	36/1274.7	
二、省道			662.662	469.038	24.961	162.979	5.684	41.183	314.099	89.834	206.307	11.239	4/13980.9	17/5651.16	25/1396.2	124/2330.06	170/23048.32	
S205	津武线	津市-良荆界	122.1	85.361	3.205	27.85	5.684	—	105.468	8.17	8.462	—	1/9502	2/1760	2/126	16/270	21/11658	
S226	陬桃线	陬市-桃源大桥	25.64	25.64	—	—	—	24.3	—	1.34	—	—	1/1200	2/348	1/82	3/53	7/1373	
S227	漆官线	漆河-马宗岭	57.27	57.27	—	—	—	—	—	—	57.27	—	—	2/309.8	2/92.3	13/235.9	17/638	
S302	紫边线	紫金渡-边山河	128.443	73.2	0.943	54.3	—	13.883	54.27	—	60.29	—	1/1703.9	2/664.76	3/232.9	20/374.84	26/2976.4	
S303	石南线	石门-南镇	131.941	53.169	—	78.772	—	—	—	40.417	80.285	11.239	—	3/342.9	4/154	31/516	38/1012.9	
S304	张慈线	张公庙-界溪桥	46.315	46.815	—	—	—	3	33.527	10.288	—	—	—	1/510.2	5/304.5	21/462.22	27/1276.92	
S306	南永线	南安桥-灵官庙	150.453	127.583	20.813	2.057	—	—	120.834	29.619	—	—	1/1575	5/1715.5	8/404.5	20/418.1	34/4113.1	
三、县道			970.034	659.604	57.849	183.765	68.771	8.197	83.775	190.852	600.031	87.179	—	7/1109.9	39/2019.06	141/2273.31	187/5402.27	

常德市公路管理局（总段）历年公路小修保养成本统计表

表 3—2—4—3

类别	养护总里程（公里）	其中		养护经费投资（万元）		每公里小修保养成本（元/年公里）	类别	养护总里程（公里）	其中		养护经费投资（万元）		每公里小修保养成本（元/年公里）
		干线	支线	总投资	其中小修保养				干线	支线	总投资	其中小修保养	
1963	1227.31	769.31	458.00	115.90	59.90	780.00	1975	1643.40	798.10	845.30	604.20	87.00	1090.00
1964	1250.91	769.31	481.60	131.50	40.10	545.00	1976	1656.63	936.13	720.50	614.90	96.90	1116.00
1965	1260.91	769.31	491.60	140.223	37.08	482.00	1977	1656.63	936.13	720.50	656.30	135.80	819.00
1966	1280.91	785.71	495.20	174.36	40.624	517.00	1978	1686.51	946.13	740.38	693.20	149.90	890.00
1967	1386.71	796.51	590.20	201.16	42.77	537.00	1979	2101.06	953.45	1147.61	601.10	199.10	1100.00
1968	1408.71	796.51	612.20	145.70	48.10	604.00	1980	2112.71	965.00	1147.71	733.40	269.20	1278.00
1969	1416.71	796.51	620.20	277.246	58.338	732.00	1981	2124.23	961.52	1162.71	731.70	308.50	1451.00
1970	1431.91	796.71	635.20	286.574	62.621	786.00	1982	2127.03	961.52	1165.51	973.05	336.50	1582.00
1971	1481.16	804.46	676.70	366.661	60.718	755.00	1983	2127.03	961.52	1165.51	1101.70	344.60	1620.00
1972	1564.76	804.46	760.40	467.91	63.452	789.00	1984	2127.03	961.52	1165.51	1152.30	358.51	1685.00
1973	1647.76	804.46	843.30	469.80	76.50	951.00	1985	2130.40	961.52	1168.88	923.00	441.27	2071.30
1974	1649.76	804.46	845.30	673.40	83.90	1046.00	1986	2130.60	961.52	1169.08	558.41	278.26	1306.01

续表

类别	养护总里程（公里）	其中		养护经费投资（万元）		每公里小修保养成本（元/年公里）	类别	养护总里程（公里）	其中		养护经费投资（万元）		每公里小修保养成本（元/年公里）
		干线	支线	总投资	其中小修保养				干线	支线	总投资	其中小修保养	
1987	2127.80	958.50	1169.30	1952.42	622.60	2926.03	1999	1798.93	760.24	1038.69	10251.10	2349.88	13062.65
1988	2117.80	958.50	1159.30	2251.60	716.00	3380.77	2000	1914.724	876.024	1038.70	8971.06	1753.99	9749.91
1989	1719.34	746.10	973.24	3556.93	729.62	4243.61	2001	1942.146	1001.566	940.58	8811.20	2058.80	11147.69
1990	1719.34	746.10	973.24	4332.19	785.15	4566.58	2002	1873.694	945.004	928.69	10061.83	2248.08	12154.15
1991	1718.80	744.56	974.24	3447.27	778.48	4529.21	2003	1849.642	927.442	922.20	11482.12	2176.34	11766.29
1992	1717.14	742.90	974.24	3194.30	868.72	5057.64	2004	1831.351	909.151	922.20	10828.28	2275.32	12424.28
1993	1717.14	742.90	974.74	4470.90	966.59	5627.43	2005	1848.419	905.119	943.30	13741.29	2101.93	11407.05
1994	1723.51	741.51	982.00	4778.70	1122.80	6536.88	2006	1842.658	904.668	937.99	8442.75	2383.34	12934.25
1995	1756.49	741.51	1014.98	9664.91	1443.72	8219.35	2007	1839.799	878.265	961.534	11153.93	2514.18	13665.51
1996	1759.59	742.56	1017.03	7546.14	1451.25	8247.66	2008	1842.519	880.985	961.534	15599.50	2480.23	13571.55
1997	1812.70	756.29	1056.41	9967.41	1566.41	8641.31	2009	1842.519	880.985	961.532	25161.99	3134.27	17340.15
1998	1798.93	760.24	1038.69	8209.40	1498.25	8328.56	2010	1842.519	880.985	961.532	46171.46	2740.16	14118.79

注：养护总里程中不含临岗、澧东和城管公路。

第三章　公路养护劳动竞赛

第一节　路面整修竞赛

1949年7月29日常德解放。常德军管会派军事代表史述接管了公路机构，并重新组建了新的公路组织机构。新的公路机构成立后，公路工作的主要任务是修复被国民党军队破坏的公路和桥梁。常德公路部门本着“重点整修，分期改善，先桥后路，立足支前”的原则，开展了整修公路、抢修桥梁、恢复交通、支援全国解放和国民经济建设发展的竞赛。

1949年8月，常南分段配合常德县的民工，在水毁路段每公里备沙50立方米，对公路进行了整修。

1949年10月桃源分段配合部队和民工，修复了常（德）沅（陵）线桃源境内被国民党溃败军队烧毁的7座木桥计24孔、324米长。1950年2月，桃源分段又配合军工和民工修复了被土匪在同一个晚上烧毁的水溪桥和澄溪桥。1950年2月，桃源县人民政府成立“桃源县动员民众补修公路工程委员会”，由县长李铁峰兼任主任委员，采用一动员、二发包的方式，发动民工采备沙石整修公路。至同年5月15日止，全县69.22公里公路，备沙4215.5立方米，桃源分段职工配合民工整修公路路面9760平方米。其他有公路的县也动员群众进行了备沙和补修公路。

1951年年初，常德公路部门结合抗美援朝，对职工进行爱国主义和国际主义教育，在养路道班中掀起了“突击整修路面”的劳动竞赛。同年8月，贯彻湖南省公路管理局《道、渡班劳动竞赛及评功给奖暂行办法》，在路、渡工班中开展了“养好路面迎国庆”的劳动竞赛，常德工务段和临澧工务段共计9个道班，96名养路工和4个渡口45名渡工参加竞赛，使常德278.57公里路基路面状况得到了较大的改善。

1952年公路整修竞赛继续进行。常德公路系统职工配合当地政府修复了慈（利）张（公庙）、澧（县）东（岳庙）、桃（源）陬（市）三条公路计122.91公里。此时常德通车里程达到了390.57公里。

1953年9月，遵照全国总工会《关于进一步开展增产节约劳动竞赛，保证全面完成国家计划的通知》和中国公路运输总工会湖南省委员会《关于进一步开展社会主义劳动竞赛的通知》精神，汉寿、常南、桃源、常北、澧县、慈利工区开展了“养好公路，保证畅通”的劳动竞赛，慈利工区职工克服了“养路干不干，工钱8角半”的思想，积极投入养路竞赛。通过竞赛，使常德399.62公里公路质量得到了较大提高。

1954年上半年常德遭受了近百年来的最大水灾，公路桥梁遭受严重损失和破坏，当年冬季又发生了特大冰灾。常德公路总段行政和工会，发动广大养路职工开展了“抗灾保畅通”的劳动竞赛，使公路交通得到了较快恢复。

1956年，常德公路总段贯彻国家制定的“以养好路面为中心，加强公路全面养护”的方针，开展了大力革新工具，健全公路结构层次，提高养路效率和路况质量的社会主义劳动竞赛。到1957年底，常德公路总段建成公路磨耗层、保护层路面共计342.51公里，占养护总里程的60%。常德的路况质量有了大幅度提高。

第二节　流动红旗竞赛

1963年，常德公路养护总段开展了以“争创优良路、减少次等路、消灭差等路”为主要内容的流动红旗竞赛。段与段、班与班之间开展了挑、应战竞赛。通过竞赛，达到了少花钱、多养路、养好路的效果。1963年，常德公路养护总段备沙计划为29185立方米，实际完成30411立方米，超计划1226立方米。其中自采沙石计划为9000立方米，实际完成10576立方米，超计划17.52%。年初没有优等路，年末实现优等路62公里，新增良等路79公里，优良路共计达476公里，占养护总里程711公里的66.7%；减少次等路98公里，消灭差等路45公里，全年出勤率在95%—98%之间，出工率达85%，高的达87%；节约资金5.6498万元，节约木材82.7立方米。好路率名列全省第一，一举夺得了全省公路系统红旗竞赛的优胜流动红旗。

第三节　安全、优质养护竞赛

1978年，遵照交通部、湖南省公路管理局《关于开展安全、优质竞赛活动》的通知精神，常德地区公路总段开展了以安全生产，全面完成生产任务，消灭差等路，提高养护质量，降低养护成本为主要内容的安全、优质养护竞赛活动，年底全总段综合好路率达86.8%，比上年末增加0.3个百分点。慈利县公路段干线好路率达97%，支线好路率达84%，超额完成了常德公路总段下达的好路率计划。桃源县公路段好路率比上年末上升0.7个百分点，汉寿县公路段好路率比上年末上升0.4个百分点，慈利、桃源、汉寿三个县公路段被评为常德公路系统安全优质竞赛的先进单位。

常德县斗姆湖、丁家港两个工班养护常（德）重（庆）线（现国道319线）24.7公里沥青路面。在优质养护竞赛中，他们主动向县公路段提出：工班自力更生中修2.5公里油路。经预算，中修一公里油路需用底层料和油沙1200立方米，需用劳动工日2100个。两个班正式工加合同工才37人，与实际用工相差很多。劳力不够，他们就加班加点，每天早上5点出工，下午7点收工，在采运底层料时每天工作14个小时，连续干了26天。他们还利用节假日上贡献班262.5个。经费不够，他们就自采自运沙石，共采运炉渣1657立方米，油沙340立方米（其中自采220立方米），黄土184立方米。5月中旬动工，8月底竣工，提前完成了任务。工程超过了原设计的厚度、宽度和长度,为国家节约劳动工日5300个,节约材料经费上千元。所养路段全达优良,被评为常德公路总段系统优质养护竞赛的先进班组。

常德公路总段把“安全、优质”养护竞赛与好路率上升,开展“三个一”活动(工班自力更生改一个弯,降一个坡,修一公里标准路)、争创好路县段,全良路工班,全良线路相结合,使优质养护竞赛活动得到了延续。

1980年2月,常德地区公路总段召开所属各单位书记和主管生产的负责人会议,传达湖南省公路管理局开展“三个一”活动的会议精神,下达开展“三个一”活动的任务。在开展“三个一”活动中,慈利、石门、常德三个县段从工班抽调劳力,组成了7个创业队,共改弯加宽公路6处,搬运土石方1003立方米,降坡8处,土石方2164立方米,建成标准路5公里,中修沙石路面2公里,铺装松散保护层路面40.8公里,修涵洞5道,改善了公路的技术状况。

1984年二季度,常德连降9次大暴雨,冲毁路基、路面、桥涵、挡墙多处,石门泥市、太平一带先后中断交通,损失金额累计达61万元,三季度又久晴不雨,路面出现了严重翻沙暴子。常德公路总段开展了“战水毁、抗干旱,争创好路县段,全良路工班”的竞赛活动。全总段停止休假,两个季度共清挖水沟190.55万米,铲培路肩418.7万平方米,封补油面34.6万平方米,年末综合好路率达66.2%,比上年末增长12.3%,消灭差等路165公里,差等路比上年末下降7.8%,实现好路县段一个,全良路工班80个。

慈利县公路段养护总里程为399.43公里,其中沙路314.04公里。从10月16日至12月2日50天内慈利仅下了三次小雨,沙路全部出现了不同程度的翻沙暴子,眼看好路县段会泡汤,该段立即召开紧急会议,提出了“旱情不解除不休假,不达好路县段不收兵”的战斗口号,集中资金15000元,集中劳力和所有水罐、油罐运水养路,全段出现了“早出工,晚收工,讲质量,抓效益,齐心协力争创好路县段”的热潮。出工率高达98.2%,职工家属亲友主动来工班支援养路达300多个工日。经过五十多天的艰苦奋战,好路率比三季度上升了1.2%,年末综合好路率达95.2%,年平均好路率达91.7%,在常德公路系统第一个实现了好路县段。

争创好路县段,全良路工班的竞赛活动持续到1987年。1987年常德公路总段共有好路县段3个(慈利、澧县、临澧县公路段),全良路工班93个,此时慈利县公路段已是“四连冠”的好路县段。

第四节 为四化立功竞赛

1980年至1987年期间,常德公路总段开展了为四化立功竞赛。1980年7月,常德地区公路总段制订下发《关于开展为四化立功活动方案(试行稿)》,1981年制订下发《为四化立功受奖实施细则》,1985年开展以消灭差等路,全面提高路况质量,创优质工程为主要内容的立功竞赛活动,1986年开展了《养路立功活动》。

1981年在开展为四化立功能活动中,全总段评出集体立功单位7个。其中一等功1个,二等功2个,三等功4个;慈利县公路段好路里程由1980年的27.2公里上升到1981年的107.4公里,好路率比1980年上升20%,被评为一等功单位,汉寿公路段、常德汽车渡口所荣立二等功,常德、桃源县公路段、氧化沥青厂和津市市政工程管理处的新襄工班荣立三等功。

汉寿崔家桥工班养护国道319线12公里已服役11年以上的超龄油路,全线老化裂缝,由于他们精修细养,使这12公里油路的使用寿命延长了大修周期一倍以上(油路使用周期为5年大修一次),为国家节约了大量的资金。被湖南省公路管理局授予集体一等功。此后又连续三年被评为常德公路系统的先进班组,1984年被湖南省人民政府授予"先进集体"称号,班长田佑文出席了湖南省先进集体、劳动模范代表大会。

慈利县杉木桥工班养护永(安渡)江(垭)线9公里沙路。1980年有次等路8公里,差等路1公里。在为四化立功活动中,该班加强养护,消灭了差等路,次升良7公里,好路率由年初的零跃升为年底的77.8%,成为慈利县公路段好路率上升最快的班组,常德公路总段予以该班荣立二等功。

1985年开展创优质工程立功竞赛活动,促进了工程质量的明显好转。1986年常德公路总段新改建沥青路面53.4公里,油路大修18公里,80%的基层强度达到了100%,新改建油路抽查25公里,总分在85—90分之间的15公里,占60%,75—84分之间的10公里,占40%。改变了以往油路当年修第二年烂的局面。

立功竞赛活动促进了好路率的提高。1987年年末,常德公路总段综合好路率为79.9%(其中油路好路率为88%,沙路好路率为74.8%,年平均好路率为78.7%),与1980年年底的13.3%相比上升66.6%。1980年常德公路总段有差等路1021公里(其中干线有差等路371公里,支线有差等路650公里),1987年年底,干线差等路全部消灭,支线差等路仅存40.6公里。

1988年,常德市公路总段开展第一个百日质量竞赛。竞赛以战水毁,大打路况翻身仗,提高养护质量为主要内容,常德市公路总段和各县公路段分别成立了竞赛领导小组,开展段与段、班与班、组与组、人与人之间的对手赛。竞赛中,全总段共铲油包3.9万平方米,修补油路坑槽36.7万平方米,清挖水沟74.7万米,铲培路肩27.8万平方米。1988年常德市公路总段年末综合好路率达73.7%,消灭差等路28.6公里。在遭受前所未有的秋汛水灾后公路养护仍然取得了好的成绩。临澧、澧县、桃源县公路段分别获得了百日质量竞赛的一、二、三等奖。

第五节 三年改变常德公路面貌竞赛

1988年特大秋汛以及冬季和1989年春季长期的雨雪天气,使常德公路遭受了严重损失。出现了"常德到,汽车跳"的被动局面。常德市委、市政府和湖南省公路管理局对常德的公路状况高度重视,组织开展了干线公路大抢修。常德市人民政府向全市人民发出了"三年改变常德公路面貌"的号召,常德市公路总段积极开展了大打公路翻身仗、"三年改变常德公路面貌"的社会主义劳动竞赛。

1989年5月14日至18日，常德市公路总段召开了4天工作会议，提出了“上下齐动员，苦战一百天，为保质保量完成今年大中修工程任务而背水一战”的口号，充分发挥各方面的积极性，紧紧抓住7月、8月、9月三个月气温高、适合修油路的特点，不仅完成了204公里的油路大中修和配套任务，而且还完成了上百公里的填平保通任务，速度之快是以往少有的。同时，常德市公路总段还制订下发了《关于开展开源节流，保证良等路达标竞赛的通知》，全总段开展“抗冰冻公路抢修赛”，3月份“战水毁、迎省检赛”，5月份“填平保通赛”，使公路养护质量得到较快恢复。全总段开源节流节约资金72万元，各县公路段自力更生进行油路罩面38.5公里。常德县樟木桥工班自筹资金在207国道上修简易油路3.7公里，对缓解公路养护资金紧缺起到了一定的作用。

7月份，常德市公路总段又下发《关于开展百日质量竞赛的通知》，从7月10日到10月10日在全总段开展以提高公路工程和公路养护质量为主要内容的第二个百日质量竞赛活动。临澧公路段严格按照操作规程办事，工程质量被评为第一名。汉寿公路段在20多公里的油路挖补工程中，采取挖眼划框子，调拱动尺子，整边拉绳子的方法，工程优良率达100%。

澧县公路段在公路养护和油路工程百日质量竞赛中，从纪律整顿入手，对违反操作规程的班组和个人进行重罚，使公路质量明显上升，百日质量竞赛被评为综合第一名，安乡公路段被评为百日质量竞赛第三名。

1989年末，常德公路总段综合好路率达69.2%，比同年一季度上升16个百分点，被评为常德市劳动竞赛先进单位，为三年改变常德公路落后面貌打下良好的基础。

1990年是改变常德公路落后面貌的第二年，也是关键的一年。常德市公路总段在对国道319、207，省道1801、1804这4条重点线路进行调查摸底后，拟定了油路抢修方案，4月18日至21日召开工程动员誓师会，下达了工程任务。5月14日，常德市干线公路抢修指挥部在桃林宾馆召开全市干线公路抢修动员大会后，常德市公路总段成立了技术指导、后勤保障、工程财务三套班子，全力以赴抓油路工程建设。1990年共完成油路新改建、大中修、配套及小罩面267.57公里。占年计划的108.6%，合格率100%。油路大修工程优良率达45%，超湖南省公路管理局计划15%。其中：沥青混凝土摊铺56.76公里，油路大修配套131.26公里，中修罩面79.55公里。

1990年在公路养护方面开展3个阶段的劳动竞赛，掀起3次竞赛高潮。第1阶段是3月中旬，常德市公路总段召开战水毁、夺“雨杯”的动员大会，掀起“战水毁、夺雨杯”的竞赛高潮。竞赛激发了职工群众互相学习、无私奉献、团结协作的精神。汉寿、桃源、常德、石门县公路段共计有20个道班开展团结协作、互相支援。桃源盘塘道班11名青工组成青年突击队支援枫树道班处治翻浆路段，晚上用养路机灯光照明加夜班，加快了1848线水毁路修复进度，保障雨季公路畅通。常德县樟木桥道班主动接养国道207线陡山道班10公里中断交通的烂路后，全班人员从德山搬到陡山道班工地抢修，2天内恢复交通，一个月内处治完翻浆路段，不仅恢复了路况质量，还上升了一公里良等路。据资料记载，雨季公路养护竞赛中，全总段职工加班加点累计达 27500 小时，节假日不休息累计上贡献班 2226 个工日，共清挖水沟 15.73 万米，铲培路肩 24 万平方米，处治翻浆路段 19.73 万平方米。临澧公路段获湖南省公路管理局雨季公路养护骏马金杯一等奖，安乡公路段获省公路系统骏马金杯二等奖。澧县金山道班班长张平安等 10 名青工获常德市公路总段“青年突击手”荣誉称号。

第 2 阶段是 7 月中旬开展“管理杯”竞赛，掀起战高温夺高产的热潮。竞赛中，很多道班打破 8 小时工作制，每天工作达 10 多个小时。全总段出勤率高达 103%，出工率达 86%。竞赛加速了油路工程的进展，到 10 月中旬，全部完成了油路工程任务。澧县、临澧、石门县公路段分别获总段“管理杯”竞赛一、二、三等奖。

第 3 阶段是 4 季度开展的“标杯”竞赛，掀起“上台阶、夺标杯”的竞赛热潮。澧县公路段标准路建设速度快，质量好，常德市公路总段 11 月份在澧县公路段召开达标竞赛现场会，把达标竞赛推向新的高潮。1990 年全总段建成标准路 396 公里，澧县、汉寿、安乡公路段分别获总段“标杯”竞赛一、二、三等奖。1990 年常德市公路总段年末综合好路率为 70.8%，比 1989 年底上升 5.5%，超湖南省公路管理局计划 13.8 个百分点。消灭差等路 64 公里，超湖南省公路管理局计划 27 公里。公路状况的好转受到社会各界的好评。

1991 年是 3 年改变常德公路落后面貌的最后一年。常德市公路总段克服油路工程建设中的“三难”（修路沿线协调工作难，有 3.7 公里油路基层采用水结天砾结构，并试行二层油接连喷洒新工艺难，水灾影响工期，按时完成工程任务难），抓好工程前期准备工作和质量管理，完成油路新改建大中修 140.26 公里，工程质量合格率达 100%，优良率达 60%，超额完成湖南省公路管理局下达的计划指标。

在公路养护上继续开展社会主义劳动竞赛，促进了各项任务的完成。上半年开展的雨季公路养护竞赛中，全总段共挖补油路坑槽 4.12 万平方米，封补油面 3.65 万平方米，处治路面翻浆 1.4 万平方米，清理塌方 4300 立方米，好路率上升到 68.3%，超湖南省公路管理局计划 7.8 个百分点，差等路比上年同期减少 83.7 公里，第一次实现了雨季路况不下降。6 月底至 7 月上旬，常德遭受了百年不遇的特大水灾，全总段被冲毁路基 2.98 公里，5 个道班和 81 公里公路被洪水淹没，先后有 23 条线路局部中断交通，6 个汽车渡口被迫停渡，工程材料损失 70 万元。常德市公路总段召开紧急会议，提出“横下一条心，拧成一股绳，全力恢复水毁路”的口号，开展抗洪抢险保畅通的竞赛，保证了抗洪救灾中各线路的畅通。常德市公路总段因抗洪抢险成绩突出，被交通部授予了“抗洪救灾先进单位”荣誉称号。在 3、4 季度开展的百日质量竞赛和上等达标竞赛中常德市公路总段制订《公路养护质量暂行规定》，为迎接张家界’91 国际森林节的举办完成了国道 319 线 70 公里简易 GBM 工程。干线油路道班还开展“自力更生建一公里标准路、处治一公里硬化路肩，完成一公里油路小罩面，安置一公里护路带，每人自采一立方米沙石，每月上一天贡献班”的五小活动。沙路养护健全了 30 公里的沙路结构层次，50%干线和 30%的支线沙路实现了松散保护层，路况质量得到极大的改善。澧县 7 公里油路配套、3公里油路大修工程优良率达100%,被评为百日质量竞赛第一名;汉寿、澧县、鼎城公路段分别获上等达标竞赛一、二、三名。

三年公路抢修中，常德市公路总段共完成油路新改建、配套、大中修和路面改善工程591.092公里。其中完成了国道319线汉寿牛鼻铺至常德南站70.1公里的沥青混凝土摊铺路面工程,结束了常德没有一条高等级路面的历史。常德市公路总段连续三年被评为常德市劳动竞赛先进单位。1991年年末,总段综合好路率为83.6%,比1989年一季度的好路率上升30.4%,干线好路率为87.5%,超湖南省公路管理局计划8.13个百分点,建成标准路320公里,消灭差等路116.5公里,彻底改变了“常德到,汽车跳”的落后面貌。

第六节 雨季公路养护竞赛

常德属于亚热带地区。雨期长,降雨量大,给公路造成了严重的毁损。1992年至2010年期间,常德公路系统继续组织开展雨季公路养护竞赛,充分发动职工群众,克服各种困难,战胜自然灾害,完成生产任务,保证了雨季公路的安全畅通。

1992年雨季公路养护竞赛以迎“两会”为契机(常德经技贸洽谈会暨桃花源游园会),以抢修水毁路,抓好大中修工程为主要内容,进行早部署,细安排和广泛发动,造成竞赛的强大声势，加快了水毁路抢修和大中修工程的进度。到5月底止，全总段完成挖补油路坑槽21000平方米,封补油面25000平方米,处治坍方1300立方米,处治翻浆3000平方米,到6月10日止,全总段143.75公里油路大中修、配套工程已完成路槽挖补23公里,基层铺装12.7公里,洒油5.2公里,中修罩面20公里。雨季综合好路率达73.71%,超湖南省公路管理局计划10.71个百分点,保证了“两会”嘉宾平安顺利的通过,受到湖南省公路管理局和常德市政府领导的高度赞扬。澧县、桃源、临澧县公路段分别获常德公路总段雨季公路养护竞赛一、二、三名。

1993年雨季公路养护竞赛做到“三个不变”(原有竞赛领导班子不变,只能加强不能削弱,竞赛中的资金及奖罚标准不变,只能增加,不能减少,路况质量标准不变,只能提高,不能下降),突出雨季公路养护重点,增强了雨季公路养护的主动性。澧县公路段管养的张(公庙)大(坪)线和国道207线油路损坏27.4公里,抢修中做到人不离岗,时间不推迟,质量不降低,全段停止休假,干部职工一齐参战,集中10个道班的劳力进行抢修,使水毁路得到较快恢复。汉寿公路段低息贷款10万元投入雨季公路养护,保持了雨季路况稳定。临澧、澧县、桃源公路段的油路工程往前赶,分别在5月底和6月上旬全部完成油路中修工程,减轻了养护工作的压力。津市和石门公路段自采沙石铺装沙路,使公路质量上升了一个等级。雨季全总段综合好路率达72.8%,超湖南省公路管理局计划7.8个百分点。澧县、汉寿、桃源公路段分别获湖南省公路系统和常德市公路总段雨季公路养护竞赛一、二、三等奖。

1996年雨季公路养护竞赛的主要任务是战水毁，保畅通。雨季常德公路总共损坏781

公里，有10条干支线被洪水淹没89.4公里,20条线路局部中断交通。水毁金额达8315万元。常德市公路管理局组织开展抢修水毁路的竞赛,从4月4日起全局停止休假,实行领导、人力、机械、资金“四集中”,重点突击,日夜抢修。共投入资金878万元,沙石1万立方米,沥青163.4吨,劳力1700人,雇请社会劳力4324个工日,全市局职工加班加点,节假不休息累计达34173个工日，到7月底,10条国省道全部恢复交通，全市局雨季综合好路率达78.21%,超湖南省公路管理局计划8.62个百分点。保证了灾区人员及时疏散和抢险救灾物质的及时运送,受到了湖南省交通厅和常德市政府领导的表扬。澧县、汉寿、桃源公路管理局获湖南省公路管理局“雨杯”竞赛优胜奖。

1997年,常德市公路管理局把雨季公路养护竞赛摆在工作首位,党、政、工、团齐抓共管。加大了资金投入,雨季共投入水毁修复资金785.1万元;加大宣传力度,除市、县公路局办雨季竞赛简报、专栏外,还分别在常德日报、常德广播电台、常德电视台报道雨季公路养护竞赛的情况;实行专群结合,协同作战,坚持科学养路,改变路用材料,油路底层挖补采用水泥石灰综合稳定结构,并适当加大骨料,封油、罩面使用乳化沥青,禁止使用煤焦油,有效地提高了公路养护质量,雨季全市局综合好路率达70.9%,完成了湖南省公路管理局下达的计划任务,常德市公路管理局和桃源、临澧、汉寿县公路管理局获湖南省公路系统雨季公路养护竞赛优胜单位奖。

1998年,雨季公路养护竞赛治路与治水相结合,全市局组织开展清挖水沟大会战,并把清挖水沟与创建书记、局长样板路、班长示范路、标准路相结合,争取一次性达标,减少重复性投资。全市局共清挖水沟1458公里,新开水沟269公里,建设标准化浆砌水沟64公里。国道319、207,省道1801、1836及湘北干线沿路住宅安装过道涵11200米,基本上解决了水沟中间梗阻的现象。雨季公路养护竞赛中,常德市公路管理局获湖南省公路系统优胜单位奖,桃源、临澧、津市公路管理局获湖南省公路管理局前一、二、三名。

1999年雨季公路养护竞赛以“创养护精品,建畅、洁、绿、美通道”为主要内容,抢修重点水毁路段与全面养护相结合,注重抢修进度与突出养护质量相结合,处治油路病害实行“三统一”即:统一标准、统一验收、统一封补油面。公路构造物全面进行修复刷新。雨季常德市公路管理局综合好路率达76.75%,超湖南省公路管理局计划4个百分点。常德市公路管理局获湖南省公路系统雨季公路养护竞赛第二名,桃源、鼎城、临澧公路管理局获湖南省公路系统雨季公路养护竞赛优胜单位奖。

2000年,雨季公路养护竞赛采取对手赛的方法,8个县公路局结成4对比着干,比着上,班组之间广泛开展完成阶段性目标任务的竞赛,水毁抢修与大修中修工程相结合,超前安排油路大修工程15公里,缓解了雨季公路养护的压力。改进基层补强材料,使用机械化施工,夯实底基层,油面封补一律使用乳化沥青,提高了雨季公路养护质量。雨季,常德市公路管理局综合好路率为64.8%,超湖南省公路管理局计划3.8个百分点。鼎城、汉寿公路管理局分别被评为常德市公路管理局雨季公路养护竞赛一、二名,澧县、石门公路管理局并列第三名。

2003 年雨季公路养护竞赛以清挖标准水沟为中心，以消灭公路病害为重点，党、政、工、团，齐抓共管，开展“三比三看”，即：比声势，看哪个县局发动广泛，职工参赛热情高，水毁路抢修气氛浓；比进度，看哪个县局抢修措施得力，进度快；比质量，看哪个县局按章操作，抢修水毁路质量好。雨季全市局共挖补油路坑槽 5.69 万平方米，封补油面 74.65 万平方米，处治翻浆路段 8523 立方米，清挖水沟 16.7 万米，新开水沟 21 万米，处治水泥混凝土路面破碎板 4587 块，清灌水泥混凝土路面接缝 263 公里，好路率达 75.7%，超湖南省公路管理局计划 6.43 个百分点。竞赛使路况达到“三化”：路面平整化，路容美观化，水沟标准化。常德市公路管理局获湖南省公路系统雨季公路养护竞赛第二名，鼎城、汉寿、武陵、临澧公路管理局获湖南省公路系统雨季竞赛优胜单位奖。

2004 年、2005 年雨季公路养护竞赛的主要内容是日常养护，水毁预防和抢修，山区险路治理，桥梁养护，危桥改造，劳动管理制度和养护机制建设。落实湖南省公路管理局提出的“七无三有”（注：七无是：水泥混凝土路面接缝常年无积水，沥青路面常年无坑槽，路肩常年无反坡，边沟常年无积水，路基常年无缺口，护坡常年无缺损，施工路段不弃养，常年无劣等路。三有是：集镇路段有边沟，路上有足够的养路工，养护作业有机械）养护要求，提出“雨季公路养护争创一流”的口号。常德市公路管理局取消大中修工程计划，各县公路管理局加强预防性养护。临澧县公路管理局 3 月份就投入沙石材料 5000 立方米，对因超限运输车辆损坏的新（安）甘（溪）线、五（里堆）合（口）线、段（家嘴）五（里堆）线三条线路进行整修，增强了公路的抗灾能力。鼎城公路管理局加强五（福寺）甘（潭）线重点旅游线路的养护，保证了“五一”黄金周车辆的畅通，受到社会各界的好评。汉寿 S205 线因超限运输车辆为逃避检测改走该线，导致雨季路面严重损坏 2.7 万平方米，损失金额达 90 万元。汉寿公路管理局在上级没有资金投入的情况下，发扬“打补巴”的精神，调集 8 个道班的劳力挖补 2 个多月，使路况得到全面恢复。2004 年鼎城、汉寿、武陵、临澧公路管理局获湖南省公路管理局优胜单位奖；2005 年鼎城、武陵、临澧、澧县公路管理局获湖南省公路管理局雨季公路养护竞赛优胜单位奖。

2007 年雨季公路养护竞赛继续落实湖南省公路管理局提出的“七无三有”“三全”（全面、全周期、全季节）养护的要求，实行突击抢修重点线路与全面养护相结合，常年性养护与规范化养护相结合，小修保养与大中修工程相结合的方法，不仅恢复了 21.3770 万平方米的水毁路面，好路率干线达 82.42%，超湖南省公路管理局计划 2.92 个百分点，支线达 68.73%，超省公路管理局计划 2.23 个百分点，而且公路环境明显改善，达到了“畅、安、舒、美”的目标。

2008 年，雨季公路养护竞赛以“抗冰灾、战水毁、修复难点和焦点路段”为主要内容。1 月 12 日至 2 月 2 日期间，常德遭受了多年来罕见的特大冰灾，油路损坏 18.53 万平方米，水泥混凝土路损坏 5 万平方米，沙路损坏 2403 平方米。冰灾出现后，常德公路系统掀起破冰扫雪保畅通的竞赛，保证了春节期间公路桥梁安全畅通。武陵区公路管理局被湖南省公路管理局授予“抗冰灾保畅通先进单位”称号。

S205线汉寿段已被列为路网改造路段，雨季工程未动工前,K104—K127出现严重水毁,成为社会关注的焦点路段。汉寿公路管理局及时进行抢修,投入资金12万元,片石650立方米,保证了车辆的畅通。

7月份,石门遭受了百年不遇的特大洪水灾害,S303、X001线被冲毁路基30多处,桥梁局部损坏4座,涵洞8道,损失金额达700万元。在上级没有投资的情况下,石门公路管理局依靠自身力量进行抢修,较快的恢复路况,攻克水毁路段养护的难点。鼎城、武陵、澧县公路管理局荣获湖南省公路系统雨季公路养护竞赛优胜单位荣誉称号。临澧、石门、桃源公路管理局获常德市公路管理局雨季公路养护竞赛优胜单位奖。

2010年,雨季公路养护竞赛以保障公路安全畅通为宗旨,以路面及时修补为中心,认真落实湖南省公路管理局提出的“三全养护”和“七无三有”工作要求,突出水毁路面抢修和预防性养护,确保雨季路况稳中有升。雨季国道优良率为83.8%,省道优良率为83.6%,县道优良率为76.6%,整体路况稳定,达到了“畅、洁、绿、美、安”的目标。

第七节　公路养护质量竞赛

1992年达标升级竞赛以消灭公路病害、提高公路养护质量为主要内容,领导十分重视,竞赛做到了“四有”即有目标、有经费、有方案、有效果。年末综合好路率达74.8%,其中干线好路率87.6%,超湖南省公路管理局计划11.6个百分点,支线好路率达64.9%,超湖南省公路管理局计划6.9个百分点。常德市公路总段被评为湖南省公路系统公路养护质量竞赛优胜单位。

1993年—1996年,常德市公路总段开展了声势浩大的达标升级竞赛,完成公路标准化、美化工程15公里，建成标准路273公里，首次创建样板路155.269公里。国道319、省道1801线两边路缘石整齐划一,行道树全部刷白。2条国道,8条省道达到了路肩平顺干净,水沟深浅一致,中间标线清晰。

1997年达标升级竞赛以“公路养护大会战,争创一流迎国检”为主要内容。竞赛标准是“三高、二精、一树”。三高是:高标准、高要求、高质量,二精是:精雕细刻,精益求精，树是:树常德形象。汉寿公路管理局采取“三同步”即:处治路面病害与铲培路肩、清挖水沟同步,维修护栏、安置百米桩、示警桩与道班规范化建设同步,自行清扫路障与县乡政府协调清扫路障同步,促进了公路养护任务的全面完成。澧县公路管理局为提高路面质量实行“两改”即:将7.5公里油路路面表处改为拌和摊铺法,将双表油路改为沥青混凝土结构。各县公路管理局在埋设百米桩、示警桩时采用拉绳子的方法,保证了高、平、齐一个样。竞赛使公路质量达到了“优、畅、美”的标准,年末国省道好路率达74.1%,超湖南省公路管理局计划7.6个百分点,一级养护线路好路率达76.5%,超湖南省公路管理局计划14.7个百分点。湖南省交通厅授予常德市公路管理局“全国公路大检查优胜单位”称号,澧县、临澧、鼎城公路管理局分别获常德市公路系统达标升级竞赛一、二、三名。

1998 年达标升级竞赛立足创养护精品，树立常德新形象。重点抓治水治路和抗洪抢险恢复路况。7 月份以后，连续的大暴雨使常德公路遭受了严重损毁，全市局 1812.7 公里路严重损坏 480.98 公里，占养护总里程的 26.3%，洪水淹没公路 74 公里，21 条干支线先后中断交通，损失金额累计达 7000 多万元。常德市公路管理局组织抗洪抢险，投入资金 780 万元，使路况得到恢复。9 月份，又投入 351 万元组织开展路肩水沟大会战。到 12 月 3 日止，所有行道树统一刷白，所有桥梁用白色油漆粉刷，窄桥、危桥用油漆涂成斑马线，油路、水泥混凝土路面标线整齐划一，给人清新、愉悦的感觉。经检查评定，好路率达 75.8%，超湖南省公路管理局计划 9.25 个百分点。大灾之年，路况质量达到稳中有升，常德市公路管理局获湖南省公路系统公路养护质量竞赛第二名，同时被评为常德市“抗洪抢险先进单位”。

1999 年达标升级竞赛突出了全面、科学、合理养护。常德市公路管理局挤出 10 万元，为各县公路管理局添置了小型拌和设备，在路面修补上强行推广拌和法，处治路面病害做到“三统一”，统一质量标准，基层补强必须达 15 厘米以上，必须使用规格材料；统一验收；统一封补油面。全年清挖水沟 4 遍，石砌水沟 100 公里，投资 100 万元对国道 319 线进行立体绿化。319 国道初步建成了绿化、美化、标准化的文明样板路。全市局年末综合好路率达 72.6%，超湖南省公路管理局计划 5.97 个百分点。常德市公路管理局获湖南省公路养护质量竞赛第二名。

2000 年达标升级竞赛与迎国检、创建“文明、卫生、园林、旅游”城市的总日标相结合，把公路建设成常德市景点的延伸。常德市公路管理局共完成石砌水沟 8.8 万米，整修路肩 290 公里，添置标志标牌 100 块，路面标线 400 公里，界桩、里程碑、百米桩设置规范化。投资 40 万元，用于 319 国道植树绿化，投入 200 万元完成国道 319 东线石砌水沟 70 公里。年末国省道好路率达 88.16%，比湖南省公路管理局计划上升 9.6 个白分点，一级养护线路好路率达 91.89%，超湖南省公路管理局计划 2.69 个百分点。国家公路检查团高度评价说：“319 国道像一道风景如画的绿色长廊，有车在路上走，人在画中游的感觉。”常德市公路管理局获湖南省公路养护质量竞赛第二名，鼎城公路管理局获常德市公路系统养护质量竞赛第一名，桃源公路管理局获第二名，石门、澧县公路管理局获公路养护质量竞赛并列第三名。

2001 年开展了“交通杯”全面养护质量竞赛，实施公路硬化、绿化、美化、亮化工程。一级线路和国省道水沟逐步石砌化，百米桩、里程碑、示警桩及构造物全部清洗刷新。加强山区公路整治，修建钢筋墙、护栏和间断性石砌护栏 633 米，修路肩墙 23 处，新增标志 268 处，改善了山区行车条件。投入 384 万元用于 319、207 国道病害处治和公路美化，投入 20 万元，进行公路立体绿化 299 公里。207 国道常德绕城线一段建成了独具特色的立体绿色通道。年末综合好路率达 83.7%，国省道年平均好路率达 86.41%，超湖南省公路管理局计划 8.66 个百分点，支线年平均好路率达 65.06%，超湖南省公路管理局计划 6.21 个百分点，彻底消灭了差等路，全面养护质量竞赛获全省第二名，湖南省交通厅授予常德市公路管理局 2001 年 8 月至

2002 年 8 月全省交通系统“交通杯”劳动竞赛先进单位称号。

2002 年公路全面养护质量竞赛确立了“养路与养桥并重，沙石路面、沥青路面、水泥混凝土路面养护并举，路肩、边坡、水沟及防护设施与养护同步，经常性养护、突击性养护与路面改造、危桥加固相结合”的原则。投资 365.6 万元对山区公路进行大中修和沙改油 16.8 公里，投入 20 万元用于防护设施和安全标志建设。石门公路管理局自筹资金 10 万元用于 S303 防护工程建设，把重点险要山区路段建成了安全、舒适的风景线。桥梁养护建立了病、危桥数据库和桥梁管理“三个一”责任制（每座桥梁明确一名养护工、一名技术人员、一名领导负责养护管理）。投入资金 104 万元对全市 18 条支线沙路进行了重点整治，使沙路质量比上年同期上升了 10 个百分点。常德市公路管理局年末综合好路率达 78.7%，超湖南省公路管理局计划 6.43 个百分点。常德市公路管理局获湖南省公路系统公路全面养护质量竞赛第二名。

2003 年全面养护质量竞赛常德市公路管理局提出了在全省“保二争一”的目标，制定了“六化”（路面平整化、路容美观化、水沟标准化、内业工作规范化、养护工程标准化、管理科学化）的标准要求。投入 271.4 万元，加强了防护设施和安全标志建设，投入 127 万元添置了水泥砼路养护机械设备，水泥砼路实行机械化养护。参加了湖南省公路养护技术大比武，获得综合团体第三名。常德市公路管理局获得湖南省交通系统“交通杯”劳动竞赛先进单位称号。

2004 年采用“三加强、二结合”的方法使全面养护质量竞赛取得好的成绩。“三加强”是加强支线公路的养护，投入 350 万元对 100 公里超龄油路进行整修；加强山区险要路段的治理，投入 68 万元，对急弯、陡坡、视线不良的行车危险路段进行重点整治，添置了防护桩、安全示警标志；加强科学养护，采用乳化沥青灌注水泥混凝土路面板底取得成功。二结合是公路养护与实施通乡水泥混凝土路工程相结合，由常德市公路管理局组织完成了 59 公里通乡水泥混凝土路工程，减轻了小修保养的压力；公路养护与 319 国道文明样板路创建相结合，有效提高了公路的全面养护质量。年末常德市公路管理局年平均综合好路率达81.07%，超湖南省公路管理局计划 9.327 个百分点，全面养护竞赛获湖南省公路系统第三名。同时获得了湖南省交通系统“交通杯”竞赛先进单位称号。

2005 年至 2007 年全面养护质量竞赛克服了资金紧缺的巨大困难，认真落实“七无三有”的要求，加强预防性养护。充分发扬“打补巴”的精神，用小修保养挖补代替沥青路面的中修工程，达到了水沟和水泥混凝土路面接缝常年无积水，沥青路面常年无坑槽的要求。投资 1248 万元进行安保工程建设，投入 400 万元维修加固 6 座桥梁。石砌水沟 6.8 公里，绿化植行道树 16550 株。经过 3 年的努力，完成了 319 国道文明路建设任务，受到交通部验收组的高度评价。主干线公路达到“畅、安、舒、美”的目标。

2008 年开展以“养好路，护好路，争先进，争上游”的全面养护竞赛。水泥混凝土路面清灌缝 467 公里，板底灌注 12 万平方米，路面换板 62.43 万平方米，共清挖水沟 1660 公里，整修路肩 900 公里，封补油面 1.2 万平方米，修复护栏 2200 米。汉寿公路管理局采取“村镇同治”和公路大会战的方法，把S205连接汉寿沅水大桥的9.3公里脏、烂、差的路段变成了精品线路。常德市公路管理局组织了养护技能培训，参加湖南省公路管理局组织的全省公路养护技术比武，沥青路面、水泥混凝土路面养护获第三名，养护知识竞赛获第二名，综合团体竞赛夺得全省第一名。年末综合好路率达83.3%，其中干线好路率为86.9%，县道好路率80.6%，全面超额完成湖南省公路管理局下达的目标任务。常德市公路管理局获湖南省公路系统公路全面养护质量竞赛第二名，桃源、汉寿、安乡公路管理局分别获常德市公路系统全面养护质量竞赛一、二、三名。

2009年全面养护质量竞赛以公路、桥梁、安保设施养护和养护工程质量为主要内容，以迎省检为契机，加大养护力度。到12月初，共完成水泥混凝土路面换板6.32万平方米，板底灌注20万平方米，水泥混凝土路面清灌缝418.3公里，其中G207、S205、S302部分路段采用新材料聚胺酯灌缝，提高了质量，延长了使用寿命。沥青路面挖补19.95万平方米，局部封补油面14.9万平方米，完成危桥改造3座(76.3延米)，完成安保设施工作量819.9万元。年末公路技术状况指数(MQI)优良路率达80.4%，其中国省道优良路率为100%，县道优良路率为69.4%。常德市公路管理局获湖南省公路系统公路全面养护质量竞赛第二名，获湖南省交通系统“交通杯”竞赛先进单位称号。鼎城、桃源、安乡公路管理局分别获常德市公路系统公路全面养护质量竞赛一、二、三名。

2010年全面养护质量竞赛以迎国检为中心，以营造“畅、安、舒、美”的行车环境为目标，公路养护与路面大中修工程相结合取得好的效果。按照“七无三有、三全养护”的标准，完成沥青路面挖补38.82万平方米，局部封补油面279万平方米，水泥混凝土路面换板7.1万平方米，清灌缝409.429公里，完成危桥改造6座(176.6延米)，投入69.62万元用于安保工程的修复、刷新。完成路面大中修145.1公里。湖南省公路管理局先后在常德召开迎检工作现场会和工程建设质量现场会，推广常德经验。年末常德市公路管理局公路技术状况指数(MQI)综合评定为79.2%，其中国省道优良路率为83.5%，县道优良路率为76.6%，路面使用性能指数(PQI)为77.0，其中国道82.1、省道82.2、县道73.8，常德市公路管理局公路全面养护质量竞赛获湖南省第一名，同时获湖南省交通系统“交通杯”竞赛先进单位称号。

2006年，鼎城县乡公路管理处在抓好公路建设工程质量的同时，做到“建、管、养”并举，对县乡公路的管养继续推行承包养护体制，并积极督导乡(镇)加强公路养护，确保常年好路率始终保持在90%以上。同年全省三年一度的县乡公路大检查时，获湖南省“公路养护质量优胜单位”称号。是年，桃源、石门县乡公路管理处也获得湖南省“公路养护质量优胜单位”称号。

2005年和2010年，常(德)吉(首)高速公路管理处在全省开展“交通杯”劳动竞赛中，获湖南省交通厅授予的“交通杯”劳动竞赛先进单位称号。

2007年常(德)张(家界)高速公路管理处获湖南省高速公路管理局授予的“交通杯”劳动竞赛先进单位称号；2010年，常(德)张(家界)高速公路管理处又高标准、高质量完成专项路基工程387.5万元、路面工程885.93万元、桥涵工程117.06万元、房建工程144.62万元、沿线设施352.7万元、水毁工程482万元、抢险工程28万元，更换维修波形护栏8489.4米、修复桥梁护栏68米、修补路面51.01平方米、清理坍方21.09立方米、清理排水设施18.35万米、完成了“沥再生”试验施工，为“沥再生”新工艺、新材料在高速公路沥青路面养护行业中的推广积累了宝贵的经验，年末好路率达100%，荣获国家优质工程一等奖，湖南省高速公路管理局授予“精神文明建设先进单位”称号。

2009年至2010年，益(阳)常(德)高速公路开发有限公司获湖南省交通厅授予的“交通杯”劳动竞赛先进集体称号。

注：公路技术状况指数(MQI)评定指：路面(PQI)、路基(SCI)、桥隧构造物(BCI)、沿线设施(TCI)综合评定数。

常德市（1990年—2010年）国道、省道年平均日交通流量表

表3—3—7—1

路段 \ 流量 \ 年度	1990	1991	1992	1993	1994	1995	1996	1997	1998	1999	2000	2001
G207 雷公塔	2040	2089	2427	2250	2544	2930	3466	3434	2838	3383	3066	2849
G319 斗姆湖	2013	1558	1605	2193	2375	3198	3616	3905	3710	3426	3286	3190
1801 南湖坪	3031	3026	4150	4421	4680	6197	5282	5606	5364	5463	5018	4967
1804 周家店	1281	1823	2280	2202	1729	2071	2613	2841	2602	2563	2377	2334
1829 新　关	1103	1278	1543	1465	1654	1840	1952	2055	2225	2221	1563	1656
1836 三　江	628	504	536	558	838	1458	1277	1469	1530	1306	1522	1623
1848 枫　树	1906	1948	2015	1928	1983	2325	2372	2368	2543	2521	2617	2585
1851 押东铺	1255	1164	1313	1238	1395	1772	2023	2288	1973	1906	2359	2105
1852 仁和铺	2748	2901	3055	2962	3113	3201	3182	4184	3876	4370	3748	4359
1868 王家厂	1304	1164	1232	1227	1119	1441	1307	1419	1702	1774	1539	1359
湘北干线保河堤								1456		1539	1363	792

路段 \ 流量 \ 年度	2002	2003	2004	2005	2006	2007	2008	2009	2010
G207 雷公塔	2858	2511	1877	3397	3774	5368	5494	7298	7116
G319 斗姆湖	2974	2758	2242	4308	4962	4431	4382	6005	6666
S205 保河堤	1838	1836	2018	4172	4383	6233	6324	9711	10866
S226 枫　树	2835	3007	3470	6871	9774	8611	9541	10845	12350
S227 黄甲铺	672	679	642	1469	1848	1793	2282	1645	1972
S302 王家厂	1653	3635	3089	7426	8622	8950	10924	8577	9433
S303 新　关	2187	1939	2118	4257	4248	4211	4413	3412	4000
S304 三　江	1349	2411	2996	6619	6509	6882	6122	5508	10597
S306 周家店	2840	3022	3249	6935	7205	7015	7305	7284	8973

注：从2003年起为全线日平均数，早年均为线路主要交调站代表数据。

常德市公路管理局（总段）公路养护质量统计表

表 3—3—7—2

单位：公里

年度	养护总里程	其中					好路率（%）		
		干线	支线	水泥砼路	沥青路	沙路	干线	支线	平均
1963	1227.31	769.31	458			1227.31	64.4	12.9	45.2
1964	1250.91	769.31	481.6			1250.91	72.3	18.3	51.5
1965	1260.91	769.31	491.6			1260.91	77.95	23.4	56.7
1966	1280.91	785.71	495.2			1280.91	59.27	24.4	45.8
1967	1386.71	796.51	590.2			1386.71	45.51	39.1	42.8
1968	1408.71	796.51	612.2			1408.71	39.06	41.3	40
1969	1416.71	796.51	620.2			1416.71	41.52	46.4	43.7
1970	1482.64	797.64	685		11	1471.64	51.31	45.8	48.9
1971	1482.46	804.46	678		89.6	1392.86	51.88	45.4	48.9
1972	1564.86	804.46	760.4		180.62	1384.24	62.49	42.5	52.8
1973	1647.46	804.46	843		200.12	1447.34	66.3	52.3	59.2
1974	1647.76	802.46	845.3		293.68	1354.08	78.5	54.4	66.2
1975	1643.4	798.1	845.3		333.18	1310.22	82	75.4	78.6
1976	1656.63	936.13	720.5		437	1219.63	85.4	77	81.8
1977	1656.63	936.13	720.5		592	1064.63	89.8	82.2	86.1
1978	1686.51	946.13	740.38		616	1070.51	90.8	81.7	88.4
1979	2101.06	953.45	1147.61		586.04	1515.02	23.1	10.8	16.4
1980	2112.71	965	1147.71		597	1515.71	20	7.6	13.3

续表

年度	养护总里程	其中					好路率（%）		
		干线	支线	水泥砼路	沥青路	沙路	干线	支线	平均
1981	2124.23	961.52	1162.71		608	1516.23	25.1	6.3	14.8
1982	2127.03	961.52	1165.51		609.28	1517.75	65.2	29.5	45.6
1983	2127.03	961.52	1165.51		639.48	1487.55	63.1	32	46.1
1984	2127.03	961.52	1165.51		646.25	1480.78	77.4	50.4	62.6
1985	2130.6	887.07	1243.53		676.31	1454.29	76.9	59.7	65.4
1986	2130.6	887.07	1243.53		687	1443.6	83.8	64	72.1
1987	2129.2	887.07	1242.13		730.08	1399.12	83.7	69.2	75.1
1988	2122	884	1238		765	1357	81.9	69.9	74.8
1989	1719	746	973		683	1036	68.8	62.1	65
1990	1719	746	973		695	1024	78.4	63	69.7
1991	1718	745	973		713	1005	84	68.6	72.2
1992	1717.64	742.9	974.74	49.97	770.41	897.26	87.7	66.2	75.5
1993	1717.64	742.9	974.74	67.66	818.68	831.3	90	66.5	76.8
1994	1723.51	742.9	980.61	97.93	821.96	803.62	88.99	65.75	76.03
1995	1756.49	741.51	1014.98	136.16	839.74	780.59	58.8	32	43.9

注：（1）1980 年调整好路率评定标准，好路降低，另一方面接收了部分区社路，所以好路率下降至 13.3%。

（2）1989 年慈利划归大庸市，公路养护里程减少 390 多公里。

续表

年度	养护总里程	其中					好路率(%)		
		干线	支线	水泥砼路	沥青路	沙路	干线	支线	平均
1996	1759.59	742.56	1017.03	184.44	912.94	662.21	82.4	57.5	68.4
1997	1812.7	756.29	1056.41	239.97	948.42	624.31	83.4	62.1	71.7
1998	1801.8	756.61	1045.19	245.74	948.33	607.73	83.6	60.5	70.3
1999	1798.93	760.24	1038.69	341.53	920.95	536.45	87.08	62.86	72.95
2000	1798.98	760.29	1038.69	377.86	927.02	494.1	88.39	62.83	73.69
2001	1842.684	908.594	934.09	424.654	1001.654	416.376	85.56	65	74.74
2002	1849.642	927.422	922.22	530.544	923.738	395.36	90.79	66.65	78.7
2003	1849.642	927.422	922.22	607.326	879.71	362.606	92.23	69.67	80.83
2004	1831.351	909.151	922.22	634.314	860.456	336.581	91.66	71.12	82.6
2005	1848.419	905.119	943.3	719.049	840.937	288.433	91.73	73.12	84.4
2006	1842.658	904.668	937.99	719.097	827.863	223.698	91.64	70.53	85.1
2007	1839.799	878.265	961.534	858.793	805.182	175.824	87.8	75.421	84.3
2008	1842.519	880.985	961.534	944.827	740.09	157.602	88.2	80.67	89.4
2009	1957.889	988.857	969.032	1219.771	591.173	146.945	100	69.4	80.4
2010	1958.891	988.857	970.034	1364.724	519.712	74.455	83.5	76.6	79.2

注：2009年至2010年好路率改为优良路率。

第四篇

公路管理

第四篇　公路管理

第一章　公路管理机构

中国是一个历史悠久的文明古国。古代道路交通有着光辉的发展史:秦修驰道、汉通西域、隋代赵州桥、金代卢沟桥闻名海内外;唐宋以来,驿运站、所遍及全国。

湖南省道路交通历二千余年,由古代驿道、大道、便道、盐道、官道构成的道路网发展至今已形成了由高速公路、国道、省道、县道、乡道、村道组成的较为现代化的道路交通网络。

1921 年,湖南省建成第一条近代公路——长沙至湘潭公路,开创了湖南现代公路的历史。1928 年 7 月常德建成了境内的第一条近代公路——陬市至桃源公路。由此开始,近代公路随着社会及生产力的发展而演变成现代公路。充分发挥了公路在服务于社会、服务于经济、服务于战争、服务于民生中强有力而无可替代的作用。今天,常德已建成了现代化的高速公路 3 条,高等级的国道、省道、县道、乡道、村道的全覆盖交通网络,为社会经济的发展和腾飞发挥至关重要的作用。

随着古代道路、近代公路、现代公路的诞生、发展和提高,公路管理机构随之而设置、发展、变革。进入商品社会以后,所有商品根据其价值进入社会流通,以满足人们的物质需求。每一件商品都有其制作、交换、使用者。公路自其诞生伊始,就以其独有的商品形式进入社会物质流通领域。它也有制作者即公路的建设部门,交换过程(收取车辆使用者的通行费、养路费等)、使用者即所有使用公路及其附属设施的单位或个人。公路除有主要商品公路外,还有其附属产品——桥梁、隧道、渡口等。也有其商品的后续服务——公路的管理、维护、升级、抢修等工作。由此而衍生了相关的公路管理机构、维修、升级作业部门、养路费通行费征稽部门、渡口服务部门,各公路工作的相关机构因公路的存在、发展而设立并运行。至今,公路管理机构日臻专业化、科学化、系统化、现代化。公路管理机构的发展史,更印证了我国公路建设发展由诞生到技术等级逐步提高、网络化布局日益完善的辉煌历程。

而随着公路建设的发展与进步,公路管理机构随之设置、配套、变革、升级而日趋合理、完善、科学、健全。

常德公路管理机构和体制,随着全国、湖南的公路建设发展和政治时局的变化(如战争、“文化大革命”等)而改变,自 1949 年至 1985 年,全湖南省的公路管理体制有 10 次下放和上收。

1951 年 2 月,湖南省公路局为了进一步紧缩机构,撤销各工务总段,将 23 个分段,改为

21个工务段，原平江、桃源两个分段被缩减，桃源分段并属沅陵工务段，这是中华人民共和国成立后公路养护机构合并为总段后的第一次分立。

1954年8月，湖南省公路局将原有养路段全部撤销，改按行政区划成立湘潭、郴州、衡阳、邵阳、黔阳、常德专区和湘西自治州等7个养路总段，组织人事权下放，省公路局以业务领导为主，使原来单一的垂直领导，成为省、地（州）双重领导。全省各总段共设养路工区32个，辖路工班118个，桥工班11个，渡口35处。养护总里程3800.99公里。9月，"常德专区公路总段"成立，（原益阳养路段和临澧养路段两机构同时被撤销）。设政治办公室、工务股和行政股，共25人，下辖益阳、常德、桃源、临澧、慈利5个工区（共18人），10个路工班（共160人），1个桥工班（10人），6个渡口（共55人），总计职工268人，养护公路521.57公里，这是养路管理体制第二次变革，也是中华人民共和国成立后养路机构第二次由分立而合并。

1957年8月，湖南省各专区（州）运输总站和养路总段被撤销，新成立"专区公路运输局"，管理公路养护与汽车运输业务，属省公路厅垂直领导；

常德专区公路运输局设秘书、人事、运调、工务、机务、统计、财务、供应等八科，由工务科承办公路养护业务。公路运输局下辖常德、桃源、慈利、临澧（11月改名澧县）、益阳5个工区。各工区的党支部由养路工区和所在地车站合并建立，企业、事业为一体，这是养路管理体制第三次变更，也是中华人民共和国成立后养路机构的第三次合并。

1959年1月，湖南省交通厅将各专区（州）公路运输局（含养路）的人事、工资、财务和材料供应全部下放专署（州）管理，计划工作改单轨制为双轨制，监理部门同时下放，养路费在专（州）交通局领导下征收，自收自用，上交养路费收入的30%。各专区（州）汽车运输业务收由省统一领导，但公路养护体制下放，将原公路运输局的工务科抽出，成立专区（州）交通局下属的"养路总段"。设工务、财务、机料、人事、行政等股。总段由县级单位降为区级单位。常德专区未成立养路总段机构，仍由常德公路运输局代管公路养护业务（于1961年3月在工务科内设财务、机料、地方道路三股）。这是第一次劳、财、物三权下放，也是养路体制第四次变更。

1961年12月，湖南省交通厅将干线公路养护机构上收由省统一领导（以省管为主、劳、财、物三权上收），各专区（州）养路总段更名为"湖南省交通厅工程管理局××养路总段"，总段机关定员38—40人，设政治处（内设组织、宣传两科），工程师室、办公室和人事、工务、机料、计财、渡口等科，下按县设立工区，各县社公路则仍由专（州）县交通局领导，从而在体制上实现统一领导，分级管理的原则。（常德专区养路总段机构未立即恢复）。这是养路管理体制第五次变更。

1969年3月湖南省工程管理局革委会解体，主管公路的省级领导机构宣告消失。11月，湖南省革委会决定成立省交通运输公司。同时决定：公路养护由地区管理，地区设公路总段，县（市）设公路段，分别由地、县（市）交通运输指挥部领导。12月，常德地革委通知：原由地区交通局所辖地方公路部分与养路总段合并，常德地区公路总段由常德地区交通运输指挥部领导，各县养路段与地方养路队合并，县公路段实行地县双重领导，以县管为主。这是养路管理体制第六次变更。

1970 年 4 月，成立“湖南省革命委员会交通运输指挥部”，原湖南省革命委员会生产指挥组交通运输指挥部同时被撤销。6 月，“湖南省革委会交通邮政局”成立，下设“陆运公司”和“航运公司”。常德地区公路总段根据磷矿石运输的需要，从石门县公路段划分出从磨市至青官渡一段公路，另成立“磨青公路段”。8 月，慈利县革命委员会根据地革委指示，将慈利县干支线公路 308.08 公里，下放到社队交贫下中农养护管理，公路下放后，“慈利县公路段”是慈利县交通运输指挥部的职能机构；慈利县各区交通运输指挥部有专人抓公路建设和养护工作；各公社交通管理站设领导小组，负责公路的养护管理，一般每十公里设一个贫下中农养路工班，每班配备固定工人一名，作技术指导和带班工作，其余固定养路工人均调其他段和运输部门工作。10 月，湖南省革委生产组通知：养路事业单位的生产计划、财务计划、劳动工资计划、物资供应计划管理，下放到地（州）市，养路费仍按比例上缴，由省统一调剂解决，这是养路管理体制第七次变更。

1973 年 1 月，“安乡公路段”成立，属县交通局领导，撤销沙河口渡务所，沙河口渡工班归安乡段管理。3 月湖南省交通邮政局对养路管理体制明确规定：公路总段下放到地区（州），在地委、地革委领导下，负责管养国家干线和重点支线公路；在业务上应接受省公路主管部门的领导，即以地区（州）为主的省、地双重领导，这是养路管理体制第八次变更。

1976—1984 年养路管理体制再次上收，总段业务和财政以省级为主领导后，生产和工作秩序日趋稳定。1981 年 3 月，常德地区公路总段及县（市）养路段党、政工、团领导干部的管理权上收到省交通厅党组和省公路管理局党委会，又一次恢复了“统一领导，分级管理”的体制，人、财、物全部由省负责调度。5 月，常德行署决定，将各县公路养护队（管理站）并入各县公路段建制，各县段的人、财、物和业务工作，均由地区公路总段统一管理。这是养路管理体制第九次变更。

1985 年 1 月，常德公路总段原由省管理的人事权下放到常德行署管理。3 月，常德公路总段根据改革的精神，对科室进行了调整：①渡管科、计工科、养路科合并为工务科；②保卫科、路政科合并为路政安全科；③撤销组织科、宣传科，设置政治处；④增设教育科和总工程师室。这是养路管理体制第十次变更。

2009 年，湖南省人民政府根据《国务院关于实施成品油价格和税费改革的通知》（国发〔2008〕37 号）、《国务院办公厅转发交通运输部等部门关于成品油价格和税费改革人员安置工作指导意见的通知》（国办发〔2009〕9 号）等文件精神，下发了《湖南省人民政府关于实施成品油税费改革完善交通体制加快交通发展的意见》（湘政发〔2009〕13 号）和《湖南省人民政府关于成品油价格和税费改革人员安置工作的指导意见》（湘政发〔2009〕12 号）文件。

着眼加快交通发展，建立既能有效发展省级统筹协调职能，又能充分调动市县积极性，责权利相统一的新型交通管理体制；明确各级交通事权，根据交通发展需要，划分各级政府交通建设、养护和管理职责。同时，将履行职能的财权下放地方，实现权责对等、事财统一。

根据上述精神,《常德市人民政府关于实施成品油税费改革完善交通体制和做好涉改人员安置工作的意见》(常政发〔2009〕20 号)文件决定:常德交通公路管理部门所属的市交通规费征稽处等机构撤销;鼎城、桃源、澧县、石门、汉寿、临澧、安乡、津市交通规费征稽所撤销;2009 年 1 月 1 日零时,市交通局所属柳叶湖、汉寿五里桥收费站撤销;市公路局所属樟木桥、崔家桥、大鲸港、石龟山、新洲、矮架山、雷公塔、张公庙、桃花源、陬市等 10 个收费站撤销。全局共 488 名涉改人员于 2009 年 12 月 31 日前全部安置完毕。全部涉改人员分别在市交通、公路系统内部和市税务、市规划局执法监察大队、市环境监察支队及市城区公共客运管理处予以安置。

2009 年 3 月 1 日起,常德市公路管理局的才、物权全部下放至中共常德市委、常德市人民政府管理。各区(县、市)公路局仍由市公路局垂直管理。

常德公路管理机构名称沿革表

表 4-1-1

年	月	常德公路管理机构名称	备注
1949	7	第二区公路局常宁总段第一分段	
		榆常总段桃源工务段	
		澧东总段	
		湖南省公路局常澧工程段	
1950	1	湖南省公路局常德工务总段	
1951	2	湖南省公路局常德工务段	
		湖南省公路局临澧工务段	
		湖南省公路局益阳工务段	
		沅陵工务段车(溪冲)太(平铺)线	
1951	12	湖南省公路局临澧工务段	1953 年 2 月改名养路段
		湖南省公路局益阳工务段	
		湖南省公路局沅陵工务段车太线	
1954	9	湖南省常德专区公路总段	
1957	8	湖南省常德专区公路运输局工务科	
1962	6	湖南省常德公路养护总段	
1966	7	常德专署交通局(并)	
1967	7	湖南省常德公路总段	
1968	9	常德地区公路总段革命委员会	
1979	1	湖南省常德地区公路总段	
1981	7	湖南省常德公路总段	
1982	8	湖南省常德地区公路总段	
1983	12	湖南省常德公路总段	
1988	5	湖南省常德市公路总段	
1996	11	常德市公路管理局	

1.1929 年湖南公路管理机构设置

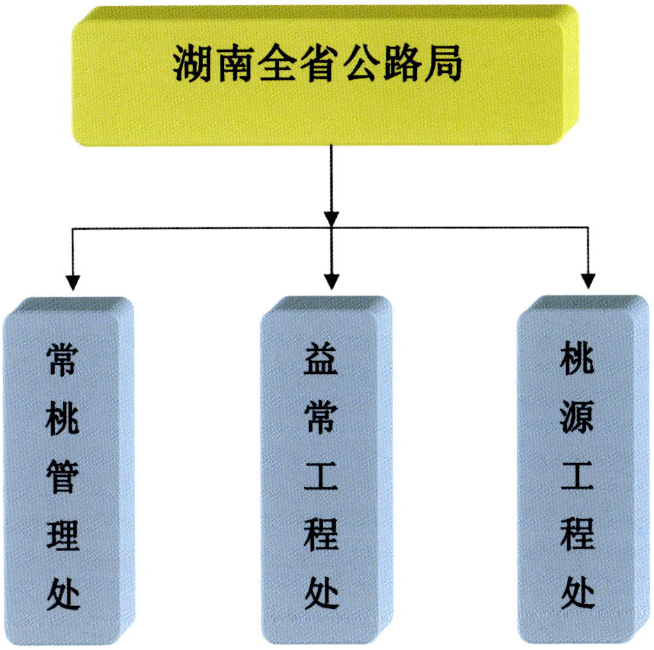

注:1932 年 11 月"湖南全省公路局"改称为"湖南公路局"。

2.1949 年常德公路管理机构设置

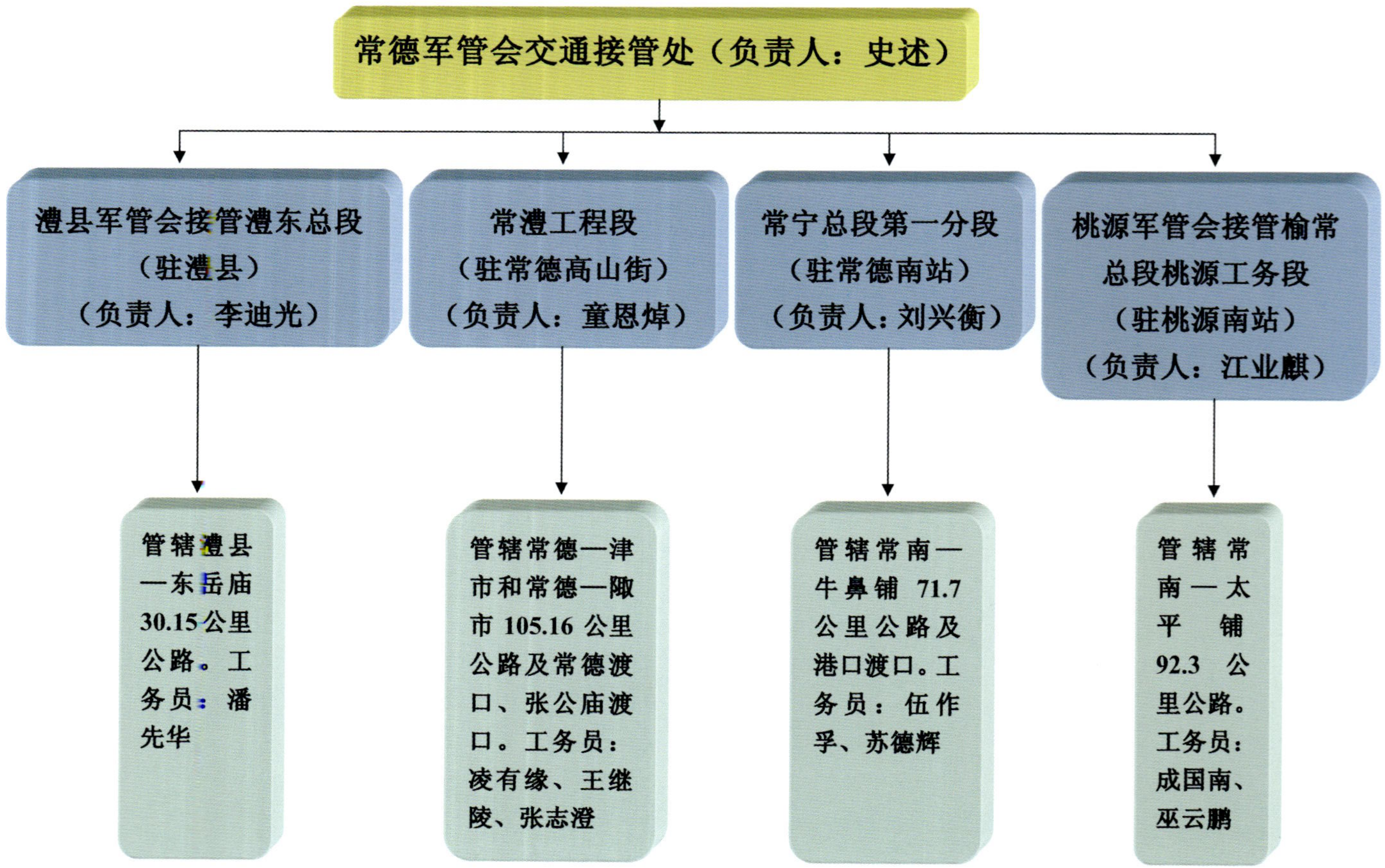

3.1950 年常德公路管理机构设置

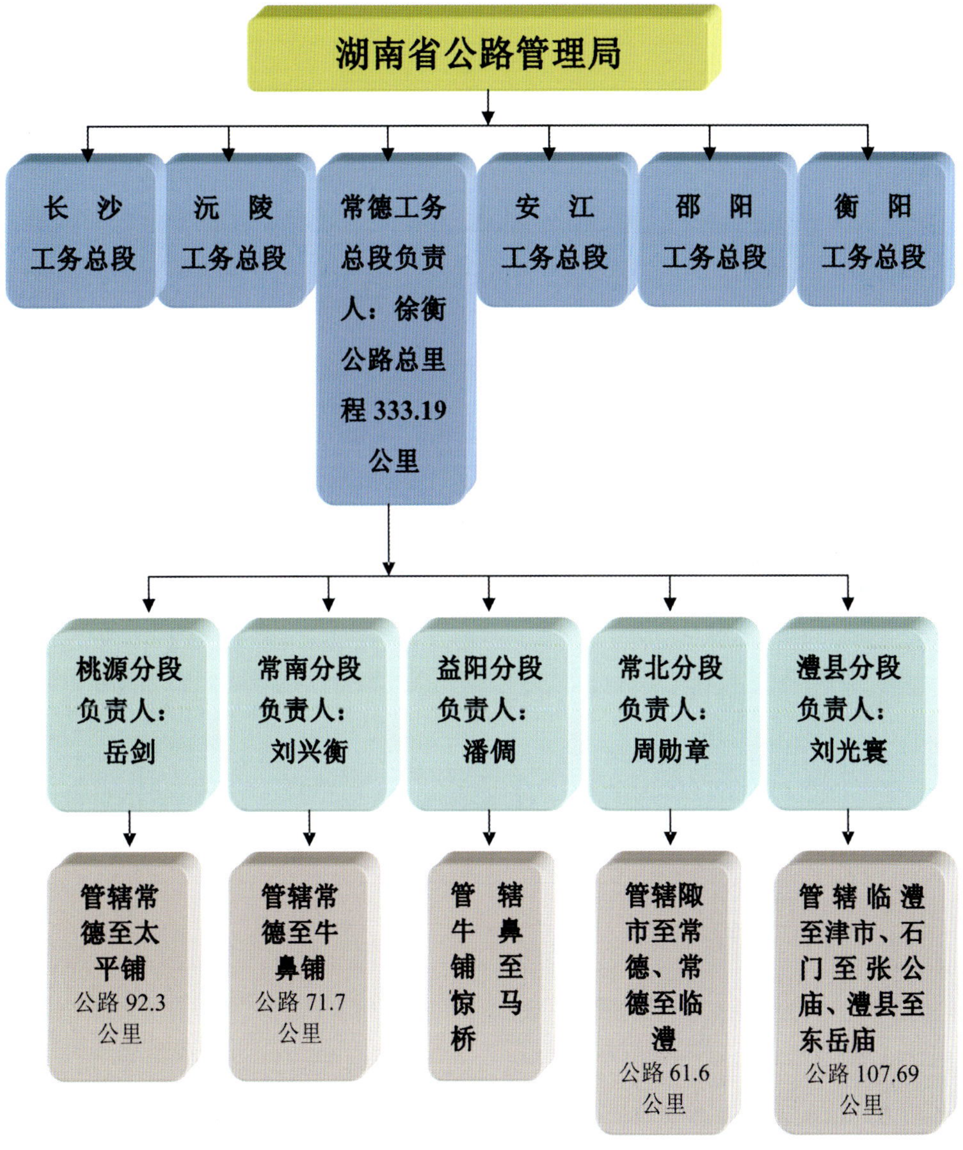

4.1954 年常德公路管理机构设置

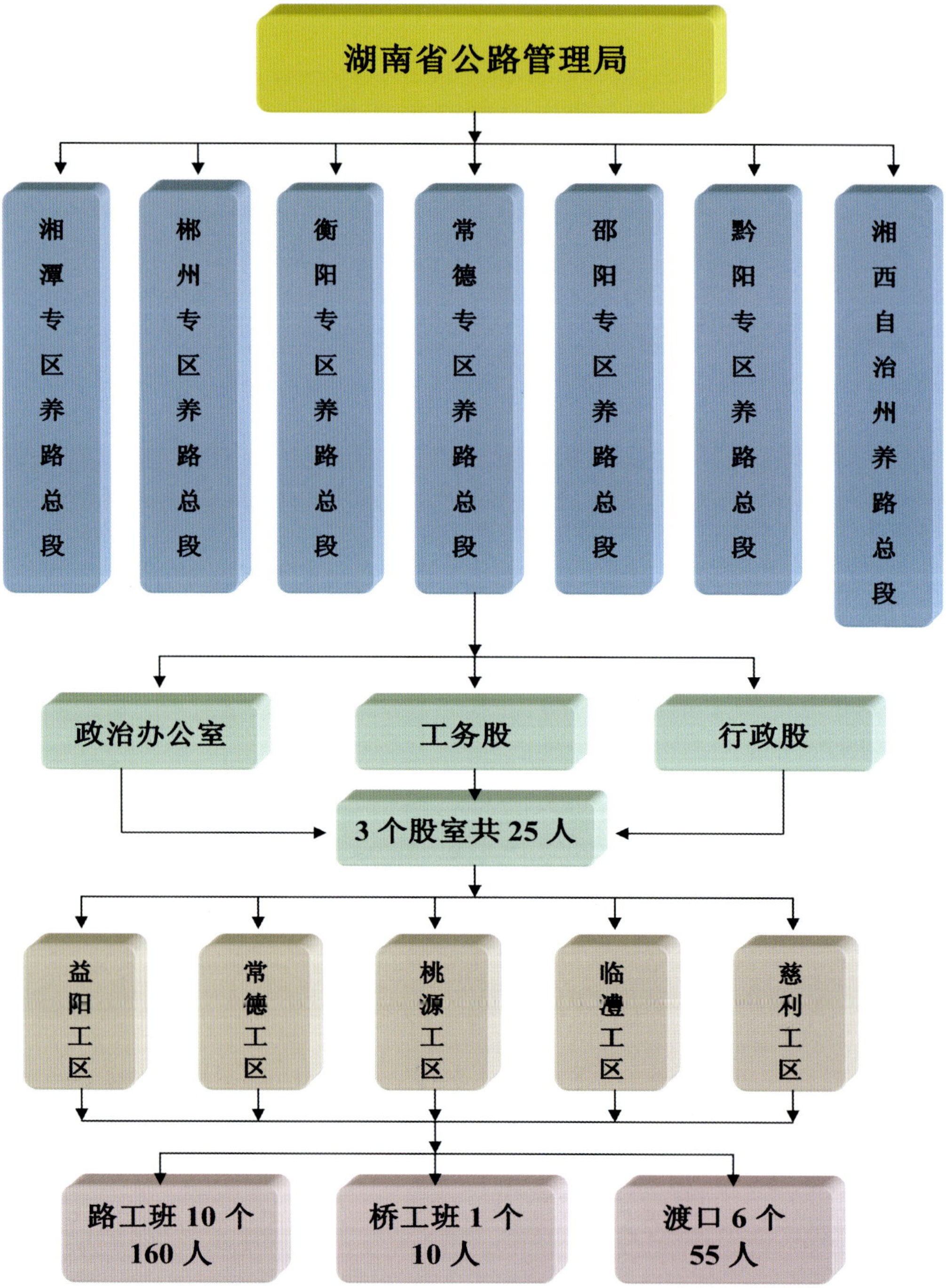

5.1957 年常德公路管理机构设置

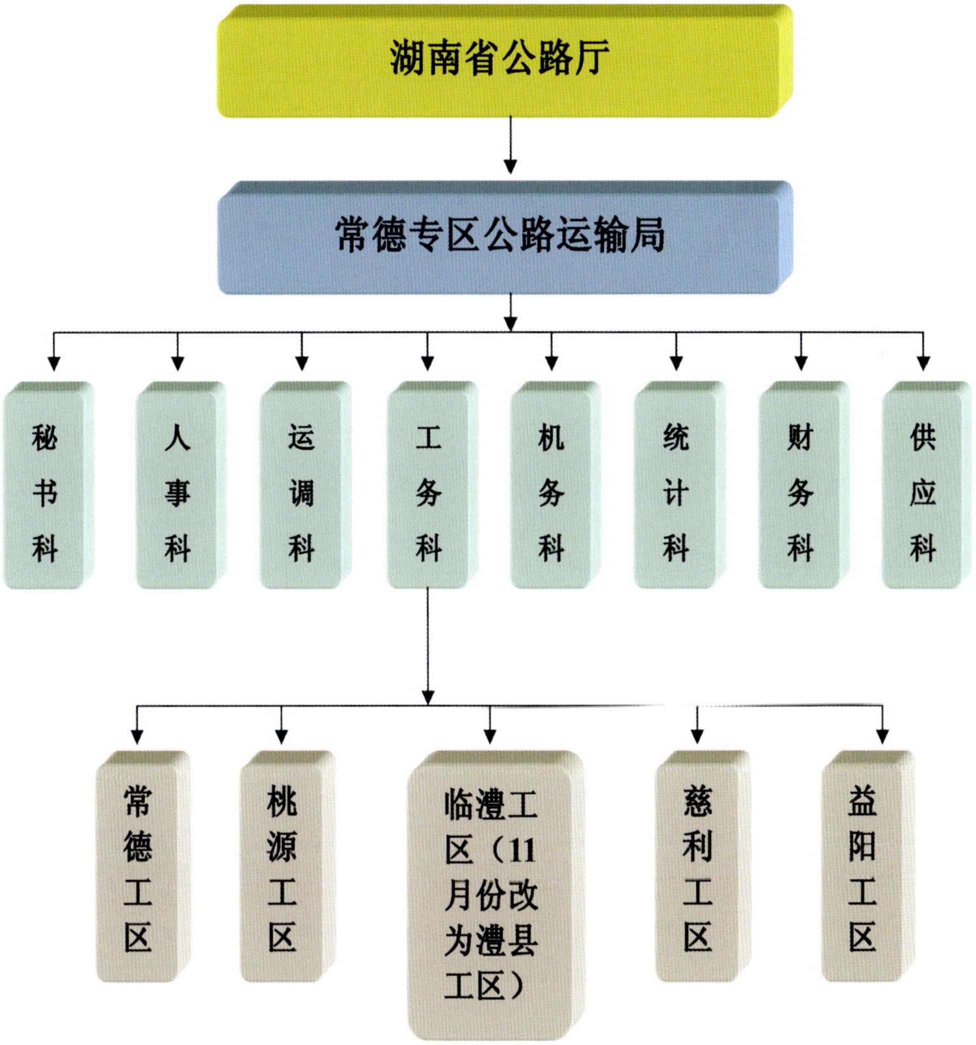

6.1962 年常德公路管理机构设置

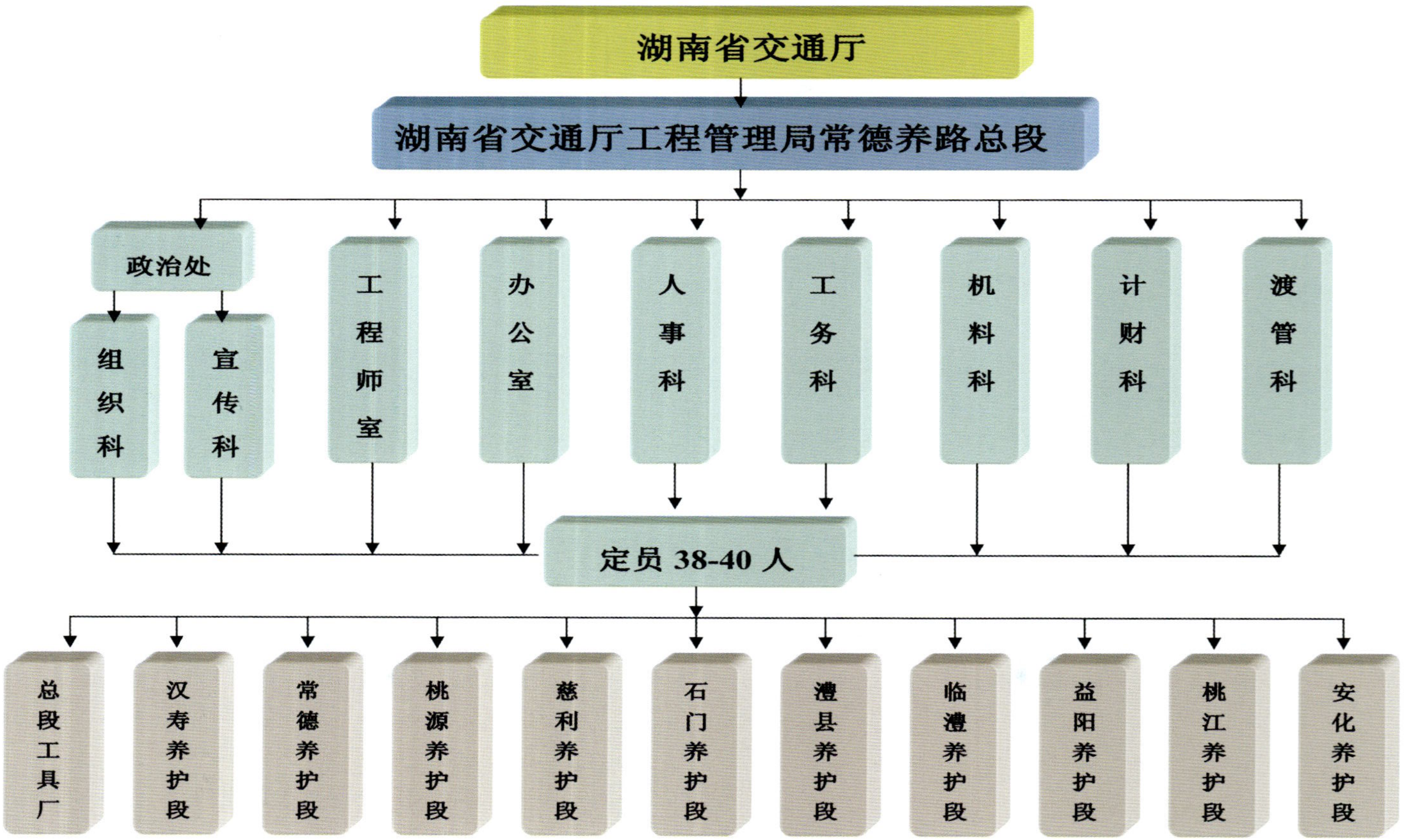

注:1962 年 8 月,汉寿、临澧两养护段撤销,分别并入常德、澧县养护段;11 月新设益阳专区,随行政区划变更。益阳、桃江、安化三个养护段移交益阳养路总段。

7.1981年常德公路管理机构设置

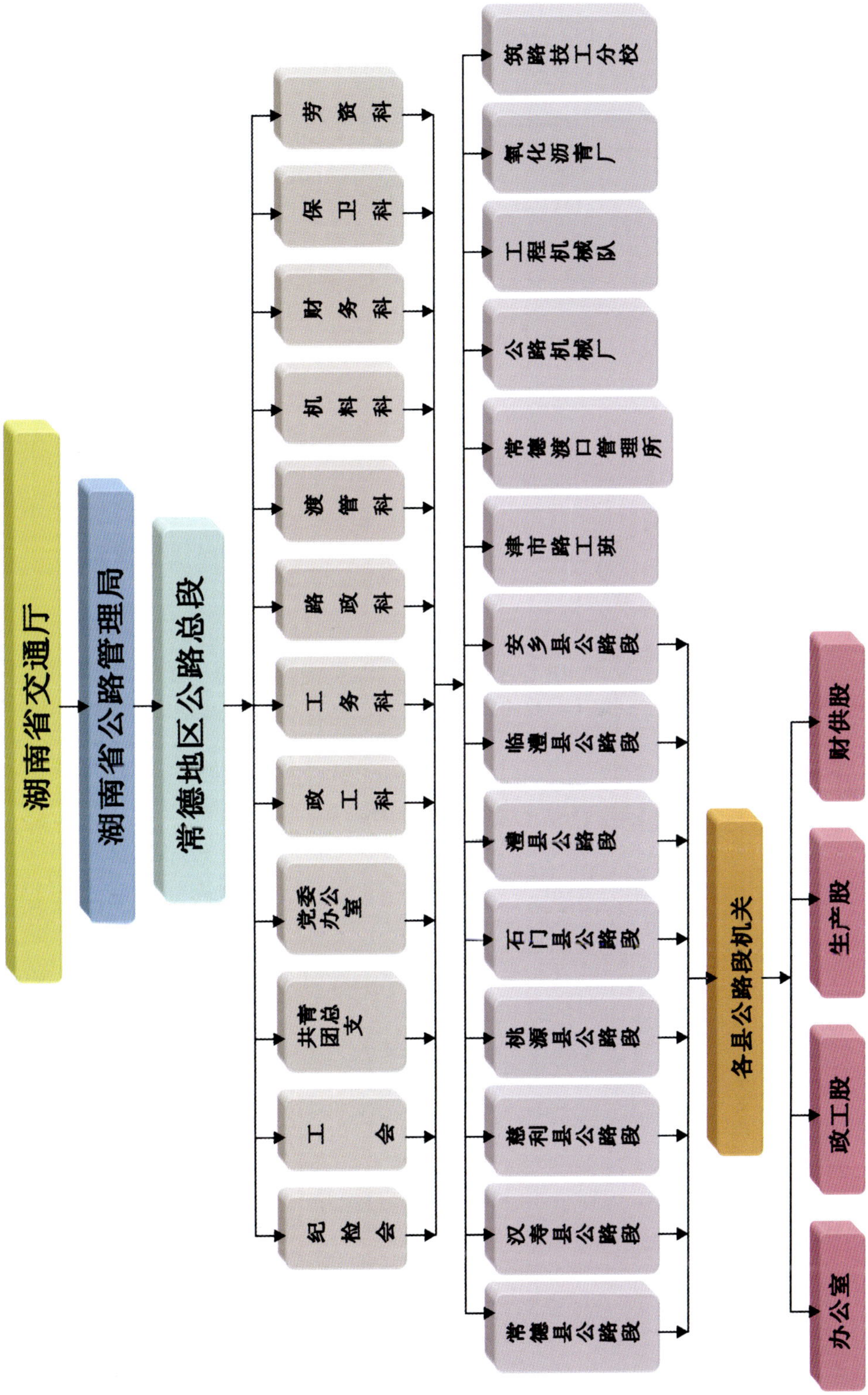

8.1987年常德公路管理机构设置

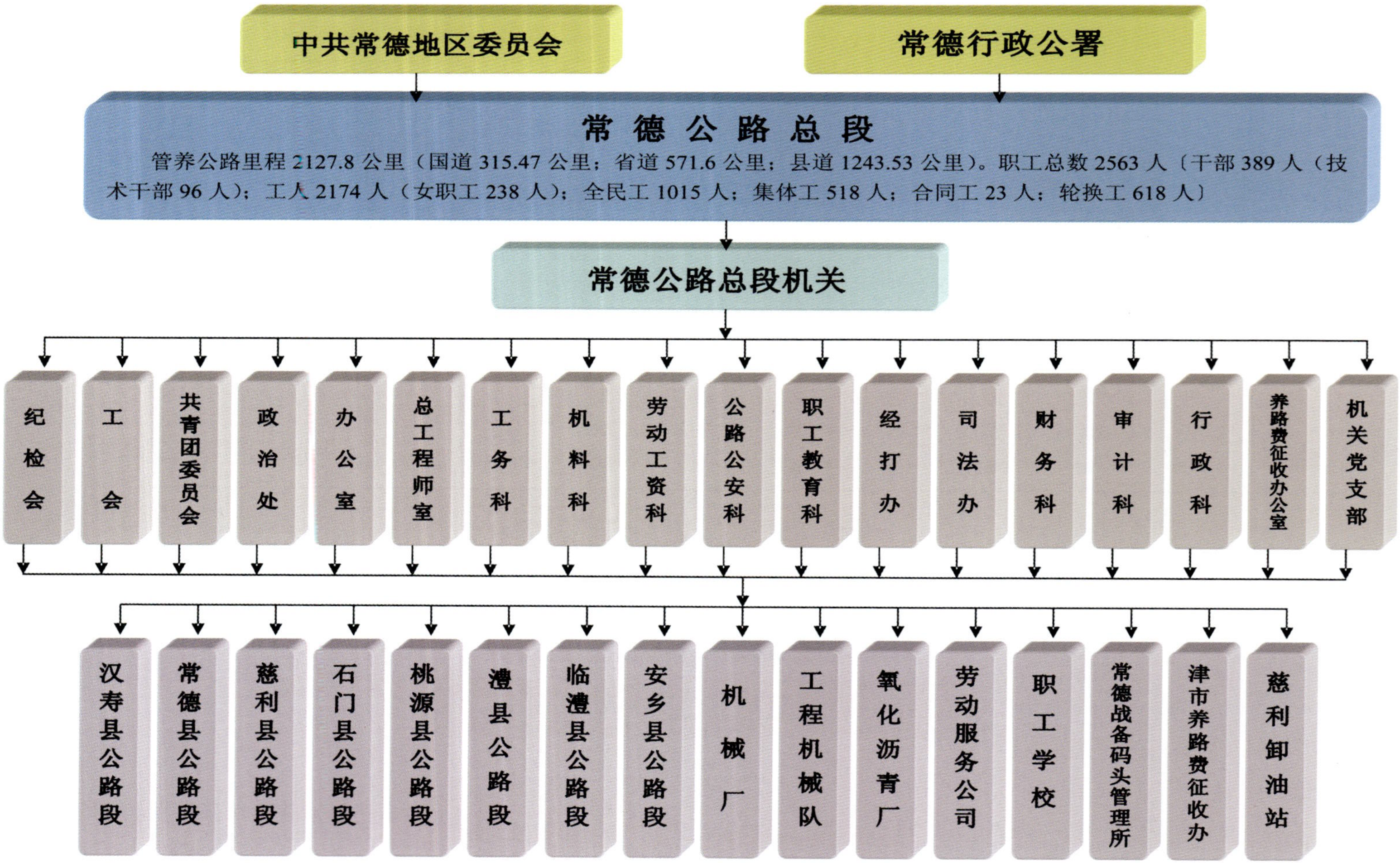

9.2000 年常德公路管理机构设置

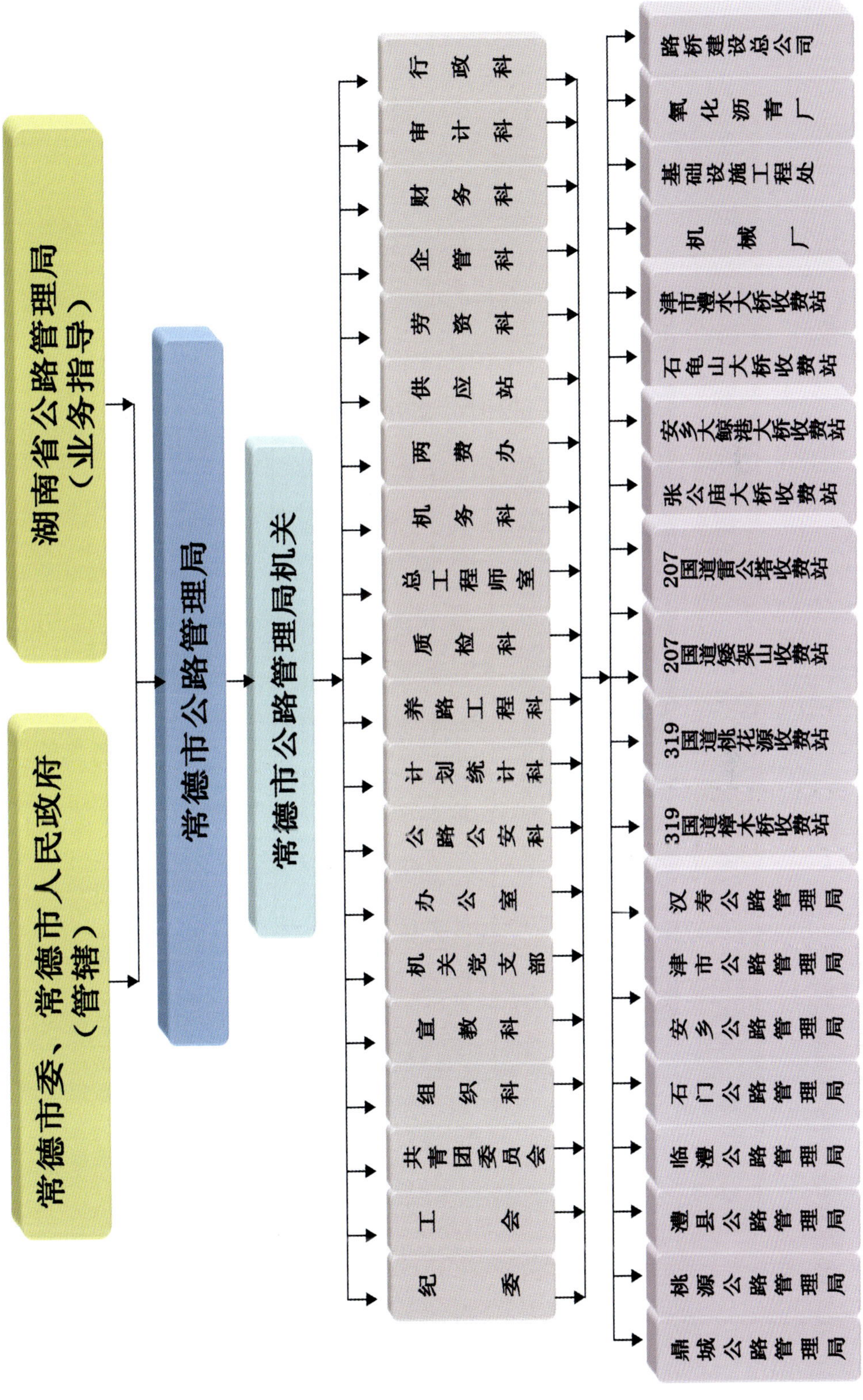

10.2010年常德公路管理机构设置

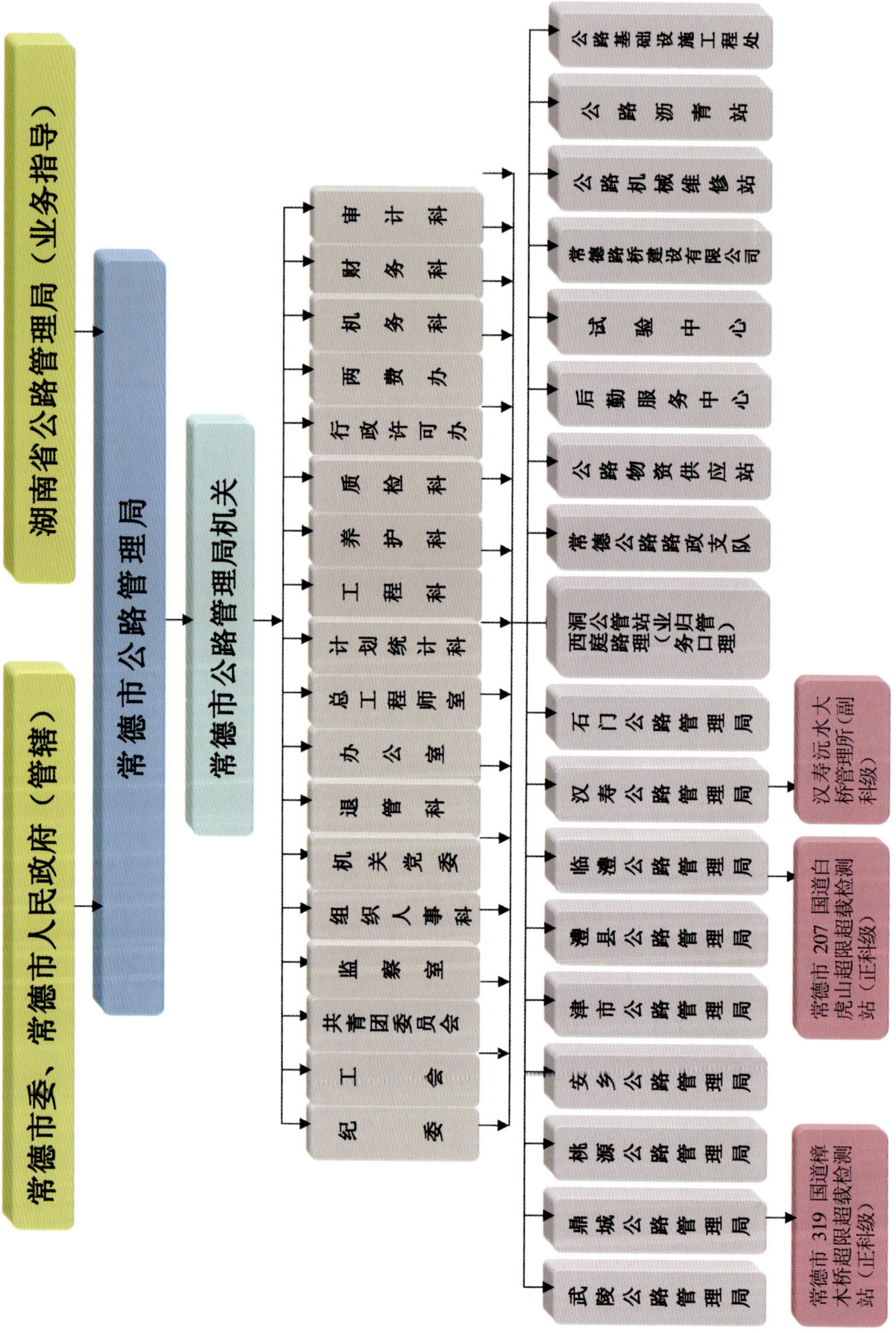

第一节　国、省道公路管理机构

一、常德市公路管理局　位于常德市武陵区朗州路2008号。隶属中共常德市委、常德市人民政府管理具有行政职能的正处级事业单位。业务上受湖南省公路管理局指导、归口常德市交通运输局管理。2010年12月底止，常德市公路管理局机关设纪委、工会、共青团3个部门；组织人事科、监察室、办公室、计划统计科、公路工程科、养护科、机务安全科、两费办、科技质检科、总工程师办公室、行政许可办公室、财务科、审计科、离退休人员管理科14个科室。下辖武陵、鼎城（管理正科级单位“常德市319国道樟木桥超限超载检测站”）、汉寿（管理副科级单位“汉寿沅水大桥管理所”）、桃源、安乡、津市、澧县、临澧（管理正科级单位“常德市207国道白虎山超限超载检测站”）、石门9个区（县、市）公路管理局；常德公路路政支队、公路物资供应站、后勤服务中心、试验中心、常德路桥建设有限公司、公路机械维修站、公路沥青站、公路基础设施工程处8个直属事业单位和1个业务归口管理单位——西洞庭公路管理站；共有干部职工3349人（其中离、退休职工1152人）。

常德市公路管理局

常德市公路管理局的主要工作职责：

1.贯彻执行国家、省有关公路管理的法律法规、方针、政策；编制全市公路的中长期发展规划和年度计划，并组织实施。

2. 负责全市公路路政管理工作，依法做好公路保护工作；负责审核在国、省道公路用地范围内设置公路标志以外的其他标志；负责核准公路试车、超限运输车辆通行以及有损公路的车辆、机具上国、省道行驶；负责审核国、省道设置公路平面交叉道口，会同有关部门审核工程建设需占用、挖掘国、省道公路或使公路改线，在国、省道两侧建筑控制区内埋设管线、电缆等设施;跨越、穿越国、省道公路修建桥梁、渡槽或者架设、埋设管线等设施以及在公路用地范围内架设、埋设管线、电缆等设备。

3.负责拟定全市公路资金使用计划,测算、调整区县(市)使用基数;负责全市公路资金筹措、请拨;监督检查直属单位公路资金的使用情况。

4.负责公路小修保养、公路养护质量监督检查与路况评定、公路灾害抢修与保通、公路绿化、公路新技术、新材料、新工艺的研究与推广应用。

5.负责公路建设的规划及公路桥梁的勘察、测设、改建、扩建、公路大中修及其他与公路相关工程的建设。

6.负责公路(渡口)收费站点设置、公路通行费征收与收费权转让管理以及收费公路养护与运营服务。

7.负责全市公路行业统计,公路行业普查;负责交通流量调查,公路数据库建设与维护。

8.承办市委、市人民政府和市交通局交办的其他事项。

常德市公路管理局主要承担 2 条国道(G319、G207)、7 条省道(S205、S226、S227、S302、S303、S304、S306)、40 条县道的建设、养护、管理工作。公路总里程为 1958.891 公里,其中:国道 326.195 公里、省道 662.662 公里、县道 970.034 公里。管理、养护公路桥梁 411 座,计 35430.99 延米。

1929 年 11 月,正式成立"湖南全省公路局"。成立"常桃管理处""益常工程处""桃源工程处"。

1930 年 11 月,益阳常德公路竣工,成立"长常路管理处"。

1934 年 10 月,常德至澧县段及澧县至津市支线公路竣工,设立"常澧段管理处"。

1936 年 6 月,张公庙至石门段公路完成通车。8 月,德山至桃源段公路竣工。9 月 改"长常段管理处"为"长沅段管理处";改"常澧段管理处"为"常澧桃段管理处"。10 月 澧县至王家厂土路完成,交由省公路局接管。

1938 年 4 月,湖南公路局奉令将长沙经常德,沅陵至晃县一线公路移交"西南公路局"接管。从此,湖南省境内公路开始划为国道和省道,分由两个机构进行管理。9 月抗日战争爆发后军运频繁,公路破坏严重,为加强养路工作,省局成立"非常时期养路工程总队",各段所辖养路队改称第一至第十二分队。分驻长沙、浏阳、平江、南岳、零陵、耒阳、湘乡、攸县、安仁、临澧、泸溪、所里(今吉首)等地。

1939 年 9 月,在日本侵略军进犯下,湖南公路局奉令实行所谓制敌死命的交通破坏战。10—11 月 常澧桃段第十分队改为军工队,配合军队民工,将常德经澧县至津市和常德经陬市至桃源公路破坏殆尽,破路后工人即被遣散。同时,张公庙至石门公路亦被破坏,随着公路的破坏,养路工程总队亦被撤销,仍称养路工程队,隶属各业务股。

1945 年 1 月,交通部川湘鄂区及川陕汽车联运处合并改组,在重庆成立"川湘公路管理局"。7 月 在沅陵设立办事处,下辖三个工程段和一个工程处,负责公路养护和改善工作。抗战胜利后，抢修公路，恢复交通。川湘公路局在长沙成立复修工程处，修复沅陵至长沙线公路。该处下设三个工程总段：第一工程总段（设桃源）下辖四个工程段，负责修复沅（陵）常（德）段公路；第二工程总段（设益阳）下辖四个工程段，负责修复常（德）益（阳）段公路的路基、便桥和渡口；第三工程总段（设长沙）下辖四个工程段、一个渡口所，负责修复益（阳）长（沙）段公路的路基、便桥和渡口。

1946 年 3 月，第二区公路局在晃县成立，在湖南设常（德）万（载）路复修工程处。该处所属常宁总段，下辖第一（常德）第二（益阳）第三（宁乡）分段和益阳渡口。11 月 常（德）澧（县）复修工程处成立。

1948 年 11 月，常（德）澧（县）津（市）公路修复（其中常澧段系代管国道）。下半年，成立沅（陵）常（德）路工程处，设榆常、澧东、沙东三个总段，榆常总段辖桃源、沅陵、辰溪、芷江、所里等五个工务段，澧东总段辖第一（东岳庙）第二（曾家河）分段。

1949 年 7 月 29 日，常德解放。军管会交通接管处接管了驻常德高山街的“常澧工程段”和驻南站的“常宁总段第一分段”；澧县军管会接管了设在澧县的“澧东总段”；桃源军管会接管了设在桃源汽车站的“榆常总段桃源工务段”。

1950 年 1 月 1 日，湖南省公路管理局成立。全省成立 6 个总段、26 个分段、66 个支段、21 个渡口所。其中常德工务段下辖桃源、常南、常北、澧县和益阳五个分段。

1950 年 12 月，成立临澧工务段。

1951 年 2 月，全省成立 21 个工务段。常德地区下辖常德和临澧两个工务段。桃源车溪冲至太平铺划归沅陵工务段。

1951 年 12 月 15 日，省公路局对工务段进行调整，将 21 个工务段中常德等 6 个工务段撤销，调整如下：

1.益阳工务段管辖长沙—车溪冲，包括迎沅线，全长 231.19 公里，段部配备干部 6 个；全线道班 10 个，配道工 91 人，每人养护：长常 2 公里，常桃 3 公里；益、港、常三个渡口，配渡工 46 人；共 151 人。

2.临澧工务段管辖常澧津、慈张、常陬桃三线，计长 198.84 公里。配干部 4 人，设 6 个道班，共配道工 55 人，每人养护 3—3.5 公里。张公庙、石门两个渡口，配渡工 19 人。

3.车溪冲至太平铺仍属沅陵工务段。

1954 年 8 月 31 日，湖南公路局将黄、益、常、沅、吉、芷、会、洞、邵、衡、零、郴、潭、攸等 14 个养路段，按照行政专区改组为湘潭、常德、黔阳、邵阳、衡阳、郴州专区和湘西苗族自治州等 7 个养路总段。养路总段以下以县、区设工区。

1954 年 9 月，按行政区划成立常德专区养路总段。常德专区养路总段下辖常德、临澧、桃源、慈利、益阳等 5 个工区（按：1962 年益阳划分专区后，益阳工区属益阳专区养路总段）。

1957 年 8 月 17 日，省公路厅（〔1957〕路干字 5521 号）文件，关于撤销总站、总段，成立专区公路运输局的决议：根据中央和省委关于精简机构、紧缩编制的指示精神，撤销运输局并厅成立运输处，撤销各总站、总段，成立以行政专区为单位的长潭区、湘西苗族自治州、邵阳、黔阳、衡阳、郴州、常德等7个专区公路运输局。专区公路运输局直接管理公路养护与汽车运输等生产工作。专区公路运输局设秘书、人事、运调、工务、机务、计统、财务、供应等科。局设企业党委会。党委会下设办公室、组织部、宣传部；核定常德局编制125人。

1957年11月1日，经省公路局批准，将临澧工区迁移澧县，办公地点暂设澧县车站。

1959年1月1日起，公路养护工作的人员、设备、路线、构造物等全部下放。计划工作改“单轨制”为“双轨制”。

1959年10月13日，省交通厅(〔1959〕交人字4705号文件)《关于成立专区养路总段组织机构及有关问题的通知》：公路养护仍按原下放不变，专(州)公路运输局的工务科移交专区交通局，隶属交通局领导，各专区恢复养路总段，主要负责干线的养护、管理和改善工作，以及对县社道路的养护业务的技术指导。养路机构由专区交通局和省交通工程管理局双层领导。各专(州)养路总段定名为“湖南省××专署(州)交通局养路总段”。设工务、财务、机料、人事、行政等股，编制为23至42人。

常德专区公路运输局的体制不变，1962年公路养护体制上收，公路与运输分开办公，成立“湖南省交通厅工程管理局常德专区养路总段”。

1960年2月22日，常德专区公路运输局设益阳、常德、桃源、临澧、慈利、石门六个养路工区，共有职工1297名(其中生产人员1173人；管理人员63人；技术人员16人；服务人员43人；其他2人)。定编后：总人数957名(其中生产人员657名；管理人员56名；技术人员32名；服务人员12名)。

1961年12月18日，省交通厅《关于省工程局所属七个养路总段行政机构设置意见批复》决定：常德养路总段定员38至40人；设政治处、工程师室、办公室、人事、工务、机料、计财等一处四科二室；渡口较多的段增设渡口管理科。养路总段以县为单位设立养路工区，工区下设工班；机构全称“湖南省交通厅工程管理局常德养路总段”。

1962年1月4日，分别成立常德运输局和常德养路总段，并分设党委和政治处。政治处下设政治办公室、组织科、宣传科；常德养路总段设人保、计财、工务、机料、渡口、行政办公室和工程师室等五科二室。

1962年2月10日，省交通厅决定：养路组织及人员统一收归省交通厅管理为主；常德养路总段1478人。由湖南省交通厅工程管理局领导。

1962年6月23日，省交通厅通知：总段下一级管养机构，从8月份起统一改为养护段，即“湖南省交通厅工程管理局××公路养护总段××养护段”。养护段的设置原则上以县、自治县的行政区域为范围，但一个县境公路不足50公里者，可不单独设置养护段，将养路业务归并邻近养护段。对养护里程过长的段，原则上按30至50公里设一工区。

1962年7月31日，根据省委(〔1961〕525号)文件和省交通厅的指示精神，分别成立了常德运输局和常德公路养护总段；中共湖南省交通厅公路运输管理局常德运输局委员会、中共湖南省交通厅工程管理局常德养护总段委员会。并于 1962 年 7 月 9 日正式分开办公。

1963 年 1 月 1 日，根据全省专区行政区域的划分，成立了益阳专区。1962 年 12 月由常德总段抽调出部分人员筹备，新成立了益阳专区公路养护总段，于 1963 年 1 月 1 日正式分开办公。

1963 年 1 月 2 日，各县成立地方公路养护队和养路工班。省工程局从省养干线抽调 600 余名技术干部和老工人支援各专州市地方道路的养护工作。

1966 年 7 月 15 日，常德公路养护总段被撤销，并入常德专署交通局(已于 6 月 11 日合并办公)机构设置：常德公路养路总段党委会与常德专署交通局党组合并成立常德专署交通局党委会；局、段政治处合并为常德专署交通局政治处，下设组织科、宣传科，并成立专交局监察委员会、共青团委会、交通(公路、海员)工会。行政科室：设置办公室、财计科、公路科、机料科、航道科、运输科。撤销常德公路养护总段和交通局地方公路航道管理处等机构。

1967 年 7 月 28 日，湖南省常德公路养护总段与常德专员公署交通局正式分开，在常德市落路口“总段”原址办公。

1968 年 9 月 27 日，成立“湖南省常德公路养护总段革命委员会”，革委会下属“政工组”“生产组”“办事组”。

1969 年 1 月 22 日，“湖南省常德公路养护总段革命委员会”改为“常德工代会公路养护总段委员会”。

1969 年 11 月，湖南省革命委员会湘革发〔1969〕155 号文件通知：省设交通运输指挥部，各地(市)县(市)革委设立交通运输指挥部。地区设公路总段，县(市)设公路段，分别由地、县(市)交通运输指挥部领导。养路费由省统收统支，统一调剂平衡。

1973 年 1 月 27 日，经报请上级批准，常德地区公路总段在常慈公路 8K+200 的右侧河洑山坡，筹建“常德地区公路总段氧化沥青厂”。

1974 年 3 月 9 日，成立“湖南省常德地区公路总段工程汽车队”。

1978 年 5 月 23 日，根据省路局的规划精神，常德地区公路总段决定筹建五个大道班：即汉寿的太子庙(按：后改为马斯桥)、常德的樟木桥、石板滩，临澧的城关，澧县的城关。

1978 年 12 月 14 日，地委常干〔1978〕234 号文件：地委同意常德地区公路总段不设革命委员会。

1979 年 1 月 11 日，撤销常德地区公路总段革命委员会，恢复为“湖南省常德地区公路总段”。

1979 年 7 月 2 日，常德地区公路总段渡口科撤销，其业务合并工务路政科管理。

1980 年 5 月 12 日，常德地区公路总段撤销工务路政科，成立工务科、路政科。

1980 年 9 月 24 日，根据五届人大二次会议精神，厂矿事业单位的革命委员会应予撤销，恢复“文化大革命”前的机构名称：如县段名称为“湖南省 × × 县公路段”；县队的名称为“湖南省 × × 县公路养护队”。

1981年1月5日，共青团常德地委批复：共青团常德地区公路总段总支委员会成立。

1981年5月25日，常德行署（常署发〔1981〕84号）文件发出通知：根据交通部有关文件精神，为进一步加强公路养护工作的统一领导和管理，改变目前机构重叠，多头领导的管理形式，提高公路养护质量，以适应交通事业发展的需要，经研究决定，将各县公路养护队（管理站）与公路养护段合并，负责所在县干支线公路的养护管理。合并后，各县公路养护段的人、财、物和业务工作均由地区公路总段统一管理，干部管理按省委组织部（湘组函〔1981〕第8号）文件精神执行。具体合并、交接手续，由地区公路总段会同各县人民政府办理。

1981年5月29日，汉寿县公路养护队与汉寿县公路养护段合并，归口常德地区公路总段管理。

1981年6月4日，安乡县公路养护段归常德地区公路总段管理（职工总数178人）。

1981年7月10日止，逐县进行了段、队合并和全区公路系统的人、财、物的归口工作，计有汉寿、常德、桃源、石门、澧县、临澧六个县的养路队（站）归并于所在县的公路段，共接收原县管理的国家干部113名（其中区社级干部13名，股级干部21人，一般干部70名，退休干部9名）；接收国家职工244名（含以工代干任领导职务的12名）；集体职工117名，退休职工33名，抚恤供养的职工亲属5名。并将203名固定职工党员的组织关系由各县转到了公路系统，归地委直接领导。常德公路系统的段、队合并工作宣告结束。

1981年9月21日，省交通厅（〔1981〕534号）文件批复：常德地区航运公司撤销后的青壮年职工300至400人调给常德地区公路总段。只限在地航职工中选调，不改变原来的性质，集体工享受全民带集体的待遇。被选调的职工必须是身体健康（经县以上医院体检合格）年龄在40岁以下的男劳力，按照被选调职工所在的县，一律充实县公路段的养路工班参加养路。

1981年10月9日，根据中共湖南省委组织部批转省交通厅党组“关于交通系统有关部门实行人、钱、物垂直”的通知精神：常德市公路养护段由常德市交通局移交常德地区公路总段管理。

1981年10月9日，撤销常德市公路养护段。常德市公路养护段的人（工人9人和退休工人3人）、钱、物移交常德县公路养护段统一管理。

1981年10月21日，省交通厅（〔1981〕610号）文件同意各总段设十科、一室、工会、一委即：养路、计工（科技）、机料、路政安全、劳资、财务、行政、组织、宣传、保卫科，办公室、纪检会、工会、团委，其中常德、岳阳、衡阳、益阳地区增设渡管科。各县段设三股一室，即生产、财供、政工股、行政办公室。

1981年11月 根据（〔1981〕湘公路干字第406号）文件精神，常德公路总段纪律检查委员会成立并挂牌。

1982年8月3日，常德地区公路总段启用新印鉴为：“湖南省常德地区公路总段”。

1982年8月27日，统一各县段、直属单位和总段机关科室名称如下：

中国共产党常德地区公路总段委员会纪律检查委员会

中国共产主义青年团常德地区公路总段委员会

中国共产党常德地区公路总段委员会宣传教育科

中国共产党常德地区公路总段委员会组织科

湖南省常德地区公路总段计划工程科

湖南省常德地区公路总段养路科

湖南省常德地区公路总段财务科

湖南省常德地区公路总段劳动工资科

湖南省常德地区公路总段机料科

湖南省常德地区公路总段保卫科

湖南省常德地区公路总段路政安全科

湖南省常德地区公路总段渡口管理科

湖南省常德地区公路总段行政科

湖南省常德地区公路总段办公室

湖南省常德地区公路总段常德汽车渡口所

湖南省常德地区公路总段机械厂

湖南省常德地区公路总段工程机械队

湖南省常德地区公路总段氧化沥青厂

湖南省汉寿县公路段

湖南省安乡县公路段

湖南省常德县公路段

湖南省桃源县公路段

湖南省慈利县公路段

湖南省石门县公路段

湖南省澧县公路段

湖南省临澧县公路段

1983 年 5 月 13 日，共青团常德地委（常团组字〔1983〕07 号）文件批复：同意成立共青团常德地区公路总段委员会。

1983 年 12 月 8 日，湖南省交通厅（〔1983〕湘交政字第 619 号）文件“关于明确各公路总段机构及名称的批复”：公路总段机构的名称，定为“湖南××公路总段”删去“地区”两字。

1985 年 6 月 24 日，常德公路总段劳动服务公司正式开业。职工 15 人（其中待业青年 8 人），下设门市部、停车场、招待所三个营业单位。

1986 年 2 月，常德公路总段成立“打击经济犯罪办公室”。

1986 年 10 月 4 日，成立“常德汽车渡口战备码头管理所”。

1986年10月29日，湖南省交通厅、公安厅文件(〔1986〕)湘交公安字第526号)《关于常德地区交通公安机构的设置和干警定编的批复》：

常德县公安局公路派出所，干警编制3人；

临澧县公安局公路派出所，干警编制3人；

澧县公安局公路派出所，干警编制4人；

石门县公安局公路派出所，干警编制4人；

桃源县公安局公路派出所，干警编制4人(含汽车渡口1人)；

慈利县公安局公路派出所，干警编制4人；

汉寿县公安局公路派出所，干警编制3人；

安乡县公安局公路派出所，干警编制3人(含汽车渡口)。

1987年，公路公安正式成立。常德公路总段设公路公安科，八个县段设公路公安派出所。

1987年6月5日，常德公路总段撤销“打击经济犯罪办公室”机构。

1987年7月4日，常德公路总段审计科成立。

1987年7月25日，常德地区交通局(常交政字〔1987〕091号)文件通知:同意成立常德地区公路总段慈利卸油站，隶属总段机料科领导。

1987年7月25日，常德地区交通局(常交政字〔1987〕092号)文件通知:同意成立“常德公路总段职工学校”，隶属总段教育科领导。

1987年10月26日正式成立“常德地区公路总段职工学校”。

1988年5月，常德地改市、“常德地区公路总段”改为“常德市公路总段”。

1988年12月31日，常德市公路总段决定：

1.撤销工务科，成立工程科和计统养护科；

2.审计科并入总段纪委会管理，一套班子两块牌子；

3.撤销教育科、团委、司法办，其工作职能并归总段政治处；总段职工学校归属政治处管理；

4.撤销行政科，其工作职能并归总段办公室；

5.总段实验室升格为“常德市公路总段科研所”(相当机关科室)。

1989年4月1日，因常德市撤区建市，启用新印章：

湖南省常德市公路总段

湖南省常德市公路总段办公室

湖南省常德市公路总段司法办

湖南省常德市公路总段劳动工资科

湖南省常德市公路总段工程科

常德市公路总段工会委员会

湖南省常德市公路总段科研所

湖南省常德公路总段机料科

湖南省常德市公路总段计统养护科

湖南省常德市公路总段总工程师室

湖南省常德市公路总段财务科

湖南省常德市公路总段审计科

1989 年 4 月 3 日,因常德市撤区建市,启用新印章:

中国共产党常德市公路总段委员会

中国共产党常德市公路总段纪律检查委员会

中国共产党常德市公路总段委员会政治处

中国共产党常德市公路总段机关支部委员会

1989 年 10 月起,慈利卸油站隶属氧化沥青厂归口管理,解除其隶属机料科管理的关系。

1989 年 10 月 9 日,成立常德市公路总段卸油站修建指挥部,指挥长:陈文龙;副指挥长:黄振治、陈彰勇。成立常德市公路总段卸油站修建指挥部临时党支部,党支部书记:黄振治;党支部副书记:鄢科云;党支部委员:陈文龙、陈彰勇、谌作丰。

1989 年 11 月,慈利县公路段划归大庸市管理。

1990 年 2 月 20 日,常德市公路总段撤销政治处,成立组织科、宣教科、团委;成立行政科;工程科与计养科合并为工务科;审计科与纪委分开办公。

1990 年 5 月 11 日,湖南省公路局(〔1990〕湘路征字第 047 号、075 号)文件批复:同意成立"张公庙公路大桥征费稽查站",属常德市公路总段独立核算二级机构,征费业务由市养路费征收办归口管理。

1991 年 4 月 12 日,常德市机构编制委员会办公室(常编办直〔1991〕19 号)文件通知:同意常德市公路总段机关设置:办公室、总工程师室、计划统计科、养路工程科、科技科、机务管理科、财务科、审计科、劳动工资科、供应科、行政科、公路公安科、组织科、宣传教育科。核定机关事业编制 132 名,其经费渠道不变。

1991 年 5 月 25 日,常德市公路总段机关撤销工务科、科研所;设置计划统计科、养路工程科、科技科。

1992 年 7 月 7 日,常德市公路总段机关撤销机料科,设置机务管理科、供应科。

1992 年 11 月 12 日,常德市公路道桥建设公司成立,聘任王颂新为常德市公路道桥建设公司总经理(法人代表)。

1993 年 3 月 31 日,成立"常德市公路物资供销公司"。

1993 年 4 月 28 日,常德公路总段机关撤销供应科,成立企业管理科;"机务管理科"改名为"机务安全科"。

1993 年 5 月 28 日,撤销"常德战备码头所",其财产和人员(含离退休)一并交鼎城区公路段,不再属总段直属独立单位。

1994 年 5 月 25 日,撤销"常德市公路物资供销公司";成立"常德市公路总段物资供应站"。

1995年10月8日,李祖云兼任常德公路桥梁建设总公司总经理(法人代表);免去王颂新原常德市公路道桥建设公司总经理(法人代表)职务。

1996年11月13日,常德市公路总段更名为常德市公路管理局,其单位性质、机构级别、隶属关系、人员编制和经费渠道不变。

1996年12月13日,中共常德市委机构编制委员会办公室(常编办直〔1996〕89号)文件通知:常德市八个县(市、区)公路段更名为公路管理局,更名后其名称分别为:

常德市鼎城公路管理局

常德市津市公路管理局

常德市桃源公路管理局

常德市澧县公路管理局

常德市石门公路管理局

常德市汉寿公路管理局

常德市安乡公路管理局

常德市临澧公路管理局

上述机构更名后,其机构性质、机构级别、隶属关系、经费渠道、人员编制等维持不变。

1997年4月20日,常德市公路管理局原直属单位市公路总段机械厂、沥青厂、劳动服务公司更名为:

常德市公路管理局机械厂

常德市公路管理局沥青厂

常德市公路管理局劳动服务公司

更名后,其单位性质、机构级别、隶属关系、人员编制和经费渠道不变。

2003年3月17日,常德市公路管理局机关由常德市武陵区三岔路汽修巷1号搬迁至常德市武陵区朗州路2008号新址办公。

2004年8月2日,根据(常编办〔2004〕43号)文件《关于市公路管理局路政科加挂市公路路政支队的批复》,市局路政科加挂市公路路政支队牌子,承担有关公路执法工作。机构级别、人员编制等均维持不变。与此同时,各县(区、市)公路局路政股相应加挂××县(区、市)公路路政大队牌子。机构级别、人员编制等均维持不变。

2005年7月19日,常德市公路管理局原养路工程科分设为公路工程科、公路养护科。分设后,公路工程科负责拟定全局公路建设规划,组织制订公路工程的具体规定和管理办法,审核区县(市)公路局上报的工程项目并检查工程进度和质量,负责规划、设计、建设工班房及其他基础设施,负责收集、整编、归档技术资料;公路养护科负责安排水毁抢修及临时工程,负责制定公路养护技术规程实施细则,负责指导公路养护业务,检查养护质量,评定公路路况,负责公路绿化管理。

2007年2月18日,根据(常编办〔2006〕113号)文件:成立常德市公路管理局离退休人员管理科。核定全额拨款事业编制 2 名，其中科长（副科长）1 名，其他工作人员 1 名。

2009 年 3 月 1 日起，常德市公路管理局的人、才、物、权全部下放至中共常德市委、常德市人民政府管理。各区（县、市）公路局仍由市公路局垂直管理。

2010 年 5 月 28 日 中共常德市委机构编制委员会办公室（常编办〔2010〕104 号）文件通知：1.同意常德市公路管理局设立行政许可办公室，局内设机构，机构级别为正科级，核定行政许可办公室全额拨款事业编制 5 名，其中：主任 1 名，副主任 1 名；其他工作人员 3 名，其人员编制来源为从路政科连人带编划转 5 名。2.同意常德市公路管理局设立市公路路政支队，为你局管理的正科级行政执法机构，核定市公路路政支队全额拨款事业编制 11 名，其人员编制结构为：支队长 1 名，副支队长 2 名，工作人员 8 名。3.同意常德市公路管理局撤销路政科，其承担的路政案件复议及诉讼工作、综合治理及安全保卫工作职能交由局机关办公室负责，原承担的路政行政许可、路政执法等职能相应划入行政许可办公室、市公路路政支队。

调整后，常德市公路管理局机关仍设 14 个职能科室，全额拨款事业编制为 69 名，正副科级领导职数为 30 名。

常德市公路管理局历届班子成员任职情况

（1954 年—2010 年）

党委书记

阎真（1955 下半年—1957.7）
张和民（1962.7—1966.7）
李振齐（1962.7—1967.7）（1972.3—1975.4）
张汉卿（1975.4—1984.4.7）
刘国华（1990.1.6—1994.2.2）
马承斌（1994.2.2—2000.8）
牟明德（2000.8—2010.10.20）
马麦秋（2010.10.20 任）

党委副书记

田海云（1958.7—1962.7）
刑克敏（1962.7—1962.12）
王文太（1965.4—1966.7）（1967.7—1973.5）
庄惠来（1973.5—1979.4）
王炳生（1976.2.27 任）
沈文泽（1981.3.27—1986.10.13）
兰汉初（1982.9.8—1986.1.10）

卢兴才（1986.4.9—1995.9.12）

李志明（1987.8.4—1990.1.6）

邓振松（1995.9.12—2001.8.19）

倪湘涛（2003.6.15—2008．9）

李祖云（2010.10.20 任）

局　长（总段长）

阎　真（1954.9—1957．8）

赵光辉（1957.8—1962.6）

张佩民（1962.6—1963.11）

张汉卿（1963.12-1966.7）

王炳生（1978.12.14 任）

陈文龙（1984.4.7—1987.8.4）

李志明（1987.8.4—1989.12.15）

刘国华（1989.12.15—1994.2.3）

马承斌（1994.2.3 —2000.8.26）

牟明德（2000.8.26—2010.10.20）

马麦秋（2010.10.20 任）

副局长（副总段长）

陈理有（1954.9 任）

阎金行（1954.9—1957.8）

阎 真（1955—1956.7）

陈理有（1955—1957.8）（1962.1—1968.9）

刑克敏（1956.8—1957.8）

丁华生（1956.8—1957.8）

张和民（1957.8—1962.6）

袁平凡（1957.8—1961.1）

刘仕务（1957.8—1959,1）

崔福令（1963.12—1965.7）

刘济球（1964.1—1965.1）

黄振治（1978.11.28 任）

周清明（1978.12.14 任）

庄惠来（1978.12.14—1979.4）

武希圣（1978.12.14—1980.11）

刘祖清（1979.11.15 任）

后绥之（1981.2.16任）
向志友（—1993.7.12）
余友成（1986.1.10—2001.8.19）
王颂新（1986.10.13—1995.9.16）
陈文龙（1987.8.4—1994.2.27）
白仁意（1993.10.14—1999.2）
刘清华（1994.12.27—2006.6.15）
卢兴才（1995.9.16—2001、8、19）
李祖云（1995.9.16—1998.3.4）（2010.10.20任）
李祥万（1996.9—2003.6.15）
倪湘涛（2001.8.9—2003.6.15）
梁长安（2001.8.19任）
曲　斌（2001.10.29任）
焦绍云（2003.6.15任）
周章平（2004.9.8—2005.5.27）
谢剑平（2005.8.13任）
肖剑春（2008.3.18任）
李　颖（2009.11任）

纪委书记

黄振治（1984.4.7—1986.1.10）
杜钧玉（1986.1.10—1998.3.11）
倪湘涛（1998.3.11—2001.8.9）
金宏中（2001.8.9任）

工会主席

丁华生（1954.11—1956．8）
许志强（1956.8—1957．9）
田海云（1957.9任—1960.2）
石玉明（1960.2—1961.2）
刑克敏（1961.2—1962.6）
刘济华（1962.7—1967.7）
冯岫峰（1971.3—1977.12）
刘祖清（1984.4.7—1986.1.10）
皮世双（1986.7.9—2001.8.19）
肖剑春（2003.6.15—2008.3.18）

任朝晖（2008.3.18 任）

总工程师

陈文龙（1987.8.4—1998.3.17）

余友成（1998.3.17—2001.8.19）

焦绍云（2001.10.29—2003.6.15）

王常清（2003.6.15 任）

党委委员

李祖云（2008．3—2010.10）

史美华（2010.10—）

总会计师

苏国孝（2005.12—）

顾　问

张汉卿（1984.4.7 任）

向志友（1993.7.12 任）

王颂新（1995.9.16 任）

杜钧玉（1998.3.11 任）

陈文龙（1998.3.11 任）

调研员

王炳生（1984.4.7 任）

周清明（1984.4.7 任）

后绥之（1984.4.7 任）

兰汉初（1986.1.10 任）

黄振治（1986.1.10 任）

刘祖清（1986.1.10 任）

沈文泽（1986.10.13 任）

杨家新（1987.7.29 任）

卢兴才（2001.8.19 任）

皮世双（2001.8.19 任）

余友成（2001.8.19 任）

刘清华（2006.6.15 任）

梁长安（2007.8.28 任）

倪湘涛（2008．9 任）

助理调研员

邓振松（2001.8.19 任）

任朝晖（2005.8.13—2008.3.18）

邓俊杰（2005.8.13 任）

史美华（2007.3.30—2010.10.20）

龚道荣（2008.3.18 任）

吴希艳（2009.9 任）

顾　晓（2009.9 任）

常德市公路管理局机关
各职能科室(部门)领导任职情况

表 4—1—1—1

科室(部门)名称	科长(主任、部门副职)	副科长(副主任、副科职务)
党委办公室	罗明初(1975.8.14—1978.11.14) 向　勇(1978.11.12 任)	夏家斌 杨瑞宏(1976.4.1—1980.7.4) 管洪奎(1980.7.4 任) 韩本然(1982.2.20 任)
政治处	杜钧玉(1985.4.19—1986.2.28) 彭家新(1986.2.28—1990.2.20)	彭家新(1985.4.19—1986.2.28) 唐秀章(1986.7.2—1987.1.2) 刘焕忠(1987.3.13—1990.2.20) 倪湘涛(1989.1.12—1990.2.20) 刘湘云(1989.1.12—1990.2.20)
组织人事科(政工科、组织科)	邓心祥(1978.11.12 任) 彭家新(1990.2.20—1997.3.5) 刘湘云(1998.2.9 任) 邓俊杰(2002.8.25—2007.6.11) 王　猛(2007.6.11 任)	盛芳政(1975.8.16 任) 刘湘云(1990.2.20—1998.2.9) 周　琼(1998.2.9 任) 张小兵(2002.2.5—2007.6.11) 胡文洁(2002.2.5—2006.3.13) 雷婷婷(—2007.5.15) 张友贵(2006.3.13—2007.5.15)
宣教科(教育科)	邓心祥(1985.4.19—1989.1.12) 向　勇 刘焕忠(1990.2.20—1994.4.7) 倪湘涛(1994.4.7—2000.2.22)	倪湘涛(1990.2.20—1994.4.7) 胡文洁(2000.2.22 任)
离退休管理科	张友贵(2007.5.15 任)	潘　莉(2009.3.13 任)
纪检会(监察室)	谢文成(1981.10.25—1984.11.30) 张文澄(1986.3.21 任) 田作庭(1990.2.20—1993.2.25) 彭西林(1993.4.1—1996.1.30) (1997.3.5—1999.2.24) 刘抗美(1996.1.30 任) 罗士玄(1996.1.30—1997.11.17) 杨　彪(1999.2.24 任) 刘亚龙(2002.11.6—2009.4.11) 王　猛(2003.1.20—2007.6.11) 张小兵(2007.6.11 任)	张文澄(1981.10.25—1989.1.12) 彭西林(1989.1.12—1993.4.1) 常惠迪(1990.2.20—1994.4.7) 廖伯根(1994.4.7 任) 王　猛(2000.2.22—2003.1.20) 邹望军(2009.4.11 任)

续表

科室（部门）名称	科长（主任、部门副职）	副科长（副主任、副科职务）
工会	梁绍荣（1979.1.11任） 黎盛立（—1987.6.20） 门惠林（1980.11.20—1986.4.24） 彭敬初（1987.6.20—1996.1.30） 郭连成（1989.1.12—1993.2.25） （1994.4.7—1995.1.27） （2001.2.14任） 罗士玄（1993.2.25—1993.9.18） 刘焕忠（1994.12.8—1996.1.30） 刘先荣（1995.10.13任） 张守清（1996.1.30—2008.3.18） 彭定红（1999.2.24任） 聂　瑛（2002.2.5—2009.3.13） 谢中雄（2002.2.5—2006.3.13） 胡文洁（2008.3.18任） 朱传宏（2009.7.1任）	彭敬初（1986.4.24—1987.6.20） 彭定红（1994.4.7—1999.2.24）
共青团委（总支）	倪湘涛（兼）（1994.4.7—2000.2.22） 雷婷婷（2007.5.15任）	钱福龙（1981.1.5任） 王道清（1987.6.20—1988.3.3） 张守清（1990.2.20—1993.9.18） 雷婷婷（2003.1.20任）
机关党委（党支部）	盛芳政（1971.4.12任） 颜永贤（1975） 周清明（兼）（1977） 向　勇（1979.5.19—1987.1.2） 皮世双（兼）（1987.11.2任） 常惠迪（1994.4.7—1996.1.30） 戴林楚（1996.1.30—1999.2.24） 刘湘云（兼）（2000.2.22任） 雷婷婷（2010.10.12任）	胡荣华（1979.5.19任） 管洪奎（1987.1.2—1989.1.12） （1991.5.25任） 高银芝（1989.1.12—1991.5.25）
办公室	杜钧玉 罗开云（1985.4.19—1986.4.24） 杨瑞宏（1987.6.20—1988.3.3） 刘抗美（1989.1.12—1993.2.25） 郭连成（1993.2.25—1994.4.7） 刘焕忠（1994.4.7—1994.12.8） 甄　平（1996.1.30—1997.3.5） 龚道荣（1997.3.5—2004.3.1）	韩本然　管洪奎 郭连城（1986.4.24—1989.1.12） 甄　平（1987.12.31—1992.4.8） （1994.4.7任） 王道清（1988.3.3—1988.12.31） 朱新华（1988.3.3任） 皮吉清（1989.1.12—1990.2.20） 朱文清（1989.1.12—1996.1.30）

续表

科室（部门）名称	科长（主任、部门副职）	副科长（副主任、副科职务）
办公室	朱文清（2004.3.1—2010.12.22） 刘　霞（2010.12.22 任）	姚跃群（1990.2.20—1992.4.8） 潘春桥（1991.5.25—1994.4.7） 龚道荣（1994.12.8—1997.3.5） 王家华（1997.3.5—2000.2.22） 叶国成（2000.2.22—2008.3.18） 刘　霞（2008.4.22—2010.12.22） 郭泳宏（2010.12.22 任）
总工程师室	王石年（1982.6.12 任） 陈文龙（1982.6.12 任） 张云贵（1984.3.28 任） 陈治模（—2000.2.22） 黄弋夫（1994.8.24—1999.2.24） 罗开云（1996.9.13—1999.2.24） 李祖云（1998.9.22—2009.3.13） 揭德平（1998.9.22—2009.3.13） 熊先富（2000.2.22 任） 肖　异（兼）（2000.2.22 任） 王辉姿（2005.7.19 任） 聂　瑛（2009.3.13 任） 姚海龙（2009.3.13 任）	成国南（1979.5.31 任）
工务科	胡应生（1975.8.14—1982.6.12） 余友成（1985.4.19—1986.2.28） 方彰沅（1986.4.24 任） 刘清华（1990.2.20—1991.5.25）	宋文魁（1975.8.16 任） 杨伏秋 余友成（1980.4.22—1982.2.20） 方彰沅（1981.5.11—1982.2.20） （1985.4.19—1986.4.24） （1990.2.20—1991.5.25） 姚　骏（1985.4.19 任） 吴长生（1985.4.19—1987.1.2） 罗开云（1986.4.24—任 1989.1.12） （1990.2.20—1991.5.25） 李白杨（1987.6.20—1987.11.16）
计划工程科（计统养护科）	刘清华（1989.1.12—1990.2.20） 方彰沅（1991.5.25—1996.9.13） 王常清（1997.3.5 任） 肖剑春（2002.2.5 任）	方彰元（1982.2.20 任） 万方林（1996.11.22—1997.3.5） 贺秋元（1999.2.24 任） 余　华（2010.12.22 任）

续表

科室（部门）名称	科长（主任、部门副职）	副科长（副主任、副科职务）
	何大毅（2004.3.1—2006.3.13） 万方林（2006.3.13—2010.12.22） 裴德友（2010.12.22 任）	
养护工程科（工程科、养护科）	胡应生（1982.6.12 任） 罗开云（1989.1.12—1990.2.20） （1995.1.27—1996.9.13） 刘清华（1991.5.25 任） 方彰沅（1996.9.13—1999.2.24） 焦绍云（1999.2.24 任） 顾　晓（2003.1.20 任） 何英勇（2005.7.19—2008.3.18） 焦雄志（2008.3.18 任）	余友成（1982.2.20 任） 高业鑫（1989.1.12—1990.2.20） 罗开云（1991.5.25—1995.1.27） 谢大明（1995.1.27 任） 徐文栋（1995.1.27 任） 杨学杰（1997.3.5 任） 肖　异（1997.4.23 任） 聂　瑛（2000.2.22 任） 谭少常（2002.2.5—2008.3.18） 张友贵（2002.2.5—2006.3.13） 袁　波（2004.3.1 任） 杨　波（2007.5.15 任） 廖爱民（2008.3.18 任）
机务管理科（渡管科、机料科）	刘人彦（1975.8.14 任） 杨晓塘（1981.10.25 任） 周建堂（1985.4.19 任） 黄弋夫（1987.6.20—1993.2.25） （1995.1.27—1997.3.5） 谢文成（1993.2.25—1993.5.24） 万一鸣（2000.2.22—2009.3.13） 王菊芳（2010.12.22 任）	杨伏秋（1975.8.16—1980.8.4） 门惠林（1976.7.28—1980.11.20） 周建堂（1980.2.6 任） 黄弋夫（1985.4.19—1987.6.20） 蔡合林（1987.6.20 任） 李白杨（1987.11.16—1999.2.24） 彭永德（1991.5.25 任） 万一鸣（1997.3.5—2000.2.22） 赵福初（1998.2.9 任） 王家华（2000.2.22—2006.3.13） 胡绍先（2004.5.8 任）
科技科（科研所）	张云贵（兼）（1989.1.12—1991.5.25） 陈治模（兼）（1991.5.25—1997.3.5） 焦绍云（1997.3.5—1999.2.24） 杨美清（1999.2.24 任） 杨学杰（2002.2.5 任）	杨美清（1989.1.12—1999.2.24） 姚海龙（1999.2.24 任） 杜　敏（2002.2.5—2010.12.22）
供应科	赵国祥（1993.2.25 任）	彭永德（1992.4.8 任）

续表

科室（部门）名称	科长（主任、部门副职）	副科长（副主任、副科职务）
路政科（公路公安科、保卫科）	王子明（1983.3.23—1985.4.19） 钱福龙（1986.9.20 任） 朱文清（2002.2.5—2004.3.1） 王冬久（2004.3.1 任）	王承太（1975.8.16—1987.1.2） 杨瑞宏（1980.7.4 任） 钱福龙（1985.4.19—1986.9.20） 杨习前（1989.3.28—2001.4.28） 叶国成（1997.11.17—2000.2.22） 丁　泓（2001.4.28 任） 向建华（2002.2.5—2010.12.22） 罗健强（2002.2.5—2010.11.18）
司法办		向延振（1985.6.21—1987.6.20）
企管科	戴林楚（1993.7.5—1996.1.30） 朱文清（1996.1.30 任）	
劳资科	陈克永（1985.4.19—1987.10.31） 杨瑞宏（1988.3.3—1997.3.5） 彭家新（1997.3.5—1999.2.24） 邓俊杰（1999.2.24）（2000.2.22）	颜永贤（1975.8.16—1985.4.19） 蔡苍松（1978.11.22 任） 戴林楚（1987.1.2—1993.7.5） 邓俊杰（1997.3.5—2000.2.22）
经打办	张文澄（1986.2.28 任） 杨瑞宏（1987.1.2—1987.6.20）	管洪奎（1985.4.19—1987.1.2）
行政许可办	罗健强（2010.11.18 任）	
两费办	杨瑞宏（1997.3.5—1999.2.24） 彭家新（1999.2.24 任） 万方林（2003.1.20—2006.3.13） 何大毅（2006.3.13 任） 裴德友（—2010.12.22） 杜　敏（2010.12.22 任）	万方林（1997.3.5—2003.1.20） 黄旦初（2010.2.2 任）
财务科	张修齐（1985.4.19—1989.1.12） 华三林（1989.1.12—2000.2.22）（2000.2.22 任副总会计师） 任朝晖（2000.2.22—2006.3.13） 黎明国（2006.3.13 任）	胡长贵（1975.8.16 任） 胡荣华（1978.9.23 任） 华三林（1985.4.19—1989.1.12） 戴忠富（1992.12.5 任） 李日尧（1993.4.1—1997.3.5） 谢中雄（1998.2.9 任） 黎明国（1999.2.24—2006.3.13） 卢述政（2006.3.13 任）

续表

科室(部门)名称	科长(主任、部门副职)	副科长(副主任、副科职务)
审计科	胡荣华(1987.3.30—1989.1.12) 张修齐(1990.2.20任) (1993.11.30任副总会计师) 皮吉清(1994.12.8—2006.3.13) 谢中雄(2006.3.13任)	田作庭(1989.5.27—1990.2.20) 李日尧(1997.3.5—2007.5.15) 廖智强(2007.5.15任)
汽车养路费征收办公室	向志友(兼)(1986.5.2任)	胡荣华(1985.4.19—1987.3.30) 周建堂(1986.5.2—1989.1.12) 谢文成(1986.10.22—1993.2.25) 李　平(1989.3.28任) 田作庭(1993.2.25任)
后勤服务中心(行政科)	刘抗美(1987.12.18—1989.1.12) 皮吉清(1990.2.20—1994.12.8) 潘春桥(1994.12.8任) 吴学文(2007.5.15—2008.3.18)	陈贵田(1982.8.20—1985.4.19) 蔡合林(1985.4.19—1987.6.20) 向延振(1985.4.19—1985.6.21) 皮吉清(1987.6.20—1989.1.12) 高银芝 唐方富 刘道文(1997.3.5任) 吴学文(2003.1.20—2007.5.15) 伍光辉(2003.1.20任) 郭泳宏(2008.3.18任)
常德市公路物资供销公司	赵国祥(1993.3.31—) 吴希艳(2002.2.5—2006.3.13) 孟志敏(2006.3.13任)	彭永德(1993.3.31任) 孟志敏(2002.2.5—2006.3.13)
路政支队	王冬久(兼)(2004.8.2任)	向建华(兼)(2004.8.2任) 罗健强(兼)(2004.8.2-2010.11.18)
常德公路桥梁建设总公司	王颂新(法人代表) (1992.11.12—1995.10.8) 杨波泉(1993.2.25—1993.5.10) 刘抗美(1993.9.18任) 陈照发(1993.11.30任) 李祖云(兼)(法人代表) (1995.10.8任) 肖　异(1995.3.7任)	
实验中心	姚海龙(2003.1.20—2009.3.13) 郭耀武(2009.3.13任)	陈　志(2002、2、5任)

二、常德市公路管理局下辖单位

(一)区、县(市)公路管理局

1.常德市武陵公路管理局　位于湖南省常德市武陵区三岔路汽修巷1号,隶属常德市公路管理局管理的正科级事业单位。2010年12月底止,武陵公路管理局机关设养护股、路政股、机务安全股、财务股、办公室、工会、后勤站等7个股室;下辖南湖坪、南坪、樟木桥、芭茅堤、芦山等5个养护管理站;以及2个交通流量调查观测站:G207交调站(现常德大道)、樟木桥交调站。共有干部职工121人,其中离退休职工25人。

武陵公路管理局主要承担54.667公里公路的建设、养护、管理工作。其中:G207锡海线、G319厦成线共18.797公里;S306南永线16.22公里;X044断新线、X043南灌线、X060岗商线共19.65公里。管理、养护公路桥梁10座,分别为位于G207锡海线上的何家坪桥(小型桥梁)、白云桥(小型桥梁);位于G319厦成线上的檀树坪桥(中型桥梁)、樟木桥桥(小型桥梁)、德山大桥(大型桥梁);位于S306南永线上的柳叶湖大桥(特大型桥梁)、河伏闸桥(中型桥梁);位于X043南灌线上的花山大桥(大型桥梁)、新坡桥(中型桥梁)。

武陵公路管理局

2001年2月22日,为理顺鼎城区、武陵区公路管理体制关系,根据常编办〔2000〕72号《关于成立常德市武陵公路管理局的批复》和常德市公路管理局(常路党〔2001〕3号)文件,成立常德市武陵公路管理局,为正科级事业单位,隶属常德市公路管理局管理。武陵公路管理局机关暂核定事业编制14人,负责武陵区、德山开发区和柳叶湖旅游度假区公路的建设、养护和管理工作。撤销市公路管理局职工学校,将其5名事业编制连人带编划转到该局。

2001年3月2日,常德市武陵公路管理局正式挂牌。

2001年3月2日,常德市公路管理局关于武陵公路局接管鼎城公路局的部分管养范围有关事项通知如下:

(1)武陵公路局所辖道班及养护路段(6个道班共计51.2公里)

樟木桥道班:负责国道319线1380K—1382K+350、国道207线2309K—2316K,共计9.35公里的养护任务;

芭茅堤道班:负责国道 207 线 2316K—2324K 共计 8 公里的养护任务;

芦山道班:负责新断线 2K+800—10K 共计 7.2 公里的养护任务;

花山道班:负责灌南线 10K+650—16K+850 共计 6.2 公里的养护任务;

南湖坪道班:负责国道 207 线 2290K—2294K+700、省道 1801 线 0K-8K+400 共计 13.1 公里的养护任务;

南坪道班:负责省道 1804 线 198K—205K+350 共计 7.35 公里的养护任务。

(2)人员情况:原 6 个道班的养路工人计 32 人成建制划归武陵公路局,另外从鼎城抽调 12 名养路工人(含 1 名压路机司机)划归武陵局,抽调人员由武陵局和鼎城局自行商定,划归武陵局。

(3)道班房及资产:原有 6 个道班成建制移交,所有的道班房设施及固定资产一并移交划拨,同时由鼎城划拨一台 12—15T 的压路机给武陵局。

(4)石板滩交调站移交武陵公路管理局管理,原站所有人员及设施一并移交划拨(交调站原共有 8 名交调员)。

(5)武陵、鼎城两局的投资计划由市局在切块经费安排时予以调整。

(6)正式移交时间:2001 年 2 月 26 日。

2001 年 4 月,经常德市武陵公路管理局全体职工大会采用等额无记名投票方式选举产生工会委员会。

武陵公路管理局历届班子成员任职情况

党支部书记

何大毅(2001.2.14—2002.2.5)

罗新民(兼)(2002.2.5—2007.5.15)

焦雄志(2007.5.15—2008.3.18)

倪　俊(2008.3.18 任)

党支部副书记

张　跃(2002.2.5—2010.12.22)

粟　文(2010.12.22 任)

局　长(段长)

罗新民(2001.2.14—2007.5.15)

焦雄志(兼)(2007.5.15—2008.3.18)

倪　俊(2008.3.18 任)

副局长(副段长)

邓明星(2001.2.14—2007.5.15)

李文秀（2002.2.5 任）
焦雄志（—2007.5.15）
余永刚（2008.3.18 任）
黄　河（2010.2.2 任）
张　跃（2010.12.22 任）

工会主席

何大毅（兼）（2001.2.14—2002.2.5）
张　跃（兼）（2002.2.5—2008.4.22）
粟　文（2008.4.22 任）

2.常德市鼎城公路管理局　位于湖南省常德市鼎城区武陵镇龙阳路 126 号。隶属常德市公路管理局管理的正科级事业单位。2010 年 12 月底止，鼎城公路管理局机关设办公室、政工股、养护股、工程股、机务股、财务股、路政大队、工会 8 个股室；下辖雷公庙、石板滩、陡山、黄土店、沧山、仓武、蒋家山、斗姆湖、丁家港、周家店、王家桥、唐家铺、大龙站、黄珠洲、牛鼻滩、甘长、花莲冲、钱家坪、谢家铺、逆江坪、双桥坪、肖伍铺、蒿子港、洞庭、韩公渡、飞机场、港二口共 27 个道班；代管樟木桥超限检测总站、泉水桥超限治理卸货场、岗市超限治理卸货场；共有干部职工 365 人，（其中离、退休人员 169 人）。

鼎城公路管理局

鼎城公路管理局主要负责管理、养护 2 条国道（G207 线 33.73 公里、G319 线 39 公里）72.73 公里；2 条省道（S205 线 11.457 公里、S306 线 33 公里）44.457 公里；13 条县道（X027、X028、X038、X042、X044、X049、X050、X051、X052、X053、X054、X060、X069）184.356 公里；共计301.543 公里公路。管理、养护公路桥梁 45 座，共计 1086.9 延米。按桥梁类型分：大型桥梁 2 座 124 米，中型桥梁 6 座 309.6 米、小型桥梁 37 座 653.3 米。按线路分：国道 11 座，省道 6 座，县道 28 座。

1950 年 1 月，湖南省公路管理局成立。同年，设常南分段，属常德工务段领导。

1950 年 10 月 25 日，取消常南分段，设常德分段。

1951 年 12 月，撤销常德工务段。

1952 年，常沅、长常公路划归益阳工务段管理；常澧、常桃公路划归临澧工务段管理，常德工务段划归益阳工务段管理。

1954 年 8 月按行政区划建立常德工区。

1954 年至 1956 年属常德专区养路总段领导。

1957 年常德专区养路总段撤销，与“常德专区公路运输总站”合并为“常德专区公路运输局”。常德工区隶属常德专区公路运输局管理。

1962 年 8 月，“常德工区”更名为“常德县养护段”。

1968 年，“文化大革命”时期“常德县养护段”更名为“常德县养护段革命委员会”。

1976 年 8 月，“常德县养护段革命委员会”更名为“常德县公路段革命委员会”。

1979 年 2 月，“文化大革命”结束后，“常德县公路段革命委员会”更名为“常德县公路段”。

1976 年—1980 年，常德县公路段设政工、工务、财务三组。

1980 年后，常德县公路段正式设办公室、政工股、工务股、财务股、机料股、工会。

1980 年 10 月，常德县公路段设养路费征收站。

1986 年，常德县公路段设路政股。

1987 年 3 月，常德县公路段撤销路政股，增设公路派出所，承担原路政工作。

1988 年常德县更名为鼎城区，常德县公路段更名为常德市鼎城区公路段。

1992 年 5 月，常德市鼎城区公路段增设鼎城区公路法庭。

1994 年，常德市鼎城区公路段政工与办公室分离，设政工股。

1995 年，常德市鼎城区公路段将生产与工程分离，分设生产股和工程股。

1996 年 12 月，“常德市鼎城区公路段”更名为“常德市鼎城公路管理局”，其隶属关系、机构级别、核算方式不变。地址设鼎城区武陵镇龙阳路 126 号。

1997 年 10 月，常德市鼎城公路管理局机关设政工、生产、机料、财务、行政、办公室、工会、公路派出所、公路法庭。机关行管人员 67 人。

鼎城公路管理局历届班子成员任职情况

党支部书记

李德清（1969.12—1973.2）

李健奎（1973.3—1975.10）

罗丕承（1975.11—1978.2）

杨永万（1978.2—1983.9）

杨瑞宏（1983.9.9—1987.1.2）

王承太（1987.1.2—1988.12.31）

彭家新（兼）（1988.12.31—1990.1.16）

胡德元（1990.1.16—1995.1.27）

郭连成（1995.1.27—2001.2.14）

王冬久（2001.2.14—2004.3.1）
史美华（2004.3.1—2008.3.18）
罗光新（2008.3.18 任）

党支部副书记

孙友富
焦为清
刘和初（1981.10.25 离任）
胡德元（正科级）（1987.3.13—1990.1.16）
罗平飞（1992.4.8—2002.2.5）
陈曼妮（2003.1.20 任）

局　长（段长）

杨永万（1978.2—1983.9）
高业鑫（1984.9.13—1987.1.2）
吴长生（1987.1.2—1988.12.31）
彭先棕（1988.12.31—1990.1.16）
徐民主（1990.1.16—1995.1.27）
胡德元（1995.1.27—2002.2.5）
王冬久（兼）（2002.2.5—2004.3.1）
史美华（兼）（2004.3.1—2008.3.18）
罗光新（2008.3.18 任）

副局长（副段长）

焦为清
刘和初（1981.10.25 离任）
刘道福（1984.9.13—1987.1.2）
刘和初（1986.10.22—1988.12.31）（1990.1.16 任）
李泽云（1987.1.2—1992.4.8）
罗新明（1993.4.1—2001.2.14）
任朝晖（1995.1.27—2000.2.22）
史美华（1999.2.24—2001.2.14）
邓明星（2000.2.22—2001.2.14）
焦雄志（2001.2.14 任）
罗光新（2001.2.14—2008.3.18）
顾　晓（2001.2.14—2003.1.20）
刘昌喜（2003.1.20 任）

叶仁利（2003.1.20 任）
丁跃南（2008.4.22 任）
陈雪飞
黄　勇（2010.3.19 任）

工会主席

刘道富（兼）（1985.3.20—1987.3.13）
胡德元（兼）（1987.6.20 任）
王承太（1988.12.31 任）
罗平飞（1994.4.7—1995.1.27）（1997.3.5—1998.2.9）（1999.2.24—2002.2.5）
徐民主（1995.1.27—1997.3.5）
史美华（1998.2.9—1999.2.24）
焦雄志（兼）（2002.2.5 任）
陈曼妮（兼）（2003.1.20 任）

3.常德市桃源公路管理局　位于桃源县漳江镇后东街 004 号，隶属常德市公路管理局管理的正科级事业单位。2010 年 12 月底止，桃源公路管理局机关设办公室、财务股、机务安全股、养护生产股、工会、路桥公司、路政大队 7 个股室；下辖陬市治超检测站，桃南、桃北两个养护公司 18 个道班。（桃南养护公司负责管理：八字路、郑驿、茶庵铺、龙虎、深水港、沙坪、佘家坪、龙潭、泥窝潭 9 个道班；桃北养护公司负责管理：漆河、热市、枫树、基隆、汉宫庙、黄石、盘塘、黄甲铺、钟家铺 9 个道班。）共有干部职工 276 人（其中离、退休人员 135 人）。

桃源公路管理局

桃源公路管理局主要负责管理、养护 1 条国道 G319 线（64.358 公里）、3 条省道 S306、S226、S227（139.453 公里）、10 条县道 X021、X057、X059、X061、X049、X054、X055、X056、X062、X064（195.667 公里）共计 399.478 公里公路。管理、养护公路桥梁 110 座。按桥梁类型分：特大型桥梁 1 座、大型桥梁 6 座，中型桥梁 30 座、小型桥梁 73 座；按线路分：国道 19 座，省道 44 座，县道 47 座，共计 4793.68 延米。

1949 年 8 月，桃源县城解放，当时桃源的主要公路（现 319 线）属于沅陵公务段管养，桃源无单独公路管理机构。

1954 年 2 月,桃源县成立桃源养路工区,属临澧工区管辖。

1954 年 10 月, 以桃源养路工区为主与周边的桃源县林业站等几个部门联合成立一个支部,支部属桃源县直属机关委员会分管。

1957 年 8 月,常德地区公路运输委员会成立,桃源养路工区的党员由新的党组织管理。

1962 年 7 月,成立常德公路养护总段委员会,"桃源养路工区"也由此改为"桃源公路养护段",同年 10 月,"桃源养路工区党支部"更名为"桃源公路养护段党支部"。

1962 年 9 月,桃源养路工区由桃源南站迁至桃源城北(现公路局住址)由桃源养路工区更名为桃源公路养护段,属常德公路养护总段管理。桃源公路养护段由原来的垂直领导变为双重领导,即人事权、经费由常德公路总段管理,政治学习、宣传教育由桃源县管理。

1967 年,常德公路总段管理的人事权转由桃源县委、县政府管理。至 1981 年底人事权由常德公路总段接管。

1981 年,为了落实上级公路归口管理的政策,桃源养护队正式与桃源县公路养护段合并,更名为桃源公路段一直沿用到 1996 年 11 月。

1984 年 12 月,"桃源公路养护段党支部"更名为"桃源公路段党支部"。

1990 年 5 月 11 日,中共常德市公路总段委员会文件通知:同意设立"中国共产党桃源县公路段党总支部委员会"。总支委由原支部委员组成。

1996 年 12 月,"桃源公路段"更名为"常德市桃源公路管理局","桃源公路段党支部"更名为"中共常德市桃源公路管理局党总支委员会"。

2010 年 12 月 6 日,桃源公路管理局党总支委员会下设三个党支部,撤销原有的漆河工区、桃花源工区党支部,成立桃源公路管理局机关党支部、南片党支部、北片党支部三个支部,在常德市桃源公路管理局党总支部的领导和具体指导下开展党建工作。

桃源公路管理局历届班子成员任职情况

党支部书记

高雨泉(1973.2—1984.9)

谭再清(1984.9.13—1988.3.3)

罗士玄(1988.12.31—1993.2.25)

陈祥斌(1994.2.18—1995.1.27)

李祖云(兼)(1993.3—1995.9)

王辉姿(兼)(1995.9.—2005.7)

吴阳辉(2005.7)

党支部副书记

易祥佩(1975.12.5 任)

罗士玄(1987.1.2—1988.12.31)(1999.2.24—2002.2.5)

钟吉华(1988.12.31—1999.2.24)(2002.2.5—2007.5.15)

沙孝华(兼)(2007.5.15—2009.3.13)

杨继辉(2009.3.13—2010.12.22)

张荣新(兼)(2010.12.22 任)

局 长(段长)

易祥佩(1983.8—1985.12)

陈祥斌(1984.9.13—1987.1.2)

刘清华(1987.1.2—1988.12.31)

倪友明(1988.12.31—1991.4.2)

李祖云(1991.4.2—1995.9.22)

王辉姿(1995.9.22—2005.7.19)

吴阳辉(2005.7.19 任)

副局长(副段长)

易祥佩(1975.12.5 离任)

陈庭国(1962.9—1982.12)

刘汉斌(1984.9.13—1988.12.31)

刘宏盛(1987.1.2—1988.3.3)

陈祥斌(1988.3.3—1994.2.18)

李祖云(1990.1.16—1992.4.8)

戴登明(1991.4.2—1994.2.18)

焦绍云(1994.2.18 任)

罗元兵(1994.2.18 任)

何英勇(1997.3.5—2005.7.19)

周 英(1997.3.5—2002.2.5)

罗士玄(1997.11.17—1999.2.24)

钟吉华(1999.2.24—2006.3.13)(2007.5.15—2008.3.18)

倪 俊(2002.2.5—2007.5.15)

吴阳辉(2002.2.5—2005.7.19)

张英杰(2006.3.13 任)

陈立华(2008.4.22 任)

杨 军(2009.3.13 任)

陈永刚(2010.12.22 任)

张荣新(2010.2.2 任)

孟志敏(2010.12.22 任)

工会主席

陈祥斌(兼任)(1985.3.20—1988.3.3)

刘宏盛(1988.3.3—1994.2.18)

钟吉华(兼)(1994.2.18—1995.1.27)

沙孝华(1995.1.27—2009.3.13)

杨继辉(2009.3.13—2010.12.22)

张荣新(兼)(2010.12.22 任)

4.常德市澧县公路管理局　位于湖南省澧县澧阳镇翊武路 769 号。隶属常德市公路管理局管理的正科级事业单位。2010 年 12 月底止,澧县公路管理局机关设工会、办公室、工务股、机务安全股、财务股、路政大队(下辖 3 个路政中队)6 个股室;下辖临城、张公庙、荣家河、建新、雷公塔、大坪、洞市、彭家厂 8 个公路养护站。共有干部职工 308 人(其中离、退休人员 107 人)。

澧县公路管理局

澧县公路管理局主要负责管理、养护 1 条国道(G207 锡海线)41.95 公里(澧县新裕公路建设经营有限公司管理、养护 27.264 公里);2 条省道(S302 紫边线 97.123 公里、S304 张慈线 3 公里)102.23 公里;6 条县道(X002 火罗线 7.5 公里、X007 新甘线 22.961 公里、X008 曾孙线 23.8 公里、X009 雷大线 19.309 公里、X068 卷澧线 27.011 公里、X070 大新线 12 公里)112.581 公里,共计 259.761 公里(含重复里程 6.136 公里)。管理、养护公路桥梁 56 座,共计3009.85 延米:按桥梁类型分:大型桥梁 4 座 1663.5 延米;中型桥梁 9 座 502.95 延米;小型桥梁 43 座 843.4 延米。按公路线路分:国道 5 座 996.64 延米;省道 S302 线 22 座 1214.35 延米;省道 S304 线 4 座 112.6 延米;县道 25 座 798.86 延米。

澧县公路建设开始于民国 21 年(1932),先后修建了常(德)澧(县)、澧(县)东(岳庙)、澧(县)津(市)3 条公路,境内总里程达 63.96 公里。当时的公路建设由湖南省公路局直属机构常桃工务段负责,只有养护组织,并无养路工人。

1935 年 9 月 22 日,省公路局设立常桃段管理处,管理养护常德、澧县、桃源境内公路。

1938 年 8 月,建立澧东总段,辖东岳庙、曾家河两个分段,段址设在天主堂。

1942 年,常德工务段设立六个养护道班,澧县为第六道班,有道夫 10 名。

1949 年 7 月，澧县解放。是年 8 月，澧东总段由澧县政府民秘组接管。

1950 年 1 月，澧东总段更名为澧县分段。是年 10 月澧县分段列入临澧分段，境内公路由临澧分段养护。同时，全省道班统一编号，澧县为第 72 道班。1953 年，改称道班为工班。

解放初期，澧县公路管理机构没有单独的党组织，党员活动以街道居委会为单位。1957 年 11 月，临澧养路工区迁至澧县，改组为澧县养路工区，中共澧县养路工区支部成立。工区设在澧县汽车站内，管养澧县、临澧、石门、慈利路段。澧县工区设荣家河、仁和铺、城关 3 个工班。

1963 年，组建澧县地方公路养护队，定编 25 人，管理昌家峪至新安、双土地至甘溪滩、彭家厂至盐井支线公路，码头铺、金坑（今临澧新安镇所在地）、甘溪、彭家厂设立工班养护公路。

1969 年 12 月，“澧县养路工区”改称“澧县养路段”，“中共澧县养路工区支部”改称“中共澧县养路段支部”，管养澧县境内国、省道及原地方公路养护队的部分县道支线。支线公路及 4 个工班并入澧县养路段。

1974 年 4 月，澧县交通管理局配备 3 名专人管理区社公路，并组建方石坪、杨家坊、太青、洞市、界岭、双龙、宜万、灵泉、渡口、东门、马溪等 11 个养路工班，每班 8—12 人，工班代表工口粮自理，参加生产队分配，国家适当补助。

1977 年 9 月，成立澧县地方公路管理站，定编 7 人，与澧县交通局工程股合署办公。

1980 年，“澧县养路段”更名为“澧县公路段”，“中共澧县养路段支部”改称“中共澧县公路段支部”。

1981 年 5 月，澧县公路段再次接管达标支线公路和工班。

1982 年，澧县公路段内部机构逐步走向完善，设办公室、政工、工务、财务、机务等五个股室与工会和养路费征收站（1993 年拨入澧县交通规费征稽站）。1984 年增设路政股。

1984 年 2 月，澧县交通局工程股被撤销，“澧县地方公路管理站”更名为“澧县公路航道管理站”，定编 8 人。

1985 年 7 月，“澧县公路航道管理站”更名为“澧县公路管理站”，确定为澧县交通局下辖的二级事业单位，定编 44 人（含汽车渡口职工 34 人，）。澧县公路管理站下辖刘家河、毛家岔 2 个汽车渡口和太青、东门、马溪、甘溪、闸口、洞市、码头铺、杨家坊、方石坪、宜万、双龙、如东、梦溪、永丰、大围、九垸、余家台、官垸、澧南、道河、盐井、车溪、高家、界岭、枞杨等 25 个乡（镇）养路工班，代表工 221 人，养路机 32 台（件）。

1985 年 9 月，因支部党员人数超过 50 人，澧县公路段党支部报请市公路总段党委批准后，经差额选举，成立了“中共澧县公路段总支委员会”。

1986 年 5 月，澧县公路段为隶属常德公路总段管理的正科级事业单位，位于澧县城关镇解放中路 713 号。占地 2100 平方米，建有办公楼、职工宿舍 6 栋，计 3444 平方米。为了加强路政管理力度，澧县公路段撤销路政股，建立公安公路派出所。设立了复兴厂、彭家厂、中武、雷公塔、临城、荣家河、张公庙、大坪、仁和铺、大堰垱、王家厂、告封碑、闸口、金山、甘溪、洞市、码头铺、建新、白衣、新洲、灵泉、棠华、草堰、干河等24个养路工班,在城关镇设立了机修班。1986年底止,澧县公路段共有干部职工195人,亦工亦农轮换工85人。

1987年12月25日,"澧县公路段党支部委员会"改为"澧县公路段总支委员会",职权不变";设立"张公庙渡口所党支部",隶属澧县公路段总支委员会领导。

1992年8月,津市公路段成立,澧县公路段将原白衣片所属新洲、白衣、棠华、灵泉四个工班和所管养的几条支线一并划归津市公路段。

1996年12月,经市编委(常编办直〔1996〕89号)文件批复同意,"澧县公路段"更名为"澧县公路管理局","中共澧县公路段总支委员会" 更名为 "中共澧县公路管理局总支委员会"。机构更名后,其机构性质、机构级别、隶属关系、经费渠道、人员编制等仍维持不变。12月底,澧县公路局集中了清退亦工亦农轮换工61人,遣散费用合计21350元。

1997年4月,成立国道207雷公塔征费站。定编38人,征费员从澧县交通部门主要是公路部门的正式职工中聘用。属副科级事业单位,归口澧县公路管理局管理。

1999年,澧县公路管理局进行了内部机构改革,设局机关、工程队、养护队三大块。澧县公路管理局机关设工会、办公室、政工股、财务股四个股室;工程队由机料股和工务股组成;养护队由路政大队和小修养护组组成。小修组包括复兴厂、彭家厂、中武、雷公塔、临城、荣家河、张公庙、大坪、仁和铺、大堰垱、王家厂、告封碑、闸口、金山、甘溪、洞市、码头铺、建新、草堰、干河等20个公路站。

1999年10月,澧县公路管理局撤销原有的20个公路站,实行大道班管理,组建了临城、中武、张公庙三个公路站。从澧县公路管理局机关抽调了8名管理人员,协助公路站抓管理。其中临城公路站为机械化养护站,由县局机料股人员担任管理人员,有筑路、养路机械33台(套)。站址位于207国道K2213+100处,管养207国道41.6公里、原省道1852线12.65公里、原省道1868线5公里。三个公路站共有养路职工120人,为澧县公路局下属的独立核算、自负盈亏的经济实体,推行"事企脱钩,管养分离,转换机制,减员增效"的机制。

2002年3月,207国道雷公塔收费站升格为正科级事业单位,业务工作直属市公路局两费办管理,澧县公路局不再代行管理之责。

2004年10月,继续深化养护机制改革,澧县公路局撤销了临城、中武、张公庙三个大公路站,成立了5个内部公司,实行养护生产企业化、市场化管理。这5个公司分别是:码头铺养护公司,养护工人25人,养护里程53.92公里;垱市养护公司,养护工人33人,养护里程62.22公里;澧阳养护公司,养护工人35人,养护里程79.169公里;机械化养护工程公司,人员定编10人,管养21.27公里水泥路以及集中成片的油路坑槽挖补及大、中修工程;机械设备租赁公司,由澧县公路管理局机料股代管,负责全局所有设备的管理、租赁和发包费用的收取工作。

2006年2月,澧县公路管理局撤销5个内部公司,组建了内部路桥公司、养护公司和工程发包领导小组，实行管养分离，日常养护与大、中修工程脱钩。

2007 年 12 月，澧县公路管理局清退了最后一批亦工亦农轮换工 9 人。

2008 年 7 月，澧县公路管理局重新设立火连坡、王家厂、大坪、临城、彭家厂、中武、建新、荣家河等八个公路站。

2009 年，省道 302 线进行路网改造，澧县公路管理局撤销了建新公路站，组建了垱市公路站。

2009 年 3 月，澧县公路管理局机关设办公室、财务股、工会、工务股、机料安全股、路政大队 6 个股室。由于县道全部建成水泥路和 S302 线进行路网改造，公路站缩减成 6 个：临城站、大坪站、雷公塔站（站址设在原雷公塔收费站）、荣家河站、洞市站、张公庙大桥管理所（站址设在原张公庙大桥收费站）。

2009 年，国家实行成品油税费改革，公路管理体制发生了较大变化，拨款渠道发生改变，由原来的湖南省公路管理局养路费划拨变为常德市财政拨款。2009 年 12 月，原张公庙大桥收费站、雷公塔收费站 81 人（在职职工 70 人，退休 11 人）安置到澧县公路局，分别从事路政治超、张公庙大桥管理和一线养护工作。

2010 年 4 月结合省道 302 和县道 068 的路网改造，调整公路站设置，成立了张公庙、荣家河、临城、大坪、雷公塔、洞市、彭家厂等 7 个公路站。

2010 年 5 月，撤销“张公庙大桥管理所”，更名为“张公庙公路站”。

2010 年底，澧县公路管理局下辖临城、张公庙、大坪、荣家河、雷公塔、洞市、彭家厂 7 个道班。道班房总面积为 4618.32 平方米（包括已撤销的建新、垱市、复兴厂、草堰、王家厂、码头铺、闸口、甘溪、干河、金山、中武等公路站的道班房），有楼房 12 栋。有临城、大坪、彭家厂、洞市 4 个星级道班。

澧县公路管理局历届班子成员任职情况

党支部书记

朱秉鑫（1957.1—1959.12）

喻东初（1960.1—1966.6）

颜昌归（1966.7—1971.10）

黄继林（1971.10—1979.12）

黄大春（1979.12—1984.9）

胡开明（1984.9.13—1988.12.31）

卢兴才（兼）（1988.12.31—1990.1.16）

陈元国（1990.1.16—1999.2.24）

吴学禹（兼）（1999.2.24—2009.3.13）

王学杰（2009.3.13 任）

党支部副书记

胡开明（1981.6—1984.9.13）

陈元国（正科级）（1986.2.28—1987.1.2）

张儒栋（1987.1.2—1990.1.16）

李先亚（1990.1.16—1996.1.30）（2000.2.22—2002.2.5）

张龙贵（1996.1.30—2000.2.22）

李叶茵（兼）（2003.1.20—2004.3.1）

陈　刚（2004.3.1 任）

局　长（段长）

任丕山（1979.12—1987.1）

彭先棕（1987.1.2—1988.12.31）

陈元国（1988.12.31—1998.2.9）

吴学禹（1998.2.9—2009.3.13）

王学杰（2009.3.13 任）

副局长（副段长）

宾荣承（1970.1—1981.12）

彭先棕（1981.7.10 任）

刘世春（1982.8.20 任）

杜方中（1984.9.13—1990.1.16）

王学杰（1990.1.16—1998.2.23）

吴学禹（1990.1.16—1998.2.9）

马明浩（1996.1.30—）

宋泽海（1997.3.5—2008.3.18）

王　进（1998.2.9—2007.5.15）（2009.3.13 任）

李先亚（1999.2.24—2000.2.22）

陈　刚（2002.2.5—2004.3.1）

李叶茵（2004.3.1 任）

郭耀武（2007.5.15—2009.3.13）

徐兆明（2008.3.18 任）

肖青松（2010.3.19 任）

工会主席

彭先棕（兼任）（1985.3.20—1987.3.13）

张儒栋（兼）（1987.3.13—1993.5.24）

宋泽海(1993.5.24—1999.2.24)
张龙贵(兼)(1999.2.24—2000.2.22)
杜方中(2000.2.22—2002.2.5)
李叶茵(兼)(—2004.3.1)
陈　刚(兼)(2004.3.1 任)

5.常德市临澧公路管理局　位于湖南省临澧县安福镇朝阳东街 159 号,隶属常德市公路管理局管理的正科级事业单位。2010 年 12 月底止,临澧公路管理局机关设办公室、工会、财务股、养护工程股、机务安全股、路政大队 6 个股室;下辖青林、陈家桥、肖家河、范家、新安、金坑、杉板、观山、芭蕉 9 个养护道班和 1 个机械化养护站。共有干部职工 182 人(其中退休干部职工 91 人)。

临澧公路管理局主要负责管理、养护 1 条国道 (G207 锡海线)15.091 公里;1 条省道(S304 张慈线)17 公里;7 条县道(X007 新甘线 11 公里、X015 窑骆线 32 公里、X017 五合线 7.68 公里、X020 白珠线 22.98 公里、X022 段五线 15.43 公里、X069 临岗线 23 公里、X070 大新线 11.572 公里)共 123.662 公里。总计 155.753 公里。管理、养护公路桥梁 38 座,1328.24 延米。按桥梁类型分:大型桥梁 2 座,340 延米;中型桥梁 7 座,409.1 延米;小型桥梁 29 座,579.14 延米。

1949 年 7 月 24 日,临澧解放。经过临澧的常澧线由设立在常德高山街的常澧工程段管辖。

临澧公路管理局

1950 年 1 月,省公路局成立后,常澧工程段在全省公路管理机构整编改组中变更为常北分段,隶属新成立的常德工务段领导。

中华人民共和国成立初期,临澧公路管理机构没有单独的中国共产党基层组织,与临澧县汽车站、临澧县汽车配件公司等部门联合组成一个中国共产党基层党支部。

1950 年 10 月,常德工务段所属的三个分段中,"常南分段"改为"常德分段",常北分段迁至临澧,并改称为临澧分段,原澧县分段并入临澧分段。

1951 年 2 月 10 日,常德工务总段被撤销,"临澧分段"改称为"临澧工务段",受湖南省公路局直接领导。

1953 年,根据湖南省公路局文件精神,"临澧工务段"更名为"临澧养路段"。

1954 年 9 月,撤销"临澧养路段",改称"临澧工区"。

1956年10月，中共临澧工区党支部成立，直属中共常德专区公路运输局委员会领导。

1957年，临澧工区迁至澧县并更名为澧县工区，在临澧仅设领工区。

1957年11月，中共临澧工区党支部被撤销，党的组织划归澧县工区党支部。

1961年8月，根据上级主管单位常德专区运输局精神，再设临澧工区，从澧县工区中分离出来。

1962年8月，常德公路养护总段所属各工区更名为养护段。但临澧工区因养护里程不足50公里被撤销，其业务分别归并于常德、澧县养护段。

1964年4月恢复临澧养护段。

1964年4月，中共临澧养护段党支部单独成立，直属中共常德公路养护总段委员会领导。1966年7月，归属中共常德地区交通局委员会领导。1967年8月，依然归属于中共常德地区公路养护总段委员会领导。

1967年，群众组织"公路联委"成立。

1968年，成立"临澧公路段革命委员会"。

1980年，根据上级精神，撤销"临澧县公路段革命委员会"，更名为"临澧县公路段"。

1981年5月，根据常德行署指示，临澧县地方养护队并入临澧县公路段，隶属常德地区公路总段管理。

1981年5月，中共临澧县地方养护队党支部并入中共临澧县公路段党支部。

1981年，临澧县地方养护队并入临澧县公路段后，临澧县公路段机关工作人员由原来7人增至16人，并设立了工务、财机、政办三个股室，中国共产党党员由原来的6人增加为18人，工班由原来5个增至14个，共有职工95人。

1990年2月，临澧县公路段召开中国共产党党员大会，选举产生新的党支部。

1996年9月，"临澧县公路段"更名为"临澧公路管理局"，机关设工会、办公室、路政大队、财务、机务安全、养护工程6个股室。"中国共产党临澧县公路段党支部"更名为"中国共产党临澧公路管理局党支部"。

2010年6月25日，成立临澧公路管理局党总支部，在常德市公路管理局党委的领导和具体指导下开展党建工作；成立白虎山治理超限检测站支部委员会，在临澧公路局党总支部的领导和具体指导下开展党建工作。

临澧公路管理局历届班子成员任职情况

党支部书记

王永生（1981.6.17—1987.1.2）

陈元国（1987.1.2—1988.12.31）

王道清（1990.1.16任）

刘永春（1997.3.5任）

党支部副书记

颜昌贵（1981.6.17任）

王道清（1988.12.31—1990.1.16）

王菊芳（兼）（2004.3.1—2006.3.13）

谭庆林（2006.3.13—2009.3.13）

卞盟军（2009.3.13任）

局　长（段长）

颜昌贵

徐民主（1987.1.2—1990.1.16）

杜方中（1990.1.16—1992.4.8）

王道清（兼）（1993.2.25—2002.2.5）

刘永春（兼）（2002.2.5任）

副局长（副段长）

周学政

刘世春

徐民主（1984.9.13—1987.1.2）

王辉姿（1984.9.13—1987.12.25）

刘永春（1988.3.3—1996.1.30）

梁颂江（1993.4.1—2002.2.5）

马明浩（1996.1.30—2002.2.5）

廖爱民（2000.2.22—2006.3.13）

谭庆林（2002.2.5—2006.3.13）（2009.3.13任）

郭耀武（2003.1.20—2007.5.15）

廖祖金（2006.3.13任）

王　进（2007.5.15—2009.3.13）

陈　斌（2008.3.18任）

梁颂江（2010.2.2任）

工会主席

刘世春（1984.9.13—1985.3.30）（1987.1.2—1987.12.25）

王辉姿（兼）（1985.3.20—1987.3.13）

王道清（兼）（1988.12.31—1993.2.25）

马明浩（兼）（1997.3.5—2002.2.5）

廖爱民（兼）（2002.2.5任）

王菊芳（2003.1.20—2006.3.13）

谭庆林（兼）（2006.3.13—2009.3.13）

卞盟军（2009.3.13 任）

6.常德市石门公路管理局　位于石门县楚江镇澧阳西路 046 号。隶属常德市公路管理局管理的正科级事业单位。2010 年 12 月底止，石门公路管理局机关设办公室、财务股、工会、机务安全股、路政大队、养工股、后勤中心 7 个股室；下辖易市、三江、皂市、白云、望阳、和平、磨市、所市、文化、枫香坡、潘坪、南镇、白洋、二都、夹山、大同山、丰禾、江坪 18 个养护道班和石门东城车辆超限超载检测站。共有干部职工 441 人(其中离休干部 3 人，退休职工 228 人)。

石门公路管理局主要负责管理、养护 2 条省道（S303、S304）158.756 公里；7 条县道（X001、X004、X014、X015、X016、X021、X024）183.482 公里；共计 342.238 公里。管理、养护公路桥梁 88 座，共计 3152.9 延米。按桥梁类型分：大型桥梁 4 座，中型桥梁 10 座，小型桥梁 74 座；按线路分：省道 49 座，县道 39 座。管理、养护公路隧道 1 条，即：三峯寨隧道，位于 X004 线 K46+389—K46+694，全长 305 米，宽 4.5 米，高 5 米。

石门公路管理局

1960 年 1 月 1 日，常德专区公路运输局石门工区成立。

1960 年 1 月至 1962 年 5 月期间没有单独的党组织，与石门汽车站联合组成党支部，即：中共常德专区公路运输局石门工区支部委员会，属中共石门县委员会领导。

1962 年 6 月，中共石门工区党支部委员会正式成立。7 月，“中共石门工区党支部委员会”更名为“中共石门公路养护段支部委员会”，“石门工区”更名为“石门公路养护段”，隶属常德公路养护总段管理。同时，石门公路养护段所辖各养路队更名为工班。

1963 年 4 月，为加强对支线公路的管养，根据常德专署的决定成立了石门县地方养路队，系股级单位，隶属石门交通科，有职工 44 人，管养 5 条支线公路，共计 126.99 公里。

1966 年 7 月，常德公路养护总段机构撤销合并于常德专署交通局，石门公路养护段属常德专署交通局和石门县政府双重领导。同时，石门公路养护段先后成立群众组织“六月天兵战斗队”和“红交兵团”。

1967 年 7 月，常德地区公路养护总段机构恢复，石门公路养护段属常德地区公路养护总段和石门县政府双重领导。

1967 年 10 月，成立群众组织“公路联委”。

1968 年 9 月，由石门县革命委员会批准成立石门公路养护段革命委员会。

1970 年 4 月，常德地区公路总段根据石门磷矿运输需要，同意从石门公路养护段划分出从磨市至清官渡一段公路，另成立磨青公路段，并将原领导班子一分为二。分出后石门公路养护段属常德地区公路总段和石门县政府双重领导。磨青公路段属常德地区公路总段和常德地区石门磷肥矿双重领导。

1978 年 12 月，磨青公路养护段和石门公路养护段合并，更名为石门县公路段，属常德地区公路总段和石门县政府双重领导。同时，根据上级精神，撤销两段革命委员会。

1981 年 5 月，石门公路养护段接管石门县地方养路队（俗称段队合并）。合并后系正科级事业单位，隶属常德地区公路总段管理。

1991 年 4 月，石门县公路段各养护工班更名为养护道班并由市公路总段统一挂牌。

1997 年 1 月 8 日，“石门县公路段”更名为“常德市石门公路管理局”，隶属常德市公路管理局管理。“中共石门县公路段支部委员会”更名为“中共常德市石门公路管理局支部委员会”，属中共常德市公路管理局委员会领导。

石门公路管理局历届班子成员任职情况

党支部书记

唐天玉（么青段 1975—）
周奎贤（1982.2.16 任）
任丕山（1984.9.13—1987.12.25）
朱盛秋（1987.12.25—1992.4.8）（1997.3.5—2002.2.5）
王世凡（1992.4.8—1997.3.5）
易先艮（兼）（2002.2.5—2008.11.20）
马明浩（2008.11.20 任）
党支部副书记
周奎贤
羊忠本（1981.3.5 任）
王世凡（1986.2.28—1987.12.25）
李子良（1988.3.3—1990.1.16）（1991.4.2—1995.1.27）（1997.3.5—2002.2.5）
贺　军（兼）（2003.1.20 任）
局长（段长）
周奎贤（1975.12.5 任）
羊忠本（1981.3.5 任）

王作舟
朱维之(1984.9.13—1986.2.28)
任丕山(1986.2.28—1990.1.16)
王世凡(1990.1.16—1992.4.8)
朱圣秋(1992.4.8—2001.2.14)
易先艮(2001.2.14—2008.11.20)
马明浩(2008.11.20 任)

副局长(副段长)

周奎贤(—1975.12.5)
黄可展
王作舟
宋文信(1982.8.20 任)
王作舟(正科级)(1984.9.13—1986.2.28)
揭德萍(1986.2.28—1987.12.25)
王辉姿(1987.12.25—1995.1.27)
王世凡(1987.12.25—1990.1.16)
宋文信(1990.1.16 任)
李子良(1995.1.27 任)(2002.2.5—2004.3.1)
王祖望(1995.1.27—2002.2.5)
于必新(1996.11.22—2002.2.5)
易先银(1997.3.5—2001.2.14)
万传学(2000.2.22—2006.3.13)
杨波泉(2001.2.14—2004.3.1)
王承贵(2002.2.5—2006.3.13)
马先超(2004.3.1 任)
杨振华
涂义志(2007.5.15 任)
熊钱华(2008.4.22 任)

工会主席

任丕山(兼任)(1985.3.20—1986.2.28)
王世凡(1986.2.28—1988.3.3)
李子良(1988.3.3—1991.4.2)(1999.2.24—2002.2.5)
鄢科云(1991.4.2 任)
王世凡(1997.3.5—1999.2.24)

贺　君(2002.2.5—2008.4.22)

杨振华(2008.4.22 任)

7.常德市津市公路管理局　位于湖南省津市市北段九澧大道 184 号,隶属常德市公路管理局管理的正科级事业单位。2010 年 12 月底止,津市公路管理局机关设工会、政办股、财务股、路政股、养工股、机务股 6 个股室。下辖保河堤、新洲、灵泉、棠华 4 个养护道班和 1 个超限检测站(津市新洲超限超载检测站)。共有干部职工 77 人(其中离、退休人员 17 人)。

津市公路管理局主要负责管理、养护 2 条省道(S205 线、S306 线)44.645 公里;2 条县道(X028 线、X015 线)44.71 公里;共计 89.355 公里。管理、养护公路桥梁 16 座,403.6 延米。按桥梁类型分:大型桥梁 1 座,中型桥梁 6 座,小型桥梁 9 座。按线路分:省道 7 座,县道 9 座。

津市公路管理局所辖干线为湘北干线重要途经路段, 支线为津市市城乡之间的交通纽带,公路服务水平和交通运输环境十分重要。

津市公路管理局

1978 年,津市无国省道,仅有襄阳街至窑坡渡公路和简易乡道,属津市交通局管辖。

1985 年,津市扩郊,澧县白衣区公路划入津市境内, 设立津市公路航道管理站,管理境内公路,辖养路工班 7 个,管理、养护公路 91.4 公里。

1992 年 5 月 20 日,常德市机构编制委员 (人常办直〔1992〕11 号)文件《关于设置津市市公路段的批复》: 同意成立津市市公路段, 为隶属常德市公路总段管理的正科级事业单位,机关核定事业编制 9 名,其中:行管服务人员 5 名,工程技术人员 2 名,公路公安人员 2 名。

1992 年 8 月 9 日,津市公路段正式挂牌成立。 津市公路段机关设政工股、生产股、综合股、汽车养路费征收站。下辖新洲、灵泉、棠华、白衣四个养护道班。

1992 年 8 月 20 日,选举成立中国共产党津市公路段党支部。10 月 20 日,首届一次会员职工代表大会,选举产生津市公路段工会委员会。10 月 29 日,选举成立津市公路段共青团支部委员会。

1993 年 11 月,随着征收体制改革,津市汽车养路费征收站与津市公路段分离设置。

1995 年 9 月,津市公路段接管津市澧水大桥收费站

1997 年 1 月,“津市公路段”更名为“津市公路管理局”,机关设政办股、工会、路政大队、

财务股、机务股、养护工程股6个股室。

1997年4月，津市公路管理局撤销白衣道班，组建保河堤公路管理站。

1997年7月，因“津市公路段”更名为“津市公路管理局”，“中共津市公路段支部委员会”、“津市公路段工会委员会”、“津市公路段共青团支部委员会”分别更名为“中共常德市津市公路管理局支部委员会”、“常德市津市公路管理局工会委员会”、“中国共产主义青团常德市津市公路管理局支部委员会”。

津市公路管理局历届班子成员任职情况

党支部书记

揭德萍(兼)(1996.1.30—1998.2.23)

王学杰(1998.2.23—2009.3.13)

汪国进(2009.3.13任)

党支部副书记

罗献武(1992.7.11任)(1997.3.5—2002.2.5)

局　长(段长)

揭德萍(1992.7.11—1998.2.23)

王学杰(兼)(1998.2.23—2009.3.13)

汪国进(2009.3.13任)

副局长(副段长)

王辉姿(1995.1.27—1995.9.22)

汪国进(1996.1.30—2009.3.13)

向言立(1999.2.24任)

常　军(2001.2.14任)

葛　雷(2005.2.1任)

刘宇丹(2010.3.19任)

工会主席

罗献武(兼)(1992.7.11—2002.2.5)

汪国进(兼)(2002.2任)

马前春(2003.1.20—2007.5.15)

王寒梅(2007.5.15—2009.3.13)

陈建平(2009.3.13任)

8.常德市安乡公路管理局　位于湖南省安乡县深柳镇洞庭大道北段，隶属常德市公路管理局管理的正科级事业单位。2010年12月底止，安乡公路管理局机关设办公室、财务股、机务安全股、养护工程股、工会、路政大队6个股室；下辖北河口、文昌湾、理兴垱3个养护道班，1个渡口（沙河口渡口）。共有干部职工233人（其中在职职工148人，退休干部职工85人）。

安乡公路管理局主要负责管理、养护2条省道（S306、S302）58.24公里、2条县道（X027、X040）47.230公里，共计105.470公里。管理、养护公路桥梁14座，共计3281.88延米。按桥梁类型分：特大型桥梁1座、大型桥梁3座，中型桥梁7座、小型桥梁3座；按线路分：省道9座，县道5座。

安乡公路管理局

1969年11月27日，湖南省安乡县公路养护段革命委员会成立，办公地点设在沙河渡口所内，负责一个渡口、两个工班的渡运和养护任务。

1973年1月20日，湖南省安乡县公路养护段革命委员会由沙河口迁至大鲸港湘运车站房，租房办公。

1974年6月15日，动工修建湖南省安乡县公路养护段革命委员会城关办公楼。

1975年12月2日，湖南省安乡县公路养护段革命委员会由大鲸港迁至书院洲。

1976年6月1日，安乡公路升为国家干线养护，湖南省安乡县公路养护段革命委员会由县交常德地区养护总段接管。

1978年10月1日，“湖南省安乡县公路养护段革命委员会”更名为“湖南省安乡县公路养护段”。

1988年5月，“湖南省安乡县公路养护段”更名为“常德市安乡公路段”。

1996年12月11日，“常德市安乡公路段”更名为“常德市安乡公路管理局”。

安乡公路管理局历届班子成员任职情况

党支部书记

邱法初

韩本然（1984.9.13—1990.1.16）

谭徽亿（1992.4.8—1996.1.30）

肖剑春（兼）（1996.1.30—2002.2.5）

罗兆祥（2003.1.20任）

党支部副书记

龚明湘
谭徽亿(1988.12.31—1992.4.8)
肖剑春(1993.4.1—1994.12.1)
程国其(1996.1.30—2002.2.5)
罗兆祥(兼)(2002.2.5 任)
杨普荣(—2004.3.1)
胡立新(2004.3.1 任)

局　长(段长)

黄　萍(1984.9.13—1990.1.16)
龚明湘(1990.1.16—1994.12.1)
肖剑春(1994.12.1—2002.2.5)
罗兆祥(兼)(2003.1.20 任)

副局长(副段长)

刘春明(1982.8.20 任)
龚明湘(1986.4.24—1990.1.16)
何大毅(1990.5.11—1994.12.1)
李训海(1994.12.1—2002.2.5)(2010.2.2 任)
王长清(1994.12.1—1996.9.13)
李德安(2000.2.22 任)
罗兆强(2001.2.14 任)
程国旗(2002.2.5—2004.3.1)
胡立新(2002.2.5—2004.3.1)
刘湘安(2003.1.20 任)
杨普荣(2004.3.1—2010.12.22)
龚志强(2004.3.1 任)
李德安(2010.2.2 任)

工会主席

韩本然(兼)(1985.3.20—1993.4.1)
肖剑春(兼)(1993.4.1—1994.12.1)
谭徽亿(兼)(1994.12.1—1996.1.30)
程国其(兼)(1996.1.30—2000.8.31)
杨普荣(2000.8.31—2004.3.1)
胡立新(兼)(2004.3.1 任)

9.常德市汉寿公路管理局　位于汉寿县龙阳镇龙阳大道,隶属常德市公路管理局管理的正科级事业单位。2010 年 12 月底止，汉寿公路管理局机关设办公室、公路养护股、公路工程股、路政大队、机务安全股、财务股、后勤中心和工会等 8 个股室；下辖太子庙、押东铺、军山铺、岩咀等 4 个道班(站)及汉寿沅水大桥管理所(副科级)。共有干部职工 231 人(其中离、退休职工 65 人)。

汉寿公路管理局主要负责管理、养护 1 条国道（G319）、1 条省道（S205）、3 条县道(X027、X036、X041)。共计 155.153 公里。管理、养护公路桥梁 27 座，共计 8052.9 延米。按桥梁类型分：特大型桥梁 1 座 7265 延米、大型桥梁 2 座 275.6 延米、中型桥梁 2 座 148.3 延米、小型桥梁 22 座 364 延米，按线路分：国道 9 座、省道 11 座、县道 7 座。

1962 年 7 月，汉寿工区成立。同年 8 月，在其他工区更名为养护段时，汉寿工区因管养里程少而被撤销，其公路管养业务交由常德市公路养护段管理。

1964 年 5 月，汉寿公路养护段成立。建段初期，全段仅有干部职工 30 多人，负责管养 319 国道 51.7 公里(1322K+300—1374K)和 205 省道 9.8 公里，共计里程 61.5 公里。

1967 年 7 月，汉寿公路养护段革命委员会成立。

1978 年 12 月，根据上级精神，撤销“汉寿公路段革命委员会”，恢复为“汉寿公路养护段”。

1981 年 5 月，根据形势的发展，为减少机构重叠，更好地加强公路建设，汉寿公路养护段接管了原汉寿县交通局下辖的地方公路养路队，实施段队合并。合并后的汉寿公路养护段系正科级事业单位，隶属常德公路养护总段，管养线路里程增加到 139.5 公里。

1982 年 8 月，“汉寿公路养护段”更名为“汉寿公路段”。

1996 年 12 月 18 日，常德市 319 国道崔家桥收费站成立，隶属汉寿公路段管理。

1997 年 1 月，经市编委同意，“汉寿公路段”更名为“常德市汉寿公路管理局”，隶属常德市公路管理局管理。

汉寿公路管理局

2003 年 3 月，常德市 319 国道崔家桥收费站从汉寿公路局分离出来，隶属常德市公路管理局垂直管理。

2004 年 9 月 13 日，常德市公路管理局文件通知：经局党委研究，并报请省公路局同意，同意汉寿公路管理局机关搬迁至县城，与仓儿总沅水大桥指挥部办公楼、仓儿总沅水大桥收费站办公楼及宿舍建设一并进行。(按省局要求，选址在县城龙阳大道)

2005 年 12 月，汉寿公路管理局机关从太子庙搬迁到县城龙阳大道，结束了全省唯一一个设在乡镇的县级公路管理机构的历史。

2009 年 12 月 29 日，汉寿沅水大桥管理所正式挂牌成立，隶属汉寿公路管理局管理。

汉寿公路管理局历届班子成员任职情况

党支部书记

吴名洛（1981.7.10—1984.1）

李云初（1984.9.13—1987.1.2）

龚南辉（兼）（1992.8.11—1996.1.30）

李先亚（1996.1.30—1999.2.24）

何大毅（1999.2.24—2001.2.14）

史美华（2001.2.14—2004.3.1）

龚道荣（2004.3.1—2009.3.13）

左光华（2009.3.13 任）

党支部副书记

郭心仪（1981.7.10 任）

侯中亮（1987.1.2—1988.12.31）

龚南辉（1988.12.31—1992.8.11）

黄　胜（2009.3.13 任）

局　长（段长）

李泽云（1984.9.13—1987.1.2）

揭德萍（1987.12.25—1992.7.11）

龚南辉（1992.8.11—1993.4.1）

侯中亮（1993.4.1—2002.2.5）

史美华（2001.2.14—2004.3.1）

龚道荣（兼）（2004.3.1—2009.3.13）

左光华（2009.3.13 任）

副局长（副段长）

郭兴仪

李云初（1981.7.10 任）

刘腊生（1987.1.2—1988.12.31）

倪友明（1987.12.25—1988.12.31）

李祖云（1988.12.31—1990.1.16）

侯中亮（1988.12.31—1993.4.1）

冷　利(1992.9.30—1996.1.30)
裴德友(1996.1.30—1999.2.24)
左光华(1999.2.24—2009.3.13)
朱才德(兼)(2000.2.22—2002.2.5)
贺跃斌(2002.2.5—2005.5.24)
黄　胜(2003.1.20—2009.3.13)
张业强(2006.3.13 任)
易纯辉(2009.3.13 任)
侯中山(2010.2.2 任)

工会主席

李云初(兼)(1985.3.20—1997.3.5)
王先枝(1997.3.5—2002.2.5)
贺跃斌(兼)(2002.2.5 任)
易纯辉(2003.1.20—2009.3.13)
黄　胜(2009.3.13 任)

10.慈利公路段　位于慈利县零阳中路 131 号。原隶属常德市公路总段管理的正科级事业单位。1954 年 9 月,慈利养路工区成立,隶属常德专区公路养护总段和同级人民政府双重领导。1968 年 9 月,"慈利养路工区"更名为"慈利公路段",隶属常德地区公路总段管理。1989 年 11 月,慈利公路段划归大庸市公路管理处管理。

慈利公路段历届班子成员任职情况

党支部书记

姚帮栋

党支部副书记

黄炳秀
鄢科云(1984.9.13—1988.12.31)
薛继刚(1987.12.25 任)

段　长

王庆林
陈治模(1984.9.13 任)

副段长

李国民
黄炳秀

鄢科云(1983.7.1 任)

吴名洛(正科级)(1984.9.13 任)

孙昌惠(1988.12.31 任)

李凡铣(1988.12.31 任)

工会主席

鄢科云(兼)(1985.3.20—1988.12.31)

薛继刚(兼)(1987.12.25 任)

11. 西洞庭管理区公路管理站　位于湖南省常德市鼎城区境内西洞庭管理区祝丰镇迎风北路 87 号,隶属西洞庭管理区管理的副科级事业单位。2010 年 12 月底止,下辖清水塘、迎风 2 个养护道班。共有干部职 40 人(其中退休人员 33 人),聘用长期养路工人 36 人。

西洞庭管理区公路管理站主要负责管理、养护 1 条省道(S205 线)13.383 公里;4 条县道(X042 白沙线、X030 民杨线、X031 教南线、X032 白牛线)33.348 公里,共计 46.731 公里。

西洞庭管理区前身为西洞庭农场。于 1955 年经国务院批准垦建,因地处洞庭湖之西,建场因而得名。2002 年经湖南省人民政府同意改制,更名为西洞庭管理区,按正县级设置行政管理机构。管理区下辖 1 个镇、3 个办事处、26 个行政村。总面积 110 平方公里。人口近 6 万人。公路交通主要有 S205 津武线南北贯通,X042 白沙线、X030 民杨线、X031 教南线、X032 白牛线,四条县道分东西、南北走向,通达西洞庭管理区所属的 3 个办事处、1 个祝丰镇。 6 条乡道(Y336、Y337、Y338、Y339 Y340、Y341)通达管理区所属的 26 个行政村。

1985 年 4 月,成立国营西洞庭农场公路段。主要管理、养护西洞庭管理区境内通往所属各分场的公路以及省道 1804 常岳线 7 公里。

1989 年 6 月—1990 年 12 月,国营西洞庭农场公路段负责人:叶希云;共有管理人员 8 人、职工 62 人。 工作任务:管理、养护农场主要公路和公路的行道树。

1991 年 1 月—1992 年 12 月,国营西洞庭农场公路段主要负责人:雷有仙;共有管理人员8 人、职工 62 人。工作任务:管理、养护农场主要公路和公路的行道树。

1993 年 1 月—1994 年 12 月,国营西洞庭农场公路段主要负责人:谢应德;共有管理人员9 人,职工 56 人。工作任务:管理、养护农场主要公路和公路的行道树。

1995 年 1 月—2001 年 12 月,国营西洞庭农场公路段主要负责人:梁枚生;共有管理人员9 人,职工 48 人。工作任务:管理、养护农场主要公路和公路的行道树及路政管理(1995 年 1 月至 1997 年 12 月,兼管总场区域的垃圾清理和清洁卫生工作)。

2002 年 3 月,原“西洞庭农场公路段”更名为“常德市西洞庭管理区公路管理站”。

2002 年 1 月—2006 年 4 月,常德市西洞庭管理区公路管理站书记、站长:叶小林。共有事业编制管理人员 7 人,聘用养护人员 36 人。工作任务:管理、养护西洞庭管理区境内的主要公路和公路行道树及路政管理。兼管周家店“三山”公墓。

2006 年 5 月—2010 年 12 月,常德市西洞庭管理区公路管理站党支部书记:李丰生;站长:郭跃明。共有事业编制管理人员6人,聘用养护人员36人。工作任务:管理、养护西洞庭管理区境内的主要公路和公路行道树及路政管理。兼管周家店“三山”公墓。

(二)常德市公路管理局直属单位

1.湖南常德路桥建设有限公司　位于常德市武陵区人民路3999号。隶属常德市公路管理局管理的专业从事公路桥梁建设的国有大型企业。下设综合部、人力资源部、财务部、工程部、设备部、租赁公司、工会七个部门。2010年12月底止,湖南常德路桥建设有限公司职工总人数316人(其中离退休人员39人)。各类工程技术人员158人(其中高级职称人员21人、中级职称96人、一级建造师22人)。

湖南常德路桥建设有限公司具有公路工程施工总承包壹级资质、公路路面工程专业承包壹级资质、公路路基工程专业承包壹级资质、公路交通工程专业承包交通安全设施资质,并通过了质量、环境、职业健康与安全管理体系(ISO)认证。各类齐全的专业施工设备73台套,设备总功率达7347千瓦,能满足承建各类等级公路、大中型桥梁、城市道路、各类土建、交通工程以及施工机械租赁的需要。

湖南常德路桥建设有限公司公司注册资金为1.5亿元人民币。

湖南常德路桥建设有限公司秉承“诚信为本、奉献精品、铸造辉煌”的经营宗旨,以实力赢得竞争,以诚信拓展市场,先后参加了江西省景婺黄(常)高速公路、广西贺州至湖南道县高速公路、湖南省通城界至平江高速公路、东岳庙至常德高速公路、常德至张家界高速公路、衡阳至大浦高速公路、长沙至益阳、益阳至常德高速公路、长沙319、107绕城高速公路、常德至吉首等高速公路的建设。承建过广东道窑麻涌大桥、莞惠鲤鱼嘴跨线大桥、江西景婺黄(常)高速深渡大桥、汉寿沅水大桥、怀化新路河大桥、常德柳叶湖大桥等大中型桥梁工程。所有承建项目均达到了100%一次性验收合格,优良工程为90%以上,受到业主和有关部门的嘉奖和广泛好评。公司还先后被湖南省工商行政管理局、常德市政府、常德市国有资产管理委员会、常德市建设局、常德市工商管理局等有关部门授予“省级重合同守信用单位”“市级守合同重信用单位”“建筑业明星企业”“经营业绩优秀单位”“安全生产目标管理先进单位”“政治和精神文明目标管理先进单位”等荣誉称号,并连续被中国建设银行、中国工商银行评为“AAA”级信用企业。

1974年3月9日,成立“湖南省常德公路养护总段工程汽车队”。

1978年12月28日,“常德公路养护总段基建工程队”与“常德公路养护总段工程汽车队”合并为“常德公路养护总段工程汽车队”,自1979年1月1日起启用新印章,旧印章同时作废。

1980年2月6日,“常德地区公路总段工程汽车队”更名为“常德地区公路总段机械工程队”。

1992年1月6日,常德市交通局(常交字〔1992〕002号)文件通知:“常德市公路总段工程机械队”更名为“常德市公路总段道桥工程处”,其隶属关系、机构级别、核算方式不变。

1995年12月,“常德市公路总段道桥工程处”更名为“湖南常德公路桥梁建设总公司”,并被湖南省建委核定为公路施工二级企业。

2000年10月，经常德市体改委批准，湖南常德公路桥梁建设总公司进行了股份制改组,成立了有限公司,并更名为“湖南常德路桥建设有限公司”。

2001年2月,湖南常德路桥建设有限公司经建设部批准晋升为公路工程壹级资质施工企业。

2002年4月,湖南常德路桥建设有限公司经建设部核定为公路工程总承包壹级资质施工企业。

2003年4月,湖南常德路桥建设有限公司顺利通过ISO9001质量体系认证。

2004年5月，湖南常德路桥建设有限公司通过湖南省公路养护工程施工从业资质一类、二类甲级、二类乙级。

常德路桥建设有限公司(工程机械队、道桥工程处)历届班子成员任职情况

党支部书记(党委书记)

郑汉民

夏庆余(1984.11.30—1987.6.20)

朱能胜(1987.6.20—1988.12.31)(1993.2.25—1995.1.27)

赵国祥(1988.12.31—1993.2.25)

杨波泉(兼)(1995.1.27—1996.1.30)

李祖云(1996.1.30—1998.3.19)

李祥万(兼)(1998.3.19—2001.2.14)

曲　斌(2001.2.14—2004.8.23)

刘亚龙(兼)(2007.5.15任)

党支部副书记

郑汉民

夏庆余(1974.9.10—1984.11.30)

杨永德(1995.1.27—1996.1.30)(2002.2.5—2009.3.13)

彭西林(1996.1.30—1997.3.5)(1999.2.24—2002.2.5)

甄　平(1997.3.5—1999.2.24)

董事长

朱传宏(2004.9.22—2005.10.25)

胡　兵(2005.10.25任)

队长（处长、总经理）

朱能胜（1974.6.27 任）

李平（1987.6.20—1988.12.31）

杨波泉（1988.12.31—1993.2.25）（1993.5.10—1996.1.30）

刘抗美（1993.2.25—1993.5.10）

李祖云（1996.1.30—1998.3.19）

李祥万（兼）（1998.3.19—2001.2.14）

曲 斌（2001.2.14—2004.8.23）

胡 兵（2004.9.22 任）

副队长（副处长、副总经理）

朱能胜（1980.9.30—1984.11.30）

李 平（1984.11.30—1987.6.20）

杨波泉（1987.6.20—1988.12.31）

陈照发（1988.12.31—1993.7.5）

熊先富（1992.4.8 任）（1996.1.30—2000.2.22）

万一鸣（1992.4.8—1995.1.27）

谢大明（1993.7.5—1995.1.27）

易先银（1995.1.27 任）

刘永春（1996.1.30—1997.3.5）

黄弋夫（兼）（1997.3.5 任）

曲 斌（1997.3.5—2001.2.14）

聂 瑛（1997.3.5—2000.2.22）

欧阳昌文（1999.2.24—2002.2.5）

朱传宏（1999.2.24—2004.11.5）

邓小燕（2000.2.22—2007.5.15）

潘道辉（2002.2.5 任）

胡 兵（2002.2.5—2004.11.5）

胡志忠（2002.2.5—2007.5.15）（2009.7.5 任）

章 兵（2001.2.14—2007.5.15）（2009.7.5 任）

刘春复（2004.3.1—2007.5.15）

邓晓泉（2004.3.1—2007.5.15）

余泽安（2007.5.15 任）

罗 瑛（2008.3.18 任）

总工程师

曾　平(2007.5.15 任)

工会主席

夏庆余(兼任)(1985.3.20—1988.12.)

朱能胜(1988.12.31—1991.5.25)(1995.1.27—1996.1.30)

杨永德(1992.7.11—1995.1.27)(2002.2.5—2009.3.13)

刘焕忠(1996.1.30—1997.3.5)

甄　平(兼)(1997.3.5—1999.2.24)

彭西林(兼)(1999.2.24—2002.2.5)

罗　瑛(兼)(2009.3.13 任)

2.常德海赛沥青经营有限公司　位于湖南省常德市武陵区东郊乡赵家旮村九组常德大道1470 号,占地 26995.6 平方米。隶属湖南常德路桥建设集团有限公司。下辖综合部、财务部、经营部、生产部 4 个部门、1 个油场;共有干部职工 65 人(其中退休干部职工 20 人),固定资产原值 21894483.62 元。

2002 年 7 月,常德海赛沥青经营有限公司开始兴建。

2003 年 10 月 21 日,常德海赛沥青经营有限公司成立,企业类型为有限责任公司,法定代表人梁长安,注册资本 1100 万元,股东为湖南常德路桥建设有限公司、湖南交通国际经济工程合作公司。

海赛公司

2004 年 11 月 8 日,海赛公司法定代表人由梁长安变更为胡志忠,注册资本变更为 1500 万元。股东变更为湖南常德路桥建设有限公司、湖南交通国际经济工程合作公司、湖南志成沥青经营有限公司。

2006 年 6 月 5 日,海赛公司法定代表人变更为吴希艳。

2007 年,海赛公司进行了股权变更,由常德市公路管理局出资,购买湖南交通国际经济工程合作公司、湖南志成沥青经营有限公司两家股东的股权,公司由股份合作制变更为国有独资公司。

2008 年 2 月 28 日,海赛公司与公路沥青站合并,按照一套人员、两块牌子运营,设综合部、财务部、经营部、生产部四个部门,合并后的海赛公司拥有固定资产 2000 多万元,沥青存储库容 1 万 5 千多吨,跨入全省沥青供应先进行列,成为湖南省第一大沥青重油储存库。

2008 年 5 月 19 日，常德路辉防水材料有限公司注销。（注：1999 年 8 月 18 日常德市路辉防水材料有限公司成立，隶属沥青厂管辖）

2009 年 5 月 21 日，海赛公司企业类型变更为有限责任公司（法人独资），股东变更为湖南常德路桥建设有限公司。

2010 年，慈利卸油站土地使用权及一切不动产调拨给张家界市公路管理局沥青厂。

常德海赛沥青经营有限公司历届班子成员任职情况

党支部书记

龙立科（2008.3.18 任）

董事长

吴希艳（2006.3.13 任）

胡志忠（—2006.3.13）

总经理

吴希艳

副经理

张超英（2008.3.18 任）

朱才德（2008.3.18—2009.3.13）

郭　凡（2008.3.18 任）

张元斌（2009.3.13 任）

工会主席

刘 祥（2006.12.20 任）

郭 凡（兼）（2008.3.18 任）

3.常德市公路管理局公路沥青站　位于湖南省常德市武陵区河洑镇，隶属常德市公路管理局管理的正科级事业单位。现辖 4 个部门，1 个油场，共有干部职工 65 人，其中在职干部职工 45 人，退休干部职工 20 人，2008 年与常德海赛沥青经营有限公司合并。

1976 年 12 月 12 日，常德地革委工交办公室批复同意成立常德地区公路总段氧化沥青厂。

1977 年 1 月，氧化沥青厂党支部成立，属中共常德地区公路总段委员会管辖。

1985 年 5 月，氧化沥青厂工会成立。

1987 年 6 月 20 日，“常德地区公路总段氧化沥青厂”更名为“常德地区公路总段沥青厂”，隶属于常德地区公路总段管理。

1987 年 12 月 31 日，常德地区公路总段慈利卸油站成立。

1988 年 5 月 23 日，常德地区撤区建市，“常德地区公路总段沥青厂”更名为“常德市公路总段沥青厂”。

1989 年 9 月,慈利卸油站隶属沥青厂管理,解除其隶属常德市公路总段机料科管理的关系。

1989 年 10 月,成立慈利卸油站临时党支部,属中共常德市公路总段沥青厂党支部领导。

1990 年 5 月,常德市公路总段党委同意沥青厂成立 3 个股室,即:生机股、财务股、政办股。

1990 年 9 月,成立共青团沥青厂支部委员会。

1996 年 9 月,“常德市公路总段沥青厂”更名为“常德市公路管理局沥青厂”,“中共常德市公路总段沥青厂支部委员会”更名为“中共常德市公路管理局沥青厂支部委员会”。

1999 年 8 月 18 日,常德市路辉防水材料有限公司成立,隶属沥青厂管辖。

2002 年 2 月,“常德市公路管理局沥青厂”更名为“常德市公路管理局公路沥青站”,“中共常德市公路管理局沥青厂支部委员会”更名为“中共常德市公路管理局公路沥青站支部委员会”。

2008 年 2 月 28 日,沥青站与海赛公司合并,沥青站所有人员迁至海赛公司办公。

常德市公路管理局公路沥青站(氧化沥青厂)
历届班子成员任职情况

党支部书记

郭天秀(—1984.11.30)

杨　彪(1988.12.31—1996.1.30)

龚南辉(1996.1.30—1999.2.24)

陈章勇(兼)(1999.2.24—2002.2.5)(2007.5.15—2008.3.18)

周　英(2002.2.5—2007.5.15)

党支部副书记

杨伏秋(1980.9.30 任)

朱能胜(1984.11.30—1987.6.20)

杨　彪(1987.6.20—1988.12.31)

鄢科云(1990.3.12—1991.4.2)

陈彰勇(兼)(1995.3.27—1996.1.30)

郭　凡(兼)(2004.3.1—2008.3.18)

厂　长(站长)

陈彰勇(1987.6.20—2007.5.15)

倪 俊(2007.5.15—2008.3.18)

副厂长(副站长)

裴兆元

杨伏秋(1980.8.4—1984.11.30)

王子明(1981.7.10—1983.3.23)

陈彰勇(1984.11.30—1987.6.20)

向延振(1990.1.16—1995.1.27)

田培生(1990.3.12—1991.5.25)

罗协清(1995.3.27—2002.2.5)

朱才德(2002.2.5—2008.3.18)

张超英(2002.2.5—2008.3.18)

工会主席

朱能胜(兼)(1985.3.20)

杨　彪(兼)(1988.12.31—1996.1.30)

龚南辉(1996.1.30—2002.2.5)

郭　凡(兼)(—2008.3.18)

附:慈利卸油站历届班子成员任职情况

党支部副书记

鄢科云(1988.12.31—1991.4.2)

副站长

向延振(1987.10.31—1990.1.16)

田培生(1990.1.16—1991.5.25)

慈利卸油点筹建小组负责人:向延振(1987.6.20任)

4.常德市公路管理局公路机械维修站　位于湖南省常德市武陵区三岔路街道办事处临江路社区汽修巷2号。隶属常德市公路管理局管理的正科级事业单位。2010年12月底止,有干部职工165人,其中在职职工94人,退休职工71人。主要从事机械加工、道路安全附属设施制作及安装,固定资产110万元。

1960年6月,为了适应机械化和半机械化养路的需要,常德专区公路运输局党委在常德工区工具修理组的基础上扩建成立了常德专区公路运输局工具厂,落址于常德南站渡口。

1962年6月,常德公路养护总段成立,常德专区公路运输局工具厂隶属常德公路养护总段管理,并更名为“常德公路养护总段工具厂”。

1963年12月,常德公路养护总段工具厂从常德南站搬迁至常德市三岔路街道办事处临江路社区汽修巷2号。

1966年7月,常德公路养护总段并入常德专署交通局,工具厂属交通局公路科直接领导。

1967年7月,常德地区公路养护总段机构恢复,工具厂恢复为常德地区公路养护总段工具厂。

1968 年 9 月，成立常德地区公路养护总段工具厂革命委员会。

1971 年 4 月 21 日，成立中共常德地区公路总段工具厂支部委员会。

1974 年 1 月，“常德地区公路总段工具厂革命委员会”更名为“常德地区公路总段机械厂革命委员会”。

1979 年 1 月，根据上级精神，撤销“常德地区公路总段机械厂革命委员会”，恢复为“常德地区公路总段机械厂”。

1984 年，“常德地区公路总段机械厂”更名为“常德公路总段机械厂”。

1988 年 5 月，常德地改市，12 月 3 日“常德公路总段机械厂”更名为“常德市公路总段机械厂”。

1997 年 4 月 20 日，“常德市公路总段机械厂”更名为“常德市公路管理局机械厂”。下设办公室、财务、工会、工程队、机加车间、修理车间、生机股等七个股室。

2002 年 2 月 4 日，常德市公路局机构改革后，“常德市公路管理局机械厂”更名为“常德市公路管理局公路机械维修站”。为隶属常德市公路管理局管理的直属事业单位。

2008 年，常德市公路管理局党委为整合资源，常德市公路管理局公路基础设施工程处与常德市公路管理局公路机械维修站合并，单位名称仍为常德市公路管理局公路机械维修站。

常德市公路管理局公路机械维修站（总段机械厂）历届班子成员任职情况

党支部书记

陈普华（1975.9.19—1984.11.30）

罗明初（1984.11.30—1990.5.11）

陈培文（1990.5.11—1999.2.24）

杨永德（兼）（1999.2.24—2002.2.5）

谌兵钿（2007.5.15 任）

党支部副书记

梁绍云（1964.12—1966.8）（1968.10—1971.4.21）（1974.4—1979.1.11）

杨伏秋（1971.4.12—1975.8.16）

夏庆余（1971.4.12 任）

张文澄（1979.5.19—1981.10.25）

陈培文（1986.12.13—1990.5.11）

潘春桥（1994.4.7—1994.12.8）

袁 丽（2002.2.5 任）

厂　长(站长)

谌作丰(1984.11.30—1986.12.13)

黄弋夫(兼)(1987.11.2—1990.1.16)

黄　萍(1990.3.12—1995.1.27)

杨永德(1996.1.30—2002.2.5)

李　和(2002.2.5—2008.3.18)

陈学泉(2008.3.18 任)

副厂长(副站长)

李太明(1976.7—1984.11.30)

陈贵田(1970.3—1982.8.20)

谌作丰(1982.8.20—1984.11.30)

薛祚国(1984.11.30—1986.12.13)

裴福喜(1986.12.13—1990.5.11)

吴孝儒(1986.12.13—1988.12.31)

黄光麟(1988.12.31—1995.1.27)

王永松(1988.12.31—2006.3.13)

甄　平(1992.4.8—1994.4.7)

吴希艳(1995.1.27—1996.1.30)

王　平(1996.1.30—1998.3.16)

李　和(2000.2.22　2002.2.5)

谌宾钿(2002.2.5—2007.5.15)

陈　华(2003.1.20 任)

李春晓(2006.3.13 任)

袁　丽(兼)(2008.3.18 任)

宋典范(2008.3.18—2009.3.13)

张亚岚(2008.3.18 任)

刘　君(2009.3.13 任)

周　刚(2009.3.13 任)

戴羽枭(2010.12.22 任)

鲁立明(2010.12.22 任)

工会主席

罗明初(兼任)(1985.3.20—1986.12.13)(1990.5.11—1994.4.7)

陈培文(1986.12.13—1990.5.11)(1995.1.27—1999.2.24)

潘春桥(兼)(1994.4.7—1994.12.8)

袁　丽(兼)(2002.2.5—2008.3.18)

张亚岚(2008.3.18 任)

5.湖南金路建筑材料有限公司　位于湖南省常德市武陵区三岔路街道办事处临江路社区汽修巷 2 号,属中外合资企业。1991 年开始筹备,1996 年停产,1997 年被吊销工商营业执照。成立时有干部职工 38 名,上级主管部门为常德市公路总段。

1991 年 5 月 8 日,常德市公路总段机械厂与香港金麒投资有限公司就双方合资生产建筑装饰材料——红泥塑料浪板项目进行洽谈,双方达成协议,签订《中外合资协议书》。

6 月 22 日,常德市计划委员会就《关于中外合资“金路建筑装饰材料制品有限公司”生产红泥浪板项目建议书》进行了批复,批准该项目立项。

10 月,常德市建材工业局组织工业经济、机械工程及建材工业等方面的专家和常德市外经委、工商银行、国资办、会计事务所等行政管理单位和协作单位的有关人员对生产红泥浪板项目可行性研究进行专题评估会。10 月 24 日,对《中外合资金路建筑装饰材料制品有限公司引进生产红泥塑料浪板项目可行性研究报告》作出审查意见。

11 月 29 日,常德市计划委员会批准湖南金路建筑装饰材料制品有限公司红泥塑料浪板项目组织实施。

1992 年 1 月 24 日,常德市公路总段文件通知:“中外合资企业金路公司”成立董事会,成员为:黄萍、甄平、黄光麟。黄萍为董事长,甄平为副董事长。

1992 年 3 月 7 日,湖南省公路系统第一家中外合资企业——湖南金路建筑装饰材料制品有限公司获湖南省外经贸委颁发的《中华人民共和国中外合资经营企业批准证书》。

3 月 8 日,湖南金路建筑装饰材料制品有限公司在常德市工商局登记注册,正式挂牌成立。公司地址在常德市公路总段机械厂内。

1995 年 2 月 13 日,湖南金路建筑材料有限公司从常德市公路总段机械厂分离出来,直属常德市公路总段领导,科级单位。

5 月 27 日,由于原材料价格猛涨,技术力量薄弱,生产成本高居不下,产品质量不上档次,湖南金路建筑材料有限公司亏损严重,负债 1140 多万元,公司向总段申请停产。

6 月 1 日,湖南金路建筑材料有限公司停产。

1996 年 2 月 28 日,湖南金路建筑材料公司人员分流,30 多名职工合并到常德市公路总段机械厂。

1997 年 10 月 20 日,湖南金路建筑材料有限公司被市工商局吊销工商执照。

1999 年 7 月 22 日,常德市招商局印发《关于依法撤销一批外商投资企业批准证书的通知》,湖南金路建筑材料有限公司属 1999 年第一批撤销批准证书“三资”企业名单。

湖南金路建筑材料有限公司历届班子成员任职情况

党支部书记

张守清(兼)(1995.3.27—1996.1.30)

经　理

张守清(1995.3.27—1996.1.30)

副经理

黄光麟(1995.3.27—1996.1.30)

王　平(1995.1.27—1996.1.30)

董事长

黄　萍(1992.1.24 任)

副董事长

甄　平(1992.1.24 任)

董事会成员

黄　萍(1992.1.24 任)

甄　平(1992.1.24 任)

黄光麟(1992.1.24 任)

6.常德市公路管理局公路基础设施工程处　位于湖南省常德市武陵区三岔路街道办事处临江路社区汽修巷 1 号,隶属常德市公路管理局管理的正科级事业单位。2010 年 12 月底止,共有干部职工 53 人(其中退休职工 21 人)。2008 年与常德市公路管理局公路机械维修站合并,人员由常德市公路管理局机械维修站管理。

1984 年 9 月,成立常德公路总段劳动服务公司。

1985 年 6 月 23 日,常德公路总段劳动服务公司办理工商执照后正式营业。共有正式职工 4 人,经费自负盈亏,由常德公路总段劳资科代管。

1988 年 2 月, 常德公路总段劳动服务公司更名为常德公路总段金三角劳动服务公司,为隶属常德公路总段管理的正科级事业单位。

1990 年 12 月, 成立中共常德公路总段金三角劳动服务公司党支部和常德公路总段金三角劳动服务公司工会委员会。

1994 年 9 月,"常德公路总段金三角劳动服务公司"更名为"常德市公路总段劳动服务公司",办公室地点搬迁至常德市武陵区三岔路街道办事处临江路社区汽修巷 2 号常德市公路总段机械厂院内。

1997 年 4 月 20 日,"常德市公路总段劳动服务公司"更名为"常德市公路管理局劳动服务公司"。

1998年3月23日,“常德市公路管理局劳动服务公司”更名为“常德市公路管理局基础设施工程处”。并取消独立法人资格,实行内部独立核算。更名后,其隶属关系,机构级别不变。

2002年2月4日,常德市公路管理局机构改革后,“常德市公路管理局基础设施工程处”更名为“常德市公路管理局公路基础设施工程处”。为隶属常德市公路管理局管理的正科级事业单位。办公室地点搬迁至常德市武陵区三岔路街道办事处临江路社区汽修巷1号。

2008年2月,常德市公路管理局公路基础设施工程处除保留人员编制外,人员管理、财务管理、机械设备、办公设施等与常德市公路管理局公路机械维修站合并。合并时有干部职工57人(其中退休职工15人)。

常德市公路管理局公路基础设施工程处(劳动服务公司)
历届班子成员任职情况

党支部书记

陈克永(1990.5.11—1996.1.30)
裴福喜(1996.1.30任)
吴希艳(1997.3.5—2002.2.5)
欧阳昌文(—2005.5.24)
陈学泉(2005.5.24—2008.3.18)

党支部副书记

宋典范(1997.3.5—2008.3.18)

经　理(主任)

杨伏秋(1984.11.30—1985.1.29)
杨菊成(1988.2.24—1990.5.11)
裴福喜(1990.5.11—1996.1.30)
吴希艳(1996.1.30—2002.2.5)
欧阳昌文(2002.2.5—2005.5.24)
陈学泉(兼)(2005.5.24—2008.3.18)

副经理(副主任)

姚跃群(1992.4.8任)
宋典范(1996.1.30—2009.3.13)
黄德玉(1997.3.5—1998.8.23)
杨先桃(1997.11.17—2006.3.13)
陈学泉(2003.1.20—2005.5.24)
龙立科(2003.1.20—2008.3.18)

陈　华(2002.2.5—2003.1.20)
张亚岚(2006.3.13—2008.3.18)

工会主席

陈克永(兼)(1992.7.11—1996.1.30)
裴福喜(1996.1.30 任)
宋典范(兼)(1997.3.5—2002.2.5)(2003.1.20—2008.3.18)
陈学泉(2002.2.5—2003.1.20)

7.常德汽车渡口管理所　位于常德市鼎城区武陵镇渡口巷 14 号。隶属常德公路总段管理的正科级单位。1986 年 10 月 1 日常德沅水大桥通车后,该所改名为战备码头管理所,有职工 35 人(干部 5 人)守护码头,并组建了一支沥青运输船队。

1930 年长沙至常德公路建成通车后,常德终点为德山,并建成德山老码头至常德市大西门渡口。常德渡口解放前夕曾设渡口所,有干部 1 人。1950 年 3 月撤所,由常澧工程段管理。1949 年新中国成立后至 1956 年,常德渡口在南站至下南门码头进行渡运。随着公路机构变更,隶属关系多次变动。1961 年新建了青年路渡口码头。1962 年成立常德渡口管理所,常德渡口由落路口迁至青年路。1986 年沅水大桥通车前,有钢质拖轮 7 艘,计 1200 马力,钢质八车渡船 5 只,十二车机动渡船 2 只,人员 88 人(其中干部 8 人)。

常德渡口从 1934 年建渡至 1986 年常德沅水大桥建成撤渡,渡运历时 52 年。

常德汽车渡口管理所历届班子成员任职情况

党支部书记

郭天秀(1971.4.12—1978.11.14)
罗明初(1978.11.14—1984.11.30)
谢文成(1984.11.30—1986.10.22)
朱能胜(1991.5.25—1993.2.25)

党支部副书记

蔡苍松(1975.8.16—1978.11.22)
唐秀章(1987.1.2—1991.5.25)

所　长

谢文成(—1981.10.25)(1984.11.30—1986.10.22)
罗明初(1981.10.25—1984.11.30)
李太明(1986.10.4 任)

副所长

丁相村(—1984.11.30)

刘和初(1981.10.25—1986.10.22)

李太明(1984.11.30—1986.10.4)

罗献武(1991.5.25—1992.7.11)

工会主席

丁相村(—1984.11.30)

刘和初(兼任)(1985.3.20)

唐秀章(兼)(1988.12.31—1993.5.24)

(三)公路收费站

1.常德沅水大桥收费站　位于常德沅水大桥北端原国道207线K2301+756处,隶属常德市交通局管理的正科级事业单位。收费站下设办公室、财务科(股)、稽查科(股)、监控室、工会、行政执法办公室和五个收费班。

1992年12月,经湖南省人民政府湘政办函〔1992〕282号文件批准设立常德沅水大桥收费站;其间经历了与207国道德山收费站的收费经营权移交金健米业及收回。

2006年7月,经湖南省政府湘政办函〔2006〕134号文件批准撤销常德沅水一、二桥收费站,设立常德城区路桥通行费征收管理处,由其委托德山、斗姆湖、河洑高速收费站代征城通费。

2009年5月,按省取消政府还贷二级公路收费政策,取消代征城通费。

自开征至取消收费,常德沅水大桥收费站共收取通行费30761.40万元,其收费与常德沅水二桥所收通行费共同偿还"一路一桥"建设贷款。"一路一桥"即207常德绕城公路和常德沅水二桥。

常德沅水大桥收费站历任负责人:

曾昭贵　1993年3月—1995年5月

田其乐　1995年6月—2000年9月

戴忠福　2000年10月—2001年12月

张程皓　2002年1月—2002年9月

姚跃群　2002年9月—2006年10月

2. 常德市张公庙大桥收费站　位于207国道常德市澧县张公庙澧水大桥北引桥处(G207K 2227 +500)。隶属常德市公路管理局管理的正科级事业单位。张公庙大桥收费站下设办公室、财务股、稽查股、监控室、工会、行政执法办公室和四个收费班。该站建站时定编38人,2002年机构改革后定编53人。

张公庙大桥收费站于1990年3月1日正式开征,2008年12月30日被撤销。累计收取通行费16846.4881万元,用于偿还澧水张公庙大桥建桥贷款和临澧县、澧县G207改建贷款及利息。

1989年8月10日,经省交通厅、财政厅、物价局湘交公路〔1989〕第399号文件批准,设立"常德市张公庙大桥公路征费稽查站",一站一点双向收取车辆通行费。隶属常德市公路总段管理的正科级事业单位。

1989 年 12 月 1 日，207 国道澧水张公庙大桥正式竣工试通车。

1990 年 3 月 1 日，“常德市张公庙大桥公路征费稽查站”正式挂牌成立，开征通行费。这是湖南省第一个通行费收费站。

1990 年 3 月 28 日，成立“中共常德市张公庙大桥公路征费稽查站党支部”。

1996 年 10 月，常德市张公庙大桥公路征费稽查站开通电脑收费系统和电视监控系统。

2002 年 2 月，经常德市编委和常德市市公路管理局党委批准，“常德市张公庙大桥公路征费稽查站”更名为“常德市张公庙大桥收费站”；“中共常德市张公庙大桥公路征费稽查站党支部”更名为“中共常德市张公庙大桥收费站党支部”。

G207 张公庙大桥收费站

2003 年 12 月 15 日，湖南省人民政府办公厅（湘政办函〔2003〕236 号）文件《湖南省人民政府办公厅关于延长张公庙等 8 个收费站收费期限的批复》，张公庙等 8 个收费站延期至 2008 年 12 月 30 日止。

2006 年 5 月，常德市张公庙大桥收费站投资 110 万元在原址上改建收费站亭。

2008 年 12 月 30 日，常德市张公庙大桥收费站收费到期，停止收费。

2009 年 6 月，常德市张公庙大桥收费站撤除收费设施，收费站原有的资产和档案资料于2009 年 12 月移交澧县公路管理局。“常德市张公庙大桥收费站”和“中共常德市张公庙大桥收费站支部”也随之被撤销。

张公庙公路大桥收费站历届班子成员任职情况

党支部书记

彭先棕（1990.5.11—1999.2.24）

陈元国（1999.2.24—2002.2.5）

裴德友（2002.2.5 任）

马明浩（2007.6 任）

党支部副书记

杜方中（1999.2.24—2000.2.22）

张龙贵(2000.2.22—2002.2.5)

站　长

张鼎久(1993.2.25—1999.2.24)

陈元国(兼)(1999.2.24—2002.2.5)

裴德友(兼)(2002.2.5任)

马明浩(2007.6任)

张龙贵(2008.5—2009.12)

副站长

张鼎久(1990.5.11—1993.2.25)

杜方中(1992.4.8—1999.2.24)

张荣新(1999.2.24—2002.2.5)

张龙贵(2002.2.5任)

赵旺英(2002.2.5任)

陈雪飞(2005.2.5—2007.5.8)

工会主席

彭先棕(兼)(1990.5.11—1999.2.24)

杜方中(兼)(1999.2.24—2000.2.22)

张龙贵(兼)(2000.2.22任)

3.津市澧水大桥收费站　位于省道S205线K1+200津市澧水大桥处。隶属常德市公路管理局管理的正科级事业单位。该站于1990年3月开征至2009年4月30日被撤销。所收取的通行费用于偿还津市澧水大桥建设贷款及利息。站部设政办股、财务股、工会、监控室、月票办证厅、行政执法办公室6个股室;4个收费班。定编24人。

津市澧水大桥收费站

1989年12月15日,津市澧水大桥建成通车,该工程系津市地方政府自筹基建项目,除企事业单位、市民集资外,大部分资金为银行贷款,总投资2745.87万元。

1990年3月,津市人民政府向湖南省人民政府申请对大桥收费进行还贷。湖南省人民政府通过查看资料、调查审核,批准津市市政府成立津市澧水大桥收费站并开始收费。津市澧水大桥收费站为隶属津市建设局管理的副科级事业单位,有固定职工24人。

1995年8月2日,湖南省人民政府办公厅(湘政办函〔1995〕164号)文件通知:津市澧水大桥收费站自1995年8月16日起移交湖南省交通厅管理(原收费站所有财产一并移交),收费业务工作由湖南省公路管理局按有关规定组织实施。所收取的车辆通行费全额上解省公路局通行费专户,主要用于湘北干线公路建设;收费站的正常经费经省公路局审核后按计划列支。

1995年8月25日,津市澧水大桥收费站移交湖南省公路局,由津市公路管理局接管,副科级事业单位。津市公路管理局党支部副书记罗献武任站长,原收费站转入人员19人,加上临聘人员共29人。

2001年12月30日,津市澧水大桥收费站升格为正科级事业单位。

2003年3月,湘北干线收取过路费,津市澧水大桥收费站迁至津市窑坡,更名为"津市窑坡收费站",与津市公路管理局正式分开,为隶属常德市公路管理局管理的正科级事业单位。

2007年7月,由于津市政府开发嘉山工业区,津市窑坡收费站迁至新洲。11月5日,根据(湘政办函〔2007〕126号)和(常德市编办〔2007〕161号)文件精神,原常德市"津市窑坡收费站"更名为"常德市S205新州收费站"。

2009年4月30日,公路体制改革,取消二级公路收费站,根据(常路〔2009〕35号)文件精神,30日24:00,新洲收费站取消收费,撤除收费站。

津市澧水大桥(S205窑坡、S205新洲)收费站
历届班子成员任职情况

党支部书记

李元斗(2003.1.20—2005.5.24)

梁颂江(2005.5.24任)

党支部副书记

黄旦初(2002.2.5—2003.1.20)

站　长

罗献武(1995.10.13—2000.8.31)

张程皓(2000.8.31—2002.2.5)

黄旦初(兼)(2002.2.5—2003.1.20)

李元斗(兼)(2003.1.20—2005.5.24)

梁颂江(兼)(2005.5.24任)

副站长

唐西华

刘宇丹

李 劲(2002.2.5 任)

陈长锐(2005.5.24 任)

工会主席

李 劲(—2005.8.4)

刘宇丹(2005.8.4 任)

4.安乡大鲸港大桥收费站　位于安乡大鲸港大桥桥头省道 306 线 K219 公里处。隶属常德市公路管理局管理的正科级事业单位。于 1994 年 10 月 1 日开征,2006 年 10 月 1 日撤销。所收取的通行费用于偿还安乡大鲸港大桥建设贷款及利息。该站定编 30 人,站部设政办股、财务股、工会、监控室、行政执法办公室等股室,下设 4 个收费班。

1994 年 10 月 1 日,经湖南省人民政府(湘政办函〔1994〕233 号)文件批准,安乡大鲸港大桥收费站正式挂牌成立,并于当月开始收取机动车辆通行费。隶属常德市公路总段管理的正科级事业单位,定编 30 人。

2006 年 8 月 7 日　湖南省政府办公厅(湘政办函〔2006〕132 号)文件通知:(1)同意撤销 S306 安乡大鲸港大桥收费站,从 2006 年 10 月 1 日起停止收费。(2)该站撤销后经审计的剩余债务由 S205 窑坡和 S306 石龟山收费站偿还。(3)撤销工作在常德市人民政府的领导下,由常德市公路管理局具体组织实施。

2006 年 10 月 1 日停止收费。安乡大鲸港大桥收费站被撤销。

安乡大鲸港大桥收费站历届班子成员任职情况

党支部书记

龚明湘(1994.12.1—2000.2.22)

李训海(兼)(2000.2.22 任)

站　长

龚明湘(兼)(1994.12.1—2000.2.22)

李训海(兼)(2000.2.22 任)

副站长

何大毅(1994.12.1—1997.3.5)

李益明(1997.3.5—2002.2.5)

刘敏迁(2002.2.5 任)

黄志辉(2001.2.14 任)

工会主席

龚明湘(兼)(1995.1.27—1996.1.30)

谭徽亿(1996.1.30—1998.2.9)
李益明(1998.2.9—2000.2.22)
刘敏迁(2000.2.22—2002.2.5)

5.石龟山大桥收费站　位于安乡县安丰乡黄家台村省道306线K232+400处。隶属常德市公路管理局管理的正科级事业单位。于1998年10月20日开征,2009年5月1日被撤销。所收取的通行费用于偿还石龟山大桥工程贷款及收费站站部部分费用。该站定编37人,设政办股、财务股、工会、监控室、月票办证厅、行政执法办公室、5个收费班。

石龟山大桥收费站

1998年10月12日,根据《湖南省人民政府办公厅关于同意在湘北干线安乡县石龟山大桥设立车辆通行费收费站的批复》(湘政办函〔1998〕158号)文件精神,同意湘北干线石龟山大桥收费站由安乡公路管理局组建,级别为副科级,人员暂定25人,一律采用聘任制,不转关系,隶属安乡公路管理局管理。

2001年12月30日,根据常德市编委(常编发〔2001〕13号)文件精神,明确石龟山大桥收费站为正科级单位,核定编制37人。

2003年3月1日起,中共常德市公路管理局党委(常路党〔2003〕4号)文件通知:石龟山大桥收费站由常德市公路管理局垂直管理。

2009年5月1日停止收费。石龟山大桥收费站被撤销。

石龟山大桥收费站历届班子成员任职情况

党支部书记

李德安(2002.2.5任)

站　长

李训海(兼)(1998.10.12—2000.2.22)
李德安(兼)(2000.2.22任)

副站长

李益明(2002.2.5—2004.3.1)
牟　涛(2002.2.5任)

刘敏迁
黄志辉
谢承柏
工会主席
李益明(—2005.8.4)
谢承柏(2005.8.4 任)

6.桃源沅水大桥收费站　位于省道 S226 线 K25+000 桃源沅水大桥西端,隶属桃源县交通局管理。收费站下设办公室、财务股、稽查股、监控室、工会、行政执法办公室和 5 个收费班。

1999 年 7 月,湖南省人民政府(湘政办函〔1999〕79 号)文件批准设立桃源沅水大桥收费站;2007 年 5 月,湖南省人民政府(湘政办函〔2007〕124 号)文件批准撤销桃源沅水大桥收费站。

自建站至停征,桃源沅水大桥收费站累计收取通行费 1989.51 万元,主要用于偿还桃源沅水大桥建设工程贷款本息。

桃源沅水大桥收费站历任负责人:

杜星明(1999 年 7 月—2000 年 12 月)

李道荣(2001 年 1 月—2003 年 12 月)

徐友朝(2004 年 1 月—2007 年 5 月)

7.常德市 319 国道崔家桥收费站　位于 G319 线 K1342+800—K1343+000 处。隶属常德市公路管理局管理的正科级事业单位。于 1996 年 12 月 18 日开征,2009 年 5 月 1 日撤销。所收取的通行费用用于偿还 319 国道汉寿段二级路面(含严家河、牛路滩两座桥梁)改造工程贷款及利息。该站有干部职工 45 人,下设办公室、稽查股、财务股、工会等 4 个股室。

G319 崔家桥收费站

1996 年 12 月 18 日,常德市 319 国道崔家桥收费站正式成立并开征收费,为隶属汉寿公路管理局管理的副科级事业单位。

2003 年 3 月,常德市 319 国道崔家桥收费站升格为常德市公路管理局管理的正科级事业单位。

2008 年 12 月 31 日,根据上级精神,常德市 319 国道崔家桥收费站停止收费。

2009 年 5 月 1 日,常德市 319 国道崔家桥收费站被撤销。

319 国道崔家桥收费站历届班子成员任职情况

党支部书记

黄中献(2003.1.20 任)

侯中三(2008.3.18 任)

党支部副书记

黄中献(2002.2.5 任)

站　长

李先亚(兼)(1996.11.22—1997.3.5)

朱才德(1997.3.5—2001.2.14)

黄中献(2001.2.14—2002.2.5)(2003.1.20 任)

侯中三(2008.3.18 任)

副站长

黄中献(兼)(2002.2.5 任)

陈祥鹤(2002.2.5 任)

侯中山(2003.1.20—2008.3.18)

陶　军(2006.3.13 任)

陈艳萍(2008.3.18 任)

工会主席

陈祥鹤(—2006.3.14)

陶　军(2006.3.14 任)

8. 常德市 319 国道樟木桥收费站　位于常德市德山经济开发区 319 国道樟木桥路段。隶属常德市公路管理局管理的正科级事业单位。该站于 1993 年 9 月 5 日开征，2008 年 12 月 31 日被撤销。所收取的通行费用于偿还国道 319 樟木桥收费站路段改造工程贷款及利息。该站定编 49 人，设政办股、财务股、工会、监控室、月票办证厅、行政执法办公室、5 个收费班。

G319 樟木桥收费站

1993 年 9 月 4 日，经湖南省

人民政府(湘政办函〔1993〕181 号)文件、湖南省交通厅、常德市编委批准,同意设立"常德市 319 国道郭家铺收费站",为隶属常德市公路总段管理的正科级事业单位。

1993 年 9 月 5 日,319 国道郭家铺收费站正式成立并挂牌收费。

1994 年 7 月 10 日,经湖南省人民政府批准:319 国道郭家铺收费站转点樟木桥。

1995 年 1 月 25 日,根据湖南省人民政府(湘政办函〔1994〕146 号)文件精神,原"常德市 319 国道郭家铺收费站"转点至鼎城区樟木桥后更名为"常德市 319 国道樟木桥收费站"。

2008 年 12 月 31 日,停止收费。"常德市 319 国道樟木桥收费站"被撤销。

常德市 319 国道樟木桥收费站历届班子成员任职情况

党支部书记

罗士玄(1993.9.18—1996.1.30)

杨　彪(1996.1.30—1999.2.24)

裴德友(1999.2.24—2002.2.5)

黄旦初(2003.1.20 任)

丁　泓

党支部副书记

赵福初(1996.6.21—1998.2.9)

刘焕忠(1998.2.9—2002.2.5)

黄　河(2002.2.5—2003.1.20)

站　长

张守清(1993.9.18—1995.1.27)

杨波泉(1996.1.30—1997.3.5)

何大毅(1997.3.5—1999.2.24)

裴德友(兼)(1999.2.24—2002.2.5)

黄旦初(兼)(2003.1.20 任)

丁　泓

副站长

黄　河(1995.1.27—2003.1.20)

黄旦初(2000.2.22—2002.2.5)

陈曼妮(2002.2.5—2003.1.20)

谢　萍(2002.2.5 任)

王国华(2003.1.20 任)

朱丽萍(2004.3.1 任)

李　劲
牟　涛
毛　勇
杨国辉

工会主席

罗士玄(兼)(1993.9.18—1996.1.30)
杨　彪(1996.1.30—1996.6.21)
赵福初(兼)(1996.6.21—1997.3.5)
刘焕忠(1997.3.5—2002.2.5)
谢　萍(—2005.8.4)
朱丽萍(2005.8.4 任)

9. 常德市 319 国道桃花源收费站　位于常德市桃花源风景区 319 国道 K1432+200 处。隶属常德市公路管理局管理的正科级事业单位。该站于 1997 年 11 月 18 日开征,2009 年 12 月被撤销。所收取的车辆通行费全部用于偿还 319 国道常德桥南至桃花源镇路段的改造工程贷款及利息。下设政办股、财务股、安稽股、后勤股、监控室、4 个收费班,定编 48 人。

1997 年 10 月 18 日,根据湖南省人民政府办公厅(湘政办函〔1997〕300 号)文件设立 319 国道桃花源收费站,一期收费期限暂定从 1997 年 11 月 1 日起至 2002 年 10 月 30 日止。

G319 桃花源收费站

1997 年 11 月 18 日,根据湖南省人民政府(湘政发〔1996〕33 号)文件,319 国道桃花源收费站开征,收费期限延至 2017 年 10 月 31 日。

2009 年 5 月 1 日,"常德市 319 国道桃花源收费站"停止收费。12 月,"常德市 319 国道桃花源收费站"被撤销。

319 国道桃花源收费站历届班子成员任职情况

党支部书记

罗士玄(兼)(1997.11.17—2001.2.14)
佘新华(2001.2.14—2002.2.5)

张荣新(2002.2.5任)

站　长

罗士玄(兼)(1997.11.17—2000.2.22)

周　英(兼)(2000.2.22—2002.2.5)

张荣新(兼)(2002.2.5任)

副站长

佘新华(2002.2.5—2008.3.18)

鲁　炯(2002.2.5任)

聂侃文(2007.5.15任)

赵　斌(2008.3.18任)

工会主席

佘新华

鲁　炯(兼)(2008.3.18任)

10.常德市207国道雷公塔收费站　位于常德市澧县雷公塔镇原207国道K2201处。建站时为隶属常德市澧县公路管理局管理的副科级事业单位；党的组织关系隶属中共澧县公路管理局总支委员会领导。2002年机构改革,升格为隶属常德市公路管理局管理的正科级事业单位，澧县公路管理局不再代行管理。常德市雷公塔收费站下设办公室、财务股、稽查股、监控室、工会、行政执法办公室和四个收费班。建站时定编36人，2002年机构改革后定编46人。

G207雷公塔收费站

常德市207国道雷公塔收费站于1997年4月8日正式开征，2009年4月30日被撤销。累计收取通行费6381.1796万元,用于偿还207国道澧县段43公里公路改造工程贷款及利息。

1997年1月9日,湖南省人民政府(湘政办函〔1997〕10号)文件批准,设立"207国道雷公塔收费站",一站一点双向收取车辆通行费。收费期限从1997年1月15日起至2002年1月31日止。

1997年4月8日,"207国道雷公塔收费站"正式挂牌成立,开征通行费。隶属常德市澧县公路管理局管理的副科级事业单位;定编36人,职工主要来源于交通、公路部门内部聘用人员。

2002年2月4日,湖南省交通厅、湖南省财政厅、湖南省物价局(湘交财会字〔2002〕45

号)《关于延长国道207线雷公塔收费站收费期限的批复》:雷公塔收费站收费期限延至2014年1月31日。

2002年3月,根据(常编发〔2001〕13号)文件,"207国道雷公塔收费站"更名为"常德市雷公塔收费站"升格为隶属常德市公路管理局管理的正科级事业单位，澧县公路管理局不再代行管理。

2006年8月1日,常德市雷公塔收费站开通电视监控收费系统。

2009年4月30日停止收费。2009年5月,常德市雷公塔收费站原有的收费设施撤除。收费站原有的资产和档案资料于2009年12月移交澧县公路管理局。"常德市雷公塔收费站"和"中共常德市雷公塔收费站支部"随即被撤销。

207国道雷公塔收费站历届班子成员任职情况

党支部书记

李先亚(兼)(2000.2.22任)

马明浩(2002.2.5—2008.11.20)

陈雪飞(2007.5—2009.12)

站　长

吴学禹(兼)(1997.4.7—1998.2.9)

陈元国(兼)(1998.2.9—1999.2.24)

李先亚(兼)(1999.2.24—2000.2.22)

李元斗(2000.2.22—2002.2.5)

马明浩(兼)(2002.2.5—2008.11.20)

陈雪飞(2007.5—2009.12)

副站长

李元斗(2002.2.5—2003.1.20)

孙　岳(2003.1.20任)

黄　勇(2004.3.1—2009.3.13)

工会主席

孙　岳(兼)(2003.1—2009.12)

G207新裕收费站

11. 常德市207国道澧县新裕收费站　位于澧县涔南乡永丰村5组。常德市207国道澧县新裕收费站于2004年1月10日开征,收费期至2032年1月9

日止。所收取的通行费用于偿还澧东公路投资。该站有职工41人,设综合部、财务部、监控部、征收部、4个收费班。

2004年1月8日,经湖南省人民政府办公厅(湘政办函〔2004〕7号)文件批复:同意设立"常德市207国道澧县新裕收费站",收费业务属常德市公路管理局管理。

2004年1月10日,经湖南省人民政府办公厅批准:常德市207国道澧县新裕收费站正式成立并挂牌收费。

2004年至2009年,陈克林任公司总经理;

2009年,司书标任公司总经理。

12.207国道矮架山收费站　位于临澧县望城乡文塘村临岗线K5+200米处,隶属临澧公路管理局管理的副科级事业单位。有站长1名、副站长2名,共有在职干部职工56人。设办公室、财务室、监控室、稽查班和5个收费班。

G207 矮架山收费站

1996年湖南省人民政府办公厅(湘政办函〔1996〕145号)文件批准设立207国道矮架山收费站,1996年7月8日收费站建成开征。

2004年,临岗公路建成通车后,207国道矮架山收费站并入临岗公司管理,与临岗公司所属临澧收费站合并,其人员编制仍归属常德市公路管理局。

2009年5月1日零时,因全省取消政府还贷二级收费站,207国道矮架山收费站被撤销。

207国道矮架山收费站历届班子成员任职情况

党支部书记

梁颂江(2002.2.5—2005.5.24)

站　长

王道清(兼)(1996.11.22—1997.3.5)

刘永春(兼)(1997.3.5—2000.2.22)

梁颂江(兼)(2000.2.22—2005.5.24)

邓元华

副站长

陈长锐(—2005.5.24)

熊清贵

13.临岗公路收费站　实行一站三点收费模式:岗市点位于国道207线K2287+900处;临澧点位于国道207线K2249+300处;矮架山点位于国道207老线K2248+700处。收费站下设办公室、财务科(股)、稽查科(股)、监控室、工会、行政执法办公室和14个收费班。

2004年9月,经湖南省人民政府(湘政办函〔2004〕173号)文件批准,设立常德市临岗公路收费站,原属常德市公路局管理的矮架山收费点一并归属临岗公司管理。至2007年12月31日,临岗公路收费站由临岗公路建设开发有限公司管理,属经营性收费;

自2008年起,临岗公路收费站改为政策性收费,并由常德市交通局代管。

2009年5月,按湖南省取消政府还贷二级公路收费政策,矮架山收费点取消收费。

临岗公路收费站历任负责人:

周　义　2004年9月—2008年3月

彭孝义　2008年4月—2009年9月

段　斌　2009年10月—

14.207国道德山收费站　位于常德沅水二桥南约100米国道207线K2199+828处,隶属常德市交通局管理的正科级事业单位。德山收费站下设办公室、财务科(股)、稽查科(股)、监控室、工会、行政执法办公室和五个收费班。

2000年11月,经湖南省人民政府(湘政办函〔2000〕162号)文件批准设立207国道德山收费站;其间,经历了与207国道德山收费站的收费经营权移交金健米业及收回。

2006年7月,经湖南省人民政府(湘政办函〔2006〕134号)文件批准撤销常德沅水一、二桥收费站,设立常德城区路桥通行费征收管理处,委托德山、斗姆湖、河洑高速公路收费站代征城通费;2009年5月,按照湖南省取消政府还贷二级公路收费政策,取消代征城通费。

自开征至取消收费,207国道德山收费站共收取通行费11517.60万元,与常德沅水大桥所收通行费共同偿还"一路一桥"建设贷款。"一路一桥"即207常德绕城公路和常德沅水二桥。

207国道德山收费站收费站负责人:

孙圣武　2000年11月—2006年12月

15.常德市柳叶湖收费站　位于省道306线K284+128处,省道205线K94+770处,隶属常德市交通局管理的正科级事业单位,党的组织关系隶属常德市交通局党组。柳叶湖收费站下设办公室、财务股、稽查股、监控室、工会、行政执法办公室和4个收费班。

1998年7月,经湖南省人民政府(湘政办函〔1998〕147号)文件批准设立常德市周家店收费站。

2002年,经(湘交财字〔2002〕41号)文件批准,常德市周家店收费站转至常德市泉水桥附近,常德市周家店收费站更名为常德市柳叶湖收费站;2006年经湖南省人民政府〔2006〕

88号文件批准，常德市柳叶湖收费站收费延期。

2009年4月30日，按全省取消政府还贷二级以下公路收费，常德市柳叶湖收费站被撤销。

自建站至停征，常德市柳叶湖收费站共收取通行费9648.79万元，主要用于偿还湘北干线建设工程贷款本息。

柳叶湖收费站历任站长：

赵福初　1998年9月—2008年5月

李智勇　2008年5月—2009年10月

16.S306线陬市收费站　位于常德市桃源县陬市境内，原省道1801常永线K 10+500处。隶属常德市公路管理局管理的正科级事业单位。下设政办股、财务股、安稽股、监控室、五个收费班；共有干部职工76人（其中干部4人、职工72人）。

2000年9月2日，经湖南省人民政府（湘政办函〔2000〕138号）文件批准设立S306线陬市收费站，对过往机动车收取通行费。收费期限自2000年8月15日起至2015年8月14日止。

2009年5月1日，“S306线陬市收费站”停止收费、2009年12月被撤销。

S306线陬市收费站历届班子成员任职情况

党支部书记

黄　河（2003.1.20任）

站　长

黄　河（兼）（2003.1.20任）

副站长

罗元兵（—2003.1.20）

杨　勇

聂侃文（—2007.5.15）

谢　萍（2005.8.4任）

王国华（2007.5.15任）

工会主席

谢　萍（兼）（2007.5.15任）

17.常德市五里桥收费站　位于汉寿县西竺山乡八角楼村，省道205线K94+770处，隶属常德市交通局管理的正科级事业单位，党的组织关系隶属常德市交通局党组。五里桥收费站下设办公室、财务股、稽查股、监控室、工会、行政执法办公室和四个收费班。2000年12月建站时，按湖南省行业规定定岗33名。

五里桥收费站自2000年12月开征，至2009年5月1日停征，累计收取通行费3418.83万元，用于偿还原省道1851线建设贷款本息。

五里桥收费站历任负责人：

姚跃群　2000 年 12 月—2002 年 9 月

张程皓　2002 年 9 月—2008 年 5 月

杨和平　2003 年 11 月—2008 年 5 月任副站长

　　　　2008 年 5 月—2009 年 12 月任站长

18. 石门狮子脑收费站　属一站两点收费模式，分别位于省道 304 线 K24 和县道 021K3+100 处。狮子脑收费站隶属石门县交通局管理。下设办公室、财务股、稽查股、监控室、工会、行政执法办公室和八个收费班。

1994 年 11 月，经湖南省人民政府（湘政办函〔1994〕285 号）文件批准设立石门县澧水大桥收费站。

1997 年 3 月，经湖南省政府（湘政办函〔1997〕63 号）文件批准，设立石门狮子脑收费站，并与澧水大桥收费站实行一站两点收费。

2001 年，石门县澧水大桥收费站转至宝峰地段。

2009 年 5 月 1 日，石门狮子脑收费站停征。自建站至停征，石门狮子脑收费站共收取通行费 5539.49 万元，主要用于偿还 S304 线石门段建设工程贷款本息。

石门狮子脑收费站历任负责人：

蔡宪初　1997 年—1998 年

易继明　1998 年—2000 年

覃和健　2000 年—2001 年 11 月

向东初　2001 年—2002 年 12 月

覃事攀　2003 年 1 月—2003 年 8 月

张克林　2003 年 9 月—2005 年 1 月

马泽著　2005 年 2 月—2009 年 5 月

（四）车辆超限超载检测站

1.常德市车辆超限超载 319 国道樟木桥检测站　位于 319 国道 K 1332＋100 常德市德山开发区与 207 国道重复交汇处，隶属常德市鼎城区公路管理局管理的正科级事业单位。319 国道樟木桥检测站共有干部职工 150 名，其中借调 90 名。

G319 樟木桥超限超载检测站

2004 年 2 月，常德市车辆超限超载 319 国道樟木桥检测站组建，并根据常德市政府的治超精神和相关公路法律法规，开始对途经207国道黄土店的超限车辆展开治超工作。所有工作人员租住在黄土店镇一民房内。

2004年7月23日，(湘政办函〔2004〕107号)《湖南省人民政府办公厅关于设置车辆超限超载检测站(点)的批复》，同意设置常德市车辆超限超载319国道樟木桥检测站。

2005年2月26日，常德市车辆超限超载319国道樟木桥检测站转址至319国道1332K+100德山开发区建立站房。所有工作人员住在原樟木桥收费站宿舍区。

2005年9月26日，中共常德市委机构编制委员会(常编办〔2005〕146号)文件《关于设立樟木桥、白虎山两个车辆超限超载检测站的批复》，核准樟木桥超限检测站为市公路局管理的正科级事业单位。核定事业编制45名，其中：站长1名，副站长2名，工作人员42名。

2010年4月，燃油费改革安置了50名涉改人员到常德市车辆超限超载319国道樟木桥检测站。

车辆超限超载319国道樟木桥检测站
历届班子成员任职情况

党支部书记

李之合(2009.3.13任)

站　长

李之合(2009.3.13任)

李　劲(2010.2.4任)

副站长

王国华(2006.3.13—2007.5.15)

张学权(2006.3.13—2009.3.13)

毛　勇(2006.3.13任)

李之合(2008.3.18—2009.3.13)

彭　伟(2008.3.18任)

周岳森(2009.3.13任)

郭　胜(2010.2.4任)

张　政(2010.2.4任)

工会主席

毛　勇(2006.12.25任)

2.常德市车辆超限超载207国道白虎山检测站　位于临澧县停弦镇白虎山村境内207国道K2233+500处，隶属临澧公路管理局管理的正科级事业单位。207国道白虎山检测站设综合办公室、财务股、监控室、稽查股4个股室，共有干部职工97名。

2004年2月18日，常德市车辆超限超载207国道白虎山检测站组建，并根据常德市

G207 临澧白虎山超限超载检测站

委、市政府的治超精神和相关公路法律法规，开始对途经207国道的超限车辆展开治超工作。所有工作人员租住在农户家中。

2004年7月，经湖南省人民政府正式批准成立常德市车辆超限超载207国道白虎山检测站。

2005年9月26日，常德市车辆超限超载207国道白虎山检测站经常德市人民政府同意，中共常德市委机构编制委员会办公室（常编办〔2005〕146号）文件《关于设立樟木桥、白虎山两个车辆超限超载检测站的批复》通知：设立207国道白虎山检测站，为常德市公路管理局管理的正科级事业单位。配备站长1名、副站长2名、干部职工共45名。

2009年11月，常德市车辆超限超载207国道白虎山检测站综合大楼建成。

2010年4月，燃油费改革安置了47名涉改人员到常德市车辆超限超载207国道白虎山检测站，职工总人数为97名。设立了稽查股、综合办公室、监控室、财务股等4个股室和6个执法班组。

车辆超限超载207国道白虎山检测站
历届班子成员任职情况

党支部书记

卓柏枝（—2009.3.13）

谭庆林（2009.3.13任）

站　长

卓伯支（2006.3.13—2009.3.13）

谭庆林（2009.3.13任）

副站长

杨永贵（2006.3.13聘任）

杨国辉（2006.3.13聘任）

工会主席

杨永贵（2006.12.25任）

3.陬市车辆超限超载检测站　位于常德市桃源县陬市 省道306线K304+850处。隶属

桃源陬市超限超载检测站

石门东城超限超载检测站

常德市桃源公路管理局管理的下属单位。该站根据（湘路路政字〔2005〕022 号）文件于 2005 年 3 月 27 日设立。全站有职工 50 人（其中路政员 40 人，交通协警 2 人，公安干警 3 人，后勤人员 5 人）。站长 1 名，副站长 2 名。

4. 常德市石门东城车辆超限超载检测站　位于石门县易家渡镇杨二汉社区省道 304 线 K26+900 路段，隶属常德市石门公路管理局管理，为湖南省一类治超站点。2010 年 12 月底止，共有工作人员 57 人（其中执法人员 55 人，勤杂人员 2 人）。设站长室、副站长室、处理大厅、办公室、监控室；有执勤班组 4 个、稽查班组 1 个，实行每天 24 小时四班三运转；配备有固定动态电子检测设备 2 台，移动检测设备 2 台，13 路全方位监控设备，实现了全市联网远程视频监控。

2005 年 1 月，经湖南省治超办批准设立石门三江超限超载车辆检测点，位于省道 304 线42K+900 处，属临时站点。

2005 年 4 月，经湖南省交通厅批准，石门三江超限超载车辆检测点迁址至省道 304 线 33K+850 石门县城东城区，更名为“石门东城超限超载车辆检测站”。

2008 年 4 月，经交通部批准按一类站点规模在省道 304 线 26K+900 石门县易家渡镇杨二汉社区地段征地建设新站房。

2010 年 5 月，新站房竣工，全站迁入新站办公，“石门东城超限超载车辆检测站”更名为“湖南省常德市东城超限超载车辆检测站”。

5.常德市津市新洲车辆超限超载检测站　位于湖南省津市市省道 S205 线 8K+800 处，隶属常德市津市公路管理局管理。设 4 个日夜轮换班。有干部职工 17 人。

津市新洲超限超载检测站主要负责湘北干线运输车辆超限超载检测、处理。

2004 年，湖南省治超办批准津市成立临时车辆超限超载检测站。

2004 年 4 月 1 日，津市成立“窑坡车辆超限超载检测站”，位于 S205 线起始处，隶属常德市公路管理局管理。共有干部职工 20 人(其中站长 1 人、副站长 1 人、治超员 18 人)。

2007 年 7 月，由于津市政府开发嘉山工业区，津市“窑坡车辆超限超载检测站”迁至新洲，更名为“津市新洲车辆超限超载检测站”，隶属津市公路管理局管理。

2009 年，公路系统税费改革，原津市新洲收费站人员分流后，新洲车辆超限超载检测站共有干部职工 23 人(其中站长 1 人、副站长 3 人、治超员 19 人)。

第二节　县、乡道公路管理机构

一、常德市县乡公路管理处

常德市县乡公路管理处　位于常德市武陵区柳叶大道 2999 号。隶属常德市交通运输局管理的具有行政职能的副处级事业单位。根据授权，主要负责常德市县乡公路管理。内设综合科、养护工程科、路政安全科三个副科级科室。共有工作人员 32 名。

常德市县乡公路管理处主要负责管理、养护常德市县乡公路总里程 17651.5 公里，其中：县道 2086.1 公里，乡道 6208.4 公里，村道 9357 公里。

常德市县乡公路管理处主要工作职责：

1.负责贯彻执行国家和省市有关农村公路建设、管理和养护的法律、法规、方针、政策，拟订全市农村公路建设、管理、养护的具体办法，经批准后组织实施。

2.负责执行全市农村公路建设的中长期规划，并按照年度计划和目标任务组织实施。

3.负责提出全市农村公路建设资金的拨付计划，并对资金的使用进行监督。

4.负责全市农村公路路政管理及农村公路、桥梁、渡口和安全保护工程的监督管理，维护农村公路的路产路权，保障农村公路的安全畅通。

5.负责全市农村公路科技工作；负责农村公路管理和养护工作人员的培训。

6.负责承办市委、市政府和市交通运输局交办的其他工作任务。

1963 年 1 月，成立常德地方公路航道管理处。

1972 年 3 月，常德地方公路航道管理处由常德地区交通局工程科管理。

1983 年 11 月 19 日，成立常德地区公路航道管理站，位于常德市青年路，正科级事业单位，归口常德地区行署交通处管理。负责人：彭伏保，共有工作人员 20 名。

1984 年 7 月 4 日，常德地区公路航道管理站更名为常德地区公路航道管理处，位于常德市青年路，正科级事业单位，归口常德地区行署交通处管理。负责人：彭伏保，共有工作人员20 名。

1985 年 2 月，常德地区公路管理处与常德地方航道管理处分开设立。常德地区公路管理处位于常德市青年路，正科级事业单位，隶属常德地区交通运输局管理。负责人：彭伏保，1986 年负责人为钟惠深；共有工作人员 10 名。

1988 年，常德地区公路管理处更名为常德市公路管理处。负责人：钟惠深，1996 年负责人为夏进钰;共有工作人员 10 名。

1997 年 1 月,常德市公路管理处更名为常德市县乡公路管理处。位于常德市洞庭大道 74 号,正科级事业单位,隶属常德市交通运输局管理。负责人:夏进钰,2001 年负责人为陈保麟;核定全额拨款事业编制 8 名。

2007 年 8 月 22 日,常德市县乡公路管理处升格为具有行政职能的副处级事业单位,位于常德市洞庭大道 74 号,隶属常德市交通运输局管理。负责人:陈保麟,核定全额拨款事业编制 25 名。

2008 年 8 月,常德市县乡公路管理处由常德市洞庭大道 74 号搬迁至常德市柳叶大道 2999 号。

二、区、县(市)县乡公路管理处(站)

(一)常德市武陵区县乡公路管理站　位于常德市武陵区洞庭大道中段 140 号,隶属武陵区交通运输局管理的具有行政职能的股级事业单位。根据授权,主要负责编制武陵区县乡公路建设、管理、维修、养护规划计划;组织公路建设、管理、维修、养护施工;负责路政管理等。管理站机关设工程基建计划股、治理超限运输监测股、路政股、机料股、财务股、办公室 5 个(股)室,共有工作人员 36 名。

武陵区县乡公路管理站主要管理、养护武陵区县乡公路 7 条、总里程 95.255 公里。管理、养护县乡公路桥梁共 6 座共计 184 延米。其中中型桥梁 3 座 108 延米;小型桥梁 3 座 76 延米。

1988 年 5 月,在罗湾工区养路工班的基础上成立武陵区公路管理站,隶属武陵区交通运输局管理的股级事业单位,单位地址:武陵区东江乡关天坪村,站长:代文斌,共有工作人员 10 名。

1995 年常德市江北行政区划调整后,武陵区公路管理站管辖范围由原 3 个乡扩大为六乡一镇,根据武陵区委机构编制委员会办公室印发(常武编办〔1995〕20 号)文件,重新核定公路管理站事业编制人员 22 名。

1996 年 3 月—2006 年 3 月,陈东常任武陵区公路管理站站长。

2006 年 3 月—2008 年 12 月,董贤军任武陵区公路管理站站长。

2009 年 12 月 28 日,武陵区公路管理站更名为武陵区县乡公路管理站,隶属武陵区交通运输局管理的股级事业单位,王智敏任区县乡公路管理站站长,共有工作人员 36 名。

(二)常德市鼎城区县乡公路管理处　位于常德市鼎城区武陵镇临沅路 31 号。隶属鼎城区交通运输局管理的具有行政职能的副科级事业单位。根据授权,主要负责鼎城区县乡公路的管理与养护。管理处机关设综合股、农村公路计划股 2 个(股)室。共有工作人员 14 名。

鼎城区县乡公路管理处主要管理、养护鼎城区县乡路 77 条总里程 680.735 公里。管理、养护县乡公路桥梁 91 座，村道桥梁 110 座，共 4518.1 延米。其中大型桥梁 1 座 160 延米；中型桥梁 25 座 1541.1 延米；小型桥梁 175 座 2817 延米。

1984 年 2 月 9 日，设置常德县地方公路航道管理站，位于常德市常德县武陵镇临沅路 31 号。隶属常德县交通运输局管理局管理的股级事业单位。负责人：段治国；共有工作人员 9 名。

1984 年 3 月 20 日，“常德县地方公路航道管理站”更名为“常德市鼎城区地方公路航道管理所”。隶属鼎城区交通运输局管理的股级事业单位。负责人：何国凡；共有工作人员 9 名。

1997 年 11 月 26 日，“常德市鼎城区地方公路航道管理所”更名为“常德市鼎城区地方公路管理所”。隶属鼎城区交通运输局管理的股级事业单位。负责人：王友利；共有工作人员 20 名。主要工作职责：全区范围路政行业管理

2007 年 3 月 29 日，“常德市鼎城区地方公路管理所”更名为“常德市鼎城区县乡公路管理处”。隶属鼎城区交通运输局管理的副科级事业单位。负责人：刘兴明；共有工作人员 91 名。主要工作职责：主管全区县乡公路建设、管理和养护工作。

（三）桃源县县乡公路管理处　位于桃源县漳江镇浔阳路，隶属桃源县交通运输局管理的具有行政职能的副科级事业单位。桃源县县乡公路管理处机关设办公室、人事股、财务股、工程技术养护股、路政大队和乡村公路管理站 6 个股（队、站）室，共有干部职工 72 人。

桃源县县乡公路管理处主要负责管理、养护的桃源县县乡公路 190 条，总里程 3891.203 公里。管理、养护县乡公路桥梁 400 座，10392.79 延米。其中大型桥梁 9 座 972 延米；中型桥梁 78 座 3725.24 延米；小型桥梁 313 座 5695.55 延米。

1984 年 4 月，设置桃源县公路管理站，位于县城漳江镇文昌阁居委会广场巷，隶属桃源县交通局管理的股级事业单位，共有干部职工 12 人。

2005 年 11 月，“桃源县公路管理站”更名为“桃源县县乡公路管理处”，升格为隶属桃源县交通运输局管理的具有行政职能的副科级事业单位。

桃源县县乡公路管理处历届主要负责人：肖国伟、沙彬、李智惠。

现任主任：文先友。

党支部书记：吴振宇。

（四）澧县县乡公路管理处　位于常德市澧县澧阳镇澧洲路 138 号。隶属澧县交通运输局管理的具有行政职能的副科级事业单位。根据授权，主要负责澧县县乡公路的管理与养护。澧县县乡公路管理处机关设办公室、工程股、计划股、养护股等 4 个（股）室。共有工作人员 20 名。

澧县县乡公路管理处主要管理、养护澧县县乡公路 45 条、总里程 429.317 公里。管理、养护县乡公路桥梁共 154 座，3609.04 延米。其中大型桥梁 2 座 518.54 延米；中型桥梁 17 座 871.7 延米；小型桥梁 135 座 2218.8 延米。

1977 年 9 月，成立澧县地方公路管理站，隶属澧县交通运输局管理的股级事业单位，与工程股合署办公。位于常德市澧县澧阳镇洲后街 1 号。负责人：郑家群，共有工作人员 7 名。

1984 年 2 月，澧县交通运输局工程股撤销，“澧县地方公路管理站”更名为“澧县公路航道管理站”。负责人：张昌平，共有工作人员 8 名。

1985 年 7 月，成立澧县公路管理站，隶属澧县交通运输局管理的二级事业单位。共有工作人员 44 名(其中汽车渡口职工 34 名)。历任三届负责人：甘运金、曲阳波、张业华。

2009 年 6 月，成立澧县县乡公路管理处，隶属澧县交通运输局管理的具有行政职能的副科级事业单位。位于常德市澧县澧阳镇洲后街 2 号。负责人：杨宇光，共有工作人员 77 名。主要工作职责：澧县县乡公路的管理、养护；澧县县乡公路的路政管理。

(五)临澧县县乡公路管理处　位于常德市临澧县朝阳西街 158 号。隶属临澧县交通运输局管理的具有行政职能的副科级事业单位。根据授权，主要负责临澧县县乡公路管理与养护。临澧县县乡公路管理处机关设综合组、公路养护组、工程技术组、路政管理组等 4 个办事机构。共有工作人员 27 名，主任 1 名。

临澧县县乡公路管理处主要管理、养护临澧县县乡公路 526 条、总里程 2414.1 公里。管理、养护县乡公路桥梁共 190 座，4581 延米。其中大型桥梁 3 座 550 延米；中型桥梁 20 座 861.02 延米；小型桥梁 167 座 3170.02 延米。

1985 年，临澧县交通运输局工程股与临澧县公路航道管理站合并办公，属事业性管理机构。

2004 年 4 月机构改革，“临澧县公路航道管理站”更名为“临澧县公路管理站”，属具有行政职能的股级事业单位。

2006 年 9 月临澧县公路管理站机构升格为具有行政职能的副科级事业单位，更名为“临澧县县乡公路管理处”。

临澧县县乡公路管理机构负责人：

徐肇禄(1986 年—1990 年)

夏子校(1991 年—1992 年)

黄素荣(1993 年—2001 年)

黎惠龙(2002 年—2010 年)

(六)石门县县乡公路管理站　位于石门县楚江镇澧阳中路 51 号。隶属石门县交通局管理的二层法人单位。2010 年 12 月底止，石门县县乡公路管理站机关设综合办、工程办、养护办、统计办 4 个办公室；下辖安溪、罗坪、苏市、雁池、杨柳、九渡河、所街、川山河、太平、子良、三圣、新铺、燕子山、蒙泉、岗市、塘市、二都、寨子垭 18 个养护道班。共有机关干部职工 16 人，养护承包人 18 人。

石门县县乡公路管理站主要管理、养护 8 条县道(X002 火罗线、X005 九罗线、X013 石新线、X006 官石线、X019 王维线、X014 石跳线、X003 梨鼓线、X024 莒雅线)共计 316.245 公里。管理、养护县道公路桥梁 64 座，共计 1692.3 延米。按桥梁类型分：大型桥梁 2 座，中型桥梁 14 座，小型桥梁 48 座。

1963 年,石门成立地方养护队,隶属石门县交通局管理。

1981 年年初,石门地方养护队并入石门公路养护段。

1981 年 5 月,石门县交通局设工程股,全面担负县乡道的建设、规划、管理、养护。办公地点原楚江路石门县交通局办公楼内。

1984 年 4 月,石门县交通局原工程股改为公路管理站,编制 9 人,伍本松任站长,覃道德任副站长。办公地点原楚江路石门县交通局办公楼内。

1992 年 1 月,覃道德任站长,编制 9 人。

1993 年 3 月,丁礼任站长,编制 8 人。办公地点迁至澧阳中路 51 号,石门县交通局办公楼内。

1994 年 3 月,吴遵权任站长,编制 10 人。

1995 年 1 月,徐远双任站长,编制 9 人。

1996 年 4 月,吴遵权任站长,编制 11 人。

1998 年 3 月,伍文载任站长,编制 13 人。

2000 年 3 月,杨祖华任站长,编制 10 人。

2003 年 1 月,向东初任站长,编制 8 人。

2003 年 9 月,覃和建任站长,编制 8 人。

2005 年 3 月,吴钢任站长,编制 7 人。

2009 年 3 月,刘传勇任站长,编制 12 人。

(七)津市市县乡公路管理处　位于湖南省津市市九澧大道 505 号,隶属津市市交通运输局管理的副科级事业单位;共有干部职工 11 人(其中在职职工 7 人、离退休职工 4 人)。

津市市县乡公路管理处主要管理、养护 4 条省道(233 线、307 线、310 线、311 线)48.48 公里,2 条县道(059 线、206 线)12.185 公里,31 条乡道 145.017 公里 ,109 条村道 215.043 公里,1 条专用公路 1.683 公里,共计 242.408 公里。管理、养护公路桥梁 10 座,共计 160.3 延米。按桥梁类型分:中型桥梁 1 座,小型桥梁 9 座。按线路分:省道 4 座,县道 1 座,乡道 4 座,村道 1 座。

1986 年 7 月设置津市市公路航道管理站,位于津市市人民路 47 号。隶属津市市交通局管理的股级事业单位。管理境内公路,辖养路工班 7 个,管养公路 136.4 公里。负责人:龚德统(1986.7—2003.5);共有工作人员 3 名。

2002 年 4 月 2 日,“津市市公路航道管理站”更名为“津市市公路站”,隶属津市市交通局管理的股级事业单位。共有工作人员 8 名。

2003 年 5 月 8 日—2008 年 3 月,吴生林任津市市公路站站长。

2007 年 11 月,“津市市公路站”更名为“津市市县乡公路管理处”,升格为隶属津市市交通运输局管理的副科级事业单位。共有工作人员 7 名。

2008 年 4 月,裴莉林任津市市县乡公路管理处主任。

（八）安乡县县乡公路管理处　位于常德市安乡县城关镇汽车北站五楼。隶属安乡县交通运输局管理的具有行政职能的副科级事业单位。根据授权，主要负责安乡县县乡公路的管理与养护。管理处机关设办公室（加挂法制办牌子）、人事股、财务股、计划统计股、工程质量监督股、安保股6个（股）室；下辖2个股级事业单位（安乡县公路路政大队、安乡县乡村公路管理站）共有工作人员13名。

安乡县县乡公路管理处主要管理、养护安乡县县乡公路134条，总里程1077.383公里。管理、养护县乡公路桥梁共48座，1048.6延米。其中中型桥梁6座260.1延米；小型桥梁42座788.5延米。

1982年9月8日，成立安乡县公路航道管理站。编配路政管理员1人、航道管理员2人；配备养路工程车一辆。

1985年9月23日，“安乡县公路航道管理站”更名为“安乡县公路管理站”，定编6人，为安乡县交通运输局二级事业单位，其主要职责除负责县、乡、村公路总体布局、规划设计及轮渡等事务外，兼有对乡、村公路路政监管职责。

2006年，“安乡县公路管理站”更名为“安乡县县乡公路管理处”，为安乡县交通运输局管理的具有行政职能的副科级事业单位。核编人员为79名。

安乡县县乡公路管理机构历届负责人：

第一任：站长　周忠贵（1982年9月—1993年12月）

第二任：书记　李和平（主持全面工作），（1993年12月—1994年12月）

第三任：站长　黄春华（1995年1月—2001年1月）

第四任：站长　周进秋（2001年2月—2002年11月）

第五任：站长　黄庭霞（2002年12月—2006年12月）

第六任：主任　李伏明（副局长兼任）（2007年1月—2009年5月）

第七任：书记　周继盛（支部书记主持全面工作）（2009年5月—　）

（九）汉寿县县乡公路管理处　位于汉寿县龙阳大道交通局院内，隶属汉寿县交通运输局管理的具有行政职能的副科级事业单位。根据授权，主要负责汉寿县县乡公路的管理与养护。管理处机关设综合股、养护工程股、路政安全股、农村公路质量监督股、公路渡口管理股等5个股室。共有全额拨款事业编制35名[其中主任1名（副科级）、副主任2名，工作人员32名]。

汉寿县县乡公路管理处主要负责管理、养护汉寿县县乡公路155条，总里程1036.549公里。管理、养护县乡公路桥梁119座，2550.5延米。按桥梁类型分：大型桥梁1座共85.5延米；中型桥梁18座共876.2延米；小型桥梁100座共1588.8延米。按线路分：省道桥梁33座、县道桥梁20座、村道桥梁66座。

2007年，根据（常编办〔2007〕155号、汉编〔2007〕20号）文件精神，“汉寿县公路管理站”更名为“汉寿县县乡公路管理处”，升格为隶属汉寿县交通运输局管理的具有行政职能的副科级事业单位。同时,撤销局直属事业单位汽车渡口管理所。

2009 年 2 月,(汉交委〔2009〕6 号)文件任命张建清为汉寿县县乡公路管理处副主任。

2009 年 5 月,(汉交委〔2009〕1 号)文件任命刘少华为中共汉寿县县乡公路管理处党支部书记;张建清任公路处党支部副书记;徐跃华、帅承忠、刘开宏任党支部委员。

(十)西湖管理区公路管理站　位于常德市西湖管理区西湖镇东湖路 14 号。隶属西湖管理区交通运输局管理的具有行政职能的副科级事业单位。根据授权,主要负责西湖管理区县乡公路的建设、管理与养护。下设计划统计股、综合股和路政队 3 个股室。共有工作人员 20 名。

西湖管理区公路管理站主要管理、养护西湖管理区县乡公路 70 条,总里程 150.005 公里。管理、养护公路桥梁 5 座,106 延米,均为小型桥梁。

1988 年 8 月,西湖农场将"林路站"更名为"公路段",属农场直属股级单位,路政管理归口农机交通监理科,定编人员 14 人。

2008 年 5 月,经常德市人民政府批准,正式成立常德市西湖管理区交通局,下设公路管理站为股级事业单位(2013 年升格为副科级事业单位)。负责人:邹元东;共有工作人员 20 名。主要工作职责:主管全区县乡公路的建设、管理和养护工作。

(十一)贺家山原种场公路管理站　位于湖南省贺家山原种场法官镇 198 号(处于常德市鼎城区牛鼻滩镇、鼎城区韩公渡镇、汉寿县罐头嘴镇、沅江的交汇处),隶属贺家山交通运输管理所具有行政职能的副科级单位。根据授权,主要负责贺家山原种场县乡公路的管理与养护。公路管理站为最基本单位,未设股室,共有工作人员 8 名。

贺家山原种场公路管理站主要负责管理、养护湖南省贺家山原种场境内县乡公路 7 条,总里程 39.673 公里。管理、养护县乡公路桥梁共 10 座,380.5 延米。其中大型桥梁 1 座 160 延米;中型桥梁 1 座 108 延米;小型桥梁 8 座 112.5 延米。

1986 年 4 月 12 日设置湖南省贺家山原种场公路管理站,隶属贺家山交通运输管理所。编制 8 人。

贺家山原种场公路管理站历届负责人:

李政峰　1986 年 4 月—1995 年 2 月　共有工作人员 8 名;

刘巨卿　1995 年 2 月—1998 年 2 月;

毛建平　1998 年 2 月—2008 年 2 月;

姚金华　2008 年 2 月—2010 年 7 月;

王建安　2010 年 7 月。

(十二)柳叶湖度假区管理委员会开发建设局　位于常德市柳叶湖度假区环湖路 1 号。隶属柳叶湖度假区管理委员会管理。负责柳叶湖度假区境内县乡公路的管理与养护。

柳叶湖度假区管理委员会开发建设局管理、养护柳叶湖度假区境内县乡公路 12 条、总里程 33.996 公里(县道 2 条 10.204 公里;乡道 10 条 23.792 公里)。管理、养护公路桥梁 14 座,共 372 延米。其中中型桥梁 1 座 30 延米;小型桥梁 13 座 342 延米。

2008年,设置柳叶湖度假区管理委员会开发建设局。开发建设局隶属柳叶湖度假区管理委员会管理。共有工作人员10名,负责人:姚爱国。

第三节　高速公路管理机构

一、益常高速公路管理处　(原长常高速公路管理处)成立于1999年12月11日。位于常德德山经济技术开发区檀树坪经石大道1299号。隶属湖南省高速公路管理局管理的正处级事业单位。管理处机关设办公室、财务部、养护工程部、路政科、收费部、监控中心、工会等6个部室。下辖德山、谢家铺、太子庙、军山铺、迎风桥、幸福渠6个高速公路收费站;共有干部职工283名。

益常高速公路管理处管理、养护益常高速公路(G5513二广高速)73.083公里,其中常德市境内高速公路军山铺(76K+000)至德山(149K+083)共49.083公里。

益常高速公路管理处1999年12月11日成立至2010年12月底止负责人有:

1999年至2001年　长常高速公路管理处处长:宋文高

2001年至2003年　长常高速公路管理处处长:何海鹰

2003年　中国瑞联公司总经理:李晓群

二、常张高速公路管理处　成立于2005年12月26日。位于常德市河洑山东麓。隶属湖南省高速公路管理局管理的正处级事业单位。管理处机关设办公室、政工科、财务科、养护工程科、路政安全科、征费稽查科等6个科室和监控中心、经营开发公司2个正科级二级机构。下辖德山、斗姆湖、河洑、架桥、热市、慈利东、慈利西、岩泊渡、阳和、张家界10个高速公路收费站;3个路政队和3个养护所。共有干部职工480名。

常张高速公路管理处管理、养护常张高速公路(G5513常张高速)168公里(联络线11.4公里),其中常德市境内高速公路樟木桥(149K+830)至慈利关口垭(225K+800)共75.97公里。

常张高速公路管理处

常张高速公路管理处2005年12月26日成立至2010年12月底止负责人有:处长谢立新、杜立华;党委书记杜立华、党委副书记(纪委书记)刘宏辉。

三、常吉高速公路管理处　成立于2008年12月18日。位于桃源县漳江镇梅溪桥。隶属湖南省高速公路管理局管理的正处级事业单位。管理处机关设办公室、政工科、财务科、养护工程科、路政安全科、征费稽查科、监控中心、工会等8个科室。下辖桃花源、乌云界、茶庵铺、官庄、马底驿、筲箕湾、沅陵、泸溪、吉首东、吉首、10个高速公路收费站；桃源、官庄、沅陵、吉首4个路政中队(副科级)；桃源、茶庵铺、沅陵、泸溪4个养护所(副科级)；官庄、岩门界、吉首3个隧道所。

常吉高速公路管理处管理、养护常吉高速公路（G56杭瑞高速）223.7公里，其中常德市境内高速公路斗姆湖(1016K+900)至太平铺(1091K+224)共74.324公里。

常吉高速公路管理处2008年12月18日成立至2010年12月底止负责人有：处长罗恒；党委书记任石球。

常吉高速公路管理处

第四节　职工代表大会

常德公路系统的职工代表大会是职工参加本单位管理的基本形式，是职工行使民主管理和民主监督的权力机构。职工代表大会的日常工作由工会委员会负责。

1957年3月13日常德专区公路总段召开第一次职工代表大会，会期4天，出席会议代表38人。会议听取和讨论总段行政工作报告，自下至上开展了批评，为帮助领导改进今后的工作提供了建设性的意见。会议明确增产节约的任务，总段与各工区签订增产节约计划和开展社会主义劳动竞赛的条例。针对生产中的薄弱环节，提合理化建议59条，采纳31条。如益阳工区第7路工班提出的在铺装路面磨耗层时，把原来混合大组分为底层、配料、铺装、保养4个小组，采取分段包干，按件记酬，消灭了窝工浪费现象，提高工效50%。

1957年8月至1962年2月，常德专区公路总段与常德专区汽车运输总站合并，成立常德专区公路运输局。在此期间每年召开1至2次职工代表大会。

1962年3月，常德公路运输局分开，成立常德公路养护总段。同年10月23日至29日常德公路总段召开第一届职工代表大会。出席会议的代表112名。会议讨论通过全区公路系统开展增产节约和劳动竞赛等事宜，制定通过《常德公路总段职工代表大会实施细则》。自1962年起建立职工代表大会制度，此后每年召开一届职工代表大会，每届2—3次全体会议。

1966年“文化大革命”开始，职工代表大会停开。

1980年11月26日，常德公路总段召开职工代表大会。这是自“文化大革命”中断14年后召开的职工代表大会。会议审议通过总段长王炳生所作的《常德地区公路总段行政工作报告》,审议通过《常德地区公路总段职工代表大会章程》,选举产生总段职工代表大会主席团(常设机构)。会议重申职工代表大会是职工对本单位实行民主管理、监督的权力机关。1980年起,全区公路系统建立健全总段、县段(厂、队、所)班组三级民主管理体系。会议还听取《常德地区公路总段提案审查处理报告》,并责成职能部门和所属各单位在职权范围内,根据需要与可能逐条落实。

1981 年至 1985 年期间,常德公路总段共召开五次职工代表大会,会议听取审议《常德公路总段行政工作报告》,审议通过《常德公路总段职工代表大会实施细则》《常德公路总段公路养护经济责任制试行办法》,一致决定从 1983 年起在全总段全面推行经济责任制。会议还审议通过《常德公路总段劳动管理办法》《常德公路总段劳动竞赛条例》,听取提案审查报告等事项。

1986 年 1 月 22 日至 25 日,常德公路总段召开第五届二次职工代表大会,出席会议的正式代表 74 名。会议审议通过总段长陈文龙所作的《行政工作报告》,审议通过《常德公路总段公路建设和养护“七五”规划和“七五”初步设想目标》,审议修订《常德公路总段经济承包责任制实施办法》,审议批准《常德公路总段 1986 年职工教育计划和“七五”职教规划》,修改并通过《常德公路总段内部治安管理条例》《常德公路总段劳动服务公司实施办法》,通过了《常德公路总段提案审查报告》和《常德公路总段五届二次职工代表大会决议》。

1986 年 12 月,常德公路总段选举工会委员会和职工代表。选出 10 名总段工会委员,皮世双当选为工会主席, 黎盛立当选为工会副主席。选出职工代表 104 名, 占职工总人数的 4.3%。其中女代表 14 名,占女工总人数的 5.8%,占代表总人数的 13.5%,工人代表 40 名,占代表总人数的 38.5%,工程技术人员代表 12 名,占代表总人数的 11.5%,管理人员代表 45 名,占代表总人数的 43.2%,领导干部代表 7 名,占代表总人数的 6.8%。

1987 年, 常德公路总段职工代表大会与工会代表大会在全省公路系统第一个实现“两会”结合,名称为“职工、会员代表大会”,一个代表两重身份,实行代表常任制。结束了职代会与工会机构重叠、人员重合、工作重复的历史,理顺了职工代表大会与工会组织的关系,明确了工会应有的地位和作用。同年 1 月 22 日至 25 日,常德公路总段召开首届一次职工、会员代表大会。出席会议的正式代表 84 人,列席代表 30 人。会议审议通过《常德公路总段职工、会员代表大会工作条例实施细则》,规定职工、会员代表大会是本单位实施民主管理的基本形式,是职工行使民主管理的权力机构,是基层工会组织的最高权力机关,工会委员会是职代会的工作机构,负责职代会闭会期间的日常工作。经会议协商,设立生产技术、劳保安全监督、职工生活福利、组织宣传、劳动争议调解 5 个专门工作委员会。大会听取审议总段长陈文龙所作的《常德公路总段行政工作报告》、工会主席皮世双所作的《常德公路总段工会工作报告》, 审议通过《常德公路总段养路费投资计划执行及计划安排意见报告》《常德公路总段 1986 年财务预、决算报告》、《常德公路总段目标管理暂行办法》和《常德公路总段关于对路、渡、机运班试行浮动工资的意见》,会议决定从 1987 年下半年起,全区路、渡、机运班全面实行以浮动工资为主要形式的经济责任制。会议还审议通过《常德公路总段劳动竞赛管理办法》、《常德公路总段关于开展养路立功竞赛规定》、《常德公路总段 1986 至 1990 年职工教育和人才培训计划》。会议对 127 条提案进行答复处理，评议总段副科级以上一线干部 35 人。

1988 年 2 月 8 日至 10 日，常德公路总段召开了首届二次职工、会员代表大会，出席会议的正式代表 136 名，列席代表 35 名。会议听取审议总段长李志明所作的《振奋改革精神，振兴常德公路的工作报告》，审议通过工会主席皮世双所作的《工会工作报告》，审议通过《常德公路总段目标管理办法》《常德公路总段 1987 年财务预、决算报告》《常德公路总段内部审计试行办法》《常德公路总段职工教育管理办法》《常德公路总段处罚违纪职工暂行条例》《常德公路总段内部行政管理实施条例》，总段领导与职工代表进行了民主对话，并通报了总段 8 名一线领导和 10 名科室主要负责人民主测评的情况。

1989 年 1 月 27 日，常德市公路总段召开首届三次会员、职工代表大会，3 月 22 日下午又召开了常德市公路总段首届三次职工、会员代表大会第一次联席会议，会议的主要内容是：推荐澧县金山工班养路工人刘树生为省级劳动模范；审议通过《常德市公路总段开源节流实施办法》；制定建立职工、会员代表大会“两会”结合闭会期间召开联席会议制度，明确每半年或每季度召开一次联席会议。

1990 年至 1995 年，常德市公路总段从首届四次到二届五次一共召开了六次职工、会员代表大会。会议听取审议并通过《常德市公路总段行政工作报告》《常德市公路总段工会工作报告》《常德市公路总段养路费投资计划执行及计划安排意见报告》《常德市公路总段财务预、决算报告》《常德市公路总段提案审查处理情况报告》，审议通过了《常德市公路总段目标管理实施办法》《常德市公路总段养路费征收目标管理办法》《常德市公路总段国有资产管理办法》《常德市公路总段医药费管理办法》《常德市公路总段公路公安承包管理办法》《常德市公路总段干部工人调配暂行规定》《常德市公路总段工人停薪留职和干部辞职的暂行规定》等事项。共处理干部工作作风、养路机械化、工班房及附属设施、劳动保护、职工福利条件改善等方面的提案 149 件，累计评议总段一线副科级以上干部 150 人次。

1991 年 3 月，修改完善《常德市公路总段职工、会员代表大会实施细则》，进一步明确规范职工、会员代表大会的职权。同时制定《常德市公路总段民主管理制度》《常德市公路总段民主管理程序》，使常德市公路总段民主管理形成正常化、制度化、程序化和法制化。

常德市公路总段自 1987 年实行职工、会员代表大会“两会”结合以来，到 1995 年 10 月第二届职工、会员代表大会任期届满，本着务实、高效的原则，于 1995 年 12 月进行换届选举，选出职工、会员代表 106 名。

1996 年 2 月 29 日至 3 月 1 日，常德市公路总段召开三届一次职工、会员代表大会。出席会议的正式代表 106 名，特邀代表 4 名，列席代表 2 名。会议听取审议总段长马承斌所作的《常德市公路总段行政工作报告》和工会主席皮世双所作的《常德市公路总段工会工作报告》，通过了《常德市公路总段集体合同》《常德市公路总段平等协商签订集体合同实施细则》

的决议，举行了集体合同签字仪式，由工会首席代表皮世双与行政首席代表马承斌签订第一份集体合同。这是常德公路系统职工代表大会和民主管理新的里程碑。

1997 年至 2000 年，常德市公路管理局从三届二次到三届五次共召开了四次职工、会员代表大会。会议审议通过《常德市公路管理局行政工作报告》《常德市公路管理局工会工作报告》《常德市公路管理局养路费投资计划执行情况及计划安排意见报告》《常德市公路管理局财务预、决算报告》，审议通过《常德市公路管理局公路养护生产机制改革的报告》，决定从 1998 年开始组建养护公司，公路养护实行招投标。通过了《常德市公路管理局工会劳动法律监督实施细则》《常德市公路管理局目标管理考核办法》《常德市公路管理局局务公开管理办法》。常德市公路管理局举行目标责任书签字仪式，局长马承斌与所属各县局、厂、公司主要负责人签订目标责任书，常德市公路管理局工会主席皮世双与局长马承斌续签集体合同。

2000 年 4 月 27 日上午，常德市公路管理局召开第一次党政工联席会议。会议由工会主席皮世双主持，出席会议的有市公路局局长、副局长、党委副书记、纪委书记及有关部门和科室的主要负责人共 11 人，就以下事项达成共识：1.同意由常德市公路管理局工会拟定市、县局两级工会委员会和职工、会员代表大会换届选举方案；2.修改集体合同部分条款，并确定续签集体合同；3.通过了局务公开制度；4.通过了《常德市公路管理局党政工联席会议制度》；5.决定开展向湖南省先进工作者陈碧云学习的活动；6.讨论道班房建设问题，行政领导表示：结合道路等级提高后的需要再作通盘考虑。

2000 年 10 月初，常德市公路管理局职工、会员代表大会进行换届选举，选出第四届职工、会员代表 101 名，比上届职工、会员代表减少 5 名。其中男职工代表 85 名，女职工代表8 名，市局领导代表 8 名。

2001 年 3 月 8 日至 9 日，常德市公路管理局召开了四届一次职工、会员代表大会。出席会议正式代表 106 人。会议审议通过了《常德市公路管理局行政工作报告》《常德市公路管理局工会工作报告》《常德市公路管理局纪检监察工作报告》，审议通过修订后的《集体合同》，通过《常德市公路管理局及所属单位局（厂、站、公司）务公开试行办法》，会议决定从同年 8 月份起在全市局全面推行局务公开。同年 8 月份，常德市公路管理局召开党、政、工联席会议，讨论通过市、县局两级《机构改革方案》等事宜。

2002 年 3 月 19 日至 20 日，常德市公路管理局召开四届二次职工、会员代表大会。会议审议《常德市公路管理局行政工作报告》《常德市公路管理局工会工作报告》《常德市公路管理局养路费投资计划执行及计划安排意见报告》、《常德市公路管理局 2001 年财务预、决算报告》，会议通报常德市公路管理局机构改革的情况，改革后，市局机关科室保留 10 个，比改革前精简了 5 个，机关人员事业编制控制在 71 人，分流 59 人，分流率达 48.8%。会议期间，所属各单位向局长牟明德递交《量化目标管理责任状》、《党风廉政建设责任状》、《治理公路"三乱"责任状》《安全目标责任状》。

2003年至2008年，常德市公路管理局共召开6次职工、会员代表大会。会议审议通过《常德市公路管理局行政工作报告》《常德市公路管理局工会工作报告》《常德市公路管理局养路费投资计划执行及计划安排意见报告》《常德市公路管理局财务预、决算报告》，市局工会主席与局长签订《集体合同》，所属各县局和直属单位负责人向局长牟明德递交《量化目标管理责任状》《党风廉政建设责任状》《安全目标责任状》《优化经济环境责任状》《治理公路“三乱”责任状》《维护稳定责任状》。2007年五届三次职工会员代表大会还审议通过《常德市公路管理局信访制度》，做到职工上访话有地方说、信有专人接、反映情况有领导听。仅2007年常德市公路管理局就接待信访120人次。

2003年至2008年，常德市公路管理局下属24个基层工会组织相继牵头，高质量、高标准地召开本单位职工、会员代表大会共计144次。各单位职工代表积极主动地参与本单位、本年度重大决策的讨论和审议，全市局171名代表会议期间共交提案120条，合理化建议或意见102条，会议期间，答复落实率达60%，40%在一年内逐步得到落实解决。所属各单位工会与行政签订《集体合同》，建立《局(厂)务公开制度》，工会督促行政定期将本单位财务收支状况、劳动工资分配、职称评定、人事安排等职工普遍关心的热点、焦点问题以各种方式向职工通报，增加单位工作的透明度。

2009年5月26日，常德市公路管理局召开五届五次职工、会员代表大会，会议的主要内容是传达湖南省人民政府《关于实施成品油税费改革完善交通体制加快交通发展的意见》和《关于成品油价格和税费改革人员安置工作的指导意见》的精神，审议通过《常德市公路管理局行政工作报告》《常德市公路管理局工会工作报告》《常德市公路管理局2008年养路费投资计划执行及2009年计划安排意见报告》《常德市公路管理局财务预、决算报告》，审议通过《常德市公路管理局公路体制改革和涉改人员的安置方案》，通过《常德市公路管理局工会工作目标管理考核办法》。在实施税费改革的方案中，由常德市公路管理局工会主席任朝晖主持召开了有所属各单位负责人参加的党、政、工联席会议，讨论常德市公路管理局改革方案，广泛征求意见，使大家更加明确常德市公路管理局改革的具体方案，达成共识，保证了常德市公路管理局改革任务的顺利完成。

2010年3月15日，常德市公路管理局召开六届一次职工、会员代表大会，会议审议通过《常德市公路管理局行政工作报告》《常德市公路管理局工会工作报告》《常德市公路管理局养路费投资计划执行及计划安排意见报告》《常德市公路管理局2009年财务预、决算报告》，会议还审议通过《常德市公路管理局“十二五”公路建设和养护的初步设想》。

第二章　公路征费

第一节　养路费征收

一、养路费的征收和免征、减征范围

依据国家规定的征收项目，公路规费先后设有养路费、过渡费、运输管理费、车辆购置附加费（税）、客货运输附加费、通行费。费率、费额根据国务院、省政府或省以上计划、财政、物价、交通等主管部门的规定实施。

公路养路费是国家按照"以路养路、专款专用"的原则，向有车单位和个人征收的用于公路养护、修理、技术改造、改善和管理专项事业费。公路养路费依据《中华人民共和国公路法》，国务院《公路路政管理规定》和交通部有关规定征收，具体标准由各省、市、自治区制定，且各不尽相同。根据《中华人民共和国公路法》，国家用"燃油附加税"替代养路费。国务院决定，成品油税费改革自 2009 年 1 月 1 日起实施。

1979 年，国家计委、财政部、交通部、中国人民银行联合发布《公路养路费征收和使用的规定》。1987 年 2 月，国家计委、经委、交通部、财政部联合发布《公路养路费使用管理规定》。1991 年，交通部、国家计委、财政部、物价局联合发布《公路养路费征收管理规定》。1994 年 6 月，湖南省人民政府发布《湖南省公路养路费征收管理办法》（以下简称《管理办法》），即 31 号令。1998 年 4 月，湖南省人民政府对《管理办法》修改后，以 117 号令重新发布。

湖南省人民政府《管理办法》规定：凡湖南境内有机动车辆的单位和个人，必须按照规定，向交通部门缴纳养路费，车辆上路必须具有征稽机构核发的交通规费专用标志，携带养路费有效缴（免）讫凭证，并接受征稽机构的检查。车属单位或个人不得拒绝或者阻挠。养路费的征收办法分为按费率计征和按费额计征两种。

（一）下列单位和个人的车辆应当缴纳养路费：

1.党政机关、人民团体、企业事业单位、个体工商户、城乡居民的车辆；

2.军队、武警、公安系统参加地方营运、承包地方民用工程或者提供有偿服务以及包租给地方单位和个人的车辆；

3.国外境外组织及其驻湘办事机构的车辆；

4.外国公民使用的车辆；

5.临时入境的各种外籍车辆；

6.按规定其他应当缴纳养路费的车辆。

前款所指车辆包括：领有牌证（含临时、试车）的各种类型客货汽车、拖带平板车、挂车、专用车、特种车、牵引车、胶轮工程机械车、轮式拖拉机和摩托车等。前款所指企业包括：军队、武警、公安系统内企业；外商独资企业、中外合资企业、中外合作企业；香港、澳门、台湾同胞在湘举办的独资、合资、合作企业。

（二）下列单位车辆暂定免征养路费：

1.县、市（区）以上党政机关、人民团体和学校，按国家正式定编标准配备，由国家财政预算内经费直接开支的，5 人座以下（含 5 人座，下同）自用的小客车；

2.外国领事馆自用的车辆；

3.只在由城市建设部门修建和养护管理的市区道路固定线路上行驶的公共汽车、电车（不包括任何出租车）；

4.经省交通部门核定，设有固定装置的城市环境卫生部门的清洁车、粪便车、洒水车，医疗卫生部门的救护车、采血车、防疫车；环境保护部门的环境监测车；公安、检察、法院、司法行政部门的警车、囚车、消防车；防汛部门的防汛指挥车；铁路、交通、邮电部门的战备专用微波通讯车；民政部门的殡葬车和省、地、州、市农机部门的农机监理车；

5.国家财政预算内国防费开支的军事装备车辆；

6.公路、城市道路和林区道路养护管理部门的养路专用车辆；

7.完全从事农田作业的拖拉机；

8.矿山内行驶的采矿自卸车、油田设有固定装置的专用生产车、林场的集材车；

9.民政部门的荣军院、敬老院、福利院、麻风病院、精神病院、盲聋哑学校定编配备的专用车辆；

10.经省人民政府确定免征养路费的其他车辆。

（三）下列单位车辆暂定减征养路费：

1.县、市（区）以上党政机关、人民团体和学校按国家正式定编标准配备，并由国家预算内经费直接开支的生活自用货车和超过 5 人座的客车减半征收；

2.老干部休养所和军队离退休干部休养所的生活自用车减半征收；

3.计划生育部门的计划生育专用车减半征收；

4.城市公共汽车、电车跨行公路 10 公里以下的，减征 2/3；10 公里以上 20 公里以下的减半征收；20 公里以上的，按全额征收；

5.厂矿、林场、农场、牧场、油田等单位有自建自养专用公路（不包括生产作业道路），其车辆跨行公路的，按专用公路单线里程 20 公里以上 30 公里以下的，减征 20%；30 公里以上的，每增加 10 公里再减征 10%，但最高不超过 60%；20 公里以下的，按全额征收；

6.林业部门的车辆，除生活车、交通车全额征收外，其他车辆按总吨位减征 60%；

7.经省人民政府确定减征的其他车辆。

属于免征或者减征范围的车属单位，应当向车籍所在地征稽机构提出免征或者减征养路费的申请，经省交通部门批准，并办理有关手续后，方可免征或者减征养路费。经批准免征或者减征养路费的车辆，改变使用性质、超出使用范围或者变更使用单位的，应当从改变之日起全额缴纳养路费。

二、养路费征收管理

中华人民共和国成立以后，养路费的征管有过多次变化。1950—1969年，根据国家计划委员会、财政部、交通部的规定，养路费由车辆监理部门征收，全部解缴省公路局统收统支，统一管理。此办法除1971年3月至1974年6月期间所收养路费由省、地按比例分成使用外，一直延续到1983年底。

湖南省养路费和公路过渡费、通行费的使用及其管理，基本由公路养护主管部门负责，在征收管理和分配使用方面有过多次变革。

民国30年(1941)1月，战时运输统制局监察处分别在长沙、衡阳、常德、沅陵成立检查所，在衡阳、榆树湾(今怀化，下同)、芷江3处设立检查站，监察养路费的征收工作。

1950年至1977年，湖南的公路管理机构几经变动，养路费征收工作，由各地监理部门代征后解缴省公路管理局机关统支统管。

1950年1月，省公路管理局成立时即设置了监理室，全省设专责管理站24个，兼办站30个，负责查验过往车辆，征收养路费。

1954年2月，养路费改为按月征收，省公路局撤销原有管理站，重新在黄花市、(湘)潭西、竹篙塘、安江、晃县、辰溪、吉首、常(德)北、常(德)南、郴县、茶陵、零陵等12处设立管理站。

1970年10月，随着公路、监理体制的下放，养路费收入和分配使用实行省、地按比例留成的管理办法。

1971年3月9日，省革命委员会交通运输指挥部、省交通邮政局下达"关于公路、安全监理的机构设置、领导关系、养路费上缴比例及使用范围等试行意见的补充通知"。各地(州)、市征收的养路费按比例上缴，按比例留用。湘潭、衡阳、郴州、常德4个地区各按20%上缴。

1974年6月21日，省交通局转发省革命委员会"关于公路养路费由省统收统支的通知"，将养路费按比例留成的管理办法，恢复为省公路主管部门统收统支。此后，各地挪用、乱用情况有所好转。

1976年1月3日，常德地区公路总段(〔1976〕常总劳字第001号)文件通知：根据省交通工程公司(〔1975〕湘交工计财字第223号)文件，由于车辆监理人员有限，交通事故不断发生，养路费漏收现象很严重，为了狠抓养路费征收工作，决定各县公路段抽调一人协助车辆监理所做好养路费征收工作。

1978年3月27日，省交通局根据省交通计划委员会要求，决定省交通工程公司(是年4

月改为省公路管理局)设立“湖南省公路养路费征收办公室”(以下简称“征收办”),负责对湘省养路费征收业务的指导、检查和监督。随后于1980年1月7日将“征收办”并入省公路管理局财务科。

1979年,省交通局将原下放各地交通局(科)征收的拖拉机养路费收回由交通监理部门征收。由于监理部门的力量有限,道路交通事故频繁,拖拉机拥有量剧增,漏收甚多,收管不到一年,复于1980年1月又下放各地交通局征收管理,作为地方公路(即县乡公路,下同)的养护和修建费用。

1982年2月,省交通厅决定成立“湖南省交通厅养路费征收办公室”(仍简称“征收办”),与厅安全监理处合署办公。9月,长沙、湘潭、株洲、衡阳、郴州、零陵、怀化、涟源(今娄底)、邵阳、岳阳、益阳、常德、湘西等13个地(州)、市相继设立“养路费征收办公室”,98个县(市)设立了“养路费征收组”,与所在地监理所、监理站实行一门两牌,合署办公,原在交通监理部门担任养路费征收的130余名专职征收人员,原则上保持不动。

1982年9月,省“征收办”将原规定由省印发养路费票证,各监理部门使用,公路总段审核的办法改由省“征收办”统一印发、统一审核、统一销号;各地的养路费收入,由各级征收单位直接按月解缴省“征收办”。

1983年,常德地区公路总段派出人员到常德监理部门接管养路费征收业务工作。

1984年8月6日,湖南省交通厅(〔1984〕湘交办字第335号)《关于改革我省交通管理体制若干问题的通知》:为了认真贯彻省六届人大二次会议精神,进一步搞好我省交通管理体制的改革,我厅于七月八日至十三日,召开了各行政公署、自治州、市交通局长会议,研究了交通管理体制的初步方案,并报经省人民政府审核同意。现通知如下:1.全省公路实行省、县、乡三级管理。凡是经国务院、省政府批准的国道、省道除统一规划,重点工程的归口建设由省负责外,其管理和养护工作委托行署、州、市人民政府负责,县道由县政府管理;乡道由乡政府管理;专用公路由使用厂矿、企业、农、林、牧场管理。并将原由省管理的各地公路总段的人、财、物成建制地下放到地、州、市管理。2.加强养路费管理和使用。汽车养路费主要用于国道、省道的养护、新改建(不包括城市道路和厂、矿专用公路)和县、乡道的养护、修建补助。汽车养路费由公路部门征收。为了保证征收工作的正常进行,可由公路、监理部门抽调人员设立征收办公室(站)。尽快做到由监理部门管理过渡到公路部门管理。汽车养路费的减免权限仍由省负责审定。同时根据“以路养路、专款专用”的原则,由我厅责成省公路部门按照交通量、公路养护里程、养路经常费水平确定分配比例。实行全额上缴,切块下拨包干办法,各地不得截留挪用;拖拉机养路费仍由县(市)交通部门征收,全额留用,主要用于县、乡公路的养护和修建补助;养路费的征收票证由省统一印发使用。养路费支出计划要按省下达的公路年平、年末好路率,消灭差等路等指标和各地在省控制下的生产与非生产,国、省道与县、乡道及养护与新建改造的经费比例范围内编制具体项目计划,由当地计委会同经委审批,并向省交通厅报备。

1984年8月6日，省交通厅决定事业性质的各级公路养护、交通监理管理体制在交通系统内率先下放各地(州)、市。省"征收办"的全称改为"湖南省公路养路费征收办公室"(正、副主任由省公路管理局副局长、省交通厅安全监理处副处长兼任)，省"征收办"分设业务、财务、行政三个组，负责全省养路费征收业务。各地(州)、市的养路费征收机构，按年征收总金额定编：年征收总金额在1000万元以下者配5—7人，1千万元以上者配7—10人，2000万以上者可多于10人；各县(市)成立"××县公路养路费征收站"，全年征收金额在100万元以内者配3—5人，100—200万元者配5—7人，200万元以上者可多于7人。所有征收专职人员暂着监理服装，由省"征收办"统一配发。经过选拔、考核，全省共配备养路费征收管理人员(简称征管人员)400余人。至年底，湘潭、衡阳、郴州、零陵、岳阳、常德、邵阳等7个地区和长沙、岳阳、邵阳等3个省辖市先后成立了"养路费征收办公室"和61个县(市)成立了"养路费征收站"(以下简称县"征收站")。

1984年9月，湖南省交通厅将养路费征收的权责交给湖南省公路管理部门。10月，常德公路总段成立"养路费征收办公室"，各县段成立"养路费征收站"。

1984年12月21日，湖南省交通厅(〔1984〕湘交公路字第598号)文件《关于印发(湖南省公路养护管理体制改革暂行规定)的通知》下发：我厅根据中央和省有关经济体制改革精神制定的《湖南省公路养护管理体制改革暂行规定》。经全省公路工作会议讨论、修改通过：

养路费是国家用于养护和建设公路的事业费，是公路养护与建设的主要经济来源。根据交通部的意见，汽车养路费由公路部门统一征收，统一管理，实行"全额上交、切块下发、增收多留、包干使用"的办法，切实做到应征不漏，并应加强财务管理，严格遵守财政纪律，严禁截留和挪用。在养路费支出计划安排上，根据"以路养路、专款专用"的原则，汽车养路费主要用于国道省道的建设、养护和县乡公路的养护、建设补助，按照大的要管住管好，小的要放开搞活的精神，在不违背上级规定的原则下，允许各地根据不同情况自行作出安排。拖拉机养路费仍由县(市)交通部门征收，全额留用，是县乡公路养护和修建的主要经费来源。

养路费征收与管理：省设养路费征收办公室，各地、县设养路费征收办(站)，具体负责公路养路费的征收工作，有关机构设置、人员编制、着装等事宜，按省厅(〔1984〕公路字第368号)通知执行。

各级征收机构主要职责如下：省征收办负责全省养路费的征收、管理，包括征收办法的拟定、修改、补充、解释；征收管理制度的建立健全，减免车辆的核定；征收票证的统一印发、保管、审核、销号；养路费收入、存缴、分成资金的拨付；征收报表的编制；对全省征收工作的检查和监督等；地区征收办负责对本地区汽车养路费征收政策和规章的贯彻执行，确保本地区养路费应征不漏，收入及时存缴；检查监督各县(市)征收站的征收业务及全区征收票证的领发管理；办理地(市)所在地养路费征收业务；对辖区内减、免征车辆提出初审意见；组织路检、编报征收财务报表等；县(市)征收站具体办理本县(市)范围内车辆养路费的征收业务；建立健全各项规章制度；按规定及时存缴和做好票证销号及报表编报工作；经常进行路检路查,准确掌握车辆动态。

各地、县征收办(站)所收养路费,由各办、站分别逐月直接全额上缴省征收办,不得坐支、截留和挪用,应返回部分由省公路局根据切块比例按月拨付各地指定的单位(交通主管部门或公路总段)。

各地汽车养路费实际收入,超过年度计划的增收部分,大头返回各地用于公路事业。各地征收分成的经费,国省道和县乡道各使用一半,其中60%作为生产基金(主要用于公路修建和养护),25%作为事业基金(主要用于公路厂场建设和房屋建设),15%用于公路职工集体福利和奖金。征收基数的确定,切块比例及增收分成比例由省厅另行专文下达,拖拉机养路费增收部分亦可参照上述原则由各地自行确定。根据“谁建设、谁经营、谁受益”的原则,鼓励单位和个人集资兴办公路事业,对于集资兴建的公路、桥梁、渡口,经县、市以上政府批准,允许按规定的费率另收过桥费、过渡费和过路费。

1984年,交通体制改革,养路费征收由常德地区交通局统一管理,并实行养路费由各地包干切块使用,全额上缴,超收分成,专款专用的办法。

1985年2月7日,中华人民共和国国家计划委员会、交通部、财政部(〔1985〕交公路字254号)《关于加强公路养路费管理工作的通知》下发。根据1984年12月25日国务院第五十四次常务会议关于征收养路费有关问题的精神,特作如下通知(节选):

1.各省、自治区、直辖市养路费的征收标准如下:(1)交通部门公路运输企业的营运车辆及其他部门的出租汽车,一般按营运收入总额的10%—12%计征,最高不要超过15%;(2)企业、事业、合作社等单位和个体户、专业户、联户、个人的车辆以及交通运输企业的非营运车辆,按核定载重吨位(畜力车按套或大、小型)每月每吨位90—105元计征;(3)对农民个人和联户的机动车辆,仍按交通部、财政部(〔1984〕交公路字1091号)通知办理。

各省、自治区、直辖市根据上述精神调整养路费征收标准时必须由省计委、交通厅、财政厅共同拟订方案,报省人民政府批准执行,并抄送国家计委、交通部、财政部备案。

2.养路费只能由公路管理部门征收,其他任何部门不得征收。对未缴养路费而上路行驶的车辆,要处以罚款。对这类违章情况,一地罚款并给予证据后,其他各地征费人员都不准重复罚款,更不许重复征收养路费来代替罚款。

3.养路费的使用必须坚持“专款专用”的原则,应全部用于公路养护,并按照养、改的顺序,认真养好现有公路、适当改造危桥、险路和交通拥挤、事故严重的路段。

4.养路费的支出安排,应首先确保公路养护的需要,养路工程费应占总支出的80%左右。

5.任何部门、单位和个人都不得挪用和借用养路费。任何超出使用范围的与公路养护和改善无关的购置车船及搞公路以外的基本建设等均属违犯财经纪律。

养路费的年终余额可以转入下年度继续使用,不得挪用和平调。

6.切实加强养路费的预、决算管理工作,建立健全养路费的预、决算制度。

7.各级财会部门的领导和人员应认真执行《公路养护会计制度》以及批准的计划和预算,加强财务管理,维护财经纪律。对假借各种名义挪用、滥用和借用养路费的决定,应拒绝执行不予付款。对弄虚作假、营私舞弊、贪污盗窃等违法乱纪行为要进行坚决斗争,并向上级机关、审计部门、各级纪律检查委员会以至各级人民法院控告。

同年4月,交通部(〔1985〕交公字776号),湖南省交通厅(〔1985〕湘交养征字222号)文件,作出关于养路费征收工作交公路管理部门办理的决定。常德地区交通局根据上述文件精神,决定养路费由常德地区公路总段负责征收。至1993年,常德市养路费征收工作由常德市公路总段养路费征收办公室负责征收。

1985年3月27日,湖南常德公路养路费征收办公室、汉寿县、常德县、桃源县、慈利县、石门县、澧县、临澧县、安乡县、津市市公路养路费征收站等启用新印章;相关的财务和征收专用章同时启用。常德公路养路费征收系统工作人员共36名。计:征收办5人、汉寿县站3人、常德县站4人、桃源县站5人、慈利县站3人、石门县站4人、澧县站5人、临澧县站3人、安乡县站3人、津市渡口1人。

1985年4月9日,交通部下达“关于公路养路费征收工作交由公路管理部门办理”的通知,规定仍由监理部门征收养路费的地方,必须自1985年7月1日起移交公路部门管理征收。湖南省交通厅予以转发。怀化、益阳、常德、湘西4个地(州)的“征收办”和30个县“征收站”遵令移交公路部门。

1985年4月29日,湖南省交通厅(〔1985〕湘交养征字第222号)转发交通部(〔1985〕交公路字776号)《关于公路养路费征收工作交由公路管理部门办理的通知》:根据通知精神,为了做好我省养路费征收工作和加强交通安全工作,除有的地、市养路费征收已由地、市公路总段和即将移交给公路总段办理外,凡仍由监理部门或其他部门征收养路费的地、州、市(包括县、市),必须按我厅(〔1985〕湘交养征字193号)文件规定,在今年五月底以前移交给公路总段和县公路段征收,请各地、州、市交通局加强领导,交通监理部门积极予以配合协助,作好公路养路费征收工作。

1985年6月19日,湖南省常德公路养路费征收办公室(常养征字〔1985〕013号)《关于下达公路养路费征收站及所属人员职责的通知》制订了征收站及各类人员的岗位责任制:县、市征收站职责、征收站长职责、征收员职责、会计员职责、出纳员职责等,使养路费征收工作进入正规化、系统化管理的初级阶段,促进了养路费征收工作有序展开。

1986年1月1日起,常德地区汽车养路费征收工作业务全部交常德地区公路总段统一管理,地、县交通局和监理部门的领导不再兼职。为加强养路费征收工作,常德地区公路总段制定了《养路费征收工作管理办法》《征收办(站)职责》《征收人员岗位责任制》(征收办站领导职责、征收员职责、会计员职责、出纳员职责)。

1986年8月16日,湖南省公路管理局(〔1986〕湘路养字第196号)文件核定常德地区养路费征收机构为一办九站:地办12人(含常德市及过渡费业务);常德县站6人;桃源站7

人;慈利站 5 人;石门站 7 人;澧县站 7 人;津市站 5 人;临澧站 5 人;汉寿站 5 人;安乡站 4 人,共计63 人。

1987 年 6 月 24 日,湖南省公路管理局(〔1987〕湘路征字第 158 号)文件同意常德养路征收机构增加征收人员编制 7 人。

1988 年 7 月 12 日,湖南省公路管理局(〔1988〕湘路征字第 105 号)文件同意常德养路费征收机构增设石门县公路养路费征收站泥市分站;桃源县公路养路费征收站茶庵铺分站。各增编 3 人,人员从公路部门内部调配,经试用后报省征收办审批。

1989 年 8 月 10 日,湖南省交通厅、财政厅、物价局(湘交公路〔1989〕第 399 号)文件《关于张公庙安江大桥收取车辆通行费的通知》:

根据《中华人民共和国公路管理条例》和交通部、财政部、国家物价局发布的《贷款修建高等级公路和大型公路桥梁、隧道收取车辆通行费规定》,经省人民政府同意,决定对张公庙、安江大桥收取车辆过桥费。现将有关事项通知如下:

1.除正在执行紧急任务,设有固定装置的工程抢险车及公安消防车,检察、法院、司法部门的警车、囚车、民政部门的福利工厂、荣军院、敬老院、孤儿院、麻风病院、盲哑学校的车辆、医院救护车、本省县以上(含县级)党政机关,外国使(领)馆的车辆及军用车辆免征过桥费外,其余机动车辆一律征收过桥费。

车籍在距离大桥五公里范围内的,其过桥费减半征收。

免征车辆和减半车辆应在当地征费部门办理减免征手续。

2.过桥费一律按核定载重吨位计征。不能载重的特种车辆,按核定自重吨位计征。不足一吨时按一吨计征。实行单程计费,每次每吨 1.5 元。

3.过桥费征收工作由省公路局负责实施。收费票证式样由省公路局提供,报省税务局审查同意后,到大桥所在县(市)税务局指定的印刷厂印制。

4.张公庙、安江大桥收取的过桥费必须逐月按规定向省养路费征收办公室解交,实行财政专户储存。

过桥费只用于偿还贷款和大桥养护、收费机构、设施等正常开支,不允许挪作他用。其收支计划应呈报省公路管理局、省交通厅批准。

5.收费时间自大桥通车之日起至还清贷款时终止。终止时间,由省交通厅、省财政厅、省物价局视收费还贷进度具体核定,报省政府备案。

6.本通知未尽事宜,由交通厅会同发文单位负责解释。

1989 年 9 月 2 日,湖南省公路管理局(〔1989〕湘路征字第 144 号)文件《关于同意成立常德市公路养路费征收稽查队及人员编制的批复》。为确保养路费应征不漏,经研究同意成立常德市公路养路费征收稽查队,属市征收办领导,编制 8 人(增编 4 人,另 4 人从现有人员内临时调用)。

1989 年 10 月,湖南安江、张公庙公路桥成立了“大桥征费稽查站”,隶属当地养路费征收部门管理，直接办理征收通行费。

1990年3月22日，湖南省公路管理局（〔1990〕湘路征字第047号）文件《关于张公庙大桥公路征费稽查站及码头大桥管理所有关人员编制的批复》：机构名称：张公庙大桥公路征费稽查站；人员编制：征费稽查站定编38人，在公路系统内选调政治、业务素质符合养路费征收人员条件，年龄在45周岁以下，身体健康的同志担负征费工作，并按规定填表报省局审批；征费稽查站应在当地银行设立专户，所收过桥费每月最后一天全部、足额直接向省养路费征收办“过桥费”专户解交。

1990年5月4日，湖南省公路管理局（湘路养征字〔1990〕第075号）文件《关于张公庙大桥公路征费稽查站经费的批复》：一九九〇年张公庙大桥公路征费稽查站经费开支总额控制为34.5万元（含人头费、业务经费、办公设施、生活设施及今年一季度试通车开支），年终决算后，节余部分可结转下年度使用；张公庙大桥公路征费稽查站为常德市公路总段所属二级机构，与各公路段一样均为独立核算单位，征费业务由市养路费征收办归口管理。

1990年7月17日，常德市计划委员会（常计工字〔1990〕176号）文件《关于常德公路养路费征收办搬迁新建的批复》：鉴于道路交通管理体制的变更，从有利于公路养路费征费工作的顺利开展出发，同意常德公路养路费征收办搬迁新建。新址选在武陵区护城乡张家台村；搬迁新建总投资96.5万元（不含土地征用费），建筑面积2700平方米。其中，住宅1300平方米（二类住宅15套，三类住宅5套，单身宿舍5间），投资39万元；营业厅、办公（含稽查大队办公室）1000平方米，食堂、车库、门卫等400平方米，投资42万元；围墙、供水、供电、排水、场坪整理15.5万元。资金由养路费切块经费和申请省公路局、省养路费征收办补助解决；考虑到养路费稽查工作的需要，同意修建停车坪2000平方米；工程建设期限为两年半，从1990年7月起至1992年年底止。1990年度安排投资计划50万元（含土地征用费）。资金来源：总段养路费切块经费10万元，申请省公路局、省养路费征收办补助40万元。

1990年10月29日，湖南省公路管理局（湘路计字〔1990〕第195号）文件《关于张公庙征费稽查站基建计划的批复》：同意张公庙稽查站基建项目列入省公路基建计划，从1990年至1992年分年安排，经费从收取的过桥费中列支；同意征地规模为4、775亩，总建筑面积控制在2150平方米之内，总投资在80万元之内（含征地费用）；要求1990年年底以前完成征地、围墙及“三通一平”工程，包括已批复征地经费10万在内，共投资25万元，列入1990年省公路调整计划。

1991年9月25日，湖南省公路管理局（湘路养征字〔1991〕第204号）文件《关于颁发〈湖南省公路征费征收人员加强廉政建设的若干规定〉的通知》：

1.全体征收工作人员必须在政治上、思想上、行动上与党中央保持一致，坚持四项基本原则，牢固树立公仆意识，全心全意为人民服务；树立良好的道德风尚；做一个合格的征收人员，将严明执法，廉洁奉公、忠于职守、按章征费、文明礼貌、服务人民作为我们的服务宗旨。

2.征收人员必须忠于职守，遵纪守法、秉公尽职，严禁以权谋私，以职谋私，或以其他任何形式向车属单位和车主“索、拿、卡、要”；不准接受馈赠吃请，收受贿赂，严格遵守“十不准”。

3.严格遵守财会制度与财经纪律，经费开支要坚持“一支笔”审批；把好预算关、结算关，不准巧立名目，弄虚作假；更不允许擅自非法印制票证，贪污私分或为小集团谋取私利。并重申：任何单位与个人不准截留、坐支、挪用养路费、过渡费、过桥费（通行费），严禁私设小钱柜和乱发资金与实物。

4.严格工作纪律，遵守各项工作规章制度，提高征费工作的透明度，做到“十公开”，实行双人当班制，坚持开票、收款分开；严格按政策规定执行减免征制度，对减免征车辆的包干计征车辆，按规定权限和程序报批，实行主管人经办，重大疑难问题集体研究和分管局领导签字批准制度，不准擅自越权减免养路费、过渡费、过桥费（通行费）。

5.征收人员要严于律己，自觉地、模范地遵守各项征费规定，对自己的子女、亲友及领导亲属的车辆交费要严格按规定执行，定期内部公布；对部分车辆的违纪处理，要集体研究，本人应主动回避，不插手，不说情。

6.加强文明建设，坚持文明征费，真正做到文明上岗、以礼待人、以理服人，寓管理于服务之中。工作中做到：着装整齐、举止文雅、说话和气、平等待人、文明礼貌、清正廉明。

7.保持和发扬艰苦朴素的优良作风，严禁用公款请客、送礼和大吃大喝。对于确属需要的某些礼仪、招待活动，也要本着勤俭节约的精神，从简办理；上级单位不得要求基层单位低价代购土特产；不准用公款旅游，不准擅自用公车办私事。

8.严格遵守社会主义道德规范，抵制非无产阶级思想的侵袭；严禁参与赌博、嫖娼、卖淫和搞封建迷信活动，不准收看、传播淫秽书刊、录像。

9.征收人员在职期间，不准参与经商、汽车运输和汽车倒卖；不得利用职权套购计划物资和紧俏商品倒手牟利或违反控购政策购买汽车、高档办公用品或其他物品。

10.全体征收人员应认真接受社会监督，加强组织纪律性；认真听取车属单位意见，自觉接受上级主管部门和财务、审计、纪检和监察部门的检查监督。

11.廉政建设“十不准”规定

（1）廉洁奉公，不准以权谋私，吃喝受贿；

（2）账目清楚，不准公款私存，贪污挪用；

（3）按章征费，不准任意减免，漏征少征；

（4）严明纪律，不准徇私舞弊，开假证件；

（5）制止三乱，不准违章上路，乱收乱罚；

（6）文明服务，不准刁难车主，态度粗暴；

（7）遵章守纪，不准违章开车，公车私用；

（8）公私分明，不准借机旅游，挥霍浪费；

（9）严于律己，不准接受馈赠，贪图私利；

（10）讲究道德，不准赌博嫖娼，封建迷信。

12.廉政建设“十公开”规定

(1)实行征收人员挂牌上岗,人员姓名、职务和岗位职责公开;

(2)征费政策、规定、标准、办法和收费时间公开;

(3)车辆减、免征范围和办法以及审批程序公开;

(4)征费人员的各种责任制、岗位职责、行为准则公开;

(5)车辆包干合同和优惠政策公开;

(6)车辆违章处罚、滞纳金计算方法公开;

(7)车辆报停、复驶、入户、转籍规定公开;

(8)装备购置、基建承包、招标、经费开支公开;

(9)征收人员严重违纪案件处理结果公开;

(10)举报信箱、电话公开。

1992年年底止,常德市养路费征收系统共有9个征费单位、1个征收分站(汉寿、鼎城、桃源、石门、临澧、澧县、安乡、津市,市办);共有专职征收人员84人;全市共有汽车16065辆,49533吨位,其中有应征费车辆15063台,47257吨位;免征车1002辆,2276吨位。

1993年2月23日,湖南省人民政府批复同意湖南省交通厅关于交通体制改革的意见。11月27日,湖南省交通规费征稽局成立。12月25日,常德市交通规费征稽处(简称市征稽处)成立。同时保留常德市车辆购置附加费征收管理办公室牌子,实行两块牌子,一套人马。根据(常编办发〔1994〕4号)文件精神,常德市征稽处为常德市交通局管辖的具有行政职能的副处级事业单位。内设1室4科,即:办公室、征收管理一科、征收管理二科、计划财务科、审计稽查科。编制人员174人。常德市征稽处下辖直属所、鼎城所、汉寿所、桃源所、临澧所、澧县所、石门所、津市所、安乡所。上述9个交通规费征稽所均为副科级单位。

原常德市公路总段管理的常德市养路费征收系统共有九个汽车养路费征收机构、共有专职征收人员84人,移交常德市交通规费征稽处管理。

1993年5月25日,湖南省交通厅(湘交人劳教字〔1993〕第215号)文件《关于成立湖南省交通厅交通规费征稽局筹备工作组的通知》:为了积极、稳妥地实施我省交通征稽体制改革和切实抓好交通规费征收工作,确保改革、征收两不误,经省厅研究决定:

1.成立湖南省交通厅交通规费征稽局筹备工作组,由余力行兼任组长;陈友光、彭彭、张尧眉任副组长;管锋、汤新建、张利源、周孟坚、崔祥蛟、聂钦怀为成员。

2.自本通知下达之日起,厅“两费”征收办和省公路局养路费征收办实行合署办公,办公地点在省交通厅二办公楼。

3.省交通厅交通规费征稽局筹备工作组自成立之日起,对汽车养路费、车购费、客、货运附加费(以下简称四费)征稽工作实行统一领导和管理,其主要任务是:(1)切实抓好“四费”征收工作,并对路、桥通行费、拖拉机(含小四轮、小三轮)养路费、过渡费征收实行业务归口检查、指导,千方百计保证全面完成全省年度征收计划。(2)在深入调查研究,广泛征求意见的基础上，配合厅体改办制定全省交通征稽体制改革实施方案，经批准后制定细则并组织实施。(3)配合厅体改办抓好省征稽局的组建工作，包括思想、组织、业务、作风建设；配合各地、州、市交通局(委)抓好地、州、市、县(市)征稽机构的组建工作，加强指导与协调，力争使全省征稽体制平稳过渡，新机构尽快投入运转。

4.原两个征收办公室办公、生活用品、设施、设备及其他财产，包括车辆、电话、房屋等，由合署办公后的机构继续使用，经费维持原渠道不变。

1993 年 9 月 15 日，湖南省交通厅(湘交体改字〔1993〕第 399 号)文件《印发〈关于我省交通征稽体制改革若干具体问题的处理意见〉的通知》：

1.人员交接的确定：(1)1992 年 11 月 23 日厅明传电报后新增人员，应严格按照湘交体改字〔1993〕302 号文件精神执行。(2)地(市)原车辆购置附加费、客运附加费征收办和公路养路费征收办(以下简称“两办”)的兼职领导不列入交接。(3)原“两办”占编不在岗人员一律不列入交接，其人员工资原在征稽部门发放的一律只发至 1993 年 12 月底止。(4)凡 1987 年监理机构移交公安部门以后进入汽车养路费征收部门和 1987 年“两费”征收办成立以后进入该机构，从事征收工作并在征稽岗位上办理离退休的人员，原则上可以列入交接，由新征稽机构接管。(5)原由省拨付经费的各县(市区)长期从事车购费、客运附加费征收工作的人员，应由地(市)征稽处(筹备组)造册报省征稽局(筹备组)，经书面批复同意后，方能列入交接。

2.财产的处理：(1)原“两办”人员集中使用的住宅(包括购进的商品房)，均作为固定资产划转新的征稽机构；原“两办”人员分散居住在原单位的住宅，在新征稽机构没有解决住宅以前，一律继续使用，但无权转让给其他人。原单位在房租、水电收费标准和住宅维修、改善等方面，应视为本单位职工同等对待。(2)原“两办”单独的办公用房、场地，均作为固定资产划转新的征稽机构。“两办”与原单位混合办公用房，双主认为可以调整的，经相互协商，允许作适当调整。不能调整的，维持现状不变，新征稽机构在没有解决办公用房以前，可继续使用。(3)原“两办”使用的车辆、通信设备、办公用品及其他装备，无论用何种经费购置，均移交给新征稽机构使用。

3.财务的处理：(1)原地(市)“两办”的全部账簿、原始凭证、会计报表、银行存款，历年 购置的债券、股票、集资款及各种应收应付、暂收暂付、预收预付资金，都要清点造册，按有关规定办理交接手续。有关过渡费和通行费的所有财务资料应移交给公路部门。财务账务中的各种遗留问题，应认真进行清理，详细注明情况并提出处理意见，经省征稽局(筹备组)审核后，报厅财务处审批处理。(2)原公路养路费征收办征收人员人头经费，由省公路局和各地市公路总段按机关管理人员今年人月平均费额分月或一次性拨付；原车购费、客运附加费征收办征收人员人头经费仍按原经费渠道办理。(3)全省征稽机构(含省征稽局)合署办公，应尽量利用原有设备、设施、场地等，坚持贯彻勤俭节约原则。个别地区确需维修房屋等经费开支的，须写出专题报告，经省征稽局核定后，给予适当补助。

4.机构的组建：(1)地(市)征稽处的组建程序应严格按照(湘交体改字〔1993〕第 302 号)

文件精神执行。(2)地(市)征稽处内部科室的设置可原则参照省征稽局的设置框架,本着有利于征收工作的原则,结合本地实际情况确定。在人员配备上,要重点考虑征收业务科室,尽量压缩行政后勤人员。(3)各地(市)征稽机构一律统称为:"湖南省 XX 地区(市、州)交通规费征稽处"。各地(市)征稽处印鉴(不含科室印鉴)由省征稽局统一制作。牌子由各地根据机构名称分别制作,形状为白底黑字长条形。(4)县(市区)征稽机构的组建,原则上待地(市)征稽处成立后,由地(市)交通局(委)和征稽处会同有关部门组织实施。

1994 年 6 月 21 日湖南省人民政府令第 31 号《湖南省公路养路费征收管理办法》已经 1994 年 5 月 9 日省人民政府第 38 次常务会议通过,现予发布施行。省长:陈邦柱。

1996 年 5 月 16 日,常德市征稽处增设人事教育科。

1997 年 1 月 22 日, 常德市机构编制委员会将常德市征稽处下辖的交通规费征稽所由副科级单位升格为正科级单位。

1998 年 3 月 3 日,湖南省人民政府发布了《关于加强公路养路费等交通规费征稽工作的通告》。1998 年 3 月 13 日,湖南省交通厅(湘交体法字〔1998〕第 80 号)文件要求各地、州、市交通局、省交通规费征稽局、省公路管理局、省高速公路建设开发总公司认真学习、宣传、贯彻省人民政府通告。

1998 年 7 月 10 日,常德市机构编制委员会根据省编委办(湘编办〔1997〕12 号文件精神,常德市征稽处机构新增事业编制 26 名。

2001 年 11 月 27 日,常德市人民政府办公室(常政办发〔2001〕58 号)《常德市人民政府办公室关于印发〈常德市交通规费征稽处职能配置、内设机构和人员编制规定〉的通知》:根据市委、市人民政府《关于市委市政府机构设置的通知》(常通字〔2001〕16 号)和《关于印发〈常德市市直党政群机关机构改革方案实施意见〉的通知》(常发〔2001〕2 号)精神,设置常德市交通规费征稽处(保留常德市车辆购置附加费征收管理办公室牌子),简称市征稽处(市车辆购置附加费征收办)。市征稽处为市交通局管理的具有行政职能的副处级事业单位,根据市人民政府授权,负责全市交通规费征收稽查的具体工作。

1.职能调整:将对车辆购置附加费的征收管理调整为车辆购置税的代征职能。

2.主要职责:根据以上职能调整,市征稽处的主要职责是:(1)宣传并贯彻执行国家有关交通规费征收的法律、法规和政策。(2)负责全市汽车养路费、客运附加费、货运附加费征稽与管理;负责代征车辆购置税。(3)编报年度交通规费征收计划,督促检查各区、县(市)征稽所征收计划执行情况;负责交通规费、车辆购置税的财务核算、管理、解缴工作;负责汇总编制财务报表。(4)负责办理车辆交通规费、车辆购置税减(免)征报批手续;负责办理车辆交通规费报停、过户、转籍;负责对全市车辆数、吨位(座位)数进行统计汇总,编制征收报表,并组织对车辆缴费情况进行年度审验。(5)组织开展稽查工作,依法上路上户对有车单位和个人缴纳交通规费的稽核检查,按章对偷漏交通规费的车辆进行补征和处罚。(6)负责全市交通规费征稽系统的依法行政工作,及时处理征费纠纷,参与行政诉讼;负责对执法情况进行检查、督促和指导。(7)负责全市交通规费、车辆购置税征收票据(证)的领用、保管、缴销、审核、结存工作。(8)负责全市交通规费征稽人员着装、通信设备、征稽车辆、计算机等主要装备的统一管理工作。(9)负责全市交通规费征稽人员的党纪、政纪、法纪、职业道德教育工作和岗位培训工作;负责行业精神文明建设和职工队伍建设。(10)负责全市交通规费征稽系统机构编制、劳动人事、工资、保险、离退休人员管理工作;负责党务、纪检、监察、群团工作;协助市交通局管理各区县(市)征稽所领导班子、并提出任免调整建议。(11)承办市委、市政府及主管部门交办的其他事项。

3.内设机构:根据上述职责,市征稽处设6个职能科室(均为副科级):(1)办公室:协助处领导对政务、业务等有关工作进行综合协调和督促检查;负责机关重要会议的组织服务工作;负责机关文电处理、档案管理、机要保密、来信来访等工作;负责重要文件起草和文字综合、宣传、信息调研工作;负责机关建设、后勤服务、对外接待、综合治理、安全保卫、装备的购置配发和管理。(2)人事教育科(监察室与其合署办公):负责全市交通规费征稽系统机构编制、劳动人事、工资、保险、离退休人员管理、职称评聘、教育培训、计划生育工作;负责党务、纪检、监察、群团工作;协助处党委抓好职工队伍建设和精神文明建设。(3)财务审计科:负责全市交通规费征稽系统财务核算、规费解缴、固定资产的管理;负责交通规费票据(证)的保管、领用、缴销、审核、结存工作;负责全市交通规费收入的统计汇总;负责交通规费征稽系统会计基础工作的规范化、制度化建设及内部财务审计工作。(4)征收管理一科:负责全市汽车养路费、客运附加费、货运附加费的征收管理工作;负责缴费车辆吨位(座位)数据的统计与分析,编报下达征收计划;按国家和省有关政策规定办理车辆规费报停、过户、转籍手续以及减(免)征车辆审核报批业务;负责交通规费征收自动化系统的开发运用与管理。(5)征收管理二科:负责代征全市车辆购置税,按有关规定办理车辆购置税减(免)征的报批手续;负责车辆购置税的收存、解缴、财务会计核算、票证、车辆档案管理等日常工作;负责及时掌握车辆价格信息、办理车辆和异动手续;负责车辆购置税代征自动化系统的运用与管理。(6)稽查科:依据国家有关法律、法规组织全市交通规费稽查工作,规范路检路查工作程序,稽核交通规费收缴情况;负责全市交通规费征稽系统的依法行政工作,及时处理征费纠纷,参与行政诉讼;负责对执法情况进行检查、督促和指导。负责办理全市征稽人员上路上户执法所需证件、标志。纪检机构按有关规定设置。

4.人员编制和领导职数:市征稽处机关全额拨款事业编制为32名,其中:处长(副处级)1名,书记(副处级)1名,副处长(正科级)3名,纪委书记(正科级)1名,工会主席1名;正副科长职数11名(其中副科级领导职数7名);其他工作人员14名(含机关后勤服务人员1名)。管理人员实行公务员制度。

5.具有行政职能的事业单位:常德市交通规费征稽处直属所和鼎城、汉寿、桃源、临澧、石门、澧县、津市、安乡交通规费征稽所,正科级,由市交通规费征稽处管理。负责贯彻执行国家有关交通规费、车辆购置税征收法律、法规和政策;负责本辖区内交通规费征稽和代征车辆购置税及其各项管理工作。

市交通规费征稽处直属所全额拨款事业编制为 22 名，其中所长 1 名、副所长 2 名、其他工作人员 19 名；鼎城交通规费征稽所全额拨款事业编制为 22 名，其中所长 1 名、副所长 2 名、其他工作人员 19 名；汉寿交通规费征稽所全额拨款事业编制为 16 名，其中所长 1 名、副所长 2 名、其他工作人员 13 名；桃源交通规费征稽所全额拨款事业编制为 21 名，其中所长1 名、副所长 2 名、其他工作人员 18 名；临澧交通规费征稽所全额拨款事业编制为 17 名，其中所长 1 名、副所长 2 名、其他工作人员 14 名；石门交通规费征稽所全额拨款事业编制为20 名，其中所长 1 名、副所长 2 名、其他工作人员 17 名；澧县交通规费征稽所全额拨款事业编制为 20 名，其中所长 1 名、副所长 2 名、其他工作人员 17 名；津市交通规费征稽所全额拨款事业编制为 15 名，其中所长 1 名、副所长 2 名、其他工作人员 12 名；安乡交通规费征稽所全额拨款事业编制为 15 名，其中所长 1 名、副所长 2 名、其他工作人员 12 名。市交通规费征稽处直属所和 8 个区县（市）交通规费征稽所的管理人员均实行公务员制度。

2009 年 11 月 27 日，为贯彻落实《国务院关于实施成品油价格和税费改革的通知》（国发〔2008〕37 号）、《湖南省人民政府关于成品油价格和税费改革人员安置工作的指导意见》（湘政发〔2009〕12 号）和《湖南省人民政府关于实施成品油税费改革完善交通体制加快交通发展的意见》（湘政发〔2009〕13 号）等文件精神，适应成品油税费改革新形势，完善交通体制，促进交通发展，妥善安置涉改人员，常德市人民政府文件（常政发〔2009〕20 号）《常德市人民政府关于实施成品油税费改革完善交通体制和做好涉改人员安置工作的意见》下发（见附录）。

2009 年，中共常德市委机构编制委员会办公室文件（常编办函〔2009〕6 号）《关于市交通体制改革人员编制划转的通知》；根据《国务院关于实施成品油价格和税费改革的通知》（国发〔2008〕37 号）、《湖南省人民政府关于成品油价格和税费改革人员安置工作的指导意见》（湘政发〔2009〕12 号）和《湖南省人民政府关于实施成品油税费改革完善交通体制加快交通发展的意见》（湘政发〔2009〕13 号）精神，经市委研究，现将交通体制改革人员编制划转的有关事项通知如下：

1.关于交通规费征稽系统人员编制划转：（1）撤销市交通规费征稽处机关、稽查大队、直属所后，现有 57 名人员除按有关政策规定提前离岗或退休外，其余人员编制划转到以下单位：税务部门 11 名；市交通建设质量安全监督管理处 17 名；市规划局执法监察大队 10 名；市环境监察支队 7 名；其余人员划入市城区公共客运管理处。（2）撤销鼎城、汉寿、桃源、临澧、石门、澧县、津市、安乡交通规费征稽所后，可比照市里设立交通建设质量安全监督管理机构，具体由各区县（市）机构编制部门按机构编制管理权限和程序办理。其人员划转的具体途径为：鼎城交通规费征稽所现有在岗人员 22 名，划转到税务部门 10 名，鼎城区负责转岗安置 12 名；汉寿交通规费征稽所现有在岗人员 14 名，划转到税务部门 3 名，汉寿县负责转岗安置 11 名；桃源交通规费征稽所现有在岗人员 19 名，划转到税务部门5 名，桃源县负责转岗安置14名；临澧交通规费征稽所现有在岗人员18名，划转到税务部门4名，临澧县负责转岗安置14名；石门交通规费征稽所现有在岗人员18名，划转到税务部门4名，石门县负责转岗安置14名；澧县交通规费征稽所现有在岗人员14名，划转到税务部门4名，澧县负责转岗安置10名；津市交通规费征稽所现有在岗人员12名，划转到税务部门3名，津市市负责转岗安置9名；安乡交通规费征稽所现有在岗人员11名，划转到税务部门3名，安乡县负责转岗安置8名。

2009年11月27日，中共常德市委机构编制委员会文件（常编发〔2009〕55号）《关于设立市交通建设质量安全监督管理处的通知》：根据《国务院关于实施成品油价格和税费改革的通知》（国发〔2008〕37号）、《湖南省人民政府关于成品油价格和税费改革人员安置工作的指导意见》（湘政发〔2009〕12号）和《湖南省人民政府关于实施成品油税费改革完善交通体制加快交通发展的意见》（湘政发〔2009〕13号）精神，经市委研究，并报省编委办批准（湘编办〔2009〕92号），同意撤销市交通规费征稽处（常德市车辆购置附加费征收管理办公室）、市交通规费征稽处稽查大队、市交通规费征稽处直属所、市交通建设质量监督站，设立市交通建设质量安全监督管理处（简称市交通质安处），为市交通局管理的具有行政职能的副处级事业单位。

常德养路费征稽机构历届负责人：

1994年3月前　筹建常德养路费征稽机构负责人：田其乐

1994年4月—1998年7月　处长、党委书记：曾昭贵

1998年8月—2000年3月　副处长：邹家伦（主持工作）

2000年8月—2002年2月　党委书记：刘湘山

2002年3月—2009年12月　处长：刘湘山

2002年3月—2009年12月　党委书记：刘桂海

三、养路费征收数额

1985年，常德地区养路费征收年计划任务2055万元，至8月底止，已完成1833.89万元，占年计划的89.2%，1984年完成养路费征收额为1751.1238万元。

1986年，湖南省公路管理局下达常德养路费征收计划为2580万元，完成3039.3238万元，占计划117.80%；拖拉机养路费170万元。

1987年，湖南省养路费征收办公室下达常德养路费征收年计任务3001万元。

1988年4月23日，常德地区公路总段（〔1988〕常总字第044号）文件转发湖南省公路管理局（〔1988〕路征字第051号〕《关于下达一九八八年公路养路费征收计划考核指标的通知》。常德地区养路费征收任务为3908万元，超收计划390.8万元，总任务4298万元。

1989 年 3 月 15 日，湖南省公路管理局(〔1989〕湘路养征字第 041 号）文件，下达常德市养路费征收任务 3877 万元，征收目标任务 4173 万元。

1990 年 2 月 22 日，常德市公路总段文件(〔1990〕常总字第 01 号）文件：省公路局和征收办下达常德市汽车养路费计划 4133 万元，奋斗目标任务 4340 万元。交通重点建设基金指令性征收计划 868 万元，奋斗目标 1090 万元。养路费实收 4171.5 万元，超 38.5 万元。

1991 年 3 月 2 日，湖南省公路管理局（湘路养征字〔1991〕第 031 号）文件下达常德养路费征收年度计划 4133 万元，奋斗目标 4190 万元，重点建设基金计划 1072 万元，奋斗目标 1102 万元，两项合计计划 5205 万元，奋斗目标 5292 万元。

1992 年，湖南省公路管理局下达常德养路费征收年度计划 4139 万元，奋斗目标 4346 万元；实征 4363.3 万元，完成计划任务 105.41%，完成奋斗目标任务 100.39%；重点建设基金征收计划 1099 万元，奋斗目标 1154 万元，实际征收 1135.2 万元，完成计划 103.29%，完成奋斗目标 98.37%。养路费和重点建设基金计划合计为 5238 万元，奋斗目标为 5500 万元；实征 5498.5 万元，完成计划 104.97%，完成奋斗目标 99.9%。

1999 年，常德市养路费征收年度计划为 11023 万元，公路建设基金为 1418 万元。

2001 年，常德市汽车养路费年度征收计划 9047 万元。

2002 年，常德市汽车养路费年度征收计划 8853 万元。

2003 年，常德市汽车养路费年度征收计划 9180 万元。

2005 年，常德市汽车养路费年度征收计划 10777 万元；农用车养路费 918 万元。

第二节　公路通行费征收

一、常德公路通行费征收

从 1958 年开始，国家将除国防公路以外的公路建设下放到地方，但是由于资金缺乏，公路建设进展缓慢。改革开放以后，国民经济迅速发展，公路通过能力不足的问题严重阻碍了经济的发展，如何解决公路建设资金缺乏的难题，尽快发展我国的公路成为我国交通部门要考虑的最迫切问题。

1984 年 12 月，国务院出台了“贷款修路、收费还贷”政策，即用银行贷款修建公路，通过收取通行费偿还贷款。这项政策突破了公路建设完全依靠政府的单一投资体制，增加了公路建设的筹资途径和投资力度，赋予公路基础设施公益性以外的更富有生命力的商品属性。

1989 年，湖南省交通厅、财政厅、物价局（湘交公路字〔1989〕第 399 号）文件批准，设立常德市张公庙大桥公路征费稽查站。于 1990 年 3 月 1 日正式开征。该站位于 207 国道常德市澧县张公庙澧水大桥北引桥处(G207 K 2227+500)，隶属常德市公路总段管理的正科级事业单位,定编 38 人。业务上接受省、市征稽机构指导。

1989 年 12 月 15 日,津市澧水大桥建成通车。该大桥为津市地方政府自筹基建项目,银行贷款、企事业单位和市民集资修建,总投资 2745.87 万元。经湖南省人民政府批准,津市澧水大桥收费还贷。1990 年 3 月,津市澧水大桥收费站开征。该站位于省道 205 线 K1+200 处,隶属津市建设局管理的副科级事业单位,有固定职工 24 人。

1992 年 12 月,湖南省人民政府(湘政办函〔1992〕282 号)文件批准设立常德沅水大桥收费站。该站位于县道 226 线 K12+350 处。隶属常德市交通局管理的正科级事业单位。

1993 年 6 月 11 日,湖南省人民政府(湘政函〔1993〕53 号)《关于贷款修建公路、桥梁、隧道收取车辆通行费有关问题的通知》下发。对我省境内利用贷款、借款、集资新建或改建(不包括局部改造)的高速公路、二级公路、公路桥梁、隧道收取通行费事项予以明确。

1993 年 7 月 28 日,湖南省人民政府办公厅(湘政办函〔1993〕181 号)《关于同意在 319 国道常德市郭家铺设站收取车辆通行费的批复》:省人民政府同意在 319 国道常德市鼎城区郭家铺设站收取怀化往常德方向的机动车辆通行费;通行费征收工作由常德市公路管理部门负责组织实施,人员从公路部门内部抽调;收费期限从 1993 年 8 月 1 日起至 1999 年年底止。

郭家铺收费站车辆通行费收费标准表

表 4—2—2—1

序号	车 辆 分 类	收费标准（元/车次）
1	摩托车、机动三轮车、手扶拖拉机、简易机动车	1.00
2	大中型拖拉机、2.5 吨及以下货车、19 座以下的各类小车（包括小轿车、吉普车、旅行车）	5.00
3	2.5 吨以上（不含 2.5 吨）至 5 吨的各类货车，20 座至 49 座的客车	10.00
4	5 吨以上（不含 5 吨）至 8 吨的货车，50 座及以上的客车	15.00
5	8 吨以上（不含 8 吨）至 16 吨的各类车辆	20.00
6	16 吨以上（不含 16 吨）的各类车辆	30.00

1993 年 8 月 9 日,湖南省公路管理局(湘路通费字〔1993〕第 160 号)文件《关于在 319 国道常德市郭家铺设站收取车辆通行费有关事项的函》:319 国道常德市郭家铺设站收取机动车辆通行费工作由常德市公路总段负责组织实施。

1993 年 8 月 16 日,湖南省交通厅(湘交征稽字〔1993〕第 355 号)文件《关于在 319 国道常德市郭家铺设站收取车辆通行费有关事项的通知》:郭家铺收费工作由湖南省公路局组织,具体业务可委托常德市公路总段组建收费机构负责办理。收费机构名称:"常德 319 国道郭家铺收费站",业务上接受省、市征稽机构指导。收费站暂定编 34 人。

1993 年 9 月 4 日,中共常德市委机构编制委员会办公室(常编办直〔1993〕59 号)文件《关于成立常德市 319 国道郭家铺收费站的批复》:根据省人民政府办公厅(湘政办函〔1993〕

181号)《关于同意在319国道常德市郭家铺设站收取车辆通行费的批复》和省交通厅(湘交征稽字〔1993〕第355号)文件精神,现就郭家铺收费站有关事宜批复如下:

1.同意成立常德市319国道郭家铺收费站。为正科级机构管理的事业单位,归口常德市公路总段领导,业务上接受省、市征稽机构指导。

2.核定事业编制34名。人员配备结构:领导2人,行管后勤人员5人,征费人员27人。核定的上述人员,从常德市公路总段所属单位内部抽调。

3.人员经费按省政府办公厅(湘政办涵〔1993〕181号)批复和省交通厅(湘交征稽字(1993)第355号)文件规定,从收取的通行费内列支,地方财政不负责开支。湖南省公路管理局(湘路通费字〔1993〕第223号)文件下达常德市319国道郭家铺收费站开办经费22.1万元。

1994年6月21日,湖南省人民政府办公厅(湘政办函〔1994〕145号)《关于同意将319国道郭家铺收费站移至樟木桥的批复》:经省人民政府研究,同意将319国道郭家铺收费站移至樟木桥,收取从长沙往常德方向的机动车通行费。樟木桥收费站的收费时间、标准、管理办法仍按湘政办函〔1993〕181号文件的有关规定执行。

1994年7月4日,湖南省交通厅(湘交计基字〔1994〕第261号)文件《关于319国道郭家铺收费站移至樟木桥有关事项复函》:收费工作由省公路局负责,常德市公路总段具体组织实施。收费站名称:"319国道樟木桥收费站"。

1994年7月4日,常德市人民政府《关于建立樟木桥公路收费站有关问题的会议纪要》明确樟木桥公路收费站站址:319国道和207国道交汇点与207国道和桃林路接口处之间。起征时间为1994年7月10日。收费站的建设、管理由市公路总段负责。

1994年10月6日,湖南省人民政府办公厅(湘政办函〔1994〕233号)《关于同意在安乡县大鲸港大桥设站收取机动车辆通行费的批复》:经研究,省人民政府同意在安乡县大鲸港大桥设站双向收取机动车辆通行费。收费工作由常德市公路总段组织实施。收费站的人员从渡口人员中抽调。收取的车辆通行费全额上解省公路局专户储存,用于偿还大鲸港大桥工程贷款。大鲸港大桥工程总投资5300万元。收费期限从1994年10月15日起至1999年12月31日止。

安乡县大鲸港大桥收费站收费标准表

表4—2—2—2

序号	车辆分类	收费标准(元/车次)
1	摩托车、机动三轮车、手扶拖拉机、简易机动车	1.00
2	大中型拖拉机、2.5吨及以下货车、19座及以下的客车(包括小轿车、吉普车、旅行车)	4.00
3	2.5吨以上(不含2.5吨)至5吨的货车,20座至49座的客车	6.00
4	5吨以上(不含5吨)至8吨的货车,50座及以上的客车	10.00
5	8吨以上(不含8吨)至16吨的各类车辆	15.00
6	16吨以上(不含16吨)的各类车辆	20.00

1994 年 10 月 10 日，中共常德市委机构编制委员会办公室（常编办直〔1994〕30 号）文件《关于同意常德市 319 国道郭家铺收费站更名的批复》：根据（湘政办函〔1994〕145 号）文件有关精神，经研究，同意将该站更名为"常德市 319 国道樟木桥收费站"，其隶属关系、机构级别、人员编制、经费渠道均维持不变。

1994 年 11 月 11 日，湖南省交通厅（湘交财字〔1994〕第 441 号）文件《关于湘北干线安乡大鲸港大桥设站收取车辆通行费有关事项的通知》：大鲸港大桥收费工作由常德公路总段具体组织实施，接受省征稽局的行业管理。收费机构名称：安乡大鲸港大桥收费站；该站暂定编30 人，从渡口人员中抽调，其中征稽 4 人。

1994 年 11 月 14 日，常德市人民政府办公室（常政办函〔1994〕91 号）《常德市人民政府办公室关于同意将安乡大鲸港大桥更名为安乡大桥的批复》：经市政府研究，同意将安乡大鲸港大桥更名为安乡大桥。

1994 年 11 月，湖南省人民政府办公厅（湘政办函〔1994〕285 号）文件批准设立石门县澧水大桥收费站；1997 年湖南省政府办公厅（湘政办函〔1997〕63 号）文件批准设立石门狮子脑收费站，与澧水大桥收费站实行一站两点收费。该站位于省道 304 线 K24 和 K3+100 处，隶属石门县交通局管理。

1995 年 8 月 2 日，湖南省人民政府办公厅（湘政办函〔1995〕164 号）《湖南省人民政府办公厅关于变更津市澧水大桥收费站管理体制及有关问题的通知》：津市澧水大桥收费站自 1995 年 8 月 16 日起移交省交通厅管理（原收费站所有财产一并移交），收费业务工作由省公路局按有关规定组织实施。收费期限到 1999 年 12 月 31 日止。

津市市澧水大桥收费站收费标准表

表 4—2—2—3

序号	车辆分类	收费标准（元/车次）
1	摩托车、机动三轮车、手扶拖拉机、简易机动车	1.00
2	大中型拖拉机、2.5 吨及以下的货车、19 座及以下的客车（包括小轿车、吉普车、旅行车）	5.00
3	2.5 吨以上（不含 2.5 吨）至 5 吨的货车，20 座至 49 座的客车	10.00
4	5 吨以上（不含 5 吨）至 8 吨的货车，50 座及以上的客车	15.00
5	8 吨以上（不含 8 吨）至 16 吨的各类车辆	20.00
6	16 吨以上（不含 16 吨）的各类车辆	30.00

1995 年 9 月 23 日，湖南省公路管理局、津市市人民政府、常德市公路总段签订《关于津市澧水大桥收费站及收费业务移交省公路局管理的协议书》：津市澧水大桥收费站自 1995 年 9 月 26 日起移交省交通厅公路管理局管理；其收费业务由省公路局按照《湖南省公路局通行费管理办法》有关规定，委托常德市公路总段组织实施。

1996年1月10日，湖南省公路管理局（湘路计统字〔1996〕第003号）文件《关于张公庙收费站设置电化收费系统的批复》：同意该站设置电化收费系统，电化收费系统由电视监控、电脑收费及自动提示栏杆三部分组成，总投资38.4万元，由常德市公路总段组织实施。

1996年1月28日，湖南省公路管理局（湘路通费字〔1996〕第004号）文件《关于下发〈湖南省公路管理局车辆通行收费站（点）规范化管理办法（试行）〉和〈湖南省公路管理局车辆通行费票据管理办法（试行）〉的通知》。

1996年5月13日，湖南省人民政府办公厅（湘政办函〔1996〕145号）《湖南省人民政府办公厅关于同意在207国道临澧县矮架山路段设站收取机动车辆通行费的批复》：经研究，省人民政府同意在207国道临澧县矮架山路段设站双向收取机动车辆通行费。收费工作在省交通厅的领导下，由常德市公路部门组织实施。收费人员从公路系统内部正式职工中聘用，其工资关系留在原单位不动。收取的车辆通行费用于偿还经核定确认的207国道临澧路段改造工程借贷债务。收费期限暂定从1996年5月20日至1999年12月31日止。

207国道矮架山收费站收费标准表

表4—2—2—4

序号	车辆分类	收费标准（元/车次）
1	摩托车、机动三轮车、手扶拖拉机、简易机动车	1.00
2	大中型拖拉机、2.5吨及以下货车、19座及以下的客车（包括小轿车、吉普车、旅行车）	5.00
3	2.5吨以上（不含2.5吨）至5吨的货车，20座至49座的客车	10.00
4	5吨以上（不含5吨）至8吨的货车，50座及以上的客车	15.00
5	8吨以上（不含8吨）至16吨的各类车辆	20.00
6	16吨以上（不含16吨）的各类车辆	30.00

1996年6月18日，常德市公路总段（常总计统字〔1996〕056号]文件下达常德市319国道樟木桥收费站基础设施（微机监控设施；因新建收费亭，拆迁樟木桥汽油库补偿；购置、安装DA4系列自动抗撞栏杆；办公楼维修；围墙及大门移址；收费亭车道大修；购置发电机等）合计18万元。

1996年7月22日，湖南省公路管理局（湘路通费字〔1996〕第155号）文件《关于207国道临澧矮架山收费站开办费及正常经费的批复》：207国道临澧矮架山收费站定编35人，人员经费年平均8500元核定包干；设施费18.81万元；开办费18.67万元；正常经费9.42万元。

1996年7月23日，湖南省人民政府（湘政发〔1996〕33号）文件《湖南省人民政府关于印发〈湖南省车辆通行费征收管理暂行规定〉的通知》下发，共十七条。

1996年8月12日，常德市公路总段（常总计统字〔1996〕086号）文件《关于同意征地修建崔家桥收费站的批复》:同意汉寿县公路段征地四亩,用于 319 国道崔家桥收费站站场建设。

1996 年 8 月 27 日,常德市公路总段(常总计统字〔1996〕118 号)文件《关于加强征费管理工作的若干规定》对所属公路收费、桥梁收费站、渡口征费管理工作在依法征费,文明管理;确保目标任务完成;经费管理、票证管理;征费稽查、考核等方面提出规范化要求。

1996 年 8 月 28 日,常德市公路总段(常总计统字〔1996〕098 号)文件下达张公庙收费站设备更新等项目(电视监控系统;监控室屋面整修、装修;票亭维修;购置、安装 DA 系列自动抗撞栏杆;站房征地附加费;购置发电机;其他设施)共计 39.27 万元。

1996 年 9 月 13 日,湖南省人民政府办公厅(湘政办函〔1996〕258 号)《湖南省人民政府办公厅关于同意在 319 国道汉寿县崔家桥地段设站收取车辆通行费的批复》:同意在 319 国道汉寿县崔家桥地段设站双向收取机动车辆通行费;收费工作在省交通厅的统一领导下,由常德市公路总段具体组织实施。收费期限从 1996 年 9 月 20 日起至长常一级汽车专用公路通车之日止。收取的车辆通行费全部用于偿还 319 国道汉寿段二级路面(含严家河、牛路滩 2 座桥梁)改造工程债务。

汉寿县崔家桥收费站收费标准表

表 4—2—2—5

序号	车辆分类	收费标准（元/车次）
1	摩托车、机动三轮车、手扶拖拉机、简易机动车	1.00
2	大中型拖拉机、2.5 吨及以下货车、19 座及以下的客车（包括小轿车、吉普车、旅行车）	5.00
3	2.5 吨以上（不含 2.5 吨）至 5 吨的货车，20 座至 49 座的客车	10.00
4	5 吨以上（不含 5 吨）至 8 吨的货车，50 座及以上的客车	15.00
5	8 吨以上（不含 8 吨）至 16 吨的各类车辆	20.00
6	16 吨以上（不含 16 吨）的各类车辆	30.00

1997 年 1 月 9 日,湖南省人民政府办公厅(湘政办函〔1997〕10 号)《湖南省人民政府办公厅关于同意在 207 国道澧县雷公塔地段设站收取机动车辆通行费的批复》:经研究,省人民政府同意在 207 国道澧县雷公塔地段设站,双向收取机动车辆通行费。收费工作在省交通厅统一领导下,由常德市公路局具体组织实施。收费人员从澧县交通部门(主要是公路部门)内部正式职工中聘用,其工资关系保留在原单位。收取的通行费全部用于偿还 207 国道澧县段改造工程债务。

澧县雷公塔收费站车辆通行费收费标准表

表 4—2—2—6

序号	车辆分类	收费标准（元/车次）
1	摩托车、机动三轮车、手扶拖拉机、简易机动车	1.00
2	大中型拖拉机、2.5 吨及以下货车、19 座及以下的客车（包括小轿车、吉普车、旅行车）	5.00
3	2.5 吨以上（不含 2.5 吨）至 5 吨的货车，20 座至 49 座的客车	10.00
4	5 吨以上（不含 5 吨）至 8 吨的货车，50 座及以上的客车	15.00
5	8 吨以上（不含 8 吨）至 16 吨的各类车辆	20.00
6	16 吨以上（不含 16 吨）的各类车辆	30.00

1997 年 2 月 22 日，常德市公路管理局（常路办字〔1997〕02 号]文件《关于下发〈通行费征收工作违纪违规的处罚规定〉及〈通行费征收管理制度〉的通知》，规范通行费征收工作，加强征费管理、严肃法纪、防腐倡廉、打击贪污和私吞欠款行为，纯洁征费队伍。

1997 年 3 月 8 日，常德市公路管理局（常路字〔1997〕016 号）文件《关于 319 国道崔家桥收费站筹建、开办经费的批复》319 国道崔家桥收费站筹建开办经费 108.33 万元。

1997 年 4 月 24 日，湖南省公路管理局（湘路计统字〔1997〕第 114 号）文件《关于 207 国道矮架山收费站车道加宽及站亭建设工程预算的批复》：核定 207 国道矮架山收费站车道加宽工程及站亭建设工程总经费 494829 元。

1997 年 7 月 11 日，湖南省公路管理局（湘路计统字〔1997〕第 239 号）文件《关于石龟山收费站站亭建设等工程设计预算的批复》：核定石龟山收费站站亭建设（水泥路面；分道栏杆和标志牌；高压电力线架设及配电房、电器设备等；两车道收费站亭；开办费）总经费为 789851 元。

1997 年 8 月 22 日，湖南省公路管理局（湘路通费字〔1997〕第 225 号）文件《关于印发〈湖南省公路局车辆通行费征收稽查管理办法（试行）〉的通知》下发，共十七条。

1997 年 9 月 1 日，湖南省公路管理局（湘路通费字〔1997〕第 234 号）文件《关于转发〈关于开展创建“文明收费站”活动的通知〉的通知》转发了湖南省交通厅（湘交财字〔1997〕第 290 号）《关于开展创建“文明收费站”活动的通知》。

1997 年 10 月 28 日，湖南省人民政府办公厅（湘政办函〔1997〕300 号）《湖南省人民政府办公厅关于同意在 319 国道桃花源设立机动车辆通行费收费站的批复》：经研究，省人民政府同意，在 319 国道桃花源地段（桩号 K1432+200）设站对过往车辆收取机动车辆通行费。收费工作在省交通厅的统一领导下，由常德市公路局具体组织实施。收取的通行费，全部用于偿还 319 国道常德市桥南至桃花源镇路段的改造工程贷款。

319 国道桃花源收费站收费标准表

表 4—2—2—7

序号	车辆分类	收费标准（元/车次）
1	摩托车、机动三轮车、手扶拖拉机、简易机动车	1.00
2	大中型拖拉机、2.5 吨及以下货车、19 座及以下的客车（包括小轿车、吉普车、旅行车）	5.00
3	2.5 吨以上（不含 2.5 吨）至 5 吨的货车，20 座至 49 座的客车	10.00
4	5 吨以上（不含 5 吨）至 8 吨的货车，50 座及以上的客车	15.00
5	8 吨以上（不含 8 吨）至 16 吨的各类车辆	20.00
6	16 吨以上（不含 16 吨）的各类车辆	30.00

1997 年 11 月 11 日，湖南省公路管理局（湘路计统字〔1997〕第 296 号）文件《关于 319 国道崔家桥收费站站房建设经费的批复》，核定 319 国道崔家桥收费站新建站房总经费 50 万元。

1997 年 12 月 2 日，常德市公路管理局（常路字〔1997〕147 号）文件《关于津市大桥收费站收费设施费用的批复》：核定津市大桥收费站收费设施更新更改工程经费 169478 元。

1997 年 12 月 30 日，常德市公路管理局（常路字〔1997〕170 号）文件《关于下达收费站电脑收费设施经费的通知》：省公路管理局补收费站电脑设施经费：樟木桥收费站 100 万元；矮架山收费站 100 万元；张公庙大桥收费站 50 万元；雷公塔收费站 79 万元。

1997 年 12 月 31 日，湖南省公路管理局（湘路计统字〔1997〕第 356 号）文件《关于 319 国道桃花源收费站开办费及收费车道加宽等工程经费的批复》：核定 319 国道桃花源收费站人员定编 36 人，开办费及收费站车道加宽等工程总经费为 905083 元。

1997 年，出台的《中华人民共和国公路法》对“贷款修路，收费还贷”政策从法律的层面进行了明确和规范。公路法明确了民间资本与外资均可依法投资经营收费公路。公路法还明确规定收费期限、收费标准、收费站点的设置均由省一级政府依照法律规定设定和批准。

1998 年 4 月 7 日，常德市公路管理局（常路字〔1998〕046 号）文件《关于 319 国道桃花源收费站开办费及收费车道加宽等工程经费的批复》：核定 319 国道桃花源收费站人员定编 35 人，开办费及设施费 852365 元。

1998 年 7 月，湖南省人民政府办公厅（湘政办函〔1998〕147 号）批准设立常德市周家店收费站，隶属常德市交通局管理的正科级事业单位。2002 年经（湘交财字〔2002〕41 号）文件批准，常德市周家店收费站转至常德市泉水桥附近，更名为常德市柳叶湖收费站。

1998 年 7 月 9 日，湖南省人民政府办公厅（湘政办函〔1998〕158 号）《湖南省人民政府办公厅关于同意在湘北干线安乡县石龟山大桥设立车辆通行费收费站的批复》：经省人民政府研究，同意在湘北干线安乡县石龟山大桥设立收费站，对过往机动车辆收取通行费。收费工作在省交通厅的领导下由常德市公路管理局具体组织实施。收取的通行费全部用于偿还石龟山大桥工程贷款(石龟山大桥总投资6667万元,其中银行贷款1500万元)。收费期限从1998年7月15日起至2005年7月14日止。

石龟山大桥收费站收费标准表

表4—2—2—8

序号	车辆分类	收费标准（元/车次）
1	摩托车、机动三轮车、手扶拖拉机、简易机动车	1.00
2	大中型拖拉机、2.5吨及以下货车、19座及以下的客车（包括小轿车、吉普车、旅行车）	5.00
3	2.5吨以上（不含2.5吨）至5吨的货车，20座至49座的客车	10.00
4	5吨以上（不含5吨）至8吨的货车，50座及以上的客车	15.00
5	8吨以上（不含8吨）至16吨的各类车辆	20.00
6	16吨以上（不含16吨）的各类车辆	30.00

1998年常德市车辆通行费收费站基本情况

表4—2—2—9

收费站名称	站址	省批文号	收费起止时间	设站理由	人员编制
常德市张庙大桥收费站	207国道（K2227+500）	〔1989〕399号	大桥通车之日至还清贷款为止	用于偿还贷款和大桥养护，偿还临澧县政府贷款集资2000万元（临澧、澧县207国道改建工程及人员工资、管理费等）	46
319国道樟木桥收费站	319国道（K1382）	〔1993〕181号 〔1996〕201号	1993年8月1日至1999年年底	全部用于改造常德境内319国道及由市安排用于交通建设和公路重点工程	58
安乡大桥收费站	1804省道（K127）	〔1994〕223号	1994年10月15日至1999年12月31日止	用于偿还大鲸港大桥工程贷款及人员工资管理费用开支	33
津市澧水大桥收费站	1852省道（K15）	〔1995〕164号	1995年8月15日至1999年12月31日止	用于湘北干线公路建设、津市路段工程改造	33
207国道矮架山收费站	207国道（K2249+500）	〔1996〕145号	1996年5月20日至1999年12月31日止	用于偿还207国道临澧路段改造工程	45
319国道崔家桥收费站	319国道（K1343）	〔1996〕258号	1996年9月20日至长常高速公路通车	用于偿还319国道汉寿段二级路面改造工程及严家桥、牛路滩2座桥梁债务	45

续表

收费站名称	站址	省批文号	收费起止时间	设站理由	人员编制
207 国道雷公塔收费站	207 国道（K2202）	〔1997〕10 号	1997 年 1 月 15 日至 2002 年 1 月 31 日	用于偿还 207 澧县段改造工程 43 公里，总投资 18000 万元，其中贷款 8900 万元	34
319 国道桃花源收费站	319 国道（K1434+300）	〔1997）300 号	1997 年 11 月 1 日至 2002 年 10 月 30 日	用于 319 国道常德市桥南至桃花源镇改造工程，贷款 4920 万元	32
石龟山大桥收费站	湘北干线	〔1998〕158 号	1998 年 7 月 15 日至 2005 年 7 月 14 日止	用于偿还石龟山大桥 1500 万元贷款	28
常德沅水大桥收费站	207 国道	〔1992〕282 号	1992 年 12 月 1 日开始收费	首先归还鼎城区改造 319 与 207 两条国道复线的 500 万元贷款及支付人员工资、费用外，全部用作沅水公铁两用桥公路部分的建设资金	70
石门狮子脑收费站	1836 省道	〔1997〕63 号	1997 年 3 月 15 日至 2005 年 3 月 14 日止	1836 省道石门境内三江口至察家溪路段改造工程总投资 3000 万元，其中贷款 2350 万元	65
常德市周家店收费站	1804 省道	〔1998〕147 号	1998 年 6 月 25 日至 2006 年 6 月 24 日止	用于湘北干线常德段改造工程总投资 27500 万元，其中贷款 5080 万元	32

1999 年 3 月 1 日，湖南省公路管理局（湘路通费字〔1999〕第 031 号）文件《关于一九九八年度车辆通行费、过渡费征收管理目标考核情况的通报》：常德市公路管理局获车辆通行费、过渡费征收管理第二名；崔家桥、桃源、矮架山、沅水大桥收费站评为“优秀收费站”；樟木桥、安乡大桥、津市澧水大桥、雷公塔、尧河渡口评为“良好收费站”；石门、张公庙大桥收费站评为“合格收费站”。

1999 年 7 月 26 日，常德市交通局（常交字〔1999〕051 号]文件《常德市交通局关于组建桃源沅水大桥收费站的实施意见》：根据省人民政府（湘政发〔1996〕3 号）、省人民政府办公厅（湘政办函〔1999〕79 号）及省交通厅（湘交财字〔1997〕第 289 号）等文件的有关规定，组建桃源沅水大桥收费站。人员编制暂定 33 人〔行管岗位 5 人，其中站长（兼支部书记）、副站长、办公室主任、会计（兼票管员）、出纳各 1 人〕。1999 年 8 月 8 日正式上岗收费。由桃源县交通局负责对该站的征费管理。

1999年12月8日，湖南省交通厅（湘交计基字〔1999〕第515号）文件《关于樟木桥收费站建站规模的批复》：1.为便于收费管理，同意樟木桥收费站搬迁至国道319的K1380+079处，并从长常管理处的常德管理所内划拨5亩地作为该站建设用地。2.建设规模：按照国家有关规定并结合人员定编和实际需要，核定业务用房等房屋总建筑面积1700平方米，包括电脑收费及监控设备等共计投资247万元，从益常路建设资金中解决。

1999年12月30日，湖南省交通厅、湖南省财政厅、湖南省物价局（湘交财字〔1999〕第613号）文件《关于延长湘潭七里铺、岳阳平江三阳街、邵阳栗山、常德樟木桥等七个机动车辆收费站收费期限的批复》：经研究并报省人民政府同意：同意延长常德樟木桥收费站收费期限至2003年12月31日止，所收通行费除正常支出外，全部用于偿还319国道樟木桥路段改造工程贷款；同意延长常德汉寿崔家桥收费站收费期限至2003年12月31日止，所收通行费除正常支出外，全部用于偿还319国道崔家桥路段改造工程贷款；同意延长常德临澧矮架山收费站收费期限至2004年12月31日止，所收通行费除正常支出外，全部用于偿还207国道临澧路段张公庙至矮架山22公里改建工程贷款。

常德市公路局到期收费站历年收还贷及延期时间情况表

表4—2—2—10

单位	省批文号	收费起止时间	负债总额（万元）	历年收费总额（万元）	历年还贷总额（万元）	借贷余额（万元）	年收费额（万元）	延长时间（年）
大鲸港大桥	〔1994〕223号	1994年10月15日至1999年12月31日止	2010.4	820	353.09	1657.31	228	15
津市大桥	〔1995〕164号	1995年8月15日至1999年12月31日止	468.2	808	43.75	424.45	202	7
矮架山大桥	〔1996〕145号	1996年5月20日至1999年12月31日	5350.42	1919	109.25	5241.17	620	7
樟木桥	〔1993〕181号〔1996〕201号	1993年8月1日至1999年年底	4082.58	4179	604.14	3478.44	380	17

续表

单位	省批文号	收费起止时间	负债总额（万元）	历年收费总额（万元）	历年还贷总额（万元）	借贷余额（万元）	年收费额（万元）	延长时间（年）
崔家桥	〔1996〕145 号	1996 年 5 月 20 日至长常高速公路通车	4651.00	2569	1046.01	3604.91	350	18
备注	1.樟木桥、崔家桥两站在高速公路通车后，设想 319 国道与常长高速公路按 3.5：6.5 的车流量分流，来预测两站的收费能力和还贷水平。 2.表中借贷余额由省交通厅审计处认定。							

2000 年 8 月 7 日，湖南省交通厅、湖南省财政厅、湖南省物价局（湘交财字〔2000〕第 379 号）文件《关于延长津市澧水大桥、安乡大鲸港大桥、岳阳八仙桥和红光等四个机动车辆收费站收费期限的批复》：经研究并报省人民政府同意：同意延长津市澧水大桥收费站收费期限至 2006 年 12 月 31 日止；延长安乡大鲸港大桥收费站收费期限至 2011 年 12 月 31 日止。

2000 年 9 月 12 日，湖南省人民政府办公厅（湘政办函〔2000〕138 号）《湖南省人民政府办公厅关于同意在常桃公路设立机动车辆收费站的批复》：经省人民政府研究同意在常桃公路陬市地段（桩号：K10+500）设站，对过往机动车辆收取通行费。收费期限自 2000 年 8 月 15 日起至 2015 年 8 月 14 日止。收费工作在省交通厅统一领导下，由常德市公路管理局具体组织实施。收取的通行费全部用于偿还工程建设债务。

常桃公路收费站收费标准表

表 4—2—2—11

序号	车辆分类	收费标准（元/车次）
1	摩托车、机动三轮车、手扶拖拉机、简易机动车	1.00
2	大中型拖拉机、2.5 吨及以下货车、19 座及以下的客车（包括小轿车、吉普车、旅行车）	5.00
3	2.5 吨以上（不含 2.5 吨）至 5 吨的货车，20 座至 49 座的客车	10.00
4	5 吨以上（不含 5 吨）至 8 吨的货车，50 座及以上的客车	15.00
5	8 吨以上（不含 8 吨）至 16 吨的各类车辆	20.00
6	16 吨以上（不含 16 吨）的各类车辆	30.00

2000 年 9 月 14 日，湖南省交通厅（湘交计基字〔2000〕第 423 号）文件《关于常德樟木桥收费站办公用房和宿舍等设计文件的批复》：为便于收费管理，同意在已建好的樟木桥收费站附近征地四亩，建设该站办公用房和宿舍等附属用房。核定总建筑面积 1700 平方米，总投资320 万元，其中 247 万元（房屋、电脑收费、监控系统）在益常路建设资金中解决，其余在樟

木桥收费站的收费中解决。

2000年11月,湖南省人民政府办公厅(湘政办函(2000)162号)文件批准设立207国道德山收费站,该站位于常德沅水二桥南约100米,207国道K2199+828处,隶属常德市交通局管理的正科级事业单位。

2000年12月,经湖南省人民政府办公厅批准设立常德市五里桥收费站。该站位于汉寿县西竺山乡八角楼村,省道S205线K94+770处,隶属常德市交通局管理的正科级事业单位。

2001年常德市车辆通行费征收计划

表4—2—2—12　　单位:万元

站名	年计划	奋斗目标
全市合计	9013	
市交通局小计	4670	4845
常德沅水大桥	1920	1980
207德山	1280	1320
月票办	400	400
1804线周家店	280	300
桃源沅水大桥	150	155
1836线石门狮子脑	410	430
1851线汉寿五里桥	230	260
市公路局小计	4343	
张公庙大桥	804	
樟木桥	610	
大鲸港	296	
矮架山	679	
津市大桥	305	
崔家桥	499	
雷公塔	559	
桃花源	353	
石龟山	238	

2001年4月29日,湖南省公路管理局(湘路计统字〔2001〕第087号)文件《关于陬市收费站新建工程预算的批复》:经审核,常桃路陬市收费站新建工程总投资为328.12万元。新建工程项目为:水泥砼路面增补工程;收费设施;安全设施、标志牌;站房建设;工程建设其他费;开办费等。

2001年10月29日,湖南省公路管理局(湘路两费字〔2001〕第274号)文件《关于陬市收费站人员编制及开办费的批复》:经研究,陬市收费站人员定编51人;收费站开办经费合计63.2万元。

2002 年 3 月 26 日，湖南省公路管理局（湘路计统字〔2002〕第 100 号）文件《关于 207 国道雷公塔收费站综合楼建设工程预算的批复》：经审核，207 国道雷公塔收费站综合楼建设工程总投资为 110.06 万元（其中办公楼投资 34.17 万元；宿舍楼投资 38.8 万元；其他附属设施等经费 37.09 万元）。

2002 年 7 月 2 日，湖南省物价局、湖南省财政厅、湖南省交通厅（湘价重〔2002〕155 号）文件《关于调整 207 国道雷公塔收费站收费标准的通知》：经研究并报省人民政府同意，从 2002 年 7 月 15 日起，调整 207 国道澧县雷公塔收费站车辆通行费收费标准。

207 国道澧县雷公塔收费站收费标准表

表 4—2—2—13

序号	车辆分类	收费标准（元/车次）
1	摩托车、机动三轮车、手扶拖拉机、简易机动车	2.00
2	大中型拖拉机、2.5 吨及以下货车、19 座及以下的客车（包括小轿车、吉普车、旅行车）	10.00
3	2.5 吨以上（不含 2.5 吨）至 5 吨的货车，20 座至 49 座的客车	15.00
4	5 吨以上（不含 5 吨）至 8 吨的货车，50 座及以上的客车	20.00
5	8 吨以上（不含 8 吨）至 16 吨的各类车辆	25.00
6	16 吨以上（不含 16 吨）的各类车辆	35.00

2002 年 8 月 16 日，湖南省人民政府办公厅（湘政办函〔2002〕117 号）文件《湖南省人民政府办公厅关于清理整顿机动车辆通行费收费站（点）的通知》下发。

2002 年 9 月 16 日，湖南省公路管理局（湘路计统〔2002〕第 297 号）文件《关于常德陬市收费站设计变更增加工程经费的批复》：经调查核实由于收费路段砼路的基础处理，以及原设计中的部分项目变更和漏项等原因，使工程经费超（湘路计统字〔2001〕第 087 号]预算批复，根据实际情况，核定增加工程投资为 71.79 万元。

2002 年 12 月 10 日，湖南省公路管理局（湘路通字〔2002〕第 368 号）文件《关于委托常德市公路局处理津市大桥收费站有关事宜的通知》：根据省交通厅、省财政厅、省物价局《关于津市澧水大桥收费站移址更名的批复》（湘交财会字〔2002〕552 号）文件精神，原津市澧水大桥收费站债务已经还清。原津市澧水大桥收费站已迁至湘北干线津市窑坡乡，并命名为 S205 线窑坡收费站。收取的通行费主要用于偿还湘北干线的贷款。原收费主体与债务主体已经发生变化，省公路管理局与津市人民政府原签订的协议已与实际情况不符，需予以终止。现委托你局全权处理原协议的有关事宜。

2003 年 3 月 5 日，中共常德市公路管理局委员会（常路党〔2003〕4 号）文件《关于对崔家桥等七个收费站实行垂直管理的通知》：根据常编发〔2001〕13 号文件精神，市局党委研究决定，崔家桥、桃花源、陬市、矮架山、雷公塔、窑坡、石龟山等 7 个收费站改由市局垂直管理。垂直管理自 2003 年 3 月 1 日起执行，与此同时，原有代管收费站的县局不再承担代管责任。自 3 月 1 日起，各收费站均设立专用账户，建立财务账本；各站内设政办股、财务股、稽查安全股，并分别核定行管编制 3 名、2 名、1 名；各收费站实行垂直管理后，条件成熟的单位要尽快按规定程序建立健全党团组织，过好组织生活。

2003 年 4 月 14 日，湖南省公路管理局（湘路工字〔2003〕第 107 号）文件《关于同意变更 207 国道澧阳闸至东岳庙公路收费站站址的批复》：为了便于对 207 国道澧阳闸至东岳庙公路新建收费站的管理，保证收费站的收费还贷能力，经研究，同意将原 207 国道澧阳闸至东岳庙公路收费站（原新裕收费站）站址从 X067K15+500 处移到涔水大桥南 K11+500 处附近。

2003 年 5 月 26 日，湖南省人民政府办公厅（湘政办函〔2003〕73 号）文件《湖南省人民政府办公厅关于进一步规范车辆通行费征收工作的通知》下发。

2003 年 7 月 4 日，湖南省物价局、湖南省财政厅、湖南省交通厅（湘价重〔2003〕106 号）文件《湖南省物价局、湖南省财政厅、湖南省交通厅关于调整部分普通公路车辆通行收费标准的通知》：为加快我省交通公路建设的发展，经省人民政府批准，决定调整我省部分普通公路（含桥梁、隧道，下同）收费站的车辆通行费收费标准。

2003 年 7 月 27 日，常德市人民政府办公室（常政办函〔2003〕62 号）文件《常德市人民政府办公室关于进一步规范车辆通行费征收工作的通知》下发。

从 2003 年 8 月 1 日起，对 G320 资江桥等 57 个普通公路收费站的车辆通行费收费标准进行调整。此次调整标准新增的通行费收入，5 年内由省集中掌握，专项用于县际及县到乡镇公路建设。部分普通公路收费站收费标准调整后，应进一步加强年票月票审批和管理，解决变相免票和降低收费标准的弊端。从 8 月 1 日起，全省普通公路收费站年票月票收费标准由省制定。

调整收费标准的收费站名单：石门狮子脑（一站两点）；S306 柳叶湖（原周家店）；桃源沅水桥；汉寿五里桥；G207 澧县张公庙；安乡大鲸港；窑坡（津市大桥）；G207 矮架山；G319 桃源桃花源；安乡石龟山。

调整后收费标准表

表 4—2—2—14

序号	车辆分类	收费标准（元/车次）
1	摩托车、机动三轮车、手扶拖拉机、简易机动车	2.00
2	大中型拖拉机、2.5 吨及以下货车、19 座及以下的客车（包括小轿车、吉普车、旅行车）	10.00
3	2.5 吨以上（不含 2.5 吨）至 5 吨的货车，20 座至 49 座的客车	15.00
4	5 吨以上（不含 5 吨）至 8 吨的货车，50 座及以上的客车	20.00
5	8 吨以上（不含 8 吨）至 16 吨的各类车辆	25.00
6	16 吨以上（不含 16 吨）的各类车辆	35.00

2003年8月19日，中共常德市委机构编制委员会办公室（常编办〔2003〕50号〕文件《关于津市大桥收费站更名的批复》：根据省交通厅、财政厅、物价局（湘交财会字〔2002〕552号）文件精神，经研究，同意常德市津市大桥收费站更名为常德市S205窑坡收费站，其机构性质、隶属关系、人员编制、经费渠道等维持不变。

2003年12月19日，湖南省公路管理局致函常德市临岗建设开发有限公司：省政府办公厅，省交通厅、省财政厅、省物价局等部门12月1日经例会再次研究同意，临岗一级公路全线建成通车后，实行一站两点，双向收取过往机动车辆通行费。两点分别设在临澧（G207K2242+600—K2243+177）处和岗市（K44+650—K45+100）处。

2003年12月31日，湖南省人民政府办公厅（湘政办函〔2003〕249号）文件《湖南省人民政府办公厅关于延长G319崔家桥等6个收费站收费期限的批复》：经省人民政府研究，同意G319崔家桥、樟木桥等6个通行费收费站的收费期限延期至2008年12月31日。

2004年1月8日，湖南省人民政府办公厅（湘政办函〔2004〕7号）文件《湖南省人民政府办公厅关于在G207澧县至东岳庙公路设立机动车辆通行费收费站的批复》：经省人民政府研究，同意在G207澧县至东岳庙公路涔水河大桥南设立新裕收费站（桩号K11+500）对过往机动车辆双向收取通行费。收费期限自2004年1月10日起至2032年1月9日止。收费工作在省交通厅统一领导下，由澧县新裕公路建设经营有限公司具体组织实施。新裕收费站收费为经营性收费，收取的通行费除规定的正常支出和国家规定缴纳的税费外，全部用于偿还澧东公路建设投资。

G207线澧县新裕收费站收费标准表

表4—2—2—15

序号	车辆分类	收费标准（元/车次）
1	摩托车、机动三轮车、手扶拖拉机、简易机动车	2.00
2	大中型拖拉机、2.5吨及以下货车、19座及以下的客车（包括小轿车、吉普车、旅行车）	10.00
3	2.5吨以上（不含2.5吨）至5吨的货车，20座至49座的客车	15.00
4	5吨以上（不含5吨）至8吨的货车，50座及以上的客车	20.00
5	8吨以上（不含8吨）至16吨的各类车辆	25.00
6	16吨以上（不含16吨）的各类车辆	35.00

2004年2月9日，湖南省公路管理局（湘路通行字〔2003〕049号）文件《关于G207新裕收费站有关问题的通知》：根据省政府办公厅《关于在G207澧县至东岳庙公路设立机动车辆通行费收费站的批复》（湘政办函〔2004〕7号）文件精神，经请示省交通厅同意，G207新裕收费站及收费路段由常德市公路管理局实行行业管理。

2004年9月17日，湖南省人民政府办公厅〔湘政办函（2004）173号〕文件《湖南省人民政府办公厅关于临岗公路设立机动车辆通行费收费站的批复》：经研究，同意在临岗公路K6+300处和K44+830处分别设立临澧收费站和岗市收费站，对过往机动车辆双向收取车辆通行费，收费期限自2004年9月20日起至2034年9月19日止。同意G207矮架山收费站改为经营性收费站，收费期限自2004年9月20日起至2025年9月19日止。矮架山收费站的收入、人员、债务一并交由常德市临岗公路建设开发有限公司经营管理。收费工作在省交通厅统一领导下，由常德市临岗公路建设开发有限公司具体组织实施。临岗公路的收费属经营性收费。

临澧、岗市、矮架山收费站收费标准表

表4—2—2—16

序号	车辆分类	收费标准（元/车次）
1	摩托车、机动三轮车、手扶拖拉机、简易机动车	2.00
2	大中型拖拉机、2.5吨及以下货车、19座及以下的客车（包括小轿车、吉普车、旅行车）	10.00
3	2.5吨以上（不含2.5吨）至5吨的货车，20座至49座的客车	15.00
4	5吨以上（不含5吨）至8吨的货车，50座及以上的客车	20.00
5	8吨以上（不含8吨）至16吨的各类车辆	25.00
6	16吨以上（不含16吨）的各类车辆	35.00

2004年9月20日，湖南省人民政府办公厅〔湘政办函(2004)176号〕文件《湖南省人民政府办公厅关于公布全省通行费收费站(点)基本情况的通知》：根据《国务院办公厅关于治理向机动车辆乱收费和整顿道路站点有关问题的通知》(国办发〔2002〕31号)文件精神，现对全省截至2003年12月31日止经省人民政府批准设立的道路、桥梁、隧道通行费收费站(点)基本情况予以公布，请你们认真监督、检查，确保贷款修路(桥)，收费还贷和治理公路“三乱”工作的正常进行。

附件1(节选)

常德市普通公路、桥梁、隧道还贷性收费站点基本情况表

表4—2—2—17

序号	站名	站址桩号	批准文号	到期时间	备注
	1	2	3	4	5
	七、常德地区				
1	G207矮架山	K2248+700	湘政办函〔2003〕90	2004年12月31日	
2	G207雷公塔	K2200+866	湘政办函〔2003〕]90	2014年1月31日	
3	G207张公庙	K2226+930	湘政办函〔2003〕236	2008年12月30日	
4	G319桃花源	K1378	湘政办函2003〕]168	2017年10月31日	
5	G319崔家桥	K1291+000	湘政办函〔2003〕249	2008年12月31日	

续表

序号	站名	站址桩号	批准文号	到期时间	备注
	1	2	3	4	5
6	G319 樟木桥	K1329	湘政办函〔2003〕249	2008 年 12 月 31 日	
7	S205 五里桥	K89+000	湘政办函〔2000〕168	2015 年 10 月 31 日	
8	S205 窑坡	K5+400	湘政办函〔2003〕90	2006 年 12 月 31 日	
9	S306 桃源陬市	K304+200	湘政办函〔2000〕138	2015 年 8 月 14 日	
10	S226 桃源沅水桥	K25+000	湘政办函〔1999〕79	2009 年 3 月 31 日	
11	S304 狮子脑（一站两点）	K24 K3+100	湘政办函〔1997〕63	2005 年 3 月 14 日	新移址
12	S306 柳叶湖	K284+128	湘政办函〔1998〕147	2006 年 6 月 24 日	
13	S306 大鲸港	K219+28	湘政办函〔2003〕90	2011 年 12 月 31 日	
14	S306 石龟山大桥	K232+573	湘政办函〔1998〕158	2005 年 7 月 14 日	
15	X060 常德沅水桥	K12+350	湘政办函〔2000〕162	2020 年 11 月 10 日	

附件 2（节选）

常德市公路、桥梁、隧道经营性收费站点基本情况表

表 4—2—2—18

序号	站名	站址桩号	批准文号	到期时间	备注
	1	2	3	4	5
	八、常德				
1	G207 德山	K2199+828	湘政办函[2000]162	2020 年 11 月 10 日	

附件 3（节选）

常德市高速公路收费站点基本情况表

表 4—2—2—19

序号	站名		站址桩号	批准文号	到期时间
	1		2	3	4
63	S999 益常高速公路	幸福渠	K76+778	湘政办函〔1999〕118 号	2029 年 12 月 9 日
64		迎丰桥	K90+220	湘政办函〔1999〕118 号	2029 年 12 月 9 日
65		军山铺	K99+820	湘政办函〔1999〕118 号	2029 年 12 月 9 日
66		太子庙	K122+620	湘政办函〔1999〕118 号	2029 年 12 月 9 日
67		谢家铺	K139+100	湘政办函〔1999〕]118 号	2029 年 12 月 9 日
68		德山	K152+372	湘政办函〔1999〕118 号	2029 年 12 月 9 日

2004 年，国务院颁布《收费公路管理条例》，对加强收费公路管理、规范收费公路市场行

为、维护收费公路经营管理者和使用者的合法权益起到了巨大的促进作用。《收费公路管理条例》明确了我国公路发展应当坚持非收费公路为主,适当发展收费公路;除法律规定的例外情况,二级以下(含二级)公路不得收费。

2005年2月5日,湖南省公路管理局(湘路通行字〔2005〕048号)文件《关于桃花源收费站站区建设工程增补预算的批复》:我局已于2000年以湘路计统字〔2000〕第013号文件批复了桃花源收费站站房建设工程预算,因原站房设计与省人大对桃花源风景区规划管理有关条款不符,后经重新选址、设计、报建,该工程于2003年9月开工兴建,2004年6月竣工,并已交付使用。由于设计方案变更及地理条件限制等原因,造成站房建设经费超过原预算计划,经派员现场勘查审核,现将有关项目增加部分批复如下:核定增补工程总投资为176.71万元。其中站房建设费34.79万元;附属工程费58.25万元;新增项目款45.17万元;征地费38.5万元。

2005年2月5日,湖南省公路管理局(湘路通行字〔2005〕050号〕文件《关于崔家桥收费站站房扩建工程预算的批复》:经审核,崔家桥收费站站房扩建工程总投资为81.47万元。其中办公综合楼54.87万元;附属工程21.6万元,其他费用5万元。

2005年4月5日,湖南省公路管理局(湘路通行字〔2005〕123号〕文件《关于石龟山大桥收费站站区建设工程预算的批复》:经审核,石龟山大桥收费站站区建设工程总投资为179.5万元。其中办公综合楼120.72万元;附属工程27.74万元;其他费用13万;征地18万元。

2005年6月22日,湖南省人民政府办公厅(湘政办函〔2005〕79号)文件《湖南省人民政府办公厅关于娄底娄湘路、常德石龟山收费站延期的批复》:经省人民政府研究,同意常德石龟山收费站延期10年,即从2005年7月25日至2015年7月24日。

2005年9月30日,湖南省人民政府办公厅(湘政办函〔2005〕140号)文件《湖南省人民政府办公厅关于调整车辆通行费车型分类及收费标准的批复》下发,并于2005年10月12日开始执行。

2006年2月10日,湖南省公路管理局〔湘路通行字〔2006〕071号〕文件《关于G319崔家桥等3个收费站电脑收费系统设备改造的批复》:湖南省车辆通行费收费站于2005年1月1日、10月12日分别实行非税收入管理和新的收费标准(湘政办函〔2005〕140号文件),收费站以前安装的电脑收费系统软件已不能适应新的收费工作。为此,省局委托省交通厅信息中心对收费软件进行了升级改造。升级后的软件对硬件的设备有一定的技术要求,加上湖南省大部分收费站的电脑收费系统是90年代安装的,设备老化陈旧,与现在软件系统不匹配,必须对部分站的电脑收费硬件系统进行改造。针对这一情况,省局在充分调研的基础上,决定在两年时间内分批对电脑收费站有步骤、分层次的进行改造。部分不需要更换硬件设备的站点已改造完毕,现对无法正常运行的G319崔家桥、G319樟木桥、G207张公庙3个站电脑收费系统进行改造,其改造总经费为1677952元。其中:G319崔家桥总经费565975元;G319樟木桥总经费543861元;G207张公庙总经费568116元。

2006年5月15日,湖南省公路管理局(湘路通行字〔2006〕190号)文件《关于S205窑坡收费站站亭及道路拓宽建设工程预算的批复》：经审核，津市大桥收费站迁址，S205 窑坡收费站站亭及道路拓宽建设工程总投资为 81.16 万元。其中车道拓宽工程 23.6 万元；网架部分 32.76 万元；设备部分 16.8 万元；老亭拆除及道路恢复 5 万元；移站开办费 3 万元。

2006 年 5 月 29 日，湖南省公路管理局（湘路通行字〔2006〕199 号）文件《关于 S306 线陬市收费站安装电视监控系统经费的批复》：经审核，同意 S306 线陬市收费站安装电视监控设施经费 450000 元。

2006 年 8 月 7 日，湖南省人民政府办公厅（湘政办函〔2006〕132 号）文件《湖南省人民政府办公厅关于撤销 S306 大鲸港大桥收费站的复函》：经研究，同意撤销 S306 大鲸港大桥收费站，从2006 年 10 月 1 日起停止收费。该站撤销后经审计的剩余债务由 S205 窑坡和 S306 石龟山收费站偿还。撤销工作在常德市人民政府的领导下，由常德市公路局具体组织实施。

2006 年 10 月 30 日，湖南省公路管理局（湘路通征字〔2006〕497 号）文件《关于 S306 石龟山大桥收费站站亭扩建工程预算的批复》：由于近年来 S306 线车流量逐步增长，现石龟山大桥收费站二车道收费区已不能满足收费工作需要，省局同意对石龟山大桥收费站进行拓宽改造。核定工程总投资为 145.44 万元。其中路基工程 26.1 万元；路面工程 20.42 万元；站亭工程 67.04 万元；征地及其他 31.87 万元。

2006 年 10 月 31 日，湖南省公路管理局（湘路通征字〔2006〕485 号）文件《关于 S306 陬市收费站站区建设工程增补预算的批复》：已于 2001 年以"湘路计统字〔2001〕087 号"文件批复了陬市收费站站区建设工程预算。陬市收费站站区建设工程于 2003 年 9 月动工，2004 年 6 月竣工。因地基处理、设计变更及材料涨价等原因，造成站区建设工程有资金缺口，经审核，核定增补工程总投资为 220 万元。其中站房办公楼 16.56 万元；附属工程 91.81 万元；新增项目 76.43 万元；报建及规费 26.2 万元；其他 9 万元。

2006 年 11 月 8 日，湖南省公路管理局（湘路通征字〔2006〕518 号）文件《关于窑坡等 4 个收费站更新监控录像设备经费的批复》：经审核，同意窑坡、石龟山、陬市、雷公塔等四个站更新监控录像设备，总经费 104724 元。其中窑坡收费站 29908 元；石龟山收费站 29908 元；雷公塔收费站 29908 元；陬市收费站（2003 年已安排 15000 元）15000 元。

2006 年 12 月 19 日，湖南省人民政府办公厅（湘政办函〔2006〕225 号）文件《湖南省人民政府办公厅关于 G209 靖州塘湖等收费站延期的复函》：经省人民政府研究，同意 S205 津市窑坡收费站延期 12 年，即从 2007 年 1 月 1 日至 2018 年 12 月 31 日。

2006 年 12 月，交通部下发的《关于进一步规范收费公路管理工作的通知》强调新立项的收费公路建设项目，必须在国家和本省级人民政府批准的公路发展规划之内，必须符合《收费公路管理条例》第十八条规定的技术等级和里程规模要求。严格界定政府还贷收费公路和经营性收费公路，任何单位不得以任何方式非法设立经营性公路或人为改变政府还贷公路性质。在国家新的《收费公路权益转让办法》颁布实施之前，暂停政府还贷公路收费权益转让。

2007 年 6 月 15 日，经交通部第 7 次部务会议通过《收费公路权益转让办法》，2008 年 8

月20日公布，自2008年10月1日起施行。该办法规范收费公路全部权益的转让行为；暂停了近两年的政府还贷公路收费权益转让，也重新启动。

2007年7月13日，湖南省人民政府办公厅（湘政办函〔2007〕126号）文件《湖南省人民政府办公厅关于S205窑坡收费站移址更名的复函》：经省人民政府研究，同意将S205窑坡收费站从S205 K5+400处迁移至S205 K8+800处，更名为S205新洲收费站；S205窑坡收费站移址费用等有关问题按津市市人民政府与常德市公路管理局签订的《关于S205窑坡收费移址的协议》办理。

2007年10月16日，中共常德市委机构编制委员会办公室（常编办〔2007〕161号〕文件《关于市S205窑坡收费站更名的批复》：根据省政府办公厅《关于S205窑坡收费站移址更名的复函》（湘政办函〔2007〕126号）文件精神，经研究，同意“S205窑坡收费站”更名为“S205新洲收费站”，其机构性质、隶属关系、人员编制、经费渠道等仍维持不变。

2007年11月20日，常德市公路管理局（常路〔2007〕128号）文件《关于解聘临聘（时）人员及相关事宜的通知》：为了顺应事业单位深化改革的需要，按照省厅、省局关于规范收费工作的要求，结合我局实际状况，决定解聘临聘（时）人员，并从有关单位抽调人员予以补充。解聘时间2007年11月26日前由各单位负责通知到临聘（时）人员本人，2007年12月31前终结临聘（时）工作关系。解聘对象为各区县（市）公路局、收费站、治超站、直属事业单位和海赛公司聘用的所有临聘（时）人员（217人）。为保证收费工作顺利进行，结合省局定编数和工作所需实际人数，原则上从机械站、基础处、沥青站、路桥公司的现有正式职工中调整、补充部分人员从事收费工作（男45岁以下、女40岁以下，身体健康，符合调整补充人员基本条件者）。

2008年5月27日，湖南省公路管理局（湘路通征字〔2008〕346号）文件《关于临岗公路收费站人员定编有关事项的批复》：经研究，临岗公路收费站定编141人，其中：岗市收费站为六车道电脑收费站，定编59人；临澧收费站为四车道电脑收费站，定编49人；矮架山收费站为二车道电脑收费站，定编33人。

2008年12月18日，《国务院关于实施成品油价格和税费改革的通知》下发。通知中明确成品油税费改革方案，取消公路养路费等收费；逐步有序取消政府还贷二级公路收费；提高成品油消费税单位税额。

2008年12月23日，湖南省公路管理局（湘路通征字〔2008〕824号）文件《关于S205新洲收费站搬迁、更新电视监控设备的批复》：经审核，同意S205新洲收费站搬迁、更新电视监控系统设备总经费184905元。其中搬迁、更新电视监控系统设备156170元；安装、施工、调试费（15%）23425元；税金（3.4%）5310元。

2008年12月25日，湖南省公路管理局（湘路通征字〔2008〕732号）文件《关于增补S205新洲收费站安装二车道冲逃关车辆自动识别取证系统经费的批复》：经审核，同意增补S205新洲收费站安装二车道冲逃关车辆自动识别取证系统，总经费90000元。

2008年12月26日，湖南省公路管理局（湘路通征字〔2008〕731号）文件《关于增补

S306 石龟山收费站安装三车道电视监控系统经费的批复》:经审核,同意增补 S306 石龟山收费站安装三车道电视监控系统经费 220000 元。

2008 年 12 月 31 日,湖南省公路管理局(湘路通征字〔2008〕851 号)文件《关于常德市部分收费站站区整修经费的批复》: 常德市公路管理局管辖的部分收费站站亭已使用多年,加之2008 年年初特大冰冻灾害,站亭收费设施遭受了严重损害,为恢复收费站正常运转,确保安全征费,经审核核定此次站区设施修复经费 45.91 万元,其中:张公庙大桥收费站 5.58 万元,樟木桥收费站 10.05 万元,新洲收费站 4.71 万元,崔家桥收费站 3.18 万元,雷公塔收费站 3.35 万元,桃花源收费站 4.34 万元,石龟山收费站 4.55 万元,常桃路陬市收费站 10.15 万元。

2009 年,《国务院办公厅转发交通运输部等部门关于成品油价格和税费改革人员安置工作指导意见的通知》(国办发〔2009〕9 号〕文件下发。

2009 年 4 月 21 日,常德市公路管理局(常路〔2009〕29 号)文件《关于成立成品油税费改革工作领导小组的通知》:为积极稳妥,规范有序地推进我局成品油税费改革的相关工作,经研究决定成立成品油税费改革工作领导小组。

2009 年 4 月 24 日湖南省人民政府〔湘政发〔2009〕12 号〕文件《湖南省人民政府关于成品油价格和税费改革人员安置工作的指导意见》下发各市州、县市区人民政府,省政府各厅委、各直属机构。

2009 年 4 月 28 日,湖南省人民政府(湘政函〔2009〕88 号)文件《湖南省人民政府关于取消全省政府还贷二级公路收费的通告》:为贯彻落实国务院(国发〔2008〕37 号)文件《关于实施成品油价格和税费改革的通知》精神,促进全省交通事业持续健康发展,省人民政府决定取消全省政府还贷二级公路收费。

1.从 2009 年 5 月 1 日零时起,取消全省政府还贷二级公路收费,全省 141 个政府还贷二级公路收费站(见附件 1)全部撤销。相关单位要及时拆除收费站点收费设施,确保车辆无障碍通行。

2.全省所有的高速公路,常德临岗、岳阳麻塘 2 个一级公路收费站,长沙和株洲城市路桥通行费,长沙长湘公路等 23 个依法设置的站点(见附件 2)收费政策不变。

常德市撤销的政府还贷二级公路收费站名单

表 4—2—2—20

序号	站名	路线编号	收费性质	站址桩号	备注
1	G207 常德雷公塔收费站	G207	政府还贷	K2200+866	现为 X068K14+807
2	常德张公庙收费站	G207	政府还贷	K2226+930	
3	常德桃花源收费站	G319	政府还贷	K1378	
4	常德崔家桥收费站	G319	政府还贷	K1291	
5	常德樟木桥收费站	G319	政府还贷	K1329	

续表

序号	站名	路线编号	收费性质	站址桩号	备注
6	常德桃源陬市收费站	S226	政府还贷	K302	
7	常德新洲收费站	S205	政府还贷	K8+800	
8	常德石龟山大桥收费站	S306	政府还贷	K232+573	
9	常德石门狮子脑收费站（一站两点）	S304	政府还贷	K24+100	
				K3+100	
10	常德柳叶湖收费站	S306	政府还贷	K284+128	
11	常德汉寿五里桥收费站	S205	政府还贷	K94+770	
12	常德临澧矮架山收费站	G207	政府还贷	K2248+700	
13	常德沅水二桥207国道绕城通行费	G207	政府还贷		高速公路代收

2009年4月28日，湖南省人民政府办公厅（湘政办发〔2009〕25号）文件《湖南省人民政府办公厅关于做好撤销政府还贷二级公路收费站有关工作的通知》：为认真做好成品油价格和税费改革实施工作，促进全省交通事业持续健康发展，根据国务院《关于实施成品油价格和税费改革的通知》（国发〔2008〕37号）文件精神，省人民政府决定全部撤销全省政府还贷二级公路收费站。现就有关事项通知如下：

1.从2009年5月1日零时起，取消全省政府还贷二级公路收费，全省141个政府还贷二级公路收费站全部被撤销。

2.全省高速公路所有收费站，常德临岗、岳阳麻塘2个一级公路收费站，长沙和株洲城市路桥通行费年票和次票、长沙长湘公路等23个经营性收费站依法按省政府原批复继续收费。

3.建立撤站巡查制度。由省监察厅牵头，省物价局、省财政厅、省交通厅等有关部门参加，组成巡查组对各地撤站情况进行检查，确保按时撤站。

4.自撤站之日起，所有撤销的政府还贷二级公路收费站的人事关系予以冻结，财产、物资除工作需要外，一律封存。同时组织进行清产核资和档案管理，做好债务审计准备工作。相关单位要及时组织拆除收费站点收费设施，确保车辆无障碍通行。

5.所有撤销的政府还贷二级公路收费站债务按照“分级负责”的原则，除中央补贴外，市州、县市区政府交通公路等部门的剩余债务由市州、县市区政府负责，省级交通部门剩余债务由省人民政府负责。各级政府要安排专项资金用于当地政府还贷二级公路债务偿还。

6.全省政府还贷二级公路收费站人员由各市州政府按照国家法律和相关政策规定逐步妥善安置。各市州政府要加强领导明确专人负责，多渠道、多领域、妥善做好人员安置工作，确保改革顺利实施和社会稳定。

2009年4月28日，常德市公路管理局（常路〔2009〕35号）文件《关于成立撤销收费站点工作领导小组的通知》:为积极稳妥地推进撤销二级公路收费站点工作,确保撤站道路安全畅通,收费人员妥善安置、收费队伍大局稳定,国有资产保护完好,债权、债务妥善处理,并认真做好撤站后的“治超”工作,特成立撤销收费站点工作领导小组。

2009年5月5日,湖南省人民政府(湘政发〔2009〕13号)文件《湖南省人民政府关于实施成品油税费改革完善交通体制加快交通发展的意见》下发各市州、县市区人民政府,省政府各厅委、各直属机构。

2009年11月27日,常德市人民政府(常政发〔2009〕20号)文件《常德市人民政府关于实施成品油税费改革完善交通体制和做好涉改人员安置工作的意见》:为贯彻落实《国务院关于实施成品油价格和税费改革的通知》(国发〔2008〕37号)、《湖南省人民政府关于成品油价格和税费改革人员安置工作的指导意见》(湘政发〔2009〕12号)和《湖南省人民政府关于实施成品油税费改革完善交通体制加快交通发展的意见》(湘政发〔2009〕13号)等文件精神,适应成品油税费改革新形势,完善交通体制,促进交通发展,妥善安置涉改人员,现提出如下意见。(节选)

撤销市公路局下属的樟木桥、崔家桥、大鲸港、石龟山、新洲、矮架山、雷公塔、张公庙、桃花源、陬市10个收费站;撤销市交通局临岗公路路政管理大队、柳叶湖收费站、汉寿五里桥收费站,设立市交通局信息中心、应急管理中心和临岗公路管理站。

市公路局系统所属收费站人员安置。按照从哪里来回哪里去的原则转岗安置,余下人员分别在市公路局系统内部和市规划局下属单位安置。

市交通局所属收费站人员安置。在市城区车辆通行费征收管理处和新组建的市交通局信息中心、应急管理中心、市纪检监察培训中心、市国土资源局下属单位、市交通建设及水利投融资机构和汉寿沅水大桥管理所安置一部分,余下的在临岗公路管理站安置。

2009年12月3日,常德市公路管理局(常路〔2009〕106号)文件《关于印发〈常德市公路管理局下属机构设置调整和收费站人员安置方案〉的通知》:根据市人民政府《关于实施成品油税费改革完善交通体制和做好涉改人员安置工作的意见》(常政发〔2009〕20号)等文件精神,现将《常德市公路管理局下属机构设置调整和收费站人员安置方案》下发。

1.机构调整

(1)207国道白虎山超限超载检测站由市局管理调整为临澧局管理;319国道樟木桥超限超载检测站由市局管理调整为鼎城局管理。

(2)撤销樟木桥、崔家桥、石龟山、新洲、雷公塔、张公庙、桃花源、陬市8个收费站。

(3)设立汉寿沅水大桥管理所,机构级别为副科级,归口汉寿局管理。

2.人员安置

(1)人员安置原则:按照以人为本、依法依规、公平公正、考试择优、费随人走、确保稳定的原则,妥善安置收费站人员。

(2)人员安置方向:全局共有收费站人员488人,其中在岗459人、退休18人、临聘11

人。在岗人员中，22 人安置至市规划局下属单位，从事武陵、柳叶湖、德山区乡镇规划管理；其余 437 人全部在系统内部安置，除正副站长外，原则上 60%从事路政、治超和桥梁维护与管理工作，40%从事一线公路养护工作。具体安置方向如下：①按照“从哪里来回哪里去，参考户口所在地”的原则，安置至各县市区局 226 人。其中：安乡局 35 人；鼎城局 19 人；汉寿局 16 人；津市局 13 人；澧县局 69 人；临澧局 22 人；石门局 4 人；桃源局 34 人；武陵局 14 人。②收费站正、副站长 28 人（含已借调至市局机关负责两费办工作的 3 人）。一是直接安排 20 人至各县市区局等单位，其相关职务、级别、按有关政策和规定程序办理；二是直接选择 8 名符合相关条件人员至市规划局下属单位。③安置到超限检测站 109 人。其中，319 国道樟木桥治超站安置 56 人（7 名现借调至市局机关工作的收费站人员，其人事关系转至樟木桥治超站，仍借市局机关工作；11 名已在樟木桥治超站上班的收费站人员仍留在樟木桥治超站，另安置 38 人至樟木桥治超站）；207 国道白虎山治超站安置 52 人（5 名已在白虎山治超站上班的收费站人员仍留在白虎山治超站，另安置 47 人至白虎山治超站）；已在新洲治超站上班的 1 名收费站人员仍留在新洲治超站。④安置至市规划局下属单位 22 人（含符合市规划局选用条件的收费站正副站长 8 人）。⑤安置到新设立的汉寿沅水大桥管理所 20 人。⑥剩余62 人按里程分配，分别安置至鼎城局 28 人、桃源局 34 人。⑦已退休的 18 人按照就近原则安置至县市区局，其中武陵局 4 人、澧县局 12 人、津市局 2 人。⑧11 名临聘人员按照《劳动合同法》予以解聘。

（3）人员安置办法：除直接安排至各县市区局等单位的收费站正副站长 20 人、市局借调的 7 人、已在治超站上班的 17 人（如参加考试，其现岗位纳入参选岗位）、已确定去规划局的 22 人（含符合市规划局选用条件的 8 名收费站正副站长）外，其余 393 名收费站人员进入各安置单位后，根据考分排名选择各安置单位设置的岗位（其中进入路政、治超岗位人员要通过培训考试合格，取得执法证后才能上岗）。各县市区局根据本单位的实际情况，设置路政中队。具体岗位名额分配如下：①鼎城局 85 人。其中樟木桥治超站安置 38 人、从事路政、治超工作 28 人，合计 66 人；从事一线公路养护工作 19 人。②武陵局 14 人。其中从事路政、治超工作 8 人；从事一线公路养护工作 6 人。③汉寿局 36 人。其中安置至新成立的汉寿沅水大桥管理所 20 人；从事路政治超工作 10 人；从事一线公路养护工作 6 人。④桃源局 68 人。其中陬市治超站安置 30 人、从事路政、治超工作 23 人，合计 53 人；从事一线公路养护工作 15 人。⑤临澧局 69 人。其中白虎山治超站安置 47 人、从事路政、治超工作 13 人，合计 60 人；从事一线公路养护工作 9 人。⑥澧县局 69 人。其中从事路政、治超工作、张公庙大桥维护及管理 41 人；从事一线公路养护工作 28 人。⑦石门局 4 人。其中从事路政、治超工作 2 人；从事一线公路养护工作 2 人。⑧津市局 13 人，其中从事路政、治超工作 8 人；从事一线公路养护工作 5 人。⑨安乡局 35 人，其中从事路政、治超工作、大桥管理及维护 21 人；从事一线公路养护工作 14 人。

2009 年 12 月 3 日，常德市公路管理局（常路〔2009〕107 号）文件《关于立即对收费站资产和档案资料进行移交的通知》：根据市人民政府《关于实施成品油税费改革完善交通体制和做好涉改人员安置工作的意见》（常政发〔2009〕20 号）等文件精神，做好收费站人员安置工作的同时，为防止人员安置后原收费站各种资料和档案资料流失，各收费站要搞好资产和档案移交工作。收费站各项（除车辆外）档案资料移交至就近县局。其中崔家桥收费站移交至汉寿公路局；樟木桥收费站移交至鼎城公路局；桃花源收费站、陬市收费站移交至桃源公路局；张公庙收费站、雷公塔站移交至澧县公路局；新洲收费站移交至津市公路局；石龟山收费站移交至安乡公路局。

各收费站要组织专人迅速做好清理、造册登记；各县市区公路局要做好接收准备；市局相关科室要加强督促和组织落实，其中，市局两费办负责移交协调工作；市局办公室负责办公室文书档案资料移交工作；市局组织人事科负责政工文书档案资料移交工作；市局财务科负责牵头、审计科配合财务档案资料移交工作；市局机务科负责牵头、后勤中心、财务科配合各项资产移交工作。

除财务档案资料外，其他各项资产（车辆移交另行通知）、档案资料须在 12 月 25 日前完成移交，收费站房产证、土地证 、法人资格证须有复印件附在清册；移交市局的资料必须移交市局。对因工作不力、玩忽职守，造成资产流失、档案资料丢失的，要严肃追究有关单位、部门和人员的责任。

2009 年 12 月 25 日，常德市公路管理局（常路〔2009〕117 号）文件《关于收费站涉改人员安置的通知》：根据市人民政府《关于实施成品油税费改革完善交通体制和人员安置工作的意见》（常政发〔2009〕20 号）文件精神 ，按照《常德市公路管理局下属机构设置调整和收费站人员安置方案》（常路〔2009〕106 号）文件，现将收费站 488 名涉改人员的安置情况通知如下：

市局机关 2 人；市规划局 22 人；鼎城公路局 105 人；武陵公路局 23 人，其中退休 6 人；汉寿公路局 37 人；桃源公路局 69 人；石门公路局 4 人；临澧公路局 76 人；澧县公路局 81 人，其中退休 11 人；津市公路局 19 人，其中退休 2 人；安乡公路局 39 人；解聘临聘人员 11 人。

二、常德公路通行费征收数据

常德的公路通行费征收，始于 1990 年 3 月，止于 2009 年 12 月。遵照“贷款修路、收费还贷”的政策，所收取的公路、桥梁通行费，主要用于解决常德境内公路、桥梁的新建、改建工程的资金不足问题，为常德公路交通事业的发展提供了经济动力。

表 4—2—2—21

常德市公路通行费征收情况表

单位：万元

收费站 \ 年份		1993（含以前）	1994	1995	1996	1997	1998	1999	2000	2001	2002	2003	2004	2005	2006	2007	2008	2009（1-4月）	合计
崔家桥	计划征收				27.45	720.00	832.00	1010.00	358.00	480.00	480.00	769.00	594.00	350.00	355.00	300.00	296.00		6571.45
	实际征收				27.45	858.80	1010.50	1036.00	492.00	563.04	669.72	620.67	442.68	398.49	296.45	322.29	267.51	0.41	7006.01
樟木桥	计划征收	45.34	308.01	420.00	530.00	750.00	950.00	1059.00	429.00	600.00	600.00	917.00	881.00	550.00	592.00	510.00	520.00		9661.35
	实际征收	45.34	308.01	432.39	651.17	904.50	1072.10	1154.20	618.00	662.05	845.71	812.86	673.31	592.04	520.70	538.62	492.66	0.88	10324.54
桃花源	计划征收					35.75	258.00	380.00	331.00	327.00	340.00	503.00	640.00	663.00	602.00	680.00	785.00		5544.75
	实际征收					35.75	380.90	330.57	353.00	388.30	398.63	562.24	663.03	656.81	705.51	795.70	617.50	71.92	5959.86
陬市	计划征收									217.91	560.00	666.00	779.00	811.00	420.00	590.00	606.00		4649.91
	实际征收									217.91	727.52	824.21	811.08	843.61	583.73	631.10	640.86	133.51	5413.53
矮架山	计划征收				210.00	504.00	575.00	620.00	661.00	655.00	690.00	1018.00	663.00						5596.00
	实际征收				294.40	547.30	620.10	660.80	711.00	757.64	906.00	1049.82	707.80						6254.86
张公庙	计划征收	933.47	600.00	630.00	680.00	540.00	578.00	705.00	766.00	770.00	780.00	1125.00	1245.00	1149.00	1206.00	1370.00	1550.00		14627.47
	实际征收	1051.46	789.23	715.07	567.87	550.55	705.82	765.66	837.88	818.61	877.74	1230.08	1149.83	1375.90	1501.03	1609.19	1810.37		16356.30
雷公塔	计划征收					300.00	470.00	495.00	573.00	530.00	590.00	1081.00	185.00	211.00	211.00	200.00	258.00		5104.00
	实际征收					358.60	495.10	573.10	611.00	651.33	732.52	926.20	211.49	220.82	238.16	259.79	281.82	60.41	5620.34
新洲（窑坡）	计划征收			31.00	125.00	180.00	148.00	202.00	246.00	280.00	305.00	408.00	627.00	657.00	524.00	480.00	569.00		4782.00
	实际征收			52.00	200.40	207.90	202.80	246.00	287.00	341.12	377.67	596.70	657.49	524.42	535.33	709.01	566.15	128.21	5632.20
石龟山	计划征收						40.16	171.00	188.00	212.00	235.00	362.00	554.00	557.00	510.00	590.00	683.00		4102.16
	实际征收						40.16	188.10	229.00	268.37	303.05	479.12	556.66	532.63	630.94	695.92	657.00	161.75	4742.70
大鲸港	计划征收			60.00	75.00	155.00	181.00	228.00	259.00	270.00	300.00	431.00	596.00	609.00	449.00				3613.00
	实际征收			93.20	150.00	172.20	228.70	258.80	300.00	324.99	357.65	536.19	609.31	547.84	304.11				3882.99

续表

收费站 \ 年份		1993（含以前）	1994	1995	1996	1997	1998	1999	2000	2001	2002	2003	2004	2005	2006	2007	2008	2009（1-4月）	合计
常德沅水大桥	计划征收					1626.00		2457.00	2550.00	2271.00	1930.00	2112.00	2190.00	2064.00	950.00	2100.00	1900.00		22150.00
	实际征收					1702.7570		2572.3725	2467.0633	2138.1760	2078.07	2254.1922	2114.4018	1933.6061	1801.8486	1977.7230	2026.2340	657.1011	23723.5456
德山	计划征收									1240.00	1503.00	1810.00							4553.00
	实际征收								121.0966	1414.0036	1748.5914	2112.9804	2538.1958	2476.5770	1097.1598				11508.6046
柳叶湖	计划征收							357.00	300.00	280.00	450.00	745.00	1181.00	1122.00	1102.00	1150.00	1350.00		8037.00
	实际征收							348.7744	330.4854	329.8676	535.3574	920.8552	1272.0780	1108.4581	1326.4189	1566.6840	1512.7536	259.7801	9511.5127
临岗	计划征收																		
	实际征收												508.6233	2940.4081	3123.4103	3747.1112	672.5421		10992.095
澧县新峪	计划征收																1456.5862		
	实际征收												688.3454	922.5525	1130.1535	1456.9784			
桃源沅水大桥	计划征收								150.00	150.00	150.00	188.00	320.00	398.00	392.00	74.00			
	实际征收							66.7886	148.5028	154.1331	149.0040	250.8482	397.8281	398.1750	383.0302	41.2043			1989.51
五里桥	计划征收									230.00	220.00	291.00	422.00	353.00	438.00	450.00	560.00		2964.00
	实际征收									260.7717	287.9788	362.9842	428.5722	443.9373	495.5268	537.2418	518.8037	84.7406	3420.5571
狮子脑	计划征收							400.00	452.00	410.00	400.00	629.00	636.00	610.00	518.00	500.00	400.00		4955.00
	实际征收						171.1051		411.6405	422.4521	506.1803	599.1120	635.2258	511.6445	486.6210	448.6354	426.8409	166.2264	4785.6840
合计	计划征收														3400.00	4274.00	4210.00		1184.00
	实际征收														4492.8866	4571.4886	4484.46322	1167.8482	14716.68662

第三节　过渡费征收

一、过渡费的征收管理

湘境公路渡口(又称汽车渡口,下同)过渡费的征收管理工作,一直归管理公路渡口的养护部门负责,至1986年下半年,才陆续配备专职征管人员。

民国时期,湘省公路渡口仅向私人经营之商车征收过渡费,对军车、部队、军用物资和公车(机关车辆)过渡,则予免征。

1949年9月和10月,先后遵照中原临时人民政府、华中军区、湖南省临时人民政府和省军区的规定,开征了士兵、大炮、军车的过渡费。

1954年,省交通厅公路局发现个别渡工利用征收过渡费填写三联单时(一联交车方,一联上报,一联存根),采取分两次复写的手法多收少报进行贪污。乃将过渡费票证改为有价证券,在票面上定等级、类别、金额,从而较好地杜绝了上述弊端。

1959年,国家交通部规定过渡费合并在养路费内征收,已按月缴纳养路费的机动车辆过渡公路渡口时,基本停止征收过渡费用。但部分公路渡口则继续征收货车、大客车过渡费,收费标准不一,有每车次3—5元,亦有按每吨次1—1.5元。

1979年7月11日,湖南省交通局颁发了《关于渡口设置交通、养路费征收点的暂行办法》,指出凡已停止征收过渡费的公路渡口,要按规定恢复征收。指定渌口、衡山、松柏、祁阳、岳阳、茅草街、常德、尧河、石门、河洲、铁山河、冷水江、安江、辰溪、板栗坪、里耶等16个公路渡口设检查点,检查养路费和征收过渡费。

1986年4月9日,湖南省人民政府批准国道、省道、县、乡道109个公路渡口从5月1日起征收过渡费。由于各方意见颇多,9月2日,省人民政府改为同意39处省管养的公路渡口征收过渡费。其中甲类渡15处:(常德5处)常德、沙河口、安乡、尧河、张公庙;乙类渡24处:(常德6处)石门、江垭、东洋渡、沿市、津市、大湖口。

1989年,常德、株洲、安江、马迹塘、板栗坪、津市6处公路渡口建桥撤渡。至年底,省管征收过渡费的公路渡口减为33处,其中甲类渡计13处。至1989年年末,全省配有过渡费征管人员154人。

二、过渡费的征收规定

1949年9月,湖南省临时人民政府决定,对士兵、马车、牲口、大炮、军车等过渡公路渡口,按大米0.2至15市斤征收实物。11月1日改为按汽油市价折算现金(1949年至1955年2月的人民币值,以下同)征收。

1949年10月14日，湖南省临时人民政府规定湘境内机动公路渡口为甲等，人力公路渡口为乙等。汽车过渡上述甲、乙等公路渡口时，分别每车每渡征收“旧”人民币6150元和4100元(与1955年3月改革后的人民币对照，10000元“旧”人民币换算新人民币1元)，人力车、畜力车不分等级渡口，概按每车每渡2050元计征。

1950年，湖南省公路管理局以汽油市价的涨落随时调整过渡费，经长沙市军事管制委员会交通接管部公路处批准，共调整4次。所有公商汽车过渡特等、甲等、乙等公路渡口，收费标准为:2月16日至3月15日，每车每渡特等渡口征收“旧”人民币(下同)35000元，甲等渡征收28000元，乙等渡征收9500元;3月16日至5月17日，每车每渡分别征收46000元、37000元、26000元;5月18日至7月31日，每车每渡分别征收43700元、35150元、24700元;8月1日至12月31日，每车每渡分别征收39000元、31600元、22200元。对军车分空载、满载征收过渡费。

1953年12月24日，湖南省公路局报经省交通厅批准，仍按特、甲、乙等三类渡口计征过渡费。公商汽车过渡上述公路渡口时，每辆每渡分别征收35000元(“旧”人民币，下同)、31000元、22000元，军用汽车每辆每渡分别征收25000元、20000元、10000元，小汽车每辆每渡分别征收20000元、15000元、7000元，大炮每门每渡分别征收30000元、23000元、11000元，小炮每门每渡分别征收15000元、11000元、5000元，人力车、畜力车和牲口每辆(匹)每渡分别征收8000元、6000元、3000元;人员每人每次分别征收300元、200元、100元。此次过渡费的调整，对军车不再分空载和重载，均按同一标准收费。

1979年7月11日，湖南省交通局决定恢复湖南境内公路渡口征收过渡费，分一般公路渡口(航程较短)和较大的公路渡口(航程较远)，按次征收。通过一般人力渡口:军用车、拖拉机头、小四轮过渡每辆每渡征收1元，手扶拖拉机、牛马、板车每辆(匹)每渡征收0.3元;通过一般机动公路渡口:拖拉机带拖斗车辆和免征养路费之汽车，每辆每渡征收3元，军车每辆每渡征收2元，拖拉机头、小四轮每辆每渡征收1.50元，手扶拖拉机每辆每渡征收1元，牛马、板车每辆(匹)每渡征收0.30元。

1986年4月9日，湖南省人民政府批准《湖南省公路渡口征收车辆过渡费暂行办法》，自5月1日起实行。湖南省境内国、省、县、乡道公路渡口征收过渡费:小型汽车、10座及1吨以下小四轮及机械车，通过甲类渡，每车每渡征收1元，通过乙、丙类渡，各征收0.50元;11—20座车、1吨至2吨(含2吨)货车及其他机械车，通过甲类渡每车每渡征收3元，通过乙类渡每车每渡征收2元，丙类渡每车每渡征收1元;21—30座客车、2吨至3吨货车、其他机械车，通过甲类渡每车每渡征收4.50元，通过乙类渡每车每渡征收4元，通过丙类渡每车每渡征收2元;4吨至20吨的重型车，均按核定载重吨位每吨每渡征收:甲类渡每吨计征1.50元，乙类渡1元，丙类渡0.50元;二轮、侧三轮摩托和牛马、板车，每车(匹)每渡征收:甲类渡1元，乙、丙类渡各0.50元。

1986年9月2日，湖南省人民政府办公厅下达了经湖南省人民政府批准的“关于印发

《湖南省公路渡口征收车辆过渡费修订办法》的通知”,自10月1日起按新定过渡费标准实施征收:车辆过渡公路渡口,除摩托、牛马板车按次征收外,应征过渡费的车辆概按核定载重吨位计征:通过甲类渡每吨每渡征收1.50元,乙类渡每吨每渡1元,不足1吨者按1吨计征;二轮、侧三轮摩托车和牛马、板车,每车(匹)每渡:甲类渡征收1元,乙类渡征收0.50元。凡本省县级以上党政机关、省内驻军机关自用小汽车,15座以下旅行车、外国使(领)馆车辆,公、检、法、司的消防车、警车、囚车,设有固定装置的工程车、邮政车、救护车、民政部门福利工厂、荣军院、敬老院、孤儿院、盲哑学校及麻风病院的车辆暂免征过渡费外,其他车辆过渡公路渡口,一律按规定征收过渡费。

三、常德公路汽车渡口概况

1930年长沙至常德公路建成通车,常德的终点站为德山。1934年由省公路局续建长常公路从德山观音桥改经港口直达常德南站。1934年10月建成港口、常德、澧水张公庙三个汽车渡口。港口渡口为人力渡口;常德、澧水张公庙渡口为机动渡口。

1949年7月,常德地区解放,续建了常德张公庙、港口、牛路滩、曾家河渡口。其中常德、张公庙为机动渡口,其余为人力渡口。1980年,常德市境内有公路渡口23处,其中机动渡口20处,人力渡口3处。1987年常德市境内有公路渡口28处。2001年第二次全国公路普查认定，常德市有公路渡口14处，全部为机动渡口。渡口职工185人，拖轮22艘,999吨位,1071.64千瓦;机动渡船10艘,511吨位,474千瓦;非机动船13艘,658吨位。全年渡运汽车298014辆,年均日渡运量816辆,最大日渡运量1598辆,全年过渡收入230.5万元。

至1987年未,常德公路总段管理的公路渡口18处,8处因建桥而撤渡。撤销的渡口是牛路滩、曾家河、港口、鸭东铺、白洋河、漆家河6处人力渡;永安、常德2处机动渡。撤渡最早的是1938年7月撤销的牛路滩渡口,其他均在中华人民共和国成立后改渡为桥。其中渡运量最大的是1986年10月撤销的常德渡口。1986年日平均渡车2988辆,最多一天渡车4722辆。10处渡口均为机动渡口,年渡运车辆1448621辆,日平均渡车4074辆。10处渡口建渡时间及人员设备配备如下:

表4—2—3—1

渡口名称	公路行政等级	建渡		人员			渡船		拖轮	
		年	月	合计	干部	工人	只	车	只	马力
张公庙	国道	1934	10	61	1	60	4	32	5	471
石门	省道	1950	12	33		33	2	12	3	331
沙河口	省道	1969	4	34	1	33	4	28	5	485
安乡	省道	1973	11	32	1	31	3	17	2	196
尧河	省道	1975	12	33	1	32	2	14	3	287

续表

渡口名称	公路行政等级	建渡		人员			渡船		拖轮	
		年	月	合计	干部	工人	只	车	只	马力
东洋渡	县道	1958	12	10		10	1	3	1	58
江垭	县道	1971	10	21	1	20	2	6	2	110
沿市	县道	1974	10	17		17	2	5	2	147
大湖口	县道	1978	10	14		14	2	6	2	118
津市	县道	1978	12	28	3	25	3	20	3	265
合计	10处			283	8	275	25	143	28	2468

2001年年底止，常德市14个公路渡口情况：

2001年常德市公路渡口表

表4—2—3—2

渡口名称	线路名称	起点桩号	职工人数	渡					渡运量（辆）			过渡费收入（万元）
				机动			非机动		全年	日均	最多一天	
				艘	吨位	功率	艘	吨位				
仓儿总	S205	77K+367	14	2	60		2	60	10000	27	185	20
官档	S302	6K+455	9	1	50	52			10800	30	60	5
大杨树	S302	9K+512	9	1	50	52			10200	28	50	5
大湖口	S302	22K+800	18	2	63.6	117.6	2	181.3	6793	19	37	5.85
夹夹	S302	28K+600	17	3	150	156	3	150	11531	32	50	5.1
毛家岔	S302	41K+500	11	1	80	89	1	80	38000	104	200	25
袁公渡	X004	7K+880	21	2	147	147	2	50	33108	91	150	20.1
马坡湖	X026	15K+421	6	1	50	52			5200	14	30	2
张九台	X026	28K+795	9	1	50	52			14500	40	70	7
沙河口	X027	95K+750	27	2	223		2	186.3	17732	49		15.02
坡头	X027	35K+507	26	3			3	60	120000	329	580	100
孔家河	X052	0K+678	20	2	81	110			26667	73	137	16
兴隆街	X062	50K+058	4	1	40	45	1	40	3650	10	20	4.5
包家渡	Y019	11K+724	4	1		20			1500	4	12	1

2010年年底，常德市公路渡口共有9处：沙河口（省管）、孔家河、兴隆街、官档、大杨树、马坡湖、张九台、富强、坡头（均为县管渡口）。

四、常德公路汽车渡口过渡费历年征收数额

1987年,常德市公路渡口过渡费征费年度计划370万元。

1989年,湖南省公路管理局下达常德公路渡口过渡费年度征收计划400万元,其中已考虑湘运返还因素。张公庙、津市大桥通车后另行核减。

1990年,湖南省公路管理局下达常德公路渡口过渡费年度征收任务指令性计划340万元,确保计划375万元,力争计划400万元。其中确保计划:桃源尧河渡口37万元;石门城关渡口35万元;石门沿市渡口7万元;安乡沙河口渡口18万元;安乡城关渡口24万元;安乡大湖口渡口4万元;张公庙大桥收费站250万元。

1991年,湖南省公路管理局下达常德公路渡口过渡费年度征收计划120万元(其中:桃源尧河渡口35万元;石门城关渡口32万元;石门沿市渡口6万元;安乡沙河口渡口18.5万元;安乡城关渡口24.5万元;安乡大湖口渡口4万元)。张公庙大桥过桥费年度征费任务260万元。

1992年,常德公路渡口过渡费年度征收计划120万元,实际征收196.12万元,完成年计划163.44%。其中:安乡城关渡口27万元;安乡沙河口渡口18万元;安乡大湖口渡口4万元;石门城关渡口30万元;石门沿市渡口6万元;桃源尧河渡口35万元。张公庙大桥过桥费年度计划280万元,实际征收401.51万元,完成年计划143%。

1993年,常德公路渡口过渡费年征收计划235万元。其中:桃源尧河渡口80万元;石门城关渡口54万元;石门沿市渡口13万元;安乡城关渡口45万元;安乡沙河口渡口38万元;安乡大湖口渡口5万元。张公庙大桥过桥费年度征收计划550万元。

1994年,常德公路渡口过渡费征费在石门城关渡口于9月15日、安乡城关渡口9月17日相继撤渡的情况下,完成年征收任务285万元,超省局计划32.5%。

1997年,常德公路渡口过渡费征收年度计划150万元,实际征收384.5万元(其中夜渡费131.2万元)。

1998年,常德公路渡口过渡费征收年度计划150万元。

1999年,常德公路渡口过渡费征收年度计划60万元。其中:石门沿市渡口21万元;安乡沙河口渡口12万元;安乡大湖口渡口4万元;桃源尧河渡口23万元。

2000年,常德公路渡口过渡费征收年度计划35万元。

2002年,常德市交通局所辖汉寿、澧县、安乡、桃源四县交通局过渡费年征收年度计划88万元。常德公路渡口过渡费征收年度计划35万元。

2003年,常德市交通局所辖汉寿、澧县、安县、桃源四县交通局过渡费征收年度计划81万元。常德公路渡口过渡费征收年度计划40万元。

2004年,常德公路渡口过渡费征收年度计划42万元。

2005年,常德市交通局所辖汉寿、桃源、安乡县交通局过渡费征收年度计划84万元。常德公路渡口过渡费征收年度计划22万元。

2006年,常德公路渡口过渡费征费年度计划26万元。

2007年,常德市交通局管辖的汉寿、桃源、安乡县交通局公路渡口过渡费征收年度计划72万元。常德公路渡口过渡费征收年度计划25万元。

2008年,常德公路渡口过渡费征收年度计划22万元。

第三章　路政管理

1928年7月，常德地区的第一条公路——常德经陬市至桃源公路由湘西路局建成通车，长32.5公里。至1936年6月，常德地区管养的公路达352公里。以后因国民党政府实行“焦土抗战”，常德公路破坏殆尽。抗战胜利后，大部分公路草草修复。

1949年7月，常德地区解放后，军管会接管公路299.31公里，其中通车里程269.16公里。

1949年11月至1969年年底，常德总段接养国、省道及县道1117.4公里，累计管养公路1416.71公里。

1981年，常德各县区地方公路养护队并入各县区公路段建制后，常德公路总段管养公路增至2124公里，支线里程多于干线里程，等外公路多于等级公路，好路率亦随路线结构变化而下降。

1985年，常德公路总段管养公路里程达2130公里，汽车渡口11个，大小桥梁430座，下属12个基层单位，204个道班。

1996年，常德市已有公路687条，行车里程达6265公里，每万人平均里程达11.6公里，网络密度每百平方公里34.5公里，均高于全国和全省平均水平；建成特大型、大型和中型桥梁198座，其中特大型桥梁5座，新建一级公路8.94公里，新修水泥混凝土路面136.16公里，实现了高等级公路和高等级路面“零”的突破。已初步形成一个以常德、津市两个中心城市为枢纽向四周辐射，以国道、省道公路为骨架，以县道、乡道为支脉的公路网络。公路运输已经取代了水路运输的主导地位，成为全市公路、水路、铁路、航空、管道等5种运输方式中具有决定意义的运输方式。

1996年常德公路管理局管养公路总里程1756.49公里，其中国道2条313.2公里；省道8条428.19公里；主要县道1003.98公里，乡道11公里。

2007年，常德市公路通车里程20038公里，比1988年增加了13820公里，常德城区至各县区均由二级以上公路构成，95%的县至乡公路为水泥路。公路桥梁1087座41135延米，其中有7座大型桥梁。

公路建设事业逐年迅速发展，但仍滞后于公路交通的发展速度。仅2005年，常德市民用车辆已达260217辆。公路建设和维护压力愈来愈大，资金缺口和超前支出缺口日趋严重，路政管理工作难度具体表现在：公路两侧违章建筑控制；在公路及其两侧依据有关法律法规禁止的范围内乱堆乱放、设置路障、阻碍交通酿成行车事故；盗伐公路行道树；蚕食公路、开挖水沟、破坏桥涵、路标路碑；在公路上打场晒物、集市贸易阻车；扰乱汽车渡口秩序等。

第一节　路政管理工作沿革

1980 年，随着改革开放的深入，城乡经济空前活跃。公路建设的发展，公路等级的提升，道路的延伸，交通运输工具的快速增加，人与车、车与路、路与人等各种关系的变化，在为公路路政管理提供了发展的新机遇的同时，也给公路路政管理带来了新的挑战。公路路政管理是代表国家履行公路行政管理的执法活动，其目的是保障公路的完好畅通，为社会提供安全、舒适、快捷的交通条件。但是，就路政管理而言，还普遍存在诸多问题，其主要表现在：治理公路超限，政策性强，操作难度大，执法者与被执法者矛盾突出，强行冲关与路政执法人员发生肢体冲突，开车冲撞执法人员等流血伤亡事故时有发生；违法建筑屡禁不止，公路街道化里程日益增长，政府相关部门协调配合不够有力，路政部门单打一的执法力量严重不足，公路红线控制无法真正落实；公路和公路用地被肆意侵占，在公路上打场晒粮，堆物放料，摆摊设点，进行集市贸易现象极为严重，极大影响交通的安全畅通；公路设施被毁，公路标志被盗，公路行道树被砍，公路桥梁被损等案件，发生后信息不灵，取证不易，理赔极为困难等。建设一支强有力的路政队伍，确保公路设施完好和道路的畅通，实行路政科学化，系统化，现代化，正规化管理任重而道远。

1981 年前，对于公路路产路权的维护、公路的清障保通等项工作没有专门的机构和人员。公路管理部门的保卫科兼有维护路产路权等工作，但不是主要职责。公路上发生的违章建筑、路障等损害路产路权的信息，主要靠道班的兼职人员反馈，兼职人员无法阻止当事车辆和当事人，也无处罚权。且由于通信设备落后等因素，上级部门得知信息时，事件早已发生或当事人员和车辆已离开现场。即使有关部门到场，也无有力的政策依据和手段，加之各级行政干预等，使维护路产路权和保畅通工作困难重重。

1981 年，常德全区共出现路政问题（打场晒粮、堆物放料、违章建筑、挖路开沟、蚕食公路路基）3771 处；损坏公路标志和里程碑（百米桩）495 块；砍伐、毁损行道树 48188 株。因路障引起交通事故 44 起，死 18 人，经济损失 21488 元。

1981 年 5 月 26 日，湖南省人民政府颁布实施了（湘政发（1981）44 号）《湖南省公路路政管理办法》，常德行政公署发布了 56 号文件。路政人员按照《办法》进行路政管理。为了加强路政管理，湖南省交通厅同意常德地区公路总段设立路政安全科，负责路政管理工作。使路政管理工作既有专职机构和人员，也有法可依。路政人员在有关部门配合下，共历时 42 天，行程 3000 余公里，在沿线 10 个县市、101 个公社、15 个集镇宣传贯彻有关维护公路路产路权保持公路畅通的法规文件，直接受教育人员达 35000 余人。共处理各种路政纠纷 403 起，清除路障 866 处，罚款 1700 余元。

路政安全科工作职责：1.路政安全科是负责全区干支线公路路政管理工作的职能部门。2.贯彻执行党和政府关于公路路产、路政管理方面的方针、政策、法令和交通安全规则。3.做好管理、护路、保护路树、维护公路交通安全方面的宣传教育。4.督促检查或会请有关部门纠正违章,排除路障,处理路政纠纷,维护公路技术状况完好,保证公路交通安全畅通。5.掌握和了解各区、县公路路政情况,及时总结推广路政管理方面的典型经验。6.负责起草、制订路政管理办法、规定,经政府批准后,组织贯彻实施。7.会同有关业务部门检查干、支线公路标志,公路安全设施,发现问题及时提出处理意见。8.配合养路部门对主要干线公路、桥涵、汽车渡口码头等进行安全设施检查和必要的技术鉴定。

1982年11月6日,湖南省公路管理局(湘路安字〔1982〕第472号)文件:为进一步加强路政管理和安全检查,确保交通安全畅通,在全省范围组成路政管理网,每一个养路工班选拔一名工作能力强,政策水平较高的同志发给“安全员证”,担任兼职路政安全员。主要任务是:负责本工班养护路段内路政管理,监督和制止工班违章作业,制止和纠正违章行车行为。

1982年,常德地区公路总段担负74条干支线2124.23公里公路养护任务。沿线10个县市、32个公社、22个县直属镇、1745个大队。公路沿线违章建筑152处、堆物放料216处、开沟98条、砍伐行道树34850株,损失安全标志41块。

1983年5月,全省召开路政管理洞口经验交流会,常德行署召开全区路政管理工作会议;各级政府和有关业务部门高度重视路政管理工作。各县先后成立“路政管理工作办公室”,组织了公安、交通、监理、公路、工商等部门广泛宣传国务院(〔1983〕105号)文件精神。全年共出动宣传车27台次,行程7842公里,上路宣传145天,受教育者达1009000多人次。排除各种路障(含季节性路障)6168处,其中:清除堆放物料4830处;迁拆违章建筑646处;封闭拆迁砖瓦、石灰窑66处,采石场17处;转移阻滞交通的农贸市场31处;填平恢复挖坏的过水沟186处;清除打场晒粮等392处。

1983年6月22日,湖南省公路管理局(湘路安字〔1983〕第222号)文件同意常德公路总段为加强路政管理工作,配置北京212型车一台,用于路政安全工作。

1983年7月9日,国务院颁发了《关于加强路政管理、维护公路安全畅通的通知》(〔1983〕105号文件)。

1985年9月4日,湖南省人民政府办公厅(湘政办函〔1985〕281号〕文件《关于同意组建全省交通公安机构的批复》同意省交通厅保卫处改为省交通公安处,省公路局设公安分处(科级)。各地公路总段内设的保卫机构,也可按以上精神改为公安机构。县公路段等设立公安派出所或值勤室。

公路总段下属各公安机构、派出所。值勤室受本单位和当地公安机关双重领导,接受上级交通公安机关的指导,行政上以单位领导为主,业务上以当地公安机关领导为主。

各交通公安机构应行使同级公安机关的职权,要认真贯彻执行公安工作的路线、方针、政策和交通法规。公路公安派出所的主要任务是:1.维护公路交通治安秩序,清除路障,疏通道路,保证车辆畅通和行人安全;2.预防和打击反革命、刑事犯罪活动,查破治安案件,处理治安问题;3.依靠群众保护公路交通设施,防止破坏;4.协同监理部门纠正车辆违章,处理汽车、拖拉机和其他车辆发生的交通事故；5.作好公安基层基础工作；6.认真办理上级公安机关交办的事宜。但对需要行政拘留、收审、刑事拘留，逮捕的对象，均应按规定报地方公安机关审批。

上述公安分处、科、派出所、值勤室定员要按精简、效能的原则从严控制，由组建单位会同当地公安机关，根据实际需要提出意见，报省公安、交通两厅审批。组建交通公安机构，要积极慎重，成熟一个，组建一个。吸收录用干警要严格按公安部，劳动人事部〔1984〕公发（政治）字第 118 号）《关于吸收人民警察的规定》执行，由公安厅、交通厅共同负责审批。

1985 年 12 月 18 日，湖南省交通厅、公安厅（湘交保卫字〔1985〕第 658 号）文件《关于组建交通公安机构的实施意见》：根据省政府办公厅（湘政办函〔1985〕281 号）“关于同意组建全省交通公安机构的批复”：各地、市公路总段、公安科配正、副科长各一人。派出所根据干警人数情况。配所长或副所长一人。值勤室指定一人负责。各单位公安机构的设置和干警定员由本单位根据需要提出意见，征得当地公安机关和省主管局、公司同意后报两厅审批。各单位组建公安所需编制一律从组建单位内部调整。

公路公安派出所在暂行规定未颁发前，暂定其主要任务是：1.维护公路交通治安秩序，清除路障，疏通道路，保证车辆畅通和行车安全。2.预防和打击反革命、刑事犯罪活动，查破治安案件，处理治安问题。3.依靠群众保护公路交通设施，保护路产路权，防止破坏。4.协助监理部门纠正车辆违章，处理汽车、拖拉机和其他车辆发生的公路交通事故。5、作好公安基层基础工作。6.认真办理上级公安机关交办的事宜。凡需要进行刑事或行政拘留、收审、逮捕的对象，都应按规定报当地公安机关审批。

省公路管理局下属的各地、市公安科、派出所、值勤室受当地公安机关和主管部门的双重领导，同时接受本系统上级公安机关的指导，业务以当地公安机关领导为主。公安干警的政治思想教育，行政管理以本单位领导为主。关于公安科、派出所、值勤室的名称。都应冠上地方公安机关的名称。即：× × 地、（市）公安处（局）× × 公安科；× × 县（市）公安局 × ×（港口、码头、车站等）派出所；× × 县公安局 × × 值勤室。省属各地、市、县的交通公安部门的业务，实行当地公安机关和上级交通公安机关双重领导。以当地公安机关领导为主。

干警来源：从现有保卫干部中选配。不足部分。按公安部、劳动人事部公发（政治）字〔1984〕第 118 号文件《关于吸收人民警察的规定》要求，从本单位职工中选录。从工人中录用干警，在坚持干警条件的前提下，按国务院一九八四年五月十日《关于进一步扩大国营工业企业自主权暂行规定》第八条执行；各级交通公安干警要严格执行公安人员《八大纪律》《十项注意》，认真贯彻中华人民共和国人民警察的条令、条例。单位党政领导要切实加强对交通公安干警的政治思想工作；公路公安机关建立之后，原来的路政机构可以撤销，其业务属于公路治安管理方面的，由公路公安机构接管，属于非治安管理方面的，应划归有关生产养路部门管理。

1986 年 5 月 22 日，湖南省交通厅（交公组建字〔1986〕001）号文件《关于同意录用交通

公安干警的复函》:经审查,同意常德录用王承太同志等三十一人为交通公安干警。(名单如下):(三十一人)

王承太　李登科　丁　宏　向建华　钱福龙　李之合　罗光新　袁光玉　张文革
赵资兵　张超英　张铁球　胡继忠　毛予斌　苏宏开　张毅坚　张献成　高灵敏
李益明　蒋忠富　刘栋材　刘湘安　丁建华　田　丹　周　英　黄忠宪　黄旦初
高建国　熊兴建　冯湘军　陈　华

1986年7月21日,常德地区公路总段(常总政字〔1986〕第110号)文件《关于录用、分配交通公安干警的通知》:接常德地区公安处转湖南省交通公安组建办公室(交公组建字〔1986〕第001号)通知,同意录用王承太等三十一名同志为交通公安干警。经总段、地公安处研究决定,将王承太等三十一名同志分配在如下单位:总段公安科:王承太、钱福龙、向建华、丁洪;安乡段公安派出所:张超英(临时负责)、丁建华、刘湘安;临澧段公安派出所:刘栋材(临时负责)、张毅坚、苏宏开;慈利段公安派出所:毛予斌(临时负责)、陈华、田丹、胡继忠;澧县段公安派出所:熊兴建(临时负责)、李益明、蒋忠富;石门段公安派出所:赵资斌(临时负责)、张宪成、张铁球、袁光玉;汉寿段公安派出所:黄中宪(临时负责)、黄旦初、高建国;桃源段公安派出所:周瑛(临时负责)、高灵敏、冯湘军;常德段公安派出所:李登科(临时负责)、李之合、罗光新、张文革。

公安科是总段主管公路路政与内部治安的职能科室,行政和业务上实行双重领导,其主要职责是:1.认真学习、宣传、贯彻上级有关文件、会议精神,依靠和发动群众,搞好公路治安和内部保卫工作。2.负责基层公安干警的管理和培训,不断提高政治、业务素质。3.经常深入基层,了解和掌握公路治安情况,排除路障,维护交通秩序,对公路路障严重,交通秩序混乱的地段,组织力量,会同有关部门进行整顿。4.组织基层单位查处侵犯公路路产、路权、破坏公路设施、盗砍行道树等严重事件。5.掌握内部职工中的违法犯罪人员的情况,协同有关单位做好转化工作。6.布置全系统节假日的安全保卫工作,检查、督促有关单位加强对重点部位的安全防范,减少发案。7.负责侦破盗窃案件和职工中的刑事犯罪案件,配合当地公安机关,查破重大案件。8.负责查处内部的治安案件。对不正常的死亡案件,会同有关部门查清事实,作出结论。9.督促有关单位和部门,加强对易燃、易爆物品的管理,负责调查处理火警、火灾事故。10.负责处理交通安全事故。

1986年10月29日湖南省交通厅、公安厅(湘交公安字〔1986〕第526号)文件《关于常德地区公安机构的设置和干警定编的批复》:根据省政府《关于同意组建全省交通公安机构的批复》和交通厅、公安厅《关于组建交通公安机构的实施意见》精神,结合你们和省交通公安组建办公室关于机构设置和干警定编的意见,现批复如下:常德地区行政公署公安处公路公安科,干警编制5人;常德县公安局公路派出所,干警编制3人;临澧县公安局公路派出所,干警编制3人;澧县公安局公路派出所,干警编制4人;石门县公安局公路派出所,干警编制4人;桃源县公安局公路派出所,干警编制4人(含汽车渡口1人);慈利县公安局公路派出所，干警编制4人；汉寿县公安局公路派出所，干警编制3人；安乡县公安局公路派出所，干警编制3人（含汽车渡口）。

1987年10月13日，《中华人民共和国公路管理条例》发布。

1988年6月28日，交通部发布《中华人民共和国公路管理条例实施细则》。

1989年8月25日，湖南省交通厅、财政厅、物价局（湘交公路字〔1989〕第438号）文件《关于破损公路、公路设施赔偿费收费标准的通知》：为了进一步强化公路管理，扭转乱挖、乱占、乱建的混乱局面，确保公路完好畅通，根据《中华人民共和国公路管理条例》和《中华人民共和国公路管理条例实施细则》及物价、财政有关规定，结合我省的实际情况，特制定破损公路、公路设施赔偿费收费标准，现就有关问题通知如下：

1.各地公路总段、县段管养的公路，破损公路、公路设施的赔偿费由公路公安部门收取，县乡公路由县乡公路管理处（站）收取，其他部门不得收取（收费标准见附表）。破损方自行修复的，经验收合格后，不再收取任何费用。收取的赔偿费属预算外资金，应严格执行由“财政专户储存、计划管理”等有关规定。

2.凡因抗旱、排涝而造成公路、公路设施破损，经当地公路部门核准后，可减半或免交赔偿费。

3.赔偿、罚款凭证使用财税部门统一印制的收款收据和罚没收据。赔偿费只能用于公路修复；罚款上交地方财政。

4.严格收费标准，不得擅自提高和增加收费项目、乱收乱罚。如不按本规定标准收费的，将依照有关政策规定严肃查处。

破损公路、公路设施赔偿费收费标准

根据《中华人民共和国公路管理条例》和《中华人民共和国公路管理条例实施细则》，结合我省的实际情况，特制订本收费标准：

1.破、损公路赔偿标准。

（1）破、损沥青混凝土路面每平方米50元。

（2）破、损沥青表处路面每平方米40元。

（3）破、损水泥路面每平方米120元。

（4）破、损砂石路面每平方米25元。

（5）破、损涵洞每延米200—500元。

（6）破、损桥梁护栏每延米150—300元。

（7）破、损公路隧道每平方米250元。

（8）破、损公路排水沟每延米30—100元。

（9）破、损公路护坡每平方米30元。

（10）凡挖掘公路深度20厘米以上者，除按上述各类破、损公路标准收费外，每立方米另收40元（不含20厘米）。

2.破损公路设施赔偿标准

(1)里程碑每块 120 元。

(2)百米桩每块 40 元。

(3)指路标志每块 100—400 元。

(4)地名标志每块 50—150 元。

(5)指示、警告、禁令标志:立式的每块 80 元,悬挂式的每块 300 元,悬挂标志杆每根 300 元。

(6)安全护栏、护桩、护墙按现行造价赔偿。

3.公路绿化赔偿标准

(1)盗伐、损坏胸围 10 厘米以下的,每株 50 元。

(2)胸围 10—15 厘米的,每株 75 元。

(3)胸围 15—20 厘米的,每株 100 元。

(4)胸围 20 厘米以上每增加 5 厘米加 25 元。

(5)贵重树木按其价值收取赔偿费。

4.利用公路试车收费标准

修理、制造车辆厂方利用公路试车的,其缴费标准:

1 吨以下的每台收 20 元;

1.5—2 吨的每台收 30 元;

2.5—3.5 吨的每台收 40 元;

4 吨以上的每台收 50 元。

5.罚款标准

凡擅自损坏路产的,视其情节、态度好坏,除收取赔偿费外,并处以赔偿费的 50%至 100%的罚款。

1989 年 12 月 24 日,湖南省交通厅(湘交公路字〔1989〕725 号)文件《关于破损公路、公路设施赔偿费收费标准有关问题的补充通知》:

超限超载车辆卸载场

1.《公路管理条例实施细则》第三十九条三款已作了明确规定,“机动车辆制造、修理厂家不得擅自在公路上试车”;公路是为运输服务的,不得作为试车场地,如果制造、修理厂家无试车场地“必须利用公路试车的,应事先征得当地公路管理机构的同意,签订协议”。因为利用公路试车是实验性检验制造、修理的机动车是否合格而进行的，它不同于正常运行中的避险制动，既危及安全畅通，又损坏公路，应严加控制。特别是公路旁的修理厂家将车停放在公路上修理，排放污水，严重损坏公路，各地要会同工商部门加以制止和取缔。

2.对已缴纳养路费而未报停的小修保养和二保车辆不再收取试车费；未缴纳养路费和报停车辆照章收取；三保和大修车辆按标准收取；制造机动车辆的厂家必须按标准执行。试车费的缴纳由厂方负责。

3.为确保运输车辆的安全畅通，各地要划定试车路段，设置试车标志，不得在试车路段外试车。

4.关于"自行修复""抗旱、排涝""公路绿化"胸围的计算等，请按省公路局（湘路公安字〔1989〕第160号）文件通知办理。

关于赔偿费标准和本补充通知，均从发文之日起执行。

1990年，常德市公路主干线违章建筑达2580多处，为取土养路打架8起，养路工13人受伤。9月底止，公路公安科会同常德市国土、工商、税务、城建、公安、检察、法院、交警等部门协同作战，历时54天、耗资10多万元，在国道319、207，省道1801、1804线，共740多公里沿线拆除违章建筑2417间，面积约72500平方米。

1990年9月24日，交通部发布《公路路政管理规定（试行）》。9月26日，湖南省交通厅印发《湖南省公路管理案件办案程序规定》的通知。11月22日，省政府发出传真电报《关于严格清理整顿国道、省道公路两侧违章建筑的通知》，在广泛宣传《规定》《通知》的同时，对境内公路沿线存在的老大难问题，由公安科会同有关部门集中力量打歼灭战，逐一解决。

1991年8月22日，湖南省公路管理局（湘路公安字〔1991〕第174号）文件《关于配设兼职、义务路政员的通知》：为了强化公路路政管理，建立护路网络，实行群防群治，根据《公路路政管理规定（试行）》，结合我省的实际情况，就兼职、义务路政员的配备和设置通知如下。1.兼职路政员。每个工班选拔一名责任心强，有一定的工作经验和能力，敢于大胆管理的人员担任兼职路政员。2.义务路政员。在主要干线公路沿线的乡、村聘请一名具有一定权威和活动能力，并能秉公办事，认真负责的干部或村民担任义务路政管理员。3.兼职、义务路政员标志。各总段将选拔和聘请的兼职、义务路政员造册报省局公安分处核批发证，并附一英寸免冠照片一张。兼职的发臂章一个。根据交通部规定：兼职和义务路政员不统一着装。

1991年11月30日，交通部政策法规司（政法法字〔1991〕090号）《关于对最高人民法院行政审判庭一九九一年九月二十九日来函的复函》：关于公路管理机构和运输管理所行使行政管理权是规章授权还是行政委托的问题复函如下：我部根据《中华人民共和国公路管理条例》授权制定的《中华人民共和国公路管理条例实施细则》第九条规定："各级公路主管部门可根据实际情况设置公路管理机构。公路管理机构依据公路主管部门的授权，负责公路管理工作。"该条规定表明，各级公路主管部门根据《中华人民共和国公路管理条例实施细则》的授权，可按实际需要设立公路管理机构，履行行政管理职能。因而公路管理机构的设立及行使行政执法权，应当属于规章授权。此外，交通部颁布的《公路路政管理规定（试行）》第七条规定："公路管理机构及专职路政管理人员行使下列职权：1.负责管理和保护公路路产；2.实施公路巡查；3.依照法律、法规和规章，制止、查处各种违章利用、侵占、污染、毁坏和破坏路产的行为；4.控制公路两侧建筑红线；5.审理从地面、公路上空或地下穿（跨）越公路的其他设施的建筑事宜；6.对在特殊情况下利用、占用公路和超限运输车辆通过公路进行审批，并对实施情况进行监督检查；7.维护公路渡口和公路养护、施工作业现场的正常秩序；8.为处理违反公路管理法规的行为，向有关单位和人员调查、询问、取证，查阅有关文件、档案、资料和原始凭证；9.对损害路产或发生侵权行为又拒不接受查处的车辆、责令停止行驶；10.有复议职能的公路管理机构办理有关路政复议案件，参与有关路政案件的诉讼活动；11.法律、法规、规章规定的其他职权。"

1991 年，常德市路政管理工作共拆除固定违章建筑 87 处，临时厂棚 362 处，整治摊点 1754 处，清除路障 3595 处。挽回损路赔偿 8 万多元。

1992 年 4 月 29 日，常德市人民政府办公室（常政办函〔1992〕36 号）文件，《关于成立常德市公路违章建筑清理整顿领导小组的通知》：为了加强公路违章建筑的清理整顿，市政府决定，成立常德市公路违章建筑清理整顿领导小组，陈德铨任组长，杨万柱、俞斌龙任副组长，张安中、张启祥、周尧兴、彭伏保、彭梅桃、李世成、黄隶华、向志友、谢肇荣为成员。领导小组下设办公室，彭伏保兼办公室主任。

1992 年 8 月 8 日，常德市公安局（常公保〔1992〕082 号）文件《常德市公安局关于保留公路公安科的批复》：经审核，并报省公安厅批准，决定保留其机构。其名称由原"常德市公安局公路公安科"改为"常德市公安局公路科"，（本单位内可称"公安科"），定编 5 名。现根据省公安厅（湘公办〔1991〕25 号）文件、市公安局（常公保〔1991〕27 号）文件《关于清理整顿企事业公安机构的实施方案》和省公安厅（湘公办〔1992〕11 号）文件《关于常德市企事业公安机构审核的批复》精神，就几个具体问题特作以下暂行规定：

1.交通公安属企业公安机构，其领导体制上实行当地公安机关和本单位党政双重领导。业务工作以市公安局领导为主，行政、党务及干警的日常政治思想工作和队伍管理以单位党政领导为主，但干警的调动、任免、录用和奖惩，必须事先征得主管公安机关政工部门同意备案后，方能生效。

2.该科的主要职责、任务是：（1）协助单位党政和主管公安机关管理所属干警队伍；（2）负责辖区内治安管理，落实防范措施，保卫要害安全；（3）负责查破管辖区内发生的中、小刑事、治安案件，配合公安机关侦破重特大案件；对违反治安管理行为的人，可依法行使治安处罚的警告、50 元以下罚款的裁决权；（4）监督、考察本单位职工被依法判处管制、剥夺政治权利、缓刑、监外执行的罪犯和监视居住、取保候审的被告人；（5）完成主管公安机关交办的其他工作，必要时主管公安机关可以统一调动、指挥使用。

3.坚持从严治警的方针，切实加强队伍管理。要组织专人对现有在岗干警，按照人民警察条件，进行一次全面考察整顿，对那些不适合做公安工作的人员要坚决予以调离。要配备政治教导员或专职政工干部，负责抓好本系统干警的日常思想政治工作。同时建立健全管理制度，使之更好地发挥作用。

1992年，常德市路政管理工作共拆除违章建筑315处，临时厂棚573处，整治摊占2538处，清除路障6895处，共挽回路损赔偿64万元，仅省送变电建设公司损桥一案，就挽回赔偿费45万元。

1993年11月12日，常德市人民政府办公室文件（常政办发〔1993〕23号〕文件《关于切实加强道路交通管理的通知》：通过开展“畅安工程”活动，我市城乡道路交通状况大为改观，交通秩序明显好转。但当前道路交通管理中仍存在不少问题，主要是：违章建筑和马路市场的整顿拆迁工作不够彻底；交通基础设施不够完善；乱设卡、乱收费、乱罚款的现象还时有发生。这些问题，不仅严重影响道路畅通，妨碍经济发展，而且还会引发许多社会问题。为了进一步巩固和发展全市“畅安工程”成果，切实加强道路管理，根据省人民政府（湘政发〔1992〕7号）、（湘政办发〔1993〕16号）文件精神，结合我市实际，特作如下通知：

1.坚决拆除违章建筑。凡是1981年5月25日前，在公路用地内所建的设施；1981年5月26日至1987年12月31日期间，分别在国道、省县道、乡道任意一侧15米、10米和5米内所建的设施；1988年1月1日以后，分别在国、省道、县道、乡道任意一侧20米、15米、10米和5米内所建的设施均属于违章建筑，必须坚决拆除。拆除城乡道路两旁的违章建筑，分别以各地公路部门为主，城建、公安、司法、国土等部门要积极配合。各地对应拆除的各类违章建筑要作出拆除计划，务必在1994年底以前全部拆除完毕。

今后，在公路控制红线内（含在建公路），原则上不得批准建筑各类永久性设施，严格禁止在国道一侧20米、省道一侧15米之内建设。如因特殊情况（指国防战备、铁路建设、公路服务设施和山区受地形限制的），确需在公路红线内建筑的，必须先经当地县以上公安交通管理部门和公路部门同意，再由国土和建设部门审批发证。任何部门和单位不得越权批准，否则，谁批准谁负责拆除和赔偿。有关部门要加强检查监督，发现违章和越权行为要及时严肃处理，以杜绝出现新的违章建筑。凡利用违章建筑营业的，工商部门不予核发营业执照，已发的要坚决收回。

2.大力整顿马路市场。对已经形成的马路市场，各级政府和有关部门要作出规划，限期搬迁。一时不能搬迁的，要按照市场与摊担不贴近公路的原则，认真清理整顿，实行严格管理，使零散摊担适当集中、定点，划行归市。在交通拥挤地段和集镇逢场时，公安、交通和工商部门要派出专人疏导交通，以确保道路畅通无阻。今后，不准在公路一侧100米之内建设集贸市场，禁止在公路和城市道路控制范围内摆摊设点、占道经营。

3.不断完善交通基础设施。公路部门要按照有关规定，及早规划并尽快完善国道、省道、集镇和事故多发路段的标志、标线等基础设施。各级政府要组织公安、城建、公路等部门加强对道路使用情况的监督检查，坚决制止随意将道路及其附属设施改作他用。

4.坚决制止乱设卡、乱收费、乱罚款。公安、交通部门要严格遵守公安部、交通部和省、市人民政府的有关规定，佩戴规定的证件，上路处理事故、纠正违章、疏导交通和稽查有关收费情况。在检查和稽查中需要实施处罚的，必须严格执行处罚规定，不得擅自提高罚款标准，并应使用财政部门印制的罚款收据，所收罚款按规定上交。各级各部门不准下达或规定罚款指标。交通部门除征稽人员外，其他人员不得上路拦车检查。

5.切实加强对道路交通管理工作的领导。各级各部门一定要高度重视并大力支持道路交通管理工作，为促进我市道路交通根本好转和发展城乡交通事业多办实事。

1993 年，常德市路政管理工作共拆除违章建筑 315 处；临时厂棚 573 处，整治摊点 2538 处，扫除路障 6895 处；收取路损费 64 万元。

1994 年 10 月 20 日，湖南省常德市公路总段文件（常总公安字〔1994〕103 号）文件《关于授权鼎城公安局公路派出所加强"三区"路政管理的通知》：由于常德县的管辖范围行政区域发生变化，现已划分为鼎城区、武陵区、德山开发区。根据《中华人民共和国公路管理条例》及其省、市有关法规的精神，现授予鼎城区公安局公路派出所对以上"三区"境内的国、省、县道的路政管理权。

1995 年 3 月 13 日，湖南省交通厅（湘交人劳教字〔1995〕第 83 号）文件《关于撤销湖南省交通公安处及湖南省交通厅公安处公路科、航道科的通知》：根据国务院（〔1994〕19 号）文件《国务院批转公安部关于企业事业单位公安机构体制改革意见的通知》和公安部（〔1995〕5 号）文件《关于企业事业单位公安机构体制改革实施办法》以及省政府批转我厅机构改革的"三定"方案的精神，经厅党组研究，决定撤销湖南省交通公安处及湖南省交通厅公安处公路科（原公路分处）、航道科。各地、市、州所属企事业单位交通公安机构的撤留，由各地根据上述精神自行确定。

1995 年 8 月 30 日，经常德市人民政府批准《常德市公路路政管理办法》发布实施。

1995 年 10 月 18 日，湖南省公路管理局（湘路路政字〔1995〕第 198 号）文件《关于规范全省路政执法人员着装的实施办法》根据省交通厅、省监察厅（湘交监字〔1995〕第 272 号）文件精神和当前存在的问题，就整顿公路路政执法人员着装问题作如下规定：着装的原则和范围从事公路路政管理工作的人员着公路交通行政执法服装，持"中华人民共和国公路路政管理证"，佩戴"中国公路路政"胸徽和"路政"臂章。市公路总段、县公路段在岗直接从事公路路政管理的人员。县乡公路管理处、管理站在编、在岗直接从事公路路政管理的人员。县乡公路管理处、站在路政机构尚未规范前，暂按 200 公里配一名专职路政管理员，但最低不少于 2 人，待机构建立后再研究定编、着装。（主管路政工作的领导不得着装）

1995 年 11 月底，常德市路政管理工作共组织两次大规模联合扫障行动，共下达整改通知书 380 份，清除大小路障近万处，拆除违章建筑 54 处，临时厂棚 586 处，拆除公路上摆摊设点 8 处，清除临时路障 7675 处，群众自觉扫障 850 处。查处路损案件 14 起，挽回路毁损失近 14 万元。

1996 年 4 月 10 日，常德市县乡公路工作会议在桃源召开，会议提出“加强养护管理，确保公路畅通，稳步建设改造，不断提高公路等级”的工作方针。

1997 年 3 月，常德市公路管理局根据市政府《关于加强全市公路路政管理工作的会议纪要》，增设路政科，下设县（区、市）交通局路政管理大队。7 月 3 日，《中华人民共和国公路法》诞生，这是中华人民共和国成立后的第一部公路法规。它规范公路使用者、管理者、投资者以及相关部门的权利和义务，是一部社会公益性事业较强的法规。11 月 20 日，为搞好《公路法》的学习宣传工作，市交通局举办为期 2 天的《公路法》学习研讨班。参加人员有各县（区、市）交通局局长、公路局局长、站长、局有关科室负责人。

1997 年 4 月 30 日，常德市公路管理局（常路字〔1997〕059 号）文件《关于明确路政管理工作若干问题的通知》：为了加强路政管理力量，市局决定组建路政管理科（正科级）、各区、县（市）局组建路政管理大队（副科级），实行原公路公安科和公路派出所与路政大队一门二牌的体制。鉴于当前路政管理工作难度较大，市局明确各区、县（市）公路局长一律兼任路政管理大队第一大队长。所有路政专职人员一律要履行严格的考核考试手续，实行聘任制，聘期暂定二年。各工班可聘请 1—2 名兼职路政管理员（兼职路政管理员职责附后）。负责管理所辖工班范围的路政工作。

兼职路政管理员主要职责：1.坚持日常公路巡视，每月必须保证 15—20 个工作日。2.及时制止单位与个人对公路路产的非法侵害，发现严重侵害和破坏行为，及时向路政管理大队报告，并做好现场保护工作。3.监督已经批准利用、占用、挖掘公路事宜的执行情况。4.在授权范围内按标准收取损坏公路及其设施的赔偿费（即：行道树 2 根以下，损坏公路 10 米以下和其他设施折价 200 元内的赔偿费）。5.及时发现和制止在特殊情况下，占用公路和超限运输车辆的违章情况并及时报上级部门。6.实施养护施工作业的交通控制，保障交通和作业安全。

常德市路政管理人员配置表

表 4—3—1—1

单位	原有人数	增加数	暂定人数	第一大队长
鼎城公路局	4	4	8	胡德元
桃源公路局	2	5	7	王辉姿
石门公路局	4	2	6	朱盛秋
澧县公路局	3	4	7	陈元国
津市公路局	0	3	3	揭德平
安乡公路局	1	3	4	肖剑春
汉寿公路局	3	3	6	候中亮
临澧公路局	2	3	5	王道清
市局路政科	5	1	6	
合计	24	28	52	

1997年6月2日常德市公路管理局(常路字〔1997〕079号)文件《关于同意聘任专职路政员的通知》:根据常德市人民政府(〔1997〕12号)文件《关于加强全市公路路政管理工作的会议纪要》精神,市局办公会议决定,组建路政管理科和各区、县(市)路政管理大队。经各单位推荐和市局考试、审核,同意暂聘全局专职路政员49名,西洞庭农场公路段专职路政员2名,聘期从1997年5月1日起至1998年4月30日止。聘期内聘任路政员如违反聘任合同规定,或发生其他违纪违规行为,可按聘任程序,核准事实,予以调整。

常德市公路管理局聘任专职路政员名单

常德市公路管理局公路路政管理科(共6名):钱福龙、杨习前、李绍发、张超英、向建华、杨利华;汉寿公路局公路路政管理大队(共6名):黄中献、黄旦初、高建国、李建忠、陈艳辉、熊礼刚;鼎城公路局公路路政管理大队(共8名):丁宏、李登科、罗光新、李之合、刘吉成、刘祖平、高建平、王国华;桃源公路局公路路政管理大队(共7名):高灵敏、冯湘军、文小平、倪俊、张学权、黄维权、候志刚;临澧公路局公路路政管理大队(共4名):卓柏枝、苏宏开、陈署华、严飞;澧县公路局公路路政管理大队(共6名):李元斗、蒋中符、黄文、孟召明、龙科名、彭辉;石门公路局公路路政管理大队(共6名):赵资宾、张献成、周岳森、袁光玉、张铁球、朱德海;安乡公路局公路路政管理大队(共3名):刘湘安、李友新、翟继强;津市公路局公路路政管理大队(共3名):周伟、陈德富、田祖纯;西洞庭农场公路段公路路政管理大队(共2名):郭跃明、雷正文。

1997年10月1日至10日,常德市开展了为期十天的大规模清障扫障行动。常德市政府下发了《严禁在公路两边堆放和焚烧火土灰的通知》,常德市公路局在公安、交警、工商等部门配合下,共拆除违章建筑177栋共计10600平方米;清除临时路障3843处计7500平方米;出动车辆760台次,出动人员3100人次,挽回损失10余万元。

1998年常德市路政管理工作:宣传《公路法》和路政管理规定,出动宣传车260台次,书写路政宣传标语300多条,悬挂横幅30多条,编印《公路法》小册子1200多本,制作宣传牌80多块。在公安、交警、工商、国土等部门配合下,开展大规模清障扫障行动2次。全年清除临时路障12466处;拆除临时厂棚2229处;拆除固定建筑202间;搬迁马路市场15处;挽回路损费60多万元,建成文明路160公里;书记局长样板路、道班班长示范路245公里,建立健全路产档案48本。

1999年7月1日,湖南省创建"平安大道"领导小组(湘创办〔1999〕1号)文件《关于进一步加强创建"平安大道"宣传工作的通知》要求各地、州、市针对前段创建"平安大道"工作的薄弱环节,开展攻坚工作,加强宣传创"平安大道"工作,促进创建工作进一步开展。湖南省公路管理局下发了《关于创建"平安大道"实施办法》。以107国道为龙头,带动319、320国道"平安大道"的建设,确保公路完好、安全、畅通。(319国道浏阳至常德市)其主要任务是:路况良好、路容整洁、标志标线齐全、醒目、收费站管理规范化、公路两侧建筑物必须实行"一低三化"(建筑物地面低于公路、公路边沟护砌化、门前地面硬化、门前美化)、清理整顿公路两侧非公路交通标牌。

常德市社会治安综合治理委员会(常综治委〔1999〕10号)文件下发了《常德市整治国道秩序创建“平安大道”活动方案》。

1999年,路政管理工作由部门行为转化为政府行为。全民爱路意识大为增强。常德市政府还专门下发《严禁在公路两边堆放和焚烧火土灰的通知》,凡已堆放的火土灰由各县政府组织力量,并于9月30日前彻底清除干净。在交通、公安、法院、国土、工商等有关部门的配合下,全市共开展大规模清障扫障行动4次,出动车辆32台次,铲车16台次,劳动力160多人次。制作永久性宣传公路法规标牌120个,专职路政员上路980人次;清除路障18924处,拆除固定违章建筑778处,搬迁马路市场22处,拆除临时违章建筑20189处,拆除公路用地范围内砖、瓦窑13座,禁止在公路旁开山放炮22处,清除公路上摊贩11294处,拆除违章牌5775块,制止新建违章建筑175处,下违章整顿通知书3500份,挽回损失30万元。尤其是鼎城和汉寿局成效明显,国道319线上无打场晒粮,无障碍物,真正成为文明样板路。

路政工作人员检查超限超载车辆

1999年,常德市公路管理局根据省政府《关于改革并撤销企事业单位公安机构的决定》,撤销常德市公路管理局公安科和所辖县(区、市)公路局公安派出所。

2000年2月13日中华人民共和国交通部令(〔2000〕2号):《超限运输车辆行驶公路管理规定》已于2000年1月14日经第12次部长办公会议通过,现予发布,自2000年4月1日起施行。

2000年8月29日,湖南省公路管理局(湘路路政字〔2000〕第212号)文件《关于路政管理机构名称和路政专用车辆的批复》:根据《中华人民共和国公路法》的规定,为强化公路管理,同意成立“常德市公路管理局路政管理处”和“常德市公路管理局保卫科”,实行“一门两牌”,其编制和工作性质不变。根据交通部(工公管字〔1989〕379号)文件精神和公路路政管理执法的客观要求,各市、县(区)路政管理机构用于维护公路路产、路权和公路巡查的路政管理执法专用车辆应不少于壹台。

2000年,常德市路政管理工作共搬迁公路圩场33处,拆除违章建筑1005栋,拆除违章砖、瓦窑37座,拆除违章厂棚、摊点26000处,拆除违章牌6100块,查处超限运输车辆720台次。常德市境G319、S306两条主干线基本制止“打场晒粮”现象。并在全国干线公路检查中被誉为“绿色通道”和“文明样板路”。

2001 年 2 月 13 日，常德市公路管理局获省公路局评定的“路政目标管理优胜单位”。

2001 年，常德市公路局对全局公路的路产路权进行一次全面清理。依法开展 3 次大规模的路政整治行动，共拆除违章建筑和临时违章物 4493 处；办理路政案件 27 起，搬迁公路圩场 15 处，拆除违法建筑 47 处，制止新建违法建房 45 处，拆除临时违法棚点 3054 个，拆除违法标牌 1259 块，拆除跨路龙门架 88 座。在公路控制红线内没有出现新的永久性违章建筑。实现路政工作重拆轻止的观念。路政人员经常上路熟悉情况，防微杜渐，具有较强的路政执法意识和执法水平。全市 G319 线和 G207 线两条国道所经过的汉寿、鼎城、武陵、临澧和澧县的各级领导重视，基本实现“宅路分家”，提高公路排水抗灾的能力。清理马路市场，防止马路市场反弹取得成效。路政内业管理日趋完善，实行执法公示，对路政案件的处理结果定期在公路网上予以发布。

2002 年 10 月 10 日，常德市人民政府（常政通告〔2002〕15 号）文件《常德市人民政府关于加强公路路政管理的通告》发布。为加强公路路政管理，确保公路安全畅通，根据《中华人民共和国公路法》等有关法律、法规规定，现将有关事项通告如下：

1.除公路防护、养护需要外，任何单位和个人不得在公路建筑控制区内新建、改建、扩建建筑物和构筑物，有关部门不得办理批建手续。自公路边沟外缘起公路两侧的下列范围为公路建筑控制区：国道 20 米，省道 15 米，县道 10 米，乡道 5 米；高速公路（含匝道）30 米，高速公路的连接道 20 米。凡在公路建筑控制区内进行的建设施工活动，自本通告发布之日起 30 日内必须自行拆除。凡逾期未自行拆除的，由公路管理机构会同有关部门强制拆除。

2.新建村、镇、开发区以及医院、学校、集贸市场等，其选址定点应在公路一侧，不得在公路两侧规划布点建设。有关单位和个人进行建设，需与公路接线或增设平面交叉道口的，应先经公路管理机构批准，并按照规定标准实施。

3.任何单位和个人不得擅自占用、挖掘公路。因建设需要确需占用、挖掘公路或使公路改线，以及在公路和公路两侧建筑控制区内架设、埋设管线、电缆等设施的，建设单位或个人应先征得公路管理机构的同意；影响交通安全的，还需征得有关公安机关的同意。

4.任何单位和个人未经公路管理机构批准，不得在公路、公路用地范围内以及公路附属设施上设置非公路标志、标牌、标语及广告等。凡未经批准擅自设立的，设置单位和个人应在本通告发布之日期起 15 日内到公路管理机构补办有关手续，并保证以上设立物符合国家统一规范要求。否则，由有关部门依法强制拆除。

5.任何单位和个人不得在公路及公路用地范围内挖砂、采石、取土和进行爆破作业，不得摆摊设点、堆放物品、倾倒垃圾、设置障碍、挖沟引水、利用公路边沟排放污物或者进行其他损坏、污染公路和影响公路畅通的活动。坚决取缔以路为市的行为。

6.超过公路限定标准的车辆，不得在有限定标准的公路上行驶。确需行驶的，要采取相应的措施，并经公路管理机构批准。

7.各级公路管理机构和公安机关应当依照各自职责，加强监督检查，及时督促和组织公路的清障工作，保障公路安全与畅通。

8.凡违反本通告规定，依法应给予行政处罚的，由相关部门依法给予行政处罚。

9.阻碍公路管理机构或公路管理人员依法执行公务的，由公安机关依照《中华人民共和国治安管理处罚条例》的有关规定予以治安处罚；情节严重、构成犯罪的，由司法机关依法追究刑事责任。

10.本通告自发布之日起施行。

2002 年，常德市路政管理工作：常德市《关于加强公路路政管理的通告》，以市政府名义向全市颁发实施。制定保护公路民约 9000 余份；投入 6 万多元刷新了 300 多块路政宣传牌，在重点路段新设置了 100 多块永久性路政宣传牌；发放《公路法和交通部 2 号令》小册 2500 余份；宣传了《湖南省实施〈公路法〉办法》；共收取各类路损费 56 万元，较 2001 年增收 400%；全局共拆除公路违法建筑 23 栋；拆除临时摊棚 3805 处；制止新违法建筑 53 栋；清除路障19072 处；清除非公路标志标牌 1351 块；拆除横跨公路龙门架 23 座；查处路损案 96 起，挽回损失 460 多万元。收取各种路损费 60 余万元，相当上年的 5 倍。尤其是大张旗鼓地对《湖南省实施〈公路法〉办法》进行宣传，对如何实施《办法》进行专门培训，参训人员达 120 人次，收到良好效果。对几个老大难问题进行重点整治，重点解决太子庙、G207 绕城线、桃花源、张公庙、石门桥等 28 处老大难遗留问题。加强路政联合执法，争取当地政府支持，由当地政府组织交通、交警、水电、工商等部门开展联合扫障行动，确保卡脖子路段的安全畅通。

2002 年，湖南省公路管理局评定：常德市公路管理局获“路政目标管理第二名”。

2003 年 4 月 23 日，湖南省公路管理局（湘路路字〔2003〕第 128 号）文件《关于新建公路和经营性收费公路路政管理有关问题的通知》：为了加强对新建公路和经营性公路的路政管理，确保公路完好、安全和畅通，根据《湖南省实施〈中华人民共和国公路法〉办法》和交通部《路政管理规定》的精神，对新建公路，在施工图设计批复后，市公路管理局路政管理部门应当按照行政区域管辖的原则，即时介入管理；对经营性公路（包括受让收费权公路），按照行政区域管辖的原则，由所属行政区域的市公路管理局路政管理部门及时派出机构和人员实施路政管理。

上述路政管理机构和人员应认真履行如下路政管理职责：1.宣传、贯彻执行公路管理的法律、法规和规章；2.保护路产；3.实施路政巡查；4.管理公路两侧建筑控制区；5.参与公路工程交工、竣工验收；6.依法查处各种违反路政管理法律、法规、规章的案件；7.法律、法规规定的其他职责。

新建公路的路政管理人员原则上按每公里 0.08—0.12 人配备、经营性收费公路的路政管理人员按每公里 0.15 人配备，但一条公路或独立收费大桥不得少于 2 人。

2003 年 10 月 30 日，湖南省公路管理局（湘路路政字〔2003〕420 号）文件《关于印发〈湖南省公路路政管理执法公开制度〉的通知》，要求在 1.执法人员；2.管辖范围（管辖线路示意图);3.许可事项;4.执法依据;5.办事程序;6.工作纪律;7.报案电话、上级主管部门监督电话;8、办理结果等八个方面实行公开制度。

2003 年 11 月 27 日,湖南省公路管理局(湘路路政字〔2003〕475 号)文件《关于印发〈湖南省公路路政管理执法人员准军事化管理办法〉的通知》下发。共八章二十八条。

2003 年 11 月止，常德市路政管理工作共开展 5 次大的整治行动，共拆除违法建筑 87 栋,清除非公路标牌 1500 余块,清除路障 10000 余处,查处路损案件 197 起,结案 187 起,收取路损费 48 万元。

2003 年 12 月 3 日,常德市政府副秘书长张运华受副市长宋冬春委托,召集市监察局、市优化办、市政府法制办、市公路局、市交通局、市财政局、市物价局等单位负责人,专题研究了我市超限运输车辆行驶公路的治理工作。会议认为,超限运输车辆行驶公路使全市公路、桥梁损坏严重,缩短了公路的使用周期,给国家造成了较大的损失,必须根据国家有关法规和政策,尽快进行治理。

会议议定了以下事项:1.同意常德市公路局《治理超限运输车辆行驶公路的实施方案》。在 G319 樟木桥地段和 G207 临澧范家地段各设立超限运输车辆申报点一个,昼夜受理超限运输车辆申报,在沅水、澧水片各设立超限运输车辆稽查队一个。2.治理超限运输工作由市公路局统一负责,从 2004 年 1 月 1 日起实施。3.超限车辆的界定标准以交通部(〔2000〕2 号令)规定为依据,即:总高 4 米(集装箱车 4.2 米),总长 18 米,总宽 2.5 米,总重 40 吨(集装箱车46 吨),轴重单轴车为 10 吨,双联轴车为 18 吨。4.治理超限运输所收取的赔补费必须实行收支两条线管理,专款专用。费用标准严格按照省物价局、省财政厅(湘价费〔2002〕44 号)文件执行。5.建立完善的监督制约机制,公布举报电话,公示收费依据和标准。要严格依法办事,文明执法,防止公路“三乱”现象发生。

2004 年 7 月 2 日,中共常德市机构编制委员会办公室(常编办〔2004〕43 号)文件《关于市公路管理局路政科加挂市公路路政支队的批复》:经研究,同意常德市公路管理局路政科加挂市公路路政支队牌子,承担有关公路执法工作。其机构级别、人员编制等均维持不变。

2004 年 7 月 23 日,湖南省人民政府办公厅(湘政办函〔2004〕107 号)文件《湖南省人民政府办公厅关于设置车辆超限超载检测站（点）的批复》：樟木桥检测站，位于 G319 K1332+100 常德市鼎城区,控制益阳—怀化方向车辆;白虎山检测站,位于 G207 K2233+700 常德市临澧县,控制湖北—湖南方向车辆。

2004 年 8 月 2 日,常德市公路管理局(常路〔2004〕95 号)文件《关于路政管理机构加挂牌子的通知》:根据(常编办〔2004〕43 号)文件《关于市公路管理局路政科加挂市公路路政支队的批复》精神,市局路政科加挂市公路路政支队牌子,承担有关公路执法工作,机构级别、人员编制等均维持不变。与此同时,各县(区、市)公路局路政股相应加挂××县(区、市)公路路政大队牌子。机构级别、人员编制等均维持不变。

2004年,常德市路政管理工作采取“上门服务、送法到家”的宣传方式,共发放宣传资料7000多份,签订乡规民约3015份,将路政管理工作由部门行为向政府行为和社会行为转变。按规定设置检测点3个,培训治超执法人员105人,全年查处超限车辆3万多台,卸载货物30万余吨,超限运输车辆较整治前下降40%。

2004年1—12月,常德市路政管理工作共查处路损案件68起;办理行政许可申请47件;拆除违法建筑88栋;查处超限运输3万余台次,卸载货物30万吨;为国家挽回经济损失近460多万元。投入68万元,对急弯、陡坡、视线不良等行车危险路段进行了重点整治,共添置防护桩12500根,增设安全警示标志160多块,购置安全椎形标1100多个。

2005年1月19日,湖南省车辆超限超载治理工作领导小组办公室(湘治超办〔2005〕1号)文件《关于设置车辆超限超载临时检测点(第一批)的通知》:窑坡检测站,位于S205 K5+000常德市津市市,控制石门、澧县、临澧的水泥外运岳阳、湖北;陬市检测站,位于S306 K306+850,常德市桃源县,控制慈利往常德的超限车辆;三江检测站,位于S304 K42+900,常德市石门县,控制石门水泥运张家界、湖北等超限车辆1300台。

2005年5月24日,常德市治理车辆超限超载工作领导小组办公室(常治超办〔2005〕2号)文件转发湖南省车辆超限超载治理工作领导小组办公室(湘治超办〔2005〕2号)文件《关于重申治超工作中有关规定的紧急通知》:近一段时间来,各地在治超工作中采取了一些行之有效的措施,取得了一定的成效,但也出现了一些执法不规范行为,如只收费罚款、不卸载纠章等,严重地影响了治超工作形象,违背了治超工作的初衷。为了进一点加强治超工作,规范执法工作,现就有关规定重申如下:

1.对超限超载车辆的认定、卸载和处罚工作,都要在省人民政府批准的固定超限超载检测站或省人民政府授权省治超办批准的临时检测点内开展。

2.要坚持以卸载为主,不实施卸载,未消除违法状态,一律不得放行,更不能罚款放行。

3.凡是参与治超工作的人员必须通过正规培训,掌握一定的治超专业知识方可上岗工作;凡是没有执法资格的人员,不准上路执法。

对于违反上述规定,我行我素,有令不行,有禁不止的,一经发现,必须严肃处理。请各市州治超办、交通局、公路局严格履行职责,认真督促检查,切实加强监管,预防和杜绝新的“三乱”行为的发生。

2005年6月30日,湖南省公路管理局(湘路路政字〔2005〕254号)文件《关于樟木桥车辆超限超载检测站站点建设工程设计预算的批复》:工程投资总额为1565881元,其中土建工程1143256元;房建工程381855元;其他费用40770元。

2005年9月26日,中共常德市委机构编制委员会办公室(常编办〔2005〕146号)文件《关于设立樟木桥、白虎山两个车辆超限超载检测站的批复》:经研究,同意设立常德市车辆超限超载319国道樟木桥检测站、常德市车辆超限超载207国道白虎山检测站,均为常德市公路局管理的正科级事业单位。其主要职责是:宣传贯彻治理车辆超限超载运输的法律法规和政策，负责对超限超载运输车辆进行指挥引导和检测，配合路政执法机构依法查处车辆超限超载运输行为。核定常德市车辆超限超载319国道樟木桥检测站差额拨款事业编制45名，其中：站长1名，副站长2名；其他工作人员42名。核定常德市车辆超限超载207国道白虎山检测站差额拨款事业编制35名，其中：站长1名，副站长2名；其他工作人员32员。以上编制均从该局所属事业单位划转。

车辆超限超载检测站编制划转明细表

表4—3—1—2

单位	原有编制数	划转编制数	划转后的编制数	备注
合计	2600	80	2600	
319国道樟木桥检测站			45	
207国道白虎山检测站			35	
武陵公路局	87	7	80	编制均从公路道班养护编制划转
鼎城公路局	297	10	287	
津市公路局	72	1	71	
桃源公路局	301	1	300	
澧县公路局	174	2	172	
石门公路局	314	2	312	
汉寿公路局	144	5	139	
安乡公路局	137	1	136	
临澧公路局	157	9	148	
矮架山收费站	48	1	47	
崔家桥收费站	68	3	65	
雷公塔收费站	46	1	45	
桃花源收费站	43	1	42	
张公庙大桥收费站	53	2	51	
樟木桥收费站	71	3	68	
陬市收费站	53	3	50	
公路机械维修站	112	16	96	
公路沥青站	63	1	62	
基础设施工程处	360	11	349	

2005年，常德市路政管理工作共办理行政许可申请135件；查处路损案件183起，结案178起；查处超限车辆6万余台次，卸载货物40万吨。

2006年9月5日，常德市公路管理局（常路〔2006〕84号）文件《关于明确樟木桥、白虎山两个车辆超限超载检测站级别的通知》：根据常编办〔2005〕146号批复精神，同意常德市车辆超限超载319国道樟木桥检测站、常德市车辆超限超载207国道白虎山检测站均为市公路局管理的正科级事业单位。其内设机构分别设立办公室、财务股、安全稽查股，其中：办公室 2 人、财务股 2 人、安全稽查股 4 人。

2006 年，常德市路政管理工作全年检测车辆 14 万台次，查处超限车辆 52900 台次，要求转运货物 30 万吨，挽回经济损失 1000 多万元。整治常吉高速修建造成国道受损案件，挽回直接经济损失 300 万元。全年投入 480 多万元设置安全标志牌 282 块；设立防撞墙 32 处；设立减速带 10 处；公路标线 48 公里；新栽示警桩 3680 根；设立防护墩 8960 个。

2007 年 7 月 5 日，常德市公路管理局（常路〔2007〕65 号）文件《关于下发〈治超人员管理规定〉的通知》，共二十六条。自 2007 年 7 月 1 日起实施。原《治超队伍纪律规定》（常路〔2006〕120 号）文件同时废止。

2007 年 8 月 13 日，湖南省车辆超限超载治理工作领导小组办公室（湘治超办字〔2007〕1 号）文件《关于椰梨等治超站移址的批复》：常德市津市窑坡治超检测站（S205 K5+000）迁至常德市津市新洲（S205 K8+800），并更名为新洲检测站。

2007 年 10 月 18 日，中华人民共和国交通部、公安部、国家发展改革委、中宣部、国家工商总局、国家质检总局、国家安全监管总局、国务院法制办、国务院纠风办（交公路发〔2007〕596 号）文件《关于印发全国车辆超限超载长效治理实施意见的通知》下发。

2007 年 11 月 8 日，湖南省公路管理局（湘路养机字〔2007〕534 号）文件《关于常德市公路局 2006 年度“安保工程”经费的批复》：经审核，常德市公路管理局 2006 年度“安保工程总经费为 517.23 万元，用于标志牌 318 块（包括悬臂、指路标志）；示警桩 8250 根；示警墩 10989 个；钢筋砼防撞墙 1911 米（其中 1002 米为桥栏改造）；挡土墙 2313 立方米；减速道钉 5760 个；反光镜 7 个项目工程。

2007 年，常德市路政管理工作全年共办理行政许可 350 件；清除临时路障 2500 余处；清除非公路标志 2400 多块；共发生路损案件 241 起，查处 238 起，结案 217 起，结案率为 94%，挽回经济损失 195 万元；10 月底止共检测车辆 15 万余台次，查处超限车辆 53200 台次，转运卸载货物 35 万吨。

2007 年，湖南省公路管理局考核评定：常德市公路管理局获“路政目标管理第二名”；鼎城公路管理局路政大队获“先进路政大队”称号。

2008 年 12 月 31 日，常德市公路管理局（常路〔2008〕177 号）文件《关于下达 2008 年安全保障工程实施经费的通知》：根据湖南省“十一五”安保工程规划以及省厅 2008 年对市局安保工程资金的计划安排，结合各区县的实际情况，市局 2008 年安保工程共安排 7 条支线（X007、X004、X008、X009、X002、X026、X017），处治隐患里程 23232 米，处治经费共计 673.9 万元。其中机械站 198.86 万元，澧县局 172 万元，石门局 254.27 万元，安乡局 40.77 万元，武陵局 8 万元。

2008 年，常德市路政管理工作全年共办理路政许可 149 起；消除临时路障 6000 多处；清除非公路标志 1000 余块；查处路损案件 144 起，结案 140 起，结案率 97%；查处超限运输车辆33716台，收取路损费100.96万元，较去年增长200%。未发生一起公路“三乱”行为，近300人的路政执法队伍没有出现一例严重违纪违规人员。

2008年，湖南省公路管理局评定：常德市公路管理局获“路政目标管理三等奖”；鼎城公路管理局路政大队获“先进路政大队”称号。

2009年5月17日，湖南省人民政府令第240号《湖南省人民政府关于部分行政审批项目下放管理层级的决定》公布，自公布之日起施行。

2009年5月18日，湖南省公路管理局（湘路路管字〔2009〕237号）文件《关于严格规范治超行为的紧急通知》：自2009年5月1日我省取消政府还贷二级公路收费后，为防止普通公路车辆骤然增加对公路、公路桥梁造成的危害，按照省政府的要求，全省各地加大了超限超载治理力度，目前已取得了一定成效。但是，在治超过程中有些问题值得注意，并高度重视部分治超检测站点存在未经检测认定超限、未消除违法行为放行、不按法定程序执法、连续收费、重复处罚等问题，最近新闻媒体对湘潭、娄底等地的不规范治超执法行为进行了曝光。为严肃治超工作纪律，规范治超执法行为，确保治超工作健康、有序开展，现重申：1.车辆未经称重检测的，不得认定为超限超载；2.必须严格依照法定程序对违法超限车辆进行处理；3.对运输可解体货物的违法超限车辆应坚持卸载或转载，对运输不可解体货物的违法超限车辆应责令其补办通行手续，车辆未消除违法行为的不得放行；4.对超限超载车辆进行检查时，应当询问承运人是否办理了超限运输通行证或是否已经受到过处理，并请其出具通告证、处罚决定书或卸载单，不得对同一车辆的同一超限超载行为连续收费、重复处罚；5.严禁不开具收费票据和乱收费、乱罚款；6.省局将联合省纠风办、省治超办等部门进行督查，严肃查处违反治超工作纪律、徇私枉法等违法违纪行为。

常德市政府布署全市治超工作

2009年7月14日湖南省公路管理局〔湘路管字（2009）370号〕文件《关于认真做好下放的行政审批项目衔接工作的通知》：根据《湖南省人民政府关于部分行政审批项目下放管理层级的决定》（湖南省人民政府令第240号）精神，我局4项行政审批项目（可能损害公路路面的机具在公路上行驶审批、在公路用地范围内设置非公路标志审批、在公路上增设平面交叉道口审批、更新砍伐公路护路树木审核）下放市州、县人民政府公路管理机构，请认真按照《中华人民共和国行政许可法》、《中华人民共和国公路法》等法律法规规定，严格遵守许可程序，把握许可条件，把好“行政许可关”，履行好监管职能；其他4项行政审批项目(占用、挖掘公路或者使公路改线审批，跨越、穿越公路修建桥梁、渡槽或者架设、埋设管线等设施审批，在公路建筑控制区或者公路用地范围内架设、埋设管线、电缆等设施审批，超限运输车辆行驶公路审批)仍按原程序办理。

2009年8月14日常德市人民政府令第3号《常德市人民政府关于公布保留的行政许可项目和取消的行政审批项目目录的决定》已经2009年7月24日市五届人民政府第24次常务会议通过，现予公布，自公布之日起施行。

附件1　保留的行政许可项目目录(285项)

表4—3—1—3

序号	项目名称	实施机关	设定依据	备注
102	港口设施建设工程施工许可	市、县级人民政府交通行政主管部门	《湖南省实施〈中华人民共和国港口法〉办法》	
103	占用、挖掘公路或者使公路改线审批	市、县级人民政府公路管理机构	《中华人民共和国公路法》《湖南省实施〈中华人民共和国公路法〉办法》	
104	跨越、穿越公路修建桥梁、渡槽或者架设、埋设管线等设施审批	市、县级人民政府公路管理机构	《中华人民共和国公路法》《湖南省实施〈中华人民共和国公路法〉办法》	
105	在公路建筑控制区或者公路用地范围内架设、埋设管线、电缆等设施审批	市、县级人民政府公路管理机构	《中华人民共和国公路法》《湖南省实施〈中华人民共和国公路法〉办法》	
106	可能损害公路路面的机具在公路上行驶审批	市、县级人民政府公路管理机构	《中华人民共和国公路法》《湖南省实施〈中华人民共和国公路法〉办法》	
107	在公路用地范围内设置非公路标志审批	市、县级人民政府公路管理机构	《中华人民共和国公路法》《湖南省实施〈中华人民共和国公路法〉办法》	
108	在公路上增设平面交叉道口审批	市、县级人民政府公路管理机构	《中华人民共和国公路法》《湖南省实施〈中华人民共和国公路法〉办法》	
109	超限运输车辆行驶公路审批	市、县级人民政府公路管理机构	《中华人民共和国公路法》《湖南省实施〈中华人民共和国公路法〉办法》	
110	更新砍伐公路护路树木审核	市、县级人民政府公路管理机构	《中华人民共和国公路法》《湖南省实施〈中华人民共和国公路法〉办法》	

2009年11月6日，湖南省公路管理局（湘路路管字〔2009〕450号）文件《关于印发〈湖南省普通公路路政管理执法人员岗位职责〉的通知》下发执行。该职责包括：1.省公路管理局路政管理处职责；处长岗位职责；副处长岗位职责；路政案件查处员岗位职责；路政许可管理员岗位职责；内业资料管理员岗位职责。2.市（州）公路管理局路政管理支队（处、科）职责；支队（处、科）长职责；副支队（处、科）长岗位职责；路政案件查处员岗位职责；路政许可管理员岗位职责；内业资料管理员岗位职责。3.县（市、区）公路管理局路政管理大队职责；大队长岗位职责；付大队长岗位职责；路政案件查处员岗位职责；路政许可管理员岗位职责；公路设施管理员职责；养护施工现场交通管理员岗位职责；内业资料管理员岗位职责。

2009年11月16日，湖南省公路管理局（湘路路管字〔2009〕492号）文件《关于印发〈湖南省普通公路路政管理执法人员评议考核制度〉的通知》下发执行。该制度共十条。

2009年，湖南省公路管理局评定：常德市公路管理局获“路政目标管理三等奖”；汉寿公路管理局路政大队获“先进路政大队”称号。

2010年5月28日，中共常德市委机构编制委员会办公室（常编办〔2010〕104号）文件《关于市公路管理局有关机构编制事项的批复》：

1.同意设立行政许可办公室，为内设机构，机构级别为正科级，其主要职责是：负责2009年市政府第3号令规定由你局实施的行政许可事项的统一受理、审核或审批和送达；组织协调公路行政许可事项的调研论证；负责行政许可事项办理资料归档和信息统计工作；负责与市政务服务中心的协调联络，接受市政务服务中心的监督指导。核定行政许可办公室全额拨款事业编制5名，其中：主任1名，副主任1名；其他工作人员3名。其人员编制来源为从路政科连人带编划转5名。

2.同意设立市公路路政支队，为正科级行政执法机构，其主要职责是：负责宣传贯彻执行公路路政管理的法律、法规和规章；负责实施路政巡查，维护路产路权，依法查处各类路政违法行为；负责路政执法队伍建设；参与公路工程交工、竣工验收的有关工作。核定市公路路政支队全额拨款事业编制11名，其人员编制结构为：支队长1名，副支队长2名，工作人员8名。其人员编制来源为：从原路政科连人带编划转3名，从武陵区、津市市、汉寿县、临澧县公路管理局机关连人带编各划转1名，从鼎城区、桃源县公路管理局机关连人带编各划转2名。

3.同意撤销路政科，其承担的路政案件复议及诉讼工作、综合治理及安全保卫工作职能交由局机关办公室负责，原承担的路政行政许可、路政执法等职能相应划入行政许可办公室、市公路路政支队。

调整后，市公路管理局机关仍设14个职能科室，全额拨款事业编制总额为69名，正副科级领导职数为30名。武陵公路管理局机关全额拨款事业编制总额为19名、鼎城公路管理局机关全额拨款事业编制总额为48名、津市公路管理局机关全额拨款事业编制总额为19名、桃源公路管理局机关全额拨款事业编制总额为51名、汉寿公路管理局机关全额拨款事业编制总额为30名、临澧公路管理局机关全额拨款事业编制总额为32名。

根据《事业单位登记管理暂行条例》(国务院令第411号)的规定,市公路路政支队在进行事业单位法人登记后方告成立。

2010年6月8日,常德市公路管理局(常路〔2010〕55号)文件《关于调整行政审批职能科室的通知》:为落实中共常德市委办公室、市政府办公室《关于开展部门行政审批职能内部相对集中试点工作的通知》(常办〔2010〕9号)文件精神,经局党委集体研究,对我局行政审批职能科室进行调整,报市编委办审批同意,根据市编办《关于市公路管理局有关机构编制事项的批复》(常编办〔2010〕104号)文件精神,具体调整如下:1.设立行政许可办公室,为市公路局内设机构,机构级别为正科级,主要职责是:负责2009年市政府第3号令规定由我局实施的行政许可事项的统一受理、审核或审批和送达;组织协调公路行政许可事项和调研论证;负责行政许可事项办理资料归档和信息统计工作;负责与市政务服务中心的协调联络,接受市政务服务中心的监督指导。2.设立市公路路政支队,为市公路局管理的正科级行政执法机构,主要职责是:负责宣传贯彻执行公路路政管理的法律、法规和规章;负责实施路政巡查,维护路产路权,依法查处各类路政违法行为;负责路政执法队伍建设;参与公路工程交工、竣工验收的有关工作。3.撤销路政科,其承担的路政案件复议及诉讼工作、综合治理及安全保卫工作职能交由局机关办公室负责,原承担的路政行政许可,路政执法等职能相应划入行政许可办公室、市公路路政支队。

2010年11月22日常德市人民政府令第7号《常德市人民政府关于公布下放、取消、保留的行政审批项目和办事服务项目目录的决定》已经2010年9月20日市人民政府第39次常务会议通过,现予发布,自发布之日起施行。

附件1:下放的行政许可项目(170项)

表4—3—1—4

序号	项目名称	原实施单位	下放方式	备注
65	占用、挖掘公路或者使公路改线审批	市公路局	直接下放	分级管理
66	可能损害公路路面的机具在公路上行驶审批	市公路局	直接下放	
67	在公路用地范围内设置非公路标志审批	市公路局	直接下放	
68	在公路上增设平面交叉道口审批	市公路局	直接下放	
69	更新砍伐公路护路树木审核	市公路局	直接下放	
70	在公路建筑控制区或者公路用地范围内架设、埋设管线、电缆等设施审批	市公路局	直接下放	

附件 6 :市本级保留的项目

表 4—3—1—5

序号	项目名称	类型	设立依据	实施单位
35	跨越、穿越公路修建桥梁、渡槽或者架设、埋设管线等设施审批	行政许可	《中化人民共和国公路法》第四十五条;《湖南省实施〈中华人民共和国公路法〉办法》第十九条	市公路局
36	超限运输车辆行驶公路审批	行政许可	《中华人民共和国公路法》第五十条;《湖南省实施〈中华人民共和国公路法〉办法》第二十条	市公路局

2010 年常德市路政管理工作全年共办理行政许可 650 件;清除临时路牌等非公路标志 2260 块;查处路损案件 29855 起, 结案 29855 起,结案率 100%。执法人员由原来的 195 人增加至 513 人。1 至 11 月共检测车辆 15 万台次,查处超限运输车辆近 3 万台;印发公路法律法规 1200 多份,悬挂横幅 60 多条,制作宣传牌 90 多块。

2010 年湖南省公路管理局评定:常德市公路管理局获“路政目标管理三等奖”。

第二节　路政执法案例

石门公路管理局路政执法案例

徐某某损坏防护墩,挡土墙公路赔(补)偿案

行政执法机关:常德市石门公路管理局

当事人:徐某某

一、案件事实

2005 年 5 月 29 日石门公路管理局三江工班向石门公路管理局路政大队电话报告,在 S303K26+780 处一车号为湖南 JGC492 农用车损坏公路附属设施(防护墩、挡土墙)。2005 年 5 月 30 日石门公路管理局负责人批准立案, 由石门公路管理局路政大队负责对湖南 JGC492 农用车损坏公路附属设施(防护墩、挡土墙)行为进行调查。

石门公路管理局路政大队指定行政执法人员万传学、鄢海斌办理此案。2005 年 5 月 30 日,执法人员出示行政执法证件后,在 S303K26+780 处进行了现场勘验,制作了勘验笔录、

现场勘验图，拍摄了现场照片。同时询问了当事人徐某某，制作了询问笔录。执法人员在调查中发现徐某某于 2005 年 5 月 29 日晚上驾驶一辆湖南 JGC492 农用车，从石门车坊运一车木材送往七松，返回时，途经 S303 线 K26+780 处，因方向失灵导致车辆撞向公路右边防护墩、挡土墙，损坏防护墩 2 个、挡土墙 7.95 平方米。当事人违法事实成立，应当依法赔偿。

2005 年 5 月 30 日石门公路管理局路政大队向当事人徐某某送达《交通行政处理决定书》（常石路政处理字〔2005〕第 13 号）告知当事人徐某某拟作出公路赔补偿决定的事实理由及依据，并告知当事人具有陈述、申辩和要求听证的权利。当事人徐某某对本案进行了陈述、申辩并自愿放弃听证权，愿意赔偿。

2005 年 5 月 30 日，石门公路管理局负责人对本案进行了审查，认为本案事实清楚，证据确凿，理由充分，依据准确，程序正当，处理意见适当。

二、法律适用

《中华人民共和国公路法》第七条第一款规定：公路受国家保护，任何单位和个人不得破坏、损坏或者非法占用公路、公路用地及公路附属设施。《中华人民共和国公路法》第五十二条：任何单位和个人不得损坏、擅自移动、涂改公路附属设施。当事人徐某某的行为违反了《中华人民共和国公路法》第七条第一款、第五十二条的规定，应按照《路政管理规定》第三十一条、（湘价费〔2002〕44 号）文件予以赔补偿。

三、决定结果

2005 年 5 月 30 日，经石门公路管理局负责人决定对当事人徐某某作出向石门公路管理局缴纳路产损坏赔补偿费 1800 元。

2005 年 5 月 30 日，石门公路管理局采取直接送达的方式，将《交通行政处理决定书》（常石路政处理字〔2005〕第 13 号）送达当事人徐某某，当事人徐某某确认。

四、说明理由

（一）对证据采信理由的说明

石门县公路管理局路政大队对该案的调查取证，符合《湖南省行政程序规定》的有关规定，当事人徐某某对石门公路管理局收集的证据未提出不同的意见，这些证据证明当事人徐某某损坏公路附属设施行为的事实、性质、情节。

1.当事人具备承担民事责任能力。

2.当事人损坏防护墩 2 个、挡土墙 7.95 平方米

（二）对依据选择理由的说明

当事人徐某某损坏公路附属设施，违反了《公路法》第七条第一款、第五十二条的规定，应按照《路政管理规定》第三十一条、（湘价费〔2002〕44 号）文件予以赔补偿。

五、告知权利

当事人徐某某收到《交通行政处理决定书》之日起三日内可向本单位陈述、申辩或者要求组织听证。逾期不陈述、不申辩，或者不要求组织听证的，视为放弃上述权力。

当事人徐某某必须在收到本决定书之日起十五日内持本决定书到石门公路管理局缴纳路产赔(补)偿费。逾期不缴纳的，本单位将申请人民法院强制执行。

当事人对本通知书认定的事实和赔（补）偿费数额有疑义的，可在收到本决定书之日起六十日内，向本局或常德市公路管理局申请复核，或者向人民法院提起诉讼。

擅自损坏、移动公路附属设施案

行政执法机关：常德市石门公路管理局

当事人：向某某

一、案件事实

当事人向某某由于要修房子，开挖新屋场，土没有地方倾倒，要倒在公路外面，而被钢护栏拦住了，于 2009 年 3 月 4 日在县道 004 线 K23+300 处擅自拆除公路安全防护栏两块。2009 年 3 月 4 日石门公路管理局负责人批准立案，由石门公路管理局路政大队负责对向某某擅自损坏、移动公路附属设施（钢护栏）行为进行调查。

石门公路管理局路政大队指定行政执法人员袁光玉、喻文质办理此案。2009 年 3 月 4 日，执法人员出示行政执法证件后，在县道 004 线 K23+300 处进行了现场勘验，制作了勘验笔录、现场勘验图，拍摄了现场照片。同时询问了当事人向某某，制作了询问笔录。执法人员在调查中发现向某某由于要修房子，开挖新屋场，土没有地方倾倒，要倒在公路外面，而被钢护栏拦住了，于 2009 年 3 月 4 日在县道 004 线 K23+300 处擅自拆除公路安全防护栏两块。当事人员违法事实成立，应当依法处罚。

2009 年 3 月 4 日石门公路管理局路政大队向当事人向某某送达了《交通行政处罚告知书》（石）路政告知字〔2009〕第 C001 号并告知当事人具有陈述、申辩和要求听证的权力，当事人向某某对本案进行了陈述、申辩并自愿放弃听证权；2009 年 3 月 4 日石门公路管理局路政大队向当事人向某某送达《交通行政处罚决定书》(石路政处罚字〔2009〕第 C001 号)作出行政处罚决定的事实理由及依据,当事人愿意接受处罚。

2009 年 3 月 4 日,石门公路管理局负责人对本案进行了审查,认为本案事实清楚,证据确凿,理由充分,依据准确,程序正当,处理意见适当。

二、法律适用

当事人向某某的行为违反了《中华人民共和国公路法》第五十二条、《路政管理规定》第七条。根据《中华人民共和国公路法》第七十六条、《路政管理规定》第二十三条第六项处罚。

三、决定结果

处当事人向某某壹仟伍佰元罚款,并责令其恢复在县道 004 线 K23+300 处拆除的钢护栏两块。

四、说明理由

常德市石门公路管理局路政大队执法人员根据《中华人民共和国行政处罚法》第二十三条,对当事人进行了询问,并制作了询问笔录、勘验笔录、现场笔录。《中华人民共和国公路法》第五十二条规定:任何单位和个人不得损坏、擅自移动、涂改公路附属设施。根据《湖南省规范行政裁量权基准制度》第三条、实行了行政裁量权基准。

五、告知权利

当事人对处罚决定不服的,可以在收到处罚决定书之日起六十日内向石门县人民政府申请复议或者在三个月内向人民法院提起诉讼。逾期不申请复议、不起诉、又不履行决定的,本局将申请人民法院强制执行或者依法强制执行。

桃源公路管理局路政执法案例

案例 1:

案由:擅自在公路用地范围内设置非公路标志广告牌。

立案时间:2010 年 11 月 1 日

承办人员:程钟、侯志刚

主要案情:我路政人员巡查 S226 线,发现 K0+000 至 K17+000 沿线公路用地范围内设置有非公路标牌 6 块,距离公路边缘 1 米,标牌长 1.8 米,宽 2.5 米,面积 4.7 平方米,高 5.5 米。

调查经过:2010 年 11 月 1 日,桃源路政人员巡查 S226 线,发现 K0+000 至 K17+000 沿线公路用地范围内设置有非公路标牌。

调查结果:经现场勘验,在 S226 沿线公路用地范围内设置有非公路标牌 6 块,距离公路边缘 1 米,标牌长 1.8 米,宽 2.5 米,面积 4.7 平方米,高 5.5 米。

调查人员意见:吴某某在 S226 线 K0+000 至 K17+000 沿线公路用地范围内设置有非公路标志广告牌的违法行为,违反了《中华人民共和国公路法》第五十四条,《湖南省实施〈中华人民共和国公路法〉办法》第十九条第五款的规定,建议进行处罚。

处理结果:当事人吴某某擅自在 S226 线 K0+000 至 K17+000 沿线公路用地范围内设置有非公路标志广告牌的违法行为,违反了《中华人民共和国公路法》第五十四条,《湖南省实施〈中华人民共和国公路法〉办法》第十九条第五款的规定,依据《中华人民共和国公路法》第七十九条,《路政管理规定》第二十六条之规定,对吴某某给予责令立即撤除非公路标志广告牌,恢复公路原状,并处罚款壹仟伍佰元整的行政处罚。

执行情况:当事人当场交纳了罚款,并承诺限期撤除非公路标志广告牌。

案例 2:

案由:擅自在公路用地范围内设置非公路标志广告牌。

立案时间:2010 年 10 月 12 日

承办人员:程钟、侯志刚

主要案情:2010 年 10 月 12 日,接到电话举报,桃源路政人员赶赴 S306 线 K303+000 至 K352+000 沿线,发现在公路用地范围内设置非公路标牌 8 块,距离公路有效路面 3—4 米,标牌长 1.5 米,宽 1 米,面积 1.5 平方米,高 5.5 米。

调查经过:2010 年 10 月 12 日,接到电话举报,桃源路政人员赶赴 S306 线 K303+000 至 K352+000 沿线,发现在公路用地范围内设置有非公路标牌。

调查结果:经现场勘验,在公路用地范围内设置非公路标牌 8 块,距离公路有效路面 3—4 米,标牌长 1.5 米,宽 1 米,面积 1.5 平方米,高 5.5 米。

调查人员意见:张某在 S306 线 K303+000 至 K352+000 沿线公路用地范围内设置有非公路标志广告牌,违反了《中华人民共和国公路法》第五十四条,《湖南省实施〈中华人民共和国公路法〉办法》第十九条第五款的规定,建议进行处罚。

处理结果:当事人张某擅自在 S306 线 K303+000 至 K352+000 沿线公路用地范围内设置有非公路标志广告牌的违法行为,违反了《中华人民共和国公路法》第五十四条,《湖南省实施〈中华人民共和国公路法〉办法》第十九条第五款的规定,依据《中华人民共和国公路法》

第七十九条,《路政管理规定》第二十六条之规定,对张某给予责令立即撤除非公路标志广告牌,恢复公路原状,并处罚款贰仟元整的行政处罚。

执行情况:当事人已交纳了罚款,并承诺限期撤除非公路标志广告牌。

案例 3:

案由:擅自在建筑控制区内改建建筑物。

立案时间:2010 年 8 月 19 日

承办人员:程钟、李双元

主要案情:2010 年 8 月 19 日,接到电话举报,桃源路政人员赶赴省道 306 线 K312+300 处,发现有人擅自在建筑控制区内改建建筑物。经现场勘验:改建建筑物一处,总面积 88 平方米,在公路建筑控制区面积有 43 平方米,基础距离公路边缘 10.5 米,滴水距离公路边缘 7.5 米。

调查经过:2010 年 8 月 19 日,接到电话举报,桃源路政人员赶赴 S306 线 K312+300 处,发现有人擅自在建筑控制区内改建建筑物。

调查结果:改建建筑物一处,总面积 88 平方米,在公路建筑控制区面积有 43 平方米,基础距离公路边缘 10.5 米,滴水距离公路边缘 7.5 米。

调查人员意见:宋某某在 S306 线 K312+300 处公路左侧建筑控制区内改建建筑物,违反了《中华人民共和国公路法》第五十六条,《湖南省实施〈中华人民共和国公路法〉办法》第一十七条,建议进行处罚。

处理结果:当事人宋某某在 S306 线 K312+300 处公路左侧建筑控制区内改建建筑物一处,总面积 88 平方米,在公路建筑控制区面积有 43 平方米,基础距离公路边缘 10.5 米,滴水距离公路边缘 7.5 米。违反了《中华人民共和国公路法》第五十六条,《湖南省实施〈中华人民共和国公路法〉办法》第一十七条。依据《中华人民共和国公路法》第八十一条,《湖南省实施〈中华人民共和国公路法〉办法》第三十二条的规定,对宋某某给予责令立即撤除违法建筑物,恢复公路原状,并处罚款捌仟元整的行政处罚。

执行情况:当事人已缴纳罚款,并承诺限期撤除违法建筑物。

武陵公路管理局路政执法案例

案例 1:

跨越(穿越)公路修建设施

结案时间:2005 年 4 月 15 日

单位:常德市城市排水管理处

案件处理过程和依据:常德市城市排水管理处于 2005 年 3 月 10 日提出在 G207 线 K2299+960 与 K2298+980 两处穿越公路埋设污水排放管道的交通行政许可申请,经审查该申请属于本机构职责范围，根据《中华人民共和国行政许可法》第三十二条的规定，决定予以受理。经现场勘查，该工程是市截污改造穿紫河的重点工程，穿越公路垂直距离 18 米，挖掘宽度为 5 米，深度为 4 米，埋设的管子管径为 1.2 米。

案件处理结果：该许可经常德市武陵公路管理局路政大队受理后，向常德市公路管理局申报，并经湖南省公路管理局同意。根据甲、乙双方享有的权利与义务签订了相关协议书，并根据(湘价费〔2002〕44 号)文件标准，收取申请人穿越公路埋设排污管道施工占用公路补偿费人民币肆万元整。由常德市公路管理局下发了(常)路政(2005)跨建字第 1 号许可证。

案例 2：

未经批准擅自挖掘公路用地

结案时间：2006 年 8 月 29 日

单位：广东中人管线工程有限公司常德分公司

案件处理过程和依据：2006 年 8 月 8 日 10 时 20 分武陵路政大队执法人员江涛涌、范向阳在 G207 线 K2313+300 至 K2313+700 处实行日常路政巡查时发现公路用地被人擅自挖掘出沟槽，挖掘沟槽长 400 米、宽 0.5 米、深 0.6 米，找到当事人经询问、现场勘查，制作了“现场勘查笔录”“现场勘查图”“询问笔录”。当事人广东中人管线工程有限公司常德分公司违反了《中华人民共和国公路法》第四十四条，根据《中华人民共和国公路法》第七十六条之规定予以立案。

案件处理结果：对当事人给予罚款贰仟元的行政处罚，已执行、结案。

第四章　机械设备管理

第一节　养护机具

民国时期,常德境内的公路养护全靠人工肩挑背负,没有任何养路机械。

新中国成立初期,公路养护常用的工具主要是锄头,十字镐,木制独轮车等简易工具。1957年开始革新改良养路工具。主要推广使用刮路拌合两用耙,月弓锤石,吊筛,摇筛和溜筛,壶式洒水桶,木制洒水车,撒料车,索道溜槽等工具,大幅度减轻了养路工人的劳动强度。

1958年常德专区公路运输局从常德运输车辆中调配3台汽车供常德公路总段作运料车用。其中:2台羊毛车,1台嘎斯车。同年,各养护工区组建修理班,修理班除担负木桥维修外,还为工班制作提供适用的养路工具和开展技术革新。

1960年6月,常德专区公路总段建立工具厂,研制出了回沙器,畜力扫沙车,畜(水)力碎石机,畜(风)力运输车,三角斗车,船形车,洒料车和扫沙车等半机械化养路工具。1962年6月,常德公路养护总段工具厂更名为常德公路养护总段机械厂。

1963年,常德公路养护总段有载重汽车3台,三角斗车,船形车49部,人力板车93部,畜力车33台,回沙器54台,牛、马、驴、骡156头。

公路养护机具

1965年,常德地区公路总段为养路工班配备第一台手扶拖拉机作为专用养路运输机械。1966年养路工班使用小四轮车,1967年使用手摇沥青洒布机,自卸式汽车。1970年常德地区公路总段有载重汽车8台,自卸汽车3台,大中型拖拉机1台,压路机2台,碎石机1台,手扶拖拉机车8台,小四轮车1台,手摇沥青洒布机7台,三角斗车,船形车144部,人力板车302部,畜力车54台,回沙器48部,牛、马、驴、骡118头。至1970年年末,人力车和畜力车大部分淘汰。1973年开始使用多种养路机3台。1974年常德地区公路总段有载重汽车33台,自卸汽车3台,大中型拖拉机10台,压路机3台,碎石机22台,沥青洒布车1台,手扶拖拉机18台,小四轮车3台,多种养路机9台。

1987 年，常德地区公路总段的养路机械发展到载重汽车 39 台，自卸汽车 19 台，油罐车 2 台,大中型拖拉机 4 台,推土机 1 台,压路机 16 台,碎石机组 43 台,沥青洒布车 4 台,洒水车 1 台,起重吊车 1 台,多种养路机 171 台,公路 130 综合养护车 13 台。

1988 年至 1989 年,常德市公路总段新购置了一批机械设备,其中养路机械有综合养路车 25 台,沥青保温罐 7 台,沥青油泵 1 台,沥青拌和机 L13—0.15 29 台,保温运输罐 27 台,沥青保温拖 20 台,手扶振动压路机 2 台,油沙保温拖 5 台。

1971 年至 1987 年,常德地区公路总段机械厂自制碎石机 64 台,小四轮车的工字梁 204 根,转向节 77 个,钢板 349 车付,130 车的钢板 946 车付,横直拉杆 572 付,前桥总成 127 套,沥青拌和机 5 部,洒水车 1 部,养路机拖斗 649 个,加温油罐 35 个,渣油泵 37 个,撒沙车 25 部,船形车 830 部,沥青摊铺车 2 台,油锅 102 口。1988 年研制的高效油沙拌和机在施工使用中节约了大量的人力、摊铺用料和时间。

1990 年至 2000 年期间，常德市公路管理局共投资 627.8453 万元购置养路机械设备 223 台。1997 年常德市公路管理局设立了 3 个油路机械化养护站,配备的养路机械设备有:130 综合养护车 1 台,东风自卸车 1 台,120 自卸车 3 台,巡路车 1 台,路面清扫车 1 台,20 装载机 1 台,8—10 吨压路机 1 台,乳化沥青摊铺机 1 台,挖沟机 1 台,碎石机组 2 台,10 吨乳化沥青储存罐 1 台,5 吨保温运输罐 1 台,1T 保温加热油拖 2 台等。

随着水泥混凝土路面增加,1996 年开始购置使用水泥混凝土路面开凿机,清灌缝机,裂缝跟踪锯等。2000 年开始购置使用沥青混凝土 路面养护机械,如沥青拌和机、沥青洒布机、沥青保温拖、平板振动夯等。

2001 年至 2010 年，常德市公路管理局共投资 906.0099 万元购置公路养护机械设备 405 台。根据常德市公路管理局设备年报表统计显示,2010 年年底,共有养护机具 122 台,原值为 308.3685 万元。其中:盘式拖拉机 33 台,东风自卸车 5 台,小六轮车 2 台,载重载货汽车 2 台,拖拉机 5 台,农用车 2 台,路面养护车 2 台,路面清扫车 1 台,小四轮车 4 台,沥青洒布车1 台,沥青洒布机 1 台,沥青保温罐 5 个,高效节能沥青保温罐 5 个,清缝机 7 台,裂缝跟踪锯 1 台,铣刨机 1 台,混凝土搅拌机 3 台,柴油切割机 1 台,冲击夯 9 台,平板夯 3 台,发电机组 4 台,振动压路机 1 台,电子称重仪 2 台,割灌木、割草机 26 台。

第二节　筑路机械

1958 年,常德公路系统只有少量筑路机械。

1964 年,危桥改造工程中,使用了水泥混凝土搅拌机,振捣器,抽水机,发电机组等工程设备,还自制少先吊,解决了小型桥梁安装问题。

20 世纪 70 年代,随着油路大规模的兴建,公路部门开始逐步使用大、重型筑路机械。1974 年拥有沥青洒布车 1 台,压路机 3 台,碎石机 22 台。常德地区公路总段机械厂试制成功各种型号的碎石机 16 台。

1980 年拥有沥青洒布车 2 台，碎石机 37 台，压路机 13 台。

1987 年，常德地区公路总段购置了大型筑路机械设备 9 台。年底，总段拥有东风油槽车 1 台，油罐车 2 台，压路机 20 台，碎石机 43 台。

1971 年至 1987 年，常德地区公路总段机械厂试制成功加温油罐 35 个，沥青摊铺车 2 台。

1988 年常德市公路总段开始购置使用水泥混凝土和沥青混凝土施工机械，拥有沥青混凝土拌和机 2 台，静压压路机 3 台，振动压路机 1 台，平地机 1 台，装载机 1 台，沥青摊铺机 1 台，平板车 1 台，灰土拌和八铧犁 8 台，碎石机组 7 台。1989 年购置压路机 5 台，装载机 1 台，沥青混凝土拌和机 2 台，洒油车 1 台，碎石机组 3 台。

1990 年至 2000 年，常德市公路管理局共投资 1732.1058 万元，购大型筑路机械设备 104 台套。其中，静压压路机 3 台，振动压路机 10 台，轮胎压路机 1 台，装载机 9 台，平板拖车 5 台，沥青洒布车 3 台，东风自卸运输车 9 台，联合碎石机组 1 套，碎石机 4 台，锤式米石机 8 台，沥青拌和炉 2 台，空压机 1 台，平地机 1 台，水泥混凝土拌和设备 1 套，水泥混凝土搅拌机 9 台，沥青混凝土拌和机 1 台，沥青拌和机 2 台，混凝土钻机 1 台，水泥沙浆拌和机 1 台，三轴整平器 4 台，级配斗 1 台。

2001 年至 2010 年，常德市公路管理局投资 679.6 万元，购置筑路机械 49 台。其中：沥青洒布车 1 台，振动压路机 4 台，混凝土拌和机 11 台，稳定土拌和机 1 台，搅拌提浆机 1 台，刻纹机 3 台，电脑级配机 1 台，配料机 2 台，碎石机组 4 台，装载机 2 台，打桩机 1 台，水泥输送泵 1 台，排振 2 台，推土机 1 台，挖掘机 1 台。

2006 年常德市公路管理局有筑路工程机械 80 台。其中：装载机 6 台，三轴整平机 1 台，沥青拌和机 7 台，碎石机组 11 台，振动压路机 9 台，搅拌机 10 台，水泥配料机 2 台，振实机 1 台，沥青洒布车 4 台，混凝土摊铺整平机 8 台，排振 2 台，配料机 4 台，振捣机 1 台，液压凿岩机 1 台，输送泵 2 台，卷板机 1 台，井字钻架 1 台，风炮机 1 台，螺旋机 3 台。

2010 年，常德市公路管理局筑路工程机械全部报废，仅存市公路管理局路桥公司自行购置的筑路机械 27 台。其中：吊车 2 台，混凝土运输车 2 台，压路机 8 台，拖式振动滚 3 台，平地机 5 台，水泥混凝土输送泵 2 台，320 推土机 1 台，挖掘机 1 台，水泥混凝土搅拌机 1 台。

第三节　机务管理

一、管理机制

1950 年，常德工务总段所有材料工具收发保管由一名看料工担负。

1953年，各公路养护段配备专职料具管理员1人，具体负责材料工具保管。

1954年8月，常德专区公路总段成立，在总段行政股内配备材料员2人(后增至3人)，由黄彬担任主管材料员。

1957年8月，常德专区养路、运输机构合并成立常德专区公路运输局，材料工作由供应科统一办理。1961年3月在公路运输局工务科内设机料股，除做好工具的购置、保管、发放外，还负责管理原常德公路总段工具厂。

1962年6月，公路养护和运输分开，恢复常德公路养护总段。总段内设机料科，负责管理工具厂和常南、常北两处材料仓库。

1975年常德地区公路总段成立机料科，组织科室人员对机具设备进行清查，并根据清查结果建立了账、卡。1975年总段共增加机具设备131台件，原值31.8230万元。

1979年5月，常德地区公路总段制定下达各类机械的一些技术经济指标：

(1)各类车辆一、二、三级保养和大修的间隔里程；(2)各类车辆一、二、三级保养和大修的工时及经费；(3)各类养护机械一、二、三级保养和大修的间隔里程；(4)各类养护机械一、二保和大修的工时及经费；(5)各类施工机械的大修间隔里程和三保、大修工时。

1980年常德公路总段制定《固定资产管理办法》，对机械的购置、验收、登记、减少、审批、销账、保管、修理、折旧和大修理基金提存以及清查报废等工作均作了明确规定，并下发所属各单位，自同年4月1日起实施。

1983年5月，常德公路总段印发《机务管理办法实施细则(讨论稿)》，其内容分为总则、管理机构与职责、机械设备管理、技术管理、质量管理、技术定额与指标、使用与考核、保养与修理、安全生产管理等九章共五十六条。

1986年4月，常德公路总段制定《机械设备管理办法》共16条，对公路机械设备的管理体制，领导责任、基本任务、验收、接交、新购、建卡、技术档案、调拨手续、封存报废、残值回收、计提折旧基金和大修理基金、保养、修理、建立使用责任制、技术经济指标、事故预防和处理、开展红旗设备、五好机手、先进集体竞赛评比活动等内容作了明确规定。对机械的制造、购置、安装、使用、保修、改造、更新、报废的全过程实行综合管理，以便获得机械寿命周期费用更经济、机械综合效能更高的目标。

1987年，常德公路总段对机务目标进行考核，附属生产完成总产值184.85万元，为计划的92.43%，利润为24.88万元，为计划的124.4%，设备完好率为88.75%，利用率为57.53%。全年评出红旗设备62台，出席湖南省公路系统7台，五好机手57人，出席湖南省公路系统7人。共发给各单位机务目标奖、安全奖、红旗设备奖、五好机手奖20757元。

1989年，常德市公路总段制定了《机务目标管理实施办法和经济责任制》，实行单机单车成本考核，同时制定了《机务目标管理考核计分标准》。对运输、工程、养护机械实行单机单车业务核算，按百分制考核。

1990年，常德市公路总段制定了《机务管理实施细则》，有11大考核指标即：产值、设备完好率、设备利用率、红旗设备比例、百元产值成本、节余、保养计划、全员劳动生产率、折旧费、大修提存、事故直接经济损失;班组对县段,县段对总段层层签订机务管理目标责任书。每年实行2次定期检查和随机抽查,按百分制考核,按照考核结果进行奖罚。

1994年,贯彻落实湖南省公路管理局新的《机务管理实施办法》,常德市公路总段进行了机务工作整顿,明确机械设备的分级管理、投资前期管理、机械资产管理、经营与使用、保养与修理、安全生产与业务培训的管理措施,查清了机械设备的数量和技术状况,用以账对物,以物对账的方法逐台清查,查清了机械流失的情况,迅速整改脏、乱、差现象,树立文明生产形象。落实了责任目标和承包合同的兑现。

1995年,随着经济体制改革的不断深入,常德市公路总段制定《机械设备对内实行承包的暂行规定》,明确机械设备承包后产权不变,仍属总段所有,承包对象仅限于总段系统正式职工(含全民合同制工人),承包后,承包人实行独立核算,自负盈亏,利润分成。利润按总产值的10%计算,利润中的70%上交单位,30%留存给承包人。

1996年,常德市公路管理局制定《强化机械设备管理的有关规定和暂行办法》,进一步明确机械设备管理"统筹规划,宏观调控,产权明细,按规折提,发挥效益,滚动发展,强化领导,分级负责,归口管理"的总原则,加大了机械设备管理力度。

2000年,常德市公路管理局组织机务工作检查评比,通过目标考核,汉寿公路管理局获机务管理工作第一名,津市公路管理局、市公路管理局沥青厂并列第二名,桃源公路管理局、市公路管理局机械厂并列第三名,市公路管理局路桥公司获特别奖。评出红旗设备79台。汉寿公路管理局、市公路管理局沥青厂、机械厂、路桥公司介绍了机务管理的先进经验。

2001年至2010年期间,常德市公路管理局先后制定和修订《资产管理办法》和《机械设备管理职责》,进一步深化机务管理工作。加强对机械操作人员的培训。对机械设备实行技术、经济、组织综合管理措施,完善机械采购、验收、建账、建档、建卡、使用、封存、调拨、变卖和报废等基础工作,严格设备考核指标,坚持分级管理,人机固定,单机、单车核算,以机养机的原则。坚持有计划地进行更新改造,加强设备管理,更加积极培训机械操作和保修队伍,造就一批懂技术、会管理、多技能的机械操作、维修和管理人才。

附:《2010年机务管理工作考核细则表》

常德市公路管理局2010年机务管理工作考核细则表

表4—4—3—1

任务目标	基分	考核标准	得分
一、基础工作 1.管理制度齐全、完整且能落实到位。（4分） 2.设备帐、档、卡及对账单填写、建立、上报及时，真实、齐全，且帐帐、帐物相符。（10分） 3.工作记录真实、齐全。（6分） 4.各类报表、登记册、计划、申请、总结材料上报及时并符合要求。（8分）	28	1.缺规章或缺关键内容每项（处）扣1—2分。制度能否落实，根据执行情况酌情计分。 2.帐、档、卡填写、建立、上报不及时或不真实齐全，帐帐、帐物不符分别扣1—10分。 3.无记录或不真实，扣1—6分。 4.不及时或不符合要求或缺填缺报分别扣1—8分。	
二、设备管理 1.设备各类保养维修落实良好，有计划有安排和登记台账。（8分） 2.年底设备恢复良好，红旗设备评比达标。（10分）、设备状况随机抽查。（5分） 3.按规定添置设备，完成添置设备计划和自购设备任务。（8分） 4.设备专人保管，不乱折乱借或擅自变卖，无国资流失；机动车变卖、报废和转、销户按规定及时办理。（9分） 5.积极开展设备管理人员的业务技术培训，开展“红旗设备”“五好机手”等竞赛评比活动。（3分）	40	1.不按规定保养、维修或无计划和台账，每台次扣0.5—8分。 2.设备恢复视情况酌情扣1—10分。 3.不按规购小车扣3—6分，自购设备任务未完成扣4分。 4.设备无专人保管，有乱折乱借、擅自变卖、国资流失分别扣3分，未按规定办理每台扣3分，跨年度未办理每台扣5分。 5.抽查情况一般到差扣1—5分。 6.举办培训班或外送机手培训计1分、开展竞赛活动计2分。	
三、技术经济考核 1.按规定实行单机（车）财务核算。（8分） 2.完好率、利用率达标。（6分） 3.及时填写设备作业记录且完整。（7分） 4.盘活资产、机械设备的保值增值。（8分）	32	1.无财务核算扣8分，缺项每项/月扣0.5分； 2.完好率、利用率未达标分别扣1—6分； 3.设备原值持平计4分，增长计8分，减少不计分。	

注：按百分比折算：红旗（先进）单位占总分的15%，单项工作占总分15%

二、安全管理

1957 年，常德公路总段和运输局合并后成立公路运输局，1961 年 3 月在常德公路运输局工务科内设机料股，机务安全工作由机料股负责。1962 年 6 月，恢复常德公路养护总段机构，内设机料科，下属单位设立机料股，分管机务安全工作。1986 年，常德公路总段成立安全生产委员会，下属单位成立安全生产领导小组。1992 年设立机务管理科，1997 年设立机务安全科，下属单位设立机务安全股。加强了包括机务在内的安全工作领导和管理。

1972 年，常德地区公路总段开始建立机具设备《安全生产制度》。1978 年常德地区公路总段转发总段工程汽车队开展机务生产“安全优质百日竞赛活动措施”，在常德公路系统开展机务生产安全优质竞赛活动。总段工程汽车队安全优质竞赛具体措施中有行车“五要”“五不开”“七不准”“二带”“四好”。“五要”是行车精力要高度集中，会车要主动礼让，遇到外宾车要主动靠边缓行，途中机件失灵要立即修理，交叉路口要做到一慢、二看、三通过；“五不开”是：车况不好不开，刹车不灵不开，人货混装不开，车辆超载不开，酒后不开；“七不准”是：不准超速行驶，不准争道抢行，不准强行超车，不准开赌气车，不准交无证人开车，不准违章停车，不准闯禁区、闯红灯；“二带”是出车带驾驶证，带行驶证；“四好”是：停车选好地形，挂好排挡，拉好手刹，塞好三角木，收班后搞好车容卫生和例行保养。

1980 年，常德地区公路总段将 5 月定为“安全月”，制定下发《安全生产管理制度》，明确安全组织机构，健全以岗位责任制为中心的安全生产制度，制定机务考核指标，机务安全从行政、经济、教育实行综合管理，做到组织、思想、制度、措施上的落实。

1984 年，常德公路总段制定下发《安全行车奖罚暂行办法》，并开展“一反（反违章）、二查（查制度、查隐患）、三先（先让、先慢、先停）、四教（安全质量、文明礼貌、法纪、职业道德教育）”的“安全质量月”活动。

1987 年 10 月，湖南省公路管理局对全省渡口进行大检查，抽查 10 个地区 38 艘船舶，常德地区的红旗设备占全省第一。

1990 年，常德市公路总段开展“百日安全竞赛活动”，经检查评比，评出优胜驾驶员 19 名，依照“百日安全竞赛活动实施方案”的条款，每人奖励人民币 50 元。

1991 年，常德市公路总段机械工程队被评为湖南省公路系统机务管理优胜单位。

1992 年 7 月 15 日，常德市公路总段安委、团委联合开展“青工百日安全竞赛活动”，组织总段青年机驾人员认真学习《中华人民共和国道路交通管理条例》，广泛开展安全、优质、节能、降耗以及比管理、比技术、比道德、比贡献的安全竞赛活动。竞赛结束时，经检查评比，鼎城、安乡公路段获竞赛优胜单位，评出安全标兵 10 名，安全管理能手 10 名。

1993 年 3 月 20 日，常德公路总段通报表彰翟泽明、付成铭、周利、李忠玉、秦永定、李林军、孙克银、胡跃忠 8 名安全行车累计达 50 万公里以上的驾驶员，其中翟泽明安全行车累计达97万公里。

1994年5月，常德公路总段开展“安全生产周”和“反三违月”（即：违章指挥、违章操作、违反劳动纪律）活动。“安全周”时间是5月16日至22日，以“勿忘安全，珍惜生命”为主题，以控制事故为目的，开展“不伤害自己，不伤害他人，不被他人伤害”为主要内容，倡导“遵章光荣，违章可耻”。常德公路总段安委召开安全工作会议，通报前段安全生产情况，指出存在的问题，提出整改方案，进一步明确了各级的安全职责。

1997年，常德市公路管理局第三次调整安全生产委员会成员。修订《道路行车安全奖罚暂行规定》，提高了安全行车奖励标准。凡累计安全行车50万公里以上者，分别给予200—2000元的一次性奖励；累计安全行车100万公里者，除给予一次性奖励外，还予以上浮一级工资。

1998年，常德市公路管理局开展“百日安全”竞赛活动，制订下发《百日安全竞赛评分标准》，竞赛的内容：开展安全、优质、节能降耗，比管理、比技术、比道德、比作风、比贡献；竞赛的重点是：强化领导，落实责任，纠正违章，确保安全。措施是：公路运输开展“三反”：反超载，反盲目快车，反疲劳驾驶。同时规定12月为“安全生产教育活动月”。

1999年，常德市公路管理局制定下发《机务安全目标管理考评办法》和《机务安全管理个人风险抵押实施办法》，对机务安全工作实行分级管理，目标考核，责任化风险抵押，奖罚兑现。

2001年，常德市公路管理局修订下发《安全生产管理办法》和《机务、安全管理实施办法》，对安全生产奖罚条款，事故上报，事故的责任确定，事故处理，事故等级划分标准，赔偿标准，安全行车里程扣除办法进一步作了明确规定，强调作好预防事故，继续施行机务安全管理风险基金制，安全生产纳入市公路管理局目标管理考核，所属各单位与市公路管理局签订目标管理责任书。

2002年4月份，常德市公路管理局印发《安全生产管理办法》，明确组织机构，落实安全管理人员，完善各项安全管理制度，严格设备操作规程，建立安全责任联系点制度，制定了联系人职责和要求，规定每季度听取一次汇报，不定期进行安全检查。从2002年起，下属单位与市公路管理局签订安全生产目标管理责任状。

2003年常德市公路管理局制定下发《机械设备管理办法》，通过一系列的技术、经济、组织措施，对机械设备的动态进行综合管理。同时制定下发《机务、安全目标管理考评办法》，对机务、安全生产实行百分制考核。2003年经检查评比，评出红旗设备87台，安全生产先进单位7个，机务工作先进单位6个。

2006年，常德市公路管理局成立预防重特大道路交通事故专项行动领导小组，下设交通安全宣传、公路养护、路政管理、专项行动督导四个小组。制定预防重特大道路交通事故专项行动工作方案，从多方面加强对重特大道路交通事故的预防。

2007年至2010年，常德市公路管理局重新修订《常德市公路管理局安全生产管理办法》,坚持安全风险管理,将责、权、利三者实行有机结合。根据上级关于开展“安全生产年”,“安全生产月”活动的一系列工作部署和要求,常德市公路管理局相继开展“安全生产年”,“安全生产月”“安全文化进企业、进机关、进班组、进车船、进家庭”的五进活动,使安全生产教育更加广泛深入,同时,在常德市公路系统范围内组织开展“安全生产百日专项整治”、“打非治违”等活动,全面清理排查隐患,集中整治,切实抓好施工工地、桥隧管涵、危险路段、重点路段、机(车)渡口安全管理。在提升全体干部职工安全素质方面,举办了全局安全生产主管领导和专职安全员的培训班,高危行业人员培训班等。

2009 年 1 月,常德市公路管理局成立应急指挥部,下属单位也成立相应的指挥部,制定《防冰雪灾害应急预案》,对所管养线路的急弯、陡坡、险要路段、重点路段、渡口、桥梁、涵洞进行全面检查维修,对一些危险路段特别加强管理,保证春运安全畅通。

常德市公路管理局连续 10 年被评为常德市道路交通安全红旗单位;多次被评为常德市交通系统春运安全先进单位。

附:事故案例

1980 年 11 月 23 日, 慈利县公路段司机吴某某酒后私自驾驶 6 号车为农村社员运木材。当车行至桥头坡工班附近时,发生翻车事故,造成 1 人死亡,1 人重伤,1 人轻伤。

1986 年 4 月 11 日,临澧机修班刘某某无证驾驶吉普车,未采取紧急措施,将横路的四岁男孩徐磊撞死。经监理部门裁决,刘某某应负事故的主要责任,赔偿经济损失共 2587 元。临澧公路段决定给予刘某某个人赔偿 413.92 元,取消当月奖金和行政记过的处分。

1995 年 10 月 15 日, 常德市公路总段道桥工程处机手代某某由单位委派驾驶 ZL50 型装载机到鼎城区灌溪乡白石煤矿装运煤矸石。下午 1 点左右,因山体滑坡,将正在作业的装载机和机手埋在岩石之下,造成机毁人亡的重大事故。

此次事故发生的主要原因是矿主安全思想不牢,追求短期经济效益,没有及时发现和消除事故隐患,安全措施不利,其次是山体突然崩塌,驾驶员经验不足,没有及时发现事故的前兆。

2000 年 2 月 11 日, 津市公路管理局驾驶员陈某某驾驶湘 J80413 牌东风自卸车行经澧县如东乡公路时, 将如东乡王村一名五岁小孩挂倒, 经送医院抢救无效死亡, 经济损失 43391 元,陈某某负责事故全部责任。

2000 年 10 月 19 日下午 7 时 50 分,临澧公路管理局驾驶员王某某无视安全管理规定,未经领导批准,私自将局里湘 J04600 牌号桑塔纳小车交与其朋友张某驾驶,造成撞死一人的重大交通事故,损失 59000 元,张某负责事故的全部责任。

附:常德市公路管理局养(筑)路机械一览表

常德市公路管理局养（筑）路机械统计表

表 4—4—3—2

名称 年度	多种养路机	洒水车	油罐车	中重型压路机	轻型压路机	装载机	推土机	平地机
	台	辆	辆	台	台	台	台	台
1958—1963								
1964								
1965—1968								
1969								
1970				2				
1971				2				
1972				3				
1973	3			3				
1974	9			3				
1975	11		1	3				
1976	15		1	5				
1977	18	1	1	9			2	
1978	29	1	1	15				
1979	52	1	1	15				
1980	65	1	1	13				
1981	83	1	1	14				
1982	107	1	2	20			1	
1983	126	1	2	14			1	
1984	158	1	1	14			1	
1985	162	1	1	12			1	
1986	191	1	1	12			1	
1987	171	1	2	16			1	
1988	167	1	2	20		1	1	1
1989	134	2	2	20	4	2	1	1
1990	140	2	2	26	4	5	1	1
1991	110	2	2	26	5	7	1	1
1992	133	4	2	24	7	9		1
1993	144	4	2	23	8	11		1

续表

名称/年度	多种养路机	洒水车	油罐车	中重型压路机	轻型压路机	装载机	推土机	平地机
	台	辆	辆	台	台	台	台	台
1994	105	3	2	20	7	10		1
1995	30	5	1	22	3	12	1	1
1996	2	2	1	10	1	5	5	1
1997	17	5	1	18	1	10		
1998		6		22	1	13	5	1
1999		6		15	4	10	5	1
2000		7		30	6	12	5	
2001		5		36	1	12	5	8
2002		4		25	7	12	5	8
2003		4		23	6	12	2	7
2004		3		24	7	8	1	7
2005		3		27	1	7	1	7
2006		3		27	1	6	1	7
2007		3		26	1	7	1	7
2008		3		9	1	6		
2009		1	14			3		
2010				1		2		

常德市公路管理局养（筑）路机械统计表

表 4—4—3—3

名称 年度	碎石机	沥青洒布机	沥青洒布车	沥青拌和机	沥青摊铺机	空压机	综合养护车	水泥混凝土搅拌机	沥青混凝土搅拌机	沥青混凝土摊铺机	混凝土切缝机
	台	台	辆	台	台	台	台	台	台	台	台
1958—1963											
1964											
1965—1968		8									
1969		4									
1970	1	7									
1971	5										
1972	7										
1973	12										
1974	22		1								
1975	32		1								
1976	28		1								
1977	33		1								
1978	36		2								
1979	35		2								
1980	37		2								
1981	42		3								
1982	39		3								
1983	48		3								
1984	52		1								
1985	44		3								
1986	46		4								
1987	43		4								
1988	43		4				1				
1989	37	7	5	16	1	1	1				
1990	46	3	6			2		2	3	1	
1991	41	5	6	4	1	1		4			
1992	45		6	4	1	1		4			
1993	48	1	6	4	1	2		4			

续表

年度＼名称	碎石机	沥青洒布机	沥青洒布车	沥青拌和机	沥青摊铺机	空压机	综合养护车	水泥混凝土搅拌机	沥青混凝土搅拌机	沥青混凝土摊铺机	混凝土切缝机
	台	台	辆	台	台	台	台	台	台	台	台
1994	45	2	6		1	1		2			
1995	27	12	3	1	1	2		6			
1996	5	5	1		1	4		7			6
1997	10		3	2	1	1	2	6			7
1998	18		3	8	1	4	2	26			12
1999	14		3	6	2	3	1	26			5
2000	13		3	6	1	1	2	26			
2001	7	2	3			2		22	6	1	3
2002	16		6			2		22	13	1	3
2003	5	1	4					22	5	1	6
2004	12	1	5			1	3	33	7		6
2005	11	1	2			1	2	25	7		3
2006	11	1	4	7			2	28	3		3
2007	6	1	3			1	2	28	3		5
2008	5	2	2				2	14	3		4
2009		2	1	2			2	3			
2010		1	2	3		1	2	3			1

常德市公路管理局养（筑）路机械统计表

表 4—4—3—4

名称 年度	铲运车	凿岩车	稀浆封层机	挖掘机	路面清扫养护车	灰土拌和机	卷杨机	钻孔机	平板夯冲击夯	清灌缝机	割灌割草机	铣刨机	路面开凿机	沥青保温拖
	辆	辆	台	台	辆	台	台	台	台	辆	台	台	台	台
1989														
1990									3					
1991														10
1992														
1993														
1994														
1995														
1996	4	3										1	1	
1997			1											10
1998	4		1	1	1		1							
1999	4	1				2								1
2000	4	1	1		8	4	5	5						
2001	4					2	3	1	1	1			1	
2002	3					4	3	1		1	4		1	4
2003	2				5	3	2	6	2		4			3
2004		1			2	3		1	18	10	12		2	
2005		1			2	7			22	1	5	3		
2006		1			11	7		3	5	2	6	3	6	
2007		1			2	7			4		9			7
2008		1			2	6								
2009	1	1			1				38	7	3		3	1
2010					3				12	7	26	1		3

常德市公路管理局养（筑）路机械统计表

表 4—4—3—5

名称 年度	沥青运输保温罐	沥青储存罐	沥青泵	裂缝跟踪锯	水泥混凝土摊铺整平机	排振	配料机、斗	沥青加热拌和炉	溶解灌	挤压泵	压、浆机	三轴整平机
	台	台	台	台	台	台	台	台	台	台	台	台
1989												
1990	20						1	2				
1991	1											
1992												
1993												
1994												
1995												
1996												
1997	8											
1998				1								
1999	2		2									
2000												
2001		1	1				1					
2002			4			1						
2003						1	2			1		
2004	1					1		5				
2005	9											
2006	28		2	1	8	2	6	6			1	
2007	1	1	2									
2008												
2009	14							1				1
2010	9	12	15	1	1	1	1	1	2			

第五章 工程管理

第一节 国、省道干线公路的工程管理

管理形式。新中国成立以前,各个时期负责修建公路的管理机构,对中修以上的工程项目,一般依路线或大桥设立工程处,承担施工任务。工程处的组织形式一般有两种:第一种形式是两级管理或一级管理制,即新建大桥或新建公路是分线分段成立工程处,处以下设分段或工区,采取二级施工管理;或处以下不设分段或工区,采取一级管理。如民国 21 年(1932)以后新建的桃源至晃县、常德至澧县、石门至慈利公路时,设立的工程处就属于第一种管理形式。第二种形式是三级管理制,即新建公路、复修公路、复修兼养护时成立的工程处,处以下设分处或总段, 再下设工区或分段, 对工程采取三级施工管理制。如民国 35 年(1946)3月,第二区公路工程管理局修建常德至(江西)万载公路时,在常德设立常万工程处,处以下设总段,总段下设分段或工务段,这种组织形式属于三级管理。

施工方式。民国时期采用的施工方式有:招商投标发包、招工小包、以工代赈、征工筑路、兵工筑路。

1.招商投标发包,这一方式又称大包制,它是将工程设计图纸和说明书,按照工程性质制定标段,然后将投标日期及地点连同投标规则公布告知,届时就地当众开标,从审查合格的投标者中正取一名,备取二名。工程处只与承包商发生合同关系。承包方工人的医药、劳动保护、伤亡事故、生活管理安排,以及工程返工浪费造成的损失,概由承包方负责。民国 14 年(1925)后,第二(湘西)路局修筑由常德至桃源的公路,就是以投标方式,招商发包施工。

2.招工小包(或称小包制)方式,规定价格,订立合同,工程材料及特种工具均由工程处采购交承包人领用,开工后由主管工程人员定期或分段估工付给价款,须至工程竣工验收后付清。棚头应依据图纸进行施工,接受主管工程人员及监工的指挥监督,工程质量不合格的必须返工重做,所受损失由承包人承担。承包人须从事公路工程一年以上,无过失且能躬身操作,方为合格。承包人需招集工人(每棚 40—60 人)、备办工具、布置民工住所,并垫付棚内一切费用和督率工人施工之责。工程竣工时,在所得全部工价内,除去伙食、工具折旧等费用外,棚头准抽 5%作为报酬。由于小包制每棚人数不多,中间剥削较少,管理方便,能遵守施工操作规程,所承包工程质量,常优于其他施工方式。

3.以工代赈方式。召集各县灾民修筑公路时,用救济捐款或物质代替施工报酬。如抗日战争胜利后由善后救济总署湖南分署经办的益阳至常德公路的施工, 就是采取以工代赈的方式修建公路。

4.征工筑路方式。即征集民工修筑公路,其方法是,凡指定征工各县男子年满16岁至50岁者,除依规定免征者外,不论职业、宗教、城乡,均有应征之义务。征工之工作地段,各段所需之征工组数(每50人编一组),各组到工日期,应带工具由工程处决定后通知县征工委员会,征工每人所需担负之工程数量,由工程处算定,在征工工程全部竣工后,按照各县境内收方结算工资总额。桃源至晃县公路,以及抗日战争胜利后新建的公路,均采用征工办法筑路。

5.兵工筑路方式。即动用军队修筑公路,湖南兵工修路,系出于军队自动,故里程很少。民国24年(1935)11月,张公庙至新安16公里土路,是国民党军樊松育部士兵修筑。同年澧县至王家厂34公里,是国民党军队为了反共而修筑,其中蔡祠至大堰垱为国民党军四十四师所修;大堰垱至王家厂为国民党军二十七师修筑完成。

新中国成立初期,常德地区公路管理机构(养路总段)对改建和大中修工程,均按照年计划项目及投资编制施工预算。较复杂的中修以上的工程预算,须省公路局(公路厅)审批并统一颁发工号。施工预算成立后,由项目技术负责人向施工单位工程主办人员、施工人员以及工人进行技术交底。工程规模较大且施工期较长的工程项目,则采用分期交底的办法。施工预算一经审定,其设计方案、工程数量都不得随意变更。在施工过程中,工地施工人员要写工作日记,逐日填写各项原始记录,以及工程质量卡片,作为绘制工程图表的依据,并凭此更改技术档案资料。

工程施工形式有:自营、发包、动员民工建勤。自营一般由总段工程队担负或县级公路管理机构组织完成施工任务。发包有全包和包工不包料等类型,都按验收的实际工程数量进行结算,开工前发包与承包双方应签订工程合同或协议作为结算付款的依据。民工建勤施工是依据1963年4月湖南省人民委员会颁发的《关于湖南省民工建勤养护公路和修建地方道路的若干规定》,依靠地方政府动员当地群众参加,按规定只发给伙食补贴和工具补贴。

1960年8月,湖南省交通厅颁发《公路基建施工管理暂行办法》。1962年4月,省交通工程管理(局)印发了《公路养护大中修工程暂行办法》。1962年10月湖南省交通厅工程管理局印发《公路养护总段主任工程师职权范围的规定》,此后常德养护总段开始设主任工程师,负责全总段技术工作,县公路养护段设主办技术员,负责县段技术工作。常德养护总段规定:1.较复杂工程的施工方案,总段派员会同县段确定,更复杂的大型工程施工方案报省局审定。2.小型工程由县段组织施工,大型较复杂的工程由总段工程队担负施工任务,或组织临时机构,负责管理施工。3.工程开工两日内,施工单位应向总段填具开工报告备查。4.工地负责的技术员或领工,要认真做好施工记录。5.大修和改建工程,总段应派员进行中间检查,中修工程的中间检查,则由县段负责。6.工程竣工三日内,应填竣工报告送总段,并及时绘制竣工图表。7.总段负责组织对工程的竣工验收。

1966年"文化大革命"开始后,国家和有关部门制定的工程管理办法和技术责任制很难实施,一般工程都按计划经费包干完成,因而工程质量难以保证,劳力和工程材料均有浪费。

进入20世纪70年代,常德地区公路开始沙石路改建为沥青路面的发展时期,这一时期常德地区的干线基本上已陆续改建为沥青路面。1979年以前油路工程修建通常的工程管理方式是:1.由湖南省公路局确定油路修建计划。2.各地区公路总段进行测量、设计,并编制设计文件报省公路局。3.省公路局审定设计方案,工程经费则按里程切块包干,通常依据工程规模每公里补助1.5万元—3万元,由修建单位包干使用。4.各有油路建设任务的县,由政府出面组建油路建设指挥部,以当地县经委或县交通局为主,县公路部门派技术人员参加工程管理。5.地区公路总段负责工程质量中间检查、技术指导,请、拨省公路局核准的工程经费。这一时期由于工程经费没按工程预算审批,资金存在缺口,各县将工程任务逐级下达给公社、生产大队,用民工建勤的方式,组织公路沿线农民上路参加施工,民工每个工日所得报酬较少,工程质量亦受到影响。1980年后,油路建设工程由县公路段组建指挥部,工程经费按地区公路总段报送的设计文件,由湖南省公路局审批,公路总段按工程进度拨款,由县公路段控制使用。施工队伍由县公路段择优选定,并签好施工合同。总段负责工程的中间检查和竣工验收,这一时期所建油路工程质量有明显提高。

1981年5月,湖南省公路局颁发《湖南省公路养护大中修工程管理办法》,要求地区公路总段根据省公路局下达的控制指标,编制具体项目计划,要求70%以上的大中修经费要用于路面工程,施工路段要相对集中,先干线后支线。1981年6月,常德地区公路总段对大中修工程试行"预算包干、分成"的办法,从而促进施工管理,提高工程质量。此后在工程管理中全面推行经费承包责任制,进一步提高了施工管理水平,有利于按期完工和保证工程质量。

1982年7月,常德地区公路总段印发《关于新、改、扩建房屋工程有关规定》,要求道班房、段房工程建设无计划不设计,无设计不动工,施工时必须有设计方案和整体平面布置图。1983年2月,交通部颁发《公路工程基本建设管理办法》,要求凡属公路基本建设项目,必须坚持按基建程序办事,公路新改建工程,均应参照该办法办理,做到投资少、工期短、效益好。1987年7月,常德地区公路总段印发了《关于公路工程测设、施工的若干规定》,要求新、改建工程要编制施工组织设计,2万元以上的工程要做好施工计划,开工后必须按时上报工程进度。施工中必须按照施工技术规范、施工工艺和操作规程实施。必须制定安全生产措施,建立健全安全生产制度,杜绝安全事故发生。

为保证工程质量,1983年5月,常德地区公路总段印发了《公路养护工程中间检查及验收办法》,从1984年开始,常德地区公路总段对单项投资5000元以上的工程进行竣工验收,分项检查进行评分,工程验收结果分优、良、合格、不合格四个等级。1987年1月,常德地区国、省道拓宽改造工程复验工作结束,对1984年至1985年拓宽改造的437.43公里公路,评定优秀工程里程20公里,良好工程里程303.27公里。

进入20世纪90年代,随着国民经济快速发展,公路工程的规模也日益增大,为确保工程质量,完成工程建设任务,交通部、湖南省交通厅、湖南省公路局制定了一系列工程建设管理方面的规范、规定、规则,其中较为突出的一个内容是对公路实施监理。1985年交通部发布了《公路工程质量监理暂行办法》,1992年交通部以交工〔1992〕378号文发布《公路工程施工监理办法》,并于当年 6 月 1 日起实行。施工监理人员对工程合同、质量、工期、造价等进行全面的监督与管理。

从 1989 年开始,常德地区公路总段,就对总段范围内的工程实行了工程监理制度,按线路或县段派驻工程监理。总段成立监理小组,由总段总工程师任组长,监理小组负责监理巡查,并指导、督促驻地监理的工作。1992 年 6 月 1 日常德地区公路总段以常总字〔1992〕076 号文下发了《质量监理的责、权、利及奖罚规定》,规定工程监理对工程经费使用有监督权,内部工程结算争议有裁决权、工程决算有审定权。监理工程师对工程质量、进度、投资负全面监督责任。常德地区公路总段实施工程监理制度以后,对提高工程质量,保证工程建设工期,降低工程成本起到一定的积极作用。

为加强工程管理,1990 年常德地区公路总段制定了工程试验管理办法,将试验工作列入目标管理的一项指标,要求各县公路段、工程队、沥青厂必须建立试验室。同年常德地区公路总段还制定了《工程管理和工程质量责任制(试行)》,内容是:养护工程建设程序、施工技术和质量管理、技术质量责任制、严格材料和施工设备的质量管理、实施质量经济奖惩制度。

1995 年 4 月 12 日,常德地区公路总段以常总养工字〔1995〕039 号文下达了有关工程建设管理的若干办法:工程管理和工程质量责任制实施办法;工程质量检验及评定标准;工程质量检测试验工作管理办法;工程材料管理办法;优秀监理评选条件。

路面摊铺机械

自 1989 年以后,常德地区公路总段在工程管理中始终坚持委派监理、坚持材料试验和单项工程检测、坚持竣工验收、坚持年终召开一次工程总结会,这些办法对提高工程质量,保证工程任务完成,发挥了积极作用。

进入 21 世纪,常德市公路工程建设的项目增多、规模增大,通乡公路、路网改造、危桥改造是三个重点内容。在工程管理上有两个主要特点:一是全面推行工程招投标办法,二是建设(业主)单位设立项目公司进行工程运作。

2003 年 3 月 24 日,常德市公路管理局为了更好地保证工程质量,提高公路工程的投资效益和社会效益,制定了工程管理办法,并以常路〔2003〕59 号文,颁发了工程管理办法。该办法分总则、建设程序、质量管理、工期管理、经济奖罚、工程稽查、附则等 7 个部分,共 36

条。同时颁发了工程质量责任制,规定了主管行政领导、总技术负责人、专业人员的质量管理职责。

常德市公路管理局2009年2月27日,以常路〔2009〕10号文下发了《常德市公路管理局路网改造建设项目公司管理制度》,该文件确定干线公路项目管理的基本原则是统一领导、分段负责、优质高效、目标管理。设立二级项目管理机构。市公路局成立常德市干线公路建设有限公司,主要负责项目立项、设计、招标;确定各项目公司机构和人员组成;监督项目资金的使用;监督检查各项目计划目标的落实情况;协调区、县(市)政府机构与各项目管理公司之间的关系,保证工程顺利实施。各工程项目注册成立相应的公司,任命总经理1名,分管工程和协调的副经理各1名,下设合约部、财务部、综合安全部。

常德市公路管理局对各工程项目,都实行公开招标来确定施工队伍。2007年建成的安乡夹夹大桥、2008年12月建成的汉寿仓儿总大桥、2010年3月竣工的桃花源至花岩溪旅游公路改建工程、2011年年底竣工的石门夹山至桃源盘塘公路改建工程、2011年竣工的省道302线澧县大堰垱至边山河公路改建工程、2012年年底竣工的省道303线石门县城关至南北镇公路改建工程,是成立项目公司,通过公开招标确定施工队伍来修建的。这些工程建设质量、投资、进度都得到有效控制,取得了好的建设效果。

第二节　县、乡公路的工程管理

2003年常德市根据交通部和湖南省人民政府的部署,大规模进行农村公路建设,开始实施通乡(村)公路工程。2003年至2005年,在通乡(村)公路建设中,常德市由市一级的公路管理机构作为业主,即:常德市公路局管养的公路由市公路局当业主。其建设资金来源,除交通部、湖南省人民政府补助投资外,不足部分由区、县(市)政府配套。从2006年起全省开始农村公路畅通工程建设(通村),责任主体为县级人民政府,常德市交通局及下属的县乡公路处只负责行业管理。畅通工程施工过程中市交通局组织人员对工程质量、进度进行检查,工程竣工后进行验收评定。在公路工程建设过程中,全面实行了工程监理制度。

第五篇

教育、科技与行业文明建设

第五篇　教育、科技与行业文明建设

第一章　教育与科技

第一节　职工教育

一、职工学校

湖南省公路管理局常德职工学校为正科级事业单位。其前身为1981年成立的湖南省交通筑路机械学校常德分校。1982年常德地区公路总段职工教育管理委员会、职教科开始着手以办学的方式，聘请专职教师，举办文化补习班，对职工进行文化教育和技术业务培训。1985年根据公路部门点多分散的特点，为了便于职工教育，全区建立规模不等的9个教学基地，建立60人的职教专干队伍，选聘40名兼职教师，建立职工文化、专业知识档案，由下而上制定教育规划。教学基地达到“五有”，即有教室，有30套课桌椅，有黑板，有兼(专)职教师，有教学活动(业余教学不少于30课时)。1987年12月将技校更名为湖南省公路管理局常德职工学校，主要负责在职职工的继续教育和待业青年的岗前培训。职工学校有教职员工8名，3名专职教师。教师中大学本科学历2名，大学专科学历1名，中级职称2名。

学校设在原常德县公路段旧址。占地面积为0.15公顷，有教室、办公室、档案室、图书室、活动室、会议室、学生食堂、宿舍。教学设备、师资力量能承担起常德公路系统各类中短期文化、业务技术培训的任务。

1982年至1994年常德公路总段共开办继续教育和岗位培训班48期，培训职工1467名。其中扫盲班1期43人，初中文化补习班6期204人，英语补习班2期70人，以工代干高中补习班2期73人，财会人员培训班5期102人，统计、交调人员培训班2期62人，工程技术人员培训班1期22人，路工中级技术培训班3期132人，施工员培训班2期46人，领工员培训班1期30人，工班长培训班2期50人，机械技术人员培训班1期18人，轮机驾驶、水手培训班6期144人，汽车司机培训班2期86人，养路机手培训班1期10人，待业青年岗前培训班3期160人，其他业务培训班7期179人，招收2年制中技班学生1期36人。1995年后，职工的继续教育转入以学历教育为主，选送职工进入大、中专院校委培深造，职工技术岗位培训以各部门、科室和单位为主举办。1995年和1996年，常德市公路管理局2

次获得湖南省教委授予的“成人教育先进单位”称号。

二、文化教育

1952年开始，公路系统开展扫盲教育。当时常德公路系统中新中国成立前参加工作的工人有171人。其中80%是文盲和半文盲。扫盲教育中采取配备教员、举办速成识字班、办工人夜校等形式组织工人学文化。还根据工班点多分散、师资不足的特点，开办以工班为主的识字班，由工班文化较高的工人和聘请当地的中学生担任文化教员。到1957年全区公路系统有159名工人由原来的文盲、半文盲达到了初小和高小文化。

1958年开始普及职工文化教育。公路系统每年举办2—3期文化补习班，补习初小、高小、初中文化课程。同时兼学政治和技术，当时称之为“红专班”。各工区党支部也采取集中培训骨干，分班辅导学习的方法组织工人学文化、学技术，到1965年止，一部分工人脱盲，参加补习班的工人经考试分别达到了高小、初中文化程度。1966年至1978年职工文化教育处于停顿状态。

1982年贯彻落实湖南省交通厅职教工作会议精神，常德地区公路总段成立职工教育管理委员会，设立宣教科分管职教工作，制定《常德地区公路总段职工教育工作方案》，对全系统“文化大革命”以来参加工作，年龄在35岁以下，具有初、高中文化的761名青壮年职工进行文化基础知识的摸底考试，根据其现有实际文化水平制定出职工文化补课规划。到1986年止，共举办6期文化补课班，每期脱产学习3个月，聘请教育部门专职教师授课，常德地区公路总段宣教科一名专干和一名老师辅导，共有204名职工接受了文化补课。同时鼓励职工自学。到1987年常德总段达到初中文化程度的职工有676人，占职工总数的33%。

1986年常德公路总段制订“七五”期间职工教育培训规划。1987年正式成立职工学校。1988年常德公路总段首届二次职工代表大会审议并通过《常德公路总段职工教育管理办法》，职工教育除岗位培训外，职工学历教育采取选送职工到大中专院校参加脱产学习，组织职工参加大中专自学考试。对参加成人函授、自学考试的职工给予时间上的保障和报销学费。1982年至1987年期间，常德公路系统选送到大、中专院校委培学习和参加各种函授、专业进修学校学习的共达120人。其中脱产学习18人，不脱产学习参加函授、专业进修和电视中专84人。1988年至2000年参加大学本科、专科和中专学历教育并取得国家承认学历的职工212人。其中委培33人，参加函授、成人自考179人。2001年后开展大规模的干部职工培训，职工学历教育向高层次发展。2001年至2010年期间，通过脱产委培和半脱产学习，取得研究生学历的5人，取得大学本科学历的404人，取得大学专科学历的490人。到2010年年底止，常德市公路管理局2220名职工中，有研究生学历的5人，有大学本科学历的422人，有大学专科学历的672人，有中专学历的108人，高中及高中以下学历的1013人。

三、业务技术培训

1979年以前，公路部门对职工的业务培训主要采取送上级培训、委托外单位培训和自主培训相结合。培训的规模小、内容单一。1957年至1978年常德公路系统仅培训了几名机械技术骨干和一批汽车司机。

1982年常德地区公路总段开始举办培训班，培训汽车渡口轮机驾驶员、机械技术人员、汽车司机；1983年开始培训工程技术人员、交调统计员、工班长记录员；1984年开始培训会计财务人员，学习《公路应用会计》教材；1985年开始培训领工员、养路机手、施工员；1986年开始培训行管人员。1982年至1986年常德地区公路总段共举办各类业务培训班26期，培训各类业务技术人员1120名。其中：轮机驾驶、水手培训班6期144人，财会人员培训班4期88人，交调统计人员培训班6期445人次，工程技术人员培训班1期22人，机械技术人员培训班1期18人；班长、记录员培训班2期210人，领工员培训班1期32人；汽车驾驶员培训班2期86人；养路机手培训班1期10人；行管人员培训班1期45人；新闻写作培训班1期20人。各县公路段自办班长、记录员短期培训班，共培训班长224人次，记录员208人次。

1986年12月常德公路总段在澧县公路段试点，对87名路工、47名渡工进行"应知"、"应会"技术知识摸底考试，没有一个及格的。1987年常德公路总段开始举办路工中级技术培训班，共培训3期173人，同时组织120人参加中级技术函授学习。同年12月30日湖南省公路管理局举办养路工中级技术自学考试，常德公路总段31名路工参加，合格率达100%，90分以上的占59.8%，最高分达98分。好成绩鼓舞了职工自学的信心。总段把中级技术教材印发到工班，以班为单位开展培训，称为岗位培训。各县公路段进行分班辅导。常德县公路段石板滩工班自办路工中级技术培训班，1988年3月15日开课，每月上2天辅导课，业余时间自学，同年12月中旬结业，经考试全班19人全部合格。到1991年年底止，中级技术培训任务全部完成，常德市公路总段系统921名路工合格率达100%。1987年至1988年共举办各类业务培训班20期，培训684人。

从1986年起，常德公路总段所属各单位组织开展了公路养护、机械操作、渡运、财务业务技术大比武，岗位大练兵和知识竞赛活动，大的县段参赛选手20—33人，小的县段参赛选手5—8人。1988年7月，常德市公路总段举办首届公路养护技术比武复赛，8个县段40名选手参赛，桃源、澧县、慈利县公路段分别夺得1、2、3名。1989年至2000年开展全员学习《公路养护技术规范》，举办班长、记录员、领工员、施工员、统计员、工程技术人员、公安、路政、电脑收费、组织、宣教、劳资、纪检培训班共62期，参培人数达1500多人次。1989年至2010年期间，常德公路系统举办了多次公路养护、机械操作、渡运技术比武和征费知识竞赛，有效地提高了职工的业务技能。常德市公路管理局曾三次参加湖南省公路管理局举办的公路养护技能大比武，获得全省1、2、3名各一次。2009年参加首届全国交通运输行业

“厦工杯”筑养路机械操作比赛，获得全国第7名的好成绩，临澧公路管理局机械操作手胡志刚被交通部授予“全国交通技术能手”荣誉称号。

2001年至2010年期间，本着大量培养一线工人，不断改善技术结构，按照干什么，学什么，缺什么，补什么的原则，分别举办了公路、桥梁养护、英语、电脑、财务、审计、CBMS桥梁管理系统、记录员、核算员、路政执法、机务安全、各类培训班百余次，参培人员达1200多人次。

第二节 科 技

一、科技队伍

1936年，常德设常沅段管理处和常澧桃段管理处，共计管养公路214.64公里，有3名工程技术人员。1949年解放前夕，常德公路部门有8名工程技术人员。

新中国成立后，常德公路系统的科学技术人员不断增加，科学技术力量不断发展壮大，逐步成为公路养护、公路建设、桥涵设计施工、机具制造和完成一些重大科研项目的科技队伍。

1950年常德工务总段有8名工程技术人员，1954年增加到10人。1960年工程技术人员增加到19人，1962年增加到30人。其中高级工程师1人，工程师1人，技术员28人，常德公路养护总段设立了工程师室，高级工程师唐声琮任主任工程师。

1974年有工程技术人员43人，其中：工程师6人，助理工程师和技术员37人。工程技术人员中有大学本科学历15人，大学专科学历13人，中专学历9人。

1980年有专业技术人员59人。1990年有各类专业技术人员251人。

2000年有各类专业技术人员351人。其中：工程技术人员314人。各类专业技术人员中：高级职称9人，中级职称104人，助级职称88人，员级职称150人。技术工人中有高级工487人，中级工578人，初级工919人。2008年有各类专业技术人员614人，其中：工程技术人员334人。

2010年常德市公路管理局有各类专业技术人员639人。其中：高级职称58人，中级职称341人，初级职称234人，员级职称6人。在各类技术人员中，有工程技术人员350名，占专业技术人员总数的54.7%。其中高级工程师38人，有15人获得湖南省评标专家证书。有技术工人1522人。其中：技师15人，高级工602人，中技工738人，初级工167人。常德市县乡公路管理处和各区县(市)公路管理处2010年年底共有专业技术人员80名。

附：2010年常德市公路管理局专业技术人员职称分类明细表。

2010 年常德市公路管理局专业技术人员职称分类明细表

表 5—1—2—1

单位	工程系列				政工系列			财务系列			经济系列			其他系列			员级	合计
	高级	中级	助理	员级	高级	中级	初级	高级	中级	初级	高级	中级	初级	高级	中级	初级		
市局机关	10	22	3	1	6	17	3	1	9	1	1	4	2	1	2	1		84
汉寿局		6	3			9	5			4		1	1					29
鼎城局		14	14		3	6	16		4	6		4	4		1			72
武陵局		6	5	2		8	12		2	2		5	5		1			48
桃源局		19	20		2	4	3			6		1						55
临澧局	1	13	5			6	6		1	2			2					36
澧县局	3	8	4			1	9		2			2	2					31
石门局	3	12	2	2	1	11	7		1	1							1	41
津市局	2	5	1				3		2	1		2	2					18
安乡局		9	1			5	2		1	2			1			1		22
路桥公司	17	79	34			7	1	1	5	9		1	1			1		156
海赛公司		1	1		2	4	2	1		1			2					14
机械站	2	13	7			3	2		2	2	1		1					33
合计	38	207	100	5	14	81	71	3	29	37	2	20	23	1	4	3	1	639

注:其它系列指统计、机械等系列。

二、养路机具革新

1958 年以前,养路工班小改小革的养路工具主要有:刮路拌和两用耙、月弓锤石、人字吊筛、双层摇筛和溜筛、壶式洒水桶、索道溜槽。1958 年常德公路系统各工区组建机修班,开展养路机具的革新活动。据 1958 年工作总结记载,常德公路系统共革新制作养路机具 31 种,计 836 件。其中人力、畜力车 630 辆,其他机具 206 件。慈利工区的人力、畜力车并全部安装了滚珠轴承。常德工区工人宋梓卿制作的撒料车比人工撒沙提高工效 9 倍,这一革新成果在全省推广使用。

1960 年常德公路总段建立养路工具厂。养路机具的革新向着以畜力为主的半机械化和机械化方向发展。1960 年 6 月,中南 5 省(区)公路养护机械化定型配套会议后,常德公路系统掀起革新、试制、推广机械化养路的热潮。先后创制畜力回沙器、畜力扫沙车、畜力(水力)碎石机、畜力(风力)运输车、三角斗车、船形车、撒料车、洒水车等革新机具。1960 年至1970 年期间,常德公路总段工具厂共革新创制出养路机具 3212 台件。其中畜力车 425 台,畜力回沙器 447 台,人力板车 1464 部,三角斗车、船形车 876 部。1961 年 8 月,中南地区在从化召开养路半机械化总结定型会议上,定型的 28 件革新工具中,常德公路总段就占了 3 件。即有:畜力半边回沙器(比人工回沙提高工效 3 倍),畜力碎石机(比人力碎石提高工效8—15 倍),电动打铁。

1971 年至 1987 年间,共革新制造各种沙、油路养路机具 4120 台件套。其中有 400×250 型大碎石机 64 台,汽车改造 2 台,沥青拌和机 5 部,沥青摊铺机 2 台,渣油泵 37 个,撒沙车 25 部,加温油罐 35 个,油锅 102 口,洒水车 1 台,养路机拖斗 649 台,电动千斤顶 30 个(获得了国家产品专利权),小四轮 130 型养路机配件及其他工具 3168 件套。

1992 年至 1993 年研制 FV 型汽车尾气净化消声器成功,获全国星火计划成果金奖。1999 年 11 月研制出道路标线热熔釜,2001 年机械厂技术人员谌兵钿、朱文新、张松柏、张勇研制成功 PZ—400 型电动排式振捣器。

三、渡运设备革新

新中国成立初期,常德工务总段仅有 20 匹马力汽油拖轮 2 艘,木质双车渡船 3 艘。随着交通运输业的发展,1969 年以后船舶不断地由木质结构发展到钢筋水泥混凝土结构和钢质结构。载重量由双车发展到 12 车,拖轮动力由小马力汽油机发展到大马力柴油机。至 1986 年止,常德地区公路总段所属 10 个渡口共有拖轮 28 艘,2468 匹马力,渡船有钢筋混凝土结构 1 艘,钢质结构 23 艘,可共载车 134 辆,1986 年后渡改桥、渡口逐步撤销。渡运设备革新成果有:

1.横缆过渡取代撑篙摇橹。新中国成立后常德港口渡口在中水位时采用 500 毫米棕绳拉渡,渡运时间由原来撑篙摇橹的 30 分钟以上缩短到一次 25 分钟。后又改用绞盘牵引钢缆过渡,每次渡时又缩短到 19—20 分钟。1961 年后人力渡口均改用绞车钢缆过渡,其中白洋河渡口收效更大,渡工由 7 人减至 4 人,1976 年该渡口两岸坡上安装了卷扬机代替人拉,进一步改善了工作条件。

2.改进拖轮倒车转速比。1950 年常德汽车渡口轮机员王定改进拖轮倒车转速比成功,获湖南省“劳动模范”称号。

3.连船跳取代三角跳。过去车辆过渡上下船都是用的三角跳、拖跳和尾跳等设施,随着水位变化,工人需经常下水移跳,即费时又费力。1965 年常德汽车渡口改用连船跳后,中水位时渡运一次由原来的 25—27 分钟减少至 19—20 分钟。

4.液压起跳取代绞盘。连船跳起落开始是用人力绞盘起落,操作仍然很吃力。1977 年常德渡口工人谢子云将液压吊车的工作原理运用于轮渡渡船起跳装置，制造出了液压起跳。跳板的起落由驾驶员直接操作，实现了一条龙式机械操作方法，从而一个班可节省2个劳力，同时解决了渡船跳板的起落与渡船靠岸不协调的矛盾。这一革新成果获得省级革新成果奖，先后有贵州、广西等六省区公路部门的代表前来参观学习。谢子云于1979年被评为“湖南省增产节约能手”。

5.液压三角木取代人工操作。以往汽车上船后防车轮滑动的三角木都是人工操作的，既慢又不安全。1981年常德汽车渡口所所长谢文成组织工人谢子云、刘道文、谭少常又将液压起跳的方法用于三角木，即：在渡船两端各安装两块长0.5米、高0.3米（露出船面0.2米）、厚20毫米的铁板，利用液压起落，也由驾驶员直接操作，自动升降，这样更有力地保证了安全快渡。这一革新成果经湖南省公路管理局技术鉴定后，列入渡船的设计制造，在全省推广。参加革新的人员每人获奖金300元。

6.汽车渡船自动挂（脱）钩装置。1988年常德公路总段机械厂技术人员黄光麟、杨慈君研制出了汽车渡船自动挂（脱）钩装置，解决了渡船靠岸时人工挂（脱）钩的问题。1989年湖南省交通厅进行省级鉴定，并下发科学技术成果鉴定书。1990年1月获湖南省科学技术进步四等奖。

四、桥梁科技成果

1.无筋无肋双曲拱太平铺桥

1966年10月，常德公路总段工程队开始改造国道319线K273+994太平铺桥。该桥原系6孔—6米的石台墩木面桥。改建方案，原由湖南省交通厅规划设计院设计为3孔—14米的石拱桥，投资金额7万余元。在此工期短而经费不足的情况下，由主任工程师唐声琮主持修改设计，工程师张以俊与刘鸿初、罗钧等参加研讨，决定将江苏无锡修建无筋无肋双曲拱农用桥的经验首次应用到公路桥上来，将原设计方案改为3孔—14米无筋无肋双曲拱桥。由刘鸿初主持施工，罗钧协助，拱圈为等截面圆弧无铰拱。设计荷载为汽—13，拖—60，桥全长53.8米，矢跨比1/5。桥面净空6.5米。拱波断面用四个半圆弧形拱波和两侧各一个1/4圆弧形的悬臂式边波接合而成，以此节省波片。拱波半径54厘米，厚度10厘米，每孔需要拱波五百余片，这样多的预制件是影响到整个工程能否按期完成的关键，该队仅有十几套模板，开始用模板涂废机油的办法，一天脱模一次，影响拱波与垫平层的结合，后来改涂石灰膏，一天可以脱模两次，预制速度提高一倍，毫不妨碍与垫平层的结合。1966年年底该桥建成通车，比原设计方案节约经费3万余元，工期提前3个多月。通车后，全国十几个兄弟省市的行家纷纷前来参观。

2.无支架吊装施工

从1966年至1973年，常德公路总段先后在慈利县白竹水桥（1孔35米）、零溪桥（3孔

17 米)、市场河桥(3 孔 45 米 +1 孔 20 米)和永安大桥(3 孔 54 米)采用无支架吊装双曲拱桥的拱肋,均获成功,最大跨距达 300 米。在白竹水桥和零溪桥是将拱肋分两节吊装就位,市场河桥拱肋分四节吊装就位,永安大桥拱肋分五节吊装就位,吊装采用 4 根直径为 35 毫米的主钢索,并配有若干根风缆保险,这种工艺,对于节省木材,避开洪水,实属先进工艺。

参加吊装的有常德公路总段彭华清、刘洪初、陈文龙、张以俊等工程技术人员。

3.球面薄壳拱太子庙桥

常(德)怀(化)线 K141+358 处的太子庙桥,原系 3 孔—9.4 米石台墩钢梁木面桥,1967 年由常德公路总段工程队彭华清、徐惠忠等将它改建为 3 孔—9.4 米全长 41.1 米的球面薄壳结构(利用原台墩),净宽 7 米、全宽 7.5 米,载重标准汽—13,拖—60,在 1980 年桥宽加至 12 米,加宽部分按汽—20 设计施工。

这是湖南球面薄壳结构在桥上的第一次尝试,其设计理论是:采用无弯矩薄壳理论,以横向拱波板为单元分析内力。该桥矢跨比为 1/7,壳体中心厚度 12 厘米,横向跨径 6.1 米,该桥每米造价 487 元,比较其他结构型式每米要节省资金 100—400 元。

其主要优点是:结构轻型、刚度大、造价低。缺点是:用钢筋较多,产石地带不宜用此结构。

4.波浪薄壳拱大洲桥

常德至安乡线 K74+313 大洲桥于 1967 年 7 月由唐声琮工程师设计, 安乡县组织施工建成通车,造价 3.5 万元。该桥为 1 孔—10 米,矢跨比 1/5,净宽 7 米、全宽 7.4 米,设计载重汽—13,拖—60,拱圈厚 12 厘米,全高 60 厘米的等截面圆弧波浪薄壳无铰拱桥。

设计特点:为适应湖区缺乏石料和在软基上建拱桥,在尽可能减少圬工体积与拱圈厚度的前提下,仿照皱纹水管的形状和原理,将拱圈设计为波浪的薄壳断面。它的重心在断面中心,没有断面换算的麻烦,形状简单合理,波浪形壳体系成立体三向受力,刚度大为增加,因而拱圈能在薄壳的情况下,仍能维持其稳定,今后如需提高桥梁的荷载能力时,还可以将空腹拱下的几段 U 型波谷填筑混凝土或浆砌块片石,这相当于加大拱脚处的断面,形成变截面拱圈而提高其承载能力。

桥台为 U 型前倾式,受力情况顺乎拱圈,例如计算偏心距仅 0.027 米,基底应力接近均匀(最大 16.99 吨 / 平方米,最小 16.65 吨 / 平方米)。

5.石台箱型拱豪口桥

该桥位于常德至安乡线 K39+940 处,1969 年 10 月由常德县交通局将原砖台墩木面桥改建为 1 孔—30 米,桥面净空 7 米,全长 44 米的石台箱型拱桥,常德地区交通局投资 6 万余元,陈文龙工程师负责设计施工。

该桥拱圈断面为三个箱室,两边再挑出 65 厘米的半跨微弯板,箱室由预制底板、工字形侧板、微弯盖板等组成。施工时,先将底板侧板安砌好,再在底板上浇筑 10 厘米厚的混凝土,两侧板间同样浇筑 10 厘米的混凝土。使侧板成为工字梁整体,然后盖上微弯预制板及悬砌两边挑出的半跨微弯板,现浇微弯板间及桥面混凝土,使全部构成箱型结构,通车效果很好。

6.夹合木拱架施工

常(德)永(顺)线桃源高湾路段 K8+900 处的双善桥,为 1 孔 20 米双铰拱桥,在 20 世纪 60 年代初,由常德公路总段王正恺工程师负责采用夹合木拱架挽拱而成,桥宽 8 米,高 10 米以上。

7.钢筋混凝土双曲拱朝阳桥

太子庙至汉寿 K6+150 处的朝阳桥由陈文龙工程师设计,张以俊工程师主持施工,1975 年由汉寿县结合水利工程修建,省补经费 30 万元。桥为 3 孔—40 米,全长 155.2 米,桥面净宽为 7+2×0.35,设计荷载汽—15,挂—100,主拱圈为悬链线双铰双曲拱,m=1.347,施工时用的三铰(拱铰系临时性)为减轻拱上重量,每孔设置 8—3 米钢筋混凝土连续板。桥墩采用扩大了的 150 号钢筋混凝土基础底板,墩身内设置五个空箱,墩身围墙采用 100 号水泥沙浆砌片石,在河床上部分墩身,考虑使水流畅通,设置两排 # 200 钢筋混凝土柱,每排用 4 个直径为 100 毫米的柱子组成,墩上设置 1—3.0 简支板,桥台挖空,使基底应力理想化。

该桥为在湖区软弱土质上修建大桥闯开了新路。当时在全省作为软基上修建桥梁的项目推广,并列入 1976 年交通科技成果。

8.悬链线箱形拱兰江桥

澧县城关兰江桥系 1 孔 40 米,全宽 12 米,为悬链线箱形拱桥,于 1978 年建成通车,载重汽—15 级,为常德地区公路总段陈文龙工程师独创设计。其特点是:拱圈纵断面,两头 1/4 点与 1/4 点之间为等截面,1/4 点至拱脚截面之间为变截面,拱脚截面高度大于 1/4 点截面高度,以往拱桥等截面悬链线截面高度是以拱脚处控制设计的,而 1/4 点截面至另一头 1/4 点截面的高度就有富余,若采用变截面设计,施工较麻烦,采用陈文龙的设计在理论上是可行的,施工比变截面拱圈简单,比等截面悬链线拱圈节省圬工 10%,节省投资约 5000 元。

9.钢筋混凝土刚架拱七家桥

常德至安乡线 K77+200 处的七家桥,为 1 孔—40 米,全长 69 米,钢筋混凝土刚架拱桥,与路线斜交 15 度。1982 年 3 月建成通车,桥面为净宽 7 米全宽 8 米,上部构造设计,载重汽—15,挂—80,1981 年由安乡县交通局组织施工,包括湖南省公路管理局补助 9 万元共投资 18 万余元,每米造价平均 2666 元,与安乡县同跨径的双曲拱桥相比,每米可节省 700 元左右。

为适应软基建桥,桥台采用钢筋混凝土空心结构,底板长 12.25 米,宽 10 米,其上设纵横各四块的间墙,形成 9 个 3 米×2.267 米×3.3 米的方格洞(即调整压力洞室),方格内根据桥变位情况,采用填土等措施以调整压力,桥台前墙作连续梁考虑,将 3 主腿,3 次腿,3 次梁的对桥台作用力引向纵向的 4 块间墙承受,设计采用有关弹性地基梁等理论近似计算。

由于该桥建基于软弱土质上,容许应力仅 0.8 公斤 / 平方厘米左右。所以桥台只好采用空心型式以减轻自身容重,为保证足够的抗推力,桥台基础板后,设置了长 6 米、厚 0.5 米的抗滑板,在桥台完工后,进行了预压,然后浇灌主腿及次腿次梁,最后安装桥面微弯板,该桥的不足之处是,桥台与抗滑板之间未设沉降缝,造成桥台转动。拱跨水平位移至 1985 年位移达 3 厘米。

10.等截面悬链级双曲拱雷公塔桥

澧县雷公塔桥 1 孔 35 米等截面悬链线双曲拱桥，全宽 9 米，1983 年建成，系陈文龙工程师设计、施工，设计为 1 孔 35 米无铰钢木混合桁拱架，属全省之首创，节省资金 6000 元，对于急流河溪和高架拱桥挽拱有重大意义。

该桁拱架的荷载是本身、拱肋和部分行人重，为横向稳定。施工中，上、下游安排了七对风缆，是年陈文龙荣获湖南省公路管理局授予的一等功。

11.最大跨径桁架拱延溪桥

桃源延溪桥 1 孔 80 米，属全国跨径最大的桁架拱桥，全宽 12 米，位于延溪汇入沅江的交合处，1984 年 9 月 29 日建成通车，载重汽—15 级，系常德公路总段张云贵工程师设计，由桃源县交通局施工，耗资 60.5 万元。

该桥上部为钢筋混凝土结构，拱肋（包括上、下弦）和腹杆均系矩形截面，桥台系挖空结构，奠基于应力大于 4 公斤 / 平方厘米的红砂岩上。

五、路面工程科研成果

1.用石灰渣土作油路基层。1975 年 6 月，常德地区公路总段技术人员孟庆允、向运秋根据孟庆允用石灰渣土作油路基层的建议，与桃源县油路修建指挥部一同在常永线 K12+510—K13+110 处 600 米路段用石灰渣土和石灰渣土掺砾石作油路补强层试验获得成功，克服了泥结碎砾石作基层水稳性和板体性差的问题，而且每公里油路可节约成本 7000 元。这一成果由常德地区公路总段与桃源县油路修建指挥部共同写出了《石灰渣土作油路补强层试验的情况汇报》论文。1975 年 10 月常德地区公路总段派向运秋技术员参加在广东肇庆召开的全国渣油路修建经验交流会，会上宣读了论文。1978 年西安公路科研所派工程技术人员到该试验路段进行实地考察，认为是成功的，此成果得到广泛推广运用。

2.用粉煤灰作油路基层。1985 年常德公路总段技术人员方彰沅、杨美清在国道 319 线 K183—K184（南站转盘至窄湖桥）处修建“用粉煤灰作油路基层”的试验路段获得成功。这一成果补强效果好，又降低了工程造价，1988 年获湖南省交通厅科学技术进步三等奖。

3.油路旧料再生利用。1986 年常德地区公路总段工程技术人员高业鑫、杨美清、罗焕良在国道 319 线 K208—K209 处进行 1 公里的油路旧料再生利用的试验获得成功。此成果通过了常德地区科委专家组的鉴定，杨美清执笔撰写了《关于旧油路基层再生利用的研究》论文获常德地区 1987 年度学术年会一等奖。

4.用水泥石灰综合稳定粉性土作油路路面基层。1986 年常德公路总段总段长陈文龙与技术人员胡守权、杨美清、安乡公路段段长黄平在常（德）岳（阳）线 K78—K81 处路段用粉煤灰混合料和水泥稳定粉性土作油路补强层试验获得成功。这一成果通过了常德地区科委专家组和湖南省公路管理局科技人员的鉴定。长沙交通学院副教授张起森、湖南省公路管理局高级工程师涂天佑在鉴定书中写道:“在湖区水网地带缺乏常规筑路材料的情况下，在我省首次采用水泥石灰综合稳定粉性土结构作为沥青路面基层是成功的,这种结构板体性强,水稳性好,其质量符合部颁规范要求,广开了湖区筑路材料的来源,是一种有发展前途的路面结构,可推广应用。”此成果于1990年获常德市科技进步二等奖。

5.纤维半刚性基层材料在高等级公路沥青路面中的应用。1989年,常德市公路总段工程技术人员杨美清、姚海龙、陈文龙、王奇志在国道207线K2282—K2283地段用纤维半刚性材料作沥青路面基层材料试验获得成功。该成果通过了常德市科委专家组的鉴定,获常德市“科技兴交”二等奖。

6.湖南干线公路半刚性沥青路面曲型结构设计研究。1993年3月至1994年7月,常德市公路总段与长沙交通学院等单位进行“湖南干线公路半刚性沥青路面典型结构设计研究”试验成功。该成果通过了湖南省科委技术鉴定,常德市公路总段主要研究人员有杨美清、姚海龙。

7.水泥粉煤灰混凝土高级路面研究。1994年,常德市公路总段与湖南省交通科研所等单位进行“水泥粉煤灰混凝土路高级路面研究”获得成功,这一成果经湖南省科委鉴定达到国内先进水平,解决了干线公路修建水泥混凝土路面与施工管理问题。常德市公路总段主要研究人员杨美清、姚海龙。

8.早强混凝土路面应用技术。1994年9月至1995年3月,常德市公路总段与长沙理工大学等单位在国道319线军山铺地段进行“早强混凝土路面应用技术研究”试验成功。使用该成果可节约水泥10%左右,新修水泥混凝土路面的养护期缩短3/4的时间。该成果通过湖南省科委鉴定并得到大力推广应用。获湖南省交通厅二等奖,常德市公路总段主要研制人员杨美清、姚海龙。

9.水泥混凝土路面裂缝处治材料。1998年常德市公路管理局技术人员刘清华、姚海龙、焦绍云、王奇志等人员在国道319线汉寿境内进行“水泥混凝土路面裂缝处治材料的研究”试验成功。该材料强度高、稳定性好、价格低廉、施工方便,改变了常规修补方法,缩短裂缝处治后交通开放时间,此材料经常德市科委鉴定达国内先进水平,该成果1999年获常德市科技进步二等奖。

六、其他科技成果

1.太平铺桥导流屏尝试

319线太平铺桥,过去历年来主流老是冲袭常德岸,将常德台上游锥坡冲成一个深潭。1957年技术员李振安在常德台上游170米处做了一道导流屏，因势利导地将主流引向桥孔。建成以后,深潭便很快地被淤积起来而且为以后危桥改造打下了基础,当时湖南省公路管理局曾派员前来总结经验。

市公路局局长马麦秋(右二)检查路面标线质量

2.关于量距测定偏角的改进

关于用量距法测定平曲线偏角,过去都是用的“五尺法”,即首先自角点起向直线的延长线与折线方向各量5米。60年代,常德公路总段李振安技术员结合实测,将“五尺法”改为“十尺法”:即自角点起向两线方向各量10米(限于地形者例外)效果很理想。原因有二:①因为量距定角法,当量外距时,系利用正弦函数先求出偏角之半即 $\sin\theta/2=b/a$(如下图 θ 即偏角,b 即 AB 之半)。因 a 大于 b(斜边大于任一直角边)即函数 b/a 小于1。故若 a 为5,则函数值尚待相除始得。但若 a 为10,则函数值一量即得。例如:b 若量得为3米,则 $\sin\theta/2$ 不待相除而知是0.3,这样,即节省了一道计算,相应地也减少了差错机会。②由于点距较远,则直线方向的准确度较高,亦即所定出的偏角值较准。

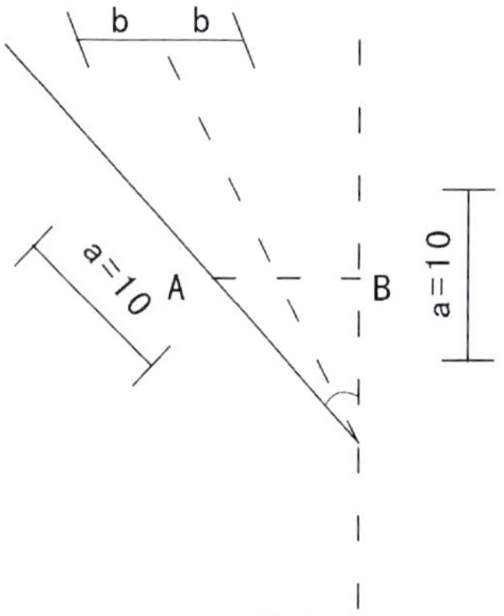

图1

该建议发表在《公路》1965年第1期34页(图1)。

3.关于平曲线切线支距计算的改进。

以前用切线支距法设置平曲线时,一般惯用这样一个算式:即 $y=x^2/2r$(y、x、r 表支距、横距、半径)。60年代,常德公路总段技术员李振安在实测工作中,发现这仅是一个近似的而且是有条件的算式:如果半径较小而横距较远即弦切角较大之处,则其计算结果往往小于应有的 y 值,愈远愈悬殊,从下面附图可知:因为切线 x 与弦 c 夹着一个弦切角,而 c、y、x 三者系一直角三角形,很显然斜边 c 恒大于直角边 x,愈远则其悬殊愈大,也就是说:$y=c^2/2r$ 而 $\neq x^2/2r$,但事实上 c 要按所对弧长 a 引用 $c=a-a^3/24r^2$ 的式子去求,仍太费事,现在有了已知条件,与 x 已够计算之用,不必另求 c,因为 r、x 以及(r-y)三者亦系一直三角形,由此便得,$y=R-\sqrt{R^2-X^2}$ 或 $y=\sqrt{(R-X)(R+X)}$ 这样计算虽略较繁,但其结果在理论性和准确性上恒能成立。

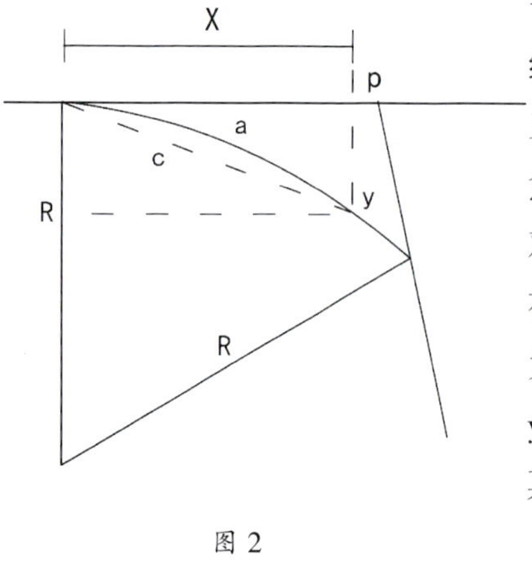

图2

该建议发表在《公路》1965年第1期35页(图2)。

第二章　政治思想教育与公路文化

行业文明建设是公路工作的重要内容之一。常德公路系统以养好公路、服务社会为宗旨，根据不同时期，开展不同形式的行业文明创建活动，提高了广大养路职工的素质，促进了各项工作任务的圆满完成。

20 世纪 50 年代，常德公路系统的行业文明建设主要是培养公路职工爱国、爱路、艰苦奋斗、增产节约的主人翁精神。

1997 年按照《中共中央关于加强社会主义精神文明建设若干重要问题的决议》《全国交通系统创建文明行业的实施办法》《湖南省交通行业精神文明建设 1997—2010 年工作规划》和《湖南公路系统创建行业文明规划》的精神，常德公路系统成立由党政主要领导挂帅的行业文明创建领导小组及其办公室，所属各单位也成立相应的组织机构。制定《常德市公路管理局 1997 至 2010 年创建文明行业规划》和《常德市公路管理局创建文明行业活动实施细则》，并修订完善《常德市公路管理局执法人员行为准则》《常德市公路管理局收费员文明语言行为规范手册》《常德市公路管理局公路执法过错追究责任考核制度》《常德市公路管理局党风廉政建设责任制实施细则》《常德市公路管理局党风廉政建设责任制考核办法》等 12 套互为因果、互为补充的管理制度体系，卓有成效地进行文明窗口建设，围绕公路建、养、管、征，开展创建文明路、文明单位、文明班组、文明渡口、文明收费站的活动，并将行业文明创建活动纳入常德市公路系统目标管理考核重要内容，每年进行检查评比。行业文明创建活动培养了常德公路人爱路敬业、顽强拼搏、无私奉献的精神，增强了干部职工争先创优意识、服务意识和文明意识，文明单位、文明班组、文明渡口、文明收费站不断涌现，提高了常德公路建、养、管、征的整体水平，树立了常德公路良好形象。

第一节　政治思想教育

20 世纪 60 年代常德公路系统开展学习毛泽东主席著作、学习解放军三大作风、学习雷锋，进行“讲三史”（阶级史、家庭史、公路史）、忆苦思甜教育。在职工中开展了“插红旗，树标兵，比、学、赶、帮、超”和争创“五好单位”、“五好职工”（政治思想好、完成任务好、学习文化技术好、勤俭节约好、遵守纪律好）的热潮，管好、养好干线公路，支援地方支线公路，为农业生产服务。活动中，涌现出“湖南省交通系统标兵工班”斗姆湖工班 1 个，湖南省公交系统命名的“五好集体”工班 2 个，湖南省交通厅命名的“学习毛主席著作积极分子”1 人。有 6 个工班获得了常德专区工交系统授予的“五好班组”称号，5 名职工获常德专区授予的“五好职工”

称号。

1972 年至 1980 年，常德公路系统广泛开展工业学大庆。学习大庆艰苦创业的精神，各县公路段和直属单位之间掀起“争先进、比贡献”的热潮。汉寿公路段在学大庆活动中，自力更生改造公路弯道 11 处，计 1870 米；加宽公路 19 处，计 6630 米，完成土方工程11237.5 立方米；油路罩面 74321 平方米；加宽加深边沟 4386 米；新开水沟 1621 米；田路分家 2542 米；实现标准路 8 公里，好路率达 100%，连续 6 年被评为常德公路系统的先进单位，1978 年经验收合格，常德地区授予“大庆式企业”称号，1980 年慈利县公路段、常德汽车渡口所也跨入了“大庆式企业”的行列。

1976 年 10 月，“文化大革命”结束，按照中共中央提出的“建设社会主义高度精神文明”的要求，培养“四有”（有理想、有道德、有文化、有纪律）职工队伍，在职工中加强文化和纪律教育。1977 年进行了党的“四项基本原则”和党的路线、方针、政策教育。

1981 年至 1985 年开展“五讲四美”（讲文明、讲礼貌、讲卫生、讲秩序、讲道德；心灵美、语言美、环境美、行为美）活动，并把每年 3 月定为“文明礼貌月”。同时开展《中国近代史》教育，以此激发职工的爱国之情，树立以路为业的思想。据资料显示，在“五讲四美”“文明礼貌月”活动中，常德公路总段涌现出舍己救人、拾金不昧、助人为乐、舍家为路等好人好事达 1247 人次。其中汽车渡口、养路工班工人先后有 17 人跳入池塘、河流中救助落水人员，共挽救 14 条生命。汉寿军山铺工班工人主动出人出车用石灰渣和窑渣为当地中学整修加铺一条原来高低不平、长期泥泞的黄土路 350 米，解决了学生“行路难”的问题，师生们敲锣打鼓到工班感谢。常德汽车渡口所工人杨天早拾得日本友人田中和夫的照相机等物后，通过外事办找到失主，原物归还，失主非常感谢，连声称赞“中国好”！“五讲四美”活动中，慈利、澧县、常德县公路段、常德公路总段机械厂、工程机械队被当地评为“五讲四美”先进单位。

1988 年至 1992 年开展有中国特色社会主义初级阶段基本路线教育。常德公路系统组织了教育会 8 场次，参加人数达 1500 多人次。开展了“四职”（职业道德、职业责任、职业纪律、职业技能）教育。三年中举办各类培训班 42 期，培训骨干 1680 多人次。组织职工学雷锋、学铁人王进喜、学焦裕禄、学习公路行业的先进模范人物。常德公路系统树立了省级劳动模范刘树生、市级劳动模范苏前礼、市级雷锋式青年标兵雷国炎等典型人物。

1993 年至 1995 年进行“改革开放、市场经济”的教育。举办邓小平文选第三卷和社会主义市场经济理论学习培训班 2 期，培训骨干 117 名。增强了职工的市场意识、风险意识、危机意识、竞争意识。

对职工进行民主法制教育。下发法律书刊 400 多册，以各种形式宣讲法律知识 22 场次，职工受教育面达 100%，职工的法制观念得到增强。常德市公路总段多次被评为常德市和武陵区的普法先进单位，并在全国调解知识竞赛考试中获常德市一等奖。

1996 年至 2000 年，开展爱国主义、集体主义、社会主义教育。坚持以人为本，用“三讲”（讲学习、讲政治、讲正气）引路，对职工进行素质教育，增强职工立足岗位、无私奉献的意识，树立“路好我荣、路差我耻”的使命感，推动全局各项工作的顺利进行。

2001 年至 2004 年，开展“爱路敬业、无私奉献”的教育。学习中共十六大精神，进行“三个代表”重要思想教育。围绕公路建、养、管、征，开展“实践‘三个代表’，争做五个表率”（做：政治坚定、服务大局的表率，与时俱进、开拓创新的表率，勤奋学习、学以致用的表率，公道正派、清正廉洁的表率，联系群众、转变作风的表率）的争先创优活动。还开展了“争创学习型单位，争做知识型职工”的“双争”教育活动。

2005 年开展共产党员先进性教育。经过学习动员、分析评议、整改提高“回头看”圆满完成了整个教育活动。

2006 年进行素质教育，开展创学活动。组织职工学政治，学科学技术知识，学英语、电脑，推广普通话，全面提高了职工的综合素质。

2007 年至 2010 年，进行科学发展观的教育。按照科学发展观的要求，解放思想、转变观念，在科学发展的重大问题上形成共识，解决影响制约公路系统发展的突出问题，解决党员、干部党性、党风、党纪方面群众反映强烈的突出问题，努力促进常德公路又快又好的发展，把常德公路系统建成人民满意的文明行业。

1988 年到 2010 年期间，由于常德公路系统加强精神文明教育，激发了养路职工爱路敬业、无私奉献的精神和热情，精神文明建设取得可喜的成绩，涌现出一大批先进集体和先进个人，先进个人中获得“全国劳动模范、三八红旗手”称号的 1 人，获得“全国五一劳动奖章”的 2 人，省级劳动模范 1 人，省级先进生产者 2 人，交通部、共青团中央授予的先进个人 2 人，“全国双百创新书记段（局）长 4 人”，“湖南省十大杰出青年岗位能手”1 人，“湖南省芙蓉百岗明星”1 人，市级劳动模范 4 人，市级“雷锋式青年标兵”1 人，市级“百岗明星”2 人，湖南省公路管理局授予的 “十佳公路工作者”4 人，“十佳养路工”5 人，“十佳收费员”4 人，“十佳执法员”1 人，“十佳项目经理”1 人，常德市交通系统“十佳养路工”5 人，常德公路系统评选出的劳动模范 8 人。先进集体有：获得“全国五一劳动奖状”的道班 1 个，交通部、共青团中央授予的“青年文明号”收费站 1 个，全国总工会授予的“模范职工小家”1 个，湖南省授予的“青年文明号”收费站 2 个，湖南省公路管理局授予的“十佳道班”4 个，“十佳收费站”1 个，常德市授予的“模范集体”1 个，获常德市“青年文明号”的单位 4 个。常德市公路管理局先后分别获得了湖南省委、省政府、省交通厅、省公路管理局、常德市委、市政府授予的“文明建设先进单位”称号。

第二节　文化体育活动

一、知识竞赛

1986 年，常德公路总段工会组织公路系统职工参加湖南省总工会举办的时事政策知识竞赛活动,为期 3 个月,下发试卷 1800 份,收回试卷 1343 份,人均得分 84.95 分。常德公路总段获湖南省总工会组织奖,慈利公路段工会副主席孙昌惠获省总工会特别奖。

1989 年 9 月 21 日至 22 日,常德市公路总段在津市渡口和澧县张公庙渡口举办渡口首届政治和渡运业务知识抢答赛,全系统 8 个渡口 32 名选手参加。桃源尧河、安乡、津市渡口分别获知识抢答赛一、二、三等奖。

1991 年,常德市交通系统组织"七一"颂党知识竞赛,常德市公路总段代表队获一等奖。

1993 年,全国法律知识竞赛中,调解知识竞赛考试常德市公路总段获常德市一等奖。

1994 年,常德市公路总段举办"迪康杯"全国女职工迎'95 世界妇女大会知识竞赛,临澧女工尹玉梅获一等奖。

1999 年,常德市公路管理局举办《劳动法》《妇女权益保障法》《工会法》知识竞赛,每个单位派 5 名选手参加,设一、二、三等奖和优胜奖。鼎城公路管理局获一等奖。

2004 年 9 月 22 日, 为庆祝中华人民共和国成立五十四周年, 常德市公路管理局举办"庆国庆、做学习型人才"综合知识竞赛,所属单位各派 4 名选手参加,采用抢答形式,设一、二、三等奖和优胜奖,鼎城公路局获一等奖,汉寿公路局获二等奖。

二、演讲比赛

1994 年国庆节前夕,常德市公路总段举办了"我爱中华,情系公路"演讲比赛。

2000 年 6 月 30 日,常德市公路管理局举办"庆'七一'、爱岗知足、珍惜工作"演讲比赛,市公路管理局机关选手周琼获一等奖,雷婷婷和鼎城公路管理局选手毕玉萍获二等奖、机械厂选手席音音获优胜奖。

2003 年 5 月 22 日,常德市公路管理局举办"学习十六大精神、创新业绩"演讲赛,常德市公路管理局机关、机械厂、路桥公司等单位选手获奖。

2010 年 6 月底,常德市公路管理局举办"文明我先行"演讲比赛,常德市公路管理局机关、机械站等单位选手获奖。

三、文艺活动

常德公路系统文艺活动从 1988 年春节联欢晚会开始进入正常化。

1989 年 1 月 28 日,常德市公路总段举办第二届"常德公路之春"文艺晚会,全系统自编自演 28 个文艺节目,集中反映了公路系统广大职工"知我公路、爱我公路" 的精神风貌。同年 9 月 27 日常德市交通系统举办国庆文艺会演。常德市公路总段老干部合唱《没有共产党就没有新中国》获优秀节目奖。1990 年常德市公路总段举办"公路之春"文艺演出中,路桥公司演出的舞蹈《黄河源头》获一等奖,此节目参加了省公路系统的文艺调演。

1991 年，常德市公路总段参加常德市委组织的“颂党歌咏大会”获三等奖。1992 年至 2004 年，常德公路系统的文艺会演一般每两年组织一次，从 1988 年至 2004 年共组织文艺会演 12 次。其中 1996 年《嫂子颂》和《不白活一回》参加湖南省公路系统职工卡拉 OK 大奖赛获一等奖；2001 年常德市公路管理局创编的常德丝弦《共产党员一杆旗》和舞蹈《五星红旗》参加“湖南省公路系统庆祝建党 80 周年文艺会演”获二等奖和三等奖。此外，常德公路系统还举办了“‘七一’·庆国庆”卡拉 OK 大奖赛、歌唱祖国歌咏赛和交谊舞会等文艺活动，极大地丰富了职工业余文化生活。2005 年至 2010 年，因单位资金紧缺等原因停办了文艺晚会。

四、体育活动

常德公路系统的体育活动主要是以篮球、乒乓球、拔河比赛为主。1982 年至 1989 年期间，常德市公路系统举办了四届运动会，其中有篮球赛、乒乓球和拔河比赛。1984 年 6 月 9 日—14 日，常德公路总段在总段机械厂举办首届篮球赛。所属 10 个单位参加，经过 45 场循环赛，常德汽车渡口所、总段机械厂、澧县公路段篮球队分别获 1、2、3 名。1984 年 10 月，常德公路总段篮球队参加湖南省公路系统首届职工篮球锦标赛，获得了湖南省公路系统男子篮球锦标赛第二名的好成绩。1997 年，常德市公路系统举办“庆七一、迎回归供应杯”男子篮球赛。2000 年 12 月，常德市公路管理局举办以“迎接新世纪”为主题的四个直属单位运动会，开展乒乓球、羽毛球和拔河比赛。2004 年常德市公路管理局组团参加湖南省公路管理局组织的乒乓球比赛，获湖南省公路系统团体赛第二名。2010 年常德市公路管理局举办了以“迎国庆”为主题的运动会，进行乒乓球、羽毛球和拔河比赛活动。

五、文学创作

20 世纪 80 年代中期，常德公路系统开始注重职工写作队伍的建设，举办各类写作训练班，培养出一批致力于丰富公路文化，书写常德公路人、公路事的文学创作者。尤其是 1986 年 10 月 22 日，《湖南日报》发表记者鲁安仁的叙事散文《竹扫帚》描写常德公路风貌的文章后，更加激发了常德公路职工文学创作的积极性，一些高质量的文学作品不断见诸全国各种报纸杂志、广播电台、电视。至 2010 年止，常德公路职工共创作了 108 篇有一定影响力的报告文学、通讯、小说、诗歌、散文、广播剧、电视剧、故事等作品，主要发表在《人民日报》《工人日报》《中国交通报》《中国公路》《人民公路》《半月谈》《湖南日报》《湖南文学》《湖南公路》《公路党建》《湖南广播电台》《青年之友》《散文月刊》《演讲与口才》《小溪流》《故事会》《常德日报》《常德晚报》《常德优秀小说选》《桃花源》、常德电视台等刊物和媒体。

常德市公路总段李志明在《湖南日报》《湖南广播电台》《常德日报》等刊物上发表的主要作品有通讯、散文《星上路》《坦途》等文章十余篇。

常德市公路管理局倪湘涛，湖南省作家协会会员，原常德市作家协会副主席，2014年任常德市作家协会名誉副主席。发表的主要作品有纪实文学、散文、小说《一路走来》《该不该认》《公路作证》《倔汉子》等19篇文章。他创作的长篇小说《路》1998年由湖南文艺出版社出版发行，获丁玲文学三等奖，湖南省图书馆收藏。发表的纪实文学《公路作证》编入湖南省委宣传部发行的《群英谱》文集。他还与别人合著了描写养路工人工作、生活的电影文学剧本《守望》，参与编制电视艺术剧《枯滴》《田长生和他的瓦匠界小学》。

常德市公路管理局龚道荣，湖南省作家协会会员。他在《湖南文学》《羊城晚报》《百花园》《青春》《野草》《史志文萃》等全国各类报纸杂志发表的主要作品有小说、报告文学、广播剧《铺路石风采》《共产党人》《山魂》《洪水退后》《改革之路》《三十元人民币》《上官头》《窗口》《还乡》等34篇。小说《共产党人》被选入安乡县一中语文读本，《依依惜别学友情》演讲词被选作《全国商务秘书教材》《全国高职、高专通识规划教材》《当代优秀大学生演讲词点评》《基础写作》和《特种教学》。

常德市公路管理局胡文洁在《人民日报》《湖南日报》《诗歌报》《散文月刊》等刊物上发表的主要作品有诗歌、散文、通讯、新闻特写《月亮岛》《一棵倒了的行道树》《郑重的承诺》《洪水中的方舟》《城市边缘人生存状况的本色素描》。

常德市公路管理局罗健强在《工人日报》《青年之友》《常德日报》等刊物上发表的主要作品有散文、小说《回来吧，食堂》《等你》《不经风雨怎见彩虹》《国旗冉冉升起》《愿你有个家》。

鼎城公路管理局姚淑春在《湖南日报》《人民公路》《湖南公路》《常德日报》等刊物上共发表讴歌养路工人的诗歌、散文、通讯、小说共24篇，其代表作有：《泪洒319》《钟声、镐声、砾石声》《养路世家》《养路女工也亮丽》《山路弯弯》《奋飞的凤凰》《养路班里高铁人》《闪光的奖匾》《马路上的“红芙蓉”》《情注全优路》《月亮》。诗歌《写给恋人》1994年参加全国“诗意人生”大奖赛获佳作奖。

常德市公路管理局监理公司李春晓在《故事会》《求知与探险》《知音打工版》等刊物上发表的主要作品有纪实小说、故事《砸锅》《染血的烟壳》《两间房子》《养虎为患》《夜半脚步声》《半截石碑》。

收费站陈艳平发表的作品主要有小说《守护天使》《秀》《无处回首》。

澧县公路管理局赵望英在《湖南日报》发表了《文明花开澧水河畔》的通讯；澧县公路管理局胡俊发表的作品有小说、纪实文学、通讯《月亮作证》《不当村官当路工》《乐为县城经济腾飞当先锋》。

常德市公路管理局刘焕忠1989年12月在《公路通讯》和《湖南广播电台》发表了散文《路祭》；常德市公路管理局邓心祥1990年创作的《三字经》发表在同年《半月谈》第15期上，常德市公路管理局郭连成在《湖南公路》上发表的通讯《春风吹开文明花》记常德汽车渡口好人好事四则，其中渡口工人杨天早拾得日本友人田中和夫照相机等物归还原主的事迹已载入《湖南公路史》第一册。

第三章　文明创建

常德公路系统的文明创建活动首先是常德地区公路总段工会根据湖南省公路管理局关于创建文明班组的指示提出来的。从创建文明班组开始,逐步发展到创建文明渡口、文明单位、文明样板路、文明收费站等范围。文明创建活动使全市公路系统出现了一个争先创优、树立常德公路新形象的良好局面。

第一节　文明班组

1983 年,常德公路总段工会按照湖南省公路管理局工会拟定的《文明班组条件》制定出了《常德公路总段创建文明班组标准》,下发到所属各单位。活动的主要内容是治理脏、乱、差。据资料统计表明:活动中常德公路系统职工参加义务植树 861 人次,共植树 6454 株,投资 3122 元,种花 361 盆。清扫街道 322 米,清理污水沟 3122 米,工班的环境得到了很大的改变。经过检查评比,评出“文明班组”43 个。1985 年,常德公路总段修订了《文明班组检查评比标准》把汽车渡运、公路养护生产列为创建“文明班组”的活动内容,1986 年常德公路系统评出“文明班组”41 个,“文明渡口”2 个。

1988 年常德市公路总段把创建“文明工班”改为创建“双文明工班”,重新修订了考核标准,当年评出“双文明工班”49 个。1990 年常德市公路总段有 20 个道班被湖南省公路管理局授予“双文明道班”称号。常德县公路段樟木桥道班从 1988 年至 1990 年连续三年获湖南省公路管理局授予的“双文明道班”称号,1990 年评为常德市公路总段模范班组,1991 年荣获“全国五一劳动奖状”。

1991 年常德市公路总段制定了《双文明县段和双文明道班检查评分细则》,把改善道班环境列为“双文明道班”的重要内容,开始建设“三园式”(花园、果园、菜园)道班。1991 年至 1995 年,常德市公路总段共投资 373.85 万元,新改建道班房 45 栋计 10388 平方米,建成“三园式”道班 23 个,占道班总数的 15%,为道班创造了整洁、舒适、文明的工作和生活环境。1991 年至 1995 年常德市公路系统获湖南省公路管理局授予“双文明道班”称号的有 265 个次,获湖南省公路系统“双文明渡口”称号的有 20 个次。1993 年临澧青林寺道班获湖南省交通厅授予的“双文明道班”称号和湖南省公路管理局授予的“最佳道班”称号。1996 年规范道班“两栏”“五本”“六表”“一图”(学习宣传栏,劳动竞赛栏;生产、学习、民主生活会、好人好事记录本和巡路日记本;路况标准、晴雨、劳动考勤、路用材料消耗、小修保养成本核算表和路况示意图),完善了道班规章制度。1996 年评出规范化道班 36 个。1997 年评出“双文明道班”51

个,规范化道班41个,“双文明渡口”3个,1998年评出“双文明道班”52个,“双文明渡口”3个。

1999年至2004年立足建设公寓式星级“双文明道班”。常德市公路管理局共投资355万元,新改建、整修道班房39栋计7386平方米。当年建成二星级“双文明道班”14个,一星级“双文明道班”24个。2000年建成三星级(最高级别)“双文明道班”1个,二星级“双文明道班”17个,一星级“双文明道班”32个。到2004年,常德市公路管理局获湖南省公路管理局认定授牌的星级“双文明道班”100个,其中三星级“双文明道班”6个。

2005年至2010年,常德市公路管理局停止星级“双文明道班”的评选,保持了“十佳道班”的创建活动。2005年至2010年,常德市公路管理局继续加强道班的基础设施建设,共投入资金547.8万元,新改建、整修道班房70栋,建成公寓式道班房6栋。到2010年年底止,有鼎城区周家店、桃源漆河、津市保河堤道班获湖南省公路管理局授予的“十佳道班”称号。

1991年,石门县公路管理站燕子山道班获湖南省公路管理局授予的“双文明道班”称号。

第二节 文明收费站

207国道张公庙大桥收费站在创建“文明收费站”活动中,以收费工作为中心,加强全方位管理,1991年第一个被评为常德公路系统“双文明收费站”,1992年完成征费任务401万元,超计划43.2%,被湖南省公路管理局授予“双文明收费站”称号。1991年至2009年期间,常德市公路系统10个收费站都分别获得过“双文明收费站”称号,其中:张公庙大桥收费站6年被评为常德市公路系统“双文明收费站”,1年被评为“红旗收费站”,1年被评为“精神文明建设先进单位”。

319国道樟木桥收费站认真履行“文明执勤,礼貌服务”的承诺,1998年至1999年被评为常德市公路系统“双文明收费站”,2000年获常德市“青年文明号”称号,2000年至2001年获湖南省公路系统“优秀收费站”称号,2002年被评为湖南省公路系统“十佳收费站”,同年6月获湖南省“青年文明号”和“青年文明号助万家先进集体”称号,2005年获“全国青年文明号”称号。

207国道矮架山收费站建立于1996年7月18日,有干部职工53人。通过内强素质,外树形象,工作一年一个台阶,截至2002年10月累计征费4296万元。1997年至1998年被评为湖南省公路管理局最佳收费站,1998年获湖南省“青年文明号”称号。1999年全省目标考评,又被评为湖南省公路系统优秀收费站。

319国道崔家桥收费站1999年获常德市“青年文明号”,2000年获湖南省“青年文明号”称号。1998年至2002年连续5年获湖南省公路管理局授予的“优秀收费站”称号,2000年至2004年间4年被评为湖南省公路系统“五星级收费站”。

1998年至2009年期间获常德市“青年文明号”称号的还有桃花源、雷公塔、陬市收费站。

1998年至2009年获得过湖南省公路系统“十佳收费站”称号的有樟木桥、崔家桥、石龟山、雷公塔、张公庙大桥收费站;获得过湖南省公路系统“五星级收费站”称号的有樟木桥、崔家桥、张公庙、陬市、桃花源、石龟山、安乡大桥、雷公塔收费站。

津市澧水大桥收费站 1990 年 3 月开征，定编 24 人，2002 年 6 月获湖南省“青年文明号”称号。

第三节　文明单位

1986 年常德公路系统贯彻执行湖南省公路管理局关于开展创建文明单位活动的指示精神，首先在所属各县公路段开展了创建“文明单位”的试点，按照《湖南省公路系统双文明单位评比条件》，经检查评比，澧县公路段被评为“文明县段”，临澧公路段被评为“创建双文明先进单位”。1987 年“创建双文明单位”活动在全市公路系统全面铺开，澧县、临澧公路段、常德市公路总段机械厂被评为常德市公路系统“双文明单位”。

1988 年制订《常德市公路总段创建双文明单位标准》成立“文明创建领导小组”，开展“创建文明单位”，争当“文明先进个人”的竞赛活动，澧县、临澧公路段、常德市公路总段机械厂被评为“双文明单位”，总段养路费征收办公室、总工程师室、劳资科、行政科被评为“文明科室”。1989 年至 1990 年，澧县公路段被评为“双文明单位”。

1991 年至 1995 年常德公路系统把创建“双文明单位”作为“八五”期间的重要工作，加强单位领导班子建设，抓好公路改善工程，以公路养护为中心，推行和完善经济责任制，依法治路、强化路政管理，澧县、汉寿、安乡、桃源公路段、常德市公路总段沥青厂分别获得常德市公路系统“双文明单位”称号。其中澧县公路段连续 5 年被评为常德市公路系统“双文明单位”，1991 年获湖南省公路系统“双文明建设先进单位”称号，1993 年获湖南省交通系统“双文明建设先进单位”称号；1994 年常德市公路总段被常德市委、市政府授予“双文明建设先进单位”称号。

1996 年至 2000 年，常德公路系统根据《湖南省交通系统文明单位（集体）标准》和常德市委关于创建“文明单位”活动的指示精神，把创建“文明单位”作为加强社会主义精神文明建设大事来抓，制定《常德市公路管理局创建文明单位活动实施意见》和《讲文明，树新风活动实施办法》，全市公路系统掀起“树立行业文明形象”的活动热潮，促进了两个文明建设的发展。5 年中，常德公路系统有 13 个单位被评为“双文明单位”，其中澧县、汉寿公路管理局有 3 年、安乡公路管理局 2 年、津市公路管理局和常德市公路管理局沥青站 1 年获得湖南省公路管理局授予的“双文明建设先进单位”称号。1996 年，常德市公路管理局被湖南省委、省政府授予“双文明建设先进单位”称号。1997 年、1998 年、2000 年分别获得湖南省交通厅、湖南省公路管理局授予的“双文明建设先进单位”称号。

2001 年至 2005 年，全面推进行业文明建设，常德市公路系统涌现出“双文明单位 15 个。鼎城、汉寿公路管理局连续 5 年获常德市公路系统“双文明单位”称号；汉寿公路管理局 2001 年、2003 年分别被评为“湖南省交通系统两个文明建设先进单位”，2001 年、2002 年、

2003 年被评为“湖南省公路系统双文明建设先进单位”，鼎城、安乡公路管理局、常德市公路管理局和市公路管理局路桥公司也都获得了湖南省公路系统“双文明建设先进单位”称号。桃源公路管理局 2001 年被常德市人民政府授予“文明标兵单位”称号。

2006 年至 2010 年，常德市公路系统把创建文明行业实行目标化管理，进行单项考核表彰，“两个文明建设”更加细化。5 年中评出“红旗单位”11 个，其中鼎城公路管理局、常德市公路管理局路桥公司和基础设施工程处分别于 2007 年、2009 年、2010 年获“红旗单位”称号；评出“精神文明建设先进单位”12 个，其中安乡、武陵公路管理局、汉寿公路管理局、常德市公路管理局沥青站分别于 2007—2010 年被评为“精神文明建设先进单位”。2008 年度鼎城、临澧公路管理局、市公路管理局海赛公司获“湖南省公路系统双文明单位”称号；2010 年度澧县、石门、津市公路管理局获湖南省公路管理局授予的“双文明单位”称号。2010 年石门公路管理局获“全省交通运输行业文明单位”称号。

2004 年至 2005 年度，常（德）张（家界）高速公路管理处、益（阳）常（德）高速公路开发有限公司被评为“全省高速公路两个文明建设先进集体”；2007 年益（阳）常（德）高速公路开发有限公司获交通部授予的“巾帼文明岗’称号。2010 年常（德）张（家界）高速公路管理处被评为“全省高速公路系统精神文明建设先进单位”。

常（德）吉（首）高速公路管理处 2006 年被评为“全省高速公路系统文明建设先进单位”。

汉寿县坡头渡口 2007 年获湖南交通厅授予的“文明汽车渡口”称号。

第四节　文明样板路

1986 年，常德公路系统在长（沙）常（德）公路汉寿牛鼻铺至常德南站转盘 77 公里路段进行了试验性、示范性的文明路建设。按照湖南省公路管理局〔1986〕湘路科学第 159 号文件精神，按国家标准全部更换了标志牌，路面划定标线、路肩硬化处理，桥梁安设护防桩。1987 年经湖南省公路管理局验收认定为文明路。

2004 年 8 月 4 日，常德公路系统根据交通部、湖南省交通厅、湖南省公路管理局的统一规划和部署，境内国道 319 线文明样板路建设正式开工。国道 319 线常德段全长 155.269 公里，工程总投资 7762.9661 万元。历时两年零四个月，完成的主体工程有：桥梁改造 12 座，其中改线地段新建 6 座；2 处水泥混凝土路面大修 5.6 公里， 沥青混凝土路面摊铺 34.414 公里；改线 3 处 2.6 公里，沿线修建挡墙、圆管涵及水沟设施、绿化、道班房建设一并进行。对主线 207 处地段进行了整治，安装标志牌 342 块，视线诱导标志 580 块，示警桩 377 根，轮廓标 10534 根，防撞墩 176 个，钢护栏 6870 米，防撞栏杆 342 米，反光镜 3 个。于 2006 年 12 月全面竣工并通过了交通部的验收，确认 K1365—K1429.358 计 64.358 公里为文明样板路。

2008 年，湖南省精神文明建设指导委员会授予益（阳）常（德）高速公路为“文明路（段）”；2009 年，授予常（德）吉（首）、常（德）张（家界）高速公路为“文明路（段）”。

公路人物与先进集体

公路人物与先进集体

一、公路人物

(一)人物传记

陈理友　男,1910 年 10 月出生于湖南省新化县横阳区孟公乡一个贫苦农民家庭。1917 年至 1934 年,先后在家乡小学读书,给别人帮工;1934 年 10 月在孟公乡参加了红二方面军,从此走上了革命道路。1936 年 3 月至 1938 年 7 月在红二方面军 6 军团通讯连,电话连任通讯员、副班长、班长职务;1938 年 8 月至 1940 年 4 月为陕西绥德 359 旅教导营学员;1938 年 9 月加入中国共产党,1940 年 4 月至 1945 年 8 月在 359 旅 717 团、718 团电话连任副排长、排长;1945 年 8 月至 1946 年 3 月在齐齐哈尔东北工兵学校任排长、技师;1946 年 3 月至 1948 年 4 月在哈尔滨东北军区三处任班长;1948 年 4 月至 1952 年 5 月在第 50 军司令部通讯连、电话连任技师、副连长、连长职务。1952 年 5 月,陈理友服从组织安排转业到湖南省公路管理局益阳养路段任段长;1952 年 11 月至 1957 年 3 月任常德专区养路总段副段长;1957 年 4 月至 1962 年 11 月任常德公路运输局工务科科长;1962 年 12 月至 1978 年 4 月任常德公路总段副总段长;1978 年 4 月光荣离职休养,离休后享受副厅级待遇。1998 年 8 月 16 日因患淋巴癌医治无效不幸病逝,享年 88 岁。

陈理友在 18 年的军旅生涯中,主要从事通讯工作,一直战斗在基层。入伍后参加战斗 15 次,负伤 15 次,他不怕吃苦,不怕流血牺牲,逐步由一名普通农村青年成长为一名共产主义战士。1952 年转业到公路部门工作后,他历经了建国初期的经济困难、自然灾害严重考验,无论是下基层还是在机关,都能服从安排,严守纪律,为常德地区的公路建设立下了不朽功勋。

张和民　男,1911 年农历五月二十一日出生于河北省钜鹿县,初中文化,汉族,1938 年 5 月加入中国共产党,1938 年 10 月参加革命工作,历任钜鹿县一区、三区、五区区长、区委书记、救国会主任、县农会组织部部长,太行冀鲁豫党校学员,1949 年南下途中任副指导员职务。1950 年到常德地区后,任慈利县委民运厂长,常德专署干校副校长、常德专署工商科副科长、常德公路运输局副局长、1962 年 7 月调常德地区公路总段任党委书记至 1966 年 7 月,1967 年 8 月调任常德滨湖印刷厂党委书记,1978 年离职休养,离休后享受副厅级待遇。1979 年 9 月因患脑溢血病逝,享年 68 岁。

张和民参加革命工作几十年来出生入死,不怕牺牲,把毕生精力献给了党的事业。1938 年参加革命工作后,参加了抗日救亡、土地改革,在参加救国会期间曾被捕,经组织营救脱险后仍然担任救国会主任，带领当地群众抗日救国。调入常德公路运输局和任常德公路总段党委书记的13年中，他广泛发动群众开展增产节约、技术革新运动，大力进行危桥改造，在公路养护上推行养路责任制，推广广东养路经验，全面实施保护层，使公路养护质量大幅度上升，1963年常德公路养护质量第一次夺得了全省第一名。他为常德的公路建设和养护作出了突出的贡献。

李振齐　男，1906年农历五月二十七日生于山西省武乡县墨灯乡，汉族，初中文化，1940年7月加入中国共产党，1941年在山西左武矿参加革命工作，1949年1月南下。南下前曾任河北威县二区区委副书记、县二区、四区区委书记、县委委员。南下后先后任常德地委组织部长、常德地区职工会（总工会）主任、地委委员，常德地直机关党委副书记，湖南省交通厅汽车运输局沅陵汽车总站主任，沅陵县委委员，常德汽车运输局党委书记，湖南省沅水运输指挥部副指挥长，常德地区公路总段党委书记。1972年12月离休，离休后享受副厅级待遇，1986年7月16日因患淋巴癌医治无效病逝，享年80岁。

李振齐参加革命工作前曾给地主和资本家当过长工、矿工，历经千辛万苦。参加革命工作后，积极工作，不怕牺牲，为推翻黑暗统治，建立新中国贡献了一份力量。南下后在土地改革和社会主义建设时期，忠实贯彻执行党的各项方针政策，保证了各项工作任务的顺利完成。在担任常德地区职工会主任期间，积极建立健全各级工会组织，大力开展社会主义劳动竞赛，组织开展“五好集体”、“五好职工”活动，对常德地区工人运动的兴起和发展做出了开创性的贡献。担任常德公路运输部门的领导后，他注重人才的培养，提拔了一批具有工作实践经验，又有管理水平的干部。他为人正直，作风正派，生活艰苦朴素，从不利用手中的权力牟取私利。在子女升学、就业、提干方面从不开后门。离休后，不顾自己年迈多病，还主动打扫公共卫生。

庄惠来　男，1917年9月出生于山东省莒南县，中共党员，高小文化，汉族，1941年入伍，历任班长、排长职务。1949年新中国成立后，根据工作需要，被安排到湖南省建筑工程局工程公司、东江水电局、常德601矿任职。1973年1月调任常德地区公路总段党委副书记，1977年离职休养，离休后享受副厅级待遇。2008年2月22日病逝，享年91岁。

庄惠来入伍当兵后，他参加抗日战斗共计20余次。在战斗中他作战勇敢，不怕牺牲，表现突出，不久就任班长、排长职务。在解放战争中，他直接参加过羲照战役、四平战役、三下江南战役，他英勇无畏，冲锋陷阵，多次立下战功，并被评为劳动模范，中国人民解放军授予他“人民功臣”称号，为解放战争做出了突出贡献，深受广大官兵的尊敬和爱戴。在常德公路总段任党委副书记期间，事事处处严格要求自己，时刻与党组织保持高度一致，工作上兢兢业业，作风上密切联系群众，在领导和同事面前不居功骄傲，不摆老资格，在生活上严格要求自己的子女，从不搞特殊化，不给组织找麻烦，充分发挥了一个共产党员的先锋模范作用。1992年常德市人民政府授予他“劳动模范”称号。

武希圣　男，1923年4月出生于河北省清河县第一区西赵庄，汉族，初中文化，1944年

9月加入中国共产党,1945年8月参加工作,1946年至1948年12月在冀北地委大中商店任会计,1949年8月南下到常德,1950年至1977年4月期间,先后在常德地区商业局、中南地质局413勘探队、湖南干部文化学校、常德专署公安处、常德专署劳动局、常德地区煤矿企业公司、湘澧盐矿、常德地区磷肥厂工作,担任过工会主席、副局长、党委书记、革委会主任职务;1977年8月调常德地区公路总段任副总段长职务,1981年4月离职休养,离休后享受副厅级待遇。2014年5月3日病逝,享年91岁。

武希圣几十年来工作勤勤恳恳,默默奉献。南下行军途中任司务长,他尽心尽力,为部队安排好伙食、住宿等事项,受到了领导和同志们的好评。南下到常德后,工作多次变动,他服从组织安排,在企业工作时,他不怕苦、不怕累,经常到野外、井下检查指导工作;1977年调常德公路总段后,他与党委保持一致,认真做好自己所分管的养护和安全管理工作,为公路养护和建设做出了贡献。他为人谦虚谨慎,平易近人,艰苦朴素,始终保持清正廉洁的作风。离休后尽管身体欠佳,有困难,从不向组织提任何要求;他对党忠诚,信念坚定,离休后直到临终前他仍按标准交清了党费。

张长清　男,湖南桃源县人,1928年9月出生,1950年4月参加工作,汉族,中共党员,常德地区公路运输局桃源工区党支部干事。1960年5月7日,桃源杨溪桥河上游山洪暴发,河水猛涨,上游冲刷下来的竹木堵塞了杨溪桥孔,眼看桥有被冲垮的危险,为了护桥,张长青拿起竹篙排险时,不幸被洪水卷走,以身殉职。

佘雷生　男,湖南桃源县人,1930年2月出生,1949年12月参加工作,汉族,常德市公路养护段(现武陵区)岩桥寺道班工人。1975年11月18日熬沥青时油锅失火,为抢救国家财产不幸因公殉职。

刘炎松　男,湖南桃源县人,1955年11月出生,1973年参加工作,中共党员,汉族,桃源县公路养护段尧河渡口班长,1976年8月在渡运车辆过河时不幸落水因公殉职。

肖新福　男,湖南常德县人,1950年6月出生,1968年在浦沅工程机械厂参加工作;1982年调常德汽车渡口所;1992年12月调沅水大桥一桥收费站任收费员。1994年10月4日上午5点58分被草坪司机黑新杨驾驶大客车逆向冲关撞击身亡,因公殉职。

王　茜　女,汉族,湖南澧县人,1978年3月出生,1997年4月参加工作,在澧县雷公塔收费站从事通行费征收工作。1997年7月18日在依法收费执行公务中被冲关逃费的湘J71625货车撞击身亡,因公殉职。冲关驾驶员被判处有期徒刑7年。

李云飞　男,汉族,常德市鼎城区人,1972年2月出生,1992年12月参加工作。1999年4月20日在319国道樟木桥收费站依法收费时,被冲关逃费的货车撞击,抢救无效因公殉职。

张　佳　男,常德市武陵区人,1980年2月出生,2002年6月参加工作,2005年8月2日凌晨5时左右,张佳在樟木桥超限检测站当班,被强行冲关车辆撞击身亡,因公殉职。

向　华　男,常德市武陵区人,1975年8月出生,1993年12月参加工作。2009年4月25日晚11点左右,向华乘坐白虎山超限检测站路政执法员罗非驾驶的湘J06767路政车,在执法公务过程中，行驶至窑骆线与临岗公路交叉路口时发生交通事故因公殉职。

杨智波　男，常德市鼎城区人，1979年6月出生，1995年12月参加工作。2012年12月15日凌晨1时15分，杨智波在白虎山超限检测站当班时，被强行冲关车辆撞击身亡，因公殉职。

（二）人物简介

1.全国“劳动模范”“五一劳动奖章”获得者及先进工作者

（1）全国“劳动模范”

陈碧云　女，1966年5月出生，湖南桃源县人，中共党员，初中文化，1983年参加公路部门工作，桃源公路管理局红卫道班班长，常德市人大代表。2000年3月被评为常德市公路系统“十佳青年”，2000年1月被湖南省交通厅授予“先进个人”、湖南省总工会授予“芙蓉百岗明星”，同年5月获湖南省人民政府授予“先进工作者”称号，2001年3月被中国妇女联合会评为“三八红旗手”；2002年10月当选为常德市人大代表；2003年8月作为常德市妇女代表到北京参加“中国妇女第九次代表大会”；2005年4月国务院授予“全国劳动模范”称号；2006年5月当选为湖南省第九届党代会代表，同年12月被评为湖南省交通系统“十佳养路工”；2007年12月再次当选为常德市第五届人大代表。

全国劳动模范陈碧云

1995年1月，在桃源公路管理局召开的养护生产招投标大会上，陈碧云承包了山区弯多、坡多、从未大修、坑槽连片的红卫道班9.7公里沙路。道班定编6人，县局每年下拨经费只有6.2万元，仅够人工费开支。而养路必需的材料费、机械运输费、油料、工具购置费等开支一年要4万元，全靠道班自己解决。为了解决运输难的问题，

她借款1.2万元买了一台旧盘式拖拉机，自己学会驾驶。为解决养路材料经费不够的问题，她走遍了公路沿线3村6组90多户人家，苦口婆心诉说养路的艰辛与困难，争取到了村民的理解与支持，在公路沿线建立了3个沙石场和2个黄土采挖场，11年中，为国家节约材料费45.5万元，节省运费13万元，后勤创收11万元，累计为国家节约资金近70万元。

为了养好路，她很少休息，风雨无阻。尤其是雨季，为了保畅通，她带领一班人见亮就起床，天黑才收工。有几次例假也忘了女人起码的保健常识，仍然从事强体力劳动和经受风吹雨淋，回到班里走下拖拉机时才发现机车的坐垫上浸满了血迹。这些年，她累计上贡献班900多天。在她的带领下，红卫道班年年超额完成生产任务，多次被评为桃源县公路管理局雨季公路养护、“达标升级”竞赛的优胜道班和常德市公路系统的“双文明道班”。

（2）全国“五一劳动奖章”获得者

苏前礼　男，1950年2月出生，湖南临澧县人，中共党员，小学文化，汉族，1970年5月参加工作，临澧公路管理局新安道班班长，高级养路工。他先后20次被评为“先进工作者”“最佳养路工”，1998年荣获全国“五一劳动奖章”，同时被湖南省人民政府授予“劳动模范”称号。

1981年，苏前礼担任新安镇道班班长，负责养护19.4公里油路。1998年前，这段路是常德铁路货运物资集散的黄金路段，日车流量达4500次。自1976年沙路改油路以来，仅在1995年安排过一次4公里的大修。其余里程虽然经过三个大修周期，但因经费原因，没有安排大修。他紧紧把握及时养护这个关键环节，实行全方位精心管理，确保了道路的畅通，为国家创造了1688万元的经济效益。新安道班多次被评为湖南省和常德市交通系统“双文明道班”。

他全身心投入养路，却舍弃了许多。领导多次要他住院治病，他没住过一次；组织上数次安排他到外地去疗养，他没去过一次；家里承包6亩责任田，他没管过一回。1996年8月，在特区工作的徒弟，开出月薪3000元且包吃包住的优厚条件，请他去开小车，他不为钱所动，却说：“我离不开这朝夕相处的路，管养好这段强国富民的路，才是我应尽的职责。”

全国“五一劳动奖章”获得者苏前礼

高子华　男，1969年4月出生，湖南常德县人，中共党员，高中文化，汉族，1988年12月参加工作，武陵公路管理局南湖坪道班班长。2006年被评为湖南省公路系统“十佳养路工”，2008年常德市人民政府授予“劳动模范”称号，2009年荣获“全国五一劳动奖章”，湖南省人民政府同时授予“劳动模范”称号。

全国"五一劳动奖章"获得者高子华(武陵公路局南湖坪道班班长)

高子华参加工作后一直工作在生产第一线，以强烈的事业心和高度的责任感养护好了省重点黄金旅游线路S306常德至河洑8公里沥青混凝土摊铺路，使好路率由原来的60%上升到100%。

多年来他带领全班职工一道按照"补早补小"和湖南省公路管理局提出的"七无三有"公路养护标准,积极做好预防性和全面养护,在工作中不断学习新技术，攻克了乳化沥青使用难关,并将此方法在全市公路系统推广。

由于常(德)张(家界)高速公路的开通,大量的超重车辆都在该班养护的G207线汇聚,致使6.15公里路遭受了严重损毁，严重影响了行车和行人的安全,他一面认真分析原因,一面制定抢修方案,积极协助G207辅助线施工队进行施工,完成了路面修复任务。2005年,为了迎接交通部国道干线公路检查验收,他带领全班职工24小时轮流处治病害,保证了公路畅通。

他采用积极争取资金和开展三产业创收的方法,改善了道班工人生活环境,使工人以班为家,安心养路。

(3)全国青年社会主义建设积极分子　许志强

许志强　男(1929.4—2003.8),湖南省宁乡县人,中共党员,初中文化,汉族,1949年8月参加工作,1954年调常德养路总段,先后任常德工区副区长、区长、常德养路总段工会副主席、主席职务,1958年8月调常德棉纺织厂工作。许志强在任常德工区副区长期间,深入道班推行"三定四包"养路负责制,强化道班管理,促进了公路养护质量全面上升。组织公路水毁抢修,加高常德南站至德山港口公路,提前20天完成任务,保障了公路畅通。1955年出席全国青年社会主义建设积极分子代表大会,荣获"全国青年社会主义建设积极分子"称号。

(4)"全国交通系统青年岗位能手"　李爱国

李爱国　男,1965年1月出生,汉族,湖南省汉寿县人,中共党员,高中毕业文化,1984年5月参加工作,2010年任汉寿县公路管理局机务股长。2001年共青团中央、交通部授予"全国交通系统青年岗位能手"称号,同年6月湖南省交通厅授予"湖南省交通系统劳动模范"称号,2003年获湖南省交通系统"交通杯劳动竞赛先进个人"称号。

当站长,工作要比职工更扎实,更过硬。1997年7月,李爱国担任汉寿公路管理局太子庙机械化养护站站长。当时管养国道319线近60公里的水泥混凝土路和沥青路,日交通流量达6000余辆。路面病害多,养护难度大,站内青工多,素质参差不齐。他当站长后,事事处处以身作则，出色地完成了各项工作任务。1999年8月的一天，全站人员在319线石门桥地段处治水泥混凝土路面破碎板，他患了重感冒，抬腿都感到吃力，为了不影响工作，他咬牙带病坚持。路面的高温使他呼吸困难，面色发白，他仍然坚持把工作干完。下午1点多钟，天气突变，眼看暴风雨即将来临，他派人买来塑料布将浇筑的水泥板盖好。不一会儿，狂风夹着暴雨将盖好的塑料布掀开，如不及时盖好，4000多元的水泥板将报废。他来不及多想，跳下车扯住塑料布遮住水泥板，在他的带动下，其他职工也都跳下车，一起用头顶着塑料布在雨中站了一个多小时，保住了新浇筑的水泥板。

1998年6月30日下午，撇洪河河水猛涨，淹没了319国道太子庙桥头，近800米公路积水达1米多深，水面上漂浮着死猪、死狗、死老鼠、人畜粪便散发的臭味令人作呕。为了保证抢险物质的运送和车辆正常通行，他一马当先跳入齐腰深的水中，带领全站人员背土包、筑子堤。经过3个多小时的奋战筑好子堤后，他安排站内职工回家吃晚饭，自己却忙着架抽水机排积水，到晚上11点多钟。饥饿、劳累、长时间的水中浸泡，浑身湿透了，夜风吹来冷得他直哆嗦，直到车辆畅通后，他才拖着疲倦的身躯回家休息。

当站长，技术要比职工更精通，更精湛。李爱国初任站长时对水泥混凝土路面病害的处治却是第一次。为了掌握水泥混凝土的习性，他虚心学习，经常向有经验的施工员、技术员请教，为了观察水泥混凝土凝固的过程，他连续几天几夜不睡觉，观察、试验笔记写了一大本。经过反复研究，摸索出了水泥混凝土路面早凝易产生裂缝等一系列病害的处治方法，通过反复试验，得到广泛使用。他不仅自己学技术知识，还鼓励站内职工加强基础知识和业务知识学习，每月举行一次养护技术练兵，支持青工到大中专学校学习，他们站内有2名青工获得了公路工程和财务的大中专文凭。机械养护站机械多，而且大多数都是进口机械，为了掌握机械使用和维修技术，他带领青工反复学习，使大家成为机械操作和维修的多面手。

当站长，要让职工苦中求乐，变苦为甜。太子庙机械化养护站有17名职工，每年上级拨给的经费缺口大，养人和养路的矛盾十分突出。为了减轻单位负担，趁县公路管理局进行养护体制改革的机会，李爱国向领导提出了“独立核算，自主经营，亏损不补，盈利分成”的承包经营方案。领导批准后，四处找业务，他不仅承揽了汉寿公路管理局的水泥路养护任务，还承接到了鼎城、桃源县等地的公路标志标线、裂缝处治、伸缩缝清灌、破碎板更换等业务，创造利润21万元。1999年承接益常高速公路13块水泥砼路面破碎板更换业务，创纯利润24800元。4年中上缴利润21万元，减少上级下拨人头费51万元，节余维修费8万元，大大减轻了单位负担。养护站还打了水井，办起了职工食堂，修建了篮球场、羽毛球场，办起了阅览室，添置了电视机、音响设备，宿舍前后栽花植树，养护站成为常德市公路系统的第一个三星级道班。

(5)“全国交通系统80年代优秀大学毕业生” 李祖云

李祖云 男，1962年11月出生，汉族，湖南澧县人，中共党员，大学本科文化。1982年1月参加工作，2010年任常德市公路管理局党委副书记、副局长。1992年获交通部授予的“全国交通系统80年代优秀大学毕业生”荣誉称号，1993年获共青团常德市委授予的“十佳青年”称号。

1982年，他分配到慈利县公路段工作的第一件事就是在半月之内设计出一栋宿舍楼。任务接收后，一方面自学书本知识，一方面向行家请教，苦干了13个昼夜，就把设计图纸摆到了领导面前，并负责完成了楼房的施工任务。他利用节假日业余时间，潜心攻读长沙理工大学道桥专业自考本科课程，通过三年努力获得了大学本科文凭。

李祖云——“全国交通系统80年代优秀大学毕业生”；“常德市十佳青年”

1991年春 担任桃源公路段段长，当时桃源公路段负债180万元。面对困难，他深入基层做好职工思想工作，连续5天行程700多公里，深入31个道班、2个碎石场，现场办公解决了多年积累的问题110个，稳定了职工的情绪。强化工程管理，扭转了历年工程亏损局面，同年内部工程就节余44万元，质量优良率达60%。承接到了漆河至五强溪国家专用水泥混凝土路20公里的路基外包工程，他试验出“水压未筛分河沙砾石”施工新工艺，不仅节约了人力和资金，而且填补了省内公路施工技术的空白。并利用工程结余资金偿还了单位欠款135万元。制定和推行《百元产值成本比例控制法》，使段里的机械队和碎石场这两个亏损的辅助生产单位扭亏增盈。一年时间使桃源公路段走出了困境。

1994年，他在全市公路系统率先对16个沙路工班实行家庭承包经济责任制，一次裁减了160名亦工亦农轮换工，每年节省经费20万元。1993年12月《常德日报》、1994年12月《湖南日报》分别报道了他的先进事迹。

(6)“全国交通系统先进工作者” 莫金秀

莫金秀 女，1955年11月出生，湖南桃源县人，1978年8月参加工作，中专文化，汉族，曾任桃源县公路管理站助理工程师，桃源县交通局路桥公司副经理。参加工作后，曾连续10年被评为市、县先进工作者，1996年被评为桃源县“优秀共产党员”，桃源县政府授予“优秀科技工作者”称号，曾获得湖南省公路系统“十佳公路工作者”称号，1998年度荣获“全国交通系统先进工作者”称号。

莫金秀1978年在长沙交通学校毕业后分配到桃源县公路管理站工作。她先后参与了134公里的国省道拓宽改造工程和10条县乡道168公里的新建工程，以及3条专用线路89公里新建工程的测设、预算和施工技术指导。在危险的环境下，她的足迹遍布了全县60多个乡镇。参与修建和改建了400多公里公路和20座大小桥梁。长年野外工作风吹雨打太阳晒，她的皮肤变黑了，当年的年轻人叫她“黑姐”，老百姓叫她“黑工”，老同志叫她“黑妹”。她却说:“自己是一个农民的后代，能够得到国家的培养和重用,理应将自己学到的知识回报社会。”

2.湖南省劳动模范、先进生产(工作)者、全省创先争优优秀共产党员

朱汉雄 男(1921—2010),河南荥阳县人,汉族,初小文化,1949 年 8 月参加工作,曾先后在益阳汽车渡口、常德汽车渡口从事轮船驾驶工作。1951 年 4 月出席湖南省首届工业劳动模范大会,荣获“湖南省劳动模范”称号。1957 年出席湖南省第二次先进生产（工作）者代表大会,荣获“先进生产者”称号,1996 年获“湖南公路之星”称号,在原常德县公路段退休。

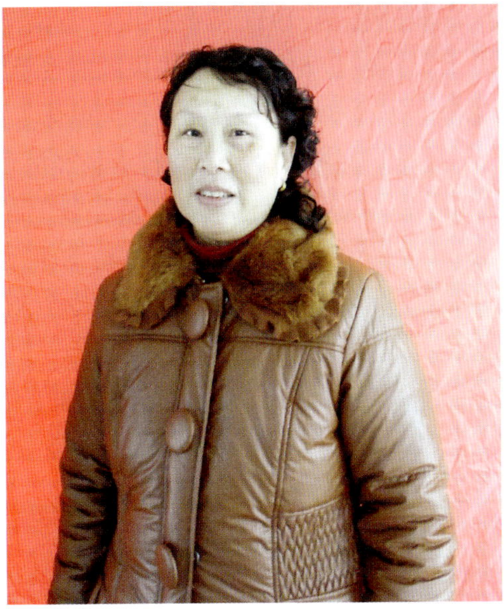
全国交通系统先进工作者莫金秀

1949 年 8 月,他在益阳渡口当轮机驾驶员时，国民党驻益阳的一个师企图阻止解放军南下,下令要将益阳渡口的船舶开至娘娘庙炸毁,并把渡口工人关押在机舱里,他对此进行了抵制,并找益阳公路段段长潘倜一起到专署辩理,使国民党部队的命令暂缓执行。事发的第二天解放军从常德抵达益阳渡口,益阳的伪兵全部溃逃,他不仅保护了渡口的船舶和财产,而且使解放军 47 军和另外两个师在益阳渡口安全迅速过河去了湘阴。他不顾个人安危,日夜渡运。在渡运一辆红十字汽车过渡时,国民党飞机把一颗燃烧弹扔到了轮船的甲板上,并且用机枪进行扫射,为了保证军车安全、保住轮船,他从驾驶室首先扑上甲板扑灭了火焰,把车安全送到了南岸。他整整干了一个多月,把解放军的全部人马装备安全渡过了河。

1956 年,组织上安排他在益阳渡口当班长,他积极想办法,把 2 条小板船合并在一起,把拖船改推船,原来一个航次只能渡 2 辆汽车,改装后一次渡 5 辆汽车,提高工效两倍半。

刘寿云 男(1923—1987),湖南宁乡人,中共党员,初小文化,汉族,1948 年 10 月参加养路工作,新中国成立后担任澧县公路段城关道班班长,1979 年 9 月在澧县公路段退休。

他担任工班长期间,工作认真负责,自己带头苦干,积极革新养路工具,减轻了养路工人劳动强度,由于养护成绩突出,1951 年和 1958 年湖南省人民政府分别授予他“劳动模范”“先进生产者”称号。

王定 女,湖南桃源县人,汉族,常德汽车渡口司机。1950 年改进拖轮倒车转速比成功,1951 出席湖南省第一届工业劳动模范大会,获湖南省“劳动模范”称号。1952 年调离公路系统。

谢炳文 男，原常德公路总段汉寿崔家桥道班班长,1951 年出席湖南省首届工业劳动模范大会,获湖南省“劳动模范”称号。

贺左才 男，常德公路总段工人,1951 年出席湖南首届工业劳动模范大会，获湖南省“劳动模范”称号。

刘树生，男，1937年4月出生，湖南涟源人，1957年11月参加工作，多次被评为“先进生产者”，1989年5月湖南省人民政府授予他“劳动模范”称号，1996年4月获“湖南公路之星”称号。2010年系澧县公路管理局退休工人。

1980年，澧县公路段实行养护经济承包责任制，刘树生揽下应由5人完成的工作，既守护澧（县）松（滋）大桥，又养护澧松线上2公里一级沙路，1980—1990年，他没有休息一个节假日，加班加点时间累计达11340多个小时，为降低养路成本，他利用出工、收工往返机会，顺带板车，自采运沙石、黄土2000多立方米，自锤碎石50多立方米，为国家节省材料经费2万多元。

为守护好大桥，刘树生每年汛期上桥巡察的时间不少于20个昼夜，1987年7月，一次特大的洪水使他的住房淹水1米多深，家具、衣物全泡在水里，他没有顾及自己的家，而是持着安全捞钩连续3个通宵守护在桥上，洪灾过后，大桥安然无恙，可他的家却遭受了很大损失。

湖南省“劳动模范”刘树生

陈彬　男（1923.10—1989.9），湖南桃源县人。1948年元月毕业于沅陵省立第九职业学校，中专文化，工程师，历任衡阳市公路总段技术科副科长，湖南省公路管理局计统科副科长，常德县公路段副段长。1956年出席湖南省第二次先进生产者代表大会，湖南省人民政府授予“先进生产者”称号，1996年获“湖南公路之星”称号。

陈彬先后在湘西、怀化、常德、益阳、零陵、衡阳等7个地州（市）参加公路测量、设计、施工、新改建达2000多公里，在技术上为主负责测设、施工的新建和危桥改造150座。1952年新建永顺至大庸公路90多公里，他负责的15公里测设施工，提前3个月完成了任务，并且为国家节约大米2万多斤（米作工资）。在负责慈利毛坪一段路的新建施工时，为国家节约开支1万多元。他小改小革取得了十几项革新成果。开山修路时，他发明溜槽滑土，比人工挑土提高工效50%。石头上打眼放炮，他加长钢钎为冲钎，提高工效一倍。1964年在零陵地区从事危桥改造时，原设计每座桥改建时要先修便道，每个便道多的要花千多元，少的也要几百元，他从实际出发，采取半边施工，半边通车，一年中改造大小危桥近百座，共1400延米，为国家节约资金2万多元。

史美华　男，1964年7月出生，湖南常德县人，中共党员，大学本科文化，汉族。1981年3月参加工作，2001年任汉寿公路管理局局长，2004年任鼎城公路管理局局长，2007年任常德市公路管理局副调研员。参加工作后，曾4次经常德市人民政府批准荣立二等功，1986年被评为常德市“十佳青年”，2001年被评为湖南省公路系统“十佳公路工作者”，2005年荣获“湖南省先进工作者”称号，同时获得“湖南省交通系统先进工作者”称号。

湖南省先进工作者史美华

史美华担任汉寿县公路管理局局长职务期间，先后承接公路工程项目15个，其中公路大修50公里，新建桥梁6座，修建道班房5栋，每项工程都是“阳光操作”，自觉接受群众监督。

在汉寿公路管理局任局长3年，每年经费缺口110万元，他多方拓展门路创收，不仅保持了收支平衡，而且还清了局里历年拖欠职工的工程补助和欠账款220万元，改建了朱家铺、太子庙、丰家铺、阳南塘4个道班房，为部分道班添置了热水器、空调等设施，极大地改善了道班职工的生活环境。

他任鼎城公路管理局局长期间，累计减亏520万元，好路率从2001年的78.6%上升到92.4%，干线好路率达100%，超湖南省公路管理局计划8%，水泥路清灌缝技术在全省推广，每年减少水泥路面大修53公里，节省投资3000万元。

2007年调常德市公路管理局工作后，分管公路小修保养，他强化养护管理，精心组织养路技术比武，提高了职工养护技能和公路养护质量。2008年10月他组团参加湖南省公路养护技能大比武中，常德市公路管理局荣获综合一等奖，同年年底养护质量获全省第二名，2010年公路养护质量获全省第一名。

马明浩　男，1968年8月出生，湖南澧县人，中共党员，大学本科文化，汉族，1988年9月参加工作。历任临澧公路管理局副局长、雷公塔收费站站长、党支部书记、澧县张公庙大桥收费站站长、党支部书记、石门公路管理局党总支部书记、局长，2013年任常德市公路管理局副调研员。参加工作后，连续6次被评为常德市公路系统优秀共产党员、优秀党务工作者，常德市政府记二等功2次、三等功3次、嘉奖6次，2000年获湖南省公路系统“十佳公路工作者”称号，2010年湖南省人民政府授予“先进工作者”称号，2012年度获湖南省公路系统“十佳项目经理”称号。

马明浩2002年至2006年任雷公塔收费站站长时，累计征费2400万元，征费额度每年以15%的速度增长，收费站获得了常德市“青年文明号”称号。2007年任张公庙大桥收费站负责人时，实征1609万元，超计划309万元，张公庙大桥收费站被湖南省公路管理局评为

2010年度湖南省人民政府“先进工作者”马明浩

“五星级收费站”。2008年任石门公路管理局党总支部书记、局长后，两年争取工程建设资金6900万元,改造道路90.782公里。在公路养护上,推行全面性、预防性和精细养护管理模式,延长了公路使用寿命,为国家节约大修经费600多万元;发展三产业创收480万元;强化路政治超,挽回经济损失620万元。两年为基层职工兑付报账欠款120万元，解决拖欠职工工资款20万元。投资100万元新建道班房1栋；投资30万元整修道班房6栋,投资80万元,整修了局办公楼,使道班职工和机关工作人员的工作、生活环境及福利待遇得到了极大改善。道班工人发短信表示感谢，局机关退休老干部在职代会上抢先上台发言赞扬他。2008年、2009年石门公路管理局获得了“石门县争国投先进单位”，同时获得常德市公路系统“目标管理先进单位”“目标管理红旗单位”“工会工作红旗单位”奖牌,还获得了湖南省交通系统“交通杯竞赛先进单位”、“2009—2011年全省交通运输行业文明单位”、“2009—2010年全省公路系统文明建设先进单位”称号。

陈学泉　男,1965年10月出生,湖南省鼎城区人,汉族,大学本科文化,1983年入伍当兵,1997年退伍安置到常德市公路管理局工作,2005年任市公路管理局基础设施工程处主任。2011年7月21日,常德市委市政府、常德军分区授予他“优秀退役士兵”称号,2012年6月30日获湖南“全省创先争优优秀共产党员”称号,省委组织部记一等功。

2004年底市公路管理局基础设施工程处内外欠款近500万元,职工工资无法保障。单位职工集体上访,要求更换领导,经民主选举陈学泉当选为基础设施工程处主任。上任后,他对外拓展业务,对内严格管理,增收节支,同年就完成产值760万元,盈利200多万元,不仅保障了职工工资的正常发放,而且偿还了部分工程欠款,到2007年单位收支平衡,连续3年被评为省、市公路系统先进单位。

2008年2月市公路管理局将亏损480万元的机械维修站与基础设施工程处合并为一个单位,由陈学泉担任站长。合并后全站167名职工工资福利无着落,他带领班子成员四处寻找业务共渡难关,同年4月经多次登门拜访,接到了汉寿沅水大桥600万元的附属设施工程,为单位创利170多万元,后经2年努力,到2010年年底单位经济状况走出低谷,填平了480万元的亏损后还节余86万元,职工的福利设施条件得到极大改善。

3.湖南省交通系统先进生产(工作)者

吴万菊　女，1935年11月出生，1953年1月参加工作，1986年10月退休。常德汽车渡口轮机员，1953年7月湖南省公路管理局授予“二等劳动模范”称号，1956年湖南省交通厅授予“先进生产者”称号。

唐文斌　男，常德汽车渡口轮机员，1956年、1958年两次获湖南省交通厅“先进生产者”称号，后调长沙。

章金德　男(1914.12—1996.8)，桃源工区杨溪桥道班班长，1957年出席湖南省公路运输先进生产(工作)者代表大会，获湖南省公路运输厅“先进生产者”称号。

邓树生　男(1914—1977.8)，常德汽车渡口轮船驾驶员，1957年出席湖南省公路运输先进生产(工作)者代表大会，获湖南省公路运输厅“先进生产者”称号。

杨宏林　男，慈利工区材料员，1957年出席湖南省公路运输先进生产(工作)者代表大会，获湖南省公路运输厅“先进生产者”称号。

王在贵　男，常德公路总段益阳工区副区长，1957年出席湖南省公路运输先进生产(工作)者代表大会，获湖南省公路运输厅“先进工作者”称号。

陈庭国　男(1925.3—1982.9)，1947年5月参加工作，历任常德公路总段慈利工区副区长，桃源公路段副段长，1958年获湖南省交通厅“先进生产者”称号。

宋梓卿　男(1931年1月出生，死亡时间不详)，石门工区副区长，1958年获湖南省交通厅“先进生产者”称号。

罗大福　男(1911.9—1998)，湖南澧县人，高小文化，汉族，共产党员，1948年5月参加公路部门工作，曾任澧东养护工区副区长，1972年退休。20世纪50—60年代，澧县只有26.27%的沙路，大部分都是黄土路，有养路工10名，工人睡的砖头床，吃饭用的是石头桌。罗大福坚持与工人同吃同住同养路，在极其艰苦的条件下，使澧县的路况质量年年上升，保证了公路畅通。1955年7月常德地区行政公署授予他“劳动模范”称号，1958年获湖南省交通厅“先进生产者”称号。

肖振富　男，桃源工区技术员，1958年获湖南省交通厅“先进生产者”称号。

杨正德　男(1921.3—2000.2)，1949年8月参加工作，1980年5月退休。原任常德工区第一养护队队长，1964年获湖南省工交系统“五好职工”称号。

李保秀　女，常德工区第八养护队炊事员(家属工)，1964年获湖南省工交系统“五好职工”称号。

谢辅臣　男，益阳工区第五养路队指导员，1957年出席湖南省公路运输先进生产(工作)者代表大会，获“先进工作者”称号；1964年出席湖南省工交系统第一次“五好”集体、“五好”职工代表大会，获“五好职工”称号。

吴修林　男，益阳工区养路工，1964年获湖南省工交系统“五好职工”称号。

席先华　男，1968年出生，湖南安乡人，1984年参加工作，安乡县官垱汽车渡口班长。2005年被评为湖南省交通系统“先进工作者”。

席先华立足岗位，钻研业务，以人为本，服务社会，他所在的渡口从来没有出现一例安全事故，多次被评为常德市先进渡口，本人是常德市"交通十佳"获得者。他带领全班人员一起努力学习，渡口收费出现阻力时，他出面做工作，让司机主动缴纳所欠的过渡费，保证了渡运畅通。1998年的防汛抢险中，他24小时待在船上，随时待命，为抗洪抢险做出了突出的贡献。

童自达　男，汉寿县坡头汽车渡口工人，2007年获湖南省交通厅授予"优秀养路工"称号。

黄　俊　男，1976年5月出生，湖南津市人，汉族，中共党员，大专文化，1996年9月参加工作，工程师职称。2011年获湖南省交通运输系统"行业文明职工标兵"称号。2014年在津市市交通运输局治安所工作。

"十一五"期间，津市市委、市政府在实施新农村建设中计划投资建设县乡公路45公里，通乡水泥混凝土路226公里。这一工程任务由黄俊负责设计和监督指导施工。2007年工程项目开工后任务十分繁重。为了提高工程质量和加快公路建设速度，他整天吃住在工地，不分昼夜跟班指导施工，检查施工过程中的每一个细节，在他和同事们的共同努力下，顺利完成了任务，提前两年实现100%的行政村通水泥混凝土路。

2010年5月，领导安排以他为主进行津市市"十二五"农村公路建设规划调查工作。时间紧，任务重，为了及时完成这一任务，他和同事们风里来，雨里去，冒着近40度的高温到乡村调查。每天早晨6点出发，下午7点回家，有些地方，要靠步行，克服困难，一处不丢。他既负责外业调查，又负责内业资料整理，白天在外采集数据，晚上加班加点到深夜2点整理资料，有时干通宵。在3个多月的调查中，他放弃公休假日24天，累计加班加点540小时，折合工日为67个标准工日，他跑遍了全津市7个乡(镇)，4个办事处，81个村，调查记录县、乡、村道562.48公里，按时按质完成了任务，为制定津市市"十二五"农村公路建设规划提供了可靠依据。

2006年因公路养护资金少，乡村公路处于"失养"状态。为了解决这一难题，他到公路沿线乡、镇、村和农户家征求意见，提出并实施了"实行承包养护责任制"和"集中养护"的方法，使全市562公里地方公路好路率达到了78%。

2010年涔水大桥开工建设，他负责施工安排和场地协调。一天正当他工作繁忙时，妻子打来电话说他的父母亲被摩托车撞成重伤，催他赶往医院安排救治，为了工地不停工，他安排妻子先到医院去联系救治事宜，自己坚持把工地事情安排妥当后才赶往医院看望受伤的父母亲。

4.湖南省公路系统劳动模范、湖南公路之星、优秀公路管理局长

(1)劳动模范

杨福秋　男(1927—1988.1)，湖南常德县人，1949年7月参加工作，先后担任临澧、桃源、常德工区副区长，常德公路总段机料科、渡管科副科长，总段机械厂、氧化沥青厂副厂长等职务，1988年6月退休，1951年湖南省公路管理局授予"一等功模范"称号。

1949年参加工作后在澧县张公庙汽车渡口担任轮机员，当时仅有一艘木质汽油拖轮，为保证渡运正常进行，他对机械做到勤检修，精心保养和技术革新，在保证渡运安全畅通方面做出了突出贡献。

汤梅生　男，桃源工区杨溪桥道班班长，1951年出席湖南省公路管理局劳动模范大会，被授予“二等功劳动模范”称号。

(2)湖南公路之星

王炳生　男(1927.12—2004.12)，湖南长沙人，初中文化，先后在湖南省常德地区公路运输局和常德市公路总段工作，担任过宣传部部长，副总段长、总段长、党委副书记，常德地区油路修建指挥部常务副指挥长，1989年退休。1996年获“湖南公路之星”称号。

在常德公路总段主持油路建设工作中，高度重视质量，认真听取技术人员的意见，深入工地检查指导，解决问题干脆果断，态度明确。对油路基层质量不符合设计要求的坚决返工，毫不迁就马虎。他领导大搞科学试验，成功地试验了石灰渣土油路基层和油灰土油路面，推广了水结沙砾基层，石灰土表基层和上拌下贯油路面层，依靠地方党委和群众，因地制宜，就地取材，废物利用，开发了石灰渣、自然沙砾等新建材，结合农村长远发展，参与领导了“山、水、田、林、路”综合治理；1975年率先在全省把常德境内国、省道路基加宽到9.5米至12米，在1974年11月、1975年5月、1975年11月、1976年11月和1978年9月连续五次迎接全省油路建设现场会在常德地区召开，为全省油路建设迅速发展起了很大的表率作用和推动作用。

唐声琮　男(1913.5—1998.9)，湖南湘潭人。1933年湖南楚怡工业学校土木科毕业。解放前在湖南、四川、湖北公路局、交通部西南公路局、甘川公路工程处、川滇西路、二区公路局、西南芷江分局任工程师。1949年8月参加解放军四野四工兵团抢修战地公路桥梁。复员后，先后到湖南、河南公路局、中南公路设计院、交通部公路勘察设计二分院、湖南常德公路总段从事公路勘测设计施工、养护、技术负责工作。任工程师、测量队长、主任工程师。1982年国务院科学技术干部局任命为高级工程师，1996年4月获“湖南省公路之星”称号。

1954年在中南交通局发明测量曲线加桩表、横断面器械，加快测量进度，评为乙等劳动模范。1956年在交通部公路勘测设计二分院时，在《公路》月刊5期发表《公路路基土石方调配计算法》创制土石方体积曲线图，简化计算，合理利用。交通部设计院在全国推广，中南土建学院采用为教材。1956年公路月刊11期发表《风化石铺装路面磨耗层与保护层》。以上三项均得到推广应用。1962年任常德公路养护总段主任工程师，主持技术工作。在危桥改造中，均自己设计、指导施工。1965年改建汉寿余家桥，创新前倾式轻型桥台，减轻自重，增加抗力。1967年新设计安乡大洲桥为无筋波纹薄型拱桥，适应湖区软质地基。路基、路面和桥梁均得到彻底改善和大幅度提高。

陈文龙　男，1938年5月出生，湖南武冈人，1963年毕业于湖南大学公路与城市道路专业。分配到常德市交通局，1969年调到常德地区公路总段，从事公路测设施工和行政管理，曾任副总段长,总段长。1992年出国工作两年,任马里赛克扎依克公路工程总工程师。回国后,任常德公路总段总工程师,常德市第2届人大代表。1990年常德市人民政府授予"优秀科学技术人员"称号,1991年湖南省交通厅授予"优秀科技工作者"称号,1996年获"湖南公路之星"称号。

他曾先后设计、主持或参加施工的工程有朝阳桥、常德沅水大桥、皂市桥等25座大中型桥梁,曾主持常德公路总段行政全面工作和国省道大中修新改建工程以及漆(河)五(强溪)公路水泥混凝土路面改建等多项工程。1995年采用空箱墩台建成多孔软基大跨径朝阳桥,列入交通科技成果,在湖区得到推广。1978年采用石灰水泥综合稳定低塑土作油路基层得到成功,获常德地区科技成果二等奖,排名第一,为湖区修油路找到了新途径。1980年在雷公塔桥研制成功等腹杆式木拱桥架,特省材,获湖南省公路管理局"为社会主义四化建设一等功"。1988年研究成功采用等效荷载法新的调整拱轴方法,可实现对拱顶、拱脚、四分之一跨点应力调整,并运用在皂市大桥上。

张修齐　男,1938年1月24日出生于湖南安乡县,1954年毕业于安乡师范学校。1956年在湖南省公路厅干部训练班财会班结业后一直在湖南公路部门从事财务会计工作至退休, 1996年4月获"湖南公路之星"称号。

张修齐曾在常德公路总段担任主管会计、会计师,1983年出国担任卢旺达项目经理部主管会计。1984年任常德公路总段财务科科长。1988年经湖南省职改领导小组批准为高级会计师,1989年出国任斯里兰卡项目经理部财务经理兼结算师。1990年任常德市公路总段审计科长、副总会计师。1993年任湖南省环达路桥总公司总会计师。

他在公路财会工作中,勤勤恳恳,忠于职守,奉公守法。对公路养护工程成本管理有一定的见解,并在《湖南交通财会》发表过三篇文章。草拟了"公路小修保养成本管理办法"和《公路工程投入产出总承包实施办法》。组织审计了常德汽车渡口等单位的财务违纪违规的问题,并参与了整顿、建章建制,取得了良好的效果。

(3)优秀公路管理局长

马麦秋　男,1962年5月出生,湖南省澧县人,中共党员,汉族,大学本科文化,1981年12月参加工作,2010年10月调任常德市公路管理局党委书记、局长,2013年荣获湖南省公路系统"优秀市、州公路管理局长"称号。

2011年—2013年期间,常德市公路各项工作取得了好的成绩:完成干线公路改造359公里,危桥改造44座,建成省级文明样板路306.469公里,干线公路优良率连续3年名列全省第一,2011年迎国检工作名列全省第一名,2013年路政工作目标管理名列全省第一,同时获得常德市"行政执法先进单位"称号。

刘永春　男,1964年4月出生于湖南省临澧县,汉族,中共党员,大学本科文化,1984年7月参加工作,工程师职称,2001年任临澧公路管理局党支部书记、局长职务。2007年获湖南省公路系统"十佳公路工作者"称号,2011年获常德市"五一先锋号"称号,2013年获湖南省公路系统“优秀区、县(市)公路管理局长”称号。

2001年刘永春任临澧公路管理局长以来,采取公路养护家庭承包、鼓励道班职工停薪留职、成立机械化养护站打入市场创收的方法,至2010年止,累计降低养护成本80万元,每年节约人头经费20万元,加上机械创收和工程节余款,填补了每年近百万元的资金缺口,保证了单位收支平衡和资金的正常运转。在公路养护上,坚持预防性养护、突击性养护和治理超限超载运输紧密结合,国道、省道优良路率始终保持在90%以上,每年超市公路局计划5个百分点,连续4年获湖南省雨季公路养护竞赛“优胜单位”,年终好路率评比名列市公路系统第三位。

道班建设有新的起色。先后投资130万元新建肖家河、芭蕉道班房和机械化综合楼,投资20万元改造青林、范家、杉板、新安4个道班房,还为道班安装有线电视和电话,全局9个道班建成三星级道班3个、二星级道班4个、一星级道班2个,2004年临澧公路管理局获省交通运输系统“模范职工小家”称号。

5.常德市劳动模范

林树民 男,(1923.9—2011.4),黑龙江省巴彦县人,中共党员,高小文化,汉族,1946年5月参加中国人民解放军,1950年参加抗美援朝战争,转业后南下,1955年到桃源县公路段,1984年4月离休。林树民参军后参加大小战斗二十多次,尤其是在黑山、宜昌、龙岗的阻击战中,表现英勇顽强,三次立功,在朝鲜战场上立三等功一次。1992年常德市人民政府认定为“劳动模范”。

盛方政 男,1930年8月出生,湖南石门县人,中共党员,高小文化,汉族,1951年5月参军,1958年5月复员,先后在石门、慈利公路段工作,1965年调常德市公路总段任组织科副科长,1981年11月退休。1952年在部队期间参加荆江分洪,被评为特等劳动模范,1992年常德市人民政府认定为“劳动模范”。

周奎贤 男,1929年8月出生,安徽怀远县人,中共党员,初中文化,汉族,1949年7月参加工作,1951年参加抗美援朝战争,荣获国旗三级勋章,1955年转业到岳阳火车站,1964年调石门公路段任党支部书记至退休,1992年5月20日常德市人民政府认定为“劳动模范”。

向才松 男(1922.12—2010.9),湖南澧县人,中共党员,初小文化,汉族,1956年2月参加工作,在澧县公路管理局退休。1977年10月被常德地区授予“工业学大庆先进个人”称号,1992年7月常德市人民政府认定为“劳动模范”。

王达科 男(1930.8—2004.2),湖南安化县人,中共党员,高小文化,汉族,1957年9月参加工作,系常德市公路管理局机械维修站职工,1988年12月退休,1962年湖南省交通厅授予“先进生产者”称号,1992年5月常德市人民政府认定为“劳动模范”。

钟克香 男(1930.4—2006.1),湖南石门县人,小学文化,汉族,1948年10月参加中国人民解放军,先后参加过解放海南岛和抗美援朝的战争,1951年退役到石门县公路段工作,1992年5月20日被常德市人民政府认定为“劳动模范”。

高雨泉　男(1932.12—2010.7),湖南桃源县人,中共党员,高小文化,汉族,1949年8月参加中国人民解放军,1950年参加抗美援朝,1965转业到桃源县公路段任党支部书记,1984年4月离休。1992年常德市人民政府认定为"劳动模范"。

管洪奎　男(1934.12—2008.8),湖南汉寿人,中共党员,初中文化,汉族,1951年1月参加中国人民解放军,1960年10月转业到山西临汾市公路总段工作,1980年8月调回常德地区公路总段,任办公室副主任、机关党支部书记职务至退休。管洪奎参军后于1951年8月—1952年3月参加抗美援朝战争,1992年常德市人民政府认定为"劳动模范"。

代海堂　男,1937年12月出生,湖南常德县人,中共党员,高小文化,汉族,1960年9月参军,1964年复员安排到常德县公路段工作,现系鼎城公路管理局退休工人。代海堂在部队服役期间因军事素质优良,各方面表现突出,荣立二等功。1992年常德市人民政府认定为"劳动模范"。

朱科堂　男,1940年10月出生,湖南双峰县人,中共党员,高小文化,汉族,1956年6月参加工作,1965年至1968年参加过援越抗美战争,1969年转业到常德地区公路总段,现为路桥公司退休工人,1992年常德市人民政府认定为"劳动模范"。

陈克永　男,1940年7月出生,湖南澧县人,中共党员,中专文化,汉族,1959年2月参军,1978年9月转业到常德地区公路总段工作,先后任劳资科长、服务公司党支部书记职务。1965年5月至1967年7月期间参加了援越抗美战争,1992年常德市人民政府认定为"劳动模范"。

刘栋材　男,(1942.9—2011.5),湖南永兴县人,中共党员,初小文化,汉族,1958年参加工作,1960年7月参军,1965年6月至1968年参加了援越抗美战争,曾获师党委和越南政府通令嘉奖,后复员到临澧公路段工作,1992年常德市人民政府认定为"劳动模范"。

黄星源　男,1942年10月出生,湖南桃源县人,中共党员,初中文化,回族,1964年12月参军,1970年1月复员到常德地区公路总段车队,后调桃源县公路段,1966年3月退休。黄星源参军后,于1966年参加了援越抗美的战争,并荣立三等功,1992年常德市人民政府认定为"劳动模范"。

张崇伟　男,1951年9月出生,湖南安化县人,中共党员,高小文化,汉族,1969年元月参加工作,现系常德市公路管理局机械维修站职工。1977年中共常德地委会授予工业学大庆先进个人称号,1992年5月常德市人民政府认定为"劳动模范"。

黄振治　男,1930年8月出生,湖南慈利县人,中共党员,高中文化,汉族,1950年6月参军,1978年11月转业到常德地区公路总段任副总段长职务。1960年被沈阳军区后勤部(军级)评为先进工作者,1994年12月3日,常德市人民政府认定为"劳动模范"。

刘和初　男,(1939.7—2008.8),湖南常德县人,中共党员,初中文化,汉族,1958年12月至1969年2月在部队服役,1969年3月转业到常德县航运公司任武装部部长,后调常德县公路段任副段长职务至退休。1965年至1969年期间参加过援越抗美战争,1994年12月常德市人民政府认定为“劳动模范”。

唐汉日　男,1938年9月出生,湖南常德县人,中共党员,初中文化,汉族,1959年2月参军,1974年转业到常德地区公路总段,1976年调沥青站工作,1988年退休。1965年至1969年参加过援越抗美战争,1994年常德市人民政府认定为“劳动模范”。

毛丕德　男,1939年10月出生,湖南常德县人,中共党员,高小文化,汉族,1959年2月参军,1967年8月转业到常德汽车渡口所工作,1990年12月调鼎城公路段至退休。在部队服役期间参加了援越抗美战争,1994年12月常德市人民政府认定为“劳动模范”。

胡锡光　男,1940年10月出生,湖南益阳县人,中共党员,小学文化,汉族,1959年1月参加工作,1959年参军,1966年5月复员,1974年5月安排到安乡公路段渡口工作,现系安乡公路管理局退休工人。1965年至1968年期间,胡锡光参加了援越抗美的战争,1994年12月常德市人民政府认定为“劳动模范”。

向延振　男,1944年9月出生,湖南慈利县人,中共党员,初中文化,土家族,1964年1月参军,1985年转业到常德公路总段沥青站任副站长职务,现系退休职工。1965年至1969年参加过援越抗美战争,1994年常德市人民政府认定为“劳动模范”。

郭先柏　男,1943年8月出生,湖南澧县人,高小文化,汉族,1962年12月参加工作,1965年至1969年参加过援越抗美战争,现系澧县公路管理局退休工人。2005年8月1日常德市人民政府认定为“劳动模范”。

杨普荣　男,1957年9月出生,湖南安乡县人,中共党员,大专文化,汉族,1976年2月参加工作,2000年转业到安乡县公路管理局工作,现任安乡公路管理局副局长职务。杨普荣1998年任安乡县人民武装部后勤科长时,在同年的抗洪抢险中表现突出被常德市委、市政府、常德军分区授予“市级抗洪抢险模范”称号,1998年常德市人民政府授予“劳动模范”称号。

肖剑春　男,1958年12月出生,湖南桃江县人,中共党员,大学本科文化,高级政工师,汉族,1974年2月参加工作,1990年调安乡县公路段。参加工作后,担任过公社团委书记、安乡公路段政办股长、工会主席,安乡公路管理局党支部副书记、局长兼书记等职务,现任常德市公路管理局副局长。肖剑春任安乡公路管理局局长期间,单位7年被常德市公路管理局评为先进党支部、6次获省、市主管部门授予的双文明单位称号,在工程建设、发展三产业中,开源节流、争创效益,使安乡公路管理局走出经济低谷,其他各项工作也都取得了突出成绩,1996年获全国公路系统“创新局长”称号,1997年被湖南省交通厅评为“全省交通系统先进个人”,1997年常德市人民政府授予“劳动模范”称号。

覃业会　男,1949年1月出生,湖南石门县人,高小文化,土家族,1969年7月参加工作,1981年11月从地航转入石门县公路段后担任白垭工班班长,因工作成绩突出,多次立功受奖,1989年评为常德市公路系统劳动模范,1992年5月20日常德市人民政府授予“劳动模范”称号。

李习会　女,1953年11月出生,湖南常德县人,中共党员,初中文化,回族,1979年参加工作,1999 年在鼎城公路管理局退休。李习会参加工作后一直坚持在工班养路,16 年的时间里加班加点完成了 21 年的工作量。尤其是 1994 年,当 1804 线有 4 公里路遭受严重水毁时,她带病参加抢修,她的血色素只有 5 克,昏倒在抢修工地,送进医院 2 天她又赶回工地,坚持参加抢修 21 天,保证了车辆的畅通。1995 年 9 月常德市人民政府授予“劳动模范”称号。

曾德立　男,1947 年 4 月出生,湖南省汉寿县人,中共党员,汉族,初中文化,1968 年 2 月入伍,1968 年 5 月参加援越抗美战争,1969 年 1 月回国,1974 年复员到常德市公路总段路桥公司工作,2008 年常德市人民政府认定为劳动模范。

赵国祥　男,1949 年 4 月出生,湖南省汉寿县人,中共党员,汉族,大专文化。1968 年 2 月参加中国人民解放军,1968 年 5 月参加援越抗美战争,1969 年 1 月回国,1988 年转业到常德市公路总段路桥公司工作,2012 年 12 月常德市人民政府认定为劳动模范。

(三)获奖职工名录

1.马承斌

原常德市公路管理局党委书记、局长,1996 年荣获“全国公路系统”、“湖南省交通系统两个文明建设先进个人”和“优秀企业思想政治工作者”称号。

2.皮世双

原常德市公路管理局工会主席,1998 年 7 月全国总工会授予 “全国集体合同建制工作优秀个人”称号。

3.胡志刚

临澧公路管理局路政员,2009 年 10 月交通部授予“全国交通技术能手”称号,同时获“湖南省技术能手”称号。

4.陈元国

原澧县公路管理局书记兼局长,1993 年获湖南省交通系统“文明建设先进个人”称号,1996 年在全国公路系统双百创新人物评选活动中获“创新书记”称号。

5.朱盛秋

原石门公路管理局局长,1993 年被评为湖南省公路系统 “十佳公路工作者”,1996 年获全国公路系统“创新局长”称号。

6.王道清

原临澧公路管理局局长,1996 年获全国公路系统“创新局长”称号。

7.胡　兵

常德市公路管理局工程科科长,2007 年 10 月被中国建筑行业协会授予全国“优秀项目经理”称号;2010 年 3 月被交通部中国公路行业协会授予全国“优秀项目经理”称号。

8.曾　平

湖南常德路桥建设有限公司总工程师,2010 年 3 月被交通部中国公路行业协会授予全国“优秀项目经理”称号。

9.章　兵

原常德市公路管理局路桥总公司副总经理，2013 年 12 月经常德市人民政府批准荣立 2 等功，2004 年 5 月获“湖南省十大杰出青年岗位能手”称号。

10.谢子云

原常德汽车渡口所工人，1979 年湖南省总工会授予“增产节约能手”称号，1980 年常德地区总工会授予“工会积极分子”称号。

11.陈培文

原常德市公路总段机械厂党支部书记，1980 年湖南省总工会授予“工会积极分子”称号。

12.彭敬初

原常德公路总段工会副主席，1986 年湖南省总工会授予“工会积极分子”称号。

13.易纯辉(女)

汉寿公路管理局副局长，2006 年度获“湖南省芙蓉百岗明星”称号。

14.张学平

临澧公路管理局工人，2009 年 10 月获“湖南省技术能手”称号。

15.谢立峰

临澧公路县管理局工人，2009 年 10 月获“湖南省技术能手”称号。

16.覃　意

临澧公路管理局工人，2009 年 10 月获“湖南省技术能手”称号，2012 年获湖南省公路系统“十佳技术能手”称号。

17.黎惠龙

临澧县县乡公路处主任，2006 年被湖南省交通厅评为“湖南省农村公路普查工作先进个人”，同年被湖南省公路管理局评为“2004 至 2006 年县乡公路养护与管理先进工作者”，2008 年湖南省政府授予“为民办实事二等功”。

18.秦新强

原桃源公路管理局龙潭道班班长，1991 年常德市人民政府批准荣立一等功，1993 年获“湖南省交通系统两个文明建设先进个人”称号。

19.张吉安

原常德地区公路总段职工，1966 年获湖南省交通系统“学习毛主席著作积极分子”称号。

20.唐桃源

(1951.8—2012.4)原鼎城公路段樟木桥道班班长，1991 年获湖南省公路系统“十佳养路工”称号。

21.刘更新

原鼎城公路段石板滩道班班长，1993 年获湖南省公路系统“十佳养路工”称号。

22.王　进

澧县公路管理局局长,2000 年获湖南省公路系统“十佳公路工作者”称号。

23.周　丹(女)

原樟木桥收费站收费员,2001 年获湖南省公路系统“十佳收费员”称号。

34.王冬久

原常德市公路管理局路政支队队长,2002 年获湖南省公路系统“十佳公路工作者”称号。

25.吕长庚

津市窑坡收费站稽查员,2005 年获湖南省公路系统“十佳收费员”称号。

26.肖长云

澧县张公庙大桥收费站收费员,2005 年 5 月获湖南省公路系统“十佳收费员”称号。

27.鲁丙集

津市公路管理局保河堤道班班长,2005 年获湖南省公路系统“十佳养路工”称号。

28.谭庆林

原临澧白虎山治超站站长,2008 年获湖南省公路系统“十佳公路工作者”、2009 年获湖南省公路系统“十佳执法员”称号。

29.李照前

鼎城公路管理局周家店道班班长,2008 年获湖南省公路系统“十佳养路工”称号。

30.黄　艳(女)

原樟木桥收费站收费员,2008 年获湖南省公路系统“十佳收费员”称号。

31.裴德友

常德市公路管理局副调研员,2009 年获湖南省公路系统“十佳公路工作者”称号。

32.何英勇

原常德市公路管理局养护科科长,2009 年获湖南省公路系统“十佳项目经理”称号。

33.袁大义

鼎城公路管理局斗姆湖道班班长,2009 年获湖南省公路系统“十佳养路工”称号。

34.邵　波

临澧公路管理局机械化养护站站长,2012 年获湖南省公路系统“十佳技术能手”称号。

二、先进集体

(一)获得全国荣誉称号的先进集体

1.全国“五一劳动奖状”获得者鼎城公路段樟木桥道班

樟木桥道班1988年至1990年连续3年被评为常德市公路系统和湖南省公路系统“双文明道班”,1990年获湖南省总工会授予的“湖南省优秀工会小组”称号,1991年4月29日荣获“全国五一劳动奖状”,成为全国养路道班的一面红旗。

樟木桥道班原有职工15人,担负着国道319、207线共30.75公里的养护任务。自1987年至1991年期间,全班人员立足本职,开拓进取,大力发展三产业,以副养路,共创收18万余元。自力更生修简易油路3.7公里,抢修水毁路14.5公里,为国家节约资金14万元。

勇挑重担,抢修水毁烂路。1987年,国道207南线由于底子差,又是煤运线路,加上冬雪春雨的侵蚀,芭茅堤和陡山道班养护的18.2公路沙路全部下降为差等路,路上坑槽连片,行车十分艰难,行人抱怨,社会反响十分强烈,成了鼎城公路段的一大包袱。樟木桥道班原来只负责养护国道319线12.55公里油路,见到这种情况,班长唐桃源主动向鼎城公路段提出接养207南线18.2公里烂砂路,为公路段分忧解难。任务接收后全班人员搬到陡山道班开始抢修烂路。他们吃住在工地,自己开山放炮采运沙石,中饭送到路上吃,每天上班13小时以上,大家一身泥、一身汗,连续苦干58天,将陡山10公里差等路平均抬高30厘米,使这段长期的烂路变成了坦途。

自筹资金,修建简易油路。不断增加的车密使樟木桥道班感到光靠苦干不能解决烂路问题,必须提高公路的技术等级。为了筹措资金修油路,采用修旧利废,加工制作生产工具和安全标志牌,车辆参运、开办商店、承包工程、自采沙石等多种开源挖潜之路,共计筹集资金18万元,自己动手把国道207南线车密最大的3.7公里沙路修成了简易油路,并进行1公里油路中修,至此,207国道南线18.2公里差等路有9.2公里上升为良等路,9公里上升为次等路。三年中樟木桥道班在抢修差等路、修建简易油路中,无报酬的加班加点累计达2903个工日。

改善福利,探索出了“建家”之路。要想职工以班为家,道班就必须像个家。他们用自筹的资金为班里添置彩电、录放机、洗衣机等电器产品,还为每个职工置办了新床、新办公桌椅、铝桶、热水瓶、蚊帐、被子等生活用品。到樟木桥上班的工人只需带上换洗衣服就行了。樟木桥道班通过自身的努力,在全省公路系统率先把道班建成了一个吸引力很强的“新家”。

2.全国“公路养护模范道班”汉寿公路管理局太子庙机械化养护站

汉寿太子庙机械化养护站1997年、1999年被评为常德市公路系统“双文明道班”;1999年—2000年度被评为湖南省公路系统“十佳道班”,2000年获常德市“青年文明号”、常德市公路系统“模范职工小家”称号,2001年获湖南省公路系统“三星级道班”称号,2010年再次获湖南省公路系统“十佳道班”称号,同年被交通运输部授予“全国公路养护模范道班”荣誉称号。

1997年太子庙机械化养护站挂牌成立，定编15人。站内职工平均年龄不到30岁，这些青年职工大多数在优越环境中长大，有的刚从大学出来，思想活跃，生活不适应，工作不安心。养护站本着“要养好路，必须先育好人”的工作思路，有针对性地在职工中进行爱国主义、集体主义和职业道德教育，同时开展以创“文明道班”“十佳道班”“十佳个人”为主题的争先创优活动，使职工牢固树立起“爱岗敬业、无私奉献”的思想，打造出了一个有理想、有道德、有文化、有纪律、知难奋进、擅打硬仗的优秀团队。2008年春节前夕，湖南遭受了百年不遇冰雪灾害，汉寿境内高速公路、县乡公路纷纷关闭。319国道面临前所未有的压力，养护站人员主动放弃休假，迅速成立应急小分队，不分昼夜撒盐除雪，破冰保通畅，整个冰灾期，国道319线汉寿段没有滞留一辆车、一个人。冰灾刚过，雨季接踵而至，大部分路段毁损严重，他们凭借机械作业优势，舍小家为大家，早晚加班不计报酬，先后投入1012个工日，填补油路坑槽20000多平方米，填补沙路坑槽6340平方米，挖标准水沟4200米，及时修复了水毁路段。

机械设备多，人员流动大是养护站的特点。为了让新进站的职工尽快成才，养护站经常组织职工开展学技术、比技术活动，引导职工刻苦钻研机械操作和新型养护技术，年轻人很快成了“老师傅”。水泥混凝土路面开凿机、清灌缝机、自动跟踪锯、电镐、铣刨机等养护设备人人都能操作自如，个个都有一手绝活。2000年原站长李爱国因技术过硬被评为“全国交通系统青年岗位能手”。2003年在湖南省公路系统水泥混凝土路养护技术大比武中，一举夺得路面灌缝第一名，破碎板处治第二名的优异成绩。

在公路养护上，养护站实行科学化、规范化养护管理，做到“早、快、严、好”(计划早安排、抢修保通快、工作管理严、养护质量好)。从内业到外业，从站内环境到路容路貌，严格按照部颁标准精益求精，从2000年开始，养护站管养的319国道先后接受交通运输部3次全国公路大检查，每次都得到上级的好评。2010年5月，全省干线公路迎检工作现场会在太子庙养护站召开，他们站先进的生产工艺、整洁的路容路貌、规范的道班管理得到了湖南省公路管理局和各地州市与会领导的充分肯定，内业工作和养护路段同时被确定为湖南省迎检标准版本。

汉寿太子庙道班

太子庙养护站的办公楼、宿舍依山傍路而建。为了营造温馨的“职工小家”，投资50万元，按照

“三星级文明道班”的标准加强站内的基础设施建设。站房背后有一片5.2公顷的山丘和1个500平方米的水塘，他们利用地理优势将山地开挖整平，建成苗圃基地，培育樟树、红积木、广玉兰等苗木，销售3000多株，创利近10万元。在山后水塘蓄水养鱼，年产鱼2000多斤，利用业余时间种菜，各类瓜果蔬菜自给有余，自己动手修建篮球场，经常开展篮球赛。通过努力，把养护站建成了绿树成荫、碧草如茵、百花盛开、窗明几净、温馨、和谐的家园。

3.全国“青年文明号”获得者樟木桥收费站

国道319线樟木桥收费站1998年、1999年被评为常德市公路系统“双文明”收费站，2000年获常德市“青年文明号”称号，2000年、2001年获湖南省公路系统“优秀收费站”、2002年获湖南省公路系统“十佳收费站”、同年6月获湖南省“青年文明号”和“青年文明号助万家行动先进集体”称号，2005年获交通部、团中央授予的“全国青年文明号”称号。

以人为本，提高收费队伍的素质。樟木桥收费站采取三项措施：一是加强思想教育，培养收费员的良好职业道德。他们每周五都组织职工进行政治理论学习，观看爱国主义和反腐警示片、录像，开展“爱我中华、爱我公路”为主题的演讲和知识竞赛，组织干部职工下道班参加义务劳动，使职工树立起甘于平凡，乐于奉献的观念。二是开展军训和综合技术比武。每年都举行正规的军事训练1—2次，重点进行队列、交通手势和规范性操作的训练，对行管、售票员每年进行一次业务技能比武；三是采用先进典型引路，激发青年奋发向上。经常组织职工学习本系统全国劳动模范陈碧云、全国“五一劳动奖章”获得者苏前礼的先进事迹，开展争创“青年岗位能手”、“芙蓉标兵岗”等争先创优活动。通过以上措施，增强了收费员的法纪观念，提高了收费员的业务水平和处理各种突发事件的能力，减少了各种人为因素引起的纠纷。全站涌现出湖南省公路系统“十佳收费员”1名，常德市优秀共青团干部1名，征费四班被评为湖南省公路系统“芙蓉标兵岗”，还先后为本系统培养输送了5名收费站和县公路管理局的领导骨干。

科学管理，保证了收费任务的超额完成。在收费管理上，樟木桥收费站总结摸索出了一套科学的管理方法：首先是坚持“计量收费”。将善于辨别车型、精通业务的收费员搭配到各班辅导和带动班组人员熟悉和钻研业务。其次是严格月票管理，堵塞收费漏洞。站长每月对以往所有办理月票的车辆进行集中清理，使月票管理规范化。三是加大稽查力度，狠抓监控管理。行管人员实行24小时跟踪，站领导每天至少1人值班。每天稽查1次以上，下到班组检查3次以上。稽查人员上路率达95%。四是落实各项规章制度，从2000年起实行“末位淘汰制”，行管人员竞争上岗、班长群众选举、领导考核评分制、工资分配与当月收费额、工作表现、岗位特点挂钩，打破档案工资、拉开分配档次、奖罚兑现，从而减少了漏收等违规现象，保证了收费任务的超额完成。

文明服务，树立良好的窗口形象。在文明服务上他们重点做了三个方面的工作：一是主动沟通，争取理解和支持。他们始终注重处理好与当地政府、周边群众的关系。采取走村串户、发放传单等形式宣传“贷款修路，收费还贷”的政策，先后发放了“告司机同志的一封信”、

“征求意见书”等2000多封，还请当地政府、人大以及附近村民10多人组成的行风评议小组，对文明征费情况进行监督评议，收费中坚持敬礼、文明用语、礼貌服务、唱收唱付、迎车敬礼率达100%，拉近了收费员和司机的距离。二是化解矛盾，避免社会纠纷。由于收费对象的复杂性，因冲关逃费、不按章交费而诱发的矛盾时有发生。收费员总是骂不还口、打不还手、微笑服务，付出了泪和血、甚至生命的代价。三是扶危救困，用真情温暖人心。他们开展免费为司机和乘客提供茶水、为车加水、行车线路咨询、车辆应急维修的“四站”服务，大力倡导助人为乐。好人好事层出不穷。2004年3月10日深夜1时，正准备交班的监控员洪丕萍、高璇接到一男子求助电话，说他有6万元钱遗失在一辆客车上，请求帮助拦截查找。接到电话后，他俩立即赶到票亭，等了半个多小时后拦住了大客车，向司机说明了情况，并找到了6万元钱归还失主，失主当即拿出一沓现金予以酬谢，洪丕萍、高璇婉言谢绝了。收费站还与当地特困户结成“互助对象”进行帮扶，逢年过节进行走访慰问，使他们感受到收费站的温暖。

4.全国“模范职工小家”津市灵泉道班

津市公路管理局党支部和工会十分重视灵泉道班“小家”建设工作，1994年投入18万多元，为道班新建楼房、水井、水塔，安装太阳能热水器，置办彩电、冰箱、桌、椅、床铺，购买了图书300册，添置象棋、羽毛球、乒乓球等文体活动器材。同时为道班征地0.07公顷，用于职工业余时间种菜。道班院内绿树成荫，花草繁茂，养路工人的工作和生活环境得到了极大的改善。

1990年灵泉道班被湖南省公路管理局授予“双文明道班”称号；1991年至1998年期间，先后被评为常德市公路系统“双文明道班”“规范化道班”“先进工会小组”；1995年获湖南省总工会授予的“模范职工小家”称号；1998年获“全国模范职工小家”称号。

（二）湖南省先进集体

1.湖南省“文明建设先进单位”　常德市公路管理局

1996年，常德市公路管理局广大干部职工认真贯彻党的十四届五、六中全会精神，深化各项制度改革，促进内部机制全面转换，上下一心，团结奋进，克服了资金严重紧缺的困难，战胜百年不遇的特大洪涝灾害，圆满完成各项工作、生产任务，获得湖南省委、省政府授予的“文明建设先进单位”称号。

战胜洪涝灾害，路况质量全面提高。1996年特大的洪涝灾害给常德公路造成了惨重的损失，全市干线公路被水毁52%，10多条干、支线因沅水暴涨、内渍水位升高而被淹没75.75公里，近20条线路部分路基冲毁，累计直接经济损失达8315万元。水毁发生后，从4月4日起，全体干部职工一律停止休假，集中领导、人力、机械、资金进行重点突击，日夜抢修，到7月底，10条国省道全部恢复交通。三、四季度又组织开展养护生产大会战和达标升级竞赛，使路况质量全面上升。年末综合好路率为71.4%，超湖南省公路管理局计划8.4个百分点，其中干线好路率达75.3%，超湖南省公路管理局计划6.5个百分点，支线好路率为68.3%，超省公路管理局计划16.37个百分点。

工程建设再创辉煌。1996年在公路工程建设上采取加强领导,强化施工现场管理;公开招标、择优录取施工队伍;强化监理、注重材料质量等项措施,保证了工程建设的进度和质量。全年新修水泥混凝土路面10.5公里、油路大修34.66公里、中修28.56公里、沙改油9公里,所有工程合格率达100%,优良率达70%以上。

规费征收成绩喜人。到同年11月底,共完成规费征收总额1896万元,占年计划的118%,提前超额完成任务。

路政管理真抓实干,路容路貌焕然一新。1996年贯彻常德市人民政府《关于加强我市公路路政管理工作的通告》,全年组织由各区、县、(市)分管领导、公安、交通、工商、公路部门参加的两次联合大扫障,共拆除违章建筑54处、临时厂棚586处、拆迁公路上摆设的摊点8处,清除临时路障7675处,使常德公路出现了一个崭新的面容。

"两个文明"建设喜获丰收。在"两个文明"建设中,涌现出一大批先进集体和个人,安乡、桃源公路管理局、常德市公路管理局机械厂、安乡大桥收费站被评为湖南省公路管理局和常德市公路管理局"双文明单位",青林等5个道班被评为湖南省公路系统"双文明道班",大湖口等3个渡口被评为"双文明渡口",全系统267人立功、213人受嘉奖。常德市公路管理局被常德市人民政府授予"抗洪抢险先进单位",津市灵泉道班被湖南省总工会授予"模范职工小家"称号。

2.湖南省"先进集体"　汉寿崔家桥道班

崔家桥道班1983年获湖南省"先进集体"称号。

汉寿县公路段崔家桥道班8名工人,养护国道319线K123—K135共计12公里油路。这12公里油路中有3公里是1969年修建的,有9公里是1971年修建的。由于早期修建的油路油料质量差(煤焦油),路的基础差,修建后不久便出现了大面积的龟裂老化,连片坑槽、翻浆沉陷。班长田佑文带领全班职工苦干巧干,坚持科学养路,开沟排水,挖补罩面,使这段路12年没有大修,而且保持了全良。按油路每6年大修一次的规定,12公里大修2次,就需144万元(每公里大修6万元),剔去小修保养经费44.28万元,为国家节约经费99.72万元。这个班1964年被评为湖南省工交系统"五好集体",同时被评为常德专区工交系统"五好班组",1981年荣立集体一等功,1983年湖南省人民政府授予"先进集体"称号,班长田佑文出席了湖南省劳动模范、先进集体代表大会。

3.湖南省"青年文明号"　矮架山收费站

矮架山收费站1998年获湖南省"青年文明号"称号。

207国道矮架山收费站建立于1996年7月18日,有干部职工53人。通过内强素质,外树形象,工作一年一个台阶,截至2002年10月累计征费4296万元。1997年至1998年被评为湖南省公路管理局"最佳收费站",1998年获湖南省"青年文明号"称号。1999年全省目标考评,又被评为湖南省公路系统优秀收费站。

4.湖南省“青年文明号” 崔家桥收费站

崔家桥收费站2000年获湖南省“青年文明号”称号。

国道319线崔家桥收费站自1996年建站以来，始终坚持以收费为中心，采用半军事化管理模式，实行四班四运转工作程序，以多收费、收好费为目标，以塑造良好的行业形象为重点，“两个文明”建设取得了良好的成绩。1999年获得常德市“青年文明号”称号，2000年获得湖南省“青年文明号”称号。1998年至2001年连续4年获湖南省公路管理局“优秀收费站”称号，2001年、2002年、2004年被评为常德市公路系统“五星级收费站”，2003年、2004年被评为常德市公路系统“精神文明建设先进单位”，2004年被评为常德市公路系统“两费征收先进单位”。

5.湖南省“工人先锋号” 周家店道班

鼎城公路管理局周家店道班担负着省道306线16公里，县道白沙线4.7公里的养护任务。多年来他们以公路养护为中心，以创建“双文明道班”和“模范职工小家”为目标，严守公路养护技术规范，坚持科学养路，取得了好的成绩。2002年至2010年，省道306线好路率始终保持在100%，白沙线好路率保持在95%以上。2002年至2005年连续4年被常德市公路管理局和鼎城公路管理局评为雨季公路养护和路况达标升级竞赛先进道班。

2002年，常德市公路管理局投资80万元，对周家店道班房进行全面改造，新修8套两室一厅的房间，建成公寓式的宿舍楼。修建篮球场、添置羽毛球、乒乓球等文体器材，安装自来水和4台热水器，院内新建4个花池，周围种植树木花草。班内种菜0.1公顷，还饲养猪、鸡，职工的文化生活和物质生活得到改善和提高。2001年湖南省公路管理局授予“十佳道班”称号，2002年被评为常德市公路系统“模范职工小家”，2003年获湖南省公路管理局授予的“三星级道班”称号，2004年获湖南省总工会授予的“湖南省创新示范岗”称号，2012年获湖南省交通系统“文明示范窗口”称号，2013年获“湖南省工人先锋号”称号。

6.湖南省“工人先锋号” 易市道班

石门公路管理局易市道班现有职工8人，平均年龄44岁，负责省道304线9公里水泥混凝土路的管养任务。多年来，该道班一直秉承“创一流、保畅通”的理念，切实履行职责，加强文明建设，确保道路全线畅通。2011年获湖南省公路系统“文明样板路道班”称号，2012年获常德市“五一先锋集体”称号，2013年度获湖南省“工人先锋号”称号。

规范养护，树立窗口形象。易市道班作为全县公路养护窗口，认真履行职责，在县局的统一部署下，通过全体职工的共同努力，认真完成每年目标任务。平均每年清挖水沟6000米，填培路肩10000平方米，清灌缝20000米，维护好公路行道树，美化道路。经常保持对路面的日常清扫，保证了公路的“畅、洁、绿、美”。严格执行上下班制度，全年保持上路率达95%以上。

在确保道路畅通的同时，全班职工认真学习公路养护知识，掌握养护技能，规范养护，努力提高工作效率，为保障道路安全畅通，道班人员经常配合路政执法人员做好路政巡查工作。由于该路段运输车辆多、交通状况复杂，路面抛洒物多，养护人员必须时刻上路清扫，避免发生交通事故。冬季除冰铲雪抛洒防滑料更是一项重要的日常工作。多年来,该路段没发生一起因路面积雪等自然灾害而发生的堵车事件,为全局树立了良好的社会形象。

S306 鼎城周家店道班

明确目标,积极参与活动。在县局的大力支持和精心指导下,易市道班全体职工立足本职、明确目标。在提高技能、保证养护质量的基础上,通过宣传教育、岗位练兵、技术比武等方式,积极参加以创一流工作,一流质量、一流管理、和谐团队为主要内容的"工人先锋号"创建活动。为进一步树立公路部门形象、构建和谐石门公路等目标作出了贡献。由于领导重视,目标明确,该道班多次获得优秀集体等荣誉称号,在 2012 年市局组织水泥砼路面机械清灌缝大比武活动中,获得全市三等奖的好成绩,得到市局领导的高度评价。

团结协作,搞好文明建设。该道班认真开展文明建设工作。道班建有羽毛球场、乒乓球室、棋牌室等职工娱乐场所。职工中形成一种团结友爱、相互帮衬的浓厚氛围,对于困难职工都给予照顾和帮助,尽量缓解他们工作和生活的压力。

(三)湖南省交通系统先进集体

1.湖南省交通系统"两个文明建设先进单位" 澧县公路段

澧县公路段 1986 年至 1992 年连续 7 年被湖南省公路管理局和常德市公路管理局评为"双文明单位",1993 年被湖南省交通厅授予"双文明单位"称号。

深化内部改革机制,增强职工风险意识。澧县公路段有职工 226 人,管养国、省、县道 215.7 公里。为了充分调动职工养路的积极性,1993 年采取三项措施,深化了内部管理机制。一是实行工资、奖金浮动制,把职工的个人收入与工作成绩直接挂钩,做到按劳分配,论绩报酬。实行浮动工资后,道班与道班之间月浮动工资差额达 23 元,职工之间的月收入差额达 102 元。二是利益向重、脏、累活岗位上的职工倾斜。三是对工程机械队实行风险抵押、内部招标、独立核算,自负盈亏。引进风险机制后,调动了职工的积极性,增强了责任感,年内,全段 140 名养路工人加班加点超工时劳动累计达 27845 小时,折合工日 3480 个。为了养好路,有 123 人主动放弃休假 2829 天,还有 5 名职工主动放弃探亲假。

广泛开展劳动竞赛,路况质量稳步上升。1993 年澧县公路段管养的国道 207、县道金新线由于拓宽改造、改弯降坡,车辆改道行驶,致使省道 1868 和曾(家河)大(坪)线车流量由每昼夜 800 次猛增到 5000 次,加上雨水侵蚀,有 27.4 公里油路路面基本报废。面对如此严重的公路毁损，段领导一方面向上级汇报请求支援，一方面带领全段职工开展雨季公路养护竞赛，全力以赴投入公路抢修。抢修中共投入工日7200多个，沙石5700立方米，沥青120吨，使毁损路面得到了较快恢复。雨季公路养护竞赛检查评比，夺得了全市第一名，被评为湖南省公路系统“雨季公路养护竞赛优胜单位”。下半年该段又把路况达标升级赛贯穿于公路养护、公路工程、标准路建设之中，全面提高了路况质量。公路养护达到“七无”，即路面无坑槽，边坡无缺口，路肩无高草、无错台，边沟无淤塞，桥涵无损坏，标志无残缺。并建成标准路53.5公里，年末好路率达85.2%，超上级计划15.7个百分点，公路新改建、大中修工程合格率达100%，重点工程质量创全优。

发挥思想政治工作激励作用，加快“两个文明建设”步伐。澧县公路段从3个方面加强思想政治工作，收到好的效果。一是对职工进行改革承受能力的教育、职业道德教育、艰苦创业教育和主人翁地位的教育；二是加强党风廉政建设，充分发挥党支部的战斗堡垒作用和共产党员的先锋模范作用；三是关心职工生活，解决职工的实际困难。1993年段里挤出资金16.8万元，修建一栋三层楼的道班房，同时为20个道班配备了彩色电视机，解决了所有道班饮水、电灯照明问题；为7户职工解决了11名子女户口“农转非”的问题，“两个文明建设”有了新的发展。全段建成文明道班9个，文明股室3个，段党总支部被评为全市公路系统“先进党支部”。

2.湖南省交通系统“双文明建设先进单位” 汉寿公路管理局

汉寿公路管理局2001年、2002年连续2年获得湖南省交通厅、湖南省公路管理局授予的“双文明建设先进单位”称号。

创精品路，养护、工程质量稳步上升。汉寿公路管理局有干部职工203人。其中在职人员143人，退休人员60人，管养国、省、县道141公里。2002年，在公路养护和公路工程上坚持高起点、高标准，促进了路况质量的稳步上升。在公路养护上，采取领导分线、股室人员包班、改进养护工艺、采用计配水泥综合稳定土修补路面基层、强化机械施工、“以天天都是迎检日”来加强日常的养护等措施，保证了公路的安全畅通，洪水季节也没有出现中断交通的现象。年末良等路达133公里，年平均好路率达92.4%，超上级计划3.21%，好路率连续4年名列全市第一名。在公路工程上把好工序验收、材料质量、工程进度关，全年水泥砼路大修1.7公里、水泥砼路面破碎板更换2260平方米、油路大修1公里，工程质量达全优。

依法治路，路容路貌大改观。汉寿公路管理局管养的线路长，涉及乡镇多、部门多，情况复杂。在依法治路上，一是加大了宣传力度。新栽永久性宣传牌20块，印发《湖南省实施〈中华人民共和国公路法〉办法》和禁止超限运输的宣传小册子1000多份，出动宣传车来回反复宣传，使公路沿线居民家喻户晓，人人皆知。二是积极向政府汇报，由县政府牵头，组织公安、交警、交通、公路、工商等部门进行集中整治。一年中拆除违章建筑4处、临时厂棚192处，拆迁违法摊点669处，清除路障1872处。三是“村镇同治”，控制公路两侧红线建筑15处。通过整治，路容路貌大改观，原来的一些垃圾路段变成了文明路段。

文明征费，通行费征收任务超额完成。在通行费的征收方面该局从本地车辆入手挖掘资源，从点滴入手，做好1元车的收费，从加强征费人员的管理入手，推行末位淘汰制，加大了稽查和文明收费的力度，2002年崔家桥收费站完成征费649万元，超湖南省公路管理局计划169万元。

精神文明建设成绩喜人。在精神文明建设方面，汉寿公路管理局围绕公路建、养、管、征一个中心，突出青工、女工两个重点，进行职业道德、爱国主义、集体主义、“三个代表”重要思想四个教育，开展“雨季公路养护竞赛，路况上等达标竞赛”、创常德公路第一局、第一路、第一站五个活动，并把思想教育与关心职工的个人利益相结合，积极组织建党对象培训班，发展新党员3名，培养提拔优秀青年干部2名，安排经费9万元维修道班房1栋，挤出资金2万元，安排40名工人住院治疗血吸虫病，及时慰问生病住院职工，为困难职工发放困难补助。一系列的活动增强了单位党支部的凝聚力和向心力，精神文明建设取得了好的成果。该局10项管理职能有6项名列全市公路系统第一，经常德市人民政府批准，2名职工立二等功，2名职工立三等功，15人受嘉奖。

3.湖南“全省交通运输行业文明单位” 石门公路管理局

石门公路管理局2009年获湖南省交通系统“交通杯劳动竞赛先进单位”、常德市交通系统“目标管理红旗单位”、常德市公路管理局“量化目标管理红旗单位”和“工会工作目标管理红旗单位”、石门县委县政府“目标管理先进单位”和“争国投先进单位”荣誉称号，2011年获湖南省交通运输厅授予的“2009—2011年度全省交通运输行业文明单位”称号。

文明和谐带队伍。石门公路管理局有干部职工441人，其中在职职工210人、离退休人员231人，管养2条省道、7条县道共计342.238公里公路。是一个道路等级低、路况质量差、安全风险高的山区大局。为了养好管养公路，他们首先从职工队伍建设着手开展工作。

一是班子成员率先垂范，加强自身学习，坚持廉政责任制，坚持民主集中制原则，建清正廉洁、文明团结、奋发有为的领导集体。坚持职工队伍职业道德教育，加强了职工队伍精神文明建设；二是坚持以人为本，真诚关心广大职工。投资120万元新建了白洋道班房；投资10多万元，维修道班一座，解决三个道班的饮水困难。兑现了多年积欠的一线工人报账款107万元；投资20万元兑现了1999年所欠职工工资；投资15万元为全局女职工购买两癌保险；投资近5万元，为全体职工进行健康检查；加强职工物质文明建设。三是做好政治思想工作，维护社会稳定。近年来职工因津补贴不能到位，情绪很大，领导干部经常深入道班做职工的思想政治工作，和职工交心谈心达300人次，化解了职工集体上访事件；对职工中40户皂市移民，做耐心细致工作，职工中没有一户参与石门县皂市水库移民大规模集访。

路况质量上水平。在公路建设上，努力争取上级投资6.3107亿元，落实了X021线、S303两个路网改造项目；投资4760万元，完成省道干线公路59.067公里水泥砼路面大修改造工程；投资205万元，完成X016线5.4公里通乡通村水泥砼路面工程；投资323万元，完成水泥砼路破碎板更换工程1.9万平方。在公路养护上，加大材料的投入，每年养护材料费均在130万元以上，为路况稳定夯实了基础；加强公路、桥涵的全面性、经常性、预防性养护，坚持勤保养、勤清扫、勤修补；提升公路服务水平，营造了“畅、安、舒、美”的公路交通环境。

路政治超树形象。一是强化队伍教育不放松；加大对违纪现象的查处力度，两年来处理违纪案件4起，对相关人员进行诫勉谈话15人次，确保路政执法队伍作风正、纪律严、形象好；二是加大基础设施建设，投资26万元更换2台路政执法车；配套130万元新建超限监测站，新添置两台称重检测仪，安装了14路监控。路政治超工作更加文明规范。三是两年来共立案查处路损案件41起，检测车辆55242台次；处理处罚超限车辆35199台次；卸载17736吨；未发生一起公路“三乱”事件，有效维护了路产路权，保证了公路投资效益的长效发挥，并做到零投诉、零举报，保持了社会稳定，树立了路政治超队伍文明执法的良好形象。

安全生产出效益。在安全管理中，突出做好机务安全、路政治超执法安全、施工安全、道路安全和一线养护工人人身安全。全力推进安保工程，两年来投资393万元，建防撞墙1058米，加高防撞墙1696米，加高钢护栏3472米，新设钢护栏13792米；新建反光凸镜10块，标志标牌20余块，确保道路行车安全。两年来未出一起大小安全事故，取得了良好的社会效益和经济效益。

全面工作见成效。在公路建设、养护、路政治超、安全工作取得优异成绩的同时，严格财务管理，周密核算，压缩行政成本，招待费、水电费、差旅费、车辆使用费实行定额包干，把节余下来的资金用于单位的日常工作和解决职工福利。在经费严重不足的情况下，该局积极内部挖潜，开源节流，实现了经费收支平衡。为创建文明小区，该局每年投入资金9000多元，维护管理小区树木花草；针对局机械队“脏、乱、差”的人居环境，投资10万元，整修房屋、车库，硬化地面，翻修围墙和大门；投资8万元翻修了老办公楼屋面消除了安全隐患；通过文明创建活动，提升了小区人居环境的质量和品位，展示了公路部门文明和谐的新形象。

4.湖南省交通系统“集体标兵” 斗姆湖道班

斗姆湖道班1964年获湖南省交通系统“集体标兵”称号。

常德县养护段斗姆湖道班养护常（德）怀（化）线（现为国道319线）26公里公路。1963年道班认真推行“三包、五定、五到人”的养路责任制（三包是：包生产任务，包工程质量和安全，包降低小修保养成本；五定是：定人员，定工作地段，定材料、工具和牲口，定出勤、出工、工时和工效，定年公里小修保养费用；五到人是：任务落实到人，安全质量责任到人，工具使用保管维修到人，牲口饲养使用到人，经济核算到人），有效地促进了公路养护质量的全面提高。1963年，常（德）怀（化）线每昼夜车密为200次，年末该班好路率为100%，优等路为80%，路面保持完整的松散保护层，路肩、边沟整齐，桥涵、安全标志鲜明，路容整洁，出勤率达103.2%，出工率达85.1%，年公里小修保养费实支760.35元，为全总段平均成本的97%。1964年春获湖南省交通厅授予“集体标兵”光荣称号，同时获湖南省工交系统“五好集体”、常德专区工交系统“五好班组”称号。

5.湖南省交通系统“双文明道班” 青林道班

临澧公路管理局青林道班原担负着207国道16.4公里油路和2.6公里水泥混凝土路面

养护任务。多年来,他们以班为家,以路为业,默默无闻地在公路上耕耘,所养路段好路率长年保持在100%。1984年以来共获奖26次,1993年被评为湖南省交通系统“双文明道班”,1994年被评为湖南省公路系统“十佳”道班,1999年、2000年被湖南省公路管理局授予“二星级文明道班”称号。

精心育人,造就过硬的养路工人队伍。多年来,无论职工怎样变动,他们始终坚持星期二政治学习、星期五业务学习的制度不变动。班里备有签到簿、好人好事登记簿、会议记录簿。为了丰富学习内容,班里每年花500多元订报刊10余种,添置图书100多本,每月播放一次思想性较强的专题录像片。经常利用休息时间组织象棋、乒乓球、羽毛球比赛,开展有益身心健康的活动,寓教于乐。组织职工参加常德市公路系统举办的省、市劳动模范先进事迹报告会,请历任老班长回班讲传统;在业务学习上,经常请县公路管理局的工程技术人员上辅导课。通过一系列的教育,培育出了一支思想、技术过硬、文明生产的职工队伍。在养路技术上,全班职工都获得了部颁公路养护中级工合格证书,在临澧县公路管理局组织的公路养护技术比武中,多次获得第一名。在政治上,不仅多次获得湖南省、常德市公路系统“双文明集体”称号,还培育出了湖南省交通系统“双文明建设先进个人”和常德市公路系统的劳动模范。

艰苦奋斗,为国家节约点滴资金。青林道班养护的油路建于1973年,基础差、车流量大。一到雨季千疮百孔,影响行车。为减轻国家负担,他们靠艰苦奋斗改变了路况面貌。减人增产,9个人加班加点完成了15.4个人的工作量,节约人工费20多万元,自己动手维修车辆,节约修理费1万多元。节省下的资金全部用于油路挖补罩面,平均每年1.5公里,延长了公路的使用寿命。有3公里超龄油路13年未进行大修,按油路使用周期每6年进行一次大修计算,为国家节约大修经费60多万元。

勤俭治班,营造一个优美舒适的生活环境。他们班花了3年多的时间,利用废砖、石,自己动手修建花台3座,铺筑了水泥混凝土地面,院内建起了自来水塔,盖起了猪圈,开挖了鱼池。开垦荒地0.33公顷,种了花生、橘子、甘蔗等经济作物。道班院内,春天百花争艳,夏天绿树成荫,秋天果实累累,冬天优雅清馨。班里每年出栏肥猪4头,养鱼1000多尾,蔬菜自给有余。大家心情舒畅了,工作热情更加高涨。

6.湖南省交通系统“双文明渡口” 坡头汽车渡口

汉寿县坡头汽车渡口1986年被评为“湖南省交通系统双文明汽车渡口”。

坡头汽车渡口位于沅水尾闾目平湖湖口处,在县道027军(山铺)红(卫闸)线上。1979年建成通车,是汉寿县连接西湖片6个乡的交通咽喉。该渡口水面宽,流速急。渡口有16名职工,配备6车位水泥船和176千瓦拖轮各一艘。1985年的渡运量为52500辆,日均渡运汽车144辆,最大日渡运量275辆。自建渡以来,在人手少,渡运设备差,渡运量较大的情况下,全体职工以安全快渡为己任,不分昼夜,随到随渡,无一例安全事故,受到了过往车辆司乘人员和社会各界的好评。

(四)湖南省公路系统“十佳”道班

1.津市公路管理局　保河堤道班

保河堤道班担负着湘北干线15公里油路及4座桥梁计124.5延米的养护任务。1996年建班以来,针对班内年轻人多,工作不安心的特点,加强了对职工的职业道德教育,使职工牢固树立“爱岗敬业、无私奉献”的公路人精神,同时持续开展以创“十佳文明道班”、“十佳文明职工”为主题的争先创优活动,不仅使职工安心养路工作,而且出现了比、学、赶、帮、超的新气象。班长鲁丙集年年都被评为先进生产者,多次受到常德市公路管理局的立功嘉奖,2003—2004年度获得了湖南省公路系统“十佳养路工”的荣誉称号。

保河堤道班所养护的油路是1992年修建的,基础软弱,大部分又是超龄路,车流量大,不堪重负。每年雨季,路面水毁十分严重。尤其是2004年K30+708—K35+580近5公里路段濒临崩溃。水毁出现后,班长鲁丙集带领全班职工奋力抢修,同时联合其他道班职工,组成临时抢修队,采取先难后易的方法,分段互助抢修,很快修复了水毁路,保证了车辆畅通,被评为常德市公路系统雨季公路养护竞赛优胜集体。

在津市公路管理局的重视下,保河堤道班的基础设施建设得很有特色。宿舍楼、食堂、机械材料库房一应俱全,错落有致,班内文体器材齐全,道班职工自己动手种植了400多平方米的柑橘、葡萄等水果,开荒种菜0.1公顷,瓜果蔬菜自给有余,还腌制了10多种坛子菜。道班的环境优雅别致,被常德市公路管理局评为“三园”式(花园、果园、菜园)道班,“先进工会小组”,2004年被湖南省公路管理局授予“三星级道班”,2007年被评为湖南省交通系统“交通杯”竞赛优胜集体,2008年获得湖南省公路系统“十佳道班”称号。

2.桃源公路管理局　漆河道班

S306桃源漆河道班

漆河道班职工5人,管养省道南永线17公里公路,人均养护3.4公里。多年来,全班职工始终“以养路为业,以道班为家”,牢固树立“创一流业绩,展文明形象,保道路畅通”的思想,常年奋战在养护生产第一线,长期保持了路面平整,边沟畅通,绿化美观,实现了所养线路的畅、洁、美、安的要求,道路的优良率保持在95%以上。2004年以来,连续被常德市、桃源县公路管理局评为“双文明道班”“先进工会小组”“优秀道班”,2006年被评为湖南省公路系统“十佳道班”。

3.桃源公路管理局　郑驿道班

G319 桃源郑家驿道班

郑驿道班现有职工 6 人，其中男职工 4 人，女职工 2 人，平均年龄 37 岁。担负着 G319 线 K1386+000–K1408+00022 公里的养护和管理任务。其中水泥混凝土路面 9.09 公里，沥青混凝土路面 12.91 公里，人均养护 3.67 公里。多年来，该班职工始终以养路为业，以道班为家，以“创一流业绩，展文明形象，保道路畅通”为己任，长期保持了所养路段路面平整，边沟畅通、绿化美观、安全无事故，优良路率保持在 95%以上。自 2004 年以来，先后 8 次被评为市、县公路管理局“优秀道班”、“先进道班”、“先进工会小组”，2012 年获常德市“工人先锋号”称号和湖南省公路系统“十佳道班”称号。

预防为主，防治结合保畅通。郑驿道班在公路养护中坚持“预防为主、防治结合、科学管理、全面养护”的方针，不管晴天、雨天，都坚持在公路养护岗位上，从不间断。2008 年初，桃源遭受了 50 年不遇的冰灾，连续 20 多天的低温降雪，导致路面结冰。面对冰灾，该班立即启动应急预案，道班职工全员上路破冰扫雪，坚持 24 小时巡查值守，保证了道路、桥梁畅通无阻，受到社会各界的好评。

2012 年夏季，连续不断的暴雨使桃源的公路遭受了严重水毁。4 月 15 日，郑驿道班管养的 G319 线 K1407+950 米处路基严重滑坡，险情出现后，道班不等不靠，连续抢修两天两夜，及时修复路基，保证车流畅通。

建职工小家，创“十佳道班”。公路养护工作非常枯燥和艰苦。为了增强道班的凝聚力，2011 年 4 月桃源公路管理局投资 35 万元对郑驿道班房进行维修改造，采用通透式围墙，建成砖混结构三层楼房，内设职工宿舍 15 间，学习室、会议室、图书室、活动室、厨房、车库、洗手间一应齐全，还添置了桌椅、书柜、彩电、书籍、医药箱，极大改善了职工的生活环境。道班院内绿树成荫，花草繁茂，成为了 G319 线上一道美丽的风景。

该班还不断完善和健全业务学习、安全生产、应急保畅及道班考核的各项规章制度，严格按照“十佳道班”的标准加强管理，班内图表齐全，填写及时、清晰，各类数据准确无误，出工率达 85%、出勤率达 100%，2012 年终于跨入了全省公路系统“十佳道班”的行业。

(五)常德市“模范集体”

澧县公路段张公庙道班

张公庙道班定编 8 人,实际只有 6 人,养护张公庙至慈利 6.2 公里和张公庙至澧县大堰垱 4.6 公里的油路。从 1977 年至 1989 年，常德公路总段和澧县公路段没有安排大中修经费，道班职工靠小修保养挖补罩面保持了路况的良好。根据油路每 6 年大修一次的技术规定,超期服役了两个周期。按大修 1 公里 6 万元计算,两次共需 129.6 万元,剔去大修后应减去的小修保养费 36.9 万元,为国家节省投资 92.7 万元。1981 年至 1988 年,这个班的好路率为 100%,连续 8 年保持全良工班称号。1987 年被评为湖南省公路系统“双文明道班”,1989 年获常德市人民政府授予的“模范集体”称号,1996 年至 1998 年连续 3 年被评为常德市公路系统“双文明道班”。

附　　录

附　录

有关公路的重要历史文献

1.中共常德市委机构编制委员会《关于常德市公路总段更名为常德市公路管理局的通知》

中共常德市委机构编制委员会文件

常编发〔1996〕35 号

关于常德市公路总段更名为
常德市公路管理局的通知

市直有关单位：

根据湖南省机构编制委员会办公室湘编办〔1996〕108 号《关于常德市公路总段更名为常德市公路管理局的批复》精神，同意常德市公路总段更名为常德市公路管理局，更名后，其单位性质、机构级别、隶属关系、人员编制和经费渠道均维持不变。

一九九六年九月二十八日

2.中共常德市委机构编制委员会办公室《关于各区、县(市)公路段更名为公路管理局的批复》

中共常德市委
机构编制委员会办公室文件

常编办直〔1996〕89号

关于各区、县(市)公路段更名为公路管理局的批复

市公路管理局:

你局关于“申请将各区、县、市公路段改名为公路管理局”的文件收悉。根据上级有关文件精神,经研究,同意我市八个县(区、市)公路段更名为公路管理局,更名后其名称分别为:常德市鼎城公路管理局、常德市津市公路管理局、常德市桃源公路管理局、常德市澧县公路管理局、常德市石门公路管理局、常德市汉寿公路管理局、常德市安乡公路管理局、常德市临澧公路管理局。上述机构更名后,其机构性质、机构级别、隶属关系、经费渠道、人员编制等仍维持不变。

此复

一九九六年十二月十三日

3.《常德市人民政府关于加强公路路政管理的通告》

常德市人民政府文件

常政通告〔2002〕15 号

常德市人民政府
关于加强公路路政管理的通告

为加强公路路政管理，确保公路安全畅通，根据《中华人民共和国公路法》等有关法律、法规规定，现将有关事项通告如下：

一、除公路防护、养护需要外，任何单位和个人不得在公路建筑控制区内新建、改建、扩建建筑物和构筑物，有关部门不得办理批建手续。

自公路边沟外缘起公路两侧的下列范围为公路建筑控制区：国道 20 米，省道 15 米，县道 10 米，乡道 5 米；高速公路（含匝道）30 米，高速公路的连接道 20 米。

凡在公路建筑控制区内进行的建设施工活动，自本通告发布之日起 30 日内必须自行拆除。凡逾期未自行拆除的，由公路管理机构会同有关部门强制拆除。

二、新建村、镇、开发区以及医院、学校、集贸市场等，其选址定点应在公路一侧，不得在公路两侧规划布点建设。

有关单位和个人进行建设，需与公路接线或增设平面交叉道口的，应先经公路管理机构批准，关按照规定标准实施。

三、任何单位和个人不得擅自占用、挖掘公路。因建设需要确需占用、挖掘公路或使公路改线，以及在公路和公路两侧建筑控制区内架设、埋设管线、电缆等设施的，建设单位或个人应先征得公路管理机构的同意；影响交通安全的，还需征得有关公安机关的同意。

四、任何单位和个人未经公路管理机构批准，不得在公路、公路用地范围内以及公路附属设施上设置非公路标志、标牌、标语及广告等。凡未经批准擅自设立的，设置单位和个人应在本通告发布之日起 15 日内到公路管理机构补办有关手续，并保证以上设立物符合国家统一规范要求。否则，由有关部门依法强制拆除。

五、任何单位和个人不得在公路及公路用地范围内挖砂、采石、取土和进行爆破作业，不得摆摊设点、堆放物品、倾倒垃圾、设置障碍、挖沟引水、利用公路边沟排放污物或者进行其他损坏、污染公路和影响公路畅通的活动。坚决取缔以路为市的行为。

六、超过公路限定标准的车辆，不得在有限定标准的公路上行驶。确需行驶的，要采取相应的措施，并经公路管理机构批准。

七、各级公路管理机构和公安机关应当依照各自职责，加强监督检查，及时督促和组织公路的清障工作，保障公路安全与畅通。

八、凡违反本通告规定，依法应给予行政处罚的，由相关部门给予行政处罚。

九、阻碍公路管理机构或公路管理人员依法执行公务的，由公安机关依照《中华人民共和国治安管理处罚条例》的有关规定予以治安处罚；情节严重、构成犯罪的，由司法机关依法追究刑事责任。

十、本通告自发布之日起施行。

二〇〇二年十月十日

主题词：交通　公路　管理　通告

常德市人民政府办公室　　2002年10月15日印发

4.《国务院关于实施成品油价格和税费改革的通知》

国务院关于实施成品油价格和税费改革的通知

国发〔2008〕37 号

各省、自治区、直辖市人民政府，国务院各部委、各直属机构：

为建立完善的成品油价格形成机制和规范的交通税费制度，促进节能减排和结构调整，公平负担，依法筹措交通基础设施维护和建设资金，国务院决定实施成品油价格和税费改革。现通知如下：

一、实施成品油价格和税费改革的必要性

我国现行成品油价格和交通税费政策，对保障国内成品油市场供应，加快交通基础设施建设步伐，促进国民经济平稳较快发展，起到了积极作用。但随着我国石油需求不断增加，经济社会发展与资源环境之间的矛盾日益突出；以费代税、负担不公平等弊端日益显现；二级收费公路规模过大，结构不合理，与地方经济发展和群众出行的矛盾越来越尖锐。迫切需要理顺成品油价格和交通税费机制。

近期国际市场油价持续回落，为实施成品油价格和税费改革提供了十分难得的机遇。及时把握当前有利时机，推进成品油价格和税费改革，对规范政府收费行为，公平社会负担，促进节能减排和结构调整，依法筹措交通基础设施维护和建设资金，促进交通事业稳定健康发展，都具有重大而深远的意义。

二、改革的主要内容

（一）关于成品油税费改革。

提高现行成品油消费税单位税额，不再新设立燃油税，利用现有税制、征收方式和征管手段，实现成品油税费改革相关工作的有效衔接。

1.取消公路养路费等收费。取消公路养路费、航道养护费、公路运输管理费、公路客货运附加费、水路运输管理费、水运客货运附加费等六项收费。

2. 逐步有序取消政府还贷二级公路收费。抓紧制定实施方案和中央补助支持政策，由省、自治区、直辖市人民政府根据相关方案和政策统筹研究，逐步有序取消政府还贷二级公路收费。各地可以省为单位统一取消，也可在省内区分不同情况，分步取消。实施方案由国家发展改革委会同交通运输部、财政部制订，报国务院批准后实施。

3.提高成品油消费税单位税额。汽油消费税单位税额每升提高 0.8 元，柴油消费税单位税额每升提高 0.7 元，其他成品油单位税额相应提高。加上现行单位税额，提高后的汽油、石脑油、溶剂油、润滑油消费税单位税额为每升 1 元，柴油、燃料油、航空煤油为每升

0.8 元。

4.征收机关、征收环节和计征方式。成品油消费税属于中央税,由国家税务局统一征收(进口环节继续委托海关代征)。纳税人为在我国境内生产、委托加工和进口成品油的单位和个人。纳税环节在生产环节(包括委托加工和进口环节)。计征方式实行从量定额计征,价内征收。

今后将结合完善消费税制度,积极创造条件,适时将消费税征收环节后移到批发环节,并改为价外征收。

5.特殊用途成品油消费税政策。提高成品油消费税单位税额后,对进口石脑油恢复征收消费税。2010 年 12 月 31 日前,对国产的用作乙烯、芳烃类产品原料的石脑油免征消费税;对进口的用作乙烯、芳烃类产品原料的石脑油已纳消费税予以返还。航空煤油暂缓征收消费税。对用外购或委托加工收回的已税汽油生产的乙醇汽油免征消费税;用自产汽油生产的乙醇汽油,按照生产乙醇汽油所耗用的汽油数量申报纳税。对外购或委托加工收回的汽油、柴油用于连续生产甲醇汽油、生物柴油的,准予从消费税应纳税额中扣除原料已纳消费税税款。

6.新增税收收入的分配。新增成品油消费税连同由此相应增加的增值税、城市维护建设税和教育费附加具有专项用途,不作为经常性财政收入,不计入现有与支出挂钩项目的测算基数,除由中央本级安排的替代航道养护费等支出外,其余全部由中央财政通过规范的财政转移支付方式分配给地方。改革后形成的交通资金属性不变、资金用途不变、地方预算程序不变、地方事权不变。具体转移支付办法由财政部会同交通运输部等有关部门制定并组织落实。新增税收收入按以下顺序分配:

一是替代公路养路费等六项收费的支出。具体额度以 2007 年的养路费等六费收入为基础,考虑地方实际情况按一定的增长率来确定。

二是补助各地取消政府还贷二级公路收费。每年安排一定数量的专项补助资金,用途包括债务偿还、人员安置、养护管理和公路建设等。

三是对种粮农民增加补贴,对部分困难群体和公益性行业,考虑用油量和价格水平变动情况,通过完善成品油价格形成机制中相应的配套补贴办法给予补助支持。

四是增量资金,按照各地燃油消耗量、交通设施当量里程等因素进行分配,适当体现全国交通的均衡发展。

(二)关于完善成品油价格形成机制。

国产陆上原油价格继续实行与国际市场直接接轨。国内成品油价格继续与国际市场有控制地间接接轨。成品油定价既要反映国际市场石油价格变化和企业生产成本,又要考虑国内市场供求关系;既要反映石油资源稀缺程度,促进资源节约和环境保护,又要兼顾社会各方面承受能力。

1.国内成品油出厂价格以国际市场原油价格为基础,加国内平均加工成本、税金和适当利润确定。当国际市场原油一段时间内平均价格变化超过一定水平时，相应调整国内成品油价格。

2.汽、柴油价格继续实行政府定价和政府指导价。(1)汽、柴油零售实行最高零售价格。最高零售价格由出厂价格和流通环节差价构成。适当缩小出厂到零售之间流通环节差价。(2)汽、柴油批发实行最高批发价格。(3)对符合资质的民营批发企业汽、柴油供应价格，合理核定其批发价格与零售价格价差。(4)供军队、新疆生产建设兵团和国家储备用汽、柴油供应价格，按国家核定的出厂价格执行。(5)合理核定供铁路、交通等专项部门用汽、柴油供应价格。(6)上述差价由国家发展改革委根据实际情况适时调整。

3.在国际市场原油价格持续上涨或剧烈波动时，继续对汽、柴油价格进行适当调控，以减轻其对国内市场的影响。

4.航空煤油等其他成品油价格继续按现行办法管理。液化气改为实行最高出厂价格管理。

5.国家发展改革委根据上述完善后的成品油价格形成机制，另行制定石油价格管理办法。

(三)关于完善成品油价格配套措施。

1.继续发挥石油企业内部上下游利益调节机制作用。当国际市场原油价格大幅上涨，国家实施有控制地调整汽、柴油价格措施时，原油加工企业会出现暂时性困难，中石油、中石化两公司要继续按照石油企业内部上下游利益调节机制，平衡好内部利益关系，调动炼油企业生产积极性，保证市场供应。

2.完善相关行业价格联动机制。(1)铁路货运价格，根据上年国内柴油价格上涨影响铁路运输成本增加的情况，由铁路运输企业消化20%，其余部分通过提高铁路货物运输价格疏导，原则上每年调整一次。具体幅度由国家发展改革委商铁道部确定。(2)民航国内航线旅客运输价格，首先在运价浮动机制内，由航空公司自主调整具体票价，需要调整燃油附加时，根据航空煤油价格影响民航运输成本变化情况，由航空公司消化20%，其余部分通过调整燃油附加标准或基准票价的方式疏导。调整燃油附加标准间隔时间原则上不少于半年。燃油附加具体收取标准由国家发展改革委会同民航局按照上述原则确定。(3)出租车和道路客运价格，由各地进一步完善价格联动机制，根据油价变动情况，通过法定程序，决定调整运价或燃油附加。

3.完善对种粮农民、部分困难群体和公益性行业补贴的机制。(1)种粮农民。当年成品油价格变动引起的农民种粮增支，继续纳入农资综合直补政策统筹考虑给予补贴。对种粮农民综合直补只增不减。(2)城市公交、农村道路客运(含岛际和农村水路客运)、林业、渔业(含远洋渔业)。成品油价格调整影响上述行业增加的成本，由中央财政通过专项转移支付的方式给予补贴。补贴比例按现行政策执行，补贴标准随成品油价格的升降而增减，具体补贴办法由财政部商有关部门另行制定。新的补贴办法从2009年起执行。(3)出租车。在运价调整前，因油价上涨增加的成本，继续由财政给予临时补贴。(4)低收入困难群体。各地综合考虑成品油、液化气等调价和市场物价变动因素，继续做好城乡低保对象等困难群体基本生活保障工作。

4.继续实行石油涨价收入财政调节机制。为合理调节石油涨价收入，妥善处理各方面利益关系，继续按相关规定征收石油特别收益金。

(四)妥善解决改革的相关问题。

1.妥善安置交通收费征稽人员。妥善做好改革涉及人员的安置工作，是成品油税费改革顺利推进的重要保证。要按照转岗不下岗、待安置期间级别不变、合规合理的待遇不变的总体要求，由省、自治区、直辖市人民政府负总责，多渠道安置，有关部门给予指导、协调和支持，确保改革稳妥有序推进。各地要锁定改革涉及的征稽收费人员数量，严格把关，防止突击进人。

对公路养路费征稽人员的安置措施：一是交通运输行业内部转岗；二是税务部门接收；三是地方人民政府统筹协调，多种渠道安置改革涉及人员。

人员安置工作指导意见由交通运输部会同中央编办、财政部、人力资源社会保障部、税务总局制订，报国务院批准后实施。

2.研究解决普通公路建设发展，特别是二级公路发展问题。地方要以这次改革为契机，利用中央财政给予的支持政策，整合现有资源，更好地用于发展二级公路。同时有关部门要按照六费原有资金功能不变的原则，抓紧研究建立和理顺普通公路投融资体制，促进普通公路健康发展。

3.加强成品油市场监管。加强油品市场监测和监管，坚决禁止成品油生产企业为规避税收只开具发票而无实际货物交付和突击销售成品油等非正常销售成品油行为，严厉打击油品走私、经营假冒伪劣油品以及合同欺诈等违法行为，确保成品油市场稳定。

(五)实施时间。

完善成品油价格形成机制，理顺成品油价格，自发文之日起实施。成品油税费改革自2009年1月1日起实施。

三、切实做好改革的实施工作

成品油价格和税费改革是党中央、国务院做出的重大决策，是贯彻落实科学发展观、促进经济社会平稳较快发展的重要举措。各地区、各有关部门要统一思想，充分认识改革的必要性和紧迫性，切实把思想和行动统一到中央的决策部署上来，精心组织，周密部署，共同做好有关工作，确保改革方案平稳实施。

(一)加强组织领导。国务院有关部门组成的成品油价格和税费改革部际协调小组，要切实做好改革方案的组织实施工作；各省、自治区、直辖市人民政府要成立由主要负责同志牵头的改革领导小组，主要负责同志负总责，发展改革、价格、财政、交通、税务、编制、人事等相关部门密切配合，落实责任，确保改革措施落实到位。

（二）保证队伍稳定和资金有效衔接。地方各级人民政府要切实担负起安置人员和维护稳定的责任，把人员安置的工作摆在推进改革的突出位置，提前筹划，周全安排，妥善安置。各级财政部门要做好改革前后资金安排及预算衔接工作；中央财政要通过向地方预拨资金，确保养护管理及人员经费等需要，保障改革平稳顺利推进。

（三）确保取消收费政策到位，严格禁止乱收费。各地要按照改革方案的统一安排，在2009年1月1日零时全部取消公路养路费等六项收费，已经提前预收的要及时清退，要加强检查，确保取消收费政策落到实处。对确定撤销的政府还贷二级公路收费站点，省级人民政府要及时向社会公布其位置和名称，接受社会监督；同时做好财务清理工作，防止国有资产流失和逃废银行债务。绝不允许任何地方、部门、单位和个人，以任何理由、任何名义继续收取或变相收取明令取消的各项收费。违反规定的，要严肃查处，并追究相关责任人的责任。国家发展改革委、财政部要会同有关部门尽快制定下发配套文件，并加大督查力度。

（四）加强宣传解释工作。要通过广播、电视、报纸、网络等多种媒体，有针对性地开展宣传解释工作，取得群众的理解和支持，为改革的顺利实施创造有利的舆论环境。地方各级人民政府要结合本地实际情况，加强舆论引导。

（五）确保社会大局稳定。成品油价格和税费改革涉及面广，情况复杂。各地要密切关注市场情况和社会动态，针对改革过程中可能出现的新情况、新问题，提前做好应对预案，并妥善处理，切实维护社会稳定的大局。

各地区、各有关部门贯彻落实情况，要及时向国务院报告。

国 务 院

二〇〇八年十二月十八日

5.《湖南省人民政府关于实施成品油税费改革完善交通体制加快交通发展的意见》

HNPR-2009-00013

湖南省人民政府文件

湘政发〔2009〕13 号

湖南省人民政府关于实施成品油税费改革完善交通体制加快交通发展的意见

各市州、县市区人民政府,省政府各厅委、各直属机构:

为了贯彻落实国务院《关于实施成品油价格和税费改革的通知》(国发 [2008]37 号)精神,适应税费改革新形势,完善交通体制,加快交通发展,现提出以下意见。

一、完善交通体制的重要性和基本原则

实施成品油税费改革是党中央、国务院贯彻落实科学发展观、建设“两型”社会的重大决策,也是理顺交通税费关系、依法筹集交通建设资金的重大举措。随着税费改革的实施,交通建设模式和投融资方式发生变化, 普通公路过去主要以公路收费权质押贷款筹集交通建设资金的模式难以适应交通发展的新形势;公路交通作为全社会的公共产品,应主要由公共财政供应资金;中央税费改革资金实行规范的转移支付,交通财务体制必须与现行财政管理体制相适应。同时,为了充分调动市县发展交通积极性,实现全省交通跨越发展,必须抓住成品油税费改革的新机遇,进一步完善交通体制。

基本原则:

1.着眼加快交通发展。通过实施税费改革,建立既能有效发挥省级统筹协调职能、又能充分调动市县积极性,责权利相统一的新型交通管理体制,实现全省交通事业后发赶超、科学跨越。

2.明确各级交通事权。根据交通发展需要,划分各级政府交通建设、养护和管理职责。同时,将履行职能必需的财权下放地方,实现权责对等、事财统一。

3.完善财政支持政策。合理使用中央转移支付资金,增强交通建设筹资能力,完善交通建设补助奖励办法，多渠道筹集资金，确保交通建设资金需要。

4.健全管理运行机制。按照政、事、企分开原则，推进交通系统机构改革。

二、明确各级事权，强化市县责任

全省交通实行各级政府负总责、交通行政主管部门按行政区域分级管理、分级负责的管理模式。

（一）省级事权

省人民政府负责编制全省交通发展总体规划、中长期专项规划；支持、指导、协调市州完成干线公路建设任务，对干线公路建设、养护进行监督管理；支持、指导、协调市州完成重大运输及水上项目建设任务；制定全省交通建设、养护、管理的行业标准；对全省重点交通项目的工程设计、施工和质量安全实施监督管理；建立全省交通发展综合目标考核体系，对市州交通发展实行目标考核管理。

（二）市州事权

市州人民政府负责辖区内干线公路（含重大运输及水上项目）的建设、养护和管理；编制辖区内交通发展规划；对辖区内交通项目的工程设计、施工和质量安全实施监督管理。

（三）县级事权

县级人民政府负责辖区内农村公路（含汽车站场、小型水上建设项目和农村渡口渡船）的建设、养护和管理；具体实施辖区内干线公路养护和管理工作；对辖区内交通项目的工程设计、施工和质量安全实施监督管理；监督管理辖区内农村客运站场、农村渡口渡船安全工作和农村运输市场等。

乡镇协助县市做好辖区内农村公路养护、管理工作。

三、加大财政投入，完善筹资机制

（一）建立省对市州交通建设的财政支持体系

成品油税费改革后，省从三方面筹集资金，对市州交通建设予以财力支持。中央安排我省的成品油税费改革转移支付资金全部用于全省交通发展；省政府每年从省级财政中安排一定资金，用于支持交通事业发展，并逐年按比例增长；省建立交通融资平台，加大对交通建设的投入。以上资金，省将通过切块包干、专项补助和奖励等形式分配给市州用于交通建设。

1.合理安排转移支付资金

省从中央安排我省的成品油税费改革转移支付资金中切块给市州，切块资金总额按中央增长比例同比增长，主要用于国省干线公路、农村公路、航道的养护和站场、码头建设及维护等。其中，用于国省干线公路大中修工程、农村公路养护的专项资金必须专款专用。省每年根据国省干线公路路况下达各市州国省干线公路大中修工程任务，并对任务完成情况和投入水平进行考核，未完成任务的，省将在下年度扣减相应专项资金。

省对市州的转移支付切块资金作为市州交通建设的自有财力，必须专项用于交通发展，原则上不得用于人员支出。地方财政确有困难的，从 2009 年起，三年内可从转移支付切块资金中适当安排涉改人员的安置支出。

转移支付资金、国省干线大中修工程专项资金和农村公路养护专项资金等资金管理办法由省财政厅、省交通厅另行制定。

2.完善交通建设补助办法

省交通融资平台所筹集的资金,全部用于全省“十一五”规划交通建设项目,分干线公路和农村公路对市州予以补助。

建立国省干线新建和重大改造专项资金,补助各市州国省干线的新建和重大改造项目。省不确定对各市州补助上限,采取按年度完成建设里程据实补助办法,实行多建多补、少建少补、不建不补。

建立农村公路建设奖励资金。省通过以奖代投,激励各地加快建设县到乡镇公路及通达、通畅工程。

省根据财力对道路运输站场和水上项目给予补助。

省对市州重大自然灾害造成的交通设施损毁抢修和应急处理等给予补助。

省对市州国省干线公路、农村公路建设和道路运输站场及水上项目的具体补助办法,由省财政厅、省交通厅另行制定。

3.建立交通建设考核奖励制度

省对市州公路建设、养护、管理情况实行目标考核。对公路建设,重点考核年度新建、改造干线公路和农村公路通车里程;对公路养护,重点考核国省干线公路路况、农村公路通畅状况等;对交通管理,重点考核交通设计、施工、监理等单位市场化改革,推进管养分离,治理道路运输超载超限及安全生产等情况。省安排专项奖励资金,对目标考核先进市州予以奖励。奖励资金用于补充市州交通建设配套投入。具体考核奖励办法由省交通厅、省财政厅另行制定。

(二)建立健全交通建设融资渠道

各级政府要加大融资力度,多渠道筹集交通建设资金。省本级由财政、交通、国土资源等部门组建公路建设投资公司,作为省级交通融资平台。各市州也要建立相应的交通融资平台。省安排各市州税费改革转移支付资金,可用作交通融资平台资本金。

各地要积极采用对公路沿线土地依法依规开发、拍卖冠名权、盘活交通系统存量资产等方式筹集建设资金,还可通过特定项目政策性贷款和发行地方债券、企业债券、中期票据等形式筹措建设资金。

(三)切实加强交通财政财务管理

各级交通行政主管部门及其行业管理机构的财务收支纳入同级财政预算管理,各级政府要加大对交通的投入,确保随财力增长而同步增长。各级财政部门要规范交通财政财务管理,根据新的“三定”方案,核定同级交通部门及其行业机构的基本支出,其基本运行经费由财政预算保障。

各级财政要加大对交通非税收入管理力度，与本级预算内收入、上级补助收入统筹安排，用于加快交通发展。地方海事部门执收的货物港务费、船舶港务费、船舶检验费，省和市州继续按照原办法分成。

中央和省安排的各类交通资金，由省统筹纳入对市州交通建设和补助体系（中央安排的交通专项资金另有规定的，从其规定）。资金安排使用先由省交通厅提出初步分配方案，省财政厅审核后报省政府批准，省财政厅、省交通厅联合下文，通过各级财政部门拨付资金。通过发改委安排的交通建设资金，原有的审核和下拨程序不变。各市州、县市区要比照省级办法，完善资金安排拨付程序。各级财政、审计、监察部门要加强对各类交通资金的监管。

（四）妥善处理交通建设债务和国有资产

交通建设现有债务按照"谁承贷、谁偿还"的原则处理。由省承贷的，省负责偿还；由市州承贷的，市州负责偿还。取消政府还贷二级公路收费后，中央从提高成品油消费税新增收入中安排了资金补助地方还贷。省在对各级交通债务进行核定后，确认省、市负债额度，合理分配中央偿债补助资金。各级要对债务进行认真清理核实，制定还贷规划，筹集还贷资金，妥善处理债务。

应划转市州的国有资产，由省交通厅按照国有资产管理有关规定组织资产清查并办理移交手续，按账面原值划转市州政府，确保国有资产不流失。省审计、财政和监察部门要加强监督。

四、推进机构改革，妥善安置人员

（一）逐步推进交通部门企事业单位改革

按照政企分开、政事分开、事企分开的原则，区分政府与市场，把适合市场承担的职能从政府部门分离出去，实现设计监理企业化、工程建设市场化、施工养护社会化。各级交通勘察设计、施工、监理、养护、驾培、汽车修理、船舶修造等事业单位整体转制为企业法人，与行政部门脱钩。逐步推进"管养分离"，建立统一开放、规范有序、公平竞争的公路养护运行机制，积极推行大中修养护按项目、小修保养对养护企业公开招标。各级交通行政主管部门会同相关部门制定所属企事业单位改革方案，报当地政府批准后实施。

（二）规范机构职能设置

科学制定"三定"方案。各级应根据改革后交通部门机构职能的变化，重新制定"三定"方案，规范机构设置，核定人员编制，明确职能职责。

规范设置管理机构。调整海事机构设置，将市州水上安全监督、船舶检验、港航管理、航道管理等职能进行有机整合。统一设置各类道路运输管理机构，目前道路运输管理机构承担了水路运输管理职能的，原则上移交水上运输管理部门。根据工作需要，建立健全乡镇交通管理机构。

（三）妥善安置改革涉及人员

各级人民政府分级负责，妥善做好涉改人员的安置和分流工作。各市州原则上要在两年内将涉改人员安置到位，确保改革平稳过渡。对按时完成人员分流及安置任务的，省予以专项奖励。

五、加强领导和协调，确保改革顺利推进

（一）加强组织领导，搞好协作配合

各市州人民政府要按照省政府要求，切实加强对成品油税费改革工作的领导，认真制定改革方案，精心组织，抓好落实。要密切关注税费改革后交通建设、养护和管理中可能出现的新情况和新问题，研究提出相应的措施，及时协调解决。各级有关部门要在同级政府的领导下，密切配合，确保改革措施落实到位。转移支付资金的具体分配办法、交通债务的偿还规划、交通融资平台建设由各级财政部门牵头落实；交通建设的历年债务，由各级审计部门牵头核定；交通部门的“三定”方案，由各级人事编制部门牵头制定；交通系统机构改革和政府还贷二级公路撤站工作，由各级交通部门具体组织实施。

（二）严肃改革纪律，严格财务监管

各地要严格按照中央和省政府有关要求，对改革涉及的交通收费征稽单位，停止人事任免，冻结人员编制，严禁进入和提拔、聘用职务。省审计、监察等部门要组织力量对涉及改革的单位开展全面的财务审计和资产清理，并对相关单位负责人开展离任审计，要加强资金、票据和资产管理，冻结资产，严禁变卖、私分、转移国有资产，严禁违反政策规定滥发奖金、福利等钱物，防止铺张浪费和国有资产流失；要强化监督检查，决不允许任何地方、单位、部门和个人，以任何理由、任何名义继续收取或变相收取明令取消的各项收费。

（三）加强宣传引导，维护社会稳定

各地要通过广播、电视、报纸、网络等媒体，广泛开展政策宣传，为改革创造有利的舆论环境。各级各有关部门要密切关注改革过程中出现的新情况、新问题，做好应对预案，及时化解矛盾。改革期间，各地严禁出台可能引发不稳定因素的政策措施，切实维护社会稳定。对因改革政策执行不到位、工作不力、处置不当引发群体性事件和不稳定因素的，严肃追究有关领导和人员的责任。

二〇〇九年五月五日

主题词：交通　改革　意见

抄　送：省委各部门，省军区司令部

省人大常委会办公厅，省政协办公厅，省高级人民法院，省人民检察院

各民主党派省委

湖南省人民政府办公厅　　2009年5月6日印发

6.常德市人民政府《关于实施成品油税费改革完善交通体制和做好涉改人员安置工作的意见》

CDCR-2009-00014

常德市人民政府文件

常政发〔2009〕20号

常德市人民政府
关于实施成品油税费改革完善交通体制和
做好涉改人员安置工作的意见

各县市区人民政府，德山开发区、柳叶湖旅游度假区、西湖管理区、西洞庭管理区管委会，市直有关单位：

为贯彻落实《国务院关于实施实施成品油价格和税费改革的通知》(国发〔2008〕37号)、《湖南省人民政府关于成品油价格和税费改革人员安置工作的指导意见》(湘政发〔2009〕12号)和《湖南省人民政府关于实施成品油税费改革完善交通体制加快交通发展的意见》(湘政发〔2009〕13号)等文件精神，适应成品油税费改革新形势，完善交通体制，促进交通发展，妥善安置涉改人员，现提出如下意见。

一、指导思想和基本原则

(一)指导思想：全面贯彻落实国务院和省政府关于成品油税费改革，完善交通体制，妥善安置涉改人员的文件精神，进一步完善交通管理体制，明晰交通事权，充分调动市、县、乡的积极性。以人为本，依法依规，多渠道妥善安置涉改人员，2009年底前完成税费改革和涉改人员安置工作，确保全市成品油税费改革顺利实施和社会稳定。

(二)基本原则：

1.以人为本的原则。税费改革既要兼顾国家、集体、个人三者利益，又要坚持以人为本，认真贯彻落实国务院和省政府关于涉改人员安置的政策规定。

2.依法依规的原则。严格按照《公务员法》、《劳动合同法》等有关法律、法规以及国务院国发〔2008〕37号、国务院办公厅国办发〔2009〕9号和国办发〔2002〕35号、省政府湘政发〔2009〕12号等文件要求，分类妥善安置相关人员。

3.确保稳定的原则。各地各单位要按照分级负责、谁主管谁负责的要求，切实做好涉改人员的思想工作，加强正面引导，及时化解矛盾，确保队伍稳定。

4.促进发展的原则。通过实施税费改革，建立健全促进常德交通加快发展的体制机制，充分调动市、县、乡各方面的积极性，实现交通事业的科学发展。

二、明确市县事权，强化各级责任

（一）市级事权。市人民政府负责编制全市交通发展总体规划、中长期专项规划；负责全市干线公路（含重大运输及水上项目）的建设、养护和管理；支持、指导、监管县市区完成农村公路（含汽车场站、小型水上建设项目和农村渡口渡船）的建设、养护和管理；对全市交通项目的工程设计、施工和质量安全进行监督管理；建立全市交通发展综合目标考核体系，对县市区交通发展实行目标考核管理。

（二）县级事权。县市区人民政府负责编制辖区内交通发展总体规划、中长期专项规划；负责辖区内农村公路（含汽车站场、小型水上建设项目和农村渡口渡船）的建设、养护和管理；支持、协调辖区内干线公路建设、养护和管理工作；对辖区内交通项目的工程设计、施工和质量安全实施监督管理；监督管理辖区内农村客运站场、农村渡口渡船安全工作和农村运输市场等。

乡镇协助县市区人民政府做好辖区内农村公路建设养护管理、运输市场管理、乡镇渡口、客渡船、农用船的安全管理工作。

三、理顺管理体制，调整机构设置

（一）市交通规费征稽系统机构调整

1.撤销市交通规费征稽处机关、市交通规费征稽处稽查大队、直属所和市交通建设质量监督站，设立市交通建设质量安全监督管理处。

2.撤销市交通规费征稽处鼎城、桃源、澧县、石门、汉寿、临澧、安乡、津市交通规费征稽所。除武陵区外，其他县市区均可比照市里设立交通建设质量安全监督管理机构。

（二）市公路局系统机构调整

1.市公路局机关及市公路局直属事业单位管理体制维持不变，

2.县市区公路局管理体制维持不变。

3.207国道白虎山超限超载检测站由市公路局管理调整为临澧公路局管理；319国道樟木桥超限超载检测站由市公路局管理调整为鼎城公路局管理。

4.撤销市公路局下属的樟木桥、崔家桥、大鲸港、石龟山、新洲、矮架山、雷公塔、张公庙、桃花源、陬市10个收费站。

5.设立汉寿沅水大桥管理所，归口汉寿公路局管理。

（三）市交通局所属收费站机构调整

撤销市交通局临岗公路路政管理大队、柳叶湖收费站、汉寿五里桥收费站，设立市交通局信息中心、应急管理中心和临岗公路管理站。

（四）市直水上管理机构调整

1.市海事局、市港航管理处、市航道管理处合并。

2.原市海事局下属地方海事处管理体制维持不变。

3.原市航道管理处下属市湖区航道管理所、澧水航道管理所随航道管理处划入市海事局。

（五）根据工作需要，建立健全全乡镇交通管理机构。

四、依法依规，妥善安置人员

（一）人员安置原则。市、县人民政府分级负责，按照以人为本、依法依规、公平公正、竞争择优、确保稳定的原则，妥善安置涉改人员。

（二）人员身份确认原则。在编在册人员、政策性安置人员、沅水大桥及207国道德山收费站转岗安置人员、编内人事代理人员及省交通规费征稽局调聘录用人员，均予以确认。

（三）人员安置途径

1.市交通规费征稽系统人员安置。市交通规费征稽处机关、稽查大队直属所人员除划转到税务部门、市交通建设质量安全监督管理处，以及提前离岗人员以外，其他人员连人带编分别划转到市规划局执法监察大队、市环境监察支队和市城区公共客运管理处。

各县市区交通规费征稽所人员除划转税务部门以外，其他人员由所在县市区人民政府安置。

2.市公路局系统所属收费站人员安置。按照从哪里来回那里去的原则转岗安置，余下人员分别在市公路局系统内部和市规划局下属单位安置。

3.市交通局所属收费站人员安置。在市城区车辆通行费征收管理处和新组建的市交通局信息中心、应急管理中心、市纪检监察培训中心、市国土资源局下属单位、市交通建设及水利投融资机构和汉寿沅水大桥管理所安置一部分，余下的在临岗公路管理站安置。

4.公路运输管理费、水上交通规费征稽管理人员安置。公路运输管理费征稽管理人员，在所属道路运输管理机构内部转岗安置；航道养护费、水路运输管理费和水运客货附加费征稽管理人员，在所属航道、港航管理机构内部转岗安置。

5.县、乡拖拉机摩托车养路费征集管理人员安置。此类人员按其所属性质由县市区人民政府负责安置。

6.离退休、提前离岗、协保人员安置。涉改单位离退休、提前离岗、协保人员，原单位成建制划转的，随同其原单位一并划转；非成建制划转的，按单位隶属关系，由其主管部门确定接收单位。

7.借用人员安置。人事、编制关系在原单位的借用人员，原则上回原单位安置。

8.合同制员工，根据合同性质，依法依规妥善处理劳动关系或事业单位聘用关系。

机构调整设置和人员编制划转的具体方案，由市编委办另文确定。

（四）人员安置配套政策

1. 公务员身份的人员，截止2009年12月31日前，工作年限满30年，或距国家法定退休年龄不足5年的，且工作年限满20年的，经本人申请、组织批准，可提前离岗。提前离岗期间，享受在职同类人员的工资福利待遇。

2.非公务员身份人员，截止2009年12月31日前，距国家法定的退休年龄不足5年的，经本人申请、组织批准，可实行提前离岗。提前离岗期间，享受在职同类人员的工资福利待遇。

3.非公务员身份人员，截止2009年12月31日前，距国家法定退休年龄6–10年的，经本人申请、组织批准，可实行养老关系协保。协保期间按当地社会平均工资的60%发放工资，按有关政策规定分别由单位和个人缴纳社会保险费。达到提前离岗条件后，实行提前离岗，享受提前离岗待遇。

4.涉改人员原则上实行竞争上岗，对参与竞争没有竞到所申报岗位的人员，由组织安排；对不参与竞争上岗和不服从组织安排的，实行自谋职业。自谋职业的，按当地最低工资标准发放生活费，按有关政策规定分别由单位和个人缴纳社会保险费。

5.成建制下放到县市区安置的在职人员和离退休人员，其工资、津补贴、养老金等待遇，按不低于下放时市直同类型单位政策规定的发放标准执行。

五、强化资金保障，妥善处理债务和国有资产

（一）建设资金保障。从三个方面筹集资金，对交通建设予以财力支持，即：转移支付资金用于交通事业发展；市、县政府每年安排一定资金支持交通发展，市级管养的县道公路的大中修、危桥改造、安保等专项工程除省补助资金外的资金配套由县级政府负责；组建交通建设融资机构筹集资金加大交通建设投入力度。

（二）工作经费保障。交通行政事业单位的财务收支纳入财政管理，实行收支两条线。按照钱随人走，保障人员供养和工作正常运转的原则，根据职能变化和新的“三定”方案，科学合理核定单位经费。其中人员工资和津补贴等福利待遇执行政策规定的标准。对下放到县市区的在职人员和离退休人员，其工资、津补贴、养老金等待遇，按同类型单位政策规定的发放标准由市财政核定基数并转移支付。

（三）债务处理。交通建设债务按照“谁承贷、谁偿还，谁受益，谁承担”的原则，由市、县两级分别偿还。

（四）资产处理。对下放和撤销单位的资产，由市财政局牵头，市交通局、市公路局参加，按照国有资产管理有关规定进行资产清查，分别提出处理意见，并办好移交手续。下放单位的资产，按账面原值划转县市区人民政府，确保国有资产不流失。市审计、监察部门要加强监督。

建设资金、工作经费保障和债务处理的方案另行制定。

六、工作要求及保障措施

（一）明确责任，搞好协作配合。各县市区人民政府和市直各相关单位要切实加强对成品油税费改革、完善交通体制、妥善安置涉改人员工作的领导，精心组织，抓好落实。市交通局所属收费站、市征稽、海事、港航、运管等涉改单位人员的安置，由市交通局牵头，会同市财政、编委办、人事、劳动和社会保障等部门组织实施；市公路局系统涉改人员的安置，由市公路局牵头，会同相关单位组织实施；应由县市区人民政府安置的涉改人员，由县市区人民政府牵头，会同市交通、财政、编委办、人事、劳动和社会保障等部门组织实施。要密切关注税费改革后可能出现的新情况和新问题，研究提出相应的措施，及时协调解决。各级有关部门要在同级政府的领导下，密切配合，确保改革措施落实到位。对按要求完成涉改人员安置工作的单位由市政府予以适当奖励。

（二）加强宣传引导，维护社会稳定。各地要通过广播、电视、报纸、网络等媒体，广泛开展政策宣传，为改革创造有利的舆论环境。改革期间，各地严禁出台可能引发不稳定因素的政策措施，切实维护社会稳定。对因改革政策执行不到位、工作不力、处置不当引发群体性事件和不稳定因素的，严肃追究有关领导和人员的责任。

（三）做好人员清查工作，制定实施方案。各地要按照省政府湘政发〔2008〕33号文件要求，凡2008年12月26日以后进入涉改机构的人员（在此之前已明文规定冻结人事关系的，从其规定），不得列为安置对象；要组织交通、人事、机构编制等部门，对辖区内涉改人员进行调查摸底，全面、准确掌握涉改机构编制、在职人员数量及组成基本情况，界定人员身份。要结合本地实际，制定切实可行的人员安置方案。

（四）严肃工作纪律，认真执行政策。要严格按照中央和省政府有关要求，严禁突击进人、突击提拔干部、仿造和篡改人事档案等行为。严禁违反政策规定滥发奖金、福利等钱物，防止铺张浪费和国有资产流失。要加强资金、票据和资产管理，冻结资产，严禁变卖、私分、转移国有资产。要强化监督检查，决不允许任何地方、单位、部门和个人，以任何理由、任何名义继续收取或变相收取明令取消的各项收费。认真受理群众举报，对线索清楚、内容具体的问题，要及时认真调查核实，对发现的违规违纪问题，要严肃查处。

二〇〇九年十一月二十七日

主题词：交通　改革　意见

常德市人民政府办公室　　2009年11月27日印发

7.常德市公路管理局《关于印发〈常德市公路管理局下属机构设置调整和收费站人员安置方案〉的通知》

CDCR-2009-00014

常德市公路管理局文件

常路〔2009〕106 号

关于印发《常德市公路管理局下属机构设置调整和收费站人员安置方案》的通知

各县市区公路局、收费站、直属事业单位：

根据市人民政府《关于实施成品油税费改革完善交通体制和做好涉改人员安置工作的意见》（常政发〔2009〕20 号）等文件精神，结合我局实际，经研究，现将《常德市公路管理局下属机构设置调整和收费站人员安置方案》印发给你们，请认真组织实施。

特此通知。

二〇〇九年十二月三日

常德市公路管理局
下属机构设置调整和收费站人员安置方案

一、机构调整

1.207 国道白虎山超限超载检测站由市局管理调整为临澧局管理；319 国道樟木桥超限超载检测站由市局管理调整为鼎城局管理。

2.撤销樟木桥、崔家桥、石龟山、新洲、雷公塔、张公庙、桃花源、陬市 8 个收费站。

3.设立汉寿沅水大桥管理所,机构级别为副科级,归口汉寿局管理。

二、人员安置

1.人员安置原则:按照以人为本、依法依规、公平公正、考试择优、费随人走、确保稳定的原则,妥善安置收费站人员。

2.人员安置方向:全局共有收费站人员488人,其中在岗459人、退休18人、临聘11人。在岗人员中,22人安置至市规划局下属单位,从事武陵、柳叶湖、德山区乡镇规划管理;其余437人全部在系统内部安置,除正副站长外,原则上60%从事路政、治超和桥梁维护与管理工作,40%从事一线公路养护工作。具体安置方向如下:

(1)按照"从哪里来回哪里去、参考户口所在地"的原则,安置至各县市区局226人。其中:安乡局35人;鼎城局19人;汉寿局16人;津市局13人;澧县局69人;临澧局22人;石门局4人;桃源局34人;武陵局14人。

(2)收费站正、副站长28人(含已借调至市局机关负责两费办工作的3人)。一是直接安排20人至各县市区局等单位,其相关职务、级别、按有关政策和规定程序办理;二是直接选择8名符合相关条件人员至市规划局下属单位。

(3)安置到超限检测站109人。其中,319国道樟木桥治超站安置56人(7名现借调至市局机关工作的收费站人员,其人事关系转至樟木桥治超站,仍借市局机关工作;11名已在樟木桥治超站上班的收费站人员仍留在樟木桥治超站,另安置38人至樟木桥治超站);207国道白虎山治超站安置52人(5名已在白虎山治超站上班的收费站人员仍留在白虎山治超站,另安置47人至白虎山治超站);已在新洲治超站上班的1名收费站人员仍留在新洲治超站。

(4)安置至市规划局下属单位22人(含符合市规划局选用条件的收费站正副站长8人)。

(5)安置到新设立的汉寿沅水大桥管理所20人。

(6)剩余62人按里程分配,分别安置至鼎城局28人、桃源局34人。

(7)已退休的18人按照就近原则安置至县市区局,其中武陵局4人、澧县局12人、津市局2人。

(8)11名临聘人员按照《劳动合同法》予以解聘。

3.人员安置办法

(1)以上在岗人员中,28名收费站正副站长(含已借调至市局机关负责两费办工作的3人)不参加考试,直接安排;市局机关借调的7名和已在治超站上班的17名收费站人员根据自愿可参加单位、岗位选择考试(如参加考试,则其现岗位自动让出,其单位、岗位与其他人员一起参选);其余人员均须参加考试。

(2)考试分数作为选择单位或岗位的唯一依据。考试由市局委托市人事局考试中心组织;考试范围是:一、一年内国内重大时事(15分)、二、政治、经济、社会、科技、人文常识(30分)、三、公路相关法律法规(30分)、四、公路养护基本知识(25分);考试形式采取闭卷考试。参考人员按照从高分到低分的原则排名,先后选择一个单位或一个岗位,如参考人员考分并列，则根据参考人员的工龄、年龄排序(等分条件下，工龄长、年龄大者优先)。每名参考人员根据考分从高分到低分确定一个参选顺序号。

(3)除符合市规划局下属单位选用条件的8名收费站正副站长及“从哪里来回哪里去”的226名收费站人员外，其他人员可以根据考分参加市规划局下属单位剩余14人的选用。具体选用条件是：

①政治素质：积极要求上进，具有良好的思想道德品质，无不良记录；

②身体条件：身体健康，男性身高165CM以上，女性身高158CM以上；

③性别：男性9人、女性5人；

④年龄：截止2009年12月31日前，男性40周岁及以下，女性38周岁及以下；

⑤学历：大专以上文化程度；

(4)剩余人员按照考分排名选择公路系统内有关单位，至各安置单位名额被选完为止。若市局借调的7人和已在治超站上班的17人中有被市规划局选用的，其所安排的接收单位(不含市局机关)的空出名额自动让与剩余人员。

(5)除直接安排至各县市区局等单位的收费站正副站长20人、市局借调的7人、已在治超站上班的17人(如参加考试，其现岗位纳入参选岗位)、已确定去规划局的22人(含符合市规划局选用条件的8名收费站正副站长)外，其余393名收费站人员进入各安置单位后，根据考分排名选择各安置单位设置的岗位(其中进入路政、治超岗位人员要通过培训考试合格，取得执法证后才能上岗)。各县市区局根据本单位的实际情况，设置路政中队。具体岗位名额分配如下：

①鼎城局85人。其中樟木桥治超站安置38人、从事路政、治超工作28人，合计66人；从事一线公路养护工作19人。

②武陵局14人。其中从事路政、治超工作8人；从事一线公路养护工作6人。

③汉寿局36人。其中安置至新成立的汉寿沅水大桥管理所20人；从事路政治超工作10人；从事一线公路养护工作6人。

④桃源局68人。其中陬市治超站安置30人、从事路政治超工作23人，合计53人；从事一线公路养护工作15人。

⑤临澧局69人。其中白虎山治超站安置47人、从事路政、治超工作13人，合计60人；从事一线公路养护工作9人。

⑥澧县局69人。其中从事路政治超工作、张公庙大桥维护及管理41人；从事一线公路养护工作28人。

⑦石门局4人。其中从事路政治超工作2人；从事一线公路养护工作2人。

⑧津市局13人。其中从事路政治超工作8人；从事一线公路养护工作5人。

⑨安乡局35人。其中从事路政治超工作、大桥管理及维护21人；从事一线公路养护工作14人。

三、相关政策及有关事项

1.所有应参加考试的人员如本人不愿参加考试，待参加考试的人员全部落实单位和岗位后，由组织安排接收单位和岗位。如不服从组织安排的，实行自谋职业。自谋职业的，按当地最低工资标准发放生活费，按有关政策规定分别由单位和个人缴纳社会保险费。

2.收费站在职人员安排至相关单位后，对截止 2009 年 12 月 31 日前，距离法定退休年龄 5 年的人员，经本人申请，组织批准，可实行提前离岗，提前离岗期间，享受在职同类人员的待遇；对距离法定退休年龄 6–10 年的，经本人申请，组织批准，可实行养老关系协保；协保期间按当地社会平均工资和津补贴的 60%发放工资，按有关政策规定分别由单位和个人缴纳社会保险费，达到提前离岗条件后，经本人申请，组织批准，可实行提前离岗，提前离岗期间，享受在职同类人员的待遇。

3.由石门县政府管理的石门狮子脑收费站，其收费站人员回石门公路局安置的，参加市局统一考试，但不与其他收费站人员排名。

四、相关要求

1.收费站人员安置是我局配合成品油税费改革的一件大事，各相关单位要高度重视，尽快成立收费站人员安置领导小组，由单位一把手负总责。对因人员安置政策执行不到位、工作不力、处置不当引发群体性事件和不稳定因素的，严肃追究有关领导和人员的责任。

2.具体时间安排：⑴12 月 7 日前召开动员大会，公布方案，会同相关单位做好考试前的准备工作；⑵12 月 13 日下午 3：00 组织收费站人员考试（考试地点另行通知）；⑶12 月 14 日阅卷，15 日公布成绩；⑷12 月 16 日收费站人员根据考分排名选择单位；⑸12 月 18 日收费站人员根据考分排名选择岗位；⑹12 月 20 日各单位行文公布所有被安置人员岗位。⑺12 月 23 日前各单位将涉改人员安置总结上报至市局。

主题词：机构　改革　方案　通知

常德市公路管理局办公室　　2009 年 12 月 3 日印发

8.中共常德市委机构编制委员会办公室《关于市公路管理局有关机构编制事项的批复》

中共常德市委机构编制委员会办公室文件

常编办〔2010〕104 号

关于市公路管理局有关机构编制事项的批　　复

市公路管理局:

你局有关机构编制事项的请示收悉。经研究,现将有关事项批复如下:

一、同意你局设立行政许可办公室,为你局内设机构,机构级别为正科级,其主要职责是:负责 2009 年市政府第 3 号令规定由你局实施的行政许可事项的统一受理、审核或审批和送达;组织协调公路行政许可事项的调研论证;负责行政许可事项办理资料归档和信息统计工作;负责与市政务服务中心的协调联络,接受市政务服务中心的监督指导。核定行政许可办公室全额拨款事业编制 5 名,其中:主任 1 名,副主任 1 名;其他工作人员 3 名。其人员编制来源为从路政科连人带编划转 5 名。

二、同意你局设立市公路路政支队,为你局管理的正科级行政执法机构,其主要职责是:负责宣传贯彻执行公路路政管理的法律、法规和规章;负责实施路政巡查,维护路产路权,依法查处各类路政违法行为;负责路执执法队伍建设;参与公路工程交工、竣工验收的有关工作。核定市公路路政支队全额拨款事业编制 11 名,其人员编制结构为:支队长 1 名,副支队长 2 名,工作人员 8 名。其人员编制来源为:从原路政科连人带编划转 3 名,从武陵区、津市市、汉寿县、临澧县公路管理局机关连人带编各划转 1 名,从鼎城区、桃源县公路管理局机关连人带编各划转 2 名。

三、同意你局撤销路政科,其承担的路政案件复议及诉讼工作、综合治理及安全保卫工作职能交由局机关办公室负责。原承担的路政行政许可、路政执法等职能相应划入行政许可办公室、市公路路政支队。

调整后,你局机关仍设 14 个职能科室,全额拨款事业编制总额为 69 名,正副科级领导职数为 30 名。武陵公路管理局机关全额拨款事业编制总额为 19 名、鼎城公路管理局机关全额拨款事业编制总额为48名、津市公路管理局机关全额拨款事业编制总额为19名、桃源公路管理局机关全额拨款事业编制总额为51名、汉寿公路管理局机关全额拨款事业编制总额为30名、临澧公路管理局机关全额拨款事业编制总额为32名。

根据《事业单位登记管理暂行条例》(国务院令第411号)的规定,市公路路政支队在进行事业单位法人登记后方告成立。请及时到市事业单位登记管理局申请和办理法人登记手续,并凭《事业单位法人证书》开展有关活动。

此复

2010年5月25日

主题词:机构　编制　市公路管理局△　批复

中共常德市委机构编制委员会办公室　　2010年5月28日印发

(共印30份)

编 后 记

《常德市公路志》自 2011 年 7 月开始编辑，至 2015 年 12 月成书面世，历时四年多。

其间，编纂人员经过采集素材；查阅各类档案、文史资料、图志；走访大量亲历或见证人员；拍摄各类图片；借鉴友邻单位经验，并结合常德市实际情况和特点，确定本志编写方案与大纲；编辑人员分工合作编写各章节；尔后再经多次自审、请有关专业人员把关、多次请市方志办领导和专家指导，最后经过终审，付印成书。

四年间，得到了以下单位的关心与鼎力相助（排名不分先后）：

湖南省档案馆、湖南省图书馆、长沙市图书馆、益阳市档案馆、桃江县档案馆、慈利县图书馆；

湖北省荆州市档案馆；

常德市方志办、常德市档案馆、常德市图书馆、湖南文理学院图书馆、澧县档案馆、临澧县档案馆、津市市档案馆、石门县档案馆、桃源县档案馆、安乡县档案馆、汉寿县档案馆、鼎城区档案馆；

湖南省交通运输厅、湖南省高速公路管理局、湖南省公路管理局、广东省东莞市公路管理局、郴州市公路管理局、常德市交通运输局、常德市交通建设质量安全监督管理处、常德市县乡公路管理处、澧县交通运输局、临澧县交通运输局、石门县交通运输局、津市市交通运输局、汉寿县交通运输局、桃源县交通运输局、安乡县交通运输局、鼎城区交通运输局、武陵区交通运输局、西湖管理区公路管理站、贺家山原种场公路管理站、柳叶湖旅游度假区管委会开发建设局。

湖南省东常高速公路建设开发公司、湖南省岳常高速公路建设开发有限公司。

常德市公路管理局、澧县公路管理局、临澧公路管理局、津市公路管理局、石门公路管理局、安乡公路管理局、汉寿公路管理局、桃源公路管理局、鼎城公路管理局、武陵公路管理局、西洞庭公路管理站、湖南常德路桥建设有限公司、常德海赛沥青经营有限公司、常德市公路管理局公路沥青站、常德市公路管理局公路机械维修站。

在此一并致谢！

《常德市公路志》编辑过程由于时间短、所需资料浩繁，加之部分档案资料缺失、编写人员水平有限，难免有编排布局不当、个别数据不准确、文字错误或疏漏之处，不一而足，恳请读者和专业人士赐教并指正。不胜荣幸。

以此为记。

编　者

二〇一五年十二月

湖南常德路桥建设集团有限公司

湖南常德路桥建设集团有限公司（简称“湖南常德路桥集团”）是2012年3月经常德市人民政府批准，以具有40多年经营发展历史的常德路桥建设有限公司为基础组建的国有独资公司（中I型企业），由常德市委、市政府委托常德市公路管理局归口管理，受常德市国资委监管。

资质等级：集团公司是住建部批准的壹级公路工程施工企业，具有公路工程施工总承包壹级、公路路面工程专业承包壹级、公路路基工程专业承包壹级、公路交通工程专业承包交通安全设施分项资质、公路工程试验检测综合乙级、公路桥梁设计丙级、市政工程总承包叁级、房屋建筑工程施工总承包叁级等资质。

经营范围：集团公司经营范围涵盖道路桥梁工程建设、交通基础设施的设计与交通科技产品开发、市政工程施工、沥青储运加工和施工、房地产开发、房屋建筑工程施工及其相关投融资等领域。

公司规模：集团公司法定代表人顾晓，注册资本金5.01亿元。现有员工245人，其中：高级职称40人,中级职称147人,初级职称64人；一级建造师20人,二级建造师11人。各类齐全的专业施工设备479台套，年施工能力逾5亿元。拥有全资子公司4家，即：常德大德公路勘察设计有限公司、常德海赛沥青经营有限公司、常德厚德交通工程有限公司、湖南俊德房地产开发有限公司；控股公司1家，即常德市上德工程试验检测有限公司（控股51%）。

工程业绩：40多年来，公司积极参与省内外各类公路桥梁工程项目的建设，曾参与湖南省最长的公路大桥—汉寿仓儿总大桥以及常德柳叶湖大桥和澧县张家滩大桥、鄂尔多斯沿黄一级公路大桥等十余座大型桥梁的施工建设。承建了湘潭至邵阳高速公路22A标、临湘至长沙高速公路02B标、湖南省常张高速公路23标、湖南省醴潭高速公路6标、湖南省常吉高速公路8标、江西景婺黄（常）高速公路A6标、湖南省道贺高速公路A1标、湖南省通平高速公路4标、龙山至永顺高速公路3标和17标、益阳绕城高速TJ2标等高速公路项目，累计完成公路建设里程1500多公里，积累了丰富的施工经验，工程质量屡创佳绩。公司参与承建的湖南省常德至张家界高速公路更是荣获了中国公路建设行业协会颁发的“2009年度公路交通优质工程一等奖”。集团公司组建后，不断拓展工程业务范围，先后参与了常德市城区“三改四化”和北部新城等市政项目的建设。

集团公司将按照常德市委、市政府的统一决策和部署，以“整合资源、做大做强、跨越式发展”为定位，通过内挖潜力，外求发展，主动作为，不断拓宽经营范围、扩大经营规模，逐步提升企业效益，力争把集团公司打造成为全市、全省有知名度和影响力的国有大型企业集团。

顾晓：集团公司董事长、党委书记

裴德友：集团公司总经理、党委副书记

湖南常德路桥建设集团有限公司党委班子

左一：叶三林，副总经理；
左二：潘道辉，副总经理、海赛公司执行董事；
左三：罗英，工会主席、党委副书记；
正中：顾晓，董事长、党委书记；
右三：裴德友，总经理、党委副书记；
右二：郭耀武，副总经理；
右一：余泽安，总会计师、纪委书记

集团公司承建的龙山至永顺高速公路17标皮匠坳大桥

集团公司承建的龙山至永顺高速公路17标小干溪大桥

集团公司承建的龙山至永顺高速公路3标路基工程

集团公司承建的常德市北部新城25号景观桥

集团公司承建的G207线张公庙大桥加固改造工程

集团公司承建的常德市第一批“三改四化”项目—武陵大道武陵桥（遇仙桥）改造项目

集团公司建设的3000型沥青拌合场

集团公司的LRS1626-2型16吨胶轮压路机

集团公司的LZS2100型冷再生机

集团公司的ZL50型装载机（右一），混凝土罐车（右二）

中国共产党安化历史
第二卷
1949—1978
湖南

第二卷

中国共产党安化历史

1949—1978

中国共产党安化历史编纂委员会　编

-7-5438-6011-7